# Grace 전산세무

KB089527

**2022** 최신판
한국세무사회 주관
국가공인자격시험 대비

**NCS** 국가직무능력표준 기준안 적용
National Competency Standards

**2022년 4월 출제변경안 적용**

/ **1급** /

**필기 + 실기**

_ 전산세무회계연구팀 편저

**종합** 모의고사 **5회** 수록

**최신** 기출문제 **2회** 수록

**출제유형 136제** 수록

백데이터 제공　박문각　www.pmg.co.kr
동영상 강의　메인에듀　www.mainedu.co.kr

**PMG 박문각**

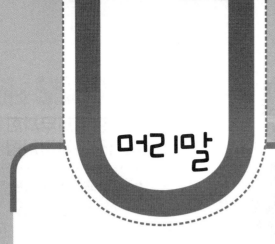

# 머리말

본서는 한국세무사회 주관 국가공인 자격시험인 KcLep 전산세무 1급을 대상으로 집필되었습니다. 실무에서 어려워하던 문제점들을 반영하여 수험자와 실무자가 반드시 학습해야될 부분을 학습자 입장에서 담고자 하였으며, 급변하는 정보화의 기류에 편승하여 보다 정확하고, 빠르게 수험정보를 반영하여 알찬 교재로 만들어지도록 노력하였습니다.

## 본서의 특징은

첫째, 일반기업회계기준 내용을 빠짐없이 반영하였으며, 문제는 기본예제, 예상문제, 종합문제, 모의고사, 기출문제, 출제유형별 문제순으로 문제를 구성하여 자기실력을 테스트할 수 있도록 구성하였습니다.

둘째, 2022년 국세기본법, 부가가치세법, 소득세법의 개정내용을 빠짐없이 반영하여, 최근 세법에 따라 정확히 공부할 수 있도록 집필하였습니다.

셋째, 출제유형별 문제난에 반복 출제되고 있는 문제를 문제은행화 하여 반복숙달하면 반드시 합격이 가능하도록 배려하였습니다.

넷째, 문제의 요점을 쉽게 파악가능하게 하기 위하여 문제마다 제목, 영문을 달아 놓았습니다.

다섯째, 모의고사와 기출문제를 수록하여 검증이 가능하도록 하였습니다.

여섯째, 본서는 자격시험용으로 채택된 한국세무사회의 KcLep 세무회계프로그램을 기초로 집필하였으며, 타사 프로그램 사용자도 본서를 가지고 학습이 가능하도록 하였습니다.

## 이책만의 타의 추종불허 장점은

첫째. 최신기출경향이 한 눈에 보이는 이론 구성
- 빈출 이론 및 2022년 출제예상 확인가능
- 최신기출경향 완벽 파악 가능

둘째, 따라하기만 하면 누구나 합격 가능한 실기 구성
- 실제 시험에 기본예제와 종합문제를 구성하여 따라하기만 하면 자연스럽게 합격가능
- 10년간 전산세무회계 기술위원과 채점위원 경험을 바탕으로 정확하고 상세한 설명의 KcLep 단계별 입력방법으로 실기 70%인 전산세무 시험 완벽 대비

셋째, 합격을 좌우하는 분개문제 완전 정복
- 자주 출제되는 분개만을 엄선한 '출제유형 137선'으로 완벽 대비

넷째, 최신기출문제 2회를 통해 실전 마무리
- 출제경향과 패턴을 파악하여 확실한 실전 마무리 가능.

마지막으로 본서 출간에 도움을 주신 박문각 사장님과 편집부 직원여러분의 노고에 감사의 말을 전하며, 앞으로 잘못된 부분이나 오류에 대한 내용을 겸허히 받아 반영하도록 할 것이며, 수험자 여러분의 건승을 비는 바입니다.

2022년 4월
저자 일동

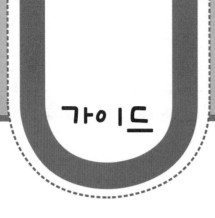

가이드

## 2022년 시험일정

### ◆ 정기시험

| 회차 | 종목 및 등급 | 원서접수 | 시험일자 | 발표 | 비고 |
|---|---|---|---|---|---|
| 제100회 | 전산세무 1,2급<br>전산회계 1,2급 | 01.05 ~ 01.11 | 02.13(일) | 03.03(목) | 국가공인 |
| 제101회 | | 03.10 ~ 03.16 | 04.10(일) | 04.27(수) | |
| 제102회 | | 05.03 ~ 05.09 | 06.04(토) | 06.23(목) | |
| 제103회 | | 07.06 ~ 07.12 | 08.06(토) | 08.25(목) | |
| 제104회 | | 08.31 ~ 09.06 | 10.02(일) | 10.20(목) | |
| 제105회 | | 11.02 ~ 11.08 | 12.03(토) | 12.22(목) | |

### ◆ 시행근거

| 구분 | 전산세무회계<br>(국가공인) | 세무회계<br>(국가공인) | 기업회계 |
|---|---|---|---|
| 법적근거 | 자격기본법 | 자격기본법 | 자격기본법 |
| 공인번호/등록번호 | 고용노동부<br>제2016-1호 | 기획재정부<br>제2012-222호 | 민간자격등록번호<br>제2008-0260호 |
| 종목 및 등급 | 전산세무 1,2급<br>전산회계 1,2급 | 세무회계 1급,2급,3급 | 기업회계 1급,2급,3급 |
| 자격관리사 | 한국세무사회장 | | |

## 시험시간

| 종목 | 전산세무회계 | | | |
|---|---|---|---|---|
| 등급 | 전산세무 1급 | 전산세무 2급 | 전산회계 1급 | 전산회계 2급 |
| 시험 | 15:00 ~ 16:30 | 12:30 ~ 14:00 | 15:00 ~ 16:00 | 17:30 ~ 18:30 |
| 시간 | 90분 | 90분 | 60분 | 60분 |

| 등급 | | 평 가 범 위 | 비고 |
|---|---|---|---|
| 전산세무 1급 | 이론 | 재무회계(10%), 원가회계(10%), 세무회계(10%) | 국가공인 |
| | 실무 | 재무회계 및 원가회계(15%), 부가가치세(15%), 원천제세(10%), 법인세무조정(30%) | |
| 전산세무 2급 | 이론 | 재무회계(10%), 원가회계(10%), 세무회계(10%) | |
| | 실무 | 재무회계 및 원가회계(35%), 부가가치세(20%), 원천제세(15%) | |
| 전산회계 1급 | 이론 | 회계원리(15%), 원가회계(10%), 세무회계(5%) | |
| | 실무 | 기초정보의 등록·수정(15%), 거래자료 입력(30%), 부가가치세(15%), 입력자료 및 제장부 조회(10%) | |
| 전산회계 2급 | 이론 | 회계원리(30%) | |
| | 실무 | 기초정보의 등록·수정(20%), 거래자료 입력(40%), 입력자료 및 제장부 조회(10%) | |

\* 자세한 출제기준은 뒷 페이지를 참고하세요.

| 구분 | 전산세무/회계 | | | |
|---|---|---|---|---|
| 등급 | 전산세무 1급 | 전산세무 2급 | 전산회계 1급 | 전산회계 2급 |
| 응시료 | 25,000 | 25,000 | 25,000 | 25,000 |

- 접수방법 : 한국세무사회 자격시험홈페이지(http://license.kacpta.or.kr)로 접속하여 단체 및 개인별 접수(회원가입 및 사진등록)
- 응시료 납부방법 : 원서접수시 금융기관을 통한 온라인 계좌이체 및 신용카드 결제
- 기타 자세한 사항은 한국세무사회 자격시험홈페이지(http://license.kacpta.or.kr)를 참고하거나 전화로 문의바람.  문의 : TEL (02) 521-8398~9    FAX (02) 521-8396

## 전산세무 1급 [이론] 범위

| 구분 | 평가범위 | 세부내용 |
|---|---|---|
| 재무<br>회계<br>(10%) | 1. 재무회계의 이론적 기초 | 회계의 기본개념, 회계의 원칙 |
| | 2. 당좌자산 | 현금 및 현금등가물, 단기금융상품, 매출 채권, 기타 채권 |
| | 3. 재고자산 | 재고자산의 일반, 원가결정, 원가배분, 재고자산의 평가 |
| | 4. 유형자산 | 유형자산의 일반, 취득시의 원가결정, 보유기간 중의 회계처리, 유형자산의 처분, 감가상각과 감모상각 |
| | 5. 무형자산 | 무형자산의 취득 및 상각 |
| | 6. 유가증권과 투자유가증권 | 유가증권의 일반, 유가증권의 회계처리, 투자유가증권(투자주식, 투자채권) |
| | 7. 부채 | 부채의 일반, 매입채무와 기타채무, 사채 |
| | 8. 자본 | 소유주 지분, 자본금, 자본잉여금과 이익 잉여금, 자본조정, 이익 잉여금처분계산서 |
| | 9. 수익과 비용 | 수익과 비용의 인식, 수익과 비용의 분류 |
| | 10. 회계변경과 오류수정 | 회계변경, 오류수정 |
| | 11. 이연법인세 회계 | 이연법인세차, 이연법인세대 |
| | 12. 외화 환산회계 | 외화환산의 방법, 외화환산손익과 외환차손익 |
| 원가<br>회계<br>(10%) | 1. 원가의 개념 | 원가의 개념 |
| | 2. 원가의 분류 | 개별원가계산, 종합원가계산, 표준원가계 산 |
| | 3. 원가의 배분 | 제조간접비의 배분방법 |
| | 4. 개별원가계산 | 개별 원가계산의 절차와 방법, 작업폐물 과 공손품의 회계처리 |
| | 5. 종합원가계산 | 종합원가계산의 절차, 완성품환산량, 재공품의 평가방법, 종합원가계산의 종류 (단일종합원가계산,공정별종합원가계산, 조별종합원가계산,등급별종합원가계산, 연산품원가계산) |
| | 6. 표준원가계산 | 표준원가의 의의, 차이분석 |
| 세무<br>회계<br>(10%) | 1. 법인세법 | 익금의 계산, 손금의 계산, 준비금 및 충 당금의 손금산입, 손익의 귀속시기 등, 비 과세, 소득금액 계산의 특례, 세액의 계 산, 신고 및 납부, 결정 경정 및 징수, 세 액의 징수 및 환급 등 |
| | 2. 부가가치세법 | 총칙, 과세거래, 영세율적용과 면세, 과세표준과 세액, 신고와 납부, 경정징수 와 환급 |
| | 3. 소득세법 | 종합소득세액의 계산, 원천징수와 연말정 산의 관련 부분 |
| | 4. 조세특례제한법 | 각종 준비금과 충당금의 손금산입과 익금 산입, 중소기업 투자세액공제, 중소기업 에 대한 특별세액의 감면, 연구 및 인력개 발비에 대한 세액공제, 기타 근로소득 연 말정산의 관련 부분과 부가가치세신고 관 련부분, 최저한세 |

| 구분 | 평가범위 | 세부내용 |
|---|---|---|
| 재무회계<br>및<br>원가회계<br>(15%) | 1. 거래자료의 입력 | 고급회계자료의 입력, 자본거래 등의 자료입력, 국고보조금 등의 자료입력, 외화환산 등의 자료입력 |
| | 2. 결산자료의 입력 | 감가상각 및 법인세의 정리, 기타 결산자료의 정리, 결산자료의 입력, 잉여금처분 사항의 입력 |
| | 3. 입력자료 및<br>제 장부의 검토 | 제장부의 검토 및 수정, 재무제표의 오류 원인 검토, 재무제표의 수정 |
| 부가<br>가치세<br>(15%) | 1. 매입·매출거래<br>자료의 입력 | 유형별 매입·매출거래 자료의 입력 |
| | 2. 부가가치세신고서의<br>작성 | 부가가치세 과세표준의 제계산, 매입세액의 안분계산 및 정산, 가산세 적용, 각종 부속서류 작성 |
| 원천<br>제세<br>(10%) | 1. 사원등록 및<br>급여자료 입력 | 소득(인적)공제 사항등록, 수당 및 공제 사항의 등록, 급여자료 입력 |
| | 2. 근로소득의<br>원천징수와 연말정산 | 원천징수이행상황신고서 작성, 연말정산 추가자료 입력, 원천징수영수증 작성, 종 (전)근무지 소득 합산 신고 |
| | 3. 퇴직소득의 원천징수 | 퇴직소득 자료입력, 원천징수영수증 작성, 원천징수이행상황신고서 작성 |
| | 4. 사업소득의 원천징수 | 사업소득 자료입력, 원천징수영수증 작성, 원천징수이행상황신고서 작성 |
| | 5. 기타소득의 원천징수 | 기타소득 자료입력, 원천징수영수증 작성, 원천징수이행상황신고서 작성 |
| 법인<br>세무<br>조정<br>(30%) | 1. 기장자료의<br>세무조정 사항의 검토 | 회사기본사항의 검토, 재무제표의 검토, 수입금액의 검토 |
| | 2. 과세표준세액<br>신고서 작성 | 원천납부세액 명세서, 공제·감면세액의 계산, 법인세 과세표준 및 세액조정계산 서 작성 |
| | 3. 과목별<br>세무조정서식 작성 | 소득금액 조정합계표, 과목별 세무조정계 산서의 작성, 특별비용의 조정 |
| | 4. 특정서식의 검토<br>및 조 회 | 특별비용의 조정, 기타서식의 작성, 특정 서식의 검토 및 조정 |

학습준비

## 케이렙 다운로드

① 한국세무사회 전산세무회계자격증 사이트(http://license.kacpta.or.kr) 접속한다.

② 사이트 하단의 [케이렙(수험용) 다운로드]를 클릭한다.

| 공지사항 | | 시험일정 | |
| --- | --- | --- | --- |
| | 바로가기 > | | |
| | | 원서접수 | 장소공고 수험표출력 |
| · [당첨자발표]세무사TV 구독 및 댓글 이벤트 당첨자... | 2022-01-03 | 01.05 ~ 01.11 | 02.07 ~ 02.13 |
| · [이벤트] 전산세무회계 자격시험 100회 퀴즈 이벤트 | 2021-12-28 | 03.10 ~ 03.16 | 04.04 ~ 04.10 |
| · 제100회 전산세무회계 자격시험등 시행공고 | 2021-12-28 | 05.03 ~ 05.09 | 05.30 ~ 06.04 |
| · 제99회 자격시험 확정답안 발표 | 2021-12-21 | 07.06 ~ 07.12 | 08.01 ~ 08.06 |
| · 제99회 전산세무회계 등 자격시험 합격자 발표 | 2021-12-20 | 08.31 ~ 09.06 | 09.26 ~ 10.02 |
| · 세무사TV 유튜브 구독 이벤트 안내 | 2021-11-26 | 11.02 ~ 11.08 | 11.28 ~ 12.03 |

**문의하기 전 잠깐!**

수험생 유의사항      확인서 출력      자주하

환불규정      가답안 이의신청      회원가

| 케이렙 (수험용) 다운로드 | 기출문제 다운로드 | NCS 다운로드 | 한국세무사회 구인정보 바로가기 > |
| | | | 자격시험 기술감독 (전용) 바로가기 > |

③ 다운로드 화면에서 [다운로드]를 클릭한다.

④ 다운로드 한 [케이렙(수험용) 프로그램] 파일을 더블클릭하여 설치한다.

① 박문각 출판사 홈페이지(http://www.pmgbooks.co.kr)에 접속한다.

② 화면 상단의 [학습자료실]을 클릭하고, 좌측 화면의 [학습자료실]-[전산세무회계]를 클릭한다.

③ 자료실 리스트 중 "2022 Grace 전산세무 1급 백데이터"를 클릭하여 자료를 다운로드 한다.

④ 다운로드 한 백데이터 파일을 더블클릭하여 설치한다.

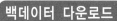

**박문각 출판**    도서소개    eBook    동영상강의    무료특강    [학습자료실]    고객마당    전체 ▼    (검색)

도서정오표    학습자료실    수험뉴스    MP3 자료

### 전산세무·회계

**학습자료실**

도서정오표

학습자료실

　공무원/고시
　자격증
　고졸인문
　전산세무·회계

수험뉴스

MP3 자료

| 번호 | 제목 | 작성자 | 조회 | 작성일 | 파일 |
|---|---|---|---|---|---|
| 84 | 2022 독공 전산세무 1급 백데이터 (준비중) | 운영자 | 9 | 22.01.07 | ZIP |
| 83 | 2022 독공 전산세무 2급 백데이터 (준비중) | 운영자 | 9 | 22.01.07 | ZIP |
| 82 | 2022 독공 전산회계 1급 백데이터 (준비중) | 운영자 | 13 | 22.01.07 | ZIP |
| 81 | 2022 독공 전산회계 2급 백데이터 (준비중) | 운영자 | 16 | 22.01.07 | ZIP |
| 80 | 2022 Grace 전산세무 1급(필기+실기) 백데이터 (준비중) | 운영자 | 14 | 22.01.07 | ZIP |
| 79 | 2022 Grace 전산세무 2급(필기+실기) 백데이터 (준비중) | 운영자 | 9 | 22.01.07 | ZIP |
| 78 | 2022 Grace 전산회계 1급(필기+실기) 백데이터 (준비중) | 운영자 | 14 | 22.01.07 | ZIP |
| 77 | 2022 Grace 전산회계 2급(필기+실기) 백데이터 (준비중) | 운영자 | 23 | 22.01.07 | ZIP |
| 76 | 컴퓨터활용능력 2급 실기 연습파일 (2021년 5월 25일 발행) | 운영자 | 1134 | 21.04.22 | ZIP |

## 백데이터 불러오기

① 케이렙 프로그램()을 더블클릭하여 실행한다.

② 케이렙 화면에서 [회사등록]을 클릭한다.

③ [회사등록] 화면에서 [회사코드재생성]을 클릭하고 [예]를 클릭한다.

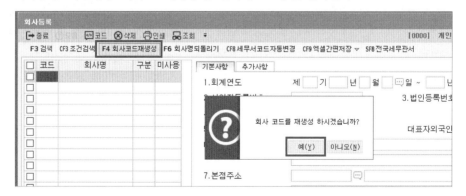

④ 이후, 필요한 코드를 이용하여 실습하면 된다.

① C:\KclepDB\Kclep 폴더로 이동한다.

② 언더바(_) 가 표시된 파일을 제외한 모든 폴더를 선택한 후, 삭제한다.

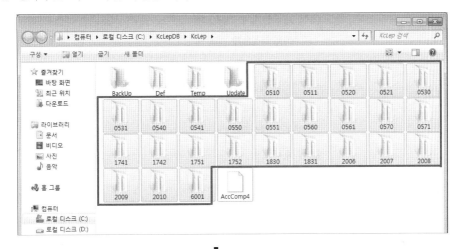

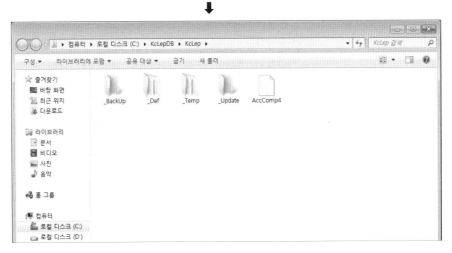

③ 이후에 학습에 필요한 백데이터를 다시 설치하면 된다.

# 목차

# 제2장 ★ 원가회계

# 제3장 ★ 부가가치세

## 제3장 ★ 원천징수

# 제4장 ★ 법인세 실무

# 제3장 ★ 출제유형 136제

**제4편**
**정답편**

# 제1장 ★ 정답편

# 제1편

# 이론편

Chapter

# 01

# 재무회계

# 01 재무회계의 기본이론

회계는 회계정보이용자가 합리적인 판단이나 의사결정을 할 수 있도록 기업실체에 관한 유용한 경제적 정보를 인식(identification)·측정(measurement) 및 전달(communication)하는 과정이다. 그리하여 회계정보의 이용자가 기업실체와 관련하여 합리적인 의사결정을 할 수 있도록 재무상의 자료를 일반적으로 인정된 회계원칙에 따라 처리하여 유용하고 적정한 정보를 제공하는 것을 목적으로 한다. 다음의 이론 설명은 일반기업회계기준을 기준으로 설명하였으며, 참조목적으로 유의적으로 차이나는 K-IFRS기준을 부기하였다.

## 1. 재무제표의 작성과 표시의 일반원칙

최초 일반기업회계기준 재무제표는 재무상태표, 손익계산서, 현금흐름표, 자본변동표 및 관련 주석으로 구성되며 당해 회계연도 분과 직전회계연도 분을 비교하는 형식으로 작성하여야 한다. 개시 일반기업회계기준 재무상태표에 적용하는 회계정책이 동일한 시점에 적용한 과거 재무보고에서의 회계정책과 다를 수 있다. 이에 따른 조정금액은 일반기업회계기준의 전환일 전에 발생한 거래나 다른 사건 또는 조건에서 비롯된다. 따라서 일반기업회계기준의 전환일에 그 조정금액을 직접 이익잉여금으로(또는 적절하다면 자본의 다른 분류로) 인식한다.

① **계속기업** : 계속기업을 전제로 재무제표 작성한다. 그렇지 않은 경우는 이유 등을 주석 기재한다.

② **작성책임과 공정한 표시** : 책임은 경영자에게 있으며 공정표시해야 한다. 기준에 따른 재무제표는 공정하게 작성된 재무제표로 간주한다.

③ **구분·통합 표시** : 중요항목은 본문, 주석에 구분표시, 중요치 않은 항목은 유사 항목에 통합 표시 가능하다.

④ **비교재무재표의 작성** : 전기 비계량정보라도 당기 재무제표 이해와 관련시 당기정보와 비교하여 주석기재한다.

⑤ **표시와 분류의 계속성** : 일정사유를 제외하고는 재무제표 항목의 표시와 분류는 매기 동일해야한다.

⑥ **보고양식** : 재무상태표, 손익계산서, 자본변동표, 현금흐름표, 주석을 회사명, 보고기간종료일, 회계기간, 통화, 금액 단위와 함께 기재한다.

**기본예제**

### 01. 일반기업회계기준상 재무제표 작성과 표시에 대한 설명이다. 틀린 것은?

① 경영진은 재무제표를 작성할 때 계속기업으로서의 존속가능성을 평가해야 한다.
② 재무제표의 작성과 표시에 대한 책임은 회계담당자에게 있다.
③ 재무제표가 일반기업회계기준에 따라 작성된 경우에는 그러한 사실을 주석으로 기재하여야 한다.
④ 일반기업회계기준에서 재무제표 본문이나 주석에 구분 표시하도록 정한 항목이라 할지라도 그 성격이나 금액이 중요하지 아니한 것은 유사한 항목으로 통합하여 표시할 수 있다.

② 재무제표의 작성과 표시에 대한 책임은 경영자에게 있다.

## 2. 보수주의(conservatism)

두 가지 이상의 선택가능한 회계처리 방법이 있는 경우 이익과 순자산을 되도록 적게 계상하여 재무적 기초를 견고히 하는 관점에서 회계 처리한다하는 것이다. 특정기간의 과소계상이익은 이후 기간에 과대 계상되므로 순이익의 기간 귀속에만 영향을 미친다.

① **기준상 적용 예**
- 재고자산 평가시 저가주의 채택
- 우발부채는 인식하나 우발이득은 인식불가
- 비용은 발생주의로 조기인식하나 수익은 실현주의에 따라 인식
- 물가 상승시 재고자산이 감소치 않는 경우 후입선출법에 의한 재고자산평가
- 가속상각법
- 연구비의 즉시 비용화

② **주장근거 및 장점**
- 기업 재무적기초 견고해져 재무적 안정성 유지 가능
- 보수주의에 의한 비판주의 채택은 경영자의 낙관주의를 상쇄시키는 역할이다.

③ **문제점 및 단점**
- 논리적 일괄성 결여
- 자의적 회계처리에 의한 이익조작 가능성
- 기간별 비교가능성 저해
- 채권자보호 사상에 치우친 원칙으로 중립성을 저해

**02. 다음 중 보수주의에 대한 설명이 아닌 것은?**

① 손익계산에 관한 원칙의 하나로 안전성의 원칙이라고도 불린다.
② 과세와 배당 등의 사외유출 등에의 배려에서 기업재정의 충실, 건전을 꾀하기 위하여 비용, 수익의 계상을 신중히 하고자 하는 원칙을 말한다.
③ 비용은 빠짐없이 계상하며 수익은 크게 벌리지 않고 소규모로 계상한다고 하는 것으로 요약된다.
④ 구체적으로는 시가주의평가의 적용, 충당금의 설정 등이 있다.

**해설**

④ 구체적으로는 저가주의평가의 적용, 충당금의 설정 등이 있다.

## 3. 재무회계의 개념체계 및 재무제표의 목적

### ① 재무회계의 개념체계

- 재무회계 개념체계 : 재무제표의 작성 및 공시에 기초가 되는 개념, 회계원칙, 재무정보의 질적특성 등에 관하여 이론적으로 체계화한 것 － 회계환경변화 등에 따라 개정될 수 있다.
- 특정회계기준과 상충되는 경우에는 회계기준이 재무회계 개념체계보다 우선 적용된다.

### ② 재무회계개념체계 제정목적

- 회계기준 제정, 개정에 기본적 방향과 일관성 있는 지침을 제공한다.
- 회계기준의 적용 및 재무제표작성, 공시에 통일성 부여한다.
- 감사인의 의견형성의 기초가 되는 일관성 있는 지침을 제공한다.
- 재무제표이용자가 재무제표 작성시 사용된 기본전제와 제 개념에 대한 이해가능성 제고시키고 재무제표 해석하는데 도움을 제공한다.

**03. 다음 중 재무회계개념체계에 대한 설명으로 틀린 것은?**

① 회계정보가 갖추어야 할 가장 유의적인 질적특성은 중요성이다.
② 개념체계의 내용이 특정 회계기준과 상충되는 경우에는 회계기준이 개념체계에 우선한다.
③ 회계정보의 질적특성은 비용과 효익, 중요성의 제약요인 하에서 고려되어야 한다.
④ 재무제표는 경영자의 수탁책임의 이행 등을 평가할 수 있는 정보를 제공한다.

**해설**

① 회계정보가 갖추어야 할 가장 유의적인 질적특성은 목적적합성과 신뢰성이다.

③ **재무제표의 목적**

㉠ 정보의 제공

- 재무제표는 투자자와 채권자 등이 기업실체로부터 받게 될 미래현금의 크기, 시기 및 불확실성을 평가하는데 유용한 정보를 제공해야 한다.
- 경영자는 위탁받은 자원을 보전하고 그 효율적인 운용을 통하여 수익을 창출할 책임뿐만 아니라 결과를 정확히 측정하여 진실, 투명하게 보고할 책임을 가지고 있다. 즉 재무제표는 이와 같은 수탁책임의 이행성과와 회계책임을 나타낸다.
- 재무제표는 과거에 발생한 거래나 사건의 재무적 영향을 제공하는데 중점을 두고 있으며 비재무적 정보를 제공하는데 중점을 두고 있는 것은 아니다.

㉡ 재무상태, 경영성과 및 재무상태의 변동에 관한 정보제공

- 재무상태표 : 재무상태에 관한 정보 제공한다. 재무상태표는 일정 시점 현재 기업이 보유하고 있는 경제적 자원인 자산과 경제적 의무인 부채, 그리고 자본에 대한 정보를 제공하는 재무보고서로서, 정보이용자들이 기업의 유동성, 재무적 탄력성, 수익성과 위험 등을 평가하는 데 유용한 정보를 제공한다.
- 손익계산서 : 경영성과에 관한 정보 제공한다. 손익계산서는 일정 기간 동안 기업의 경영성과에 대한 정보를 제공하는 재무보고서이다. 손익계산서는 당해 회계기간의 경영성과를 나타낼 뿐만 아니라 기업의 미래현금흐름과 수익창출능력 등의 예측에 유용한 정보를 제공한다.

> **참고 Check!** **[K-IFRS] 포괄손익계산서 비용의 분류**
>
> 가. 성격별 분류 : 비용을 제품과 재공품, 상품의 변동, 원재료사용액, 상품매입액, 종업원 급여, 감가상각비, 이자비용, 기타비용으로 구분
>
> 나. 기능별(=매출원가법) 분류(성격별로 분류한 비용의 내용 주석으로 공시) : 비용을 매출원가, 물류활동원가, 관리활동원가, 마케팅비용등 기능별 구분

- 현금흐름표 : 재무상태의 변동에 관한 정보 제공한다. 일정회계기간동안 기업실체의 영업, 투자, 재무활동을 평가하여 현금 창출 능력에 관한 정보제공한다.
- 자본변동표 : 자본의 크기와 그 변동에 관한 정보를 제공하는 재무보고서로서, 자본을 구성하고 있는 자본금, 자본잉여금, 자본조정, 기타포괄손익누계액, 이익잉여금(또는 이월결손금)의 변동에 대한 포괄적인 정보를 제공한다.

**04. 다음 중 재무회계의 개념체계에서 말하는 재무보고의 주된 목적에 해당하지 않는 것은?**

① 투자 및 신용의사결정      ② 비재무적 정보의 계량화 및 법규준수여부

③ 미래 현금흐름 예측      ④ 경영자의 수탁책임 평가

**해설**

②

ⓒ 주석 및 기타 설명자료의 제공

주석, 부속명세서, 기타 설명자료를 통해 재무상태표, 손익계산서 및 재무상태의 변동에 관한 보고서에 표시된 항목을 이해하는데 도움이 되는 정보, 재무상태표에 계상되지 않은 자원이나 의무에 대한 정보, 회계변경의 효과에 대한 정보, 기업에 영향을 미치는 불확실성이나 위험에 대한 정보 및 부문별정보나 물가변동의 영향 등에 관한 정보 등을 제공한다.

이익잉여금처분계산서를 재무제표에서 제외하고 상법 등 법규에서 요구하는 경우에 주석으로 공시하도록 하고 있다.([K-IFRS]도 동일)


## 4. 재무제표의 기본 전제

기업실체를 둘러싼 환경으로부터 도출해낸 회계 이론 전개의 기초가 되는 사실들을 의미하는 것으로 회계공준 또는 환경적가정이라고도 한다.

① **발생기준**

- 발생 : 미수수익과 같이 미래에 수취하게 될 자산을 관련된 수익과 함께 인식하거나, 또는 미지급비용과 같이 미래에 지급할 부채를 관련된 비용과 함께 인식하는 회계과정을 의미한다.

- 이연 : 선수수익과 같이 현재의 현금유입액을 미래에 수익으로 인식하기 위해 부채로 인식하거나 선급비용과 같이 현재의 현금 유출액을 미래에 비용으로 인식하기 위해 자산으로 인식하는 회계과정을 의미한다.

② **회계공준(=기본가정)**

- 기업실체가정 : 소유주와 법인이 독립적으로 존재한다
- 계속기업가정 : 기업의 목적과 이익을 달성할 수 있을 정도로 충분한 기간동안 존속한다.
- 기간별보고가정 : 존속기간을 회계기간으로 분할하여 적시성있게 보고한다.

**05. 다음 (　　　)에 적합한 개념은 무엇인가?**

> 경영자는 재무제표를 작성할 때, 기업의 존속가능성을 평가하여야 하며, 기업이 경영활동을 청산 또는 중단할 의도가 있거나, 경영활동의 중단 외에 다른 현실적 대안이 없는 경우가 아니면 (　　　)을(를) 전제로 재무제표를 작성한다.

**해설**

계속기업

## 5. 재무제표정보의 질적 특성

질적특성은 정보이용자의 의사 결정에 유용하기 위하여 회계 정보가 갖추어야 할 주요 속성을 말한다.

① **이해가능성**

정보이용자들이 보다 쉽게 이해할 수 있도록 재무제표가 작성, 제공되어져야 한다는 것으로 재무정보가 유용하기 위한 전제 조건이다.

② **목적적합성**

회계정보를 이용함으로써 미래의 예측을 돕거나, 기대치를 확인, 수정하게 함으로써 의사결정의 내용에 차이를 가져올 수 있는 것이다.

- 예측가치 : 미래에 대한 예측능력제고시켜 의사 결정에 영향을 미칠 수 있는 질적 특성
- 피드백가치 : 과거기대치를 확인, 수정함으로써 의사 결정에 영향을 미칠 수 있는 질적 특성
- 적시성 : 정보가 의사 결정에 영향을 미칠 수 있는 능력을 상실하기 전에 필요한 정보가 적시에 제공되어져야 한다는 것이다.

③ **신뢰성**

회계정보가 오류나 편견으로부터 벗어나 나타내고자 하는 것을 충실하게 나타낼 수 있어야 한다는 속성이다.

- 표현의 충실성 : 특정정보는 그 정보가 나타내고자 하는 것을 충실하게 나타낼 수 있어야 한다는 속성이다.
- 중립성 : 미리 의도된 결과나 성과를 유도할 목적으로 재무제표상에 특정정보를 선택적으로 표시함으로써 의사결정에 영향을 미치지 말아야 한다는 것이다.
- 검증가능성 : 동일한 경제적 사건에 대해 동일측정방법을 적용할 경우 다수의 서로 다른 측정자들이 유사한 결론에 도달할 수 있어야 한다는 것이다.

④ 비교가능성

- 통일성 : 동일업종에서 동일 회계처리한다. 방법선택으로 인한 기업간의 비교가능성
- 계속성(일관성) : 동일 기업내에서 동일 회계처리 한다. 방법의 계속적용으로 인한 기간별 비교가능성
- 계속성 원칙이 지켜져야 하는 이유
  - 이익조작 가능성을 억제하고 회계수치의 자의적인 조작을 억제한다.
  - 기간별 비교가능성 제고를 통한 정보의 유용성 제고한다.

⑤ 실질우선

재무제표가 목적적합하고 신뢰할 수 있기 위해서는 재무제표 작성시 거래나 사건을 형식보다는 경제적 실질에 따라 회계처리하고 보고해야 한다는 것이다.

⑥ 효익 · 비용간 균형

특정정보로부터 기대되는 효익이 그 정보제공으로 소요되는 비용을 초과해야 한다는 것으로 재무제표 정보의 제공에 대한 포괄적 제약이다.

⑦ 중요성

- 재무제표상 정보가 생략되거나 잘못 기재되어 동 재무제표를 기초로 한 의사결정에 영향을 미친다면 이는 유의적인 정보이다.
- 중요성은 특정정보에 대한 인식이나 보고의 출발점을 제시한다고 할 수 있다.

❙질적특성 구조

| 기본전제 | 이해가능성 | |
|---|---|---|
| 목적 | 의사결정의 유용성 | |
| 주요질적특성 | 목적적합성 | 신뢰성 |
| 주요질적특성의 구성요소 | ① 예측가치 | ① 검증가능성 |
| | ② 피드백가치 | ② 중립성 |
| | ③ 적시성 | ③ 표현의 충실성 |
| 2차질적특성 | 비교가능성(기간별비교, 기업간비교) | |
| 제약요인 | 비용과 효익(효익>비용) | |
| 인식의 출발점 | 중요성 | |

전산세무 1급

**기본예제**

**06. 다음 표시된 회계정보의 질적특성 중 중요도가 비교적 낮은 항목은?**

① 기업간 비교　　　　　　　② 예측가치
③ 검증가능성　　　　　　　④ 피드백가치

**해설**

① 회계정보가 가져야 될 유의적인 질적특성은 목적적합성(예측가능성, 피드백가치)과 신뢰성(표현의 충실성, 검정가능성, 중립성)이다.

**기본예제**

**07. 다음 중 회계정보의 유용성을 증대시키는데 가장 유의적인 회계정보의 질적특성은 어느 것인가?**

① 이해가능성과 중요성　　　② 비교가능성과 충분성
③ 비교가능성과 예측성　　　④ 목적적합성과 신뢰성

**해설**

④ 주요질적특성이라고 한다.

## 6. 재무제표 기본요소의 인식

인식이란, 특정거래 또는 경제적 사건의 경제효과를 자산, 부채, 자본, 수익, 비용 등으로 구분하여 재무제표에 계상하는 것이다.

재무제표기본요소의 정의에 부합되고 다음의 인식기준 충족시 이를 인식한다.

① 당해 과목과 관련된 미래의 경제적효익이 기업실체에 유입되거나 또는 유출될 가능성이 매우 높고

② 당해 항목에 관한 측정 속성이 있으며 이를 적용하여 당해항목의 금액이 신뢰성있게 측정될 수 있어야 한다.

## 7. 재무제표 기본요소의 측정

① **역사적원가(취득원가)** : 자산취득시 대가로 지급한 현금 또는 기타 지급수단의 공정가치

② **현행원가** : 자산은 동일 또는 유사한 자산을 현재시점에서 취득시 지급해야 할 현금이나 현금성자산

③ **현행유출가치** : 자산은 현재의 정상적 처분거래에서 수취될 수 있는 현금이나 현금성자산

④ 순실현가능가치

$$자산 = (추정판매가 - 추정비용)$$
$$부채 = (추정상환가 + 추정비용)$$

※ 실물자산이 처분으로 유출되면 유출가치이므로 순실현가능가치도 유출가치에 해당한다.

⑤ **기업특유가치(사용가치)** : 자산(부채)를 계속 사용, 보유시 기대되는 미래현금유입(현금유출)의
   현재가치

⑥ **상각후 가액** : 유효이자율을 이용하여 당해자산(부채)에 대한 현재가치를 측정한 가액(사용이자
   율은 역사적 이자율)

**08. 다음 중 기업회계기준에서 규정하고 있는 자산의 측정 속성으로 적합하지 않은 것은?**

| 과 목 | 측정속성 | 과 목 | 측정속성 |
|---|---|---|---|
| ① 매출채권 | 순실현가능가치 | ② 매도가능증권 | 공정가치 |
| ③ 상품 | 회수가능가치 | ④ 선급보험료 | 역사적원가 |

해설

③ 재고자산은 역사적원가로 측정하며, 저가법 적용시에만 순실현가능가치, 현행원가로 측정한다.

## 8. 재무상태표

일정시점의 자산, 부채, 자본 즉, 재무상태를 나타내는 재무제표중의 하나이다.

① **유용성**
   - 유동성에 관한 정보를 제공한다.
   - 재무적 융통성에 관한 정보를 제공한다.
   - 기업실체의 자본구조에 관한 정보를 제공한다.
   - 투자수익률에 관한 정보를 제공한다.
     ※ 유동성 : 현금화가능성을 의미 – 유동비율로 판단
     ※ 재무적 융통성 : 예상치 못한 사건발생에 대한 기업의 대응 능력

② **한계점**
   - 역사적 원가주의로 측정하여 현행가치를 반영하지 못한다.
   - 자산과 부채의 측정에 주관적인 판단과 추정이 많이 개입된다.
   - 화폐적으로 측정될 수 없는 가치있는 일부 자원이 포함되지 않는다.
   - 부외금융이 존재가능하다.

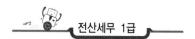

③ 재무상태표 작성기준(유동성배열법, K-IFRS는 유동/비유동 구분법과 유동성배열법)

| 구성요소구분 | • 자산 : 유동, 비유동자산<br>• 부채 : 유동, 비유동부채<br>• 자본 : 자본금, 자본잉여금, 자본조정, 기타포괄손익누계액, 이익잉여금<br> K-IFRS는 납입자본, 이익잉여금, 기타자본요소로 구성 |
|---|---|
| 통합표시가능 | • 단기금융상품, 단기매매증권, 단기대여금등 : 단기투자자산<br>• 원재료, 재공품, 상품, 제품등 : 재고자산<br>• 건물, 구축물, 기계장치 등 감가상각자산 : 설비자산등 적절한 과목<br>• 건물, 구축물, 기계장치 등 감가상각자산 : 설비자산등 적절한 과목<br>• 주식할인발행차금, 감자차손,자기주식처분손실 : 자본조정(차감계정)<br>• 대손충당금, 감가상각누계액, 사채발행차금등 : 자산, 부채의 순액 |
| 구분표시강제<br>(타항목과<br>통합불가) | • 현금 및 현금성자산의 구분표시<br>• 자본금은 보통주자본금과 우선주자본금으로 구분표시<br>• 자본잉여금중 주식발행초과금의 구분표시<br>• 자본조정 중 자기주식의 구분표시<br>• 기타포괄손익누계액을 구성요소별로 구분표시<br>• 이익잉여금을 법정적립금,임의적립금,미처분이익잉여금으로 구분표시 |
| 총액표시 | 자산과 부채는 원칙적으로 상계표시 불가 |
| 표 시 | 전기와 당기를 비교하는 형식으로 작성(손익계산서도 동일) |

**기본예제**

### 09. 다음 중 재무상태표에 대한 설명으로 틀린 것은?

① 재무상태표는 일정 기간에 기업이 보유하고 있는 경제적 자원인 자산과 경제적 의무인 부채, 그리고 자본에 대한 정보를 제공하는 재무보고서이다.
② 재무상태표는 정보이용자들이 기업의 유동성, 재무적 탄력성, 수익성과 위험을 평가하는데 유용한 정보를 제공한다.
③ 자산과 부채는 유동성이 큰 항목부터 배열하는 것을 원칙으로 한다.
④ 재무상태표의 구성요소는 자산, 부채, 자본이다.

**해설**

① 재무상태표는 일정 시점 현재 기업이 보유하고 있는 경제적 자원인 자산과 경제적 의무인 부채, 그리고 자본에 대한 정보를 제공하는 재무보고서이다.

**01** 회계정보의 질적특성인 목적적합성과 신뢰성은 서로 상충될 수 있으며 이때 상충되는 질적특성간의 선택은 재무보고의 목적을 최대한 달성할 수 있는 방향으로 이루어져야 한다. 다음 중 질적특성간의 선택이 나머지와 성격이 다른 하나는 무엇인가?

① 자산의 평가기준을 역사적원가 대신 현행원가(시가)를 선택하는 경우
② 공사수익의 인식기준을 공사진행기준 대신 공사완성기준을 선택하는 경우
③ 순이익의 인식기준을 현금주의 대신 발생주의를 선택하는 경우
④ 투자주식의 평가기준을 원가법 대신 지분법을 선택하는 경우

**02** 재무제표를 통해 제공되는 정보의 특성과 한계에 대한 설명으로 틀린 것은?

① 재무제표는 화폐단위로 측정된 정보를 주로 제공한다.
② 재무제표는 대부분 과거에 발생한 거래나 사건에 대한 정보를 나타낸다.
③ 재무제표는 사실에 근거한 자료만 나타내며, 추정에 의한 측정치는 포함하지 않는다.
④ 재무제표는 특정기업실체에 관한 정보를 제공하며, 산업 또는 경제 전반에 관한 정보를 제공하지는 않는다.

**03** 다음 중 재무제표 작성과표시에 대한 설명으로 틀린 것은?

① 재무제표는 경제적 사실과 거래의 실질을 반영하여 기업의 재무상태, 경영성과, 이익잉여금 변동 및 자본변동을 공정하게 표시하여야 한다.
② 경영진은 재무제표를 작성할 때 계속기업으로서의 존속가능성을 평가해야 한다.
③ 재무제표가 일반기업회계기준에 따라 작성된 경우에는 그러한 사실을 주석으로 기재하여야 한다.
④ 일반기업회계기준에서 재무제표 본문이나 주석에 구분 표시하도록 정한 항목이라 할지라도 그 성격이나 금액이 중요하지 아니한 것은 유사한 항목으로 통합하여 표시할 수 있다.

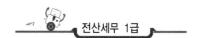

**04** 재무상태표의 유동자산과 비유동자산의 구분에 대한 다음의 설명 중 틀린 것은?

① 정상적인 영업주기 내에 회수되는 매출채권이라도 보고기간 후 1년 이내에 실현되지 않으면 비유동자산으로 분류한다.

② 정상영업주기를 명확히 식별할 수 없는 경우에는 그 기간이 12개월인 것으로 가정한다.

③ 장기미수금 등의 비유동자산 중 1년 이내에 실현되는 부분은 유동자산으로 분류한다.

④ 단기매매목적으로 보유하는 자산은 유동자산으로 분류한다.

# 02 수익과 비용

## 1. 수익인식의 기준( = 실현주의)

수익과 비용은 발생주의를 적용한다. 수익은 연속적인 경영활동과정에서 점진적으로 발생한다. 수익을 보고하기 위하여는 이와 같은 수익발생과정(=발생주의)중 언제 수익을 인식할 것인가를 결정해야 한다. 수익은 일반적으로 다음 두 가지 요건이 동시에 충족될 때 인식한다.

① **실현요건** : 실현되었거나 실현가능해야 한다.

　• **실현기준** (realized or realizable) ⇒ 채권금액의 확정

② **가득요건** : 가득되어야 한다.

　• **가득기준** (earned) ⇒ 결정적사건(의무)의 완료

## 2. 비용의 인식기준 ( = 수익 · 비용대응원칙)

① **인과관계에 따른 직접대응**

수익 · 비용대응의 원칙에 의거 직접적인 인과관계에 따라 비용을 관련수익과 대응이 되도록 인식하는 것을 말한다. 이 경우 비용은 관련수익과 동일한 기간에 인식된다.

　. 매출원가, 판매수수료

② **체계적이고 합리적인 배분 → 간접대응**

장기적으로 미래 경제적효익을 창출하는 자산과 같이 각 회계연도의 수익과 관련비용의 명확한 인과관계를 발견하기가 어려운 경우에는 체계적이고 합리적인 배분방식을 통하여 인식한다.

　. 감가상각비, 선급비용

③ **즉시인식**

미래수익과 관련성이 없거나 매우 불확실한 경우에는 발생시의 비용으로 인식해야 한다.

　. 광고선전비, 관리자급여

## 3. 수익의 인식시기

수익금액은 일반적으로 판매자와 구매자 또는 자산의 사용자 간의 합의에 따라 결정되며, 판매자에 의해 제공된 매매할인 및 수량리베이트를 고려하여 받았거나 받을 대가의 공정가치로 측정한다.

① 용역의 제공

　㉠ 설치용역수수료

　　재화판매가 주목적이고 설치용역이 재화판매에 부수적으로 제공되는 경우가 아니라면 진행기준에 따라 수익인식한다.

　㉡ 재화의 판매가격에 추후 제공될 용역이 포함된 경우

　　용역에 대한 식별가능한 금액을 이연처리하고 용역이 제공되는 기간 동안 수익으로 인식

　㉢ 광고수익

　　• 방송사의 광고수익 : 광고를 대중에게 전달하는 시점

　　• 광고제작사의 광고 제작용역 수익 : 진행기준

　㉣ 공연입장료

　　행사가 개최되는 시점

　　단, 하나의 입장권으로 여러 행사 참여 가능시는 각각 행사위해 수행된 용역정도에 따라 각 행사에 배분하여 인식한다.

　㉤ 입회비 및 연회비

　　• 회원가입, 회원자격 유지를 위한 것 : 회비의 회수가 확실하게 된 시점

　　• 재화 등의 무상·저가구매를 위한 것 : 가입 기간동안 합리적인 기준에 따라 수익인식

　㉥ 주문개발하는 소프트웨어의 대가로 수취하는 수수료 : 진행기준

　㉦ 프렌차이즈수수료

　　• 설비등 제공에 따른 수취액 : 자산을 인도하나 소유권을 이전하는 시점에 제공된 공정가액을 기초로 산정한 금액을 수익으로 인식

　　• 창업지원용역 수수료

| 수수료 수령에 대한 대가로 저렴한 가격 또는 적정판매이익이 보장되지 않는 가격으로 설비 등 자산을 가맹점에 제공하는 경우 | • 수수료 중 제공자산의 추정원가를 회수하고 적정판매이익을 보장하는 금액<br>⇒ 이연처리 후 설비 등을 가맹점에 판매하는 시점<br>• 나머지 수수료<br>⇒ 창업지원용역의 대부분이 수행된 시점 |
|---|---|
| 회수가 불확실한 경우 | 현금수취시점 |

　㉧ 운영지원용역 수수료 : 용역이 제공된 시점

② **로열티** : 계약의 경제적 실질을 반영하여 발생기준적용

   - 일정기간동안 사용권리 갖는 경우 : 계약기간동안 정액법
   - 자유로운 사용권 부여된 경우 : 상표권 등을 제공하는 시점(∵실질적 판매로 봄)

③ **재화판매**

   ㉠ 설치 및 검사 조건부 판매

   - 설치와 검사가 완료된 때
   - 단, 설치과정이 단순한 경우나 계약가액을 최종 확인목적으로 검사가 수행되는 경우는 구매자가 재화를 인수한 시점

   ㉡ 반품조건부 판매

   - 반품가능성 불확실로 추정이 어려운 경우 : 구매자가 재화인수를 공식 수락한 시점 또는 반품기간이 종료된 시점
   - 반품예상액을 추정가능한 경우 : 인도시점에 수익인식

   ㉢ 재구매약정이 있는 경우

   판매거래 수익인식 적용치 않음 — 판매·매입거래 전체를 하나로 보아 그에 적합한 회계처리(. 금융거래로 처리한다)를 한다.

   ㉣ 정기간행물의 구독

   - 구독품목의 가액이 동일한 경우 : 구독기간에 걸쳐 정액법
   - 구독품목의 가액이 상이한 경우 : 발송품목가액이 총판매가액에서 차지하는 비율따라 수익인식

   ㉤ 수수료만을 수익으로 인식하는 경우

   - 수출대행업 : 판매를 위탁하는 회사를 대신하여 수출하는 것이므로 판매수수료만 수익으로 인식
   - 인터넷경매 : 인터넷 경매회사나 전자쇼핑몰 운영회사는 관련수수료만 수익으로 인식
   - 수탁판매 : 수수료만 수익으로 인식

④ **장기할부매출**

   이자부분을 제외한 판매가격에 해당하는 수익을 판매시점에 인식한다. 판매가격은 대가의 현재가치로서 수취할 할부금액을 내재이자율로 할인한 금액이다(인도시점에서 매출인식)

⑤ **위탁매출**

   - 수익인식시점 : 수탁자가 고객에게 판매시
   - 위탁자의 적송운임, 수탁자의 인수운임 : 적송품의 취득원가로 처리한다.
   - 수탁자에게 지급한 판매수수료, 수탁자 판매시 지출한 매출운임과 창고보관비용 : 매출에 대응하는 비용처리한다.

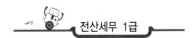 

⑥ 이자수익등

이자수익, 배당금수익, 로열티수익은 다음의 기준에 따라 인식한다.
- 이자수익은 원칙적으로 유효이자율을 적용하여 발생기준에 따라 인식한다.
- 배당금수익은 배당금을 받을 권리와 금액이 확정되는 시점에 인식한다.
- 아파트분양수익은 진행기준에 의한다.([K-IFRS]는 완성기준 적용)

⑦ 판매기준
- 부동산 판매 : 법적 소유권이 구매자에게 이전되는 시점에 인식한다.
- 시용매출 : 매입의사 표시한 때
- 상품권 : 상품권을 회수하는 때(즉, 상품인도시)

**참고 Check! [K-IFRS]포인트/마일리지 회계**

해당 포인트&마일리지 부여 활동을 별도의 수익창출활동으로 보고, 관련 수익을 이연한 뒤 포인트&마일리지의 사용에 따라 이연한 수익을 실현 수익으로 전환한다.(현행기준은 충당부채설정)

**기본예제**

**01. 기업회계기준의 수익인식 기준으로 옳지 않는 것은?**

① 장기할부 매출의 경우  인도기준을 적용한다.
② 용역매출·예약매출의 경우 장단기모두 진행기준을 적용한다.
③ 시용매출의 경우 인도한 날을 기준으로 적용한다.
④ 위탁매출의 경우 수탁자가 소비자에게 판매한 날에 수익을 인식한다.

**해설**

③ 시용매출의 경우 매입의사를 표시한 날을 기준으로 적용한다.

**기본예제**

**02. 재화의 판매에 대한 수익인식 기준의 설명 중 옳지 않은 것은?**

① 외상판매대금의 회수가능성은 있으나 대손가능성이 매우 높다면 대손율을 합리적으로 추정할 수 있더라도 수익을 인식할 수 없다.
② 반품가능판매의 경우 반품금액을 신뢰성있게 추정할 수 없다면 반품기한이 경과될 때까지 수익을 인식하지 않는다.
③ 수익금액이 확정되지 않았더라도 합리적인 근거에 의해 추정이 가능하다면 그 추정금액으로 수익을 인식한다.
④ 수익에 대응되는 비용은 신뢰성있게 측정할 수 없다면 수익을 인식할 수 없으며, 이미 수령한 금액은 부채로 인식한다.

**해설**

① 현금회수가능성이 불확실한 상황과 대손율을 합리적으로 추정할 수 있는지의 여부와는 무관하다. 즉, 외상 판매 대금의 회수가능성은 있으나 대손가능성이 매우 높더라도 대손율을 합리적으로 추정할 수 있다면 수익을 인식한다.

**기본예제**

**03. 뉴젠회사는 계약금액 25,000,000원의 건설공사를 당기초에 착수하여 3년후에 완공할 예정이다. 당해년도 공사원가는 5,000,000원이고, 완성시까지 추가소요원가는 15,000,000원이다. 당해년도에 인식하여야 할 공사손익은 얼마인가?**

① 750,000원 손실　　　　　　　　　　　② 1,500,000원 손실
③ 1,250,000원 이익　　　　　　　　　　　④ 2,250,000원 이익

**해설**

③ 공사진행률 = 5,000,000 / 20,000,000 = 25%

공사수익 6,250,000원 − 공사원가 5,000,000원 = 공사이익1,250,000원

**기본예제**

**04. 용역의 제공에 대한 수익인식기준에 대한 설명 중 틀린 것은?**

① 광고제작수수료는 광고 제작의 진행률에 따라 인식한다.
② 주문개발하는 소프트웨어의 대가로 수취하는 수수료는 진행률에 따라 인식한다.
③ 설치수수료는 재화의 판매에 부수적인 설치를 제외하고는 설치의 진행률에 따라 수익으로 인식한다.
④ 예술공연, 기타 공연에서 발생하는 수익은 입장권이 판매되는 시점에 인식한다.

**해설**

④ 예술공연, 기타 공연에서 발생하는 수익은 행사가 개최되는 시점에 인식한다.

> **참고 Check!** **전자상거래에 대한 회계처리(인터넷 쇼핑몰 업체의 전반적인 회계처리)**
>
> 1. 포인트 적립비용 : 포인트 적립시점에는 회계상 수익비용 인식기준을 충족하지 못하므로 별도의 회계처리는 필요하지 않으며, 누적 점수의 사용시점에 판매촉진비, 매출할인 등 매출차감항목으로 회계처리를 하면 된다.
> 2. 배송료 : 전자상거래에서 자주 발생하는 비용 중으로 하나로 인터넷 상에서 제품 등을 판매하고 이를 운반하는 과정에서 발생하는 비용은 판매관리비 구분의 운반비계정으로 처리하면 된다.
> 3. 제품포장비 : 물건을 판매하고 운반하기 위하여 사용하는 각종 포장 관련 비용은 이를 포장비계정(판)으로 처리한다.
> 4. 카드결제 : 매출 중 카드부분은 카드매출 시 매출채권으로 계상 한 후 입금시점에 매출채권과 상계처리 하면 된다.

> **참고 Check!** **마일리지에 대한 회계처리**
>
> [마일리지 회계처리]
>
> 판매촉진을 위해 소비자가 물품 등을 구매하는 경우 일정비율의 포인트를 소비자에게 적립해 주고 정해진 포인트 이상을 적립한 고객에게 현금 또는 상품 등을 제공하는 마일리지도 일종의 판매촉진비에 해당한다. 한편, 마일리지방법으로 포인트를 적립해 주는 경우 물품 등의 구매시 포인트에 해당하는 금액에 대해 현금 또는 상품 지급이 확정된 시점에 손금산입해야 한다.
>
> 1. 매출후 마일리지 적립시 : 비망기재만 있고 별도의 회계처리는 없다.
> 2. 마일리지 사용시 : 고객이 포인트 누적금액을 이용해 상품제공을 요청해서 상품 120,000원을(시가 150,000원)을 무상으로 증정한 경우의 회계처리(2017부터 마일리지 사용이 면세로 규정)
>  (차) 판매촉진비 120,000    (대) 상품(타계정대체) 120,000

## 4. 상품권선수금과 상품매출

상품권을 발행한 때에는 상품권선수금계정 대변에 기입하고, 상품권과 교환하여 상품을 인도한때에는 상품권선수금계정 차변에 기입한다. 만약 상품권할인액발생시 매출환입및에누리로 처리한다.

| 거 래 내 용 | 차 변 | | 대 변 | |
|---|---|---|---|---|
| 상품권을 5,000원에 발행하고 현금 받다. | 현 금 | 5,000 | 상품권선수금 | 5,000 |
| 상품을 10,000원에 매출하고 5,000원은 상품권을 받고 잔액은 현금 받았다. | 상품권선수금<br>현 금 | 5,000<br>5,000 | 상 품 매 출 | 10,000 |
| 상품을 4,000원에 매출하고 5,000원권 상품권을 받고 잔액은 현금 지급하였다 | 상품권선수금 | 5,000 | 상 품 매 출<br>현 금 | 4000<br>1,000 |

## 5. 재해손실과 보험금수익(=보험차익)

풍수해, 화재 등에 의하여 고정자산이나 재고자산, 현금 등에 발생한 손실을 처리하는 계정이다. 이러한 손실은 영업활동과는 무관한 임시적 가치손실이기 때문에 당연히 영업외비용으로 분류한다. 현재 일반기업회계준은 손상차손(손상, 소실, 포기된 유형자산)과 보상금은 별개의 회계사건으로 본다. 보상금은 수취할 권리가 발생하는 시점에 당기손익에 반영한다.

| 거 래 내 용 | 차 변 | | 대 변 | |
|---|---|---|---|---|
| 건물 취득가액 1,000원(감가상각누계액 400원)이 화재가 발생 | 감가상각누계액<br>재해손실 | 400<br>600 | 건　　물 | 1,000 |
| 보험회사에 보험금을 600원을 확정통보시 | 미수금 | 600 | 보험금수익<br>(보험차익) | 600 |
| 보험회사에서 600원을 수령하였다 | 현금 | 600 | 미수금 | 600 |

**01** 다음 중 발생주의에 따른 회계처리로 볼 수 없는 것은?

① 상품 매출시 수익의 인식을 인도기준으로 처리하는 경우
② 매출채권에 대한 대손의 인식을 충당금설정법에 따르는 경우
③ 결산시 장부상 현금잔액과 실제 현금잔액의 차이를 당기손익으로 처리하는 경우
④ 유형자산에 대하여 감가상각비를 계상하는 경우

**02** 다음 자료를 참고하여 손익계산서에 반영될 대손상각비는 얼마인가?

| 구          분 | 전기 | 당기 |
|---|---|---|
| 기초 대손충당금 잔액 | ? | ? |
| 기중 대손발생액 | 2,000,000원 | 7,000,000원 |
| 전기 대손금 중 회수액 | 1,000,000원 | 3,000,000원 |
| 기말 대손충당금 잔액 | 5,000,000원 | 5,000,000원 |

① 2,000,000원
② 4,000,000원
③ 3,000,000원
④ 5,000,000원

**03** 수익인식기준에 대한 구체적인 사례이다. 틀린 것은?

① 설치 및 검사 조건부 판매의 경우 : 구매자에게 재화가 인도되어 설치와 검사가 완료되었을 때
② 상품권 발행의 경우 : 발행된 상품권을 회수하는 시점 즉 재화를 인도하거나 판매한 시점
③ 할부판매의 경우 : 이자수익에 해당하는 부분을 제외한 판매가액을 재화가 인도되는 시점
④ 정기간행물의 경우 : 그 가액이 비슷한 품목을 구독신청에 의하여 판매하는 경우에는 계약시점

**04** 배당에 관한 설명으로 틀린 것은?

① 배당금을 수령하는 법인의 입장에서 현금배당은 당기순이익을 증가시키지만 주식배당은 당기순이익에 전혀 영향이 없다.

② 배당금을 지급하는 법인의 입장에서 현금배당이나, 주식배당 모두 이익잉여금을 감소시킨다.

③ 배당금을 지급하는 법인의 입장에서 주식배당은 자본을 감소시키나 현금배당의 경우 자본총계 변화는 전혀 없다.

④ 배당금을 지급하는 법인의 입장에서 중간배당은 이사회의 결의에 의해서 현금배당만 할 수 있고 주식배당은 불가능하다.


**05** 다음 수익인식기준에 대한 설명 중 틀린 것은?

① 위탁판매의 경우, 위탁자는 수탁자에게 재화를 인도할 때 수익을 인식한다.

② 수출업무를 대행하는 종합상사는 판매를 위탁하는 회사를 대신하여 재화를 수출하는 것이므로, 판매수수료만 수익으로 인식한다.

③ 판매자와 구매자를 연결시켜 인터넷상에서 매매를 중개하는 오픈마켓 회사는 제품결제금액이 아닌 판매수수료만을 수익으로 인식해야 한다.

④ 임대업을 영위하는 회사는 임대매장에서 발생하는 매출이 아닌 임차인으로부터 수취하는 임대료만 수익으로 인식한다.


**06** 다음 공사와 관련하여 인식하여야 할 공사매출액은?

- 공사기간 : 당기 3월 1일 ~ 차기 9월 30일
- 총계약 도급금액 : 300,000,000원
- 총공사 예정원가 : 240,000,000원
- 당기 발생한 공사원가 : 60,000,000원

① 60,000,000원      ② 75,000,000원

③ 100,000,000원      ④ 240,000,000원


**07** 수익 인식과 관련한 설명으로 잘못된 것은?

① 위탁판매는 수탁자가 해당 재화를 제3자에게 판매한 시점에 수익을 인식한다.

② 배당금 수익은 배당금을 받을 권리와 금액이 확정되는 시점에서 인식한다.

③ 이자수익은 원칙적으로 유효이자율을 적용하여 발생기준에 따라 인식한다.

④ 로열티수익은 관련된 계약에 따라 각 대가를 받은 시점에 인식한다.

# 03 당좌자산

학습목표

▶ 현금과 금융상품의 이해

## 1. 금융자산과 금융부채

금융자산은 현금과 금융상품을 의미하고, 금융상품은 거래당사자 일방에게 금융자산을 발생시키고 동시에 다른 거래상대방에게 금융부채나 지분상품을 발생시키는 모든 계약을 말한다.

### ① 금융상품의 최초인식

금융상품은 금융기관이 취급하는 금융상품 즉 보통예금, 당좌예금등과 수취채권및 유가증권을 말한다. 금융자산이나 금융부채는 금융상품의 계약당사자가 되는 때에만 재무상태표에 인식한다.

### ② 금융상품의 제거

다음 중 하나에 해당하는 경우에만 금융자산을 제거한다.
• 금융자산으로부터의 현금흐름에 대한 계약상 권리가 소멸하거나 결제된 경우
• 금융자산과 관련된 유의적인 위험과 보상 모두를 상대방에게 양도한 경우등

### ③ 금융자산과 금융부채의 최초 측정

금융자산이나 금융부채는 최초인식시 공정가치로 측정한다. 다만, 최초인식 이후 공정가치로 측정하고 공정가치의 변동을 당기손익으로 인식하는 금융자산이나 금융부채{. 단기매매증권, 파생상품(현금흐름위험회피회계에서 위험회피수단으로 지정되는 경우는 제외)}가 아닌 경우 당해 금융자산(금융부채)의 취득(발행)과 직접 관련되는 거래원가는 최초인식하는 공정가치에 가산(차감)한다.

### ④ 금융자산과 금융부채의 후속 측정

금융자산이나 금융부채는 상각후원가로 측정한다. 단기매매증권의 평가항목을 당기손익인식항목으로 지정할 수 있다. 공정가치의 최선의 추정치는 활성시장에서 공시되는 가격이다. 금융상품에 대한 활성시장이 없다면, 공정가치는 평가기법을 사용하여 결정한다.

**01. 다음 중 일반기업회계기준의 금융상품에 대한 설명으로 틀린 것은?**

① 금융자산의 이전거래가 매각거래에 해당하면 처분손익을 인식하여야 한다.
② 금융자산이나 금융부채는 금융상품의 계약당사자가 되는 때에만 재무상태표에 인식한다.
③ 신규로 취득하는 금융자산의 공정가치를 알 수 없는 경우 '0'으로 보아 처분손익을 계상한다.
④ 신규로 취득하는 금융부채의 공정가치를 알 수 없는 경우 부채를 부담하는 경우에는 처분에 따른 이익을 최소화하는 범위 내에서 평가하여 계상한다.

**해설**

④ 공정가치의 최선의 추정치는 활성시장에서 공시되는 가격이다. 금융상품에 대한 활성시장이 없다면, 공정가치는 평가기법을 사용하여 결정한다.

## 2. 은행계정조정표

일정시점에서 회사의 당좌예금의 장부 잔액과 은행의 예금계좌의 잔액은 항상 서로 일치하여야 하지만, 실제로는 회사와 은행간의 기장 시점 차이와 어느 한쪽의 오류로 인하여 양자간의 차이가 발생할 수가 있으며 이 양자간의 차이를 조정하는 내용을 나타내는 표를 은행계정조정표라 한다.

① **기 발행미인도수표** : 외상매입금을 결제하기위해 발행한 수표를 기장완료하였으나 인도하지 않은 수표를 말하며, 이는 회사 측 잔액에서 가산되어야 한다. (발행은 했으나 아직 거래처에서 은행에 지급청구를 하지 않은 기발행미인출수표는 회사는 조정없고, 은행측잔액에서는 차감한다)

② **기장 오류** : 회사 측 오류 시에는 회사에서, 은행 측 오류 시에는 은행 측에서 수정 회계처리한다.

③ **회사 미기입의 출금** : 당좌차월 등에 대한 이자비용, 예입한 수표, 추심수수료등과 부도 등에는 회사 측에서 출금 통지를 받지 못하였을 경우에 발생하며, 회사 측 잔액에서 차감되어야 한다.

④ **회사 미기입의 예입** : 거래처에서 무통장 입금 및 어음대금의 추심, 예금이자 등의 입금 사실을 회사 측에서 통지를 받지 못하였을 경우에 발생하며, 회사측 잔액에 가산되어야 한다.

**기본예제**

**02. 다음 자료에 의해서 당해년도말의 은행계정조정표를 작성하고 수정분개를 하시오.**

(1) 회사 당좌예금 출납장 잔액 5,000,000원
(2) 은행에서 보내온 은행잔액증명서 잔액 8,200,000원
(3) 매입처에 발행한 수표 2,000,000원이 은행에서 미지급이다.
(4) 거래처의 외상매출금 3,000,000원이 은행에 입금되었으나, 회사에 통지되지 않았다.
(5) 거래처에서 계약금조로 받은 수표 1,500,000원을 예입하였으나, 2,500,000원으로 잘못 기장 하다.
(6) 단기차입금에 대한 이자 800,000원이 차감되었으나, 회사에 통지미달이다.

**해설**

### 은 행 계 정 조 정 표

20XX년 12월31일

| | | | | |
|---|---|---|---|---|
| 회사: 회사당좌예금계정 잔액 | 5,000,000 | 은행: 은행잔액증명서 잔액 | | 8,200,000 |
| | | 가산: | | |
| 가산: 미통지 당좌예금 | 3,000,000 | | | |
| | | 차감: 기발행미인출수표 | | 2,000,000 |
| 차감: 잘못기재한 금액 | 1,000,000 | | | |
| 　　　단기차입금이자 | 800,000 | | | |
| 조정후의 잔액 | 6,200,000 | 조정후의 잔액 | | 6,200,000 |

| | 차 변 | | 대 변 | |
|---|---|---|---|---|
| (1) | 당좌예금 | 3,000,000 | 외상매출금 | 3,000,000 |
| (2) | 선 수 금 | 1,000,000 | 당좌예금 | 1,000,000 |
| (3) | 이자비용 | 800,000 | 당좌예금 | 800,000 |

## 3. 현금 및 현금성자산 [cashable assets, 現金性資産]

통화 및 타인발행수표 등 통화대용증권과 당좌예금, 보통예금 및 큰 거래비용 없이 현금으로 전환이 용이하고 이자율 변동에 따른 가치변동의 위험이 경미한 금융상품으로서 취득 당시 만기일(또는 상환일)이 3개월 이내인 것을 말한다.

① **통화** : 주화와 지폐

② **통화대용증권** : 자기앞수표, 가계수표, 송금수표, 여행자수표, 타인발행당좌수표, 우편환증서, 전신환증서, 만기도래이자표, 배당통지표, 국고환급금통지서, 일람불어음

③ **요구불예금** : 보통예금, 당좌예금, 자유저축예금

④ **현금성자산** : 취득일로부터 만기(상환일)가 3월이내 도래하는 금융상품과 우선주

## 4. 현금과부족[cash short and over, 現金過不足]

현금의 장부상 잔액과 실제잔액은 항상 일치하여야 한다. 그러나 장부 기입의 누락, 계산상의 착오, 보관부주의로 인한 도난과 분실 등으로 현금의 실제잔액과 장부잔액이 일치하지 않는 경우도 발생하는데 이러한 경우에는 불일치의 원인이 밝혀질 때까지 그 차액을 "현금과부족" 계정에 기입하여 현금의 실제잔액과 장부잔액을 일치시켜야 한다.

현금과부족계정은 일시적으로 처리하는 계정이므로, 다음 연도로 이월하지 못하고 결산시에는 반드시 소멸시켜야 한다. 만약 결산시까지 원인불명일 경우 현금과부족계정을 "잡이익"이나 "잡손실"로 대체하여 소멸시킨다.

**01** 12월 31일 현재 당좌예금의 계정잔액은 200,000원이고, 은행의 잔액증명서상 잔액은 150,000원으로 그 차이의 원인은 다음과 같다. 12월 31일 현재 재무상태표에 보고되어야 할 정확한 당좌예금잔액은?

> (1) 12월 10일 회사는 현금 150,000원을 당좌예입하였으나, 은행에서는 입금처리되지 않았다.
> (2) 12월 11일 발행된 수표 중 지급제시 되지 않은 수표 50,000원이 있다.
> (3) 12월 25일 거래처에서 직접예입한 200,000원을 당좌예금 계좌에 입금하였으나, 회사에는 통보되지 않았다.
> (4) 12월 27일 은행은 차입금에 대한 이자 50,000원을 회사의 당좌예금계좌에서 차감하였지만 회사는 이에 대한 회계처리를 하지 않았다.
> (5) 12월 30일 외상매출금을 회수하여 당좌예입한 수표 100,000원을 150,000원으로 기록하였다.
> (6) 12월 31일 비품을 처분한 대가로 받은 수표 50,000원은 당좌예입하였으나 부도처리되었다.

① 150,000원            ② 200,000원

③ 250,000원            ④ 300,000원

**02** 다음 현금과부족에 대한 일련의 거래를 회계처리 시 당기 말 계상되는 잡이익은 얼마인가?

> • 7/1 현금 실제 잔액은 53,000원이고 장부잔액은 50,000원으로 확인되어 그 원인을 조사 중이다.
> • 10/20 위의 초과액 중 1,000원은 임대료 수입의 기장 누락으로 판명된다.
> • 12/31 기말 결산 시 까지 나머지 금액은 원인이 판명되지 않았다.

① 1,000원            ② 2,000원

③ 3,000원            ④ 4,000원

# 04 수취채권

## 1. 채권의 평가

외상매출금, 받을어음, 단기대여금, 선급금, 미수금 등의 채권 중 회수가 불확실한 채권은 합리적이고 객관적인 기준에 따라 산출한 대손추산액을 대손충당금으로 설정한다.

> 대손충당금 설정액 = 채권잔액 × 대손율(=추계액)– 대손충당금잔액

① 재무상태표접근법(B/S의 채권잔액기준) 채택

② 매출채권뿐만 아니라 기타채권에 대해서도 대손충당금을 설정해야 하며 각각 판관비(대손상각비)와 영업외비용(기타의 대손상각비)으로 처리한다.

③ 매출채권에 대한 대손충당금 환입액은 판관비의 부의 금액으로 처리한다.

④ 대손을 추산하는 과정에서 미래예상현금흐름이 장기간에 걸쳐 발생하는 채권의 경우에는 대손예상액을 현재가치로 평가하여 대손 추산액을 산정토록 규정하고 있다.

⑤ 대손충당금은 채권과목에서 차감하는 형식으로 기재하거나, 관련채권에서 직접 차감하여 순액표시도 가능. 단, 순액표시하는 경우는 주석 기재한다.

[K–IFRS]상각후원가를 장부금액으로 하는 대여금 및 수취채권이나 만기보유금융자산에서 손상이 발생하였다는 객관적 증거가 있는 경우에 한해 손상차손으로 인식

### 기본예제

**01. 회사는 모든 제품을 외상으로 판매하고 있다. 이 회사의 기초 외상매출금 잔액은 500,000원, 기말 외상매출금 잔액은 800,000원이었다. 대손충당금 기말잔액은 매출채권의 기말잔액의 10%로 설정하고 있다. 8월30일 실제 대손발생액이 200,000원이었다면 일련의 분개는?**

**해설**

08월30일 (차)대손충당금  50,000        (대)외상매출금 200,000

08월30일 (차)대손상각비 150,000

기초대손충당금은 500,000 × 10% = 50,000원이 되고, 대손발생시 대손충당금을 먼저 상계하고, 대손충당금이 부족시 대손상각비로 처리한다.

12월31일 (대)대손상각비  80,000        (대)대손충당금  80,000

## 2. 매출채권의 처분

① 매출채권양도

　㉠ 매각거래

　　• 실질적권리・의무 이전이 있는 경우로 매출채권처분손실(K-IFRS 금융자산처분손실)로계상한다. (주의)매각거래・차입거래 모두 주석 기재한다. [K-IFRS]양도자가 위험과 보상(담보책임)의 부담여부로 판단한다.

　㉡ 차입거래

　　• 실질적권리・의무 이전이 없는 경우로 이자비용과 단기차입금을 계상한다.

　　• 매출채권은 양도매출채권으로 대체하며 양도매출채권은 담보제공자산으로 별도로 구분 공시한다.

② 매출채권할인

　만기 전에 매출채권을 금융기관에 양도하고 할인된 현금을 수령하는 것은 일반적인 경우 모두 매각 거래에 해당한다.

**기본예제**

02. 회사는 당기 4월 22일, 매출처가 교부한 받을어음 90,000,000원을 희망은행에 할인(할인일수 30일, 할인율 연10%,1년 360일 가정)하여 매각하였다. 대금은 보통예금통장에 입금하였다.

**해설**

차) 보통예금　　　　89,250,000원　　대) 받을어음 90,000,000원
차) 매출채권처분손실　750,000원

90,000,000원 × 10% × 30일 / 360 = 750,000원

01 다음의 유동자산에 대하여 대손을 인식했다. 기말 회계처리에 대한 설명으로 옳은 것은?

> • 매출채권 잔액 32,000,000원
> • 대손상각에 대한 결산 수정분개 실시 전 대손충당금 잔액 800,000원
> • 대손상각율은 매출채권 잔액의 4% 설정
> • 기타 채권으로 대여금 잔액 22,000,000원(대여금에 대하여 대손충당금잔액은 없으나 회계
> 기말 1%의 대손충당금을 설정하기로 결정)

① 매출채권 잔액에 대한 대손상각비 480,000원만 판매비와관리비로 인식하고, 대여금은 대
손상각비 인식불가
② 매출채권 잔액에 대한 대손상각비 480,000원을 판매비와관리비로 인식하고, 대여금은 잔
액에 대한 대손상각비 220,000원을 영업외비용으로 처리
③ 매출채권 잔액에 대한 대손상각비 480,000원을 판매비와관리비로 인식하고, 대여금에 대
한 대손상각비 220,000원은 주석으로 표시
④ 매출채권과 대여금 잔액에 대한 총 대손상각비 700,000원을 판매비와관리비로 인식

02 7월 1일 제품을 판매하고 액면 100,000원, 만기 5개월, 표시이자율 연 12%인 어음을 수령하였다. 8월 1일
어음을 은행에 연 15%의 이자율로 할인하였으며, 동 어음의 할인은 매각거래에 해당한다. 이자와 할인료
는 월수계산 한다고 할 경우 동 어음에 대한 매출채권처분손익은 얼마인가?

① 1,250원 손실      ② 250원 이익
③ 250원 손실      ④ 1,250원 이익

# 05 재고자산

학습목표

▶ 매출원가와 재고자산과의 관계이해

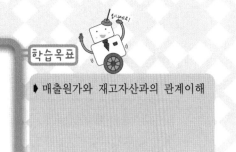

## 1. 재고자산 취득원가

재고자산은 정상적인 영업과정에서 판매를 위하여 보유하거나 생산과정에 있는 자산 및 생산 또는 서비스 제공과정에 투입될 원재료나 소모품의 형태로 존재하는 자산을 말한다.

재고자산은 취득원가를 재무상태표금액으로 한다. 다만, 시가가 취득원가보다 낮은 경우에는 시가를 재무상태표금액으로 한다(이하 '저가법'이라 한다).

### ① 재고자산의 측정

재고자산의 매입원가는 매입금액에 매입운임, 하역료 및 보험료 등 취득과정에서 정상적으로 발생한 부대원가를 가산한 금액이다. 매입과 관련된 할인, 에누리 및 기타 유사한 항목은 매입원가에서 차감한다. 성격이 상이한 재고자산을 일괄하여 구입한 경우에는 총매입원가를 각 재고자산의 공정가치 비율에 따라 배분하여 개별 재고자산의 매입원가를 결정한다.

### ② 단위원가 결정방법

일반적으로 상호 교환될 수 없는 재고자산항목의 원가와 특정 프로젝트별로 생산되는 재화 또는 용역의 원가는 개별법을 사용하여 결정한다.

개별법이 적용되지 않는 재고자산의 단위원가는 선입선출법이나 평균법 또는 후입선출법을 사용하여 결정한다. 성격과 용도 면에서 유사한 재고자산에는 동일한 단위원가 결정방법을 적용하여야 하며, 성격이나 용도 면에서 차이가 있는 재고자산에는 서로 다른 단위원가 결정방법을 적용할 수 있다.

### ③ 비용의 인식

재고자산은 이를 판매하여 수익을 인식한 기간에 매출원가로 인식한다. 재고자산의 시가가 장부금액 이하로 하락하여 발생한 평가손실은 재고자산의 차감계정으로 표시하고 매출원가에 가산한다. 재고자산의 장부상 수량과 실제 수량과의 차이에서 발생하는 감모손실의 경우 정상적으로 발생한 감모손실은 매출원가에 가산하고 비정상적으로 발생한 감모손실은 영업외비용으로 분류한다.

④ **취득원가 결정**

- 취득원가 : 매입가액＋판매가능한 상태로 만들기 위해 소요된 금액(매입수수료, 운반비등)

| 미착품의 매입운임 | • 선적지인도기준 : 매입자부담－매입자의 재고자산 취득원가에 가산한다. <br> • 도착지인도기준 : 판매자부담－판매자의 판매원가로 계상한다. |
|---|---|
| 매입할인 에누리·환출 | 매입원가에서 차감한다. |
| 이연지급 계약 | 자산에 대한 대금지급을 이연시키는 방법으로 자산의 취득원가는 자산의 공정가치나 부채의 현재가치로 기록한다. |
| 일괄구입 | 공정가액비율에 따라 배분한다. |

- 수출용원재료의 수입과 관련한 관세는 원재료 취득원가에 산입하고 관세환급시 매출원가에서 차감한다.
- D/A bill과 shipper's Usance bill, Banker's Usance bill의 발생이자는 모두 비용처리한다.

**기본예제**

**01. 다음 자료를 이용하여 매출총이익을 계산하면 얼마인가?**

- 총매출액 : 600,000원
- 매출할인 : 22,000원
- 매출에누리 : 31,000원
- 총매입액 : 150,000원
- 매입할인 : 5,000원
- 매입환출 : 1,000원
- 기초재고 : 5,000원
- 기말재고 : 6,000원

**해설**

매출총이익 ＝ 순매출액 － 매출원가
순매출액 ＝ 총매출액 － 매출할인 － 매출에누리
순매출액 ＝ 600,000원 － 22,000원 － 31,000원 ＝ 547,000원
매출원가 ＝ 기초재고 ＋ 총매입액 － 매입할인 － 매입환출 － 기말재고
매출원가 ＝ 5,000원 ＋ 150,000원 － 5,000원 － 1,000원 － 6,000원 ＝ 143,000원
∴ 매출총이익 ＝ 547,000원 － 143,000원 ＝ 404,000원

- **재고자산 포함항목 결정**

| 미착상품 (현재운송중인 상품) | • 선적지인도기준 － 매입자 : 당기매입(○), 기말재고(○) <br> － 판매자 : 당기매출(○), 기말재고(×) <br> • 도착지인도기준 － 매입자 : 당기매입(×), 기말재고(×) <br> － 판매자 : 당기매출(×), 기말재고(○) <br> • 수출의 경우 수출화물을 본선위에 선적완료 한때 수익을 인식토록 규정하고 있다. |
|---|---|
| 위탁품 | • 수탁자가 위탁품을 판매한 날 수익인식한다. <br> • 판매되기 전까지는 창고에 없을지라도 위탁자의 기말재고에 포함한다. <br> ※ 적송운임 : 상품을 위탁자에게 인도하면서 운반비 지출－적송품원가(매입원가)에 포함한다. |
| 시송품 | • 매입자가 매입 의사표시를 한 날 수익인식한다. <br> • 매입의사표시 없는 시송품은 창고에 없을지라도 기말재고에 포함한다. |

| 특별주문<br>상 품<br>(예약매출) | • 장·단기불문하고 진행 기준으로 수익인식<br>• 당기발생 생산원가는 기말재고에 포함하지 않음(∵당기발생 생산원가는 매출원<br>가로 대체되기 때문) |
|---|---|
| 저당상품 | • 금융기관으로부터 자금을 차입하고 그 담보로 제공된 저당상품을 말한다.<br>• 저당권이 실현되어 소유권 이전 되기 전까지는 담보제공자의 재고산에 포함한다. |
| 반품률 높은<br>재고자산 | • 반품률추정 가능시 – 판매자 재고자산에서 전액 제외한다.<br>• 반품률추정 불가능시 – 인수수락시점 또는 반품기간 종료시점이 될 때까지는 판<br>매자 재고자산에 포함한다. |
| 할부판매<br>상 품 | • 대금회수 여부에 관계없이 판매시 재고자산에서 제외한다.<br>• 중소기업특례의 경우는 회수기일 미도래분 해당금액은 재고자산에 포함한다. |

기본예제

**02. 다음 중 판매회사의 재고자산으로 분류되지 않는 항목은?**

① 결산일 현재 매입의사표시 없는 시송품
② 선적지 인도조건으로 판매회사가 매입한 결산일 현재 미착상품
③ 위탁자의 결산일 현재 수탁자가 판매하지 못한 적송품
④ 반품률을 추정할 수 없는 경우로 반품기간이 종료된 상품

해설

④ 반품률을 추정할 수 없는 경우로 반품기간이 종료되지 않은 상품은 판매자의 재고에 포함하지만 종료된 상품
은 포함하지 않는다.

## 2. 수량을 결정하는 방법

재고자산은 기업이 정상적인 영업과정에서 판매를 목적으로 보유하고 있는 자산이거나, 제품
을 제조하기 위하여 직접, 간접적으로 소비될 자산을 말한다. 이러한 재고자산에는 상품, 미착
상품, 적송품, 제품, 반제품, 재공품, 원재료, 저장품 등이 있다.

① **계속기록법**[perpetual inventory method]

재고자산의 종류별로 상품재고장을 작성하여 매입과 매출 등 재고자산이 증감될 때마다 그 증
감과 잔액을 계속적으로 장부에 기록하는 방법이다.

> 기초재고수량 + 당기순매입수량 – 당기매출수량 = 기말재고수량(장부)

계속기록법하에서는 장부상에서 언제든지 재고수량과 매출원가를 명확히 파악할 수 있는 장점
이 있으나, 기록계산이 번거로운 단점이 있다. 이 방법은 기말재고수량을 실제조사에 의하지
않고 언제든지 알 수 있는 장점이 있지만, 그 재고량이 반드시 실제재고수량과 일치하는 것은
아니다. 보관 중에 감모와 도난 등에 의한 감손부분을 파악하기 위해 정기적으로 실제재고수량
을 조사하여 장부상의 재고수량과 대조하여야 한다.

② **실지재고조사법**[periodic inventory system]

기업이 소유하고 있는 재고자산의 수량을 실제로 조사하여 실제재고수량을 확정하고, 기초재고수량에 당기매입수량을 합산한 수량에서 실제재고수량을 차감하여 당기매출수량을 계산하는 방법이다.

> 기초재고수량 + 당기순매입수량 − 기말재고수량(실제) = 당기매출수량

이 방법은 계속기록법에서처럼 계속 기록하는 번잡성은 없으나 기말에 재고조사를 실시하여야 하며, 보관 중에 발생한 감모와 도난 등에 의하여 발생한 감모분이 매출수량에 포함되는 결점이 있다.

③ **혼 합 법**

계속기록법과 실지재고조사법을 병행하는 방법으로 정확한 감모수량을 파악할 수 있다.


## 3. 단가를 결정하는 방법

① **개 별 법**[identified cost method, 個別法]

제품매입가격별 판매, 재고관리하는 방법이다. 라벨을 보고  해당원가를 기입한다.

```
(특징) 귀중품, 골동품 등 소품종 고가품
(장점) 수익, 비용의 대응이 이상적이다. (실제물량흐름과 일치)
(단점) 시간과 노력의 소요가 많다.
       동일종류재고자산의 구입가격이 다른 경우 매출시 인위적인 대응으로 이익조작의 가능성이
       있다.
```

② **선입선출법**[first-in first-out, 先入先出法]

먼저 매입한 상품을 먼저 매출한 것으로 보고 인도단가를 결정하는 방법으로 매입순법이라고도 한다.

```
(특징) 기말재고액이 현행원가와 비슷하다.
       물가상승시 재고자산 평가액이 커진다.
       현재수익에 과거원가 대응으로 실물자본 유지가 어렵다.
(장점) 상품의 실제흐름과 일치한다.
       기말재고상품이 가장 최근의 시가로 표시된다.
(단점) 인플레이션시에 기말재고가 과대평가되어 매출원가가 과소계상되고 상품매출이익이 과대계상
       된다.
       상품매출시 매출원가가 최근 가격이 아닌 과거의 매입가격으로 정확한 수익, 비용의 대
       응이 아니다. 물가상승시 세무상 불리하다. (가공이익 발생)
```

기본예제

## 03. 다음의 자료로 상품(TV)의 재고자산수불부를 작성하시오. (선입선출법)

| 10월 1일 | 전월이월 | 1,000개 | @₩200 |
|---|---|---|---|
| 10월 7일 | 매 출 | 600개 | @₩300 |
| 10월 13일 | 매 입 | 800개 | @₩250 |
| 10월 20일 | 매 출 | 900개 | @₩400 |

해설

재고자산수불부

(선입선출법)                                    품명 : TV

| 200X 년도 | | 적 요 | 인 | 수 | | 인 | 도 | | 잔 | 액 | |
|---|---|---|---|---|---|---|---|---|---|---|---|
| | | | 수량 | 단가 | 금액 | 수량 | 단가 | 금액 | 수량 | 단가 | 금액 |
| 10 | 1 | 전월이월 | 1,000 | 200 | 200,000 | | | | 1,000 | 200 | 200,000 |
| | 7 | 매 출 | | | | 600 | 200 | 120,000 | 400 | 200 | 80,000 |
| | 13 | 매 입 | 800 | 250 | 200,000 | | | | 400 | 200 | 80,000 |
| | | | | | | | | | 800 | 250 | 200,000 |
| | 20 | 매 출 | | | | 400 | 200 | 80,000 | | | |
| | | | | | | 500 | 250 | 125,000 | 300 | 250 | 75,000 |
| | | | 1,800 | | 400,000 | 1,500 | | 325,000 | 300 | | 75,000 |
| | | 매출원가 : 325,000, 기말재고 : 75,000원 | | | | | | | | | |

③ **후입선출법** [last-in first-out method, 後入先出法]

최근에 매입한 상품을 먼저 매출한 것으로 보고, 인도단가를 결정하는 방법으로 매입역법이라고도 한다.

> (특징) 기말재고액은 "과거가격", 매출원가는 "최근가격"
>        물가상승시 재고자산 평가액이 상대적으로 작아진다.
> (장점) 물가상승시 적용하면 절세가 가능하다.
> (단점) 실물흐름과 불일치
>        물가상승시 재고자산이 과소계상된다. (비밀적립금 발생)
>        물가상승시 매출이익이 과소계상으로 자금조달 측면에선 불리하다.

기본예제

## 04. [기본예제 03.]의 자료로 TV의 재고자산수불부를 작성 하시오. (후입선출법)

재고자산수불부

| (후입선출법) | | | | | | | | 품명 : TV | | |
|---|---|---|---|---|---|---|---|---|---|---|
| 200X년도 | | 적 요 | 인 수 | | | 인 도 | | | 잔 액 | | |
| | | | 수량 | 단가 | 금액 | 수량 | 단가 | 금액 | 수량 | 단가 | 금액 |
| 10 | 1 | 전월이월 | 1,000 | 200 | 200,000 | | | | 1,000 | 200 | 200,000 |
| | 7 | 매 출 | | | | 600 | 200 | 120,000 | 400 | 200 | 80,000 |
| | 13 | 매 입 | 800 | 250 | 200,000 | | | | 400 | 200 | 80,000 |
| | | | | | | | | | 800 | 250 | 200,000 |
| | 20 | 매 출 | | | | 800 | 250 | 200,000 | | | |
| | | | | | | 100 | 200 | 20,000 | 300 | 200 | 60,000 |
| | | | 1,800 | | 400,000 | 1,500 | | 340,000 | 300 | | 60,000 |
| | | 매출원가 : 340,000원, 기말재고 : 60,000원 | | | | | | | | | |

④ **이동평균법**

단가가 다른 상품을 매입할 때마다 그 수량 및 금액을 구입 전에 재고수량과 재고가격에 가산하여 이동평균단가를 구하고, 이 단가를 다음 상품 구입 전까지 인도단가로 사용하는 방법이다.

$$\text{이동평균단가(인도단가)} = \frac{\text{직전재고액} + \text{당일매입액}}{\text{직전재고수량} + \text{당일매입수량}}$$

(특징) 입고시마다 단가를 재계산한다.
(장점) 기간 중 원가자료 이용이 가능하다.
(단점) 단가적용이 복잡하다. 계속기록법에서 가능하다.

**기본예제**

**05. [기본예제 03.]의 자료로 TV의 재고자산수불부를 작성 하시오.(이동평균법, 소수점이하 절사)**

재고자산수불부

| (이동평균법) | | | | | | | | 품명 : TV | | |
|---|---|---|---|---|---|---|---|---|---|---|
| 200X년도 | | 적 요 | 인 수 | | | 인 도 | | | 잔 액 | | |
| | | | 수량 | 단가 | 금액 | 수량 | 단가 | 금액 | 수량 | 단가 | 금액 |
| 10 | 1 | 전월이월 | 1,000 | 200 | 200,000 | | | | 1,000 | 200 | 200,000 |
| | 7 | 매 출 | | | | 600 | 200 | 120,000 | 400 | 200 | 80,000 |
| | 13 | 매 입 | 800 | 250 | 200,000 | | | | 1,200 | 233 | 279,600 |
| | 20 | 매 출 | | | | 900 | 233 | 209,700 | 300 | 233 | 69,900 |
| | | | 1,800 | | 400,000 | 1,500 | | 330,100 | 300 | | 69,900 |
| | | 매출원가 : 330,100원, 기말재고 : 69,900원 | | | | | | | | | |

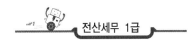

⑤ **총평균법**[weighted average method, 總平均法]

기초 재고액에 일정기간에 매입한 순매입액을 합계하여 판매가능한 총원가를 산출하고, 판매
가능한 총원가를 기초재고량과 순매입수량으로 나누어 새로운 단가를 산출하는 방법이다.

$$\text{총평균단가(인도단가)} = \frac{\text{기초재고액+당기순매입액}}{\text{기초재고수량+당기순매입수량}}$$

> (특징) 원가계산기간 종료 후 단가 계산한다. 실지재고조사법에서 가능하다.
> (장점) 간편하며, 이익조작 가능성이 감소한다.
> (단점) 기간 중 원가자료이용이 어렵다.

---

**기본예제**

## 06. [기본예제 03.]의 자료로 TV의 재고자산수불부를 작성 하시오.(총평균법, 소수점이하절사)

**해설**

재고자산수불부

(총평균법)                                                 품명 : TV

| 200X 년도 | | 적 요 | 인 | 수 | | 인 | 도 | | 잔 | 액 | |
|---|---|---|---|---|---|---|---|---|---|---|---|
| | | | 수량 | 단가 | 금액 | 수량 | 단가 | 금액 | 수량 | 단가 | 금액 |
| 10 | 1 | 전월이월 | 1,000 | 200 | 200,000 | | | | 1,000 | | |
| | 7 | 매 출 | | | | 600 | 222 | 133,200 | 400 | | |
| | 13 | 매 입 | 800 | 250 | 200,000 | | | | 1,200 | | |
| | 20 | 매 출 | | | | 900 | 222 | 199,800 | 300 | | |
| | | | 1,800 | 222 | 400,000 | 1,500 | 222 | 333,000 | 300 | | 67,000 |
| | | 매출원가 : 333,000원, 기말재고 : 67,000원 | | | | | | | | | |

---

⑥ **소매재고조사법**[retail inventory method]

백화점, 연쇄점, 소매상과 같이 여러 종류의 상품을 취급하기 때문에 원가율에 의해서 계산하는
방법이다.

## 4. 재고자산의 결정

① **미착품**

아직 회사 창고에 입고되지 않은 상품을 말한다.

• 선적지인도기준 : 선적시점에서 당사에 소유권이전 → 당사재고
• 도착지인도기준 : 도착시점에서 당사에 소유권이전 → 판매자의 재고

② 위탁품

위탁자가 수탁자에게 판매를 부탁한 상품을 말한다.

이는 수탁자가 판매시에 매출을 인식하므로 판매되지 않은 위탁품을 당사재고에 포함시킨다.

③ 시송품

시송품은 시험삼아 사용후에 만족하면 구매하는 방식의 매출이다. 구매의사표시점에서 매출액을 인식하므로 구매의사표시전에는 당사의 재고에 포함한다.

④ 할부판매상품

장단기할부판매 모두 인도기준에 의해 회계처리한다. 단, 중소기업의 경우에는 회수기일도래기준에 의해 처리가능하다. 판매시 재고에서 제외한다.


## 5. 재고자산감모손실과 재고자산평가손실

① 재고자산감모손실

도난, 분실, 증발, 부패 등에 의해 장부상재고액과 실제재고액이 차이가 발생하는 금액을 재고자산감모손실이라고 한다. 원가성이 있는 정상적인 감모는 매출원가에 반영하고, 원가성이 없는 비정상적인 감모손실은 영업외비용으로 처리한다.

감모손실액＝(장부수량 － 실사수량) × 취득원가

[원가성이 없는 경우의 회계처리]

(차) 재고자산감모손실 　×××　　　　　(대) 상품(타계정대체) ×××

② 재고자산평가손실

저가기준(＝시가와 장부가액중 낮은가액)에 의해 평가시 발생하는 금액을 재고자산평가손실이라고 하며, 전부 매출원가에 가산처리한다.

회계처리: (차) 재고자산평가손실 ×××　　　(대) 재고자산평가충당금 　×××

| 구　　　　　　　분 | 차　　　변 | | 대　　　변 | |
|---|---|---|---|---|
| 상품 장부수량 100, 실사수량 80, 취득원가1,000원, 원가성 없는 비율이 40%이면 | 재고자산감모손실 | 8,000 | 상품 | 8,000 |
| 시가(순실현가치)가 800원이면 | 재고자산평가손실 | 16,000 | 상품평가충당금 | 16,000 |

감모손실(영업외비용)＝(100 － 80) × 1,000 × 0.4＝8,000원

평가손실(매출원가)＝80개 × (1,000 － 800)＝16,000원

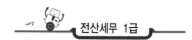

기본예제

**07. 재고자산을 저가법으로 평가하는 경우 시가로 현행대체원가를 이용하여야 하는 것은?**

① 상품                    ② 원재료
③ 재공품                  ④ 제품

해설

② 재고자산을 저가법 으로 평가하는 경우 제품, 상품, 재공품의 시가는 순실현가능가치를 의미한다.

③ 회계처리

• 평가손실 : [실제수량에 대한 취득원가 – 실제수량에 대한시가]

• 시가하락 : (차) 재고자산평가손실(매출원가)         (대) 재고자산평가충당금

             (매출원가에 가산)                    (재고자산의 차감계정)

• 시가회복 : (차) 재고자산평가충당금         (대) 재고자산평가충당금환입

    – 최초장부가액을 초과하지 않는 범위내에서 환입한다.

## 6. 타계정대체

① 판매목적이외에 다른 목적으로 사용하는 경우임

  . 접대비, 광고선전비, 연구시험, 화재로 인한 소실등

② 매출이외의 상품감소액으로 하여 매출원가에서 제외시킨다.

  (차) 광고선전비                    (대) 재고자산 (타계정대체;적요8)

**01** 다음 중 후입선출법에 대한 단점으로 옳지 않은 것은?

① 물가가 지속적으로 상승하는 경제하에서 재무상태표의 재고자산금액이 재고자산의 공정가치와 큰 차이가 있을 수 있어서 재무제표이용자의 의사결정을 오도할 수 있다.

② 일반적인 기업의 경영활동에서 실제물량흐름이 후입선출일 가능성은 크지 않다.

③ 물가가 지속적으로 상승하는 경제하에서 경영진이 재고자산의 매입을 중단하거나 연기하는 방법으로 당기순이익을 증가시키는 등 이익조작할 가능성이 높다.

④ 물가가 지속적으로 상승하는 경제하에서 재고청산이 발생하지 않는 한 당기순이익이 크게 계상되어 과도한 자본유출이 발생한다.

**02** 실지재고조사법을 적용하는 기업에서 연말에 상품을 외상으로 구입하고, 이에 대한 기록은 다음 연도 초에 하였다. 또한 기말 재고실사에서도 이 상품이 누락되었다. 이러한 오류가 당기의 계정에 미치는 영향으로 옳은 것은?

| | 자 산 | 부 채 | 자 본 | 당기순이익 |
|---|---|---|---|---|
| ① | 영향없음 | 과소계상 | 과대계상 | 과대계상 |
| ② | 영향없음 | 과대계상 | 과소계상 | 과소계상 |
| ③ | 과소계상 | 과소계상 | 영향없음 | 영향없음 |
| ④ | 과소계상 | 과소계상 | 영향없음 | 과대계상 |

**03** 다음은 성격과 용도가 다른 3가지 품목의 기말제품과 기말원재료 관련 자료이다. 다음 자료를 이용하여 저가법에 의한 재고자산평가손실을 계산하면 얼마인가? 단, 저가법을 적용할 수 있는 객관적 사유가 발생했다고 가정한다.

> (1) 기말제품
>
> | 품 목 | 취득원가 | 예상판매가격 | 예상판매비용 |
> |---|---|---|---|
> | 제품 갑 | 500,000원 | 550,000원 | 60,000원 |
> | 제품 을 | 800,000원 | 850,000원 | 30,000원 |
> | 제품 병 | 1,000,000원 | 900,000원 | 100,000원 |
>
> (2) 기말원재료 금액은 600,000원이고 기말 현재 원재료는 500,000원에 구입할 수 있으며 완성될 제품은 원가 이상으로 판매될 것으로 예상되지 않는다.

① 200,000원

② 300,000원

③ 310,000원

④ 330,000원

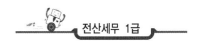 

**04** 12월 31일, 기말 재고 실사를 실시하였다. 그 결과, 창고보관 중인 재고자산가액은 12,000,000원이었다. 또한 결산과정에서 다음과 같은 사항이 발견되었다. 년말 정확한 재고자산가액은 얼마인가?

> 가. 위탁판매를 위해 수탁자가 보관 중인 미판매 상품 : 3,000,000원
> 나. 시용매출을 위해 고객에게 인도한 상품 : 2,000,000원(고객의 구입의사 표시일은 12.28. 임)
> 다. 매입한 상품 중 도착지인도기준으로 운송 중인 상품 : 4,000,000원

① 5,000,000원                           ② 8,000,000원
③ 9,000,000원                           ④ 15,000,000원

# 06 유형자산

## 1. 유형자산의 정의

유형자산은 물리적 형체가 있는 자산으로서 재화의 생산, 용역의 제공, 타인에 대한 임대 또는 자체적으로 사용할 목적으로 보유하고, 1년을 초과하여 사용할 것이 예상되는 자산이다. 유형자산은 최초에는 취득원가로 측정하며, 현물출자, 증여, 기타 무상으로 취득한 자산의 가액은 공정가치를 취득원가로 한다. 취득원가는 구입원가 또는 제작원가 및 경영진이 의도하는 방식으로 자산을 가동하는 데 필요한 장소와 상태에 이르게 하는데 직접 관련되는 원가인 지출 등으로 구성된다. 매입할인 등이 있는 경우에는 이를 차감하여 취득원가를 산출한다.

유형자산의 구입시 최초 취득원가는  다음과 같다. 자가제조는 제조원가가 취득원가이다.

① **원칙** : 구입원가(시장가격)＋부대비용－할인등

② **시장가격이 없는 경우** : 실현가능액 또는 감정가액

## 2. 유형자산의 취득원가

유형자산은 최초에는 취득원가로 측정하며, 현물출자, 증여, 기타 무상으로 취득한 자산의 가액은 공정가치를 취득원가로 한다. 취득원가는 구입원가 또는 제작원가 및 경영진이 의도하는 방식으로 자산을 가동하는 데 필요한 장소와 상태에 이르게 하는 데 직접 관련되는 원가인 다음과 같은 관련된 지출 등으로 구성된다. 매입할인 등이 있는 경우에는 이를 차감하여 취득원가를 산출한다.

① 설치장소 준비를 위한 지출

② 외부 운송 및 취급비

③ 설치비

④ 설계와 관련하여 전문가에게 지급하는 수수료

⑤ 유형자산의 취득과 관련하여 국·공채 등을 불가피하게 매입하는 경우 당해 채권의 매입금액과 일반기업회계기준에 따라 평가한 현재가치와의 차액(즉, 국공채매입손실)

⑥ 자본화대상인 차입원가

⑦ 취득세, 등록세 등 유형자산의 취득과 직접 관련된 제세공과금

⑧ 해당 유형자산의 경제적 사용이 종료된 후에 원상회복을 위하여 그 자산을 제거, 해체하거나 또는 부지를 복원하는데 소요될 것으로 추정되는 원가가 충당부채의 인식요건을 충족하는 경우 그 지출의 현재가치(이하 '복구원가'라 한다)

⑨ 유형자산이 정상적으로 작동되는지 여부를 시험하는 과정에서 발생하는 원가. 단, 시험과정에서 생산된 재화(. 장비의 시험과정에서 생산된 시제품)의 순매각금액은 당해 원가에서 차감한다.

그러나, 자가건설에 따른 내부이익과 자가건설 과정에서 원재료, 인력 및 기타 자원의 낭비로 인한 비정상적인 원가는 취득원가에 포함하지 않는다.

㉠ 토지취득시 토지관련부대시설공사(진입로, 도로포장, 배수시설, 조경공사)

영구성있거나 or 유지보수책임이 정부에 있을 때는 토지취득원가(그 외는 구축물 처리한다)

• 측량비・정지비 : 토지취득원가

• 기초공사를 위한 땅 굴착비용은 토지취득원가가 아니라, 건물 취득원가이다.

㉡ 사용하기 전까지의 재산세와 기존자산의 재산세체납액 납부액은 취득원가 (∵사용가능상태 까지 모든 비용)에 산입한다.

[K-IFRS]는 취득과 관련된 비용은 직접관련여부를 불문하고 모두 당기비용으로 인식한다.

㉢ 사례

• 건물 신축시 옥외 주차장 설치비 : 구축물

• 건물 신축시 지하주차장 설치비 : 건물원가

• 기계장치 취득시의 시운전비 : 기계장치

• 사용가능상태로 만드는 과정과 직접관련 없는 시운전・가동비 : 취득원가에서 제외

• 시운전시 발생한 시제품의 판매액은 취득원가에서 차감한다.

• 사용 이후 발생 재산세 : 당기비용


## 3. 유형자산의 철거비용

건물을 신축하기 위하여 사용중인 기존 건물을 철거하는 경우 그 건물의 장부금액은 제거하여 처분손실로 반영하고, 철거비용은 전액 당기비용으로 처리한다. 다만 새 건물을 신축하기 위하여 기존 건물이 있는 토지를 취득하고 그 건물을 철거하는 경우 기존 건물의 철거 관련 비용에서 철거된 건물의 부산물을 판매하여 수취한 금액을 차감한 금액은 토지의 취득원가에 포함한다.

| 구 분 | 차 변 | 대 변 |
|---|---|---|
| 건물(취득원가 1,000원, 감가상각누계액 300원)인 건물을 철거시, 철거비용 10원 발생시 | 감가상각누계액 300<br>유형자산처분손실 710 | 건물 1,000<br>현금 10 |
| 건물이 있는 토지를 200원에 현금매입후 철거시, 철거비용 10원 발생 | 토지 210 | 현금 210 |

기본예제

**01. 본사건물을 신축하기 위하여 다음과 같이 건물과 토지를 구입한 후 기존건물을 철거하고 철거비용을 지급하였다. 토지의 취득원가는?**

- 건물 취득원가 : 220,000,000원
- 토지가액 : 280,000,000원
- 건물 철거시 발생한 부산물 수익 : 2,000,000원
- 건물 철거비용 : 27,000,000원

해설

새 건물을 신축하기 위하여 기존 건물이 있는 토지를 취득하고 그 건물을 철거하는 경우 기존 건물의 철거 관련 비용에서 철거된 건물의 부산물을 판매하여 수취한 금액을 차감한 금액은 토지의 취득원가에 포함한다.

토지취득원가 = 220,000,000원 + 280,000,000원 + 27,000,000원 − 2,000,000원 = 525,000,000원

## 4. 취득후의 원가

유형자산의 취득 또는 완성 후의 지출이 인식기준을 충족하는 경우(. 생산능력 증대, 내용연수 연장, 상당한 원가절감 또는 품질향상을 가져오는 경우)에는 자본적 지출로 처리하고, 그렇지 않은 경우(. 수선유지를 위한 지출)에는 발생한 기간의 비용으로 인식한다.

이와 같이 유형자산을 구성하는 주요 부품이나 구성요소의 내용연수가 관련 유형자산의 내용연수와 상이한 경우에는 별도의 자산으로 처리한다. 부품이나 구성요소의 교체를 위한 지출이 유형자산 인식기준을 충족하는 경우에는 별도 자산의 취득으로 처리한다. 교체된 자산은 재무상태표에서 제거한다.

유형자산의 사용가능기간 중 정기적으로 이루어지는 종합검사, 분해수리와 관련된 지출로서 다음의 요건을 모두 충족하는 경우에는 자본적 지출로 처리한다.

- 종합검사나 분해수리와 관련된 지출을 별개의 감가상각 대상자산으로 인식할 수 있다.
- 유형자산 인식조건을 충족한다.

① **자본적지출** : 내용연수를 증가시키거나 가치를 증가시키는 경우에는 자본적지출로 보아, 자산처리한다. (사례) 증축, 개축, 증설, 엘리베이터설치, 에스컬레이터설치 등)

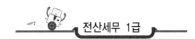 

② **수익적지출** : 현상유지나 능률유지차원의 지출인 경우에는 수익적지출로 처리한다.

(사례) 유리교환, 타이어교체, 벽의 도색 등)

| 구 분 | 차 변 | | 대 변 | |
|---|---|---|---|---|
| 2층건물을 3층으로 증설시 현금 10,000원 발생 | 건물 | 10,000 | 현금 | 10,000 |
| 건물의 유리를 3,000원에 현금 교체시 | 수선비 | 3,000 | 현금 | 3,000 |

## 5. 원가의 측정

### ① 장기후불조건 구입

유형자산을 장기후불조건으로 구입하거나, 대금지급기간이 일반적인 신용기간보다 긴 경우 원가는 취득시점의 현금가격상당액으로 한다. 현금가격상당액과 실제 총지급액과의 차액은 '차입원가자본화'에 따라 자본화하지 않는 한 신용기간에 걸쳐 이자로 인식한다.

### ② 자산의 교환

다른 종류의 자산과의 교환으로 취득한 유형자산의 취득원가는 교환을 위하여 제공한 자산의 공정가치로 측정한다. 다만, 교환을 위하여 제공한 자산의 공정가치가 불확실한 경우에는 교환으로 취득한 자산의 공정가치를 취득원가로 할 수 있다. 자산의 교환에 현금수수액이 있는 경우에는 현금수수액을 반영하여 취득원가를 결정한다.

| | 이종자산간 교환 | 동종자산간 교환 |
|---|---|---|
| **취득원가** | 제공한 자산의 공정가액<br><불확실시는 취득한 자산 공정가액> | 제공한 자산의 장부 가액 |
| **교환손익의 인식** | 인식 | 인식 안한다. |
| **현금지급이 있을 경우** | 원래대로 처분손익 인식하고 별도로 현금지급, 수령액을 취득원가에 가감 |

> **참고 Check!** **동종자산교환시 현금지급**
>
> 동종자산교환시 공정가액이 유사하지 않은 경우 현금과 같은 다른 종류 자산이 포함될 수 있는데 이 경우 현금등의 금액이 유의적인 경우(공정가의 25%초과)에는 이를 동종자산의 교환으로 보지 아니한다.(=이종자산교환으로 봄)
> ↳현금포함액

유형자산의 공정가치는 시장가격으로 한다. 다만, 시장가격이 없는 경우에는 동일 또는 유사 자산의 현금거래로부터 추정할 수 있는 실현가능액이나 전문적 자격이 있는 평가인의 감정가액을 사용할 수 있다.

동일한 업종 내에서 유사한 용도로 사용되고 공정가치가 비슷한 동종자산과의 교환으로 유형자산을 취득하거나, 동종자산에 대한 지분과의 교환으로 유형자산을 매각하는 경우에는 제공된 유형자산으로부터의 수익창출과정이 아직 완료되지 않았기 때문에 교환에 따른 거래손익을 인식하지 않아야 하며, 교환으로 받은 자산의 원가는 교환으로 제공한 자산의 장부금액으로 한다. 그러나 취득한 자산의 공정가치에 비추어 볼 때 제공한 자산에 손상차손이 발생하였음을 알 수 있는 경우에는 손상차손을 먼저 인식하고 손상차손 차감 후의 장부금액을 수취한 자산의 원가로 한다. 교환되는 동종자산의 공정가치가 유사하지 않은 경우에는 거래조건의 일부로 현금과 같이 다른 종류의 자산이 포함될 수 있다. 이 경우 교환에 포함된 현금 등의 금액이 유의적이라면 동종자산의 교환으로 보지 않는다.

③ **정부보조금[government subsidy] 으로 취득**

정부보조 등에 의해 유형자산을 무상 또는 공정가치보다 낮은 대가로 취득한 경우 그 유형자산의 취득원가는 취득일의 공정가치로 한다. 정부보조금 등은 유형자산의 취득원가에서 차감하는 형식으로 표시하고 그 자산의 내용연수에 걸쳐 감가상각액과 상계하며, 해당 유형자산을 처분하는 경우에는 그 잔액을 처분손익에 반영한다.

| | | |
|---|---|---|
| **상환의무 없는 경우** | **자산취득에 충당시** | • 취득한 자산에서 차감형식으로 표시하고 자산 상각시 감가상각비와 상계처리한다한다.<br>• 추후 처분시 그 잔액을 처분손익에 반영한다. |
| | **비용에 충당시** | • 특정비용과 상계하되,대응되는 비용이 없는 경우에는 영업활동과의 관련여부에 따라 영업수익(매출)또는 영업외수익으로 인식<br>• 특정 조건충족해야 하는 경우 그 조건충족전에 받은 정부보조금은 선수수익 처리한다. |
| **상환의무 있는 경우** | | • 상환할 금액을 추정하여 부채로 계상한다.<br>• 상환의무소멸시 채무면제이익 처리한다. |

| 구　　　　　　분 | 차　　　　변 | | 대　　　　변 | |
|---|---|---|---|---|
| 기계장치 구입조건으로 국가로부터 보조금 50,000원을 보통예금으로 수령시 | 보통예금 | 50,000 | 정부보조금<br>(보통예금차감) | 50,000 |
| 기계장치를 60,000원에 취득하고 보통예금으로 자동이체시 | 기계장치<br>정부보조금<br>(보통예금차감) | 60,000<br>50,000 | 보통예금<br>정부보조금<br>(기계장치차감) | 60,000<br>50,000 |

④ 건설자금이자

이자비용은 원칙적으로 비용이지만, 선택적으로 자본화처리한다.

| 구 분 | 차 변 | | 대 변 | |
|---|---|---|---|---|
| 현재 완공되지 않은 건물의 대한 이자가 현금지출액 50,000원이 발생하여 자본화 함 | 건설중인자산 | 50,000 | 현 금 | 50,000 |

⑤ 무상취득

주주등으로부터 무상으로 취득한 자산은 취득시점의 자산의 공정가액으로 처리한다.

| 구 분 | 차 변 | | 대 변 | |
|---|---|---|---|---|
| 공정가액 10,000원의 토지 수증시 | 토지 | 10,000 | 자산수증이익 | 10,000 |

⑥ 국공채매입손실

불가피하게 국가기간에 등록시 매입하는 국공채의 매입손실은 취득자산에 가산한다. 이때 유가증권의 가액은 공정가치로 인식한다.

| 구 분 | 차 변 | | 대 변 | |
|---|---|---|---|---|
| 자동차등록시 액면가액 10,000원의 지방채(단기매매증권)를 현금구입(공정가치 8,000원) | 단기매매증권 차량운반구 | 8,000 2,000 | 현 금 | 10,000 |

⑦ 토지와 건물의 일괄취득

토지와 건물을 동시에 취득하면서 취득원가를 구분없이 지급하면, 토지와 건물의 공정가액에 의한 상대적비율에 따라 안분하여 취득원가를 처리한다.

| 구 분 | 차 변 | | 대 변 | |
|---|---|---|---|---|
| 토지와 건물의 일괄취득액이 95,000원 이 현금지급되다.(토지와 건물의 공정가치는 각각 40,000원과 60,000원) | 토지 건물 | 38,000 57,000 | 현 금 | 95,000 |

⑧ 현물출자 취득

출자시 현금대신에 토지와 건물등의 자산을 받은 경우에는 공정가액을 취득원가로 계상한다

| 구 분 | 차 변 | | 대 변 | |
|---|---|---|---|---|
| 공정가액 20,000원인 토지를 취득하면서 주식(액면 100원) 150주를 발행교부시 | 토지 | 20,000 | 자본금 주식발행초과금 | 15,000 5,000 |

## 6. 인식시점 이후의 측정

인식시점 이후에는 원가모형이나 재평가모형 중 하나를 회계정책으로 선택하여 유형자산 분류별로 동일하게 적용한다.

① **원가[cost]모형**

　최초 인식 후에 유형자산은 원가에서 감가상각누계액과 손상차손누계액을 차감한 금액을 장부금액으로 한다.

② **재평가[revaluation]모형**

- 최초 인식 후에 공정가치를 신뢰성 있게 측정할 수 있는 유형자산은 재평가일의 공정가치에서 이후의 감가상각누계액과 손상차손누계액을 차감한 재평가금액을 장부금액으로 한다. 재평가는 보고기간말에 자산의 장부금액이 공정가치와 중요하게 차이가 나지 않도록 주기적으로 수행한다.
- 일반적으로 토지와 건물의 공정가치는 시장에 근거한 증거를 기초로 수행된 평가에 의해 결정된다. 이 경우, 평가는 보통 전문적 자격이 있는 평가인에 의해 이루어진다. 일반적으로 설비장치와 기계장치의 공정가치는 감정에 의한 시장가치이다.
- 유형자산의 장부금액이 재평가로 인하여 증가된 경우에 "재평가잉여금(재평가차익)"은 기타포괄손익으로 인식한다. 그러나 동일한 유형자산에 대하여 이전에 당기손익으로 인식한 재평가감소액이 있다면 그 금액을 한도로 재평가증가액만큼 당기손익으로 인식한다.
- 유형자산의 장부금액이 재평가로 인하여 감소된 경우에 그 감소액은 "재평가손실"로 하여 당기손익으로 인식한다. 그러나 그 유형자산의 재평가로 인해 인식한 기타포괄손익의 잔액이 있다면 그 금액을 한도로 재평가감소액을 기타포괄손익에서 차감한다.

## 7. 감가상각과 손상차손

　감가상각은 유형자산의 감가상각대상금액을 그 자산의 내용연수 동안 체계적인 방법에 의하여 각 회계기간에 배분하는 것이며, 유형자산의 원가 또는 원가를 대체하는 다른 금액에서 잔존가치를 차감한 금액을 상각대상금액으로 하고, 내용연수는 자산의 예상사용기간 또는 자산으로부터 획득할 수 있는 생산량이나 이와 유사한 단위로 한다.

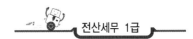 

**기본예제**

**02. 다음 자료에 의하여 연수합계법과 이중체감법으로 감가상각을 실행한 경우, 두 방법에 의한 2차년도 말까지의 감가상각비를 계산하고 2차년도 회계처리는?**

> • 취득원가 : 10,000,000원(1월 1일 취득)
> • 잔존가액 : 2,500,000원
> • 내용연수 : 5년

**해설**

1. 연수합계법에 의한 상각 ; (취득원가－잔존가액) × 내용연수역순/내용연수합계

① 1차년도 : (10,000,000원－2,500,000원) × 5/15 = 2,500,000원

② 2차년도 : (10,000,000원－2,500,000원) × 4/15 = 2,000,000원

    2차년도 회계처리

    (차)감가상각비 2,000,000원    (대)감가상각누계액 2,000,000원

2. 이중체감법에 의한 상각 ; (취득원가 － 감가상각누계액) × 1/내용연수 × 2

① 1차년도 : 10,000,000원 × 1/5 × 2 = 4,000,000원

② 2차년도 : (10,000,000원 － 4,000,000원) × 1/5 × 2 = 2,400,000원

    2차년도 회계처리

    (차)감가상각비 2,400,000원    (대)감가상각누계액 2,400,000원

① **손상차손** : 유형자산의 사용 및 처분으로부터 기대되는 미래의 현금흐름총액의 추정액이 장부금액에 미달하는 경우에는 장부금액을 회수가능액으로 조정하고 그 차액을 손상차손으로 처리한다.

② **손상차손보상** : 손상, 소실 또는 포기된 유형자산에 대해 제3자로부터 보상금을 받는 경우가 있다. 이 경우 보상금은 수취할 권리가 발생하는 시점에 당기손익으로 반영한다.

③ **처분시 재평가잉여금** : 처분시 재평가잉여금이 있으면 당기손익으로 처리([K-IFRS는이익잉여금)한다.

**기본예제**

**03. 자산의 진부화 등으로 인하여 자산의 미래 경제적 효익이 장부가액에 현저하게 미달할 가능성이 있는 경우, 손상차손 여부를 검토하여야 한다. 일반기업회계기준상 손상차손에 대한 설명으로 적절하지 않은 것은?**

① 자산의 진부화 등으로 인하여 자산의 회수가능성이 장부금액에 유의적으로 미달하게 되는 경우에 손상차손을 인식하지 아니한다.

② 유형자산의 재평가 외의 손상차손은 당기손익으로 인식한다.

③ 손상차손 인식 후에는 감가상각액 또는 상각액을 조정한다.

④ 아직 사용가능하지 않은 무형자산은 최소한 매 보고기간말에 회수가능액을 반드시 추정하여야 한다.

**기본예제**

### 04. 다음 중 유형자산의 교환과 관련된 설명으로 틀린 것은?

① 이종자산과의 교환으로 유형자산을 취득하는 경우 제공한 자산의 공정가액이 불확실하면 취득한 자산의 공정가액을 취득원가로 할 수 있다.
② 이종자산과의 교환으로 유형자산을 취득하는 경우 취득원가는 제공한 자산의 공정가액으로 측정한다.
③ 동종자산과의 교환으로 취득한 유형자산의 취득원가는 제공한 자산의 공정가액으로 한다.
④ 교환되는 동종자산의 공정가액이 유사하지 않은 경우 교환에 포함된 현금 등의 금액이 중요하다면 동종자산의 교환으로 보지 않는다.

**해설**

③ 교환으로 제공한 자산의 장부가액으로 한다.

**기본예제**

### 05. 1월 2일 지방자치단체로부터 설비구입에 필요한 자금으로 1,600,000원을 현금보조받아 내용연수 5년, 잔존가치가 없는 기계장치를 2,000,000원에 취득하였다. 결산일은 매년 12월 31일이며, 감가상각방법은 정액법이다. 동 기계장치의 당기말 장부가액은 얼마인가?

**해설**

자산관련보조금은 관련자산의 취득시점에서 관련 자산의 차감계정으로 회계처리하며 장부가액과 분개는 다음과 같다. 기계장치의 장부가액 = [2,000,000원 − 400,000원] − [1,600,000 − 320,000원] = 2,880,000원

| | | | | | |
|---|---|---|---|---|---|
| 01월02일 | (차)현금 | 1,600,000 | (대)국고보조금 | | 1,600,000(현금차감) |
| 01월02일 | (차)기계장치 | 2,000,000 | (대)현금 | 2,000,000 | |
| 01월02일 | (차)정부보조금 | 1,600,000(현금차감) | (대)정부보조금 | | 1,600,000(기계차감) |
| | | | | | |
| 12월31일 | (차)감가상각비 | 400,000 | (대)감가상각누계액(기계) | 400,000 | |
| 12월31일 | (차)정부보조금 | 320,000 | (대)감가상각비 | | 320,000(80%=1,600,000/2,000,000) |

# 예상문제

**01** 유형자산에서 규정하고 있는 재평가모형에 대한 설명으로 옳지 않은 것은?

① 재평가의 빈도는 재평가되는 유형자산의 공정가치 변동에 따라 달라진다.

② 특정 유형자산을 재평가 할 때, 해당 자산이 포함되는 유형자산 분류 전체를 재평가한다.

③ 자산의 장부금액이 재평가로 인하여 증가된 경우에 그 증가액은 기타포괄손익(재평가잉여금)으로 인식하되, 동일 자산에 대하여 이전에 당기손익으로 인식한 재평가감소액이 있다면 그 금액을 한도로 재평가증가액만큼 당기손익으로 인식한다.

④ 어떤 유형자산 항목과 관련하여 자본에 계상된 재평가잉여금은 그 자산이 제거될 때 이익잉여금으로 대체하여야 한다.

**02** 다음 자료에 의하여 기계장치를 정액법과 연수합계법으로 감가상각할 경우, 두 방법에 의한 1년분 감가상각비가 일치하는 해는 몇 년차인가?

- 취득원가 : 1,200,000원
- 취득시점에서의 잔존가액 추정액 : 200,000원
- 물가변동을 고려한 잔존가액 : 300,000원
- 내용연수 : 5년

① 2년                 ② 3년

③ 4년                 ④ 5년

**03** 10월 1일 기계장치 취득에 사용될 상환 의무가 없는 정부보조금 800,000원을 수령하여 동 일자에 기계장치를 취득하여 사용하였다. 기계장치의 취득원가는 정부보조금을 포함하여 10,000,000원이며, 내용연수 10년, 잔존가치는 없으며, 정액법에 따라 감가상각한다. 현재 재무상태표상 기계장치의 장부금액은 얼마인가?(단, 정부보조금의 회계처리는 자산차감법에 따르고, 감가상각비는 월할계산한다)

① 8,975,000원                 ② 8,920,000원

③ 8,950,000원                 ④ 8,970,000원

**04** 공장을 신축할 목적으로 건물이 있는 토지를 구입하고 현금 200,000원을 지급하였다. 이전 소유자가 토지와 건물에 대한 담보로 있던 은행 차입금 150,000원은 승계하기로 했다. 추가적인 자료가 다음과 같을 때 토지와 건물 원가는 각각 얼마인가?

- 구건물 철거비용 : 7,000원
- 폐자재 처분으로 인한 수입금액 : 2,000원
- 토지와 건물 구입관련 중개수수료 : 10,000원
- 건물의 설계비용 : 30,000원
- 건물 건설을 위한 토지 굴착비용 : 7,000원
- 건물건설현장 파견직원의 연간 급여총액(파견기간 5월 1일부터 11월 30일까지) : 12,000원

| | 토지 | 건물 | | 토지 | 건물 |
|---|---|---|---|---|---|
| ① | 380,000원 | 37,000원 | ② | 380,000원 | 44,000원 |
| ③ | 365,000원 | 44,000원 | ④ | 398,000원 | 52,000원 |

# 07 무형자산

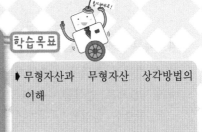

## 1. 무형자산의 인식요건

### ① 식별가능성

무형자산 [intangible asset, 無形資産] 의 정의에서는 영업권과 구별하기 위하여 무형자산이 식별 가능할 것을 요구한다.

### ② 통제

무형자산의 미래 경제적 효익을 확보할 수 있고 그 효익에 대한 제3자의 접근을 제한할 수 있다면 자산을 통제하고 있는 것이다.

### ③ 미래 경제적 효익

무형자산의 미래 경제적 효익은 재화의 매출이나 용역수익, 원가절감, 또는 자산의 사용에 따른 기타 효익의 형태로 발생한다.

## 2. 무형자산의 인식과 최초측정

다음의 조건을 모두 충족하는 경우에만 무형자산을 인식한다.

① 자산에서 발생하는 미래 경제적 효익이 기업에 유입될 가능성이 매우 높다.

② 자산의 원가를 신뢰성 있게 측정할 수 있다.

## 3. 취 득

개별 취득하는 무형자산의 원가는 다음 항목으로 구성된다.

① 구입가격(매입할인과 리베이트를 차감하고 수입관세와 환급받을 수 없는 제세금을 포함한다)

② 자산을 의도한 목적에 사용할 수 있도록 준비하는 데 직접 관련되는 원가

## 4. 내부적으로 창출한 영업권

미래 경제적 효익을 창출하기 위하여 발생한 지출이라도 이 장의 인식기준을 충족하지 못하면 무형자산으로 인식할 수 없다. 그러한 지출은 대부분 내부적으로 영업권을 창출하지만, 내부적으로 창출한 영업권은 원가를 신뢰성 있게 측정할 수 없을 뿐만 아니라 기업이 통제하고 있는 식별가능한 자원도 아니기 때문에 자산으로 인식하지 않는다.

## 5. 내부적으로 창출한 무형자산

내부적으로 창출한 무형자산이 인식기준에 부합하는지를 평가하기 위하여 무형자산의 창출과정을 연구단계와 개발단계로 구분한다.

무형자산을 창출하기 위한 내부 프로젝트를 연구단계와 개발단계로 구분할 수 없는 경우에는 그 프로젝트에서 발생한 지출은 모두 연구단계에서 발생한 것으로 본다.

① **연구단계**

프로젝트의 연구단계에서는 미래 경제적 효익을 창출할 무형자산이 존재한다는 것을 입증할 수 없기 때문에 연구단계에서 발생한 지출은 무형자산으로 인식할 수 없고 발생한 기간의 비용으로 인식한다.

② **개발단계**

개발단계에서 발생한 지출은 무형자산인식조건을 모두 충족하는 경우에만 무형자산으로 인식하고, 그 외의 경우에는 발생한 기간의 비용으로 인식한다.

## 6. 내부적으로 창출한 무형자산의 원가

내부적으로 창출한 무형자산의 원가는 인식기준을 최초로 충족한 이후에 발생한 지출금액으로 한다. 내부적으로 창출한 무형자산의 원가는 그 자산의 창출, 제조, 사용 준비에 직접 관련된 지출과 합리적이고 일관성 있게 배분된 간접 지출을 모두 포함한다.

## 7. 비용의 인식

다음에 해당하지 않는 무형자산 관련 지출은 발생한 기간의 비용으로 인식한다.

① 무형자산의 인식기준을 충족하여 원가의 일부가 되는 경우

② 사업결합에서 영업권으로 인식하는 경우

## 8. 취득 또는 완성후의 지출

무형자산의 취득 또는 완성 후의 지출로서 다음의 요건을 모두 충족하는 경우에는 자본적 지출로 처리하고, 그렇지 않은 경우에는 발생한 기간의 비용으로 인식한다.

① 관련 지출이 무형자산의 미래 경제적 효익을 실질적으로 증가시킬 가능성이 매우 높다.

② 관련된 지출을 신뢰성 있게 측정할 수 있으며, 무형자산과 직접 관련된다.

## 9. 무형자산 상각 [amortization]

### ① 상각기간

무형자산의 상각대상금액은 그 자산의 추정내용연수 동안 체계적인 방법에 의하여 비용으로 배분한다. 무형자산의 상각기간은 독점적·배타적인 권리를 부여하고 있는 관계 법령이나 계약에 정해진 경우를 제외하고는 20년을 초과할 수 없다. 상각은 자산이 사용가능한 때부터 시작한다.

### ② 상각방법

무형자산의 상각방법은 자산의 경제적 효익이 소비되는 행태를 반영한 합리적인 방법이어야 한다. 무형자산의 상각대상금액을 내용연수 동안 합리적으로 배분하기 위해 다양한 방법을 사용할 수 있다. 이러한 상각방법에는 정액법, 체감잔액법(정률법 등), 연수합계법, 생산량비례법 등이 있다. 다만, 합리적인 상각방법을 정할 수 없는 경우에는 정액법을 사용한다.

### ③ 잔존가치

무형자산의 잔존가치는 없는 것을 원칙으로 한다. 다만, 경제적 내용연수보다 짧은 상각기간을 정한 경우에 상각기간이 종료될 때 제3자가 자산을 구입하는 약정이 있거나, 그 자산에 대한 거래시장이 존재하여 상각기간이 종료되는 시점에 자산의 잔존가치가 거래시장에서 결정될 가능성이 매우 높다면 잔존가치를 인식할 수 있다.

### ④ 상각기간과 상각방법의 변경

상각기간과 상각방법은 매기 계속하여 적용하고 정당한 사유 없이 이를 변경할 수 없다. 상각기간과 상각방법의 변경에 따른 회계처리는 '회계정책, 회계추정의 변경 및 오류'를 적용한다. 무형자산을 사용하는 동안 내용연수에 대한 추정이 적절하지 않다는 것이 명백해지는 경우가 있다.

## 10. 손상차손[Deterioration loss], 폐기와 처분

손상차손과 환입 : 평가증은 인정안한다.

- 자산 진부화등으로 무형자산의 회수가능가액(max[순매각액, 사용가치]이 장부가액에 미달시 장부가와 차액을 손상차손으로 인식한다.
- 환입액 : min[감액되지 않았을 경우의 장부가액, 회수가능가액]−장부가액
- 사용을 중지하고 처분을 위해 보유하는 무형자산은 상각중단하고 손상차손여부검토(유형자산과 동일)한다.

**기본예제**

### 01. 무형자산과 관련한 사항으로 옳은 것은?

① 아직 사용가능하지 않은 무형자산의 경우 최소한 매 회계연도말에 회수가능액을 반드시 추정해야 한다.
② 무형자산에 대한 합리적 감가상각방법을 정할 수 없는 경우 연수합계법을 사용한다.
③ 무형자산의 상각이 다른 자산의 제조와 관련이 있는 경우라 하더라도 판매원가와 관리원가로 계상하여야 한다.
④ 무형자산의 경우 반드시 잔존가액을 '0'으로 처리하여야 한다.

**해설**

① 무형자산에 대한 합리적 감가상각방법을 정할 수 없는 경우 정액법을 사용한다.
무형자산의 잔존가치는 없는 것을 원칙으로 한다. 다만, 경제적 내용연수보다 짧은 상각기간을 정한 경우에 상각기간이 종료될 때 제3자가 자산을 구입하는 약정이 있거나, 그 자산에 대한 거래시장이 존재하여 상각기간이 종료되는 시점에 자산의 잔존가치가 거래시장에서 결정될 가능성이 매우 높다면 잔존가치를 인식할 수 있다.

**01** 기업회계기준서상 무형자산에 관한 설명이다. 바르지 못한 것은?

① 기업내부에서 개발된 소프트웨어의 경우 자산인식조건을 충족하는 경우에는 개발비의 과목으로 하여 무형자산으로 처리한다.

② 법인의 설립시 발생하는 등기비용등의 창업비용은 당기비용으로 처리한다.

③ 무형고정자산중 영업권에 대한 상각은 5년의 기간내에 정액법으로 상각한다.

④ 무형고정자산의 상각방법은 정액법, 정률법, 연수합계법, 생산량비례법 등 합리적인 방법에 의하여 상각한다.

**02** 일반기업회계기준의 무형자산에 관한 내용 중 틀린 것은?

① 무형자산의 상각기간은 독점적, 배타적인 권리를 부여하고 있는 관계 법령이나 계약에 정해진 경우를 제외하고는 20년을 초과할 수 없다.

② 무형자산의 잔존가치는 원칙적으로 "0"으로 한다.

③ 합리적인 상각방법을 정할 수 없는 경우에는 정액법을 사용한다.

④ 영업권도 손상차손을 인식하고, 손상차손의 환입도 인식한다.

# 08 유가증권과 투자자산

## 1. 단기매매증권

단기매매증권은 주로 단기간 내의 매매차익을 목적으로 취득한 유가증권으로서 매수와 매도가 적극적이고 빈번하게 이루어지는 것을 말한다.

### ① 취득

㉠ 단가산정

개별법, 총평균법, 이동평균법, 기타 합리적인 방법을 사용하며 취득부대비용은 당기비용 (영업외비용)으로 처리한다.

㉡ 종목구분

- 보통주와 우선주는 별개종목으로 보고 회계처리한다.
- 무상증자·주식배당의 경우는 권리락이 실시되는 시점에서 신·구주 종류에 불구하고 주식수 비례에 따라 구주의 장부가액을 안분하여 산정한다.
- 주식수증가, 평균단가만 하락(즉, 자산증가로 보지 아니한다.)

㉢ 이자지급일 사이 취득한 채권

경과이자는 취득원가에서 제외하여 미수이자로 계상하며, 보유기간 해당분만 이자수익으로 인식한다.

- 취득원가 = 구입가격 - 경과이자

---

**기본예제**

**01. 4월1일 단기매매증권 400주를 주당 5,000원에 취득하였다. 취득시 취득수수료는 32,000원 발생하였으며, 결재는 보통예금계좌로 하였다.**

**해설**

(차)단기매매증권 2,000,000원　　(대)보통예금 2,032,000원
　　수수료비용　　　32,000원
유가증권의 취득수수료는 당기비용(영업외비용)으로 처리한다.

---

② 평가

- 유가증권과 같은 투자목적의 금융자산은 공정가치 정보가 투자와 보유목적에 대한 경영자의 의사결정에 대한 성과를 더 잘 나타내어 준다고 할 수 있다.
- 평가손익은 단기매매증권에서 직접 가감한다.

  차) 단기매매증권　　　　　　　대)단기매매증권평가이익
- 채권의 경우에는 할인·할증상각치 않음 − 약정이자만 이자수익인식

  ※ 재고자산에 속하는 단기매매증권 −단기매매증권평가방법에 따름 (저가법 ×)

**기본예제**

### 02. 단기매매증권과 관련된 결산일의 회계처리를 하시오.

| 종목 | 전기(취득시) | 전년말 공정가액 | 당해년말 공정가액 |
|---|---|---|---|
| 단기매매증권<br>(유동자산) | 10,000,000원 | 12,500,000원 | 13,100,000원 |

**해설**

③ 단기매매증권평가이익은 (13,100,000원 − 12,500,000원) = 600,000원이다.

12월31일 (차)단기매매증권 600,000　　(대)단기매매증권평가이익(또는 단기투자자산평가이익) 600,000

③ 처분

- 단기매매증권처분손익 ＝ 장부가액−처분가액(매각대금−매각수수료)

  → 장부가액 − 전기 이전취득의 경우는 전기말 공정가액, 당기취득의 경우는 취득원가
- 동일유가증권을 여러 번 다른 가격에 취득시 장부가액 산정

  → 개별법, 총평균법, 이동평균법 등 합리적 방법 사용하여 장부가액 산정한다.
- 채권을 이자지급일 사이에 처분시 경과이자분은 처분손익에 포함하지 않음. 즉, 경과이자는 이자수익으로 우선 인식한다.

**기본예제**

### 03. 4월 17일 단기보유목적으로 구입한 (주)함초의 주식(시장성 있음) 300주를 1주당 23,000원에 처분하고 대금은 보통예금에 입금되었다. 주식처분에 따른 증권거래세 40,000원과 거래수수료 20,000원을 차감하고 입금하였다. 거래일현재 단기매매증권의 장부가액은 6,500,000원이다.

**해설**

4월 17일 일반전표입력

(차) 보통예금　6,840,000원　　(대) 단기매매증권　　　　　6,500,000원

　　　　　　　　　　　　　　　(대) 단기매매증권처분이익　　340,000원(또는 단기투자자산처분이익)

## 2. 만기보유증권

만기가 확정된 채무증권으로서 상환금액이 확정되었거나 확정이 가능한 채무증권을 만기까지 보유할 적극적인 의도와 능력이 있는 경우에는 만기보유증권으로 분류한다.

당 회계연도와 직전 2개 회계연도 중에, 만기보유증권을 만기일 전에 매도하였거나 발행자에게 중도상환권을 행사한 사실이 있는 경우, 또는 만기보유증권의 분류를 매도가능증권으로 변경한 사실이 있다면, 보유 중이거나 신규로 취득하는 모든 채무증권은 만기보유증권으로 분류할 수 없다.

① **재무상태표가액** : 원가법 적용하며, 유효이자율법에 의한 상각후 취득원가로 한다.

② **처분** : 만기보유증권처분손익 = 처분가액 - 상각후 취득원가

③ **손상차손·환입** : 회수할 수 있을 것으로 추정되는 금액(이하 "회수가능가액"이라 한다)이 채무증권의 상각후취득원가 또는 지분증권의 취득원가보다 작은 경우에는, 손상차손을 인식할 것을 고려하여야 한다. 손상차손의 발생에 대한 객관적인 증거가 있는지는 보고기간종료일마다 평가하고 그러한 증거가 있는 경우에는 감액이 불필요하다는 명백한 반증이 없는 한, 회수가능가액을 추정하여 손상차손을 인식하여야 한다. 손상차손금액은 당기손익에 반영한다

---

### 기본예제

**04. 만기보유증권에 대한 설명으로 잘못된 것은?**

① 채무증권의 발행자가 채무증권의 상각후 취득원가보다 현저하게 낮은 금액으로 중도상환권을 행사할 수 있는 경우 만기보유증권으로 분류할 수 있다.
② 변동이자율 조건부로 발행된 채무증권도 만기보유증권으로 분류할 수 있다.
③ 원금 및 이자의 상환금액과 상환시기가 약정되어 있는 채무증권으로 만기까지 보유할 적극적 의도와 능력이 있는 경우 만기보유증권으로 분류할 수 있다.
④ 당기와 직전 2개 회계기간 중 만기보유증권을 만기일 전 매도한 경우 신규로 취득하는 모든 채무증권은 만기보유증권으로 분류할 수 없다.

**해설**
① 채무증권의 발행자가 채무증권의 상각후 취득원가보다 현저하게 낮은 금액으로 중도상환권을 행사할 수 있는 경우 만기까지 적극적으로 보유할 의도가 없는 것으로 본다.

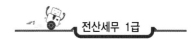

## 3. 매도가능증권

단기매매증권이나 만기보유증권으로 분류되지 아니하는 증권은 매도가능증권으로 분류한다.

| | 공정가액측정가능지분증권인 경우 | 채무증권인 경우 |
|---|---|---|
| 평가 | • 시장성유무에 관계없이 공정가액법 적용<br>• 매도가능증권평가손익 : 기타포괄손익누계액처리한다. 처분·감액시 당기손익에 반영 | • 유효이자율법 적용하여 상각후공정가액법 적용<br>• 매도가능증권평가손익 : 기타포괄손익누계액처리한다. 처분·감액시 당기손익에 반영 |
| 처분 | • 처분가와 장부가액 차액을 처분손익처리<br>• 매도가능증권평가손익을 처분손익에 반영 | • 처분가와 장부가액 차액을 처분손익처리한다.<br>• 매도가능증권평가손익을 처분손익에 반영 |

기본예제

### 05. 매도가능증권의 처분손익은 얼마인가?

• 전기 3월1일, 매도가능증권을 현금 취득하였다.
• 전기 12월31일, 관련 계정잔액 부분표시

재무상태표

매도가능증권 1,500,000원 | 매도가능증권평가이익 300,000원

• 당기 9월30일, 매도가능증권(50%)을 800,000원에 현금받고 처분하였다.

해설

| 전기 03월01일 (차)매도가능증권 | 1,200,000원 | (대)현금 | 1,200,000원 |

전기 12월31일 (차)매도가능증권 300,000원 (대)매도가능증권평가이익 300,000원
(기타포괄손익누계액)

당기 9월30일 (차)현금 800,000원 (대)매도가능증권 750,000원
매도가능증권평가이익 150,000원 매도가능증권처분이익 200,000원

처분손익 : 800,000원 − (1,500,000원 − 300,000원) × 50% = 200,000원(이익)

**06. 일반기업회계기준의 유가증권의 손상차손에 대한 설명으로 가장 틀린 것은?**

① 상각후원가로 평가한 만기보유증권에서 손상차손으로 인식하는 금액은 유가증권 취득 당시의 유효이자율로 할인한 기대현금흐름의 현재가치(회수가능액)와 장부금액의 차이금액이다.
② 매도가능증권 중 공정가치로 평가하는 채무증권은 회수가능액이 상각후원가에 미달하는 금액에서 이전 기간에 이미 인식하였던 당해 채무증권의 손상차손을 차감한 금액을 손상차손으로 인식한다.
③ 매도가능증권 중 공정가치로 평가하는 지분증권은 공정가치가 취득원가에 미달하는 금액에서 이전 기간에 이미 인식하였던 당해 지분증권의 손상차손을 차감한 감액을 손상차손으로 인식한다.
④ 손상차손이 환입되는 경우 그 환입액의 한도는 매도가능증권과 만기보유증권 중 일부만 규정되어 있다.

**해설**

④ 환입한도는 아래와 같다.

매도가능증권 : 지분증권(공정가액으로 평가) − 이전에 인식하였던 손상차손
매도가능증권 : 채무증권(공정가액으로 평가) − 이전에 인식하였던 손상차손
매도가능증권 : 지분증권(취득원가로 평가) − 취득원가
만기보유증권 : 채무증권(상각후원가로 평가) − 당초에 손상차손을 인식하지 않았다면 회복일 현재의 상각후원가

## 4. 유가증권의 분류변경

유가증권의 보유의도와 보유능력에 변화가 있어 분류변경이 필요한 경우에는 다음과 같이 처리한다. 유가증권과목의 분류변경을 할 때에는 분류변경일 현재의 공정가액으로 평가한 후 변경한다.

① **시장성을 상실한 단기매매 증권 → 매도가능증권**

분류변경일 현재의 공정가액(최종시장가격)을 매도가능증권의 새로운 취득원가로 본다.
- 분류변경일까지의 미실현보유손익은 당기손익으로 인식한다.
- 선평가후대체

   (차) 단기매매증권평가손실　　　　　(대) 단기매매증권
   (차) 매도가능증권　　　　　　　　　(대) 단기매매증권

② **만기보유증권 → 매도가능증권**
- 분류변경일

   (차) 매도가능증권(변경일의 공정가)　　(대) 만기보유증권(상각후취득원가)
- 분류변경이후

   공정가액과 상각후취득원가 차액만큼 평가이익 계상되도록 평가이익을 조정

③ 매도가능증권 → 만기보유증권

• 분류변경일

(차) 만기보유증권(매도공정가)          (대) 매도가능증권

매도가능증권평가손익을 만기보유증권평가손익(기타포괄손익누계액)으로대체

**기본예제**

**07. 일반기업회계기준에서 유가증권의 보유의도와 보유능력에 변화가 있어 재분류가 필요한 경우의 처리방법을 설명한 것 중 타당한 것은?**

① 단기간 내에 매매차익을 목적으로 보유하지 않는 단기매매증권의 경우라도 만기보유증권으로 분류할 수 없다.
② 단기매매증권이 시장성을 상실한 경우에는 매도가능증권으로 재분류 하여야 한다.
③ 매도가능증권은 만기보유증권으로 재분류할 수 있으나 만기보유증권은 매도가능증권으로 재분류할 수 없다.
④ 유가증권의 분류를 변경할 때에는 재분류일 현재의 원가로 변경한다.

**해설**

② 단기매매증권은 다른 범주로 재분류할 수 없으며, 다른 범주의 유가증권의 경우에도 단기매매증권으로 재분류할 수 없다. 다만, (일반적이지 않고 단기간 내에 재발할 가능성이 매우 낮은 단일한 사건에서 발생하는) 드문 상황에서 더 이상 단기간 내의 매매차익을 목적으로 보유하지 않는 단기매매증권은 매도가능증권이나 만기보유증권으로 분류할 수 있으며, 단기매매증권이 시장성을 상실한 경우에는 매도가능증권으로 분류하여야 한다.

**01** 유가증권 보유 및 발행 시 회계처리로 옳지 않은 것은?

① 현금배당 수령 시 대변에 배당금 수익으로 처리한다.

② 주식발행회사의 경우 주식배당은 자본에 변화가 발생하지 아니한다.

③ 주식배당 수령 시 배당금수익은 인식하지 않고, 주당취득가액은 변화가 없다.

④ 주식발행회사의 경우 현금배당은 자본을 감소시킨다.

**02** 유가증권의 재분류가 필요한 경우 처리방법에 대한 설명 중 옳은 것은?

① 단기매매증권이 시장성을 상실한 경우 만기보유증권으로 분류하여야 한다.

② 매도가능증권은 단기간 매매차익 실현의 신뢰성이 높을 경우 단기매매증권으로 분류할 수 있다.

③ 만기보유증권은 매도가능증권으로 재분류 가능하지만, 매도가능증권은 만기보유증권으로 재분류할 수 없다.

④ 유가증권과목의 분류를 변경할 때에는 재분류일 현재의 공정가치로 평가한 후 변경한다.

**03** 갑주식(현재 유가증권시장에 상장되어 거래되고 있음)은 매도가능증권이나 회계담당자의 실수로 단기매매증권으로 분류하여 기업회계기준에 따라 기말평가를 하였다. 갑주식의 시가가 하락하는 경우 재무제표에 미치는 영향은?

| | 자산 | 자본 | 당기순이익 | | 자산 | 자본 | 당기순이익 |
|---|---|---|---|---|---|---|---|
| ① | 불변 | 불변 | 감소 | ② | 불변 | 감소 | 불변 |
| ③ | 감소 | 불변 | 감소 | ④ | 감소 | 감소 | 불변 |

# 09 비유동부채

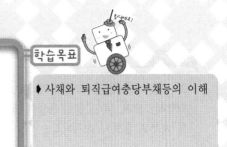
## 1. 사채

1년 후에 상환되는 사채의 가액으로 하되, 사채는 주식회사가 널리 일반인으로부터 돈을 빌리기 위하여 발행하는 유가증권이다.

### ① 사채의 발행방법

- 평가발행(발행가격 100원＝액면가격 100원 )(시장이자율＝액면이자율)

  차) 현　　금 100 (발행가격)　　　　　　대) 사　　　채　　　100 (액면가격)

- 할인발행(발행가격 70원 ＜ 액면가격 100원)(시장이자율 ＞ 액면이자율)

  차) 현　　금 70 (발행가격)　　　　　　대) 사　　　채　　　100 (액면가격)
  　　사채할인발행차금 30

> 사채할인발행차금은 재무상태표상 사채의 액면금액에 대한 차감적평가계정으로 표시하며, 사채의 상환기간 내에 유효이자율법등으로 상각하여 그 상각액을 이자비용 계정에 가산한다.

- 할증발행(발행가격 130원 ＞ 액면가격 100원)(시장이자율 ＜ 액면이자율)

  차) 현　　금 130 (발행가격)　　　　　대) 사　　　채　　　100 (액면가격)
  　　　　　　　　　　　　　　　　　　　　사채할증발행차금　30

> 사채할증발행차금은 재무상태표상 사채의 액면금액에 대한 가산적평가계정으로 표시하며, 사채의 상환기간 내에 유효이자율법 등으로 환입(상각)하여 그 환입액을 이자비용 계정에서 차감한다.

### ② 사채발행비의 회계처리

사채 발행시 든 제비용(사채권 인쇄비 등)을 사채발행비라 하며, 이는 사채의 발행가격에서 차감하여 회계 처리한다.

01. 1월 1일 회사는 액면가액 3,000,000원인 사채(액면이자율 10%, 만기 3년, 매년말 이자지급)를 발행하였으며, (주)믿음은 동일에 동 사채를 전액 현금구입하였다. 발행당시 시장이자율은 12%였다. 동 사채의 발행시 회계처리는? 단, 현재가치계수는 다음과 같다.

|  | 3년 현가계수 | 3년 연금현가계수 |
|---|---|---|
| 10% | 0.7513 | 2.4869 |
| 12% | 0.7118 | 2.4018 |

**해설**

(차)현          금     2,855,940원          (대)사채 3,000,000원
　사채할인발행차금     144,060원

사채발행가액 =액면가액 현가+ 이자의 연금현가= (3,000,000원 × 0.7118) + (300,000 × 2.4018) = 2,855,940원

③ 사채이자

사채를 발행한 후, 매 기간 이자 지급시마다 유효이자율법에 의한 이자금액을 계산한 후 유효이자금액과 액면이자금액의 차액을, 할인발행의 경우에는 사채할인발행차금(상각)액으로 처리하며, 할증발행의 경우에는 사채할증발행차금(환입)액으로 처리한다.

• 평가발행의 경우 이자지급시
　차) 이자비용(유효이자)　　　　　　　　　대) 현　　금(액면이자)
• 할인발행의 경우 이자지급시
　차) 이자비용(유효이자)　　　　　　　　　대) 현　　금(액면이자)
　　　　　　　　　　　　　　　　　　　　　　　사채할인발행차금
• 할증발행의 경우 이자지급시
　차) 이자비용(유효이자)　　　　　　　　　대) 현　　금(액면이자)
　　사채할증발행차금

> 유효(실질)이자 = 사채의 상각 후 장부가액 × 유효이자율
> (사채의 액면금액 ± 사채할인(할증)발행차금 미상각잔액)

④ 유효이자율법이 재무제표에 미치는 효과를 비교하면 다음과 같다.

| 구분 | | 할인발행 | 할증발행 |
|---|---|---|---|
| 공 통 | 사채장부가액 | 증가 | 감소 |
|  | 액면이자 | 일정 | 일정 |
| 유효이자율법 | 유효이자율 | 일정 | 일정 |
|  | 이자비용 | 증가 | 감소 |
|  | 차금상각(환입)액 | 증가 | 증가 |

**기본예제**

02. 1월 1일 회사는 액면가액 3,000,000원인 사채(액면이자율 10%, 만기 3년, 매년말 이자지급)를 발행하였으며, (주)믿음은 동일에 동 사채를 전액 현금구입하였다. 발행당시 시장이자율은 12%였다. 동 사채의 당기말 이자지급시의 회계처리는? 단, 현재가치계수는 다음과 같으며, 유효이자율법에의해 상각한다.(단, 소수점이하 절사)

|  | 3년 현가계수 | 3년 연금현가계수 |
|---|---|---|
| 10% | 0.7513 | 2.4869 |
| 12% | 0.7118 | 2.4018 |

**해설**

당기말 회계처리

(차)이자비용    342,712원    (대)현    금    300,000원
                          (대)사채할인발행차금    42,712원

이자비용 =사채 장부가액 × 유효이자율 = 2,855,940원 × 0.12 = 342,712원

## 2. 퇴직급여충당부채 [allowance for severance liability]

퇴직급여충당부채란 임직원이 퇴직할 경우에 지급되는 퇴직금을 예상하여 결산기말에 계상하는 부채성 충당부채이며, 퇴직급여충당부채 한도액은 결산기말 현재 전 임직원이 일시에 퇴직할 경우 지급하여야 할 퇴직금에 상당하는 금액이다. 퇴직급여충당부채는 퇴사시 사용하며, 부족액은 바로 비용처리한다.

| 전 임직원이 일시에 퇴직할 경우 지급해야할 퇴직금( = 추계액) | − | 퇴직급여충당부채 계정잔액 | = | 당기에 계상할 퇴직급여충당부채 |
|---|---|---|---|---|

| 구    분 | 차    변 |  | 대    변 |  |
|---|---|---|---|---|
| 결산시 퇴직급여충당부채를 10,000원을 설정한 경우 | 퇴직급여 | 10,000 | 퇴직급여충당부채 | 10,000 |
| 퇴직금을 15,000원을 현금으로 지급한 경우 (퇴직급여충당부채잔액은 10,000원임) | 퇴직급여충당부채 퇴직급여 | 10,000 5,000 | 현금 | 15,000 |

## 3. 퇴직연금제도[retirement pension]

퇴직연금제도의 종류는 확정급여형퇴직연금제도(Defined Benefit)와 확정기여형퇴직연금제도(Defined Contribution), 그리고 **개인형퇴직연금**(IRP) 세 가지가 있다. 이 셋 중 선택은 근로자 측에서 한다.

① **확정급여형퇴직연금제도(Defined Benefit)**

근로자와 회사가 사전에 연금급여(퇴직금)의 수준내용을 약정하고 근로자가 일정한 연령에 달한 때에 약정에 따른 급여를 지급하는 연금제도이다. 자산의 운용책임이 회사에 있어서 운영소득에 대한 모든 위험을 회사가 부담한다.

- 연금급여예치시 : (차) 퇴직연금운용자산          (대) 현금 등
- 결산시점 퇴직급여충당부채 계상 : (차) 퇴직급여          (대) 퇴직급여충당부채
- 퇴직시 : (차) 퇴직급여충당부채     (대) 퇴직연금미지급금 혹은 퇴직연금운용자산
- 퇴직시 : (차) 퇴직급여

② **확정기여형퇴직연금제도(Defined Contribution)**

근로자와 회사가 사전에 부담할 기여금을 확정하고 적립하고 일정한 연령에 달한 때에 그 운용결과에 기초하여 급여가 지급되는 연금제도이다. 자산의 운영이 근로자 책임하에 위험과 수익이 이루어진다. 회사는 연간 급여총액의 1/12 이상을 부담금으로 납부하여야 한다. 근로자가 자기 책임하에 운용하므로 추가로 부담금의 불입이 가능하고  근로자마다 각자의 계좌가 있어 통산할 수 있다.

- 기여금을 부담할 때마다 : (차) 퇴직급여  ×××          (대) 현금 등  ×××

③ **개인형퇴직연금**[ individual retirement pension ,IRP]

근로자의 퇴직금을 자신 명의의 퇴직 계좌에 적립해 연금 등 노후자금으로 활용할 수 있게 하는 제도이다.

- 저축시마다 : (차) 퇴직급여  ×××                    (대) 현금 등  ×××

| 구              분 | 차         변 | | 대         변 | |
|---|---|---|---|---|
| 확정기여형(DC형) 퇴직연금액 100,000원을 현금납입시 | 퇴직급여 | 100,000 | 현금 | 100,000 |
| 확정급여형(DB형) 퇴직연금액을 100,000원을 납입하고 수수료 2,000원을 현금지급, 기금 운용수익이 1,000원 발생시 | 퇴직연금운용자산<br>수수료비용(판) | 101,000<br>2,000 | 현금<br>이자수익 | 102,000<br>1,000 |

## 예상문제

**01** 사채를 할증발행하고, 사채할증발행차금에 대하여 유효이자율법으로 상각하지 않고 정액법으로 적용하여 상각하였다. 이러한 오류가 사채의 발행연도 재무제표에 미치는 영향을 바르게 지적한 것은?

|     | 사채의 장부금액 | 당기순이익 |     | 사채의 장부금액 | 당기순이익 |
| --- | --- | --- | --- | --- | --- |
| ① | 과대계상 | 과대계상 | ② | 과대계상 | 과소계상 |
| ③ | 과소계상 | 과대계상 | ④ | 과소계상 | 과소계상 |

**02** 다음은 사채발행에 대한 자료이다.12월 31일에 상각되는 사채할인발행차금은 얼마인가?(단, 소수점 이하는 절사한다)

---

• 사채발행일 : 전년도 1월 1일   • 사채만기일 : 5년후
• 이자지급일 : 매년 12월 31일   • 액면가액 : 1,000,000원
  (발행시 현재가치 : 894,483원)
• 발행가액 : 894,483원
• 사채의 표시이자율 : 10%, 사채의 유효이자율 : 13%

---

① 15,116원                    ② 18,399원
③ 115,116원                   ④ 118,399원

# 10 자본

## 1. 자본금

자본금은 법정자본금을 말하며, 보통주와 우선주는 배당금 지급 및 청산시의 권리가 상이하기 때문에 보통주자본금과 우선주자본금으로 구분하여 표시한다.

① **상환우선주(K-IFRS는 부채로 분류)**

발행당시부터 일정기간 후, 회사가 이익으로써 소각(消却)하기로 예정되어 있는 상환조항을 붙여서 발행한 특수한 주식이다.
- 상환을 위한 취득시 : (차) 자기주식          (대) 현금
- 상환절차 완료한 때 : (차) 미처분이익잉여금    (대) 자기주식

우선주자본금이 여전히 재무상태표에 남는 모순 발생한다.

② **주식발행**

상법에서는 수권자본제를 도입하여 정관에 발행할 주식의 총수를 정하여 회사설립시에는 그 중 일부를 발행하고 나머지는 자금이 필요할 때 수시로 이사회의 의결로 주식을 발행할 수 있도록 되어 있다.
- 주식할인발행차금과 주식발행초과금은 발생순에 관계없이 우선 서로 상계해야 한다.
- 무액면주식 발행시 자본금은 발행금액의 1/2이상, 나머지는 자본준비금으로 처리한다.
- 주식의 발행 방법
  - 평가발행 : 주식의 발행가격을 액면금액으로 발행하는 방법을 말한다.
  - 할증발행 : 주식 발행시 발행가격이 주당 액면금액 이상으로 발행하는 방법을 말한다.

기본예제

**01. 액면 10,000원 주식을 12,000원에 발행하다.**

해설

차) 현    금   12,000                      대) 자    본    금   10,000
                                            주식발행초과금   2,000

- 할인발행

  주식 발행시 발행가격이 주당 액면금액 이하로 발행하는 방법을 말한다.

**02. 액면 10,000원 주식을 8,500원에 발행하다.**

해설

차) 현            금  8,500            대) 자    본    금    10,000
    주식할인발행차금  1,500

---

> 할인발행은 법원의 승인을 받아야 발행할 수가 있으며, 주식발행초과금과 상계 후 잔액이 있으면 **잉여금과 상계하고, 잔액은 주식할인발행차금으로 계상한다.** -2012년 상법개정으로 3년균상각규정 삭제

③ **주식발행비**

주식발행비에는 주권(株券) 등의 인쇄비, 주식모집의 광고비, 금융기관·증권회사의 수수료, 변경등기의 등록세 등이 포함된다. 주식발행가액에서 차감토록 규정하고 있다.
- 할인발행시 : 주식할인발행차금 증액
- 할증발행시 : 주식발행초과금 감액

## 2. 자본잉여금

자본잉여금이란 증자활동, 감자활동 및 기타 자본과 관련된 거래에서 발생한 잉여금으로서 영업활동과 관련하여 발생한 이익잉여금과 구별되며 손익계산서를 거치지 않고 직접 자본계정에 가감된다.

① **주식발행초과금** : 주식발행가액이 액면가액 초과시 동 초과액을 말한다. 주식할인발행차금이 발생하는 경우 동금액과 우선 상계한다.

② **감자차익** : 감자를 하면서 자본금의 감소액보다 더 적은 돈을 주주에게 주면 발생되는 차익이다.
- 유상감자 = 실질적 감자

| 일반기업회계기준 |
| --- |
| 액면금액과 환급금액 비교하여 감자차손익처리한다. |
| 감자차손과 감자차익은 발생순서 관계없이 상계처리한다. |

• 무상감자 = 형식적감자

├ 방법 : 액면가감소·주식수감소·액면가, 주식수 모두 감소
├ 사유 : 일반적으로 누적된 결손금을 보전키 위해 자본금을 감소시킨다.
└ 효과 : ⓐ 자본총계불변(유상감자 : 자본총계 감소)
　　　　　ⓑ 지분율불변
　　　　　ⓒ 감자차익만 발생 한다.(감자차손 발생 안한다.)

③ 자기주식처분이익

| | 일반기업회계기준(원가법) | | |
|---|---|---|---|
| 기본 개념 | • 재발행을 전제로 취득한다고 본다.<br>　취득과 재발행을 연속된 2단계의 단일개념으로 파악<br>• 자본에서 차감표시 | | |
| 취득 | 차)자기주식(취득원가) | 대)현금 | 자기주식은 자본조정 처리한다. |
| 재발행 | • 재발행가>취득원가<br>차)현금(재발행가)<br><br>• 재발행가<취득원가<br>차)현금(재발행가)<br>　자기주식처분이익<br>　자기주식처분손실 | 대)자기주식(취득원가)<br>대)자기주식처분이익<br><br>대)자기주식(취득원가) | 자기주식처분이익-기타자본잉여금<br>자기주식처분손실-자본조정<br><br>자기주식처분이익과 자기주식처분손실은 발생 순서에 관계없이 우선 상계 |
| 소각 | • 액면가>취득원가<br>차)자본금(액면)<br><br>• 액면가<취득원가<br>차)자본금(액면)<br>　감자차익<br>　감자차손 | 대)자기주식(취득원가)<br>　감자차익<br><br>대)자기주식(취득원가) | 감자차익-자본잉여금<br>감자차손-자본조정<br><br>감자차익과 감자차손은 발생순서에 관계없이 우선 상계 |
| 증여 | • 회계처리없음-(처분시 처분이익으로 한다) | | |

**기본예제**

**03. 년 초에 액면가액 1,000원, 공정가치 2,000원인 자기주식 100주를 취득하였다. 기중에 동 자기주식 중 50%를 주당 3,000원에 처분하였다. 회계처리는?**

**해설**

자기주식 취득시: 차) 자기주식　200,000원　　대) 현 금　　　　200,000원

자기주식 처분시: 차) 현 금　150,000원　　대) 자기주식　　　100,000원
　　　　　　　　　　　　　　　　　　　　자기주식처분이익　50,000원

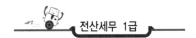 

④ 기타자본 잉여금
  - 주식결제형 주식선택권이 상실, 미행사된 경우, 자본조정에 계상되었던 것을 기타자본잉여금으로 대체한다.
  - 전환권대가와 신주인수권대가

## 3. 자본조정과 기타포괄손익누계액

자본조정은 성격상 자본금, 자본잉여금, 기타포괄손익누계액, 이익잉여금으로 분류할 수 없는 성격의 항목을 일시적으로 자본조정으로 분류하였다가 상각 또는 처분손익에 가감되어 소멸한다.

① 자본조정
  - 자기주식

    자기주식이란 회사가 보유하고 있는 유가증권 중 자사가 발행한 주식을 말한다. 이는 주식을 발행한 회사가 자사발행주식을 매입 또는 증여에 의하여 보유하고 있는 주식을 말하며, 재취득주식 또는 금고주(金庫株)라고도 한다. 소각하거나 추후 재발행 목적으로 보유하고 있는 경우의 자기발행 주식을 말한다.

  - 주식할인발행차금

    회사설립의 경우에는 원칙적으로 액면미달의 발행이 금지되어 있으나 회사가 설립 2년 이후에 신주식을 액면가액 이하로 할인발행하였을 경우 액면가액과 발행가액과의 차액을 말한다.
    주식발행초과금과 주식할인발행차금은 서로 상계하며, 상계후 잔액은 이익처분하며, 처분할 이익이 없는 경우에는 차기이후의 기간에 이월하여 상각한다.

  - 미교부주식배당금

    이익잉여금처분계산서상의 주식배당액을 말한다. 이익처분계산서에 포함된 배당은 재무상태표에 부채로 인식하지 아니하며, 재무상태표에는 이익잉여금처분 전의 재무상태를 표시한다. 주식배당예정액을 계상하며, 자본 가산항목임에 주의한다.

  - 자기주식처분손실·감자차손

    감자를 하면서 자본금의 감소액보다 더 많은 돈을 주주에게 주면 발생되는 차손이다.
    - 자기주식처분이익, 감자차익과 우선상계하고
    - 잔액이 있는 경우 처분가능이익잉여금이 생길 때까지 자본조정으로 이연처리한다.

**04. 자본과 자기주식 내역은 아래와 같다. 분개를 하시오**

- 1. 1 : 자본금 50,000,000원, 감자차손 100,000원
- 3.15 : 자기주식을 1,500,000원(주식수 500주, 액면단가 5,000원, 취득단가 3,000원)에 취득하다.
- 9.20 : 자기주식 중 100주를 소각하다.

**해설**

| 3월 15일 : (차) 자기주식 1,500,000원 | (대) 현 금 등 | 1,500,000원 |
|---|---|---|
| 9월 20일 : (차) 자 본 금 500,000원 | (대) 자 기 주 식 | 300,000원 |
| | 감 자 차 손 | 100,000원 |
| | 감 자 차 익 | 100,000원 |

- 주식매수선택권(스톡옵션)

    주식매수선택권이란 법인이 법인의 설립과 경영 · 기술혁신 등에 기여하였거나 기여할 능력을 갖춘 당해 법인의 임직원에게 특별히 유리한 가격으로 당해 법인의 신주를 매입할 수 있도록 부여한 권리를 말한다. 미행사되고 소멸시 자본조정에 계상되어 있는 주식 선택권을 기타자본잉여금으로 대체한다.

- 출자전환 채무

    출자전환 채무는 기업의 재무구조 개선방법의 하나로서 기업부채를 주식으로 전환하는 것을 말하며. 채권 · 채무 조정시 발생하고, 자본의 가산항목임에 주의한다.

② **기타포괄손익누계액**

- 해외사업환산손익

    해외지점 또는 해외사업소의 외화자산과 부채를 화폐성, 비화폐성법을 적용하여 환산하는 경우 발생하는 것으로서 환산손익의 처리는 본사 소유 외화자산 · 부채의 환산손익의 처리와 동일하다

    - 해외지점 · 사업소의 외화환산

        원칙 : 화폐성 · 비화폐성법 → 환산손익 : 외화환산손익처리한다.

        예외 : 현행환율법(영업, 재무활동이 본점과 독립적으로 운영되는 경우)

        → 환산손익 : 해외사업환산손익

    - 해외사업환산손익 차기이후 발생분과 상계표시하며 폐쇄하는 경우 전액을 상각(환입)하여 손익 처리한다.

- 매도가능증권 평가손익

    매도가능증권을 공정가액법 평가시 발생한다.

• 파생상품 평가손익

　파생상품이란 원자재, 통화, 증권 등의 기초자산에 근거하여 파생된 상품으로 광의로는 기초자산 이외의 모든 상품으로 보기도 하고 협의로는 장래 가격변동에 따른 위험을 소액의 투자로 사전에 방지, 위험을 최소화하는 목적으로 도입된 선도계약, 선물계약, 스왑계약, 옵션계약 등만을 일컫기도 한다. 현금흐름 위험회피유형에서의 평가손익계정으로 처리한다.(위험회피에 효과적인 부분)

• 재평가차익 단,재평가손실은 당기비용처리한다.

> **참고 Check!** **[K－IFRS]의 자본 분류**
> ① 납입자본 : 자본금, 자본잉여금, 자본조정
> ② 이익잉여금 : 자본조정상계, 배당, 적립되지 않고 남아 있는 이익
> ③ 기타자본요소 : 기타포괄손익누계액, 일반적립금(법정적립금, 임의적립금)

## 4. 이익잉여금

이익잉여금(또는 결손금)은 손익계산서에 보고된 손익과 다른 자본항목에서 이입된 금액의 합계액에서 주주에 대한 배당, 자본금으로의 전입 및 자본조정 항목의 상각 등으로 처분된 금액을 차감한 잔액이다. 이익잉여금은 주주총회의 결의에 의하여 이미 처분된 것이다. 이익잉여금의 처분액은 사외로 지출되는 것(배당금지출, 상여금지출 등)과 사내에 유보(준비금, 적립금)되는 금액이 있다.

① 분류
　• 법정적립금
　　－ 이익준비금(금전에 의한 이익배당의 1/10 이상을 자본금 1/2한도로 적립)
　　－ 기타법정적립금
　• 임의적립금
　• 미처분이익잉여금(＝375.이월이익잉여금)

② 배당
　• 배당기준일 : 배당회계처리 없다
　• 배당선언일 : 미지급배당금 계상한다.
　　－ 현금배당 : ＜배당선언일＞　　차) 미처분이익잉여금　　　　대) 미지급배당금
　　－ 주식배당 : ＜배당선언일＞　　차) 미처분이익잉여금　　　　대) 미교부주식배당금
　• 배당금지급일 : 미지급배당금 상계 분개
　　－ 현금배당 : ＜배당금지급일＞ 차) 미지급배당금　　　　대) 현금
　　－ 주식배당 : ＜배당금지급일＞ 차) 미교부주식배당금　　대) 자본금(액면가액법)

• 중간배당

영업연도 도중에 결산이 행해지지 않았음에도 불구하고 이익배당과 유사한 이익분배를 행하는 것을 중간배당이라 한다.

  - 금전배당 또는 주식배당을 할수 있다.

    차) 372.중간배당금                 대)미지급배당금(또는 미교부주식배당금)

  - 이익준비금적립이 역시 필요 - 추후 정기주총에서 결의된 현금배당과의 합계액에 대해 이익준비금으로 처분한다.

  - 중간배당액은 이익잉여금처분 계산서에 반영한다.

• 현물배당

재산으로 배당가능하다.

### ③ 이익잉여금 처분 계산서

• 이익잉여금처분

차) 미처분이익잉여금(이월이익잉여금)      대) 이익준비금

                                            주식할인발행차금등

• 처분계산서의 명칭

이익잉여금처분계산서와 결손금처리한 계산서의 명칭은 이익잉여금 처분 여부로 구분(적립금을 이입하여 이익잉여금 처분 가능)

• 이익잉여금처분계산서상의 처분내용들은 보고기간종료일 후에 발생한 사건으로 주주총회일에 회계처리해야 한다.

**01** 이익준비금 및 임의적립금에 관한 설명 중 틀린 것은?

① 매 결산기에 이익배당액의 10분의 1 이상을 자본금의 2분의 1에 달할때까지 적립함에 있어서의 이익배당액에는 연차배당을 의미하며 중간배당은 포함하지 않는다.

② 이익준비금은 자본전입이나 결손보전등의 사용할 수 있다.

③ 임의적립금은 배당가능하다.

④ 전기이월이익잉여금에서 당기순이익을 더하고 중간배당을 차감하고 재평가잉여금의 이익잉여금 대체분을 더하면 미처분이월이익잉여금이 계산된다.

**02** 자기주식 거래에 대한 내역이다. 자기주식 거래로 인해 자본잉여금에 영향을 미치는 금액은 얼마인가? 단, 당년도 초에 자본잉여금은 0원이다.

> 자본금 10,000,000원(액면가 10,000원)이다.
> 1) 2월 15일, 자기주식 200주를 주당 6,000원에 취득하였다.
> 2) 5월 25일, 자기주식 100주를 주당 9,000원에 매입하여 소각하였다.
> 3) 7월 4일, 자기주식 50주를 주당 5,000원에 매각하였다.

① 50,000원                      ② 100,000원

③ 150,000원               ④ 300,000원

**03** 자본의 회계처리 및 공시에 관한 다음 설명 중 옳지 않은 것은?

① 주식할인발행차금은 발행 당시 장부상 존재하는 주식발행초과금과 우선적으로 상계처리한다.

② 미상계된 주식할인발행차금은 자본조정항목으로 계상하고, 향후 발생하는 주식발행초과금과 상계처리 한다.

③ 증자의 경우 발생하는 신주발행수수료 등 신주발행비는 당기 비용으로 계상하지 아니하고 주식의 발행가액에서 직접 차감한다.

④ 주식을 소각하는 경우 발생하는 감자차손은 감자차익과 우선적으로 상계하고, 그 잔액은 자본조정항목으로 계상한 후 차기이후에 이익처분한다.

**04** 주식 발행을 통한 자본거래에 관한 설명 중 틀린 것은?

① 무상증자의 경우 자본총계만 변할 뿐 자본의 구성내역은 변하지 않는다.

② 유상증자의 경우 발행금액과 액면금액의 차이는 주식발행초과금 또는 주식할인발행차금으로 계상한다.

③ 무상증자의 경우 주식발행초과금과 같이 배당이 불가능한 이익잉여금을 자본전입하여 보통주를 발행한다.

④ 유상증자의 경우 무액면주식을 발행하는 경우 발행금액 중 1/2 이상의 금액을 자본금으로 계상한다.

# 11 회계변경과 오류수정

## 1. 회계정책의 선택과 적용

거래, 기타 사건 또는 상황에 적용되는 회계정책은 일반기업회계기준을 적용하여 결정한다.

| 구분 | 내용 | 사례 | 회계처리 |
|---|---|---|---|
| 회계정책의 변경 | 회계기준의 변경 | 재고단가결정과 유가증권단가변경 | 소급법(과거재무제표 수정) |
| 회계추정의 변경 | 추정치의 변경 | 대손율, 내용연수, 감가상각방법등 | 전진법(당기와 당기이후에 반영) |
| 오류수정 | 회계처리의 수정 | 오류, 누락 | 중요성0 – 이익잉여금 중요성x – 손실처리 |

## 2. 회계변경

① 회계변경은 회계정책의 변경과 회계추정의 변경을 말한다. 회계정책의 변경은 재무제표의 작성과 보고에 적용하던 회계정책을 다른 회계정책으로 바꾸는 것을 말한다. 회계정책은 기업이 재무보고의 목적으로 선택한 기업회계기준과 그 적용방법을 말한다. 한편, 회계추정의 변경은 기업환경의 변화, 새로운 정보의 획득 또는 경험의 축적에 따라 지금까지 사용해오던 회계적 추정치의 근거와 방법 등을 바꾸는 것을 말한다. 회계추정은 기업환경의 불확실성하에서 미래의 재무적 결과를 사전적으로 예측하는 것을 말한다.

② 매기 동일한 회계정책 또는 회계추정을 사용하면 비교가능성이 증대되어 재무제표의 유용성이 향상된다. 따라서 재무제표를 작성할 때 일단 채택한 회계정책이나 회계추정은 유사한 종류의 사건이나 거래의 회계처리에 그대로 적용하여야 한다.

## 3. 회계정책의 변경

① 기업은 다음 중 하나의 경우에 회계정책을 변경할 수 있다.

- 일반기업회계기준에서 회계정책의 변경을 요구하는 경우
- 회계정책의 변경을 반영한 재무제표가 거래, 기타 사건 또는 상황이 재무상태, 재무성과 또는 현금흐름에 미치는 영향에 대하여 신뢰성 있고 더 목적적합한 정보를 제공하는 경우

② 일반기업회계기준 '유형자산'규정에 따라 자산을 재평가하는 회계정책을 최초로 적용하는 경우의 회계정책 변경은 '유형자산' 규정에 따라 회계처리한다.

③ 변경된 새로운 회계정책은 소급하여 적용한다. 전기 또는 그 이전의 재무제표를 비교목적으로 공시할 경우에는 소급적용에 따른 수정사항을 반영하여 재작성한다. 비교재무제표상의 최초회계기간 전의 회계기간에 대한 수정사항은 비교재무제표상 최초회계기간의 자산, 부채 및 자본의 기초금액에 반영한다. 또한 전기 또는 그 이전기간과 관련된 기타재무정보도 재작성한다.

④ 규정한 회계정책의 변경에 따른 누적효과를 합리적으로 결정하기 어려운 경우에는 회계변경을 전진적으로 처리하여 그 효과가 당기와 당기이후의 기간에 반영되도록 한다.

⑤ 회계정책 변경은 재고자산의 단가결정을 선입선출법에서 이동평균법으로 변경, 유가증권단가 결정방법을 변경이 여기에 속한다.


## 4. 회계추정의 변경

① 회계추정의 변경은 전진적으로 처리하여 그 효과를 당기와 당기이후의 기간에 반영한다.

② 회계정책의 변경과 회계추정의 변경이 동시에 이루어지는 경우에는 회계정책의 변경에 의한 누적효과를 먼저 계산하여 소급적용한 후, 회계추정의 변경효과를 전진적으로 적용한다.

③ 회계변경의 속성상 그 효과를 회계정책의 변경효과와 회계추정의 변경효과로 구분하기가 불가능한 경우에는 이를 회계추정의 변경으로 본다. 예를 들면, 비용으로 처리하던 특정지출의 미래 경제적 효익을 인정하여 자본화하는 경우에는 회계정책의 변경효과와 회계추정의 변경효과를 구분하는 것이 불가능한 것이 일반적이다.

④ 회계추정 변경의 효과는 당해 회계연도 개시일부터 적용한다.

⑤ 회계추정에는 대손의 추정, 재고자산의 진부화 여부에 대한 판단과 평가, 우발채무의 추정, 감가상각자산의 내용연수 또는 잔존가액의 추정, 비유동자산의 감가상각방법 변경 등이 있다.


## 5. 오류수정

① 오류수정은 전기 또는 그 이전의 재무제표에 포함된 회계적 오류를 당기에 발견하여 이를 수정하는 것을 말한다. 중대한 오류는 재무제표의 신뢰성을 심각하게 손상할 수 있는 매우 중요한 오류를 말한다.

② 당기에 발견한 전기 또는 그 이전기간의 오류는 당기 손익계산서에 영업외손익 중 전기오류수정손익으로 보고한다. 다만, 전기 이전기간에 발생한 중대한 오류의 수정은 자산, 부채 및 자본의 기초금액에 반영한다. 비교재무제표를 작성하는 경우 중대한 오류의 영향을 받는 회계기간의 재무제표항목은 재작성한다.

③ 전기 또는 그 이전기간에 발생한 중대한 오류의 수정을 위해 전기 또는 그 이전기간의 재무제표를 재작성하는 경우 각각의 회계기간에 발생한 중대한 오류의 수정금액을 해당기간의 재무제표에 반영한다. 비교재무제표에 보고된 최초회계기간 이전에 발생한 중대한 오류의 수정에 대하여는 당해 최초회계기간의 자산, 부채 및 자본의 기초금액에 반영한다. 또한 전기 또는 그 이전기간과 관련된 기타재무정보도 재작성한다.

## 기본예제

### 01. 다음 중 회계변경이 아닌 것은?

① 기계장치에 관련한 감가상각방법을 정액법상각에서 정률법상각으로 상각방법을 변경
② 재고자산의 평가방법을 선입선출법에서 총평균법으로 변경
③ 품질보증비용을 지출연도의 비용으로 처리하다가 중요성의 증대로 충당부채설정법으로 적용한 경우
④ 유가증권의 취득단가 산정방법 변경

**해설**

③ 중요성의 판단에 따라 충당부채설정법을 적용하는 경우에는 회계변경으로 보지 않는다.

## 기본예제

### 02. 다음의 차량운반구에 대한 감가상각방법을 3년차부터 정액법에서 연수합계법으로 전환하고, 잔존내용연수도 1년을 더 연장하기로 했다. 동사는 회계변경의 속성상 그 효과를 회계정책의 변경효과와 회계추정의 변경효과로 구분하기 불가능한 것으로 판단하였다. 다음 자료에 의하여 3년차에 계상해야 할 감가상각비는?

| | | |
|---|---|---|
| • 취득원가 | : | 5,000,000원 |
| • 취득 시 추정 잔존가액 | : | 500,000원 |
| • 취득 시 내용연수 | : | 5년 |
| • 연수합계법 전환 후 잔존가액 | : | 600,000원 |

**해설**

• 회계정책과 추정의 효과를 구분하기 불가능하면 추정으로 간주
• 2년차까지의 감가상각누계액 : (5,000,000원-500,000원)/5×2=1,800,000원
• 3년차 상각대상금액 : 5,000,000-1,800,000=3,200,000
• 3년차의 감가상각비 : (3,200,000원-600,000원) × 4/10 = 1,040,000원

**01** 다음 중 회계변경의 회계처리 방법 중 당기일괄처리법에 대한 설명으로 가장 옳은 것은?
① 과거와 당기의 재무제표가 동일한 회계방법에 따라 작성되어 공시되므로 재무제표의 기간별비교가능성이 향상된다.
② 과거 재무제표에 대한 신뢰성이 유지되고, 포괄주의에 충실하다.
③ 모든 누적효과를 당기에 일괄하여 처리하므로, 당기손익을 적정하게 표시할 수 있다.
④ 회계변경의 누적효과를 전기이전 재무제표에 반영하지 아니하므로 그 효과를 전혀 알 수 없다.

**02** 다음 중 오류수정에 의한 회계처리 대상이 아닌 것은?
① 전기말 기말재고자산의 누락
② 전기 미지급비용의 과소계상
③ 전기 감가상각누계액의 과대계상
④ 선입선출법에서 후입선출법으로 재고자산 평가방법의 변경

**03** 회계변경의 처리방법에는 소급법, 전진법, 당기일괄처리법이 있다. 다음 중 소급법에 관한 설명으로 옳은 것은?
① 과거재무제표에 대한 신뢰성이 유지된다.
② 전기재무제표가 당기와 동일한 회계처리방법에 의하므로 기간별비교가능성이 향상된다.
③ 회계변경의 누적효과를 당기손익에 반영하므로 당기손익이 적정하게 된다.
④ 회계변경의 효과를 미래에 영향을 미치게 하는 방법이므로, 기업회계기준(서)에서는 회계추정의 변경에 사용하도록 하고 있다.

**04** 다음 중 '회계추정의 변경'에 관한 설명 중 가장 옳지 않은 것은?
① 회계추정의 변경은 전진적으로 회계처리한다.
② 회계추정 변경 전, 후의 손익계산서 항목은 동일한 항목으로 처리한다.
③ 회계추정 변경의 효과는 당해 변경이 발생한 회계연도의 다음 회계연도부터 적용한다.
④ 회계추정에는 대손의 추정, 감가상각자산의 내용연수 추정 등이 있다.

**05** 다음 중 정당한 회계변경으로 볼 수 없는 경우는?

① 동종산업에 속한 대부분의 기업이 채택한 회계정책 또는 추정방법으로 변경함에 있어서 새로운 회계정책 또는 추정방법이 종전보다 더 합리적이라고 판단되는 경우

② 기업회계기준의 제정, 개정 또는 기존의 기업회계기준에 대한 새로운 해석에 따라 회계변경을 하는 경우

③ 합병, 사업부 신설 등 기업환경의 중대한 변화에 의하여 총자산이나 매출액, 제품의 구성 등이 현저히 변동됨으로써 종전의 회계정책을 적용할 경우 재무제표가 왜곡되는 경우

④ 세법의 규정이 변경되어 회계처리를 변경해야 하는 경우

**06** 다음 중 기업회계기준서상 정당한 회계변경(회계정책 또는 회계추정)의 사례로 적합한 것은?

① 정확한 세무신고를 위해 세법규정을 따를 필요가 있는 경우

② 기존의 기업회계기준에 대한 새로운 해석이 있는 경우

③ 회사의 상호 또는 대표이사를 변경하는 경우

④ 주식회사의 외부감사에 관한 법률에 의하여 최초로 회계감사를 받는 경우

## 재무제표양식

재 무 상 태 표

제×기 20××년×월×일 현재
제×기 20××년×월×일 현재

회사명 (단위 : 원)

| 과　　　　목 | 당 기 | | 전 기 | |
|---|---|---|---|---|
| **자　　산** | | | | |
| **유동자산** | | ××× | | ××× |
| **당좌자산** | | ××× | | ××× |
| 현금및현금성자산 | ××× | | ××× | |
| 단기투자자산 | ××× | | ××× | |
| 매출채권 | ××× | | ××× | |
| 선급비용 | ××× | | ××× | |
| | ××× | | ××× | |
| …… | ××× | | ××× | |
| **재고자산** | | ××× | | ××× |
| 제품 | ××× | | ××× | |
| 재공품 | ××× | | ××× | |
| 원재료 | ××× | | ××× | |
| …… | ××× | | ××× | |
| **비유동자산** | | ××× | | ××× |
| **투자자산** | | ××× | | ××× |
| 투자부동산 | ××× | | ××× | |
| 장기투자증권 | ××× | | ××× | |
| 지분법적용투자주식 | ××× | | ××× | |
| …… | ××× | | ××× | |
| **유형자산** | | ××× | | ××× |
| 토지 | ××× | | ××× | |
| 설비자산 | ××× | | ××× | |
| （－）감가상각누계액 | (×××) | | (×××) | |
| 건설중인자산 | ××× | | ××× | |
| | ××× | | ××× | |
| **무형자산** | | ××× | | ××× |
| 영업권 | ××× | | ××× | |
| 산업재산권 | ××× | | ××× | |
| 개발비 | ××× | | ××× | |
| …… | ××× | | ××× | |
| **기타비유동자산** | | ××× | | ××× |
| 이연법인세자산 | ××× | | ××× | |
| …… | ××× | | ××× | |
| **자 산 총 계** | | ××× | | ××× |

| 과 목 | 당 기 | 전 기 |
|---|---|---|
| **부 채** | | |
| **유동부채** | ××× | ××× |
| 단기차입금 | ××× | ××× |
| 매입채무 | ××× | ××× |
| 당기법인세부채 | ××× | ××× |
| 미지급비용 | ××× | ××× |
| 이연법인세부채 | ××× | ××× |
| ...... | ××× | ××× |
| **비유동부채** | ××× | ××× |
| 사채 | ××× | ××× |
| 신주인수권부사채 | ××× | ××× |
| 전환사채 | ××× | ××× |
| 장기차입금 | ××× | ××× |
| 퇴직급여충당부채 | ××× | ××× |
| 장기제품보증충당부채 | ××× | ××× |
| 이연법인세부채 | ××× | ××× |
| ...... | ××× | ××× |
| **부 채 총 계** | ××× | ××× |
| **자 본** | | |
| **자본금** | ××× | ××× |
| 보통주자본금 | ××× | ××× |
| 우선주자본금 | ××× | ××× |
| **자본잉여금** | ××× | ××× |
| 주식발행초과금 | ××× | ××× |
| ...... | ××× | ××× |
| **자본조정** | ××× | ××× |
| 자기주식 | ××× | ××× |
| ...... | ××× | ××× |
| **기타포괄손익누계액** | ××× | ××× |
| 매도가능증권평가손익 | ××× | ××× |
| 해외사업환산손익 | ××× | ××× |
| 현금흐름위험회피 파생상품평가손익 | ××× | ××× |
| ...... | ××× | ××× |
| **이익잉여금(또는 결손금)** | ××× | ××× |
| 법정적립금 | ××× | ××× |
| 임의적립금 | ××× | ××× |
| 미처분이익잉여금(또는 미처리결손금) | ××× | ××× |
| **자 본 총 계** | ××× | ××× |
| **부채 및 자본 총계** | ××× | ××× |

손익계산서

제×기 20××년×월×일부터   20××년×월×일까지

제×기 20××년×월×일부터   20××년×월×일까지

상호                                                                (단위 : 원)

| 과                    목 | 당 기 | 전 기 |
|---|---|---|
| **매출액** | ××× | ××× |
| **매출원가** | ××× | ××× |
| 기초제품(또는 상품)재고액 | ××× | ××× |
| 당기제품제조원가 | ××× | ××× |
| (또는 당기상품매입액) | | |
| 기말제품(또는 상품)재고액 | (×××) | (×××) |
| **매출총이익(또는 매출총손실)** | ××× | ××× |
| **판매비와관리비** | ××× | ××× |
| 급여 | ××× | ××× |
| 퇴직급여 | ××× | ××× |
| 복리후생비 | ××× | ××× |
| 임차료 | ××× | ××× |
| 접대비 | ××× | ××× |
| 감가상각비 | ××× | ××× |
| 무형자산상각비 | ××× | ××× |
| 세금과공과 | ××× | ××× |
| 광고선전비 | ××× | ××× |
| 연구비 | ××× | ××× |
| 경상개발비 | ××× | ××× |
| 대손상각비 | ××× | ××× |
| …… | ××× | ××× |
| **영업이익(또는 영업손실)** | ××× | ××× |
| **영업외수익** | ××× | ××× |
| 이자수익 | ××× | ××× |
| 배당금수익 | ××× | ××× |
| 임대료 | ××× | ××× |
| 단기투자자산처분이익 | ××× | ××× |
| 단기투자자산평가이익 | ××× | ××× |
| 외환차익 | ××× | ××× |
| 외화환산이익 | ××× | ××× |
| 지분법이익 | ××× | ××× |
| 장기투자증권손상차손환입 | ××× | ××× |
| 유형자산처분이익 | ××× | ××× |
| 사채상환이익 | ××× | ××× |
| 전기오류수정이익 | ××× | ××× |
| …… | ××× | ××× |

| 과          목 | 당 기 | 전 기 |
|---|---|---|
| **영업외비용** | ××× | ××× |
| 이자비용 | ××× | ××× |
| 기타의대손상각비 | ××× | ××× |
| 단기투자자산처분손실 | ××× | ××× |
| 단기투자자산평가손실 | ××× | ××× |
| 재고자산감모손실 | ××× | ××× |
| 외환차손 | ××× | ××× |
| 외화환산손실 | ××× | ××× |
| 기부금 | ××× | ××× |
| 지분법손실 | ××× | ××× |
| 장기투자증권손상차손 | ××× | ××× |
| 유형자산처분손실 | ××× | ××× |
| 사채상환손실 | ××× | ××× |
| 전기오류수정손실 | ××× | ××× |
| …… | ××× | ××× |
| **법인세비용차감전계속사업손익** | ××× | ××× |
| **계속사업손익법인세비용** | ××× | ××× |
| **계속사업이익(또는 계속사업손실)** | ××× | ××× |
| **중단사업손익** | ××× | ××× |
| (법인세효과: ×××원) | | |
| **당기순이익(또는 당기순손실)** | ××× | ××× |

※ 주당손익이 본문에서 제외되었음

## 이익잉여금처분계산서

| 제 × 기 | 20××년×월×일부터<br>20××년×월×일까지 | 제 × 기 | 20××년×월×일부터<br>20××년×월×일까지 |
|---|---|---|---|
| 처분예정일 | 20××년×월×일 | 처분확정일 | 20××년×월×일 |

상호 (단위 : 원)

| 과　　　목 | 당 기 | 전 기 |
|---|---|---|
| **미처분이익잉여금** | ××× | ××× |
| 　전기이월미처분이익잉여금<br>　　(또는 전기이월미처리결손금) | ××× | ××× |
| 　회계정책변경누적효과 | − | ××× |
| 　전기오류수정 | − | ××× |
| 　중간배당액 | ××× | ××× |
| 　당기순이익(또는 당기순손실) | ××× | ××× |
| **임의적립금등의이입액** | ××× | ××× |
| 　×××적립금 | ××× | ××× |
| 　×××적립금 | ××× | ××× |
| **합　　　계** | ××× | ××× |
| **이익잉여금처분액** | ××× | ××× |
| 　이익준비금 | ××× | ××× |
| 　주식할인발행차금상각액 | ××× | ××× |
| 　배당금 | ××× | ××× |
| 　　현금배당 | | |
| 　　주당배당금(률) 보통주 : 당기 ××원(%)<br>　　　　　　　　　　　　　 전기 ××원(%) | | |
| 　　　　　　　　　 우선주 : 당기 ××원(%)<br>　　　　　　　　　　　　　 전기 ××원(%) | | |
| 　　주식배당 | | |
| 　　주당배당금(률) 보통주 : 당기 ××원(%)<br>　　　　　　　　　　　　　 전기 ××원(%) | | |
| 　　　　　　　　　 우선주 : 당기 ××원(%)<br>　　　　　　　　　　　　　 전기 ××원(%) | | |
| 　사업확장적립금 | ××× | ××× |
| 　감채적립금 | ××× | ××× |
| **차기이월미처분이익잉여금** | ××× | ××× |

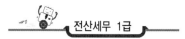 

**참고 Check!  결손금처리계산서 양식**

결손금처리계산서

| 제 × 기 | 20××년×월×일부터<br>20××년×월×일까지 | 제 × 기 | 20××년×월×일부터<br>20××년×월×일까지 |
|---|---|---|---|
| 처분예정일 | 20××년×월×일 | 처분확정일 | 20××년×월×일 |

회사명                                                                                                    (단위 : 원)

| 과                  목 | 당 기 | 전 기 |
|---|---|---|
| **미처리결손금** | ××× | ××× |
| 전기이월미처분이익잉여금<br>    (또는 선기이월미처리결손금) | ××× | ××× |
| 회계정책변경누적효과 | — | ××× |
| 전기오류수정 | — | ××× |
| 중간배당액 | ××× | ××× |
| 당기순이익(또는 당기순손실) | ××× | ××× |
| **결손금처리액** | ××× | ××× |
| 임의적립금이입액 | ××× | ××× |
| 법정적립금이입액 | ××× | ××× |
| 자본잉여금이입액 | ××× | ××× |
| **차기이월미처리결손금** | ××× | ××× |

## 자본변동표

제×기 20××년×월×일부터　20××년×월×일까지

제×기 20××년×월×일부터　20××년×월×일까지

회사명　　　　　　　　　　　　　　　　　　　　　　　　　　　　　　　　(단위 : 원)

| 구　　분 | 자본금 | 자본잉여금 | 자본조정 | 기타포괄손익누계액 | 이익잉여금 | 총　계 |
|---|---|---|---|---|---|---|
| 20××.×.×(보고금액) | ××× | ××× | ××× | ××× | ××× | ××× |
| 회계정책변경누적효과 | | | | | (×××) | (×××) |
| 전기오류수정 | | | | | (×××) | (×××) |
| 수정후 이익잉여금 | | | | | ××× | ××× |
| 연차배당 | | | | | (×××) | (×××) |
| 처분후 이익잉여금 | | | | | ××× | ××× |
| 중간배당 | | | | | (×××) | (×××) |
| 유상 증자(감자) | ××× | ××× | | | | ××× |
| 당기순이익(손실) | | | | | ××× | ××× |
| 자기주식 취득 | | | (×××) | | | (×××) |
| 해외사업환산손익 | | | | (×××) | | (×××) |
| 20××.×.× | ××× | ××× | ××× | ××× | ××× | ××× |
| 20××.×.×(보고금액) | ××× | ××× | ××× | ××× | ××× | ××× |
| 회계정책변경누적효과 | | | | | (×××) | (×××) |
| 전기오류수정 | | | | | (×××) | (×××) |
| 수정후 이익잉여금 | | | | | ××× | ××× |
| 연차배당 | | | | | (×××) | (×××) |
| 처분후 이익잉여금 | | | | | ××× | ××× |
| 중간배당 | | | | | (×××) | (×××) |
| 유상 증자(감자) | ××× | ××× | | | | ××× |
| 당기순이익(손실) | | | | | ××× | ××× |
| 자기주식 취득 | | | (×××) | | | (×××) |
| 매도가능증권평가손익 | | | | ××× | | ××× |
| 20××.×.× | ××× | ××× | ××× | ××× | ××× | ××× |

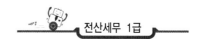 

참고 Check! **포괄손익계산서의 주석 양식**

**포괄손익계산서**

제×기 20××년×월×일부터  20××년×월×일까지
제×기 20××년×월×일부터  20××년×월×일까지

회사명 (단위 : 원)

| 과　　　　　목 | 당 기 | 전 기 |
|---|---|---|
| **당기순손익** | ××× | ××× |
| **회계정책변경누적효과㈜** | ××× | ××× |
| **기타포괄손익** | ××× | ××× |
| 　매도가능증권평가손익(법인세효과 : ×××원) | | |
| 　해외사업환산손익(법인세효과 : ×××원) | | |
| 　현금흐름위험회피 파생상품평가손익<br>　　(법인세효과 : ×××원) | | |
| 　…… | | |
| **포괄손익** | ××× | ××× |

㈜회계정책의 변경에 대하여 소급적용하지 않고 회계정책 변경의 누적효과를 기초 이익잉여금에 일시에 반영하는 경우

*Winners make it happen, losers let it happen.*

Chapter

# 02

## 원가회계

# 01 원가회계의 기초

## 1. 원가회계의 정의와 목적

### ① 원가회계의 정의

제조기업이 판매할 제품의 원가를 알기 위해서는 제품을 제조하는데 소비된 원가를 집계하여야 한다. 이와 같이 제품 또는 용역의 생산에 소비된 원가를 기록, 계산, 집계 하는 회계를 원가회계(Cost Accounting)이라 한다.

### ② 원가회계의 목적

원가회계는 재무제표를 작성하는데 필요한 원가자료를 제공하고, 경영자의 의사 결정에 필요한 원가정보를 제공하는 것 등을 목적으로 한다.

• 재무제표 작성에 필요한 원가정보를 제공한다.

  – 손익계산서 작성시 필요한 매출원가에 대한 원가정보를 제공한다.

  – 재무상태표 작성시 필요한 재공품, 제품 등 재고자산의 가액을 결정하는데 필요한 원가정보를 제공한다.

• 원가통제에 필요한 원가정보를 제공한다.

경영자는 실제로 발생한 원가의 내용과 금액이 사전에 설정해 놓은 내용이나 금액에서 벗어나지 않도록 관리하고, 벗어나는 경우에는 그 원인을 분석하여 적절한 대응을 해야 되는데, 이에 필요한 원가정보를 제공한다.

• 경영 의사결정에 필요한 원가정보를 제공한다.

경영자가 제품가격 결정, 예산 편성 및 통제, 종업원의 채용 등 다양한 의사결정에 필요한 원가정보를 제공한다.

## 2. 원가의 분류

### ① 원가와 비용, 비원가

• 원가와 비용과의 관계

  – 원가와 비용은 기업의 경영활동을 위해 소비되는 경제적 가치인 점에서는 동일하다.

  – 원가는 재화나 용역을 생산하기 위하여 소비된 경제가치이고, 비용은 수익을 얻기 위하여 소비된 경제가치라는 점이 차이가 난다.

② 원가항목과 비원가항목

정상적인 제조과정에서 발생한 것만을 원가라 하고, 그 외 발생한 것은 비원가항목이라하며 회계 처리는 전액 발생기간의 비용이나 손실로 계상해야 한다. 비원가항목에는 다음과 같은 것들이 있다.

• 제조활동과 관계없는 가치의 감소 : 판매활동에서 발생하는 광고선전비와 같은 판매비, 기부금, 이자비용, 유가증권처분손실, 법인세 등

• 제조활동과 관계가 있으나 비정상인 상태에서 발생하는 경제적 가치의 감소 : 우발적인 기계고장, 파업기간의 임금, 정전으로 발생한 불량품의 제조원가 등

• 화재나 도난 등에 의한 원재료나 제품의 감소액 등

## 3. 원가회계의 분류

원가는 원가가 어떤 형태로 발생하였는가에 따라 원재료비, 노무비, 경비로 분류하고, 원가와 제품이 얼마나 밀접한 관계를 가지느냐에 따라 직접비와 간접비로 분류하고, 조업도의 변화에 원가가 어떻게 반응하느냐에 따라 고정비와 변동비로 분류한다.

① 발생형태(구성요소)

제품의 원가를 구성하는 원재료비, 노무비, 경비로 분류하는 것으로 원가의 3요소라 한다.
• 원재료비 : 제품 제조에 투입된 원재료의 소비액
• 노무비 : 제품 제조에 투입된 노동력의 소비액
• 경 비 : 제품 제조에 투입된 원재료비와 노무비를 제외한 원가요소로 감가상각비, 수도료, 전기료, 수선비, 보험료 등

② 원가와 제품과의 관련성(추적 가능성)

제품 제조에 소비된 원가를 제품별로 직접 집계할 수 있느냐 없느냐에 따라 직접비와 간접비로 분류한다.
• 직접원가 : 특정의 원가대상에 대하여 소비된 투입량을 분명하게 측정할 수 있는 원가이다. 직접비에는 직접재료비, 직접노무비, 직접경비가 있으나 직접경비에 해당되는 부분은 비교적 적다. 직접비는 원가구성의 가장 주된 기초적 부분을 형성하기 때문에 기초원가라고도 한다.
• 간접원가 : 여러 종류의 제품제조 등에 공통적으로 발생하는 원가로서 일정 한 배부기준을 사용하여 원가대상에 인위적으로 배부하는 원가이다. 간접비에는 간접재료비・간접노무비, 간접경비가 있다.

**01. 제조원가의 계산에 있어서 직접원가에 대한 설명으로 옳은 것은?**

① 재료비와 가공비의 합계
② 제품의 생산과 관련하여 직접적인 인과관계를 추적할 수 있는 원가
③ 제품의 생산수량에 따라 항상 일정하게 발생하는 원가
④ 직접재료비와 간접재료비의 합계

해설

② 제품의 제조에 대하여 직접적인 추적이 가능하거나 그 원가대상 때문에 발생되는 원가는 직접원가이다.

③ 제조활동과의 관련성에 따른 분류

• 제조원가 : 직접비에 간접비를 가산한 것으로 제품의 제조과정에서 발생하는 원가요소 전부를 포함한다. 이 제조원가는 원가의 발생시 제품이라는 자산으로 회계처리하며 제품이 판매될 때 매출원가라는 비용으로 회계처리 한다.

– 직접재료비 : 완성품을 생산하는데 사용되는 원재료의 원가중 특정제품에 직접적으로 추적할 수 있는 원가
– 직접노무비 : 특정제품에 대하여 직접 추적할 수 있는 소비된 노무원가
– 제조간접비 : 직접재료비와 직접노무비를 제외한 모든 제조원가
   (간접재료비, 간접노무비, 간접경비)

  ┌ 변동제조간접비 : 간접재료비, 간접노무비 등의 제조간접비는 조업도의 증감에 따라 변화 한다.
  └ 고정제조간접비 : 공장설비의 감가상각비, 재산세 등은 조업도와 관계없이 일정하게 발생한다.

**02. 다음 그림에 대한 설명 중 틀린 것은?**

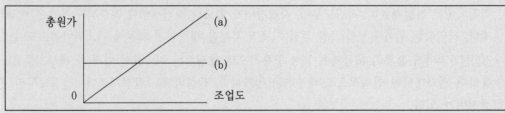

① (a)는 조업도에 따라 비례적으로 변하는 변동원가 그래프이다.
② (b)는 조업도의 변화와 상관없이 총원가가 일정한 고정원가 그래프이다.
③ 세로축 기준인 총원가가 단위당 원가로 바뀐다면 (b)는 단위당 고정원가 그래프가 된다.
④ 위 그래프는 조업도와 원가 사이에 선형관계를 전제하고 있다.

③ 세로축 기준인 총원가 단위당 원가로 바뀐다면 (b)는 단위당 변동원가 그래프가 된다.

---

조업도는 기업활동의 정도를 측정하는 데 기준이 되는 활동량(가동률)을 나타낸다. 기준조업도로서는 최고조업도, 최적조업도(평균비용이 최소가 되는 조업도), 정상조업도(과거의 평균조업도를 장래의 경영조건의 변화를 고려하여 수정한 조업도) 등이 있다.

- 비제조원가 : 기업의 제조활동 이외의 판매활동, 일반관리활동, 재무활동등에서 발생한 원가로서 기간비용으로 회계처리 한다. 발생 즉시 비용으로 처리한다.
- 기초원가와 가공비 : 제조원가중 직접재료비와 직접노무비를 합하여 "직접비" 또는 "기초원가"라 하고, 직접노무비와 제조간접비를 합하여 "가공비" 또는 "전환원가"라고 한다.

④ 원가행태(조업도)에 따른 분류

원가행태는 조업도의 변화에 따른 원가발생액의 움직임 상태를 의미한다. 일반적으로 변동비와 고정비로 구분한다.

- 고정비 : 특정기간동안 조업도의 변동에 관계없이 일정하게 발생하는 원가를 말한다. 예를 들면 공장의 공장장이나 경비 등 관리직사원의 급료, 임대료 등
  - 순수고정비 : 조업도와 관계없이 항상 총원가가 일정하게 발생하는 원가이다. (. 임대료, 감가상각비 등)
  - 준고정비 : 특정범위의 조업도에서는 일정한 금액이 발생하지만 조업도가 이 범위를 벗어나면 원가가 일정액만큼 증감하는 원가이다.(. 경비비용, 공장의 감독자 급료 등)

**기본예제**

**03. 다음 중 조업도의 증감에 관계없이 최대조업도 범위 내에서 그 총액이 항상 일정하게 발생하는 원가요소는?**

① 전력비                           ② 동력비
③ 수도광열비                       ④ 임차료

**해설**

④ 고정비는 조업도의 변동과 관계없이 원가총액이 변동하지 않고 일정하게 발생하는 원가를 말한다. 보기 중 동력비, 수도광열비, 전력비는 변동비에 해당한다.

- 변동비 : 조업도의 증감에 따라 변동하는 원가로서 비례비, 체감비, 체증비로 구분할 수 있다.
  - 순수변동비 : 조업도의 변동에 따라 직접적으로 비례하여 변동하는 원가로서 조업이 중단되었을 경우는 원가가 발생하지 않는다. (. 원재료비, 노무비)

– 준변동비 : 조업도의 변화와 관계없이 발생하는 일정액의 고정비와 조업도의 변화에 따라 단위당 일정비율로 증가하는 변동비 두 부분으로 구성된 원가이다. (＝혼합원가)

(. 보조재료비, 연료비, 전력비, 수도광열비 )

⑤ 발생시점에 따른 분류

• 실제원가(사후원가) : 역사적원가라고도 하며 재화의 실제소비량에 의해 계산하는 원가
• 예정원가(사전원가) : 일종의 미래·예정원가로서 재화의 소비량을 추정하여 계산한다.
• 표준원가(사전원가) : 과거의 경험을 기초로 현재와 미래의 소요비용을 과학적으로 연구·조사한 이상적인 조업상태하에서 표준소비량과 표준소비가격을 기준으로 하여 산출하는 원가이다.

⑥ 계산대상과 범위에 따른 분류

• 전부원가회계 : 제품의 제조에서 판매까지의 모든 원가를 계산하는 방식으로 외부에 공표하는 재무제표를 작성할 때는 전부원가회계 자료를 이용한다.
• 변동원가회계 : 경영 관리의 목적으로 변동비만을 제품의 원가로 계산하는 방식으로 고정제조간접비는 비원가 항목으로 기간비용으로 처리한다. 경영자의 의사결정에는 매우 중요한 원가회계이다.

⑦ 의사결정 관련성에 따른 분류

• 기회원가 : 재화, 용역 또는 생산설비를 현재의 용도 이외의 다른 대체안중 최선의 대체안에 사용하였을 경우 얻을 수 있었던 금액을 포기한 원가, 차선의 대체 안을 선택함으로써 얻을 수 있는 순현금 유입액을 계산함으로써 산출할 수 있다.

**기본예제**

04. ㈜뉴젠은 플라스틱을 이용하여 A,B,C,D 네 종류의 제품을 생산하고 있다. 플라스틱의 현재 재고량은 50kg이다. ㈜뉴젠이 플라스틱을 이용하여 네 가지 제품 중 한 가지 제품만을 생산한다면 다음과 같은 수익과 원가가 발생할 것으로 기대된다.

| 구 분 | A제품 | B제품 | C제품 | D제품 |
|---|---|---|---|---|
| 단위당 판매가격 | 30,000원 | 28,000원 | 23,000원 | 20,000원 |
| 단위당 제조원가 | 20,000원 | 15,000원 | 14,000원 | 12,000원 |

그런데 회사가 플라스틱으로 제품을 생산하지 않고 중간제품의 형태로 전부 판매하면 8,500원을 받을 수 있다. 이런 경우 회사가 최선안을 선택한다면 단위당 기회비용은 얼마가 되는가?

해설

| 구 분 | A제품 | B제품 | C제품 | D제품 | 중간제품 |
|---|---|---|---|---|---|
| 판매가격 | 30,000원 | 28,000원 | 23,000원 | 20,000원 | 8,500원 |
| 제조원가 | 20,000원 | 15,000원 | 14,000원 | 12,000원 | ― |
| 이 익 | 10,000원 | 13,000원 | 9,000원 | 8,000원 | 8,500원 |

최선안은 이익이 가장 높은 B제품을 생산하는 것이다.
회사가 B제품을 생산하는 경우 기회비용은 최선안을 선택함으로써 포기해야하는 차선안이 곧 기회비용이므로
A제품의 10,000원이 된다

- 매몰원가 : 이미 발생한 과거의 원가로서 의사결정과정에 영향을 주지 못하는 원가 즉 과거의
  의사결정에 의해서 이미 발생한 원가이기에 경영자가 통제할 수 없는 통제불가능원가이며
  미래의 의사결정에 무관한 원가이다.(＝기발생원가)
- 관련원가 : 의사결정에 영향을 미치는 원가로 의사결정시에 고려해야 할 원가이다. 대체안 간
  에 차이가 있으면서 기대되는 미래원가이다. 매몰원가와 대응되는 개념이며 선택에 따라 변
  화가 가능한 원가이며  회피 가능한 원가
- 차액원가 : 두 의사결정대체안간의 총원가의 차액, 즉 증분원가
- 회피가능원가 : 특정대체안을 선택 시 발생되지 않는 원가
- 회피불가능원가 : 특정대체안을 선택하는 것과 관계없이 계속 발생하는 원가

 기본예제

### 05. 다음의 원가에 대한 설명 중 틀린 것은?

① 회피가능원가는 현재의 의사결정에 반드시 고려되어야 한다.
② 매몰원가는 현재의 의사결정에 반드시 고려되어야 한다.
③ 기회원가는 현재의 의사결정에 반드시 고려되어야 한다.
④ 관련원가는 현재의 의사결정에 반드시 고려되어야 한다.

해설

② 매몰원가는 과거에 발생한 원가로 현재의 의사결정과정에 영향을 미치지 않는다.

기본예제

### 06. 원가의 분류에 대한 설명으로 타당하지 않은 것은?

① 고정원가, 변동원가의 분류는 원가의 행태에 따른 분류이다.
② 생산수준과의 관련성에 따라 제조원가, 비제조원가로 분류한다.
③ 의사결정과의 관련성에 따라 관련원가, 비관련원가로 분류한다.
④ 직접원가, 간접원가의 분류는 원가의 추적가능성에 따른 분류이다.

해설

② 제조원가, 비제조원가의 분류는 제조활동과의 관련성에 따른 분류이다

## 3. 원가의 구성 및 절차

### ① 원가의 구성

제품의 원가를 형성하는 각 요소는 다음의 단계를 거쳐 판매가격이 구성된다.

| 원가의구성도 | | | | 이 익 | |
|---|---|---|---|---|---|
| | | | 판매비 및 관리비 | 총원가 | 판매가격 |
| | | 제조간접비 | 제조원가 | | |
| | 직접재료비 | 직접원가 =기본원가 =기초원가 | | | |
| | 직접노무비 | | | | |
| | 직접재료비 | | | | |

### ② 원가회계의 절차

원가회계란 제품이나 용역의 생산에 소비된 원가를 집계하는 분야로서, 요소별 원가회계, 부문별 원가회계, 제품별 원가회계의 3가지 절차로 진행되어 진다.

• 요소별 원가회계

원가의 3요소인 원재료비, 노무비, 경비의 소비액을 집계하는 절차이다.

• 부문별 원가회계

요소별로 집계된 원가 요소 중에서 제조간접비를 그 발생장소(원가부문)별로 집계하는 절차이다.

• 제품별 원가회계

최종적으로 만들어진 제품별로 제조원가를 집계하는 절차이다.


## 4. 원가의 흐름

제조기업에는 상기업에 비하여 다양한 형태의 재고자산계정과 원가계산 관련 계정이 있다.

### (1) 재고자산계정

제조기업의 재고자산의 형태는 원재료, 재공품, 제품 등이 있다.

① 원재료계정

제조과정에 사용되는 주요재료, 보조재료, 부품, 소모공구기구비품 등의 원가를 기록하는 계정이다.

재료의 형태별로 계정을 설정하여 재료를 구입하면 원재료계정의 차변에 기입하고, 재료가 제조공정에 투입되면 대변에 기입한다.

• 재료를 외상으로 매입하다.

(차) 원재료                    (대) 외상매입금

• 재료를 제조활동에 투입(또는 창고에서 출고)하다.

(차) 원재료비                  (대) 원재료

② 재공품계정

재공품이란 제조과정에 있는 미완성 제품을 의미하며, 재공품계정은 제품 제조에 소비된 모든 원가를 집계하는 계정으로 차변에는 직접재료비, 직접노무비, 직접경비, 제조간접비 배부액을 기입하고, 제품이 완성되면 완성품 제조원가를 재공품 계정 대변에서 제품계정 차변에 대체한다.

• 직접재료비, 직접노무비, 직접경비를 소비하다.

　(차) 재공품　　　　　　　　(대) 원재료비
　　　　　　　　　　　　　　　　　노무비(임금)
　　　　　　　　　　　　　　경비(보험료, 감가상각비등)

• 제품이 완성되다.

　(차) 제품　　　　　　　　　(대) 재공품

(2) **원가회계 관련 계정**

원가회계 관련 계정에는 원재료비계정, 노무비계정, 경비계정, 제조간접비계정이 있다.

① **노무비계정**

노무비는 제품의 제조를 위하여 노동력을 소비했을 때 발생하는 원가요소로, 노무비의 발생액을 노무비계정에 기입한다.

임금, 급료, 종업원 상여수당 등 노무비 지급시 급여계정을 설정하여 차변에 기입하고, 원가계산 기말에 노무비의 당월발생액을 계산하여 급여계정 대변에서 노무비계정 차변에 대체하며, 노무비계정 차변에 기입된 소비액 중 직접노무비는 재공품계정 차변에 대체하고, 간접노무비는 제조간접비계정 차변에 대체한다.

• 노무비가 발생한 경우(회계프로그램상에서는 자동 노무비대체가 이루어진다)

　급여지급시　　 (차) 임　 금　　　 (대) 현　　 금
　노무비로 대체시 (차) 노 무 비　　　 (대) 임　　 금

• 노무비를 소비하다.(직접비, 간접비로 구분)

　(차) 재 공 품　　　　　　　　　 (대) 노무비
　(차) 제조간접비

② **경비 (제조경비) 계정**

원재료비와 노무비를 제외한 나머지 모든 원가요소를 경비라 한다.

경비계정은 생산설비에 대한 감가상각비, 화재보험료, 임차료, 수선비, 생산설비 가동을 위한 전력비, 가스수도비 등과 같은 제조과정에서 발생한 경비항목의 소비액을 기입하는 집합계정이다.

보험료(경비항목)이 발생한 경우(반이 본사 부담)

(차) 보험료(제조경비)                    (대) 현금

　　　보험료(판관비)

③ 제조간접비

여러종류의 제품을 개별적으로 제조하는 경우에는 각 제품의 종류별로 재공품계정을 설정
해야 한다. 이때, 직접비는 각 제품별로 집계가 가능하기 때문에 해당 재공품계정 차변에
기입한다.(부과) 제조간접비는 여러 제품 제조에 공통으로 발생하는 원가로 각 제품별로
집계할 수 없다. 따라서 간접재료비, 간접노무비, 간접경비 등은 제조간접비계정을 설정하
여 차변에 집계하고, 그 합계액을 일정한 기준에 따라 각 제품(해당 재공품계정)에 나눠주
어야 한다.(배부)

**07. 다음은 ㈜뉴젠의 2011년 10월의 자료를 이용하여 10월에 발생한 제조간접비를 산출하면 얼마인가?**

| 보험료 | 6개월 계약액 1,200,000원, 당월지급액 240,000원(제조부 80%, 영업부 20%) |
| 감가상각비 | 1년분 600,000원 계상(제조부 60%, 영업부 40%) |
| 전력비 | 당월지급액 100,000원, 당월측정액 120,000원(제조부 70%, 영업부 30%) |

160,000원(=1,200,000/6 × 80%) + 30,000원(=600,000/12 × 60%) + 84,000원(=120,000×70%)=274,000원

## 원가흐름 회계처리

| 원재료 외상구입시 | (차)원재료　　　　(대)외상매입금 |
|---|---|
| 원재료 출고시 | (차)원재료비　　　　(대)원재료 |
| | **원재료비(직접재료비) = 기초원재료 + 순매입액 − 기말원재료** |
| 인건비 발생시 | (차)임금　　　　(대)현금 |
| 경비(임차료)발생시 | (차)임차료　　　　(대)현금---임차료만 있다고 가정 |
| 재공품대체시(소비시) | (차)재공품　　　　(대)원재료비<br>　　　　　　　　　　　임금<br>　　　　　　　　　　　임차료등 |
| | **제조원가=원재료비+노무비+경비=직접재료비+직접노무비+제조간접비** |
| 완성시 | (차)제품　　　　(대)재공품 |
| | **당기제품제조원가=기초재공품 + 제조원가(투입원가) − 기말재공품** |
| 판매시 | (차)제품매출원가　　　(대)제품 |
| | **제품매출원가=기초제품 +당기제품제조원가 − 기말제품** |

**01** 조업도가 0일지라도 일정한 원가가 발생하고, 조업도가 증가할수록 비례적으로 원가가 발생하는 형태를 지닌 원가는?

① 준변동비                 ② 고정비

③ 변동비                  ④ 준고정비

**02** 특정 원가대상에 대한 원가요소의 추적가능성에 따른 분류는?

① 직접비와 간접비         ② 통제가능원가와 통제불능원가

③ 실제원가와 표준원가      ④ 변동비와 고정비

**03** 관련범위 내에서 단위당 변동원가의 행태에 대한 설명으로 옳은 것은?

① 각 조업도수준에서 일정하다.

② 각 조업도수준에서 감소한다.

③ 조업도가 증가함에 따라 단위당 원가는 증가한다.

④ 조업도가 증가함에 따라 단위당 원가는 감소한다.

**04** 원가는 경영자의 의사결정 목적에 따라 여러 가지로 분류할 수 있다. 다음 원가의 분류에 대한 설명으로 틀린 것은?

① 고정원가는 원가의 행태에 따른 원가분류 방법이다.

② 제조원가는 기초원가와 가공원가의 합으로 구성한다.

③ 매몰원가는 의사결정과의 관련성에 따른 원가분류 방법이다.

④ 간접원가는 원가의 추적가능성에 따른 분류이다.

# 02 요소별 원가회계

## 1. 원재료비

① **원재료비의 개념**

기업이 제품을 제조할 목적으로 외부로부터 매입한 물품을 재료라 하며, 제품 제조를 위해 재료를 소비함으로써 발생하는 원가요소를 원재료비라 한다.

따라서 재료는 자산계정으로 재무상태표상에 표시하며, 원재료비는 제조원가의 일부를 구성하는 원가요소로 구별되는 개념이다.

② **원재료비의 분류**

원재료비는 제조활동에 어떤 형태로 사용되는가 또는 제품과의 관련성에 따라 다음과 같이 분류한다.

㉠ 제조활동에서 사용되는 형태에 따른 분류

- 주요재료비 : 제품의 제조에 주요부분을 차지하는 재료를 소비함으로써 발생하는 원가요소이다.

- 부품비 : 제품에 부착하여 제품의 일부분을 형성하는 물품의 소비액

- 보조재료비 : 제품의 제조에 보조적으로 사용되는 재료의 소비액

- 소모공구기구비품비 : 내용 연수가 1년미만이거나 그 가액이 크지 않은 소모성공구기구비품의 소비액을 말한다.

㉡ 제품과의 관련성에 따른 분류

- 직접재료비 : 재료가 특정 제품의 제조에만 사용되었다는 것이 확인할 수 있는 재료비로, 주요재료와 부품의 소비액이 이에 속한다.

- 간접재료비 : 제품별로 재료의 소비액을 직접 확인할 수 없고, 여러 제품 제조에 공통적으로 소비되는 재료비로 보조재료와 소모공구기구비품의 소비액이 이에 속한다.

## 2. 노무비

### ① 노무비의 개념

노무비란 제품의 제조를 위하여 노동력을 소비함으로 발생하는 원가요소이다.

### ② 노무비의 분류

ㄱ 지급형태에 따른 분류

노무비는 지급형태에 따른 임금, 급료, 잡급, 종업원 상여수당 등으로 분류한다.

ㄴ 제품과의 관련성에 따른 분류

노무비는 특정 제품에 직접 부과할 수 있느냐, 없느냐에 따라 직접노무비와 간접노무비로 분류한다.

- 직접노무비 : 특정 제품에 개별 집계가 가능한 노무비로 제품 제조에 직접 종사하는 종업원의 임금은 대부분 직접노무비에 속한다.
- 간접노무비 : 특정 제품에 개별 집계가 불가능한 노무비로, 여러 제품 제조에 노동력을 제공하는 수리공, 운반공 등의 임금과 제품의 제조에 직접관련이 없는 공장장, 경비원 등의 임금은 간접노무비에 속한다.

### ③ 노무비의 계산

개인별 임금 총액은 기본임금과 할증급, 그 밖의 수당 등으로 구성된다.

> 임금 = 기본임금 + 할증급 + 각종수당

할증급과 각종 수당은 기본임금을 기초로 산정하며, 기본임금의 계산 방법은 크게 시간급제와 성과급제로 나눌 수 있다.

## 3. 경 비

### ① 경비의 개념

제품의 제조를 위하여 소비되는 원재료비와 노무비를 제외한 모든 원가요소를 경비라 한다. 제조경비는 제조과정에서 발생하는 원가로 대부분이 간접비이다.

### ② 경비의 분류

ㄱ 발생형태에 따른 분류

전력비, 가스수도료, 감가상각비, 수선비, 소모품비, 세금과공과, 임차료, 보험료, 잡비 등으로 구분되며 이 중 공장부분 발생액은 경비로, 본사부분 발생액은 판매비와관리비로 분류한다.

ⓛ 제품과의 관련성에 따른 분류

경비는 특정 제품에 직접 부과할 수 있느냐, 없느냐에 따라 직접경비와 간접경비로 분류한다.

- 직접경비 : 특정 제품의 제조를 위해서만 발생하는 것으로, 특정 제품의 설계비, 특허권사용료, 외주가공비 등이 있다.
- 간접경비 : 여러 제품의 제조를 위하여 공통적으로 발생하는 것으로 대부분의 경비가 여기에 속한다.

ⓒ 원가에 산입하는 방법에 따른 분류

경비는 제조원가에 산입하는 방법에 따라 월할경비, 측정경비, 지급경비, 발생경비로 분류한다.

③ **경비의 계산**

- 월할경비

일정기간을 기준으로 지급액 또는 발생액이 결정되는 경비로 감가상각비, 보험료, 임차료, 세금과공과, 특허권사용료 등이 있다.

월할경비는 일정기간 지급액 또는 발생액을 일정기간으로 나누어 1개월 간의 경비 소비액을 계산한다.

- 측정경비

원가계산기간 중 제품 제조에 소비된 원가를 공장에 설치된 계량기에 의하여 측정되는 경비로 전력비, 가스수도비 등이 있다. 당월검침량에서 전월검침량을 차감하여 당월 소비량을 계산하고 여기에 단위당 가격을 곱하여 당월소비액을 계산한다.

> 당월검침량 − 전월검침량 = 당월소비량
> 당월소비량 × 단위당가격 = 당월소비액

- 지급경비

당월의 현금지급액이 그대로 소비액이 되는 것으로 외주가공비, 수선비, 운반비, 잡비 등이 있다. 지급일과 원가계산일이 달라 선급액이나 미지급액이 있을 경우에는 다음 식을 이용하여 소비액을 계산한다.

> 당월지급액 + (전월선급액 + 당월미지급액) − (당월선급액 + 전월미지급액) = 당월소비액

- 발생경비

재료감모손실 등과 같이 현금의 지출이 없이 발생하는 경비이다.

> 발생액 = 장부재고액 − 실제재고액

④ **경비의 회계 처리**

경비의 소비액이 계산되며 특정 제품 제조에서 발생하는 특허권사용료, 외주가공비 등과 같은 직접경비는 재공품계정 차변에 대체하고, 그 밖의 모든 간접경비는 제조간접비계정 차변에 대체한다.

## 4. 제조간접비

① **제조간접비의 개념**

제품의 전체 또는 두 종류 이상의 제품을 제조하기 위하여 공통적으로 발생하는 원가요소인 간접재료비, 간접노무비, 간접경비(제조경비)를 제조간접비라 한다. 제조간접비는 각 제품별로 추적하여 부과할 수 없기 때문에 원가계산기간에 발생한 제조간접비를 집계하여 일정한 배부 기준에 의하여 특정 제품에 나누어주는데 이것을 제조간접비의 배부라 한다.

② **제조간접비의 배부**

제조간접비의 배부방법에는 실제배부법과 예정배부법이 있다.

㉠ **실제배부법**

실제배부법이란 원가계산기말에 실제로 발생한 제조간접비를 각 제품에 배부하는 방법으로 가액법과 시간법이 있다.

• 가액법

가액법이란 제품 제조에 소비된 직접비를 기준으로 제조간접비를 배부하는 방법으로 직접재료비법, 직접노무비법, 직접원가법이 있다.

  - 직접재료비법

$$\frac{제조간접비총액}{직접재료비총액} = 배부율$$

$$특정\ 제품의\ 직접재료비 \times 배부율 = 제조간접비\ 배부액$$

  - 직접노무비법

$$\frac{제조간접비총액}{직접노무비총액} = 배부율$$

$$특정\ 제품의\ 직접노무비 \times 배부율 = 제조간접비\ 배부액$$

─ 직접원가(직접재료비＋직접노무비)법

$$\frac{제조간접비총액}{직접원가총액} = 배부율$$

특정 제품의 직접원가 × 배부율＝제조간접비 배부액

• 시간법

시간법이란 각 제품 제조에 소비된 시간을 기준으로 제조간접비를 배부하는 방법으로 직접노동시간법과 기계작업시간법이 있다.

─ 직접노동시간법

$$\frac{제조간접비총액}{직접노동시간총수} = 배부율$$

특정 제품의 직접노동시간 × 배부율＝제조간접비 배부액

─ 기계작업시간법

$$\frac{제조간접비총액}{기계작업시간총수} = 배부율$$

특정 제품의 기계작업시간 × 배부율＝제조간접비 배부액

ⓛ 예정배부법

실제배부법에 의하여 제조간접비를 배부하는 방법은 다음과 같은 문제점이 있다.

─ 제조간접비의 실제 발생총액은 월말에야 집계되므로 월 중에 제품이 완성되더라도 월말이 되어야만 제품의 제조원가를 계산할 수 있다.

─ 보험료, 임차료 등과 같이 매월 일정한 금액이 발생하는 것은 월별 또는 계절별 생산량이 큰 차이가 있는 경우에 제품의 단위당 원가가 매월 또는 계절별로 다르게 된다.

따라서 연초에 미리 제조간접비 예정배부율을 산정해 두었다가 제품이 완성되면 이 예정배부율을 사용하여 각 제품에 배부할 제조간접비 배부액을 결정하는 방법을 예정배부법이라 한다.

$$제조간접비 \ 예정배부율 = \frac{제조간접비 \ 연간예상액}{배부기준의 \ 연간예상액}$$

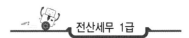

제조간접비 예정배부액 = 제품별 배부기준의 실제발생액 × 제조간접비 예정배부율

제조간접비 배부차이 = 제조간접비 실제발생액 − 제조간접비 예정배부액

1.제조간접비 배부시 회계처리　　　　　　차)재공품　　　대)제조간접비
2.제조간접비 실제발생액 회계처리　　　　차)제조간접비　대)간접재료비등
3.제조간접비 배부차이 발생시(과소배부)　차)제조간접비배부차이　대)제조간접비
4.제조간접비 배부차이 조정시(매출원가조정법) 차)매출원가　　　대)제조간접비배부차이

제조간접비 예정배부액이 계산되면 제조간접비계정의 대변과 재공품계정 차변에 기입한 후, 원가계산 기말에 제조간접비 실제발생액이 파악되면 제조간접비계정 차변에 기입한 다. 이때 예정배부액이 실제발생액보다 많으면 과대배부라 하여 차액을 제조간접비계정 차변에서 제조간접비배부차이계정 대변에 대체하고 반대로 예정배부액이 실제발생액보다 적으면 과소배부라 하여 제조간접비계정 대변에서 제조간접비배부차이계정 차변에 대체 한다.

ⓒ 배부차이의 처리

배부차이 처리방법은 다음 세 가지가 있다.

• 비례배분법 : 기말재공품, 기말제품, 매출원가의 각 금액에 비례하여 배분한다.
　─ 총원가비례법 : 제조원가총액에 비례하여 배분
　─ 요소비례법 : 제조간접비기준으로 배분
• 매출원가조정법 : 전액 연간매출원가에 가감한다.
• 영업외손익법　 : 전액 영업외손익에 가감한다.

기본예제

**01. 다음 자료에 의하여 기계시간기준으로 당월의 제조간접비예정배부액과 배부차이를 구하시오.**

| | |
|---|---|
| 당년의 제조간접비예산액 | 2,000,000원 |
| 당년의 예상기계시간 | 5,000시간 |
| 당년의 실제기계시간 | 4,800시간 |
| 당년의 실제제조간접비 | 1,950,000원 |

해설

제조간접비예정배부율 = 제조간접비예산액 ÷ 예상기계시간 = 2,000,000 ÷ 5,000시간 = 400원
제조간접비예정배부액 = 실제기계시간 × 제조간접비예정배부율 = 4,800시간 × 400원 = 1,920,000원
배부차이 = 1,950,000 − 1,920,000 = 30,000(과소배부)
차)제조간접비 배부차이 30,000　대)제조간접비 30,000

**01** 9월 중 90,000원의 원재료를 구입하였다. 9월의 당기총제조원가는 200,000원이며 전환원가가 120,000원이라면, 기말원재료 재고는 얼마인가? 단, 9월초 원재료 재고는 50,000원이다.

① 40,000원                      ② 50,000원

③ 60,000원                      ④ 70,000원

**02** 다음의 자료를 바탕으로 당기제품제조원가를 계산하면 얼마인가?

- 당기원재료 매입은 100,000원이며, 기말원재료 재고는 기초에 비해서 30,000원이 증가했다.
- 노무비는 직접재료비의 2배에 해당한다.
- 제조간접비는 가공비의 30%를 차지한다.
- 초재공품은 당기총제조원가의 10%이고, 기말재공품은 기초재공품의 1.2배이다.

① 264,600원                      ② 329,400원

③ 416,800원                      ④ 500,200원

# 03 부문별 원가회계

학습목표

▶ 보조부문과 제조부문의 구분
▶ 보조부문비의 제조부문에 배부방법

## 1. 부문별원가회계 기초

### ① 부문별 원가회계의 의미

부문별 원가회계란 제품의 제조원가를 계산하는데 있어 제조간접비를 각 제품에 보다 더 정확하게 배부하기 위하여 제조간접비를 발생 장소인 부문별로 분류, 집계하는 절차를 말한다. 부문별 원가회계는 각 제품의 제조원가를 보다 정확하게 산정할 수 있고, 원가의 관리 및 통제에 필요한 자료를 얻는데도 유용하다.

### ② 원가부문의 설정

원가부문이란 원가가 발생하는 장소로, 작업장소, 생산기술, 경영조직 등에 따라 구할 수 있으나, 일반적으로 제조활동에 직접 참여하는 제조부문과 제조활동에는 직접 참여하지 않는 보조부문으로 나눌 수 있다.

• 제조부문

제조기업의 경영목적인 제품을 직접 제조하는 부문으로 절단부문, 조립부문, 선반부문, 주조부문 등을 설정할 수 있다.

• 보조부문

제조활동에는 직접 참여하지 않고, 제조부문의 활동을 보조하는 부문으로 동력부문, 수선부문, 공장사무부문 등을 설정할 수 있다.

## 2. 부문별원가회계 절차

### ① 부문별 원가회계의 절차

제조부문과 보조부문이 있는 제조기업의 부문별 원가회계의 절차는 다음과 같다.

```
제 1단계 : 부문 개별제조간접비(＝부문개별비)를 각 부문에 부과
제 2단계 : 부문 공통제조간접비(＝부문공통비)를 각 부문에 배부
제 3단계 : 보조부문비를 제조부문에 배부
제 4단계 : 제조부문비를 각 제품에 배부
```

② 부문개별비의 부과

부문개별비는 특정 부문에서 개별적으로 발생하는 제조간접비로 부문직접비라고도 하며 해당 부문에 직접 부과할 수 있다. 특정 부문의 책임자 급료나 특정 부문에서만 사용하는 기계의 감가상각비 등이 있다.

③ 부문공통비의 배부

부문공통비는 여러 부문에 공통적으로 발생하는 제조간접비로 부문간접비라고도 하며 특정 부문의 발생액을 파악할 수 없으므로 일정한 배부기준에 따라 제조부문과 보조부문에 배부하여야 한다.

| 부문공통비 | 배 부 기 준 |
|---|---|
| 간접재료비 | 각 부문의 직접재료비 |
| 간접노무비 | 각 부문의 직접노무비, 종업원수, 직접노동시간 등 |
| 감가상각비 | 기계의 경우 : 각 부문의 기계사용시간 또는 기계가격 |
| | 건물의 경우 : 각 부문의 면적 |
| 동 력 비 | 각 부문의 전력소비량 또는 기계마력수 × 운전시간 |
| 수 선 비 | 각 부문의 수선횟수 또는 수선가액 |
| 가스수도비 | 각 부문의 가스, 수도사용량 |
| 운 반 비 | 각 부문의 운반 물품 무게, 운반 거리, 운반 횟수 등 |
| 복리후생비 | 각 부문의 종업원 수 |
| 임차료, 화재보험료 | 각 부문이 차지하는 면적 또는 기계의 가격 |

**기본예제**

01. 회사는 3개의 제조부문을 통하여 제품A를 생산하고 있다. 부문1,2,3에서는 직접노동시간을 기준으로 부문원가를 제품에 배부하고 있으며, 예정된 배부율표는 아래와 같다. 제품A는 실제로는 부문1에서 10시간, 부문2에서 100시간, 부문3에서 200시간의 직접노동시간을 소비한다면, 제품A에 대한 부문원가 배부액은 얼마인가?

| | 부문1 | 부문2 | 부문3 |
|---|---|---|---|
| 부문원가 | 9,000원 | 10,000원 | 12,000원 |
| 직접노동시간 | 450시간 | 500시간 | 1,200시간 |

① 3,800원                      ② 3,950원
③ 4,100원                      ④ 4,200원

**해설**

④ 9,000원/450시간 × 10시간 + 10,000원 / 500시간 × 100시간 + 12,000원 / 1,200시간 × 200시간=4,200원

④ 보조부문비의 배부

제조부문의 부문비 발생액과 보조부문의 부문비 발생액이 집계되면, 복수의 보조부문비는 제조(생산)부문을 보조해 주는 부서의 비용으로 다시 제조부문에 배부하여야 하는데 배부방법에는 직접배부법, 단계배부법, 상호배부법 등이 있다. 보조부문이 하나인 경우 변동제조간접비와 고정제조간접비의 구분에 따라 단일배부율법과 이중배부율법(변동제조간접비는 실제조업도, 고정제조간접비는 최대조업도기준 배부)이 있다.

• 직접배부법

보조부문 상호간의 용역 수수 관계가 적은 경우에 보조부문 상호간의 용역 수수를 완전히 무시하고 모든 보조부문을 제조부문에 제공하는 용역 비율에 따라 제조부에만 직접배부하는 방법이다.

**기본예제**

02. (주)뉴젠은 직접배부법을 이용하여 보조부문 제조간접비를 제조부문에 배부하고자 한다. 각 부문별 원가발생액과 보조부문의 용역공급이 다음과 같은 경우 전력부문에서 절단부문으로 배부될 제조간접비는 얼마인가?

| 구 분 | 제조부문 | | 보조부문 | |
|---|---|---|---|---|
| | 조립부문 | 절단부문 | 전력부문 | 수선부문 |
| 자기부문원가(원) | 200,000 | 320,000 | 90,000 | 45,000 |
| 동력부문 동력공급(kw) | 300 | 150 | — | 150 |
| 수선부문 수선공급(시간) | 24 | 24 | 24 | — |

① 25,200원  ② 30,000원
③ 33,500원  ④ 12,400원

배부제조간접비＝90,000원 × 150kW/(300kW＋150kW)＝30,000원

• 단계배부법

보조부문들 간에 일정한 배부순서를 정한 다음 그 순서에 따라 보조부문비를 단계적으로 다른 보조부문과 제조부문에 배부하는 방법으로, 계단식 배부법이라고도 한다. 단계배부법은 보조부문 상호간의 용역 수수 관계를 일부만 반영하는 방법이다.

03. 다음 자료를 통하여 보조부문에 대한 용역제공비율의 크기에 따라 배부순서를 정한다고 가정할 경우 단계배부법에 의하여 보조부문원가를 배부한다면, 제조부문 S1에 배부되는 보조부문의 원가는?

| | 제조부문 | | 보조부문 | | 계 |
|---|---|---|---|---|---|
| | S1 | S2 | M1 | M2 | |
| 부문비 합계 | 800,000원 | 650,000원 | 100,000원 | 200,000원 | 1,750,000원 |
| 용역제공비율 | | | | | |
| M1 | 0.30 | 0.50 | – | 0.20 | |
| M2 | 0.35 | 0.35 | 0.30 | – | |

① 130,000원　　　② 132,500원　　　③ 135,500원　　　④ 137,500원

해설

① 1단계 배부순서의 결정

　　보조부문 중 M1과 M2 중 우선순위는 용역제공비율에 따라 M2가 우선순위가 된다.

| | 제조부문 | | 보조부문 | | 계 |
|---|---|---|---|---|---|
| | S1 | S2 | M2 | M1 | |
| 부문비 합계 | 800,000원 | 650,000원 | 200,000원 | 100,000원 | 1,750,000원 |
| 용역제공비율 | | | | | |
| M2 | 0.35 | 0.35 | – | 0.30 | |
| M1 | 0.30 | 0.50 | 0.20 | – | |

2단계　S1에 배부되는 M2의 원가=200,000원 × 0.35=70,000원

　　　　M1에 배부되는 M2의 원가=200,000원 × 0.3=60,000원

　　　　M1의 부문비=100,000원+ 60,000원= 160,000원

　　　　S1에 배부되는 M1의 원가=160,000원 × 0.3/(0.3+0.5)=60,000원

　　　　S1에 배부되는 보조부문 원가=70,000원+ 60,000원= 130,000원

• 상호배부법

보조부문 상호간의 용역 수수 관계를 완전하게 고려하는 방법으로, 보조부문비를 제조부분뿐만 아니라 보조부문 상호간에도 배부하는 방법이다. 상호배부법은 원가배부가 정확하며 보조부문비의 배부가 배부순서에 의해 영향을 받지 않는다.

⑤ 보조부문비의 제조부문에 대한 배부기준

• 단일배부율법 : 변동비와 고정비 구분없이 하나의 배부기준에 의해 배부

• 이중배부율법 : 변동비는 실제사용량기준으로 하고, 고정비는 최대사용량기준으로 배부

⑥ 제조부문비의 제품에의 배부

각 제조부문에 집계된 제조부문비는 적절한 배부기준에 따라 각 제조부문을 거쳐간 각 제품에 배부하여 제품원가를 계산한다. 배부기준에는 가액법이나 시간법 등이 있으며, 배부방법은 공장전체배부율과 부문별배부율을 사용할 수 있다.

• 공장전체배부율법의 배부율 : 공장전체제조간접비 /공장전체배부기준

• 부문별배부율법의 배부율 : 부문별제조간접비/부문별배부기준

**01** 다음 자료는 보조부문비를 제조부문에 배부하는 방법을 설명한 것이다. 이에 해당하는 방법은?

> • 배분 순서의 정함에 따라 원가배분결과가 달라질 수 있다.
> • 보조부문간 용역 수수관계는 부분적으로 인식한다.

① 직접배분법　　　　　　　　　　② 단계배분법
③ 상호배분법　　　　　　　　　　④ 교차배분법

**02** 당월 중에 실제로 발생한 총원가 및 제조지시서 No.8의 제조에 실제로 발생한 원가는 다음과 같다. 당월 중 실제직접노동시간은 10,000시간 이었으며, 이 중 제조지시서 No.8의 제조에 투입된 시간은 750시간이었다. 제조간접비를 직접노동시간에 기준하여 실제 배부하는 경우, 제조지시서 No.8에 배부되는 제조간접비는 얼마인가?

| 구분 | 총원가 | 제조지시서 NO.8 |
|---|---|---|
| 직접재료비 | 9,000,000원 | 250,000원 |
| 직접노무비 | 10,000,000원 | 280,000원 |
| 제조간접비 | 2,000,000원 | ? |

① 125,000원　　　　　　　　　　② 150,000원
③ 175,000원　　　　　　　　　　④ 200,000원

**03** 2개의 제조부문과 2개의 보조부문이 있다. 각 부문에서 당기 중에 발생한 원가와 보조부문이 제공한 용역 수수관계는 다음과 같다. 상호배부법에 의할 경우 주조부문과 판공부문의 제조부문비 합계액은 각각 얼마인가?

| 용역사용부문 / 용역제공부문 | 제 조 부 문 | | 보 조 부 문 | | 합 계 |
|---|---|---|---|---|---|
| | 주조부문 | 판공부문 | 동 력 부 | 공장사무부 | |
| 부 문 비 합 계 | 500,000원 | 400,000원 | 100,000원 | 205,000원 | 1,205,000원 |
| 용역제공비율 동력부문 | 20% | 50% | — | 30% | 100% |
| 공장사무부문 | 40% | 40% | 20% | — | 100% |

① 150,000원, 250,000원　　　　　② 130,000원, 170,000원
③ 600,000원, 500,000원　　　　　④ 630,000원, 575,000원

# 04 개별원가계산

## 1. 개별원가계산의 기초

### ① 개별원가계산의 의미

개별원가계산은 성능, 규격, 품질이 다른 여러 종류의 제품을 고객의 주문에 의해 소량씩 개별적으로 생산하는 건설업, 조선업, 항공기 제조업 등에 사용된다.

개별원가회계에서는 제품의 제조를 위하여 소비된 원가요소를 특정제품에 부과할 수 있느냐 없느냐에 따라 직접비와 간접비로 구분하는 것이 중요하다.

### ② 제조지시서와 원가계산표

• 제조지시서

제조지시서는 고객이 주문한 특정 제품의 제조를 제조부서에 지시하는 명령서로 특정제조지시서와 계속제조지시서가 있다.

- 특정 제조지시서 : 특정 제품의 제조 또는 작업에 대하여 개별적으로 발행되는 지시서로 해당 제조작업이 완료되면 제조지시서의 효력도 없어지게 된다. 주로 개별원가회계에서 발행된다.

- 계속제조지시서 : 일정한 기간에 걸쳐서 동일 종류·동일 규격의 제품을 계속하여 제조할 것을 지시하는 명령서로 주로 종합원가회계에서 발행된다.

• 원가계산표

원가계산표는 제품의 제조원가를 계산하기 위하여 소비된 모든 원가요소를 집계하는 명세서로 직접재료비, 직접노무비, 제조간접비가 상세히 기록된다. 각 제조지시서별 원가계산표를 모아 놓은 장부는 원가원장이라 한다. 원가원장을 보면 재공품 내역을 각 제품별로 알 수 있으므로 재공품계정에 대한 보조원장의 역할을 한다.

## 2. 개별원가계산의 절차와 방법

① 개별원가계산의 절차

- 제 1 단계 : 요소별 원가회계

  원가를 재료비, 노무비, 경비의 요소별로 집계한다.

- 제 2 단계 : 제조직접비와 제조간접비의 분류 및 제조직접비의 부과

  요소별로 집계한 원가를 다시 제조직접비와 제조간접비로 분류하여, 제조직접비는 제품에 직접 부과하고, 제조간접비는 제조간접비계정에 집계하여 일정한 배부기준에 따라 배부하여 각 지시서별 원가계산표에 기입한다.

- 제 3 단계 : 부문별 원가회계

  부문별 원가회계는 제조간접비 중에서 각 부문에 대하여 추적 가능한 부문직접비는 각 부문에 직접 부과하고, 추적 불가능한 부문간접비는 일정할 기준에 따라 각 부문에 배부한다. 보조부문비는 용역 제공 비율 등에 따라 제조부문에 배부하여 제조부문비 총액을 결정한다.

- 제 4 단계 : 원가계산표의 마감

  제품의 생산이 완료되면 각 지시서별로 원가의 합계액을 기록하여 원가계산표를 마감한다.

- 제 5 단계 : 재공품계정의 기입

  원가계산표에 집계된 금액은 원가원장의 통제계정인 재공품계정에 집계하여, 이 중 완성된 것은 제품 계정에 대체하고 미완성인 것은 차월로 이월하여 차월의 월초재공품으로 처리한다.

- 제 6 단계 : 제품계정의 기입

  제조공정을 거쳐 제품을 완성하면, 완성품의 원가는 재공품계정 대변에서 제품계정 차변으로 대체한다.

- 제 7 단계 : 매출원가계정에의 대체

  제품을 고객에서 판매하는 경우에는 판매된 제품의 원가를 제품계정 대변에서 매출원가계정 차변에 대체한다.매된 제품의 원가를 제품계정 대변에서 매출원가계정 차변에 대체한다.

② **개별원가계산의 방법**

개별원가회계는 제조간접비 실제배부법을 이용하는가 또는 예정배부법을 이용하는 가에 따라 실제 개별원가회계와 예정 개별원가회계로 구분한다.

• 실제 개별원가회계

실제 개별원가회계는 실제 직접재료비, 실제 직접노무비, 실제 제조간접비와 같이 실제 원가를 이용 하여 제품원가를 계산하는 방법이다.

$$제조간접비\ 배부율 = \frac{제조간접비실제발생액}{실제배부기준}$$

• 예정 개별원가회계

예정 개별원가회계는 직접재료비와 직접노무비는 실제 원가로 계산하고, 제조간접비는 예정 배부액을 사용하여 제품원가를 계산하는 방법으로 제조간접비 예정배부액은 다음과 같이 계산한다.

$$제조간접비\ 예정배부액 = 실제\ 배부기준\ \times\ 제조간접비\ 예정배부율$$

**01** 다음 중 개별원가계산에 대한 설명으로 틀린 것은?

① 각 제품별 원가집계에 따른 많은 비용과 노력이 요구된다.

② 기말재공품의 평가문제가 발생하지 않는다.

③ 상대적으로 정확한 원가계산과 제품별 손익분석 등을 위한 자료획득이 용이하다.

④ 각 공정별, 부문별 원가통제 및 성과평가가 가능하다.

**02** 개별원가제도를 채택하고 있으며, 직접노무비를 기준으로 제조간접비를 배부한다. 제조간접비배부율은 조립부문에 대해서는 80%, 절단부문에 대해서는 40%이다. 작업지시서 No.1은 완성되었다. 총제조원가는?

| 작업지시서 No.1 | 조립부문 | 절단부문 |
|---|---|---|
| 직접재료비 | 30,000원 | 20,000원 |
| 직접노무비 | 80,000원 | ? |
| 제조간접비 | ? | 20,000원 |

① 174,000원  
③ 234,000원  

② 180,000원  
④ 264,000원

# 05 종합원가계산

## 1. 종합원가계산의 기초

### ① 종합원가계산의 의미

성능, 규격 등이 동일한 한 종류의 제품을 연속적으로 대량 생산하는 정유업, 제지업, 제분업, 제당업, 화학공업, 시멘트제조업 등에 적용되는 원가회계방법으로, 일정 원가계산기간에 발생한 제조원가 총액을 집계한 다음, 같은 기간의 완성품 수량으로 나누어 제품의 단위당 원가를 계산하는 방법을 말한다. 종합원가계산에서는 제조원가를 직접재료비와 가공비로 구분하여 원가계산을 한다.

### ② 종합원가계산(5단계법)의 절차

- 1단계 : **물량의 흐름을 파악한다.**

  기초재공품수량＋당기투입(착수)량－기말재공품수량＝완성품수량

- 2단계 : **완성품환산량을 계산한다**(직접재료가 작업시점에 투입시)

  - 직접재료비

    평균법 ＝ 완성수량 ＋ 기말재공수량

    선입선출법 ＝ 당기투입완성량(＝완성수량－기초재공품수량) ＋ 기말재공수량

  - 가공비

    평균법＝완성수량 ＋ 기말재공수량 × 당기완성도

    선입선출법＝(완성수량 －기초재공품수량 × 완성도) ＋ 기말재공수량 × 당기완성도

    ※ 완성수량 － 기초재공품수량 × 전기완성도 ＝ 기초재공수량 × (1 － 전기완성도) ＋ 당기
    투입완성량

- 3단계 : **총원가를 요약하고 배분대상원가를 계산한다.**

  - 총평균법 : 기초재공품원가 ＋ 당기제조원가

  - 선입선출법 : 당기제조원가

- 4단계 : **단위당 원가를 계산한다.**

  단위당원가＝총원가(3단계)/완성품환산량(2단계)

• 5단계 : **원가배분한다.**

  ― 완성품원가

    ┌ 평균법 = 완성수량 × 단위당원가
    └ 선입선출법 = 기초재공품원가 + 당기투입완성수량 × 단위당원가

  ― 기말재공품원가 = 기말재공품환산수량 × 단위당원가

③ 완성품 환산량

• 완성도

완성도란 현재 제조과정에 있는 제품이 어느 정도 완성되었는가를 나타내는 수치로서 퍼센트(%)로 표현된다. 직접재료비와 가공비로 나누어 파악한다.

• 완성품 환산량

완성품 환산량이란 생산활동에 투입한 모든 노력을 제품을 완성하는 데에만 투입하였더라면 완성되었을 완성품 수량으로 환산한 것으로, 재공품 수량에 완성도를 곱하여 계산한다.

> 기초재공품 완성품환산량 = 기초재공품수량 × (1 - 전기완성도)
> 기말재공품 완성품환산량 = 기말재공품수량 × 당기완성도

④ 기말재공품의 평가방법

• 평균법

기말재공품 중에는 기초재공품과 당기에 제조 착수한 것이 모두 포함되어 있다는 것을 전제로 계산하는 방법이다.

재 공 품

| 기 초 재 공 품 | ××× | 제 품 | ××× |
| 당기총제조비용 | ××× | 기말재공품 | ××× |
| 계 | ××× | 계 | ××× |

― 재료가 제조 착수와 동시에 소비되는 경우

> 기말재공품 직접재료비 = 기말재공품수량 × $\dfrac{\text{기초재공품직접재료비} + \text{당기직접재료비투입액}}{\text{완성품수량} + \text{기말재공품수량}}$ (= 단위당원가)

> 기말재공품 가공비 = 기말재공품 완성품환산량 × $\dfrac{\text{기초재공품가공비} + \text{당기가공비투입액}}{\text{완성품수량} + \text{기말재공품완성품환산량}}$ (= 단위당원가)

> 기말재공품원가 = 기말재공품 직접재료비 + 기말재공품 가공비

－ 재료와 가공비가 제조 진행에 따라 소비되는 경우

기말재공품 직접재료비

$$= \text{기말재공품 완성품환산량} \times \frac{\text{기초재공품직접재료비} + \text{당기직접재료비투입액}}{\text{완성품수량} + \text{기말재공품완성품환산량}}$$

기말재공품 가공비

$$= \text{기말재공품 완성품환산량} \times \frac{\text{기초재공품가공비} + \text{당기가공비투입액}}{\text{완성품수량} + \text{기말재공품완성품환산량}}$$

기말재공품원가 = 기말재공품 직접재료비 + 기말재공품 가공비

**기본예제**

**01.** (주)뉴젠의 종합원가계산하의 물량흐름에 관한 자료를 참고하여 완성품과 기말재공품의 원가를 계산하라.

- 재료비는 공정초기에 모두 발생하며 가공비는 공정전체에 균일하게 발생한다.
- 기초재공품 : 1,000단위, 당기 착수량 : 4,000단위, 당기 완성품 : 3,000단위
- 제조원가 발생액 내역

|  | 재료비 | 가공비 |
|---|---|---|
| 기초재공품원가 | 5,000원 | 4,000원 |
| 당기제조원가 | 20,000원 | 12,000원 |

- 기말재공품의 가공비 완성도 50%, 평균법에 의하여 계산한다.

**해설**

※ 완성품환산량계산과 단위원가계산

| 1.물량흐름파악 | | 2.완성품환산량(평균법) | |
|---|---|---|---|
| | | 직접재료비 | 가공비 |
| 기초재공품 1,000 | 완성수량 3,000 | 3,000단위 | 3,000단위 |
| 당기착수량 4,000 | 기말재공품 2,000(50%) | 2,000단위 | 1,000단위(=2,000단위×0.5) |
| 합계 5,000 | 합계 5,000 | 5,000단위 | 4,000단위 |
| 3.원가집계 | (기초원가+당기제조원가) | 5,000+20,000 | 4,000+12,000 |
| 4.단위당원가 | (원가/완성품환산량) | 25,000원/5,000단위=5원 | 16,000원/4,000단위=4원 |
| 5.원가배분 | 완성품원가(=27,000) | 3,000*5=15,000 | 3,000*4=12,000 |
| | 기말재공품(=24,000) | 2,000× 5원=10,000 | 1,000× 4=4,000 |

∴ 기말재공품원가=2,000단위 × 5원 + 1,000단위 × 4=14,000원

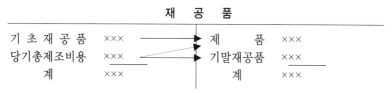

• 선입선출법

기초재공품은 전부 당기에 완성되므로 기말재공품은 전부 당기에 제조 착수한 것이라는 전제로 계산하는 방법이다.

$$재\ 공\ 품$$

| 기 초 재 공 품 | ××× | → | 제    품 | ××× |
| 당기총제조비용 | ××× | → | 기말재공품 | ××× |
| 계 | ××× | | 계 | ××× |

– 재료가 제조 착수와 동시에 소비되는 경우

> 기말재공품 직접재료비
>
> $$= 기말재공품수량 \times \frac{당기투입직접재료비}{완성품수량 \ - \ 기초재공품수량 + 기말재공품수량}$$

> $$기말재공품 \ 가공비 = 기말재공품 \ 완성품환산량 \ \times \ \frac{당기투입가공비}{완성품수량 - 기초재공품완성품환산량 + 기말재공품완성품환산량}$$

> 기말재공품원가 = 기말재공품 직접재료비 + 기말재공품 가공비

– 재료와 가공비가 제조 진행에 따라 소비되는 경우

> $$기말재공품 \ 직접재료비 = 기말재공품 \ 완성품환산량 \ \times \ \frac{당기투입직접재료비}{완성품수량 \ - \ 기초재공품완성품환산량 + 기말재공품완성품환산량}$$

> $$기말재공품 \ 가공비 = 기말재공품 \ 완성품환산량 \ \times \ \frac{당기투입가공비}{완성품수량 \ - \ 기초재공품완성품환산량 + 기말재공품완성품환산량}$$

> 기말재공품원가 = 기말재공품 직접재료비 + 기말재공품 가공비

### 기본예제

**02. 다음 자료를 보고 종합원가 계산 시 선입선출법에 의한 완성품원가와 당기말재공품원가를 계산하면?**
**단, 재료는 제조착수 시 전부 투입되며, 가공비는 제조진행에 따라 발생하는 것으로 가정한다.**

- 기초재공품    – 수량 : 1,000개(완성도 : 30%)
                – 원가 : 직접재료비(220,000원), 가공비(80,000원)
- 당기총제조비용  – 직접재료비(1,000,000원), 가공비(820,000원)
- 당기말 재공품 수량 : 1,000개(완성도 : 50%)
- 당기말 완성품 수량 : 8,000개

| 1.물량흐름파악 | | 2.완성품환산량(선입선출법) | |
|---|---|---|---|
| | | 직접재료비 | 가공비 |
| 기초재공품 1,000(30%) | 완성수량 8,000 | 8,000-1,000=7,000 | 8,000-1,000×30%=7,700 |
| 당기착수량 8000 | 기말재공품 1,000(50%) | 1,000 | 500(=1,000×0.5) |
| 합계 9,000 | 합계 9,000 | 8,000 | 8,200단위 |
| 3.원가집계 | (당기제조원가) | 1,000,000 | 820,000 |
| 4.단위당원가 | (원가/환성품환산량) | 1,000,000/8,000=125 | 820,000/8,200단위=100 |
| 5.원가배분 | 완성품원가(=1,945,000) | 220,000+875,000 | 80,000+770,000 |
| | 기말재공품원가(=175,000) | 1,000*125=125,000 | 500×100=50,000 |

⑤ 완성품과 기말재공품 이외의 항목

- 종 류
  - 공손 : 폐물이 되어서 처분가치로 매각되는 불합격된 생산품
  - 감손 : 산출물이 되지 못한 투입분으로 증발을 예를 들 수 있다. 이는 공손과 동일하게 처리되는데 공손과의 차이점은 공손은 실체가 존재하여 육안으로 확인할 수 있는데 반하여 감손은 실체가 존재하지 않아 육안으로 확인할 수 없다.
  - 재작업품 : 차후에 재작업을 하여 합격된 완성품으로 매각될 수 있는 불합격된 생산품이다.
  - 작업폐물 : 산출의 일부분으로 되지는 못하지만 비교적 적은 경제적 가치를 가지는 투입분이다.

- 공손과 감손의 회계처리
  - 정상공손과 정상감손의 회계처리 : 정상공손이나 정상감손은 일정한 작업조건(능률적인 작업조건) 하에서도 발생하게 되는 공손이나 감손을 말한다. 즉 이것은 특정공정을 선택한 결과이며 따라서 단기적으로 통제가 불가능하다. 이러한 이유는 양품을 생산하려면 동시에 공손품이 발생하기 때문이다.
  정상공손이나 정상감손은 주어진 생산요소의 선택으로 경영자가 기꺼이 받아들일 공손률을 수반하게 된다는 의미에서 계획된 공손과 감손이다.
  - 비정상적공손과 비정상적 감손의 회계처리 : 이는 능률적인 작업조건하에서 발생하지 않을 것으로 기대되는 공손이나 감손을 말한다. 즉, 이러한 공손이나 감손의 대부분은 보통 통제할 수 있다고 간주되는데 이러한 의미에서 비정상적공손이나 감손의 원가는 이것이 발견되는 즉시 손실로 직접 상계되어야 할 원가이다.
  손실로 회계처리 할 경우에는 천재지변과 같은 우발적인 원인에 의하거나 그 금액이 클 경우에는 영업외비용으로 처리한다.

## 2. 종합원가계산의 종류

### ① 단일 종합원가계산

하나의 제품을 하나의 제조공정만을 가지고 단일 제품을 연속적으로 생산하는 제빙업, 광산업, 제염업, 벽동제조업 등에서 쓰여지는 원가회계 방법이다.

### ② 공정별 종합원가계산

화학공업, 제당업, 제지업 등과 같이 하나의 제품을 2개 이상의 제조공정을 거쳐 대량 생산하는 기업에 적용되는 원가회계 방법이다.

### ③ 조별 종합원가계산

식료품제조업, 제과업, 통조림제조업, 자동차제조업, 직물업 등과 같이 종류가 다른 제품을 연속적으로 조별 대량 생산하는 제조기업에 적용되는 원가회계 방법이다. 조별원가회계에서는 제품의 종류별로 조 또는 반을 설정하여 원가계산을 한다.

### ④ 등급별 종합원가계산

동일한 재료를 사용하여 동일 공정에서 질이 다른 제품을 계속적으로 생산하는 것으로 규격, 중량, 품질, 순도가 서로 다른 제품을 등급품이라 하며, 제분업에서 품질이 다른 밀가루, 양조업에서 순도가 다른 술 등이 있다. 이러한 등급품에 대하여 전체 제조원가를 계산하고, 그것을 다시 각 등급품에 배부하여 단위당 원가를 계산하는 방법을 등급별 종합원가회계라 한다.

### ⑤ 연산품 종합원가계산

동일한 재료를 동일 공정에서 제조시 주산물과 부산물을 명확히 구별할 수 없는 두 종류 이상의 제품이 생산되는 경우, 이 제품을 연산품이라 하며, 정유업에서의 휘발유, 경유, 등유 등과 제련업에서의 금, 은, 구리 등이 있다.

연산품은 일정한 생산단계에 도달하기 전에는 개별 제품으로 식별되지 않으며, 분리점 이후에야 개별 제품으로 식별될 수 있다. 분리점에 도달하기 전까지 연산품을 생산하는 과정에서 발생한 모든 원가를 결합원가라 하며, 분리점 이후의 추가 가공과정에서 발생하는 원가를 추가가공비 또는 분리원가라 한다.

연산품이 개별 제품으로 분리되기 전까지의 결합원가를 각 제품에 배분한 다음, 이 결합원가 배분액과 추가가공비를 합계한 금액을 개별제품의 완성량으로 나누어 단위당 원가를 계산 한다.

03. 제1공정에서 A,B제품을 생산하고 있다. 제1공정은 결합공정이며 결합원가는 1,500,000원(직접재료비는 500,000원, 가공비는 1,000,000원)이다. A제품은 제1공정을 거친 후에 곧바로 판매가능하며, B제품은 추가로 제2공정을 거친다면 C제품으로 전환되어 판매될 수 있다. 제2공정의 추가가공비는 500,000원이다. A제품의 판매가격은 1,000,000원, C제품의 판매가격이 2,000,000원일 경우 순실현가치법에 의한 A, C제품에 배분될 결합원가는 얼마인가?

해설

| 제품 | 순실현가치 | 배분비율 | 결합원가배분액 |
|------|-----------|---------|--------------|
| A | 1,000,000원 | 40% | 600,000원 |
| C | 1,500,000원 | 60% | 900,000원 |
| 합계 | 2,500,000원 | 100% | 1,500,000원 |

**01** 종합원가계산시 기말재공품의 완성도가 과소평가되어 있다면 순이익에 미치는 영향으로 맞는 것은?

| | 선입선출법 | 평균법 | | 선입선출법 | 평균법 |
|---|---|---|---|---|---|
| ① | 과소 | 과대 | ② | 과대 | 과대 |
| ③ | 과소 | 과소 | ④ | 과대 | 과소 |

**02** 완성품은 1,000개이고, 기말재공품은 500개(완성도 40%)인 경우 평균법에 의한 종합원가계산에서 재료비 및 가공비 완성품 환산량은 몇 개인가? (단, 재료는 공정 50% 시점에서 전량 투입되며, 가공비는 전공정에 균일하게 투입된다)

| | 재료비 | 가공비 | | 재료비 | 가공비 |
|---|---|---|---|---|---|
| ① | 1,000개 | 1,500개 | ② | 1,000개 | 1,200개 |
| ③ | 1,500개 | 1,500개 | ④ | 1,500개 | 1,200개 |

**03** 종합원가계산하에서는 원가흐름 또는 물량흐름에 대해 어떤 가정을 하느냐에 따라 완성품환산량이 다르게 계산된다. 다음 중 평균법에 대한 설명으로 틀린 것은?

① 전기와 당기발생원가를 구분하지 않고 모두 당기발생원가로 가정하여 계산한다.
② 계산방법이 상대적으로 간편하다.
③ 원가통제 등에 보다 더 유용한 정보를 제공한다.
④ 완성품환산량 단위당 원가는 총원가를 기준으로 계산한다.

**04** 선입선출법에 의한 종합원가계산을 적용하고 있다. 다음은 2008년의 원가자료이다. 재료는 공정초기에 전액 투입되며, 가공비는 공정전반에 걸쳐 균등하게 발생한다고 가정했을 때 기말재공품 금액은 얼마인가?

| | 수량 | 완성도 | 재료비 | 가공비 |
|---|---|---|---|---|
| 기초재공품 | 2,000개 | 40% | 2,500,000원 | 2,000,000원 |
| 당기 착수 | 13,000개 | | 14,300,000원 | 15,240,000원 |
| 당기 완성 | 12,000개 | | | |
| 기말재공품 | 3,000개 | 50% | | |

① 4,800,000원
② 5,100,000원
③ 5,400,000원
④ 6,000,000원

## 05 자료를 이용하여 가중평균법에 의해 기말재공품의 가공비를 구하면 얼마인가?

- 기초재공품 (50개, 완성도 40%) : 직접재료비 3,000원, 가공비 2,680원
- 기말재공품 (80개, 완성도 60%)
- 당기총제조비용 : 직접재료비 6,000원, 가공비 5,360원
- 당기완성품 수량 : 220개
- 재료는 공정초기에 모두 투입, 가공비는 전공정을 통해 균등하게 발생한다.

① 1,920원      ② 960원
③ 1,440원      ④ 2,400원

학습목표

◆ 복식부기의 이해
◆ 매출과 매입의 회계처리

# 06 표준원가계산과 기타이론

## 1. 표준원가계산

표준원가계산이란 사전에 과학적 통계적 방법에 근거하여 특정제품을 생산하는 데 발생되리라고 예상되는 원가의 수량평균과 가격평균을 사전에 결정하여 산정된 표준원가를 생산실적에 적용하여 원가의 발생장소별 제품별로 실제표준원가를 산정하여 이를 표준원가와 실제발생원가를 비교하여 원가차이를 산정한 뒤 그것을 요인별로 차이를 분석하는 것을 말한다. 표준원가계산은 다음의 목적으로 실시한다. K-IFRS는 표준원가로 평가가한 결과가 실제원가와 유사한 경우 표준원가계산의 적용도 가능하게 하였다. 이 경우 정기적으로 상황을 검토하여 조정하여야 한다.

### ① 원가관리목적

원가관리를 효과적으로 수행하기 위해서는 원가의 표준으로써 표준원가를 설정하여야 한다. 이를 실제발생원가와 비교, 원가차이를 산정한 뒤 원인별로 분석하여 경영관리자 및 관계부문에 보고함으로써 원가능률을 높이기 위한 조치를 강구한다.

### ② 매출원가 및 재고자산원가 산정목적

표준원가는 진실한 원가로서 재공품, 반제품, 제품 등의 재고자산 및 매출원가 산정의 기초가 된다.

### ③ 계산의 신속성과 기장의 간소화

제품의 완성량만 파악하면 표준원가를 산출할 수 있다. 따라서 원가자료에 관한 각종 보고서 역시 신속하게 제출할 수 있기 때문에 유용한 자료를 제공할 수 있다.
또한 표준원가를 이용하면 재고자산의 입 출고에 대한 계산은 단지 수량만 가지고도 충분하게 되어 기장사무는 대폭 간소화될 뿐만 아니라, 업무절차의 합리화에도 유용하다.

### ④ 예산편성목적

표준원가는 기업예산 특히 견적 재무제표작성을 신뢰할 수 있는 기초를 제공한다. 여기서 예산이란 각종 부서의 구체적인 계획을 화폐에 의하여 표시한 것인데 표준원가가 설정되어 있으면 이에 근거하여 예산을 편성할 수 있을 뿐만 아니라, 예산편성의 신속성을 기대할 수 있다.

▌차이분석산식

$$\underline{\text{AQ} * \text{AP}} \qquad \underline{\text{AQ} * \text{SP}} \qquad \underline{\text{SQ} * \text{SP}}$$
$$\qquad \qquad \text{가격차이} \qquad \qquad \text{능률차이}$$

- **재료비 차이(구입과 사용이 다른 경우)**

$$\underline{\text{AQ(구입)} \times \text{AP}} \qquad\qquad \underline{\text{AQ} \times \text{SP}}$$
$$\qquad\qquad \text{가격차이}$$

$$\underline{\text{AQ(사용)} \times \text{SP}} \qquad \underline{\text{실제산출량에 허용된표준수량(SQ)} \times \text{SP}}$$
$$\qquad\qquad \text{수량(능률)차이}$$

- **노무비 차이**

$$\underline{\text{AH} \times \text{AP}} \qquad\qquad \underline{\text{AH} \times \text{SP}} \qquad \underline{\text{실제산출량에 허용된표준시간(SH)} \times \text{SP}}$$
$$\qquad \text{임률차이} \qquad\qquad\qquad \text{수량(능률)차이}$$

- **변동제간접비 차이**

$$\underline{\text{AH} \times \text{AP}} \qquad\qquad \underline{\text{AH} \times \text{SP}} \qquad \underline{\text{실제산출량에 허용된표준시간(SH)} \times \text{SP}}$$
$$\qquad \text{소비차이} \qquad\qquad\qquad \text{능률차이}$$

- **고정제간접비차이**

$$\underline{\text{실제고정제조간접비}} \qquad \underline{\text{예산액(=기준조업도} \times \text{SP)}} \qquad \underline{\text{실제산출량에 허용된표준시간(SH)} \times \text{SP}}$$
$$\qquad \text{예산차이} \qquad\qquad\qquad \text{조업도차이}$$

**기본예제**

**01.** 표준원가계산제도를 채택하고 있는 ㈜뉴젠의 5월 한달 동안의 원재료에 대한 자료를 이용하여 재료능률차이를 계산하면 얼마인가?

> • 실제구입량 : 500kg　　　　　　　• 실제사용량 : 350kg
> • 실제생산량에 허용된 표준투입량 : 370kg　　• kg당 실제가격 : 1,300원

**5월의 재료가격차이는 50,000원(불리)이며, 직접재료 가격차이는 원재료를 구입하는 시점에서 분리된다.**

구입가격차이 : 실제구입량 × (AP − SP) = 500kg × (1,300원 − SP) = 50,000원(불리)
따라서 SP(kg당 표준구입가격) = 1,200원
직접재료 능률차이 : (AQ − SQ) × SP = (350kg − 370kg) × 1,200
$$= 24,000원(유리)$$

**기본예제**

**02.** 당월 직접노무원가발생액은 1,922,000원이며 이에 대한 실제작업시간은 6,200시간이었다. 당월에 제품 1,000개를 생산하였고, 제품단위당 표준작업시간이 6시간, 제품단위당 표준노무원가가 1,740원이라면 직접노무원가 수량차이(또는 능률차이)는 얼마인가?

직접노무원가 수량차이 = (실제작업시간 − 표준작업시간) × 표준임률
$$= (6,200시간 − 1,000개 × 6시간) × (1,740원/시간)$$
$$= 200 × 290 = 58,000원(불리한차이)$$

**기본예제**

**02.** 당월 직접노무원가발생액은 1,922,000원이며 이에 대한 실제작업시간은 6,200시간이었다. 당월에 제품 1,000개를 생산하였고, 제품단위당 표준작업시간이 6시간, 제품단위당 표준노무원가가 1,740원이라면 직접노무원가 수량차이(또는 능률차이)는 얼마인가?

직접노무원가 수량차이 = (실제작업시간 − 표준작업시간) × 표준임률
$$= (6,200시간 − 1,000개 × 6시간) × (1,740원/시간)$$
$$= 200 × 290 = 58,000원(불리한차이)$$

**03. 다음은 제조활동과 관련된 자료이다. 변동제조간접원가 능률차이는?**

- 단위당 표준 직접노무시간 : 3시간
- 실제 직접노무시간         : 15,000시간
- 생산된 제품단위           : 4,200개
- 변동제조간접원가 표준     : 표준 직접노무시간당 5원
- 실제변동제조간접원가       : 60,000원

**해설**

변동제조간접원가 능률차이 (15,000시간 − 3시간 4,200개) 5원 = 12,000원(불리)

## 2. 기타 이론정리

### ① 손익분기점계산

기업의 수익액과 비용액이 일치하는 조업도(操業度)의 크기. 그 이상이 되면 이익이 생기고, 그 이하가 되면 손실을 가져오게 되는 매상액 또는 판매량을 말한다. 손익분기점은 기업의 경영활동에서 수익·비용·이익이 어떻게 변동하는가를 예측하기 위해 필요한 것이다. 예컨대, 일정기간의 수익에 의해 얼마만큼의 손익이 생기느냐, 또는 일정한 이익을 얻기 위해 얼마만큼의 수익이 필요한가 하는 것 등이 손익분기점에 있어서 문제가 된다. 즉 손익분기점은 단기이익계획을 책정하는 지침이 될 수 있다. 이와 같은 분석을 손익분기점분석이라고 하고, CVP분석이라고 한다. 손익분기점은 다음과 같은 공식으로 산출할 수 있다.

▌산식

- 손익분기매출액 = 고정비/공헌이익율
- 손익분기수량 = 고정비/단위당공헌이익
- 단위당공헌이익 = 단위당판매가 − 단위당변동비
- 공헌이익율 = 단위당공헌이익/단위당판매가

### ② 전부원가와변동원가계산

제품원가계산방법은 고정제조간접비를 제품의 제조원가에 포함시키느냐의 여부에 따라 전부원가계산과 변동원가계산으로 구분된다.

- 전부원가계산(absorption costing : 흡수원가계산)

전부원가계산은 직접재료비, 직접노무비, 변동제조간접비, 고정제조간접비를 모두 제품의 제조원가에 포함시키는 원가계산방법이다.

즉, 제조원가가 변동제조원가인가 고정제조원가인가에 관계없이 제조과정에서 직접 또는 간접적으로 관련되어 있는 모든 제조원가를 제품의 제조원가에 포함시키는 방법이다. 기업외부의 회계정보이용자에게 보고되는 일반목적 재무제표는 전부원가계산방법에 따라 재고자산을 평가하여 작성하는 것이 일반적으로 인정된 회계원칙이다.

• 변동원가계산(variable costing, 직접원가계산 direct costing)

변동원가계산은 제조원가 중 직접재료비, 직접노무비, 변동제조간접비 등 변동제조원가만을 제품의 제조원가에 포함시키고 고정제조간접비는 판매비 및 일반관리비와 더불어 발생 즉시 기간비용으로 처리하는 원가계산방법이다.

위 표에서 전부원가계산과 변동원가계산의 유일한 차이점은 고정제조간접비를 제품원가에 포함하느냐 아니면 기간비용으로 처리하느냐에 있다. 고정제조간접비도 제조과정에서 필수적으로 관련되는 제조원가임에는 틀림없다. 이러한 고정제조간접비를 제조원가에 포함시키는 원가계산방법이 전부원가계산이다.

변동원가계산에서는 내부관리목적으로 계획수립과 원가통제를 쉽게 하고자 모든 원가와 비용을 원가행태에 따라 변동비와 고정비로 구분하는 과정에서 고정비 요소인 고정제조간접비를 제조원가에서 제외하여 기간비용으로 처리하는 것이다.

근본적으로 제조원가인 고정제조간접비를 변동원가계산에서는 내부 관리목적상 기간비용으로 처리하는 것이며, 근본적으로 기간비용인 판매비와 관리비는 그것이 변동비이든 고정비이든 제품원가가 아니므로 전부원가계산과 변동원가계산과 차이가 없다는 점에 유의하여야 한다.

③ 영업레버리지

총원가중 고정비의 비중이 클수록 매출액변화율보다 영업이익의 변화율이 확대되는 현상을 말한다.

④ 품질원가

품질에 결함이 발생하지 않도록 예방하거나 품질에 결함이 있는지를 검사하기 위하여 발생하는 원가 즉 사전품질원가, 통제원가와 품질에 결함이 발생된 경우 이로 인하여 발생하는 사후품질원가, 실패원가를 말한다.

⑤ 목표원가관리

특정제품으로부터 목표이익률을 달성할 수 있는 범위내에서 허용되는 원가를 말한다. 목표원가를 허용원가라고도 한다.

⑥ 수명주기원가계산

수명주기원가는 제품이나 서비스의 수명주기 동안 제품이나 서비스와 관련하여 발생하는 모든 원가를 말한다. 따라서 수명주기원가에는 제품의 기획, 연구, 개발, 설계에서 제조, 마케팅, 유통, 고객서비스에 이르기까지 수명주기 전체동안 발생한 일체의 원가를 말한다.

⑦ 카이젠원가계산

제품의 개발 및 설비단계를 지나 제품이 본격적으로 생산되는 제조단계에서는 원가절감을 위하여 공정등에 커다란 변화를 주는 것은 비용 및 절차면에서 부담이 되기 때문에 소규모의 지속적인 개량을 통하여 조금씩 원가를 절감하려는 것이 카이젠원가이다.

⑧ 활동기준원가계산[ABC]

제조과정이 자동화되므로서 직접노무비가 차지하는 비중은 줄어든 반면 제조간접비의 비중은 전보다 훨씬 커졌다. 그래서 제조간접비의 배부기준으로 제품의 활동을 기본적으로 원가대상으로 삼아 원가를 집계하고 이를 토대로 부문이나 제품의 활동원가동인에 따라 배분하는 계산법이다.

01 표준원가계산을 적용하는 (주)정밀의 2008년 8월 중 재료비에 대한 원가자료는 다음과 같다. (주)정밀의 재료비 가격차이가 4,800,000원 불리한 것으로 계산되었다면 재료비 수량(능률)차이는 얼마인가?

- 예상생산량 7,000단위
- 실제단가 750원/kg
- 표준단가 720원/kg
- 실제생산량 8,500단위
- 표준수량 20kg/단위

① 5,600,000원(유리)
② 7,500,000원(불리)
③ 7,200,000원(유리)
④ 6,200,000원(불리)

02 당기중에 발생된 직접노무비 자료는 아래와 같다. 당기 중 실제직접노동시간을 계산하면?

- 표준직접노동시간          4,500시간
- 실제직접노무비            680,000원
- 표준임률                100원/시간
- 임률차이                20,000원(불리)

① 6,600시간
② 6,800시간
③ 7,000시간
④ 7,200시간

03 다음은 (주)강산의 2008년도 제조활동과 관련된 자료이다. 2008년도 변동제조간접비의 능률차이는?

- 표준직접노동시간          단위당 2시간
- 실제직접노동시간          21,000시간
- 생산된 제품단위           10,000개
- 변동제조간접비            표준직접노동시간당 3원
- 실제변동제조간접비         28,000원

① 2,000원 유리
② 2,000원 불리
③ 3,000원 유리
④ 3,000원 불리

**04** 제조간접비에 대해서 고정예산을 책정하고 있는 ㈜학동의 9월 중 제조간접비에 관한 자료는 다음과 같다. 고정제조간접비 조업도차이는 얼마인가?

> - 총제조간접비 실제발생액 3,000,000원
> - 실제작업시간 5,000시간에 대한 제조간접비예산액 3,700,000원
> - 표준작업시간 6,000시간에 대한 제조간접비예산액 4,200,000원
> - 실제생산량에 대해 허용된 표준작업시간 4,000시간

① 400,000원 불리　　　　　　　　② 400,000원 유리
③ 200,000원 불리　　　　　　　　④ 200,000원 유리


**05** ㈜삼일정공은 표준원가시스템을 사용하고 있다. 제조간접비는 직접노동시간 400시간의 기대정상조업도를 기준으로 배분하고 있다. 다음 당기의 예산자료를 이용하여 조업도차이를 구하면 얼마인가? (당기 실제투입된 직접노동시간은 300시간, 제조간접비 능률차이는 1,400원만큼 불리하게 나타났다.)

| 항　목 | 금　액 |
|---|---|
| 변동제조간접비 | 28,000원 |
| 고정제조간접비 | 36,000원 |
| 계 | 64,000원 |
| 제조간접비율 = 64,000원/400(직접노동시간) = 160/직접노동시간 ||

① 1,400원 유리　　　　　　　　② 1,400원 불리
③ 10,800원 유리　　　　　　　　④ 10,800원 불리

Chapter

# 03

# 부가가치세

# 01 부가가치세의 기초

## 1. 부가가치세의 개요

① **부가가치세(Value-Added Tax)의 의의**

재화나 용역의 생산 및 유통단계에서 새로이 창출된 부가가치를 과세대상으로 하는 조세이다.

② **우리나라 부가가치세 과세방법의 특징**

• 국세 : 과세권자가 국가이다.

• 보통세 : 부가가치세는 국가의 일반재정에 사용된다.

• 단일비례세율 : 부가가치세는 금액에 관계없이 10%의 단일세율을 적용한다.

• 전단계세액공제방법 : 매출세액에서 매입세액을 차감하여 납부세액을 계산하고 있다.

• 간접세 : 납세의무자(사업자)와 부담하는 자(소비자)가 서로 다르다.

   즉, 세금을 납부할 의무가 있는 납세의무자와 세금을 최종적으로 부담할 담세자가 일치
   하지 않는 조세를 말하는데, 대부분의 물세(物稅)는 간접세에 속한다.

• 유통단계별 과세원칙 : 부가가치세는 유통단계별로 각사업자가 거래 징수하게 된다.

• 소비지국 과세원칙 : 생산지국에서는 수출하는 재화에 대하여 부가가치세를 과세하지 아니하
   고 해당 재화를 수입하여 소비하는 국가가 부가가치세를 과세한다는 원칙을 말한다.

• 역진성 완화의 원칙 : 저소득층의 기초생활 필수품 등에 대한 부가가치세 면세제도를 규정하고
   있다.

• 일반소비세 : 소비에 대해 과세를 하며 영세와 면세 적용분을 제외하고 모두 과세대상이다.

• 물세 : 납세자의 인적사정이 고려되지 않고 물건(용역)을 과세대상으로 한다.

③ **과세대상**

과세대상에는 재화의 공급, 용역의 공급, 재화의 수입이 있다.
단, 용역의 수입은 저장 등이 불가능하고 형체가 없으므로 과세대상에서 제외한다.

④ **납세의무자**

부가가치세의 납세 의무자는 사업자이다.(사업자란, 영리목적 유무에 불구하고 사업상 독립적
으로 재화 또는 용역을 공급하는 자를 말한다)

- 납세의무자의 범위 : 사업자 및 수입자

  부가가치세의 납세의무자는 사업자이며 일반과세자와 간이과세자로 나누어진다.

- 납세의무자의 구분
  - 일반과세자 : 과세사업자 중 간이과세 적용대상 이외의 모든 사업자
  - 간이과세자 : 연간 공급대가가 4,800만원에 미달하는 사업자
  - 면세사업자 : 부가가치세법상 사업자가 아니다.

- 납세의무자의 요건
  - 영리목적의 유무와는 무관하다.(비영리법인도 납세의무를 진다)
  - 사업성을 갖추어야 한다.(계속, 반복적으로 재화 또는 용역을 공급하는 것을 말한다)
  - 사업상 독립적이어야 한다.(고용된 지위의 종사자는 제외)
  - 과세 대상인 재화 또는 용역을 공급하여야 한다.(면세대상인 재화 또는 용역의 공급은 제외된다)

⑤ **과세기간**

세법에 의하여 국세의 과세표준의 계산에 기초가 되는 기간을 말한다.

| 과세기간 | 1기 과세기간 | | 2기 과세기간 | |
|---|---|---|---|---|
| 신고기간 | 1기예정 | 1기확정 | 2기예정 | 2기확정 |
| | 1월1일~3월31일 | 4월1일~6월30일 | 7월1일~9월30일 | 10월1일~12월31일 |
| 신고및납부기한 | 4월 25일 | 7월 25일 | 10월 25일 | 다음년도 1월 25일 |

단, 간이과세자를 제외한 개인사업자는 직전과세기간 납부세액의 1/2를 예정고지(**예정고지금액이 30만원**미만과 간이에서 일반으로 유형전환사업자 예정고지면제, 1,000원미만 소액부징수), 개인사업자의 예정신고의무는 폐지되었으며, 간이과세자는 1년을 과세기간으로 한다.

- 법인 기업 : 예정신고(직전 과표가 1억5천미만은 21년부터 예정고지), 확정신고와 납부
- 신규사업자 : 사업개시일 ~ 과세기간종료일
- 폐업자 : 과세기간 개시일 ~ 폐업일

⑥ **사업유형별 사업장(=납세지)**

사업장이라 함은 사업을 영위하기 위하여 필요한 인적·물적설비를 갖추고 계속하여 사업 또는 사무가 이루어지는 장소(사무소 또는 사업소를 포함)를 말한다.

| 구 분 | 사 업 장 |
|---|---|
| 광업 | 광업사무소의 소재지 |
| 제조업 | 최종제품 완성장소(단, 제품포장, 용기충전만 하는 장소는 제외) |
| 건설업·운수업·부동산매매업 | 법인 : 법인 등기부상의 소재지(지점포함)<br>개인 : 업무 총괄장소 |

| | |
|---|---|
| 부동산임대업 | 부동산의 등기부상 소재지 (단, 전대업 및 일부 사업자 : 업무총괄장소) |
| 무인판매기를 통한 판매업 | 업무를 총괄하는 장소 |

## 2. 사업장

① **직매장 ⇒ 사업장으로 봄**

- 사업의 종류와 관계없이 자기의 사업과 관련하여 생산 또는 취득한 재화를 직접 판매하기 위하여 특별히 판매시설을 갖춘 장소를 말하며 이러한 직매장은 별개의 사업장으로 본다.
- 다만, 제조업자가 제조장 내에 판매시설을 갖추어 직접 판매한 경우에는 동일한 사업장이므로 별도의 사업장인 직매장으로 보지 아니한다.

② **하치장 ⇒ 사업장이 아님**

- 사업의 종류와 관계없이 사업자가 단순히 재화를 보관·관리하기 위하여 시설만을 갖춘 장소로서 관할세무서에 설치신고를 한 장소
- 하치장을 설치한 사업자는 하치장을 설치한 날로부터 10일이내에 「하치장설치신고서」를 하치장 관할세무서장에게 제출하여야 한다.
- 하치장 폐쇄 시 별도의 신고 의무는 없음.
- 하치장설치신고를 하지 아니한 경우에도 하치장으로 봄.

③ **기타 사업장**

사업장을 설치하지 아니한 미등록사업자에 대하여는 결정(경정) 당시의 주소 또는 거소

④ **임시 사업장**

사업자가 기존사업장외에 각종 경기대회·박람회·국제회의 기타 이와 유사한 행사가 개최되는 장소에 일시적으로 설치한 사업장

- 개설신고 : 사업개시일로부터 10일 이내 「임시사업장 개설신고서」 제출
- 폐쇄신고 : 폐쇄일로부터 10일 이내 「임시사업장 폐쇄신고서」 제출
- 설치기간이 10일이내인 경우에는 개설신고를 하지 않아도 된다.

⑤ **무인자동판매기을 통한 판매업**

- 그 사업에 관한 업무를 총괄하는 장소 (설치 장소별로 등록할 수 없음)
- 종전에는 무인자동판매기 설치장소를 사업장으로 보아왔으나, 무인자동판매기의 특성상 사업자가 상시 주재하지 않아 납세관리가 어렵고, 수입금액이 분산되어 간이과세가 적용되거나 납부면제에 해당하여 부가가치세를 회피하는 수단으로 이용되는 것을 방지하기 위해 개정되었음.

## 3. 사업자단위과세

① 의의

- 사업장별 과세원칙에 따라 각 사업장별로 사업자등록을 하고 신고·납부하게 되면 과세관청 이나 납세자 모두 불편하므로 이를 본점 또는 주사무소 한 곳만 사업자등록을 하여 세금계산 서 교부 및 신고·납부를 사업자단위로 일괄하여 하도록 하여 납세편의를 도모하기 위한 제 도이다.

- 사업자단위과세의 승인을 받은 사업자는 부가가치세 납부, 세금계산서 발행, 직매장반출시 재화의 공급여부 등에서 승인을 받지 아니한 사업자와 세법 적용에 차이가 있다.

- 모든 지점 사업장은 사업자등록을 하지 아니하며, 세금계산서 비고란에 재화나 용역을 공급 하거나 공급받는 사업장의 소재지 및 상호를 기재하여야 한다.

② 사업자단위과세 요건

- 사업자단위과세 대상자

  사업자단위과세를 적용받을 수 있는 사업자는 2개 이상의 사업장이 있는 법인과 개인을 말한다.

③ 사업자단위과세 승인신청 및 승인

- 승인신청

  사업자단위과세를 적용받고자 하는 경우 본점 또는 주사무소 관할세무서에 승인신청을 하여 그 승인을 얻어야 한다.

- 사업자단위과세 절차

  - 사업자단위과세 신청

| 계속사업자 | 사업자단위과세를 하고자 하는 과세기간 개시 20일 전에 본점 또는 주사무소(총괄사업장) 관할 세무서장에게 「사업자단위과세승인신청서」를 제출 |
|---|---|
| 신규사업자 | 사업자단위과세 적용사업장의 사업자등록증을 받은 날부터 20일 이내에 신청 |

  - 사업자단위과세의 승인

    사업자단위과세의 승인신청을 받은 총괄사업장 관할세무서장은 요건을 검토한 후 신청 일로부터 20일 이내에 승인여부를 통지하여야 한다.

    신청일로부터 20일 이내에 승인여부를 통지하지 아니한 때에는 신청일부터 20일이 되 는 날에 승인한 것으로 본다.

  - 사업자단위과세 포기

    포기신청일이 속한 과세기간까지는 사업자단위과세 적용하고, 다음 과세기간부터 사 업장 단위 과세로 전환한다.

## 4. 주사업장 총괄납부

① 의의

사업장별 과세원칙에 따라 각 사업장별로 납부(환급)세액을 납부(환급)하게 되면 과세관청이나 납세자 모두 불편하므로 이를 주사업장에서 총괄하여 납부함으로써 납세편의도모 및 불편해소를 위한 제도이다.(신고는 각 사업장별로 하고 세액 납부만 총괄하여 납부한다)

총괄납부를 신청한 사업장은 부가가치세 납부, 세금계산서 발행, 직매장반출시 재화의 공급여부 등에서 신청하지 아니한 사업장과 세법 적용에 차이가 있다.

| 구 분 | 내 용 |
|---|---|
| 총괄납부 | 본점(비영리법인 : 주사무소), 지점(비영리법인 : 분사무소)중 선택 |
| | 납부만 선택한 곳에서 함 |
| 사업자단위과세제도 | 본점(비영리법인 : 주사무소)에서만 가능 |
| | 납부, 신고, 사업자등록, 세금계산서발행을 본점에서 가능 |

② 총괄납부 요건

• 총괄납부대상자

주사업장 총괄납부를 할 수 있는 사업자는 2개 이상의 사업장이 있는 법인과 개인을 말하며, 신청만 하면 총괄납부 가능하다.

• 주된 사업장

| 구 분 | 주 된 사 업 장 |
|---|---|
| 법 인 | 본점(비영리법인 : 주사무소), 지점(비영리법인 : 분사무소) |
| 개 인 | 주사무소 |

# 01 예상문제

**01** 작년부터 계속하여 개인사업(일반과세자)을 하는 김미숙은 경기악화로 인하여 당기 8월 20일 폐업하였다. 이 경우 부가가치세법 및 소득세법상의 과세기간은?

|     | 소득세법 | 부가가치세법 |
| --- | --- | --- |
| ① | 1. 1 ~ 8. 20 | 7. 1 ~ 12. 31 |
| ② | 1. 1 ~ 12. 31 | 7. 1 ~ 8. 20 |
| ③ | 1. 1 ~ 8. 20 | 1. 1 ~ 12. 31 |
| ④ | 1. 1 ~ 12. 31 | 1. 1 ~ 8. 20 |

**02** 다음은 부가가치세법상 일반과세자의 부가가치세 신고와 납부에 관련한 설명이다. 틀린 것은?

① 총괄납부승인을 얻은 개인사업자도 예정신고의무가 없다.

② 의제매입세액을 공제받고자 하는 사업자는 의제매입세액공제신고서와 매입처별계산서합계표 또는 신용카드매출전표 등 수취명세서를 제출하는 것을 원칙으로 한다.

③ 부가가치세 납부불성실 가산세는 초과환급의 경우에도 적용된다.

④ 부가가치세법상 환급세액은 언제나 확정신고기한 경과 후 30일 내에 환급한다.

**03** 다음 중 우리나라 부가가치세의 특징으로 볼 수 없는 것은?

① 간접세  ② 일반소비세

③ 단단계거래세  ④ 소비지국과세원칙

**04** 부가가치세법상 재화의 공급에 해당하는 것은?

① 조세의 물납  ② 사업의 포괄적 양도

③ 재화의 담보 제공  ④ 사업상 증여

**05** 개인 일반 과세사업자로 사업을 영위하다 9월 1일에 폐업신고를 하였다. 부가가치세법상 2기 과세기간으로 옳은 것은?

① 1월 1일 ~ 6월 30일       ② 7월 1일 ~ 9월 1일

③ 7월 1일 ~ 9월 30일       ④ 1월 1일 ~ 12월 31일

**06** 다음은 부가가치세법상 거래장소에 대한 설명이다. 이에 대한 설명 중 옳지 않은 것은?

① 재화의 경우 재화의 이동이 필요한 경우 : 재화의 이동이 개시되는 장소

② 국외소재 부동산을 임대한 경우 : 사업자의 국내주소지

③ 재화의 경우 재화의 이동이 필요하지 아니한 경우 : 재화가 공급되는 시기에 재화가 소재하는 장소

④ 국내외에 걸쳐 용역이 제공되는 국제운송의 경우 사업자가 비거주자 또는 외국법인인 경우 : 여객이 탑승하거나 화물이 적재되는 장소

# 02 과세거래

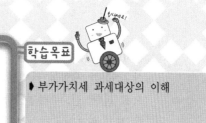

## 1. 실질공급과 간주공급

재화의 공급이란 계약상 또는 법률상의 모든 원인에 의하여 재화를 인도 또는 양도하는 것을 말하며, 부가가치세는 재화와 용역의 공급 및 재화의 수입을 과세대상 거래로 하고 있어, 「재화의 공급」 해당여부는 곧 과세대상 여부를 판단하는 중요한 기준이다.

### ① 실질공급

- 계약상
  - 매매계약 : 현금·외상·할부판매·장기할부판매·조건부 및 기한부판매·위탁판매 기타 매매계약에 의하여 재화를 인도 또는 양도하는 것
  - 가공계약 : 자기가 주요자재의 전부 또는 일부를 부담하고 상대방으로부터 인도 받은 재화에 공작을 가해 새로운 재화를 만들어 인도하는 것
  - 교환계약 : 재화의 인도대가로서 다른 재화를 인도받거나 용역을 제공받는 것
  - 현물출자 등 기타 계약상의 원인
- 법률상 : 사적경매, 수용

  계약상·법률상 원인이 아닌 도난, 유실 등과 같은 경우와 재해 등에 의한 감모손, 멸실 등은 재화의 공급으로 보지 아니한다.

### ② 간주공급

매입세액공제후 매출세액이 없는 경우에는 공급으로 의제하게 된다.

- 자가 공급
  - 면세사업에 전용 : 과세사업을 위하여 생산, 취득한 재화를 면세사업을 위하여 사용하는 경우
  - 비영업용 소형승용차와 그 유지, 임차를 위한 재화 : 과세사업을 위하여 취득한 재화를 비영업용 소형승용차로 사용하거나 그 유지를 위하여 소비하는 경우 과세대상으로 본다. 단, 매입세액이 공제되지 아니한 것은 제외

- 타사업장 반출(직매장반출) : 2인 이상의 사업장이 있는 사업자가 자기사업과 관련하여 생산, 취득한 재화를 타인에게 판매할 목적으로 다른 사업장에 반출하는 것은 재화의 공급으로 본다. 단, 주사업장총괄 납부승인 또는 사업자 단위 총괄납부 적용사업자는 공급으로 보지 않는다.
- 다음의 경우는 자가 공급으로 보지 않는다.
  가. 다른 사업장에서 원료, 자재 등으로 사용, 소비하기 위하여 반출하는 경우
  나. 기술 개발을 위하여 시험용으로 사용, 소비하는 경우
  다. 수선비 등에 대체하여 사용, 소비하는 경우
  라. 사후 무료 서비스를 위하여 사용, 소비하는 경우
  마. 불량품교환 또는 광고선전을 위한 전시 등의 목적으로 자기의 다른 사업장으로 반출하는 경우
  바. 해외 건설용 자재의 국외 반출
  사. 국외 위탁가공용 원자재의 국내반입 조건부 무상 반출

• 개인적 공급

사업자가 자기사업과 관련하여 생산 취득한 재화를 사업과 직접 관계없이 사용 소비하는 것으로 그 대가를 받지 아니하거나 시가보다 낮은 대가를 받는 것은 재화의 공급으로 본다. 단, 매입세액이 공제되지 아니한 재화는 재화와 임직원의 작업복, 작업모, 작업화, 직장체육비, 직장문화예술비지출액, 1인당 10만원 이내의 경조사(설, 추석선물)관련 물품은 과세제외

• 사업상 증여

사업자가 자기사업과 관련하여 생산 취득한 재화를 자기의 고객이나, 불특정 다수인에게 증여하는 것은 재화의 공급으로 본다.

단, 사업을 위하여 대가를 받지 아니하고 다른 사업자에게 인도 또는 양도하는 무상 견본품과 매입세액이 공제되지 아니하는 것은 과세되는 재화의 공급으로 보지 않는다.(광고선전물로 배포하는 것 등)

**01. 자사의 생산 제품을 판매대리점인에 기증한 경우(제조원가 800,000, 판매가격 900,000)**

해설
차) 접대비  890,000          대) 제품          800,000(타계정대체)
                                부가세예수금  90,000

**기본예제**

> **02. 자사의 생산 제품을 홍보하기 위하여 불특정 다수인에게 무상으로 기증한 경우 (제조원가 500,000, 판매가격 650,000원)**

**해설**

| 차) 광고선전비 | 500,000 | 대) 제품 | 500,000(타계정대체) |
|---|---|---|---|

- 폐업시 잔존재화

    사업자가 사업을 폐업하는 때에는 사업장에 잔존하는 재화는 사업자 자신이 비사업자인 자신에게 공급하는 것으로 본다.

## 2. 재화의 수입

재화의 수입이란 다음에 해당하는 물품을 우리나라에 인취하는 것(보세구역을 경유하는 것은 보세구역으로부터 인취하는 것)으로 한다.

① 외국으로부터 우리 나라에 도착된 물품(외국의 선박에 의하여 공해에서 채포된 수산물을 포함)

② 수출신고가 수리된 물품. 다만, 선(기)적되지 아니한 물품을 보세구역으로부터 인취하는 경우 제외.

부가가치세법상 수출재화의 공급시기는 수출면허일이 아니고 선적일이므로 수출신고 후 선적이 완료되지 않는 재화는 관세법상으로는 외국물품에 해당되지만 부가가치세법상으로는 내국물품에 해당되므로 수입의 대상이 되지 않는다.

## 3. 재화, 용역의 공급으로 보지 않는 거래

① 재화공급으로 보지 않는 거래

- 담보제공

    질권·저당권·양도담보의 목적으로 동산·부동산 및 부동산상의 권리를 제공하는 것은 재화의 공급으로 보지 아니한다. 채무보증을 위한 담보로 동산 또는 부동산을 제공하는 것은 외형상 인도 또는 양도가 이루어지는 것처럼 보이지만 실질이 담보권자가 채권의 우선변제권을 가질 뿐 재화 자체를 사용·소비할 수 있는 것은 아니므로 재화의 공급으로 보지 아니한다.

- 사업양도

- 공매와 강제경매

  국세징수법 규정에 의한 공매(동법에 의한 수의계약에 의하여 매각하는 것을 포함) 및 민사집행법에 따른 경매(같은 법에 따른 강제경매, 담보권실행을 위한 경매, 민법·상법 등 그 밖의 법률에 따른 경매를 포함한다)에 따라 재화를 인도 또는 양도하는 것은 법률상 원인에 의한 것이라 할지라도 재화의 공급으로 보지 아니한다.

- 물납

  법률에 의하여 조세를 물납하는 경우로서 다음에 해당하는 것에 대하여는 재화의 공급으로 보지 않는다.
  - 상속세및증여세법에 의한 물납등

② **용역의 공급으로 보지 않는 거래**

- 용역의 무상공급

  대가를 받지 아니하고 타인에게 용역을 공급하는 것은 용역의 공급으로 보지 아니한다. 단, 특수관계인에게 사업용 부동산의 임대용역 을 무상으로 공급하는 것은 용역의 공급으로 본다.

- 근로의 제공

  고용관계에 의하여 근로를 제공하는 것은 용역의 공급으로 보지 아니한다.

01 다음 중 부가가치세법상 용역을 공급하는 사업에 해당하는 것은?
① 건설업
② 제조업
③ 도매업
④ 부동산매매업

02 다음 중 부가가치세법상 과세대상에 해당되지 않는 것은?
① 산업상의 지식·경험에 관한 정보를 제공하는 것
② 에어컨을 판매하면서 에어컨의 설치용역을 제공하는 것
③ 근로자가 고용관계에 따라 근로용역을 제공하는 것
④ 피아노를 공급하면서 피아노용 의자를 제공하고 이를 운반해주는 것

03 부가가치세법상 일정한 대가를 받지 않고 재화를 공급하거나, 재화의 이동이 없을 때에도 일정한 경우에 해당하면 재화의 공급으로 간주하는 재화의 공급의제에 해당하는 것은?
① 조세의 물납
② 사업의 양도
③ 법률에 의한 경매·공매
④ 폐업시 잔존재화

# 03 공급(=거래)시기

## 1. 재화와 용역의 공급시기

재화 또는 용역의 공급시기는 재화·용역의 공급이 어느 과세기간에 귀속되는가를 결정하는 기준이 되며, 공급시기가 도래하면 거래상대방에게 세금계산서를 교부하여야 하므로 세금계산서 교부시기를 결정하는 중요한 의의를 지닌다. **일반적인 재화의 공급시기는 인도시, 용역의 공급시기는 용역제공완료시**가 된다.

① **현금, 외상, 할부판매** : 인도 또는 이용가능시

② **장기할부판매**(부불횟수 2회이상, 기간이 1년이상), 완성도기준, 중간지급조건부(계약금, 중도금, 잔금형식으로 받고 기간이 6월이상), 동력등 – 대가의 각 부분을 받기로 한때. 단, 중간지급의 경우 계약금이외 대가를 일시지급시 – 재화의 인도 또는 용역 제공완료시

③ **조건부판매, 기한부판매** : 조건성취 또는 기한이 경과시

④ **재화의 공급으로 보는 가공** : 인도시

⑤ **간주공급** : 사용소비시 단, 직매장반출은 반출시, 사업상증여는 증여시, 폐업시 잔존재화는 폐업시

⑥ **무인판매기** : 현금 인취시

⑦ **직수출, 중계무역수출** : 선적일

⑧ **원양어업, 위탁판매수출** : 공급가액이 확정시

⑨ **위탁가공무역, 외국인도수출** : 인도시

⑩ **보세구역내에서 국내로 공급시(수입재화)** : 수입신고수리일

⑪ **간주임대료** : 예정신고기간 또는 과세기간의 종료일

⑫ **통상적인 용역의 공급** : 역무의 제공이 완료시

⑬ **대가를 받고 공급시기 도래전 세금계산서의 교부시** : 세금계산서 교부시

⑭ **통신판매, 전자상거래판매** : 우편 또는 택배발송일

## 2. 세금계산서

### ① 발급의무자

부가가치세 납세의무자(일반과세자)로 등록한 사업자가 부가가치세가 과세되는 재화·용역 공급시에 발급한다. 위탁판매·대리인 판매 등의 경우에는 수탁자 등이 공급자 명의로 발급하고 비고란에 수탁자 등의 등록번호를 부기하여 발행한다.

### ② 세금계산서 발급시기

재화나 용역의 공급시기에 발급(공급시기 이전에 대금을 지급받은 경우의 선발급과 후발급가 능) 한다.

### ③ 세금계산서 발급의무 면제

다음 각 호의 경우에는 세금계산서 발급의무가 면제되며, 일반사업자 중 열거된 사업을 하는 자와 간이과세자는 영수증을 발급할 수 있다.

- 택시운송·노점·행상·무인판매기 사업자
- 소매업 또는 목욕·이발·미용업을 영위하는 자가 공급하는 재화 또는 용역. 다만, 소매업의 경우에는 공급받는 자가 세금계산서의 발급을 요구하지 아니하는 경우에 한한다.
- 전력이나 도시가스를 실제 공급받는 소비자가 부가가치세법상 사업자가 아닌 경우에는 공급 받는 명의자의 세금계산서 발급의무 면제
- 자가공급(타 사업장에 판매목적 반출 제외), 사업상증여, 폐업시 잔존재화에 해당하는 재화
- 일반과세자(아래 세금계산서를 발행할 수 없는 업종 제외)가 세금계산서 발급시기에 신용카 드매출전표 등을 발급한 경우
- 도로 및 관련시설 운영용역(공급받는자가 세금계산서 발급을 요구하지 않는 경우에 한함)
- 부동산임대용역 중 간주임대료

### ④ 수입세금계산서

수입하는 재화에 대하여는 관세청장이 정하는 바에 의하여 세관장이 발급한다.

### ⑤ 세금계산서 필수적기재사항

- 공급하는 사업자의 등록번호와 성명 또는 명칭
- 공급받는 자의 등록번호
- 공급가액과 부가가치세액
- 작성연월일

⑥ 전자세금계산서 발행 및 전송기한

법인과 직접사업연도 사업장별 과세와 면세 공급가액합이 3억이상인 개인은 종이 세금계산서를 발급하는 경우와 동일하게 재화 또는 용역을 공급할 때에 전자세금계산서를 공급받는 자에게 발급해야 한다. 월합계로 발급하는 세금계산서에 의하는 경우에는 재화 또는 용역의 공급일이 속하는 달의 다음달 10일까지(토요일과 공유일인 경우 다음영업일) 발급할 수 있다. 전자세금계산서를 발급한 후 즉시 국세청에 전송함을 원칙으로 하되, 재화 또는 용역의 공급일의 다음날(특례는 다음달 11일)까지 국세청에 전송되어야 한다.

## 3. 공급시기 특례

① 공급시기후 발행 세금계산서(후발행)

다음의 경우는 재화·용역의 공급일이 속하는 달의 다음달 10일까지 세금계산서를 교부할 수 있다.

- 거래처별로 1역월의 공급가액을 합계하여 당해 월의 말일자를 발행일자로 하여 세금계산서를 교부하는 경우
  . 1월 거래분을 1월 31일을 발행일자로 하여 2월 10일까지 교부
- 거래처별로 1역월 이내에서 사업자가 임의로 정한 기간의 공급가액을 합계하여 그 기간의 종료일자를 발행일자로 하여 세금계산서를 교부하는 경우
  . "1월 1일 ~ 1월 15일", "1월 16일 ~ 1월 31일"의 경우 : "1월 15일", "1월 31일"을 발행일자로 하여 2월 10일까지 교부
- 관계 증빙서류 등에 의하여 실제거래사실이 확인되는 경우로서 당해 거래일자를 발행일자로 하여 세금계산서를 교부하는 경우
  . "1월 5일 거래 하였으나 세금계산서를 교부하지 못한 경우 : "1월 5일"을 발행일자로 하여 2월 10일까지 교부

② 공급시기이전 발행 세금계산서(선발행)

- 재화·용역의 공급시기 이전(다른 과세기간 포함)에 세금계산서를 교부하고 그 세금계산서 교부일로부터 7일 이내에 대가를 지급받는 경우에는 그 교부한 때를 세금계산서의 교부시기로 본다.
- 재화 또는 용역의 공급시기 이전에 세금계산서를 교부하고 그 세금계산서 교부일부터 7일 경과 후 대가를 지급받더라도 아래의 요건을 모두 갖춘 경우
  - 거래 당사자 간의 계약서·약정서 등에대금 청구시기(세금계산서 발급일을 말함)와 지급시기를 따로 적고, 대금청구시기와 지급시기 사이의 기간이 30일 이내인 경우
  - 세금계산서 발급일이 속하는 과세기간(조기환급을 받은 경우에는 세금계산서발급일부터 30일 이내)에 재화·용역의 공급시기가 도래하고 세금계산서에 적힌 대금을 지급받은 것이 확인되는 경우
  - 동일 과세기간 내에 공급시기 도래(22년01.01이후 재화 또는 용역을 공급하는 분부터 적용

# 예상문제

**01** 다음은 부가가치세법상 재화의 장기할부판매 요건을 설명한 것이다. 빈칸에 들어갈 말이 옳게 짝지어진 것은?

> 장기할부판매는 재화를 공급하고 그 대가를 월부·연부 그 밖의 부불방법에 따라 받는 것 중 ( ㄱ ) 이상 분할하여 대가를 받는 것으로써, 당해 재화의 인도일의 다음 날부터 최종 할부금의 지급기일까지 ( ㄴ ) 이상인 것을 말한다.

① (ㄱ) 2회, (ㄴ) 1년  　　　　② (ㄱ) 3회, (ㄴ) 2년
③ (ㄱ) 2회, (ㄴ) 2년  　　　　④ (ㄱ) 3회, (ㄴ) 1년

**02** 다음 중 부가가치세법상 세금계산서 교부의무가 있는 것은?
① 사업자가 아닌 자의 개인적 공급
② 부동산임대용역 중 간주임대료에 해당하는 부분
③ 구매확인서에 의하여 공급하는 수출재화 임가공용역
④ 국내사업장이 없는 외국법인에게 공급하는 용역

**03** 다음 중 부가가치세법상 세금계산서의 '필요적 기재사항'에 해당하는 것은?
① 공급하는 사업자의 등록번호　　② 공급받는 사업자의 성명
③ 공급하는 사업자의 사업장 주소　　④ 공급받는 사업자의 업태와 종목

**04** 다음 중 부가가치세법상 수정세금계산서 발급사유가 아닌 것은?
① 처음 공급한 재화가 환입된 경우
② 필요적 기재사항 등이 착오로 잘못 적힌 경우
③ 계약의 해지 등에 따라 공급가액에 추가되는 금액이 발생한 경우
④ 허위로 세금계산서를 발급한 경우

**05** 다음은 남문회사의 거래내역이다. 부가가치세법상 재화의 공급시기는?

북문회사는 남문회사와 제품 공급계약(수량 1개, 공급가액 200,000,000원)을 맺고 다음과 같이 이행하기로 하였다.
- 대금지급방법 : 계좌이체
- 대금지급일

  - 계약일(40,000,000원) : 전년도 11.01.
  - 중도금(80,000,000원) : 02.01.
  - 잔금(80,000,000원) : 06.30.

- 제품인도일 : 06.30.

① 전년도 11.01.　　　　　　　　　② 02.01.

③ 06.30.　　　　　　　　　　　　　④ 전년도 11.01. 02.01. 06.30. 모두

# 04 영세율과 면세

## 1. 영세율대상

세율이라 함은 세액을 산출하기 위하여 과세표준에 곱하는 비율(종가세의 경우) 또는 과세표준의 단위당 금액(종량세의 경우)을 말하는 것으로, 이러한 세율이 영(zero)인 것을 영세율이라 한다. 따라서 영세율이 적용되는 경우에는 당해 과세표준의 크기에 관계없이 산출한 세액은 항상 영이 된다.

① 수출하는 재화
- 내국물품(우리나라 선박에 의하여 채포된 수산물을 포함한다)을 외국으로 반출하는 것
- 국내의 사업장에서 계약과 대가수령 등 거래가 이루어지는 것으로서 중계무역 방식의 수출, 위탁판매수출, 외국인도수출, 위탁가공무역방식의 수출
- 사업자가 내국신용장 또는 구매확인서에 의하여 공급하는 재화등도 수출에 포함됨

② 국외에서 제공하는 용역

해외건설용역 등이 이에 해당한다.

③ 선박 또는 항공기의 외국항행용역
- 선박 또는 항공기에 의하여 여객이나 화물을 국내에서 국외로, 국외에서 국내로 또는 국외에서 국외로 수송하는 것과 당해 선박, 항공기에 공급하는 부수재화·용역에 대해서는 영의 세율을 적용한다.
- 운송주선업자의 국제복합운송용역과 「항공법」에 의한 상업서류 송달용역은 외국항행용역에 포함된다.

④ 기타의 외화획득사업
- 국내에서 비거주자, 외국법인에게 제공하는 재화 또는 일부용역
- 외교관등에게 공급하는 재화 또는 용역

⑤ 국가 등에 공급하는도시철도 건설용역(2023년 12월31일까지)

## 2. 면세대상

면세란 법률상의 납세의무를 면제하는 것으로 조세의 보편원칙에 따라 모든 사람에게 적용하고 있다. 면세제도는 조세(租稅)의 전부에 대한 납부의무를 면제하는 것으로서 조세의 일부에 대한 납부의무를 면제하는 감세제도(減稅制度)와 더불어 조세감면제도를 이룬다. 면세제도는 일단 과세대상에 포함되어 발생한 조세의 납부의무를 특정한 경우에 해제하는 것이라는 점에서 처음부터 과세대상에 포함되지 않는 것으로 하여 조세의 납부의무가 발생하지 않는 비과세제도(非課稅制度)와 구별된다.

| 구 분 | | | 면 세 대 상 |
|---|---|---|---|
| 부가가치세법 12조 | 재화·용역의 공급 | 기초생활필수품 및 용역 | • 식용미가공식료품과 국내산 농·축·수·임산물(국내산과 수입산 모두)<br>• 비식용 국산 농·축·수·임산물(국내산만)<br>• 수돗물(단,생수는 과세)<br>• 연탄 및 무연탄(단, 착화탄, 갈탄, 유연탄은 과세)<br>• 여성용생리처리 위생용품, 분유, 기저귀<br>• 대중여객운송용역(단, 택시,KTX,항공기,우등고속은 과세)<br>• 천연가스 시내버스(CNG버스) (2023년 12월31일까지)<br>• 주택과 부수토지의 임대용역, 공동주택관리용역(단, 국민주택초과 주택공급과 토지의 임대, 상가의 공급및 임대는 과세) |
| | | 국민후생·문화관련 재화·용역 | • 의료보건용역과 혈액, 간병, 산후조리원, 보육등(단, 미용목적 성형수술, 애완동물 진료용역은 과세<br>• 교육용역(단, 무도학원과 자동차운전학원교육용역은 과세)<br>• 도서·신문 등 언론 매체(단, 광고는 제외)<br>• 문화·예술·체육분야(단, 서화, 골동품은 제외)<br>• 도서관등의 입장용역 |
| | | 부가가치의 생산요소 및 인적용역 | • 금융·보험용역<br>• 토지의 공급<br>• 인적용역 |

기타 국가등에 무상으로 기부하는 물품도 면세에 해당

## 3. 면세와 영세율비교

| 구 분 | 면 세 | 영 세 율 |
|---|---|---|
| 개 념 | 일정한 재화·용역의 공급에 대해 납세의무를 면제하는 제도 | 일정한 재화·용역의 공급에 대한 과세표준에 영(0)의 세율을 적용 |
| 대 상 | 기초생필품, 조세정책 목적 등 | 수출하는 경우, 조세정책 목적 등 |
| 취 지 | 부가가치세의 세부담 역진성 완화 | 소비지국 과세원칙 실현 |
| 납세의무 | 부가가치세법상 납세의무 없음 | 납세의무 있음 |
| 납세자 협력의무 | 세금계산서합계표 제출의무, 대리납부의무 | 부가가치세법상 각종 권리·의무 있음 |
| 중간단계에서 적용시 | 환수효과 및 누적효과 발생 | 환수효과 발생 |

**01** 다음 중 부가가치세법상 과세여부에 대한 설명으로 맞는 것은?

① 국민주택규모 초과주택의 공급 : 면세    ② 상가용건물의 임대 : 면세

③ 국민주택규모 초과주택의 임대 : 면세    ④ 상업용건물의 딸린 토지임대 : 면세

**02** 다음 중 부가가치세법상 영세율적용대상에 해당하지 않은 것은?

① 중계무역 방식으로 수출하는 재화

② 내국신용장에 의한 수출재화

③ 수출업자와 직접 도급계약에 의한 재화의 임가공 용역

④ 수출업자에게 내국신용장 또는 구매확인서 없이 공급하는 재화

**03** 다음 중 부가가치세법상 영세율에 대한 설명이 올바른 것은?

① 영세율이 적용되는 경우에는 조기환급을 받을 수 없다.

② 부가가치세의 부담을 완전히 제거하지 못하는 불완전면세제도이다.

③ 영세율을 적용받는 사업자는 매입세액을 매출세액에서 공제받을 수 없다.

④ 영세율이 적용되는 경우에도 내국신용장, 구매확인서에 의한 공급 시에는 세금계산서 발행의무가 있다.

**04** 다음 중 부가가치세법상 면세에 대한 설명으로 잘못된 것은?

① 면세사업자는 부가가치세법상 사업자는 아니지만 매입세금계산서합계표의 제출과 같은 협력의무는 이행하여야 한다.

② 면세는 부가가치세의 상대적인 역진성을 완화하기 위하여 주로 기초생활필수품 및 용역에 대하여 적용하고 있다.

③ 면세는 기초생활필수품 및 용역을 공급하는 영세사업자를 위한 제도이므로 당해 사업자의 선택에 따라 제한 없이 면세를 포기할 수 있다.

④ 면세사업자는 세금계산서를 교부할 수 없고 당해 면세사업자로부터 교부받은 세금계산서상 매입세액은 납부세액에서 공제받을 수 없다.

**05** 다음 중 부가가치세법상 면세와 영세율에 대한 설명으로 틀린 것은?

① 영세율은 부분면세제도이다.

② 면세사업자는 면세포기를 하지 않는한 영세율을 적용받을 수 없다.

③ 영세율에 대해서는 조기환급이 가능하다.

④ 면세는 조세부담의 역진성을 완화하는 기능이 있다.

**06** 다음 중 부가가치세 면세대상이 아닌 것은?

① 주무관청의 허가를 받은 학원의 교육용역

② 국민주택규모 이상의 주거용 건축물을 사업적으로 자영 건설하여 분양·판매하는 경우

③ 김치·두부 등 단순 가공식료품

④ 영리를 목적으로 하지 아니하는 경연대회

**07** 다음은 부가가치세법상 부수공급에 관한 사례이다. 다음 중 부가가치세가 면세되는 것은?

① 조경공사업체가 조경공사에 포함하여 수목을 공급하는 경우

② TV를 판매한 업체가 그 A/S 용역을 제공하는 경우

③ 제조업체가 제조업에 사용하던 토지를 양도하는 경우

④ 악기 도매업자가 피아노와 함께 피아노 의자를 공급한 경우

# 05 과세표준

## 1. 과세표준

과세표준이라 함은 세법에 의하여 직접적으로 세액산출의 기초가 되는 과세물건의 수량 또는 가액을 말한다. 즉 과세표준이란 과세물건을 세액을 계산하기 위해 가격, 수량, 중량, 용적 등으로 수치화한 것으로 각 세목의 세액 계산의 기준이 된다. 이는 각 세법이 정하는 바에 따라 계산된다. 따라서 과세표준에 세율을 곱하면 산출세액이 계산된다.

| 구 분 | 대 상 금 액 |
|---|---|
| 과세표준 | 재화 또는 용역의 공급에 대한 다음 각 호 가액의 합계액<br>(단, 부가가치세는 포함하지 아니한다)<br>① 금전으로 대가를 받는 경우 → 그 대가<br>② 금전 이외의 대가를 받는 경우 → 자기가 공급한 재화 또는 용역의 시가<br>③ 재화의 공급에 대하여 부당하게 낮은 대가를 받거나 대가를 받지 아니하는 경우<br>　　　→ 자기가 공급한 재화의 시가<br>④ 용역의 공급에 대하여 부당하게 낮은 대가를 받는 경우<br>　　　→ 자기가 공급한 용역의 시가<br>⑤ 폐업하는 경우의 재고재화 → 시가 |
| 과세표준에 포함하지 않는 금액 | ① 매출환입, 매출에누리, 매출할인<br>② 공급받는 자에게 도달하기 전에 파손·훼손 또는 멸실된 재화의 가액<br>③ 재화 또는 용역의 공급과 직접 관련되지 않는 국고보조금과 공공보조금<br>④ 공급대가의 지급지연으로 인하여 지급받는 연체이자<br>⑤ 재화 또는 용역을 공급한 후의 그 공급가액에 대한 할인액(매출할인)<br>⑥ 구분 기재된 종업원의 봉사료<br>⑦ 반환조건부의 용기대금과 포장비용<br>⑧ 마일리지 결제액 |
| 과표에서 차감하지 않는 것 | 재화 또는 용역을 공급한 후의 그 공급가액에 대한 대손금·장려금(단, 판매장려품은 간주공급), 하자보증금등 |
| 과세표준에 포함하는 금액 | ① 개별소비세·교통세 또는 주세가 과세되는 경우에 당해 개별소비세·교통세·주세·교육세 및 농어촌특별세 상당액<br>② 할부판매의 이자상당액<br>③ 대가의 일부로 받는 운송비·포장비·하역비·운송보험료·산재보험료 등 |
| 수입시 과표 | 관세의 과세가격과 관세·개별소비세·주세·교육세·교통세 및 농어촌특별세의 합계액 |

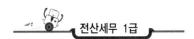

## 2. 사례별 과세표준

| 구 분 | 외 화 환 산 액 |
|---|---|
| 공급시기 도래전에 원화로 환가한 경우 | 그 환가한 금액 |
| 공급시기 이후에 외화통화 기타 외국환 상태로 보유하거나 지급받는 경우 | 공급시기의 외국환거래법에 의한 기준환율 또는 재정환율에 의하여 계산한 금액 |

**수출시 과세표준 = 선수금환가액 + 나머지 외화 × 선적시점의 기준환율(또는 재정환율)**

| 구 분 | 과 세 표 준 |
|---|---|
| 외상판매 및 할부판매 | 공급한 재화의 총가액(이자 상당액 포함) |
| 장기할부판매 | 계약에 따라 받기로 한 대가의 각 부분 (이자상당액 포함) |
| 완성도지급기준·중간지급조건부 공급 및 계속적으로 재화·용역을 공급하는 경우(열, 전기, 가스등) | 계약에 따라 받기로 한 대가의 각 부분 |
| 자가공급·개인적 공급 | 자기가 공급한 재화의 시가 |
| 사업상 증여 | 증여시 시가 |
| 폐업시 잔존재화 | ① 상품·원재료 등 : 시가 ② 감가상각자산 : 간주시가 |
| 위탁가공무역 수출 | 완성제품의 인도가액 |
| 보세구역에서 공급하는 재화 | 당해 재화가 수입재화에 해당되는 경우 법 제13조 제4항에 규정하는 금액을 제외한 금액 |
| 위탁가공무역 수출 | 완성제품의 인도가액 |

## 3. 재화의 간주공급시 과세표준

사업자가 부동산임대용역을 제공하고 월정임대료와는 별도로 전세금 또는 임대보증금을 받는 경우에, 전세금 등에 일정한 이율(利率)을 곱하여 계산한 금액을 말한다. 간주임대료 또는 의제임대료라고 부른다. 간주임대료는 과세표준에 포함된다.

① **재화의 간주공급(공급의제)에 대한 과세표준**

| 구 분 | 부당하게 낮은 대가를 받은 경우 | | 대가를 받지 않는 경우 | |
|---|---|---|---|---|
| | 특수관계자 | 특수관계 없는 자 | 특수관계자 | 특수관계 없는 자 |
| 재 화 | 시 가 | 거래금액 | 시 가 | 시 가 |
| 용 역 | 시 가 | 거래금액 | 과세안함 | 과세안함 |

② **일반적인 경우** : 당해 재화의 시가

③ **감가상각자산** : 과세표준＝당해 재화의 취득가액 × (1－체감률×경과된 과세기간의 수)

■ 체감률

| 구 분 | 2002.1.1 이후 취득분 |
|---|---|
| 건물 · 구축물 | 5% |
| 기타의 감가상각자산 | 25% |

■ 경과된 과세기간의 수(한도)

| 구 분 | 2002.1.1 이후 취득분 |
|---|---|
| 건물 · 구축물 | 20 |
| 기타의 감가상각자산 | 4 |

※ 경과된 과세기간의 수를 산정함에 있어서 "취득한 날"이라 함은 당해 재화가 실제로 사업에 사용되는 날을 말한다. (매매계약일이 아님.)

④ 과세사업에 공한 감가상각자산을 면세사업에 일부 사용하는 경우

→ 면세공급가액 비율이 5% 미만인 경우 과세표준이 없는 것으로 본다.

• 건물 또는 구축물

$$\text{과세표준} = \text{당해 재화의 취득가액} \times (1 - \frac{5}{100} \times \text{경과된 과세기간의 수})$$

$$\times \frac{\text{면세사업에 일부 사용한 날이 속하는 과세기간의 면세공급가액}}{\text{면세사업에 일부 사용한 날이 속하는 과세기간의 총공급가액}}$$

※ 2001.12.31 이전 취득분은 5/100를 10/100으로 적용한다.

• 기타의 감가상각자산

$$\text{과세표준} = \text{당해 재화의 취득가액} \times (1 - \frac{25}{100} \times \text{경과된 과세기간의 수})$$

$$\times \frac{\text{면세사업에 일부 사용한 날이 속하는 과세기간의 면세공급가액}}{\text{면세사업에 일부 사용한 날이 속하는 과세기간의 총공급가액}}$$

⑤ 판매목적 타사업장 반출의 경우 : 당해 재화의 취득가액 또는 일정액을 가산하여 공급하는 경우 그 가액

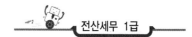 

## 4. 과세표준 안분계산

하나의 거래가 2 이상(과세와 면세)의 과세방법을 달리하는 거래에 해당되는 경우, 그 거래의 금액을 일정한 방법에 따라 각각의 과세방법을 달리하는 거래의 금액으로 나누어 계산하는 것을 말한다.

① **과세표준**

= 공급가액\*직전과세기간의 과세공급가액/직전과세기간의 총공급가액

안분계산 배제 (즉 당해 재화의 공급가액을 과세표준으로 한다)

> • 직전과세기간의 총공급가액 중 면세공급가액이 5%미만
> • 재화의 공급가액이 50만원 미만
> • 신규로 사업을 개시하여 직전과세기간이 없는 경우

단, 면세비율이 5%미만이더라도 공급가액이 5천만원이상인 경우에는 안분계산한다.

② **토지와 건물등을 일괄 공급하는 경우**

• **토지 · 건물가액이 구분되는 경우**

→ 구분된 실지거래가액에 의하여 토지 · 건물가액을 구분하여 과세한다.

• **토지 · 건물가액이 구분되지 않는 경우**

→ 실지거래가액 중 토지와 건물 등의 가액의 구분이 불분명한 경우

| 구 분 | 안 분 계 산 방 법 |
|---|---|
| 감정평가가액이 있는 경우 | 감정평가가액에 비례하여 안분계산 |

• **실지거래가액을 알 수 없는 경우 토지 · 건물가액의 안분계산기준 적용순서**

> 감정평가가액 ⇒ 기준시가 ⇒ (장부가액 ⇒ 취득가액)

③ **부동산 임대용역을 공급하는 경우**

사업자가 부동산 임대용역을 공급하고 전세금 또는 임대보증금을 받는 경우에는 금전외의 대가를 받는 것으로 보아 다음과 같이 계산한 금액을 과세표준으로 한다.

$$\text{과세표준(간주임대료)} = \text{당해기간의 전세금또는 임대보증금} \times (\text{과세대상기간의 일수})$$
$$\times \frac{\text{계약기간 1년의 정기예금이자율 1.2\% (당해 예정신고기간 또는 과세기간종료일 현재)}}{365(\text{윤년일 때 366})}$$

**01** 다음은 일반과세자의 7.1.~12.31. 기간의 부가가치세 신고관련 자료이다. 2기 부가가치세 확정신고시 부가가치세법상 과세표준과 납부세액을 계산하면? 단, 아래 자료 이외의 매출, 매입은 없으며, 관련 매입세액은 모두 공제가능한 것으로 가정한다.

| 매출 | • 세금계산서 발급분(공급가액) : 60,000,000원<br>• 계산서 매출분(공급가액) : 10,000,000원 |
|---|---|
| 매입 | • 세금계산서 수취분(공급가액) : 35,000,000원<br>• 계산서 매입분(공급가액) : 5,000,000원 |
| 기타 | • 1기 예정고지세액 : 1,700,000원 |

|  | 과세표준 | 납부세액 |  | 과세표준 | 납부세액 |
|---|---|---|---|---|---|
| ① | 60,000,000원 | 2,500,000원 | ② | 50,000,000원 | 800,000원 |
| ③ | 60,000,000원 | 2,000,000원 | ④ | 50,000,000원 | 1,300,000원 |

**02** 다음 중 부가가치세법상 매출세액에서 공제 가능한 매입세액은?

① 부가가치세법상 영세율이 적용되는 사업과 관련한 매입세액
② 부가가치세가 면제되는 재화를 공급하는 사업과 관련된 매입세액
③ 사업과 직접 관련이 없는 지출에 대한 매입세액
④ 토지의 조성 등을 위한 자본적 지출에 관련된 매입세액

**03** 다음 자료에 의한 부가가치세법상 과세표준금액은 얼마인가?

> ㉠ 거래처 갑에게 현금 매출 3,000,000원
> ㉡ 거래처 을에게 외상 매출 40,000,000원
> ㉢ 견본품 제공(시가 6,000,000원, 장부가액 5,000,000원)
> ㉣ 선수금을 받고 그 대가에 대해서 세금계산서 발행 4,000,000원
> ㉤ 상기금액은 모두 공급가액이다.

① 43,000,000원　　　　　　　　　② 46,000,000원
③ 47,000,000원　　　　　　　　　④ 48,000,000원

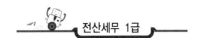

**04** 부가가치세법상 과세사업과 면세사업에 공통으로 사용하던 재화를 2월 2일에 1,000,000원에 매각하였다. 다음 자료로 이 재화의 공급에 대한 부가가치세 과세표준을 계산하면 얼마인가?

| 과세기간 | 과세사업 공급가액 | 면세사업 공급가액 | 합 계 |
|---|---|---|---|
| 해당과세기간(당기 제1기) | 4,000,000원 | 6,000,000원 | 10,000,000원 |
| 직전과세기간(전기 제2기) | 9,600,000원 | 400,000원 | 10,000,000원 |
| 직전전과세기간(전기 제1기) | 6,000,000원 | 4,000,000원 | 10,000,000원 |

① 1,000,000원              ② 960,000원
③ 600,000원               ④ 400,000원

**05** 다음 중 부가가치세법상 과세표준에 포함되는 것은?

① 재화나 용역을 공급할 때 그 품질이나 수량, 인도조건 또는 공급대가의 결제방법이나 그 밖의 공급조건에 따라 통상의 대가에서 일정액을 직접 깎아주는 금액
② 공급의 대가를 할부로 받게 되었을 때 받는 이자상당액
③ 공급에 대한 대가의 지급이 지체되었음을 이유로 받는 연체이자
④ 공급에 대한 대가를 약정기일 전에 받았다는 이유로 사업자가 당초의 공급가액에서 할인해 준 금액

# 06 매입세액불공제와 안분계산

학습목표

▶ 과세와 면세의 공통매입세액의 이해와 안분처리

## 1. 매입세액불공제대상

사업자가 자기의 사업을 위하여 사용되었거나 사용될 재화 또는 용역의 공급 및 재화의 수입에 대한 매입세액은 매출세액에서 공제되지만, 아래의 경우에는 거래징수당한 사실이 세금계산서 등에 의하여 입증된다 하더라도 그 매입세액은 자기의 매출세액에서 공제받지 못한다.

① 세금계산서 미수취, 부실기재

• 세금계산서를 교부받지 않은 경우

재화·용역을 공급받거나 재화의 수입시 세금계산서를 교부받지 아니한 것을 말하는 것으로 세금계산서 이외에 영수증이나 기타 증빙서류에 의하여 부가가치세를 거래징수당한 사실이 확인된다 하더라도 매입세액으로서 공제받지 못한다.

• 세금계산서를 부실기재한 경우

사업자가 교부받은 세금계산서에 필요적 기재사항의 전부 또는 일부가 기재되지 아니하였거나 사실과 다르게 기재된 경우

• 필요적기재사항

- 공급하는 사업자의 등록번호와 성명 또는 명칭
- 공급받는 자의 등록번호
- 공급가액과 부가가치세액
- 작성연월일

② 매입처별세금계산서합계표 미제출, 부실기재분

③ 사업무관자산 구입

사업과 직접 관련이 없는 지출에 대한 매입세액은 매출세액에서 공제하지 아니하며, "사업과 직접 관련이 없는 지출"의 범위는 아래와 같다.

• 공동경비 중 분담금액을 초과하는 비용에 대한 매입세액 불공제

- 사업과 직접관련없는 매입세액의 범위
  - 사업자가 그 업무와 관련없는 자산을 취득·관리함으로써 발생하는 취득비·유지비
  - 수선비와 이와 관련되는 필요경비
  - 사업자가 그 사업에 직접 사용하지 아니하고 타인(종업원 제외)이 주로 사용하는 토지·건물 등의 유지비·수선비·사용료와 이와 관련되는 지출금
  - 사업자가 그 업무와 관련없는 자산을 취득하기 위하여 차입한 금액에 대한 지급이자
  - 사업자가 사업과 관련없이 지출한 접대비

    단, 사업과 관련하여 사용인에게 실비변상적이거나 복지후생적인 목적으로 지급되는 재화에 대하여는 재화의 공급으로 보지 아니하며, 당해 재화의 구입과 관련된 매입세액은 공제됨

    직원들의 야유회, 어버이날 위안잔치와 관련된 매입세액

    사용인에게 무상으로 공급된 작업복, 작업모, 면장갑 등과 관련된 매입세액은 제외

④ 비영업용소형승용차관련

사업자가 비영업용소형승용차를 구입 또는 임차하거나 당해 비영업용 소형승용차의 유지에 관련된 매입세액은 공제되지 아니한다.

- 비영업용 : 비영업용이라 함은 운수업·자동차 판매(대여)업 등과 같이 승용차가 직접 자기사업의 목적물이 되는 것을 제외한 모든 것을 말함
- 소형승용차 : 소형승용자동차는 「개별소비세법」 제1조 제2항 제3호에 규정하는 승용자동차를 말함
  - 8인승 이하의 일반형 승용자동차(1000cc 이하의 것으로서 길이가 3.6미터 이하이고, 폭이 1.6미터 이하인 경차 제외)
  - 125cc 초과 2륜 자동차
  - 캠핑용 자동차(캠핑용 트레일러 포함)

⑤ 접대비관련

접대비는 교제비·사례금 기타 명목 여하에 불구하고 이와 유사한 성질의 비용을 사업자가 업무와 관련하여 지출한 금액으로서, 접대비 등의 지출에 관련된 매입세액은 정책적인 목적에서 일률적으로 매입세액을 공제하지 아니하여 접대비 및 이와 유사한 비용의 지출을 억제하고자 하는데 목적이 있다고 할 것이다.

⑥ 면세사업관련

면세사업자는 부가가치세 납부의무가 없는 사업자이므로 공급받을 때 거래징수당한 매입세액을 공제 받지 못한다. 단 매입세액은 취득원가를 구성하여 감가상각을 통해 제조원가 또는 매출원가에 산입하여 최종소비자에 전가된다.

⑦ 토지관련 매입세액

토지의 조성등을 위한 자본적지출에 관련된 다음에 해당하는 매입세액은 공제되지 않는다.

- 토지의 취득 및 형질변경, 공장부지 및 택지의 조성 등에 관련된 매입세액
- 건축물이 있는 토지를 취득하여 그 건축물을 철거하고 토지만을 사용하는 경우 철거한 건축물의 취득 및 철거비용에 관련된 매입세액
- 토지의 가치를 현실적으로 증가시켜 토지의 취득원가를 구성하는 비용에 관련된 매입세액

⑧ 등록전 매입세액

다만, 공급시기가 속하는 과세기간이 끝난 후 20일 이내에 등록을 신청한 경우 등록 신청일부터 공급시기가 속하는 과세기간 개시일(1.1. 또는 7.1.)까지 역산한 기간 이내의 매입세액은 공제 가능하다.

⑨ 금거래계좌 미사용 관련 매입세액


## 2. 공통매입세액 안분

① 과세사업과 면세사업을 겸영

면세사업에 관련된 매입세액의 계산은 실지귀속에 따라 하되, 과세사업과 면세사업에 공통으로 사용되어 실지귀속을 구분할 수 없는 공통매입세액은 다음 산식에 의하여 계산한다.
다만, 예정신고를 하는 때에는 예정신고기간에 있어서 총공급가액에 대한 면세공급가액의 비율에 의하여 안분계산하고, 확정신고를 하는 때에 정산한다.

> 면세사업에 관련된 매입세액 = 공통매입세액 × 당해신고기간(면세공급가액/총공급가액)

※ 공통매입세액과 관련이 없는 고정자산의 매각금액은 총 공급가액 및 면세 공급가액에서 제외한다.

② 다음의 경우에는 전액 공제되는 매입세액으로 한다.

- 당해 과세기간의 총공급가액 중 면세공급가액이 100분의 5 미만인 경우
- 당해 과세기간 중의 공통매입세액이 5만원 미만인 경우의 매입세액
- 신규로 사업을 개시한 자가 당해 과세기간 중에 공급받은 재화를 당해 과세기간 중에 공급하는 경우

단, 면세비율이 5%미만이더라도 매입세액이 5백만원이상인 경우에는 안분계산한다.

③ 당해 과세기간 중 과세사업과 면세사업의 공급가액이 없거나 그 어느 한 사업의 공급가액이 없는 경우에 당해 과세기간에 있어서의 안분계산은 다음 각호의 순(다만, 건물을 신축 또는 취득하여 과세사업과 면세사업에 제공할 예정면적을 구분할 수 있는 경우에는 제3호를 제1호 및 제2호에 우선하여 적용한다)에 의하여 계산하고, 과세사업과 면세사업의 공급가액 또는 사용면적이 확정되는 경우에는 공통매입세액을 정산한다.

- 총매입가액(공통매입가액을 제외한다)에 대한 면세사업에 관련된 매입가액의 비율
- 총예정공급가액에 대한 면세사업에 관련된 예정공급가액의 비율
- 총예정사용면적에 대한 면세사업에 관련된 예정사용면적의 비율

## 3. 공통매입세액의 정산

사업자가 공통매입세액을 안분계산한 경우에는 당해 재화의 취득으로 과세사업과 면세사업의 공급가액 또는 사용면적이 확정되는 과세기간에 대한 납부세액을 확정신고하는 때에 아래 산식에 의하여 정산한다.
다만, 예정신고 경우에는 예정신고기간의 총공급가액에 대한 면세공급가액의 비율 또는 총사용면적에 대한 면세사용면적의 비율에 의하여 안분계산하고, 확정신고 하는 때에 정산한다.

① 매입가액비율, 예정공급가액의 규정에 의하여 매입세액을 안분계산한 경우

$$\text{가산 또는 공제되는 세액} = \text{총공통매입세액} \times \left(1 - \frac{\text{과세사업과 면세사업의 공급가액이 확정되는 과세기간의 면세공급가액}}{\text{과세사업과 면세사업의 공급가액이 확정되는 과세기간의 총공급가액}}\right) - \text{기공제세액}$$

② 예정사용면적 의 규정에 의하여 매입세액을 안분계산한 경우

$$\text{가산 또는 공제되는 세액} = \text{총공통매입세액} \times \left(1 - \frac{\text{과세사업과 면세사업의 사용면적이 확정되는 과세기간의 면세사용면적}}{\text{과세사업과 면세사업의 사용면적이 확정되는 과세기간의 총사용면적}}\right) - \text{기공제세액}$$

## 4. 납부·환급세액 재계산

① 매입세액이 공제된 감가상각자산을 부가가치세가 면제되는 재화 또는 용역을 공급하는 사업 또는 기타의 목적을 위하여 사용하거나 소비하는 때에는 당해 과세기간에 납부·환급세액을 재계산하여 신고 납부하여야 한다.(면세비율의 차가 5/100 이상인 경우에 한하여 적용)

② 건물 또는 구축물

가산 또는 공제되는 세액 = 당해 재화의 매입세액 × $(1 - \frac{5}{100} × 경과된 과세기간의 수)$

× 증가되거나 감소된 면세공급가액의 비율 또는 증가되거나 감소된 면세사용면적의 비율

※ 2001.12.31 이전 취득분은 5/100를 10/100으로 적용

③ 기타의 감가상각자산

가산 또는 공제되는 세액 = 당해 재화의 매입세액 × $(1 - \frac{25}{100} × 경과된 과세기간의 수)$

× 증가되거나 감소된 면세공급가액의 비율 또는 증가되거나 감소된 면세사용면적의 비율

※ 면세관련매입세액 = 공통매입세액 * 면세공급가액 / 총공급가액(단, 공급받은 과세기간에 공급하는 경우에는 직전 과세간의 공급가액)

# 예상문제

**01** 다음은 복숭아통조림제조업을 영위하는 개인사업자의 2기 확정분 부가가치세신고와 관련된 자료이다. 이 경우 부가가치세법상 매입세액공제를 받을 수 있는 금액은 얼마인가?

> ㉠ 공장전력비매입액 : 1,100,000원(부가가치세 포함)
> ㉡ 사업용 비품매입 : 2,200,000원(부가가치세 포함)
> ㉢ 접대비 지출 : 1,100,000원(부가가치세 포함)
> ㉣ 복숭아매입 : 10,400,000원(부가가치세 제외)

① 100,000원
② 300,000원
③ 400,000원
④ 700,000원

**02** 다음 중 부가가치세법상 공제가능한 매입세액은?
① 면세로 구입한 농산물의 의제매입세액
② 토지 형질변경, 공장부지 및 택지조성에 관련한 매입세액
③ 업무와 관련한 접대비 및 그와 유사한 비용에 대한 매입세액
④ 공급시기 이후 발급받은 세금계산서로서 해당 공급시기가 속하는 과세기간이 지나서 발급받은 경우의 매입세액

**03** 다음 중 부가가치세법상 매출세액에서 공제 가능한 매입세액은?
① 부가가치세법상 영세율이 적용되는 사업과 관련한 매입세액
② 부가가치세가 면제되는 재화를 공급하는 사업과 관련된 매입세액
③ 사업과 직접 관련이 없는 지출에 대한 매입세액
④ 토지의 조성 등을 위한 자본적 지출에 관련된 매입세액

# 07 부속명세서

## 1. 신용카드수취명세서

일반과세자로부터 재화나 용역을 공급받고 부가가치세액이 별도로 구분 가능한 신용카드 매출전표 등을 교부받은 경우 동 부가가치세액은 매입세액으로 공제한다.(이면확인 없이 공제가능)

### ① 일반과세자

일반과세자는 세금계산서를 교부할 수 없는 아래 사업을 영위하는 사업자를 제외한 모든 일반과세 사업자를 말한다.

- 목욕·이발·미용업
- 여객 운송업(전세버스 제외)
- 입장권 발행 사업자

### ② 공제요건

- 「신용카드매출전표 등 수취명세서」를 제출하고
- **신용카드매출전표등을 5년간 보관할 것**(아래의 경우 매출전표 등을 보관한 것으로 봄)
  - 신용카드 등의 월별 이용대금명세서를 보관
  - 신용카드 등의 거래정보를 전송받아 ERP(전사적 자원관리시스템)에 보관

### ③ 공제대상 신용카드매출전표 등

- 사업과 관련하여 매입한 금액에 대하여 신용카드 등으로 결제한 경우 세금계산서의 수취없이 신용카드매출전표 등에 의하여 매입세액으로 공제
  - 신용카드매출전표(결제대행업체 통한 거래 포함), 직불카드영수증, 선불카드(실지명의가 확인되는 것), 규정에 의한 현금영수증
  - 현금영수증을 소득공제용으로 수취한 경우 현금영수증 발급일로부터 18개월 이내의 거래분에 대하여는 지출증빙용으로 정정 가능하다.
- 사업자 본인·가족 및 종업원 명의 신용카드사용분 공제가능

④ 매입세액 불공제 대상 신용카드매출전표 등

- 비영업용 소형승용차 관련 매입세액(유대 등)·접대비 관련 매입세액·사업과 관련없는 매입세액(가사용 매입 등)을 신용카드매출전표 등으로 수취한 경우
- 간이과세자·면세사업자로부터 신용카드매출전표 등을 수취한 경우
- 타인(종업원 및 가족 제외) 명의 신용카드를 사용한 경우
- 외국에서 발행된 신용카드

## 2. 의제매입세액공제

농·축·수·임산물을 면세로 구입하여 부가가치세가 과세되는 재화를 제조·가공하거나 용역을 창출하는 사업자에 대하여 일정금액을 매입세액으로 공제한다.

① 공제대상 품목

- 농·축·수·임산물
- 김치·두부 등 단순가공식품과 광물인 소금
- 농·축·수·임산물의 1차 가공 과정에서 발생하는 부산물

② 공제대상 사업자

- 면세농산물 등을 원재료로 하여 제조·가공하여 공급하는 재화·용역이 국내에서 부가가치세가 과세되는 경우
- 농·어민 등으로부터 직접 농산물 등을 구입하는 경우에는 제조업자 및 간이과세 음식업자에 한하여 공제된다. (법인음식점은 농. 어민으로 구입한 것은 공제대상안됨)

③ 공제율

- **일반업종** : 매입가액의  2/102(유흥포함)
- **음식점업** : 법인사업자의 경우 6/106(개인사업자의 경우 8/108) 개인음식점업자 중 연매출 4억원 이하인 자의 공제율을 9/109
- 중소제조업(개인사업자포함)인 경우 4/104
- **제조업중 과자점, 도정업, 제분업 및 떡방앗간 6/106**

④ 매입가액

- 의제매입세액의 공제대상이 되는 원재료의 매입가액은 운임 등의 부대비용을 제외한 매입원가로 한다.
- 과세사업과 면세사업을 겸영하는 사업자가 제조·채취·채굴·재배·양식 기타 이와 유사한 방법에 의하여 취득한 면세원재료가액은 취득가액으로 한다.
- 수입한 면세농산물의 의제매입가액은 관세의 과세가격으로 한다.

⑤ 관련서류의 제출

- 의제매입세액 공제신고서에 아래 서류를 첨부하여 제출
  - 매입처별계산서합계표
  - 신용카드매출전표 등 수취명세서
- 제조업 및 간이과세 음식업을 영위하는 사업자가 농·어민으로부터 면세농산물 등을 직접 공급받는 경우에는 「의제매입세액공제신고서」만 제출한다. → 영수증 등 증빙서류 제출 생략
  ※ 무신고시 수정신고·경정청구·경정기관의 확인을 거쳐 제출하는 경우 공제가능
- 의제매입세액 재계산

  과세사업에 사용할 목적으로 의제 매입세액 공제를 받은 농산물 등을 그대로 양도하거나, 면세사업에 사용하는 경우에는 전용한 날이 속하는 예정·확정신고시 공제 받은 의제매입세액을 재계산하여 납부세액에 가산하거나 환급세액을 공제한다.

## 3. 재활용폐자원 등 매입세액공제

재활용폐자원 및 중고품을 수집하는 사업자(일반과세자)가 국가·지방자치단체 또는 개인 등 사업자가 아닌 자와 간이과세자 및 면세사업자로부터 재활용폐자원 및 중고품을 취득하여 제조 또는 가공하거나 이를 공급하는 경우 일정금액을 매입세액으로 공제할 수 있다.

① 공제율 및 공제시기

- 재활용폐자원 : 취득가액 × 3/103
- 중고자동차 : 취득가액 × 10/110
- 재활용폐자원을 취득한 날이 속하는 과세기간의 부가가치세 신고시 공제

② 공제한도

재활용폐자원 매입세액을 공제받는 경우 확정신고 시 해당 과세기간의 재활용폐자원과 관련한 부가가치세 과세표준에 80/100을 곱하여 계산한 금액에서 세금계산서를 교부받고 매입한 재활용폐자원 매입가액(사업용 고정자산 매입가액을 제외)을 차감한 금액을 한도로 하여 계산한 매입세액을 공제한다. 이 경우 예정신고 및 조기환급신고 시 이미 재활용폐자원 매입세액공제를 받은 금액이 있는 경우에는 확정신고 시 정산한다.

③ 공제대상 품목

- 재활용 폐자원
- 중고품 : 자동차관리법에 의한 자동차(중고자동차에 한하며, 제작일로부터 수출신고수리일까지 1년미만인 경우에는 제외)

## 4. 대손세액공제

사업자가 부가가치세가 과세되는 재화·용역을 공급하였으나, 공급받는 자의 파산 등으로 매출채권(부가가치세 포함)의 전부 또는 일부를 회수할 수 없는 경우에는 대금을 회수하지 못한 매출액에 대하여 부가가치세액만 납부하는 경우가 발생할 수 있다.

따라서 회수하지 못한 매출채권에 대한 세액을 이미 신고한 경우에는 그 대손이 확정된 날이 속하는 과세기간의 매출세액에서 이를 차감하여 신고할 수 있다.

또한, 변제받지 못할 매출채권으로 확정하여 대손세액공제를 하였으나 이후 대손금액의 전부 또는 일부를 회수한 경우에는 대손금액을 회수한 날이 속하는 과세기간의 매출세액에 가산하여 신고하여야 한다. 그리고, 사업자가 부가가치세 과세되는 재화 또는 용역을 공급한 후 그 공급일로부터 10년이 지난 날이 속하는 과세기간 확정신고기한까지 공제가능

① 대손세액 공제사유

- 소멸시효가 완성된 외상매출금 및 미수금등(중소기업 외상매출금으로서 회수기일로부터 2년이 경과한 외상매출금 및 미수금- 다만, 특수관계인과의 거래는 제외)
- 회생계획인가의 결정 또는 법원의 면책결정에 따라 회수불능으로 확정된 채권
- 채무자의 재산에 대한 경매가 취소된 압류채권
- 채무자의 파산, 강제집행, 형의 집행, 사업의 폐지, 사망, 실종, 행방불명으로 인하여 회수할 수 없는 채권
- 부도발생일부터 6월이상 경과한 수표 또는 어음상의 채권 및 외상매출금(중소기업의 외상매출금으로서 부도발생일이전의 것). 다만, 당해 법인이 채무자의 재산에 대하여 저당권을 설정하고 있는 경우 제외
- 회수기일을 6월이상 경과한 채권중 회수비용이 해당채권가액을 초과하여 회수 실익이 없다고 인정되는 20만원 이하(채무자별 채권가액의 합계액을 기준)의 채권
- **회생계획인가결정에 따라 채권을 출자전환시**
  ※ 대손이 확정되는 시기가 폐업일 이후인 경우 공제불가

② 대손세액의 계산 : 대손세액 = 대손금액(부가가치세 포함) × 10/110

③ 대손세액의 처리 : 대손이 확정(변제)된 경우 확정신고시 매출·매입세액에 차가감하여 신고한다.

| 구 분 | 공 급 자 | 공 급 받 은 자 |
| --- | --- | --- |
| 대손이 확정된 경우 | 대손세액을 매출세액에서 차감 | 대손세액을 매입세액에서 차감 |
| 대손금을 변제한 경우 | 대손세액을 매출세액에 가산 | 대손세액을 매입세액에 가산 |

④ 대손세액을 공제받지 못하는 경우

- 재화·용역의 공급일로부터 10년이 경과한 날이 속하는 과세기간에 대한 확정신고 기한까지 대손이 확정되지 아니한 경우

- 대손이 확정되는 날 이전에 폐업한 경우
- 법원의 회사정리계획인가 결정으로 외상매출금을 분할하여 전액 지급받기로 한 경우

⑤ 대손세액을 변제한 경우

대손세액 공제규정에 의하여 매입세액을 차감(세무서장이 경정한 경우 포함)한 사업자가 대손금액의 전부 또는 일부를 변제한 경우, 변제한 대손금액에 관련된 대손세액을 변제한 날이 속하는 과세기간의 매입세액에 가산하여 공제한다.

## 5. 신용카드매출전표 등 매출에 대한 세액공제

직전연도 수입금액이 10억원이하의 개인사업자로서 부가가치세가 과세되는 재화 또는 용역을 공급하고 세금계산서의 교부시기에 신용카드매출전표 등을 발행하거나, 전자적 결제수단에 의하여 대금을 결제받는 경우 및 현금영수증을 발행하는 경우에는 그 발행금액 또는 결제금액의 100분의 1.3(개인간이 음식 · 숙박업자 2.6%)에 상당하는 금액(연간 1,000만원 한도) 을 가산세액을 제외한 납부세액을 한도로 공제한다.

① 일반과세자(법인 제외) 중 아래 사업을 영위하는 자
- 소매업, 음식점업(다과점업을 포함), 숙박업
- 목욕, 이발, 미용업
- 여객운송업, 입장권을 발행하는 사업
- 변호사업 등 전문인적용역(사업자에게 공급하는 것 제외)
- 도정업, 제분업 중 떡방아간, 양복점업 · 양장점업 · 양화점업
- 주거용 건물공급업(주거용 건물을 자영건설하는 경우 포함)
- 운수업 및 주차장운영업, 부동산중개업
- 사회서비스업 · 개인서비스업 및 가사서비스업
- 기타 위와 유사한 사업으로서 세금계산서 교부가 불가능하거나 현저히 곤란한 사업

② 간이과세자

※ 제조 · 도매업 등이 세금계산서를 교부하지 아니하고 신용카드 매출전표를 발행한 경우 신용카드 발행세액 공제안됨.

## 6. 영세율첨부서류제출명세서

영세율첨부서류 제출명세서는 개별소비세 신고시 수출면세의 적용을 받기 위하여 수출신고필증, 우체국장이 발행한 소포수령증 등을 개별소비세 과세표준 신고서와 함께 이미 제출한 사업자가 부가가치세 신고시에 당해 서류를 별도로 제출하지 아니하고자 하는 경우 또는 영세율 첨부서류를 전산테이프 또는 디스켓으로 제출하고자 하는 사업자의 경우에 작성하는 서류이다.

## 7. 수출실적명세서 및 영세율매출명세서

이 명세서는 외국으로 재화를 직접 반출(수출)하여 영세율을 적용 받는 사업자가 작성하며, 기업의 직수출의 근거서류로서 수출신고 번호가 필수로 기록되어야 하는 것이며 전산 디스켓이나 전자신고로 신고할 경우는 서류를 별도로 제출하지 않아도 된다.

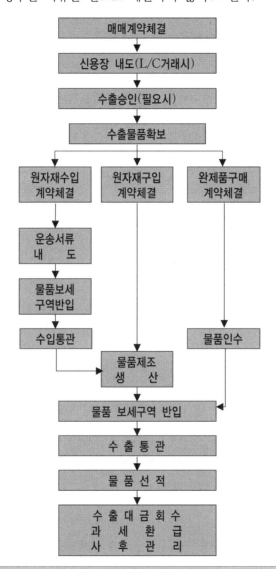

┌─────────────────┐
│   매매계약체결    │
└─────────────────┘
┌─────────────────┐
│ 신용장 내도(L/C거래시) │
└─────────────────┘
┌─────────────────┐
│  수출승인(필요시)  │
└─────────────────┘
┌─────────────────┐
│   수출물품확보    │
└─────────────────┘
원자재수입계약체결 / 원자재구입계약체결 / 완제품구매계약체결
운송서류 내도
물품보세 구역반입
수입통관 / 물품인수
물품제조 생산
물품 보세구역 반입
수 출 통 관
물 품 선 적
수출대금회수 / 과세환급 / 사후관리

---

**참고 Check !  영세율매출명세서 작성**

직접수출(대행수출 포함), 중계무역·위탁판매·외국인도 또는 위탁가공무역 방식의 수출, 내국신용장·구매확인서에 의하여 공급하는 재화, 수탁가공무역 수출용으로 공급하는 재화등부가가치세 신고서의 과세표준 및 매출세액의 영세율 금액란에 기재한 금액을 기준으로 각각의 영세율 규정에 따른 세부내역을 구분하여 기재한다. 부가가치세법, 조세특례제한법 및 그 밖의 법률에 따른 영세율 적용 공급실적을 기준으로 금액을 기재한다.

## 8. 매입세액공제내역 및 계산근거

사업자가 자기의 사업을 위하여 사용되었거나 사용될 재화 또는 용역의 공급 및 재화의 수입에 대한 매입세액은 매출세액에서 공제되지만, 법에서 정하는 경우에는 거래징수당한 사실이 세금계산서등에 의하여 입증된다하더라도 그 매입세액은 자기의 매출세액에서 공제받지 못한다.

① **필요적 기재사항 누락**

매입세금계산서를 수취하였으나 기재사항이 누락되어 있는 경우를 의미하며, 필요적 기재 사항이 누락된 매입세금계산서의 매수와 공급가액, 세액을 입력한다. 필요적 기재사항은 다음과 같다.
- 공급자의 등록번호와 성명 또는 상호
- 공급받는자의 등록번호
- 공급가액과 부가가치세액
- 작성연월일

② **사업과 관련 없는 지출**
- 업무와 관련 없는 자산을 취득, 관리함으로써 발생되는 유지, 수선비
- 골프회원권, 콘도회원권의 취득
- 비업무용 부동산 및 서화, 골동품 취득과 관련된 매입세금계산서의 매수, 공급가액, 세액을 입력한다.

③ **비영업용 소형승용차 구입 및 유지, 임차**
- 일반승용차(8인승 이하) : 배기량 1,000cc이하로 길이 3.6m 폭 1.6m 이하인 경차 제외
- 지프형 승용차
- 소형승용차의 구입 및 그 유지에 관련된 매입세금계산서의 매수, 공급가액, 세액을 입력한다.
- 캠프용 자종차의 공급가액, 세액을 입력한다.

④ **접대비 및 이와 유사한 비용 관련**

접대 성격으로 기재된 매입세금계산서의 공급가액과 세액을 입력한다.

⑤ **면세사업과 관련된 분**
- 면세사업에 사용되는 재화나 용역을 공급받은 경우
- 토지 취득과 관련된 매입세금계산서의 매수, 공급가액, 세액을 입력한다.

⑥ **토지의 자본적 지출관련**

신축 건물을 위해 구 건물 철거비 등

⑦ 등록전 매입세액

사업자등록 신청일을 기준으로 하여 사업자 등록 전에 수취한 매입세금계산서의 매수, 공급가액, 세액을 입력한다.

⑧ 대손처분 받은 세액

공급받는자가 폐업되기 전 대손이 확정된 경우 대손세액상당액을 대손이 확정되는 날이 속하는 과세기간의 매입세액에서 차감하며 이때의 공급가액, 세액을 입력한다.

⑨ 납부(환급)세액 재계산분

과세와 면세사업에 공통으로 사용되는 고정자산을 취득하고 이에 대하여 공통매입세액을 안분하여 매입세액으로 공제받은 후에 면세비율이 증감하는 경우에 재계산되는 납부(환급)세액을 입력한다.

⑩ 공통매입세액 안분계산서 분

과세사업과 면세사업의 겸업 사업자로 공급받는 재화 또는 용역의 귀속이 불분명한 경우 안분계산을 해야 하며 안분 계산된 금액 중 면세 해당분의 매수, 공급가액, 세액을 입력한다.

## 9. 신용카드매출전표등수령금액합계표

일반과세자로부터 재화나 용역을 공급받고 부가가치세액이 별도로 구분 가능한 신용카드 매출전표 등을 교부받은 경우 동 부가가치세액은 매입세액으로 공제한다.

① 일반과세자

일반과세자는 세금계산서를 교부할 수 없는 아래 사업을 영위하는 사업자를 제외한 모든 일반과세 사업자를 말한다.

• 목욕 · 이발 · 미용업

• 여객 운송업(전세버스 제외)

• 입장권 발행 사업자

② 공제대상 신용카드매출전표 등

사업과 관련하여 매입한 금액에 대하여 신용카드 등으로 결제한 경우 세금계산서의 수취없이 신용카드매출전표 등에 의하여 매입세액으로 공제한다.

• 신용카드매출전표(결제대행업체 통한 거래 포함), 직불카드영수증, 선불카드(실지명의가 확인되는 것), 현금영수증

• 현금영수증을 소득공제용으로 수취한 경우 현금영수증 발급일로부터 18개월 이내의 거래분에 대하여는 지출증빙용으로 정정 가능하며, 사업자 본인 · 가족 및 종업원 명의 신용  카드 사용분 공제가능하다.

③ 매입세액 불공제 대상 신용카드매출전표 등

판매용 상품, 제조용 원재료 등 구입시 세금계산서의 수취없이 신용카드매출전표 등을 수취한 경우에는 매입세액을 공제하지 아니한다.

• 비영업용 소형승용차 관련 매입세액(유대 등)·접대비 관련 매입세액·사업과 관련없는 매입세액(가사용 매입 등)을 신용카드매출전표 등으로 수취한 경우

• 간이과세자·면세사업자로부터 신용카드매출전표 등을 수취한 경우

• 타인(종업원 및 가족 제외) 명의 신용카드를 사용한 경우

• 외국에서 발행된 신용카드

## 10. 부동산임대공급가액명세서

① 의의

부동산 임대용역을 제공하는 사업자는 부동산 임대용역의 공급내역을 상세히 기록한 부동산 임대 공급가액명세서를 부가가치세 신고시 제출해야 하며, 이는 부가가치세 성실 신고 여부와 보증금에 대한 간주임대료 계산의 적정여부 등을 판단하는 자료로 활용되어진다.

② 간주임대료 계산법

부동산 임대용역을 공급하고 전세금 또는 임대보증금을 받은 경우에는 금전 이외의 대가를 받은 것으로 보아 다음 산식에 의해 계산한 금액을 부가가치세 과세표준으로 하며, 이를 간주임대료라 칭한다.

• 임대보증금에 대한 간주임대료

- 당해 기간의 전세금 또는 임대보증금 × 과세대상기간의 일수 ×

$$\frac{계약기간\ 1년의\ 정기예금이자율(연\ 1.2\%)}{365(윤년의\ 경우에는\ 366)}$$

- 전대의 경우 임차금을 임대보증금에서 차감한다.

③ 회계처리법

• 임대인이 부담하는 경우(일반적인 경우 대부분이 여기에 해당됨)

차) 세금과공과                    대) 부가세예수금

• 임차인이 부담하는 경우 (계약서 명시되었을 경우)

- 임차인

차) 세금과공과                    대) 현　금

- 임대인

차) 현　금                    대) 부가세예수금

• 신고기간종료일 또는 과세기간종료일

- 차)부가세예수금                    대)미지급세금

# 08 가산세

## 1. 가산세

가산세라 함은 세법에 규정하는 의무의 성실한 이행을 확보하기 위하여 의무태만에 대하여 본세에 가산하여 부과하는 금액을 말한다.

법률상 의무의 일부를 경감하거나, 그 전부를 면제하는 것을 말한다. 특정한 정책목적을 달성하기 위한 수단으로 또는 과세기술상의 이유로 하여 과세하여야 할 일정한 세액을 경감하여 주거나 면제해 주는 것을 조세의 감면이라고 한다.

| 종 류 | 사 유 | 가산세액 계산 |
|---|---|---|
| (전자)세금계산서미발급가산세(확정신고기한까지 미발급시)<br>미교부 및 위장·가공세금계산서 교부 가산세<br>수취분도 포함, 실제공급자·공급받는자가 아닌 타인을 기재시 | | 공급가액 × 2%(종이 1%)<br>사실과 다른 경우-공급가액× 2%<br>가공인 경우-공급가액× 3% |
| (전자)세금계산서 발급불성실 지연발급가산세<br>(공급일의 다음달 11일 - 확정신고기한까지 발급시) | | 공급가액 × 1%(지연수취 0.5%) |
| 전자세금계산서미전송가산세(확정신고기한까지 미전송시) | | **공급가액 × 0.5%** |
| 전자세금계산서지연전송가산세<br>(발급일의 다음날이후부터 - 확정신고기한) | | **공급가액 × 0.3%** |
| 영세율신고<br>불성실가산세 | 과세표준의 무신고·과소신고 | 공급가액 × 0.5% |
| | 영세율첨부서류 미제출 | |
| 납부·환급불성실<br>가산세 | 납부세액의 무납부·과소납부 | 미달납부(초과환급)세액 × **(22/100,000)**<br>× 미납일수 |
| | 초과환급받은 세액 | ※초과환급세액은 환급일 다음날부터<br>계산, 자진납부일 또는 고지일 포함 |
| 신고불성실가산세<br>(부당은 모두 40%) | 무신고 | 해당세액 × 20% |
| | 과소신고 | 해당세액 × 10% |
| | 초과환급신고 | 해당세액 × 10% |

※ 세금계산서미발급 및 지연발급가산세(전자와 종이세금계산서-2017년 개정)

① 수정신고시 감면

　　○ 법정신고기한 경과 후

　　　- 1개월 이내 : 90% 감면

　　　- 1~3개월 이내 : 75% 감면

　　　- 3~6개월 이내 : 50% 감면

　　　- 6개월~1년 이내 : 30% 감면

　　　- 1년~1년 6개월 이내 : 20% 감면

　　　- 1년 6개월~2년 이내 : 10% 감면

② **일반 무신고** : 납부할 세액　20/100

　　※ 무신고자가 법정신고기한 경과 후 1월 이내에 기한후 신고를 하는 경우 무신고
　　　가산세 50% 경감, 3개월 이내 : 30% 감면, 6개월 이내 : 20% 감면

③ **매출처별세금계산서합계표불성실가산세**

　　1월 이내에 세금계산서 합계표를 제출하는 경우 가산세 50% 경감

④ 매출전자세금계산서 발급 전송분에 대해서는 매출세금계산서합계표 가산세를 적용하지 아니
　　한다. (예규 : 부가가치세과-386 2015.02.05.)


## 2. 가산세 중복 적용배제

① 미등록, 타인명의사업자등록 가산세가 적용시 세금계산서 부실기재분에 대한 가산세 및 지연발
　　급분에 대한 가산세, 전자세금계산서미전송가산세, 매출처별세금계산서합계표불성실가산세가
　　미적용

② 미발급, 가공, 타인명의 세금계산서불성실가산세가 적용시 미등록, 타인명의사업자등록 가산
　　세, 매출처별세금계산서합계표불성실가산세 및 공급받는 사업자 관련 가산세 미적용

③ 매출처별세금계산서합계표 불성실 가산세적용시 세금계산서 부실기재 및 지연발급분에 대한
　　가산세, 전자세금계산서 미전송가산세가 미적용

④ 세금계산서지연발급분에 대한 가산세가 적용시 세금계산서부실기재 가산세 및 전자세금계산
　　서 미전송가산세가 미적용

⑤ 세금계산서 부실기재 및 발급시기경과 발급분에 대한 가산세 적용시 전자세금계산서 미전송
　　가산세 미적용

## 예상문제

**01** 부가가치세법상의 일반과세자의 가산세규정으로서 틀린 것은?

① 미등록가산세 - 공급가액의 1%
② 세금계산서불성실가산세 - 공급가액의 1%
③ 매출처별세금계산서합계표미제출가산세 - 공급가액의 0.5%
④ 매입처별세금계산서합계표지연제출가산세 - 공급가액의 0.5%

**02** 보세구역 내에서 제조업을 영위하고 있는 사업자 나대로씨는 외국에서 도착한 물품을 원재료로 하여 생산한 제품을 보세구역 밖에서 사업을 하고 있는 안성실씨에게 15,000,000원(부가가치세 별도)에 공급하였다. 그 관세의 과세가격이 6,000,000원, 관세가 1,200,000원이라고 할 때 나대로씨가 거래징수 해야 할 부가가치세는 얼마인가? 단, 세관장은 부가가치세를 적법하게 징수하였고, 예시된 것 이외의 세금은 부과되지 않은 것으로 간주한다.

① 780,000원           ② 900,000원
③ 1,500,000원         ④ 2,220,000원

**03** 다음의 거래내역에 대한 설명으로 잘못된 것은?

> • 6월 1일 거래처 갑에게 유리화병 100개(공급가액 10,000,000원)의 주문을 받아 발송하였다.
> • 6월 5일 거래처 갑은 주문한 유리화병을 검수하는 과정에서 10개(공급가액 1,000,000원)가 운송 중 파손된 것을 확인하고 반송하였다.
> • 6월 29일 거래처 갑은 외상대금의 50%를 약정일보다 미리 결재함으로써 결재금액의 2%를 할인하여 주었다.
> • 9월 20일 갑작스런 경영악화로 거래처 갑은 법원의 파산선고를 받았으며 이로 인하여 나머지 외상대금은 전혀 회수할 수 없는 상황이다.

① 6월 5일 운송 중 파손된 것으로 확인된 공급가액은 부가가치세 과세표준에서 제외된다.
② 6월 29일 선결재로 인한 2%의 할인액은 부가가치세 신고시 전혀 영향을 미치지 않는다.
③ 9월 20일 법원의 파산선고를 원인으로 한 대손세액공제신청은 예정신고시에도 적용가능하다.
④ 법인세법상 부가가치세 대손세액공제를 받은 세액상당액은 대손처리가 불가능하다.

**04** 다음 부가가치세법상 매입세액에 대한 설명 중 틀린 것은?

① 매입처별세금계산서합계표의 거래처별 등록번호 또는 공급가액이 착오로 기재된 경우 교부받은 세금계산서에 의하여 거래사실이 확인되는 경우에는 가산세 부담없이 매입세액 공제가 가능하다.

② 사업자등록 신청일로부터 역산하여 20일이 넘은 거래에 대하여 교부받은 세금계산서는 가산세 적용을 받으면 매입세액 공제가 가능하다.

③ 사업관련 소모품 구입시 직원명의의 신용카드로 매입한 것도 매입세액 공제가 가능하다.

④ 당해 과세기간 중 면세공급가액 비율이 5%미만인 경우에는 과세와 면세에 공통으로 사용하는 자산의 공통매입세액은 전액 매입세액 공제가 가능하다.


**05** 다음 중 현행 세법상 신용카드매출전표에 대한 취급으로 잘못된 것은?

① 영수증교부대상 사업자가 재화 또는 용역을 공급하고 신용카드매출전표를 발행하는 경우에는 원칙적으로 발행금액의 100분의 1을 납부세액에서 공제한다.

② 일반과세자로부터 재화 또는 용역을 공급받고 부가가치세액이 별도로 구분 가능한 신용카드매출전표를 교부받은 경우에 일정한 요건을 갖춘 경우 납부세액에서 공제받을 수 있다.

③ 근로소득이 있는 거주자가 재화 또는 용역을 공급받고 신용카드매출전표를 교부받은 때에는 일정금액을 근로소득금액에서 공제받을 수 있다.

④ 부가가치세액이 별도로 구분 표시되어 있는 경우 신용카드매출전표는 부가가치세법상 세금계산서에 해당한다.

Chapter

# 04

## 소득세

# 01 소득세 총설

## 1. 소득세 특징

소득세는 개인의 수입을 종합적으로 파악하여 이것을 그 개인의 소득으로 하고 그 소득을 직접 과세객체로 하여 과세하는 조세를 말한다.

① 소득세특징

• 열거주의 원칙과 제한적 포괄주의

소득세법은 근로·재산·사업 등과 같이 특정의 소득원천으로부터 주기적·반복적으로 발생되는 소득을 한정적으로 열거하는 방식으로 과세소득의 범위를 정하고 있다. 그 열거에 누락된 소득은 과세되지 않는다. 그러나 열거주의방식을 채택할 경우 경제발전에 따라 새로운 소득이 발생하더라도 세법을 개정하여 과세소득으로 열거하기 전에는 과세를 할 수 없는 문제가 있다. 따라서 이자소득, 배당소득 및 연금소득의 경우 제한적인 포괄주의를 채택하여 새로운 형태의 소득에도 과세할 수 있도록 하고 있다.

• 종합과세

소득세법은 8가지의 소득 가운데 이자소득·배당소득·사업소득(부동산임대소득포함)·근로소득·연금소득 및 기타소득의 6가지 소득을 종합소득으로 합산하여 과세하는 종합과세제도를 채택하고 있다. 8가지의 소득 가운데 퇴직소득, 양도소득은 개별적으로 과세하는 분류과세제도를 채택하고 있다.

• 역년과세

소득세법은 소득세는 1월 1일부터 12월 31일까지의 1년분의 소득금액에 대하여 과세한다. 그러나 일정한 경우에는 소득이 지급될 때 원천징수로써 과세를 종결하는 예외가 인정되는데, 이러한 경우의 원천징수를 '완납적 원천징수'라 한다.

• 개인별과세

소득세법은 개인을 단위로 하여 소득을 종합하고 있으며, 원칙적으로 생계를 같이하는 동거가족의 소득을 합산하여 과세하지 않는다. 그러나 부동산임대소득과 사업소득에 대하여는 예외적으로 일정요건을 충족하는 경우 거주자와 그 특수관계자를 하나의 단위로 하여 공동사업합산과세를 하고 있다.

• 누진과세

소득세법은 원칙적으로 6%~42%의 초과누진세율구조를 채택하고 있다.

• 신고납세과세

소득세는 신고납세방식을 취하고 있는 세목이다. 그러므로 납세의무자가 과세기간의 다음연도 5월 1일부터 5월 31일까지 과세표준확정신고를 함으로써 그 납세의무가 확정되며, 정부의 결정은 원칙적으로 필요하지 아니하다.

• 최저생계비보장

부양가족 등의 사정을 감안하여 소득공제 방식의 인적공제제도를 채택하고 있다.

② **납세의무자** : 소득세의 납세의무자는 소득세 과세대상이 되는 소득이 귀속된 자연인이며. 거주자와 비거주자로 구분된다.

• 거주자 : 국내에 주소를 두거나 183일이상 국내에 거소를 둔 개인을 말한다.

• 비거주자 : 거주자가 아닌 자를 말한다.

– 거주자・비거주자 여부는 대한민국 국민이라는 개념과는 상이한 것이며, 당해 개인의 국적이나 외국영주권의 취득여부와도 관련이 없다.

– 공무원은 외국에서 계속하여 근무함으로써 국내에 주소가 없게되는 때에도 거주자로 본다.

③ **과세기간** : 과세기간은 국세의 과세표준의 계산의 기초가 되는 기간을 말하는 것으로 소득세의 과세기간은 아래와 같다.

• 역년과세(1/1 – 12/31)　　　• 예외 : 사망과 출국시

④ **납세지**

• 거주자 : 주소지, 주소지 없으면 거소지

• 비거주자 : 국내사업장소재지

⑤ **과세방식**

| 과세방법 | 소득종류 | 적용기준 |
|---|---|---|
| 종합과세 | 이자・배당 소득 | 합산소득이 2천만원을 초과해야 종합과세 |
| | 근로・사업・부동산임대 | 무조건 종합과세(2천이하 주택임대제외) |
| | 연금소득 | 사적연금 1,200백만원을 초과해야 종합과세<br>공적연금은 무조건 종합과세 |
| | 기타소득 | 소득금액이 3백만원을 초과해야 선택 종합과세 |
| 분류과세 | 양도소득 | 양도차익에 대해서 별도 과세 |
| | 퇴직소득 | 퇴직소득에 대해서 별도 과세 |
| 분리과세 | 원천징수대상소득 | 완납적 원천징수 |

## 2. 종합소득금액

소득세법은 이자소득·배당소득·사업소득(부동산임대소득포함)·근로소득·연금소득 및 기타소득의 6가지 소득을 종합소득으로 합산하여 과세하는 종합과세제도를 채택하고 있다. 결손금이 발생한 사업소득은 근로소득, 연금소득, 기타소득, 이자소득, 배당소득순으로 공제하고, 사업소득의 이월결손금은 사업소득, 근로소득, 연금소득, 기타소득, 이자소득, 배당소득순으로 공제하며, 부동산임대소득의 결손금과 이월결손금은 다른소득에서 차감하지 못한다.

| | 총 수 입 금 액 계 산 | 필요경비 | 소득금액 |
|---|---|---|---|
| ① | 이자소득－비과세, 분리과세 | × | 이자소득금액 |
| | 은행이자, 채권증권이자, 10년미만 보험차익(10년 이상은 비과세), 직장공제회초과반환금, 비영업대금이익 / 비과세－ 공익신탁이익 | | |
| ② | 배당소득－비과세, 분리과세 | ×(+gross up) | 배당소득금액 |
| | 잉여금배당, 건설이자배당, 인정배당, 신탁이익, 의제배당 | | |
| ③ | 부동산임대소득(사업)－비과세 | ○ | 사업소득금액 |
| | 부동산 또는 부동산상권리대여, 공장재단및광업재단대여, 채굴권대여 / 비과세－전답대여, 주택임대 | | |
| ④ | 사업소득 | ○ | 사업소득금액 |
| | 영리성, 계속성, 독립성있는 소득 / 비과세사업소득 － 연 3,000만원이하 농가부업소득등 | | |
| ⑤ | 근로소득－비과세,분리과세 | 근로소득공제(2,000만원한도) | 근로소득금액 |
| ⑥ | 연금소득－비과세,분리과세 | 연금소득공제 | 연금소득금액<br>(2002.1/1이후불입분) |
| ⑦ | 기타소득－비과세,분리과세 | 법정필요경비또는<br>실제경비 | 기타소득금액 |

**01** 다음 중 소득세법상 소득의 구분으로 틀린 것은?
① 국내에서 받는 배당부투자신탁수익의 분배금 – 배당소득
② 공익목적외 지역권, 지상권을 대여하고 받는 소득 – 부동산임대소득
③ 산업재산권의 양도로 인하여 발생하는 소득 – 기타소득
④ 외국법인이 발행한 채권의 이자와 할인액 – 이자소득

**02** 다음 중 소득세법상 이자소득의 수입시기로 틀린 것은?
① 저축성보험의 보험차익 – 보험금 또는 환급금의 지급일
② 보통예금의 이자로서 계약기간을 연장하는 경우 – 그 연장하는 날
③ 직장공제회 초과반환금 – 근로계약이 종료되는 날
④ 통지예금의 이자 – 인출일

**03** 다음 중 소득세법상 종합소득과세표준에 합산대상이 아닌 것은?
① 퇴직소득이 있는 경우
② 연간 기타소득금액의 합계액이 300만원을 초과하는 경우
③ 부동산임대소득이 있는 경우
④ 사업소득

**04** 다음 중 소득세법상 소득의 구분이 틀린 것은?
① 공익목적외 지역권, 지상권의 대여소득 – 부동산임대소득
② 종업원이 주택 구입자금을 무상으로 대여받음으로써 얻는 이익 – 근로소득
③ 계약의 위약 또는 해약으로 인하여 받는 위약금과 배상금 – 기타소득
④ 국내에서 받는 투자신탁수익의 분배금 – 배당소득

**05** 다음 중 소득세법상 종합소득으로 과세되지 않는 것은?

① 법인세법상 상여로 소득처분된 금액

② 사업과 무관한 채무면제이익

③ 부동산임대업에서 발생하는 임대소득

④ 부동산매매업에서 발생하는 부동산매매소득

**06** 다음 자료에 의하여 제조업을 영위하는 개인사업자 홍길성씨의 사업소득 총수입금액을 계산하면?

| |
|---|
| • 총매출액　 : 15,000,000원 |
| • 매출에누리 :　1,000,000원 |
| • 매출할인　 :　　500,000원 |

① 13,500,000원      ② 10,500,000원

③ 16,500,000원      ④ 17,000,000원

**07** 다음 중 소득세법상의 소득구분으로 옳지 않는 것은?

① 사업자의 은행이자수입 : 사업소득

② 부동산매매업과 주택신축판매업 소득: 사업소득

③ 공익목적외 지역권을 설정하고 받는 금품 또는 소득: 사업소득

④ 농업(작물재배업 제외)소득: 사업소득

**08** 다음 중 소득세법상 사업소득금액 계산시 필요경비에 산입되는 항목은?

① 대표자의 급여와 퇴직급여

② 부동산매매업자의 부동산의 양도당시 장부가액

③ 부가가치세의 가산세

④ 거래수량에 따라 지급하는 판매장려금

**09** 다음 사례에서 소득세법상 원천징수세액이 가장 큰 경우는?

① 이만복씨가 로또복권에 당첨된 1,000,000원(복권구입비는 1,000원이다)

② 세무사업을 하는 이세무씨가 일시적인 강의를 하고 받은 1,000,000원

③ 호텔종업원이 봉사료로 받은 사업소득금액 1,000,000원

④ 이금융씨가 은행에 예금을 하고 이자로 받은 1,000,000원

**10** 다음 중 소득세법상 사업소득의 필요경비에 산입되지 않은 것은?

① 종업원의 급여

② 사업용 고정자산의 감가상각비 중 범위한도내의 금액

③ 부가가치세 신고시 공제된 일반과세자의 부가가치세 매입세액

④ 부동산매매업자의 부동산의 양도당시 장부가액

**11** 다음 중 소득세법상 과세표준 확정신고를 반드시 해야만 하는 경우는?

① 기타소득금액이 2,000,000원 있는 경우

② 퇴직소득이 50,000,000원 발생한 경우

③ 한 과세기간에 근로소득이 두 군데 사업장에서 발생했는데 연말정산시 합산해서 신고하지 않은 경우

④ 분리과세되는 이자소득만 있는 경우

**12** 소득세법상 종합소득금액을 계산함에 있어서 옳은 것은?

① 사업소득에서 발생한 결손금에 대해서는 다른 종합소득금액에서 공제한다.

② 부동산임대소득에서 발생한 결손금에 대해서는 다른 종합소득금액에서 공제한다.

③ 이자소득, 배당소득, 부동산임대소득, 사업소득, 근로소득, 연금소득, 기타소득은 반드시 모두 합산하여 종합소득금액으로 신고해야 한다.

④ 아버지와 아들이 공동으로 사업을 하는 경우에는 당연히 합산하여 소득금액을 계산하다.

**13** 다음은 소득세법상 결손금과 이월결손금에 관한 내용이다. 옳지 않은 것은?

① 소득금액의 추계시에는 원칙적으로 이월결손금의 공제를 할 수 없다.

② 사업소득의 결손금은 5년간만 이월공제 가능하다.

③ 결손금은 소득세법상 사업소득(개정 전의 부동산임대소득 포함),양도소득에 대하여 인정된다.

④ 중소기업의 경우에는 소급공제가 가능하다.

**14** 다음 중 소득세법상 소득의 구분이 다른 하나는?

① 영업권의 대여　　　　　　　② 공장재단의 대여

③ 점포임차권의 양도　　　　　④ 특허권의 대여

**15** 소득세법상 사업소득과 관련된 다음 설명 중 적절하지 않은 것은?

① 사업용고정자산의 양도로 인해 발생한 양도차익은 총수입금액에 포함시킨다.

② 사업소득에 대해서도 원천징수하는 경우가 있다.

③ 사업소득의 이월결손금은 당해 연도의 다른 종합소득에서 공제될 수 있다.

④ 사업소득에서 발생한 은행예금에 대한 이자수익은 영업외수익으로 총수입금액에 산입된다.

**16** 우리나라 소득세에 대한 설명으로 옳은 것은?

① 개인단위로 과세하는 것을 원칙으로 한다.

② 2단계 비례세율구조에 의해 세액을 계산한다.

③ 순자산증가설에 따라 소득범위를 제한한다.

④ 원천징수된 소득에 대해서는 확정신고의무가 없다.

**17** 다음 중 소득세법상 거주자에 대한 과세대상 소득이 아닌 것은?

① 사업과 무관한 자산수증이익　　② 미성년자의 복권당첨금

③ 도매업에서 발생하는 매출총이익　　④ 근로제공에 대한 대가

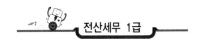

**18** 소득세법상 납세지에 대한 설명이다. 잘못된 것은?

① 거주자에 대한 소득세의 납세지는 주소지로 한다.

② 원천징수하는 자가 법인인 경우에는 원칙적으로 그 법인의 사업장의 소재지로 한다.

③ 사업소득이 있는 거주자가 사업상 소재지를 납세지로 신청할 수 있다.

④ 비거주자의 납세지는 주된 국내사업장으로 한다.

**19** 소득세법상 무조건 종합과세대상인 금융소득은?

① 비실명금융소득          ② 국외에서 받은 금융소득

③ 직장공제회 초과반환금    ④ 비영업대금의 이익

# 02 금융소득

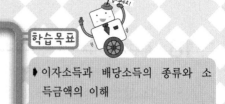

## 1. 이자소득

소득세법에 따른 이자소득이란 해당 과세기간에 발생한 다음과 같은 소득을 말한다. 이자소득에 대해서는 필요경비를 인정하지 않기 때문에 해당과세기간의 총수입금액이 곧 이자소득금액이 된다.

① 채권 또는 증권의 이자와 할인액

- 국가나 지방자치단체가 발행한 채권 또는 증권의 이자와 할인액
- 내국법인이 발행한 채권 또는 증권의 이자와 할인액
- 외국법인의 국내지점 또는 국내영업소에서 발행한 채권 또는 증권의 이자와 할인액
- 외국법인이 발행한 채권 또는 증권의 이자와 할인액

② 예금의 이자와 할인액

- 국내에서 받는 예금의 이자
- 국외에서 받는 예금의 이자
- 상호저축은행법에 따른 신용계 또는 신용부금으로 인한 이익

③ 채권 또는 증권의 환매조건부 매매차익

④ 보험계약기간이 10년 미만인 저축성 보험의 보험차익(10년이상은 과세제외)

⑤ 직장공제회 초과반환금

⑥ 비영업대금의 이익

⑦ 위와 유사한 소득으로서 금전사용에 따른 대가로서의 성격이 있는 것 - 이자소득에 대해 부분적 포괄주의가 적용된다.

## 2. 배당소득

배당소득은 주식 또는 출자지분을 취득하여 보유함에 따라 분배받는 이익을 말한다. 소득세법에 규정된 배당소득은 다음과 같다.

① 이익배당 또는 건설이자의 배당

> • 내국법인으로부터 받는 이익이나 잉여금의 배당 또는 분배금과 상법에 의한 건설이자의 배당
> • 법인으로 보는 단체로부터 받는 배당 또는 분배금
> • 외국법인으로부터 받는 이익이나 잉여금의 배당 또는 분배금과 건설이자의 배당 및 이와 유사한 성질의 배당

② 국내 또는 국외에서 받는 집합투자기구로부터의 이익

③ 의제배당

④ 법인세법에 따라 배당으로 소득처분된 금액(인정배당)

⑤ 「국제조세조정에 관한 법률」에 따라 배당받은 것으로 간주된 금액

⑥ 공동사업에서 발생한 소득금액 중 출자공동사업자의 손익분배비율에 상당하는 금액

⑦ 위와 유사한 소득으로서 수익분배의 성격이 있는 것−배당소득에 대해 부분적 포괄주의가 적용된다.

## 3. 이자소득과 배당소득의 과세방법

이자소득과 배당소득을 일컫는 금융소득은 과세대상인 경우 분리과세 또는 종합과세 된다. 분리과세되는 금융소득과 종합과세되는 금융소득을 구분하여 정리하면 다음과 같다.

① 분리과세되는 금융소득

| 구 분 | 요 건 | 원천징수세율 | 분리과세 | 종합과세 |
|---|---|---|---|---|
| 비실명 이자·배당 | 금융회사가 지급 | 90% | ○ | |
| | 그 밖의 | 42% | ○ | |
| 직장공제회 초과반환금 | 연분연승법 | 기본세율 | ○ | |

| 구 분 | 원천징수세율 | 분리과세 | 종합과세 |
|---|---|---|---|
| 비영업대금이익 | 25% | | ◎ |
| 출자공동사업자의 배당소득 | 25% | | ◎ |
| 상장기업 대주주배당 | 14% | | ◎ |
| 비상장기업의 배당 | 14% | | ◎ |
| 그 밖의 이자 | 14% | ※ | ※ |
| 그 밖의 배당 | 14% | ※ | ※ |

② 종합과세대상 이자소득과 배당소득

다음의 금융소득은 종합과세기준금액인 2천만원과 관계없이 항상 종합소득에 합산하여 종합과세 한다.

> • 공동사업에서 발생한 소득금액 중 출자공동사업자에 대한 손익분배비율에 상당하는 금액
> • 소득세법상 원천징수되지 아니한 금융소득

③ 그 밖의 이자소득과 배당소득에 대한 분리과세 또는 종합과세 구분

분리과세대상 또는 종합과세대상인 이자소득과 배당소득을 제외한 그 밖의 금융소득은 동 그 밖의 금융소득과 종합과세대상 금융소득을 합한 금액이 2천만원 이하이면 분리과세되고, 2천만원을 초과하면 종합과세 된다.

**01** 다음 중 금융소득 종합과세대상인 배당소득만이 있는 거주자로서, 종합소득세 확정신고시 적용받을 수
있는 세액공제는?

① 기장세액공제                    ② 배당세액공제
③ 재해손실세액공제                ④ 근로소득세액공제


**02** 다음 중 소득세법상 소득의 종류가 다른 하나는?

① 내국법인으로부터 받은 이익이나 잉여금의 분배금
② 비영업대금의 이익
③ 저축성보험의 보험차익
④ 국가가 발행한 채권의 할인액


**03** 다음 중 소득세법상 소득의 구분이 잘못된 것은?

① 법인세법상 상여로 소득처분된 금액 : 근로소득
② 비영업대금의 이익 : 이자소득
③ 지역권을 설정하고 받는 금품 : 기타소득
④ 사업용 고정자산의 처분으로 인하여 발생하는 처분이익 : 사업소득


**04** 다음 중 소득세법상 이자소득으로 과세되는 것은?

① 물품을 매입할 때 대금의 결제방법에 따라 에누리되는 금액
② 외상매입금을 약정기일 전에 지급함으로써 바든 할인액
③ 장기할부판매 조건으로 판매하고 통상적인 대금의 결제방법에 의한 경우보다 추가로 받는
   금액
④ 사업용 고정자산의 처분으로 인하여 발생하는 처분이익

**05** 다음 중 소득세법상 배당소득에 해당하지 않는 것은?

① 법인으로 보는 단체로부터 받는 분배금

② 공동사업에서 발생한 소득금액 중 출자공동사업자의 손익분배비율에 해당하는 금액

③ 법인세법에 따라 배당으로 처분된 금액

④ 저축성보험의 보험차익


**06** 다음은 소득세법상 이자소득에 대한 설명이다. 현행 소득세법상 이자소득에 해당하지 않는 것은?

① 채권·증권의 환매조건부 매매차익

② 비영업대금의 이익

③ 개인연금저축 중 연금형태로 지급받는 이익

④ 보험기간이 10년 미만인 저축성보험의 보험차익


**07** 다음은 소득세법상 이자소득 및 배당소득의 수입시기와 관련된 설명이다. 가장 옳지 않는 것은?

① 기명채권의 이자 : 실제 이자지급일

② 정기예금의 이자 : 실제 이자지급일

③ 직장공제회초과반환금 : 약정에 의한 지급일

④ 집합투자기구로부터의 이익 : 이익을 지급받은 날

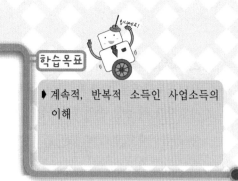

학습목표
◆ 계속적, 반복적 소득인 사업소득의
이해

# 03 사업소득

## 1. 사업소득의 범위

### ① 사업소득

사업소득이란 독립적·반복적인 재화 또는 용역의 제공을 통해 얻는 소득을 말한다. 따라서 독립적이지 않은 고용관계에 의한 인적용역의 제공은 사업소득이 아니라 근로소득에 해당하는 것이며, 일시적이고 비반복적인 전속계약금 수입은 기타 소득에 해당하나 독립적·반복적인 배우 등의 전속계약금은 사업소득으로 구분된다. 공익목적 아닌 지상권과 지역권의 설정 및 대여소득도 사업소득으로 보며, 복식부기의무자의 사업용 유형자산의 양도가액을 총수입금액에 장부가액을 필요경비에 산입한다.

### ② 비과세사업소득

사업소득논·밭을 작물 생산에 이용하게 함으로써 발생하는 소득

- 농가부업소득 : 농어민이 부업으로 영위하는 축산·양어·고공품제조·민박·음식물판매·특산물제조·전통차 제조 그 밖의 이와 유사한 활동에서 발생하는 농가부업소득 중 다음의 소득은 소득세를 과세하지 아니한다.

> - 농가부업규모의 축산에서 발생하는 소득 : 농가부업규모의 축산인지 여부는 가축별로 적용한다.
> - 그 외의 농어민 부업소득으로 연 3,000만원 이하의 금액(어로소득은 5,000만원이하)

- 전통주의 제조에서 발생하는 소득 : 다음의 어느 하나에 해당하는 주류를 수도권 밖의 읍·면지역에서 제조함으로써 발생하는 소득으로서 소득금액의 합계액이 연 1천 200만원 이하인 것을 말한다.
- 조립기간 5년 이상인 임지의 임목의 벌채 또는 양도로 발생하는 소득으로서 필요경비를 차감한 후 연 600만원 이하의 소득금액은 소득세를 과세하지 아니한다. 조립기간은 다음과 같이 계산한다.
- 작물재배업은 연간 10억이하 비과세한다.

## 2. 사업소득금액의 계산

사업소득금액은 다음과 같이 세무조정의 과정을 거쳐 산출된다. 손익계산서상의 당기순손익은 사업자가 작성한 손익계산서상에 나타난 금액으로 총수입금액에서 필요경비를 차감한 금액이다.

> 사업소득금액 = 총수입금액(비과세소득 제외) – 필요경비

손익계산서상의  당 기 순 손 익
( + )  총수입금액산입 · 필요경비불산입
( − )  필요경비산입 · 총수입금액불산입
차 가 감 소 득 금 액
( + )  기 부 금 한 도 초 과 액
( − )  기부금한도초과이월액필요경비산입
사 업 소 득 금 액

## 3. 사업소득의 과세방법

### ① 원천징수

대부분의 사업소득은 원천징수가 적용되지 않지만 의료보건용역 및 부가가치세 면세대상 인적용역과 봉사료수입금액에 대하여는 원천징수를 적용한다. 의료보건용역 및 부가가치세 면세대항 인적용역은 3%, 음식 · 숙박용역 등의 공급가액의 20%를 초과하는 봉사료는 5% 원천징수한다.

### ② 종합과세

사업소득은 원천징수여부에 상관없이 분리과세 되지 않으며, 비과세소득과 2천만원이하 주택임대소득을 제외한 모든 사업소득은 종합과세 한다.

01 다음 중 소득세법상 사업소득의 필요경비에 산입되지 않은 것은?

① 종업원의 급여
② 사업용 고정자산의 감가상각비 중 범위한도내의 금액
③ 부가가치세 신고시 공제된 일반과세자의 부가가치세 매입세액
④ 부동산매매업자의 부동산의 양도당시 장부가액

02 다음 중 소득세법상 사업소득에 대한 설명으로 가장 옳지 않은 것은?

① 거주자가 재고자산을 가사용으로 소비하기 위하여 타인에게 지급한 경우에도 총수입금액에 산입한다.
② 국세환급가산금은 총수입금액에 산입하지 아니한다.
③ 선급비용은 필요경비에 산입하지 않는다.
④ 접대비 50,000원을 현금으로 지출하고 법정정규증빙이 아닌 간이영수증을 수취한 경우 접대비 한도초과액에 대해서만 필요경비불산입 한다.

03 소득세법상 종합소득금액을 계산함에 있어서 옳은 것은?

① 사업소득에서 발생한 결손금에 대해서는 다른 종합소득금액에서 공제한다.
② 부동산임대소득에서 발생한 결손금에 대해서는 다른 종합소득금액에서 공제한다.
③ 이자소득, 배당소득, 부동산임대소득, 사업소득, 근로소득, 연금소득, 기타소득은 반드시 모두 합산하여 종합소득금액으로 신고해야 한다.
④ 아버지와 아들이 공동으로 사업을 하는 경우에는 당연히 합산하여 소득금액을 계산하다.

04 소득세법상 사업소득과 관련된 다음 설명 중 적절하지 않은 것은?

① 사업용고정자산의 양도로 인해 발생한 양도차익은 총수입금액에 포함한다.
② 사업소득에 대해서도 원천징수하는 경우가 있다.
③ 사업소득의 이월결손금은 당해 연도의 다른 종합소득에서 공제될 수 있다.
④ 사업소득에서 발생한 은행예금에 대한 이자수익은 영업외수익으로 총수입금액에 산입된다.

**05** 다음 중 소득세법상 사업소득금액 계산시 총수입금액에 산입되는 항목은?

① 사업무관자산의 자산수증이익　　　② 소득세의 환급액

③ 부가가치세 매출세액　　　　　　　④ 거래상대방으로부터 받은 판매장려금

**06** 다음 중 소득세법에 관련된 설명 중 틀린 것은?

① 미술품을 사업적으로 판매하는 개인사업자인 화랑의 미술품을 양도하는 경우 기타소득으로 과세된다.

② 당기 개시일 전 10년 이내에 사업소득에서 발생한 세무상 결손금 중 미소멸분은 당기 사업소득에서 공제할 수 있다.

③ 일용근로자가 하루 100,000원의 일당을 받는 경우 원천징수할 금액은 없다.

④ 법정기부금에 대해서도 이월공제가 허용된다.

**07** 소득세법상 사업소득금액을 계산할 때 총수입금액에 산입하는 것은?

① 가사용으로 사용한 재고자산의 가액　　② 소득세의 환급액

③ 매출할인　　　　　　　　　　　　　④ 사업과 무관한 채무면제이익

# 04 근로소득

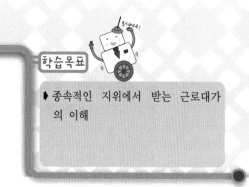
근로소득이란 고용관계 기타 이와 유사한 계약에 의해 근로를 제공하고 그 명칭에 관계없이 지급받는 봉급·상여·수당 등 모든 대가로서 근로소득이 모두 과세되는 것은 아니다. 세법상 근로소득으로 보지 아니하는 소득과 근로소득 중 비과세되는 소득은 근로소득 과세대상에서 제외된다.

## 1. 근로소득의 범위

근로소득이란 명칭여하에 불구하고 근로를 제공하고 지급받는 모든 대가로서 당해 연도에 발생한 소득을 포함한다.

## 2. 근로소득의 종류

① 원천징수대상 근로소득

- 근로의 제공으로 인하여 받는 봉급·급료·보수·세비·임금·상여·수당과 이와 유사한 성질의 급여
- 법인의 주주총회·사원총회 또는 이에 준하는 의결기관의 결의에 의하여 상여로 받는 소득
- 법인세법에 의하여 상여로 처분된 금액

② 원천징수대상이 아닌 근로소득

- 외국기관 또는 우리나라에 주둔하는 국제연합군(미국군 제외)으로부터 받는 급여
- 국외에 있는 외국인 또는 외국법인(국내지점 또는 국내영업소 제외)으로부터 받는 급여

③ 일용근로소득

- 근로를 제공한 날 또는 시간에 따라 근로대가를 계산하거나, 근로를 제공한 날 또는 시간의 근로성과에 따라 급여를 계산하여 받는 소득으로서 다음에 해당되는 자가 받는 소득을 말한다.

- 건설공사 종사자. 다만 다음의 경우에는 제외한다. 이 경우 다음의 근로자가 근로계약에 따라 일정한 고용주에게 3월(건설의 경우 1년)이상 계속하여 고용되어 있지 아니하고, 근로단체를 통하여 여러 고용주의 사용인으로 취업하는 경우에는 이를 일용근로자로 본다.
- 하역(항만)작업 종사자(항만근로자 포함). 다만, 다음의 경우에는 제외한다. 이 경우 다음의 근로자가 근로계약에 따라 일정한 고용주에게 3월 이상 계속하여 고용되어 있지 아니하고, 근로단체를 통하여 여러 고용주의 사용인으로 취업하는 경우에는 이를 일용근로자로 본다.
- 위외의 업무에 종사하는 자로서 근로계약에 따라 동일한 고용주에게 3월 이상 계속하여 고용되어 있지 아니한 자.

• 일용근로소득은 아래와 같이 근로소득에 대해 원천징수를 하며, 전액분리과세

납부세액 = (일당−**150,000원**) × 6% × (1−55%), 1,000원 미만은 소액부징수

## 3. 근로소득에서 제외되는 소득

① 사회통념상 인정되는 경조금

② 단체순수보장성보험 등

단체순수보장성보험과 만기에 납입보험료를 초과하지 아니하는 범위 안에서 환급하는 단체환급부보장성보험의 보험료 중 연 70만원 이하의 금액

③ 사택제공이익

주주 또는 출자자가 아닌 임원과 임원이 아닌 종업원 및 국가 · 지방자치단체로부터 근로소득을 지급받는 자가 다음의 사택을 제공받음으로써 얻는 이익

• 사용자가 소유하고 있는 주택을 무상 또는 저가로 제공

• 사용자가 직접 임차하여 무상으로 제공하는 주택

④ 중소기업 종업원의 주택 구입 · 임차자금 대여 이익은 제외

## 4. 비과세되는 근로소득

① 실비변상적인 급여

- 일직・숙직료 또는 여비로서 실비변상정도의 지급액
- 종업원 소유차량을 종업원이 직접 운전하여 사용자의 업무수행에 이용하고 시내출장 등에 소요된 실제여비를 지급받는 대신에 그 소요경비를 당해 사업체의 규칙 등에 의하여 정하여 진 지급기준에 따라 지급받는 금액 중 월 20만원 이내의 금액(**자가운전보조금**)

  ※ 종업원이 부부 공동명의로 된 차량을 업무에 이용하고 지급기준에 따라 받은 월 20만원 이내의 금액은 비과세 된다.

- 연구보조비 또는 연구활동비 중 월 20만원 이내의 금액(연구전담시)
- 취재수당을 급여에 포함하여 받는 경우에는 월 20만원에 상당하는 금액
- 근로자가 법령에서 규정한 벽지에 근무함으로 인하여 받는 벽지수당(월20만원이내)
- 근로자가 천재・지변・기타 재해로 인하여 받는 급여

② 국외근로자의 비과세급여

- 일반국외근로소득은 월 100만원, 원양어업선박 또는 국외 등을 항행하는 선박, 국외건설현장 (감리와 **설계업무** 수행포함)에서 근로를 제공하고 받는 보수의 경우에는 월 300만원이내의 금액
- 공무원등은 국외 등에서 근무하고 받는 수당 중 당해 근로자가 국내에서 근무할 경우에 지급받을 금액상당액을 초과하여 받는 금액. 이 규정을 적용받는 공무원 등은 비과세규정이 적용되지 않는다.
- "국외에서 근로를 제공하고 받는 보수"는 해외에 주재하면서 근로를 제공하고 받는 급여를 말하므로 출장, 연수 등을 목적으로 출국한 기간 동안의 급여상당액은 국외근로소득으로 보지 아니한다.

③ 생산직근로자가 받는 연장근로수당 등

생산 및 그 관련직에 종사하는 근로자로서 급여수준 및 직종 등을 감안하여 월정액급여 210**만원** 이하이고, 직전년도 총급여액이 3**천만원이하인** 생산직근로자(일용근로자 포함)가 연장시간 근로・야간근로 또는 휴일근로로 인하여 받는 급여에 대해 비과세한다.
월정액급여 = 급여총액 - (상여 등 부정기적인 급여 + 실비변상적인 금액+연장근로수당)

④ 비과세되는 식사대 등

- 근로자가 사내급식 또는 이와 유사한 방법으로 제공받는 식사 기타 음식물은 통상적으로 급여에 포함되지 아니하고, 음식물의 제공 여부로 급여에 차등이 없으며, 사용자가 추가부담으로 제공하는 경우 비과세되는 근로소득에 포함된다.
- 식사・기타 음식물을 제공받지 아니하는 근로자가 받는 월 10만원이하 식사대는 비과세되는 근로소득에 포함된다.

## 5. 기타비과세

① 종군한 군인·군무원이 전사(전상으로 인한 사망 포함)한 경우 그 전사한 날이 속하는 연도의 급여

② 국민건강보험법, 고용보험법, 국민연금법, 공무원연금법·사립학교교직원 연금법·군인연금법 또는 근로자퇴직급여보장법에 따라 국가·지방자치단체 또는 사용자가 부담하는 부담금

③ 근로자 또는 그 배우자의 출산이나 6세 이하의 자녀의 보육과 관련하여 사용자로부터 지급받는 급여로서 월 10만원 이내의 금액

※ 근로자가 6세 이하의 자녀 2인을 둔 경우에는 자녀수에 상관없이 월10만원 이내의 금액을 비과세하며, 사용자가 분기마다 보육수당을 지급하는 경우에는 지급월에 10만원이내의 금액을 비과세한다.

## 6. 외국인 근로자에 대한 과세특례

• 근로소득세액의 연말정산를 하는 때에 근로소득자소득공제신고서에 「외국인근로자단일세율적용신청서」를 첨부하여 원천징수의무자·납세조합에 제출한다.

• 근로소득이 있는 외국인 근로자가 당해 근로소득에 대하여 100분의 19을 곱한 금액을 세액으로 선택하여 각각 연말정산을 한 때에는 종합소득과세표준의 계산에 있어서 이를 합산하지 않는다.

## 7. 근로소득의 수입(귀속)시기

근로소득 연말정산은 당해연도에 발생한 근로소득을 대상으로 하며, 근로소득의 발생 원인에 따라 수입(귀속)시기는 다음과 같습니다.

① **급여** : 근로를 제공한 날

② **잉여금처분에 의한 상여** : 당해 법인의 잉여금처분결의일

## 8. 근로소득의 지급시기의제

① 근로소득을 지급하여야 할 원천징수의무자는 1월부터 11월까지의 급여액을 당해연도 12월 31일까지 지급하지 아니한 때에는 그 급여액을 12월 31일에 지급한 것으로 본다.

② 원천징수의무자가 12월분 급여액을 다음 연도 2월 28일까지 지급하지 아니한 때에는 그 급여액을 2월 28일에 지급한 것으로 본다.

③ 법인이 이익 또는 잉여금처분에 의하여 지급하여야 할 상여를 그 처분을 결정한 한 날로부터 3월이 되는 날까지 지급하지 아니한 때에는 그 3월이 되는 날에 지급한 것으로 본다. 다만, 그 처분이 11월 1일부터 12월 31일까지의 사이에 결정된 경우에 다음 연도 2월 28일까지 그 상여를 지급하지 아니한 때에는 그 상여는 2월 28일까지 지급한 것으로 본다.

④ 법인세법에 의해 처분되는 상여는 소득금액변동통지서를 받은 날에 지급한 것으로 본다.

**01** 다음 중 소득세법상 근로소득 비과세 대상이 아닌 것은?

① 광산근로자가 받는 입갱수당 및 발파수당

② 근로자가 천재, 지변 기타 재해로 인하여 받는 급여

③ 공장직원에게 무상으로 지급되는 작업복

④ 출장여비 등의 실제비용을 별도로 받는 직원에 대한 자가운전보조금 월 20만원 금액

**02** 일용근로자 금일 일당이 200,000원일 경우, 당해 일당 지급시 원천징수하여야 할 소득세액은?

① 15,000원 ② 16,500원

③ 1,350원 ④ 2,770원

**03** 근로소득자 곽주영 씨의 10월 급여내역이다. 소득세법상 과세되는 근로소득은?

(1) 기본급 : 2,000,000원
(2) 식  대 : 300,000원(회사에서 식사를 제공하지 않음)
(3) 휴가비 : 800,000원
(4) 자가운전보조금 : 400,000원(본인의 차량으로서 회사업무를 위해 개인차량을 사용 중이다)

① 2,000,000원 ② 2,300,000원

③ 3,000,000원 ④ 3,200,000원

**04** 다음은 7월분 급여명세이다. 소득세법상 7월분 근로소득 '총급여액'을 계산하면?

• 기본급 : 3,000,000원    • 직책수당 : 1,000,000원
• 상여금 : 800,000원    • 보육수당 : 100,000원(만5세 자녀 보육수당)
• 식대 : 200,000원(회사에서 식사제공 없음)
• 자가운전보조금 : 300,000원(본인명의 차량을 회사업무용으로 사용하고, 실비를 지급받지 않음)

① 5,000,000원 ② 5,100,000원

③ 5,200,000원 ④ 5,300,000원

# 05 연금소득

연금소득은 연금계약자 또는 연금수혜자 등이 사전에 불입한 금액 등을 토대로 하여 일정기간 또는 종신에 걸쳐서 약정된 금액을 정기적으로 지급받는 연금수입을 말한다. 연금소득의 일부 또는 전부를 지연 지급하여 지연지급에 따른 이자를 함께 지급하는 경우 당해 이자도 연금소득이다.

## 1. 연금소득의 범위

### ① 공적연금

- 국민연금법에 따라 받는 각종 연금
- 공무원연금법·군인연금법·사립학교교직원연금법 또는 별정우체국법에 따라 받는 각종 연금

### ② 사적연금

- 퇴직보험의 보험금을 연금형태로 퇴직자가 받는 연금
- 연금저축에 가입하고 연금형태로 받는 소득 또는 해당 연금저축에 가입하고 저축 납입계약기간 만료 전에 사망하여 계약이 해지되거나 만료 후 사망하여 연금 외의 형태로 받는 소득
- 「근로자퇴직급여 보장법」 또는 「과학기술인 공제회법」에 따라 받는 연금
- 「국민연금과 직역연금의 연계에 관한 법률」에 따라 받는 연계노령연금·연계퇴직연금
- 위와 유사한 소득으로서 연금형태로 받는 것(부분적 포괄주의가 적용됨)

## 2. 연금소득금액의 계산

종합소득에 합산되는 연금소득금액은 비과세연금소득을 제외한 총연금액에서 연금소득공제를 차감하여 산출된다.

> 연금소득금액 = 연금소득 총수입금액 – 연금소득공제

### ① 연금소득공제

연금소득이 있는 거주자에 대하여는 해당 과세기간에 받은 총연금액에서 다음의 금액을 공제한다. 다만, 공제액이 900만원을 초과하는 경우에는 900만원을 공제한다.

| 연 금 총 액 | 공 제 액 |
|---|---|
| 350만원 이하 | 연금총액 |
| 350만원 초과 700만원 이하 | 350만원+350만원을 초과하는 금액의 40% |
| 700만원 초과 1,400만원 이하 | 490만원+700만원을 초과하는 금액의 20% |
| 1,400만원 초과 | 630만원+1,400만원을 초과하는 금액의 10% |

(총연금액이 41,000,000원 이상인 경우에는 연금소득공제 한도액인 900만원을 초과하기 때문에 900만원을 연금소득공제로 한다.)

② 연금소득의 수입시기

연금소득의 수입시기는 공적연금은 받기로 한 날이고, 그 외 연금은 지급받기로 한 날로 한다.

③ 비과세 연금소득

연금소득 중 다음의 항목에 대해서는 소득세가 과세되지 아니한다.

- 「국민연금법」에 따라 받는 유족연금 및 장애연금
- 「공무원연금법」, 「군인연금법」, 「사립학교교직원 연금법」 또는 「별정우체국법」에 따라 받는 유족연금, 장해연금 또는 상이연금
- 「산업재해보상보험법」에 따라 받는 각종 연금
- 「국군포로의 송환 및 대우 등에 관한 법률」에 따른 국군포로가 받는 연금
- 「국민연금과 직역연금의 연계에 관한 법률」에 따라 받는 연계노령유족연금 및 연계퇴직유족연금

④ 연금소득의 과세방법

- 선택적 분리과세 : 연간 수령한 사적연금총액이 1,200만원 이하인 경우에는 지급자가 연금소득에 대한 소득세를 원천징수하여 납부함으로써 납세의무가 종결된다.

- 종합과세 : 선택적 분리과세에 해당하지 않는 연금소득은 종합소득에 합산하여 과세된다.

- 연말정산의무의 면제 : 원천징수의무자가 지급한 사적연금소득이 연 1,200만원 이하인 경우에는 연말정산하지 아니하며, 연말정산하지 아니한 경우에도 확정신고의무가 없다.

- 공적연금에 대한 원천징수와 연말정산 : 연금소득을 지급하는 때에 연금소득간이세액표에 의하여 소득세를 원천징수하고 다음연도 1월분 연금소득을 지급하는 때에 연말정산을 한다. 다만 사적연금소득이 연 1,200만원 이하인 경우에는 연말정산하지 아니한다.
- 사적연금에 대한 원천징수와 연말정산 : 연금소득을 지급하는 때에 연금소득의 5%(70세~80세미만 4%, 80세이상 3%)를 원청징수하며 연말정산은 하지 아니한다.

# 06 기타소득금액

## 1. 기타소득의 개념

기타소득이란 종합과세될 소득 중에서 이자, 배당, 부동산임대, 사업, 근로, 연금소득에 해당하지 않는 일시적·우발적으로 발생하는 소득을 말한다. 개인에게 상금이나 강연료 등 기타소득을 지급하는 경우에는 지급하는 자가 원천징수하고 그 금액을 신고납부하여야 한다.

**기타소득금액 = 기타소득 – max(실제경비, 법정필요경비)**

[법정 필요경비–60%]

• 광업권·어업권·산업재산권·산업정보, 산업상 비밀, 상표권·영업권, 이와 유사한 자산이나 권리를 양도하거나 대여하고 그 대가로 받는 금품
• 공익사업과 관련된 지역권·지상권(지하 또는 공중에 설정된 권리 포함)을 설정하거나 대여하고 받는 금품
• 문예·학술·미술·음악 또는 사진에 속하는 창작품 등에 대한 원작자로서 받는 원고료, 인세 등의 소득
• 인적용역을 일시적으로 제공하고 지급받는 대가

[법정 필요경비–80%]

• 공익법인의 설립·운영에 관한 법률의 적용을 받는 공익법인이 주무관청의 승인을 받아 시상하는 상금 및 부상과 다수가 순위 경쟁하는 대회에서 입상자가 받는 상금 및 부상
• 계약의 위약 또는 해약으로 인하여 받는 위약금과 배상금 중 주택입주 지체상금

## 2. 기타소득의 원천징수

① 세율 및 원천징수시기

• 연 300만원 이하의 기타소득금액

> • 20%
> • 필요경비를 공제한 금액이 연 300만원 이하인 소득은 거주자가 종합소득과세표준 계산에 있어서 이를 합산하고자 하는 경우를 제외하고는 필요경비를 공제한 금액의 20%의 원천징수로 분리과세 한다.

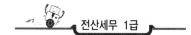 

• 복권당첨소득

> • 20%(3억원을 초과하는 분에 대하여는 30%)
> • 복권, 경마, 경륜, 슬러트머신, 신용카드

② 기타소득금액의 과세최저한

- 승마투표권 또는 승자투표권 : 10만원 이하이고 단위투표금액당 환급금이 100배 이하
- 슬러트머신 등의 당첨금품 : 매건마다 500만원 미만
- 기타소득금액 : 매건마다 5만원 이하

## 3. 기타소득의 과세방법

① 무조건 분리과세(완납적 원천징수)

다음의 기타소득은 원천징수에 의해 납세의무 종결

- 서화·골동품의 양도로 발생하는 기타소득
- 복권 및 복권기금법 제2조에 규정된 복권의 당첨금
- 승마투표권, 승자투표권, 체육진흥투표권 등의 구매자가 받는 환급금
- 슬롯머신 등을 이용하는 행위에 참가하여 받는 당첨금품 등
- 연금외수령한 기타소득

② 선택적 분리과세

무조건 분리과세·종합과세 대상을 제외한 기타소득금액의 합계액이 300만원 이하이면서 원천징수된 경우 종합소득 과세표준에 합산할 것인지 분리과세로 납세의무를 종결할 것인지 선택 가능(계약금이 위약금 또는 보상금으로 대체된 경우 포함)

③ 무조건 종합과세

다음의 기타소득은 원천징수 대상이 아니므로 종합소득 과세표준을 계산할 때 합산

- 계약의 위약 또는 해약으로 인하여 받는 위약금·배상금으로 계약금이 위약금·배상금으로 대체되는 경우
- 뇌물, 알선수재 및 배임수재에 의하여 받는 금품

# 07 종합소득금액의 과세표준

학습목표

▶ 종합소득세 계산구조와 소득공제의 이해

종합소득공제는 소득세법상의 종합소득공제와 조세특례제한법상의 소득공제로 구분된다.

## 1. 인적공제

근로소득금액에서 근로자와 생계를 같이하는 부양가족 중 기본공제대상자에 대한 기본공제, 추가공제 및 다자녀추가공제에 해당하는 금액을 공제한다.(위탁아동의 경우 6월이상 보호포함)

| 항목 | 구 분 | 공 제 금 액 |
|------|-------|------------|
| 인적공제 | 기본공제 | 기본공제대상자 1인당 150만원<br>본인, 배우자 및 생계를 같이하는 부양가족(연간소득금액 100만원 이하,근로소득만 있는 경우에는 총급여가 500만원이하) |
| | 추가공제 | 다음에 해당되는 경우에는 아래 금액을 추가 공제<br>• 기본공제대상자가 장애인의 경우 1인당 연 200만원<br>• 기본공제대상자가 경로우대자(70세 이상)의 경우 1인당 연 100만원<br>• 근로자가 배우자가 없는 여성으로서 기본공제대상부양가족이 있는 세대주이거나, 배우자가 있는 여성인 경우 연 50만원(종합소득금액이 3천만원이하시)<br>• 한부모소득공제(20세이하 직계비속 있고 부모가 한쪽만 있는 경우) 100만원 |

### ① 기본공제

종합소득이 있는 거주자(자연인에 한함)에 대하여는 기본공제대상자에 해당하는 인원수에 1명당 연 150만원을 곱한 금액을 종합소득금액에서 공제한다.

> 기본공제액 = 기본공제대상자의 수 × 150만원

| 구 분 | 기 본 공 제 |
|-------|------------|
| 공제금액 | 공제대상 1명당 150만원(인원수에 제한 없음) |
| 공제대상<br>부양가족 | - 해당 거주자<br>- 거주자의 배우자<br>- 거주자(배우자 포함)와 생계를 같이하는 부양가족(연간 소득금액 100만원 이하, 근로소득만 있는 경우에는 총급여가 500만원이하)<br>• 거주자와 배우자의 직계존속(60세 이상)<br>• 거주자와 배우자의 직계비속과 입양자(20세 이하)<br>• 거주자와 배우자의 형제자매(20세 이하 또는 60세 이상)<br>• 국민기초생활보장법상 수급권자<br>• 아동복지법상 위탁아동(연령 20세이하와 6개월이상 위탁보호) |

- **생계를 같이하는 부양가족**

> - 장애인의 경우에는 연령의 제한을 받지 아니하나 연간소득금액의 합계액이 100만원 초과하는 경우 (근로소득만 있는 경우에는 총급여가 500만원이하)기본공제 대상에 해당되지 않는다.
> - 직계존속에는 배우자의 직계존속(장인, 장모 등)과 직계존속이 재혼한 경우 직계존속의 배우자로서 혼인(사실혼 제외) 중임을 증명되는 자를 포함한다.
> - 근로자 및 배우자의 형제자매는 기본공제 대상에 포함될 수 있으나 직계비속의 배우자(며느리, 사위 등) 및 형제자매의 배우자(제수, 형수 등)은 기본공제 대상에 포함되지 않는다. (단, 직계비속이 장애인이고 그 배우자가 장애인인 경우 공제가능)
> - 직계비속에는 근로자의 배우자가 재혼한 경우로서 당해 배우자가 종전의 배우자와의 혼인 중에 출산한 자를 포함한다.
> - 동거입양자라 함은 민법 또는 입양촉진 및 절차에 관한 특례법에 의하여 입양한 양자 및 사실상 입양상태에 있는 자로서 거주자와의 생계를 같이하는 자를 말한다.
> - 종합소득이 있는 거주자(자연인에 한함)의 계부의 모는 당해 거주자의 기본공제대상자에 포함되지 않는다.

- **생계를 같이하는 부양가족 판단** : 생계를 같이하는 부양가족은 주민등록표상 동거가족으로서 당해 근로자의 주소 또는 거소에서 현실적으로 생계를 같이하여야 한다. 다만, 직계비속의 경우에는 그러하지 아니한다.

② **추가공제**

추가공제란 기본공제 외에 특정 사유별로 추가적인 공제를 적용하는 것을 말한다. 기본공제대상자 중 다음의 사유에 해당하는 경우에 적용되는 추가공제는 다음과 같다.

| 추가공제 대상사유(기본공제대상자 중) | 추가공제금액 |
|---|---|
| • 경로우대공제 : 70세 이상 | 1명당 100만원 |
| • 장애자공제 : 심신상실자 · 청각장애자 · 시각장애자 · 중증환자 등 | 1명당 200만원 |
| • 부녀자공제 : 거주자 본인이 배우자가 없는 여성으로서 기본공제대상 부양가족이 있는 세대주인 경우, 배우자가 있는 여성, 종합소득금액 3,000만원 이하자에 한해 적용 | 50만원 |
| • 한부모가공제 : 배우자 없이 자녀를 키우는 한부모 가족 | 100만원 |

> - 추가공제의 계산에서 인원수에 제한이 없으며, 추가공제사유의 중복적용도 가능하다. 따라서 장애자이면서 경로우대자이면 장애자공제와 경로우대공제를 각각 적용한다.
> - 공제대상여부에 대한 판단은 해당 과세기간의 과세기간 종료일 현재의 상황에 의하는 것이다. 다만 과세기간 종료일 전에 사망한 자 또는 장애가 치유된 자에 대해서는 사망일 전일 또는 치유일 전일의 상황에 의하는 것이기 때문에 추가공제의 대상이 된다.

③ 인적공제대상 판정 기준

[공제대상자의 판정시기]

- 공제대상 배우자·공제대상 부양가족·공제대상 장애인 또는 공제대상 경로우대자에 해당하는지 여부의 판단은 당해 연도의 과세기간종료일인 12월 31일 현재의 상황에 의한다. 다만, 과세기간 종료일 전에 사망한 자 또는 장애가 치유된 자에 대하여는 사망일 전일 또는 치유일 전일의 상황에 의한다.
- 인적공제 적용 대상 연령이 정하여진 경우에는 당해 연도의 과세기간 중에 당해 연령에 해당되는 날이 있는 경우에는 공제대상자로 한다.

[인적공제 한도]

- 기본공제와 추가공제 및 다자녀 추가공제를 인적공제라 하고, 인적공제 합계액이 종합소득금액 (총급여액에서 근로소득공제를 차감한 금액)을 초과하는 경우 그 초과하는 공제액은 없는 것으로 한다.
- 과세기간 및 부양기간이 1년 미만인 경우의 인적공제금액 계산
  과세기간 또는 부양기간이 1년 미만인 경우에 인적공제는 월할 계산 하지 않고 연액으로 공제한다.

## 2. 특별소득공제

근로소득이 있는 거주자(일용근로자는 제외함)에게 적용되는 보험료공제와 주택자금공제를 특별소득공제라 한다. 이러한 특별소득공제는 해당 거주자가 신청한 경우에 적용하며, 공제액이 그 거주자의 해당 과세기간의 합산과세되는 종합소득금액(종합소득금액−원천징수세율 적용 금융소득)을 초과하는 경우 그 초과하는 금액은 없는 것으로 한다.

① 보험료공제

건강보험료. 장기요양보험료, 고용보험료 임직원부담분을 공제한다.

② 주택자금공제

- 주택임차차입금 원리금상환액의 **40%** 공제 : 주택마련저축과 합하여 연 300만원 한도
- 장기주택저당차입금 이자상환액 공제 : 연 300만원~1,800만원 한도,
- ※ 주택자금공제와 주택마련저축공제를 합하여 한도금액 계산(2014.12.31. 이전 차입분 종전 한도 적용)

## 3. 그밖의 소득공제

① 개인연금저축공제

| 구 분 | 개인연금저축 | 연금저축 |
|---|---|---|
| 가입기간 | 2000.12.31 이전 가입 | 2001.1.1 이후 가입 |
| 가입대상 | 만 20세 이상 | 만 18세 이상 |
| 불입금액 | 분기마다 300만원 이내에서 불입 | 좌 동 |
| 불입기간 | 10년 이상 | 좌 동 |
| 만 기 후 지급조건 | 계약기간 만료 후 만 55세 이후부터 5년 이상 연금으로 지급받는 저축 | 좌 동 |

② 신용카드 등 사용금액 소득공제(나이제한 없음, 명의자로 공제여부 판단)

근로소득이 있는 거주자(일용근로자 제외)가 사업자로부터 재화나 용역을 제공받고 신용카드 등을 사용한 금액이 있는 경우에는 다음의 금액을 해당 과세연도의 근로소득금액에서 공제한다.

㉠ 신용카드 등 사용금액

신용카드 등의 사용금액이란 다음 금액의 연간합계액을 말하는 것이며, 국외에서 사용한 금액은 제외된다.

> • 신용카드를 사용하여 그 대가로 지급하는 금액
> • 현금영수증(조세특례제한법에 따라 현금거래사실을 확인받은 것 포함)에 기재된 금액
> • 직불카드 또는 선불카드(실지명의가 확인되는 기명식선불카드만 해당), 직불전자지급수단, 선불전자지급수단(실지명의가 확인되는 기명식선불전자지급수단만 해당) 또는 전자화폐(실지명의가 확인되는 기명식전자화폐만 해당)를 사용하여 그 대가로 지급하는 금액

㉡ 공제대상 신용카드 사용액

• 신용카드 등의 사용자 : 거주자 본인과 배우자 및 직계존비속(배우자의 직계존속 포함)과 동거입양자가 사용한 금액을 대상으로 한다. 사용대상자 중 본인 이외의 자 중에서 연간소득금액이 100만원을 초과하는 자의 사용액은 제외된다. 기본공제의 대상이 된 생계를 같이 하는 부양가족 중 **형제자매 등이 사용한 금액은 제외**된다.

• 신용카드사용액 중 공제대상에서 제외되는 항목은 다음과 같다.

> • 사업소득과 관련된 비용 또는 법인의 비용에 해당하는 경우
> • 물품의 판매 또는 용역의 제공을 가장하는 등 신용카드, 직불카드, 직불전자지급수단, 기명
>   식선불카드, 기명식선불전자지급수단, 기명식전자화폐 또는 현금영수증의 비정상적인 사용
>   행위에 해당하는 경우
> • 신규로 출고되는 자동차를 신용카드, 직불카드, 직불전자지급수단, 기명식선불카드, 기명식
>   선불전자지급수단, 기명식전자화폐 또는 현금영수증으로 구입하는 경우(중고자동차는 10%
>   소득공제)
> • 건강보험료, 연금보험료, 그 밖의 각종 보험계약의 보험료 또는 공제료
> • 학교(대학원 포함) 및 보육시설에 납부하는 수업료·입학금·보육비용 기타 공납금
> • 정부 또는 지방자치단체에 납부하는 국세·지방세, 전기료·수도료·가스료·전화료(정보사용
>   료·인터넷이용료 등 포함)·아파트관리비·텔레비전시청료(「종합유선방송법」에 의한 종합유
>   선방송의 이용료를 포함한다) 및 고속도로통행료

> • 상품권 등 유가증권 구입비
> • 리스료(자동차대여사업의 자동차대여료 포함)
> • 취득세 또는 등록세가 부과되는 재산의 구입비용
> • 부가가치세 과세업종 외의 업무를 수행하는 국가·지방자치단체 또는 지방자치단체조합(의
>   료기관 및 보건소 제외)에 지급하는 사용료·수수료 등의 대가
> • 차입금 이자상환액, 증권거래수수료 등 금융·보험용역과 관련한 지급액, 수수료, 보증료
>   및 이와 비슷한 대가
> • 정당(후원회 및 각 급 선거관리위원회 포함)에 신용카드 또는 직불카드로 결제하여 기부하
>   는 정치자금(세액공제 및 소득공제를 적용받은 경우에 한한다)
> • 그 밖에 위와 비슷한 것

© 신용카드 등 소득공제금액

• 신용카드 등 사용금액 합계＝[신용카드＋직불카드＋기명식선불카드＋백화점카드＋현금
  영수증]
• 신용카드 소득공제(현금영수증포함)－신용카드 및 사용종류에 따라 15%에서 30%, 추
  가공제 적용

③ **소득공제 종합한도**

거주자의 종합소득에 대한 소득세를 계산할 때 일정 공제금액 및 필요경비의 합계액이 2천500
만원을 초과하는 경우에는 그 초과하는 금액은 없는 것으로 한다.

# 08 종합소득세의 계산

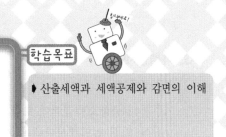

## 1. 기본세율

종합소득세 산출세액은 종합소득 과세표준에 초과누진세율로 구성되어 있는 기본세율을 적용하여 산출된다. 소득세법상의 기본세율은 다음과 같다.

| 과 세 표 준 | 적 용 세 율 |
|---|---|
| 1천 200만원 이하 | 과세표준의 6% |
| 1천 200만원 초과 4천 600만원 이하 | 72만원＋1천 200만원을 초과하는 금액의 15% |
| 4천 600만원 초과 8천 800만원 이하 | 582만원＋4천 600만원을 초과하는 금액의 24% |
| 8천 800만원 초과 1억5천만원 이하 | 1,590만원＋8천 800만원을 초과하는 금액의 35% |
| 1억 5천만원 초과 3억원 이하 | 3,760만원＋1억 5천만원을 초과하는 금액의 38% |
| 3억 초과 5억원 이하 10억이하 | 9,460만원＋3억초과하는 금액의 40% |
| 5억원 초과 10억이하 | 17,460만원＋5억원 초과하는 금액의 42% |
| 10억초과 | 38,460만원＋45% |

## 2. 세액감면

세액감면이란 조세정책적인 목적 등에 의해 소득세를 면제하거나 감면하는 것을 말한다.
소득세의 감면을 받고자 하는 거주자는 세액감면신청서를 납세지 관할세무서장에게 신청하여야 한다.

| 구 분 | 내 용 |
|---|---|
| 사업소득에 대한 세액감면 | 거주자 중 대한민국의 국적을 갖지 않는 자와 비거주자가 선박·항공기의 외국항행사업으로부터 얻는 소득(상호면세주의에 의함) |
| 근로소득에 대한 세액감면 | 정부 간의 협약에 의하여 우리나라에 파견된 외국인이 그 쌍방 또는 일방 당사국의 정부로부터 받는 급여 |

$$감면세액 = 종합소득 \ 산출세액 \times \frac{감면대상 \ 소득금액}{종합소득금액} \times 감면율$$

## 3. 세액공제

### ① 배당세액공제

거주자의 종합소득금액에 포함되어 있는 배당소득금액 중 이중과세를 조정하기 위한 총액과세 방식에 의해 법인세상당액이 가산되어 있는 경우 법인세상당액으로 가산된 금액을 종합소득 산출세액에서 공제하며, 이를 배당세액공제라 한다.

### ② 기장세액공제

간편장부대상자가 과세표준확정신고를 할 때 복식부기에 따라 기장하여 소득금액을 계산하고 서류를 제출하는 경우에는 해당 장부에 의하여 계산한 사업소득 금액이 종합소득금액에서 차지하는 비율을 종합소득 산출세액에 곱하여 계산한 금액의 100분의 20에 해당하는 금액을 종합소득 산출세액에서 공제한다. 다만, 공제세액이 100만원을 초과하는 경우에는 100만원을 공제한다.

### ③ 외국납부세액공제

거주자의 종합소득금액 또는 퇴직소득금액에 국외원천소득이 포함되어 있는 경우에 해당 국외 원천소득에 대해 외국에서 소득세 등을 부담한 경우에는 다시 과세하는 경우 이중과세가 되기 때문에 국외원천소득에 대해 외국에서 납부하였거나 납부할 소득세액을 종합소득 산출세액에서 공제한다. 사업소득이 있는 거주자는 해당 소득에 대한 외국납부세액에 대하여 세액공제를 하거나 필요경비에 산입하는 방법을 선택적으로 적용할 수 있지만 이자소득·배당소득·근로 소득·일시재산소득·기타 소득에 대한 외국납부세액은 세액공제방법만을 적용할 수 있다.

### ④ 재해손실세액공제

사업자가 해당 과세기간에 천재지변이나 그 밖에 재해로 인하여 자산총액의 20% 이상에 상당하는 자산을 상실하여 납세가 곤란하다고 인정되는 경우에는 계산한 금액을 종합소득세 산출세액에서 공제한다.

### ⑤ 근로소득세액공제

근로소득이 있는 거주자에 대하여는 당해 근로소득에 대한 종합소득산출세액에서 일정금액을 공제한다.

### ⑥ 자녀세액공제

만7세이상의 자녀(7세미만의 미취학아동 포함)가 있을 경우

> **참고 Check!** 공제액
>
> 기본공제대상 자녀 1명 15만원, 2명 30만원, 3명 이상 (30만원 + 2명 초과 1명당 30만원)
> 출생·입양 : 1명당 30만원(둘째: 50만원, 셋째: 70만원)

⑦ 연금계좌세액공제

보장성 보험이나 연금계좌는 보험료나 연금계좌 납입액의 일정율을 세액공제한다.

> **연금계좌세액공제 : Min[연금계좌 납입액, 연 400만원]×12%**

※ 퇴직연금·연금저축 납입액의 12% 세액공제 (총급여액 5천5백만원 이하는 15%)
  연 700만원 한도(연금저축은 400만원)

[개인연금저축 및 연금저축공제]

근로자가 본인 명의로 개인연금저축 또는 연금저축에 가입한 경우 당해 연도의 저축불입액에 대해 당해 연도의 종합소득금액에서 공제한다.

| 구 분 | 개인연금저축 | 연금저축 |
|---|---|---|
| 가입기간 | 2000.12.31 이전 가입 | 2001.1.1 이후 가입 |
| 가입대상 | 만 20세 이상 | 만 18세 이상 |
| 불입금액 | 분기마다 300만원 이내에서 불입 | 좌 동 |
| 불입기간 | 10년 이상 | 좌 동 |
| 만 기 후 지급조건 | 계약기간 만료 후 만 55세 이후부터 5년 이상 연금으로 지급받는 저축 | 좌 동 |

## 4. 특별세액공제

① 보험료세액공제

근로소득이 있는 거주자가 다음에 해당하는 보장성보험의 보험료를 지급한 경우 다음의 금액을 종합소득산출세액에서 공제한다.

> 보험료세액공제액 = ㉠ + ㉡
> ㉠ 장애인전용 보장성보험료 : Min[보험료 지급액, 연 100만원] × 15%
> ㉡ 일반 보장성보험료 : Min[보험료 지급액, 연 100만원] × 12%
>
> • 장애인전용 보장성보험료 : 기본공제대상자 중 장애인을 피보험자 또는 수익자로 하는 보험료
> • 일반 보장성 보험료 : 기본공제대상자를 피보험자로 하는 법 소정의 보장성보험료(위 ㉠에 따른 장애인전용보장성보험료는 제외함)

② 의료비세액공제

근로소득이 있는 거주자가 기본공제대상자(연령 및 소득의 제한을 받지 아니한다)를 위하여 법소정의 의료비를 지급한 경우 다음의 금액을 종합소득산출세액에서 공제한다.

> 의료비세액공제액 = [㉠ + ㉡] × 15%, 난임시술비는 20%
> ㉠ 본인·과세기간 종료일 현재 65세 이상인 자·장애인(중증환자,백혈병, 결핵환자, 희귀성난치질환포함), 난임시술비를 위한 의료비
> ㉡ Min[㉠의 의료비 − 총급여액 × 3%, 700만원]
> ㉡의 금액이 부(−)인 경우에는 의료비세액공제액 계산시 ㉠의 금액에서 차감한다.

- **공제대상 의료비의 범위**

  기본공제대상자(연령 및 소득금액의 제한을 받지 아니함)를 위하여 당해 근로자가 직접 부담하는 의료비.

  - 진찰·진료·질병예방을 위하여 규정에 의한 의료기관(종합병원·병원·치과병원·한방병원·요양병원·의원·치과의원·한의원 및 조산원)에 지급하는 비용
  - 치료·요양을 위하여 약사법의 규정에 의한 의약품(한약 포함)을 구입
  - 장애인보장구를 직접 구입 또는 임차하기 위하여 지출한 비용
  - 의사·치과의사·한의사 등의 처방에 따라 의료기기를 직접 구입 또는 임차
  - 시력보정용 안경 또는 콘택트렌즈 구입의 1인당 연 50만원 이내의 금액
  - 보청기 구입을 위하여 지출한 비용
    난임시술비( 30%) 및 미숙아.선천성 이상아( 20%)에 대한 세액공제

- **의료비 공제사례**

  - 의료기관에서 받는 건강진단을 위한 비용
  - 임신 중 초음파·양수검사비, 출산관련 분만비용, 질병예방을 위한 근시 교정시술비·스케일링비용은 공제대상 의료비에 해당되며, 불임으로 인한 인공수정시술을 받은 경우에는 그에 따른 검사료, 시술비
  - LASIK(레이저각막절삭술) 수술비용

- **의료비 불공제사례**

  - 근로자가 사내근로복지기금으로부터 지급받은 의료비
  - 근로자가 당해연도에 지급한 의료비 중 근로자가 가입한 상해보험 등에 의하여 보험회사에서 수령한 보험금으로 지급한 의료비
  - 의료법에서 규정하는 의료기관에 해당되지 아니하는 외국의 의료기관에 지출한 비용
  - 실제 부양하지 아니하는 직계존속이나 생계를 같이하지 아니하는 형제자매의 의료비
  - 건강기능식품에 관한 법률에 의한 건강기능식품을 구입하고 지급하는 비용

③ **교육비세액공제**

교육비 지출액의 15%를 세액공제한다.

- **공제대상 교육비**

  근로자가 기본공제대상자(연령의 제한을 받지 않음)를 위하여 공제대상 교육기관 등에 지급한 수업료, 입학금, 보육비용, 수강료, 방과후학교 수업료, 교재대, 식대, 체험학습비(초중고생만 1인당 연 30만원 한도), 학자금대출상환액 등의 합계액을 일정금액 한도 내에서 공제받을 수 있다.

- **공제대상 교육기관**
  - 평생교육법에 의한 원격대학
  - 학점인정 등에 관한 법률 및 독학에 의한 학위취득에 관한 법률에 따른 교육 과정
  - 영유아보육법에 의한 보육시설
  - 학원의 설립·운영 및 과외교습에 관한 법률에 월단위 교습에 의한 학원
  - 취학전 아동이 교습 등을 받는 체육시설(주 1회이상 월단위 과정)
  - 국외교육기관
  - 근로자직업능력개발법의 규정에 의한 직업능력개발훈련시설
  - 보건복지부장관이 장애인재활교육을 실시하는 기관으로 인정한 법인 등

- **교육비 공제금액에서 제외되는 금액**
  - 당해 연도에 지급한 교육비 중에 소득세 또는 증여세가 비과세되는 수업료
  - 소득세 또는 증여세가 비과세되는 장학금 또는 학자금

- **교육비 공제대상**
  - 학생인 당해 근로자를 위하여 지급한 수업료. 이 경우 대학(원격대학 및 학위취득과정을 포함) 또는 대학원의 1학기 이상에 상당하는 교육과정(대학원의 총경영자과정, 전문상담교사 양성과정 등)과 고등교육법의 규정에 따른 시간제 과정에 등록하여 지급하는 수업료 등을 포함한다.
  - 기본공제대상자인 배우자·직계비속·형제자매 및 입양자를 위하여 지급한 수업료 등
  - 국외교육기관의 학생을 위하여 수업료 등을 지급하는 경우에는 다음의 요건을 갖춘 학생에 한한다. 단, 고등학교와 대학교는 유학규정 적용하지 아니한다.

| 공 제 대 상 자 |
| --- |
| • 국외유학에 관한 규정 제5조에 의해 자비유학의 자격이 있는 학생<br>• 국외유학에 관한 규정 제15조에 의해 유학을 하는 자로서 부양의무자와 국외에서 동거한 기간이 1년 이상인 학생 |

- 당해 근로자를 위하여 근로자직업능력개발법의 규정에 의한 직업능력개발훈련시설에서 실시하는 직업능력개발을 위하여 지급한 수강료. 다만, 고용보험법의 규정에 의한 근로자 수강지원금을 받는 경우에는 이를 차감한 금액으로 한다.
- 기본공제대상자인 장애인(소득금액의 제한을 받지 아니함)을 위하여 시설 등에 장애인의 재활교육을 위하여 지급하는 비용

• **교육비 공제사례**
 - 기본공제대상인 시동생이나 처제을 위해 지출하는 교육비
 - 교육비공제와 「자녀양육비공제」 추가공제에 해당하는 경우에는 모두 공제
 - 고등학교 재학 중에 특차모집에 합격하여 납부한 대학 등록금은 대학생이 된 연도의 교비공제대상이다.
 - 근로자 본인이 대학원에 입학하기 전에 납부한 교육비는 입학하여 대학원생이 된 연도에 공제받을 수 있다.
 - 기성회비, 예능학교 등의 정규교과과정에 해당하는 실기교육을 위한 실기지도비
 - 학교로부터 받는 장학금 등으로 등록금 감면액이 있는 경우 실제 납부한 금액만 공제되는 것이다.
 - 국외교육비 중 여름학교수업료, 과외활동비가 정규교육과정에 해당되는 경우에만 교육비 공제대상이다.

• **교육비 불공제사례**
 - 직계존속에 대한 교육비(단. 장애인특수교육비(나이와 소득제한 없음)를 제외)
 - 수업료와는 별도로 정규수업시간 이외의 시간에 실시하는 실기지도에 따른 외부강사의 보수를 지급하기 위한 실기지도비
 - 학교버스이용료, 기숙사비
 - 초·중등교육법에 의하여 교육감으로부터 학교로 인가받지 아니한 국내 외국인학교에 지출한 교육비
 - 국외교육기관에 해당되지 아니하는 외국의 대학부설 어학연수과정에 대한 수업료

④ **기부금세액공제(나이제한 없음)**

기부금이 1천만원 이하인 경우에는 지급액의 15%를 세액공제

기부금이 1천만원 초과하는 경우에는 초과분에 대해 지급액의 30%를 세액공제한다.

> 세액공제대상 기부금 금액 = 법정기부금 + Min[지정기부금, 한도액]

- **법정 기부금**
  - 국가 또는 지방자치단체(지방자치단체 조합 포함)에 무상으로 기증하는 금품의 가액.
  - 국방헌금과 위문금품
  - 천재·지변, 특별재난지역으로 선포된 사유로 생긴 이재민을 위한 구호금품
  - 특별재난지역의 복구를 위하여 자원봉사한 경우 그 자원봉사용역의 가액

  > 자원봉사용역의 가액 산정 (㉠ + ㉡)
  > ㉠ 자원봉사용역의 가액 = 봉사일수 × 5만원
  >   (봉사일수 = 총 봉사시간 ÷ 8시간, 소수점 이하 부분은 1일로 보아 계산)
  > ㉡ 당해 자원봉사용역에 부수되어 발생하는 유류비·재료비 등 직접 비용은 제공할 당시의 시가 또는 장부가액

  - 사회복지공동모금회법에 의한 사회복지공동모금회에 지출과 바보의 나눔지출
  - 대한적십자사조직법에 따른 대한적십자사에 지출하는 기부금
  - 문화예술진흥법에 의한 문화예술진흥기금으로 출연하는 금액
  - 정치자금법에 따라 정당(후원회 및 선거관리위원회 포함)에 기부한 정치자금

- **우리사주조합에 지출하는 기부금**
  우리사주조합원이 그가 속한 우리사주조합에 지출하는 기부금 제외

- **공익성 기부금 : 사회·복지·문화·예술·교육·종교·자선 등 공익성기부금**
  - 지정기부금단체 등의 고유목적사업비로 지출하는 기부금
  - 개인에게 교육비·연구비 또는 장학금으로 지출하는 기부금
  - 요건을 갖춘 공익신탁으로 신탁하는 기부금
  - 지역새마을사업을 위하여 지출하는 기부금
  - 불우이웃을 돕기 위하여 지출하는 기부금
  - 의료취약지역에서 비영리법인이 행하는 의료 사업의 사업비·시설비·운영비
  - 국민체육진흥법에 의한 국민체육진흥기금으로 출연하는 기부금
  - 근로자복지기본법에 의한 근로자복지진흥기금으로 출연하는 기부금
  - 노동조합에 납부한 노동조합비
  - 아동복지법에의 규정에 의한 아동복지시설
  - 노인복지법의 규정에 의한 무료노인복지시설(단, 경로당등은 제외)
  - 장애인복지법의 규정에 의한 장애인생활시설, 장애인지역사회재활시설(장애인 공동생활가정은 비영리법인 또는 사회복지법인이 운영하는 것에 한함), 장애인직업재활시설(장애인 생산품판매시설은 제외)등

## 4. 월세세액공제

총급여액 7천만원 이하 무주택 세대주가 국민주택규모이하(기준시가 3억이하는)에 지급한 월세액(연 750만원 한도)의 10% 세액공제 월세에는 오피스텔 및 고시원비도 포함하며, 배우자명의로 계약을 하여도 공제가능하다.(총급여액 5천5백만원 이하는 12%)

## 5. 표준세액공제

근로소득자가 특별소득공제(건강보험료 등, 주택자금공제, 기부금 이월분), 특별세액공제(보험료, 의료비, 교육비, 기부금) 및 월세액 세액공제를 신청하지 아니한 경우 연 13만원을 산출세액에서 공제한다.

**01** 다음 중 소득세법상 거주자의 소득공제(추가공제)에 대한 설명으로 옳은 것은?

① 기본공제대상자 중 65세 이상인 자가 있는 경우 : 1인당 100만원
② 기본공제대상자 중 장애인이 있는 경우 : 1인당 150만원
③ 기본공제대상자 중 해당 과세기간에 출생한 직계비속이 있는 경우 : 1인당 200만원
④ 기본공제대상자 중 직계비속의 부모가 한부모만 있는 경우 : 1인당 150만원

**02** 소득세법상 거주자의 기본공제대상자 판정시, 생계를 같이하는 부양가족의 범위에 대한 설명으로 틀린 것은?

① 주민등록표상의 동거가족으로서, 해당 거주자의 주소 또는 거소에서 현실적으로 생계를 같이 하는 사람으로 한다.
② 공제대상 부양가족 여부의 판정은 원칙적으로 해당 과세기간의 종료일 현재의 상황에 따른다.
③ 동거가족이 사업상 형편에 따라 본인의 주소 또는 거소에서 일시 퇴거한 경우에는 생계를 같이하는 부양가족으로 보지 않는다.
④ 부양가족 중 거주자의 직계존속이 주거 형편에 따라 별거하고 있는 경우에는 주민등록 여부에 불구하고 생계를 같이 하는 가족으로 본다.

**03** 소득세법에 의한 종합소득세 차감납부세액의 계산 산식으로 잘못된 것은?

① 산출세액 = 과세표준 × 세율
② 차감납부세액 = 총 결정세액 − 기납부세액
③ 결정세액 = 산출세액 − 세액감면 − 세액공제
④ 총 결정세액 = 결정세액 − 가산세

**04** 소득세법상 세액공제 중 이월공제를 적용 받을 수 있는 것은?

① 배당세액공제                  ② 기장세액공제
③ 외국납부세액공제              ④ 근로소득세액공제

# 09 퇴직소득

## 1.퇴직소득

퇴직소득(퇴직금)은 공적연금 관련법에 따라 받는 일시금 및 사용자 부담금을 기초로 하며 현실적인 퇴직을 원인으로 지급받는 소득, 즉 명칭여하에도 불구하고 퇴직으로 인한 퇴직금, 퇴직위로금, 퇴직공로금, 기타 퇴직일시금을 말한다. 퇴직소득에 대하여는 소득세와 지방소득세 소득분이 과세되며, 퇴직금을 줄 때, 그 소속 기관이나 사업자, 퇴직연금 사업자 등이 이를 원천징수한다.

## 2.비과세 퇴직소득

① 산업재해보상보험법에 따라 수급권자가 받는 요양급여, 휴업급여, 장해급여, 간병급여, 유족급여, 유족특별급여, 장해특별급여, 장의비 또는 근로의 제공으로 인한 부상·질병·사망과 관련하여 근로자나 그 유족이 받는 배상·보상 또는 위자의 성질이 있는 급여

② 근로기준법 또는 선원법에 따라 근로자·선원 및 그 유족이 받는 요양보상금, 휴업보상금, 상병보상금, 일시보상금, 장해보상금, 유족보상금, 행방불명보상금, 소지품유실보상금, 장의비 및 장제비

③ 공무원연금법, 군인연금법, 사립학교교직원연금법 또는 별정우체국법에 의하여 지급받는 요양비, 요양 일시금, 장해보상금, 사망조위금, 재해부조금, 재해보상금 또는 신체·정신상의 장해·질병으로 인한 휴직 기간에 받는 급여

## 3.퇴직소득 과세표준

퇴직소득과세표준은 퇴직소득금액에 퇴직소득공제를 적용한 금액으로 한다.

① **퇴직소득 과세표준**

환산급여 [=(퇴직소득금액−근속연수공제)÷근속연수×12 ]−환산급여공제

② 환산급여공제

| 환산급여 | 공제액 |
|---|---|
| 8백만원 이하 | 환산급여의 100% |
| 8백만원 초과<br>7천만원 이하 | 8백만원+(8백만원 초과분의 60%) |
| 7천만원 초과<br>1억원 이하 | 4천520만원+(7천만원 초과분의 55%) |
| 1억원 초과<br>3억원 이하 | 6천170만원+(1억원 초과분의 45%) |
| 3억원 초과 | 1억5천170만원+(3억원 초과분의 35%) |

## 4. 퇴직소득 산출세액

퇴직소득 산출세액 = 퇴직소득과세표준 × 기본세율 × 근속연수 ÷ 12

## 5. 세율

퇴직소득은 퇴직소득과세표준에 소득세의 기본세율을 적용한다.

# 10 신고와 납부

## 1. 세액의 신고납부

### ① 연말정산 세액 납부 방법

- 근로소득 원천징수의무자는 연말정산결과 납부할 세액이 환급할 세액보다 큰 경우에는 다음 년도 2월에 지급분 급여에 대한 소득세와 연말정산분 소득세를 납부서에 작성하여 다음년도 3월 10일까지 금융기관에 납부한다.

- 연말정산결과 환급할 소득세가 연말정산하는 달에 원천징수하여 납부할 소득세를 초과하는 경우에는 다음달 이후에 납부할 소득세에서 조정하여 환급한다.

- 소득세의 환급을 받고자 하는 때에는 원천징수세액환급신청서를 원천징수관할세무서장에게 제출하여야 한다.

### ② 원천징수이행상황신고서 제출

#### ㉠ 월별납부자

- 근로소득은 다음년도 2월 지급분에 대한 원천징수이행신고서의 연말정산란에 연말정산 결과를 기재하여 다음년도 3월 10일까지 제출하여야 한다. 이 경우 [소득지급]의 인원 란 및 총지급액란에는 과세미달·비과세 인원 및 금액을 포함하여 기재한다.
  당월 급여를 당월에 지급하는 경우에는 2월에 지급한 급여에 대한 간이세액징수분 원천 징수내역과 연말정산분 원천징수내역을 별도로 작성하지 않고 원천징수이행상황신고서 1장으로 작성한다. 2월분의 급여를 3월에 지급 하는 경우 귀속연월을 다음년도 2월로 하여 "연말정산"란만을 기재하여 제출한다. 이때 연말정산분과 2월분 두장의 신고서가 작성된다.

- 법인의 지점·영업소 기타 사업장이 독립채산제에 의하여 독자적으로 회계사무를 처리 하는 경우 각 지점별로 원천징수이행상황신고서를 제출하여야 하고, 세액납부 및 조정 환급도 지점별로 이루어져야 한다.

  ※ 조정환급이 있는 경우에는 신고서 상에 조정내역을 기재하여 제출하여야 하며, 조정환급내역을 기재하지 않고 납부할 세액을 납부하지 않은 경우 무납부 처리되어 납부불성실 가산세를 부담하게 되므로 주의하여야 한다.

ⓒ 반기별 납부 원천징수의무자

반기별 납부 원천징수의무자는 사업자는 연말정산분 소득세를 상반기 지급분에 대한(1월부터 6월까지 지급 기준) 원천징수 내역을 기재한 원천징수이행상황신고서의 연말정산(A04)란에 기재하여 다음년도 7월 10일까지 제출한다.

다만, 연말정산으로 환급할 소득세가 2월에 원천징수하여 납부할 소득세를 초과하여 소득세를 환급신청하고자 하는 경우에는 다음년도 2월분 원천징수이행상황신고서(다음년도 3. 10까지 제출)에 연말정산분을 기재하여 제출하여야 하며 다음연도 7. 10 제출하는 원천징수이행상황신고서에는 이미 제출한 연말정산분과 1,2월분을 제외한 상반기(3~6월) 지급분에 대한 원천징수 내역을 작성하여 제출한다. 이때 귀속월은 다음연도 1월 지급연월은 2월로 해서 작성한다. 즉, 다음년도 1, 2월분과 연말정산분을 합계하여 신고하고, 다음년도 7월 10일 신고시에는 3월부터 6월 지급분에 해당하는 내역만 신고한다.

ⓒ 원천징수이행상황신고서 작성방법

근로소득에 대한 연말정산분 원천징수이행상황신고서는 다음과 같이 작성한다.

• 원천징수이행상황신고서 「귀속연월」란에 "다음년도 2월", 「지급연월」란에 "다음년도 2월"을 기재한다.

• 반기별 납부 원천징수의무자 중 연말정산 결과 소득세 납부하거나 환급할 소득세가 있으나 다음년도 2월에 소득세 환급을 신청하지 않고 7월 10일까지 제출하는 경우 원천징수이행상황신고서의 「귀속연월」란에 "다음년도 1월", 「지급연월」란에 "다음년도 6월"로 기재한다.

• 월별 납부 원천징수의무자 (귀속연월(1월, 2월 연말정산분 기준으로 각각 원천징수이행상황신고서 작성)

| 신고 구분 | 귀속연월 | 지급연월 | 제출연월일 |
| --- | --- | --- | --- |
| 매월 | 1월 | 2월 | 3월 10일 |
| 연말정산 | 2월 | 2월 | 3월 10일 |

ⓔ 유의할 사항

매월분 급여에 대한 원천징수 내역을 기재한 원천징수이행상황신고서, 연말정산분 원천징수이행상황신고서 및 근로소득지급명세서의 관련 항목(총급여 및 원천징수세액)간 기재금액이 서로 부합하게 기재되었는지 여부를 사전에 검토하여 잘못 작성되거나 누락되지 않도록 주의

**원천징수이행상황신고서(연간 합계)와 지급명세서 비교**

| | 원천징수이행상황신고서의<br>[연말정산란(A04)]+[중도퇴사(A02)] | 근로소득지급명세서<br>(계속근무자 및 중도퇴사자) |
|---|---|---|
| 소득<br>지급 | 1. 인원 | 근로소득 원천징수영수증의 제출 건수 |
| | 2. 총지급액 | [총급여⑯ 또는 ㉑] 합계+[비과세소득⑳]합계 |
| 징수<br>세액 | 3. 소득세 등 | 차감징수세액의 소득세(⑰) 합계 |
| | 4. 농어촌특별세 | 차감징수세액의 농어촌특별세(⑰) 합계 |

※ 원천징수이행상황신고서와 지급명세서 상호대사시 종근무지의 총급여 및 비과세소득을 포함하여 검토하여야 한다.

③ 과세표준확정신고와 자진납부

• 과세표준확정신고

당해연도의 소득(종합, 퇴직, 양도소득)이 있는 거주자는 각 소득의 과세표준을 다음 연도의 5월31일까지 납세지 관할세무서장에게 신고하고 자진납부세액을 납부하여야 한다.

• 확정신고의 예외

> • 근로소득만이 있는 자
> • 퇴직소득만이 있는 자
> • 연말정산되는 사업소득만 있는 자
> • 연말정산되는 사업소득 및 퇴직소득만 있는 자
>
> • 공적연금소득만 있는 자
> • 근로소득 및 퇴직소득만 있는 자
> • 공적연금소득 및 퇴직소득만 있는 자
> • 분리과세소득만이 있는 자

• 확정신고 납부기한

거주자는 다음의 기한 내에 과세표준 확정신고와 함께 납부를 하여야 한다. 납세의무자의 과세표준 확정신고기한 경과 후 법인이 법인세 과세표준을 신고하거나, 세무서장이 과세표준의 결정 또는 경정함에 있어 세무조정에 의한 배당·상여·기타소득의 소득처분으로 소득금액에 변동이 생긴 경우에는 해당 법인이 소득금액변동통지서를 받은 날(법인이 신고함으로써 소득금액의 변동이 발생한 경우에는 해당 법인의 신고기일)이 속하는 달의 다음 다음 달 말일까지 추가자진신고 납부하면 확정신고기한 내에 신고납부한 것으로 본다.

| 구 분 | 확정신고기한 |
|---|---|
| 일반적인 경우 | 다음 연도 5월 1일부터 5월 31일까지 |
| 거주자가 사망한 경우 | 상속개시일부터 6개월이 되는 날까지 |
| 거주자가 국외이전을 위하여 출국하는 경우 | 출국일 전날까지 |

※ 1월 1일과 5월 31일 사이에 사망한 거주자가 사망일이 속하는 과세기간의 직전과세기간에 대한 과세표준확정신고를 하지 아니한 경우에는 상속개시일부터 6개월이 되는 날까지 확정신고를 하여야 한다.

• 분납

자진 납부할세액 또는 중간예납세액이 1,000만원을 초과하는 경우에는 다음의 금액을 납부기한 경과 후 2개월 이내에 분납할 수 있다.

| 구 분 | 분납할 수 있는 금액 |
|---|---|
| 납부할세액이 2,000만원 이하인 경우 | 1,000만원을 초과하는 금액 |
| 납부할세액이 2,000만원 초과하는 경우 | 납부할세액의 50% 이하 금액 |

• 소액부징수

다음에 해당하는 경우에는 소득세를 징수하지 아니한다.

| 구 분 | 기준금액 |
|---|---|
| • 원천징수세액(이자소득 제외) | 1천원 미만 |
| • 납세조합 징수세액 | |
| • 비거주자의 분리과세대상소득에 대한 원천징수세액 | |
| • 중간예납세액 | 50만원 미만 |

## 예상문제

**01** 다음 중 종합소득과세표준 확정신고기한으로 옳은 것은?

① 거주자가 사망한 경우 : 그 사망일이 속한 달의 말일로부터 6개월이 되는 날
② 거주자가 출국한 경우 : 그 출국일이 속한 달의 말일로부터 6개월이 되는 날
③ 거주자가 폐업한 경우 : 그 폐업일이 속한 달의 말일로부터 2개월이 되는 날
④ 거주자가 휴업한 경우 : 그 휴업일이 속한 달의 말일로부터 2개월이 되는 날

**02** 소득세법상 지급명세서 제출기한이 나머지와 다른 하나는?

① 기타소득
② 근로소득
③ 퇴직소득
④ 원천징수대상

**03** 다음 중 소득세법상 연말정산대상자가 아닌 것은?

① 근로소득이 있는 자
② 직전 총수입금액이 7,500만원 이하인 보험모집인
③ 학원에서 독립적으로 계속하여 강의하고 강사료를 받는 강사
④ 방문판매원 중 간편장부대상자

Chapter

# 05

# 법인세

# 01 법인세 이론

## 1. 법인세의 과세대상

법인세의 과세대상은 매년 소득인 각 사업년도 소득, 청산소득, 토지 등의 양도소득, 미환류소득에 대한 법인세로 분류된다.

### ① 각 사업연도 소득에 대한 법인세

각 사업연도 소득은 법인이 경제활동을 통하여 얻은 순자산증가액에 대하여 부과하는 법인세를 말한다.

### ② 청산소득에 대한 법인세

법인이 해산하는 경우 청산절차를 밟아야 하는데 이러한 청산과정에서 발생하는 소득에 대하여 부과하는 법인세를 말한다. 청산소득에 대한 법인세 납세의무는 영리내국법인만이 부담한다.

### ③ 토지 등 양도소득세에 대한 법인세

부동산 투기를 막기 위하여 전국의 주택, 비사업용 토지의 양도소득에 대하여는 「토지 등 양도소득에 대한 법인세」를 일반 법인세에 추가하여 과세한다. 주택과 비사업용 토지의 양도소득에 대하여는 10%(미등기 40%)의 세율을 적용한다.

### ④ 미환류소득에 대한 법인세

기업의 소득을 투자, 임금증가, 배당지원 등으로 활용하여 가계의 소득으로 흘러들어가도록 기업소득·가계소득 간 선순환을 유도하기 위해 기업의 미환류소득에 대한 법인세를 과세제도를 두고 있다.

## 2. 납세의무의 범위

### ① 내국법인

국내에 본점 또는 주사무소를 둔 법인을 말하며 국내·외에서 발생한 소득에 대해서 법인세를 과세하며 토지등 양도소득 및 청산소득에 대한 법인세 납세의무가 있다.

② **외국법인**

외국에 본점을 둔 법인을 말하며 국내에서 발생한 국내원천소득에 대하여만 과세하며 청산소득에 대한 납세의무는 없다.

③ **영리법인과 비영리법인**

영리법인이란 영리를 목적으로 하는 법인을 말하며, 비영리법인이라 함은 학술·종교·자선 기타 영리를 목적으로 하지 아니하는 법인이다. 비영리법인에 대하여는 수익사업에서 발생한 소득에 대하여만 과세하며 청산소득에 대하여는 과세하지 아니한다.

④ **국가·지방자치단체** : 국가·지방자치단체 등도 법인에 해당하나 법인세는 부과하지 아니한다.

> 법인세의 납세의무자는 법인이다. 법인이란 법에 의하여 권리능력을 부여받은 단체 또는 재단을 말하는데, 법인은 크게 내국법인과 외국법인으로 분류되며 그 납세의무의 범위는 다음과 같다.
>
> ▌**법인구분별 납세의무자**

| 법인의 종류 | | 각 사업연도 소득에 대한 법인세 | 토지등 양도소득에 대한 법인세 | 청산소득 |
|---|---|---|---|---|
| 내국법인 | 영리법인 | • 국내·외 모든 소득 | ○ | ○ |
| | 비영리법인 | • 국내·외 수익사업에서 발생하는 소득 | ○ | × |
| 외국법인 | 영리법인 | • 국내원천소득 | ○ | × |
| | 비영리법인 | • 국내원천소득 중 열거된 수익사업에서 발생한 소득 | ○ | × |
| 국가·지방자치단체 | | 납세의무 없음 | | |

## 3. 사업연도

① **원칙**

과세기간이란 법인의 각 사업연도소득을 계산하는 1회계기간을 말하며 그 기간은 1년을 초과하지 못한다. 사업연도는 법령 또는 정관 등에서 정하고 있다.

사업연도를 변경하고자 할 때에는 직전사업연도 종료일부터 3월 이내에 사업연도 변경신고를 제출하여야 한다.

② **최초 사업연도 개시일**

내국법인의 최초 사업연도 개시일은 법인설립등기일이다. 다만, 법인 설립일 전에 생긴 손익을 최초 사업연도에 산입하는 경우에는 손익이 최초로 발생한 날이 개시일이다

③ **사업연도의 변경**

• 변경신고기한 : 사업연도를 변경하고자 하는 법인은 당해 법인의 직전 사업연도 종료일로부터 3월 이내에 납세지 관할 세무서장에게 이를 신고하여야 한다.

- 기한 경과 후 변경신고하는 경우 : 기한 경과후 변경신고를 한 경우에는 변경신고한 당해 사업연도는 변경되지 아니한 것으로 보며, 다음 사업연도부터 사업연도가 변경된다.
- 사업연도의 변경시 사업연도 의제 : 사업연도를 변경한 경우에는 종전 사업연도 개시일부터 변경한 사업연도의 개시일 전일까지의 기간을 1사업연도로 본다. 다만, 그 기간이 1월 미만일 때에는 변경한 사업연도에 이를 포함시킨다.

④ **사업연도의 의제**

법인세법에서는 정관에 정해진 회계기간을 사업연도로 하지 않고 일정한 기간을 사업연도로 의제하여 적용하도록 하고 있으며 이를 사업연도 의제라고 한다.

- 해산등기를 하는 경우 : 사업연도개시일~해산등기일
- 합병 또는 분할에 의해 해산하는 경우 : 사업연도 개시일~합병등기일(분할등기일)

## 4. 납세지

① **원칙적 납세지**

- 내국법인 : 법인의 등기부상의 본점 또는 주사무소의 소재지를 납세지로 한다.
- 외국법인 : 국내사업장의 소재지(2이상의 국내사업장이 있는 외국법인에 대하여는 주된 사업장의 소재지)를 납세지로 한다. 사업장이 없으면 자산소재지로 한다.

② **원천징수한 법인세의 납세지**

당해 원천징수의무자의 소재지를 납세지로 한다.

③ **납세지의 변경신고**

납세지가 변경된 때에는 그 변경된 날부터 15일 이내에 변경 후의 납세지 관할세무서장에게 이를 신고하여야 한다. 한편, 납세지가 변경된 법인이 부가가치세법에 의하여 사업자등록을 정정 신고를 한 경우에는 납세지 변경신고를 한 것으로 본다.

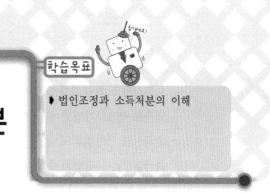

# 02 법인세의 조정과 처분

## 1. 세무조정절차

기업이 일반적으로 공정·타당하다고 인정되는 기업회계기준에 의하여 작성한 재무제표상의 당기순손익을 기초로 하여 세법의 규정에 따라 익금과 손금을 조정함으로써 정확한 과세소득을 계산하기 위한 일련의 절차를 말한다.

### ① 조정의 의미

• 결산조정 : 사업연도 말의 결산을 통하여 장부에 반영하여야 하는 사항
• 신고조정 : 결산서상 당기순손익의 기초가 되는 회사장부에 계상함이 없이 법인세 과세표준 및 세액신고서에만 계상해도 되는 사항
• 기업회계와 세무회계의 차이는 법인의 결산상 당기순손익과 법인세를 계산하는 각 사업연도 소득간의 차이를 말하는 것으로써 양자의 차이를 살펴보면 다음과 같다.

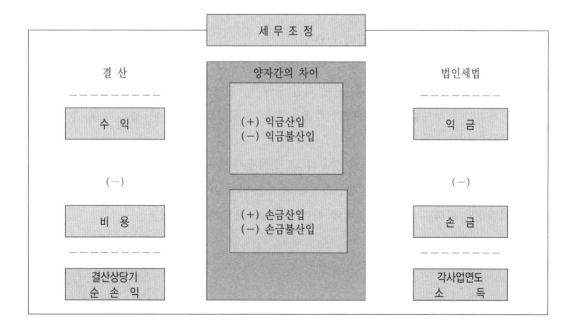

- 기업회계와 세무회계의 차이는 다음 항목들을 가·감하여 조정하게 된다.
  - 익금산입 : 기업회계상 수익이 아니나 세무회계상 익금으로 인정하는 것
  - 익금불산입 : 기업회계상 수익이나 세무회계상 익금으로 보지 않는 것
  - 손금산입 : 기업회계상 비용이 아니나 세무회계상 손금으로 인정하는 것
  - 손금불산입 : 기업회계상 비용이나 세무회계상 손금으로 보지 않는 것
- 세무조정이 필요한 이유는 세법의 규정도 원칙적으로 기업회계기준을 존중하고 있으나 조세정책 또는 사회정책적인 목적에서 예외적으로 기업회계기준과 다소 다른 규정을 두고 있기 때문이다.

② **결산조정과 신고조정 종류**

㉠ **결산 조정**

기업회계와 세무회계의 차이는 양 회계의 목적과 기능에 의하여 발생한다.

그러나 세법에서는 특정한 손비에 대하여는 법인의 내부적 의사결정 즉, 결산확정에 의하여 손금으로 계상하여야만 손금으로 인정하는 항목이 있다.

- 감가상각비(즉시상각액 포함)
- 고유목적사업준비금
  ※ 외부감사를 받는 비영리법인의 경우 신고조정 가능

- 퇴직급여충당금
- 대손충당금
- 구상채권상각충당금
- 대손금(부도어음등은 비망금액 1,000원)
- 파손·부패 등의 사유로 인하여 정상가격으로 판매할 수 없는 재고자산의 평가손
- 천재·지변, 화재, 폐광, 수용 등에 의한 고정자산평가손
- 발행법인이 부도발생, 회생계획인가결정 또는 부실징후기업이 된 경우 당해 주식 등의 평가손(비망금액 1,000원)
- 주식을 발행한 법인이 파산한 경우의 그 주식평가손(비망금액 1,000원)
- 시설개체, 기술낙후로 인한 생산설비의 폐기손(비망금액 1,000원)
- 재판상의 화해및 화해권고결정에 따라 회수불능으로 확정된 채권

ⓛ 신고 조정

신고조정은 결산조정과는 달리 결산확정에 의한 손금산입을 필요로 하지 않고 세무조정 계산서에서 익금과 손금을 가감 조정하여 과세표준을 계산할 수 있는 항목으로서 주요 내용을 예시하면 다음과 같다.

- 무상으로 받은 자산의 가액과 채무의 면제 또는 소멸로 인한 부채의 감소액 중 이월결손금의 보전에 충당한 금액
- 퇴직연금 분담금, 선급비용 등
- 공사부담금·보험차익·국고보조금으로 취득한 고정자산가액의 손금산입
- 자산의 평가차손의 손금불산입
- 제 충당금·준비금 등 한도초과액의 손금불산입
- 감가상각비 부인액의 손금불산입
- 건설자금이자의 손금불산입(과다하게 장부계상한 경우의 손금산입)
- 손익의 귀속 사업연도의 차이로 발생하는 익금산입·손금불산입과 손금산입·익금불산입
- 소멸시효가 완성된 채권등

## 2. 소득처분

법인세법상의 각사업연도 소득금액은 기업회계상 당기 순손익에서 익금산입사항과 손금불산입 사항을 가산하고, 익금불산입 사항과 손금산입사항을 차감하여 계산한다. 이렇게 익금에 가산된 금액 등이 누구에게 귀속하는가를 확정하는 세법상의 절차를 소득처분이라 한다.

① 소득처분의 종류

ㄱ 유 보

각 사업연도 소득금액 계산상 세무조정 금액이 사외로 유출되지 않고 회사 내에 남아있는 것으로, 다음 사업연도 이후의 각 사업연도 소득금액 및 청산소득계산과 기업의 자산가치 평가 등에 영향을 주게 되므로 자본금과 적립금조정명세서에 그 내용을 기재하여야 한다.

※ 세무조정시에는 자본금과적립금조정명세서(을)상 유보소득 기말잔액을 고려하여 세무조정을 하여야 한다.

내국법인이 국세기본법의 수정신고기한 내에 매출누락, 가공경비 등 부당하게 사외 유출된 금액을 회수하고 세무조정으로 익금에 산입하여 신고하는 경우의 소득처분은 사내유보로 한다(경정이 있을 것을 미리알고 사외 유출된 금액을 익금산입하는 경우에는 이를 적용하지 아니한다).

| 조정 항목 | 내 용 | 익 금 가 산 | | 손 금 가 산 | |
|---|---|---|---|---|---|
| | | 조정구분 | 처 분 | 조정구분 | 처 분 |
| 퇴직급여 충당금 | • 범위초과액<br>• 전기부인액중 당기 지급<br>• 전기부인액중 당기 환입액 | 손금불산입 | 유보발생 | 손금산입<br>익금불산입 | 유보감소<br>〃 |
| 퇴 직 보험료 | • 범위초과액<br>• 전기부인액중 당기 환입액 | 손금불산입 | 유보발생 | 익금불산입 | 유보감소 |
| 대손충당금 | • 범위초과액<br>• 전기범위초과액 중 당기 환입액 | 손금불산입 | 유보발생 | 익금불산입 | 유보감소 |
| 재고자산 | • 당기평가감<br>• 전기평가감 중 당기 사용분 해당액<br>• 당기평가증<br>• 전기평가증 중 당기 사용분 해당액 | 익금산입<br><br><br>손금불산입 | 유보발생<br><br><br>유보감소 | 손금산입<br>손금산입 | 유보감소<br>유보발생 |
| 국 고 보조금등 | • 잉여금으로 계상한 국고 보조금 등<br>• 손금산입한도 초과액<br>• 세무조정에 의한 손금계상시 | 익금산입<br>손금불산입 | 기 타<br>유보발생 | 손금산입 | 유보발생 |
| 감 가 상 각 비 | • 당기부인액<br>• 기왕부인액중 당기 용인액 | 손금불산입 | 유보발생 | 손금산입 | 유보감소 |
| 각 종 준비금 | • 범위초과액<br>• 과소환입<br>• 과다환입<br>• 전기범위초과액중 환입액<br>• 세무조정에 의하여 손금산입하는 준비금 | 손금불산입<br>익금산입 | 유보발생<br>유보감소 | 익금불산입<br>〃<br>손금산입 | 유보감소<br>〃<br>유보발생 |
| | • 세무조정에 의해 환입하는 준비금 | 익금산입 | 유보발생 | | |

© 상 여

각 사업연도 소득금액계산상의 세무조정 금액이 사외로 유출되어 사용인 또는 임원에게 귀속되었음이 분명한 경우에 행하는 소득처분을 말한다. 또한, 소득이 사외로 유출되었으나 그 귀속이 불분명한 경우에는 대표자에게 귀속된 것으로 보아 상여(인정상여)로 처분하는 것이다.

• 인정상여의 지급시기

신고조정시의 처분된 상여 → 법인세과세표준 신고기일

결정 또는 경정 시에 처분된 상여 → 소득금액 변동통지를 받은 날

• 인정상여의 수입시기

당해 사업연도중의 근로를 제공한 날 → 근로소득세 원천징수 납부

ⓒ **배 당**

> 각 사업연도의 소득금액계산상의 익금산입 또는 손금불산입으로 생긴 세무조정 소득이 사외에 유출되어 출자자(사용인과 임원 제외)에 귀속되었음이 분명한 경우에는 그 출자자에 대한 배당으로 보는 것이다.

- 배당으로 처분된 금액은 출자자의 배당소득에 포함되어 종합소득세가 과세되며, 법인에게는 배당소득세 원천징수의무가 발생한다.
- 배당소득의 지급시기

  신고조정 시에 처분된 배당 → 법인세 과세표준 신고기일

  결정 또는 경정 시에 처분된 배당 → 소득금액 변동통지를 받은 날
- 배당소득의 수입시기

  법인세법에 의하여 처분된 배당소득에 있어서는 당해 법인의 당해 사업연도 결산확정일

ⓒ **기타소득**

> 각 사업연도 소득금액계산상의 익금산입 또는 손금불산입으로 생긴 세무조정소득이 사외에 유출되어 출자자·사용인·임원 이외의 자에게 귀속되었음이 분명한 경우에는 그 귀속자에 대한 기타소득으로 처분하는 것이다.

- 기타소득으로 처분된 금액은 그 귀속자의 기타소득금액(필요경비 공제 없음)이 된다
  → 기타소득세 원천징수 납부
- 기타소득의 지급시기

  신고조정 시에 처분된 기타소득 → 법인세 과세표준 신고기일

  결정·경정 시에 처분된 기타소득 → 소득금액 변동통지를 받은 날
- 기타소득의 수입시기

  법인세법에 의해 처분된 기타소득은 당해 사업연도 결산확정일

ⓒ **기타사외유출**

> 각 사업연도 소득금액계산상의 익금산입 또는 손금불산입으로 생긴 세무조정소득이 사외에 유출되어 법인의 각 사업연도 소득금액을 구성하였거나, 개인·자의 ·금액을 구성한 경우에는 기타사외유출로 처분한다.

| 조정<br>항목 | 내 용 | 익 금 가 산 | |
| --- | --- | --- | --- |
| | | 조정구분 | 처 분 |
| 접 대 비 | • 한도초과액<br>• 법인명의 신용카드 미사용액 | 손금불산입 | 기타사외유출 |
| 지정기부금 | • 한도초과액 | 〃 | 기타사외유출 |
| 소득세<br>대납액 | • 귀속이 불분명하여 대표자에게 처분한 소득에 대한 소<br>득세를 법인이 대납하고 손비로 계상하거나 특수관계<br>소멸시 까지 회수하지 아니하여 익금산입한 금액<br>※ 대표자 귀속 명백분 : 상여(재대납분은 기타사외유출) | 〃 | 기타사외유출 |
| 채권자가<br>불분명한<br>사채이자 | • 원천세 제외 금액 (대표자)<br>• 원천세 해당금액 | 손금불산입<br>〃 | 상 여<br>기타사외유출 |
| 수령자불분명<br>채권·증권의<br>이자 할인액 | • 원천세 제외 금액 (대표자)<br>• 원천세 해당금액 | 손금불산입<br>〃 | 상 여<br>기타사외유출 |
| 비업무용<br>부동산등<br>지급이자 | • 비업무용부동산 및 업무무관 가지급금에 대한 지급이자 | 손금불산입 | 기타사외유출 |
| 기 타 | • 법인세 등<br>• 벌과금, 과료<br>• 귀속자에게 증여세가 과세되는 금액 | 손금불산입<br><br>익금산입 | 기타사외유출<br>〃<br>기타사외유출 |

**기본예제**

**※ 소득금액조정을 하시오.**

1. 손익계산서에 법인세 등이 2,000,000원이 계상되어 있다.

2. 미수이자 900,000원은 원천징수대상이 되는 이자소득에 대하여 기간 경과분을 결산시에 계상한 것이다.

3. 당기말에 대표이사에 대해 특별상여금 1,200,000을 지급하고, 손익계산서상 상여금 계정과목으로 하여 판관비에 반영되어 있다. 회사는 임원에 대한 상여금 규정이 없다.

4. 회사가 업무용 토지를 구입하면서 지출한 취득세 및 등록세 3,400,000원을 다음과 같이 회계처리하였다.
   (차) 세금과공과(판)  3,400,000원           (대) 현금  3,400,000원

5. 과오납부한 법인세의 환급시 환급가산금 700,000원이 잡이익계정에 포함되어 있다.

6. 전기말의 유보잔액은 다음과 같다.

감가상각비한도초과액       1,200,000원(유보발생)

선급보험료               300,000원(유보발생)

① 위의 선급보험료는 당기 중에 해당기간이 모두 경과하였다.

② 당기의 감가상각비 한도미달액은 3,000,000원이다.

7. 현금매출 500,000원이 누락되었다.

8. 외상매출금 1,000,000원 누락되었다.

9. 단기매매증권평가이익이 손익계산서에 300,000원 계상되어있다.

**해설**

1. 법인세는 손금불산입하고 기타사외유출처분한다.

   (손금불산입) 법인세등 2,000,000 (기타사외유출)

2. 원천징수대상 이자소득은 실제로 받은 날 또는 받기로 한 날이 수입시기이므로 기간경과분에 대한 미수이자는 인정되지 아니한다.

   (익금불산입)미수이자 900,000 (유보발생)

3. 임원상여금은 규정이 있으면 손금인정 하지만 , 규정이 없거나 한도초과액은 손금인정하지 않는다.

   (손금불산입)임원상여금한도초과 1,200,000(상여)

4. 토지의 취득세등록세는 토지의 취득원가에 해당되므로 손금불산입하며, 차후 매각시 추인된다.

   (손금불산입)세금과 공과(토지) 3,400,000(유보발생)

5. 법인세환급가산금은 조세정책적으로 익금부인한다.

   (익금불산입)잡이익 700,000(기타)

6. 감가상각비 한도초과액은 이후 한도미달액범위내서 손금추인되며, 기간경과된 보험료도 손금추인된다.

   (손금산입)전기감가상각비한도초과 1,200,000(유보감소)

   (손금산입)전기선급보험료 300,000(유보감소).

7. 현금매출분을 기장누락시 비자금조성으로 보아 대표자상여 처분한다.

   (익금산입)현금매출누락 500,000(상여)

8. 외상매출누락은 익금산입하고 자산(매출채권)을 증가시켜준다. 자산의 증가는 유보이다.

   (익금산입)외상매출누락 1,000,000(유보발생)

9. 세법은 유가증권평가를 인정하지 아니한다.

   (익금불산입)단기매매증권 300,000(유보발생)

# 03 각사업연도 소득금액

## 1. 각사업연도 소득의 계산

① 각 사업연도의 소득금액

각 사업연도 소득금액은 그 사업연도에 속하는 익금의 총액에서 손금의 총액을 공제한 금액으로 하고, 손금의 총액이 익금의 총액을 초과하는 경우 그 초과하는 금액은 각 사업연도의 결손금으로 한다.

- 익금 : 자본 또는 출자의 납입 및 법인세법에서 규정하는 것을 제외하고 그 법인의 순자산을 증가시키는 거래로 인하여 발생하는 수익의 금액
- 손금 : 자본 또는 출자의 환급, 잉여금의 처분 및 법인세법에서 규정하는 것을 제외하고 그 법인의 순자산을 감소시키는 거래로 인하여 발생하는 손비의 금액

② 익금

㉠ 익금의 범위

- 사업에서 생기는 수입금액(도급금액·판매금액과 보험료액을 포함하되, 기업회계기준의한 매출에누리금액 및 매출할인금액을 제외)
- 손금에 산입한 금액 중 환입된 금액
- 이익처분에 의하지 아니하고 손금으로 계상된 적립금액
- 기타 법인의 수익으로서 그 법인에 귀속되었거나 귀속될 금액

㉡ 특수관계에 있는 개인으로부터 유가증권 저가매입 차액

법인이 특수관계 있는 개인으로부터 유가증권을 시가보다 저가로 매입하는 경우 시가와 매입가액의 차액을 익금에 산입한다.

| 구 분 | 저가매입차액의 처리 | 세무계산상 자산취득가액 |
|---|---|---|
| 특수관계있는 개인으로부터 저가매입 경우 | 익금산입 유보처분 → 매입 시 과세 | 시가(저가매입차액을 유가증권 취득가액에 가산) |
| 기타의 저가매입 경우 | 익금으로 보지 아니함 → 처분 시 과세 | 취득가액 |

ⓒ 잉여금의 증가항목

기업회계상 자본잉여금 등으로 분류되는 아래 항목 중 법인의 순자산을 증가시키는 거래는 세법상 따로 정한 바가 있는 경우를 제외하고는 익금에 산입한다.

- 자기주식처분이익
- 기타 순자산을 증가시킨 거래에 해당하는 자본잉여금

③ 익금불산입

법인의 순자산을 증가시키는 거래로 인하여 발생한 수익의 항목이지만 세법에 의해 익금에서 제외하는 항목은 자본거래로 인한 수익(예:주식발행초과금), 평가차익, 이월익금등

④ 손 금

손금을 구성하는 "손비"는 그 법인의 사업과 관련하여 발생하거나 지출된 손실 또는 비용으로서 일반적으로 용인되는 통상적인 것이거나, 수익과 직접 관련된 것을 말한다.

- 판매한 상품 또는 제품에 대한 원료의 매입가액(기업회계기준에 의한 매입에누리금액 및 매입할인금액 제외)과 그 부대비용
- 특수관계자로부터 자산양수 시 기업회계기준에 따라 장부에 계상한 고정자산가액이 실제 취득가액에 미달하는 경우 그 차액(실제취득가액이 시가를 초과하는 경우에는 시가와 장부가액과의 차액)에 대한 감가상각비 상당액

⑤ 손금불산입

법인의 순자산을 감소시키는 거래로 인하여 발생한 손비의 항목이지만 세법에 의해 손금에서 제외되는 항목은 다음과 같다.

- 자본거래 등으로 인한 손비의 손금불산입
- 부당행위 계산의 유형에 해당하는 금액

**부가가치세 매입세액 세무상 처리방법**

| 사업자 \ 내용 | 매입세액의 내용 | 회계처리 |
|---|---|---|
| 면세사업자 | • 자본적 지출에 따른 매입세액<br>• 수익적 지출에 따른 매입세액 | 부대비용<br>손금산입 |
| 과세사업자 | • 세금계산서 교부받은 분(공제분) | 손·익무관 |
|  | • 의제매입세액(공제분)<br>• 의제매입세액(불공제분) | 취득가액 차감<br>부대비용 |
|  | • 비영업용 소형승용자동차의 취득에 따른 매입세액 | 부대비용 |
|  | • 접대비 등에 대한 매입세액 | 접대비 등 |
|  | • 세금계산서의 미교부 또는 미제출한 매입세액 | 손금불산입 |

## 2. 손익의 귀속사업연도

① 익금의 귀속사업연도

　　㉠ 각 사업연도 소득의 귀속시기를 기업 스스로 조절할 수 있도록 허용할 경우 법인세 부담의
　　　조작 및 회사간 과세의 불공평 등과 같은 많은 문제점이 야기되므로 법인세법에서는 과세
　　　소득계산의 공평을 기하기 위하여 익금과 손금을 어느 사업연도로 귀속시킬 것인가에 관하
　　　여 특별히 규정하고 있다.

　　㉡ 법인세법상 익금과 손금의 귀속시기는 원칙적으로 그 익금과 손금이 확정된 날이 속하는
　　　사업연도로 하고 있으며, 거래형태별 손익의 귀속사업연도는 시행령 및 시행규칙 등에서
　　　이를 개별적으로 규정하고 있다.

　　㉢ 법인이 익금과 손금의 귀속사업연도에 관하여 일반적으로 공정·타당하다고 인정되는 기
　　　업회계의 기준이나 관행을 계속적으로 적용하여 온 경우로서 세법에서 달리 규정하고 있는
　　　경우를 제외하고는 당해 기업회계의 기준 또는 관행에 의할 수 있다.

　　㉣ 이자수입 등

　　　• 금융보험업 영위법인의 영업수익 : 영업수익인 수입이자, 수입보험료, 부금, 수입보증료,
　　　　수입수수료 → 실제로 수입된 사업연도(현금주의)

　　　　- 선수입이자·보험료, 선수입부금, 선수입보증료, 선수수수료 등 → 당기 수익계상
　　　　　불가하다.

　　　　※ 총금융보험업 영위법인이 결산을 확정한다에 있어서 이미 경과한 기간에 대응하는 수입 이자(규정에
　　　　　의하여 원천징수되는 이자 등은 제외)·보험료상당액 등을 수익으로 계상한 경우에는 그 계상한 사업
　　　　　연도의 익금으로 한다. → 세무조정불가함.

② 손금의 귀속사업연도

　　㉠ 수입금액에 대응하는 비용 : 당해 수입금액이 확정되어 익금에 산입하는 때

　　㉡ 기타의 손비

　　　• 매출할인 : 상대방과의 약정에 의한 지급기일(그 지급기일이 정하여 있지 아니한 경우에는
　　　　지급한 날)이 속하는 사업연도의 매출액에서 차감한다.

　　　• 이자비용 : 소득세법의 규정에 의한 수입시기에 해당하는 날

　　　※ 결산을 확정함에 있어서 경과기간에 대한 이자 등을 당해 사업연도의 손금으로 계상한 경우에는 그 계상한
　　　　사업연도의 손금으로 한다.

# 04 수입금액 조정

## 1. 수입금액조정명세서

기업회계기준 또는 일반적으로 공정·타당하다고 인정되는 관행에 따라 각종 수익을 인식한 경우에도 그 귀속사업연도가 세법에서 정한 것과 다른 경우에는 세법이 정하는 바에 따라 세무조정을 하여야 한다.

※ 세법에 별도 규정이 없는 경우에만 기업회계를 적용함에 유의

① 수입금액의 인식시기

　㉠ 자산의 판매수익

　　• 상품(부동산 제외)·제품 또는 기타 생산품의 판매수익 : 상품 등을 인도한 날

　　• 시용판매 수익 : 상대방이 그 상품 등에 대한 구입의 의사를 표시한 날

　　• 상품 등 외의 자산의 양도로 인한 수익 : 그 대금을 청산한 날

　　　다만, 대금을 청산하기 전에 소유권 등의 이전등기(등록을 포함한다)를 하거나 당해 자산을 인도하거나 상대방이 당해 자산을 사용수익하는 경우에는 그 이전등기일(등록일을 포함한다)·인도일 또는 사용수익일중 빠른 날로 한다.

　　• 위탁매매로 인한 수익 등 : 수탁자가 위탁자산을 매매한 날

　　• 장기할부조건부 판매수익 : 장기할부매매손익은 원칙적으로 인도기준에 따르되, 예외적으로 다음과 같이 처리할 수 있다.

　　　－ 결산조정에 의한 회수기일도래기준 적용

　　　－ 신고조정에 의한 회수기일도래기준 적용

　　• 상품권을 발행하는 경우 : 상품권과 교환으로 제품등을 인도한 날

　　• 납품계약, 수탁가공계약 : 계약상 인도하여야 할 장소에 보관한 날

　㉡ 용역제공 등에 의한 수익

　　• 적용대상 : 건설·제조 기타 용역(도급공사 및 예약매출 포함)

　　※ 예약매출 : 매매목적물의 견본이나 안내서와 함께 판매조건을 매수희망자에게 제시하고 매수희망자가 이를 구입하기로 약정한 경우에 그 대금의 일부 또는 전부를 수수하는 판매방식 (예) 아파트분양, 선박제조 등

- 귀속사업연도 : 건설·제조 기타 용역(도급공사 및 예약매출을 포함)의 제공으로 인한 익금과 손금은 그 목적물의 건설등의 착수일이 속하는 사업연도부터 그 목적물의 인도일이 속하는 사업연도까지 그 목적물의 건설등을 완료한 정도(이하 이 조에서 "작업진행률"이라 한다)를 기준으로 하여 계산한 수익과 비용을 각각 해당 사업연도의 익금과 손금에 산입한다. 다만, 다음 어느 하나에 해당하는 경우에는 그 목적물의 인도일이 속하는 사업연도의 익금과 손금에 산입할 수 있다.

### 인도(완성)기준 적용하는 경우

ⓐ 중소기업인 법인이 수행하는 계약기간이 1년 미만인 건설등의 경우
ⓑ 기업회계기준에 따라 그 목적물의 인도일이 속하는 사업연도의 수익과 비용으로 계상한 경우
ⓒ 작업진행률을 계산할 수 없다고 인정되는 경우
ⓓ 국제회계기준을 적용하는 법인이 수행하는 예약매출의 경우

작업진행률에 의한 익금 또는 손금이 공사계약의 해약으로 인하여 확정된 금액과 차액이 발생된 경우에는 그 차액을 해약일이 속하는 사업연도의 익금 또는 손금에 산입한다.

$$익금산입액 = 계약금액 \times 작업진행률 - 직전\ 사업연도말까지\ 수입계상액$$

$$※\ 작업진행률 = \frac{당해\ 사업연도말까지\ 발생한\ 총공사비누적액}{총공사예정비}$$

※ 총공사예정비는 기업회계기준을 적용하여 계약당시 추정한 공사원가에 당해 사업연도말까지의 변동상황을 반영하여 합리적으로 추정한 공사원가임.
※ 건설의 수익실현이 건설의 작업시간·작업일수 또는 기성공사의 면적이나 물량 등(이하 이 조에서 "작업시간등"이라 한다)과 비례관계가 있고, 전체 작업시간등에서 이미 투입되었거나 완성된 부분이 차지하는 비율을 객관적으로 산정할 수 있는 건설의 경우에는 그 비율로 할 수 있다.

$$손금산입액 = 당해\ 사업연도에\ 발생한\ 총비용$$

## ▌ 수입금액 조정명세서 작성사례

**수입금액 조정명세서(사업연도 당기. 1. 1 ~ 12.31, 중소기업 아님)를 작성**

1. 결산서상 수입금액 내역
   제품매출 : 700,000,000원
   공사매출 : 675,000,000,원

2. 공사현장별 공사현황

| 공사명 | 도급자 | 공사계약<br>체 결 일 | 도급계약기간 | 도급금액 | 당해연도총공사비<br>(총공사예정비) | 손익계산서상<br>수익계상액 |
|---|---|---|---|---|---|---|
| A | 김기수 | 전기.11.10 | 당기 2.1~차기 5.17 | 700,000,000 | 460,000,000<br>(600,000,000) | 470,000,000 |
| B | 정호영 | 당기. 7.20 | 당기 8.10~차기 9.30 | 400,000,000 | 160,000,000<br>(300,000,000) | 205,000,000 |

3. 사업용 고정자산인 기계를 다음과 같이 매각하였음.
- 계약일 및 인도일 : 당기. 3. 31
- 계약금액 : 18,000,000원
- 대금결제조건 : 당기 3.31. 계약금 3,000,000원을 받고, 6개월 경과시 마다 3,000,000원씩 5회에 나누어 받기로 함.
- 회사는 기계매각대금 총액(18,000,000원) 및 장부가액(15,000,000원) 전액을 당기의 수입금액 및 대응원가로 각각 계상하여 결산하였으며
- 당기.9.30에 회수하여야 할 부불금 3,000,000원이 아직 결제되지 아니하였음.

4. 제품재고액 중 Y제품 8,000,000원은 타인에게 위탁판매하기 위한 위탁품(적송품)으로서 당기.12.31 에 수탁자가 10,000,000원에 판매한 것임.

5. 전년도 거래실적이 우수한 대리점에게 사전약정에 의하여 당기 1/4분기중에 매출에누리 하여준 금액 5,000,000원을 영업외 비용으로 계상함.

## 세무조정 계산

### 1. 수입금액 조정계산

| ① 항 목 | ② 과 목 | ③ 결산서상 수입금액 | ④ 가 산 | ⑤ 차 감 | ⑥ 수 정 후 수입금액 (③+④-⑤) | 비 고 |
|---|---|---|---|---|---|---|
| 매 출 | 제품매출 | 700,000,000 | 10,000,000 | 5,000,000 | 705,000,000 | |
| | 공사매출 | 675,000,000 | 74,400,000 | | 749,400,000 | |
| | | | | | | |
| 계 | | 1,375,000,000 | 84,400,000 | 5,000,000 | 1,454,400,000 | |

(계정과목 그룹: ① 항 목, ② 과 목 / 조정: ④ 가 산, ⑤ 차 감)

### 2. 수입금액 조정명세

#### 가. 작업진행률에 의한 수입금액

| ⑦공사명 | ⑧도급자 | ⑨도급금액 | ⑩해당사업연도말총공사비누적액 (작업시간 등) | ⑪총공사예정비 (작업시간 등) | ⑫진행률 (⑩/⑪) | ⑬누적익금산입액 (⑨×⑫) | ⑭전기말누적수입계상액 | ⑮ 당기회사수입계상액 | ⑯조 정 액 (⑬-⑭-⑮) |
|---|---|---|---|---|---|---|---|---|---|
| A | 김기수 | 700,000,000 | 460,000,000 | 600,000,000 | 76.6% | 536,200,000 | 0 | 470,000,000 | 66,200,000 |
| B | 정호영 | 400,000,000 | 160,000,000 | 300,000,000 | 53.3% | 213,200,000 | 0 | 205,000,000 | 8,200,000 |
| 계 | | 1,100,000,000 | 620,000,000 | 900,000,000 | | 749,400,000 | | 675,000,000 | 74,400,000 |

(작 업 진 행 률 계 산: ⑩, ⑪, ⑫)

#### 다. 기타 수입금액

| ㉓구 분 | ㉔근 거 법 령 | ㉕수 입 금 액 | ㉖대 응 원 가 | 비 고 |
|---|---|---|---|---|
| 위 탁 판 매 | | 10,000,000 | 8,000,000 | |

① 공사수익의 계산

　세무상 공사수익 : 749,400,000

　장부상 공사수익 : 675,000,000

　익 금 산 입 : 74,400,000 (유보발생)

② 장기할부매각 수입금액 및 대응원가 계산

　법인이 인도기준으로 결산조정 신고하였으므로 별도의 세무조정은 아니함.

③ 위탁판매 수입금액 조정계산

　위탁판매액 10,000,000원은 익금산입(유보발생), 원가 8,000,000원은 손금산입(유보발생)

④ 기업회계기준상 매출에누리는 매출에누리한 사업연도의 수입금액에서 제외하므로 동 에누리금액을 당기 사업연도 수입금액에서 차감

## 2. 임대보증금등의 간주익금조정

부동산임대업을 주업으로 하는 법인으로서 차입금이 일정기준을 초과하는 법인이 부동산 또는 부동산상의 권리를 대여하고 보증금을 받은 경우 ,당해 보증금에 정기예금이자율을 곱한 금액이 임대사업 부문에서 발생한 수입이자 및 배당금 등의 합계액을 초과하는 경우에는 그 초과금액을 익금에 산입한다.

※ 다만, 주택과 주택의 연면적, 주택정착면적의 5배(도시지역 밖의 토지는 10배) 중 넓은 면적 이내의 부속토지는 간주익금 계산대상에서 제외한다.

① 간주익금의 계산대상법인

- 부동산임대업을 주업으로 하는 법인(비영리법인 제외)일 것 : 법인의 사업연도 종료일 현재 자산총액중 임대사업에 사용된 자산가액이 50% 이상인 법인
  - 임대사업에 사용된 자산중에는 주택임대에 공하는 자산가액을 포함
  - 자산가액은 소득세법의 규정에 의한 기준시가에 의한다.
- 차입금이 자기자본의 2배(적수기준)를 초과하는 법인일 것

② 간주익금의 계산방법

- 임대보증금 등의 간주익금은 다음 산식에 의하여 계산하며, 익금에 가산할 금액이 "0"보다 적은 때에는 이를 없는 것으로 본다.

> (당해 사업연도의 보증금 등의 적수 − 임대용부동산의 건설비상당액의 적수) ×
>
> $\dfrac{\text{정기예금이자율}}{365(윤년366)}$ − 당해 사업연도의 임대사업부분에서 발생한 수입이자와 할인료·배당금·신주인수권처분익 및 유가증권처분익의 합계액

- "당해 사업연도의 보증금 등의 적수" 는

부동산을 임차하여 전대하는 경우에 보증금 등의 적수는 전대보증금 등의 적수에서 임차보증금 등의 적수를 차감하여 계산한다.

- 간주익금에서 차감하는 수입이자에는 기간경과 미수이자도 포함된다.
- "임대용부동산의 건설비상당액" 이란

건축물의 취득가액(자본적지출액을 포함, 재평가차액 및 토지취득가액을 제외)으로 하고 그 적수는 다음 각호에 의하여 계산한다.

**▌임대부동산**

> 임대용 부동산의 건설비적수 총계 × $\dfrac{\text{임대면적의 적수}}{\text{건물연면적의 적수}}$

※ 다음 ①, ②중 큰 금액을 건설비상당액으로 한다.(일부 임대시는 임대면적비율로 안분한다)
  ① 건축물의 취득가액(불분명한 경우는 기준시가에 의한다)
  ② 건축물 연면적에 1990.12.31이 속하는 사업연도 종료일 현재의 단위면적당 임대보증금(보증금÷임대면적)을 곱한 금액

• "유가증권처분익"이라 함은
  – 유가증권의 매각익에서 매각손을 차감한 금액을 말하며,
  – 유가증권처분익의 합계액이 부수(−)인 때에는 "0"으로 한다.
• 정기예금이자율 : 1,2% 로 한다.

# 05 과목별 세무조정

## 1. 퇴직급여충당금조정명세서

임원 또는 사용인의 퇴직급여에 충당하기 위하여 퇴직급여충당금을 결산상 손금으로 계상한 경우에는 일정금액의 범위 안에서 손금에 산입한다.

### ① 퇴직급여충당금한도 계산

㉠ 퇴직급여충당금 손금설정 대상자의 범위

법인세법상 퇴직급여충당금을 설정할 수 있는 대상은 당해 사업연도 종료일 현재 퇴직급여의 지급대상이 되는 임원 또는 사용인에 한한다.

㉡ 손금산입 범위액 : 다음 중 적은 금액

• 총급여액 한도

| 퇴직급여 지급대상 임원 또는 사용인<br>(확정기여형 퇴직연금 등 설정자 제외)의 당해 사업연도 총급여액 | × 5/100 |
| --- | --- |

• 누적액 한도(추계액한도는 인정되지 않음)

| 퇴직금전환금 납부액 − 설정전 퇴직급여충당금 잔액 |
| --- |

※ 1년미만 근무한 경우에도 퇴직금지급규정이 있는 경우 충당금을 설정할 수 있다. 퇴직급여충당금 누적액기준 한도금액이 연도별로 점차 축소되면서 전년도 이전에 설정된 퇴직급여충당금의 미사용잔액이 당연도 누적액기준을 초과할 경우에도 그 초과금액을 당기의 익금으로 환입하지 아니한다.

• "총급여액"의 범위 : 총급여액은 소득세법의 규정에 의한 근로소득 중 근로의 제공으로 인하여 받는 봉급·급료·보수·세비·임금·상여·수당과 이와 유사한 성질의 급여

• "퇴직급여추계액"의 계산 : 정관이나 기타 퇴직급여지급규정 등에 의하여 계산한 금액을 말하며, 퇴직급여지급규정 등이 없는 법인은 「근로자퇴직급여 보장법」이 정하는 바에 따라 계산한 금액과 보험수리적 가정에 의한 추계액 중 큰 금액으로 한다.
   ※ 손금불산입되는 금액은 제외한다.

• "퇴직급여충당금의 누적액"의 계산 : "퇴직급여충당금의 누적액"이라 함은 법의 규정에 의하여 손금에 산입한 퇴직급여충당금으로서 각 사업연도 종료일 현재의 잔액을 말한다.

② 충당금의 상계

- 퇴직급여충당금을 손금에 산입한 법인이 임원 또는 사용인에게 퇴직금을 지급하는 경우에는 당해 퇴직급여충당금에서 먼저 지급하여야 한다.
- 퇴직급여충당금 설정액 중 세무계산상 부인액이 있는 법인이 퇴직금을 실제로 지급한 때에는 퇴직급여충당금(세무계산상의 퇴직급여충당금)과 상계하고, 세무계산상 퇴직급여충당금 한도액을 초과하여 상계되는 경우에는 기왕 손금불산입된 금액을 손금으로 추인한다.
- 1년 미만 근속한 임원 또는 사용인에게 퇴직금을 지급하는 경우에는 퇴직급여충당금과 상계하지 아니하고 직접 당해 사업연도의 손비로 처리할 수 있다.
- 확정기여형 퇴직연금 등을 설정하면서 설정 전의 근무기간분에 대한 부담금을 지출한 경우 그 지출금액은 규칙에 따라 퇴직급여충당금의 누적액에서 차감된 퇴직급여충당금에서 먼저 지출한 것으로 본다.

> ☆ **퇴직금전환금**(1999.4.1 제도 폐지)
> 국민연금법에 의하여 납부하고 기말 재무상태표에 계상된 퇴직금전환금의 잔액이 있는 경우 그 금액을 누적액 한도액에 가산한다.

③ **퇴직금의 범위**

㉠ 퇴직급여지급규정에 의해 사용인 또는 임원이 "현실적으로 퇴직하는 경우"

- 법인의 사용인이 당해법인의 임원으로 취임한 때
- 법인의 임원 또는 사용인이 그 법인의 조직변경·합병·분할 또는 사업양도에 의하여 퇴직한 때
- 「근로자퇴직급여 보장법」의 규정에 의해 퇴직급여를 중간 정산하여 지급한 때
- 임원에 대한 급여를 연봉제로 전환함에 따라 향후 퇴직급여를 지급하지 아니하는 조건으로 그 때까지의 퇴직급여를 정산하여 지급한 때
  - ※ 현실적으로 퇴직하지 아니한 자에게 지급한 퇴직급여는 현실적으로 퇴직할 때까지 당해 사용인 또는 임원에 대한 업무와 관련없는 가지급금으로 한다.
- 법인의 상근임원이 비상근임원이 된 경우

㉡ 임원 퇴직급여의 손금산입 범위

- 정관에 퇴직급여(퇴직위로금 등)로 지급할 금액이 정하여진 경우에는 정관에 정하여진 금액
- 그 외의 경우 그 임원이 퇴직하는 날로부터 소급하여 1년 동안에 당해 임원에게 지급한 총급여액( 손금불산입 금액을 제외)의 10분의 1에 상당하는 금액에 근속연수를 곱한 금액
  - ※ 근속연수의 계산은 역년에 의하여 계산하며, 1년 미만의 기간은 월수로 계산하되, 1월 미만의 기간은 이를 산입하지 아니한다.

ⓒ 퇴직급여의 중간정산

- 계속근로기간 중에 다음의 어느 하나에 해당하는 사유로 퇴직급여를 미리 지급받은 경우(임원인근로소득자를 포함하며, 이를 퇴직소득 중간지급 이라 함)에는 그 지급받은 날에 퇴직한 것으로 본다.
- 「근로자 퇴직급여 보장법 시행령」상 무주택자인 근로자가 본인 명의로 주택을 구입하는 경우등의 법 소정의 사유에 해당하는 경우
- 향후 퇴직급여를 지급받지 아니하는 조건으로 급여를 연봉제로 전환하는 경우
- 퇴직연금제도 및 확정급여형 퇴직연금제도가 폐지되는 경우

ⓔ 연봉제 실시기업의 퇴직금 범위

- 1년단위 연봉계약으로 급여를 지급하는 법인이 연봉액 이외에 별도로 퇴직금을 지급하기로 한 경우, 당해 퇴직급여를 근로자퇴직급여보장법상 적법한 중간정산으로 보기 위하여는 요건을 갖추어야 한다.
- 연봉제의 경우 퇴직금은 계약기간 1년이 만료되어야 퇴직금 지급의무가 확정되므로 위 요건에 충족하는 퇴직금을 지급한 경우에는 동 만료시점에 현실적인 퇴직으로 보아 손금산입 할 수 있는 것이므로, 연봉제 실시 법인이 계약기간 만료전에 매월 분할하여 지급하는 퇴직금 상당액은 현실적으로 퇴직할 때까지 업무무관 가지급금으로 보는 것이다.

## 2. 퇴직연금부담금조정명세서

① **퇴직연금 의의**

- 내국법인이 임원 또는 사용인의 퇴직을 퇴직연금 연금의 지급사유로 하고 임원 또는 사용인을 피보험자·수익자 또는 수급자로 하는 연금으로 지출하는 금액으로서, 일정 한도 내의 금액은 당해 사업연도의 소득금액 계산에 있어서 이를 손금에 산입할 수 있다.
- 손금에 산입하는 퇴직연금은 확정기여형 퇴직연금 등(근로자퇴직급여 보장법의 규정에 따른 확정기여형 퇴직연금 및 동법의 규정에 따른 개인퇴직계좌)의 부담금을 제외하며, 2이상의 퇴직연금이 있는 경우에는 먼저 계약이 체결된 퇴직연금부터 손금에 산입한다.

② **퇴직연금 가입**

| 구 분 | 취급기관 |
|---|---|
| 확정기여형퇴직연금 | 퇴직급여의 지급을 위하여 사용자가 부담하여야 할 부담금의 수준이 사전에 결정되어 있는 퇴직연금 |
| 확정급여형퇴직연금 | 근로자가 지급받을 급여의 수준이 사전에 결정되어 있는 퇴직연금 |
| 개인형퇴직연금(IRP) | 가입자의 선택에 따라 가입자가 납입한 일시금이나 사용자 또는 가입자가 납입한 부담금을 적립·운용하기 위하여 설정한 퇴직연금제도로서 급여의 수준이나 부담금의 수준이 확정되지 아니한 퇴직연금 |

※ 임원은 근로자퇴직급여보장법에 따른 퇴직연금 적용대상이 아니지만 퇴직연금에 임의로 가입할 수 있으며, 법인이 지출하는 임원의 퇴직연금부담금 중 확정급여형은 퇴직보험료와 동일하게 손금산입하는 것이며, 확정기여형은 전액 손금산입한다.

③ 손금산입범위액 계산

> 손금산입한도 = MIN(추계액기준, 예치금기준)

- 추계액기준 : 추계액 - 세무상퇴직급여충당금잔액 - 이미손금산입한 부담금
- 예치금기준 : 퇴직연금운용자산잔액 - 이미손금산입한 부담금

④ 회계처리 및 세무조정방법

- 퇴직연금을 납입하고 퇴직연금운용자산 등으로 자산계상한 경우에는
  - 결산조정에 의해 법인의 손금으로 계상하지 아니하였더라도
  - 세무계산상(신고조정) 손금에 산입할 수 있다.
- 퇴직연금을 손금산입한 법인의 임원 또는 사용인이 실제로 퇴직하는 경우 손금산입할 퇴직금의 범위액은
  - 퇴직급여지급규정에 의한 퇴직금상당액에서 당해 사용인의 퇴직으로 인하여 보험회사 등으로부터 수령한 퇴직연금, 퇴직급여충당금 순으로 차감한 금액으로 한다.
  - 신고조정에 의하여 퇴직보험료 등을 손금에 산입한 경우 당해 퇴직연금 상당액을 퇴직금으로 계상한 후 동 금액을 익금에 산입해야 한다.
- 퇴직연금의 해약액을 퇴직급여충당금의 증가로 처리한 경우
  해약액은 익금산입하고, 퇴직급여충당금 증가액은 당기 설정액으로 보아 손금산입후 한도액을 계산한다.
- 퇴직연금의 시부인
  - 납입시 : (손금산입) 퇴직연금부담금　　　　　　　　　　(유보발생)
  - 퇴사시 : (익금산입) 퇴직연금지급(전기퇴직연금감소)　　(유보감소)
  　　　　　　(손금산입) 퇴직급여충당금(상계분 회복)　　(유보발생)

  퇴직연금 등은 당해 종업원의 퇴직을 사유로 해약·지급하게 되므로 당해 종업원에 대한 것만 상계하여야 하나, 퇴직급여충당금은 법인이 설정한 세무상 잔액으로 관리하는 것이므로 세무상 퇴직급여충당금 잔액이 있다면 이와 우선적으로 상계해야 한다.
  - 퇴직연금 등과 상계 → "개별관리"
  - 퇴직급여충당금과 상계 → "총액관리"

## ▌퇴직연금부담금 조정명세서 작성사례

1. 사업연도말 현재 전사용인 퇴직급여추계액(정관 규정에 따른 추계액) : 90,000,000원

2. 사업연도말 현재 전사용인 퇴직급여추계액(근로자퇴직급여보장법에 따른 추계액) : 70,000,000원

3. 퇴직급여충당금
   전기이월액 : 20,000,000원
   당기설정액 : 10,000,000원(한도초과액 없음)

4. 직전 사업연도말 현재 손금산입한 퇴직연금부담금 : 60,000,000원

5. 전사업연도 종료일까지 불입한 퇴직연금부담금 : 70,000,000원
   이중 당해사업연도에 퇴직자에게 지급한 퇴직연금은 15,000,000원임.

6. 당기회사불입액 : 25,000,000원

7. 당기에 회사가 손금산입한 퇴직연금부담금 : 35,000,000원

## ▌세무조정 계산

손금산입한도 = MIN(추계액기준, 예치금기준) = 15,000,000원

-추계액기준 : 추계액 - 세무상퇴직급여충당금잔액 - 이미손금산입한 부담금(=기초손금-부인-수령)

=90,000,000원-30,000,000원-(60,000,000원-15,000,000원) = 15,000,000원

-예치금기준 : 퇴직연금운용자산잔액 - 이미손금산입한 부담금(=기초손금-부인액-수령액)

=80,000,000원-(60,000,000원-15,000,000원) = 35,000,000원

손금불산입(유보발생) : 회사계상액 - 손금산입한도 = 20,000,000(=35,000,000-15,000,000)

### 1. 퇴직연금 등의 부담금 조정

| ①퇴직급여추계액 | 당기말 현재 퇴직급여충당금 | | | | ⑥퇴직부담금등<br>손금산입<br>누적 한도액<br>(①-⑤) |
|---|---|---|---|---|---|
| | ②장부상<br>기말잔액 | ③확정기여형<br>퇴직연금자의<br>퇴직급여충당금 | ④당기말<br>부인 누계액 | ⑤차감액<br>(②-③-④) | |
| 90,000,000 | 30,000,000 | | | 30,000,000 | 60,000,000 |

| ⑦이미 손금<br>산입한 부담금<br>등(⑰) | ⑧<br>손금산입한도액<br>(⑥-⑦) | ⑨손금산입대상<br>부담금 등(⑱) | ⑩손금산입범위<br>액<br>(⑧과 ⑨ 중<br>작은 금액) | ⑪회사손금계상액 | ⑫조정금액<br>(⑩-⑪) |
|---|---|---|---|---|---|
| 45,000,000 | 15,000,000 | 35,000,000 | 15,000,000 | 35,000,000 | △20,000,000 |

### 2. 이미 손금산입한 부담금 등의 계산

#### 가. 손금산입대상 부담금 등 계산

| ⑬퇴직연금<br>예치금등 계(㉒) | ⑭기초퇴직연금<br>충당금등 및<br>전기말신고조정<br>에 의한<br>손금산입액 | ⑮<br>퇴직연금충당금<br>등 손금부인<br>누계액 | ⑯<br>기중퇴직연금등<br>수령 및 해약액 | ⑰이미 손금산입한<br>부담금등<br>(⑭-⑮-⑯) | ⑱손금산입대상<br>부담금 등<br>(⑬-⑰) |
|---|---|---|---|---|---|
| 80,000,000 | 60,000,000 | | 15,000,000 | 45,000,000 | 35,000,000 |

#### 나. 기말 퇴직연금 예치금 등의 계산

| ⑲<br>기초퇴직연금예치금 등 | ⑳기중 퇴직연금예치금<br>등 수령 및 해약액 | ㉑당기 퇴직연금예치금<br>등의 납입액 | ㉒퇴직연금예치금 등 계<br>(⑲-⑳+㉑) |
|---|---|---|---|
| 70,000,000 | 15,000,000 | 25,000,000 | 80,000,000 |

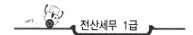

## 3. 대손및대손충당금조정명세서

### ① 대손의 의의

- 외상매출금·대여금·기타 이에 준하는 채권에 대한 대손예상액을 대손충당금으로 손금계 상한 경우에는 일정금액의 범위내에서 손금에 산입한다.
- 각 사업연도에 발생한 대손금은 기설정된 대손충당금계정과 상계하며, 대손충당금잔액을 초 과하는 대손금은 손금에 산입한다.
- 당해 사업연도에 발생하는 대손금과 상계하고 남은 대손충당금잔액은 익금에 산입하거나 당 해 사업연도에 손금산입할 대손충당금계정에 보충하여야 한다.

> 직전연도대손충당금 − 당해연도대손금 − 당해연도대손충당금보충액 = 익금산입할금액

### ② 대손충당금 손금산입 대상채권 등의 범위

채권가액은 법인의 장부상 계상되어 있는 세무상 장부가액을 기준하며, 세무상 당해 채권 등에 대한 대손금 부인누계액이 있는 때에는 동 금액을 포함한 금액이 된다.

- 외상매출금

  상품·제품의 판매가액의 미수액과 가공료·용역 등의 제공에 의한 사업수입금액의 미수액
- 대여금

  금전소비대차계약 등에 의하여 타인에 대여한 금액
- 기타채권

  어음상의 채권·미수금과 기타 기업회계기준에 의한 대손충당금 설정대상 채권

  ※ 부당행위계산부인에 따른 시가초과액에 상당하는 채권은 제외한다.

### ③ 대손충당금 및 대손금 손금산입 제외채권

- 신용보증사업등의 채무보증을 제외한 채무보증으로 인하여 발생한 구상채권
- 특수관계자에게 업무와 관련없이 지급한 가지급금, 횡령채권, 위탁매매업의 타인채권 등

### ④ 대손충당금 손금산입 범위액 계산

- 대손충당금은 외상매출금, 대여금 및 기타 채권합계액의 1%에 상당하는 금액과, 채권잔액에 대손실적률을 곱하여 계산한 금액 중 큰 금액의 범위안에서 손금에 산입한다.

> (B/S상 채권 + 세무조정미수계상누락 + 당기말 현재 대손금부인누계액) × 1/100
>
> or 대손실적률 = 대손충당금 손금산입범위액

> 대손실적률 = 당해 사업연도 세무상대손금 ÷ 직전사업연도 종료일 현재 세무상채권잔액

- 동일인에 대한 매출채권과 매입채무가 있는 경우에도 이를 상계하지 아니하고 대손충당금을 설정할 수 있으나, 당사자와 약정에 의해 상계하기로 한 경우에는 제외된다.

⑤ 대손금의 처리

대손충당금을 손금으로 계상한 법인은 대손금이 발생한 경우 그 대손금을 대손충당금과 먼저 상계하여야 하며, 대손충당금잔액이 부족한 경우에는 그 부족액을 대손이 확정된 사업연도의 손금에 직접 산입한다.

㉠ 대손이 인정되는 채권

- 영업거래에서 발행한 채권(=매출채권)
- 영업거래에 해당하지 아니하는 자산매각 대금의 미수금
- 금전대차계약 등에 의한 대여금 및 미수이자
- 임원, 사용인의 공금횡령 및 업무상 과실로 발생한 구상채권
- 법원 판결에 의한 확정된 손해배상청구권
  ※ 사업의 포괄양수과정에서 양수당시 이미 회수불능으로 확정된 채권을 인수한 경우 양수법인은 대손처리 할 수 없음.

㉡ 대손금의 범위

- 소멸시효가 완성된 채권
- 채무자 회생 및 파산에 관한 법률에 의한 회생계획인가 또는 변제계획인가 결정에 따라 회수불능으로 확정된 채권
- 파산한 자에 대한 채권 ※ 파산채권 : 파산선고전의 원인으로 생긴 재산상 청구권
- 사망·실종·행방불명된 자에 대한 채권
- 해산한 법인 등에 대한 채권
- 강제집행불능조서가 작성된 채무자에 대한 채권
- 형의 집행중에 있는 채무자에 대한 채권
- 사업을 폐지한 채무자에 대한 채권
- 채무자의 재산에 대한 경매가 취소된 압류채권
- 부도발생일로부터 6월이상 경과한 수표 또는 어음상의 채권 및 부도발생일 이전에 발생한 중소기업의 외상매출금 다만, 당해 법인이 채무자의 재산에 대해 저당권을 설정하고 있는 경우를 제외한다. 부도발생일로부터 6월이상 경과한 날로부터 소멸시효가 완성하는 때 까지는 대손처리하여야 한다.(단. 1,000원을 공제한 잔액)
- 회수기일을 6월이상 경과한 채권중 30만원 이하 채권
- 재판상의 화해및 화해권고결정에 따라 회수불능으로 확정된 채권
- 중소기업 외상매출금으로서 회수기일로부터 2년이 경과한 외상매출금 및 미수금
  다만, 특수관계인과의 거래로 인하여 발생한 외상매출금 및 미수금은제외

⑥ 대손충당금의 환입

- 대손금과 상계하고 남은 대손충당금의 금액은 다음 사업연도의 소득금액을 계산할 때 익금에 산입(환입)하여야 한다. △액은 과다환입액을 나타내며, 익금불산입한다.

> 환입할 금액(과소환입) = 기초대손충당금 - 기중환입액 - 부인액 - 상계액 - 당기보충액

- 법인이 당해 사업연도의 대손충당금 손금산입 범위액에서 익금에 산입하여야 할 대손충당금을 차감한 잔액만을 대손충당금으로 계상한 경우 차감한 금액은 이를 각각 익금 또는 손금에 산입한 것으로 본다.
- 당해 사업연도 대손충당금 설정 범위액에서 익금산입하여야 할 대손충당금을 차감한 잔액만을 설정한 경우에도 이는 단순한 기표의 생략에 불과한 것이므로 각각 익금 또는 손금에 산입한 것으로 본다.

## ▌대손충당금 조정명세서 작성사례

1. 사업연도 : 당기. 1. 1~12. 31 (금융회사가 아닌 일반법인임)

2. 매출채권 등 내역
- 받 을 어 음 : 51,000,000(보증금담보용 견질어음 20,000,000포함)
- 외상매출금 : 144,000,000(부가가치세 14,000,000포함)
  ───────────────────────────────
  계        : 195,000,000

3. 대손충당금 계정내역
- 장부상 기초충당금 2,300,000(전기부인액 300,000포함)
- 당기 대손금상계액(12/31) : 400,000(미확정 대손금 100,000포함)-해수(주)
- 당기 손금계상액 50,000 (전기이월 대손충당금잔액 1,900,000원(=2,300,000-400,000)을 당기 손금산입할 금액에 충당하고 잔액만 손금계상함)

4. 대손실적률 : 0.9%

**▌ 세무조정 계산**

① 매출채권 등 총액계산
- 받 을 어 음  31,000,000원(보증금담보용 견질어음 20,000,000원 제외)
- 외상매출금 144,100,000원(당기대손금상계액중 미확정대손금 100,000원을 포함)

  _____

  계   175,100,000원

② 한도액 계산  $= 1,751,000원(175,100,000원 \times \frac{1}{100})$

- 설정율 : 1%(일반법인)와 대손실적율 0.9%중 큰 비율임

③ 한도초과액 199,000원 손금불산입
  * 회사 설정액(=1,900,000(보충액) + 50,000(계상액)) − 세무상 한도액(1,751,000)

④ 환입 또는 보충할 금액 계산
- 장부상 충당금 기초잔액 :   2,300,000원
- 충당금 부인 누계액(−) :    300,000원
- 당기대손금 상계액(−) :    400,000원

  _____

  계   :   1,600,000원

⑤ 과다환입 또는 보충액 계산
- 보 충 액 : 1,900,000원
- 보충할 금액 : 1,600,000원

  _____

  계   :   300,000원········ 과다보충액 발생

⑥ 조정내용 정리
- 당기대손금중 미확정대손금 100,000원 손금불산입
- 한도초과액 199,000원 손금불산입
  * 회사 설정액(1,900,000 + 50,000) − 세무상 한도액(1,751,000)
- 과다보충액 300,000원 손금산입
  * 회사 보충액(1,900,000) − 세무상 보충할 금액(1,600,000)

## 1. 대손충당금 조정

| ①채권 잔액 (㉑의금액) | ②설정률 | | | ③한도액 (①×②) | 회사계상액 | | | ⑦한도초과액 (⑥-③) |
|---|---|---|---|---|---|---|---|---|
| | (ㄱ) 1(2) ----- 100 | (ㄴ) 실적률 (0.9%) | (ㄷ) 적립기준 ( ) | | ④당기계상액 | ⑤보충액 | ⑥계 | |
| 175,100,000 | | | | 1,751,000 | 50,000 | 1,900,000 | 1,950,000 | 199,000 |

| ⑧장부상 충당금 기초잔액 | ⑨기중 충당금 환입액 | ⑩충당금 부 인 누계액 | ⑪당기대손금 상 계 액 (㉗의 금액) | ⑫당기설정충당금 보 충 액 | ⑬환입할 금 액 ((⑧-⑨)-⑩-⑪-⑫) | ⑭회사 환입액 | ⑮과소환입·과다 환입(△) (⑬-⑭) |
|---|---|---|---|---|---|---|---|
| 2,300,000 | | 300,000 | 400,000 | 1,900,000 | △300,000 | | △300,000 |

| ⑯계정과목 | ⑰채권잔액의 장부가액 | ⑱기말현재 대손금부인누계 | ⑲합계 (⑰+⑱) | ⑳충당금 설정제외채권 | ㉑채 권 잔 액 (⑲-⑳) | 비 고 |
|---|---|---|---|---|---|---|
| 받을어음 | 51,000,000 | | 51,000,000 | 20,000,000 | 31,000,000 | |
| 외상매출금 | 144,000,000 | 100,000 | 144,100,000 | | 144,100,000 | |
| 계 | 195,000,000 | 100,000 | 195,100,000 | 20,000,000 | 175,100,000 | |

## 2. 대손금 조정

| ㉒일자 | ㉓계정과목 | ㉔채권내역 | ㉕대손사유 | ㉖금액 | 대손충당금상계액 | | | 당기손금계상액 | | | 비 고 |
|---|---|---|---|---|---|---|---|---|---|---|---|
| | | | | | ㉗계 | ㉘시인액 | ㉙부인액 | ㉚계 | ㉛시인액 | ㉜부인액 | |
| 12.31 | 외상매출금 | 해수(주) | 시효소멸 | 400,000 | 400,000 | 300,000 | 100,000 | | | | 시효미완성 100,000 |

## 4. 접대비조정명세서

① 접대비의 범위와 요건

"접대비"는 접대비 및 교제비·사례금 기타 명목여하에 불구하고 매출처등에 무상증여한 비용으로서 법인이 업무와 관련하여 지출한 금액을 말한다.

㉠ 접대·교제 등을 위한 비용 또는 사례금

| 종 류 | 구 분 기 준 | |
|---|---|---|
| 기 부 금 | 업무와 관련 없는 지출 | 특정단체를 위한 지출 |
| 접 대 비 | 업무와 관련있는 지출 | 특정고객을 위한 지출 |
| 광고선전비 | 업무와 관련 있는 지출 | 불특정 다수인을 위한 지출 |

※ 거래관계의 원활한 진행을 도모하기 위하여 지출한 비용은 "접대비"이며, 불특정다수인의 구매의욕을 자극하기 위하여 지출한 비용은 "광고선전비"에 해당한다.

㉡ 기타 접대비
- 사용인이 조직한 단체에 지출한 복리시설비
  ※ 조합이나 단체가 법인이 아닌 때에는 그 법인의 경리의 일부로 본다.
- 약정에 의한 채권포기 금액
- 특정 고객에게만 선별적으로 제공된 광고선전비로 특정인에 대한 기증금품으로서 연간 3만원을 초과하는 비용(단, 부채, 컵등의 개별가격이 10,000원이하인 경우는 제외한다)
- 자산취득가액에 해당하는 접대·교제 등의 비용

㉢ 접대비로 보지 아니하는 금액
- 광고선전 목적으로 견본품·달력·수첩·부채·컵 등 물품을 불특정 다수인에게 기증하기 위하여 지출한 비용(특정인에게 기증하기 위하여 지출한 비용의 경우에도 1인당 연간 3만원 한도 내 금액과 부채,컵등의 개별가격이 10,000원이하인 경우 포함)

㉣ 판매부대비용과 접대비의 구분 예시
- 판매장려금·판매수당 등 : 특정업체만 지급시 접대비 해당
- 거래처에 무상 제공하는 물품 등 : 특정업체만 지급시 접대비 해당
- 매출에누리·매출할인 : 법인이 제품을 구입하는 모든 거래처에 대하여 사전에 약정한 동일한 기준의 대금결제조건을 충족하는 경우에 할인하여 주는 외상매출금은 법인세법의 매출할인으로 보는 것이나 그 외 결제조건을 충족하지 못한 거래처에 대한 할인액 및 약정을 초과하여 할인한 금액은 접대비에 해당한다

② 접대비의 시부인순서

㉠ 개인적지출 접대비, 증빙미사용접대비
㉡ 1회 지출금액이 3만원 (경조금의 경우 20만원)을 초과하는 접대비
  단, 특정 국외지역지출액, 농어민지출액 접대비 중 송금명세서분은 제외

- 신용카드(동법에 의한 직불카드·기명식선불카드·외국에서 발행한 신용카드와 규정에 따른 현금영수증 포함)를 사용하여 지출하는 접대비(카드는 반드시 법인명의여야 한다.)
- 계산서 또는 부가가치세법 규정에 따른 세금계산서를 교부받거나 매입자발행세금 계산서를 발행하고 지출하는 접대비

ⓒ 접대비 한도초과액

각 사업연도에 지출한 접대비가 한도액 합계액을 초과하는 금액

$$1,200만원(중소기업의 경우 3,600만원) \times \frac{당해\ 사업연도의\ 월수}{12}$$

※ 월수는 역에 따라 계산하되 1월 미만의 일수는 1월로 한다.

- 수입금액을 일반수입금액과 기타수입금액으로 구분하여 다음과 같이 계산한 금액의 합계액이며, 수입금액은 매출누락 등을 반영한 기업회계상 매출액이며 법인세법만이 매출액으로 보는 것은 제외(법인 46012-1056)

▌**수입금액 · 법인별 적용률**

| 수입 금액 | 일 반 수 입 금 액 | 기 타 수 입 금 액 |
|---|---|---|
| 100억원 이하 | $\dfrac{30}{10,000}$ | 특수관계자와의 거래에 대한 수입금액에 대하여는 그 수입금액에 적용률을 곱하여 산출한 금액의 10% 상당액 |
| 100억원 초과 500억원 이하 | 3천만원 + 100억 초과금액의 $\times \dfrac{20}{10,000}$ | |
| 500억원 초과 | 1억1천만원 + 500억 초과금액의 $\times \dfrac{3}{10,000}$ | |

ⓔ 문화접대비 한도액 추가

- 문화접대비 지출액이 있는 경우에는 문화접대비 한도액을 일반접대비 한도액에 추가하며 가족회사등의 특수관계인의 경우에는 한도액의 50%만 인정
- 문화예술의 공연이나 전시회 또는 박물관 및 미술관, 박물관의 입장권 구입
- 체육활동의 관람을 위한 입장권의 구입
- 영화 및 비디오물의 진흥에 관한 비디오물의 구입
- 음악산업진흥에 따른 음반 및 음악영상물의 구입
- 출판 및 인쇄진흥법 따른 간행물의 구입등
- 100만원이하 증정용 미술품 구입비용

> 문화접대비의 손금산입 한도액 = Min(①, ②)
> ① 문화접대비 지출액
> ② 당해 사업연도 일반접대비 한도액 × 20%(5인미만 소규모기업, 부동산임대업등은 일반접대비한도액의 50% × 20%)

③ **접대비 한도초과액 등의 계산**

　㉠ 시부인계산 대상이 되는 접대비

　　• 법인이 자기가 생산하거나 판매하는 제품·상품을 거래처에 제공한 때에는 제공당시 당해 물품의 시가(시가가 장부가액보다 낮은 경우에는 장부가액)

　　• 접대비를 건설가계정·개발비 등 자산으로 계상한 경우에도 시부인대상 접대비에 포함한다.

　　• 자산가액에 포함할 성질이 아닌 접대비를 자산(가지급금, 미착상품 등)으로 계상한 경우에는 이를 지출한 사업연도의 손금에 산입하고 접대비에 포함하여 시부인한다.

　㉡ 기준수입금액의 계산

　　접대비 계산기준이 되는 "수입금액"은 기업회계기준에 의하여 계산한 매출액으로 한다.

---

**참고 Check! ▌ 법인이 기업회계에 따른 결산시 누락한 매출액**

기준수입금액이란 기업회계기준에 의하여 계산한 당해 사업연도의 영업수익에 해당하는 금액을 말하는 것이므로 손익계산서에 계상되지 않은 수입금액은 인정되지 아니할 수 도 있으나 법령해석에 따르면, 법인세 신고시에 세무조정으로 익금에 산입한 영업수익도 포함된다.(법인집행 25-0-3,)

① 기준수입금액 불포함

　매출에누리·매출할인, 영업외수입, 간주임대료, 부당행위계산부인으로 익금산입한 금액, 개별소비세 과세물품 제조·판매 법인의 매출액에 포함된 개별소비세(교육세 포함)(법인집행 25-0-3)

② 기준수입금액 포함

　반제품·부산물·작업폐물의 매각수입(법인집행 25-0-3)

---

④ **접대비 손금불산입액의 처리**

　• 1회 지출금액이 3만원(경조사비 20만원)을 초과하는 접대비로서 신용카드 등을 사용하지 아니한 금액은 전액 손금불산입하고 기타사외유출로 처분한다. 단, 국외지역접대비, 현물접대비, 매출할인, 농어민과의 거래등 신용카드 등을 사용할 수 없는 경우에는 적격증빙수취의무 없다.

　　- 적격증빙 : 신용카드(외국카드, 직불카드포함), 현금영수증, 세금계산서, 계산서, 원천징수영수증

　• 손비로 계상한 접대비 한도초과액의 처리

　　손비로 계상한 접대비의 한도초과액은 각 사업연도의 소득금액 계산에 있어 손금불산입하고 기타사외유출로 처분한다.

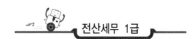

## █ 접대비 조정명세서 작성사례

> **다음 자료를 이용하여 접대비 조정명세서를 작성하고 세무조정을 하시오**
>
> | 매출액 내역 | • 기업회계기준상 매출액은 1,984,780,000원이고, 이 중 150,000,000원은 법인세법상 특수관계자와의 매출이다. |
> |---|---|
> | 접대비 계정 | • 제조경비 : 14,860,000원 (3만원 초과금액은 13,480,000원이고, 이 중 신용카드 사용액은 13,120,000원)<br>• 판매관리비 : 32,380,000원 (3만원 초과금액은 30,360,000원이고, 모두 신용카드 사용액이다) |
> | 기타 | • 문화접대비로 지출한 금액 21,000,000원이 광고선전비(판관비)에 계상되어 있고, 이는 지출건당 3만원 초과금액에 해당하며, 신용카드를 사용하였다. |

## █ 세무조정 계산

〈손금불산입〉접대비(신용카드미사용)  360,000 (기타사외유출)
〈손금불산입〉 접대비한도초과 18,020,792 (기타사외유출)

　1. 접대비 지출액  67,880,000
　2. 접대비 한도액
　　① 기준금액한도  36,000,000×12/12=36,000,000
　　② 수입금액기준한도
　　　(1,984,780,000−150,000,000)×30/10,000+150,000,000×30/10,000×10%=5,549,340
　　③ 문화접대비한도추가  MIN(21,000,000, 41,549,340×20%) = 8,309,868
　　　합계(①+②+③)    49,859,208
　3. 한도초과액(1−2)  67,880,000−49,859,208 = 18,020,792

| 구　분(갑지) | | | | 금　액 |
|---|---|---|---|---|
| ① 접대비 해당 금액 | | | | 68,240,000 |
| ② 기준금액 초과 접대비 중 신용카드 등 미사용으로 인한  손금불산입액 | | | | 360,000 |
| ③ 차감 접대비 해당 금액(①-②) | | | | 67,880,000 |
| 일반<br>접대비<br>한도 | ④ 　1,200만원<br>(중소기업 3,600만원) | ×　해당 사업연도 월수(12  )<br>　　　　　　12 | | 36,000,000 |
| | 총수입금액<br>기준 | 100억원 이하의 금액×30/10,000 | | 5,954,340 |
| | | 100억원 초과 500억원 이하의 금액<br>　　×20/10,000 | | |
| | | 500억원 초과 금액×3/10,000 | | |
| | | ⑤ 소계 | | 5,954,340 |
| | 일반수입금액<br>기준 | 100억원 이하의 금액×30/10,000 | | 5,504,340 |
| | | 100억원 초과 500억원 이하의 금액<br>　　×20/10,000 | | |
| | | 500억원 초과 금액×3/10,000 | | |
| | | ⑥ 소계 | | 5,504,340 |
| | ⑦ 수입금액 기준 | (⑤-⑥)×10/100 | | 45,000 |
| | ⑧ 일반접대비 한도액(④+⑥+⑦) | | | 41,549,340 |
| 문화접대비<br>한도 | ⑨ 문화접대비 지출액 | | | 21,000,000 |
| | ⑩ 문화접대비 한도액<br>　(⑨와 (⑧×20/100)에 해당하는 금액 중 적은 금액) | | | 8,309,868 |
| ⑪ 접대비 한도액 합계(⑧+⑩) | | | | 49,859,208 |
| ⑫ 한도초과액(③-⑪) | | | | 18,020,792 |
| ⑬ 손금산입한도 내 접대비지출액(③과 ⑪에 해당하는 금액 중 적은 금액) | | | | 49,859,208 |

## 1. 수입금액명세(을지)

| 구 분 | ①일반수입금액 | ②특수관계인간 거래금액 | ③합 계 (①+②) |
|---|---|---|---|
| 금 액 | 1,834,780,000 | 150,000,000 | 1,984,780,000 |

## 2. 접대비 해당 금액

| ④계 정 과 목 | | | 접대비(제) | 접대비(판) | 광고선전비 | 합 계 |
|---|---|---|---|---|---|---|
| ⑤계 정 금 액 | | | 14,860,000 | 32,380,000 | 21,000,000 | 68,240,000 |
| ⑥접대비계상액 중 사적사용경비 | | | | | | |
| ⑦접대비 해당 금액 (⑤-⑥) | | | 14,860,000 | 32,380,000 | 21,000,000 | 68,240,000 |
| ⑧신용카드 등 미사용 금액 | 경조사비 중 기준금액 초과액 | ⑨신용카드 등 미사용금액 | | | | |
| | | ⑩총 초과금액 | | | | |
| | 국외지역 지출액 | ⑪신용카드 등 미사용금액 | | | | |
| | | ⑫총 지출액 | | | | |
| | 농어민 지출액 | ⑬송금명세서 미제출금액 | | | | |
| | | ⑭총 지출액 | | | | |
| | 접대비 중 기준금액 초과액 | ⑮신용카드 등 미사용금액 | 360,000 | | | 360,000 |
| | | ⑯총 초과금액 | 13,480,000 | 30,360,000 | 21,000,000 | 64,840,000 |
| ⑰신용카드 등 미사용 부인액 (⑨+⑪+⑬+⑮) | | | 360,000 | | | 360,000 |
| ⑱접 대 비 부 인 액 (⑥+⑰) | | | 360,000 | | | 360,000 |

## 5. 가지급금 등에 대한 인정이자의 익금조정

### ① 가지급금

특수관계자에게 무상 또는 시가보다 낮은 이율로 금전을 대여한 경우에는 가중평균차입이자율을 원칙으로 하되, 가중평균차입이자율 적용이 불가능시 당좌대출 이자율로 계산한 이자상당액을 익금으로 계상하여야 한다. 선택한 비율은 해당되는 모든 거래에 대하여 적용하고, 당해사업년도와 그 후의 2개 사업년도는 계속 적용하여야 한다.

**[가중평균차입이자율 적용이 불가능한 사유]**

- 특수관계자가 아닌 자로부터 차입한 금액이 없는경우
- 차입금 전액이 채권자가 불분명한 사채 또는 매입자가 불분명한 채권·증권의 발행으로 조달된 경우
- 대여법인의 가중평균차입이자율이 차입법인의 가중평균차입이자율보다 높거나 대여법인의 대여금리가 차입법인의 가중평균차입이자율보다 높은 경우
- 대여한 날 계약을 갱신한 경우에는 갱신일부터 해당사업연도 종료일까지 기간이 5년을 초과하는 대여금이 있는 경우
  - ※ 대여기간이 5년을 초과하는 대여금이 있는 경우 등 기획재정부령으로 정하는 경우에는 해당 대여금 또는 차입금에 한정하여 당좌대출이자율을 시가로 하도록 개정됨.

### ② 가지급금으로 보지 않는 경우

- 미지급소득(배당소득, 상여금)에 대한 소득세 대납액
  - ※ 소득분지방소득세와 미지급소득으로 인한 중간예납세액 상당액을 포함하며, 당해 소득을 실지로 지급할 때까지의 기간에 상당하는 금액에 한한다.
- 내국법인이 국외 투자법인에 종사하거나 종사할 자에게 여비·급료·기타 비용을 가지급한 금액
  - ※ 그 금액을 실지로 환부받을 때까지의 기간에 상당하는 금액에 한한다.
- 우리사주조합 또는 그 조합원에게 당해법인의 주식취득에 소요되는 자금을 가지급한 금액
- 국민연금법에 의해 근로자가 지급받은 것으로 보는 퇴직금전환금
  - ※ 당해 근로자가 퇴직할 때까지의 기간에 상당하는 금액에 한한다.
- 사외로 유출된 금액의 귀속이 불분명하여 대표자에게 상여처분한 금액에 대한 소득세를 법인이 납부하고 가지급금으로 계상한 금액
  - ※ 특수관계가 소멸될 때까지의 기간에 상당하는 금액에 한한다.
- 사용인에 대한 월정급여액 범위안의 일시적 급료 가불금
- 사용인에 대한 경조사비 또는 학자금(자녀포함)의 대여액

③ 가중평균차입이자율의 계산

- 자금대여 시점 현재 각각의 차입금 잔액(특수관계자로부터의 차입금 제외)에 차입 당시의 각각의 이자율을 곱한 금액의 합계액을 해당 차입금 잔액의 총액으로 나눈 비율을 말한다.

$$가중평균차입이자율 = \frac{\Sigma(자금대여시점의각각의차입금잔액 \times 차입당시의각각의이자율)}{자금대여시점의 \ 차입금 \ 잔액의 \ 총액}$$

- 변동금리로 차입한 경우에는 차입 당시의 이자율로 차입금을 상환하고 변동된 이자율로 동 금액을 다시 차입한 것으로 본다.
- 법인이 가중평균차입이자율을 계산함에 있어 당좌차월이자, 사채이자, 금융리스 이용료중 이자상당액은 가중평균차입이자율 계산대상 차입금으로 보는 것이나 연지급수입이자는 그러하지 아니하는 것임.

④ 당좌대출이자율

"금융기관의 당좌대출이자율"을 감안하여 "국세청장이 정하는 율"을 말한다.

변경된 당좌대출이자율이 시행된 후에 발생하는 이자에 대해서 부인 대상이 되는지를 판단함에 있어서는 변경된 당좌대출이자율을 기준으로 하는 것임

※ 국세청장이 정하는 현재 당좌대출이자율 4.6%

⑤ 부당행위계산 부인

내국법인의 행위 또는 소득금액계산이 특수관계자와의 거래로 인하여 그 법인의 소득에 대한 조세부담을 부당히 감소시킨 것으로 인정되는 경우 그 법인의 행위 또는 소득금액의 계산에 관계없이 그 법인의 각 사업연도의 소득금액을 계산한다.

- 부당행위계산의 유형 등

  자산을 시가보다 높은 가액으로 매입 또는 현물출자 받았거나, 그 자산을 과대상각한 경우
- 시가보다 낮거나 높은 대가로 거래하는 경우 시가와 대가의 차액이 3억원 이상이거나 시가의 5%이상인 경우에 한하여 부당행위계산 부인 규정 적용(다만, 주권상장법인 및 코스닥상장법인이 발행한 주식을 거래소에서 거래한 경우 제외)

⑥ 인정이자

인정이자 계산액 = (가지급금적수 - 가수금적수) × 이자율 × 1/365

- 가지급금 등의 적수 계산은 일별 적수계산방법에 따르며, 가지급금이 발생한 초일은 산입하고 가지급금이 회수된 날은 제외한다.
- 인정이자를 계산함에 있어 동일인에 대하여 가지급금과 가수금이 함께 있는 경우에는 이를 상계한 금액으로 계산한다. 다만, 가수금에 대하여 별도로 상환기간 및 이자율 등에 관한 약정이 있어 가지급금과 상계할 수 없는 경우에는 이를 상계하지 아니하고 인정이자를 계산한다.

- 가수금 적수가 클 경우라 하더라도 이에 대한 負의 인정이자, 즉 지급이자를 계산하는 것은 아니다. 해당 사업연도 전체기간의 가수금 적수가 가지급금 적수를 초과하는 자에 대해서는 인정이자를 계산하지 아니한다.
- 가지급금의 경우 이행기 등을 약정하지 아니하는 것이 일반적이므로 가지급금 발생 순서에 따라 변제된 것으로 처리하게 되며, 가지급금의 원본, 이자 및 비용을 전부 변제하지 못할 경우에는 비용, 이자, 원본의 순서로 변제에 충당하는 것이나, 원본, 이자 등의 변제순서에 관하여 당사자간에 약정이 있는 경우에는 그에 따라야 할 것이다.

⑦ 세무조정

법인이 특수관계인간의 금전거래에 있어서 상환기간 및 이자율 등에 대한 약정이 없는 대여금 및 가지급금 등에 대하여 결산상 미수이자를 계상한 경우에도 동 미수이자는 익금불산입하고 규정에 의하여 계산한 인정이자상당액을 익금에 산입한다.

㉠ 약정이 없는 경우

법인이 특수관계인간의 금전거래에 있어서 상환기간 및 이자율 등에 대한 약정이 없는 대여금 및 가지급금 등에 대하여 결산상 미수이자를 계상한 경우에도 동 미수이자는 익금불산입하고, 가지급금 인정이자를 계산하여 인정이자상당액을 익금에 산입하고 귀속자에 따라 소득처분한다.
- 회사계상액 : (익금불산입) 미수이자  ×× (유보발생)
- 세법상 금액 : (익금산입) 각 임직원 인정이자  ×× (상여)

㉡ 약정이 있는 경우

법인이 특수관계인간의 금전거래에 있어서 상환기간 및 이자율 등에 대한 약정이 있는 경우에는 인정이자와 그 약정이자와의 차액에 대하여 익금에 산입하고 귀속자에 따라 소득처분한다.
- 차이금액 : 규정에 의한 인정이자와 회사가 계상한 미수이자의 차이
- (익금산입) 각 임직원 인정이자  ××(상여)

## 가지급금인정이자조정명세서 작성사례

다음의 자료를 이용하여 가지급금등인정이자조정명세서를 작성하고 필요한 세무조정을 행하시오. 아래사항은 부당행위계산부인에 해당하여 인정이자를 익금산입하고자 한다.

(1) 차입금 내역

| 이자율 | 거래은행 | 차입금액(원) | 이자비용(원) |
|---|---|---|---|
| 연 6.5% | 자유은행 | 30,000,000 | 1,950,000 |
| 연 5.8% | 황금저축은행 | 20,000,000 | 1,160,000 |

(2) 가지급금 및 가수금 변동내역

| 구분 | 직책 | 성명 | 일자 | 금액 | 약정이율 |
|---|---|---|---|---|---|
| 가지급금 | 대표이사 | 정유섭 | 당기. 2. 1. 대여 | 35,000,000 | 없음 |
| 가수금 | 대표이사 | 정유섭 | 당기. 9.10. 가수 | 15,000,000 | 없음 |

(3) 이자율은 국세청장이 정하는 가중평균차입이자율을 적용한다(365일 가정)

## 세무조정 계산

인정이자=(35,000,000×334 − 15,000,000×113)×6.22%/365=1,703,257
가중평균차입이자율 = (1,950,000+1,160,000)/50,000,000×100%=6.22%-월할계산하지 않도록 주의한다.
〈익금산입〉대표이사 인정이자 1,703,257 (상여)

| 2. 가중평균차입이자율에 따른 가지급금 등의 인정이자 조정 | | | | | | 시가인정범위 | | ⑨조정액(=⑦) |
|---|---|---|---|---|---|---|---|---|
| ①성명 | ②가지급금 적수(積數) | ③가수금 적수 | ④차감적수 (②−③) | ⑤인정이자 | ⑥회사 계상액 | ⑦차액 (⑤−⑥) | ⑧비율(%) (⑦/⑤)×100 | ⑦≧3억이거나 ⑧≧5%인경우 |
| 정유섭 | 11,690,000,000 | 1,695,000,000 | 9,995,000,000 | 1,703,257 | | 1,703,257 | 100% | 1,703,257 |

## 6. 지급이자손금불산입등

### ① 지급이자의 손금불산입

차입금의 이자는 원칙적으로 법인의 순자산을 감소시키는 거래로서 손비에 해당한다. 그러나 특정용도에 소요된 차입금 또는 채권자가 불분명한 차입금의 이자와 비생산적 자산을 보유하고 있는 경우의 차입금 이자는 손금불산입 하도록 하고 있다.

> ☆ 지급이자 손금불산입 규정 적용순서
> ① 채권자가 불분명한 사채이자
> ② 지급받은 자가 불분명한 채권・증권의 이자・할인액 또는 차익
> ③ 건설자금에 충당한 차입금의 이자
> ④ 업무무관자산 및 가지급금 등의 취득・보유와 관련한 지급이자

### ② 손금불산입 대상 지급이자

#### ㉠ 채권자가 불분명한 사채이자

다음에 해당하는 차입금의 이자

- 채권자의 주소 및 성명을 확인할 수 없는 차입금
- 채권자의 능력 및 자산상태로 보아 금전을 대여한 것으로 인정할 수 없는 차입금
- 채권자와의 금전거래 사실 및 거래내용이 불분명한 차입금

※ 알선수수료・사례금 등 명목여하에 불구하고 사채를 차입하고 지급하는 금품을 포함하되, 거래일 현재 주민등록표에 의하여 거주사실 등이 확인된 채권자가 차입금을 변제받은 후 소재불명이 된 경우의 차입금이자는 제외한다.

#### ㉡ 수령자가 불분명한 채권・증권의 이자 등

다음의 채권・증권을 발행한 법인이 직접 지급하는 경우로서 그 지급사실이 객관적으로 인정되지 아니하는 이자 또는 할인액

- 국가 또는 지방자치단체가 발행한 채권 또는 증권의 이자와 할인액
- 내국법인이 발행한 채권 또는 증권의 이자와 할인액
- 외국법인의 국내지점 또는 국내영업소에서 발행한 채권이나 증권의 이자와 할인액
- 금융기관이 환매기간에 따른 사전약정이율을 적용하여 환매수 또는 환매도하는 조건으로 매매하는 채권 또는 증권의 매매차익

> 손금불산입하는 이자 또는 할인액에 대한 소득처분은 원천징수세액(소득처분 기타사외유출)을 제외한 금액을 대표자에 대한 상여로 처분한다.

#### ㉢ 건설자금이자

명목 여하에 불구하고 사업용 고정자산의 매입・제작・건설에 소요되는 차입금(건설 등에 소요된지의 여부가 불분명한 차입금 제외)에 대한 지급이자 또는 이와 유사한 성질의 지출금

ㄹ 업무무관자산 및 가지급금 등의 취득·보유와 관련된 지급이자

업무와 직접 관련이 없다고 인정되는 자산과 특수관계자에게 당해 법인의 업무와 관련없이 지급한 가지급금 등을 보유하고 있는 법인이 지급한 이자 중, 규정에 의하여 계산한 금액 (차입금 중 당해 자산가액에 상당하는 금액의 이자를 한도로 한다)

③ 지급이자의 범위

ㄱ 지급이자의 범위

| 지급이자에 포함되는 것 | 지급이자에 포함되지 않는 것 |
|---|---|
| • 금융어음 할인료<br>• 미지급이자<br>• 금융리스료 중 이자상당액<br>• 사채할인발행차금상각액<br>• 전환사채 만기보유자에게 지급하는 상환할증금 | • 상업어음 할인액<br>• 선급이자<br>• 현재가치할인차금상각액<br>• 연지급수입에 있어 취득가액과 구분하여 지급이자로 계상한 금액<br>• 지급보증료·신용보증료 등<br>• 금융기관 차입금 조기상환수수료 |

ㄴ 차입금에서 제외되는 금액

- 재정융자특별회계 또는 한국은행으로부터 차입한 금액
- 국가·지방자치단체(지방자치단체 조합을 포함) 또는 법령에 의하여 설치된 기금으로부터 차입한 금액
- 외국인투자촉진법 또는 외국환거래법에 의한 외화차입금
- 수신자금
- 내국법인이 한국은행총재가 정한 규정에 따라 기업구매자금대출에 의하여 차입한 금액

## 7. 건설자금이자조정

사업용 고정자산의 매입·제작·건설에 소요된 것이 분명한 특정 차입금(자본화 강제) 및 일반차입금(자본화 선택)에 대한 지급이자 또는 이에 유사한 성질의 지출금은 건설이 준공된 날까지 당해 사업용 고정자산에 대한 자본적 지출(매입부대비용)로 하여 원본에 가산한다.

※ 차입금 : 건설에 소요되었는지 여부가 불분명한 차입금은 제외한다.

① 건설자금이자의 계산대상

사업용 고정자산의 매입에 한하여 적용된다.

따라서 매매를 목적으로 하는 주택·아파트·상가 등의 재고자산에 대하여는 건설자금이자를 계산하지 않다.

② 건설자금이자 계산기간

건설을 개시한 날로부터 건설이 준공된 날까지만 계산한다.

**건설이 준공된 날의 판정**

- 건 물 : 취득일과 건설목적에 실제로 사용되기 시작한 날(정상제품을 생산하기 위하여 실제로 가동되는 날) 중 빠른 날
- 토　지 : 대금완불일 또는 당해 토지를 사업에 제공한 날 중 빠른 날
- 기타 사업용 고정자산 : 사용개시일

③ 건설자금이자 계산대상 차입금이자 등

- 건설자금으로 사용된 것이 분명한 특정차입금의 "차입금이자 및 이에 유사한 성질의 지출금" 에 한하여 건설자금이자를 계산한다. 따라서 건설자금으로 사용한지 여부가 불분명한 경우 는 건설자금이자계산 대상에서 제외되며, 일반차입금이자도 자본화가능하다.
- 또한, 차입과 관련된 지급보증료 및 할인료, 건설기간중의 사채할인차금상각액 및 전환사채 에 대한 지급이자도 포함된다.
- 다만, 특정차입금의 일부를 건설자금의 일부를 운영자금으로 전용한 경우 그에 상당하는 지 급이자는 손금에 산입하며, 차입한 건설자금의 연체로 인하여 생긴 이자를 원본에 가산한 경 우에 그 가산한 금액은 당해사업연도의 자본적지출로 하고 원본에 가산한 금액에 대한 지급 이자는 손금에 산입한다.
- 일반차입금에 대한 자본화대상 계산 방법 = Min(㉠㉡)

  ㉠ 건설에 소요된 일반차입금의 지급이자 합계

  ㉡ (건설에 지출한 금액의 적수 − 특정차입금적수) × 이자율
- 건설에 소요된 특정차입금의 일시 예금에서 생긴 수입이자는 원본에 가산하는 자본적지 출 금액에서 차감한다.

④ 건설자금이자를 비용처리한 경우의 세무조정

건설자금 이자를 비용처리하거나 과소계상한 경우에는 다음과 같이 세무조정해야　한다.

㉠ 비상각자산

손금불산입하여 유보처분하고 동자산의 양도시 유보금액을 손금추인한다.

㉡ 상각자산

- 건설이 완료된 자산 해당분 : 감가상각한 것으로 보아 시부인 계산
- 건설중인 자산 : 손금불산입하여 유보처분하되 건설이 완료되면 기왕의 상각부인액으 로 보며 그 이후의 시인부족액의 범위내에서 손금으로 추인된다.

▌건설자금이자조정명세서 작성사례

> **다음의 자료를 이용하여 건설자금이자를 조정하라.**
>
> 공장신축 운용자금으로 건설은행으로부터 5억원을 연 9%로 차입하였다. 이중 4억원은 공장신축을 위해 개별적으로 차입하였으며, 나머지는 운용자금 목적이며 공장신축과 무관하며, 일할계산하라.
>
> (1)차입기간: 올해 8월1일 – 다음연도 7월 31일(134일)
>
> (2)공사기간은 올해 9월1일 – 다음연도 12월 31일(103일)
>
> (3)당기 건설자금의 일시예치로 인한 이자수익은 1,000,000원이다. 손익계산서에 계상하였다.
>
> (4)회사가 계상한 건설자금이자는 없다.

▌세무조정 계산

건설자금이자 = 400,000,000 × 0.09 × 103(공장신축일−과세기간말)/365 = 10,158,904원
(손금불산입)건설자금이자 10,158,904원(유보발생)
(익금불산입)일치예치 이자수익 1,000,000원(유보발생)

**1. 건설자금이자 조정**

| 구분 | ①건설자금이자 | ②회사계상액 | ③상각대상자산분 | ④차감조정액<br>(①-②-③) |
|---|---|---|---|---|
| 건설완료자산분 | 10,158,904 | | 10,158,904 | 10,158,904 |
| 건설중인자산분 | | | | |
| 계 | 10,158,904 | | 10,158,904 | 10,158,904 |

**2. 특정차입금 건설자금이자계산 명세**

| ⑤건설<br>자산명 | ⑥대출<br>기관명 | ⑦차<br>입일 | ⑧차입<br>금액 | ⑨이<br>자율 | ⑩당기지<br>급이자 | ⑪준공일또는<br>준공예정일 | ⑫건설자<br>금이자계산<br>대상일수 | ⑬건설자금이<br>자계상대상<br>금액 |
|---|---|---|---|---|---|---|---|---|
| 공장신축 | 건설은행 | 8/1 | 400,000,000 | 9% | 13,216,438 | 다음연도 12/31 | 103 | 10,158,904 |

## 8. 업무무관자산 지급이자 손금불산입

업무와 직접 관련이 없다고 인정되는 자산과 특수관계있는 자에게 업무와 관련없이 지급한 가지급금 등을 보유하고 있는 법인에 대하여는 그 자산가액에 상당하는 차입금에 대한 지급이자와 동 업무무관 자산을 취득·관리함으로써 생기는 비용을 손금 불산입한다.

① **업무무관 자산의 범위**

   ㉠ 부동산

     • 부동산을 취득한 후 유예기간이 경과한 때까지 법인의 업무에 직접 사용하지 아니하는 부동산

> 법인의 업무라 함은 다음 각호의 해당하는 업무를 말한다.
> • 법령에서 업무를 정한 경우에는 그 법령에 규정된 업무
> • 각 사업연도종료일 현재의 법인등기부상의 목적사업(행정관청의 인가·허가 등으로 요하는 사업의 경우에는 그 인가·허가 등을 받은 경우에 한함)으로 정하여진 업무

     • 유예기간 중에 법인의 업무에 직접 사용하지 아니하고 양도하는 부동산(부동산매매업을 주업으로 하는 법인 제외)

     ※ 법령에 의하여 사용이 금지되거나 제한된 부동산 등 부득이한 사유가 있는 부동산을 제외한다.

   ㉡ 동산

     • 서화·골동품. 다만, 장식·환경미화 등의 목적으로 사무실·복도 등 여러 사람이 볼 수 있는 공간에 상시 비치하는 1,000**만원이하** 것은 제외

     • 업무에 직접 사용되지 아니하는 자동차·선박 및 항공기

      다만, 저당권의 실행 기타 채권을 변제받기 위하여 취득한 것으로서 3년이 경과되지 아니한 선박 등 부득이한 사유가 있는 것을 제외한다.

     • 기타 위와 유사한 자산으로서 당해 법인의 업무에 직접 사용되지 아니하는 자산

② **특수관계자에게 업무와 관련없이 지급한 가지급금 등의 범위**

   업무와 관련없는 가지급금이라 함은 명칭여하에 불구하고 당해 법인의 업무와 관련없는 자금의 대여액을 말한다.

③ **업무무관 자산 등의 가액**

   업무무관자산 등의 가액은 취득가액으로 한다.

> 특수관계자로부터 시가보다 높은 가액으로 취득한 자산의 경우에 위의 "취득가액"은 부당행위계산 부인의 규정이 적용되는 시가초과액을 차감하지 아니한 금액으로 한다.

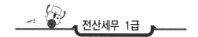 

④ 손금불산입할 지급이자의 계산

차입금의 이자 중 업무무관자산 및 가지급금 등의 취득 및 보유와 관련하여 손금불산입할 금액은 다음과 같이 계산한다.

$$\text{지급이자} \times \frac{\text{업무무관자산과 가지급금등의 가액의 합계액(총차입금을 한도로 함)}}{\text{총차입금}}$$

- 지급이자나 총차입금은 업무무관 자산 등의 취득시기와 관계없이 사업연도 개시일부터 사업연도 종료일까지의 합계금액을 기준으로 하여 계산한다.
- 사업연도 중에 업무무관 자산을 처분하여 사업연도 종료일 현재는 업무무관 자산이 없는 경우에도 처분전까지의 기간에 대하여는 지급이자 손금불산입 규정을 적용하여야 한다.
- 업무무관자산 등의 가액 계산

  업무무관 자산 및 업무무관가지급금 등의 가액은 그 합계액에 보유일수를 곱하여 산정한 적수로 계산한다. 당해 사업연도 중에 보유한 업무무관자산 등 모두를 포함한다.
- 총차입금의 계산

  당해 사업연도에 발생한 지급이자와 할인료를 부담하는 모든 부채의 매일 잔액에 의한 적수로 계산하여야 하나, 다음 산식에 의하여 이자율별로 계산한 금액을 합계하여 계산할 수 있다.

$$\text{이자율별 차입금의 적수} = \text{이자율별 지급이자} \times \frac{365(366)}{\text{연이자율}}$$

## 업무무관자산이자조정명세서 작성사례

| 자산취득 및<br>보유 현황 | 자산구분 | 금액(원) | 취득일 |
| --- | --- | --- | --- |
| | 건물 | 40,000,000 | 전기 4. 10. |
| | 토지 | 32,000,000 | 당기 7. 1. |

• 토지 및 건물은 회사 여유자금으로 취득한 투자목적용 자산이라고 가정한다.

| 차입금 현황 및<br>이자지급 내역 | 차입금 구분 | 차입금액(원) | 이자율 | 이자비용(원) |
| --- | --- | --- | --- | --- |
| | 장기차입금 | 150,000,000 | 연 7% | 10,500,000 |
| | 단기차입금 | 170,000,000 | 연 5% | 8,500,000 |

• 장기차입금에 대한 이자비용에는 채권자 수령 불분명 이자가 1,700,000원 포함되어 있다.(원천징수는 고려하지 않기로 하고, 1년은 365로 가정)

| 가지급금 등<br>대여금 현황 | • 당기 6. 20. 전무이사에게 사업자금 30,000,000원을 연 3% 이율로 대여하였다. |
| --- | --- |

## 세무조정 계산

〈손금불산입〉 채권자불분명이자 1,700,000원 (상여)
〈손금불산입〉 업무무관자산 지급이자 4,221,470원 (기타사외유출)
업무무관자산적수 = 40,000,000×365 + 32,000,000×184 = 20,488,000,000
가지급금적수 = 30,000,000×196=5,880,000,000
차입금적수 = (10,500,000−1,700,000)/0.07 ×365=45,885,714,286
            = 8,500,000/0.05×365=62,050,000,000
차입금적수합계 = 107,935,714,286
지급이자불산입액 = 17,300,000×26,338,000,000(분모 차입금적수한도)/107,935,714,284 = 4,221,470원

## 9. 감가상각비조정명세서

### ① 감가상각의 의의

고정자산에 대한 감가상각비는 법인이 손금으로 계상한 경우에 한하여 당해자산의 내용연수에 따른 상각률에 의하여 계산한 금액(상각범위액)을 한도로 하여 손금에 산입하는 것이므로, 동 한도액을 초과하는 금액은 손금불산입 하여야 한다.

• 법인세법에서는 감가상각을 강제하지 아니하고 법인이 감가상각비를 손금으로 계상한 경우에 한하여 손금으로 인정하는 임의상각제도를 택하고 있다.

※ 상각범위액을 초과하여 상각한 경우 상각부인액은 손금불산입하나 상각범위액에 미달하여 상각한 경우에는 신고조정으로 손금산입할 수 없으며 잔존가액이 남아 있는 경우에는 내용연수가 경과되어도 상각가능 하다.

• 또한, 법인이 손금으로 계상한 감가상각비를 모두 손금으로 인정하지 아니하고 법인이 선택하여 신고한 내용연수 · 상각방법에 따라 세법이 정한 계산방법에 의하여 계산한 금액 한도 내에서 손금산입이 허용된다.

• 감가상각비 시부인 계산은 개별자산별로 하는 것이므로 내용연수가 같은 자산이라도 각각 세무조정 하여야 한다.

※ 취득시기에 관계없이 개시일 현재의 취득가액(재평가시 재평가액)에 대하여 새로운 내용연수 및 감가상각방법을 동일하게 적용한다.

### ② 감가상각 자산

㉠ 감가상각 대상자산

| 구 분 | 감가상각 대상자산 |
|---|---|
| 유형고정자산 | 건물 및 구축물, 차량 및 운반구, 공구, 기구 및 비품, 선박 및 항공기, 기계 및 장치, 동물 및 식물, 기타 이와 유사한 유형고정자산 |
| 무형고정자산 | 영업권, 디자인권, 실용신안권, 상표권, 특허권, 어업권등 |

㉡ 감가상각 대상에서 제외되는 자산

• 사업에 사용하지 아니하는 자산(유휴설비를 제외한다)

• 건설중인 것

• 시간의 경과에 따라 그 가치가 감소되지 아니하는 것(. 토지, 조경용 수목)

㉢ 기타 감가상각 대상자산

• 장기할부조건 등으로 매입한 고정자산의 경우

• 사용 중 철거하여 사업에 사용하지 아니하는 기계 및 장치 등과 취득후 사용하지 아니하고 보관중인 기계장치

• 건설중인 자산의 일부가 완성되어 사업에 사용되는 경우에는 감가상각자산에 포함한다.

③ 감가상각 방법

• 감가상각 방법의 적용

| 자산 구분 | 신고하는 경우 상각방법 | 무신고하는 경우 상각방법 |
|---|---|---|
| 건축물 | 정액법 | 정액법 |
| 기타유형 고정자산 | 정률법, 정액법(광업용 유형고정자산은 생산량 비례법 가능)중 선택가능 | 정률법(광업용 유형고정자산은 생산량 비례법) |
| 무형고정자산 | 정액법 | 정액법 |
| 광업권 | 정액법, 생산량비례법 중 선택가능 | 생산량비례법 |

> ☆ 감가상각 방법
> • 정액법 : 취득가액 × 상각률
> • 정률법 : (취득가액 − 기 상각액) × 상각률
> • 생산량비례법 : 취득가액 × (당해 사업연도의 채굴량 ÷ 총 채굴예정량)

• 감가상각방법의 신고

자산별로 하나의 방법을 선택하여 법인세과세표준 신고기한까지 납세지 관할세무서장에게 신고하여야 한다.

• 감가상각 방법의 변경

– 신청기한 : 변경할 상각방법을 적용하고자 하는 최초사업연도 종료일

※ 12월말 결산법인이 상각방법을 변경하고자 하는 경우 12.31.까지 신고하여야 한다.

• 리스자산에 대한 상각방법

| 구 분 | 자산 계상 법인 | 감가상각 계상 법인 |
|---|---|---|
| 금융리스 | 리스이용자 | 리스이용자 |
| 운용리스 | 리스회사 | 리스회사 |

④ 감가상각 자산의 취득가액 계산

㉠ 취득가액은 그 취득형태에 따라 다음과 같이 산정한다.

| 취 득 형 태 | 취 득 가 액 |
|---|---|
| 매입한 고정자산 | 매입가액에 취득세, 등록세 기타 부대비용을 가산한 금액 |
| 자가 제조(건설)한 고정 자산 | 원재료비, 노무비, 운임, 하역비, 보험료, 수수료, 공과금(취득세·등록세 포함), 설치비 기타 부대비용의 합계액 |
| 기타의 경우 | 취득 당시의 시가 |

• 유형고정자산의 취득과 함께 국·공채를 매입하는 경우 기업회계기준에 따라 그 국·공채의 매입가액과 현재가치의 차액을 유형고정자산의 취득가액으로 계상한 경우 인정된다.

ⓛ 취득가액에서 제외하는 금액

- 자산을 장기할부조건으로 취득하는 경우 발생한 채무를 기업회계기준이 정하는 바에 따라 현재가치로 평가하여 현재가치할인차금으로 계상한 경우 당해 현재가치할인차금
- 연지급수입에 있어서 취득가액과 구분하여 지급이자로 계상한 금액

| 구 분 | 종 전 | 개 정 |
|---|---|---|
| D/A이자 | 취득가액 | 취득가액<br>※ 단, 지급이자로 계상한 경우 이를 인정 |
| Shipper's Usance이자 | 취득가액 | |
| Banker's Usance이자 | 취득가액<br>※ 단, 지급이자로 계상한 경우 이를 인정 | |

- 특수관계자로부터 매입한 자산의 시가초과액
  ※ 감가상각자산에 대하여 감가상각비를 계산함에 있어 적용하는 당해 자산의 취득가액은 그 개시일 현재의 취득가액으로 한다.

⑤ 잔존 가액

감가상각자산의 잔존가액을 "0"으로 한다. 다만, 정률법에 의하여 상각하는 경우에는 취득가액의 5%에 상당하는 금액으로 하되, 그 금액은 당해 감가상각자산에 대한 미상각잔액이 최초로 취득가액의 5%이하가 되는 사업연도의 상각범위액에 가산한다.

상각이 종료되는 감가상각자산은 취득가액의 5%와 1천원중 적은 금액을 당해 감가상각자산의 장부가액으로 하고 동 금액에 대하여는 이를 손금에 산입하지 아니한다.

⑥ 내용연수와 상각률

- 법인세법에서는 내용연수를 자산의 구조, 사용업종, 종류별로 내용연수 또는 기준내용연수와 내용연수범위를 규정하고 있다.
- 내용연수의 신고 등
  내용연수 범위안에서 법인이 적용할 내용연수는 사업연도의 과세표준 신고기한까지 납세지 관할세무서장에게 제출(국세정보통신망에 의한 제출 포함)하여야 한다.
  ※ 신고하지 않는 경우 기준내용연수를 적용
- 사업연도가 1년 미만인 경우 적용할 내용연수
  사업연도가 1년 미만인 경우에는 다음 산식에 의하여 계산한 내용연수와 그에 따른 상각률을 적용한다.

$$내용연수 = 신고내용연수\ 또는\ 기준내용연수 \times \frac{12}{사업연도의\ 월수}$$

- 내용연수의 변경
  - 법인은 납세지 관할지방국세청장의 승인을 얻어 기준내용연수의 50%를 가감한 범위내에서 내용연수를 변경할 수 있다.
  - 내용연수의 승인 또는 변경승인을 얻고자할 때에는 영업개시일로부터 3월 또는 그 변경할 내용연수를 적용하고자 하는 사업연도 종료일 이전 3월이 되는 날까지 내용연수 승인(변경승인)신청서를 납세지 관할세무서장을 거쳐 관할지방국세청장에게 제출하여야 한다.
- 중고 취득자산 등에 대한 내용연수 조정
  - 대상자산 : 법인 또는 개인사업자로부터 취득한 자산으로서 당해 자산을 취득한 법인에게 적용되는 기준내용연수의 50%이상의 연수가 경과한 자산등
  - 수정내용연수의 범위 : 기준내용연수의 50%에 상당하는 연수와 기준내용연수의 범위내에서 법인이 선택하여 납세지 관할세무서장에게 신고한 연수(수정내용연수)를 내용연수로 할 수 있음 (. 기준내용연수 10년 → 5~10년)

⑦ 감가상각비 시부인 방법

각 사업연도에 손금으로 계상한 감가상각비가 개별 감가상각자산별 상각범위액을 초과하는 경우 그 초과하는 금액은 손금에 산입하지 아니한다.

㉠ 상각부인액 및 시인부족액의 처리
- 시인부족액 : 법인이 손금계상한 상각액이 상각범위액에 미달하는 금액을 말하며, 동 부족액은 적극적으로 손금에 산입되거나(강제상각) 다음 사업연도로 이월되지 않고 당해 사업연도에 소멸된다. 국제회계기준 도입법인은 도입이전수준(과거 3년평균)까지는 신고조정가능하다.
- 상각부인액 : 법인이 손금계상한 상각액이 상각범위액을 초과하는 부분의 금액을 말하는 것으로 전기 감가상각부인 누계액은 당기 시인부족액의 한도내에서 손금 추인하며, 법인의 당기 상각액이 없는 경우에도 그 상각범위액을 한도로 전기 상각부인 누계액을 당기에 손금 추인한다.

㉡ 사업연도 중 취득·양도한 자산의 감가상각 범위액
- 사업연도 중 새로이 취득한 자산 : 사용월수에 따라 월할 상각
  ※ 월수는 역에 따라 계산하되, 1월 미만의 일수는 1월로 한다.

| 감가상각범위액 = 연상각범위액 × 사용월수 ÷ 12 |
| --- |

- 사업연도 중 양도한 자산 : 감가상각비 계상 의무 없음.

㉢ 사업연도 변경, 해산·합병·분할 등으로 사업연도가 1년 미만인 경우 감가상각 범위액

| (상각범위액 × 당해 사업연도 월수) ÷ 12 |
| --- |

※ 월수는 역에 따라 계산하되 1월 미만인 일수는 1월로 한다

ⓔ 양도자산에 대한 상각 시부인액 등의 처리
- 감가상각자산을 양도한 경우 당해 자산의 상각부인액은 양도일이 속하는 사업연도의 손금에 산입한다.
- 감가상각자산의 일부를 양도한 경우 양도한 자산에 대한 감가상각누계액 및 상각부인액 또는 시인부족액의 계산

$$\text{당해자산 전체의 상각부인액 등} \times \frac{\text{양도부분의 가액}}{\text{당해 감가상각 자산의 전체 가액}}$$

※ 가액은 취득당시의 장부가액에 의한다.

⑧ 감가상각의 의제 −강제상각(신고조정)

각 사업연도소득에 대한 법인세가 면제 또는 감면되는 사업을 영위하는 법인으로서 법인세를 면제·감면 받은 경우와 구 조세감면규제법에 의한 특별감가상각비를 손금에 산입한 경우로서 감가상각비를 계상하지 않은 경우에는 개별자산에 대한 감가상각비를 상각범위액만큼 손금에 산입

⑨ 즉시상각의 의제
- 고정자산의 취득가액 또는 자본적지출액을 손금으로 계상한 경우에는 당해 손금계상액을 감가상각비로 계상한 것으로 보아 시부인 계산한다.

⑩ 지출시 손금인정

㉠ 다음의 자산을 제외한 감가상각 자산으로서 취득가액이 거래단위별로 **100만원 이하**
- 고유업무의 성질상 대량으로 보유하는 자산
- 사업의 개시 또는 확장을 위하여 취득한 자산

㉡ 수선비 지출액
- 개별자산별로 수선비로 지출한 금액이 **600만원** 미만인 경우
- 개별자산별로 수선비로 지출한 금액이 직전 사업연도종료일 현재 재무상태표상 미상의 100분의 5에 미달하는 경우
- 3년 미만의 기간마다 주기적인 수선을 위하여 지출하는 경우

㉢ 소액지출
- 어업에 사용되는 어구(어선용구를 포함)
- 영화필름, 공구(**금형 제외**), 가구, 전기기구, 가스기기, 가정용 기구·비품, 시계, 시험기기, 측정기기 , 간판, 전화기(휴대전화기 포함), 개인용컴퓨터 및 주변기기
- 대여사업용 비디오테이프 및 음악용 콤팩트디스크로서 개별자산의 취득가액이 30만원 미만인 것

㉣ 시설의 개체 또는 기술의 낙후로 생산설비의 일부를 폐기한 경우에는 당해 자산의 장부가액에서 1,000원을 공제한 금액을 폐기일이 속하는 사업연도에 손금산입할 수 있다.

㉤ 임차인이 임차한 사업장에 시설물 설치 후, 사업의 폐지에 따른 원상회복을 위해 해당 시설물을 철거하는 경우에도 필요경비 산입

⑪ **국고보조금 등으로 취득한 고정자산의 손금산입 조정**

국고보조금, 공사부담금, 보험차익을 지급받은 사업연도의 손금에 산입하기 위해서는 국고보조금등을 지급받는날이 속하는 사업연도의 종료일 또는 다음사업연도의 개시일부터 1년(보험차익의경우에는2년) 이내에 고정자산 등의 취득·개량에 사용하여야 한다.

▌**감가상각 작성사례**

다음은 ㈜감가(사업연도 1.1 ~ 12.31)의 기계장치에 대한 자료이다. ㈜감가는 중소기업특별세액감면 적용대상 법인으로서 다음 자료를 토대로 연도별 세부담 최소화의 가정하에 (1) 해당감면을 적용받았을 경우와 (2) 해당감면을 적용받지 않았을 경우로 나누어서 각각 제5기부터 제8기까지 기계장치에 대한 세무조정을 행하시오.

1. 기계장치는 제5기 1월 5일 50,000,000원에 취득한 것인데 신고한 상각방법은 정률법이고 신고내용연수 8년에 따른 상각률은 0.3130이다.

2. ㈜감가가 이 기계장치에 대한 감가상각비를 결산서에 다음과 같이 계상하였다.
   제5기 : 10,000,000원
   제6기 : 10,000,000원
   제7기 : 10,000,000원

3. ㈜감가는 기계장치를 제8기 1월 5일에 현금 40,000,000원을 받고 처분하였다.

4. 소수점이하는 절사한다.

**세무조정 계산**

1. 중소기업특별세액감면을 적용받았을 경우
(1) 제5기부터 제7기까지 세무조정

| 구 분 | 회사계상액 | 상각범위액 | 시부인액 | 세무조정 | 미상각잔액 |
|---|---|---|---|---|---|
| 제5기 | 10,000,000원 | 15,650,000원 | △5,650,000원 | 5,650,000원 손금산입·△유보(유보발생) | 34,350,000원 |
| 제6기 | 10,000,000원 | 10,751,550원 | △751,550원 | 751,550원 손금산입·△유보(유보발생) | 23,598,450원 |
| 제7기 | 10,000,000원 | 7,386,314원 | 2,613,686원 | 2,613,686원 손금불산입·유보발생 | 16,212,136원 |

(2) 제8기 세무조정
〈익금산입·유보감소〉△유보분상각비 3,787,864원 (5,650,000+751,550−2,613,686=3,787,864원)

2. 중소기업특별세액감면을 적용받지 않았을 경우
(1) 제5기부터 제7기까지 세무조정

| 구 분 | 회사계상액 | 상각범위액 | 시부인액 | 세무조정 | 미상각잔액 |
|---|---|---|---|---|---|
| 제5기 | 10,000,000원 | 15,650,000원 | △5,650,000원 | 없음 | 40,000,000원 |
| 제6기 | 10,000,000원 | 12,520,000원 | △2,520,000원 | 없음 | 30,000,000원 |
| 제7기 | 10,000,000원 | 9,390,000원 | 610,000원 | 610,000원 손금불산입·유보발생 | 20,000,000원 |

(2) 제8기 세무조정
〈손금산입·△유보(유보감소)〉감가상각부인액 610,000원

## 10. 화폐성외화자산, 부채의 평가

화폐성 외화자산과 화폐성 외화부채는 현금과 예금, 매출채권, 매입채무 등과 같이 화폐가치의 변동과 상관없이 자산과 부채의 금액이 계약, 기타에 의하여 일정액의 화폐액으로 고정되어 있는 경우의 당해 자산과 부채를 말한다.

| 구 분 | 화폐성(평가대상) | 비화폐성(평가대상 아님) |
|---|---|---|
| 자 산 | 외화현금·예금, 외화채권, 외화보증금, 외화대여금, 외화매출채권 | 선급금, 재고자산, 고정자산 |
| 부 채 | 외화채무, 외화차입금, 외화사채 | 선수금 |

단, 선급금과 선수금은 소비대차전환 안한다고 가정

[상환차손익 조정]
• 법인이 상환 받거나 상환하는 외화채권·채무의 원화금액과 원화기장액의 차익 또는 차손은 당해 사업연도에 익금 또는 손금에 산입함

## 외화자산, 부채평가 작성사례

1. 다음 자료를 이용하여 기말 외환환산에 대한 세무조정을 행하라.

| 구분 | 기말외화잔액($) | 기말외환산전장부가액 | 비고 |
|---|---|---|---|
| 외화선급금 | 20,000 | 24,000,000 | 생산설비구입지급액 |
| 외화미수금 | 30,000 | 40,000,000 | |
| 외화투자부동산 | 200,000 | 270,000,000 | |
| 외화투자유가증권 | 300,000 | 300,000,000 | 지배목적 |
| 외화외상매입금 | 60,000 | 80,000,000 | |
| 외화선수금 | 70,000 | 90,000,000 | |

외화선수금은 재고자산의 판매와 관련하여 물품인도전에 지급받은 것을 그 판매계약 취소로 인하여 금전소비대차계약으로 전환한 것이다.

2. 기말현재 환율내역은 다음과 같다.
    대고객외국환매입률 : 1,300원
    대고객외국환매도률 : 1,480원
    기 준 환 률 : 1,400원

3. 회사는 평가손익을 계상하지 아니하였다.

## 세무조정 계산

(손금산입)외화평가손실 10,000,000원(유보발생)
외화환산은 화폐성항목만 한다. 그래서 외화선급금, 외화투자부동산, 외화투자유가증권은 비화폐성항목이므로 평가대상에서 제외한다. 선수금은 소비대차로 전환되어 차입금과 동일한 성격이 되었으므로 평가대상이 된다.

| 구분 | 기말외화잔액($) | 환산액 (외화금액×1,400원) | 기말외환산전장부가액 | 평가차(손)익 |
|---|---|---|---|---|
| 외화미수금 | 30,000 | 42,000,000 | 40,000,000 | 2,000,000 |
| 외화외상매입금 | 60,000 | 84,000,000 | 80,000,000 | −4,000,000 |
| 외화선수금 | 70,000 | 98,000,000 | 90,000,000 | −8,000,000 |

## 11. 재고자산평가조정명세서

일반적으로 재고자산은 취득원가 기준에 의해 평가되며, 재고자산은 판매될 때까지 역사적원가로 표시된다. 즉 실현주의 원칙에 입각하여 재고자산이 판매될 때까지는 보유손익을 인식하지 않고 있다가 당해 재고자산이 판매된 경우에 손익을 인식하며, 이 손익의 적정성을 세법적으로 평가한다.

① 재고자산평가

| 평가대상 자산 | 신고시 : 신고한 방법 | 무신고시 | 임의변경시 |
|---|---|---|---|
| 재고자산<br>• 제품 및 상품<br>• 반제품및재공품<br>• 원재료<br>• 저장품 | 둘 중 선택<br>• 원가법 : 개별법, 선입선출법, 후입선출법, 총평균법, 이동평균법, 매출가격 환원법<br>• 저가법 : 원가법과 기업회계기준에 따라 시가로 평가한 가액 중 낮은 가액 | • 재고자산 : 선입선출법<br>• 부동산 : 개별법 | MAX(선입선출법, 당초신고방법) |

재고자산의 평가방법을 신고하지 않아 선입선출법(부동산은 개별법)을 적용하는 법인이 그 평가방법을 변경하고자 하는 경우, 변경할 평가방법을 적용하고자 하는 사업연도의 종료일 이전 3월이 되는 날까지 변경신고 하여야한다.

② 파손품 등의 평가

재고자산 중에서 파손·부패 등의 사유로 인하여 정상가액으로 판매할 수 없는 것은 사업연도 종료일 현재의 처분가능한 시가로 평가할 수 있다.

③ 평가손실이 인정되는 주식

• 주식 등을 발행한 법인이 파산한 경우의 당해 주식 등

※ 사업연도종료일 현재의 시가에 의한 평가차손을 손금산입하며, 시가로 평가한 가액이 1,000원 이하인 경우에는 1,000원을 시가로 본다.

## 재고자산평가 작성사례

다음 제3기 기말 재고자산 평가자료를 이용하여 각 재고자산에 대한 세무조정을 하시오. 단, 재공품을 제외한 결산상 평가방법은 적법하게 신고하였다.

| 구분 | 결산상 평가방법 | 총평균법 평가액 | 후입선출법 평가액 | 선입선출법 평가액 |
|---|---|---|---|---|
| ① 제 품 | 총평균법 | 6,000,000원 | 5,000,000원 | 5,500,000원 |
| ② 재공품 | 총평균법 | 7,000,000원 | 4,000,000원 | 5,000,000원 |
| ③ 원재료 | 후입선출법 | 2,000,000원 | 3,000,000원 | 3,500,000원 |
| ④ 저장품 | 후입선출법 | 1,500,000원 | 2,500,000원 | 2,000,000원 |

1. 제품은 제1기까지 후입선출법에 의해 평가하였으나, 제2기 10월 3일 총평균법으로 평가방법변경신고를 하였다.

2. 재공품은 현재까지 별도로 평가방법에 대하여 신고하지 아니하였다.

3. 원재료는 제2기까지 총평균법으로 평가하였으나, 제3기 10월 1일 후입선출법으로 평가방법변경신고를 하였다.

4. 저장품은 제2기까지 후입선출법에 의해 평가하였으며, 제3기 계산상 착오로 2,500,000원을 2,300,000원으로 결산서상 기재하였다.

## 세무조정 계산

| 구분 | 회사 평가액 | 세법상 평가액 | 차이 | 세무조정 |
|---|---|---|---|---|
| ① 제 품 | 6,000,000원 | 6,000,000원 | – | 없음 |
| ② 재공품 | 7,000,000원 | 5,000,000원 | △2,000,000원 | 2,000,000원 (손금산입 · △유보) |
| ③ 원재료 | 3,000,000원 | 3,500,000원 | 500,000원 | 500,000원 (익금산입 · 유보) |
| ④ 저장품 | 2,300,000원 | 2,500,000원 | 200,000원 | 200,000원 (익금산입 · 유보) |

① 제2기에 신고기한이 지난 후 평가방법을 변경 신고하였으나, 다음 사업연도인 제3기부터는 신고한 평가방법으로 평가한다.
② 재공품은 평가방법을 신고하지 않았으므로 선입선출법을 적용한다.
③ 평가방법 변경신고 기한을 지난 후 신고한 평가방법을 적용하였으므로 임의변경에 해당하고, 당초 적법하게 신고한 평가방법인 총평균법과 무신고 평가방법인 선입선출법 중 큰 금액을 적용한다.
④ 저장품은 신고한 방법을 적용하였으나 계산상 오류가 발생한 경우로써, 임의변경으로 보지 않으므로 그 차액만 조정하면 된다.

## 12. 기부금조정명세서

법인이 지출하는 기부금은 일정범위 내에서 손금에 산입하는 기부금(지정기부금, 법정기부금)과 손금에 산입하지 않는 기타의 기부금으로 구분되며, 손금산입 범위액을 초과하는 기부금과 기타의 기부금은 손금에 산입할 수 없다.

① **기부금의 종류**

　㉠ 법정기부금

　　• 국가·지방자치단체에 무상으로 기증하는 금품의 가액

　　　다만, 기부금품의 모집 및 사용에 관한 법률의 적용을 받는 기부금품은 동법 제5조 제2항의 규정에 의하여 접수하는 것에 한한다.

> 법인이 개인 또는 다른 법인에게 자산을 기증하고 이를 기증받은 자가 지체없이 다시 국가 또는 지방자치단체에 기증한 금품의 가액을 포함한다.

　　• 국방헌금과 국군장병 위문금품의 가액

　　• 천재·지변으로 생기는 이재민을 위한 구호금품의 가액

　　• 교육기관(병원제외)에 시설비·교육비·장학금 또는 연구비로 지출하는 기부금

　　• 대한적십자사에 지출

　　• 사회복지공동모금회법에 의하여 설립된 공동모금회에 지출하는 기부금(법인이 지출하는 것에 한한다)과 바보의 나눔에 지출하는 기부금

　　• 법인이 병원에 시설비·교육비 또는 연구비로 지출하는 기부금

　㉡ 지정기부금

　　• 법인세법시행령 지정기부금단체 등의 고유목적사업비로 지출하는 기부금

　　• 법인세법시행령에 열거한 특정용도로 지출하는 기부금

　　• 법인으로 보는 단체 중 법인세법시행령에 규정된 지정기부금단체를 제외한 단체의 수익사업에서 발생한 소득을 고유목적사업비로 지출하는 금액

　　• 사내근로복지기금법에 의하여 기업이 종업원의 복지증진을 위하여 사내근로복지기금에 지출하는 기부금

　　• **사회적기업이 지출하는 기부금**(20%한도)

　㉢ 기타기부금

　　상기이외의 기부금(동창회비, 향우회비, 종친회비등) : 전액 손금불산입

② **기부금의 가액 등**

　• 법정기부금과 지정기부금은 장부가액(단, 특수관계자에 대한 지정기부금과 비지정기부금은 시가에 의함)

- 기부금을 가지급금 등으로 이연 계상한 경우에는 이를 지출한 사업연도의 기부금으로 하고, 그 후 사업연도에 있어서는 이를 기부금으로 보지 아니한다.
- 기부금을 미지급금으로 계상한 경우 실제로 지출할 때까지는 기부금으로 보지 아니한다.

③ **기부금의 이월공제**

- 이월된 기부금 세무조정

  Min(①이월된 기부금 ②기부금 한도액)를 손금산입하고 기타처분한다.

> 기부금해당액 = 이월된 기부금 + 당기에 지출한 기부금
> 기부금한도액
> 법정기부금=(기준소득금액 – 이월결손금)×50%
> 지정기부금=(기준소득금액 – 이월결손금 – 법정기부금손금인정액 – 우리사주조합기부금손금인정
> 　　　　　 액)×10%(사회적기업은 20%)
> 기준소득금액=차가감소득금액+당기에 지출한 법정기부금·우리사주조합기부금·지정기부금

- 이월공제기한 : 이월공제기간을 **10년**이다.

④ **기부금의 손금산입 범위액**

　㉠ 법정기부금

> (당해사업연도 소득금액 – 이월 결손금) × 50%

- 당해 사업연도 소득금액에서 이월결손금을 차감한 잔액의 50%를 한도로 손금산입 한다.
- 당해 사업연도 소득금액 : 차가감소득금액+당기에 지출한 법정기부금·우리사주조합기부금·지정기부금
- 이월결손금 : 각 사업연도 개시일전 10년 이내에 개시한 사업연도에서 발생한 결손금으로서 그 후의 각 사업연도의 과세표준계산 시 공제되지 아니한 금액이다.

　㉡ 지정기부금 : 손금산입 범위액

> (당해사업연도 소득금액 – 이월 결손금 – 법정기부금중손금산입액) × 10%(사회적기업 20%)

　㉢ 당기 지출 기부금 세무조정

　　　당기에 지출한 기부금

　　(－) <u>기부금 한도액－이월기부금손금산입액</u>

　　(＋) 한도초과액 : 손금불산입 ·기타사외유출

　　(－) 한도미달액 : 세무조정 없음

**기부금 작성사례**

다음 자료에 의하여 (주)태우의 당기 사업연도 기부금에 대한 세무조정을 하시오.

| (1) 결산서상 당기순이익 | • 60,000,000원 |
|---|---|
| (2) 기부금에 관한 세무조정을 하기 전의 세무조정 사항 | • 익금산입 및 손금불산입 : 30,000,000원<br>• 손금산입 및 익금불산입 : 15,000,000원 |
| (3) 기부금계정의 내역 | • 이재민구호금품 : 14,000,000원<br>• 사회복지법인에 지출한 기부금 : 15,000,000원<br>• 동창회기부금 : 10,000,000원 |
| (4) 이월결손금 내역 | • 2007년 발생분 : 50,000,000원<br>• 2016년 발생분 : 100,000,000원 |

**세무조정 계산**

〈손금불산입, 상여〉 비지정기부금 10,000,000원

–법정기부금한도초과액 : 14,000,000 − 7,000,000 = 7,000,000원
　회사계상액 : 14,000,000
　한도액
　(60,000,000+30,000,000−15,000,000+10,000,000+14,000,000+15,000,000−100,000,000)x50%
　　　= 7,000,000
〈손금불산입 · 기타사외유출〉 법정기부금한도초과액 7,000,000원

− 지정기부금한도초과액 : 15,000,000 − 700,000 = 14,300,000원
　회사계상액 : 15,000,000
　한도액
　(60,000,000+30,000,000−15,000,000+10,000,000+14,000,000+15,000,000−100,000,000−7,000,000)x10%　= 700,000

〈손금불산입 · 기타사외유출〉 지정기부금한도초과액 14,300,000원

## 13. 업무용승용차관련비용

업무용승용차에 대한 규정은 값비싼 수입차를 구입하여 사적으로 사용하고, 감가상각등의 비용을 과대계상함으로서 세금을 줄이는 모순점을 개선하기 위해 도입된 제도이다. 업무전용보험가입시에는 승용차관련비용을 1천5백만원범위내서 인정하고, 운행기록부 작성시에는 업무사용비율만큼 추가인정하며 미작성시에는 1천5백만원한도내서 인정하는 제도이다.

### ① 업무용승용차 관련비용의 손금불산입

- 업무용승용차 : 개별소비세 과세대상 승용차
- 업무용승용차 관련비용 : 감가상각비, 임차료, 유류비, 보험료, 수선비, 자동차세등의 취득 및 유지를 위한 비용
- 업무사용금액
    - 업무용전용보험 가입한 경우 : 업무용승용차 관련비용에 업무사용비율을 곱한 금액
        ※ 업무사용비율 = 업무사용주행거리/총주행거리
    - 업무용전용보험 가입하지 않은 경우 : 전액 손금불산입
- 업무사용비율
    - 운행기록 작성시 업무사용비율 : 운행기록을 작성비치하여 확인되는 총주행거래에서 업무용사용거리가 차지하는 비율
    - 운행기록 미작성시 업무사용비율 : 1천5백만원이하: 100%, 1천만 초과시: 15,000,000/업무용승용차관련비용(가족회사등은 50%만 인정)
    - 사업연도중에 취득 및 처분시: 15,000,000 × 보유월수/12

### ② 업무용승용차의 감가상각비

- 대상자산 : 2016. 1. 1이후 취득하는 업무용승용차
- 감가상각방법 : 정액법, 내용연수 5년
- 감가상각비 한도액 : 감가상각비×업무사용비율(800만원한도, 가족회사등은 400만원한도)
  사업연도중에 취득 및 처분시 : 8,000,000 × 보유월수 / 12
- 감가상각비 한도초과액의 이월공제 : 다음연도부터 800만원 미달액 범위내서 이월공제
- 임차료중 감가상각비 상당액 한도초과액 이월공제 : 다음연도부터 800만원 미달액 범위내서 이월공제(단, 임차종료후 10년 경과시에도 동일하게 처리)

### ③ 업무용승용차 관련비용의 조정순서

- 업무사용 미달분에 대한 세무조정 : 감가상각비와 기타비용으로 구분하여 손금불산입
- 업무사용분 감가상각비에 대한 조정 : 감가상각비중 업무사용비율에 해당하는 금액 중 800만원 초과하는 금액은 손금불산입하고 유보처분한다. 단, 임차료중 감가상각비상당액은 업무사용 비율에 해당하는 금액중 800만원초과분에 대해 손금불산입하고 기타사외유출로 처분한다.

④ 업무용승용차의 처분손실

처분하여 발생하는 손실은 차량별로 800만원을 초과하는 금액은 손금불산입하고 기타사외유출로 처분한다.(부동산임대업을 주업으로 하는 지배주주 및 그 특수관계자의 지분이 50% 초과 내국법인등 가족회사는 일반한도의 50%만 인정)

**■ 업무용승용차조정 작성사례**

다음의 자료를 바탕으로 제조업을 경영하는 (주)황동의 제5기 사업연도 의 업무용 차량 관련 비용에 대하여 세무조정 하고 소득처분 하되, 세무조정이 없는 경우 세무조정 없음을 명시하시오.

1. 1월 1일에 부가가치세법상 비영업용소형승용차에 해당하는 업무용승용차 1대를 50,000,000원에 취득하여 업무용으로 사용하고 있으며 이 자동차와 관련하여 임직원전용 보험에 가입하였다.
2. 손익계산서상 자동차와 관련된 비용은 다음과 같다.

| 구 분 | 손익계산서에계상된 비용 | 비 고 |
|---|---|---|
| 감가상각비 | 10,000,000원 | 세법상 상각범위액은 10,000,000원이다. |
| 유 류 비 | 5,000,000원 | |
| 보 험 료 | 2,000,000원 | |
| 기타유지비 | 3,000,000원 | |
| 합 계 | 20,000,000원 | |

3. 업무용승용차의 총 주행거리는 30,000km이며 차량운행기록부에 의해서 증명되는 업무용 거리는 27,000km이다.

〈물음1〉 업무사용비율을 구하고 세무조정(감가상각비 포함)과 소득처분을 하시오.

〈물음2〉 (주)황동이 차량운행기록부를 작성하지 않은 경우 업무사용비율을 구하고 세무조정(감가상각비포함)과 소득처분을 하시오.

〈물음3〉 (주)황동이 임직원 전용보험에 가입하지 않은 경우로서, 차량운행기록부를 작성한 경우와 작성하지 않은 경우로 구분하여 세무조정(감가상각비 포함)과 소득처분을 하시오.

**❚ 세무조정 계산**

〈물음1〉
- 업무사용비율 : 27,000/30,000 = 90%
- 〈손금불산입·상여〉 업무용 차량 유지비 2,000,000원
  *차량유지비 : 20,000,000 − 18,000,000(=20,000,000×90%) = 2,000,000원
- 〈손금불산입·유보〉 감가상각비 1,000,000원
  *감가상각비 : 10,000,000 × 90% − 8,000,000(한도) = 1,000,000원

〈물음2〉
- 업무사용비율 : 15,000,000/20,000,000 = 75%
- 〈손금불산입·상여〉 업무용 차량 유지비 5,000,000원
  *차량유지비 : 20,000,000 − 15,000,000(=20,000,000×75%) = 5,000,000원
  *감가상각비 :10,000,000 × 75% − 8,000,000원 = △500,000 → 세무조정 없음

〈물음3〉
- 차량운행기록부를 작성한 경우 : 20,000,000원 〈손금불산입·상여〉
- 차량운행기록부를 작성하지 않은 경우 : 20,000,000원 〈손금불산입·상여〉

## 14. 기타 손금불산입조정

### ① 공동 광고선전비

공동 광고선전비 안분에 의한 분담금액을 초과한 금액은 손금불산입한다. 법인이 당해 법인 외의 자와 동일한 조직 또는 사업 등을 공동으로 운영하거나 영위함에 따라 발생되거나 지출된 손비 의 기준에 의한 분담금액을 초과하는 금액은 당해 법인의 소득금액계산에 있어서 이를 손금에 산입하지 아니한다.

### ② 선급비용

법인이 일정한 기간을 정한 약정에 의하여 계속적으로 용역 등을 제공받을 경우 그 기간의 개시일 또는 기간 중에 지급한 용역 등의 대가 중, 당해 사업연도종료일 현재까지 용역 등의 제공기간이 미경과된 부분에 상당하는 대가는 다음 사업연도 이후의 손금에 해당되므로 이를 손금불산입하여야 한다. 미경과 보험료, 미경과 임차료, 이자 등과 같이 지출한 부분 중 그 비용의 귀속이 차기 이후로 이루어지는 금액을 말한다.

**▌선급비용조정 작성사례**

※ 당기말 현재의 보험료 기간미경과분(선급분)에 관한 자료는 다음과 같다. 일할계산하여 조정을 하시오.

| 구 분 | 지출액 | 거래처 | 보 험 기 간 | 비 고 |
|---|---|---|---|---|
| 보험료(판) | 33,690 | 외환은행 | 2022.04.15~2023.04.14 | 장부상 9,599을 계상 |
| 보험료(판) | 497,274 | 외환은행 | 2022.02.01~2023.01.31 | 장부상 40,000을 계상 |
| 보험료(판) | 92,400 | 외환은행 | 2022.07.01~2023.06.30 | 장부 미계상 |

**▌세무조정 계산**

[손금불산입]선급비용과소계상 또는 보험료 과대계상 48,054원(유보발생)

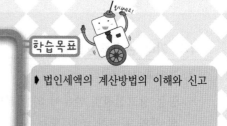
# 06 세액계산 및 신고

## 1. 법인세 과세표준과 납부세액의 계산

### ① 과세표준의 계산

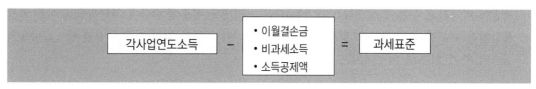

| 각사업연도소득 | − | • 이월결손금<br>• 비과세소득<br>• 소득공제액 | = | 과세표준 |

※ 이월결손금,비과세소득,소득공제 순서로 공제액을 계산한다.

### ② 이월결손금

ㄱ 이월결손금의 범위

- 각 사업연도의 손금총액이 익금총액을 초과하는 금액을 각 사업연도의 결손금이라 한다.
- 과세표준 계산 시에 각 사업연도 소득에서 공제하는 이월결손금 : 당해 사업연도 개시 일전 10년 이내에 개시한 사업연도에서 발생한 세무계산상결손금으로서 그 후 사업연 도의 과세표준계산에 있어서 공제되지 아니한 금액을 말한다(한도: 중소기업이외 기업 은 소득금액의 2019년부터 60%)
- 추계결정 등으로 공제되지 아니한 이월결손금 : 법인세의 과세표준과 세액을 추계결정 또는 경정함에 따라 법본문규정에 의하여 공제되지 아니한 이월결손금은 공제대상 결손금에 포함된다.

ㄴ 이월결손금의 공제

- 10년 이내의 2개 이상의 사업연도에서 결손금이 발생한 경우에는 먼저 발생한 사업연 도의 결손금부터 순차로 공제한다.
- 결손금소급공제에 의한 환급규정을 적용받은 결손금과 자산수증익 및 채무면제익에 충 당된 이월결손금은 공제된 것으로 본다.
  ※ 중소기업은 결손금을 이월공제 받지 아니하고 직전 사업연도 법인세를 한도로 결손금 소급공제에 의해 법 인세를 환급받을 수 있다.
- 법인세 과세표준을 추계결정 또는 추계 경정하는 때에는 이월결손금을 공제할 수 없다.
- 비영리법인의 과세표준계산 시 이월결손금 공제는 수익사업에서 발생된 이월결손금만 을 공제한다.

③ 비과세소득

　　㉠ 비과세소득의 범위

　　　　• 법인세법상 비과세 소득

　　　　• 공익신탁의 신탁재산에서 생기는 소득

　　　　• 조세특례제한법상 비과세소득

　　㉡ 비과세 소득 등의 공제

　　　　과세표준을 계산함에 있어서 소득공제액의 합계액이 각 사업연도 소득에서 이월결손금을 공제한 잔액을 초과하는 경우, 그 초과금액은 없는 것으로 계산하여야 한다.

　　㉢ 소득공제

　　　　• 유동화전문회사 등에 대한 소득공제

　　　　• 조세특례제한법소득공제

④ 산출세액의 계산

　　법인세 산출세액이란 법인세 과세표준금액에 세율을 적용하여 계산한 금액을 말한다.

$$법인세 산출세액 = 과세표준 \times 세율$$

　• 법인세율

| 과세 표준 | 세　　율 |
|---|---|
| 2억원 이하 | 과세표준의 10% |
| 2억원 초과 | 2천만원 + 2억원을 초과하는 금액의 20% |
| 200억 초과 | 4천만원 + 200억 초과하는 금액의 22% |
| 3,000억 초과 | 616억 4천만원 +3,000억원 초과하는 금액의 25% |

**▌사업연도가 1년 미만인 경우 산출세액 계산**

$$법인세산출세액 = \left( 과세표준 \times \frac{12}{사업연도월수} \right) \times 세율 \times \frac{사업연도월수}{12}$$

　※ 월수는 역에 따라 계산하되 1월 미만의 일수는 1월로 한다.

⑤ 공제 · 감면세액의 계산

　　㉠ 면제(감면)세액

$$감면(면제)세액 = 산출세액 \times \frac{감면(면제)소득}{과세표준} \times 감면비율(100\%, 50\%, 30\%)$$

| 구　분 | 면제 · 감면 소득의 범위 | 면제 · 감면의 방법 |
|---|---|---|
| 중소기업 등<br>특별세액감면 | 제조업 등에서 발생한 소득 | 소기업<br>• 도매업 등 : 10%(도소매,의료)<br>• 수도권내 도매업 등외 : 20%(제조,물류,지식기반등)<br>• 수도권외 도매업 등외 : 30%(제조,물류,지식기반등)<br>중기업<br>• 수도권외 도매업 등 : 5%<br>• 수도권외 도매업 등외 : 15%<br>• 수도권내 지식기반 : 10% |

ⓒ 공제세액

<법인세법상 세액공제> ①외국납부세액공제　②재해손실세액공제(20%이상 상실시)

**▎조특법상 세액공제**

| 구　분 | 공 제 금 내 역 |
|---|---|
| 중소기업투자세액공제 | • 투자금액(중고와 운용리스제외) × 3% |
| 연구인력개발비세액공제<br>(중소기업의 경우) | 신성장동력연구개발, 원천기술연구개발 × 30%<br>위 해당 · 선택않은 경우<br>MAX(① · ②)<br>① 직전 R&D 연평균발생 초과금액 × 50%<br>② 당해연도 R&D 비용 × 25% |

※ 동일한 투자금액에 대하여 중복되는 경우는 선택 적용

ⓒ 공제감면세액의 공제순위

법인세 감면 규정과 세액공제 규정이 동시에 적용되는 경우 적용순위는 다음과 같다.
- 법인의 각 사업연도 소득에 대한 직접 감면
- 세액공제 중 이월공제가 인정되지 아니하는 세액공제
- 세액공제 중 이월공제가 인정되는 세액공제, 이 경우 당해 사업연도 중에 발생한 세액 공제액과 이월된 미공제액이 함께 있는 때에는 이월된 미공제액을 먼저 공제
- 법에 규정한 세액공제, 이 경우 당해 세액공제액과 이월된 미공제액이 함께 있는 때에 는 이월된 미공제액을 먼저 공제

## 2. 최저한세의 계산

정책목적상 조세특례제도를 이용하여 세금을 감면하여 주는 경우에도 세부담의 형평성 · 세제 의 중립성 · 국민개납 · 재정확보측면에서 소득이 있으면 누구나 최소한의 세금을 내도록 하기 위한 것이 최저한세 제도이다.

① **적용대상 법인**

- 내국법인

  법인세법의 납세의무가 있는 내국법인으로서 비영리법인을 포함하되, 조세특례제한법의 규정을 적용받는 조합법인 등은 제외한다.

- 외국법인

  국내사업장이 있는 등 법인세법의 규정을 적용받는 외국법인

② **적용범위**＝max[㉠, ㉡]

최저한세는 법인의 각 사업연도소득에 대한 법인세에 대하여만 적용하고 가산세·각종 준비금 익금산입 또는 감면세액 추징시의 이자상당가산액 및 감면세액의 추징세액에 대하여는 적용하지 아니한다.

㉠ 각종 감면 후의 세액

각종 감면 후의 세액이란 특별비용(준비금 및 특별감가상각), 소득공제, 익금불산입, 비과세, 세액공제, 법인세 면제 및 감면 등을 적용받은 후의 세액을 말한다.

㉡ 각종 감면전의 과세표준 × 최저한세율

> 최저한세 적용대상 준비금 및 특별감가상각비, 소득공제·비과세 금액은 조세특례제한법의 것에 한한다.
> - 최저한세율 : 중소기업 7%

※ 각종 감면 후의 과세표준에는 조세특례제한법상의 준비금을 관계 규정에 의하여 익금에 산입한 금액을 포함한다.

- 외국납부세액 등의 범위

  법인세감면 중 최저한세 적용대상이 아닌 세액공제, 세액감면 등은 최저한세 계산 후 공제한다.

  - 외국납부세액
  - 재해손실세액
  - 농업소득세액
  - 중소기업의 연구 및 인력개발비세액공제 등

- 각종 감면규정의 적용 배제 순서

  - 납세의무자가 신고(수정신고 및 경정청구 포함)하는 경우 : 각종 감면 후의 산출세액이 각종 감면 전의 과세표준에 중소기업 7%를 곱하여 계산한 세액 (최저한세)에 미달하는 경우에는 납세의무자의 임의선택에 따라 최저한세 적용대상 특별비용(특별상각), 소득공제, 비과세, 세액공제, 법인세의 면제 및 감면 중에서 그 미달하는 세액만큼 적용 배제한다.

– 정부가 경정하는 경우

　　납세의무자가 신고(수정신고 및 경정청구 포함)한 법인세액이 조세특례제한법의 규정에 의하여 계산한 세액에 미달하여 법인세를 경정하는 경우에는 순서에 따라 순차로 감면을 적용배제하여 추징세액을 계산한다.

• 최저한세 적용으로 감면배제되는 세액의 처리

– 최저한세의 적용으로 공제받지 못한 부분에 상당하는 세액은 당해 사업연도의 다음 사업연도개시일로부터 5년(창업중소기업투자세액공제 7년) 이내에 종료하는 각 과세연도에 이월하여 공제한다.

– 각사업연도의 법인세에서 공제할 세액공제액과 이월된 미공제세액이 중복되는 경우에는 먼저 발생한 것부터 순차로 공제한다.


## 3. 법인세 과세표준 신고 및 세액의 납부

### ① 과세표준 신고 및 세액의 납부

• 법인세의 신고기한

– 법인은「법인세 과세표준 및 세액신고서」를 작성하여 각 사업연도의 종료일로부터 3월 이내에 관할세무서에 신고하고 세금을 납부해야 한다.

– 신고기한의 말일이 공휴일인 경우 그 다음 날까지 신고·납부하면 된다.

　　※ 신고편의를 도모하기 위해 사업연도 종료일이 월중(예, 12.10)인 경우에도 3개월 후 말일(3.31)까지 신고할 수 있도록 하였다.

• 공제감면의 신청

　　법인세법·조세특례제한법 등에서는 조세의 감면에 관한 방법과 범위 등을 규정하고 있는데, 감면의 종류에 따라서는 신청서 또는 명세서를 소정기한 내에 반드시 제출하여야만 조세감면을 인정하고 있는 경우가 있으므로 특별히 유의하여야 한다.

• 세액의 납부방법

　　법인세 과세표준 및 세액신고서에 기재된 납부할 세액을 과세표준신고기한내에 납부하여야 한다.

• 법인세의 분납

　　납부할 법인세액(가산세 및 감면분 추가납부세액을 제외한 금액)이 1천만원을 초과하는 경우에는 다음의 금액을 납부기한 경과일로부터 1월(중소기업의 경우 2개월)이내에 분납할 수 있다.

　　┌ 납부할 세액 2천만원 이하 : 1천만원 초과 금액
　　└ 납부할 세액 2천만원 초과 : 50% 이하의 금액

## 4. 적격증빙미수취가산세

법인이 사업자로부터 건당 거래금액이 3만원 초과하는 재화 또는 용역을 공급받고 그 대가를 지급한 경우와 1회에 지출한 접대비가 1만원을 초과하는 경우에는 신용카드 매출전표·현금영수증·세금계산서·계산서, 원천징수영수증(이하 "정규 영수증"이라 함)를 수취하여 5년간 보관하여야 한다. 법인이 이러한 지출증빙서류를 수취하지 아니한 경우 일반적인 재화·용역거래의 경우 그 거래금액중 비용처리한 금액의 2%를 가산세로서 납부하여야 하며 접대비의 경우 한도와 관계없이 손금에 산입할 수 없다.

① 지출증빙으로 인정되는 정규영수증

지출증빙으로 인정되는 정규영수증은 다음 각호의 것을 말한다.
- 여신전문금융업법에 의한 신용카드 매출전표
- 현금영수증
- 세금계산서
- 계산서
- 원천징수영수증
  ※ 기명식 선불카드는 정규영수증으로 인정

② 정규영수증으로 보지 아니하는 지출증빙서류

- 실제 거래처와 다른 사업자 명의로 교부된 세금계산서·계산서, 신용카드 매출전표
- 부가가치세법상 미등록사업자 또는 간이과세자로부터 재화 또는 용역을 공급받고 교부받은 세금계산서
- 미등록사업자로부터 재화 또는 용역을 공급받고 교부받은 계산서

③ 재화 또는 용역거래의 지출증빙 수취 의무

- 법인이 사업자로부터 재화 또는 용역을 공급받고 그 대가를 지급하는 경우에는 시행령 및 시행규칙에서 별도로 정하는 경우를 제외하고는 정규영수증을 수취하여 보관하여야 한다.
- 따라서, 사업자가 아닌 자로부터 재화 또는 용역을 공급받거나, 재화 또는 용역의 공급대가외의 지출액에 대하여는 정규영수증을 수취하지 아니하여도 된다.

  그러나 이 경우에도 영수증·입금표·거래명세서 등 기타 증빙에 의하여 거래사실을 입증하여야 한다.

④ 정규영수증 수취의무 면제거래

- 사업자가 아닌 자와의 거래
  - 사업자가 아닌 자와의 거래는 거래 상대방이 세금계산서 또는 신용카드 매출전표를 교부할 수 없으므로 정규영수증 수취대상이 아니다.

‒ 사업자의 범위 : "사업자"라 함은 영리목적 유무에 불구하고 사업상 독립적으로 재화
또는 용역을 공급하는 자를 말하는 것으로, 사업자에는 사업자등록을 하지 아니한 자
(미등록사업자)를 포함한다. 다만, 사업상 독립적으로 재화·용역을 공급하는 것으로
보지 아니하는 경우에는 사업자에 해당하지 아니한다.

(제외 .) 별도 사업을 영위하지 아니하는 아파트관리사무소 등

⑤ 재화 또는 용역의 공급으로 보지 아니하는 거래

다음에 예시하는 거래는 재화 또는 용역의 공급대가로 보지 아니하므로 정규영수증 수취대상
이 아니다.

> • 조합 또는 협회에 지출하는 경상회비
> • 판매장려금 또는 포상금 등 지급
> • 종업원에게 지급하는 경조사비 등

※ 재화·용역을 공급받은 대가를 회비 등의 명목으로 지급하는 경우 정규영수증 수취대상임.

⑥ 재화 또는 용역의 공급대가로서 정규영수증 수취의무 면제거래

㉠ 대금지급방법에 관계없이 정규영수증 수취를 면제하는 거래

• 공급받은 재화 또는 용역의 건당 거래금액(부가가치세 포함)이 3만원 이하인 경우
• 농·어민으로부터 재화 또는 용역을 직접 공급받는 경우
• 원천징수대상자로부터 용역을 공급받은 경우(원천징수한 것에 한한다)
• 항만공사가 공급하는 화물료 징수용역을 공급받는 경우
• 재화의 공급으로 보지 아니하는 사업의 양도에 의하여 재화를 공급받은 경우
• 방송용역을 제공받은 경우
• 전기통신 용역을 공급받은 경우
• 국외에서 재화 또는 용역을 공급받은 경우(세관장이 세금계산서 또는 계산서를 교부한
경우를 제외한다)
• 공매·경매 또는 수용에 의하여 재화를 공급받은 경우
• 토지 또는 주택을 구입하거나 주택의 임대업을 영위하는 자(법인은 제외함)로부터 주
택임대용역을 공급받은 경우
• 택시운송용역을 제공받은 경우
• 건물(토지를 함께 공급받은 경우에는 당해 토지를 포함하며, 주택을 제외함)을 구입하
는 경우로서 거래내용이 확인되는 매매계약서 사본을 법인세 과세표준신고서에 첨부하
여 납세지 관할세무서장에게 제출하는 경우
• 금융·보험용역을 제공받은 경우
• 전산발매통합관리시스템에 가입한 사업자로부터 입장권·승차권·승선권 등을 구입하
여 용역을 제공받은 경우

- 항공기의 항행용역을 제공받은 경우
- 부동산 임대용역을 제공받은 경우로서 전세금 또는 임차보증금에 대한 부가가치세액을 임차인이 부담하는 경우
- 재화공급계약·용역공급계약 등에 의하여 확정된 대가의 지급지연으로 인하여 연체이자를 지급하는 경우
- 철도공사로부터 철도의 여객운송용역을 공급받는 경우

ⓛ 금융실명거래및비밀보장에관한법률에 의한 금융기관을 통하여 재화 또는 용역의 거래금액을 지급한 경우로서 법인세과세표준신고서에 송금사실을 기재한 「경비 등의 송금명세서」를 첨부하여 납세지 관할세무서장에게 제출하는 다음의 거래

- 부동산 임대용역을 제공받은 경우
- 임가공용역을 제공받은 경우(법인과의 거래를 제외한다)
- 운수업을 영위하는 자가 제공하는 택시운송용역 외의 운송용역을 제공받은 경우
- 재활용폐자원 등을 공급받은 경우
- 항공법에 의한 상업서류송달용역을 제공받는 경우
- 부동산중개업법에 의한 중개업자에게 수수료를 지급하는 경우
- 복권 및 복권기금법에 의한 복권사업자가 복권을 판매하는 자에게 수수료를 지급하는 경우
- 유료도로를 이용하고 통행료를 지급하는 경우
- 인터넷, PC통신 및 TV홈쇼핑을 통하여 재화 또는 용역을 공급받은 경우
- 우편송달에 의한 주문판매를 통하여 재화를 공급받은 경우

⑦ **정규영수증 미수취에 대한 제재**

법인이 정규영수증을 수취하여야 하는 재화 또는 용역을 공급받고 이를 수취하지 아니한 경우에는 수취하지 아니한 금액(부가가치세를 포함한 거래금액)의 2%를 법인세로서 징수한다.
※ 법인세 산출세액이 없는 경우에도 적용된다.

㉠ 가산세 적용 제외 법인
- 국가·지방자치단체
- 비영리법인(수익사업과 관련된 부분은 제외)

ⓛ 정규영수증을 수취하지 아니하여 손금에 산입하지 아니하는 접대비에 대하여는 위 가산세를 적용하지 아니한다.
※ 정규영수증을 수취하지 아니하여 가산세가 부과되는 경우에도 기타의 증빙서류에 의하여 거래사실이 확인되는 경우 그 거래금액은 법인의 경비 등으로 인정된다.

# 제2편
# 실무편

Chapter

# 01

# 재무회계

# 01 회계관리

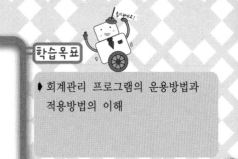

학습목표

▶ 회계관리 프로그램의 운용방법과 적용방법의 이해

## 1. 일반전표입력

일반전표입력은 모든 거래자료를 입력할 수 있는 곳이다. 특히 부가가치세 신고와 무관한 거래증빙인 전표, 지출결의서등의 자료입력을 하게 된다.

**사례**

6001.㈜지성상사는 1월 1일 811.복리후생비(판)인 직원식대 100,000원을 현금지출하다. 또한 1월 1일 대여금에 대한 901.이자수익 30,000원이 현금 입금되었다.

① 월

작업하고자하는 월을 입력한다. 연단위로 입력하고자 한다면 "일괄삭제 및 기타"의 "입력방식"에서 입력방식을 "년월일"을 "년월~년월"을 선택한 후 입력한다.

연단위 입력방식

② 일

거래일자를 두 자리로 입력한다. 일단위가 아니라 월단위로 입력하고자 하는 경우에는 일자 입력없이 엔터를 치면 선택월의 모든일자가 입력이 가능하며, 일자를 입력하면 선택일자만 입력 가능하다.

| 01 ▼ 월 | 1 ⋯ 일 | 현금잔액: | 50,000,000 | 대차차액: |

③ 번호

전표번호를 말하는데, 이는 00001번부터 일자별로 자동 부여된다. 즉, 일자가 바뀌면 새로이 00001번부터 부여된다. 대체분개는 1개의 전표로 보아 동일한 번호가 부여되며, 차·대변의 합계가 일치되면 다음번호로 부여된다. 사례의 1월1일 날짜에 입력된 출금전표 1번부여, 입금전표가 2번으로 자동부여 되어 있는 것을 확인가능하다. 전표번호를 수정하고 하면 "번호수정 (SHIFT+F2)" 클릭후 덮씌워 입력하면 된다.

| □ | 일 | 번호 | 구분 | 계 정 과 목 | 거 래 처 | 적 요 | 차 변 | 대 변 |
|---|---|---|---|---|---|---|---|---|
| □ | 1 | 00001 | 출금 | 0811 복리후생비 | | 2 직원식대및차대 지급 | 100,000 | (현금) |
| □ | 1 | | | | | | | |

| □ | 일 | 번호 | 구분 | 계 정 과 목 | 거 래 처 | 적 요 | 차 변 | 대 변 |
|---|---|---|---|---|---|---|---|---|
| □ | 1 | 00001 | 출금 | 0811 복리후생비 | | 2 직원식대및차대 지급 | 100,000 | (현금) |
| □ | 1 | 00002 | 입금 | 0901 이자수익 | | 2 대여금이자 수령 | (현금) | 30,000 |
| □ | 1 | | | | | | | |

④ 구분

전표의 유형을 입력하는 란이다.

현금전표 = 1. 출금  2. 입금

대체전표 = 3. 차변  4. 대변  5.결산차변  6.결산대변

[1: 출금]

현금감소거래를 선택한다. 현금감소의 거래이므로 대변에 자동으로 현금계정이 표시되며 차변계정과목만 선택하면 된다.

[(차) 계정과목 ×××            (대) 현금 ×××]

사례  1월 1일 811.복리후생비(판)인 직원식대 100,000원을 현금지출하다.

| □ | 일 | 1.출금 | 구분 | 계 정 과 목 | 거 래 처 | 적 요 | 차 변 | 대 변 |
|---|---|---|---|---|---|---|---|---|
| □ | 1 | 00001 | 출금 | 0811 복리후생비 | | 2 직원식대및차대 지급 | 100,000 | (현금) |
| □ | 1 | | | | | | | |

[2: 입금]

현금증가거래를 선택한다. 현금증가의 거래이므로 차변에 자동으로 현금계정이 표시되며 대변계정과목만 선택하면 된다.

[(차) 현금 ×××            (대) 계정과목 ×××]

사례  1월 1일 901.이자수익 30,000원이 현금 입금되었다.

| □ | 일 | 번호 | 구분 | 계 정 과 목 | 거 래 처 | 적 요 | 차 변 | 대 변 |
|---|---|---|---|---|---|---|---|---|
| □ | 1 | | 출금 | 0811 복리후생비 | | 2 직원식대및차대 지급 | 100,000 | (현금) |
| □ | 1 | 2.입금 | 입금 | 0901 이자수익 | | 2 대여금이자 수령 | (현금) | 30,000 |
| □ | 1 | | | | | | | |

[3: 차변] [4: 대변]과 [5: 결산차변]과 [6: 결산대변]

현금이 포함되지 않은 거래, 또는 현금이 일부만 포함된 경우에 선택하며 차변과 대변의 계정과목을 모두 선택한다.

[(차) 계정과목 ×××            (대) 계정과목 ×××]

[(차) 계정과목 ×××            (대) 계정과목 ×××]

1월 2일 153.원재료(제)를 50,000원에 ㈜찬호전자에서 매입하고 101.현금 30,000원 지급하고, 나머지 20,000원은 외상(251.외상매입금)으로 하였다.

| □ | 일 | 번호 | 구분 | 계 정 과 목 | 거 래 처 | 적 요 | 차 변 | 대 변 |
|---|---|---|---|---|---|---|---|---|
| ▢ | 2 | 00001 | 차변 | 0153 원재료 | | 1 원재료 외상매입 | 50,000 | |
| ▢ | 2 | 00001 | 대변 | 0101 현금 | | 원재료 외상매입 | | 30,000 |
| ▢ | 2 | 00001 | 대변 | 0251 외상매입금 | 00101 (주)찬호전자 | 5 원부재료 외상매입 | | 20,000 |
| ▢ | 2 | | | | | | | |

• 입출금전표 입력방법선택

현금거래라고 해서 반드시 출금, 입금전표를 선택해야 하는 것은 아니고 대체전표로 입력해도 상관없다. 위 사례 복리후생비 100,000원 지출을 대체전표로 입력하면 다음과 같다.

| ☑ | 1 | 00003 | 차변 | 0811 복리후생비 | | 직원식대 현금지급 | 100,000 | |
|---|---|---|---|---|---|---|---|---|
| ☑ | 1 | 00003 | 대변 | 0101 현금 | | 직원식대 현금지급 | | 100,000 |

• 분개대차차액

대체전표 입력시에 차변금액은 양수(＋)로 표시되고 대변금액은 음수(－)로 표시된다. 이는 차변과 대변의 금액이 차이가 발생하지 않게 확인하는 것이며, 대차차액이 발생한 상황에서 종료하는 경우에는 오류메세지가 나타나므로 확인하고 종료해야 한다. 대차차액의 수정은 과부족난에 커서놓고 스페이스바를 치면 차액이 조정된다.

• "분개대차차액"을 이용한 금액입력

전표입력 차대변에서 대차차액이 발생시 스페이스바를 이용하여 나머지 금액을 자동입력 가능하다. 단, 일반전표입력의 화면에서 우클릭하여 환경설정에서 아래화면처럼 자동계산 체크를 없애야 가능하며, 체크를 그대로 두면 스페이스바를 누르지 않아도 자동으로 대차차액만큼 자동입력하여 준다.

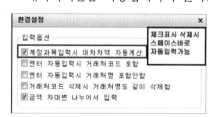

환경설정 ✕
입력옵션
☑ 계정과목입력시 대차차액 자동계산  체크표시 삭제시 스페이스바로 자동입력가능
☐ 엔터 자동입력시 거래처코드 포함
☐ 엔터 자동입력시 거래처명 포함안함
☐ 거래처코드 삭제시 거래처명도 같이 삭제함
☑ 금액 차대변 나누어서 입력

| 01 ▾ 월 2 💻 변경 현금잔액: | 49,970,000 | 대차차액: | | -10,000 | |
|---|---|---|---|---|---|
| 번호 | 구분 | 계 정 과 목 | 거래처 | | 대 변 |
| 00001 | 차변 | 0153 원재료 | | 50,000 | |
| 00001 | 대변 | 0101 현금 | | | 30,000 |
| 00001 | 대변 | 0251 외상매입금 | 00101 (주)찬 | | 30,000 |

대변에 외상매입금을 실수로 30,000원을 입력시 -10,000원 대차차액 표시될때 20,000원으로 수정할려면 맞출려는 난에 커서 놓고 스페이스바를 치면된다.

| 번호 | 구분 | 계 정 과 목 | 거 래 처 | 적 요 | 차 변 | 대 변 |
|---|---|---|---|---|---|---|
| 00001 | 차변 | 0153 원재료 | | 1 원재료 외상매입 | 50,000 | |
| 00001 | 대변 | 0101 현금 | | 원재료 외상매입 | | 30,000 |
| 00001 | 대변 | 0251 외상매입금 | 00101 (주)찬호전자 | 5 원부재료 외상 | | 20,000 |

스페이스바후의 금액

⑤ **계정과목**

계정과목코드 3자리를 입력한다.

계정과목, 적요등록 메뉴에서 등록되어있는 계정과목코드를 입력하는 곳이며, 코드번호를 알고 있으면 직접입력을 한다. (전기분 재무상태표의 계정과목 등록방법)

계정과목코드도움을 이용하여 조회시 관련계정과목의 차감계정, 경비구분등을 알기 쉽게 표시하여 조회의 편의성을 높였다.

⑥ **거래처코드**

외상매출금, 외상매입금등 채권·채무관련계정 등의 거래처별 잔액 또는 거래내역을 관리하기 위해 거래처별 코드를 입력하는 란이다.

거래처번호를 입력하는 방법은 다음과 같다.

㉠ 거래처코드를 알고 있는 경우

해당 거래처코드를 입력한다.(코드를 입력하면 거래처명은 자동으로 입력된다.)

| □ | 일 | 번호 | 구분 | 계 정 과 목 | 거 래 처 | 적 요 | 차 변 | 대 변 |
|---|---|---|---|---|---|---|---|---|
| ☐ | 2 | 00001 | 차변 | 0153 원재료 | | 1 원재료 매입 | 50,000 | |
| ☐ | 2 | 00001 | 대변 | 0101 현금 | | 원재료 매입 | | 30,000 |
| ☐ | 2 | 00001 | 대변 | 0251 외상매입금 | 101 | 5 원부재료 외상매입 | | 20,000 |

㉡ 거래처코드를 모르는 경우

툴바의 코드(F2)를 누르면 이미 등록된 거래처코드와 거래처명이 있는 보조화면이 나타난다. 또는 거래처코드난에 검색하고자 하는 거래처명 한자리 이상입력하면 해당자구가 있는 거래처는 모두 조회가능하며, 선택하고자 하는 거래처를 선택하여 입력한다.

| □ | 일 | 번호 | 구분 | 계 정 과 목 | 거 래 처 | 적 요 | 차 변 | 대 변 |
|---|---|---|---|---|---|---|---|---|
| ☐ | 2 | 00001 | 차변 | 0153 원재료 | | 1 원재료 매입 | 50,000 | |
| ☐ | 2 | 00001 | 대변 | 0101 현금 | | 원재료 매입 | | 30,000 |
| ☐ | 2 | 00001 | 대변 | 0251 외상매입금 | 미소 | 5 원부재료 외상매입 | | 20,000 |
| ☐ | 2 | | | | | | | |

거래처코드가 등록되어 있지 않은 경우 거래처 코드란에 커서가 위치할 때 "+"키를 치거나 "00000"을 치고 거래처명을 입력한 후 Enter↵ 키를 치면 이미 등록되어 있는 거래처인 경우는 코드가 자동 입력된다.

| 일 | 번호 | 구분 | 계 정 과 목 | 거 래 처 | 적 요 | 차 변 | 대 변 |
|---|---|---|---|---|---|---|---|
| 2 | 00001 | 차변 | 0153 원재료 | +를 입력하면 00000이 자동입력 | 1 원재료 매입 | 50,000 | |
| 2 | 00001 | 대변 | 0101 현금 | | 원재료 매입 | | 30,000 |
| 2 | 00001 | 대변 | 0251 외상매입금 | 00000 | 5 원부재료 외상매입 | | 20,000 |

- 코드는 순서대로 자동 부여되며 등록(Enter)버튼을 누르면 자동 부여된 코드에 의해 거래처가 자동으로 등록되어 코드가 입력된다.
- 등록하고자 하는 거래처의 인적사항과 자동부여된 코드를 다른 코드로 등록하고자 할 때는 수정(TAB 🔁) 버튼을 누른 후 원하는 코드와 인적사항을 입력한다.
- 다른 코드로 등록하고자할 때는 선택(Space)버튼을 누른 후 원하는 코드로 입력한다.
- 코드등록을 원하지 않는 경우 취소(ESC) 버튼을 클릭한다.

⑦ **거래처명**

거래처는 다음 두 가지 방법으로 입력 할 수 있다.
- 등록된 거래처코드를 입력하면 거래처명은 자동 입력된다.
- 거래처코드를 사용하지 않을 경우에는 거래처코드란에서 Enter↵ 키로 넘어 간 후 거래처명을 입력하면 된다.

⑧ **적요**

적요는 거래내역을 간단히 요약하여 원장과 전표에 표시해 주는 부분으로 적요를 입력하는 방법은 3가지가 있다.
- 저장된 코드의 이용
  반복되는 거래내역이 있을 때 건건이 내역을 입력하는 번거로움을 덜고 간단히 등록된 적요의 번호만을 선택함으로써, 적요 내용이 기록될 수 있도록 내장된 적요를 이용할 수 있다. 커서가 적요(N)에 있을 때 화면하단을 보면 자주 사용되는 적요의 내용이 등록 되어 있다.
  이 내용은 [계정과목 및 적요등록]메뉴에 등록되어 있는 내용이다. 복리후생비의 적요는 다음과 같다. 811.복리후생비 적요난에 커서 위치후 하단에 나타난 적요이다.

⑨ **금액**

거래금액을 입력한다.
본 프로그램에서는 "+"키를 치면 "000"이 입력된다.(. 1,000,000 이면 → 1 "+" "+")

## 2. 매입매출전표입력

매입매출전표 메뉴는 부가가치세 신고와 관련한 매입매출거래를 입력하는 곳으로 화면구성은 부가가치세와 관련된 매입매출거래 내용을 입력하는 상단부와 분개를 입력하는 하단부로 나누어져 있다. 상단부는 부가가치세 관련 각 신고자료(부가가치세신고서, 세금계산서합계표 등)로 활용되며, 하단부의 분개는 각 재무회계자료(계정별원장, 재무제표 등)에 반영된다. 매입매출관련 자료라 할지라도 일반전표에서 입력한 경우는 부가가치세 신고자료에 반영되지 않으므로 반드시 매입매출전표입력 메뉴에 입력되어야 한다. 단, 세금계산서(계산서)가 없어 영수증에 의해 "의제매입세액, 재활용폐자원매입세액"을 공제받은 경우 그 영수증과 공제받는 매입세액은 일반전표입력 메뉴에서 입력한 후 적절한 적요를 선택하여 부가세부속명세서에 반영되게 한다.

**사례**

> 6001.㈜지성상사는 2월 11일 제품(PD1 5개, 개당 40,000원)을 200,000원(부가가치세 별도)에 거래처 ㈜찬호전자에 판매하고 전자세금계산서를 발급하였다. 대금은 전액 보통예금으로 수령하였다.

### ⑴ 월

해당거래의 월 2자리를 입력하거나 열람단추(F2)를 클릭하여 선택한다.

공급시기에 해당하며, 세금계산서의 작성일자를 보고 입력하며, 연단위로 입력하고자 한다면 "변경" 또는 "간편집계 및 기타"의 "Tab(⭾) 화면설정"에서 입력방식을 "1.연월일"을 "2.년월 ~ 년월"으로 선택한후 입력한다. 사례의 2월을 월란에 입력한다.

`02 ▾ 월 ▨ 일  현금잔액: [        ]    대차차액: [        ]`

### ⑵ 일

거래일자를 두 자리로 입력한다. 일단위가 아니라 월단위로 입력하고자 하는 경우에는 일자 입력없이 엔터를 치면 선택월의 모든일자가 입력이 가능하며, 일자를 입력하면 선택일자만 입력가능하다. 사례의 일자 11을 입력한다.

`02 ▾ 월 11▨ 일  현금잔액: [        ]    대차차액: [        ]`

### ⑶ 유 형

① 입력되는 매입매출자료의 유형을 2자리 코드로 입력한다.

② 유형은 크게 매출과 매입으로 구분되어 있으며, 유형코드에 따라 부가가치세신고서식의 각 해당 항목에 자동 집계되므로 정확히 입력하여야 한다.

③ 유형코드는 유형란에 커서가 위치하면 자동으로 하단에 조회된다.

### (4) 품 명

거래 물건의 품명을 입력하며, 자주 사용하는 품명이라면 품명등록에서 등록 후에 코드도움으로 입력가능하다. 품명, 수량, 단가 등이 2가지 이상인 경우에는 복수거래로 입력한다.

품명 PD1을 입력한다. 품명등록하여 사용할려면 CTRL+F12클릭하여 입력후 코드도움한다.

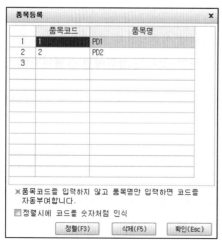

▶ 복수거래시 화면

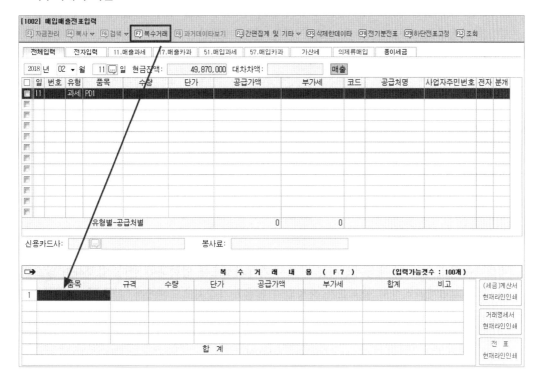

### (5) 수 량

수량을 입력한다.(없으면 Enter↵ 키를 눌러서 다음으로 이동), 수량 5개를 입력한다.
소수점이하 숫자를 관리하고자 하면 환경등록에서 미리 세팅하고 와야 입력이 가능하다.

### (6) 단 가

단가를 입력한다.(없으면 Enter↵ 키를 눌러서 다음으로 이동) 40,000원 입력한다.
소수점이하 숫자를 관리하고자 하면 환경등록에서 미리 세팅하고 와야 입력이 가능하다.

| □ | 일 | 번호 | 유형 | 품목 | 수량 | 단가 | 공급가액 | 부가세 | 코드 | 공급처명 | 사업자주민번호 | 전자 | 분개 |
|---|---|---|---|---|---|---|---|---|---|---|---|---|---|
| □ | 11 | 50002 | 과세 | PD1 | 5 | 40,000 | 200,000 | 20,000 | | | | | |

※ 수량, 단가입력 없이 공급가액을 입력하려면 바탕화면에서 오른쪽마우스를 눌러 환경설정상의 "수량, 단가입력하
  지 않음"을 선택한다.

## (7) 공급가액

수량, 단가를 입력하면 자동 계산되며, 수량과 단가가 없을 경우 직접 입력하면 부가가치세 10%를 자동으로 표시한다. 5개 × 40,000원을 한 200,000원이 자동표시되며, 200,000원의 10%인 20,000원이 계산되어진다.

| □ | 일 | 번호 | 유형 | 품목 | 수량 | 단가 | 공급가액 | 부가세 | 코드 | 공급처명 | 사업자주민번호 | 전자 | 분개 |
|---|---|---|---|---|---|---|---|---|---|---|---|---|---|
| | 11 | 50002 | 과세 | PD1 | 5 | 40,000 | 200,000 | 20,000 | | | | | |

## (8) 부가가치세

공급가액이 입력되면 자동으로 계산되며, 부가가치세를 직접 입력할 수도 있다. 유형이 영세율, 면세이면 부가가치세는 해당이 없으므로 커서가 가지 않는다.

| □ | 일 | 번호 | 유형 | 품목 | 수량 | 단가 | 공급가액 | 부가세 | 코드 | 공급처명 | 사업자주민번호 | 전자 | 분개 |
|---|---|---|---|---|---|---|---|---|---|---|---|---|---|
| | 11 | 50002 | 과세 | PD1 | 5 | 40,000 | 200,000 | 20,000 | | | | | |

## (9) 공급처

매입매출전표 입력 시 세금계산서는 반드시 거래처코드를 입력해야 한다.(입력하지 않으면, 매출·매입처별세금계산서 합계표가 작성되지 않음), 거래처코드란에서 "찬호"을 입력하면 ㈜찬호전자를 조회입력가능하다.

| □ | 일 | 번호 | 유형 | 품목 | 수량 | 단가 | 공급가액 | 부가세 | 코드 | 공급처명 | 사업자주민번호 | 전자 | 분개 |
|---|---|---|---|---|---|---|---|---|---|---|---|---|---|
| | 11 | 50002 | 과세 | PD1 | 5 | 40,000 | 200,000 | | 미소 | | | | |
| | 11 | | | | | | | | | | | | |

▶ 공급처코드란에 "+"키를 입력한 후 상호를 입력하고 Enter↵ 키를 치면 이미 등록된 거래처는 코드번호를 표시해 주고 등록되지 않은 거래처는 새로이 수정등록하라는 아래와 같은 창이 열린다.

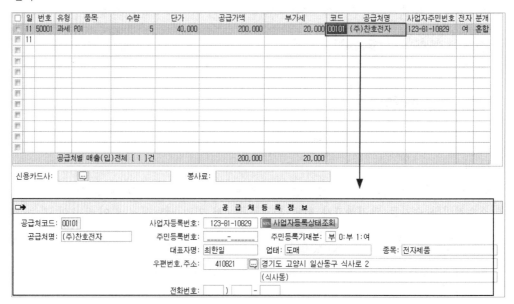

⑩ **전 자**

국세청에 전송된 전자세금계산서인 경우에는 "1.여"를 체크한다. 전자세금계산서를 발행할거면 "0.부"를 클릭하여야 발행가능하다.

| □ | 일 | 번호 | 유형 | 품목 | 수량 | 단가 | 공급가액 | 부가세 | 코드 | 공급처명 | 사업자주민번호 | 전자 | 분개 |
|---|---|---|---|---|---|---|---|---|---|---|---|---|---|
| □ | 11 | 50001 | 과세 | P01 | 5 | 40,000 | 200,000 | 20,000 | 00101 | (주)찬호전자 | 123-81-10829 | 여 | 혼합 |
| □ | 11 | | | | | | | | | | | | |

⑪ **분 개**

장부에 반영될 분개를 자동완성하는 기능입니다.

① **0.분개없음**

분개를 생략하고자 할 때 선택한다. (부가세신고는 분개와 상관없이 작성된다. )

② **1.현금**

현금거래일 경우 선택한다. 위 사례에서 결제를 현금으로 한 경우에는 다음과 같다. 매출액과 부가세예수금, 매입액과 부가세대급금이 기본계정으로 분개된다.

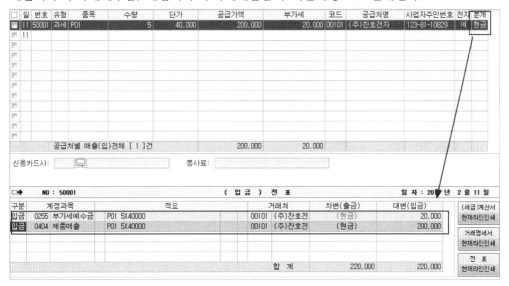

③ **2.외상**

외상거래일 경우 선택한다. 위 사례에서 외상거래라고 가정하면 다음과 같이 입력한다. 매출액 상대계정은 외상매출금으로, 대변계정은 부가세예수금과 기본계정으로 자동 분개된다. (외상매출금, 부가세예수금은 수정 불가능하며, 기본계정의 경우는 수정 및 추가입력이 가능하다.) 매입액 상대계정은 외상매입금으로, 차변계정은 부가세대급금과 기본계정으로 자동 분개된다. (외상매입금, 부가세대급금은 수정 불가능하며, 기본계정은 수정 및 추가입력이 가능하다.)

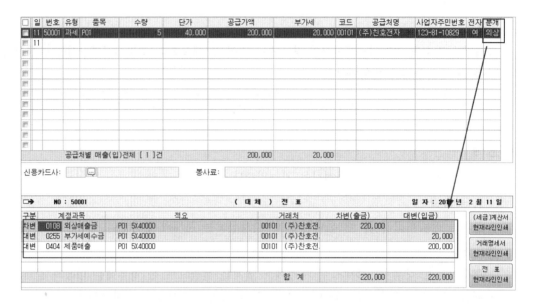

④ 3.혼합

현금, 외상이외 거래로서 기타 다른 계정과목을 사용하고자 할 때 선택한다. 매출액 상
대계정은 부가세예수금과 기본계정으로 자동 분개되어 표기되며, 차변계정은 비워져 있
으므로 사용자가 직접 입력한다.  매입액 상대계정은 부가세대급금과 기본계정으로 자동
분개되어 나타나며, 대변계정은 사용자가 직접 입력한다. 보통예금 결제시 화면은 다음
과 같다.

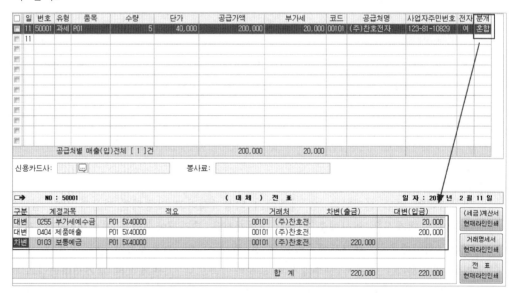

환경등록에 세팅된 제품매출이 자동으로 매출계정에 입력되어 진다.

| 2 | 분개유형 설정 | | |
|---|---|---|---|
| 매 출 | 0404 | ... | 제품매출 |
| 매 출 채 권 | 0108 | ... | 외상매출금 |
| 매 입 | 0153 | ... | 원재료 |
| 매 입 채 무 | 0251 | ... | 외상매입금 |
| 신용카드매출채권 | 0120 | ... | 미수금 |
| 신용카드매입채무 | 0253 | ... | 미지급금 |

계정과목 코드를 모를 때 코드란에서 찾고자 하는 계정과목명 2자리이상 입력시 코드와
계정과목을 동시에 조회입력가능하다.

| 구분 | 계정과목 | 적요 | 거래처 | 차변(출금) | 대변(입금) | |
|---|---|---|---|---|---|---|
| 대변 | 0255 부가세예수금 | PD1 5X40000 | 00101 (주)찬호전 | | 20,000 | (세금)계산서 현재라인인쇄 |
| 대변 | 0404 제품매출 | PD1 5X40000 | 00101 (주)찬호전 | | 200,000 | 거래명세서 현재라인인쇄 |
| 차변 | 보통 | | | | | 전 표 현재라인인쇄 |
| | | | 합 계 | | 220,000 | |

⑤ 4.카드

카드 결제인 매출, 매입을 입력 시 선택한다.

환경등록에서 신용카드기본계정인 신용카드매출채권은 미수금, 신용카드매입채무는 미지
급금으로 설정되어 있으며, 다른 계정과목으로 바꿔 사용가능하다.

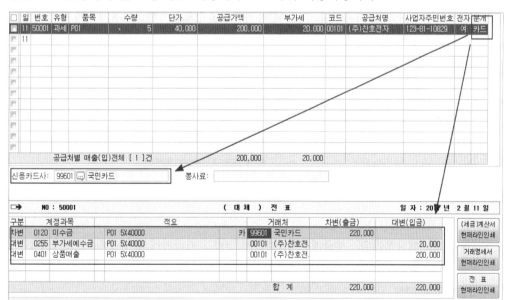

⑥ 5.추가

추가는 환경등록에서 추가적으로 매출액과 매출채권, 매입액과 매입채무를 설정하고 이
를 자동분개시 사용하는 기능이다.

## (12) 신용카드사

신용카드매출인 경우에 선택한다. 이는 신용카드매출전표등발행금액집계표에 반영된다.
위의 사례에서 보통예금결제가 아닌 신용카드(국민카드) 결제를 하였다면 다음과 같이 입력되어진다.

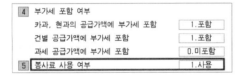

## (13) 봉사료

구분기재한 봉사료를 기재한다. 이는 신용카드매출전표등발행금액집계표에 반영된다.
봉사료를 사용하고자 하면 환경등록에서 먼저 "사용"으로 체크한후 입력하여야 한다.

| 4 | 부가세 포함 여부 | |
|---|---|---|
| | 카과, 현과의 공급가액에 부가세 포함 | 1.포함 |
| | 건별 공급가액에 부가세 포함 | 1.포함 |
| | 과세 공급가액에 부가세 포함 | 0.미포함 |
| 5 | 봉사료 사용 여부 | 1.사용 |

봉사료가 2,000원이라고 하면 다음과 같이 입력가능하다.

## (14) 기타 기능설명

### ① 간편집계및기타(F11)

해당 월, 해당분기의 세금계산서, 계산서, 카드, 기타거래의 건수와 공급가액을 표시하여 바로 입력한 금액을 확인할 수 있다.

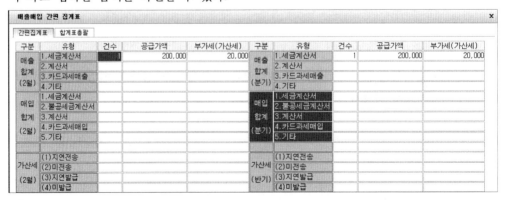

② 예정신고누락분(SHIFT + F5)

예정신고때 제출하지 못한 세금계산서등을 확정신고서에 반영하고자 하는 경우에 체크한다. 이때 예정신고누락에 대한 가산세는 반드시 고려한다.

③ 매입자발행(마우스선택)

매출자가 매출세금계산서를 발행하지 않는 경우에 일정절차를 거쳐 매입자가 발행한 매출세금계산서를 표시한다. 이는 신고서와 매입자발행세금계산서합계표에 집계된다. 다시 한번 매입자발행을 클릭하면 취소가 되어 진다.

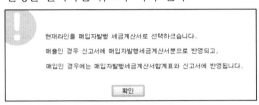

④ 수정세금계산 (SHIFT + F11)

당초에 발행한 세금계산서가 환입, 계약의 해제, 내국신용장이 거래일로부터 20일내 발급, 공급가액의 증감, 필요적기재사항의 누락, 착오에 의한 이중발행의 사유가 발생한 경우에 표시한다.

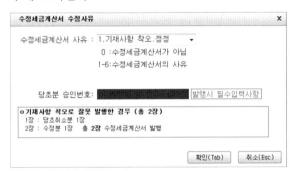

⑤ 등록전매입(마우스선택)

사업자등록증 교부전에 매입한 물품의 매입세액을 주민등록번호 기재분 세금계산서로 공제받고자 할 때 기입한다.

⑥ Tab(⇥) 화면설정

매입매출전표입력을 월, 년 단위로 하거나, 유형별로 세팅하여 하고자 할 때 사용한다.

▶ 유형별 특성

[매출유형]

| 코드 | 유형 | 내용 |
|---|---|---|
| 11 | 과세 | 세금계산서 발행분 입력시 선택한다. |
| 12 | 영세 | 세금계산서로 영세율분 구매승인시 내국신용장 매출분 입력시 선택하여 입력한다. |
| 13 | 면세 | 면세사업자가 발행하는 계산서 입력시 선택한다. |
| 14 | 건별 | 정규증빙이 발행되지 않은 과세매출 입력시 선택한다.<br>(. 소매매출로 영수증 또는 간주임대료, 간주공급 등 입력)<br>공급가액란에 부가가치세가 포함된 공급대가를 입력한 후 Enter↵ 키를 치면 공급가액과 부가가치세가 자동 계산되어 입력된다.<br>※ 환경설정에 따라 입력된 공급가액의 절사방법(절사, 올림, 반올림)을 선택할 수 있다. |
| 15 | 간이 | 간이과세자 매출액을 입력하는 유형이다.<br>[14:건별]과의 차이는 공급가액란에 입력된 공급대가를 그대로 반영, 공급가액과 세액이 자동 구분 계산되지 않는다.<br>따라서 월말 또는 분기말에 해당기간의 공급대가를 합계, 공급가액과 부가가치세를 계산 후 수동으로 수정하여 주어야 한다. |
| 16 | 수출 | 외국에 직접 수출하는 경우 선택한다.<br>Local수출로서 영세율세금계산서가 발행되는 [12:영세]와는 구분된다. |
| 17 | 카과 | 신용카드에 의한 과세매출 입력시 선택한다.<br>[17:카과]로 입력된 자료는 "신용카드매출발행집계표" "과세분"에 자동 반영된다. |
| 18 | 카면 | 신용카드에 의한 면세매출 입력시 선택한다.<br>[17:카면]로 입력된 자료는 "신용카드매출발행집계표" "면세분"에 자동 반영된다. |
| 19 | 카영 | 영세율 적용대상의 신용카드 매출<br>→ 신용카드발행집계표 과세분에 반영된다. |
| 20 | 면건 | 증빙이 발행되지 않은 면세매출을 입력할 때 사용한다. |
| 21 | 전자 | 전자적결제 수단으로의 매출<br>→ 전자화폐결제명세서에 가맹점별로 집계된다. |
| 22 | 현과 | 현금영수증 과세 매출분을 입력시 선택한다. |
| 23 | 현면 | 현금영수증 면세 매출분을 입력시 선택한다. |
| 24 | 현영 | 현금영수증 영세율 매출분을 입력시 선택한다. |

[매입유형]

| 코드 | 유형 | 내용 | |
|---|---|---|---|
| 51 | 과세 | 세금계산서 발행분 입력시 선택한다. | |
| 52 | 영세 | 세금계산서로 영세율분 구매승인시 내국신용장 매입분 입력시 선택하여 입력한다. | |
| 53 | 면세 | 면세사업자가 발행하는 계산서 입력시 선택한다. | |
| 54 | 불공 | 매입세액공제를 받을수 없는 세금계산서 입력시 선택한다.(사유별로 우측해당번호를 선택한다.) | ① 필요적 기재사항 누락 등<br>② 사업과 직접 관련 없는 지출<br>③ 비영업용 소형승용자동차 구입·유지 및 임차<br>④ 접대비 및 이와 유사한 비용 관련<br>⑤ 면세사업 관련<br>⑥ 토지의 자본적 지출 관련<br>⑦ 사업자등록 전 매입세액<br>⑧ 금거래계좌 미사용 관련 매입세액<br>⑨ 공통매입세액안분계산분<br>⑩ 대손처분받은 세액<br>⑪ 납부세액재계산분 |
| 55 | 수입 | 재화의 수입시 세관장이 발행한 수입세금계산서 입력시 선택한다.<br>◎ 수입계산서상의 공급가액은 단지 부가가치세 징수를 위한 과세표준일 뿐으로 회계처리 대상은 아니다. 따라서 본 프로그램에서는 수입세금계산서의 경우 하단부분개시, 부가가치세만 표시되도록 하였다. | |
| 56 | 금전 | 현재는 금전등록기에 의한 매입세액공제는 불가능하다. | |
| 57 | 카과 | 신용카드에 의한 과세 매입을 입력시 선택한다. | |
| 58 | 카면 | 신용카드에 의한 면세 매입을 입력시 선택한다. | |
| 59 | 카영 | 신용카드에 의한 영세 매입을 입력시 선택한다. | |
| 60 | 면건 | 계산서가 교부되지 않은 면세적용 매입 입력시 선택한다. | |
| 61 | 현과 | 현금영수증 과세 매입분을 입력시 선택한다. | |
| 62 | 현면 | 현금영수증 면세 매입분을 입력시 선택한다. | |

**[거래자료 입력]**

**2006.(주)종합문제 회사를 이용하여 다음 물음에 답하시오.**

**[01]** 전기의 이익잉여금처분계산서의 내역이다. 2월 20일과 3월 15일에 필요한 회계처리를 하시오.

<table>
<tr><td colspan="3" align="center">이익잉여금처분계산서<br>2021. 1. 1 ~ 2021. 12. 31<br>처분확정일 2022. 2. 20</td></tr>
<tr><td>Ⅰ. 미처분이익잉여금</td><td></td><td align="right">294,225,737원</td></tr>
<tr><td>　　1. 전기이월이익잉여금</td><td align="right">100,000,000원</td><td></td></tr>
<tr><td>　　2. 당기순이익</td><td align="right">194,225,737원</td><td></td></tr>
<tr><td>Ⅱ. 임의적립금 이입액</td><td></td><td align="right">30,000,000원</td></tr>
<tr><td>　　1. 연구및인력개발준비금</td><td align="right">30,000,000원</td><td></td></tr>
<tr><td>Ⅲ. 합계</td><td></td><td align="right">324,225,737원</td></tr>
<tr><td>Ⅳ. 이익잉여금 처분액</td><td></td><td align="right">75,000,000원</td></tr>
<tr><td>　　1. 이익준비금</td><td align="right">5,000,000원</td><td></td></tr>
<tr><td>　　2. 현금배당(주1)</td><td align="right">50,000,000원</td><td></td></tr>
<tr><td>　　3. 사업확장적립금</td><td align="right">20,000,000원</td><td></td></tr>
<tr><td>Ⅴ. 차기이월미처분이익잉여금</td><td></td><td align="right">249,225,737원</td></tr>
<tr><td colspan="3">(주1) 현금배당액은 3월 15일 현금으로 지급하였다.(원천징수는 고려하지 않는다)</td></tr>
</table>

**[02]** 4월 12일

액면가액 100,000,000원인 사채 중 액면가액 75,000,000원을 65,000,000원에 중도 상환하기로 하고 상환대금은 당좌수표로 지급하다. 상환일 현재 사채할인발행차금 잔액은 10,000,000원이며, 다른 사채발행금액은 없는 것으로 가정한다.

**[03]** 4월 17일

감가상각이 종료된 건설용 기계장치를 2,000,000원(부가가치세별도)에 처분하고 전자세금계산서를 교부하였다. 매각대금은 1개월 이내에 지급받기로 하였다.

- 기계장치 취득가액 : 20,000,000원
- 감가상각누계액 : 19,999,000원
- 공급받는 자 : (주)김포물산

**[04] 4월 18일**

수출업자인 (주)방화상사와 수출임가공계약을 체결한 (주)효성건업에 수출제품(공급가액: 20,000,000원)을 납품하고 부가가치세법 규정에 의한 전자세금계산서를 발행하여 교부하였으며 대금은 약속어음으로 받았다.

**[05] 4월 20일**

업무용 차량 구입시 법령에 의하여 액면가액 600,000원의 공채를 액면가액에 현금으로 매입하다. 다만, 공채의 매입당시 공정가액은 370,000원으로 평가되며 단기매매증권으로 분류한다.

**[06] 4월 22일**

거래처 한양은행으로부터 단기차입한 8,000,000원과 차입금에 대한 이자 800,000원에 대하여 이자소득 원천징수액 112,000원을 차감한 잔액을 당좌예금 계좌에서 이체하였다.

**[07] 4월 24일**

당사는 화성에 반도체공장을 신축할 계획으로 건축물이 있는 토지를 취득하고 즉시 그 건축물은 철거를 하였다. 동 건축물 철거작업과 관련하여 튼튼산업(주)로부터 12,000,000원(부가세 별도)의 전자세금계산서를 교부받았으며, 대금의 50%는 현금으로 나머지는 한달 후에 지급하기로 하였다.

**[08] 4월 25일**

만기 3년짜리 액면 5,000,000원인 사채를 4,500,000원으로 (주)방화상사에 할인발행하여 보통예금에 입금되었고 사채발행비는 30,000원 발생하여 현금으로 지급하였다.

**[09] 4월 26일**

보통예금에 대한 3개월분 이자 200,000원(전기에 미수수익으로 계상해두었던 금액 162,000원 포함) 중 원천징수세액 28,000원을 제외한 금액이 보통예금 계좌에 입금되다. 단, 원천징수세액은 자산계정으로 처리한다.

[10] 4월 27일

회사가 보유하고 있는 매도가능증권을 다음과 같은 조건으로 처분하고 현금을 회수하였으며 기말 평가는 기업회계기준에 따라 처리하였다.

| 취득가액 | 시 가 | | 양도가액 | 비 고 |
|---|---|---|---|---|
| | 전기말 현재 | | | |
| 20,000,000원 | 24,000,000원 | | 26,000,000원 | 시장성 있음 |

[11] 4월 28일

제품 (원가 5,000,000원, 시가 6,000,000원)을 접대목적으로 매출거래처 (주)대동에 제공하였다.

[12] 4월 29일

미국의 탱크소프트웨어에 다음과 같이 제품을 직수출하였다.

수출대금총액 $30,000으로서, 4월 10일 수령한 계약금은 $5,000(환가금액 5,000,000원)이며 수출품 선적완료일은 4월 29일이다. 4월 29일에 계약금을 공제한 잔액을 국민은행 보통예금에 예입하였다.

| 수출품 선적일의 환율 | 대고객외국환매도율 : 1,250원/1$<br>대고객외국환매입율 : 1,150원/1$<br>기준환율 : 1,200원/1$ |
|---|---|

[13] 4월 30일

제품매출처 신림전자의 4월 30일 현재의 외상매출금 잔액을 다음과 같이 전액 회수하였다. 이에 대하여 현행 부가가치세법에 따라 발행된 (−)전자세금계산서의 회수내용을 회계처리하시오. 할인 회계처리시 외상매출금과 제품매출에서 직접 차감한다.

> 사전약정에 의하여 220,000원은 할인하여 주고, 6,000,000원은 신림전자 발행의 약속어음(다음년도 5.10. 만기)으로 받았으며 잔액은 당사 보통예금계좌로 입금되었다.

[14] 5월 02일

회사가 보유한 신한은행의 장기차입금 230,000,000원을 출자전환하기로 하고 주식 40,000주(액면가 액 5,000원)를 발행하여 교부하였으며 자본증자 등기를 마쳤다.

**[15] 5월 04일**

전기에 수출한 미국 비오전자(주)의 외상매출금(USD $20,000)이 전액 회수되어 보통예금에 입금하였다. 동 외상매출금과 관련된 회계처리는 기업회계기준을 준수하였으며 관련 환율정보는 다음과 같다.

| 구 분 | 1달러당 환율정보 |
|---|---|
| 발 생 시 | 1,100원 |
| 전기말 환율 | 1,300원 |
| 회수 입금시 | 1,200원 |

**[16] 5월 06일**

제품 5,000,000원(부가가치세 별도)을 정인전자(주)에 매출하고 전자세금계산서를 교부한 후 즉시 전액을 비씨카드로 결제받다.

**[17] 5월 07일**

전기에 풀전자기기(주)에 대여하여 외화장기대여금으로 계상하였던 10,000$을 현금으로 회수하였다. 각각의 기준환율은 다음과 같으며, 회사는 전기말에 외화자산, 부채에 대한 평가를 적절히 하였다.

(단위: 원)

| 구 분 | 전기 4월 21일 | 전기말 | 당기 5월 07일 |
|---|---|---|---|
| 기준환율 | 1,200/$ | 1,250/$ | 1,300/$ |

**[18] 5월 08일**

사용중이던 건물을 (주)도심상사에 매각하였다. 토지와 건물을 합하여 매각대금은 210,000,000원(부가가치세별도)이고 관련자료는 다음과 같다. 계약조건에 따라 전자세금계산서와 전자계산서를 발행하였으며, 매각대금은 보통예금계좌에 입금되었다. 전자세금계산서와 전자계산서는 매입매출전표에서 입력하되 분개는 토지와 건물을 합하여 일반전표에서 입력하시오.

| 구 분 | 토 지 | 건 물 |
|---|---|---|
| 기준시가 | 200,000,000원 | 100,000,000원 |

• 토지와 건물의 공급가액을 기준시가 비율로 안분계산함.
• 장부가액 : 토지 250,000,000원, 건물 300,000,000원, 건물감가상각누계액 250,000,000원

## [19] 5월 09일

공장건설을 위한 토지를 매입하면서 법령에 의한 공채를 액면가액으로 함께 구입하고 대금 4,000,000원은 현금으로 지급하였다. 공채의 매입당시 공정가치는 3,500,000원으로 평가되며 단기매매증권으로 분류하도록 한다.

## [20] 5월 10일

제품 8,000,000원을 (주)대신상사에 내국신용장에 의하여 매출하면서 전자세금계산서를 교부하고 대금 중 2,500,000원은 현금으로 받고 나머지는 외상으로 하다.

## [21] 5월 12일

구의산업(주)에 제품을 매출하고 받은 구의산업(주) 발행 받을어음 15,000,000원이 파산으로 인하여 대손이 확정되었다. 부가가치세는 고려하지 아니하고, 필요한 자료를 조회하여 대손과 관련된 회계처리를 행하시오.

## [22] 5월 13일

6년간 근속한 영업부사원 안진수씨의 퇴직으로 인하여 퇴직금을 다음과 같이 정산후 보통예금계좌에서 지급하였다. 회사는 퇴직급여충당부채를 아래와 같이 설정하고 있다고 가정하고 회계처리하라.

---

- 퇴직금 총액  19,000,000원
- 국민연금(퇴직금)전환금 회사납부액  3,000,000원
- 전세자금 대여액 4,000,000원(임직원등단기채권에 계상되어 있음)
- 퇴직소득세 및 지방소득세  600,000원
- 기초퇴직급여충당부채잔액 12,000,000원(당기에 상기외의 퇴직금지급내역은 없다)

---

## [23] 5월 15일

당사는 본사 회계부 직원 대상으로 전문강사를 초빙하여 상담예절교육을 실시하였다. 강의료 800,000원은 사업소득으로 원천징수를 하여 원천징수영수증을 발급하고, 원천징수세액을 차감한 강의료를 보통예금에서 지급하였다.

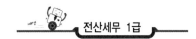 

[24] 5월 16일

거래처 호화전자(주)에서 원재료(5,000개, @6,000, 부가가치세 별도)를 매입하고 전자세금계산서를 교부받았다. 대금 중 5,000,000원은 (주)효성건업에서 받은 약속어음으로 지급하고, 나머지는 당좌예금 계좌에서 이체하였다.

[25] 5월 17일

회사는 신주 5,000주(액면가액 1주당 5,000원)를 1주당 6,000원에 발행하고 납입대금 전액을 보통예금에 입금하였으며, 신주발행비 1,500,000원은 당좌수표를 발행하여 지급하였다.(기장된 주식할인발행차금 3,000,000원이라고 가정하고 회계처리 하시오.)

[26] 5월 18일

회사는 (주)도심상사에 제품(공급가액:20,000,000원 부가가치세 2,000,000원)을 외상으로 납품하고 매출전자세금계산서를 발행교부하였다.(회계처리 됨) 동 거래는 수출과 관련된 것으로서 구매확인서는 7월 05일자로 발급받았다. 이와 관련하여 당사는 부가가치세법의 규정에 의하여 수정 전자세금계산서를 발행교부하였다.

[27] 5월 21일

정부보조금에 의하여 취득한 다음의 기계장치가 노후화되어 광진산업(주)에 외상(매각대금 8,000,000원, 부가가치세별도)으로 처분하고 전자세금계산서를 교부하였다.(처분된 기계장치는 취득 후 감가상각을 전혀 하지 않았다.)

| | |
|---|---|
| • 기계장치 | 40,000,000원 |
| • 정부보조금(자산차감) | 11,000,000원 |

[28] 5월 22일

(주)두리상사에 대한 외상매입금을 전액 당좌수표 발행하여 상환하다. 외상매입금은 모두 10일내 상환시 2% 할인조건으로 매입한 원재료에 대한 것이며, 이에 대해서는 (−)수정전자세금계산서를 교부받았다.

[29] 5월 25일

회사는 4월 15일에 액면금액 5,000원인 자기주식을 1주당 6,000원에 2,000주를 취득했었는데, 5월 25일에 이 자기주식을 소각하였다. (단, 장부상 감자차익이나 감자차손의 존재여부를 확인하고 회계처리 하시오.)

**[30] 5월 27일**

회사는 전기에 퇴직급여충당부채 6,000,000원이 미 계상된 점을 발견하고 기업회계기준에 따라 즉시 퇴직급여충당부채를 추가로 계상하였다.(발견된 오류는 중대하지 아니하다.)


**[31] 5월 30일**

(주)리스산업으로부터 운용리스계약에 의해 공장에서 사용할 기계장치를 도입하여 계약내용대로 이행하였다. 다음 제시된 계약내용을 검토하여 5월 30일 전자계산서에 대한 회계처리를 하시오.

| 도입일자 | 당기 5. 1. | 기계장치가액 | 50,000,000원 |
|---|---|---|---|
| 월리스료 | 2,000,000원 (매1개월 후불, 전자계산서 수령) | | |
| 결제일자 | 매월 30일 | 대금결제방법 | 현금지급 |


**[32] 6월 01일**

회사는 단기적인 자금운용을 위해 당기 1월 1일 12,900,000원에 취득한 국채를 경과이자를 포함하여 현금 13,000,000원을 받고 매각하였다. (발행일 전기 5월 1일, 액면가액 15,000,000원, 표시이자율 3%, 이자지급일은 매년 12월 31일, 만기는 다음년도 4월 30일, 이자는 월할 계산하기로 하고 채권중도 매도 시 원천징수는 생략함)


**[33] 6월 02일**

지난 주주총회에서 결의된 바에 따라 유상증자를 실시하여 신주 100,000주(액면가액 100원)를 주당 150원에 발행하고, 증자와 관련된 수수료 1,000,000원을 제외한 나머지 증자대금이 당사의 보통예금계좌에 입금되었다.(주식할인발행차금잔액은 없다고 가정)


**[34] 6월 03일**

공장건설용 토지를 매입하면서 법령에 의하여 공채를 액면가액으로 함께 매입하고 공채대금 1,500,000원은 현금으로 지급하였다. 공채 매입당시 공정가치는 1,300,000원으로 평가되며, 이는 단기매매증권으로 분류한다.


**[35] 6월 04일**

판매대리점에서 제품운반용으로 사용하는 트럭에 미리내주유소에서 80,000원(부가가치세 별도)어치 주유하고, 대금은 법인카드인 비씨카드로 결제하였다.(단, 주유소는 일반과세사업자)

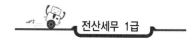

**[36] 6월 05일**

수출업자인 (주)방화상사와 직접 도급계약을 체결하고 제공한 수출재화임가공용역 12,000,000원(공급가액)에 대한 전자세금계산서를 교부하였다. 대금은 7월 말에 받기로 하고 영세율첨부서류는 적정하게 제출하기로 한다. 단, 매출계정은 제품매출 계정을 사용하기로 한다.

**[37] 6월 06일**

(주)김포물산의 파산으로 단기대여금 전액에 대하여 대손처리하였다. 단, 필요한 자료를 조회하여 대손과 관련된 회계처리를 행하시오.

**[38] 6월 07일**

영업부에서 업무목적으로 사용중인 승용차(6인승, 2,500CC)에 대한 수리비(500,000원, 부가가치세 별도)를 정밀카센타에 지급하고, 동일자에 전자세금계산서를 교부받았다.(3점)

- 수익적 지출(차량유지비)로 처리 한다.
- 수리대금은 현금으로 지급 하였다.

**[39] 6월 08일**

원재료 10,000,000원(부가가치세 별도)을 (주)도심상사으로부터 매입하고 전자세금계산서를 교부받았다. 2월 3일에 지급한 선급금을 차감한 잔액 중 3,000,000원은 구로전자㈜으로부터 받은 약속어음으로 지급하고 나머지는 전액 보통예금에서 송금하였다.

**[40] 6월 09일**

5월 4일 정인전자(주)에 제품을 매출하고 이에 대한 전자세금계산서를 발급하고 회계처리도 하였다. 그러나 6월 09일에 동 계약이 해제되어 부가가치세법에 따라 (-)수정전자세금계산서(공급가액 -15,000,000원, 세액 -1,500,000원)를 발급하였다. 수정전자세금계산서에 대한 회계처리를 하시오. 단, 작성일자는 세법에 따른 규정대로 작성하고, 회계처리시 외상매출금과 제품매출 계정과목에서 (-)금액으로 직접 차감하기로 한다.

**[41] 6월 10일**

5월 31일에 1,500,000원에 취득하였던 자기주식 300주 중 200주를 주당 4,000원에 매각하고 대금은 전액 보통예금으로 입금 받았다. 자기주식의 주당 액면가액은 5,000원이다.처분전 자기주식처분이익이 120,000원이 재무상태표에 계상되어 있다고 가정한다.

**[42] 6월 11일**

당사가 국민은행에 가입한 확정급여형(DB)퇴직연금에서 퇴직연금운용수익(이자성격) 5,000,000원이 발생하였다. 회사는 퇴직연금운용수익이 발생할 경우 자산관리 수수료를 제외한 나머지 금액을 납입할 퇴직연금에 대체하기로 약정 하였다. 퇴직연금에 대한 자산관리수수료율은 납입액의 3%이다.(이자소득에 대한 원천징수는 없는 것으로 한다)

**[43] 6월 12일**

당사는 신한은행으로부터 차입한 장기차입금 100,000,000원을 출자전환하기로 하고, 보통주 15,000주(주당 액면가액 5,000원) 발행하여 교부하였다.

**[44] 6월 13일**

기계장치 1대를 대한물산에 4,000,000원(부가가치세 별도)에 처분하고 전자세금계산서를 발행하였다. 매각대금은 1개월 이내에 지급받기로 하였다.

> • 기계장치 취득가액 : 24,000,000원
> • 감가상각누계액 : 18,000,000원

**[45] 6월 14일**

발행주식 중 보통주 10,000주를 주당 6,000원에 유상으로 매입하여 소각하고 주식 매입 대금은 보통예금계좌에서 송금하였다. 감자 직전 회사의 자본 관련 내용은 다음과 같다.

> • 보통주 자본금 : 200,000,000원 (발행주식수 50,000주)
> • 주식발행초과금 : 50,000,000원
> • 감자차익 : 15,000,000원

**[46] 6월 15일**

정부로부터 정부보조금 30,000,000원을 보통예금계좌로 수수하였다. 해당 보조금은 자산취득에 사용예정이나, 취득 전까지 일시적으로 운용될 예정이다.

[47] 6월 16일

당사는 수출업자인 (주)두리상사와 수출재화에 대한 임가공용역(공급가액 6,000,000원)을 제공하였다. 세금계산서는 부가가치세 부담이 최소화되는 방향으로 부가가치세법 규정에 맞게 전자발행 하였으며, 대금은 다음달 10일에 받기로 하였다.(가장 적절한 매출계정을 입력하시오)

[48] 7월 17일

액면가액 100,000,000원인 사채 중 20%를 18,750,000원에 중도상환하고, 상환대금은 보통예금계좌에서 출금하다. 상환일 현재 사채할인발행차금 잔액은 10,000,000원이다.

[49]

당사는 (주)세일유통에 제품을 판매하는 과정에서 다음과 같은 일부 파손품 등의 문제가 발생하였다. 아래의 ①,②,③을 고려하여, 매출세금계산서는 1장으로 전자발급하여 전송하였다. 관련 자료를 입력하시오.

> ① 6월 20일 : 당사는 제품 450개(@1,800원, 부가가치세 별도)를 판매하기로 하였다.
> ② 6월 29일 : 주문받은 제품을 당사가 직접 운송하던 도중에 부주의로 2개가 파손된 것을 확인하였다. 파손 제품을 추가로 납품하지는 않는다.
> ③ 6월 29일 : 납품하는 제품을 검수하는 과정에서 7개의 제품에서 미미한 하자가 발생하여, 7개의 제품에 대하여 개당 200원씩 판매가격을 인하하기로 하고 검수를 완료하였다.
> ④ 대금은 납품된 제품에 대해서만 한달후에 받기로 하였다.

**[결산]**

2006.(주)종합문제의 다음의 결산정리사항에 대하여 결산정리분개를 하거나 입력을 하여 결산을 완료하시오.

[1] 결산일 현재 정기예금과 장기차입금에 대한 내용이다. 기업회계기준에 따라 회계처리를 하시오. 단, 이자계산은 월할계산으로 하되 1월 미만은 1월로 한다.

| 과목 | 발생일자 | 만기일자 | 금액(원) | 이자율 | 이자지급일 |
|---|---|---|---|---|---|
| 정기예금 | 당기 7.10 | 차기 7.10 | 20,000,000 | 6% | 매년 7.10 |
| 장기차입금 | 전기 10.1 | 2021.9.30 | 25,000,000 | 7% | 매년 4월 1일과 10월 1일에 6개월분씩 지급(후지급함) |

[2] 매도가능증권에 대하여 기업회계기준에 따라 기말 평가를 반영하시오. 단 현재까지 기업회계기준에 따라 정상적으로 회계처리를 하였다고 가정한다.

| 구　　분 | 취득원가 | 전기말 시가 | 당기말 시가 |
|---|---|---|---|
| 매도가능증권 | 23,000,000원 | 24,000,000원 | 24,500,000원 |

[3] 6월 1일에 1년분 사무실 임차료 18,000,000원을 선불로 납부하고 선급비용으로 처리하였다. 기말 결산 시 필요한 회계처리를 행하시오.

[4] 12월 25일부터 27일까지 3일간 대전으로 업무차 출장갔던 영업사원 이정민에 대한 출장비지급액과 정산 후 반납액이 결산일 현재 각각 가지급금계정(25일)과 가수금계정(28일)에 계상되어 있다. 결산일에 정산분개를 하며, 출장비는 전액 여비교통비로 처리한다.

[5] 회사는 다음과 같이 외화예금을 보유하고 있다.

| 계정과목 | 외화(US$) | 발생일자 | 회수·상환일자 | 장부상금액 |
|---|---|---|---|---|
| 외화예금 | 10,000 | 8. 12 | － | 11,000,000원 |

※ 당기 말 기준환율은 1 US$ 당 1,300원이다.

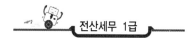

[6] 영업부에서 홍보차 회사로고가 새겨진 볼펜을 구입하여 광고선전비로 계상하였으나, 기말 현재 미사용된 금액 700,000원을 소모품으로 대체하다.

[7] 당사는 올해초 제조부문 건물을 신규 구입하였다. 5월 30일에는 이 건물에 대하여 취득세를 납부하였으며, 9월 30일에는 재산세를 납부하였다. 일반전표를 조회하여 회계처리에 오류가 있는 경우 알맞게 정정하시오.

[8] 다음 자산을 [고정자산 및 감가상각]에 등록한 후 여기서 산출된 상각범위액을 감가상각비로 결산서에 반영하시오.(제시된 자산만 있는 것으로 가정한다)

| 코드 | 자산명 | 취득가액 | 감가상각누계액 | 상각방법 | 내용연수 | 취득일자 |
|------|--------|----------|----------------|----------|----------|----------|
| 100 | 기계장치(압축기) | 20,000,000원 | ― | 정률법 | 5 | 당기 07.02. |

※ 기계장치(압축기)에 대한 취득가액에는 운반비 500,000원과 설치비용 2,500,000원이 포함되어 있다.

[9] 결산일 현재 유형자산에 해당하는 장부금액 100,000,000원인 건물에 대한 손상징후가 있다고 판단되어 검토한 결과 건물의 사용가치는 68,000,000원이고 처분가치는 86,500,000원인 것으로 판단되어 이를 손상차손으로 인식하다.

[10] 기중의 회계처리내용을 확인한 후 보험료에 대한 내용을 결산에 반영하라.(단, 월할계산 하기로 한다)

| 구 분 | 분개처리일 | 대상기간 | 금액 | 비고 |
|-------|-----------|----------|------|------|
| 화재보험료 | 7. 1. | 당기. 7. 1. ~ 차기. 6. 30. | 2,000,000원 | 본사건물 화재보험료 |

[11] 다음 재고자산 실사금액을 결산자료입력에 입력하시오.

| 과목 | 실사 금액 |
|------|-----------|
| 원재료 | 3,500,000원 |
| 재공품 | 4,700,000원 |
| 제 품 | 15,000,000원 |

[12] 법인세 등은 결산서상 손익계산서의 법인세차감전이익 548,987,659(가정치)원에 세율을 적용하여 다음과 같이 계상한다. 단, 장부상 선납세금계정(2,000,000원)에는 법인세 중간예납세액 및 원천납부세액이 계상되어 있다고 가정하고 회계처리하라.

법인세 등 = ① + ②
  ① : 법인세 산출세액 − 법인세 감면세액(5,280,000원)
  ② : 법인세분 지방소득세

Chapter

# 02

# 부가가치세

# 01 부가가치세

[부가가치세 신고 흐름]

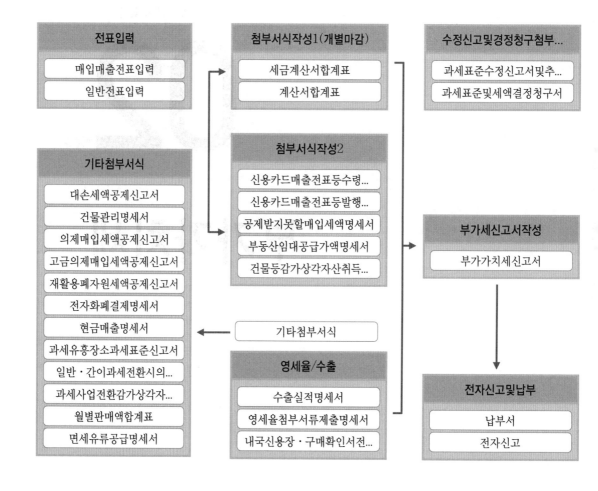

| 전표입력 |
| --- |
| 매입매출전표입력 |
| 일반전표입력 |

| 첨부서식작성1(개별마감) |
| --- |
| 세금계산서합계표 |
| 계산서합계표 |

| 수정신고및경정청구첨부... |
| --- |
| 과세표준수정신고서및추... |
| 과세표준및세액결정청구서 |

| 기타첨부서식 |
| --- |
| 대손세액공제신고서 |
| 건물관리명세서 |
| 의제매입세액공제신고서 |
| 고금의제매입세액공제신고서 |
| 재활용폐자원세액공제신고서 |
| 전자화폐결제명세서 |
| 현금매출명세서 |
| 과세유흥장소과세표준신고서 |
| 일반・간이과세전환시의... |
| 과세사업전환감가상각자... |
| 월별판매액합계표 |
| 면세유류공급명세서 |

| 첨부서식작성2 |
| --- |
| 신용카드매출전표등수령... |
| 신용카드매출전표등발행... |
| 공제받지못할매입세액명세서 |
| 부동산임대공급가액명세서 |
| 건물등감가상각자산취득... |

| 기타첨부서식 |
| --- |

| 부가세신고서작성 |
| --- |
| 부가가치세신고서 |

| 영세율/수출 |
| --- |
| 수출실적명세서 |
| 영세율첨부서류제출명세서 |
| 내국신용장・구매확인서전... |

| 전자신고및납부 |
| --- |
| 납부서 |
| 전자신고 |

# 1. 부가가치세신고서

부가가치세 신고서는 필히 작성하여야 할 서식이며 매입매출전표에서 입력된 자료가 자동으로 처리되어 작성이 된다.

## 신고서/부속명세

| 부가가치세 I | 부가가치세 II | 부가가치세 III | |
|---|---|---|---|
| 부가가치세신고서 | 공제받지못할매입세액명세서 | 과세유흥장소과세표준신고서 | |
| 세금계산서합계표 | 대손세액공제신고서 | 월별판매액합계표 | |
| 계산서합계표 | 부동산임대공급가액명세서 | 면세유류공급명세서 | |
| 신용카드매출전표등수령명세서(갑)(을) | 건물관리명세서 | 사업장별부가세납부(환급)신고서 | |
| 신용카드매출전표등발행금액집계표 | 영세율첨부서류제출명세서 | 부동산임대등록 | |
| 매입자발행세금계산서합계표 | 수출실적명세서 | 납부서 | |
| | 내국신용장·구매확인서전자발급명세서 | | |
| | 영세율매출명세서 | | |
| | 의제매입세액공제신고서 | | |
| | 재활용폐자원세액공제신고서 | | |
| | 건물등감가상각자산취득명세서 | | |
| | 현금매출명세서 | | |
| | 스크랩등매입세액공제신고서 | | |

## (1) 사업장 명세

사업장의 기본사항 및 기본경비를 기재하는 서식이며 음식, 숙박업자가 확정신고시에만 작성하여 신고하며, 예정신고시에는 작성하지 않는다.

## (2) 신고내용

매입매출전표입력메뉴에 입력한 내용이 자동으로 과세대상 기간에 맞추어 반영된다.

① 매출세액(과세표준)

- [1.세금계산서발급분]

  유형 11.과세 로 입력된 매출금액이 자동으로 반영된다.

- [2.매입자발행전자세금계산서(과세)]

  입력된 매입자발행전자세금계산서로 입력된 매출금액이 자동으로 반영된다.
  매입자발행전자세금계산서는 상단 툴바의 [간편집계 및 기타 〉 매입자발행(Shift + F8)] 에서 설정할 수 있다.

- [3.신용카드·현금영수증 발행분(과세)]

  유형 17.카과, 21.전자, 22.현과 로 입력한 매출금액이 자동으로 반영된다.

- **[4.기타(정규영수증외 매출분(과세)]**

  유형 14.건별 로 입력한 매출금액이 자동으로 반영된다.

- **[5.세금계산서 교부분(영세)]**

  유형 12.영세 로 입력된 매출금액이 자동으로 반영된다.

- **[6.기타(영세)]**

  유형 16.수출, 19.카영, 24.현영 으로 입력된 매출금액이 자동으로 반영된다.

- **[7.예정신고 누락분]**

  예정신고시 누락된 매출자료가 있을 경우 확정신고에 반영하여 신고한다.

  Tab키를 누르거나 마우스 클릭으로 오른쪽 화면의 7.매출(예정신고 누락분) 란으로 이동하여 상세 입력 한다. 예정신고 누락분은 상단 툴바의 [간편집계 및 기타 〉 예정누락분(Shift+F5]에서 설정할 수 있으며 설정된 자료는 부가가치세신고서에 자동으로 반영된다.

- **[8.대손세액 가감]**

  대손발생액에 대한 가감액을 입력하는 란으로 〈대손세액공제신고서〉 메뉴의 [대손발생] 탭에 입력된 대손세액이 자동으로 반영되며, 대손발생시는 −(음수)로, 대손세액으로 신고되었던 금액을 회수한 경우에는 +(양수)로 입력한다.

② 매입세액

- **[10.세금계산서 수취분 일반매입]**

  유형 51.과세, 52.영세, 54.불공, 55.수입 으로 입력된 매입금액이 자동으로 반영된다.

- **[11.세금계산서 수취분 고정자산매입]**

  유형 51.과세, 52.영세, 54.불공 으로 입력하고 분개시 계정과목을 고정자산 코드로 입력된 매입금액이 자동으로 반영된다.

- **[12.예정신고 누락분]**

  예정신고시 누락된 매입자료가 있을 경우 확정신고에 반영하여 신고한다.

  Tab키를 누르거나 마우스 클릭으로 오른쪽 화면의 12.매입(예정신고 누락분) 란으로 이동하여 상세입력 한다. 예정신고 누락분은 상단 툴바의 [간편집계 및 기타 〉 예정누락분 (Shift+F5)] 에서 설정할 수 있으며 설정된 자료는 부가가치세신고서에 자동으로 반영된다.

- **[13.매입자발행전자세금계산서]**

  입력된 매입자발행전자세금계산서 로 입력된 매입금액이 자동으로 반영된다.

  매입자발행전자세금계산서는 상단 툴바의 [간편집계 및 기타 〉 매입자발행(Shift+F8)] 에서 설정할 수 있다.

- [14.그밖의공제매입세액]

  Tab키를 누르거나 마우스 클릭으로 오른쪽 화면의 14.그밖의공제매입세액 란으로 이동하여 상세입력 한다.

- [41.일반매입(신용카드)]

  유형 57.카과, 59.카영, 61.현과 로 입력된 매입금액이 자동으로 반영된다.

- [42.그밖의공제매입세액의 고정매입(신용카드)]

  유형 57.카과, 59.카영, 61.현과 로 입력하고 분개시 계정과목을 고정자산 코드로 입력된 매입금액이 자동으로 반영된다.

- [43.그밖의공제매입세액의 의제매입세액]

  〈의제매입세액공제신고서〉 메뉴에 입력된 의제매입세액 금액이 자동으로 반영되며, 직접 입력, 수정할 수 있다.

- [44.그밖의공제매입세액의 재활용폐자원 등 매입세액]

  〈재활용폐자원세액공제신고서〉 메뉴에 입력된 공제(납부)할 세액이 자동으로 반영되며, 직접 입력, 수정할 수 있다

- [45.그밖의공제매입세액의 과세사업전환매입세액]

  면세사업에 사용하던 감가상각자산을 과세사업에 사용하거나 소비하는 경우 취득시 불공제한 매입세액을 공제받는 경우에 입력하며 〈과세사업전환감가상각자산신고서〉 메뉴를 참고하여 입력한다.

- [46.그밖의공제매입세액의 재고매입세액]

  간이과세자에서 일반과세자로 변경된 사업자가 그 변경되는 날 현재의 재고품 및 감가상각자산에 대하여 매입세액을 공제받는 경우 입력하며 〈간이과세전환시 재고품 및 감가상각자산신고서〉 메뉴를 참고하여 입력한다.

- [47.그밖의공제매입세액의 변제대손세액]

  공제받은 재화나 용역에 대한 외상매입금, 기타 매입채무가 대손확정되어 매입세액을 불공제 받은 후 대손금액의 전부 또는 일부를 변제한 경우 변제한 대손금액에 관련된 대손세액을 입력하는 란으로 〈대손세액공제신고서〉 메뉴의 [대손변제] 탭에 입력된 대손세액이 자동으로 반영되며 직접 입력, 수정 가능하다.

- [16.공제받지 못할 매입세액]

  Tab키를 누르거나 마우스 클릭으로 오른쪽 화면의 16.공제받지 못할 매입세액 란으로 이동하여 상세입력 한다.

- [50.공제받지 못할 매입세액]

  유형 54.불공 으로 입력된 자료 또는 〈공제받지 못할 매입세액명세서〉 메뉴에 입력된 매입세액이 자동으로 반영되며 직접 입력, 수정 가능하다.

- **[51.공통매입세액 면세사업분]**

  〈공제받지 못할 매입세액명세서〉 메뉴의 공통매입세액안분계산/정산내역에 입력된 매입세액이 자동으로 반영되며 직접 입력, 수정 가능하다.

- **[52.대손처분 받을 세액]**

  이미 공제받은 매입세액이나 신고할 매입세액에 대하여 거래 상대방(공급자)이 대손 확정으로 신고하여 대손세액 공제를 받는(은) 경우 그 처분 받은 대손세액 상당액을 입력한다. 유형 54.불공 으로 불공제사유 ⑩대손처분 받은 세액으로 입력된 세액이 자동으로 반영되며 직접 입력, 수정 가능하다.

③ 경감공제세액

- **[18.기타경감·공제세액]**

  전자신고세액공제, 택시운송사업자 경감세액, 전자세금계산서 교부세액공제, 현금영 수증사업자 세액공제등을 입력하는 란으로 Tab키를 누르거나 마우스 클릭으로 오른 쪽 화면의 18.기타경감공제세액 란으로 이동하여 상세입력 한다.

- **[19.신용카드매출전표등 발행공제등]**

  소매업자, 음식점업자, 숙박업자 등 개인사업자가 신용카드매출 등 및 전자화폐에 의 한 매출이 있는 경우 작성한다.

  유형 17.카과, 19.카영, 21.전자, 22.현과, 24.현영 으로 입력된 금액이 자동으로 반 영되며 직접 입력, 수정 가능하다.

④ 기타공제세액

- **[21.예정신고미환급세액]**

  수출·시설투자 등에 의한 조기환급대상자 외의 일반환급대상자는 예정신고시에 환급 하지 아니하며 확정신고시납부(환급)할 세액을 공제(가산)한다.

- **[22.예정고지세액]**

  개인사업자는 일정한 경우에는 예정신고를 할 수 있으나, 각 예정신고기간마다 직전 과세기간에 대한 납부세액의 2분의 1에 상당하는 금액을 고지 결정하여 세액을 납부 하는 경우 입력한다.

- **[24.매입자 납부특례 기납부세액]**

  금지금 및 금제품 거래의 투명화·정상화를 통한 귀금속 산업의 발전을 지원하기 위하 여 매출자가 거래징수한 부가세를 무납부 하는 것을 방지하기 위하여 매출자에 의한 거래징수제도를 「매입자납부제도」로 전환하여 매입자가 납부한 세액을 공제한다. 부 가가치세 관리기관이 국고에 직접 입금한 부가가치세액을 입력한다.

⑤ 가산세

• [26.가산세]

Tab 키를 누르거나 마우스 클릭으로 오른쪽 화면의 25.가산세명세 란으로 이동하여 상세입력 한다.

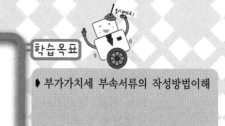

학습목표
▶ 부가가치세 부속서류의 작성방법이해

# 02 부가가치세 부속서류

## 1. 세금계산서합계표

### (I) 세금계산서 합계표

사업자가 재화 또는 용역을 공급하는 때에는 거래시기에 세금계산서를 교부하지만, 부가가치세 예정·확정신고시에는 교부하거나, 교부받은 세금계산서를 매출·매입처별세금계산서합계표에 기재하여 부가가치세 신고서와 함께 제출하여야 한다.

세금계산서합계표는 전자신고분과 전자신고 이외분으로 나누어진다.

**[6월 1일과 2일 매입매출전표입력전표 입력가정시화면]**

| □ | 일 | 번호 | 유형 | 품목 | 수량 | 단가 | 공급가액 | 부가세 | 코드 | 공급처명 | 사업자주민번호 | 전자 | 분개 |
|---|---|------|------|------|------|------|----------|--------|------|----------|----------------|------|------|
| ▣ | 1 | 50001 | 과세 | | | | 50,000,000 | 5,000,000 | 00101 | 찬호전자 | 123-81-10829 | 여 | 혼합 |
| ▣ | 2 | 50001 | 영세 | | | | 15,000,000 | | 00103 | 승엽상회 | 129-81-02161 | 여 | 혼합 |

**[4–6월 세금계산서합계표 매출조회화면]**

매출 / 매입     ※ [확인]전송일자가 없는 거래는 전자세금계산서 발급분으로 반영 되므로 국세청 e세로 전송 세금계산서와 반드시 확인 합니다.

**2. 매출세금계산서 총합계**

| 구 분 | | 매출처수 | 매 수 | 공급가액 | 세 액 |
|-------|---|----------|-------|----------|-------|
| 합 계 | | 2 | 2 | 65,000,000 | 5,000,000 |
| 과세기간 종료일 다음달 11일까지전송된 전자세금계산서 발급분 | 사업자 번호 발급분 | 2 | 2 | 65,000,000 | 5,000,000 |
| | 주민등록번호발급분 | | | | |
| | 소 계 | 2 | 2 | 65,000,000 | 5,000,000 |
| 위 전자세금계산서 외의 발급분(종이발급분+과세기간 종료일다음달 12일 이후분) | 사업자 번호 발급분 | | | | |
| | 주민등록번호발급분 | | | | |
| | 소 계 | | | | |

과세기간 종료일 다음달 11일까지 (전자분) | 과세기간 종료일 다음달 12일이후 (전자분), 그외 | 전체데이터     참고사항 : 2012년 7월 이후 변경사항

| | 사업자등록번호 | 코드 | 거래처명 | 매수 | 공급가액 | 세 액 | 대표자성명 | 업 태 | 종 목 | 주류코드 |
|---|----------------|------|----------|------|----------|-------|------------|-------|-------|----------|
| 1 | 123-81-10829 | 00101 | 찬호전자 | 1 | 50,000,000 | 5,000,000 | 최한일 | 도매 | 전자제품 | |
| 2 | 129-81-02161 | 00103 | 승엽상회 | 1 | 15,000,000 | | 박정숙 | 도매 | 전자 | |
| | 합 계 | | | 2 | 65,000,000 | 5,000,000 | | | | |
| | 마 감 합 계 | | | | | | | | | |

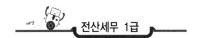 

**[4-6월 1기확정신고 부가가치세 신고서 반영]**

| | | 구분 | | 정기신고금액 | | | | | 구분 | | 금액 | 세율 | 세액 |
|---|---|---|---|---|---|---|---|---|---|---|---|---|---|
| | | | | 금액 | 세율 | 세액 | | | 7.매출(예정신고누락분) | | | | |
| 과세표준및매출세액 | 과세 | 세금계산서발급분 | 1 | 50,000,000 | 10/100 | 5,000,000 | 예정누락분 | 과세 | 세금계산서 | 31 | | 10/100 | |
| | | 매입자발행세금계산서 | 2 | | 10/100 | | | | 기타 | 32 | | 10/100 | |
| | | 신용카드 현금영수증발행분 | 3 | 900,000 | 10/100 | 90,000 | | 영세 | 세금계산서 | 33 | | 0/100 | |
| | | 기타(정규영수증외매출분) | 4 | 1,301,971 | | 130,197 | | | 기타 | 34 | | 0/100 | |
| | 영세 | 세금계산서발급분 | 5 | 15,000,000 | 0/100 | | | | 합계 | 35 | | | |
| | | 기타 | 6 | 22,750,000 | 0/100 | | | | 12.매입(예정신고누락분) | | | | |
| | 예정신고누락분 | | 7 | | | | | | 세금계산서 | 36 | | | |
| | 대손세액가감 | | 8 | | | -580,000 | | 예 | 기타공제매입세액 | 37 | | | |
| | 합계 | | 9 | 89,951,971 | ㉔ | 4,640,197 | | | 합계 | 38 | | | |

## (2) 세금계산서 합계표 제출시기

예정신고 또는 확정신고시에 제출하며 예정고지에 의하여 부가가치세를 징수하는 사업자는 확정신고시 제출한다.

- 예정신고시 제출을 못할 경우 : 예정신고기간이 속하는 확정신고시 제출
- 영세율등 조기환급금 : 영세율등 조기환급신고시 제출
- 납세의무가 없는 제출자분 : 국가, 지방자치단체등은 확정신고기간에 제출

## (3) 입력방법

부가가치세 신고기간을 입력한다. 세금계산서 합계표는 부가가치세신고서의 신고기간과 일치해야한다. 월을 입력하면 연도의 회계기간에서 자동반영 된다.

**[구분] 1.매출과 2.매입 중 선택한다.**

① [1.매출] - 매출처별 세금계산서 합계표
② [2.매입] - 매입처별 세금계산서 합계표

조회하면 위 화면에 매입매출전표입력에서 입력한 자료가 자동으로 집계되어 자동 작성되어 진다. 누락된 경우 현재 화면에서 직접입력도 가능하도록 프로그램이 구성되어져 있으며 화면 하단의 경우 거래처등록시 누락된 부분도 직접 입력이 가능하다.

주민등록 기재분의 경우는 마지막 줄에 건수와 금액이 별도로 집계되어 자동으로 반영되어진다.

## (4) 기능의 설명

① 전표조회 기능

각 과세기간별 합계로 표시되는 거래처별의 거래내역을 조회 또는 출력하고자 할 때 사용하는 작업창이다. [전표조회] key를 누르면 현재 커서가 위치한 거래처와의 거래내역이 화면에 조회되어 진다.

② 개별과 합산

㉠ 합산 : 사업자(주민)등록번호가 동일한 거래처가 여러 개 있을 경우 하나의 사업자(주민)등록번호로 신고할 수 있도록 합산하는 기능으로 전자신고시 동일한사업자(주민)등록번호는 반드시 합산하여 신고하여야 한다.

㉡ 개별 : 거래처등록에 등록된 거래처코드별로 조회하는 기능이다.

③ 마감

툴바의 [마감]은 전자신고를 하기 위한 작업의 마무리 단계에서 사용된다. [마감]은 1.매출에서 클릭하여도 2.매입까지 자동으로 이루어지며, 해제시는 다시 한 번 [마감]key를 클릭하면 된다.

❂ 세금계산서 합계표에 예정신고 누락분을 입력했다면 부가가치세 신고서에도 입력해야 하고, 예정신고 누락분이 있다는 것은 가산세가 계상되어야 함을 잊지 않아야 한다.

> 매입자 발행세금계산서는 매출자가 세금계산서를 교부하지 않아 관할세무서장에게 신고하여 승인 받은 매입자가발행한 세금계산서를 말한다.

## 2. 신용카드매출전표등발행금액집계표

### (1) 의의

사업자(법인과 직전연도 수입금액 10억초과 개인제외)가 부가가치세가 과세되는 재화·용역을 공급하고 신용카드매출 전표·현금영수증 등을 발행하거나 전자적 결제수단에 의하여 대금을 결제받는 경우에 그 발행(결제)금액의 100분의1.3(음식,숙박업 간이는 2.6)에 상당하는 금액(연간 1,000만원 한도)을 가산세를 제외한 납부세액을 한도로 공제한다.

[공제대상 신용카드]
- 여신전문금융업법에 의한 신용카드·직불카드 매출
- 결제대행업체(PG사)를 통한 신용카드 매출
- 선불카드(실지명의가 확인되는 것) 매출
- 조세특례제한법에 의한 현금영수증 매출
- 전자화폐에 의한 매출

### (2) 입력방법

본 메뉴는 매입매출전표입력에 17.카과와 18.카면으로 입력된 내용이 자동반영된다. 신용카드매출표 발행집계표를 선택하고 신고기간을 입력하면 다음과 같이 화면이 나타나며 신고기간을 입력한 후 새로불러오기를 클릭하면 일반전표 및 매입매출전표입력분의 데이터를 자동으로 불러온다.

[공제대상]
㉠ 일반과세자(법인 제외) 중 아래 사업을 영위하는 자
- 소매업, 음식점업(다과점업을 포함), 숙박업
- 목욕, 이발, 미용업
- 여객운송업, 입장권을 발행하는 사업
- 변호사업 등 전문인적용역(사업자에게 공급하는 것 제외)

- 도정업, 제분업 중 떡방아간, 양복점업 · 양장점업 · 양화점업
- 주거용 건물공급업(주거용 건물을 자영건설하는 경우 포함)
- 운수업 및 주차장운영업, 부동산중개업
- 사회서비스업 · 개인서비스업 및 가사서비스업
- 기타 위와 유사한 사업으로서 세금계산서 교부가 불가능하거나 현저히 곤란한 사업

ⓛ 간이과세자

　➡ 제조 · 도매업 등이 세금계산서를 교부하지 아니하고 신용카드 매출전표를 발행한 경우 신용카드 발행세액 공제안됨.

[6월 매입매출전표입력 가정시 화면]

| | 16 | 50001 | 카과 | | | 500,000 | | 50,000 | 00106 | (주)태수 | 212-81-15162 | 카드 |
| | 18 | 50001 | 카면 | | | 80,000 | | | 00104 | (주)승범상사 | 119-81-29163 | 카드 |
| | 27 | 50001 | 현과 | | | 400,000 | | 40,000 | 00101 | 찬호전자 | 123-81-10829 | 현금 |

[6001.(주)지성상사 신용카드매출전표등발행금액집계표] 4월 ―6월 1기확정신고서 조회화면

| ☐➡ 2. 신용카드매출전표 등 발행금액 현황 | | | |
|---|---|---|---|
| 구　분 | 합　계 | 신용 · 직불 · 기명식 선불카드 | 현금영수증 |
| 합　　계 | 1,070,000 | 630,000 | 440,000 |
| 과세 매출분 [부가세포함금액으로 반영] | 990,000 | [6월16일 카과매출분] 550,000 | 440,000 [6월27일 현금영수증(현과)매출분] |
| 면세 매출분 | 80,000 | [6월18일 카면매출분] 80,000 | |
| 봉　사　료 | | | |

| ☐➡ 3. 신용카드매출전표 등 발행금액중 세금계산서 교부내역 | | | |
|---|---|---|---|
| 세금계산서교부금액 | | 계산서교부금액 | |

[4―6월 부가가치세 신고서 반영]

| | | 구분 | | 정기신고금액 | | | 구분 | | 금액 | 세율 | 세액 |
|---|---|---|---|---|---|---|---|---|---|---|---|
| | | | | 금액 | 세율 | 세액 | 7.매출(예정신고누락분) | | | | |
| 과세표준및매출세액 | 과세 | 세금계산서발급분 | 1 | 50,000,000 | 10/100 | 5,000,000 | 예정누락분 | 과 | 세금계산서 | 31 | 10/100 | |
| | | 매입자발행세금계산서 | 2 | | 10/100 | | | 세 | 기타 | 32 | 10/100 | |
| | | 신용카드·현금영수증발행분 | 3 | 900,000 | 10/100 | 90,000 | | 영 | 세금계산서 | 33 | 0/100 | |
| | | 기타(정규영수증외매출분) | 4 | 1,301,971 | | 130,197 | | 세 | 기타 | 34 | 0/100 | |
| | 영세 | 세금계산서발급분 | 5 | 15,000,000 | 0/100 | | | | 합계 | 35 | | |
| | | 기타 | 6 | 22,750,000 | 0/100 | | 12.매입(예정신고누락분) | | | | | |
| | 예정신고누락분 | | 7 | | | | 예 | | 세금계산서 | 36 | | |
| | 대손세액가감 | | 8 | | | -580,000 | | | 기타공제매입세액 | 37 | | |
| | 합계 | | 9 | 89,951,971 | ㉒ | 4,640,197 | | | 합계 | 38 | | |

## 3. 부동산임대공급가액명세서

### (1) 의의

부동산 임대용역을 제공하는 사업자는 부동산 임대용역의 공급내역을 상세히 기록한 부동산 임대 공급가액명세서를 부가가치세 신고시 제출해야 하며, 이는 부가가치세 성실 신고 여부와 보증금에 대한 간주임대료 계산의 적정여부 등을 판단하는 자료로 활용되어진다.

(2) 간주임대료 계산법

부동산 임대용역을 공급하고 전세금 또는 임대보증금을 받은 경우에는 금전 이외의 대가를 받은 것으로 보아 다음 산식에 의해 계산한 금액을 부가가치세 과세표준으로 하며, 이를 간주임대료라 칭한다.

[임대보증금에 대한 간주임대료]

- 당해 기간의 전세금 또는 임대보증금 × 과세대상기간의 일수 ×

$$\frac{계약기간\ 1년의\ 정기예금이자율(연\ 1.2\%)}{365(윤년의\ 경우에는\ 366)}$$

- 전대의 경우 임차금을 임대보증금에서 차감한다.

(3) 회계처리법

- 임대인이 부담하는 경우(일반적인 경우 대부분이 여기에 해당됨)
  
  차) 세금과공과            대) 부가세예수금

- 임차인이 부담하는 경우 (계약서 명시되었을 경우)
  
  [임차인회계처리]
  
  차) 세금과공과            대) 현  금
  
  [임대인회계처리]
  
  차) 현  금              대) 부가세예수금

(4) 입력방법

부동산 임대공급가액 명세서의 화면구성을 보면 좌측에는 임대건물의 층과 호수, 상호(성명)을 입력하고, 우측에는 좌측에서 입력된 내용의 임대계약 내용을 입력하는 부분으로 나누어져 있다.

[임대계약내용]

- 사업자등록번호 : 임차인의 사업자 등록번호를 입력한다.
- 면적 : 면적은 면적단위에 맞추어 입력하며 소수 2자리까지 입력할 수 있다.
- 용도 : 용도는 임차인이 사용하고 있는 용도를 의미하며 한글로 입력한다. . 사무실, 공장 등
- 임대기간 : 현재 임차인의 임대한 기간을 입력한다. 상단의 과세기간을 입력하지 않도록 유의해야 하며 또한 연도는 반드시 4자로 입력해야 한다.
- 계약내용(월) : 보증금, 월세, 관리비를 각 칸에 입력하며 해당 없는 경우 공란으로 두면 된다. 과세기간 종료일 현재로 작성한다.
- 임대 수입 금액 : 보증금이자(간주임대료), 월세, 관리비, 계(과세표준)란이 위의 계약내용 월과 임대기간에 의해 자동 계산되며 수정이 가능하다.

☆ 기간계산법
- 임대료를 받지 못하여 미수가 생긴 경우에도 임대료수입으로 계산하여야 한다.
- 과세기간 중에 보증금, 월세, 관리비등의 변동사항이 있는 경우 동일 동, 층, 호에 동일 임차인이지만 임대기간 별로 각각(2줄)에 작성한다. 동일인의 임대계약 내용만 달라지고 임대기간이 연장되는 경우 임대기간 입력시 특히 주의해야 한다.
- 기간계산에서 초일(시작일)은 산입된다.

[합 계]

보증금이자, 월세등(월세＋관리비), 계(과세표준)가 각 층, 호별 임대수입금액이 계산자료에 의해 자동집계된다.

### 기본예제

01. 6001.(주)지성상사는 임대업을 영위한다고 가정한다. 임대기간은 ㈜찬호전자는 2020.01.03 – 2021. 01. 02일, 진로마트는 당기 2022.03.01일–2023.02.28이고 용도 입력은 생략하고 1기확정의 명세서를 작성한다. 간주임대료만 매입매출전표입력에 입력하고 신고서에 반영하라. 정기예금이자율은 1.2%로 가정한다.

| 동, 층 호 수 | 면적(㎡) | 임 차 인 | | | 임대계약내용 | |
|---|---|---|---|---|---|---|
| | | 상호(성명) | 사업자등록번호 | 입주일/퇴거일 | 보증금 | 월 세 |
| 101동 1층 101호 | 40 | ㈜찬호전자 | 123－81－10829 | | 50,000,000 | 1,000,000 |
| 102동 1층 102호 | 60 | 진로마트 | 469－81－52346 | 2020.3.1입주 | 80,000,000 | 1,500,000 |

## [1] ㈜찬호전자 화면

## [2] 진로마트 입력화면

[매입매출전표입력 화면]

[부가가치세신고서반영]

4.기타(정규영수증외매출분): 388,931

## 4. 의제매입세액공제신청서

### ① 의의

농·축·수·임산물을 면세로 구입하여 부가가치세가 과세되는 재화를 제조·가공하거나 용역을 창출하는 사업자에 대하여 일정금액을 매입세액으로 공제한다. 원재료 매입가액의 2/102 (법인 음식업과 **과자점등** 6/106, 중소제조업 4/104)를 의제매입세액이 있는 경우 공급처와 공급내역을 기재하여 신고하는 서식이다.

　● 무신고시 수정신고·경정청구·경정기관의 확인을 거쳐 제출하는 경우 공제가능

### ② 의제매입세액 공제요건

　㉠ 사업자가 부가가치세의 면세를 받아 공급받는 농산물, 축산물, 수산물 또는 임산물(원생산물 본연의 성질이 변하지 않는 정도의 1차 가공을 거친 것을 포함).
　　면세농산물이라 하며 원재료로 하여 제조하는 경우에 한한다.

　㉡ 제조업, 음식업, 건설업(조경공사 등)등의 사업자가 이에 해당되며, 국내생신물과 수입품 모두 공제대상이다.

ⓒ 제출서류

의제매입세액의 공제를 받고자 하는 사업자는 예정, 확정신고시에 다음 서류를 첨부하여 관할 세무서장에게 제출하여야 한다.

- 매입처별계산서합계표
- 신용카드매출전표 또는 직불카드영수증
- 제조업을 영위하는 사업자가 농,어민으로부터 면세농산물 등을 직접 공급받는 경우에는 의제매입세액공제신고서와 관계 증빙서류

  단, 제조업 및 간이과세 음식업을 영위하는 사업자가 농·어민으로부터 면세농산물 등을 직접 공급받는 경우에는 「의제매입세액공제신고서」만 제출한다 → 영수증 등 증빙서류 제출 생략가능하다.

③ 입력방법

일반전표입력, 매입매출전표입력에서 해당 계정의 적요번호 6번(의제류매입탭 입력도 가능) "6.의제매입세액신고서 자동반영분" 입력된 자료가 자동반영 되며 수정 또는 추가입력도 가능하다.

- 공급자

  전표입력에서 입력된 거래처 자료가 자동으로 반영된다. 추가로 자료를 입력하는 경우에는 면세 재화공급자의 성명 또는 상호를 입력한다.

- 주소

  공급자의 주소를 입력한다. - 사업자인 경우 사업장 소재지

- 주민등록번호, 사업자등록번호

  공급자가 사업자인 경우 사업자등록번호를 입력하고 사업자가 아닌 경우는 주민등록 번호를 입력한다.

- 거래내역입력

  매입일자, 품명, 수량, 매입가격, 공제율 (2/102, 4/104, 6/106, 직접입력)을 선택하면 자동으로 의제매입세액이 계산된다. (매입 증빙에 따라 선택하여 입력한다.)

- 매입가격총액, 의제매입세액총계

  신고되는 매입가액 및 의제매입세액 총계가 자동 집계된다.

④ 회계처리법

의제매입세액의 공제가 이루어지면 공제된 매입세액은 원재료등의 매입가액에서 차감되어야 하는 것이다.

기본예제

02. 6001.(주)지성상사의 의제매입세액공제 대상이 되는 매입자료 내역이며, 당사는 요식업을 영위하는 법인이다. 자료에 의하여 당해연도 제1기 확정분 의제매입세액공제신고서를 작성하고, 의제매입세액공제에 대한 회계처리를 하시오. 예정매출액은 없으며, 확정시 매출액은 88,850,000원이며, 예정신고시 공제받은 것은 없다(의제매입세액공제 대상이 되는 거래는 다음 거래뿐이며, 모든 거래에 대한 계산서는 적정하게 수취하였다. 의제매입세액공제액은 6월 30일자로 회계처리할 것.)

| 매입일자 | 공급자 | 사업자등록번호 | 품명 | 수량(kg) | 매입가액(원) |
|---|---|---|---|---|---|
| 5.1 | 승범상사 | 119-81-29163 | 닭 | 100 | 810,900 |

해설

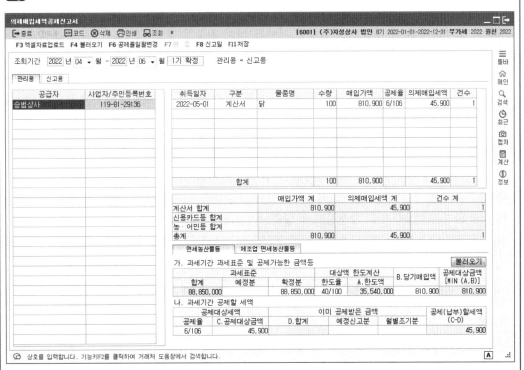

6월 30일 일반전표입력 : (차)부가세대급금 45,900    (대)원재료 45,900(적요: 8)

| 매입세액 | 세금계산서 수취분 | 일반매입 | 10 | 21,570,000 | | 1,757,000 | | | | | | | |
|---|---|---|---|---|---|---|---|---|---|---|---|---|---|
| | | 수출기업수입분부유예 | 10 | | | | | 정 누 락 분 | 신용카드매출 수령금액합계 | 일반매입 | | | |
| | | 고정자산매입 | 11 | | | | | | | 고정매입 | | | |
| | 예정신고누락분 | | 12 | | | | | | 의제매입세액 | | | | |
| | 매입자발행세금계산서 | | 13 | | | | | | 재활용폐자원등매입세액 | | | | |
| | 그 밖의 공제매입세액 | | 14 | 1,710,900 | | 135,900 | | | 과세사업전환매입세액 | | | | |
| | 합계(10)-(10-1)+(11)+(12)+(13)+(14) | | 15 | 23,280,900 | | 1,892,900 | | | 재고매입세액 | | | | |
| | 공제받지못할매입세액 | | 16 | 70,000 | | 7,000 | | | 변제대손세액 | | | | |
| | 차감계 (15-16) | | 17 | 23,210,900 | ㉯ | 1,885,900 | | | 외국인관광객에대한환급/ | | | | |
| 납부(환급)세액(매출세액㉮-매입세액㉯) | | | | | ㉰ | 2,644,100 | | | 합계 | | | | |
| 경감 공제 세액 | 그 밖의 경감·공제세액 | | 18 | | | | | 14. 그 밖의 공제매입세액 | | | | | |
| | 신용카드매출전표등 발행공제등 | | 19 | | | | | 신용카드매출 | | 일반매입 | 41 | 200,000 | | 20,000 |
| | 합계 | | 20 | | ㉱ | | | 수령금액합계표 | | 고정매입 | 42 | 700,000 | | 70,000 |
| 예정신고미환급세액 | | | 21 | | ㉲ | | | 의제매입세액 | | | 43 | 810,900 | 뒤쪽 | 45,900 |

## 5. 대손세액공제(변제)신고서

① 의의

사업자가 부가가치세가 과세되는 재화·용역을 공급하였으나, 공급받는 자의 파산 등으로 매출채권(부가가치세 포함)의 전부 또는 일부를 회수할 수 없는 경우에는 대금을 회수하지 못한 매출액에 대하여 부가가치세액만 납부하는 경우가 발생할 수 있다.

따라서 회수하지 못한 매출채권에 대한 세액을 이미 신고한 경우에는 그 대손이 확정된 날이 속하는 과세기간의 매출세액에서 이를 차감하여 신고할 수 있다.

또한, 변제받지 못할 매출채권으로 확정하여 대손세액공제를 하였으나 이후 대손금액의 전부 또는 일부를 회수한 경우에는 대손금액을 회수한 날이 속하는 과세기간의 매출세액에 가산하여 신고하여야 한다.

② 대손세액 공제 **(확정신고기간에 10년동안 공제를 받을 수 있다.)** 예정때는 안됩니다.

부가가치세는 상대방에게 판매시 징수하여 납부하는 제도이다. 그러나 대손이 확정되면 그 만큼 징수하지 못하는 부분이므로 매출세액에서 차감하도록 하는 것을 의미한다.

대손이 확정(변제)된 경우 확정신고시 매출·매입세액에 차가감하여 신고함

| 구 분 | 공 급 자 | 공 급 받 은 자 |
|---|---|---|
| 대손이 확정된 경우 | 대손세액을 매출세액에서 차감 | 대손세액을 매입세액에서 차감 |
| 대손금을 변제한 경우 | 대손세액을 매출세액에 가산 | 대손세액을 매입세액에 가산 |

③ 사용법

프로그램은 대손발생과 대손변제 두 화면으로 구성되어 있다.

㉠ 구분란

해당 기수(1기, 2기)를 선택하고 예정 및 확정을 선택한다.

㉠ 대손변제일 또는 확정일

대손발생인 경우는 대손 확정일을 입력하고, 대손변제인 경우는 변제일을 입력한다.

[대손확정일]

- 소멸시효가 완성된 외상매출금 및 미수금등(중소기업 외상매출금으로서 회수기일로부터 2년이 경과한 외상매출금 및 미수금- 다만, 특수관계인과의 거래는 제외)
- 「채무자 회생 및 파산에 관한 법률」에 의한 회생계획인가의 결정 또는 법원의 면책결정에 따라 회수불능으로 확정된 채권
- 채무자의 재산에 대한 경매가 취소된 압류채권
- 채무자의 파산, 강제집행, 형의 집행, 사업의 폐지, 사망, 실종, 행방불명으로 인하여 회수할 수 없는 채권
- 부도발생일부터 6월이상 경과한 수표 또는 어음상의 채권 및 외상매출금(중소기업의 외상매출금으로서 부도발생일이전의 것). 다만, 당해 법인이 채무자의 재산에 대하여 저당권을 설정하고 있는 경우 제외
- 회수기일을 6월이상 경과한 채권중 30만원 이하(채무자별 채권가액의 합계액을 기준)의 채권
- **회생계획인가결정에 따라 채권을 출자전환시**

④ 금 액

대손금액 또는 변제금액을 입력한다. 공급가액과 세액을 포함한 공급대가를 입력한다.

⑤ 공제율

금액을 입력하면 10/110이 세액으로 자동 계산된다.

⑥ 거래상대방 상호

거래 상대방 상호란은 규정 서식에서 공급받은자 또는 공급자의 인적사항을 기재하는 란이다. 커서가 본란에 위치하면 화면 가운데 아래와 같이 보조화면이 나타나며, 보조화면에 상호, 성명, 사업자등록번호(개인의 경우 주민등록번호), 소재지를 입력한다.

⑦ 대손변제 사유

본 란에 커서가 위치하면 대손사유를 선택하는 보조 BOX가 나타난다. 여기에 해당되는 사유에 커서를 위치시키고 Enter나 마우스로 클릭하여 선택한다.

**03. 6001.(주)지성상사의 다음 자료를 토대로 2022년 1기 부가가치세 확정신고시 대손세액공제신고서 및 부가가치세신고서를 작성하시오. 2022년 1기 확정신고시 대손세액공제 대상인지의 여부를 판단하여 신고서에 반영하시오.**

[자료]

1. 2021년 10월 10일 찬호전자에 제품 10,000,000원(부가가치세 별도)을 외상매출하고 동사발행 어음을 수령하였다. 동 어음이 2022년 1월 30일 부도발생 하였다.

2. 2019년 6월 10일 현진상사에 공장에서 사용하던 기계장치를 5,000,000원(부가가치세 별도)에 외상으로 매각하였다. 현진상사는 2022년 3월 20일 현재 대표자가 실종되어 기계장치 판매대금을 회수할 수 없음이 객관적으로 입증되었다. 기계장치에는 저당권 등이 설정되어 있지 아니하다.

3. 2020년 3월 24일 승협상회에 제품 1,000,000원(부가가치세 별도)을 외상으로 판매하였다. 외상매출금의 소멸시효는 2022년 3월 24일 완성되었다.

4. 2022년 3월 3일에 2019년 4월5일에 부도로 대손처리 하였던 (주)한신상사의 220,000원의 매출채권을 당해연도에 회수하였다.

해설

[4-6월 대손세액공제신고서]

찬호전자의 부도어음은 6개월이 미경과되어 공제받지 못하고, 회수의 경우 당초 대손확정일을 입력

[4-6월 부가가치세 신고서 반영]

| | 구분 | | 정기신고금액 | | | | 구분 | | 금액 | 세율 | 세액 |
|---|---|---|---|---|---|---|---|---|---|---|---|
| | | | 금액 | 세율 | 세액 | 7.매출(예정신고누락분) | | | | | |
| 과세표준및매출세액 | 과세 | 세금계산서발급분 1 | 50,000,000 | 10/100 | 5,000,000 | 예정누락분 | 과세 | 세금계산서 31 | | 10/100 | |
| | | 매입자발행세금계산서 2 | | 10/100 | | | | 기타 32 | | 10/100 | |
| | | 신용카드·현금영수증발행분 3 | 900,000 | 10/100 | 90,000 | | 영세 | 세금계산서 33 | | 0/100 | |
| | | 기타(정규영수증외매출분) 4 | 200,000 | | 20,000 | | | 기타 34 | | 0/100 | |
| | 영세 | 세금계산서발급분 5 | 15,000,000 | 0/100 | | | | 합계 35 | | | |
| | | 기타 6 | 22,750,000 | 0/100 | | 12.매입(예정신고누락분) | | | | | |
| | 예정신고누락분 7 | | | | | 예 | | 세금계산서 36 | | | |
| | 대손세액가감 8 | | | | -580,000 | | | 기타공제매입세액 37 | | | |
| | 합계 9 | | 88,850,000 | ㉕ | 4,530,000 | | | 합계 38 | | | |

[회계처리]

(차)부가세예수금 580,000    (대)외상매출금(또는 받을어음) 580,000

# 6. 재활용폐자원세액공제신고서

## ① 의의

재활용폐자원 및 중고품을 수집하는 사업자(일반과세자)가 국가·지방자치단체 또는 개인 등 사업자가 아닌 자와 간이과세자 및 면세사업자로부터 재활용폐자원 및 중고품을 2011.12.31.까지 취득하여 제조 또는 가공하거나 이를 공급하는 경우 일정금액을 매입세액으로 공제할 수 있다.

　㉠ 공제율

　　• 재활용폐자원 : 취득가액 × **3/103**

　　• 중고자동차 : 취득가액 × **10/110**

　㉡ 공제시기

　　• 재활용폐자원을 취득한 날이 속하는 과세기간의 부가가치세 신고시 공제

## ② 재활용폐자원등 범위

재활용폐자원 및 중고품 수집하는 사업자가 부가가치세 일반과세자가 아닌자 즉, 세금계산서를 교부할 수 없는 자로부터 수집하는 경우에만 적용된다.

## ③ 사용법

일반전표 입력에서 해당 계정의 적요번호 7.재활용 폐자원 매입세액으로 입력된 자료가 자동 반영되며 수정과 추가 입력도 가능하다.

거래처 코드가 꼭 선택 입력되어 있어야 부속서류에 자동 반영된다.

　㉠ 146 - 상품

　㉡ 153 - 원재료

　㉢ 162 - 부재료

ⓛ 관리용, 신고용

　작성은 먼저 관리용으로 선택한 후, 신고시 신고용으로 출력하여 신고한다.

ⓜ 구 분

　신고 기수인 1기와 2기로 구분하고 1.예정 및 2.확정으로 선택한다.

ⓗ 신고내용

- [새로불러오기]를 누르면 일반전표와 매입매출전표 입력분이 [1.영수증] [2.계산서]로 자동으로 불러온다.

- 직접 입력도 가능하다.

- 하단의 입력이 상단의 영수증과 계산서 부분으로 자동 집계 표시되어 준다.

- [신고용]으로 클릭하면 영수증 발행분만 표시 되며 출력할 수 있다.

- 재활용폐자원 매입세액을 공제받는 경우 확정신고 시 해당 과세기간의 재활용폐자원과 관련한 부가가치세 과세표준에 80/100(중고자동차는 한도 없음)을 곱하여 계산한 금액에서 세금계산서를 교부받고 매입한 재활용폐자원 매입가액(사업용 고정자산 매입가액을 제외)을 차감한 금액을 한도로 하여 계산한 매입세액을 공제함. 이 경우 예정신고 및 조기환급신고 시 이미 재활용폐자원 매입세액공제를 받은 금액이 있는 경우에는 확정신고 시 정산한다.

**기본예제**

04. 6001.(주)지성상사는 폐자원을 수집하여 판매하고 있다. 당해과세기간내 매입액은 다음과 같다.
1기 예정매출액은 200,000, 1기확정매출액은 88,190,000원이고, 예정공제액은 40,000원이다.

| 일자 | 품명 | 건수 | 수량 | 취득가액 | 공급자 | 주민번호 | 증빙 |
|---|---|---|---|---|---|---|---|
| 04월22일 | 고철 | 2건 | 100 | 2,450,000 | 정끝순 | 541010-2211118 | 영수증 |
| 05월01일 | 폐지 | 1건 | 80 | 650,000 | 박이례 | 641105-2458219 | 영수증 |

**해설**

[입력후 화면]

| | (24)공급자 성명 또는 거래처 상호(기관명) | 주민등록번호또는 사업자등록번호 | 구분 | (25)건수 | (26)품명 | (27)수량 | (28)차량번호 | (29)차대번호 | (30)취득금액 | (31)공제율 | (32)공제액 ((30)×(31)) |
|---|---|---|---|---|---|---|---|---|---|---|---|
| 1 | 정끝순 | 541010-2211118 | 1.영수증 | 1 | 고철 | 2 | | | 2,450,000 | 3/103 | 71,359 |
| 2 | 박이례 | 641105-2458219 | 1.영수증 | 1 | 폐지 | 1 | | | 650,000 | 3/103 | 18,932 |
| 3 | | | | | | | | | | | |
| | | | | | | | | | | | |
| | | | | | | | | | | | |
| | | | | | | | | | | | |
| | | | | | | | | | | | |
| | 영수증수취분 | | 2 | 2 | | | | | 3,100,000 | | 90,291 |
| | 계산서수취분 | | | | | | | | | | |
| | 합계 | | 2 | 2 | | | | | 3,100,000 | | 90,291 |

재활용폐자원 매입세액공제 관련 신고내용(이 란은 확정신고시 작성하며, 중고자동차(9/109)의 경우에는 작성하지 않습니다.) [불러오기]

| 매출액 | | | 대상액한도계산 | | 당기매입액 | | | (16)공제가능한 |
|---|---|---|---|---|---|---|---|---|
| (8)합계 | (9)예정분 | (10)확정분 | (11)한도율 | (12)한도액 | (13)합계 | (14)세금계산서 | (15)영수증 등 | 금액(=(12)-(14)) |
| 89,190,000 | 200,000 | 88,990,000 | 80% | 71,352,000 | 3,100,000 | | 3,100,000 | 71,352,000 |

| (17)공제대상금액(=(15)과 (16)의 금액중 적은 금액) | 공제대상세액 | | 이미 공제받은 세액 | | | (23)공제(납부)할세액 (=(19)-(20)) | {참고}9/109 공제액합계 |
|---|---|---|---|---|---|---|---|
| | (18)공제율 | (19)공제대상세액 | (20)합계 | (21)예정신고분 | (22)월별조기분 | | |
| 3,100,000 | 3/103 | 90,291 | 40,000 | 40,000 | | 50,291 | |

# 7. 건물등 감가상각취득명세서

## ① 의의

건물등 감가상각취득명세서는 사업설비를 신설·취득·확장 또는 증축하는 경우 그 감가상각 의제기간이 건물·구축물은 10년, 기계장치 등은 2년으로 이를 사후관리하기 위한 목적과 조기 환급시 부가가치세 신고서와 첨부서류로 제출하는 서식이다.

## ② 사용법

제출기간을 선택한 후 [새로불러오기, **F4 key**]로 매입매출 전표입력의 고정자산 회계처리 부 분을 조회하여 작성한다.

해당 계정과목을 보면 다음과 같다.
- 유형자산코드 : **202.**건　물~**230.**회사설정계정과목
- 무형자산코드 : **231.**영업권~**250.**회사설정계정과목

**[5월 12일 비품매입시 매입매출전표입력화면]**

| □ | 일 | 번호 | 유형 | 품목 | 수량 | 단가 | 공급가액 | 부가세 | 코드 | 공급처명 | 사업자주민번호 | 전자 | 분개 |
|---|---|---|---|---|---|---|---|---|---|---|---|---|---|
| □ | 12 | 50001 | 현과 | | | | 700,000 | 70,000 | 00156 | (주)한성유통 | 208-81-62797 | | 현금 |
| □ | 12 | | | | | | | | | | | | |
| □ | | | | | | | | | | | | | |
| □ | | | | | | | | | | | | | |
| □ | | | | | | | | | | | | | |
| □ | | | | | | | | | | | | | |
| □ | | | | | | | | | | | | | |
| □ | | | | | | | | | | | | | |
| □ | | | | | | | | | | | | | |
| □ | | | | | | | | | | | | | |
| □ | | | | | | | | | | | | | |
| | | | 유형별-공급처별 [ 1 ]건 | | | | 700,000 | 70,000 | | | | | |

신용카드사: [□.]      봉사료: [    ]

| 구분 | 계정과목 | 적요 | 거래처 | 차변(출금) | 대변(입금) | |
|---|---|---|---|---|---|---|
| 출금 | 0135 부가세대급금 | | 00156 (주)한성유 | 70,000 | (현금) | (세금)계산서 현재라인인쇄 |
| 출금 | 0212 비품 | | 00156 (주)한성유 | 700,000 | (현금) | 거래명세서 현재라인인쇄 |
| | | | | | | 전 표 현재라인인쇄 |
| | | | 합 계 | 770,000 | 770,000 | |

건물, 차량운반구, 비품등 감가상각자산이 취득되었을 경우에 건물등감가상각자산취득명세서에 반영된다.

**[4−6월 건물등감가상각자산 취득명세서 조회화면]**

**⊏➡ 취득내역**

| 감가상각자산종류 | 건수 | 공급가액 | 세 액 | 비 고 |
|---|---|---|---|---|
| 합 계 | 1 | 700,000 | 70,000 | |
| 건물 · 구축물 | | | | |
| 기 계 장 치 | | | | |
| 차 량 운 반 구 | | | | |
| 기타감가상각자산 | 1 | 700,000 | 70,000 | |

**거래처별 감가상각자산 취득명세**

| | 월/일 | 상호 | 사업자등록번호 | 자산구분 | 공급가액 | 세액 | 건수 |
|---|---|---|---|---|---|---|---|
| 1 | 05-12 | (주)한성유통 | 208-81-62797 | 기타 | 700,000 | 70,000 | 1 |
| 2 | | | | | | | |
| | | | | | | | |
| | | | | | | | |
| | | | | | | | |
| | | | | | | | |
| | | | | | | | |
| | | | | | | | |
| | | | | | | | |
| | | | | | | | |
| | | | | | | | |
| | | | 합 계 | | 700,000 | 70,000 | 1 |

## 8. 영세율첨부서류제출명세서

영세율첨부서류 제출명세서는 개별소비세 신고시 수출면세의 적용을 받기 위하여 수출신고필증, 우체국장이 발행한 소포수령증 등을 개별소비세 과세표준 신고서와 함께 이미 제출한 사업자가 부가가치세 신고시에 당해 서류를 별도로 제출하지 아니하고자 하는 경우 또는 영세율 첨부서류를 전산테이프 또는 디스켓으로 제출하고자 하는 사업자의 경우에 작성하는 서류이다.

① **구 분** : 신고 기수를 입력한다.

② **서류명** : 개별소비세 신고를 할 때 이미 제출한 서류의 명칭을 기재한다.

③ **발급자** : 해당 발급기간을 입력한다.

④ **발급일자** : 해당 서류의 발급일자를 입력한다.

⑤ **선적일자** : 물품(수출재화)을 실질적으로 선적한 일자를 입력한다.

⑥ **통화코드**

물품대금(수출대금)을 결재 받기로 한 외국통화 코드를 영문자 3자로 입력한다. 커서가 통화코드란에 위치할 때 F2 key로 국가별 통화 코드를 도움 받아 입력한다.

⑦ **환 율**

수출재화 선적 일자와 외국환 거래 시점에 의한 기준 환율이나 재정 환율을 입력한다.

⑧ **당기제출금액**

• **외화** : 특별 소비세를 신고를 할 때에 제출한 것을 기재하고 지급 받기로 한 전체 수출 금액으로 수출신고필증상의 금액을 뜻하며, 소수점 2자리까지 기재한다.

• **원화** : 수출 대금을 환산한 금액을 기재한다.

⑨ **당기신고 해당분** : 부가가치세 영세율 신고와 관련된 것을 기재한다.

⑩ **기타** : 거래기간 및 제출사유

전자 신고시는 제출 사유를 반드시 입력하도록 되어있다.

05. 6001.(주)지성상사는 다음 신한은행의 구매확인서(02월 01일 발급)에 의해 영세율을 적용받고 미국에 수출하는 재화에 대한 영세율첨부서류제출명세서를 작성하시오. 선적일은 03월 01일이며, 외화금액은 10,000$이고, 선적시환율은 1,100원이다.

해설

[1-3월 영세율첨부서류명세서 입력후 화면]

## 9. 수출실적명세서 및 영세율매출명세서

이 명세서는 외국으로 재화를 직접 반출(수출)하여 영세율을 적용 받는 사업자가 작성하며, 기업의 직수출의 근거서류로서 수출신고 번호가 필수로 기록되어야 하는 것이며 전산 디스켓이나 전자신고로 신고할 경우는 서류를 별도로 제출하지 않아도 된다.

① **수출실적명세서 작성**

- 거래기간 : 신고대상기간을 기재한다.
- 작성일자 : 수출실적명세서 작성일자를 기재한다.
- 합계 : 부가가치세 영세율이 적용되는 재화 또는 용역의 공급으로 세금계산서 교부대상이 아닌 영세율 적용분에 대한 총건수, 외화금액 합계, 원화금액 합계[부가가치세 신고서 2쪽 영세율 기타분(과세표준)]를 기재한다.
- 수출재화 : 관세청에 수출신고 후 외국으로 직접 반출(수출)하는 재화의 총건수, 외화금액 합계, 원화금액 합계를 기재하며, 1번부터 마지막 번호까지를 모두 합계한 건수, 외화금액, 원화금액과 일치하여야 한다.
- 기타영세율적용 : 관세청에 수출신고 후 외국으로 직접 반출(수출)하는 재화 이외의 영세율 적용분(국외제공용역 등)으로 세금계산서를 교부하지 아니하는 분의 총건수, 외화금액 합계, 원화금액 합계를 기재한다.(※ 첨부서류는 별도제출)
- 일련번호 : 수출 건별로 1번부터 부여하여 마지막 번호까지 순서대로 기재한다.
- 수출신고번호 : 수출신고서의 신고번호를 기재한다.
- 선(기)적일자 : 수출재화(물품)을 실질적으로 선(기)적한 일자를 기재한다.
- 통화코드 : 수출대금을 결제 받기로 한 외국통화의 코드를 영문자 3자로 기재한다. (미국달러로 결제 받는 경우 USD라 기재한다.)
- 환율 : 수출재화의 선(기)적 일자에 해당하는 외국환거래법에 의한 기준환율 또는 재정환율을 기재한다.
- 외화 : 수출물품의 인도조건에 따라 지급 받기로 한 전체 수출금액으로 수출신고서의 금액이며 소수점 미만 2자리까지 기재한다.
- 원화 : 환율로 곱한 환산금액 또는 선(기)적일 전에 수출대금 (수출선수금, 사전송금방식수출 등)을 원화로 환가한 경우에는 그 금액을 원단위 미만은 절사하고 기재한다.

② **영세율매출명세서 작성**

직접수출(대행수출 포함), 중계무역·위탁판매·외국인도 또는 위탁가공무역 방식의 수출, 내국신용장·구매확인서에 의하여 공급하는 재화, 수탁가공무역 수출용으로 공급하는 재화등부가가치세 신고서의 과세표준 및 매출세액의 영세율 금액란에 기재한 금액을 기준으로 각각의 영세율 규정에 따른 세부내역을 구분하여 기재한다. 부가가치세법, 조세특례제한법 및 그 밖의 법률에 따른 영세율 적용 공급실적을 기준으로 금액을 기재한다.

06. 6001.(주)지성상사의 신수사에 대한 제품외상거래에 대한 수출신고필증을 보고 수출실적명세서를 작성하시오. 선하증권상의 선적일자는 1월25일이다. 선적시 기준환율은 1,000원이다.

| 제출번호 99999-99-9999999 | | ⑤신고번호 | | ⑥신고일자 | ⑦신고구분 | ⑧C/S구분 |
|---|---|---|---|---|---|---|
| ①신 고 자 강남 관세사 | | 020-15-06-0138408-6 | | 2022201/20 | H | |
| ②수 출 자 지성상사 부호 99999999 수출자 구분 (B) | | ⑨거래구분 11 | | ⑩종류 A | | ⑪결제방법 TT |
| 위 탁 자 (주소) | | ⑫목적국 JP JAPAN | | | ⑬적재항 ICN 인천공항 | |
| (대표자) (통관고유부호) 지성상사 1-97-1-01-9 (사업자등록번호) 105-81-50105 | | ⑭운송형태 40 ETC | | | ⑮검사방법선택 A 검사희망일 2022/01/20 | |
| | | ⑯물품소재지 | | | | |
| ③제 조 자 (통관고유부호) 제조장소 산업단지부호 | | ⑰L/C번호 | | | ⑱물품상태 | |
| | | ⑲사전임시개청통보여부 | | | ⑳반송 사유 | |
| ④구 매 자 신수사 (구매자부호) | | ㉑환급신청인(1:수출/위탁자, 2:제조자) 간이환급 | | | | |
| | | ㉒환급기관 | | | | |
| · 품명 · 규격 (란번호/총란수: 999/999) | | | | | | |
| ㉓품 명 ㉔거래품명 | | | ㉕상표명 | | | |
| ㉖모델 · 규격 | | | ㉗성분 | ㉘수량 | ㉙단가(USD) | ㉚금액(USD) |
| | | | | 1(EA) | 10,000 | 10,000 |
| ㉛세번부호 | 9999.99-9999 | ㉜순중량 | | ㉝수량 | ㉞신고가격(FOB) | $ 10,000 ₩10,000,000 |
| ㉟송품장부호 | | ㊱수입신고번호 | | ㊲원산지 | ㊳포장갯수(종류) | |
| ㊴총중량 | | ㊵총포장갯수 | | ㊶총신고가격 (FOB) | | $ 10,000 ₩10,000,000 |
| ㊷운임(₩) | | ㊸보 험 료 (₩) | | | ㊹결제금액 | FOB - $ 10,000 |
| ㊺수입화물 관리번호 | | | | ㊻컨테이너번호 | | |
| ㊼수출요건확인 (발급서류명) | | | | | | |
| ※신고인기재란 | | | ㊽세관기재란 | | | |
| ㊾운송(신고)인 ㊿기간 YYYY/MM/DD 부터 YYYY/MM/DD 까지 | | | 51신고 수리일자 | 2022/01/20 | 52적재 의무기한 | 2022/02/20 |

## [1월 25일 매입매출전표입력]

| □ | 일 | 번호 | 유형 | 품목 | 수량 | 단가 | 공급가액 | 부가세 | 코드 | 공급처명 | 사업자주민번호 | 전자 | 분개 |
|---|---|---|---|---|---|---|---|---|---|---|---|---|---|
| □ | 25 | 50001 | 수출 | | | | 10,000,000 | | 00107 | 신수사 | 106-29-99836 | | 외상 |
| □ | 25 | | | | | | | | | | | | |
| □ | | | | | | | | | | | | | |
| □ | | | | | | | | | | | | | |
| □ | | | | | | | | | | | | | |
| □ | | | | | | | | | | | | | |
| □ | | | | | | | | | | | | | |
| □ | | | | | | | | | | | | | |
| □ | | | | | | | | | | | | | |
| □ | | | | | | | | | | | | | |
| □ | | | | | | | | | | | | | |
| □ | | | | | | | | | | | | | |
| | | | 공급처별 매출(입)전체 [ 1 ]건 | | | | 10,000,000 | 0 | | | | | |

영세율구분  1  💬 직접수출(대행수출 포함)

| 구분 | 계정과목 | 적요 | 거래처 | 차변(출금) | 대변(입금) | |
|---|---|---|---|---|---|---|
| 차변 | 0108 외상매출금 | | 00107 신수사 | 10,000,000 | | (세금)계산서<br>현재라인인쇄 |
| 대변 | 0404 제품매출 | | 00107 신수사 | | 10,000,000 | 거래명세서<br>현재라인인쇄 |
| | | | | | | 전 표<br>현재라인인쇄 |
| | | | 합 계 | 10,000,000 | 10,000,000 | |

## [1-3월 수출실적명세서 입력화면]

수출실적명세서   _ □ ⊡

⤷종료  🔢코드 ⊗삭제 🖨인쇄 🔍조회 ⋮   [6001] (주)지성상사 법인 8기 2022-01-01~2022-12-31 부가세 2022 원천 2022

F3 입력기간설정  CF4적요설정  F4 전표처리  SF4전표불러오기  F6 엑셀작업  F7 마감  F8 신고일  F11저장

조회기간 : 2022 년 01 ▼ 월 ~ 2022 년 03 ▼ 월  구분 : 1기 예정   과세기간별입력

| 구분 | 건수 | 외화금액 | 원화금액 | 비고 |
|---|---|---|---|---|
| ⑨합계 | 1 | 10,000.00 | 10,000,000 | |
| ⑩수출재화[=⑨합계] | 1 | 10,000.00 | 10,000,000 | |
| ⑪기타영세율적용 | | | | |

| No | □ | (13)수출신고번호 | (14)선(기)<br>적일자 | (15)<br>통화코드 | (16)환율 | 금액 | | 전표정보 | |
|---|---|---|---|---|---|---|---|---|---|
| | | | | | | (17)외화 | (18)원화 | 거래처코드 | 거래처명 |
| 1 | □ | 020-15-06-0138408-6 | 2022-01-25 | USD | 1,000.0000 | 10,000.00 | 10,000,000 | 00107 | 신수사 |
| 2 | □ | | | | | | | | |
| | □ | | | | | | | | |
| | □ | | | | | | | | |
| | □ | | | | | | | | |
| | □ | | | | | | | | |
| | □ | | | | | | | | |
| | □ | | | | | | | | |
| | □ | | | | | | | | |
| | □ | | | | | | | | |
| | □ | | | | | | | | |
| | □ | | | | | | | | |
| | □ | | | | | | | | |
| | □ | | | | | | | | |
| | | 합계 | | | | 10,000 | 10,000,000 | | |

Ⓖ 수출신고번호를 입력하세요. (하이픈(-)은 제외하고 입력하세요)

[1~3월 영세율매출명세서 입력화면]

| (7)구분 | (8)조문 | (9)내용 | (10)금액(원) |
|---|---|---|---|
| 부가가치세법 | 조세특례제한법 | | |
| 부 가 가 치 세 법 | 제21조 | 직접수출(대행수출 포함) | 10,000,000 |
| | | 중계무역·위탁판매·외국인도 또는 위탁가공무역 방식의 수출 | |
| | | 내국신용장·구매확인서에 의하여 공급하는 재화 | |
| | | 한국국제협력단 및 한국국제보건의료재단에 공급하는 해외반출용 재화 | |
| | | 수탁가공무역 수출용으로 공급하는 재화 | |
| | 제22조 | 국외에서 제공하는 용역 | |
| | 제23조 | 선박·항공기에 의한 외국항행용역 | |
| | | 국제복합운송계약에 의한 외국항행용역 | |
| | 제24조 | 국내에서 비거주자·외국법인에게 공급되는 재화 또는 용역 | |
| | | 수출재화임가공용역 | |
| | | 외국항행 선박·항공기 등에 공급하는 재화 또는 용역 | |
| | | 국내 주재 외교공관, 영사기관, 국제연합과 이에 준하는 국제기구, 국제연합군 또는 미국군에게 공급하는 재화 또는 용역 | |
| | | 「관광진흥법」에 따른 일반여행업자 또는 외국인전용 관광기념품 판매업자가 외국인관광객에게 공급하는 관광알선용역 또는 관광기념품 | |
| | | 외국인전용판매장 또는 주한외국군인 등의 전용 유흥음식점에서 공급하는 재화 또는 용역 | |
| | | 외교관 등에게 공급하는 재화 또는 용역 | |
| | | 외국인환자 유치용역 | |
| (11) 부가가치세법에 따른 영세율 적용 공급실적 합계 | | | 10,000,000 |
| (12) 조세특례제한법 및 그 밖의 법률에 따른 영세율 적용 공급실적 합계 | | | |
| (13) 영세율 적용 공급실적 총 합계(11)+(12) | | | 10,000,000 |

## 10. 매입세액공제내역 및 계산근거

사업자가 자기의 사업을 위하여 사용되었거나 사용될 재화 또는 용역의 공급 및 재화의 수입에 대한 매입세액은 매출세액에서 공제되지만, 법에서 정하는 경우에는 거래징수당한 사실이 세금계산서등에 의하여 입증된다하더라도 그 매입세액은 자기의 매출세액에서 공제받지 못한다.

### (1) 입력방법

#### ① 필요적 기재사항 누락

매입세금계산서를 수취하였으나 기재사항이 누락되어 있는 경우를 의미하며, 필요적 기재 사항이 누락된 매입세금계산서의 매수와 공급가액, 세액을 입력한다. 필요적 기재사항은 다음과 같다.

- 공급자의 등록번호와 성명 또는 상호
- 공급받는자의 등록번호
- 공급가액과 부가가치세액
- 작성연월일

#### ② 사업과 관련 없는 지출

- 업무와 관련 없는 자산을 취득, 관리함으로써 발생되는 유지, 수선비
- 골프회원권, 콘도회원권의 취득

- 비업무용 부동산 및 서화, 골동품 취득과 관련된 매입세금계산서의 매수, 공급가액, 세액을 입력한다.

③ **개별소비세 과세대상(=비영업용 소형승용차 구입 및 유지)**
- 일반승용차(8인승 이하) : 배기량 1,000cc이하로 길이 3.6cm 폭 1.6m 이하인 경차 제외
- 지프형 승용차
- 소형승용차의 구입 및 그 유지에 관련된 매입세금계산서의 매수, 공급가액, 세액을 입력한다.
- 캠프용 자종차의 공급가액, 세액을 입력한다.

④ **접대비 및 이와 유사한 비용 관련**
접대 성격으로 기재된 매입세금계산서의 공급가액과 세액을 입력한다.

⑤ **면세사업과 관련된 분**
- 면세사업에 사용되는 재화나 용역을 공급받은 경우
- 토지 취득과 관련된 매입세금계산서의 매수, 공급가액, 세액을 입력한다.

⑥ **토지의 자본적 지출관련**
신축 건물을 위해 구 건물 철거비 등

⑦ **등록전 매입세액**
사업자등록 신청일을 기준으로 하여 사업자 등록 전에 수취한 매입세금계산서의 매수, 공급가액, 세액을 입력한다.

⑧ **대손처분 받은 세액**
공급받는자가 폐업되기 전 대손이 확정된 경우 대손세액상당액을 대손이 확정되는 날이 속하는 과세기간의 매입세액에서 차감하며 이때의 공급가액, 세액을 입력한다.

⑨ **납부(환급)세액 재계산분**
과세와 면세사업에 공통으로 사용되는 고정자산을 취득하고 이에 대하여 공통매입세액을 안분하여 매입세액으로 공제받은 후에 면세비율이 증감하는 경우에 재계산되는 납부(환급)세액을 입력한다.

⑩ **공통매입세액 안분계산서 분**
과세사업과 면세사업의 겸업 사업자로 공급받는 재화 또는 용역의 귀속이 불분명한 경우 안분계산을 해야 하며 안분 계산된 금액 중 면세 해당분의 매수, 공급가액, 세액을 입력한다.
- 공통 매입세액 안분계산은 다시 공통 매입세액 안분계산과 공통 매입세액의 정산으로 나누어진다.
- 예정신고 기간에는 예정신고 기간분으로 [공통매입세액의 안분계산]을 선택하여 안분계산하고 확정 신고시 [공통매입세액의 정산]을 선택하여 정산한다.

**기본예제**

07. 6001.(주)지성상사의 다음 자료는 과세사업과 면세사업을 겸영하는 2020년 제 1기 예정신고기간의 거래내용이다. 아래의 거래내역을 보고 제 1기 예정신고기간의 공제받지 못할 매입세액명세서를 작성하시오.

모든 거래는 세금계산서 수취거래로서 부가가치세별도의 금액임.
1. 한성전자에 휴대폰을 10대(단가 : 400,000원) 구입하여 전량 거래처에 무상으로 제공하다.

2. 대표자의 업무용승용차(1,600cc)의 고장으로 인해 이의 수리비 100,000원을 오토자동차에 지출함

3. 면세사업에만 사용할 목적으로 난방기를 온방산업에서 250,000원에 구입하고 당기 소모품비로 처리함.

4. 기린상사로부터의 상품매입액 2,000,000원 세금계산서합계표상의 공급받는자의 등록번호가 착오로 일부 오류기재됨(세금계산서는 정확히 기재됨)

5. 과세사업과 면세사업을 겸영하고 있는 사업자로서 2기 예정 부가가치세 신고시 공통매입세액을 안분계산하고자 한다. 기존의 입력된 자료는 무시하고 1기 예정분 자료가 다음과 같다고 가정하여 부가가치세 신고부속서류 중 매입세액불공제내역(공통매입세액의 안분계산 서식 포함)을 작성하시오. 1기 예정신고시 주어진 자료 이외에 매입세액 불공제내역은 없다고 가정한다.
  • 과세매입가액 : 1,500,000,000원, 면세매입가액 : 500,000,000원
  • 과세공급가액 : 3,000,000,000원, 면세공급가액 : 1,000,000,000원
  • 과세사업예정사용면적 : 600㎡, 면세사업예정사용면적 : 200㎡
  • 공통매입가액 : 250,000,000원, 공통매입세액 : 25,000,000원, 매수 : 17매

**해설**

[1-3월 1기예정신고 공제받지못할매입세액명세서 입력화면]

| 공제받지못할매입세액내역 | 공통매입세액안분계산내역 | | 공통매입세액의정산내역 | 납부세액또는환급세액재계산 |
|---|---|---|---|---|
| **매입세액 불공제 사유** | | 세금계산서 | | |
| | 매수 | 공급가액 | 매입세액 | |
| ①필요적 기재사항 누락 등 | | | | |
| ②사업과 직접 관련 없는 지출 | | | | |
| ③비영업용 소형승용자동차 구입·유지 및 임차 | 1 | 100,000 | 10,000 | |
| ④접대비 및 이와 유사한 비용 관련 | 1 | 4,000,000 | 400,000 | |
| ⑤면세사업등 관련 | 1 | 250,000 | 25,000 | |
| ⑥토지의 자본적 지출 관련 | | | | |
| ⑦사업자등록 전 매입세액 | | | | |
| ⑧금거래계좌 미사용 관련 매입세액 | | | | |
| 합계 | 3 | 4,350,000 | 435,000 | |

\* 착오기재인 경우에는 매입세액불공제 대상에서 제외됨.

1-3월 1기예정신고 공제받지못할매입세액명세서 조회화면

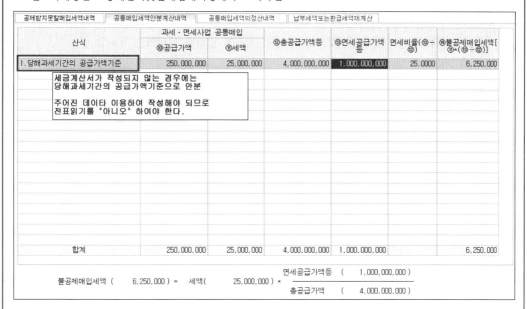

[1-3월 1기예정신고 부가가치세 신고서 반영화면]

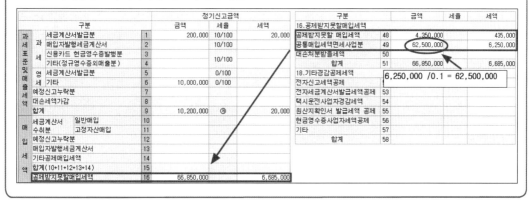

08. 6001.(주)지성상사의 다음의 자료를 이용하여 1기 확정신고기간에 공제받지못할매입세액명세서 중 [공통매입세액의정산내역] 탭을 작성하시오.(단, 기존에 입력된 데이터는 무시할 것.)

· 당사는 과세 및 면세사업을 영위하는 겸영사업자이고, 아래 제시된 자료만 있는 것으로 가정한다.

· 1기 예정신고시 반영된 공통매입세액 불공제분은 3,750,000원이며, 예정신고는 적법하게 신고되었다.

· 1기 과세기간에 대한 공급가액은 다음과 같으며, 공통매입세액 안분계산은 공급가액기준으로 한다.

| 구분 | | 1기 예정신고기간(1월~3월) | | 1기 확정신고기간(4월~6월) | |
|---|---|---|---|---|---|
| | | 공급가액 | 부가가치세 | 공급가액 | 부가가치세 |
| 공통매입세액 | | 100,000,000원 | 10,000,000원 | 80,000,000원 | 8,000,000원 |
| 매출 | 과세 | 250,000,000원 | 25,000,000원 | 200,000,000원 | 20,000,000원 |
| | 면세 | 150,000,000원 | – | 150,000,000원 | – |

해설

[입력화면]

| 공제받지못할매입세액내역 | 공통매입세액안분계산내역 | 공통매입세액의정산내역 | 납부세액또는환급세액재계산 |

| 산식 | 구분 | (15)총공통매입세액 | (16)면세 사업확정 비율 | | | (17)불공제매입세액총액((15)*(16)) | (18)기불공제매입세액 | (19)가산또는공제되는매입세액((17)-(18)) |
|---|---|---|---|---|---|---|---|---|
| | | | 총공급가액 | 면세공급가액 | 면세비율 | | | |
| 1.당해과세기간의 공급가액기준 | | 18,000,000 | 750,000,000.00 | 300,000,000.00 | 40.000000 | 7,200,000 | 3,750,000 | 3,450,000 |

## 11. 신용카드매출전표등수령금액합계표

일반과세자로부터 재화나 용역을 공급받고 부가가치세액이 별도로 구분 가능한 신용카드 매출전표 등을 교부받은 경우 동 부가가치세액은 매입세액으로 공제한다.

① 일반과세자

일반과세자는 세금계산서를 교부할 수 없는 아래 사업을 영위하는 사업자를 제외한 모든 일반과세 사업자를 말한다.
- 목욕·이발·미용업
- 여객 운송업(전세버스 제외)
- 입장권 발행 사업자

② 공제요건

「신용카드매출전표 등 수취명세서」를 제출하고
- 신용카드매출전표등을 5년간 보관할 것(아래의 경우 매출전표 등을 보관한 것으로 봄)
- 신용카드 등의 월별 이용대금명세서를 보관
- 신용카드 등의 거래정보를 전송받아 **ERP**(전사적 자원관리시스템)에 보관

③ 공제대상 신용카드매출전표 등

사업과 관련하여 매입한 금액에 대하여 신용카드 등으로 결제한 경우 세금계산서의 수취없이 신용카드매출전표 등에 의하여 매입세액으로 공제한다.
- 신용카드매출전표(결제대행업체 통한 거래 포함), 직불카드영수증, 선불카드(실지명의가 확인되는 것), 현금영수증
- 현금영수증을 소득공제용으로 수취한 경우 현금영수증 발급일로부터 **18**개월 이내의 거래분에 대하여는 지출증빙용으로 정정 가능하며, 사업자 본인·가족 및 종업원 명의 신용 카드 사용분 공제가능하다.

④ 매입세액 불공제 대상 신용카드매출전표 등

판매용 상품, 제조용 원재료 등 구입시 세금계산서의 수취없이 신용카드매출전표 등을 수취한 경우에는 매입세액을 공제하지 아니한다.
- 비영업용 소형승용차 관련 매입세액(유대 등)·접대비 관련 매입세액·사업과 관련없는 매입세액(가사용 매입 등)을 신용카드매출전표 등으로 수취한 경우
- 간이과세자·면세사업자로부터 신용카드매출전표 등을 수취한 경우
- 타인(종업원 및 가족 제외) 명의 신용카드를 사용한 경우
- 외국에서 발행된 신용카드

09. 6001.(주)지성상사의 2022년 10월부터 12월까지의 기간동안 재화나 용역을 공급받고 신용카드 매출전표를 수취한 내용이다. 신용카드매출전표수취명세서(법인카드회원번호는 1234-5689-5114 -8512로 동일하게 사용한 것으로 본다)를 작성하고, 관련 금액을 제2기 확정분(10월~12월)부가가 치세 신고서상에 반영하라. 단, 아래거래와 관련해서는 세금계산서를 수취하지 아니하였고, 모두 사업 용카드사용하였으며, 이외의 거래사항은 없는 것으로 한다. 전표입력은 생략하고 직접 메뉴를 입력하 여 완성한다.

| 거래처명(등록번호) | 성명(대표자) | 거래일자 | 발행금액(VAT포함) | 공급자 업종 (과세유형) | 거래내용 |
|---|---|---|---|---|---|
| 사이좋아슈퍼 (111-11-11119) | 김두리 | 10.11 | 220,000원 | 소매업 (일반과세) | 거래처 선물구입대 |
| 일동상회 (222-22-22227) | 최일동 | 10.20 | 330,000원 | 음식점업 (일반과세) | 직원회식대 (복리후생) |
| 모닝글로리 (333-33-33336) | 오알파 | 11.13 | 440,000원 | 소매업 (간이과세) | 사무비품 구입 |
| 왕궁호텔 (555-55-55553) | 박왕궁 | 11.20 | 550,000원 | 숙박업 (일반과세) | 지방출장 숙박비 |

해설

[10-12월 2기확정 신용카드매출전표등수취금액합계표 입력화면]
1.사이좋아슈퍼에서 구입한것은 불공제대상인 접대목적의 구입
2.모닝글로리로부터 구입한 물품은 간이과세자로부터 구입이라서 공제안됨

**2. 신용카드 등 매입내역 합계**

| 구분 | 거래건수 | 공급가액 | 세액 |
|---|---|---|---|
| 합 계 | 2 | 800,000 | 80,000 |
| 현금영수증 | | | |
| 화물운전자복지카드 | | | |
| 사업용신용카드 | 2 | 800,000 | 80,000 |
| 기 타 신용카드 | | | |

**3. 거래내역입력**

| 월/일 | 구분 | 공급자 | 공급자(가맹점) 사업자등록번호 | 카드회원번호 | 기타 신용카드 등 거래내역 합계 | | |
|---|---|---|---|---|---|---|---|
| | | | | | 거래건수 | 공급가액 | 세액 |
| 10-20 | 사업 | 일동상회 | 222-22-22227 | 1234-5689-5114-8512 | 1 | 300,000 | 30,000 |
| 11-20 | 사업 | 왕궁호텔 | 555-55-55553 | 1234-5689-5114-8512 | 1 | 500,000 | 50,000 |
| | | | | | | | |
| | | 합계 | | | 2 | 800,000 | 80,000 |

[10-12월 2기확정 부가가치세 신고서화면]

| | | | | | | | | | | |
|---|---|---|---|---|---|---|---|---|---|---|
| 매 입 세 액 | 세금계산서 수취분 | 일반매입 | 10 | | | 정 누 락 분 | 신용카드매출 수령금액합계 | 일반매입 | | |
| | | 고정자산매입 | 11 | | | | | 고정매입 | | |
| | 예정신고누락분 | | 12 | | | | 의제매입세액 | | | |
| | 매입자발행세금계산서 | | 13 | | | | 재활용폐자원등매입세액 | | | |
| | 기타공제매입세액 | | 14 | 800,000 | 80,000 | | 고금의제매입세액 | | | |
| | 합계(10+11+12+13+14) | | 15 | 800,000 | 80,000 | | 과세사업전환매입세액 | | | |
| | 공제받지못할매입세액 | | 16 | | | | 재고매입세액 | | | |
| | 차감계 | | 17 | 800,000 | ⑭ | 80,000 | 변제대손세액 | | | |
| 납부(환급)세액(매출세액⑨-매입세액⑭) | | | | | ⑮ | -80,000 | 합계 | | | |
| 경감 공제 세액 | 기타경감·공제세액 | | 18 | | | | 14.기타공제매입세액 | | | |
| | 신용카드매출전표등발행공제등 | | 19 | | | | 신용카드매출 수령금액합계표 | 일반매입 | 39 | 800,000 | 80,000 |
| | 합계 | | 20 | | ⑯ | | | 고정매입 | 40 | | |
| 예정신고미환급세액 | | | 21 | | ⑰ | | 의제매입세액 | | 41 | 뒤쪽 | |
| 예정고지세액 | | | 22 | | ⑱ | | 재활용폐자원등매입세액 | | 42 | 뒤쪽 | |
| 금지금매입자납부특례기납부세액 | | | 23 | | ⑲ | | 고금의제매입세액 | | 43 | | |
| 가산세액계 | | | 24 | | ⑳ | | 과세사업전환매입세액 | | 44 | | |
| 차가감하여 납부할세액(환급받을세액)(⑮-⑯-⑰-⑱-⑲-⑳+⑳) | | | 25 | | | -80,000 | 재고매입세액 | | 45 | | |

## 12. 가산세

가산세라 함은 세법에 규정하는 의무의 성실한 이행을 확보하기 위하여 의무태만에 대하여 본세에 가산하여 부과하는 금액을 말한다.

법률상 의무의 일부를 경감하거나, 그 전부를 면제하는 것을 말한다. 특정한 정책목적을 달성하기 위한 수단으로 또는 과세기술상의 이유로 하여 과세하여야 할 일정한 세액을 경감하여 주거나 면제해 주는 것을 조세의 감면이라고 한다.

| 종 류 | 사 유 | 가산세액 계산 |
|---|---|---|
| (전자)세금계산서미발급가산세(확정신고기한까지 미발급시) 미교부 및 위장·가공세금계산서 교부 가산세 <br><small>수취분도 포함, 실제공급자·공급받는자가 아닌 타인을 기재시</small> | | 공급가액 × 2%(종이 1%) 사실과 다른 경우-공급가액× 2% 가공인 경우-공급가액× 3% |
| (전자)세금계산서 발급불성실 지연발급가산세 (공급일의 다음달 11일 - 확정신고기한까지 발급시) | | 공급가액 × 1%(지연수취 0.5%) |
| 전자세금계산서미전송가산세(확정신고기한까지 미전송시) | | **공급가액 × 0.5%** |
| 전자세금계산서지연전송가산세 (발급일의 다음날이후부터 - 확정신고기한) | | **공급가액 × 0.3%** |
| 영세율신고 불성실가산세 | 과세표준의 무신고·과소신고 | 공급가액 × 0.5% |
| | 영세율첨부서류 미제출 | |
| 납부·환급불성실 가산세 | 납부세액의 무납부·과소납부 | 미달납부(초과환급)세액 × (22/100,000) × 미납일수 |
| | 초과환급받은 세액 | ※초과환급세액은 환급일 다음날부터 계산, 자진납부일 또는 고지일 포함 |
| 신고불성실가산세 (부당한 경우는 모두 40%) | 무신고 | 해당세액 × 20% |
| | 과소신고 | 해당세액 × 10% |
| | 초과환급신고 | 해당세액 × 10% |

① 수정신고시 감면

    ◉ 법정신고기한 경과 후
- 1개월 이내 : 90% 감면
- 3개월 이내 : 75% 감면
- 6개월 이내 : 50% 감면
- 1년 이내 : 30% 감면
- 1년 6개월 이내 : 20% 감면
- 2년 이내 : 10% 감면

② 일반 무신고 : 납부할 세액 20/100

    ◉ 무신고자가 법정신고기한 경과 후
- 1개월 이내 : 50% 감면
- 3개월 이내 : 30% 감면
- 6개월 이내 : 20% 감면

③ 매출처별세금계산서합계표불성실가산세

    1월 이내에 세금계산서 합계표를 제출하는 경우 가산세 50% 경감

④ 매출전자세금계산서 발급 전송분에 대해서는 매출세금계산서합계표 가산세를 적용하지 아니한다. (예규 : 부가가치세과-386 2015.02.05.)

---

### 기본예제

**10. 6001.㈜지성상사의 제2기 부가가치세 예정신고 시 누락된 자료이다. 이를 반영하여 제2기 확정 부가가치세신고서의 가산세를 계산하여 입력하시오. 전자세금계산서 발행교부는 적정하게 수행되었으며, 제2기 확정 부가가치세신고납부는 다음년도 1월 25일에 이루어진다.**

1. 당사의 제품 3,000,000원(시가 4,500,000원)을 거래처인 태성산업㈜에 접대목적으로 무상제공하였다.

2. 원재료 매입전자세금계산서 1건 (공급가액 2,500,000원, 세액 250,000원)

3. 사용하던 기계장치의 매출전자세금계산서 1건 (공급가액 9,000,000원, 부가가치세 900,000원)

4. 신고불성실은 일반과소에 해당한다.

해설

- 신고불성실가산세 : (900,000원 + 450,000원 − 250,000원) × 10% ×(1-75%)(3개월내 신고) = 27,500원
- 납부지연가산세 : 1,100,000원 × 22/100,000 × 92일 = 22,264원
- 납부지연가산세는「납부기한의 다음날(10월 26일)부터 자진납부일(1월 25일)까지」의 기간에 1일 22/100,000
  을 적용

  매출전자세금계산서 발급 전송분에 대해서는 매출세금계산서합계표 가산세를 적용하지 아니한다.

  (예규 : 부가가치세과−386 2012.02.05.)

10-12월 2기확정신고 부가가치세신고서 조회화면

| | | | | | |
|---|---|---|---|---|---|
| 신고<br>불성실 | 무신고(일반) | 69 | | 뒤쪽 | |
| | 무신고(부당) | 70 | | 뒤쪽 | |
| | 과소·초과환급(일반) | 71 | 1,100,000 | 뒤쪽 | 27,500 |
| | 과소·초과환급(부당) | 72 | | 뒤쪽 | |
| 납부지연 | | 73 | 1,100,000 | 뒤쪽 | 22,264 |

*Winners make it happen, losers let it happen.*

Chapter

# 03

## 원천징수

# 01 기초코드관리

학습목표

▶ 원천징수 기초정보입력이해

[원천징수이행상황신고]

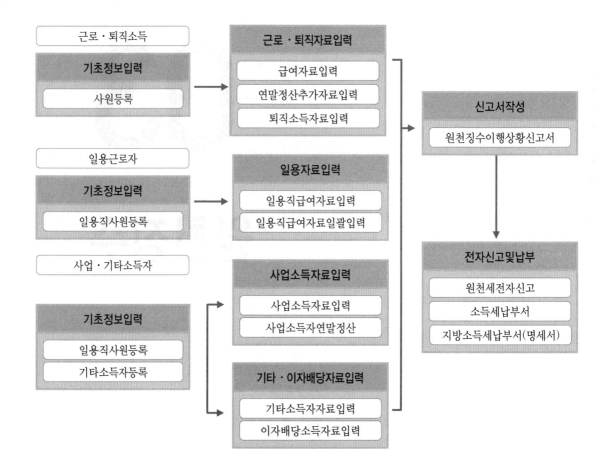

## 1. 사원등록  ※6011로 변경해서 입력할 것

사원등록은 근로자의 인적사항 및 부양가족 사항을 등록하며 퇴직금 중간 정산에 대한 내역을 관리할 수 있는 메뉴이다

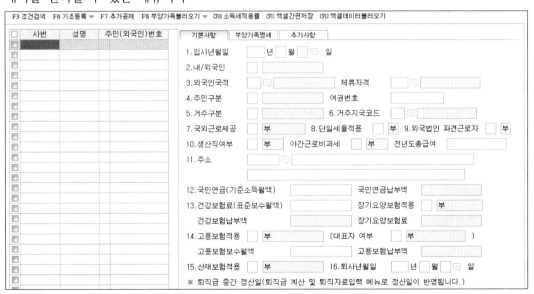

**사례** 6011.(주)지성상사의 사원에 대한 인적사항을 사원등록메뉴에 입력하시오.

| 구분 | 성 명 | 부서 | 주민등록번호 | 입사일 |
|---|---|---|---|---|
| 본인 | 101.홍수영 | 1생산직 | 771220-1845272 | 2010.01.05 |

서울시 동대문구 답십리로 100, 부양가족은 없고, 소득월액(보수월액)은 3,000,000원이다.

• **사번**

숫자 또는 문자를 이용하여 10자 이내로 입력한다.

| □ | 사번 | 성명 | 주민(외국인)번호 |
|---|---|---|---|
| ☐ | 101 | 홍수영 | 1 | 771220-1845272 |

• **성명**

| □ | 사번 | 성명 | 주민(외국인)번호 |
|---|---|---|---|
| ☐ | 101 | 홍수영 | 1 | 771220-1845272 |

　◐ 외국인에 해당하는 경우 여권에 기재된 영문명으로 작성 가능하며 성명 전부를 영문인쇄체
로 기재

• **주민(외국인)번호**

1.내국인 일 경우 1.주민등록번호를 선택하며, 2.외국인 일 경우 2.외국인등록번호 또는 3.여
권번호를 선택한 후 등록번호를 입력한다. 외국인의 경우 출입국관리사무소에서 여권번호등을
확인가능하다.

| □ | 사번 | 성명 | 주민(외국인)번호 |
|---|---|---|---|
| ☐ | 101 | 홍수영 | 1 | 771220-1845272 |

　◐ 주민등록번호 : 소득자의 주민등록번호를 정확히 기재(잘못된 주민등록번호로 인해 향후 과
다공제 점검대상자 선정 가능)

(I) **기본사항**

　① 입사년월일 : 급여자료입력, 연말정산 등으로 반영되는 항목이므로 반드시 정확하게 입력한
다.

| 1.입사년월일 | 2010 년 1 월 5 🖳 일 |
|---|---|

　② 내/외국인 : 소득자가 주민번호가 있는 내국인인 경우에는 1.내국인, 아닌 경우에는 2.외국인
을 체크한다.

| 2.내/외국인 | 1 | 내국인 |
|---|---|---|

　③ 외국인국적

| 3.외국인국적 | KR 🖳 한국 |
|---|---|

④ 주민구분 : 1.주민등록번호, 2.외국인등록번호, 3.여권번호

| 4.주민구분 | 1 | 주민등록번호 | 주민등록번호 | 771220-1845272 |

❍ 외국인의 경우 법무부가 부여한 외국인등록번호, 체류자신고를 하지 아니한 경우 여권번호 기재(외국인등록번호를 부여받은 외국인은 여권번호 기재할 수 없음)

⑤ 거주구분 : 1.거주자, 2.비거주자를 입력하며 비거주자일 경우 거주지국을 선택한다.

　　5. "거주자라 함은 국내에 주소를 두거나 국내에 183일 이상 거소를 둔 개인을 말한다."

| 5.거주구분 | 1 | 거주자 |

> 소득세법은 납세의무의 범위를 정함에 있어 거주자와 비거주자를 달리 취급하고 있으며 거주자는 전세계 소득에 대해 납세의무를 부담하는 무제한납세의무자에 해당한다. 거주자는 내국인과는 다른 개념으로, 외국인이라 할지라도 국내에 주소를 두거나 1과세기간내 183일이상 거소를 둔 경우에는 거주자에 해당한다. 이처럼 소득세의 납세의무자를 결정하기 위하여 소득세법은 주소지 과세주의를 원칙으로 하고, 소득발생지 과세주의를 가미하여 보완하고 있다. 거주자라 함은 그 국가의 법에 의하여 주소(domicile), 거소(residence), 사업의 관리장소, 기타 이와 유사한 기준에 따라 그 국가에서 납세의무가 있는 인을 의미한다.

⑥ 거주지국코드

| 6.거주지국코드 | KR | 🔲 한국 |

⑦ 국외근로제공 : 원양어선, 외항선원, 건설근로자(감리,설계수행자포함)은 300만원, 그 외는 100만원비과세

| 7.국외근로제공 | 0 | 부 |

⑧ 단일세율적용 : '외국인 근로자 단일세율적용 신청' 승인을 받은 외국인근로자는 1.여로 선택하며, 연말정산시 단일세율로 계산된다.

| 8.단일세율적용 | 0 | 부 |

> 외국인인 임원 또는 사용인이 국내에서 근무함으로써 받는 근로소득에 대해 해당 외국인근로자가 소득공제신고서에 외국인근로자단일세율적용신청서를 첨부하여 제출한 경우에는 해당 근로소득(비과세소득, 사업주부담 사회보험(국민연금제외) 포함)에 100분의 19를 곱한 금액을 그 세액으로 할 수 있다.

⑨ 생산직여부 : 생산직에 해당하는 근로자는 1.여 로 선택하며 급여 계산시 월정급여 210만원 이하이고, 직전년도 총급여가 3,000만원이하인 생산직 근로자는 '연장근로수당금액이 연 240만원까지 비과세로 계산된다.

| 9.생산직여부 | 1 | 여 | 야간근로비과세 | 1 | 여 | 전년도총급여 | |

전년도 총급여는 전년도 연말정산추가자료입력의 총급여를 자동으로 표시한다.

⑩ 주소 : 신주소(도로명주소)를 입력한다.

| 10.주소 | 130-804 | 🔲 서울특별시 동대문구 답십리로 100 |
| | | (답십리동) |

⑪ 국민연금(기준소득월액) : 기준소득월액을 입력하며 납부할 국민연금보험료를 자동으로 계산하여 보여준다.

| 11.국민연금(기준소득월액) | 3,000,000 | 국민연금납부액 | 135,000 |
|---|---|---|---|

⑫ 건강보험료(표준보수월액) : 보수월액을 입력하며 납부할 건강보험료와 장기요양보험료를 자동으로 계산하여 보여준다.

| 건강보험보수월액 | 3,000,000 | 건강보험료경감 | 0 | 부 | 건강보험납부액 | 104,850 |
|---|---|---|---|---|---|---|
| 장기요양보험적용 | 1 | 여 | | 장기요양보험납부액 | 12,860 | |

⑬ 고용보험적용

| .고용보험적용 | 1 | 여 | (대표자 여부 | 0 | 부 | ) |
|---|---|---|---|---|---|---|
| 고용보험보수월액 | 3,000,000 | 고용보험납부액 | 24,000 | | | |

⑭ 산재보험적용

| 14.산재보험적용 | 1 | 여 |
|---|---|---|

> 산재보험은 보험사업을 행하여 근로자의 업무상의 재해를 신속하고 공정하게 보상하고, 이에 필요한 보험시설을 설치·운영함으로써 근로자 보호에 기여함을 목적으로 하는 것으로, 산재보험법의 규정에 의하여 근로기준법의 적용을 받는 사업의 사업주는 당연히 산재보험의 보험가입자가 되며, 보험료는 전액 회사가 부담한다.

⑮ 퇴사년월일 : 퇴직금 중산 정산에 대한 내역을 관리하는 부분이다.

15. 정산일 입력시 퇴직금계산, 퇴직자료입력 메뉴로 반영되며, 15.퇴사년월일 입력시 실제 퇴직에 대한 정산일이 생성된다.

| 15.퇴사년월일 | | 년 | | 월 | 💬 | 일 |
|---|---|---|---|---|---|---|

## (2) 부양가족명세

소득자 본인을 포함하여 부양가족에 대한 내역을 입력하며, 급여자료입력, 연말정산으로 반영된다.

### ① 기본공제인원

소득세법상 공제대상이 되는 나이요건 20세 이하  60세 이상조건과 소득금액이 100만원 이하(근로소득만 있는 경우에는 총급여가 500만원이하)의 부양가족수를 각각 입력한다. (연말정산시 필수 체크 항목이며 부양가족사항을 먼저 등록하여 사원등록에 반영할 수도 있다.)

| 0 | 홍수명 | 내 | 1 | 771220-1845272 | 45 | 본인 | | | | | |
|---|---|---|---|---|---|---|---|---|---|---|---|

### ② 추가공제인원

- 70세 이상 경로 : 근로자 본인 또는 공제대상이 되는 부양가족(배우자포함)중 70세 이상 해당 인원수를 입력한다.

• 장애인 : 공제대상이 되는 장애자의 수를 입력한다.

• 부녀자세대주 : 여성근로자로 아래 조건과 일치하면 입력한다.

• 한부모공제 : 직계비속입장에서 한쪽 부모만 있는 경우에 입력한다.

| 추가공제 | 공제요건 | 공제금액 |
|---|---|---|
| 경로우대자 | 기본공제대상자가 만70세 이상 | 1명당 연 100만원 |
| 장애인 | 기본공제대상자가 장애인 | 1명당 연 200만원 |
| 부녀자 | • 배우자가 있는 여성근로자<br>• 배우자가 없는 여성근로자가 기본공제대상 부양가족이 있는 세대주, 종합소득금액이 3천만원이하인 경우만 가능 | 연 50만원 |
| 한부모 | • 배우자가 없는 남녀 근로자로서 기본공제대상 직계비속이 있는 경우<br>• 해당 과세기간에 배우자가 사망한 경우로서 연말정산시 기본공제대상자로 배우자를 기본공제 신청한 경우에는 한부모 추가공제를 적용받을 수 없다. | 연 100만원 |

(3) **추가사항** : 관리사항으로서 시험과는 무관하다.

**01. 다음의 자료에 근거하여 6011.(주)지성상사의 사원 김갑석(사원등록코드 105번)의 사원등록을 완성하시오.**

[입사일은 2007.1.1 ,전년도 급여는 당기와 동일]

1. 주소 : 서울시 동대문구 답십리로 108
2. 주민등록번호 : 670827-1234563
3. 직급 : 사무직 부장
4. 건강보험료, 국민연금, 고용보험의 소득월액(보수월액)은 3,500,000원이라고 가정한다.

※ 김갑석의 생계를 같이하는 부양가족사항

| 관 계 | 성 명 | 연 령 | 참 고 사 항 |
|---|---|---|---|
| 본 인 | 김갑석 | 53세 | 본인 |
| 배우자 | 이을순 | 51세 | 소득없음(690228-2538337) |
| 부 친 | 김홍도 | 80세 | 근로소득금액 1,600,000원(연간) 있음.(401227-1532924) |
| 아 들 | 김수남 | 28세 | 소득없음. 대학생(920812-1234574) |
| 딸 | 김수진 | 20세 | 야간학교재학(000630-4538222), 소득없음 |
| 처 남 | 이동수 | 27세 | 장애인복지법상 장애인(소득없음)(930925-1538925) |

1. 배우자공제 : 나이제한은 받지 않고 소득금액(받은소득-비과세-분리과세-필요경비)의 제한을 받는다.
   배우자: 유
2.. 부양가족공제 : 나이제한, 소득금액제한 있다.
   직계비속 : 20세이하(장애인은 나이제한 없음)
   직계존속 : 60세이상
   형제자매 : 20세이하(장애인은 나이제한 없음), 60세이상
3. 공제사항
   배우자 : 1.유, 부양가족공제됨
   부친 : 나이요건은 충족하지만, 소득금액이 150만원(근로소득만 있는 경우)을 초과하므로 부양가족공제 안됨
   아들: 나이제한 때문에 부양가족공제 안됨
   딸 : 나이가 20세이하이고 소득금액이 없으므로 부양가족공제 가능
   처남 : 장애인에 해당하므로 나이제한 없다.

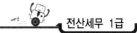

해설

1. 사원등록 기본사항

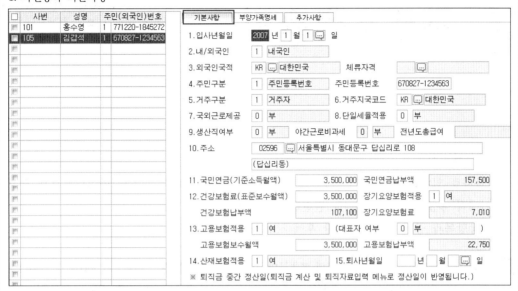

| □ | 사번 | 성명 | 주민(외국인)번호 |
|---|---|---|---|
| □ | 101 | 홍수영 | 1 771220-1845272 |
| □ | 105 | 김갑석 | 1 670827-1234563 |

기본사항 | 부양가족명세 | 추가사항

1. 입사년월일 2007 년 1 월 1 일
2. 내/외국인 1 내국인
3. 외국인국적 KR 대한민국 체류자격
4. 주민구분 1 주민등록번호 주민등록번호 670827-1234563
5. 거주구분 1 거주자 6. 거주지국코드 KR 대한민국
7. 국외근로제공 0 부 8. 단일세율적용 0 부
9. 생산직여부 0 부 야간근로비과세 0 부 전년도총급여
10. 주소 02596 서울특별시 동대문구 답십리로 108 (답십리동)
11. 국민연금(기준소득월액) 3,500,000 국민연금납부액 157,500
12. 건강보험료(표준보수월액) 3,500,000 장기요양보험적용 1 여
건강보험납부액 107,100 장기요양보험료 7,010
13. 고용보험적용 1 여 (대표자 여부 0 부 )
고용보험보수월액 3,500,000 고용보험납부액 22,750
14. 산재보험적용 1 여 15. 퇴사년월일 년 월 일
※ 퇴직금 중간 정산일(퇴직금 계산 및 퇴직자료입력 메뉴로 정산일이 반영됩니다.)

2. 사원등록의 부양가족명세

기본사항 | 부양가족명세 | 추가사항

| 연말관계 | 성명 | 내/외국인 | 주민(외국인)번호 | 나이 | 기본공제 | 부녀자 | 한부모 | 경로우대 | 장애인 | 자녀 | 출산입양 | 위탁관계 |
|---|---|---|---|---|---|---|---|---|---|---|---|---|
| 0 | 김갑석 | 내 | 1 670827-1234563 | 53 | 본인 | | | | | | | |
| 1 | 김홍도 | 내 | 1 401227-1532924 | 80 | 60세이상 | | | ○ | | | | |
| 3 | 이을순 | 내 | 1 690228-2538337 | 51 | 배우자 | | | | | | | |
| 4 | 김수남 | 내 | 1 920812-1234574 | 28 | 부 | | | | | | | |
| 4 | 김수진 | 내 | 1 000630-4538222 | 20 | 20세이하 | | | | | ○ | | |
| 6 | 이동수 | 내 | 1 930925-1538925 | 27 | 장애인 | | | | 1 | | | |

※ 연말관계 : 0.소득자 본인, 1.소득자의 직계존속, 2.배우자의 직계존속, 3.배우자
4.직계비속(자녀+입양자), 5.직계비속(4 제외), 6. 형제자매, 7.수급자(1~6 제외)
8.위탁아동(만 18세 미만)

◆ 부양가족 공제 현황

1. 기본공제 인원 (세대주 구분 1 세대주 )

| 본인 | ○ | 배우자 | 유 | 20세 이하 | 1 | 60세 이상 | 1 |
|---|---|---|---|---|---|---|---|

2. 추가공제 인원

| 경로 우대 | 1 | 장 애 인 | 1 | 부 녀 자 | 부 |
|---|---|---|---|---|---|
| 한 부 모 | 부 | 출산입양자 | | | |

3. 자녀세액공제 인원 자녀세액공제 1

◆ 자녀세액공제는 7세 이상 20세 이하의 자녀인 경우 공제 받을 수 있습니다.
(7세 미만의 취학아동 포함/직접 선택)

※ 세대주여부 : 과세기간 종료일 현재 주민등록표등본에 따른 세대주 표기

# 02 근로소득관리

## 1. 급여자료입력

근로소득자료 입력은 매월의 급여자료를 입력하여 급여대장과 각 사원별 급여명세서를 작성하며 간이세액(매월의 근로소득세)을 원천징수하는 메뉴이다.

먼저 수당항목과 공제항목을 등록한 후에 사용하여야 한다.

> **사례** 6011.(주)지성상사 101.홍수영의 매월급여 기본급 3,100,000원, 식대 200,000원, 자가운전보조금 100,000원이다.(모두 비과세요건 충족됨)급여지급은 매월 25일 일때, 1월 급여자료입력하시오. 자가운전은 부정기로 표시할 것.

(1) **귀속년월** : 근로를 제공한 월을 입력한다. 년도는 작업년도가 자동반영된다.

(2) **지급년월일**

- 급여를 지급한 년월일을 입력한다. 원천징수이행상황신고서에는 지급한 년월의 다음월 10일까지 신고하면 된다.
- 환경등록의 원천탭에서 2.급여지급형태에 따라 지급년월의 기본값을 제공해 준다.
- 동일 귀속년월에 지급일자를 달리해서 여러 번 지급된 경우도 지원한다.

[**지급일자 (F6)**]

귀속월별 지급일별 급여입력 내역을 요약하여 조회가능 하다.

- **마감여부** : 급여자료입력를 마감한 경우에 "마감"이라고 표기된다.
- **요약여부** : 요약 형태로 입력된 급여자료 입력의 경우 "요약"이라고 표기된다.
- **지급일자 수정(F3)** : 지급일을 잘못 입력하여 수정하고자 할 때 클릭하면 지급일자 수정가능한 상태로 된다.
- **복사(F4)** : 특정 일자의 급여자료 입력을 복사하고자 할 경우에 버튼을 클릭한다. 복사하고자 하는 귀속월을 입력하시면 선택한 자료가 복사된다. 단, 이미 퇴사한 사원의 급여는 복사되지 않는다.
- **다중복사(F7)** : 특정 급여자료를 여러 월로 복사하고자 할 때 사용한다.

• 이동(F6) : 급여자료입력이 귀속월이 잘못되어 기존 입력사항을 이동하고자 할 때 사용한다.

(3) 화면구성

• 사번/사원명 : 귀속년월 전에 퇴사한 사원은 제외하고 반영한다.

• 급여항목 : 툴바의 수당공제의 수당등록에 있는 수당으로서 사용여부에 "여"로 되어 있는 수당을 반영한다.

• 공제항목 : 툴바의 수당등록 − 공제등록에 입력되어 있는 항목으로서 사용여부에 "여"로 되어 있는 공제를 반영한다.

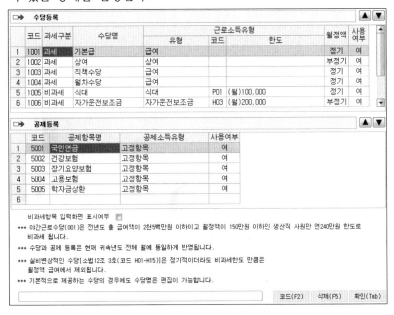

### (4) 급여항목

- 수당등록에서 기본으로 기본급, 상여, 직책수당 등의 과세 항목과 식대, 자가운전보조금 등 비과세 항목이 있다. 해당사항이 없는 경우 사용여부에서 "부"를 하면 본 화면에 나타나지 않는다. (삭제 안됨)

### [수당공제 (F4)]

- 급여자료를 입력하기 전에 먼저 수당등록에 입력하여야 한다.
- 수당등록에 입력된 항목들은 작업년도 전체에 (1월~12월) 적용된다.
- 기본으로 수당항목과 공제 항목이 등록되어 있다.
- 수당등록에서 해당 수당이 없는 경우는 사용여부 란에서 "부"로 설정하여야 한다.
- 기본으로 제시하는 수당 항목 이외의 수당이 있는 경우 직접 입력한다.
- 추가로 입력한 수당은 삭제(F5)가 가능하다.
- 비과세 항목이더라도 한도를 초과한 금액은 자동 과세로 집계되며, 소득세 및 지방소득세를 계산한다.

| □ | 사번 | 사원명 | 감면율 | | 급여항목 | 금액 | | 공제항목 | 금액 |
|---|---|---|---|---|---|---|---|---|---|
| ☑ | 101 | 홍수영 | | | 기본급 | 3,100,000 | | 국민연금 | 135,000 |
| □ | 102 | 김갑석 | | | 직책수당 | | | 건강보험 | 96,900 |
| □ | | | | | 식대 | 200,000 | | 장기요양보험 | 8,240 |
| □ | | | | | 자가운전보조금 | 100,000 | | 고용보험 | 20,800 |
| □ | | | | | 연장근로수당 | | | 가불금 | |
| □ | | | | | 보육수당 | | | 공제기금 | |
| □ | | | | | 체력단련수당 | | | 노동조합비 | |
| □ | | | | | | | | 소득세(100%) | 105,540 |
| □ | | | | | | | | 지방소득세 | 10,550 |
| □ | | | | | | | | 농특세 | |
| □ | | | | | | | | | |
| □ | | | | | | | | | |
| □ | | | | | | | | | |
| □ | | | | | | | | | |
| □ | | | | | 과 세 | 3,200,000 | | | |
| □ | | | | | 비 과 세 | 200,000 | | 공 제 총 액 | 377,030 |
| | 총인원(퇴사자) | 2(0) | | | 지 급 총 액 | 3,400,000 | | 차 인 지 급 액 | 3,022,970 |

### (5) 공제항목

① 국민연금/건강보험/장기요양보험료 : 사원등록에서 입력한 국민연금납부액과 건강보험료납부액과 장기요양보험료가 반영된다.

> ❑ 급여자료 입력에서 국민연금 등 입력 후에 사원등록의 국민연금 등에 변동사항이 생겨서 재 반영하고자 할 때 툴바의 재계산에서 사원정보변경 국민연금 등 재계산을 같이 하여야 한다.

② 소득세 : 각 사원별 과세금액을 간이세액조견표상의 소득세로 자동계산 반영한다.

- 지방소득세 : 소득세 × 10% 자동반영 한다.(독립세율로 바뀌었지만, 현재는 소득세체계와 동일하므로 10%, 십원 미만 )

(6) **중도퇴사자정산**(F7)

직전 년도의 연말정산에서 산출된 소득세 등을 다음년도 2월 급여 지급시 환급 또는 공제하고 지급하기 위해서 사용하는 화면이다.(지급년월일이 2월인 경우 조회가능)

• 연말정산데이타 적용 : 공제항목에 연말정산 소득세, 연말정산 주민세, 연말정산 농특세 항목이 생기면서 각 사원별 금액 반영한다.

• 새로불러오기 : 직전년도 연말정산추가자료입력의 **67.**차감징수세액을 반영한다.

• 적용해제 : 연말정산데이타 적용해서 추가된 연말정산 소득세 등 항목을 삭제한다.

(7) **마감** (F8)

입력된 급여자료 입력의 데이터 보존을 위해서 마감한 경우 데이터 수정 및 삭제를 불가능하게 한다.

(8) **재계산** (Ctrl + F6)

• 소득세 등 다시 계산하고자 할 때 사용하는 기능이다.

• 급여자료입력의 좌측 하단에 표기되는 사원정보는 저장된 사원정보이다.

급여자료 입력 후에 사원등록의 변경된 사원정보를 반영하고자 할 때 사원정보 변경을 통해 하여야 한다.

(9) **이메일** (Ctrl + F8)

각 사원별 급여 내역을 메일로 보내는 기능이다.

사원등록에 있는 부서 및 직책, 이메일을 자동 반영한다.

01. 6001.(주)지성상사의 사원 105. 김갑석의 다음 1월 급여자료를 급여자료입력 메뉴에 입력하여 소득세 원천징수세액을 산출하고, 필요한 수당등록은 추가등록할 것.

통상임금은 여로 표시하고, 자가운전, 야간근로수당, 취재수당은 부정기로 표시할 것.

*급여지급일은 25일, 건강, 국민연금은 자동계산액으로하고, 비과세요건은 충족하였고 가불금은 기타 또는 대출, 공제기금은 기타, 노동조합비는 기부금으로 할것

| 기본급 및 제수당, 공제사항 | | | | | | |
|---|---|---|---|---|---|---|
| 기본급 | 직책수당 | 식대 | 자가운전보조금 | 연장근로수당 | 취재수당 | 체력단련수당 |
| 3,500,000 | 80,000 | 150,000 | 200,000 | 250,000 | 120,000 | 200,000 |

| 가불금 | 공제기금 | 노동조합비 |
|---|---|---|
| 500,000 | 40,000 | 20,000 |

해설

1. 수당공제등록 입력화면

| | 코드 | 과세구분 | 수당명 | 근로소득유형 | | | 월정액 | 사용여부 |
|---|---|---|---|---|---|---|---|---|
| | | | | 유형 | 코드 | 한도 | | |
| 4 | 1004 | 과세 | 월차수당 | 급여 | | | 정기 | 부 |
| 5 | 1005 | 비과세 | 식대 | 식대 | P01 | (월)100,000 | 정기 | 여 |
| 6 | 1006 | 비과세 | 자가운전보조금 | 자가운전보조금 | H03 | (월)200,000 | 부정기 | 여 |
| 7 | 1007 | 비과세 | 연장근로수당 | 야간근로수당 | O01 | (년)2,400,000 | 부정기 | 여 |
| 8 | 2001 | 비과세 | 보육수당 | 육아수당 | Q01 | (월)100,000 | 정기 | 여 |
| 9 | 2002 | 과세 | 체력단련수당 | 급여 | | | 정기 | 여 |

공제등록

| | 코드 | 공제항목명 | 공제소득유형 | 사용여부 |
|---|---|---|---|---|
| 3 | 5003 | 장기요양보험 | 고정항목 | 여 |
| 4 | 5004 | 고용보험 | 고정항목 | 여 |
| 5 | 5005 | 학자금상환 | 고정항목 | 여 |
| 6 | 6001 | 가불금 | 대출 | 여 |
| 7 | 6002 | 공제기금 | 기타 | 여 |
| 8 | 6003 | 노동조합비 | 기부금 | 여 |

동일한 명칭이 있으면 그대로 사용하고, 다른 내용이 있으면 수당명을 수정하여 사용한다. 아예 없으면 추가입력하여 사용한다.

| | 사번 | 사원명 | 감면율 | 급여항목 | 금액 | 공제항목 | 금액 |
|---|---|---|---|---|---|---|---|
| | 101 | 홍수영 | | 기본급 | 3,500,000 | 국민연금 | 157,500 |
| | 102 | 김갑석 | | 직책수당 | 80,000 | 건강보험 | 113,050 |
| | | | | 식대 | 150,000 | 장기요양보험 | 9,620 |
| | | | | 자가운전보조금 | 200,000 | 고용보험 | 26,650 |
| | | | | 연장근로수당 | 250,000 | 가불금 | 500,000 |
| | | | | 보육수당 | 120,000 | 공제기금 | 40,000 |
| | | | | 체력단련수당 | 200,000 | 노동조합비 | 20,000 |
| | | | | | | 소득세(100%) | 99,320 |
| | | | | | | 지방소득세 | 9,930 |
| | | | | | | 농특세 | |
| | | | | 과　　세 | 4,100,000 | | |
| | | | | 비 과 세 | 400,000 | 공 제 총 액 | 976,070 |
| | 총인원(퇴사자) | 2(0) | | 지 급 총 액 | 4,500,000 | 차 인 지 급 액 | 3,523,930 |

2월에서 12월분을 같은 방법으로 급여자료입력한다.

**사례** 1월 급여자료를 2월에서 12월까지 다중복사 하고 전월미환급세액이 25,000원일 때 1월 원천징수 이행상황신고서를 작성하시오.

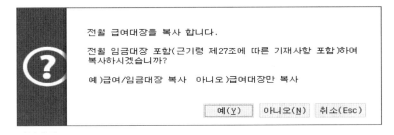

전월 급여대장을 복사 합니다.

전월 임금대장 포함(근기령 제27조에 따른 기재사항 포함)하여 복사하시겠습니까?

예)급여/임금대장 복사   아니오)급여대장만 복사

예(Y)   아니오(N)   취소(Esc)

원천징수이행상황신고서(1월)

101.홍수영과 105.김갑석의 귀속기간: 근로제공기간(1월), 지급기간: 급여실제 지급월(1월)

| 원천징수명세및납부세액 | 원천징수이행상황신고서 부표 | 원천징수세액환급신청서 | 기납부세액명세서 | 전월미환급세액 조정명세서 | 차월이월환급세액 승계명세 |

| | | 코드 | 소득지급 | | 징수세액 | | | 당월조정<br>환급세액 | 납부세액 | |
|---|---|---|---|---|---|---|---|---|---|---|
| | | | 인원 | 총지급액 | 소득세 등 | 농어촌특별세 | 가산세 | | 소득세 등 | 농어촌특별세 |
| 개인<br>거주자<br>비거주자 | 근로소득 | 간이세액 | A01 | 2 | 7,400,000 | 204,860 | | | | | |
| | | 중도퇴사 | A02 | | | | | | | | |
| | | 일용근로 | A03 | | | | | | | | |
| | | 연말정산 | A04 | | | | | | | | |
| | | (분납금액) | A05 | | | | | | | | |
| | | (납부금액) | A06 | | | | | | | | |
| | | 가 감 계 | A10 | 2 | 7,400,000 | 204,860 | | | 25,000 | 179,860 | |
| | 퇴직소득 | 연금계좌 | A21 | | | | | | | | |
| | | 그 외 | A22 | | | | | | | | |
| | | 가 감 계 | A20 | | | | | | | | |
| | 사업소득 | 매월징수 | A25 | | | | | | | | |
| | | 연말정산 | A26 | | | | | | | | |
| | | 가 감 계 | A30 | | | | | | | | |
| | 기타소득 | 연금계좌 | A41 | | | | | | | | |
| | | 종교인매월 | A43 | | | | | | | | |
| | | 종교인연말 | A44 | | | | | | | | |

| 전월 미환급 세액의 계산 | | | | 당월 발생 환급세액 | | | | 18.조정대상환급(14+15+16+17) | 19.당월조정환급세액계 | 20.차월이월환급세액 | 21.환급신청액 |
|---|---|---|---|---|---|---|---|---|---|---|---|
| 12.전월미환급 | 13.기환급 | 14.차감(12-13) | 15.일반환급 | 16.신탁재산 | 금융회사 등 | 합병 등 | | | | | |
| 25,000 | | 25,000 | | | | | | 25,000 | 25,000 | | |

"12.전월미환급"난에 25,000원을 입력하면 자동으로 조정환급세액에 기재된다.

## 2. 연말정산추가자료입력

[근로소득 연말정산]

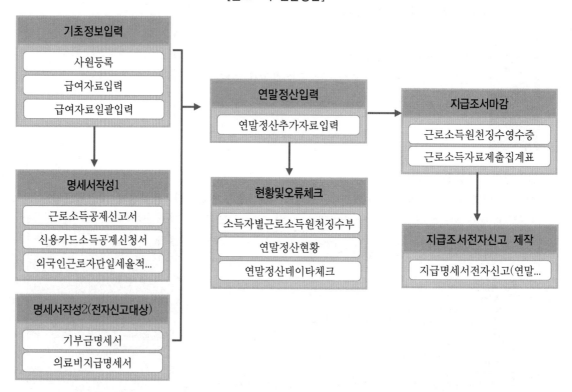

연말정산 추가자료 입력이란 연말정산에 필요한 사항을 사원등록, 급여자료입력 메뉴에서 입력한 경우 사용한다. 본 프로그램으로 매월 급여자료를 입력을 반영하며, 입력되지 않은 특별공제, 기타소득공제, 세액공제, 감면세액, 종(전)근무지 자료를 추가로 입력하는 메뉴이다.

급여자료 입력에서 입력된 자료가 자동집계되어 표시되므로 소득자별근로소득원천징수부와 비교가 가능하다.

> **사례** 6011.(주)지성상사 101.홍수영 본인의 보장성생명보험료 700,000, 의료비 900,000, 대학원 교육비 5,000,000원과 교회헌금 1,100,000원(영신교회 ,고유번호 204-82-79269) 전통시장사용 신용카드 800,000원, 퇴직연금 900,000원(새마을금고 123-12-3256), 월세지출액(임대인:정한석, 650827-1234563, 다세대, 90㎡,임대차계약서상 주소: 서울시 동대문구 답십리로 100, 임대기간 2022.01.01 -2024.12.31)이 1,200,000원인 경우 연말정산자료입력을 입력하시오.(국세청자료이며, 공제요건은 모두 충족됨)

(1) 계속 탭, 중도 탭, 총괄 탭으로 구성되며, 계속 탭에서는 계속근무자 (퇴사일자가 없는 사원), 중도 탭에서는 현재 작업년도에 퇴사한 사원, 총괄 탭에서는 계속근무자와 중도퇴사자 모두 반영한다.

| 계속 | 중도 | 총괄 |

⑵ 툴바의 전체사원을 클릭하면 계속탭에서는 계속근무자만 불러온다.

　사번에서 F2 코드도움으로 사원을 선택 입력 할 수 있다.

⑶ 각 사원별로 소득명세, 부양가족소득공제, 연금/저축등, 월세액등소득공제, 연말정산입력
탭, 연말정산내역조회탭으로 구성된다.

| 소득명세 | 부양가족소득공제 | 연금저축 등 | 월세액등소득공제 | 연말정산입력 | 연말정산내역조회 |
|---|---|---|---|---|---|

　㉠ 소득명세 탭 : 주(현), 납세조합, 종(전)의 급여 등 과세 항목과 비과세 항목을 입력한다.

　㉡ 부양가족소득공제입력 탭 : 주(현)근무지의 국민연금 및 건강보험, 장기요양보험, 고용보험 금
액은 기타의 보험료에 반영됨된다.

　의료비 와 교육비와 신용카드 등 사용액 공제 항목의 경우, 연말정산입력에서 추가적으로
입력할 필요 없이 자동 반영 가능하다.

　㉢ 연금/저축 등 탭

　　• 퇴직연금계좌(퇴직연금과 과학기술인공제)이 연말정산입력 탭의 33.연금계좌소득공제로
반영

| 소득명세 | 부양가족 | 연금저축 등I | 연금저축 등II | 월세,주택임차 | 연말정산입력 | | | 확대 |
|---|---|---|---|---|---|---|---|---|

**1 연금계좌 세액공제 - 퇴직연금계좌(연말정산입력 탭의 57.과학기술인공제, 58.근로자퇴직연금)**　　크게보기

| 퇴직연금 구분 | 코드 | 금융회사 등 | 계좌번호(증권번호) | 납입금액 | 공제대상금액 | 세액공제금액 |
|---|---|---|---|---|---|---|
| 1.퇴직연금 | 110 | 새마을금고 | 123-12-3256 | 900,000 | 900,000 | 135,000 |

　　• 연금저축계좌(연금저축과 개인연금저축)의 구분 별로 불입금액이 연말정산입력 탭의
연금계좌소득공제와 개인 연금저축소득 공제의 지출액에 반영된다.

**2 연금계좌 세액공제 - 연금저축계좌(연말정산입력 탭의 38.개인연금저축, 59.연금저축)**　　크게보기

| 연금저축구분 | 코드 | 금융회사 등 | 계좌번호(증권번호) | 납입금액 | 공제대상금액 | 소득/세액공제액 |
|---|---|---|---|---|---|---|
| | 1.개인연금저축 | | | | | |
| | 2.연금저축 | | | | | |
| 개인연금저축 | | | | | | |
| 연금저축 | | | | | | |

　　• 주택마련저축공제(청약저축, 주택청약종합저축, 근로자주택마련저축)의 구분 별로 불입
금액이 연말정산입력 탭의 주택마련 저축소득공제의 지출액등에 반영된다.

**3 주택마련저축 공제(연말정산탭의 40.주택마련저축소득공제)**　　크게보기

| 저축구분 | 코드 | 금융회사 등 | 계좌번호(증권번호) | 납입금액 | 소득공제금액 |
|---|---|---|---|---|---|
| | 1.청약저축 | | | | |
| | 2.주택청약종합저축(2015.1.1이전 가입) | | | | |
| | 3.주택청약종합저축(2015.1.1이후 가입) | | | | |
| | 4.근로자주택마련저축 | | | | |
| 청약저축 | | | | | |
| 주택청약종합저축 | | | | | |
| 근로자주택마련저축 | | | | | |

㉣ 주택자금소득공제
- 주택임차차입금 원리금상환액공제

  무주택 세대의 세대주인 근로자가 국민주택규모의 주택을 임차하기 위하여 대출기관이나 개인으로부터 차입한 차입금에 대해 해당 과세기간 동안의 차입금 원리금 상환액의 40%에 해당하는 금액을 공제(공제한도 연 300만원)
- 장기주택저당차입금 이자상환액 공제

  무주택 세대의 세대주인 근로자가 취득당시 주택의 기준시가가 **5억원 이하**인 주택을 취득하기 위하여 그 주택에 저당권을 설정하고 금융회사 또는 주택법에 따른 국민주택기금 등으로부터 차입한(상환기간 15년 이상) 장기주택저당차입금의 이자상환액을 공제

## (4) 연말정산입력 탭

주택임차 차입금 원리금 상환액 등 첨부서류가 필요 없이 직접 입력 가능한 항목의 경우 입력한다.

### [기본사항]

- 정산년월 : 연말정산을 하는 년월이므로 2022년도 년말정산인 경우 2023년 2월로 자동 표기된다.
- 귀속기간 : 사원등록에서 입력한 입사년월과 퇴사년월이 자동 체크되어 반영된다.
- ◐ 총급여 : 급여자료입력의 총지급액에서 비과세를 제외한 급여이 자동입력된다.

| | 구분 | | | 지출액 | 공제금액 | | 구분 | | 지출액 | 공제대상액 | 공제금액 |
|---|---|---|---|---|---|---|---|---|---|---|---|
| 소득공제 | 연금보험공제 | 공적연금 | 사립학교교직원 | | | 세액공제 | 58.근로자퇴직연금 | | 900,000 | 900,000 | 135,000 |
| | | | 별정우체국연금 | | | | 59.연금저축 | | | | |
| | 특별소득공제 | 33.보험료 | | 1,511,280 | 1,511,280 | 1,511,280 | 특별세액공제 | 60.보장성보험 | 일반 | 700,000 | 700,000 | 700,000 | 84,000 |
| | | | 건강보험료 | 1,261,680 | 1,261,680 | | | | 장애인 | | | |
| | | | 고용보험료 | 249,600 | 249,600 | | | 61.의료비 | | 900,000 | 900,000 | |
| | | 34.주택차입금 원리금상환액 | 대출기관 | | | | 62.교육비 | | 5,000,000 | 5,000,000 | 5,000,000 | 750,000 |
| | | | 거주자 | | | | 63.기부금 | | 1,100,000 | 1,100,000 | 1,100,000 | 165,000 |
| | | 34.장기주택저당차입금이자상 | | | | | 1)정치자금 기부금 | 10만원이하 | | | |
| | | 35.기부금-2013년이전이월분 | | | | | | 10만원초과 | | | |
| | | 36.특별소득공제 계 | | | 1,511,280 | | 2)법정기부금(전액) | | | | |
| | 37.차감소득금액 | | | | 22,758,720 | | 3)우리사주조합기부금 | | | | |
| | | 38.개인연금저축 | | | | | 4)지정기부금(종교단체외) | | | | |
| | 그밖의 소득공제 | 39.소기업, 소상공인 공제부금 | 2015년이전가입 | | | | 5)지정기부금(종교단체) | | 1,100,000 | 1,100,000 | 165,000 |
| | | | 2016년이후가입 | | | | 64.특별세액공제 계 | | | | 999,000 |
| | | 40.주택마련저축소득공제 | 청약저축 | | | | 65.표준세액공제 | | | | |
| | | | 주택청약 | | | | 66.납세조합공제 | | | | |
| | | | 근로자주택마련 | | | | 67.주택차입금 | | | | |
| | | 41.투자조합출자 등 소득공제 | | | | | 68.외국납부 | ▶ | | | |
| | | 42.신용카드 등 사용액 | | 800,000 | | | 69.월세액 | | 1,200,000 | 1,200,000 | 144,000 |

| | 구분 | 소득세 | 지방소득세 | 농어촌특별세 | 계 |
|---|---|---|---|---|---|
| | 72.결정세액 | 359,008 | 35,900 | | 394,908 |
| 기납부세액 | 73.종(전)근무지 | | | | |
| | 74.주(현)근무지 | 1,266,480 | 126,600 | | 1,393,080 |
| | 75.납부특례세액 | | | | |
| | 76.차감징수세액 | -907,470 | -90,700 | | -998,170 |

⑸ 신용카드 등 사용금액 소득공제

근로소득이 있는 거주자(일용근로자 제외)가 사업자로부터 재화나 용역을 제공받고 신용카드 등을 사용한 금액이 있는 경우에는 다음의 금액을 해당 과세연도의 근로소득금액에서 공제한다.

| 자료구분 | 보험료 | | | | 의료비 | | | 교육비 | | |
|---|---|---|---|---|---|---|---|---|---|---|
| | 건강 | 고용 | 일반보장성 | 장애인전용 | 일반 | 난임 | 장애인.건강 | 일반 | 장애인특수 | |
| 국세청 | | | | | | | | 5,000,000 | 4.본인 | |
| 기타 | 1,261,680 | 249,600 | | | | | | | | |
| 자료구분 | 신용카드등 사용액공제 | | | | | | | 기부금 | | |
| | 신용카드 | 현금영수증 | 직불카드등 | 도서공연사용분 | 전통시장사용분 | 대중교통이용분 | | | | |
| 국세청 | | | | | 800,000 | | | 1,100,000 | | |
| 기타 | | | | | | | | | | |

| | 자료구분 | 보험료 | | | | 의료비 | | | 교육비 | | |
|---|---|---|---|---|---|---|---|---|---|---|---|
| 합 | | 건강 | 고용 | 일반보장성 | 장애인전용 | 일반 | 난임 | 장애인.건강 | 일반 | 장애인특수 | |
| | 국세청 | | | | | | | | 5,000,000 | | |
| | 기타 | 1,261,680 | 249,600 | | | | | | | | |
| 계 | 자료구분 | 신용카드등 사용액공제 | | | | | | | 기부금 | | |
| | | 신용카드 | 현금영수증 | 직불카드등 | 도서공연사용분 | 전통시장사용분 | 대중교통이용분 | | | | |
| | 국세청 | | | | | 800,000 | | | 1,100,000 | | |
| | 기타 | | | | | | | | | | |

| 의료비 최소금액(총급여의 3%) | | 1,152,000 | 신용카드 등 최소금액(총급여의 25%) | | 9,600,000 |
|---|---|---|---|---|---|

① 신용카드 등 사용금액

신용카드 등의 사용금액이란 다음 금액의 연간합계액을 말하는 것이며, 국외에서 사용한 금액은 제외된다.

- 신용카드를 사용하여 그 대가로 지급하는 금액
- 현금영수증(조세특례제한법에 따라 현금거래사실을 확인받은 것 포함)에 기재된 금액
- 직불카드 또는 선불카드(실지명의가 확인되는 기명식선불카드만 해당), 직불전자지급수단, 선불전자지급수단(실지명의가 확인되는 기명식선불전자지급수단만 해당) 또는 전자화폐(실지명의가 확인되는 기명식전자화폐만 해당)를 사용하여 그 대가로 지급하는 금액
- 제로페이
- 도서공연비(신문포함), 전통시장, 대중교통이용분등

② 공제대상 신용카드 사용액

- 신용카드 등의 사용자 : 거주자 본인과 배우자 및 직계존비속(배우자의 직계존속 포함)과 동거입양자가 사용한 금액을 대상으로 한다. 사용대상자 중 본인 이외의 자 중에서 연간소득금액이 100만원(근로소득만 있는 경우에는 총급여가 500만원)을 초과하는 자의 사용액은 제외된다. 기본공제의 대상이 된 생계를 같이 하는 부양가족 중 형제자매 등이 사용한 금액은 제외된다.

• 신용카드불공제대상(과표양성화와 무관한 것)

> • 사업소득과 관련된 비용 또는 법인의 비용에 해당하는 경우
> • 물품의 판매 또는 용역의 제공을 가장하는 등 신용카드, 직불카드, 직불전자지급수단, 기명식선불카드, 기명식선불전자지급수단, 기명식전자화폐 또는 현금영수증의 비정상적인 사용행위에 해당하는 경우
> • 신규로 출고되는 자동차를 신용카드, 직불카드, 직불전자지급수단, 기명식선불카드, 기명식선불전자지급수단, 기명식전자화폐 또는 현금영수증으로 구입하는 경우
> • 건강보험료, 연금보험료, 그 밖의 각종 보험계약의 보험료 또는 공제료
> • 학교(대학원 포함) 및 보육시설에 납부하는 수업료・입학금・보육비용 기타 공납금
> • 정부 또는 지방자치단체에 납부하는 국세・지방세, 전기료・수도료・가스료・전화료(정보사용료・인터넷이용료 등 포함)・아파트관리비・텔레비전시청료(「종합유선방송법」에 의한 종합유선방송의 이용료를 포함한다) 및 고속도로통행료
> • 상품권 등 유가증권 구입비
> • 리스료(자동차대여사업의 자동차대여료 포함)
> • 취득세 또는 등록세가 부과되는 재산의 구입비용(단, 중고자동차 구입은 10%공제)
> • 부가가치세 과세업종 외의 업무를 수행하는 국가・지방자치단체 또는 지방자치단체조합(의료기관 및 보건소 제외)에 지급하는 사용료・수수료 등의 대가
> • 차입금 이자상환액, 증권거래수수료 등 금융・보험용역과 관련한 지급액, 수수료, 보증료 및 이와 비슷한 대가
> • 정당(후원회 및 각 급 선거관리위원회 포함)에 신용카드 또는 직불카드로 결제하여 기부하는 정치자금(세액공제 및 소득공제를 적용받은 경우에 한한다)
> • 그 밖에 위와 비슷한 것

③ 신용카드 등 소득공제금액

• 신용카드 등 사용금액 합계

= [신용카드 + 직불카드 + 기명식선불카드 + 백화점카드 + 현금영수증]

• 신용카드 소득공제(현금영수증포함)-신용카드 및 사용종류에 따라 15%에서 40%, 추가공제 적용

## 3. 특별세액공제

### (1) 보험료세액공제

근로소득이 있는 거주자가 다음에 해당하는 보장성보험의 보험료를 지급한 경우 다음의 금액을 종합소득산출세액에서 공제한다.

> 보험료세액공제액 = ㉠ + ㉡
> ㉠ 장애인전용 보장성보험료 : Min[보험료 지급액, 연 100만원] × 15%
> ㉡ 일반 보장성보험료 : Min[보험료 지급액, 연 100만원] × 12%
>
> • 장애인전용 보장성보험료 : 기본공제대상자 중 장애인을 피보험자 또는 수익자로 하는 보험료
> • 일반 보장성 보험료 : 기본공제대상자를 피보험자로 하는 법 소정의 보장성보험료(위 ㉠에 따른 장애인전용보장성보험료는 제외함)

| 자료구분 | 보험료 | | | | 의료비 | | | 교육비 | |
|---|---|---|---|---|---|---|---|---|---|
| | 건강 | 고용 | 일반보장성 | 장애인전용 | 일반 | 난임 | 장애인.건강 | 일반 | 장애인특수 |
| 국세청 | | | 700,000 | | | | | 5,000,000 | 4.본인 |
| 기타 | 1,261,680 | 249,600 | | | | | | | |

**보험료 등 공제대상금액**   ✕

| 자료구분 | 국세청 | 급여/기타 | 정산 | 최종반영금액 |
|---|---|---|---|---|
| 국민연금_직장 | | 1,620,000 | | 1,620,000 |
| 국민연금_지역 | | | | |
| 합 계 | | 1,620,000 | | 1,620,000 |
| 건강보험료-보수월액 | | 1,162,800 | | 1,162,800 |
| 장기요양보험료-보수월액 | | 98,880 | | 98,880 |
| 건강보험료-소득월액(지역) | | | | |
| 기요양보험료-소득월액(지역 | | | | |
| 합 계 | | 1,261,680 | | 1,261,680 |
| 고용보험료 | | 249,600 | | 249,600 |
| 보장성보험-일반 | 700,000 | | | 700,000 |
| 보장성보험-장애인 | | | | |
| 합 계 | 700,000 | | | 700,000 |

## (2) 의료비세액공제

| 자료구분 | 보험료 | | | | 의료비 | | | 교육비 | | 계산 ⓘ 정보 |
|---|---|---|---|---|---|---|---|---|---|---|
| | 건강 | 고용 | 일반보장성 | 장애인전용 | 일반 | 난임 | 장애인.건강 | 일반 | 장애인특수 | |
| 국세청 | | | 700,000 | | 900,000 1.전액 | | | 5,000,000 4.본인 | | |
| 기타 | 1,261,680 | 249,600 | | | | | | | | |

**의료비지급명세서**

| (2019) 년 의료비 지급명세 | | | | | | | | | |
|---|---|---|---|---|---|---|---|---|---|
| 지급처 | | | 의료비 공제대상자 | | | | 지급명세 | | |
| 9.의료증빙코드 | 8.상호 | 7.사업자등록번호 | 성명 | 내/외 | 5.주민등록번호 | 6.본인등해당여부 | 10.건수 | 11.금액 | 12.난임시술비해당여부 |
| 국세청장 | | | 홍수영 | 내 | 771220-1845272 | 1 | 0 | | 900,000 | X |

근로소득이 있는 거주자가 기본공제대상자(연령 및 소득의 제한을 받지 아니한다)를 위하여 법소정의 의료비를 지급한 경우 다음의 금액을 종합소득산출세액에서 공제한다.

> 의료비세액공제액 = [㉠ + ㉡] × 15%(난임시술비는 20%)
> ㉠ 본인·과세기간 종료일 현재 65세 이상인 자·장애인(중증환자,말기암환자, 백혈병환자, 희귀성난치질환, 폐결핵환자포함), 난임시술비를 위한 의료비
> ㉡ Min[㉠의 의료비 − 총급여액 × 3%, 700만원]
> 　성실사업자의 의료비세액공제시에는 '사업소득금액'으로 한다.
> ㉡의 금액이 부(−)인 경우에는 의료비세액공제액 계산시 ㉠의 금액에서 차감한다.

### ① 공제대상 의료비의 범위

기본공제대상자(연령 및 소득금액의 제한을 받지 아니함)를 위하여 당해 근로자가 직접 부담하는 의료비.

- 진찰·진료·질병예방을 위하여 규정에 의한 의료기관(종합병원·병원·치과병원·한방병원·요양병원·의원·치과의원·한의원 및 조산원)에 지급하는 비용
- 치료·요양을 위하여 약사법의 규정에 의한 의약품(한약 포함)을 구입
- 장애인보장구를 직접 구입 또는 임차하기 위하여 지출한 비용

- 의사·치과의사·한의사 등의 처방에 따라 의료기기를 직접 구입 또는 임차
- 시력보정용 안경 또는 콘택트렌즈 구입의 1인당 연 50만원 이내의 금액
- 보청기 구입을 위하여 지출한 비용
- **산후조리원비(총급여 7천만원이하자, 1회 200만원한도)사업소득금액6천마원이하인자 및 성실신고확인 대상자**
- 입원비
- 중층질환자. 희권난치성질환자 또는 결핵환자

② 의료비 공제사례
- 의료기관에서 받는 건강진단을 위한 비용
- 임신 중 초음파·양수검사비, 출산관련 분만비용, 질병예방을 위한 근시 교정시술비·스케일링비용은 공제대상 의료비에 해당되며, 불임으로 인한 인공수정시술을 받은 경우에는 그에 따른 검사료, 시술비
- LASIK(레이저각막절삭술) 수술비용
- 미숙아.선천성이상아에 대한 의료비
- 난임시술비

③ 의료비 불공제사례
- 근로자가 사내근로복지기금으로부터 지급받은 의료비
- 근로자가 당해연도에 지급한 의료비 중 근로자가 가입한 상해보험 등에 의하여 보험회사에서 수령한 보험금으로 지급한 의료비
- 의료법에서 규정하는 의료기관에 해당되지 아니하는 외국의 의료기관에 지출한 비용
- 실제 부양하지 아니하는 직계존속이나 생계를 같이하지 아니하는 형제자매의 의료비
- 건강기능식품에 관한 법률에 의한 건강기능식품을 구입하고 지급하는 비용

### (3) 교육비세액공제

교육비 지출액의 15%를 세액공제한다.

① 공제대상 교육비

근로자가 기본공제대상자(연령의 제한을 받지 않음)를 위하여 공제대상 교육기관 등에 지급한 수업료, 입학금, 보육비용, 수강료, 방과후학교 수업료, 교재대, 식대, 초중고생의 체험학습비(1인 연30만원한도), 학자금대출상환, 중고생교복(체육복)구입비(50만원한도)등의 합계액을 일정금액 한도 내에서 공제받을 수 있다.

② 공제대상 교육기관
- 평생교육법에 의한 원격대학
- 학점인정 등에 관한 법률 및 독학에 의한 학위취득에 관한 법률에 따른 교육 과정
- 영유아보육법에 의한 보육시설

- 학원의 설립·운영 및 과외교습에 관한 법률에 월단위 교습에 의한 학원
- 취학전 아동이 교습 등을 받는 체육시설(주 1회이상 월단위 과정)
- 국외교육기관
- 근로자직업능력개발법의 규정에 의한 직업능력개발훈련시설
- 보건복지부장관이 장애인재활교육을 실시하는 기관으로 인정한 법인 등

③ **교육비 공제금액에서 제외되는 금액**
- 당해 연도에 지급한 교육비 중에 소득세 또는 증여세가 비과세되는 수업료
- 소득세 또는 증여세가 비과세되는 장학금 또는 학자금

④ **교육비 공제대상**
- 학생인 당해 근로자를 위하여 지급한 수업료. 이 경우 대학(원격대학 및 학위취득과정을 포함) 또는 대학원의 1학기 이상에 상당하는 교육과정(대학원의 총경영자과정, 전문상담교사 양성과정 등)과 고등교육법의 규정에 따른 시간제 과정에 등록하여 지급하는 수업료 등을 포함한다.
- 기본공제대상자인 배우자·직계비속·형제자매 및 입양자를 위하여 지급한 수업료 등
- 국외교육기관의 학생을 위하여 수업료 등을 지급하는 경우에는 다음의 요건을 갖춘 학생에 한한다. 단, 고등학교와 대학교는 유학규정 적용하지 아니한다.

| 공 제 대 상 자 |
| --- |
| • 국외유학에 관한 규정 제5조에 의해 자비유학의 자격이 있는 학생<br>• 국외유학에 관한 규정 제15조에 의해 유학을 하는 자로서 부양의무자와 국외에서 동거한 기간이 1년 이상인 학생 |

- 당해 근로자를 위하여 근로자직업능력개발법의 규정에 의한 직업능력개발훈련시설에서 실시하는 직업능력개발을 위하여 지급한 수강료. 다만, 고용보험법의 규정에 의한 근로자 수강지원금을 받는 경우에는 이를 차감한 금액으로 한다.
- 기본공제대상자인 장애인(나이와 소득금액의 제한을 받지 아니함)을 위하여 시설 등에 장애인의 재활교육을 위하여 지급하는 비용-장애인특수교육비

⑤ **교육비 공제사례**
- 기본공제대상인 시동생이나 처제을 위해 지출하는 교육비
- 교육비공제와 「자녀양육비공제」 추가공제에 해당하는 경우에는 모두 공제
- 고등학교 재학 중에 특차모집에 합격하여 납부한 대학 등록금은 대학생이 된 연도의 교비공제대상이다.
- 근로자 본인이 대학원에 입학하기 전에 납부한 교육비는 입학하여 대학원생이 된 연도에 공제받을 수 있다.
- 기성회비, 예능학교 등의 정규교과과정에 해당하는 실기교육을 위한 실기지도비
- 학교로부터 받는 장학금 등으로 등록금 감면액이 있는 경우 실제 납부한 금액만 공제되는 것이다.

• 국외교육비 중 여름학교수업료, 과외활동비가 정규교육과정에 해당되는 경우에만 교육비 공제대상이다.

⑥ 교육비 불공제사례
• 직계존속에 대한 교육비(단. 장애인특수교육비는 나이와 소득제한없이 무조건 공제)
• 수업료와는 별도로 정규수업시간 이외의 시간에 실시하는 실기지도에 따른 외부강사의 보수를 지급하기 위한 실기지도비
• 학교버스이용료, 기숙사비
• 초·중등교육법에 의하여 교육감으로부터 학교로 인가받지 아니한 국내 외국인학교에 지출한 교육비
• 국외교육기관에 해당되지 아니하는 외국의 대학부설 어학연수과정에 대한 수업료

(4) 기부금세액공제−나이제한없고, 소득제한 있음, 이월분을 먼저 공제

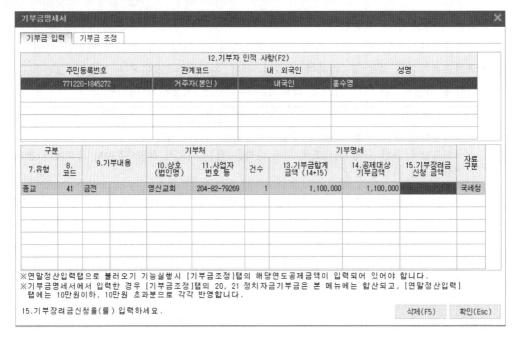

**기부금명세서**

기부금 입력 | **기부금 조정**

| 구분 | | 기부연도 | 16.기부금액 | 17.전년도까지 공제된금액 | 18.공제대상 금액(16-17) | 해당연도 공제금액 | 해당연도에 공제받지 못한 금액 | |
|---|---|---|---|---|---|---|---|---|
| 유형 | 코드 | | | | | | 소멸금액 | 이월금액 |
| 종교 | 41 | 2020 | 1,100,000 | | 1,100,000 | | | 1,100,000 |

※연말정산입력탭으로 불러오기 기능실행시 [기부금조정]탭의 해당연도공제금액이 입력되어 있어야 합니다.
※기부금명세서에서 입력한 경우 [기부금조정]탭의 20, 21 정치자금기부금은 본 메뉴에는 합산되고, [연말정산입력] 탭에는 10만원이하, 10만원 초과분으로 각각 반영합니다.

15.기부장려금신청을(를) 입력하세요.

공제금액계산 | 삭제(F5) | 확인(Esc)

---

**기부금 공제금액 계산 참조**

| 근로소득금액 | 27,390,000 | 정치자금기부금 외 세액공제대상금액 | 1,100,000 | 세액공제가능액 | 1,637,008 |
|---|---|---|---|---|---|

| 코드 | 구분 | 지출액 | 공제대상금액 | 공제율1 (15%) | 공제율2 (25% or 30%) | 소득/세액공제액 | 공제초과이월액 |
|---|---|---|---|---|---|---|---|
| 20 | 정치자금(10만원 이하) | | | | | | |
| 20 | 정치자금(10만원 초과) | | | | | | |
| 10 | 법정이월(2013년) | | | | | | |
| 10 | 법정당해기부금 | | | | | | |
| 10 | 법정이월(2014년) | | | | | | |
| 10 | 법정이월(2015년) | | | | | | |
| 10 | 법정이월(2016년) | | | | | | |
| 10 | 법정이월(2017년) | | | | | | |
| 10 | 법정이월(2018년) | | | | | | |
| 42 | 우리사주조합기부금 | | | | | | |
| 40 | 종교단체외이월(2013년이전) | | | | | | |
| 41 | 종교단체이월(2013년이전) | | | | | | |
| 40 | 종교단체외당해기부금 | | | | | | |
| 40 | 종교단체외이월(2014년) | | | | | | |
| 40 | 종교단체외이월(2015년) | | | | | | |
| 40 | 종교단체외이월(2016년) | | | | | | |
| 40 | 종교단체외이월(2017년) | | | | | | |
| 40 | 종교단체외이월(2018년) | | | | | | |
| 41 | 종교단체당해기부금 | 1,100,000 | 1,100,000 | 1,100,000 | | 165,000 | |
| 41 | 종교단체이월(2014년) | | | | | | |
| 41 | 종교단체이월(2015년) | | | | | | |
| 41 | 종교단체이월(2016년) | | | | | | |
| 41 | 종교단체이월(2017년) | | | | | | |
| 41 | 종교단체이월(2018년) | | | | | | |
| | 합 계 | 1,100,000 | 1,100,000 | 1,100,000 | | 165,000 | |

| 기부금(이월액)소득공제 | | 정치기부금10만원 초과세액공제 | | 법정기부금 세액공제 | |
|---|---|---|---|---|---|
| 우리사주기부금 세액공제 | | 지정기부금(종교외) 세액공제 | | 지정기부금(종교) 세액공제 | 165,000 |

▶ 기부금명세서 작성시 주의사항
① 기부금을 이월하는 경우에는 기부금명세서에서 해당년도 공제금액을 반드시 확인합니다.
② 표준세액공제를 적용받는 경우 기부금조정명세서의 해당연도공제금액, 이월(소멸)금액은 판단하여 입력합니다.
   (표준세액공제를 적용받는 경우 정치자금기부금과 우리사주기부금은 중복공제 가능합니다.)

참고자료 | 불러오기 | 공제금액반영 | 전체삭제 | 저장 | 종료(Esc)

| 기부금 입력 | **기부금 조정** | | | | | | | |
|---|---|---|---|---|---|---|---|---|

| 구분 | | 기부연도 | 16.기부금액 | 17.전년도까지 공제된금액 | 18.공제대상 금액(16-17) | 해당연도 공제금액 | 해당연도에 공제받지 못한 금액 | |
|---|---|---|---|---|---|---|---|---|
| 유형 | 코드 | | | | | | 소멸금액 | 이월금액 |
| 종교 | 41 | 2020 | 1,100,000 | | 1,100,000 | 1,100,000 | | |

※연말정산입력탭으로 불러오기 기능실행시 [기부금조정]탭의 해당연도공제금액이 입력되어 있어야 합니다.
※기부금명세서에서 입력한 경우 [기부금조정]탭의 20, 21 정치자금기부금은 본 메뉴에는 합산되고, [연말정산입력] 탭에는 10만원이하, 10만원 초과분으로 각각 반영합니다.

15.기부장려금신청을(를) 입력하세요.

공제금액계산  삭제(F5)  확인(Esc)

기부금이 1천만원 이하인 경우에는 지급액의 15%를 세액공제

기부금이 1천만원 초과하는 경우에는 초과분에 대해 지급액의 30%를 세액공제한다.

> 세액공제대상 기부금 금액 = 이월기부금 + 법정기부금 + Min[지정기부금, 한도액]

① **법정 기부금**

- 국가 또는 지방자치단체(지방자치단체 조합 포함)에 무상으로 기증하는 금품의 가액.
- 국방헌금과 위문금품
- 천재·지변, 특별재난지역으로 선포된 사유로 생긴 이재민을 위한 구호금품
- 특별재난지역의 복구를 위하여 자원봉사한 경우 그 자원봉사용역의 가액

> 자원봉사용역의 가액 산정 (㉠ + ㉡)
> ㉠ 자원봉사용역의 가액 = 봉사일수 × 5만원
>   (봉사일수 = 총 봉사시간 ÷ 8시간, 소수점 이하 부분은 1일로 보아 계산)
> ㉡ 당해 자원봉사용역에 부수되어 발생하는 유류비·재료비 등 직접 비용은 제공할 당시의 시가 또는 장부가액

- 사회복지공동모금회법에 의한 사회복지공동모금회에 지출하는 기부금과 바보의 나눔 지출
- 대한적십자사조직법에 따른 대한적십자사에 지출하는 기부금
- 사립학교등(시설비,교육비, 장학금, 연구비)
- 대학병원등(시설비, 교육비, 연구비)
- 정치자금법에 따라 정당(후원회 및 선거관리위원회 포함)에 기부한 정치자금

② **우리사주조합에 지출하는 기부금**

우리사주조합원이 그가 속한 우리사주조합에 지출하는 기부금 제외

③ 공익성 기부금

사회·복지·문화·예술·교육·종교·자선 등 공익성기부금

- 지정기부금단체 등의 고유목적사업비로 지출하는 기부금
- 개인에게 교육비·연구비 또는 장학금으로 지출하는 기부금
- 지역새마을사업을 위하여 지출하는 기부금
- 불우이웃을 돕기 위하여 지출하는 기부금
- 근로자복지기본법에 의한 근로자복지진흥기금으로 출연하는 기부금
- 노동조합에 납부한 노동조합비
- 아동복지법에의 규정에 의한 아동복지시설
- 노인복지법의 규정에 의한 무료노인복지시설
- 장애인복지법의 규정에 의한 장애인생활시설, 장애인지역사회재활시설(장애인 공동생활가정은 비영리법인 또는 사회복지법인이 운영하는 것에 한함), 장애인직업재활시설(장애인 생산품판매시설은 제외)등

## 4. 월세세액공제

총급여액 7천만원 이하 무주택 세대주가 국민주택규모이하(단, 기준시가 3억이하는 규모와 무관) 임차에 지급한 월세액(연 750만원 한도), 고시원비, 오피스텔비 등의 10% 세액공제(총급여액 5천5백만원 이하는 12%)

| 1 | 월세액 세액공제 명세 | | | | | | | 크게보기 |
|---|---|---|---|---|---|---|---|---|
| 임대인명<br>(상호) | 주민등록번호<br>(사업자번호) | 유형 | 계약<br>면적(㎡) | 임대차계약서 상 주소지 | 계약서상 임대차 계약기간 | | 연간 월세액 | |
| | | | | | 개시일 | ~ 종료일 | | |
| 정한석 | 650827-1234563 | 다세대주택 | 80.00 | 서울시 동대문구 답십리로 100 | 2019-01-01 | ~ 2021-12-31 | 1,200,000 | |

### 기본예제

**02. 6011.(주)지성상사 105.김갑석의 아래 자료를 이용하여 연말정산을 하시오. 모두 공제요건을 충족한다. 기부금을 제외한 모든 자료는 국세청자료이다.**

| 구 분 | 명 세 | 금 액 |
|---|---|---|
| 신용카드사용액 | 본인사용액 | 18,296,000원 |
| 보험료 납부액 | 본인의 자동차보험 | 650,000원 |
| | 생명보험(배우자가 피보험자) | 280,000원 |
| | 장애자 전용 보장성보험(이동수) | 1,250,000원 |
| 기부금 | 종교단체 배우자 기부금 | 1,800,000원 |
| 교육비 | 본인 야간 대학원 교육비 | 4,100,000원 |
| 의료비 지출액 | 아버지 김홍도 치료목적 병원입원비 | 3,720,000원 |
| 기타 | 청약저축 불입액 | 4,000,000원 |
| | 연금저축 불입액 | 1,200,000원 |

- 위 신용카드 사용액에는 배우자 현금영수증 사용금액 1,280,000원은 제외되어 있다.
- 종교단체기부금은 예수님교회(204-82-79270)이다.
- 의료비 지출액은 전액 본인 신용카드 사용액에 포함되어 있다.
- 청약저축불입액은 소득공제요건(2016년가입)을 충족하고 국민은행(456-236-1235)에 납입된다.
- 연금저축불입액은 배우자명의이고 국민은행(456-236-1235)에 납입된다.

### 해설

(1) 보험료공제 : 보장성보험(납입액>=불입액)만 공제가능(한도: 100만원)
    장애인전용보험료는 추가로 100만원 인정하되 중복공제는 안됨
(2) 의료비공제 : 나이 제한, 소득금액 제한없이 공제가능하며, 본인, 장애인, 65세이상 경로우대자의 지출액은 전액공제된다.
(3) 교육비공제 : 나이 제한 없이 인정되며, 본인의 교육비는 대학원까지 전액공제된다.
(4) 기부금공제 : 공익성기부금인 지정기부금은 30%공제되며, 종교단체기부금은 10%
(5) 신용카드소득공제 : 신용카드뿐만 아니라, 현금영수증도 인정한다.
(6) 청약저축과 연금저축은 본인명의만 공제가능하다.

| | 구분 | | 지출액 | 공제금액 | | | 구분 | | 지출액 | 공제대상금액 | 공제금액 |
|---|---|---|---|---|---|---|---|---|---|---|---|
| 특별소득공제 | 33.보험료 | 1,791,840 | 1,791,840 | 1,791,840 | | 특별세액공제 | 60.보장성보험 | 일반 | 930,000 | 930,000 | 930,000 | 111,600 |
| | 건강보험료 | | 1,472,040 | 1,472,040 | | | | 장애인 | 1,250,000 | 1,250,000 | 1,000,000 | 150,000 |
| | 고용보험료 | | 319,800 | 319,800 | | | 61.의료비 | | 3,720,000 | 3,720,000 | 2,244,000 | 336,600 |
| | 34.주택차입금 원리금상환액 | 대출기관 | | | | | 62.교육비 | | 4,100,000 | 4,100,000 | 4,100,000 | 615,000 |
| | | 거주자 | | | | | 63.기부금 | | 1,800,000 | 1,800,000 | 1,376,760 | 206,514 |
| | 34.장기주택저당차입금이자상 | | | | | | 1)정치자금기부금 | 10만원이하 | | | | |
| | 35.기부금-2013년이전이월분 | | | | | | | 10만원초과 | | | | |
| | 36.특별소득공제 계 | | | 1,791,840 | | | 2)법정기부금(전액) | | | | | |
| 37.차감소득금액 | | | | 24,308,160 | | | 3)우리사주조합기부금 | | | | | |
| 그밖의소득공제 | 38.개인연금저축 | | | | | | 4)지정기부금(종교단체외) | | | | | |
| | 39.소기업,소상공인 공제부금 | 2015년이전가입 | | | | | 5)지정기부금(종교단체) | | | 1,800,000 | 1,376,760 | 206,514 |
| | | 2016년이후가입 | | | | | 64.특별세액공제 계 | | | | | 1,419,714 |
| | 40.주택마련저축 소득공제 | 청약저축 | 4,000,000 | 960,000 | | | 65.표준세액공제 | | | | | |
| | | 주택청약 | | | | | 66.납세조합공제 | | | | | |
| | | 근로자주택마련 | | | | | 67.주택차입금 | | | | | |
| | 41.투자조합출자 등 소득공제 | | | | | | 68.외국납부 | ▶ | | | | |
| | 42.신용카드 등 사용액 | | 19,576,000 | 1,283,400 | | | 69.월세액 | | | | | |
| | 43.우리사주조합 출연금 | 일반 등 | | | | | 70.세액공제 계 | | | | | 2,229,714 |
| | | 벤처 등 | | | | | 71.결정세액((49)-(54)-(70)) | | | | | |
| | 44.고용유지중소기업근로… | | | | | | | | | | | |

| 구분 | 소득세 | 지방소득세 | 농어촌특별세 | 계 |
|---|---|---|---|---|
| 72.결정세액 | | | | |
| 기납부세액 73.종(전)근무지 | | | | |
| 74.주(현)근무지 | 1,191,840 | 119,160 | | 1,311,000 |
| 75.납부특례세액 | | | | |
| 76.차감징수세액 | -1,191,840 | -119,160 | | -1,311,000 |

## 1.신용카드공제-김갑석

## 신용카드공제-이을순

| 연말<br>관계 | 성명 | 내/외국인 | 주민(외국인)번호 | 나이 | 기본공제 | 세대주<br>구분 | 부녀<br>자 | 한부<br>모 | 경로<br>우대 | 장애<br>인 | 자녀 | 출산<br>입양 |
|---|---|---|---|---|---|---|---|---|---|---|---|---|
| 0 | 김갑석 | 내 | 1 670827-1234563 | 53 | 본인 | 세대주 | | | | | | |
| 1 | 김홍도 | 내 | 1 401227-1532924 | 80 | 60세이상 | | | | ○ | | | |
| 3 | 이을순 | 내 | 1 690228-2538337 | 51 | 배우자 | | | | | | | |
| | 합  계 [명] | | | | 5 | | | | 1 | 1 | 1 | |

| 자료구분 | 보험료 | | | | 의료비 | | | | 교육비 | |
|---|---|---|---|---|---|---|---|---|---|---|
| | 건강 | 고용 | 일반보장성 | 장애인전용 | 일반 | 실손 | 난임 | 65세,장애인,건강 | 일반 | 장애인특수 |
| 국세청 | | | | | | | | | | |
| 기타 | | | | | | | | | | |

| 자료구분 | 신용카드등 사용액공제 | | | | | | 기부금 |
|---|---|---|---|---|---|---|---|
| | 신용카드 | 현금영수증 | 직불카드등 | 도서공연 등 | 전통시장사용분 | 대중교통이용분 | |
| 국세청 | | 1,280,000 | | | | | |
| 기타 | | | | | | | |

| 합 | 자료<br>구분 | 보험료 | | | | 의료비 | | | | 교육비 | |
|---|---|---|---|---|---|---|---|---|---|---|---|
| | | 건강 | 고용 | 일반보장성 | 장애인전용 | 일반 | 실손 | 난임 | 65세,장애인,건강 | 일반 | 장애인특수 |
| | 국세청 | | | | | | | | | | |
| | 기타 | 1,472,040 | 319,800 | | | | | | | | |

| 계 | 자료<br>구분 | 신용카드등 사용액공제 | | | | | | 기부금 |
|---|---|---|---|---|---|---|---|---|
| | | 신용카드 | 현금영수증 | 직불카드등 | 도서공연 등 | 전통시장사용분 | 대중교통이용분 | |
| | 국세청 | 18,296,000 | 1,280,000 | | | | | |
| | 기타 | | | | | | | |

| 의료비 최소금액(총급여의 3%) | 신용카드 등 최소금액(총급여의 25%) |
|---|---|

## 2. 청약저축

| 계속 | 중도 | 총괄 | | | 편리한연말정산 엑셀 | 참고:특별소득(세액)공제 적용분 |

| | 사번 | 사원명 | 완료 |
|---|---|---|---|
| | 101 | 홍수영 | × |
| ■ | 102 | 김갑석 | × |

소득명세  부양가족  **연금저축 등I**  연금저축 등II  월세,주택임차  연말정산입력          확대

**1** 연금계좌 세액공제 - 퇴직연금계좌(연말정산입력 탭의 57.과학기술인공제, 58.근로자퇴직연금)   크게보기

| 퇴직연금 구분 | 코드 | 금융회사 등 | 계좌번호(증권번호) | 납입금액 | 공제대상금액 | 세액공제금액 |
|---|---|---|---|---|---|---|
| 퇴직연금 | | | | | | |
| 과학기술인공제회 | | | | | | |

**2** 연금계좌 세액공제 - 연금저축계좌(연말정산입력 탭의 38.개인연금저축, 59.연금저축)   크게보기

| 연금저축구분 | 코드 | 금융회사 등 | 계좌번호(증권번호) | 납입금액 | 공제대상금액 | 소득/세액공제액 |
|---|---|---|---|---|---|---|
| 개인연금저축 | | | | | | |
| 연금저축 | | | | | | |

| | |
|---|---|
| 총급여액 ▶ | 87,600,000 |
| 비과세총액 | 7,200,000 |
| 지급명세서작성대상<br>비과세 | 1,200,000 |
| 결정세액 | 2,115,232 |
| 기납부세액(현) | 2,458,320 |
| 기납부세액(종전) | |
| 납부세액 | -343,090 |
| 연말(계속근무자) | 2 |
| 중도(퇴사자) | |

**3** 주택마련저축 공제(연말정산탭의 40.주택마련저축소득공제)   크게보기

| 저축구분 | 코드 | 금융회사 등 | 계좌번호(증권번호) | 납입금액 | 소득공제금액 |
|---|---|---|---|---|---|
| 1.청약저축 | 306 | (주) 국민은행 | 456-236-1235 | 4,000,000 | 960,000 |
| 청약저축 | | | | 4,000,000 | 960,000 |
| 주택청약종합저축 | | | | | |
| 근로자주택마련저축 | | | | | |

3. 보험료-김갑석

### 보험료 등 공제대상금액

| 자료구분 | 국세청 | 급여/기타 | 정산 | 최종반영금액 |
|---|---|---|---|---|
| 국민연금_직장 | | 1,890,000 | | 1,890,000 |
| 국민연금_지역 | | | | |
| 합 계 | | 1,890,000 | | 1,890,000 |
| 건강보험료-보수월액 | | 1,356,600 | | 1,356,600 |
| 장기요양보험료-보수월액 | | 115,440 | | 115,440 |
| 건강보험료-소득월액(지역) | | | | |
| 기요양보험료-소득월액(지역) | | | | |
| 합 계 | | 1,472,040 | | 1,472,040 |
| 고용보험료 | | 319,800 | | 319,800 |
| 보장성보험-일반 | 650,000 | | | 650,000 |
| 보장성보험-장애인 | | | | |
| 합 계 | 650,000 | | | 650,000 |

보험료-이을순

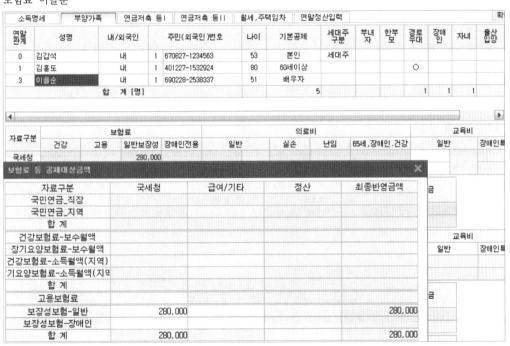

| 소득명세 | 부양가족 | 연금저축 등 I | 연금저축 등 II | 월세,주택임차 | 연말정산입력 | | | | | | |

| 연말<br>관계 | 성명 | 내/외국인 | 주민(외국인)번호 | 나이 | 기본공제 | 세대주<br>구분 | 부녀<br>자 | 한부<br>모 | 경로<br>우대 | 장애<br>인 | 자녀 | 출산<br>입양 |
|---|---|---|---|---|---|---|---|---|---|---|---|---|
| 0 | 김갑석 | 내 | 1 670827-1234563 | 53 | 본인 | 세대주 | | | | | | |
| 1 | 김홍도 | 내 | 1 401227-1532924 | 80 | 60세이상 | | | | ○ | | | |
| 3 | 이을순 | 내 | 1 690228-2538337 | 51 | 배우자 | | | | | | | |
| | 합 계 [명] | | | | 5 | | | | 1 | 1 | 1 | |

| 자료구분 | 보험료 | | | | 의료비 | | | | 교육비 | |
|---|---|---|---|---|---|---|---|---|---|---|
| | 건강 | 고용 | 일반보장성 | 장애인전용 | 일반 | 실손 | 난임 | 65세,장애인.건강 | 일반 | 장애인특 |
| 국세청 | | | 280,000 | | | | | | | |

### 보험료 등 공제대상금액

| 자료구분 | 국세청 | 급여/기타 | 정산 | 최종반영금액 |
|---|---|---|---|---|
| 국민연금_직장 | | | | |
| 국민연금_지역 | | | | |
| 합 계 | | | | |
| 건강보험료-보수월액 | | | | |
| 장기요양보험료-보수월액 | | | | |
| 건강보험료-소득월액(지역) | | | | |
| 기요양보험료-소득월액(지역) | | | | |
| 합 계 | | | | |
| 고용보험료 | | | | |
| 보장성보험-일반 | 280,000 | | | 280,000 |
| 보장성보험-장애인 | | | | |
| 합 계 | 280,000 | | | 280,000 |

보험료-이동수

| 소득명세 | 부양가족 | 연금저축 등I | 연금저축 등II | 월세,주택임차 | 연말정산입력 | | | | | | | | 확대 |

| 연말관계 | 성명 | 내/외국인 | | 주민(외국인)번호 | 나이 | 기본공제 | 세대주구분 | 부녀자 | 한부모 | 경로우대 | 장애인 | 자녀 | 출산입양 |
|---|---|---|---|---|---|---|---|---|---|---|---|---|---|
| 4 | 김수남 | 내 | 1 | 920812-1234574 | 28 | 부 | | | | | | | |
| 4 | 김수진 | 내 | 1 | 000630-4538222 | 20 | 20세이하 | | | | | | ○ | |
| 6 | 이동수 | 내 | 1 | 930925-1538925 | 27 | 장애인 | | | | | 1 | | |
| | 합 계 [명] | | | | | 5 | | | | | 1 | 1 | 1 |

| 자료구분 | 보험료 | | | | 의료비 | | | | 교육비 | |
|---|---|---|---|---|---|---|---|---|---|---|
| | 건강 | 고용 | 일반보장성 | 장애인전용 | 일반 | 실손 | 난임 | 65세,장애인.건강 | 일반 | 장애인특수 |
| 국세청 | | | | 1,250,000 | | | | | | |

**보험료 등 공제대상금액**

| 자료구분 | 국세청 | 급여/기타 | 정산 | 최종반영금액 |
|---|---|---|---|---|
| 국민연금_직장 | | | | |
| 국민연금_지역 | | | | |
| 합 계 | | | | |
| 건강보험료-보수월액 | | | | |
| 장기요양보험료-보수월액 | | | | |
| 건강보험료-소득월액(지역) | | | | |
| 기요양보험료-소득월액(지역) | | | | |
| 합 계 | | | | |
| 고용보험료 | | | | |
| 보장성보험-일반 | | | | |
| 보장성보험-장애인 | 1,250,000 | | | 1,250,000 |
| 합 계 | 1,250,000 | | | 1,250,000 |

4.기부금입력-이을순

**기부금명세서**

| 기부금 입력 | 기부금 조정 |

12.기부자 인적 사항(F2)

| 주민등록번호 | 관계코드 | 내 · 외국인 | 성명 |
|---|---|---|---|
| 690228-2538337 | 배우자 | 내국인 | 이을순 |
| | | | |
| | | | |
| | | | |

| 구분 | | | 기부처 | | 기부명세 | | | | 자료구분 |
|---|---|---|---|---|---|---|---|---|---|
| 7.유형 | 8.코드 | 9.기부내용 | 10.상호(법인명) | 11.사업자번호 등 | 건수 | 13.기부금합계금액 (14+15) | 14.공제대상기부금액 | 15.기부장려금신청 금액 | |
| 종교 | 41 | 금전 | 예수님교회 | 204-82-79270 | 1 | 1,800,000 | 1,800,000 | | 기타 |

※연말정산입력탭으로 불러오기 기능실행시 [기부금조정]탭의 해당연도공제금액이 입력되어 있어야 합니다.
※기부금명세서에서 입력한 경우 [기부금조정]탭의 20, 21 정치자금기부금은 본 메뉴에는 합산되고, [연말정산입력]
탭에는 10만원이하, 10만원 초과분으로 각각 반영합니다.

F2 코드도움을 하시면 부양가족 명세를 확인하실수 있습니다.

삭제(F5)　확인(Esc)

## 기부금 공제액계산-이을순

| 41 | 종교단체당해기부금 | 1,800,000 | 1,800,000 | 1,800,000 | | 270,000 | |
| 41 | 종교단체이월(2014년) | | | | | | |
| 41 | 종교단체이월(2015년) | | | | | | |
| 41 | 종교단체이월(2016년) | | | | | | |
| 41 | 종교단체이월(2017년) | | | | | | |
| 41 | 종교단체이월(2018년) | | | | | | |
| | 합 계 | 1,800,000 | 1,800,000 | 1,800,000 | | 270,000 | |

| 기부금(이월액)소득공제 | | 정치기부금10만원 초과세액공제 | | 법정기부금 세액공제 | |
|---|---|---|---|---|---|
| 우리사주기부금 세액공제 | | 지정기부금(종교외) 세액공제 | | 지정기부금(종교) 세액공제 | 270,000 |

▶ 기부금명세서 작성시 주의사항

① 기부금을 이월하는 경우에는 기부금명세서에서 해당년도 공제금액을 반드시 확인합니다.
② 표준세액공제를 적용받는 경우 기부금조정명세서의 해당연도 공제금액, 이월(소멸)금액은 판단하여 입력합니다.
   (표준세액공제를 적용받는 경우 정치자금기부금과 우리사주기부금은 중복공제 가능합니다.)

참고자료   불러오기   공제금액반영   전체삭제   저장   종료(Esc)

## 기부금조정후 화면-이을순

기부금 입력 | 기부금 조정

| 구분 | | 기부연도 | 16.기부금액 | 17.전년도까지 공제된금액 | 18.공제대상 금액(16-17) | 해당연도 공제금액 | 해당연도에 공제받지 못한 금액 | |
|---|---|---|---|---|---|---|---|---|
| 유형 | 코드 | | | | | | 소멸금액 | 이월금액 |
| 종교 | 41 | 2020 | 1,800,000 | | 1,800,000 | 1,800,000 | | |

※연말정산입력탭으로 불러오기 기능실행시 [기부금조정]탭의 해당연도공제금액이 입력되어 있어야 합니다.
※기부금명세서에서 입력한 경우 [기부금조정]탭의 20, 21 정치자금기부금은 본 메뉴에는 합산되고, [연말정산입력]탭에는 10만원이하, 10만원 초과분으로 각각 반영합니다.
F2 코드도움을 하시면 부양가족 명세를 확인하실수 있습니다.

공제금액계산   삭제(F5)   확인(Esc)

| 자료구분 | 보험료 | | | | 의료비 | | | 교육비 | |
|---|---|---|---|---|---|---|---|---|---|
| | 건강 | 고용 | 일반보장성 | 장애인전용 | 일반 | 난임 | 장애인.건강 | 일반 | 장애인특수 |
| 국세청 | | | 280,000 | | | | | | |
| 기타 | | | | | | | | | |

| 자료구분 | 신용카드등 사용액공제 | | | | | | 기부금 |
|---|---|---|---|---|---|---|---|
| | 신용카드 | 현금영수증 | 직불카드등 | 도서공연사용분 | 전통시장사용분 | 대중교통이용분 | |
| 국세청 | | 1,280,000 | | | | | |
| 기타 | | | | | | | 1,800,000 |

5.교육비

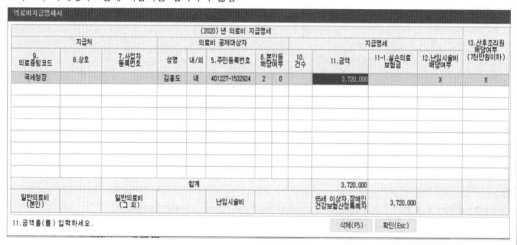

| 소득명세 | 부양가족 | 연금저축 등I | 연금저축 등II | 월세,주택임차 | 연말정산입력 | | | | | | | | | 확대 |
|---|---|---|---|---|---|---|---|---|---|---|---|---|---|---|
| 연말관계 | 성명 | 내/외국인 | | 주민(외국인)번호 | 나이 | 기본공제 | 세대주구분 | 부녀자 | 한부모 | 경로우대 | 장애 | 자녀 | 출산입양 | |
| 0 | 김갑석 | 내 | 1 | 670827-1234563 | 53 | 본인 | 세대주 | | | | | | | |
| 1 | 김홍도 | 내 | 1 | 401227-1532924 | 80 | 60세이상 | | | | ○ | | | | |
| 3 | 이흥순 | 내 | 1 | 690228-2538337 | 51 | 배우자 | | | | | | | | |
| | 합 계 [명] | | | | | 5 | | | | 1 | 1 | 1 | | |

| 자료구분 | 보험료 | | | | 의료비 | | | | 교육비 | |
|---|---|---|---|---|---|---|---|---|---|---|
| | 건강 | 고용 | 일반보장성 | 장애인전용 | 일반 | 실손 | 난임 | 65세,장애인,건강 | 일반 | 장애인특수 |
| 국세청 | | | | | | | | | 4,100,000 | |
| 기타 | 1,472,040 | 319,800 | | | | | | | 4.본인 | |

| 자료구분 | 신용카드등 사용액공제 | | | | | | 기부금 |
|---|---|---|---|---|---|---|---|
| | 신용카드 | 현금영수증 | 직불카드등 | 도서공연 등 | 전통시장사용분 | 대중교통이용분 | |
| 국세청 | 18,296,000 | | | | | | |
| 기타 | | | | | | | |

5.의료비-국세청자료일때 지급처를 입력하지 않음

의료비지급명세서

(2020) 년 의료비 지급명세

| 지급처 | | | 의료비 공제대상자 | | | | 10.건수 | 지급명세 | | | 13.산후조리원해당여부(7천만원이하) |
|---|---|---|---|---|---|---|---|---|---|---|---|
| 9.의료증빙코드 | 8.상호 | 7.사업자등록번호 | 성명 | 내/외 | 5.주민등록번호 | 6.본인등해당여부 | | 11.금액 | 11-1.실손의료보험금 | 12.난임시술비해당여부 | |
| 국세청장 | | | 김홍도 | 내 | 401227-1532924 | 2 | 0 | 3,720,000 | | X | X |
| | | | | | | | | | | | |
| | | | | | | | | | | | |
| | | | | | | | | | | | |
| | | | | | | | | | | | |
| | | | | | | | | | | | |
| | | | | | | | | | | | |
| | | | 합계 | | | | | 3,720,000 | | | |
| 일반의료비 (본인) | | 일반의료비 (그 외) | | 난임시술비 | | 65세 이상자,장애인건강보험산정특례자 | | 3,720,000 | | | |

11.금액을(를) 입력하세요.                                                    삭제(F5)    확인(Esc)

[신용카드 등으로 사용한 금액과 특별공제 중 이중공제 가능여부]

| 구 분 | 특별공제항목 | 신용카드등공제 |
|---|---|---|
| 신용카드로 결제한 의료비 | 의료비공제 가능 | |
| 중고생의 교복(체육복포함)구입비 | 교육비공제 가능 | 신용카드공제 가능 |
| 신용카드로 납부한 취학전<br>아동의 학원비(지로포함) 및 체육시설 수강료<br>(1주 1회 이상 월단위로 실시하는 교습과정에 한함) | 교육비공제 가능 | |

## 02 종합문제1

[연말정산]

2006.(주)종합문제에 입사한 박상호(사원코드:102번, 성별:남, 직종: 사무직, 세대주, 670827-1234563)씨의 사원등록사항을 입력하고 급여자료입력과 연말정산추가자료를 입력하시오.

1. 박상호씨의 과세기간종료일 현재 생계를 같이하는 가족관계는 다음과 같다.

| 이 름 | 관 계 | 연령(만) | 비고 |
|---|---|---|---|
| 박말희 | 배우자 | 55세 | 일용근로소득 2,500,000원 있음. |
| 박상무 | 장 남 | 24세 | 대학생. 소득없음 |
| 박상덕 | 차 남 | 18세 | 고등학생. 소득없음 |
| 박호연 | 부 친 | 78세 | 장애인복지법상 장애인 소득없음 |
| 이영자 | 모 친 | 76세 | 부동산임대사업소득금액 1,500,000원 |

주민번호입력은 생략하며, 사회보험을 자동계산하기 위한 기준소득월액(표준보수월액)은 3,500,000원이다.

2. 4월-12월의 급여자료입력 내용이다.

> 매월 급여지급일은 25일이고, 기본급 3,500,000원, 직책수당 80,000원, 식대 200,000원, 취재수당 250,000원, 상여금은 6월과 12월에 100%씩 지급되고 있다. 비과세요건은 모두 충족된다.

3. 다음은 박상호씨의 전근무지 소득에 대한 자료이다.

- 근무처명 : ㈜태광전자
- 근무기간 : 2020.1.1.~2020.3.31.
- 상여 : 1,200,000원
- 고용보험료 : 31,300원
- 장기요양보험료 12,600원
- 사업자등록번호 : 206-86-47965
- 급여 : 9,600,000원
- 건강보험료 : 210,000원
- 국민연금보험료 : 192,000원

| 세액명세 | 구 분 | 소득세 | 지방소득세 |
|---|---|---|---|
| | 결 정 세 액 | 35,200원 | 3,520원 |
| | 기납부세액 | 37,800원 | 3,780원 |
| | 차감징수세액 | △2,600원 | △260원 |

4. 연말정산추가자료는 다음과 같고 기부금을 제외한 다른 자료 모두 국세청에서 조회한 금액이다. 전액 박상호씨 본인의 지출액이며 다른 가족의 공제대상에도 해당하는 경우에는 박상호씨가 공제가능한 모든 공제를 적용받도록 한다.

| 항 목 | 대상자 | 금액(원) | 비 고 |
|---|---|---|---|
| 보험료 | 본인 | 450,000 | 자동차보험료 |
| | 부친 | 710,000 | 장애인전용보험료 |
| 의료비 | 차남 | 1,200,000 | 운동 중 다리골절로 인한 치료비용(전액 본인 신용카드결제) |
| | 부친 | 1,500,000 | 보약구입비용(전액 본인 신용카드결제) |
| | 모친 | 1,800,000 | 관절염치료비용(전액 본인 신용카드결제),76세 |
| 교육비 | 장남 | 6,400,000 | 대학교 등록금(전액 본인 신용카드결제) |
| | 차남 | 1,200,000 | 고등학교 등록금 |
| 기부금 | 본인 | 1,200,000 | 종교단체기부금 |
| | 모친 | 900,000 | 종교단체기부금 |
| 신용카드등 | 본인 | 23,600,000 | 위의 본인 신용카드결제액과 아파트관리비 3,100,000원 포함 |
| | 장남 | 2,120,000 | 장남 현금영수증 사용액 |
| | 모친 | 1,700,000 | 모친 현금영수증 사용액 |
| 연금저축 | 본인 | 3,200,000 | 본인명의로 새마을금고에 가입(계좌번호 110-12-12643) |

## 02 종합문제2

[이자배당소득 입력]

다음 자료를 이용하여 원천징수대상 소득자의 기타소득자 등록을 하고 이자배당소득 자료입력을 하시오.

| 1. 소득자별 배당소득 지급내역(소득자 성명 : 이자수) | | | |
|---|---|---|---|
| 소득자 코드번호 | 배당소득 | 소득지급일/영수일 | 비 고 |
| 00101 | 5,000,000원 | 2022. 4. 10. | 이익잉여금처분계산서상 배당금을 지급결의 한 것이다. |

2. 이자수는 거주자(내국인, 개인)로서 소액주주이며, 당 법인은 비상장주식회사이다. 주어진 정보로만 등록 및 자료입력을 하기로 한다. 원천징수 세율은 14%이다.

[기타소득자료 입력]

다음은 7월 25일에 회사가 지급한 7월분 귀속 기타소득자료이다. 기타소득자 등록 및 그 내용을 입력하시오. (소득자 모두 다음의 주민등록번호가 정확한 주민등록번호인 것으로 가정하며, 특별한 언급이 없는 한 세부담을 최소화하는 방향으로 설정한다)

| 코드번호 | 성명 | 주민등록번호 | 지급성격 | 총지급액 | 비고 |
|---|---|---|---|---|---|
| 102 | 강연자 | 531210-2234567 | 강연료 | 2,200,000원 | 모두 국내 거주하는 |
| 103 | 사미자 | 621120-2345678 | 사례금 | 4,300,000원 | 내국인이다 |

※ 강연자는 강연 과정에 복사비 등 실제 800,000원 상당의 필요경비가 소요되었다.

**종합문제4**

[사업소득자료 입력]

※ 다음의 사업소득에 대한 자료를 입력하여 사업소득원천징수영수증을 작성하시오.

1. 사업소득자 왕고문의 인적사항( 거주자, 내국인)

| 코드 | 이 름 | 주민등록번호 | 주          소 |
|------|-------|--------------|----------------|
| 101  | 왕고문 | 700418-2225923 | 서울시 강동구 천호대로 1113 |

2. 지급내역

| 소득지급일(영수일자와동일) | 소득귀속월 | 지급액 | 비고 |
|---------------------------|-----------|--------|------|
| 6. 10 | 6월 | 10,000,000원 | 고문료 |

### [퇴직소득자료 입력]

※ **다음 자료를 이용하여 사원 이철새씨(사원코드 105)의 퇴직소득자료입력 메뉴의 소득명세를 입력하시오.**

- 입사연월일 : 2014. 3. 1.
- 퇴직금 지급액 : 14,500,000원
- 퇴직 위로금 : 3,000,000원
- 해고예고수당 : 6,000,000원
  입금일은  02.20, 사업자번호  305-81-12345
- 퇴사연월일 : 2020. 2. 20. (퇴사사유 : 정리해고)
- 퇴직과 동시에 퇴직금이 지급되었다고 가정한다.
- 퇴직금 이연계좌입금액 : 6,000,000원(국민은행, 112-258-1234)

Chapter

# 04

# 법인세 실무

# 01 법인세의 조정과 처분

▶ 법인세 프로그램 운용과 적용

## 1. 세무조정절차

기업이 일반적으로 공정·타당하다고 인정되는 기업회계기준에 의하여 작성한 재무제표상의 당기순손익을 기초로 하여 세법의 규정에 따라 익금과 손금을 조정함으로써 정확한 과세소득을 계산하기 위한 일련의 절차를 말한다.

① 조정의 의미

- 결산조정 : 사업연도 말의 결산을 통하여 장부에 반영하여야 하는 사항
- 신고조정 : 결산서상 당기순손익의 기초가 되는 회사장부에 계상함이 없이 법인세 과세표준 및 세액신고서에만 계상해도 되는 사항
- 기업회계와 세무회계의 차이는 법인의 결산상 당기순손익과 법인세를 계산하는 각 사업연도 소득간의 차이를 말하는 것으로써 양자의 차이를 살펴보면 다음과 같다.

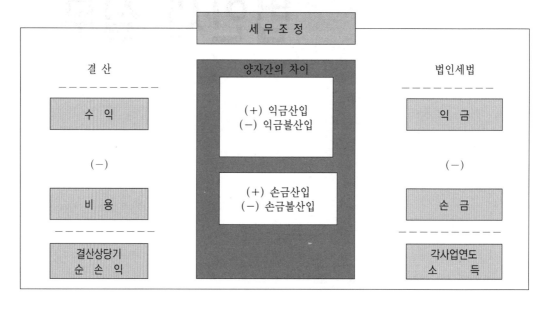

- 기업회계와 세무회계의 차이는 다음 항목들을 가·감하여 조정하게 된다.
  - 익금산입 : 기업회계상 수익이 아니나 세무회계상 익금으로 인정하는 것
  - 익금불산입 : 기업회계상 수익이나 세무회계상 익금으로 보지 않는 것
  - 손금산입 : 기업회계상 비용이 아니나 세무회계상 손금으로 인정하는 것
  - 손금불산입 : 기업회계상 비용이나 세무회계상 손금으로 보지 않는 것
- 세무조정이 필요한 이유는 세법의 규정도 원칙적으로 기업회계기준을 존중하고 있으나 조세 정책 또는 사회정책적인 목적에서 예외적으로 기업회계기준과 다소 다른 규정(. 지급이자의 손금부인 등)을 두고 있기 때문이다.
- 따라서, 정확한 과세소득의 계산을 위해서는 기업의 모든 거래를 성실하게 기장하고 올바르 게 결산서를 작성해야 함은 물론 관련 세법의 내용을 충실히 이해하여야한다.

② 결산조정과 신고조정 종류

㉠ 결산 조정

기업회계와 세무회계의 차이는 양 회계의 목적과 기능에 의하여 발생한다.

그러나 세법에서는 특정한 손비에 대하여는 법인의 내부적 의사결정 즉, 결산확정에 의 하여 손금으로 계상하여야만 손금으로 인정하는 항목이 있다.

- 감가상각비(즉시상각액 포함)
- 고유목적사업준비금
  ※ 외부감사를 받는 비영리법인의 경우 신고조정 가능
- 퇴직급여충당금
- 대손충당금
- 구상채권상각충당금
- 대손금(부도어음등은 비망금액 1,000원)
- 파손·부패 등의 사유로 인하여 정상가격으로 판매할 수 없는 재고자산의 평가손
- 천재·지변, 화재, 폐광, 수용 등에 의한 고정자산평가손
- 발행법인이 부도발생, 회생계획인가결정 또는 부실징후기업이 된 경우 당해 주식 등의 평가손(비망금액 1,000원)
- 주식을 발행한 법인이 파산한 경우의 그 주식평가손(비망금액 1,000원)
- 시설개체, 기술낙후로 인한 생산설비의 폐기손(비망금액 1,000원)

㉡ 신고 조정

신고조정은 결산조정과는 달리 결산확정에 의한 손금산입을 필요로 하지 않고 세무조정 계산서에서 익금과 손금을 가감 조정하여 과세표준을 계산할 수 있는 항목으로서 주요 내용을 예시하면 다음과 같다.

- 무상으로 받은 자산의 가액과 채무의 면제 또는 소멸로 인한 부채의 감소액 중 이월 결손금의 보전에 충당한 금액
- 퇴직연금 분담금, 선급비용 등

- 공사부담금 · 보험차익 · 국고보조금으로 취득한 고정자산가액의 손금산입
- 자산의 평가차손의 손금불산입
- 제 충당금 · 준비금 등 한도초과액의 손금불산입
- 감가상각비 부인액의 손금불산입과 의제상각비의 손금산입
- 건설자금이자의 손금불산입(과다하게 장부계상한 경우의 손금산입)
- 손익의 귀속 사업연도의 차이로 발생하는 익금산입 · 손금불산입과 손금산입 · 익금불산입
- 소멸시효가 완성된 채권등

## 2. 소득처분

법인세법상의 각사업연도 소득금액은 기업회계상 당기 순손익에서 익금산입사항과 손금불산입 사항을 가산하고, 익금불산입 사항과 손금산입사항을 차감하여 계산한다. 이렇게 익금에 가산된 금액 등이 누구에게 귀속하는가를 확정하는 세법상의 절차를 소득처분이라 한다.

### ① 소득처분의 종류

㉠ 유 보

각 사업연도 소득금액 계산상 세무조정 금액이 사외로 유출되지 않고 회사 내에 남아있는 것으로, 다음 사업연도 이후의 각 사업연도 소득금액 및 청산소득계산과 기업의 자산가치 평가 등에 영향을 주게 되므로 자본금과 적립금조정명세서에 그 내용을 기재하여야 한다.

※ 세무조정시에는 자본금과적립금조정명세서(을)상 유보소득 기말잔액을 고려하여 세무조정을 하여야 한다.

내국법인이 국세기본법의 수정신고기한 내에 매출누락, 가공경비 등 부당하게 사외 유출된 금액을 회수하고 세무조정으로 익금에 산입하여 신고하는 경우의 소득처분은 사내유보로 한다(경정이 있을 것을 미리알고 사외 유출된 금액을 익금산입하는 경우에는 이를 적용하지 아니한다).

| 조정항목 | 내 용 | 익 금 가 산 | | 손 금 가 산 | |
|---|---|---|---|---|---|
| | | 조정구분 | 처 분 | 조정구분 | 처 분 |
| 퇴직급여 충 당 금 | • 범위초과액<br>• 전기부인액중 당기 지급<br>• 전기부인액중 당기 환입액 | 손금불산입 | 유보발생 | 손금산입<br>익금불산입 | 유보감소<br>〃 |
| 퇴 직 보험료 | • 범위초과액<br>• 전기부인액중 당기 환입액 | 손금불산입 | 유보발생 | 익금불산입 | 유보감소 |
| 대손 충당금 | • 범위초과액<br>• 전기범위초과액 중 당기 환입액 | 손금불산입 | 유보발생 | 익금불산입 | 유보감소 |

| | | | | | |
|---|---|---|---|---|---|
| 재 고 자 산 | • 당기평가감<br>• 전기평가감 중 당기 사용분 해당액<br>• 당기평가증<br>• 전기평가증 중 당기 사용분 해당액 | 익금산입<br><br>손금불산입 | 유보발생<br><br>유보감소 | 손금산입<br>손금산입 | 유보감소<br>유보발생 |
| 국 고<br>보조금등 | • 잉여금으로 계상한 국고 보조금 등<br>• 손금산입한도 초과액<br>• 세무조정에 의한 손금계상시 | 익금산입<br>손금불산입 | 기 타<br>유보발생 | 손금산입 | 유보발생 |
| 감 가<br>상 각 비 | • 당기부인액<br>• 기왕부인액중 당기 용인액 | 손금불산입 | 유보발생 | 손금산입 | 유보감소 |
| 각 종<br>준 비 금 | • 범위초과액<br>• 과소환입<br>• 과다환입<br>• 전기범위초과액중 환입액<br>• 세무조정 에 의하여 손금산입하는 준비금<br>• 세무조정에 의해 환입하는 준비금 | 손금불산입<br>익금산입<br><br><br><br>익금산입 | 유보발생<br>유보감소<br><br><br><br>유보발생 | 익금불산입<br>〃<br>손금산입 | 유보감소<br>〃<br>유보발생 |

ⓛ 상 여

> 각 사업연도 소득금액계산상의 세무조정 금액이 사외로 유출되어 사용인 또는 임원에게 귀속되었음이 분명한 경우에 행하는 소득처분을 말한다. 또한, 소득이 사외로 유출되었으나 그 귀속이 불분명한 경우에는 대표자에게 귀속된 것으로 보아 상여(인정상여)로 처분하는 것이다.

- 인정상여의 지급시기

  신고조정시의 처분된 상여 → 법인세과세표준 신고기일

  결정 또는 경정 시에 처분된 상여 → 소득금액 변동통지를 받은 날
- 인정상여의 수입시기

  당해 사업연도중의 근로를 제공한 날 → 근로소득세 원천징수 납부

ⓒ 배 당

> 각 사업연도의 소득금액계산상의 익금산입 또는 손금불산입으로 생긴 세무조정 소득이 사외에 유출되어 출자자(사용인과 임원 제외)에 귀속되었음이 분명한 경우에는 그 출자자에 대한 배당으로 보는 것이다.

- 배당으로 처분된 금액은 출자자의 배당소득에 포함되어 종합소득세가 과세되며, 법인에게는 배당소득세 원천징수의무가 발생한다.
- 배당소득의 지급시기

  신고조정 시에 처분된 배당 → 법인세 과세표준 신고기일

  결정 또는 경정 시에 처분된 배당 → 소득금액 변동통지를 받은 날

- 배당소득의 수입시기

  법인세법에 의하여 처분된 배당소득에 있어서는 당해 법인의 당해 사업연도 결산확정일

② 기타소득

각 사업연도 소득금액계산상의 익금산입 또는 손금불산입으로 생긴 세무조정소득이 사외에 유출되어 출자자·사용인·임원 이외의 자에게 귀속되었음이 분명한 경우에는 그 귀속자에 대한 기타소득으로 처분하는 것이다.

- 기타소득으로 처분된 금액은 그 귀속자의 기타소득금액(필요경비 공제 없음)이 된다
  → 기타소득세 원천징수 납부
- 기타소득의 지급시기

  신고조정 시에 처분된 기타소득 → 법인세 과세표준 신고기일

  결정·경정 시에 처분된 기타소득 → 소득금액 변동통지를 받은 날
- 기타소득의 수입시기

  법인세법에 의해 처분된 기타소득은 당해 사업연도 결산확정일

⑩ 기타사외유출

각 사업연도 소득금액계산상의 익금산입 또는 손금불산입으로 생긴 세무조정소득이 사외에 유출되어 법인이나 사업을 영위하는 개인에게 귀속된 것이 분명한 경우로서 그 소득이 내국법인 또는 외국법인의 국내사업장의 각 사업연도 소득이나 거주자 또는 비거주자의 국내사업장의 사업소득을 구성하는 금액과 법인세법시행령 각목의 익금산입금액은 기타사외유출로 처분한다.

| 조정항목 | 내    용 | 익 금 가 산 | |
|---|---|---|---|
| | | 조정구분 | 처 분 |
| 접 대 비 | • 한도초과액<br>• 법인명의 신용카드 미사용액 | 손금불산입 | 기타사외유출 |
| 지정기부금 | • 한도초과액 | 〃 | 기타사외유출 |
| 소득세<br>대납액 | • 귀속이 불분명하여 대표자에게 처분한 소득에 대한 소득세를 법인이 대납하고 손비로 계상하거나  특수관계 소멸시 까지 회수하지 아니하여 익금산입한 금액<br>※ 대표자 귀속 명백분 : 상여(재대납분은 기타사외유출) | 〃 | 기타사외유출 |
| 채권자가<br>불분명한<br>사채이자 | • 원천세 제외 금액 (대표자)<br>• 원천세 해당금액 | 손금불산입<br>〃 | 상  여<br>기타사외유출 |
| 수령자불분명<br>채권·증권의<br>이자 할인액 | • 원천세 제외 금액 (대표자)<br>• 원천세 해당금액 | 손금불산입<br>〃 | 상  여<br>기타사외유출 |

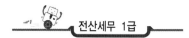

| 비업무용 부동산등 지급이자 | • 비업무용부동산 및 업무무관 가지급금에 대한 지급이자 | 손금불산입 | 기타사외유출 |
|---|---|---|---|
| 기    타 | • 법인세 등<br>• 벌과금, 과료 | 손금불산입 | 기타사외유출<br>〃 |
| | • 귀속자에게 증여세가 과세되는 금액 | 익금산입 | 기타사외유출 |

※ 기타사외유출 소득처분 대상은 법정·지정기부금 손금산입한도 초과분에 한정(비지정기부금은 상여등으로 처분)

---

**기본예제**

### 01. 2006.(주)종합문제의 소득금액조정을 하시오.

1. 손익계산서에 법인세 등이 2,000,000원이 계상되어 있다.

2. 미수이자 900,000원은 원천징수대상이 되는 이자소득에 대하여 기간 경과분을 결산시에 계상한 것이다.

3. 당기말에 대표이사에 대해 특별상여금 1,200,000을 지급하고, 손익계산서상 상여금 계정과목으로 하여 판관비에 반영되어 있다. 회사는 임원에 대한 상여금 규정이 없다.

4. 회사가 업무용 토지를 구입하면서 지출한 취득세 및 등록세 3,400,000원을 다음과 같이 회계처리하였다.
   (차) 세금과공과(판)   3,400,000원                   (대) 현금   3,400,000원

5. 과오납부한 법인세의 환급시 환급가산금 700,000원이 잡이익계정에 포함되어 있다.

6. 전기말의 유보잔액은 다음과 같다.
   감가상각비한도초과액     1,200,000원(유보발생)
   선급보험료                 300,000원(유보발생)
   ① 위의 선급보험료는 당기 중에 해당기간이 모두 경과하였다.
   ② 당기의 감가상각비 한도미달액은 3,000,000원이다.

7. 현금매출 500,000원이 누락되었다.

8. 외상매출금 1,000,000원 누락되었다.

9. 단기매매증권평가이익이 손익계산서에 300,000원 계상되어있다.

1. 법인세는 손금불산입하고 기타사외유출처분한다.

2. 원천징수대상 이자소득은 실제로 받은 날 또는 받기로 한 날이 수입시기이므로 기간경과분에 대한 미수이자는 인정되지 아니한다.

3. 임원상여금은 규정이 있으면 손금인정 하지만 , 규정이 없거나 한도초과액은 손금인정하지 않는다.

4. 토지의 취득세등록세는 토지의 취득원가에 해당되므로 손금불산입하며, 차후 매각시 추인된다.

5. 법인세환급가산금은 조세정책적으로 익금부인한다.

6. 감가상각비 한도초과액은 이후 한도미달액범위내서 손금추인된다.

7. 기간이 경과하지 않아 손금인정되지 않은 보험료가 기간경과시 손금추인된다.

7. 현금매출분을 기장누락시 비자금조성으로 보아 대표자상여 처분한다.

8. 외상매출누락은 익금산입하고 자산(매출채권)을 증가시켜준다. 자산의 증가는 유보이다.

9. 세법은 유가증권평가를 인정하지 아니한다. 손익계산서의 단기매매증권평가이익을 익금불산입하고, 재무상태표에 계상되어 있는 단기매매증권을 감소시키는데, 자산의 감소는 유보이다.

| 익금산입 및 손금불산입 | | | 손금산입 및 익금불산입 | | |
|---|---|---|---|---|---|
| 과 목 | 금 액 | 소득처분 | 과 목 | 금 액 | 소득처분 |
| 법인세등 | 2,000,000 | 기타사외유출 | 미수이자 | 900,000 | 유보발생 |
| 임원상여금한도초과 | 1,200,000 | 상여 | 법인세환급가산금 | 700,000 | 기타 |
| 토지분 취득,등록세 | 3,400,000 | 유보발생 | 기왕부인감가비손금산입 | 1,200,000 | 유보감소 |
| 현금매출누락 | 500,000 | 상여 | 전기선급비용(보험료)과소계상 | 300,000 | 유보감소 |
| 외상매출누락 | 1,000,000 | 유보발생 | 단기매매증권평가이익 | 300,000 | 유보발생 |
| 합 계 | 8,100,000 | | 합 계 | 3,400,000 | |

소득명세

※ 조정과목을 프로그램에서 제공하는 것을 사용하지 않고 직접등록하고자 하는 경우에는 "직접입력"을 클릭하여 입력할 수 있다.

# 02 수입금액조정

학습목표

▶ 수입금액의 귀속시기등의 이해와 프로그램에 적용방법

## 1. 수입금액조정명세서

기업회계기준 또는 일반적으로 공정·타당하다고 인정되는 관행에 따라 각종 수익을 인식한 경우에도 그 귀속사업연도가 세법에서 정한 것과 다른 경우에는 세법이 정하는 바에 따라 세무조정을 하여야 한다.

※ 세법에 별도 규정이 없는 경우에만 기업회계를 적용함에 유의

### (1) 수입금액의 인식시기

① 자산의 판매수익

- 상품(부동산 제외)·제품 또는 기타 생산품의 판매수익 → 상품 등을 인도한 날
- 시용판매 수익 → 상대방이 그 상품 등에 대한 구입의 의사를 표시한 날
- 상품 등 외의 자산의 양도로 인한 수익 → 그 대금을 청산한 날
  다만, 대금을 청산하기 전에 소유권 등의 이전등기(등록을 포함한다)를 하거나 당해 자산을 인도하거나 상대방이 당해 자산을 사용수익하는 경우에는 그 이전등기일(등록일을 포함한다)·인도일 또는 사용수익일중 빠른 날로 한다.
- 위탁매매로 인한 수익 등 → 수탁자가 위탁자산을 매매한 날
- 장기할부조건부 판매수익
  장기할부매매손익은 원칙적으로 인도기준에 따르되, 예외적으로 다음과 같이 처리할 수 있다.
  결산조정에 의한 회수기일도래기준 적용
  신고조정에 의한 회수기일도래기준 적용 : 중소기업에 한하여 결산조정을 하지 않았더라도 신고조정에 의하여 회수기일도래기준을 적용할 수 있음.

[장기할부 요건]

㉠ 자산의 판매 또는 양도
㉡ 판매금액 또는 수입금액을 월부·연부 기타의 지불방법에 따라 2회이상 분할하여 수입하는 것 중, 목적물 인도일의 다음날부터 최종의 할부금의 지급기일까지의 기간이 1년 이상인 경우

- 매출할인 → 지급약정일, 상대방과의 약정에 의한 지급기일이 정하여 있지 아니한 경우에는 지급한날이 속하는 사업연도 매출액에서 차감
- 상품권을 발행하는 경우 : 상품권과 교환으로 제품등을 인도한 날

② 용역제공 등에 의한 수익

- 적용대상 : 건설·제조 기타 용역(도급공사 및 예약매출 포함)
  ※ 예약매출 : 매매목적물의 견본이나 안내서와 함께 판매조건을 매수희망자에게 제시하고 매수희망자가 이를 구입하기로 약정한 경우에 그 대금의 일부 또는 전부를 수수하는 판매방식    . 아파트분양, 선박제조 등
- 귀속사업연도 : 건설·제조 기타 용역(도급공사 및 예약매출을 포함)의 제공으로 인한 익금과 손금은 그 목적물의 건설등의 착수일이 속하는 사업연도부터 그 목적물의 인도일

[인도(완성)기준 적용하는 경우]

- 중소기업인 법인이 수행하는 계약기간이 1년 미만인 건설등의 경우
- 기업회계기준에 따라 그 목적물의 인도일이 속하는 사업연도의 수익과 비용으로 계상한 경우
- 작업진행률을 계산할 수 없다고 인정되는 경우
- 국제회계기준을 적용하는 법인이 수행하는 예약매출의 경우
  작업진행률에 의한 익금 또는 손금이 공사계약의 해약으로 인하여 확정된 금액과 차액이 발생된 경우에는 그 차액을 해약일이 속하는 사업연도의 익금 또는 손금에 산입한다.

$$익금산입액 = 계약금액 \times 작업진행률 - 직전 사업연도말까지 수입계상액$$

$$※ \ 작업진행률 = \frac{당해 \ 사업연도말까지 \ 발생한 \ 총공사비누적액}{총공사예정비}$$

※ 총공사예정비는 기업회계기준을 적용하여 계약당시 추정한 공사원가에 당해 사업연도말까지의 변동상황을 반영하여 합리적으로 추정한  공사원가임.

※ 건설의 수익실현이 건설의 작업시간·작업일수 또는 기성공사의 면적이나 물량 등(이하 이 조에서 "작업시간 등"이라 한다)과 비례관계가 있고, 전체 작업시간등에서 이미 투입되었거나 완성된 부분이 차지하는 비율을 객관적으로 산정할 수 있는 건설의 경우에는 그 비율로 할 수 있다.

$$손금산입액 = 당해 사업연도에 발생한 총비용$$

기본예제

01. 회사코드 2007.(주)사례주식회사를 이용하여 소입금액조정을 하시오.

1. 계정과목별 결산서상 수입금액은 다음과 같다.
   제품매출 1,095,000,000원
   상품매출   615,060,000원
   영업외수익 잡이익(부산물매출) 2,500,000원

2. 상품매출계정을 조사한 바 상품권을 매출한 금액 50,000,000원을 매출로 계상한 것이 발견되었다. 동 상품권은 기말 현재 물품과 교환되지 아니한 것이며 그에 대한 매출원가는 계상 되지 아니하였다.

3. 당사는 제품을 시용매출하고 있다. 12월 5일에 거래처로부터 시송품에 대한 구입의사표시(외상)을 받았는데, 결산재무제표에 반영하지 못하였다. 시송품(제품) 판매가 25,000,000원이며 매출원가는 적정하게 계상되어 있다.

4. 제품재고액 중 5,000,000은 타인에게 위탁판매하기 위한 위탁품으로서 당기말에 수탁자가 이미 7,000,000에 판매하였으나 결산에는 반영되지 않았다.

5. 영업외비용 중 잡손실계정에 제품매출할인 2,000,000원을 계상하였다.

1. 결산서상 매출액을 반영한다.

2. 기타수입금액메뉴에 오류, 누락액을 반영한다.[F3,조정등록]
   [익금불산입] 상품권선수금 50,000,000원 (유보발생)
   [익금산입] 시송판매(외상매출금) 25,000,000원 (유보발생)
   [익금산입] 위탁판매(외상매출금) 7,000,000원 (유보발생)
   [손금산입] 위탁매출원가(제품) 5,000,000원 (유보발생)

3. 제품매출할인은 총액으로 매출액을 계상하고, 영업외비용으로 잡손실 처리하였으므로 순매출액으로 수정한다. 그렇지만 양자간의 당기순이익에는 차이가 없으므로 합계등록은 하지 않는다.

[결산서상 수입금액의 반영]

| 수입금액조정계산 | 작업진행률에 의한 수입금액 | 중소기업 등 수입금액 인식기준 적용특례에 의한 수입금액 | 기타수입금액조정 |
|---|---|---|---|

**1. 수입금액 조정계산**

| | 계정과목 | | ③결산서상 수입금액 | 조정 | | ⑥조정후 수입금액 (③+④-⑤) | 비 고 |
|---|---|---|---|---|---|---|---|
| | ①항 목 | ②계정과목 | | ④가 산 | ⑤차 감 | | |
| 1 | 매 출 | 제품매출 | 1,095,000,000 | 30,000,000 | | 1,125,000,000 | |
| 2 | 매 출 | 상품매출 | 615,060,000 | | 50,000,000 | 565,060,000 | |
| 3 | 영업외수익 | 잡이익 | 2,500,000 | | | 2,500,000 | |
| 4 | | | | | | | |
| | 계 | | 1,712,560,000 | 30,000,000 | 50,000,000 | 1,692,560,000 | |

**2. 수입금액조정명세**

| | | |
|---|---|---|
| 가.작업 진행률에 의한 수입금액 | | |
| 나.중소기업 등 수입금액 인식기준 적용특례에 의한 수입금액 | | |
| 다.기타 수입금액 | | 20,000,000 |
| 계 | | 20,000,000 |

[기타수입금액(오류, 누락액의 반영)]

| | (17)계 정 과 목 | (18)근 거 법 령 | (19)수 입 금 액 | (20)대 응 원 가 | 누락·오류 사유 |
|---|---|---|---|---|---|
| 1 | 상품매출 | | -50,000,000 | | 상품권판매 |
| 2 | 제품매출 | | 25,000,000 | | 시송판매 |
| 3 | 제품매출 | | 7,000,000 | 5,000,000 | 위탁판매 |
| 4 | 제품매출 | | -2,000,000 | | 매출할인 |

[작성방법]

※ 결산서상 수입금액과 세법상 수입금액의 차이가 있는 법인은 반드시 이 서식을 작성하여야 한다.

1. 수입금액 조정계산

• 결산서상 수입금액란에는 계정과목별로 총매출액 및 영업외수익 등으로 구분하여 수입금액에 해당하는 금액을 기입한다. 이 경우 총매출액은 매출에누리와 환입액 및 매출할인액을 차감하여 기입하고, 영업외수익에 계상된 금액 중 영업수익에 해당하는 금액을 구분하여 기입한다.

• 조정가산란은 2. 수입금액 조정명세에 따라 계산된 조정액 계금액과 수입금액란의 금액이 양수(+)인 경우에 그 금액을 기입한다.

• 조정차감란은 2. 수입금액 조정명세에 의하여 계산된 조정액 계금액과 수입금액란의 금액이 음수(-)인 경우에 그 금액을 기입한다.

2. 수입금액 조정명세

• 도급금액란은 총 도급금액을 기입하고, 작업진행률은 해당 사업연도말까지 발생한 총공사비누적액이 총공사예정비에서 차지하는 비율로 계산하되, 건설의 경우 수익실현이 작업시간·작업일수 또는 기성공사의 면적이나 물량 등(작업시간 등)과 비례관계가 있고, 전체 작업시간 등에서 이미 투입되었거나 완성된 부분이 차지하는 비율을 객관적으로 산정할 수 있는 경우에는 그 비율로 계산할 수 있다.

• 진행률에 의한 누적익금산입액에서 전기말누적수입계상액과 당기회사수입계상액을 차감한 금액인 조정액 계의 금액이 양수(+)인 경우에는 조정가산란에 기입하고, 음수(-)인 경우에는 조정차감란에 기입한다.

• 기타 수입금액란은 상기 "가" 외의 영업수익으로서 조정계산이 필요한 경우와 기타 수입금액이 누락된 경우에 작성하는 것으로 구분란에는 총매출액, 위탁판매 및 임대료수입 등으로 기입하고 수입금액란의 금액이 양수(+)인 경우에는 조정가산란에 기입하고, 음수(-)인 경우에는 조정차감란에 기입한다. 대응원가란 금액은 소득금액조정합계표(별지 제15호서식)에 기입한다.

3. 조정가산란의 계금액과 조정차감란의 계금액을 각각 익금산입 및 손금산입하여야 하며, 조정액 계금액란과 수입금액란의 계금액을 합계한 금액이 조정가산란의 계금액에서 조정차감란 계금액을 차감한 금액과 일치하여야 한다.

4. 조정 후 수입금액은 조정후수입금액명세서(별지 제17호서식) 상의 합계의 계란의 금액과 일치하여야 한다.

## 2. 임대보증금등의 간주익금조정

부동산임대업을 주업으로 하는 법인으로서 차입금이 일정기준을 초과하는 법인이 부동산 또는 부동산상의 권리를 대여하고 보증금을 받은 경우 ,당해 보증금에 정기예금이자율을 곱한 금액 이 임대사업 부문에서 발생한 수입이자 및 배당금 등의 합계액을 초과하는 경우에는 그 초과 금액을 익금에 산입한다.

※ 다만, 주택과 주택의 연면적, 주택정착면적의 5배(도시지역 밖의 토지는 10배) 중 넓은 면적 이내의 부속토지는 간주 익금 계산대상에서 제외한다.

### ① 간주익금의 계산대상법인

- 부동산임대업을 주업으로 하는 법인(비영리법인 제외)일 것
  법인의 사업연도 종료일 현재 자산총액중 임대사업에 사용된 자산가액이 **50%** 이상인 법인.
- 차입금이 자기자본의 **2배(적수기준)**를 초과하는 법인일 것

### ② 간주익금의 계산방법

- 임대보증금 등의 간주익금은 다음 산식에 의하여 계산하며, 익금에 가산할 금액이 **"0"**보 다 적은 때에는 이를 없는 것으로 본다. 이 경우 적수는 매월말 현재의 잔액에 경과일수를 곱하여 계산할 수 있다.

> (당해 사업연도의 보증금 등의 적수 − 임대용부동산의 건설비상당액의 적수) ×
>
> $\dfrac{\text{정기예금이자율}}{365(\text{윤년}366)}$ − 당해 사업연도의 임대사업부분에서 발생한 수입이자와 할인료·배당 금·신주인수권처분익 및 유가증권처분익의 합계액

- **"당해 사업연도의 보증금 등의 적수"**는
  부동산을 임차하여 전대하는 경우에 보증금 등의 적수는 전대보증금 등의 적수에서 임 차보증금 등의 적수를 차감하여 계산한다.
- 간주익금에서 차감하는 수입이자에는 기간경과 미수이자도 포함된다.
- **"임대용부동산의 건설비상당액"**이란
  건축물의 취득가액(자본적지출액을 포함, 재평가차액 및 토지취득가액을 제외)으로 하고 그 적수는 다음 각호에 의하여 계산한다.

▌임대부동산

> 임대용 부동산의 건설비적수 총계 × $\dfrac{\text{임대면적의 적수}}{\text{건물연면적의 적수}}$

- **"유가증권처분익"**이라 함은
  – 유가증권의 매각익에서 매각손을 차감한 금액을 말하며,
  – 유가증권처분익의 합계액이 부수(−)인 때에는 "0"으로 한다.
- 정기예금이자율 : **1.2%** 로 한다.

**02. 차입금과다법인이고 부동산임대업을 주업으로 하는 영리법인일때 간주익금을 계산하라.**

1. 상가임대 200㎡, 부수토지 150㎡이다.

2. 상가임대보증금은 400,000,000원이며 이중 100,000,000원은 5월2일에 수령하였고, 300,000,000원은 6월5일에 수령하였다.

3. 임대계약기간 : 당기. 5. 2 – 다음년도 5. 1 이다.

4. 장부가액은 건물 취득가액 200,000,000원, 자본적지출액 50,000,000원, 감가상각누계액 20,000,000원이며, 부수토지는 토지 취득가액 300,000,000원 토지의 자본적지출액10,000,000원이다.

5. 이자수익 계정금액은 5,000,000이고, 이중 보증금운용으로 인한 이자수익 1,000,000원, 이자율은 1.2%이라고 가정하고 연366일로 가정한다.

**해설**

1. 건설비상당액적수 입력(임대사업개시일이 보증금수령일과 다른 경우 개시일이 첫일자)

[익금산입] 간주익금 867,945 (기타사외유출) – 간주익금은 무조건 기타사외유출로 처리

| 임대보증금등의 간주익금 조정 | 건설비 상당액 적수계산 |
|---|---|

**1.임대보증금등의 간주익금 조정**　　　　　　　　　　　　　　　　　　　　　　　　　　보증금적수계산 일수 수정

| ①임대보증금등 적 수 | ②건설비상당액 적 수 | ③보증금잔액 {(①-②)/365} | ④이자율 (%) | ⑤(③×④) 익금상당액 | ⑥보증금운용 수 입 | ⑦(⑤-⑥) 익금산입금액 |
|---|---|---|---|---|---|---|
| 87,400,000,000 | 61,000,000,000 | 72,328,767 | 1.2 | 867,945 | 1,000,000 | |

**2.임대보증금등의 적수계산**　　　　　　　　　　　　　　　　　　　　　　　　　　　　　　　　크게보기

| No | ⑧일 자 | | ⑨적 요 | ⑩임대보증금누계 | | | ⑪일 수 | ⑫적 수 (⑩×⑪) |
|---|---|---|---|---|---|---|---|---|
| | | | | 입금액 | 반환액 | 잔액누계 | | |
| 1 | 05 | 02 | 입금 | 100,000,000 | | 100,000,000 | 34 | 3,400,000,000 |
| 2 | 06 | 05 | 입금 | 300,000,000 | | 400,000,000 | 210 | 84,000,000,000 |
| 3 | | | | | | | | |
| | | | 계 | 400,000,000 | 0 | 400,000,000 | 244 | 87,400,000,000 |

**3.건설비 상당액 적수계산**

| 가. 건설비의 안분계산 | ⑬건설비 총액적수 ((20)의 합계) | ⑭임대면적 적수 ((24)의 합계) | ⑮건물연면적 적수 ((28)의 합계) | (16)건설비상당액적수 ((⑬×⑭)/⑮) |
|---|---|---|---|---|
| | 61,000,000,000 | 48,800 | 48,800 | 61,000,000,000 |

**4.임대보증금등의 운용수입금액 명세서**

| No | (29)과 목 | (30)계 정 금 액 | (31)보증금운용수입금액 | (32)기타수입금액 | (33)비 고 |
|---|---|---|---|---|---|
| 1 | 이자수익 | 5,000,000 | 1,000,000 | 4,000,000 | |
| 2 | | | | | |
| | 계 | 5,000,000 | 1,000,000 | 4,000,000 | |

## 2. 건설자금적수등 입력

| 임대보증금등의 간주익금 조정 | 건설비 상당액 적수계산 |

### 3.건설비 상당액 적수계산

| 가.건설비의 안분계산 | ⑬건설비 총액적수<br>((20)의 합계) | ⑭임대면적 적수<br>((24)의 합계) | ⑮건물연면적 적수<br>((28)의 합계) | (16)건설비상당액적수<br>((⑬X⑭)/⑮) |
|---|---|---|---|---|
| | 61,000,000,000 | 48,800 | 48,800 | 61,000,000,000 |

### 나.임대면적등적수계산 : (17)건설비 총액적수

| No | ⑧일 자 | | 건설비 총액 | (18)건설비총액 누계 | (19)일 수 | (20)적 수 ((18)X(19)) |
|---|---|---|---|---|---|---|
| 1 | 05 | 02 | 250,000,000 | 250,000,000 | 244 | 61,000,000,000 |
| 2 | | | | | | |
| | | | 계 | | 244 | 61,000,000,000 |

### 나.임대면적등적수계산 : (21)건물임대면적 적수(공유면적 포함)

| No | ⑧일 자 | | 입실면적 | 퇴실면적 | (22)임대면적 누계 | (23)일 수 | (24)적 수 ((22)X(23)) |
|---|---|---|---|---|---|---|---|
| 1 | 05 | 02 | 200.00 | | 200 | 244 | 48,800 |
| 2 | | | | | | | |
| | | | 계 | | | 244 | 48,800 |

### 나.임대면적등적수계산 : (25)건물연면적 적수(지하층 포함)

| No | ⑧일 자 | | 건물연면적 총계 | (26)건물연면적 누계 | (27)일 수 | (28)적 수 ((26)X(27)) |
|---|---|---|---|---|---|---|
| 1 | 05 | 02 | 200.00 | 200 | 244 | 48,800 |
| 2 | | | | | | |
| | | | 계 | | 244 | 48,800 |

[작성방법]

1. 임대보증금등 적수란에 2. 임대보증금등 적수계산의 적수란의 계를 옮겨 적는다.

2. 건설비상당액적수는 하단의 건설비상당액적수란의 금액을 옮겨 적는다.

3. 이자율란에는 법인세법 따라 국세청장이 정하는 이자율을 기입한다.

4. 건설비총액누계란에는 건물의 취득·건설비 총액(취득후 발생된 자본적지출액을 포함하고 재평가차액 및 토지취득가액을 제외한다)을 기입하고 임대일수란에는 당해 사업연도 최초임대개시일을 기산일로 하여 건설비총액의 변동일까지의 일수를 순차로 기입한다. 이 경우 91. 1. 1이후 개시하는 사업연도이전에 취득·건설한 부동산의 경우는 건설비총액누계란에 당해 부동산의 취득가액(확인되지 아니한 경우에는 소득세법 규정에 의한 기준시가를 말한다)과 당해 부동산의 연면적에 90. 12. 31이 속하는 사업연도종료일 현재 단위면적당 임대보증금(임대보증금÷건물임대면적)을 곱하여 계산한 금액중 큰 금액을 기입한다.

5. 임대면적누계란에는 실제임대에 제공된 건물면적(공유면적을 포함한다)합계를 기입하고 임대일수란에는 당해 사업연도 최초임대개시일을 기산일로 하여 임대면적변동일까지의 일수를 순차로 기입한다.

6. 건물연면적누계란에는 건축물관리대장상의 건물연면적(지하층을 포함한다)을 기입하고, 임대일수란에는 당해 사업연도 최초임대개시일을 기산일로 하여 건물연면적 변동일까지의 일수를 순차로 기입한다.

7. 보증금운용수입란에는 4. 임대보증금 운용수입금액 명세의 보증금운용수입금액란의 계를 옮겨 적는다.

8. 4. 임대보증금 운용수입금액 명세의 보증금운용수입금액란에는 임대사업회계에서 발생한 수입이자와 할인료, 배당금, 신주인수권처분익 및 유가증권처분익(매각익에서 매각손을 차감한 금액)을 기입한다.

## 3. 조정후수입금액조정명세서

조정후 수입금액조정명세서는 수입금액조정명세서에서 작성한 금액과 부가가치세 과세표준에 포함되어 신고된 금액간의 차이를 업태, 종목별로 구분하여 보여주는 메뉴이다.

### ① 업종별 수입금액명세서

- 업태, 종목, 기준(단순)경비율번호란에는 법인세 과세표준신고일 현재 최근에 제정된 기준(단순)경비율의 업태·종목 및 코드번호를 기입하되, 수입금액이 큰 종목부터 순차적으로 기입하며, 수입금액의 점유비가 5%미만이거나 종목수가 11개 이상이 되는 경우는 란에 "기타"로 표시하여 합계로 기입하고 기준(단순)경비율번호란은 공란으로 한다.
- 수입금액란은 수입금액조정명세서상의 조정 후 수입금액란의 금액과 일치되어야 한다.
- 수입상품란에는 국내 및 국외무역업자 등 타인으로부터 수입상품을 매입하여 판매하는 수입금액이 포함됩니다.
- 수출란에는 「부가가치세법」에 따른 수출, 국외제공용역, 외국항행용역 기타 외화획득재화 또는 용역의 공급으로 생긴 수입금액을 기입한다.

### ② 부가가치세 과세표준과 수입금액 차액 검토

- 부가 가치세 과세표준과 수입금액 차액

  과세(일반), 과세(영세율)란에는 해당 사업연도에 해당하는 과세기간분의 과세표준(수정신고 및 경정을 포함한다)을 기입하되, 사업연도기간과 부가가치세 과세기간이 일치하지 아니하는 경우에는 사업연도기간이 속하는 부가가치세 과세기간의 과세표준합계액을 기입하고 그 차액은 수입금액과의 차액내역란에 기입한다.

  면세수입금액란에는 부가가치세가 면제되는 재화 또는 용역의 공급에서 발생한 수입금액을 기입한다.

- 수입금액과의 차액내역

  차액에 대하여 구분란에 자가공급, 고정자산매각액, 주세·개별소비세, 자가공급, 거래시기차이 등 해당란에 분류하여 기입하되. 해당하는 항목이 없는 경우에는 공란에 차액항목을 기입하고 관련금액을 기입한다. 수출란과 영세율란과의 차액이 있는 경우에는 구체적으로 기입한다.

기본예제

## 03. 2007.(주)사례주식회사의 조정후수입금액조정명세서를 작성하라.

1. 계정과목별 결산서상 수입금액은 다음과 같다.
   제품매출  1,095,000,000원
   상품매출    615,060,000원
   영업외수익 잡이익(부산물매출) 2,500,000원

2. 상품매출계정을 조사한 바 상품권을 매출한 금액 50,000,000원을 매출로 계상한 것이 발견되었다. 동 상품권은 기말 현재 물품과 교환되지 아니한 것이며 그에 대한 매출원가는 계상 되지 아니하였다.

3. 당사는 제품을 시용매출하고 있다. 12월 5일에 거래처로부터 시송품에 대한 구입의사표시(외상)을 받았는데, 결산재무제표에 반영하지 못하였다. 시송품(제품) 판매가 25,000,000원이며 매출원가는 적정하게 계상되어 있다.

4. 제품재고액 중 5,000,000은 타인에게 위탁판매하기 위한 위탁품으로서 당기말에 수탁자가 이미 7,000,000에 판매하였으나 결산에는 반영되지 않았다.

5. 영업외비용 중 잡손실계정에 제품매출할인 2,000,000원을 계상하였다.(부가세신고는 적정하게 되어있다.

6. 업종별 기준경비율 코드는 다음과 같다고 가정한다.

| 구분 | 업태/종목 | 기준경비율코드 | 비고 |
|---|---|---|---|
| 상품매출 | 도매/전기기기 | 513221 | 수입분 20,000,000 포함 |
| 제품매출 | 제조/전자부품 | 300100 | 직수출분 50,000,000원<br>국외제공용역 102,000,000포함 |

7. 부가가치세 과세표준에는 대표자 개인적사용액 10,500,000원이 포함되어 있으며,접대비로 제공한 7,000,000원과 기계장치를 4,000,000원에 매각한 수입내역이 포함되어 있다.(일반매출 : 1,312,900,000원, 영세율매출 : 152,000,000원, 면세수입금액 : 272,160,000원)

8. 기중에 중간지급조건부(상품,요건충족)로 판매한 금액이 30,000,000원이 있는데, 이는 잔금청산일에 소유권을 이전하기로 했다. 부가가치세법상 공급시기 도래한 금액은 5,000,000원이고 2기확정 부가가치세 신고 기간에 신고되었다.

## 1. 업종별수입금액명세서

| ①업 태 | ②종 목 | 순번 | ③기준(단순)경비율번호 | 수 입 금 액 | | | ⑦수 출(영세율대상) |
|---|---|---|---|---|---|---|---|
| | | | | 수입금액계정조회 | 내 수 판 매 | | |
| | | | | ④계(⑤+⑥+⑦) | ⑤국내생산품 | ⑥수입상품 | |
| 제조 | 전자부품 | 01 | 300100 | 1,127,500,000 | 975,500,000 | | 152,000,000 |
| 도매 | 전기기기 | 02 | 513221 | 565,060,000 | 545,060,000 | 20,000,000 | |
| | | 03 | | | | | |
| | | 04 | | | | | |
| | | 05 | | | | | |
| | | 06 | | | | | |
| | | 07 | | | | | |
| | | 08 | | | | | |
| | | 09 | | | | | |
| | | 10 | | | | | |
| (111)기 타 | | 11 | | | | | |
| (112)합 계 | | 99 | | 1,692,560,000 | 1,520,560,000 | 20,000,000 | 152,000,000 |

## 2. 과세표준과 수입금액 차액검토

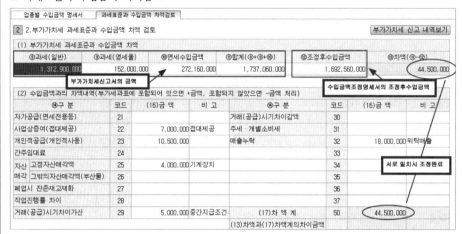

[작성방법]

1. 거래시기차이가산 : 부가가치세법은 중간지급조건부판매에 대해 대가의 각부분을 받기로 한때를 공급시기 (거래시기)로 하고, 법인세법은 잔금청산일을 손익의 귀속시기로 하고 있으므로 차이가 발생한다. 부가세는 5,000,000원을 받았기 때문에 세금계산서를 교부하고 부가세신고를 하였을 것이므로 가산 조정한다. 그러나 법인세법은 잔금청산일이 도래하지 않았으므로 5,000,000원이 부가세보다 감액되어 있다.

2. 수익금액과의 차액내역
(1) 부가세신고와 법인세법상의 수입금액의 차이를 기재하는 난이다.
(2) 조정은 부가세신고가 되어 있으면 (+)로 조정하고, **빠졌으면** (−)로 조정한다.
(3) 매출누락 = 과대신고 50,000,000 − 누락25,000,000 − 누락7,000,000 = 18,000,000을 가산조정한다.
  (상품권매출)    (시용매출)    (위탁매출)

# 03 과목별 세무조정

임원 또는 사용인의 퇴직급여에 충당하기 위하여 퇴직급여충당금을 결산상 손금으로 계상한 경우에는 일정금액의 범위 안에서 손금에 산입한다.

## 1. 퇴직급여충당부채조정명세서

① 퇴직급여충당금한도 계산

　㉠ 퇴직급여충당금 손금설정 대상자의 범위

　　법인세법상 퇴직급여충당금을 설정할 수 있는 대상은 당해 사업연도 종료일 현재 퇴직급여의 지급대상이 되는 임원 또는 사용인에 한한다.

　㉡ 손금산입 범위액 : 다음 중 적은 금액

　　• 총급여액 한도

| 퇴직급여 지급대상 임원 또는 사용인<br>(확정기여형 퇴직연금 등 설정자 제외)의 당해 사업연도 총급여액 | × 5/100 |
|---|---|

　　• 누적액 한도(추계액한도는 인정되지 않음)

| 퇴직금전환금 납부액 – 설정전 퇴직급여충당금 잔액 |
|---|

　※ 1년미만 근무한 경우에도 퇴직금지급규정이 있는 경우 충당금을 설정할 수 있다.

　• "총급여액"의 범위 : 총급여액은 소득세법의 규정에 의한 근로소득 중 근로의 제공으로 인하여 받는 봉급·급료·보수·세비·임금·상여·수당과 이와 유사한 성질의 급여

　• "퇴직급여추계액"의 계산 : 정관이나 기타 퇴직급여지급규정 등에 의하여 계산한 금액을 말하며, 퇴직급여지급규정 등이 없는 법인은 「근로자퇴직급여 보장법」이 정하는 바에 따라 계산한 금액과 보험수리적 가정에 의한 추계액 중 큰 금액으로 한다.

　　※ 손금불산입되는 금액은 제외한다.

　• "퇴직급여충당금의 누적액"의 계산 : "퇴직급여충당금의 누적액"이라 함은 법의 규정에 의하여 손금에 산입한 퇴직급여충당금으로서 각 사업연도 종료일 현재의 잔액을 말한다.

② 충당금의 상계

- 퇴직급여충당금을 손금에 산입한 법인이 임원 또는 사용인에게 퇴직금을 지급하는 경우에는 당해 퇴직급여충당금에서 먼저 지급하여야 한다.
- 퇴직급여충당금 설정액 중 세무계산상 부인액이 있는 법인이 퇴직금을 실제로 지급한 때에는 퇴직급여충당금(세무계산상의 퇴직급여충당금)과 상계하고, 세무계산상 퇴직급여충당금 한도액을 초과하여 상계되는 경우에는 기왕 손금불산입된 금액을 손금으로 추인한다.
- 1년 미만 근속한 임원 또는 사용인에게 퇴직금을 지급하는 경우에는 퇴직급여충당금과 상계하지 아니하고 직접 당해 사업연도의 손비로 처리할 수 있다.
- 확정기여형 퇴직연금 등을 설정하면서 설정 전의 근무기간분에 대한 부담금을 지출한 경우 그 지출금액은 규칙에 따라 퇴직급여충당금의 누적액에서 차감된 퇴직급여충당금에서 먼저 지출한 것으로 본다.

> ☆ 퇴직금전환금(1999.4.1 제도 폐지)
> 국민연금법에 의하여 납부하고 기말 재무상태표에 계상된 퇴직금전환금의 잔액이 있는 경우 그 금액을 누적액 한도액에 가산한다.

③ 퇴직금의 범위

　㉠ 퇴직급여지급규정에 의해 사용인 또는 임원이 "현실적으로 퇴직하는 경우"

- 법인의 사용인이 당해법인의 임원으로 취임한 때
- 법인의 임원 또는 사용인이 그 법인의 조직변경·합병·분할 또는 사업양도에 의하여 퇴직한 때
- 퇴직급여를 중간 정산하여 지급한 때
- 임원에 대한 급여를 연봉제로 전환함에 따라 향후 퇴직급여를 지급하지 아니하는 조건으로 그 때까지의 퇴직급여를 정산하여 지급한 때
  - ※ 현실적으로 퇴직하지 아니한 자에게 지급한 퇴직급여는 현실적으로 퇴직할 때까지 당해 사용인 또는 임원에 대한 업무와 관련없는 가지급금으로 한다.
- 법인의 상근임원이 비상근임원이 된 경우

　㉡ 임원 퇴직급여의 손금산입 범위

- 정관에 퇴직급여(퇴직위로금 등)로 지급할 금액이 정하여진 경우에는 정관에 정하여진 금액
- 그 외의 경우 그 임원이 퇴직하는 날로부터 소급하여 1년 동안에 당해 임원에게 지급한 총급여액(손금불산입 금액을 제외)의 10분의 1에 상당하는 금액에 근속연수를 곱한 금액
  - ※ 근속연수의 계산은 역년에 의하여 계산하며, 1년 미만의 기간은 월수로 계산하되, 1월 미만의 기간은 이를 산입하지 아니한다.

ⓒ 연봉제 실시기업의 퇴직금 범위

- 1년단위 연봉계약으로 급여를 지급하는 법인이 연봉액 이외에 별도로 퇴직금을 지급하기로 한 경우, 당해 퇴직급여를 근로자퇴직급여보장법상 적법한 중간정산으로 보기 위하여는 요건을 갖추어야 한다.
- 연봉제의 경우 퇴직금은 계약기간 1년이 만료되어야 퇴직금 지급의무가 확정되므로 위 요건에 충족하는 퇴직금을 지급한 경우에는 동 만료시점에 현실적인 퇴직으로 보아 손금산입 할 수 있는 것이므로, 연봉제 실시 법인이 계약기간 만료전에 매월 분할하여 지급하는 퇴직금 상당액은 현실적으로 퇴직할 때까지 업무무관 가지급금으로 보는 것이다.

### 기본예제

**01. 2007.(주)사례주식회사의 퇴직급여충당금 세무조정을 위한 자료는 다음과 같은 경우 조정을 하시오.**

1. 퇴직급여충당금 계정에 대한 내용
   (1) 퇴직급여충당금 기초잔액 : 170,000,000원(세무상 부인금액 : 100,000,000원)
   (2) 당기 중 퇴직급여충당금과 상계하여 지급한 금액 : 150,000,000원
   (※ 퇴직자는 모두 현실적인 퇴직에 해당하며, 퇴직연금에서 지급된 금액은 없는 것으로 가정)
   (3) 당기 중 퇴직급여로 계상한 금액은 200,000,000원이다.
   (4) 국민연금관리공단에 납입한 퇴직전환금이 15,000,000원이다.

2. 당기 중 급여지급에 대한 내용 [1년미만자는 퇴직급여충당금설정기준 없음]

| 구 분 | 총 급 여 액 | | 1년미만자 | | 1년 이상 | |
|---|---|---|---|---|---|---|
| | 인원 | 금 액 | 인원 | 금 액 | 인원 | 금 액 |
| 임금(제) | 42 | 201,600,000 | 12 | 50,000,000 | 30 | 151,600,000 |
| 상여(제) | 42 | 75,800,000 | 12 | 15,000,000 | 30 | 60,800,000 |
| 급여(판) | 21 | 143,560,000 | | | 21 | 143,560,000 |
| 상여(판) | 21 | 48,300,000 | | | 21 | 48,300,000 |
| 계 | 63 | 469,260,000 | 12 | 65,000000 | 51 | 404,260,000 |

3. 퇴직급여추계액에 대한 자료
   당기말 임직원( 51명 기준)의 회사규정상 퇴직급여추계액은 500,000,000원이다.

## 퇴직급여충당금(불러오기 실행 (F12))

**1** 2.총급여액 및 퇴직급여추계액 명세      **2** 퇴직금추계액명세서

| 계정과목명 | 17.총급여액 | | 18.퇴직급여 지급대상이 아닌 임원 또는 사용인에 대한 급여액 | | 19.퇴직급여 지급대상이 되는 임원 또는 사용인에 대한 급여액 | |
|---|---|---|---|---|---|---|
| | 인원 | 금액 | 인원 | 금액 | 인원 | 금액 |
| 0501.원재료비(제) | 42 | 201,600,000 | 12 | 50,000,000 | 30 | 151,600,000 |
| 0505.상여금(제) | 42 | 75,800,000 | 12 | 15,000,000 | 30 | 60,800,000 |
| 0801.급여(판) | 21 | 143,560,000 | | | 21 | 143,560,000 |
| 0803.상여금(판) | 21 | 48,300,000 | | | 21 | 48,300,000 |
| | | | | | | |
| | | | | | | |
| | | | | | | |
| 합계 | 126 | 469,260,000 | 24 | 65,000,000 | 102 | 404,260,000 |

| 20.기말 현재 임원 또는 사용인 전원의 퇴직시 퇴직급여추계액 | |
|---|---|
| 인원 | 금액 |
| 51 | 500,000,000 |
| 21.(근로퇴직급여보장법)에 따른 추계액 | |
| 22.세법상 추계액 MAX(20, 21) | |
| | 500,000,000 |

**3** 1.퇴직급여충당금 조정

| 『법인세법 시행령』 제60조 제1항에 따른 한도액 | 1.퇴직급여 지급대상이 되는 임원 또는 사용인에게 지급한 총급여액((19)의 계) | | 2.설정률 | 3.한도액 (① * ②) | 비 고 |
|---|---|---|---|---|---|
| | 404,260,000 | | 5 / 100 | 20,213,000 | |

| 『법인세법 시행령』 제60조 제2항 및 제3항에 따른 한도액 | 4.장부상 충당금 기초잔액 | 5.확정기여형퇴직연금자의 설정전기계상된퇴직급여충당금 | 6.기중 충당금 환입액 | 7.기초 충당금 부인누계액 | 8.기중 퇴직금 지급액 |
|---|---|---|---|---|---|
| | 170,000,000 | | | 100,000,000 | 150,000,000 |
| | 9.차감액 (④ - ⑤ - ⑥ - ⑦ - ⑧) | 10.추계액 대비 설정액 ((22) * 0 / 100) | 11.퇴직금 전환금 | 12.설정율 감소에 따른 환입을 제외하는금액(MAX(⑨-⑩-⑪,0) | 13.누적한도액 (⑩ - ⑨ + ⑪ + ⑫) |
| | -80,000,000 | | 15,000,000 | | 15,000,000 |

| 한도초과액 계 산 | 14.한도액 (③과 ⑬중 적은 금액) | 15.회사 계상액 | 16.한도초과액 ((15) - (14)) |
|---|---|---|---|
| | 15,000,000 | 200,000,000 | 185,000,000 |

1. 퇴직급여충당금한도초과액조정

  [손금불산입] 퇴직급여충당금한도초과    185,000,000원 (유보발생)

2. 전기부인액의 추인

  [손금산입] 전기퇴직급여충당금한도초과액 80,000,000원(유보감소)

  국민연금관리공단에 납입한 퇴직전환금이 15,000,000원을 국민연금(퇴직연금)전환금난에 입력한다.

## 2. 퇴직연금부담금조정명세서

### ① 퇴직연금 의의

- 내국법인이 임원 또는 사용인의 퇴직을 퇴직연금 연금의 지급사유로 하고 임원 또는 사용인을 피보험자·수익자 또는 수급자로 하는 연금으로 지출하는 금액으로서, 일정 한도 내의 금액은 당해 사업연도의 소득금액 계산에 있어서 이를 손금에 산입할 수 있다.
- 손금에 산입하는 퇴직연금은 확정기여형 퇴직연금 등(근로자퇴직급여 보장법의 규정에 따른 확정기여형 퇴직연금 및 동법의 규정에 따른 개인퇴직계좌)의 부담금을 제외하며, 2이상의 퇴직연금이 있는 경우에는 먼저 계약이 체결된 퇴직연금부터 손금에 산입한다.

### ② 퇴직연금 가입

| 구 분 | 취급기관 |
|---|---|
| 확정기여형퇴직연금 | 퇴직급여의 지급을 위하여 사용자가 부담하여야 할 부담금의 수준이 사전에 결정되어 있는 퇴직연금 |
| 확정급여형퇴직연금 | 근로자가 지급받을 급여의 수준이 사전에 결정되어 있는 퇴직연금 |
| 개인형퇴직연금 (IRP) | 가입자의 선택에 따라 가입자가 납입한 일시금이나 사용자 또는 가입자가 납입한 부담금을 적립·운용하기 위하여 설정한 퇴직연금제도로서 급여의 수준이나 부담금의 수준이 확정되지 아니한 퇴직연금 |

※ 임원은 근로자퇴직급여보장법에 따른 퇴직연금 적용대상이 아니지만 퇴직연금에 임의로 가입할 수 있으며, 법인이 지출하는 임원의 퇴직연금부담금 중 확정급여형은 퇴직보험료와 동일하게 손금산입하는 것이며, 확정기여형은 전액 손금산입한다.

### ③ 손금산입범위액 계산

손금산입한도 = MIN(추계액기준, 예치금기준)
- 추계액기준 : 추계액 - 세무상퇴직급여충당금잔액 - 이미손금산입한 부담금
- 예치금기준 : 퇴직연금운용자산잔액 - 이미손금산입한 부담금
- 이미손금산입한 부담금 : 기초손금산입액 - 부인액 - 수령 및 해약

### ④ 회계처리 및 세무조정방법

㉠ 퇴직연금을 납입하고 퇴직연금운용자산 등으로 자산계상한 경우에는
- 결산조정에 의해 법인의 손금으로 계상하지 아니하였더라도
- 세무계산상(신고조정) 손금에 산입할 수 있다.

㉡ 퇴직연금을 손금산입한 법인의 임원 또는 사용인이 실제로 퇴직하는 경우 손금산입할 퇴직금의 범위액은
- 퇴직급여지급규정에 의한 퇴직금상당액에서 당해 사용인의 퇴직으로 인하여 보험회사 등으로부터 수령한 퇴직연금, 퇴직급여충당금 순으로 차감한 금액으로 한다.
- 신고조정에 의하여 퇴직보험료 등을 손금에 산입한 경우 당해 퇴직연금 상당액을 퇴직금으로 계상한 후 동 금액을 익금에 산입해야 한다.

ⓒ 퇴직연금의 해약액을 퇴직급여충당금의 증가로 처리한 경우

해약액은 익금산입하고, 퇴직급여충당금 증가액은 당기 설정액으로 보아 손금산입후 한도액을 계산한다.

ⓔ 퇴직연금의 시부인
- 납입시 : (손금산입) 퇴직연금부담금 　　　　　　　　　　　　(유보발생)
- 퇴사시 : (익금산입) 퇴직연금지급(전기퇴직연금감소) 　　(유보감소)
　　　　　 (손금산입) 퇴직급여충당금(상계분 회복) 　　　(유보발생)

퇴직연금 등은 당해 종업원의 퇴직을 사유로 해약·지급하게 되므로 당해 종업원에 대한 것만 상계하여야 하나, 퇴직급여충당금은 법인이 설정한 세무상 잔액으로 관리하는 것이므로 세무상 퇴직급여충당금 잔액이 있다면 이와 우선적으로 상계해야 한다.
- 퇴직연금 등과 상계 → "개별관리"
- 퇴직급여충당금과 상계 → "총액관리"

---

**기본예제**

**02. 2007.(주)사례주식회사의 다음 자료에 의해 퇴직연금에 대한 조정을 하시오.**

당사는 확정급여형(DB형) 퇴직연금에 가입하였으며 장부상 퇴직급여충당부채 및 퇴직연금충당부채를 설정하지 아니하고 전액 신고조정에 의하여 손금에 산입하고 있다고 가정한다.

1. 퇴직연금운용자산 계정내역

| 퇴직연금운용자산 | | | |
|---|---|---|---|
| 기초잔액 | 80,000,000원 | 당기감소액 | 25,000,000원 |
| 당기증가액 | 110,000,000원 | 기말잔액 | 165,000,000원 |
| | 190,000,000원 | | 190,000,000원 |

2. 퇴직연금운용자산 기초잔액은 전기 자본금과적립금조정명세서(을)에 퇴직연금과 관련된 금액 130,000,000원(손금산입 유보발생)이 있다.

3. 7월 10일 퇴사자가 발생하여 퇴직연금운용자산 당기감소액에 대한 회계처리는 다음과 같다.
　(차) 퇴직급여(제) 25,000,000　　　　　　(대) 퇴직연금운용자산 25,000,000

4. 당기말 현재 퇴직급여추계액은 250,000,000원이다.

**해설**

[손금산입]퇴직연금운용자산 60,000,000원(유보발생) − 한도액까지 손금산입
[손금불산입]전기퇴직연금운용자산 25,000,000원(유보감소) − 퇴사시 익금산입

퇴직연금부담금조정명세서

| 2.이미 손금산입한 부담금 등의 계산 | | | |
|---|---|---|---|
| **나.기말 퇴직연금 예치금 등의 계산** | | | |
| 19.기초<br>퇴직연금예치금 등 | 20.기중 퇴직연금예치금 등<br>수령 및 해약액 | 21.당기 퇴직연금예치금 등의<br>납입액 | 22.퇴직연금예치금 등 계<br>(19 - 20 + 21) |
| 80,000,000 | 25,000,000 | 110,000,000 | 165,000,000 |

| **가. 손금산입대상 부담금 등 계산** | | | | | |
|---|---|---|---|---|---|
| 13.퇴직연금예치금 등 계<br>(22) | 14.기초퇴직연금충당금등<br>및 전기말 신고조정에<br>의한 손금산입액 | 15.퇴직연금충당금등<br>손금부인 누계액 | 16.기중퇴직연금등<br>수령 및 해약액 | 17.이미 손금산입한<br>부담금등<br>(14 - 15 - 16) | 18.손금산입대상<br>부담금 등<br>(13 - 17) |
| 165,000,000 | 130,000,000 | | 25,000,000 | 105,000,000 | 60,000,000 |

| 1.퇴직연금 등의 부담금 조정 | | | | | |
|---|---|---|---|---|---|
| 1.퇴직급여추계액 | 2.장부상 기말잔액 | 당기말 현재 퇴직급여충당금 | | | 6.퇴직부담금 등<br>손금산입<br>누적한도액<br>(① - ⑤) |
| | | 3.확정기여형퇴직연금자의<br>설정전 기계상된<br>퇴직급여충당금 | 4.당기말<br>부인 누계액 | 5.차감액<br>(② - ③ - ④) | |
| 250,000,000 | | | | | 250,000,000 |
| 7.이미 손금산입한<br>부담금 등<br>(17) | 8.손금산입액 한도액<br>(⑥ - ⑦) | 9.손금산입 대상<br>부담금 등<br>(18) | 10.손금산입범위액<br>(⑧과 ⑨중 적은 금액) | 11.회사 손금 계상액 | 12.조정금액<br>(⑩ - ⑪) |
| 105,000,000 | 145,000,000 | 60,000,000 | 60,000,000 | | 60,000,000 |

## 3. 대손및대손충당금조정명세서

① 대손의 의의

- 외상매출금·대여금·기타 이에 준하는 채권에 대한 대손예상액을 대손충당금으로 손금계상한 경우에는 일정금액의 범위내에서 손금에 산입한다.
- 각 사업연도에 발생한 대손금은 기설정된 대손충당금계정과 상계하며, 대손충당금잔액을 초과하는 대손금은 손금에 산입한다.
- 당해 사업연도에 발생하는 대손금과 상계하고 남은 대손충당금잔액은 익금에 산입하거나 당해 사업연도에 손금산입할 대손충당금계정에 보충하여야 한다.

> 직전연도대손충당금 − 당해연도대손금 − 당해연도대손충당금보충액 = 익금산입할금액

② 대손충당금 손금산입 대상채권 등의 범위

채권가액은 법인의 장부상 계상되어 있는 세무상 장부가액을 기준하며, 세무상 당해 채권 등에 대한 대손금 부인누계액이 있는 때에는 동 금액을 포함한 금액이 된다.

- 외상매출금 : 상품·제품의 판매가액의 미수액과 가공료·용역 등의 제공에 의한 사업수입금액의 미수액
- 대여금 : 금전소비대차계약 등에 의하여 타인에 대여한 금액
- 기타채권 : 어음상의 채권·미수금과 기타 기업회계기준에 의한 대손충당금 설정대상 채권
  ※ 부당행위계산부인에 따른 시가초과액에 상당하는 채권은 제외한다.

③ 대손충당금 및 대손금 손금산입 제외채권
- 채무보증으로 인하여 발생한 구상채권
- 특수관계자에게 업무와 관련없이 지급한 가지급금, 횡령채권, 위탁매매업의 타인채권 등

④ 대손충당금 손금산입 범위액 계산
- 대손충당금은 외상매출금, 대여금 및 기타 채권합계액의 1%에 상당하는 금액과, 채권잔액에 대손실적률을 곱하여 계산한 금액 중 큰 금액의 범위안에서 손금에 산입한다.

> (B/S상 매출채권 + 세무조정미수계상누락 + 당기말 현재 대손금부인누계액) × 1/100
> or 대손실적률 = 대손충당금 손금산입범위액

> 대손실적률 = $\dfrac{\text{당해 사업연도 세무상대손금(=당기에 신고조정으로 손금산입한 금액포함)}}{\text{직전사업연도 종료일 현재 세무상채권잔액}}$

- 동일인에 대한 매출채권과 매입채무가 있는 경우에도 이를 상계하지 아니하고 대손충당금을 설정할 수 있으나, 당사자와 약정에 의해 상계하기로 한 경우에는 제외된다.

⑤ 대손금의 처리

대손충당금을 손금으로 계상한 법인은 대손금이 발생한 경우 그 대손금을 대손충당금과 먼저 상계하여야 하며, 대손충당금잔액이 부족한 경우에는 그 부족액을 대손이 확정된 사업연도의 손금에 직접 산입한다. 법인세법상 대손요건을 충족하는 경우에는 그 대손채권이 당초 대손충당금을 설정하지 아니한 채권이거나 또는 대손충당금설정대상이 되지 아니하는 채권에서 발생되었는지 여부에 불구하고 이미 설정한 대손충당금과 상계하여야 한다.

㉠ 대손이 인정되는 채권
- 영업거래에서 발행한 채권(=매출채권)
- 업거래에 해당하지 아니하는 자산매각 대금의 미수금
- 금전대차계약 등에 의한 대여금 및 미수이자
- 임원, 사용인의 공금횡령 및 업무상 과실로 발생한 구상채권
- 법원 판결에 의한 확정된 손해배상청구권

㉡ 대손금의 범위
- 소멸시효가 완성된 채권
- 채무자 회생 및 파산에 관한 법률에 의한 회생계획인가 또는 변제계획인가 결정에 따라 회수불능으로 확정된 채권
- 파산한 자에 대한 채권 ※ 파산채권 : 파산선고전의 원인으로 생긴 재산상 청구권
- 해산한 법인, 사망·실종·행방불명된 자에 대한 채권
- 강제집행불능조서가 작성된 채무자에 대한 채권
- 형의 집행중에 있는 채무자에 대한 채권

- 사업을 폐지한 채무자에 대한 채권
- 채무자의 재산에 대한 경매가 취소된 압류채권
- 부도발생일로부터 6월이상 경과한 수표 또는 어음상의 채권 및 부도발생일 이전에 발생한 중소기업의 외상매출금 다만, 당해 법인이 채무자의 재산에 대해 저당권을 설정하고 있는 경우를 제외한다. 부도발생일로부터 6월이상 경과한 날로부터 소멸시효가 완성하는 때 까지는 대손처리하여야 한다.(단. 1,000원을 공제한 잔액)
- 회수기일을 6월이상 경과한 채권중 30만원 이하 채권
- 기업회계기준에 의한 채권의 재조정에 따라 채권의 장부가액과 현재가치의 차액을 대손금으로 계상한 금액
- **재판상의 화해및 화해권고결정에 따라 회수불능으로 확정된 채권**
- 중소기업 외상매출금으로서 회수기일로부터 2년이 경과한 외상매출금 및 미수금

  다만, 특수관계인과의 거래로 인하여 발생한 외상매출금 및 미수금은제외

⑥ 대손충당금의 환입

- 대손금과 상계하고 남은 대손충당금의 금액은 다음 사업연도의 소득금액을 계산할 때 익금에 산입(환입)하여야 한다. △액은 과다환입액을 나타내며, 익금불산입한다.

> 환입할 금액(과소환입) = 기초대손충당금 − 기중환입액 − 부인액 − 상계액 − 당기보충액

- 법인이 당해 사업연도의 대손충당금 손금산입 범위액에서 익금에 산입하여야 할 대손충당금을 차감한 잔액만을 대손충당금으로 계상한 경우 차감한 금액은 이를 각각 익금 또는 손금에 산입한 것으로 본다.
- 당해 사업연도 대손충당금 설정 범위액에서 익금산입하여야 할 대손충당금을 차감한 잔액만을 설정한 경우에도 이는 단순한 기표의 생략에 불과한 것이므로 각각 익금 또는 손금에 산입한 것으로 본다.

03. 2007.(주)사례주식회사의 회사의 대손금 및 대손충당금조정관련 자료는 다음과 같다. 세무상 유리한 방향으로 세무조정을 한다. 외상매출금과 받을어음 계정과목만 설정한다고 가정하고 조정하라.

1. 당해 사업연도 중 대손충당금 변동내역
  (1) 전기이월 : 1,332,652원 [전기부인액 : 200,000원 포함]
  (2) 당기상계 : 800,000원 [당기 12월 25일 매출채권과 상계]
    ① 외상매출금(상계된 채권) 500,000원은 소멸시효 미완성(세무상 대손요건미충족)
    ② 받을어음(상계된 채권) 300,000원은 부도발생 후 6월 경과로 대손요건 충족함
  (3) 당기말 환입 : 250,000원
  (4) 당기설정액 : 5,000,000원

2. 세무상 대손충당금 설정대상 채권내역
  (1) 전기말 매출채권 세무상잔액 : 400,000,000원
  (2) 당기말 외상매출금 장부잔액 : 246,185,892원, 당기말 받을어음 장부잔액159,505,000원

**해설**

1. 보충액 : 장부상 충당금설정전잔액

   1,332,652원 − 800,000원 − 250,000원 = 282,652원

2. 조정액

   [손금산입]전기대손충당금 200,000원(유보감소) - 자동추인사항

   [손금불산입]대손충당금 1,220,734원(유보발생) - 한도초과액

   [손금불산입]대손금부인 501,000(유보발생) - 요건 미비 부인액

### 1  2. 대손금조정

| 22.일자 | 23.계정과목 | 24.채권내역 | 25.대손사유 | 26.금액 | 대손충당금상계액 27.계 | 28.시인액 | 29.부인액 | 당기손금계상액 30.계 | 31.시인액 | 32.부인액 |
|---|---|---|---|---|---|---|---|---|---|---|
| 1 | 12.25 | 외상매출금 | 1.매출채권 | 6.소멸시효 | 500,000 | 500,000 | | 500,000 | | | |
| 2 | 12.25 | 받을어음 | 1.매출채권 | 5.부도(6개· | 300,000 | 300,000 | 299,000 | 1,000 | | | |
| 3 | | | | | | | | | | | |
| | | | 계 | | 800,000 | 800,000 | 299,000 | 501,000 | | | |

### 2  채권잔액

| 16.계정과목 | 17.채권잔액의 장부가액 | 18.기말현재대손금부인누계 전기 | 당기 | 19.합계 (17+18) | 20.충당금설정제외채권 (할인,배서,특수채권) | 21.채 권 잔 액 (19-20) |
|---|---|---|---|---|---|---|
| 1 | 외상매출금 | 246,185,892 | | 500,000 | 246,685,892 | | 246,685,892 |
| 2 | 받을어음 | 159,505,000 | | 1,000 | 159,506,000 | | 159,506,000 |
| 3 | | | | | | | |
| | 계 | 405,690,892 | | 501,000 | 406,191,892 | | 406,191,892 |

### 3  1.대손충당금조정

| 손금산입액 | 1.채권잔액 (21의금액) | 2.설정률(%) ●기본율 ○실적율 ○적립기준 | 3.한도액 (1×2) | 4.당기계상액 | 회사계상액 5.보충액 | 6.계 | 7.한도초과액 (6-3) |
|---|---|---|---|---|---|---|---|
| 조정 | 406,191,892 | 1 | 4,061,918 | 5,000,000 | 282,652 | 5,282,652 | 1,220,734 |

| 익금산입액 | 8.장부상 충당금기초잔액 | 9.기중 충당금환입액 | 10.충당금부인 누계액 | 11.당기대손금 상계액(27의금액) | 12.충당금보충액 (충당금장부잔액) | 13.환입할금액 (8-9-10-11+12) | 14.회사환입액 (회사기말환입) | 15.과소환입·과다 환입(△)(13-14) |
|---|---|---|---|---|---|---|---|---|
| 조정 | 1,332,652 | | 200,000 | 800,000 | 282,652 | | 50,000 | 250,000 | -200,000 |

### 4  3.국제회계기준 등 적용 내국법인에 대한 대손충당금 환입액의 익금불산입액의 조정

| 33.대손충당금 환입액의 익금불산입 금액 | 34.손금에 산입하여야 할 금액 MIN(3,6) | 35.익금에 산입하여야 할 금액 (8-10-11) | 36.차액 MAX(0,34-35) | 37.상계후 대손충당금환입액의 익금불산입금액(33-36) |
|---|---|---|---|---|

[작성방법]

1. 대손충당금 조정

(1) 채권잔액란에는 대손금부인액을 포함한 기말현재 외상매출금으로 한다.

(2) 설정률란에는 일반법인은 1/100과 [당기대손금액/직전사업년도 세무상채권] 중 큰 금액으로 한다.

(3) 보충액란 및 당기설정 충당금보충액란에는 회사가 대손충당금잔액 중 당기에 계상할 대손충당금에 보충한 금액을 적는다.

(4) 당기대손금 상계액란에는 대손충당금과 상계한 대손금의 계란의 금액을 적는다.

(5) 기말현재 대손금부인누계란에는 전기말 현재 대손금부인누계액에서 당기손금산입액을 빼고 당기 부인액을 더한 금액으로 한다.

2.. 대손금조정

① 26금액란에는 당기 대손발생 총액을 적고, 대손충당금상계액의 29부인액란에는 부당상계액을 적으며, 당기 손금계상액 중 32부인액란에는 부당대손처리분을 적고 비고란에 부인사유를 간략하게 적는다.

② 7한도초과액은 손금불산입하고 15과소환입액은 익금산입하며, 15의 과다환입액(△)인 경우에는 10충당금 부인누계액 범위안에서 손금산입한다.

③ 대손충당금상계액 중 29부인액은 익금산입하고, 당기손금계상액 중 32부인액은 손금불산입한다.

## 4. 접대비조정명세서

### (1) 접대비의 범위와 요건

"접대비"는 접대비 및 교제비·사례금 기타 명목여하에 불구하고 이에 유사한 성질의 비용으로서 법인이 업무와 관련하여 지출한 금액을 말한다.

#### ① 접대·교제 등을 위한 비용 또는 사례금

※ 거래관계의 원활한 진행을 도모하기 위하여 지출한 비용은 "접대비"이며, 불특정다수인의 구매의욕을 자극하기 위하여 지출한 비용은 "광고선전비"에 해당한다.

| 종 류 | 구 분 기 준 | |
|---|---|---|
| 기 부 금 | 업무와 관련 없는 지출 | 특정단체를 위한 지출 |
| 접 대 비 | 업무와 관련있는 지출 | 특정고객을 위한 지출 |
| 광고선전비 | 업무와 관련 있는 지출 | 불특정 다수인을 위한 지출 |

#### ② 기타 접대비

• 사용인이 조직한 단체에 지출한 복리시설비

※ 조합이나 단체가 법인이 아닌 때에는 그 법인의 경리의 일부로 본다.

• 약정에 의한 채권포기 금액

• 특정 고객에게만 선별적으로 제공된 광고선전비로 특정인에 대한 기증금품으로서 연간 3만원을 초과하는 비용(단, 부채, 컵등의 개별가격이 10,000원이하인 경우는 제외한다)

• 자산취득가액에 해당하는 접대·교제 등의 비용

#### ③ 접대비로 보지 아니하는 금액

• 광고선전 목적으로 견본품·달력·수첩·부채·컵 등 물품을 불특정 다수인에게 기증하기 위하여 지출한 비용(특정인에게 기증하기 위하여 지출한 비용의 경우에도 1인당 연간 3만원 한도 내 금액과 부채,컵등의 개별가격이 10,000원이하인 경우 포함)

#### ④ 판매부대비용과 접대비의 구분 예시

• 판매장려금·판매수당 등 : 특정업체만 지급시 접대비 해당

• 거래처에 무상 제공하는 물품 등 : 특정업체만 지급시 접대비 해당

• 매출에누리·매출할인 : 법인이 제품을 구입하는 모든 거래처에 대하여 사전에 약정한 동일한 기준의 대금결제조건을 충족하는 경우에 할인하여 주는 외상매출금은 법인세법의 매출할인으로 보는 것이나 그 외 결제조건을 충족하지 못한 거래처에 대한 할인액 및 약정을 초과하여 할인한 금액은 접대비에 해당한다

### (2) 접대비의 시부인순서

① 개인적지출 접대비, 증빙미사용접대비

② 1회 지출금액이 3만원 (경조금의 경우 20만원)을 초과하는 접대비

단, 특정 국외지역지출액, 농어민지출액 접대비 중 송금명세서분은 제외

- 신용카드(동법에 의한 직불카드·기명식선불카드·외국에서 발행한 신용카드와 규정에 따른 현금영수증 포함)를 사용하여 지출하는 접대비(카드는 반드시 법인명의여야 한다.)
- 계산서 또는 부가가치세법 규정에 따른 세금계산서를 교부받거나 매입자발행세금 계산서를 발행하고 지출하는 접대비

③ 접대비 한도초과액

각 사업연도에 지출한 접대비에 의하여 손금불산입하는 금액 외)로서 다음 ㉠, ㉡의 합계액을 초과하는 금액

$$1,200만원(중소기업의 경우 3,600만원) \times \frac{당해\ 사업연도의\ 월수}{12}$$

※ 월수는 역에 따라 계산하되 1월 미만의 일수는 1월로 한다.

- 수입금액을 일반수입금액과 기타수입금액으로 구분하여 다음과 같이 계산한 금액의 합계액이며, 수입금액은 매출누락 등을 반영한 기업회계상 매출액이며 법인세법만이 매출액으로 보는 것은 제외(법인 46012-1056)

**▌수입금액별·법인별 적용률**

| 수 입 금 액 | 일 반 수 입 금 액 | 기 타 수 입 금 액 |
|---|---|---|
| 100억원 이하 | $\frac{30}{10,000}$ | 특수관계자와의 거래에 대한 수입금액에 대하여는 그 수입금액에 적용률을 곱하여 산출한 금액의 10% 상당액 |
| 100억원 초과 500억원 이하 | 2천만원 + 100억 초과금액의$\times \frac{20}{10,000}$ | |
| 500억원 초과 | 6천만원 + 500억 초과금액의$\times \frac{3}{10,000}$ | |

④ **문화접대비 한도액 추가** : 문화접대비 지출액이 있는 경우에는 문화접대비 한도액을 일반접대비 한도액에 추가하며 가족회사등의 특수관계인의 경우에는 한도액의 50%만 인정

- 문화예술의 공연이나 전시회 또는 박물관 및 미술관, 박물관의 입장권 구입
- 체육활동의 관람을 위한 입장권의 구입
- 영화 및 비디오물의 진흥에 관한 비디오물의 구입
- 음악산업진흥에 따른 음반 및 음악영상물의 구입
- 출판 및 인쇄진흥법 따른 간행물의 구입등
- **100만원이하 증정용 미술품 구입비용**

문화접대비의 손금산입 한도액 = Min(①, ②)
① 문화접대비 지출액
② 당해 사업연도 일반접대비 한도액 × 20%(5인미만 소규모기업, 부동산임대업등은 일반접대비한도액 × 50% × 20%)

## (3) 접대비 한도초과액 등의 계산

### ① 시부인계산 대상이 되는 접대비

- 법인이 자기가 생산하거나 판매하는 제품·상품을 거래처에 제공한 때에는 제공당시 당해 물품의 시가(시가가 장부가액보다 낮은 경우에는 장부가액)
- 접대비를 건설가계정·개발비 등 자산으로 계상한 경우에도 시부인대상 접대비에 포함한다.
- 자산가액에 포함할 성질이 아닌 접대비를 자산(가지급금, 미착상품 등)으로 계상한 경우에는 이를 지출한 사업연도의 손금에 산입하고 접대비에 포함하여 시부인한다.

### ② 기준수입금액의 계산

접대비 계산기준이 되는 "수입금액"은 기업회계기준에 의하여 계산한 매출액으로 한다.

> ☆ 법인이 기업회계에 따른 결산시 누락한 매출액
> 기준수입금액이란 기업회계기준에 의하여 계산한 당해 사업연도의 영업수익에 해당하는 금액을 말하는 것이므로 손익계산서에 계상되지 않은 수입금액은 인정되지 아니할 수 도 있으나 법령해석에 따르면, 법인세 신고시에 세무조정으로 익금에 산입한 영업수익도 포함된다.(법인집행 25-0-3)
> ① 기준수입금액 불포함
>   매출에누리·매출할인, 영업외수입, 간주임대료, 부당행위계산부인으로 익금산입한 금액, 개별소비세 과세 물품 제조·판매 법인의 매출액에 포함된 개별소비세(교육세 포함)(법인집행 25-0-3)
> ② 기준수입금액 포함
>   반제품·부산물·작업폐물의 매각수입(법인집행 25-0-3)

### ③ 접대비 손금불산입액의 처리

- 1회 지출금액이 3만원(경조사비 20만원)을 초과하는 접대비로서 신용카드 등을 사용하지 아니한 금액은 전액 손금불산입하고 기타사외유출로 처분한다. 단, 국외지역접대비, 현물접대비, 매출할인, 농어민과의 거래등 신용카드 등을 사용할 수 없는 경우에는 적격증빙수취의무 없다.
  - **적격증빙** : 신용카드(외국카드, 직불카드포함), 현금영수증, 세금계산서, 계산서, 원천징수영수증
- 손비로 계상한 접대비 한도초과액의 처리
  손비로 계상한 접대비의 한도초과액은 각 사업연도의 소득금액 계산에 있어 손금불산입하고 기타사외유출로 처분한다.

## 기본예제

**04.** 2007.(주)사례주식회사의 기업회계기준상 매출액은 1,692,560,000원이고, 이중 특수관계자에 대한 매출은 100,000,000원에 해당하며, 중소기업인 경우에 접대비를 조정하시오.

1. 손익계산서상 접대비는 50,000,000원이며, 여기에는 미지급접대비가 500,000원 포함되어 있다. 이중 신용카드대상(3만원초과금액)은 49,640,700원이고 신용카드사용액은 44,817,020원이다. 제조원가명세서의 접대비는 13,153,520원이고, 이중 1만원초과는 13,137,220원, 신용카드 사용액은 12,993,700원이다. 3만원초과 신용카드 미사용 접대비(판)에는 아예 증빙이 없는 접대비가 1,000,000원이 있다.

2. 접대비(제)에는 당기중 원재료 매입처에 제품(원가 3,000,000원, 시가 7,000,000원)을 증정하고 원가로 다음과 같이 회계처리 하였다고 가정한다.
   (차) 접대비(제)     3,700,000원          (대) 제     품     3,000,000원(타계정대체)
                                            부가세예수금     700,000원

3. 기말 재무상태표상 선급비용에 접대비 2,000,000원이 포함되어 있는데 당기금액을 선급비용으로 이연처리 하였으며, 신용카드를 사용하였다.

4. 현물접대비는 3만원 초과된 금액으로서 신용카드를 사용하지 못했다.

## 해설

1. 접대비조정명세서(을)
판관비에 있는 4,000,000원은 접대비는 현물접대비의 시가와 원가와의 차이금액이며, 신용카드대상이 아님
[손금산입]선급접대비 2,000,000원 (유보발생) – 접대비는 발생주의 적용
법인이 접대비 또는 이에 유사한 비용을 지출한 사업연도의 손비로 처리하지 아니하고 이연처리한 경우에는 이를 지출한 사업연도의 접대비로서 시부인계산하고 그 후 사업연도에 있어서는 이를 접대비로 보지 아니한다.(법기통 25-0…1)
재고자산으로 계상한 접대비도 지출한 사업연도의 접대비로 시부인계산하고 그 후 사업연도에 있어서는 접대비로 보지 아니한다.(법인 22601-358, 1991.2.22)

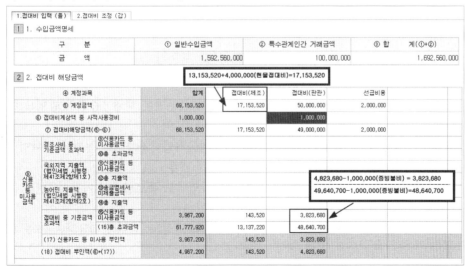

| 구분 | | | 금액 |
|---|---|---|---|
| ① 접대비 해당 금액 | | | 68,153,520 |
| ② 기준금액 초과 접대비 중 신용카드 등 미사용으로 인한 손금불산입액 | | | 3,967,200 |
| ③ 차감 접대비 해당금액(①-②) | | | 64,186,320 |
| 일반<br>접대비<br>한도 | ④ 12,000,000 (중소기업 36,000,000) X 월수(12) / 12 | | | 36,000,000 |
| | 총수입금액<br>기준 | 100억원 이하의 금액 X 30/10,000 (2020년 사업연도 분은 35/10,000) | | 5,077,680 |
| | | 100억원 초과 500억원 이하의 금액 X 20/10,000 (2020년 사업연도 분은 25/10,000) | | |
| | | 500억원 초과 금액 X 3/10,000 (2020년 사업연도 분은 6/10,000) | | |
| | | ⑤ 소계 | | 5,077,680 |
| | 일반수입금액<br>기준 | 100억원 이하의 금액 X 30/10,000 (2020년 사업연도 분은 35/10,000) | | 4,777,680 |
| | | 100억원 초과 500억원 이하의 금액 X 20/10,000 (2020년 사업연도 분은 25/10,000) | | |
| | | 500억원 초과 금액 X 3/10,000 (2020년 사업연도 분은 6/10,000) | | |
| | | ⑥ 소계 | | 4,777,680 |
| | ⑦ 수입금액기준 | (⑤-⑥) X 10/100 | | 30,000 |
| | ⑧ 일반접대비 한도액 (④+⑥+⑦) | | | 40,807,680 |
| 문화접대비 한도<br>(「조특법」<br>제136조제3항) | ⑨ 문화접대비 지출액 | | | |
| | ⑩ 문화접대비 한도액(⑨와 (⑧ X 20/100) 중 작은 금액) | | | |
| ⑪ 접대비 한도액 합계(⑧+⑩) | | | 40,807,680 |
| ⑫ 한도초과액(③-⑪) | | | 23,378,640 |
| ⑬ 손금산입한도 내 접대비 지출액(③과⑪ 중 작은 금액) | | | 40,807,680 |

[손금불산입] 증빙불비접대비 1,000,000(상여)

[손금불산입] 3만원초과 접대비 카드미사용 3,967,200원(기타사외유출)

[손금불산입] 접대비한도초과액 23,378,640원(기타사외유출)

접대비(제조)는 13,153,520와 현물접대비중 시가와 원가의 차이금액인 4,000,000원을 합하여 17,153,520원으로 하여 조정하여도 되고, 각각 하여도 결과는 동일하다.

법인이 제품을 거래처에 무상으로 제공하는 경우에는 당해 자산을 제공하는 당시에 실제 판매할 수 있는 가액 상당액을 접대비로 봄.(법인 46012-4637, 1995.12.20)

## 5. 가지급금 등에 대한 인정이자의 익금조정

### ① 가지급금

세무상 가지급금이라 함은 명칭 여하에 불구하고 당해 법인의 업무와 관련이 없는 특수관계자에 대한 자금의 대여액을 말한다.특수관계자에게 무상 또는 시가보다 낮은 이율로 금전을 대여한 경우에는 가중평균차입이자율을 원칙으로 하되, 가중평균차입이자율 적용이 불가능시 당좌대출 이자율로 계산한 이자상당액을 익금으로 계상하여야 한다. 선택한 비율은 해당되는 모든 거래에 대하여 적용하고, 당해사업년도와 그 후의 2개 사업년도는 계속 적용하여야 한다.

**[가중평균차입이자율 적용이 불가능한 사유]**
- 특수관계자가 아닌 자로부터 차입한 금액이 없는 경우
- 차입금 전액이 채권자가 불분명한 사채 또는 매입자가 불분명한 채권·증권의 발행으로 조달된 경우
- 대여법인의 가중평균차입이자율이 차입법인의 가중평균차입이자율보다 높거나 대여법인의 대여금리가 차입법인의 가중평균차입이자율보다 높은 경우
- 대여한 날 계약을 갱신한 경우에는 갱신일부터 해당사업연도 종료일까지 기간이 5년을 초과하는 대여금이 있는 경우
  ※ 대여기간이 5년을 초과하는 대여금이 있는 경우 등 기획재정부령으로 정하는 경우에는 해당 대여금 또는 차입금에 한정하여 당좌대출이자율을 시가로 하도록 개정됨.

② 가지급금으로 보지 않는 경우

- 미지급소득(배당소득, 상여금)에 대한 소득세 대납액
  ※ 소득분지방소득세와 미지급소득으로 인한 중간예납세액 상당액을 포함하며, 당해 소득을 실지로 지급할 때까지 의 기간에 상당하는 금액에 한한다.

- 내국법인이 국외 투자법인에 종사하거나 종사할 자에게 여비·급료·기타 비용을 가지급한 금액
  ※ 그 금액을 실지로 환부받을 때까지의 기간에 상당하는 금액에 한한다.

- 우리사주조합 또는 그 조합원에게 당해법인의 주식취득에 소요되는 자금을 가지급한 금액

- 국민연금법에 의해 근로자가 지급받은 것으로 보는 퇴직금전환금
  ※ 당해 근로자가 퇴직할 때까지의 기간에 상당하는 금액에 한한다.

- 사외로 유출된 금액의 귀속이 불분명하여 대표자에게 상여처분한 금액에 대한 소득세를 법인이 납부하고 가지급금으로 계상한 금액
  ※ 특수관계가 소멸될 때까지의 기간에 상당하는 금액에 한한다.

- 사용인에 대한 월정급여액 범위안의 일시적 급료 가불금

- 사용인에 대한 경조사비 또는 학자금(자녀포함)의 대여액

- 한국자산관리공사가 출자총액의 전액을 출자하여 설립한 법인에 대여한 금액

③ 가중평균차입이자율의 계산

- 자금대여 시점 현재 각각의 차입금 잔액(특수관계자로부터의 차입금 제외)에 차입 당시의 각각의 이자율을 곱한 금액의 합계액을 해당 차입금 잔액의 총액으로 나눈 비율을 말한다.

- 변동금리로 차입한 경우에는 차입 당시의 이자율로 차입금을 상환하고 변동된 이자율로 동 금액을 다시 차입한 것으로 본다.

- 법인이 가중평균차입이자율을 계산함에 있어 당좌차월이자, 사채이자, 금융리스 이용료중 이자상당액은 가중평균차입이자율 계산대상 차입금으로 보는 것이나 연지급수입이자는 그 러하지 아니하는 것임.

④ 당좌대출이자율

- "금융기관의 당좌대출이자율"을 감안하여 "국세청장이 정하는 율"을 말한다.

- 변경된 당좌대출이자율이 시행된 후에 발생하는 이자에 대해서 부인 대상이 되는지를 판단 함에 있어서는 변경된 당좌대출이자율을 기준으로 하는 것임

$$\text{가중평균차입이자율} = \frac{\Sigma(\text{자금대여시점의각각의차입금잔액} \times \text{차입당시의각각의이자율})}{\text{자금대여시점의 차입금 잔액의 총액}}$$

⑤ **부당행위계산 부인**

- 내국법인의 행위 또는 소득금액계산이 특수관계자와의 거래로 인하여 그 법인의 소득에 대한 조세부담을 부당히 감소시킨 것으로 인정되는 경우 그 법인의 행위 또는 소득금액의 계산에 관계없이 그 법인의 각 사업연도의 소득금액을 계산한다.
- 부당행위계산의 유형 등
  자산을 시가보다 높은 가액으로 매입 또는 현물출자 받았거나, 그 자산을 과대상각한 경우
- 시가보다 낮거나 높은 대가로 거래하는 경우 시가와 대가의 차액이 3억원 이상이거나 시가의 **5%**이상인 경우에 한하여 부당행위계산 부인 규정 적용(다만, 주권상장법인 및 코스닥상장법인이 발행한 주식을 거래소에서 거래한 경우 제외)

⑥ **인정이자**

인정이자 계산액 = (가지급금적수 − 가수금적수) × 이자율 × 1/365

- 가지급금 등의 적수 계산은 일별 적수계산방법에 따르며, 가지급금이 발생한 초일은 산입하고 가지급금이 회수된 날은 제외한다.
- 인정이자를 계산함에 있어 동일인에 대하여 가지급금과 가수금이 함께 있는 경우에는 이를 상계한 금액으로 계산한다. 다만, 가수금에 대하여 별도로 상환기간 및 이자율 등에 관한 약정이 있어 가지급금과 상계할 수 없는 경우에는 이를 상계하지 아니하고 인정이자를 계산한다.
- 인정이자 계산시 대여금 등이 있는 동일인에 대하여 무이자로 일시 차입한 차입금 등이 있는 경우에는 동 차입금 등의 회계처리 여하에 불구하고 대여금 및 차입금의 적수를 계산하여 이를 상계하고 그 잔액에 대하여 인정이자를 계산함
- 가수금 적수가 클 경우라 하더라도 이에 대한 負의 인정이자, 즉 지급이자를 계산하는 것은 아니다. 해당 사업연도 전체기간의 가수금 적수가 가지급금 적수를 초과하는 자에 대해서는 인정이자를 계산하지 아니한다.
- 가지급금의 경우 이행기 등을 약정하지 아니하는 것이 일반적이므로 가지급금 발생 순서에 따라 변제된 것으로 처리하게 되며, 가지급금의 원본, 이자 및 비용을 전부 변제하지 못할 경우에는 비용, 이자, 원본의 순서로 변제에 충당하는 것이나, 원본, 이자 등의 변제순서에 관하여 당사자간에 약정이 있는 경우에는 그에 따라야 할 것이다. 다만, 예외적인 변제순서를 정하여 법인의 소득을 부당하게 감소시킨 것으로 인정되는 경우에는 부당행위계산부인규정 적용한다.
- 인정이자는 본래 법인과 특수관계에 있는 출자자 등에게 금전을 대여한 경우에 적용하는 것이므로, 사업연도 중에 특수관계가 소멸하는 때에는 당해 소멸시점까지만 계산하여야 한다.

⑦ **세무조정**

법인이 특수관계인간의 금전거래에 있어서 상환기간 및 이자율 등에 대한 약정이 없는 대여금 및 가지급금 등에 대하여 결산상 미수이자를 계상한 경우에도 동 미수이자는 익금불산입하고 규정에 의하여 계산한 인정이자상당액을 익금에 산입한다. 약정이 있는 경우에는 규정에 의한 인정이자와 회사가 계상한 미수이자의 차이만을 익금산입한다.

㉠ 약정이 없는 경우

법인이 특수관계인간의 금전거래에 있어서 상환기간 및 이자율 등에 대한 약정이 없는 대여금 및 가지급금 등에 대하여 결산상 미수이자를 계상한 경우에도 동 미수이자는 익금불산입하고, 가지급금 인정이자를 계산하여 인정이자상당액을 익금에 산입하고 귀속자에 따라 소득처분한다.

- 회사계상액 : (익금불산입) 미수이자  ×× (유보발생)
- 세법상 금액 : (익금산입)  각 임직원 인정이자  ×× (상여)

㉡ 약정이 있는 경우

법인이 특수관계인간의 금전거래에 있어서 상환기간 및 이자율 등에 대한 약정이 있는 경우에는 인정이자와 그 약정이자와의 차액에 대하여 익금에 산입하고 귀속자에 따라 소득처분한다.

- 차이금액 : 규정에 의한 인정이자와 회사가 계상한 미수이자의 차이
- (익금산입) 각 임직원 인정이자  ××(상여)

---

**기본예제**

**05. (주)사례주식회사의 다음 자료를 이용하여 가지급금에 대한 인정이자를 계산하라.**

1. 차입금현황(아래의 차입금만 있다고 가정한다)
   (1) 1월1일(전기이월) 신한은행으로부터 장기차입금 100,000,000,이자율 5%
   (2) 1월1일(전기이월) 한양은행으로부터 장기차입금 50,000,000원 이자율6.5%
   (3) 1월1일(전기이월) 조흥은행으로부터 장기차입금 113,400,000원 이자율7%
   (4) 3월28일 대양산업(주)로부터 단기차입금  20,000,000월 이자율 6%

2. 가지급금지급 및 소비대차약정 현황
   (1) 6월 2일 상무이사 김택동에게 주택구입자금 50,000,000원(적요7, 9번 사용)을 3%대여 당기 중 수령한 이자금액은 875,000원이다.
   (2) 7월 5일 전무이사 이상용에게 사업자금 60,000,000원(적요8, 10번 사용)을 8%로 대여 당기 중 수령한 이자금액은 2,400,000원이다.

3. 가수금은 없고 연일수 365일로 적용한다.
4. 회사는 원칙적인 방법인 가중평균차입이자율로 인정이자를 계산한다.
5. 회사계상액은 조회를 해서 입력할 것.

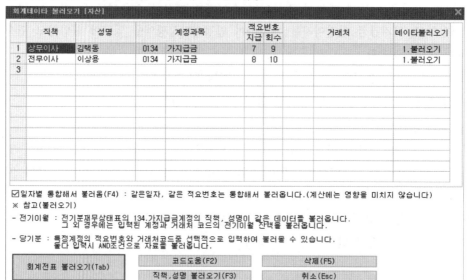

## 해설

### (1) 자동 불러오기 (직책, 성명, 계정과목, 적요번호세팅)

**회계데이타 불러오기 [자산]**

| | 직책 | 성명 | 계정과목 | 적요번호 지급 | 적요번호 회수 | 거래처 | 데이타불러오기 |
|---|---|---|---|---|---|---|---|
| 1 | 상무이사 | 김택동 | 0134 가지급금 | 7 | 9 | | 1.불러오기 |
| 2 | 전무이사 | 이상용 | 0134 가지급금 | 8 | 10 | | 1.불러오기 |
| 3 | | | | | | | |

☑일자별 통합해서 불러옴(F4) : 같은일자, 같은 적요번호는 통합해서 불러옵니다.(계산에는 영향을 미치지 않습니다)
※ 참고(불러오기)
- 전기이월 : 전기분재무상태표의 134.가지급금계정의 직책, 성명이 같은 데이터를 불러옵니다.
  그 외 경우에는 입력된 계정과 거래처 코드의 전기이월 잔액을 불러옵니다.
- 당기분 : 특정계정의 적요번호와 거래처코드중 선택적으로 입력하여 불러올 수 있습니다.
  둘다 입력시 AND조건으로 자료를 불러옵니다.

[회계전표 불러오기(Tab)] [코드도움(F2)] [삭제(F5)]
[직책,성명 불러오기(F3)] [취소(Esc)]

### (2) 상무이사 가지급금 적수

| 1.가지급금.가수금 입력 | 2.차입금 입력 | 3.인정이자계산 : (을)지 | 4.인정이자조정 : (갑)지 | 적용이자율선택 : [2] 가중평균차입이자율 |
|---|---|---|---|---|

○가지급금,가수금 선택: 1.가지급금 ▼     [회계데이타불러오기]

| | 직책 | 성명 | | 적요 | 년월일 | 차변 | 대변 | 잔액 | 일수 | 적수 |
|---|---|---|---|---|---|---|---|---|---|---|
| 1 | 상무이사 | 김택동 | 1 | 2.대여 | 6  2 | 50,000,000 | | 50,000,000 | 213 | 10,650,000,000 |
| 2 | 전무이사 | 이상용 | 2 | | | | | | | |
| 3 | | | | | | | | | | |

### (3) 전무이사 가지급금 적수

| 1.가지급금.가수금 입력 | 2.차입금 입력 | 3.인정이자계산 : (을)지 | 4.인정이자조정 : (갑)지 | 적용이자율선택 : [2] 가중평균차입이자율 |
|---|---|---|---|---|

○가지급금,가수금 선택: 1.가지급금 ▼     [회계데이타불러오기]

| | 직책 | 성명 | | 적요 | 년월일 | 차변 | 대변 | 잔액 | 일수 | 적수 |
|---|---|---|---|---|---|---|---|---|---|---|
| 1 | 상무이사 | 김택동 | 1 | 2.대여 | 7  5 | 60,000,000 | | 60,000,000 | 180 | 10,800,000,000 |
| 2 | 전무이사 | 이상용 | 2 | | | | | | | |
| 3 | | | | | | | | | | |

### 4. 차입금입력

### (1) 계정과목설정

**차입금과 관련된 계정과목 입력**

| | □ | | 계정과목 |
|---|---|---|---|
| 1 | ☐ | 0256 | 당좌차월 |
| 2 | ☐ | 0260 | 단기차입금 |
| 3 | ☐ | 0293 | 장기차입금 |
| 4 | ☐ | | |
| | ☐ | | |
| | ☐ | | |

차입금,(-)통장 관련된 계정과목을 입력.
회계자료를 불러올 때 활용합니다.

[확인(Tab)] [삭제(F5)] [코드도움(F2)]
[초기화(F7)] [취소(Esc)]

(2) 신한은행등 차입금을 불러와 이자율 입력

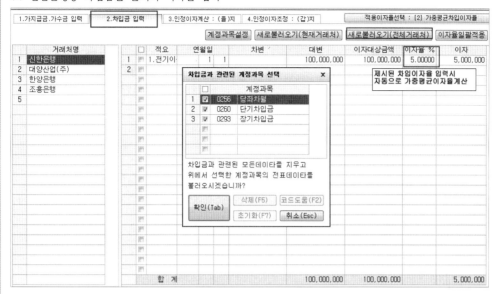

5. 인명별가중평균차입이자 적용

(1) 상무이사 가중평균이자 적용

(2) 전무이사 가중평균이자 적용

6. 1년이 365일 때 인정이자 조정 : [익금불산입] 인정이자 915,218(상여)

| | 1.성명 | 2.가지급금적수 | 3.가수금적수 | 4.차감적수(2-3) | 5.인정이자 | 6.회사계상액 | 시가인정범위 7.차액(5-6) | 비율(%) | 9.조정액(=7) 7>=3억,8>=5% |
|---|---|---|---|---|---|---|---|---|---|
| 1 | 김택동 | 10,650,000,000 | | 10,650,000,000 | 1,790,218 | 875,000 | 915,218 | 51.12327 | 915,218 |
| 2 | 이상용 | 10,800,000,000 | | 10,800,000,000 | 1,815,432 | 2,400,000 | -584,568 | | |

약정이 있으면 회사계상액과의
차이를 인정이자로 익금산입

1년이 366일 때 인정이자 조정 : [익금불산입] 인정이자 829,829(상여)

| | 1.성명 | 2.가지급금적수 | 3.가수금적수 | 4.차감적수(2-3) | 5.인정이자 | 6.회사계상액 | 시가인정범위 7.차액(5-6) | 8.비율(%) | 9.조정액(=7) 7>=3억,8>=5% |
|---|---|---|---|---|---|---|---|---|---|
| 1 | 김택동 | 10,650,000,000 | | 10,650,000,000 | 1,704,829 | 875,000 | 829,829 | 48.67520 | 829,829 |
| 2 | 이상용 | 10,800,000,000 | | 10,800,000,000 | 1,728,840 | 2,400,000 | -671,160 | | |

## 6. 지급이자손금불산입등

### (1) 지급이자의 손금불산입

차입금의 이자는 원칙적으로 법인의 순자산을 감소시키는 거래로서 손비에 해당한다. 그러나 특정용도에 소요된 차입금 또는 채권자가 불분명한 차입금의 이자와 비생산적 자산을 보유하고 있는 경우의 차입금 이자는 손금불산입 하도록 하고 있다.

> ☆지급이자 손금불산입 규정 적용순서
> ① 채권자가 불분명한 사채이자
> ② 지급받은 자가 불분명한 채권·증권의 이자·할인액 또는 차익
> ③ 건설자금에 충당한 차입금의 이자
> ④ 업무무관자산 및 가지급금 등의 취득·보유와 관련한 지급이자

### (2) 손금불산입 대상 지급이자

#### ① 채권자가 불분명한 사채이자

다음에 해당하는 차입금의 이자

- 채권자의 주소 및 성명을 확인할 수 없는 차입금
- 채권자의 능력 및 자산상태로 보아 금전을 대여한 것으로 인정할 수 없는 차입금
- 채권자와의 금전거래 사실 및 거래내용이 불분명한 차입금
  ※ 알선수수료·사례금 등 명목여하에 불구하고 사채를 차입하고 지급하는 금품을 포함하되, 거래일 현재 주민등록표에 의하여 거주사실 등이 확인된 채권자가 차입금을 변제받은 후 소재불명이 된 경우의 차입금이자는 제외한다.

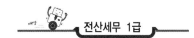 

② 수령자가 불분명한 채권·증권의 이자 등

다음의 채권·증권을 발행한 법인이 직접 지급하는 경우로서 그 지급사실이 객관적으로 인정되지 아니하는 이자 또는 할인액

- 국가 또는 지방자치단체가 발행한 채권 또는 증권의 이자와 할인액
- 내국법인이 발행한 채권 또는 증권의 이자와 할인액
- 외국법인의 국내지점 또는 국내영업소에서 발행한 채권이나 증권의 이자와 할인액
- 금융기관이 환매기간에 따른 사전약정이율을 적용하여 환매수 또는 환매도하는 조건으로 매매하는 채권 또는 증권의 매매차익

> 손금불산입하는 이자 또는 할인액에 대한 소득처분은 원천징수세액(소득처분 기타사외유출)을 제외한 금액을 대표자에 대한 상여로 처분한다.

③ 건설자금이자

명목 여하에 불구하고 사업용 고정자산의 매입·제작·건설에 소요되는 차입금(건설 등에 소요된지의 여부가 불분명한 차입금 제외)에 대한 지급이자 또는 이와 유사한 성질의 지출금

④ 업무무관자산 및 가지급금 등의 취득·보유와 관련된 지급이자

업무와 직접 관련이 없다고 인정되는 자산과 특수관계자에게 당해 법인의 업무와 관련 없이 지급한 가지급금 등을 보유하고 있는 법인이 지급한 이자 중, 규정에 의하여 계산한 금액 (차입금 중 당해 자산가액에 상당하는 금액의 이자를 한도로 한다)

(3) 지급이자의 범위

① 지급이자의 범위

| 지급이자에 포함되는 것 | 지급이자에 포함되지 않는 것 |
|---|---|
| • 금융어음 할인료<br>• 미지급이자<br>• 금융리스료 중 이자상당액<br>• 사채할인발행차금상각액<br>• 전환사채 만기보유자에게 지급하는 상환할증금 | • 상업어음 할인액<br>• 선급이자<br>• 현재가치할인차금상각액<br>• 연지급수입에 있어 취득가액과 구분하여 지급이자로 계상한 금액<br>• 지급보증료·신용보증료 등<br>• 금융기관 차입금 조기상환수수료 |

② 차입금에서 제외되는 금액

- 재정융자특별회계 또는 한국은행으로부터 차입한 금액
- 국가·지방자치단체(지방자치단체 조합을 포함) 또는 법령에 의하여 설치된 기금으로부터 차입한 금액
- 외국인투자촉진법 또는 외국환거래법에 의한 외화차입금
- 수신자금
- 내국법인이 한국은행총재가 정한 규정에 따라 기업구매자금대출에 의하여 차입한 금액

## 7. 건설자금이자조정

사업용 고정자산의 매입·제작·건설에 소요된 것이 분명한 특정 차입금(자본화 강제) 및 일반차입금(자본화 선택)에 대한 지급이자 또는 이에 유사한 성질의 지출금은 건설이 준공된 날까지 당해 사업용 고정자산에 대한 자본적 지출(매입부대비용)로 하여 원본에 가산한다.

※ 차입금 : 건설에 소요되었는지 여부가 불분명한 차입금은 제외한다.

### (1) 건설자금이자의 계산대상

사업용 고정자산의 매입에 한하여 적용된다.따라서 매매를 목적으로 하는 주택·아파트·상가 등의 재고자산에 대하여는 건설자금이자를 계산하지 않다.

### (2) 건설자금이자 계산기간

건설을 개시한 날로부터 건설이 준공된 날까지만 계산한다.

> ☆ 건설이 준공된 날의 판정
> - 건 물 : 취득일과 건설목적에 실제로 사용되기 시작한 날(정상제품을 생산하기 위하여 실제로 가동되는 날) 중 빠른 날
> - 토 지 : 대금완불일 또는 당해 토지를 사업에 제공한 날 중 빠른 날
> - 기타 사업용 고정자산 : 사용개시일

### (3) 건설자금이자 계산대상 차입금이자 등

- 건설자금으로 사용된 것이 분명한 특정차입금의 "차입금이자 및 이에 유사한 성질의 지출금"에 한하여 건설자금이자를 계산한다. 따라서 건설자금으로 사용한지 여부가 불분명한 경우는 건설자금이자계산 대상에서 제외되며, 일반차입금이자도 자본화가능하다.
- 차입과 관련된 지급보증료 및 할인료, 건설기간중의 사채할인차금상각액 및 전환사채에 대한 지급이자도 포함된다.
- 특정차입금의 일부를 건설자금의 일부를 운영자금으로 전용한 경우 그에 상당하는 지급이자는 손금에 산입하며, 차입한 건설자금의 연체로 인하여 생긴 이자를 원본에 가산한 경우에 그 가산한 금액은 당해사업연도의 자본적지출로 하고 원본에 가산한 금액에 대한 지급이자는 손금에 산입한다.
- 건설에 소요된 특정차입금의 일시 예금에서 생긴 수입이자는 원본에 가산하는 자본적지 출금액에서 차감한다.

### (4) 건설자금이자를 비용처리한 경우의 세무조정

건설자금 이자를 비용처리하거나 과소계상한 경우에는 다음과 같이 세무조정 해야 한다.

- 비상각자산 : 손금불산입하여 유보처분하고 동자산의 양도시 유보금액을 손금추인한다.
- 상각자산
  - 건설이 완료된 자산 해당분 : 감가상각한 것으로 보아 시부인 계산
  - 건설중인 자산 : 손금불산입하여 유보처분하되 건설이 완료되면 기왕의 상각부인액으로 보며 그 이후의 시인부족액의 범위내에서 손금으로 추인된다.

## 8. 업무무관자산 지급이자 손금불산입

업무와 직접 관련이 없다고 인정되는 자산과 특수관계있는 자에게 업무와 관련없이 지급한 가지급금 등을 보유하고 있는 법인에 대하여는 그 자산가액에 상당하는 차입금에 대한 지급이자와 동 업무무관 자산을 취득·관리함으로써 생기는 비용을 손금 불산입한다.

### (1) 업무무관 자산의 범위

① 부동산
- 부동산을 취득한 후 유예기간이 경과한 때까지 법인의 업무에 직접 사용하지 아니하는 부동산
- 유예기간 중에 법인의 업무에 직접 사용하지 아니하고 양도하는 부동산(부동산매매업을 주업으로 하는 법인 제외)
  ※ 법령에 의하여 사용이 금지되거나 제한된 부동산 등 부득이한 사유가 있는 부동산을 제외한다.

② 동산
- 서화·골동품. 다만, 장식·환경미화 등의 목적으로 사무실·복도 등 여러 사람이 볼 수 있는 공간에 상시 비치하는 것은 제외
- 업무에 직접 사용되지 아니하는 자동차·선박 및 항공기
  다만, 저당권의 실행 기타 채권을 변제받기 위하여 취득한 것으로서 3년이 경과되지 아니한 선박 등 부득이한 사유가 있는 것을 제외한다.
- 기타 위와 유사한 자산으로서 당해 법인의 업무에 직접 사용되지 아니하는 자산

### (2) 특수관계자에게 업무와 관련없이 지급한 가지급금 등의 범위

업무와 관련없는 가지급금이라 함은 명칭여하에 불구하고 당해 법인의 업무와 관련없는 자금의 대여액을 말한다.

### (3) 업무무관 자산 등의 가액

업무무관자산 등의 가액은 취득가액으로 한다.

> 특수관계자로부터 시가보다 높은 가액으로 취득한 자산의 경우에 위의 "취득가액"은 부당행위계산 부인의 규정이 적용되는 시가초과액을 차감하지 아니한 금액으로 한다.

### (4) 손금불산입할 지급이자의 계산

차입금의 이자 중 업무무관자산 및 가지급금 등의 취득 및 보유와 관련하여 손금불산입할 금액은 다음과 같이 계산한다.

$$\text{지급이자} \times \frac{\text{업무무관자산과 가지급금등의 가액의 합계액(총차입금을 한도로 함)}}{\text{총차입금}}$$

- 지급이자나 총차입금은 업무무관 자산 등의 취득시기와 관계없이 사업연도 개시일부터 사업연도 종료일까지의 합계금액을 기준으로 하여 계산한다.

－ 사업연도 중에 업무무관 자산을 처분하여 사업연도 종료일 현재는 업무무관 자산이 없는 경우에도 처분전까지의 기간에 대하여는 지급이자 손금불산입 규정을 적용하여야 한다.

• 당해사업연도에 발생한 지급이자상당액의 범위
 지급이자의 손금불산입의 "지급이자의 범위"와 동일하다.

• 업무무관자산 등의 가액 계산
 업무무관 자산 및 업무무관가지급금 등의 가액은 그 합계액에 보유일수를 곱하여 산정한 적수로 계산한다. 당해 사업연도 중에 보유한 업무무관자산 등 모두를 포함한다.

• 총차입금의 계산
 당해 사업연도에 발생한 지급이자와 할인료를 부담하는 모든 부채의 매일 잔액에 의한 적수로 계산하여야 하나, 다음 산식에 의하여 이자율별로 계산한 금액을 합계하여 계산할 수 있다.
 － 용도가 특정되지 아니한 일반차입금은 물론 용도가 특정된 시설자금, 수출금융 등 도 차입금에 포함되며 상업어음을 할인한 경우와 같은 이자가 발생되지 아니하는 차입금은 포함되지 아니한다.
 － 또한, 취득원가에 포함하지 않고 지급이자로 계상한 Banker's Usance 등 연지급수입 이자의 경우에도 지급이자 손금불산입대상 차입금에서 제외한다.

$$\text{이자율별 차입금의 적수} = \text{이자율별 지급이자} \times \frac{365(366)}{\text{연이자율}}$$

기본예제

**06. 다음 자료를 이용하여 업무무관부동산에 관련한 차입금이자조정명세서를 작성하라.**

1. 차입금현황 및 이자비용
(1) 신한은행으로부터 차입금 100,000,000,이자율 5%, 이자비용은 5,000,000원이다.
(2) 조흥은행으로부터 차입금 200,000,000,이자율 7%, 이자비용은 14,000,000원이며, 이자비용에는 채권자불분명이자 150,000원(원천징수액은 없다고 가정), 건설자금이자 100,000원이 포함되어 있다.

2. 가지급금현황
(1) 6월2일 상무이사 김택동에게 주택구입자금 50,000,000원을 3%대여
(2) 7월5일 전무이사 이상용에게 사업자금 60,000,000원을 8%로 대여

3. 업무무관 동산
전년도에 선박 50,000,000원에 취득했다.

4. 업무무관 부동산

(1) 전년도에 취득한 토지 취득원가 300,000,000원

(2) 당해년도 5월1일 취득한 건물 취득원가 500,000,000원

5. 재무상태표상의 자산총계는 2,000,000,000원, 부채총계는 1,600,000,000원, 납입자본은 500,000,000
원이라고 가정하고 , 기장자료를 무시하고 제시한 자료를 직접입력하여지급이자 손금불산입을 하시오.

### 해설

## 1. 업무무관 부동산 입력

| | 1.적수입력(을) | 2.지급이자 손금불산입(갑) | | | | | | |
|---|---|---|---|---|---|---|---|---|
| | 1.업무무관부동산 | 2.업무무관동산 | 3.가지급금 | 4.가수금 | 5.그밖의 | | 불러오기 | 적요수정 |
| | ①월일 | ②적요 | ③차변 | ④대변 | ⑤잔액 | ⑥일수 | ⑦적수 |
| 1 | 1 1 | 전기이월 | 300,000,000 | | 300,000,000 | 121 | 36,300,000,000 |
| 2 | 5 1 | 취 득 | 500,000,000 | | 800,000,000 | 245 | 196,000,000,000 |
| 3 | | | | | | | |
| | 합 계 | | 800,000,000 | | | 366 | 232,300,000,000 |

6. 자기자본 적수 계산 　　　　　　　　　　　　　　　　　　　　　　　　　　　불러오기

| ⑩대차대조표자산총계 | ⑪대차대조표부채총계 | ⑫자기자본 (⑩-⑪) | ⑬납입자본금 | ⑬사업연도 일수 | ⑭적수 |
|---|---|---|---|---|---|
| 2,000,000,000 | 1,600,000,000 | 400,000,000 | 500,000,000 | 366 | 183,000,000,000 |

## 2. 업무무관 동산 입력

| | 1.적수입력(을) | 2.지급이자 손금불산입(갑) | | | | | | |
|---|---|---|---|---|---|---|---|---|
| | 1.업무무관부동산 | 2.업무무관동산 | 3.가지급금 | 4.가수금 | 5.그밖의 | | 불러오기 | 적요수정 |
| | ①월일 | ②적요 | ③차변 | ④대변 | ⑤잔액 | ⑥일수 | ⑦적수 |
| 1 | 1 1 | 전기이월 | 50,000,000 | | 50,000,000 | 366 | 18,300,000,000 |
| 2 | | | | | | | |

## 3. 가지급금의 입력

| | | 1.적수입력(을) | 2.지급이자 손금불산입(갑) | | | |
|---|---|---|---|---|---|---|
| 1.업무무관부동산 | 2.업무무관동산 | 3.가지급금 | 4.가수금 | 5.그밖의 | 불러오기 | 적요 |

| | ①월일 | | ②적요 | ③차변 | ④대변 | ⑤잔액 | ⑥일수 | ⑦적수 |
|---|---|---|---|---|---|---|---|---|
| 1 | 6 | 2 | 지 급 | 50,000,000 | | 50,000,000 | 33 | 1,650,000,000 |
| 2 | 7 | 5 | 지 급 | 60,000,000 | | 110,000,000 | 180 | 19,800,000,000 |
| 3 | | | | | | | | |
| | 합 계 | | | 110,000,000 | | | 213 | 21,450,000,000 |

## 4. 이자비용의 입력 및 조정

| | 1.적수입력(을) | 2.지급이자 손금불산입(갑) |
|---|---|---|

**2 1.업무무관부동산 등에 관련한 차입금 지급이자**

| ①지급 이자 | 적 수 | | | | ⑥차입금 (=19) | ⑦ ⑤와 ⑥중 적은 금액 | ⑧손금불산입 지급이자 (①×⑦÷⑤) |
|---|---|---|---|---|---|---|---|
| | ②업무무관 부 동 산 | ③업무무관 동 산 | ④가지급금 등 | ⑤계(②+③+④) | | | |
| 18,750,000 | 232,300,000,000 | 18,300,000,000 | 21,450,000,000 | 272,050,000,000 | 108,492,857,144 | 108,492,857,144 | 18,750,000 |

**1 2. 지급이자 및 차입금 적수 계산 [연이율 일수 현재: 366일]**    단수차이조정  연일수

| | (9) 이자율 (%) | (10)지급이자 | (11)차입금적수 | (12)채권자불분명 사채이자 수령자불분명 사채이자 | | (15)건설 자금 이자 국조법 14조에 따른 이자 | | 차 감 | |
|---|---|---|---|---|---|---|---|---|---|
| | | | | (13)지급이자 | (14)차입금적수 | (16)지급이자 | (17)차입금적수 | (18)지급이자 (10-13-16) | (19)차입금적수 (11-14-17) |
| 1 | 7.00000 | 14,000,000 | 73,200,000,000 | 150,000 | 784,285,714 | 100,000 | 522,857,142 | 13,750,000 | 71,892,857,144 |
| 2 | 5.00000 | 5,000,000 | 36,600,000,000 | | | | | 5,000,000 | 36,600,000,000 |
| 합계 | | 19,000,000 | 109,800,000,000 | 150,000 | 784,285,714 | 100,000 | 522,857,142 | 18,750,000 | 108,492,857,144 |

[손금불산입] 채권자불분명이자 150,000원(상여)

[손금불산입] 건설자금이자  100,000원(유보발생)-건설자금이자조정명세서에서 조정등록분 제외

[손금불산입] 업무무관자산이자 18,750,000원(기타사외유출)

※ 이자비용 부인은 채권자불분명이자, 수령자불분명이자, 건설자금이자순으로 부인하고 마지막으로 업무무관 자산등에 대한 이자를 부인한다. 주의해야 될 것은 선부인되는 이자를 먼저 조정해야 업무무관자산등에 대한 이자조정에서 이중으로 불이익을 당하지 않는다.

## 9. 감가상각비조정명세서

감가상각은 취득원가의 원가배분과정이다.

① **감가상각 요건**

　사업에 사용하는것, 건설이 끝난 자산, 가치가 감소할것

② **감가상각 대상**

　유형, 무형, 동식물, 장기할부매입자산, 금융리스,

③ **자본적지출**

　불가피하게 매입한 유가증권의 평가손실, 복구비용, 금융비용등

④ **유형자산교환**
- 이종자산-제공자산의 공정가액
- 동종자산-제공자산의 장부가액
　단, 현금 지급액이 제공자산 공정가액의 25%를 초과시 이종으로 봄

⑤ **철거비용자본화**
- 사용 중 건물철거-비용처리
- 구입하여 철거시-토지의 취득원가

⑥ **즉시상각의제**

　자본적지출을 비용처리시 감가상각으로 봄

⑦ **지출시 비용인정**
- 소액수선비 : 6백만원미만 수선비, 자산 장부가액 × 5%미만, 3년미만 주기적 수선
- 100만원 이하 소액취득자산
- 단기사용자산 : 어선용구, 영화필름, 공구, 가구, 비품, 30만원미만의 대여용 비디오테잎, 컴퓨터(주변기기 포함), 전화기(휴대폰포함)등

⑧ **감가상각 기타**
- 잔존가액 : 원칙은 0으로 하되, 예외적으로 정률법시 5%(이것은 미상각잔액이 최초로 취득가액의 5%이하가 되는 사업년도에 상각범위액에 가산처리(비망-min(1,000원, 취득가액 × 5%))
- 내용년수 : 신고는 과표신고기한까지 기준내용년수의 25%범위내서 신고
　　　　　변경은 50%가감(증가와 감소가능)한 범위내서 변경신고
　　　　　중고자산의 수정내용년수-50%차감 범위내
- 개별자산별 시부인과 세무조정

⑨ 감가상각의 의제 −강제상각(신고조정)

각 사업연도소득에 대한 법인세가 면제 또는 감면되는 사업을 영위하는 법인으로서 법인세를 면제·감면 받은 경우와 구 조세감면규제법에 의한 특별감가상각비를 손금에 산입한 경우로서 감가상각비를 계상하지 않은 경우에는 개별자산에 대한 감가상각비를 상각범위액만큼 손금에 산입하여야 하는 것이며,이 경우 감가상각비를 상각범위액에 미달하게 손금에 산입함에 따라 그 이후 사업연도에 발생하는 상각부인액은 해당자산의 양도일이 속하는 사업연도에 손금으로 추인할수 없는 것임(서면법규과-778, 2013.7.5.).

⑩ 국고보조금 등으로 취득한 고정자산의 손금산입 조정

국고보조금, 공사부담금, 보험차익을 지급받은 사업연도의 손금에 산입하기 위해서는 국고보조금등을 지급받는날이 속하는 사업연도의 종료일 또는 다음사업연도의 개시일부터 1년(보험차익의경우에는2년) 이내에 고정자산 등의 취득·개량에 사용하여야 한다.

**기본예제**

**07. 다음의 고정자산에 대한 감가상각비조정메뉴에서 고정자산등록, 미상각분감가상각조정명세를 작성하고 관련 세무조정을 하시오. 당법인은 감면이나 면제법인이 아니다.**

1. 고정자산 및 손익계산서에 반영된 감가상각비는 다음과 같다.

| 코드/계정 과목 | 내용 (자산명) | 취득 연월일 | 취득가액 | 전기말감가 상각누계액 | 당기감가상각비 계상액 | 기준 내용연수 | 업종 코드 | 경비 |
|---|---|---|---|---|---|---|---|---|
| 1. 건　물 | 공장건물 | 당기.01.15 | 8억원 | 0 | 0 | 40 | 13 | 제조 |
| 2. 기계장치 | 금형 | 04.03.22 | 5천만원 | 2천만원 | 1천만원 | 5 | 13 | 제조 |
| 3. 차량운반구 | 트럭 | 07.05.25 | 1천만원 | 2백만원 | 3백만원 | 5 | 13 | 제조 |

2. 건물에 대한 엘리베이터 설치비용(자본적 지출)을 2월 1일에 15,000,000원을 당기수선비로 지출했다.

3. 위자산에 대한 감가상각방법을 세무서에 신고한 적이 없다.

4. 기계장치인 금형에 대한 전기 감가상각부인액 2,250,000원이 있고, 트럭은 전기말 의제상각누계액이 5,000,000원 있다.

**해설**

1. 공장건물 입력
   ① 당기중 취득이므로 당기증가입력
   ② 즉시상각의제(자본적지출의 비용처리) 입력
   ③ 상각방법, 내용년수를 신고한적이 없으므로 건물이외는 정율법, 기준내용년수

※ 당기중 취득인 경우에는 미상각분조정명세서에 "⑰전기말현재취득가액"이 아닌 "⑱당기회사계산증가액"에 기재하여야 하므로 기초가액에 입력하지 않고, 당기중 취득 및 증가에 기재(정률법일때만 해당)

2. 기계장치의 입력(사용자수정 이용하여 회사계상액 입력)

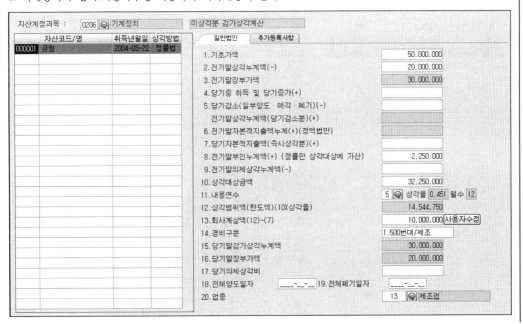

### 3. 트럭입력(전기말 의제상각누계액입력)

자산계정과목 : 0208 🔍 차량운반구 미상각분 감가상각계산

| 자산코드/명 | 취득년월일 | 상각방법 |
|---|---|---|
| 000001 트럭 | 2007-05-25 | 정률법 |

**일반법인** 추가등록사항

| |  |
|---|---|
| 1.기초가액 | 10,000,000 |
| 2.전기말상각누계액(-) | 2,000,000 |
| 3.전기말장부가액 | 8,000,000 |
| 4.당기중 취득 및 당기증가(+) | |
| 5.당기감소(일부양도 · 매각 · 폐기)(-) | |
| 전기말상각누계액(당기감소분)(+) | |
| 6.전기말자본적지출액누계(+)(정액법만) | |
| 7.당기자본적지출액(즉시상각분)(+) | |
| 8.전기말부인누계액(+)(정률만 상각대상에 가산) | |
| 9.전기말의제상각누계액(-) | 5,000,000 |
| 10.상각대상금액 | 3,000,000 |
| 11.내용연수 | 5 🔍 상각율 0.451 월수 12 |
| 12.상각범위액(한도액)(10X상각율) | 1,353,000 |
| 13.회사계상액(12)-(7) | 3,000,000 사용자수정 |
| 14.경비구분 | 6.800번대/판관비 |
| 15.당기말감가상각누계액 | 5,000,000 |
| 16.당기말장부가액 | 5,000,000 |
| 17.당기의제상각비 | |
| 18.전체양도일자 | ____-__-__ 19.전체폐기일자 ____-__-__ |
| 20.업종 | 13 🔍 제조업 |

### 4. 공장건물 조정

**유형자산(정액법)** 유형자산(정률법) 무형자산

| 계정 | 자산코드/명 | 취득년월일 |
|---|---|---|
| 0202 | 000001 공장건물 | 2020-01-15 |

| | 입력내용 | | 금액 | 총계 |
|---|---|---|---|---|
| 업종코드/명 | 13 | 제조업 | | |
| 합계표 자산구분 | 1. 건축물 | | | |
| (4)내용연수(기준.신고) | | | 40 | |
| 상각<br>계산<br>의<br>기초<br>가액 | 재무상태표<br>자산가액 | (5)기말현재액 | 800,000,000 | 800,000,000 |
| | | (6)감가상각누계액 | 5,375,000 | 5,375,000 |
| | | (7)미상각잔액(5)-(6) | 794,625,000 | 794,625,000 |
| | 회사계산<br>상각비 | (8)전기말누계 | | |
| | | (9)당기상각비 | 5,375,000 | 5,375,000 |
| | | (10)당기말누계(8)+(9) | 5,375,000 | 5,375,000 |
| | 자본적<br>지출액 | (11)전기말누계 | | |
| | | (12)당기지출액 | 15,000,000 | 15,000,000 |
| | | (13)합계(11)+(12) | 15,000,000 | 15,000,000 |
| (14)취득가액((7)+(10)+(13)) | | | 815,000,000 | 815,000,000 |
| (15)일반상각률.특별상각률 | | | 0.025 | |
| 상각범위<br>액계산 | 당기산출<br>상각액 | (16)일반상각액 | 20,375,000 | 20,375,000 |
| | | (17)특별상각액 | | |
| | | (18)계((16)+(17)) | 20,375,000 | 20,375,000 |
| | (19) 당기상각시인범위액 | | 20,375,000 | 20,375,000 |
| (20)회사계상상각액((9)+(12)) | | | 20,375,000 | 20,375,000 |
| (21)차감액((20)-(19)) | | | | |
| (22)최저한세적용에따른특별상각부인액 | | | | |
| 조정액 | (23) 상각부인액((21)+(22)) | | | |
| | (24) 기왕부인액중당기손금추인액 | | | |
| 부인액<br>누계 | (25) 전기말부인누계액 | | | |
| | (26) 당기말부인누계액 (25)+(23)-|24| | | | |
| 당기말<br>의제상각액 | (27) 당기의제상각액 |△(21)|-|(24)| | | | |
| | (28) 의제상각누계액 | | | |

[손금불산입]건물 감가상각비 : 없음

## 5. 기계장치(금형) 조정

| 유형자산(정액법) | 유형자산(정률법) | 무형자산 |
| --- | --- | --- |

| 계정 | 자산코드/명 | 취득년월일 |
| --- | --- | --- |
| 0206 | 000002 금형 | 2004-03-22 |
| 0208 | 000003 트럭 | 2007-05-25 |

| 상각계산의 기초가액 | 자산가액 | (6)감가상각누계액 | 30,000,000 | 35,000,000 |
| --- | --- | --- | --- | --- |
| | | (7)미상각잔액(5)-(6) | 20,000,000 | 25,000,000 |
| | (8)회사계산감가상각비 | | 10,000,000 | 13,000,000 |
| | (9)자본적지출액 | | | |
| | (10)전기말의제상각누계액 | | | 5,000,000 |
| | (11)전기말부인누계액 | | 2,250,000 | 2,250,000 |
| | (12)가감계((7)+(8)+(9)-(10)+(11)) | | 32,250,000 | 35,250,000 |
| (13)일반상각률.특별상각률 | | | 0.451 | |
| 상각범위 액계산 | 당기산출 상각액 | (14)일반상각액 | 14,544,750 | 15,897,750 |
| | | (15)특별상각액 | | |
| | | (16)계((14)+(15)) | 14,544,750 | 15,897,750 |
| | 취득가액 | (17)전기말현재취득가액 | 50,000,000 | 60,000,000 |
| | | (18)당기회사계산증가액 | | |
| | | (19)당기자본적지출액 | | |
| | | (20)계((17)+(18)+(19)) | 50,000,000 | 60,000,000 |
| | (21) 잔존가액 | | 2,500,000 | 3,000,000 |
| | (22) 당기상각시인범위액 | | 14,544,750 | 15,897,750 |
| (23)회사계상상각액((8)+(9)) | | | 10,000,000 | 13,000,000 |
| (24)차감액 ((23)-(22)) | | | -4,544,750 | -2,897,750 |
| (25)최저한세적용에따른특별상각부인액 | | | | |
| 조정액 | (26) 상각부인액 ((24)+(25)) | | | 1,647,000 |
| | (27) 기왕부인액중당기손금추인액 | | 2,250,000 | 2,250,000 |
| (28) 당기말부인누계액 ((11)+(26)-|(27)|) | | | | 1,647,000 |

[손금산입]전기 감가상각비추인 2,250,000 (유보감소) — 전기부인누계액과 시인부족액중 적은것을 추인한다.

## 6. 트럭조정

| 유형자산(정액법) | 유형자산(정률법) | 무형자산 |
| --- | --- | --- |

| 계정 | 자산코드/명 | 취득년월일 |
| --- | --- | --- |
| 0206 | 000002 금형 | 2004-03-22 |
| 0208 | 000003 트럭 | 2007-05-25 |

| 상각계산의 기초가액 | 자산가액 | (6)감가상각누계액 | 5,000,000 | 35,000,000 |
| --- | --- | --- | --- | --- |
| | | (7)미상각잔액(5)-(6) | 5,000,000 | 25,000,000 |
| | (8)회사계산감가상각비 | | 3,000,000 | 13,000,000 |
| | (9)자본적지출액 | | | |
| | (10)전기말의제상각누계액 | | 5,000,000 | 5,000,000 |
| | (11)전기말부인누계액 | | | 2,250,000 |
| | (12)가감계((7)+(8)+(9)-(10)+(11)) | | 3,000,000 | 35,250,000 |
| (13)일반상각률.특별상각률 | | | 0.451 | |
| 상각범위 액계산 | 당기산출 상각액 | (14)일반상각액 | 1,353,000 | 15,897,750 |
| | | (15)특별상각액 | | |
| | | (16)계((14)+(15)) | 1,353,000 | 15,897,750 |
| | 취득가액 | (17)전기말현재취득가액 | 10,000,000 | 60,000,000 |
| | | (18)당기회사계산증가액 | | |
| | | (19)당기자본적지출액 | | |
| | | (20)계((17)+(18)+(19)) | 10,000,000 | 60,000,000 |
| | (21) 잔존가액 | | 500,000 | 3,000,000 |
| | (22) 당기상각시인범위액 | | 1,353,000 | 15,897,750 |
| (23)회사계상상각액((8)+(9)) | | | 3,000,000 | 13,000,000 |
| (24)차감액 ((23)-(22)) | | | 1,647,000 | -2,897,750 |
| (25)최저한세적용에따른특별상각부인액 | | | | |
| 조정액 | (26) 상각부인액 ((24)+(25)) | | 1,647,000 | 1,647,000 |
| | (27) 기왕부인액중당기손금추인액 | | | 2,250,000 |
| (28) 당기말부인누계액 ((11)+(26)-|(27)|) | | | 1,647,000 | 1,647,000 |
| 당기말 의제상각액 | (29) 당기의제상각액 |△(24)|-|(27)| | | | |
| | (30) 의제상각누계액 ((10)+(29)) | | 5,000,000 | 5,000,000 |

[손금불산입]트럭감가상각비 1,647,000원 (유보발생)

## 10. 화폐성외화자산, 부채의 평가

화폐성 외화자산과 화폐성 외화부채는 현금과 예금, 매출채권, 매입채무 등과 같이 화폐가치의 변동과 상관없이 자산과 부채의 금액이 계약 기타에 의하여 일정액의 화폐액으로 고정되어 있는 경우의 당해 자산과 부채를 말한다.

| 구 분 | 화폐성(평가대상) | 비화폐성(평가대상 아님) |
|---|---|---|
| 자 산 | 외화현금·예금, 외화채권, 외화보증금, 외화대여금, 외화매출채권 | 선급금, 재고자산, 고정자산 |
| 부 채 | 외화채무, 외화차입금, 외화사채 | 선수금 |

단, 선급금과 선수금은 소비대차전환 안한다고 가정

**[상환차손익 조정]**

• 법인이 상환 받거나 상환하는 외화채권·채무의 원화금액과 원화기장액의 차익 또는 차손은 당해 사업연도에 익금 또는 손금에 산입함

| | 외화자산,부채의평가(을지) | | 통화선도,스왑,환변동보험의평가(을지) | | 환율조정차,대등(갑지) | | | |
|---|---|---|---|---|---|---|---|---|
| | ②외화종류(자산) | ③외화금액 | ④장부가액 | | ⑦평가금액 | | ⑩평가손익 | |
| | | | ⑤적용환율 | ⑥원화금액 | ⑧적용환율 | ⑨원화금액 | 자 산(⑨-⑥) | |
| 1 | | | | | | | | |
| | | | | | | | | |
| | | | | | | | | |
| | | | | | | | | |
| | | | | | | | | |
| | | | | | | | | |
| | | | | | | | | |
| | 합 계 | | | | | | | |

| | ②외화종류(부채) | ③외화금액 | ④장부가액 | | ⑦평가금액 | | ⑩평가손익 | |
|---|---|---|---|---|---|---|---|---|
| | | | ⑤적용환율 | ⑥원화금액 | ⑧적용환율 | ⑨원화금액 | 부 채(⑥-⑨) | |
| 1 | | | | | | | | |
| | | | | | | | | |
| | | | | | | | | |
| | | | | | | | | |
| | | | | | | | | |
| | | | | | | | | |
| | 합 계 | | | | | | | |

## 기본예제

### 08. 다음의 내용을 작성하시오.

1. 다음 자료를 이용하여 기말 외환환산에 대한 세무조정을 행하라.

| 구분 | 기말외화잔액($) | 기말외환산전장부가액 | 비고 |
|---|---|---|---|
| 외화선급금 | 20,000 | 24,000,000 | 생산설비구입지급액 |
| 외화미수금 | 30,000 | 40,000,000 | |
| 외화투자부동산 | 200,000 | 270,000,000 | |
| 외화투자유가증권 | 300,000 | 300,000,000 | 지배목적 |
| 외화외상매입금 | 60,000 | 80,000,000 | |
| 외화선수금 | 70,000 | 90,000,000 | |

외화선수금은 재고자산의 판매와 관련하여 물품인도전에 지급받은 것을 그 판매계약 취소로 인하여 금전소비대차계약으로 전환한 것이다. 2. 기말현재 환율내역은 다음과 같다.

2. 대고객외국환매입률 : 1,300원

대고객외국환매도률 : 1,480원

기준환율 : 1,400원

3. 회사는 평가손익을 계상하지 아니하였다.

### 해설

1. 외화자산,부채의 평가(을)

| 외화자산,부채의평가(을지) | 통화선도,스왑,환변동보험의평가(을지) | 환율조정차,대등(갑지) |
|---|---|---|

| | ②외화종류(자산) | ③외화금액 | ④장부가액 ⑤적용환율 | ⑥원화금액 | ⑦평가금액 ⑧적용환율 | ⑨원화금액 | ⑩평가손익 자 산(⑨-⑥) |
|---|---|---|---|---|---|---|---|
| 1 | USD | 30,000 | | 40,000,000 | 1,400 | 42,000,000 | 2,000,000 |
| 2 | | | | | | | |
| | 합 계 | 30,000 | | 40,000,000 | | 42,000,000 | 2,000,000 |

| | ②외화종류(부채) | ③외화금액 | ④장부가액 ⑤적용환율 | ⑥원화금액 | ⑦평가금액 ⑧적용환율 | ⑨원화금액 | ⑩평가손익 부 채(⑥-⑨) |
|---|---|---|---|---|---|---|---|
| 1 | USD | 130,000 | | 170,000,000 | 1,400 | 182,000,000 | -12,000,000 |
| 2 | | | | | | | |
| | 합 계 | 130,000 | | 170,000,000 | | 182,000,000 | -12,000,000 |

## 2. 환율조정차,대등(갑지)

| | | 외화자산,부채의평가(을지) | | 통화선도,스왑,환변동보험의평가(을지) | | | 환율조정차,대등(갑지) | | |
|---|---|---|---|---|---|---|---|---|---|

| | 차손익<br>구분 | ⑦구분<br>(외화자산,부채명) | ⑧최종<br>상환기일 | ⑨전기이월액 | ⑩당기경과일수/잔존일수<br>발생일자 · 경과일수 · 잔존일수 | ⑪손익금<br>해당액(⑨X⑩) | ⑫차기<br>이월액(⑨-⑪) | 비고 |
|---|---|---|---|---|---|---|---|---|
| 1 | | | | | | | | |
| | | | | | | | | |
| | | | | | | | | |
| | | | | | | | | |
| | | | | | | | | |
| | | | | | | | | |
| 합계 | 차익 | | | | | | | |
| | 차손 | | | | | | | |

| ①구분 | | ②당기손익금<br>해당액 | ③회사손익금<br>계상액 | 조정 | | ⑥손익조정금액<br>(②-③) |
|---|---|---|---|---|---|---|
| | | | | ④차익조정(③-②) | ⑤차손조정(②-③) | |
| 가.화폐성 외화자산,부채<br>평가손익 | | -10,000,000 | | | | -10,000,000 |
| 나.통화선도,통화스왑,환변동보험<br>평가손익 | | | | | | |
| 다. 환율조정<br>계정손익 | 차익 | | | | | |
| | 차손 | | | | | |
| 계 | | -10,000,000 | | | | -10,000,000 |

(손금산입)외화평가손실 10,000,000원(유보발생)

외화환산은 화폐성항목만 한다. 그래서 외화선급금, 외화투자부동산, 외화투자유가증권은 비화폐성항목이므로 평가대상에서 제외한다. 선수금은 소비대차로 전환되어 차입금과 동일한 성격이 되었으므로 평가대상이 된다.

| 구분 | 기말외화잔액<br>($) | 환산액<br>(외화금액×1,400원) | 기말외환산전<br>장부가액 | 평가차(손)익 |
|---|---|---|---|---|
| 외화미수금 | 30,000 | 42,000,000 | 40,000,000 | 2,000,000 |
| 외화외상매입금 | 60,000 | 84,000,000 | 80,000,000 | −4,000,000 |
| 외화선수금 | 70,000 | 98,000,000 | 90,000,000 | −8,000,000 |

## 11. 재고자산평가조정명세서

일반적으로 재고자산은 취득원가에 의해 평가되며, 재고자산은 판매될 때까지 역사적원가로 표시된다. 즉 실현주의 원칙에 입각하여 재고자산이 판매될 때까지는 보유손익을 인식하지 않고 있다가 당해 재고자산이 판매된 경우에 손익을 인식하며, 이 손익의 적정성을 세법적으로 평가한다.

① 재고자산평가

| 평가대상 자산 | 신고시 : 신고한 방법 | 무신고시 | 임의변경시 |
|---|---|---|---|
| 재고자산<br>• 제품 및 상품<br>• 반제품및재공품<br>• 원재료<br>• 저장품 | 둘 중 선택<br>• 원가법 : 개별법, 선입선출법, 후입선출법, 총평균법, 이동평균법, 매출가격 환원법<br>• 저가법 : 원가법과 기업회계기준에 따라 시가로 평가한 가액 중 낮은 가액 | • 재고자산 : 선입선출법<br>• 부동산 : 개별법 | MAX(선입선출법, 당초신고방법) |

재고자산의 평가방법을 신고하지 않아 선입선출법(부동산은 개별법)을 적용하는 법인이 그 평가방법을 변경하고자 하는 경우, 변경할 평가방법을 적용하고자 하는 사업연도의 종료일 이전 3월이 되는 날까지 변경신고 하여야한다.

② 파손품 등의 평가

재고자산 중에서 파손·부패 등의 사유로 인하여 정상가액으로 판매할 수 없는 것은 사업연도 종료일 현재의 처분가능한 시가로 평가할 수 있다.

③ 평가손실이 인정되는 주식

• 주식 등을 발행한 법인이 파산한 경우의 당해 주식 등

※ 사업연도종료일 현재의 시가에 의한 평가차손을 손금산입하며, 시가로 평가한 가액이 1,000원 이하인 경우에는 1,000원을 시가로 본다.

**기본예제**

**09. 다음의 내용을 보고 조정명세서를 작성하라. 단, 품명, 규격, 단위, 수량, 단가입력은 생략한다.**

| 구 분 | 회사 평가방법 | 신고한 평가방법 | 총평균법 | 후입선출법 | 선입선출법 |
|---|---|---|---|---|---|
| 제품 | 총평균법 | 무신고 | 2,000,000원 | 2,200,000원 | 1,900,000원 |
| 반제품 | 총평균법 | 총평균법 | 5,350,000원 | 5,200,000원 | 5,300,000원 |
| 원재료 | 총평균법 | 총평균법 | 2,300,000원 | 2,200,000원 | 2,400,000원 |

※ 당사는 반제품과 원재료의 평가방법을 총평균법으로 2006. 3. 31 신고하였다. 원재료는 총평균법으로 평가하였으나 단순 실수로 2,100,000원으로 기재하였다.

[손금산입] 제품평가증 100,000원(유보발생)-무신고시 선입선출법이 세법상 기준이 된다.

[익금산입] 원재료 200,000원(유보발생)-단순한 오류인 경우 임의변경으로 보지 않고 차이나는 금액만 조정한다.

**1. 재고자산 평가방법 검토**

| 1.자산별 | 2.신고일 | 3.신고방법 | 4.평가방법 | 5.적부 | 6.비고 |
|---|---|---|---|---|---|
| 제 품 및 상 품 | | 무 신 고 | 총 평 균 법 | × | |
| 반제품및재공품 | 2006-03-31 | 총 평 균 법 | 총 평 균 법 | ○ | |
| 원 재 료 | 2006-03-31 | 총 평 균 법 | 총 평 균 법 | ○ | |
| 저 장 품 | | | | | |
| 유가증권(채권) | | | | | |
| 유가증권(기타) | | | | | |

**2. 평가조정 계산**

| | 7.과목 | | 8.품명·규격 | 10.단위 | 11.수량 | 회사계산(장부가) | | 조정계산금액 | | | | 18.조정액 |
| | 코드 | 과목명 | | | | 12.단가 | 13.금액 | 세법상신고방법 | | FIFO(무신고,임의변경시) | | |
| | | | | | | | | 14.단가 | 15.금액 | 16.단가 | 17.금액 | |
|---|---|---|---|---|---|---|---|---|---|---|---|---|
| 1 | 0150 | 제품 | | | | | 2,000,000 | | | | 1,900,000 | -100,000 |
| 2 | 0150 | 제품 | | | | | 5,350,000 | | | | 5,350,000 | |
| 3 | 0153 | 원재료 | | | | | 2,100,000 | | 2,300,000 | | | 200,000 |
| 4 | | | | | | | | | | | | |
| | | 계 | | | | | 9,450,000 | | 2,300,000 | | 7,250,000 | 100,000 |

## 12. 기부금조정명세서

법인이 지출하는 기부금은 일정범위 내에서 손금에 산입하는 기부금 (지정기부금, 법정기부금)과 손금에 산입하지 않는 기타의 기부금으로 구분되며, 손금산입 범위액을 초과하는 기부금과 기타의 기부금은 손금에 산입할 수 없다.

### (1) 기부금의 종류

① 법정기부금

- 국가·지방자치단체에 무상으로 기증하는 금품의 가액

  다만, 기부금품의 모집 및 사용에 관한 법률의 적용을 받는 기부금품은 동법 제5조 제2항의 규정에 의하여 접수하는 것에 한한다.

> 법인이 개인 또는 다른 법인에게 자산을 기증하고 이를 기증받은 자가 지체없이 다시 국가 또는 지방자치단체에 기증한 금품의 가액을 포함한다.

- 국방헌금과 국군장병 위문금품의 가액
- 천재·지변으로 생기는 이재민을 위한 구호금품의 가액
- 교육기관(병원제외)에 시설비·교육비·장학금 또는 연구비로 지출하는 기부금
- 대한적십자사에 지출
- 문화예술진흥법에 의한 문화예술진흥기금으로 출연하는 금액

- 사회복지공동모금회법에 의하여 설립된 공동모금회에 지출하는 기부금 (법인이 지출 하는 것에 한한다)과 바보의 나눔에 지출하는 기부금
- 법인이 공공병원에 시설비·교육비 또는 연구비로 지출하는 기부금

② 지정기부금
- 법인세법시행령 지정기부금단체 등의 고유목적사업비로 지출하는 기부금
- 법인세법시행령에 열거한 특정용도로 지출하는 기부금
- 법인으로 보는 단체 중 법인세법시행령에 규정된 지정기부금단체를 제외한 단체의 수 익사업에서 발생한 소득을 고유목적사업비로 지출하는 금액
- 사내근로복지기금법에 의하여 기업이 종업원의 복지증진을 위하여 사내근로복지기금 에 지출하는 기부금
- **사회적기업이 지출하는 기부금(20%한도)**

③ 기타기부금
상기이외의 기부금(동창회비,향우회비, 종친회비등) : 전액 손금불산입

(2) 기부금의 가액 등

- 법정기부금과 지정기부금은 장부가액(단, 특수관계자에 대한 지정기부금과 비지정기부금은 시가에 의함)
- 기부금을 가지급금 등으로 이연 계상한 경우에는 이를 지출한 사업연도의 기부금으로 하고, 그 후 사업연도에 있어서는 이를 기부금으로 보지 아니한다.
- 기부금을 미지급금으로 계상한 경우 실제로 지출할 때까지는 기부금으로 보지 아니한다.

(3) 기부금의 손금산입 범위액

① 기부금의 이월공제
- 이월된 기부금 세무조정
Min(①이월된 기부금 ②기부금 한도액)를 손금산입하고 기타처분한다.

> 기부금해당액 = 이월된 기부금＋당기에 지출한 기부금
>
> 기부금한도액
> 　법정기부금=(기준소득금액－이월결손금)×50%
> 　지정기부금=(기준소득금액－이월결손금－법정기부금손금인정액－우리사주조합기부금손금인정
> 　　　　　　액)×10%(사회적기업은 20%)
> 기준소득금액＝차가감소득금액＋당기에 지출한 법정기부금 · 우리사주조합기부금 · 지정기부금

- 이월공제기한 : 이월공제기간을 10년이다.

② 기부금의 손금산입 범위액

　㉠ 법정기부금

> (당해사업연도 소득금액 − 이월 결손금) × 50%

- 당해 사업연도 소득금액에서 이월결손금을 차감한 잔액의 50%를 한도로 손금산입한다.
- 당해 사업연도 소득금액 : 차가감소득금액＋당기에 지출한 법정기부금·우리사주조합기부금·지정기부금
- 이월결손금 : 각 사업연도 개시일전 10년 이내에 개시한 사업연도에서 발생한 결손금으로서 그 후의 각 사업연도의 과세표준계산 시 공제되지 아니한 금액이다.

　㉡ 지정기부금 : 손금산입 범위액

> (당해사업연도 소득금액 − 이월 결손금 − 법정기부금중손금산입액) × 10%(사회적기업 20%)

　㉢ 당기 지출 기부금 세무조정

　　당기에 지출한 기부금

　　(−)기부금 한도액−이월기부금손금산입액

　　(＋) 한도초과액 : 손금불산입 ·기타사외유출

　　(−) 한도미달액 : 세무조정 없음

---

**기본예제**

**10. 다음 자료를 이용하여 기부금조정명세서 및 기부금명세서를 작성하고 관련된 세무조정을 행하시오.**

① 결산서상 기부금 내역은 다음과 같다.

| 일시 | 거래처 | 사업자번호 | 금액 | 내용 |
|---|---|---|---|---|
| 4월 2일 | 금령김씨종친회 | | 600,000원 | 종친회연회비 |
| 6월 3일 | 국방부 | 415−41−51515 | 5,000,000원 | 국방헌금 |
| 7월 10일 | 전국경제인연합회 | 151−56−34182 | 4,300,000원 | 전경련회비 |
| 12월 10일 | 한국복지회 | 215−13−15158 | 3,000,000원 | 결연기관을 통한 불우이웃돕기 |

- 7월 10일에 기부한 회비는 동업기업들이 임의로 조직한 협회인 전국경제인연합회(법인이 아님)에 당해년도 정기회비로 납부한 것이다.
- 12월 10일 기부금 3,000,000원 중 1,000,000원은 만기일이 다음년도 4월 10일인 약속어음을 발행하여 지급하였고, 나머지는 전액 자기앞수표로 지급하였다.

② 결산서상 당기순이익은 257,427,678원, 익금산입 8,100,000원, 손금산입 3,400,000원이라고 가정한다(익금산입, 손금산입에는 기타기부금 조정하기 전의 금액).

해설

기부금조정명세서 및 기부금명세서 작성 메뉴에서 다음과 같이 입력한다.

1. 기부금명세서, 익금산입 종친회기부금      600,000(기타사외유출)

              어음지급기부금          1,000,000(유보발생)

  종친회기부금은 손금으로 인정되지 않으며, 어음지급기부금은 현금결재시 기부금으로 인정된다.

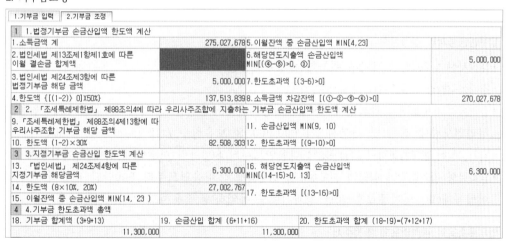

**1.기부금 입력 | 2.기부금 조정**

1.기부금명세서

| 구분 | | 3.과목 | 4.일자 | 5.적요 | 기부처 | | 8.금액 | 비고 |
|---|---|---|---|---|---|---|---|---|
| 1.유형 | 2.코드 | | | | 6.법인명등 | 7.사업자(주민)번호등 | | |
| 기타 | 50 | 기부금 | 4  2 | 종친회 연회비 | 금령김씨종친회 | | 600,000 | |
| 법정기부금 | 10 | 기부금 | 6  3 | 방위성금 지급 | 국방부 | 415-41-51515 | 5,000,000 | |
| 지정기부금 | 40 | 기부금 | 7  10 | 기타지정기부금 지급 | 전국경제인연합회 | 151-56-34182 | 4,300,000 | |
| 지정기부금 | 40 | 기부금 | 12  10 | 불우이웃돕기성금 | 한국복지회 | 215-13-15158 | 2,000,000 | |

| 9.소계 | 가. 「법인세법」 제24조제2항의 법정기부금 | 코드 10 | 5,000,000 |
|---|---|---|---|
| | 나. 「법인세법」 제24조제1항의 지정기부금 | 코드 40 | 6,300,000 |
| | 다. 그 밖의 기부금 | 코드 50 | 600,000 |
| | 계 | | 11,900,000 |

2.소득금액확정

| 1.결산서상 당기순이익 | 2.익금산입 | 3.손금산입 | 4.기부금합계 | 5.소득금액계(1+2-3+4) |
|---|---|---|---|---|
| 257,427,678 | 9,700,000 | 3,400,000 | 11,300,000 | 275,027,678 |

2. 기부금조정

**1.기부금 입력 | 2.기부금 조정**

**1 1.법정기부금 손금산입액 한도액 계산**

| 1.소득금액 계 | 275,027,678 | 5.이월잔액 중 손금산입액 MIN[4,23] | |
|---|---|---|---|
| 2.법인세법 제13조제1항제1호에 따른 이월 결손금 합계액 | | 6.해당연도지출액 손금산입액 MIN[(④-⑤)>0, ③] | 5,000,000 |
| 3.법인세법 제24조제3항에 따른 법정기부금 해당 금액 | 5,000,000 | 7.한도초과액 [(3-6)>0] | |
| 4.한도액 {[(1-2) 0]X50%} | 137,513,839 | 8.소득금액 차감잔액 [(①-②-⑤-⑥)>0] | 270,027,678 |

**2 2. 「조세특례제한법」 제88조의4에 따라 우리사주조합에 지출하는 기부금 손금산입액 한도액 계산**

| 9. 「조세특례제한법」 제88조의4제13항에 따라 우리사주조합 기부금 해당 금액 | | 11. 손금산입액 MIN(9, 10) | |
|---|---|---|---|
| 10. 한도액 (1-2)×30% | 82,508,303 | 12. 한도초과액 [(9-10)>0] | |

**3 3.지정기부금 손금산입 한도액 계산**

| 13. 「법인세법」 제24조제4항에 따른 지정기부금 해당금액 | 6,300,000 | 16. 해당연도지출액 손금산입액 MIN[(14-15)>0, 13] | 6,300,000 |
|---|---|---|---|
| 14. 한도액 (8×10%, 20%) | 27,002,767 | 17. 한도초과액 [(13-16)>0] | |
| 15. 이월잔액 중 손금산입액 MIN(14, 23 ) | | | |

**4 4.기부금 한도초과액 총액**

| 18. 기부금 합계액 (3+9+13) | 19. 손금산입 합계 (6+11+16) | 20. 한도초과액 합계 (18-19)=(7+12+17) |
|---|---|---|
| 11,300,000 | 11,300,000 | |

(조정) 법인세과세표준및세액조정계산서에서 처리 한다.

## 13. 업무용승용차관련비용

업무용승용차에 대한 규정은 값비싼 수입차를 구입하여 사적으로 사용하고, 감가상각등의 비용을 과대계상함으로서 세금을 줄이는 모순점을 개선하기 위해 도입된 제도이다. 업무전용보험가입시에는 승용차관련비용을 1천5백만원범위내서 인정하고, 운행기록부 작성시에는 업무사용비율만큼 추가인정하며 미작성시에는 1천5백만원한도내서 인정하는 제도이다.

① **업무용승용차 관련비용의 손금불산입**

- 업무용승용차 : 개별소비세 과세대상 승용차
- 업무용승용차 관련비용 : 감가상각비, 임차료, 유류비, 보험료, 수선비, 자동차세등의 취득 및 유지를 위한 비용
- 업무사용금액
  - 업무용전용보험 가입한 경우 : 업무용승용차 관련비용에 업무사용비율을 곱한 금액
    ※ 업무사용비율 = 업무사용주행거리/총주행거리
  - 업무용전용보험 가입하지 않은 경우 : 전액 손금불산입
- 업무사용비율
  - 운행기록 작성시 업무사용비율 : 운행기록을 작성비치하여 확인되는 총주행거래에서 업무용사용거리가 차지하는 비율
  - 운행기록 미작성시 업무사용비율 : 1천5백만원이하: 100%, 1천5백만 초과시: 15,000,000/업무용승용차관련비용(가족회사등은 50%만 인정)
  - 사업연도중에 취득 및 처분시: 15,000,000 × 보유월수/12

② **업무용승용차의 감가상각비**

- 대상자산 : 2016. 1. 1이후 취득하는 업무용승용차
- 감가상각방법 : 정액법, 내용연수 5년
- 감가상각비 한도액 : 감가상각비 × 업무사용비율(800만원한도, 가족회사등은 400만원한도) 사업연도중에 취득 및 처분시 : 8,000,000 × 보유월수 / 12
- 감가상각비 한도초과액의 이월공제 : 다음연도부터 800만원 미달액 범위내서 이월공제
- 임차료중 감가상각비 상당액 한도초과액 이월공제 : 다음연도부터 800만원 미달액 범위내서 이월공제(단, 임차종료후 10년 경과시에도 동일하게 적용하고 기타처분)

③ **업무용승용차 관련비용의 조정순서**

- 업무사용 미달분에 대한 세무조정 : 감가상각비와 기타비용으로 구분하여 손금불산입
- 업무사용분 감가상각비에 대한 조정 : 감가상각비중 업무사용비율에 해당하는 금액 중 800만원 초과하는 금액은 손금불산입하고 유보처분한다. 단, 임차료중 감가상각비상당액은 업무사용비율에 해당하는 금액중 800만원초과분에 대해 손금불산입하고 기타사외유출로 처분한다.

④ **업무용승용차의 처분손실**

처분하여 발생하는 손실은 차량별로 800만원을 초과하는 금액은 손금불산입하고 기타사외유출로 처분한다.(부동산임대업을 주업으로 하는 지배주주 및 그 특수관계자의 지분이 50% 초과 내국법인등 가족회사는 일반한도의 50%만 인정)

## 14. 기타 손금불산입조정

① **공동 광고선전비**

공동 광고선전비 안분에 의한 분담금액을 초과한 금액은 손금불산입한다. 법인이 당해 법인 외의 자와 동일한 조직 또는 사업 등을 공동으로 운영하거나 영위함에 따라 발생되거나 지출된 손비 의 기준에 의한 분담금액을 초과하는 금액은 당해 법인의 소득금액계산에 있어서 이를 손금에 산입하지 아니한다.

② **선급비용**

법인이 일정한 기간을 정한 약정에 의하여 계속적으로 용역 등을 제공받을 경우 그 기간의 개시일 또는 기간 중에 지급한 용역 등의 대가 중,당해 사업연도종료일 현재까지 용역 등의 제공기간이 미경과된 부분에 상당하는 대가는 다음 사업연도 이후의 손금에 해당되므로 이를 손금불산입하여야 한다. 미경과 보험료, 미경과 임차료, 이자 등과 같이 지출한 부분 중 그 비용의 귀속이 차기 이후로 이루어지는 금액을 말한다.

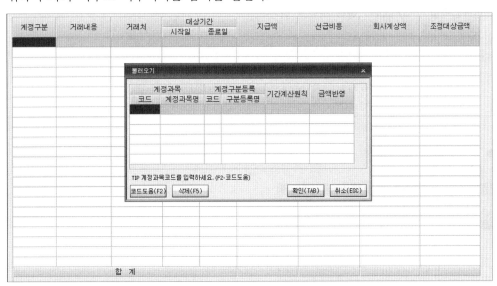

"불러오기"를 실행하여 자동으로 전표에 있는 데이터를 입력시
- 계정과목 : 회사가 사용한 보험료, 이자비용, 임차료 중에 선택
- 계정구분등록 : 이자비용－미경과이자, 보험료－선급보험료, 임차료－선급임차료 선택
- 기간계산원칙 : 보험료만 양편산입

- 금액반영 : 불러올 데이터를 지급액난에 불러오고자 하면 **1.지급액**, 선급비용난에 불러오고자 하면 **"2.선급비용"** 선택
- 대상기간 : 보험료, 이자비용, 임차료의 유효기간

---

※ 관련예규

1. 과대 계상된 선급비용을 신고조정으로 감액할 수 있는 지 여부(법인46012-3153, 1996.11.12)
법인이 결산 시에 지급이자 또는 보험료에 대한 기간미경과분을 선급비용으로 대체 처리하는 과정에서 그 금액단위를 착오 기재함에 따라 선급비용이 과대 계상된 경우에는 이를 세무조정에 의하여 손금에 산입할 수 있는 것임

2. 어음할인료에 대한 선급비용의 세무처리방법(법인46012-367, 2000.02.09)
어음의 할인거래가 매출채권의 매각거래에 해당하는 경우로서 기업회계기준 제73조의 규정에 의하여 전기선급비용으로 계상한 어음할인료 상당액을 이월이익잉여금의 감소로 처리한 경우에는 동 금액을 세무조정에 의하여 손금산입 하는 것임.

3. 지급이자를 법인이 선급비용으로 이연처리한 경우 손금으로 인정 가능여부(법인22601-487, 1991.03.12)
당해 사업연도에 해당하는 지급이자를 법인이 선급비용으로 이연처리한 경우에도 이를 당해 사업연도의 손금으로 하는 것임

---

기본예제

11. 2006.사례주식회사의 당기말 현재의 보험료 기간미경과분(선급분)에 관한 자료는 다음과 같다. 전표입력을 "불러오기"하여 조정을 하시오.

| 구 분 | 지출액 | 거래처 | 보 험 기 간 | 비 고 |
|---|---|---|---|---|
| 보험료(판) | 33,690 | 외환은행 | 2022.04.15~2023.04.14 | 장부상 9,599을 계상 |
| 보험료(판) | 4,497,274 | 외환은행 | 2022.02.01~2023.01.31 | 장부상 381,960을 계상 |
| 보험료(판) | 92,400 | 외환은행 | 2022.07.01~2023.06.30 | 장부 미계상 |

해설

(1) 불러오기

(2) 선급비용조정명세서 작성

불러오기를 실행한후 거래처, 대상기간, 회사계상액을 입력한후 제일하단의 결산대체분개분에 해당하는 라인을
삭제한다.

| 계정구분 | 거래내용 | 거래처 | 대상기간 시작일 | 대상기간 종료일 | 지급액 | 선급비용 | 회사계상액 | 조정대상금액 |
|---|---|---|---|---|---|---|---|---|
| 선급 보험료 | 보증보험료 | 외환은행 | 2022-04-15 | 2023-04-14 | 33,690 | 9,599 | 9,599 | |
| 선급 보험료 | 자동차보험료 | 외환은행 | 2022-02-01 | 2023-01-31 | 4,497,274 | 381,960 | 381,960 | |
| 선급 보험료 | 보증보험료 | 외환은행 | 2022-07-01 | 2023-06-30 | 92,400 | 45,820 | | 45,820 |

[손금불산입]선급비용과소계상 또는 보험료 과대계상 45,820원(유보발생)

③ 세금과공과

| 구 분 | 내 용 |
|---|---|
| 손금산입 | 지방소득세(균등할,재산할,종업원할), 재산세, 종합부동산세, 자동차세, 교통유발부담금, 폐기물처리부담금, 면허세, 전기요금연체가산금, 연체료, 증권거래세, 인지세 |
| 손금불산입 | 부가가치세, 개별소비세, 주세, 법인세비용(법인세에 대한 지방소득세포함), 가산세, 가산금, 과태료, 벌금, 과료, 체납처분비, 폐수배출부담금, 환경오염부담금 |

기본예제

## 12. 2006.사례주식회사의 당기말 세금과공과를 불러와 조정하시오.

| 코드 | 계정과목 | 월 | 일 | 거래내용 | 코드 | 지급처 | 금 액 | 손금불산입표시 |
|---|---|---|---|---|---|---|---|---|
| 0817 | 세금과공과금 | 1 | 8 | 납품지연 지체상금 | | | 100,000 | |
| 0817 | 세금과공과금 | 1 | 20 | 면허세 | | | 85,000 | |
| 0817 | 세금과공과금 | 1 | 30 | 인지대 (납세완납증명원) | | | 1,000 | |
| 0817 | 세금과공과금 | 2 | 1 | 면허세 | | | 18,000 | |
| 0817 | 세금과공과금 | 2 | 11 | 대표이사 업무상 주차위반 과태료 | | | 100,000 | 손금불산입 |
| 0817 | 세금과공과금 | 2 | 19 | 차량운반구 구입시 취득세 | | | 480,000 | |
| 0817 | 세금과공과금 | 2 | 22 | 산재보험료 가산금 | | | 255,000 | 손금불산입 |
| 0817 | 세금과공과금 | 2 | 24 | 교통유발부담금 | | | 20,000 | |
| 0817 | 세금과공과금 | 2 | 24 | 면허세 | | | 5,250 | |
| 0817 | 세금과공과금 | 3 | 23 | 국민년금 회사부담액납부 | | | 537,300 | |
| 0817 | 세금과공과금 | 4 | 14 | 전기요금 연체가산금 | | | 443,440 | |
| 0817 | 세금과공과금 | 5 | 19 | 종합부동산세 | | | 141,000 | |
| 0817 | 세금과공과금 | 5 | 20 | 전기요금 납부 지연연체금 | | | 320,000 | |
| 0817 | 세금과공과금 | 6 | 9 | 한국산업기술진흥협회비 | | | 100,000 | |
| 0817 | 세금과공과금 | 6 | 22 | 증권거래세 | | | 25,000 | |
| 0817 | 세금과공과금 | 7 | 3 | 대표이사 자택 재산세 | | | 450,000 | 손금불산입 |
| 0817 | 세금과공과금 | 7 | 20 | 법인균등할 주민세 | | | 25,000 | |
| 0817 | 세금과공과금 | 7 | 26 | 76고4036호자동차세 | | | 32,530 | |
| 0817 | 세금과공과금 | 10 | 11 | 공장용지 구입시 취득세 | | | 931,050 | 손금불산입 |
| 0817 | 세금과공과금 | 12 | 21 | 종합부동산세 | | | 25,000 | |

해설

[손금불산입]주차위반과태료   100,000원(상여)

[손금불산입]산재보험료가산금   255,000원(기타사외유출)

[손금불산입]대표이사자택재산세   450,000원(상여)

[손금불산입]공장용지구입시 취득세   931,050원(유보발생)

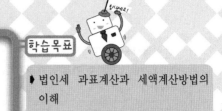

# 04 세액계산 및 신고

## 1. 법인세 과세표준과 납부세액의 계산

### (1) 과세표준의 계산

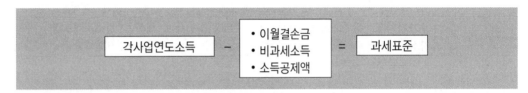

각사업연도소득 － • 이월결손금 • 비과세소득 • 소득공제액 ＝ 과세표준

※ 이월결손금, 비과세소득, 소득공제 순서로 공제액을 계산한다.

### (2) 이월결손금

#### ① 이월결손금의 범위
- 각 사업연도의 손금총액이 익금총액을 초과하는 금액을 각 사업연도의 결손금이라 한다.
- 과세표준 계산 시에 각 사업연도 소득에서 공제하는 이월결손금 : 당해 사업연도 개시일전 15년 이내에 개시한 사업연도에서 발생한 세무계산상결손금으로서 그 후 사업연도의 과세표준계산에 있어서 공제되지 아니한 금액을 말한다.
- 추계결정 등으로 공제되지 아니한 이월결손금

  법인세의 과세표준과 세액을 추계결정 또는 경정함에 따라 법본문규정에 의하여 공제되지 아니한 이월결손금은 공제대상 결손금에 포함된다.

#### ② 이월결손금의 공제
- 10년 이내의 2개 이상의 사업연도에서 결손금이 발생한 경우에는 먼저 발생한 사업연도의 결손금부터 순차로 각사업연도 소득금액의 60%(중소기업과 회생계획인가기업등은 100%)를 한도로 공제한다.
- 결손금소급공제에 의한 환급규정을 적용받은 결손금과 자산수증익 및 채무면제익에 충당된 이월결손금은 공제된 것으로 본다.
  ※ 중소기업은 결손금을 이월공제 받지 아니하고 직전 사업연도 법인세를 한도로 결손금 소급공제에 의해 법인세를 환급받을 수 있다.
- 법인세 과세표준을 추계결정 또는 추계 경정하는 때에는 이월결손금을 공제할 수 없다.
- 비영리법인의 과세표준계산 시 이월결손금 공제는 수익사업에서 발생된 이월결손금만을 공제한다.

(3) 비과세소득

① 비과세소득의 범위
  • 법인세법상 비과세 소득 : 공익신탁의 신탁재산에서 생기는 소득
  • 조세특례제한법상 비과세소득

② 비과세 소득 등의 공제
  과세표준을 계산함에 있어서 소득공제액의 합계액이 각 사업연도 소득에서 이월결손금
  을 공제한 잔액을 초과하는 경우, 그 초과금액은 없는 것으로 계산하여야 한다.

③ 소득공제
  • 유동화전문회사 등에 대한 소득공제
  • 조세특례제한법소득공제

(4) 산출세액의 계산

법인세 산출세액이란 법인세 과세표준금액에 세율을 적용하여 계산한 금액을 말한다.

$$법인세 \ 산출세액 \ = \ 과세표준 \ \times \ 세율$$

• 법인세율

| 과세 표준 | 세 율 |
|---|---|
| 2억원 이하 | 과세표준의 10% |
| 2억원 초과 | 2천만원 + 1억원을 초과하는 금액의 20% |
| 200억 초과 | 4천만원 + 200억 초과하는 금액의 22% |
| 3,000억 초과 | 616억 4천만원 +3,000억원 초과하는 금액의 25% |

**▌사업연도가 1년 미만인 경우 산출세액 계산**

$$법인세산출세액 \ = \ (과세표준 \times \frac{12}{사업연도월수}) \times 세율 \times \frac{사업연도월수}{12}$$

※ 월수는 역에 따라 계산하되 1월 미만의 일수는 1월로 한다.

(5) 공제 · 감면세액의 계산

① 면제(감면)세액

$$감면(면제)세액 \ = \ 산출세액 \times \frac{감면(면제)소득}{과세표준} \times 감면비율(100\%, \ 50\%, \ 30\%)$$

| 구 분 | 면제 · 감면 소득의 범위 | 면제 · 감면의 방법 |
|---|---|---|
| 중소기업 등 특별세액감면 | 제조업 등에서 발생한 소득<br>☆감면한도<br>-상시근로자수가 감소한 경우<br>:1억원-감소인원×5백만원<br>-그밖: 1억원 | 소기업<br>• 도매업 등 : 10%(도소매,의료)<br>• 수도권내 도매업 등외 : 20%(제조,물류,지식기반등)<br>• 수도권외 도매업 등외 : 30%(제조,물류,지식기반등)<br>중기업<br>• 수도권 감면배제( • 수도권내 지식기반 : 10%)<br>• 수도권외 도매업 등 : 5%<br>• 수도권외 도매업 등외 : 15% |

② 공제세액

<법인세법상 세액공제> ①외국납부세액공제 ②재해손실세액공제(20%이상 상실시)

<조특법상 세액공제>

| 구 분 | 공 제 금 내 역 |
|---|---|
| 중소기업투자세액공제 | • 투자금액(중고자산과 운용리스자산 제외) × 3% |
| 연구인력개발비세액공제(중소기업의 경우) | 신성장동력연구개발, 원천기술연구개발 × 30%<br>위 해당 · 선택않은 경우<br>MAX(① · ②)<br>① 직전 R&D 연평균발생 초과금액 × 50%<br>② 당해연도 R&D 비용 × 25% |

※ 동일한 투자금액에 대하여 중복되는 경우는 선택 적용

③ 공제감면세액의 공제순위

법인세 감면 규정과 세액공제 규정이 동시에 적용되는 경우 적용순위는 다음과 같다.

• 법인의 각 사업연도 소득에 대한 직접 감면
• 세액공제 중 이월공제가 인정되지 아니하는 세액공제
• 세액공제 중 이월공제가 인정되는 세액공제, 이 경우 당해 사업연도 중에 발생한 세액공제액과 이월된 미공제액이 함께 있는 때에는 이월된 미공제액을 먼저 공제
• 법에 규정한 세액공제, 이 경우 당해 세액공제액과 이월된 미공제액이 함께 있는 때에는 이월된 미공제액을 먼저 공제

기본예제

## 01. 다음을 작성하시오.

(1) 결산상 당기순이익 257,427,678원, 익금산입 86,050,000원, 손금산입 42,270,000원으로 가정한다.
이월결손금 100,000,000원이라 가정한다.

(2) 당해사업연도 중 일반과세자로 부터의 재화 · 용역의 매입에 대한 증빙을 분석한 결과 건당 3만원초과
매입액 중 간이영수증을 수취한 금액이 20,000,000원(접대비 해당금액은 제외한 금액임)이었다.

(3) 중간예납세액은 5,000,000원, 이자소득 원천납부세액은 1,300,000원이다.

(4) 이월세액공제는 없으며, 최저한세는 고려하지 않는다.

(5) 분납은 분납 가능한 최대금액으로 한다.

해설

영수증미수취가산세 20,000,000 × 2% = 400,000원이다.

납부할 법인세액(가산세 및 감면분 추가납부세액을 제외한 금액)이 1천만원을 초과하는 경우에는 다음의 금액을 납부기한 경과일로부터 1월(중소기업의 경우 2개월)이내에 분납할 수 있다.

- 납부할 세액 2천만원 이하 : 1천만원 초과 금액(가산세는 분납안됨)
- 납부할 세액 2천만원 초과 : 50% 이하의 금액

| | | | | | | | | |
|---|---|---|---|---|---|---|---|---|
| ① 각 사 업 연 도 소 득 계 산 | 101.결 산 서 상 당 기 순 손 익 | | 01 | 257,427,678 | ④ 납 부 할 세 액 계 산 | 120.산 출 세 액 (120=119) | | 20,241,535 |
| | 소득조정 금 액 | 102.익 금 산 입 | 02 | 86,050,000 | | 121.최저한세 적용 대상 공제 감면 세액 | 17 | |
| | | 103.손 금 산 입 | 03 | 42,270,000 | | 122.차 감 세 액 | 18 | 20,241,535 |
| | 104.차 가 감 소득금액(101+102-103) | | 04 | 301,207,678 | | 123.최저한세 적용 제외 공제 감면 세액 | 19 | |
| | 105.기 부 금 한 도 초 과 액 | | 05 | | | 124.가 산 세 액 | 20 | 400,000 |
| | 106.기부금 한도초과 이월액 손금산입 | | 54 | | | 125.가 감 계(122-123+124) | 21 | 20,641,535 |
| | 107.각사업연도소득금액(104+105-106) | | 06 | 301,207,678 | 기한내 납부세액 | 126.중 간 예 납 세 액 | 22 | 5,000,000 |
| | | | | | | 127.수 시 부 과 세 액 | 23 | |
| ② 과 세 표 준 계 산 | 108.각 사업 연도 소득금액(108=107) | | | 301,207,678 | | 128.원 천 납 부 세 액 | 24 | 1,300,000 |
| | 109.이 월 결 손 금 | | 07 | 100,000,000 | | 129.간접 회사등 외국 납부세액 | 25 | |
| | 110.비 과 세 소 득 | | 08 | | | 130.소 계(126+127+128+129) | 26 | 6,300,000 |
| | 111.소 득 공 제 | | 09 | | | 131.신 고 납 부 전 가 산 세 액 | 27 | |
| | 112.과 세 표 준 (108-109-110-111) | | 10 | 201,207,678 | | 132.합 계 (130+131) | 28 | 6,300,000 |
| | 159.선 박 표 준 이 익 | | 55 | | | 133.감 면 분 추 가 납 부 세 액 | 29 | |
| | | | | | | 134.차가감 납부할 세액(125-132+133) | 30 | 14,341,535 |
| ③ 산 출 세 액 계 산 | 113.과 세 표 준 (113=112+159) | | 56 | 201,207,678 | | ⑤토지등양도소득, ⑥미환류소득 법인세계산 (TAB로 이동) | | |
| | 114.세 율 | | 11 | 20% | ⑦ 세 액 계 | 151.차 가 감 납부할 세 액 계(134+150) | 46 | 14,341,535 |
| | 115.산 출 세 액 | | 12 | 20,241,535 | | 152.사실과 다른 회계처리 경정세액공제 | 57 | |
| | 116.지 점 유 보 소 득 (법 제96조) | | 13 | | | 153.분 납 세 액 계 산 범 위 액 (151-124-133-145-152+131) | 47 | 13,941,535 |
| | 117.세 율 | | 14 | | 분납할 세 액 | 154.현 금 납 부 | 48 | 3,941,535 |
| | 118.산 출 세 액 | | 15 | | | 155.물 납 | 49 | |
| | 119.합 계 (115+118) | | 16 | 20,241,535 | | 156. 계 (154+155) | 50 | 3,941,535 |
| | | | | | 차감 납부 세액 | 157.현 금 납 부 | 51 | 10,400,000 |
| | | | | | | 158.물 납 | 52 | |
| | | | | | | 160. 계 (157+158) [160=(151-152-156)] | 53 | 10,400,000 |

## 2. 최저한세의 계산

정책목적상 조세특례제도를 이용하여 세금을 감면하여 주는 경우에도 세부담의 형평성·세제의 중립성·국민개납·재정확보측면에서 소득이 있으면 누구나 최소한의 세금을 내도록 하기 위한 것이 최저한세 제도이다.

### (1) 적용대상 법인

- 내국법인

  법인세법의 납세의무가 있는 내국법인으로서 비영리법인을 포함하되, 조세특례제한법의 규정을 적용받는 조합법인 등은 제외한다.

- 외국법인

  국내사업장이 있는 등 법인세법의 규정을 적용받는 외국법인

### (2) 적용범위＝max[㉠, ㉡]

최저한세는 법인의 각 사업연도소득에 대한 법인세에 대하여만 적용하고 가산세·각종 준비금 익금산입 또는 감면세액 추징시의 이자상당가산액 및 감면세액의 추징세액에 대하여는 적용하지 아니한다.

㉠ 각종 감면 후의 세액

각종 감면 후의 세액이란 다음 각호의 특별비용(준비금 및 특별감가상각), 소득공제, 익금불산입, 비과세, 세액공제, 법인세 면제 및 감면 등을 적용받은 후의 세액을 말한다.

㉡ 각종 감면전의 과세표준 × 최저한세율

> 최저한세 적용대상 준비금 및 특별감가상각비, 소득공제·비과세 금액은 조세특례제한법의 것에 한한다.
> - 최저한세율 : 중소기업 7%

※ 각종 감면 후의 과세표준에는 조세특례제한법상의 준비금을 관계 규정에 의하여 익금에 산입한 금액을 포함한다.

① 외국납부세액 등의 범위

법인세감면 중 최저한세 적용대상이 아닌 세액공제, 세액감면 등은 최저한세 계산 후 공제한다.

- 외국납부세액              - 재해손실세액
- 농업소득세액              - 중소기업의 연구 및 인력개발비세액공제 등

② 각종 감면규정의 적용 배제 순서

- 납세의무자가 신고(수정신고 및 경정청구 포함)하는 경우 : 각종 감면 후의 산출세액이 각종 감면 전의 과세표준에 중소기업 7%를 곱하여 계산한 세액 (최저한세)에 미달하는 경우에는 납세의무자의 임의선택에 따라 최저한세 적용대상 특별비용(특별상각), 소득공제, 비과세, 세액공제, 법인세의 면제 및 감면 중에서 그 미달하는 세액 만큼 적용 배제한다.

• 정부가 경정하는 경우 : 납세의무자가 신고(수정신고 및 경정청구 포함)한 법인세액이 조세특례제한법의 규정에 의하여 계산한 세액에 미달하여 법인세를 경정하는 경우에는 순서에 따라 순차로 감면을 적용배제하여 추징세액을 계산한다.

③ **최저한세 적용으로 감면배제되는 세액의 처리**

• 최저한세의 적용으로 공제받지 못한 부분에 상당하는 세액은 당해 사업연도의 다음 사업연도개시일로부터 5년(창업중소기업투자세액공제 7년) 이내에 종료하는 각 과세연도에 이월하여 공제한다.

• 각사업연도의 법인세에서 공제할 세액공제액과 이월된 미공제세액이 중복되는 경우에는 먼저 발생한 것부터 순차로 공제한다.

### 기본예제

**02. 다음을 작성하시오.**

1. 세액공제조정명세서(3)와 공제감면, 세액합계표를 작성하시오

2. 최저한세조정계산서를 통하여 최저한세 적용여부를 검토하시오.

3. 당해연도에 이월되는 세액공제금액은 없으며, 결산상 당기순이익 257,427,678원, 익금산입 86,050,000원, 손금산입 42,270,000원으로 가정한다, 이월결손금 100,000,000원이라 가정한다.

4. 당해사업연도 중 일반과세자로 부터의 재화 · 용역의 매입에 대한 증빙을 분석한 결과 건당 3만원 초과 매입액 중 간이영수증을 수취한 금액이 20,000,000원(접대비 해당금액은 제외한 금액임)이 었다.

5. 중간예납세액은 5,000,000원, 이자소득 원천납부세액은 1,300,000원이다.

6. 중소기업투자세액공제대상 사업용자산 당기중의 취득액은 300,000,000원이다.
   (법인세세율이 2억이하 10%, 최저한세율 7%로 가정한다)

### 해설

▶ 최저한세조정계산서

1. 세액공제조정명세서 작성

| 1.세액공제(1) | 2.세액공제(2) | 3.당기공제 및 이월액계산 | | | |
|---|---|---|---|---|---|
| 구분 | 계산기준 | 계산명세 | | | 공제대상 세액 |
| | | 투자액 | 공제율 | |
| 중소기업투자세액공제 | 투자금액 × 3/100 | 300,000,000 | 3 | 9,000,000 |
| 기업의 어음제도개선을 위한 세액공제 | (환어음 등 지급금액-약속어음결제금액) × ((4,5)/1000, 15/10000) *산출세액의 10% 한도 | F4-계산내역 | | |
| 상생결제 지급금액에 대한 세액공제 | 지급기한 15일 이내 : 지급 금액의 0.2%<br>지급기한 15일~60일 : 지급 금액의 0.1% | F4-계산내역 | | |
| 대.중소기업 상생협력을 위한 기금출연 세액공제 | 출연금 × 7/100 | | | |

**해설**

▶ 중소기업투자세액공제는 중소기업이 사업용 자산, 판매시점정보관리시스템설비 및 정보보호시스템설비에 투자한 금액의 3%를 공제한다.

## 2. 세액공제조정 당기공제세액및 이월액계산

| 1.세액공제(1) | 2.세액공제(2) | 3.당기공제 및 이월액계산 |

| (105)구분 | (106)사업연도 | 요공제액 | | | 당기공제대상세액 | | | |
|---|---|---|---|---|---|---|---|---|
| | | (107)당기분 | (108)이월분 | (109)당기분 | (110)1차연도 | (111)2차연도 | (112)3차연도 | (113)4차 |
| 중소기업투자세액공제 | 2020 | 9,000,000 | | 9,000,000 | | | | |
| 소계 | | 9,000,000 | | 9,000,000 | | | | |

## 3. 최저한세 조정

| ①구분 | | 코드 | ②감면후세액 | ③최저한세 | ④조정감 | ⑤조정후세액 |
|---|---|---|---|---|---|---|
| (101) 결 산 서 상 당 기 순 이 익 | | 01 | 257,427,678 | | | |
| 소득조정금액 | (102)익 금 산 입 | 02 | 86,050,000 | | | |
| | (103)손 금 산 입 | 03 | 42,270,000 | | | |
| (104) 조 정 후 소 득 금 액 (101+102-103) | | 04 | 301,207,678 | 301,207,678 | | 301,207,678 |
| 최저한세적용대상 특 별 비 용 | (105)준 비 금 | 05 | | | | |
| | (106)특별상각,특례상각 | 06 | | | | |
| (107) 특별비용손금산입전소득금액(104+105+106) | | 07 | 301,207,678 | 301,207,678 | | 301,207,678 |
| (108) 기 부 금 한 도 초 과 액 | | 08 | | | | |
| (109) 기부금 한도초과 이월액 손 금 산 입 | | 09 | | | | |
| (110) 각 사 업 년 도 소 득 금 액 (107+108-109) | | 10 | 301,207,678 | 301,207,678 | | 301,207,678 |
| (111) 이 월 결 손 금 | | 11 | 100,000,000 | 100,000,000 | | 100,000,000 |
| (112) 비 과 세 소 득 | | 12 | | | | |
| (113) 최저한세적용대상 비 과 세 소 득 | | 13 | | | | |
| (114) 최저한세적용대상 익금불산입 · 손금산입 | | 14 | | | | |
| (115) 차가감 소 득 금 액(110-111-112+113+114) | | 15 | 201,207,678 | 201,207,678 | | 201,207,678 |
| (116) 소 득 공 제 | | 16 | | | | |
| (117) 최저한세적용대상 소 득 공 제 | | 17 | | | | |
| (118) 과 세 표 준 금 액(115-116+117) | | 18 | 201,207,678 | 201,207,678 | | 201,207,678 |
| (119) 선 박 표 준 이 익 | | 24 | | | | |
| (120) 과 세 표 준 금 액 (118+119) | | 25 | 201,207,678 | 201,207,678 | | 201,207,678 |
| (121) 세 율 | | 19 | 20 % | 7 % | | 20 % |
| (122) 산 출 세 액 | | 20 | 20,241,535 | 14,084,537 | | 20,241,535 |
| (123) 감 면 세 액 | | 21 | | | | |
| (124) 세 액 공 제 | | 22 | 9,000,000 | | 2,843,002 | 6,156,998 |
| (125) 차 감 세 액 (122-123-124) | | 23 | 11,241,535 | | | 14,084,537 |

현재 최저한세율은 중소기업이 7%이고 법이 정한 최저한세 14,084,537원 보다 차감(납부)세액 11,241,535원 금액이 2,843,002원 작으므로 세액공제를 부인한다.

## 5. 세액공제조정명세서(116.최저한세로 인한 배제금액 2,843,002원의 입력)

| 1.세액공제(1) | 2.세액공제(2) | 3.당기공제 및 이월액계산 |

| | (113)4차연도 | (114)5차연도 | (115)계 | (116)최저한세적용에따른 미공제액 | (117)기타사유로인한 미공제액 | (118)공제세액 (115-116-117) | (119)소멸 | (120)이월액 (107+108-118-119) |
|---|---|---|---|---|---|---|---|---|
| | | | 9,000,000 | 2,843,002 | | 6,156,998 | | 2,843,002 |
| 1 | | | | | | | | |
| | | | 9,000,000 | 2,843,002 | | 6,156,998 | | 2,843,002 |

## 7. 공제감면 합계표 재작성(불러오기)

| 최저한세배제세액감면 | 최저한세배제세액공제 | 최저한세적용세액감면 | 최저한세적용세액공제,면제 | 비과세,이월과세추가납부액 | 익금불산입 | 손금산입 |

| ①구　　　　　　분 | ②근 거 법 조 항 | 코드 | ⑤전기이월액 | ⑥당기발생액 | ⑦공제세액 |
|---|---|---|---|---|---|
| (180)중소기업투자세액공제 | 「조특법」 제5조 | 131 | | 9,000,000 | 6,156,998 |
| (181)상생결제 지급금액에 대한 세액공제 | 「조특법」 제7조의4 | 14Z | | | |
| (182)대중소기업 상생협력을 위한 기금출연 세액공제 | 「조특법」 제8조의3 1항 | 14M | | | |
| (183)협력중소기업에 대한 유형고정자산 무상임대 세액공제 | 「조특법」 제8조의3 2항 | 18D | | | |

## 8. 최저한세 고려후 법인세과세표준및세액조정계산서(분납고려)

| ① 각사업연도소득계산 | 101.결 산 서 상　당 기 순 손 익 | 01 | 257,427,678 |
|---|---|---|---|
| | 소득조정　102.익 금 산 입 | 02 | 86,050,000 |
| | 금　　액　103.손 금 산 입 | 03 | 42,270,000 |
| | 104.차 가 감 소득금액 (101+102-103) | 04 | 301,207,678 |
| | 105.기 부 금 한 도 초 과 액 | 05 | |
| | 106.기부금 한도초과 이월액 손금산입 | 54 | |
| | 107.각사업연도소득금액(104+105-106) | 06 | 301,207,678 |

| ② 과세표준계산 | 108.각 사 업 연 도 소득금액(108=107) | | 301,207,678 |
|---|---|---|---|
| | 109.이 　월 　결 　손 　금 | 07 | 100,000,000 |
| | 110.비 　과 　세 　소 　득 | 08 | |
| | 111.소 　　득 　　공 　　제 | 09 | |
| | 112.과 세 표 준 (108-109-110-111) | 10 | 201,207,678 |
| | 159.선 　박 　표 　준 　이 　익 | 55 | |

| ③ 산출세액계산 | 113.과 세 표 준 (113=112+159) | 56 | 201,207,678 |
|---|---|---|---|
| | 114.세 　　　　　　　율 | 11 | 20% |
| | 115.산 　　출 　　세 　　액 | 12 | 20,241,535 |
| | 116.지 점 유 보 소 득 (법 제96조) | 13 | |
| | 117.세 　　　　　　　율 | 14 | |
| | 118.산 　　출 　　세 　　액 | 15 | |
| | 119.합 　　　계 (115+118) | 16 | 20,241,535 |

| ④ 납부할세액계산 | 120.산 　　출 　　세 　　액 (120=119) | | 20,241,535 |
|---|---|---|---|
| | 121.최저한세 적용 대상 공제 감면 세액 | 17 | 6,156,998 |
| | 122.차 　　　감 　　　세 　　　액 | 18 | 14,084,537 |
| | 123.최저한세 적용 제외 공제 감면 세액 | 19 | |
| | 124.가 　　　산 　　　세 　　　액 | 20 | 400,000 |
| | 125.가 　　　감 　　　계 (122-123+124) | 21 | 14,484,537 |
| | 기한내납부세액　126.중 　간 　예 　납 　세 　액 | 22 | 5,000,000 |
| | 127.수 　시 　부 　과 　세 　액 | 23 | |
| | 128.원 　천 　납 　부 　세 　액 | 24 | 1,300,000 |
| | 129.간접 회사등 외국 납부세액 | 25 | |
| | 130.소 　　　계 (126+127+128+129) | 26 | 6,300,000 |
| | 131.신 고 납 부 전 가 산 세 액 | 27 | |
| | 132.합 　　　　　계 (130+131) | 28 | 6,300,000 |
| | 133.감 면 분 추 가 납 부 세 액 | 29 | |
| | 134.차가감 납부할 세액(125-132+133) | 30 | 8,184,537 |

| ⑤토지등양도소득, ⑥미환류소득 법인세계산 (TAB로 이동) |
|---|

| ⑦ 세액계 | 151.차 가 감 납부할 세 액 (134+150) | 46 | 8,184,537 |
|---|---|---|---|
| | 152.사실과 다른 회계처리 경정세액공제 | 57 | |
| | 153.분 납 세 액 계 산 범 위 액 (151-124-133-145-152+131) | 47 | 7,784,537 |
| | 분납할세액　154.현 　　금 　　납 　　부 | 48 | |
| | 155.물 　　　　　　　납 | 49 | |
| | 156.　　　　계 (154+155) | 50 | |
| | 차감납부세액　157.현 　　금 　　납 　　부 | 51 | 8,184,537 |
| | 158.물 　　　　　　　납 | 52 | |
| | 160.　　　계 (157+158) [160=(151-152-156)] | 53 | 8,184,537 |

## 3. 법인세 과세표준 신고 및 세액의 납부

### ① 과세표준 신고 및 세액의 납부

- 법인세의 신고기한

  - 법인은 「법인세 과세표준 및 세액신고서」를 작성하여 각 사업연도의 종료일로부터 3월 이내에 관할세무서에 신고하고 세금을 납부해야 한다.

  - 신고기한의 말일이 공휴일인 경우 그 다음 날까지 신고·납부하면 된다.

    ※ 신고편의를 도모하기 위해 사업연도 종료일이 월중(예, 12.10)인 경우에도 3개월 후 말일(3.31)까지 신고할 수 있도록 하였다.

- 공제감면의 신청

  법인세법·조세특례제한법 등에서는 조세의 감면에 관한 방법과 범위 등을 규정하고 있는데, 감면의 종류에 따라서는 신청서 또는 명세서를 소정기한 내에 반드시 제출하여야만 조세감면을 인정하고 있는 경우가 있으므로 특별히 유의하여야 한다.

- 세액의 납부방법

  법인세 과세표준 및 세액신고서에 기재된 납부할 세액을 과세표준신고기한내에 납부하여야 한다.

- 법인세의 분납

  납부할 법인세액(가산세 및 감면분 추가납부세액을 제외한 금액)이 1천만원을 초과하는 경우에는 다음의 금액을 납부기한 경과일로부터 1월(중소기업의 경우 2개월)이내에 분납할 수 있다.

  - 납부할 세액 2천만원 이하 : 1천만원 초과 금액
  - 납부할 세액 2천만원 초과 : 50% 이하의 금액

## 4. 적격증빙미수취가산세

법인이 사업자로부터 건당 거래금액이 3만원 초과하는 재화 또는 용역을 공급받고 그 대가를 지급한 경우와 1회에 지출한 접대비가 1만원을 초과하는 경우에는 신용카드 매출전표·현금영수증·세금계산서·계산서, 원천징수영수증(이하 "정규 영수증"이라 함)를 수취하여 5년간 보관하여야 한다. 법인이 이러한 지출증빙서류를 수취하지 아니한 경우 일반적인 재화·용역거래의 경우 그 거래금액중 비용처리한 금액의 2%를 가산세로서 납부하여야 하며 접대비의 경우 한도와 관계없이 손금에 산입할 수 없다.

### (1) 지출증빙으로 인정되는 정규영수증

지출증빙으로 인정되는 정규영수증은 다음 각호의 것을 말한다.

- 여신전문금융업법에 의한 신용카드 매출전표
- 현금영수증

- 세금계산서
- 계산서
- 원천징수영수증
  ※ 기명식 선불카드는 정규영수증으로 인정

## (2) 정규영수증으로 보지 아니하는 지출증빙서류

- 실제 거래처와 다른 사업자 명의로 교부된 세금계산서·계산서, 신용카드 매출전표
- 부가가치세법상 미등록사업자 또는 간이과세자로부터 재화 또는 용역을 공급받고 교부받은 세금계산서
- 미등록사업자로부터 재화 또는 용역을 공급받고 교부받은 계산서

## (3) 재화 또는 용역거래의 지출증빙 수취 의무

- 법인이 사업자로부터 재화 또는 용역을 공급받고 그 대가를 지급하는 경우에는 시행령 및 시행규칙에서 별도로 정하는 경우를 제외하고는 정규영수증을 수취하여 보관하여야 한다.
- 따라서, 사업자가 아닌 자로부터 재화 또는 용역을 공급받거나, 재화 또는 용역의 공급대가 외의 지출액에 대하여는 정규영수증을 수취하지 아니하여도 된다.
  그러나 이 경우에도 영수증·입금표·거래명세서 등 기타 증빙에 의하여 거래사실을 입증하여야 한다.

## (4) 정규영수증 수취의무 면제거래

- 사업자가 아닌 자와의 거래
  - 사업자가 아닌 자와의 거래는 거래 상대방이 세금계산서 또는 신용카드 매출전표를 교부할 수 없으므로 정규영수증 수취대상이 아니다.
  - 사업자의 범위
    "사업자"라 함은 영리목적 유무에 불구하고 사업상 독립적으로 재화 또는 용역을 공급하는 자를 말하는 것으로, 사업자에는 사업자등록을 하지 아니한 자(미등록사업자)를 포함한다. 다만, 사업상 독립적으로 재화·용역을 공급하는 것으로 보지 아니하는 경우에는 사업자에 해당하지 아니한다.
    (제외 .) 별도 사업을 영위하지 아니하는 아파트관리사무소 등

## (5) 재화 또는 용역의 공급으로 보지 아니하는 거래

다음에 예시하는 거래는 재화 또는 용역의 공급대가로 보지 아니하므로 정규영수증 수취대상이 아니다.

| |
|---|
| • 조합 또는 협회에 지출하는 경상회비   • 판매장려금 또는 포상금 등 지급<br>• 종업원에게 지급하는 경조사비 등 |

※ 재화·용역을 공급받은 대가를 회비 등의 명목으로 지급하는 경우 정규영수증 수취대상임.

(6) 재화 또는 용역의 공급대가로서 정규영수증 수취의무 면제거래

① 대금지급방법에 관계없이 정규영수증 수취를 면제하는 거래
- 공급받은 재화 또는 용역의 건당 거래금액(부가가치세 포함)이 3만원 이하인 경우
- 농·어민으로부터 재화 또는 용역을 직접 공급받는 경우
- 원천징수대상 사업소득자로부터 용역을 공급받은 경우(원천징수한 것에 한한다)
- 항만공사가 공급하는 화물료 징수용역을 공급받는 경우
- 재화의 공급으로 보지 아니하는 사업의 양도에 의하여 재화를 공급받은 경우
- 방송용역을 제공받은 경우
- 전기통신 용역을 공급받은 경우
- 국외에서 재화 또는 용역을 공급받은 경우(세관장이 세금계산서 또는 계산서를 교부한 경우를 제외한다)
- 공매·경매 또는 수용에 의하여 재화를 공급받은 경우
- 토지 또는 주택을 구입하거나 주택의 임대업을 영위하는 자(법인은 제외함)로부터 주택임대용역을 공급받은 경우
- 택시운송용역을 제공받은 경우
- 건물(토지를 함께 공급받은 경우에는 당해 토지를 포함하며, 주택을 제외함)을 구입하는 경우로서 거래내용이 확인되는 매매계약서 사본을 법인세 과세표준신고서에 첨부하여 납세지 관할세무서장에게 제출하는 경우
- 금융·보험용역을 제공받은 경우
- 전산발매통합관리시스템에 가입한 사업자로부터 입장권·승차권·승선권 등을 구입하여 용역을 제공받은 경우
- 항공기의 항행용역을 제공받은 경우
- 부동산 임대용역을 제공받은 경우로서 전세금 또는 임차보증금에 대한 부가가치세액을 임차인이 부담하는 경우
- 재화공급계약·용역공급계약 등에 의하여 확정된 대가의 지급지연으로 인하여 연체이자를 지급하는 경우
- 철도공사로부터 철도의 여객운송용역을 공급받는 경우

② 금융실명거래및비밀보장에관한법률에 의한 금융기관을 통하여 재화 또는 용역의 거래금액을 지급한 경우로서 법인세과세표준신고서에 송금사실을 기재한 「경비 등의 송금명세서」를 첨부하여 납세지 관할세무서장에게 제출하는 다음의 거래
- 부동산 임대용역을 제공받은 경우
- 임가공용역을 제공받은 경우(법인과의 거래를 제외한다)
- 운수업을 영위하는 자가 제공하는 택시운송용역 외의 운송용역을 제공받은 경우
- 재활용폐자원 등을 공급받은 경우
- 항공법에 의한 상업서류송달용역을 제공받는 경우
- 부동산중개업법에 의한 중개업자에게 수수료를 지급하는 경우

- 복권 및 복권기금법에 의한 복권사업자가 복권을 판매하는 자에게 수수료를 지급하는 경우
- 유료도로를 이용하고 통행료를 지급하는 경우
- 인터넷, PC통신 및 TV홈쇼핑을 통하여 재화 또는 용역을 공급받은 경우
- 우편송달에 의한 주문판매를 통하여 재화를 공급받은 경우

## ⑺ 정규영수증 미수취에 대한 제재

법인이 정규영수증을 수취하여야 하는 재화 또는 용역을 공급받고 이를 수취하지 아니한 경우에는 수취하지 아니한 금액(부가가치세를 포함한 거래금액)의 2%를 법인세로서 징수한다.

※ 법인세 산출세액이 없는 경우에도 적용된다.

- 가산세 적용 제외 법인
  - 국가·지방자치단체
  - 비영리법인(수익사업과 관련된 부분은 제외)
  - 정규영수증을 수취하지 아니하여 손금에 산입하지 아니하는 접대비에 대하여는 위 가산세를 적용하지 아니한다.
    ※ 정규영수증을 수취하지 아니하여 가산세가 부과되는 경우에도 기타의 증빙서류에 의하여 거래사실이 확인되는 경우 그 거래금액은 법인의 경비 등으로 인정된다.

**종합문제1**

[법인조정]

※ 중소제조업인 2010.(주)법인종합문제의 다음 사례에 대한 법인조정을 하시오.

[1] 수입금액조정과 조정후수입금액명세서를 작성하시오.

① 계정과목별 결산서상 수입금액은 조회하면 다음과 같다.

| 계정과목 | | | 결산서상 수입금액 |
|---|---|---|---|
| | 항목 | 과목 | |
| 1 | 매출 | 제품매출 | 1,300,000,000원 |
| 2 | 매출 | 공사수입금 | 60,000,000원 |
| | 계 | | 1,360,000,000원 |

결산일 현재 진행 중인 공사는 도급금액이 290,000,000원인 다음의 공사 한 건 뿐이다.

   − 공사명/건축주 : 한성빌딩현장/미주기업
   − 계약일자/공사기간 : 전기 1월 20일 / 전기 2월 4일부터 차기 4월 3일
   − 총공사비누적액/총공사예정비 : 204,000,000원/240,000,000원
   − 전기말수입계상액은 180,000,000원이며 당기에 장부상 수입계상액은 60,000,000원이다.

② 공급시기가 차기 2. 20인 제품매출에 대하여 당기 12. 20에 대금 22,000,000원(공급가액 20,000,000원, 부가가치세 2,000,000원)을 결제 받고 공급시기 전 선발행 세금계산서를 교부하였다. 결산서에는 선수금으로 처리하였다.

③ 업종별 기준경비율 코드

| 구분 | 업태/종목 | 기준경비율코드 | 비 고 |
|---|---|---|---|
| 제품매출 | 제조/전자부품 | 300100 | 영세율분 40,000,000원 포함 |
| 공사수입금 | 도급/조경건설 | 451400 | 전액 국내건설 |

④ 부가가치세 과세표준에는 차량운반구(취득가액 18,000,000원, 감가상각누계액 9,500,000원)를 10,000,000원에 매각한 금액이 포함되어 있다.

[2] 다음 자료에 의해 퇴직연금에 대한 조정을 하시오.

당사는 확정급여형(DB형) 퇴직연금에 가입하였으며 장부상 퇴직급여충당부채 및 퇴직연금충당부채를 설정하지 아니하고 전액 신고조정에 의하여 손금에 산입하고 있다고 가정한다.

1. 퇴직연금운용자산 계정내역

**퇴직연금운용자산**

| 기초잔액 | 49,000,000원 | 당기감소액 | 0 |
|---|---|---|---|
| 당기증가액 | 38,900,000원 | 기말잔액 | 87,900,000원 |
| | 87,900,000원 | | 87,900,000원 |

2. 퇴직연금운용자산 기초잔액은 전기 자본금과적립금조정명세서(을)에 퇴직연금과 관련된 금액 80,000,000원(손금산입 유보발생)이 있다.

3. 당기말 현재 퇴직급여추계액은 120,000,000원이다.

**[3] 다음 자료를 이용하여 대손금 및 대손충당금 조정명세서를 작성하여라.**

① 회사가 대손과 관련하여 회계처리한 내역은 다음과 같다.

| 05월 02일 거래처부도 (부도발생일로부터 6개월 경과) |
|---|
| (차) 대손충당금     5,000,000원          (대) 외상매출금   5,000,000원 |

② 외상매출금과 받을어음에 대하여만 대손충당금을 설정하며, 관련계정과목의 변동내역은 다음과 같다.

| 구 분 | 기초잔액 | 당기증가 | 당기감소 | 기말잔액 |
|---|---|---|---|---|
| 외상매출금 | 990,300,000 | 871,000,000 | 1,019,300,000 | 842,000,000 |
| 대손충당금 | 5,000,000 | 54,830,000 | 5,000,000 | 54,830,000 |
| 받을어음 | 722,495,,000 | 326,000,000 | 785,495,000 | 263,000,000 |
| 대손충당금 | 2,300,000 | 20,000,000 |  | 22,300,000 |

③ 전기말 대손충당금 한도초과액으로 3,100,000원을 유보로 소득처분 했었다.

**[4] 다음 자료를 이용하여 가지급금등 인정이자조정명세서(갑,을)를 작성하고 관련 세무조정사항을 소득금액조정합계표에 반영하시오.**

① 차입금의 내용

| 거래처명 | 차입금 | 이자율 | 비                고 |
|---|---|---|---|
| 하나로은행 | 50,000,000 | 7% | 전부 특수관계가 없는 자로부터의 차입금이다. |
| 신한은행 | 38,469,290 | 7.5% | |
| 국민은행 | 56,635,000 | 8% | |
| 외환은행 | 200,000,000 | 6% | |
| 계 | 345,104,290 | | |

② 업무무관 가지급금 및 관련 이자수령내역

| 직책 | 성명 | 금전대여일 | 가지급금 | 약정이자율 | 이자수령액(이자수익계상) |
|---|---|---|---|---|---|
| 대표이사 | 김주원 | 전기.10.23 | 100,000,000원 | 무상 | 0원 |
| 관계회사 | (주)화진 | 당기.07.02 | 60,000,000원 | 연3% | 900,000원 |
| 업무무관 가지급금은 금전대여일로부터 현재까지 변동이 없으며, (주)화진은 당사의 최대주주이다. | | | | | |

③가중평균이자율로 계산한다.

[5] 다음 자료를 이용하여 업무무관지급이자 조정명세서를 작성하고 세무조정을 하시오.

① 가지급금과 가수금은 앞의 자료를 이용한다.

② 차입금별 지급이자는 다음과 같다.

| 이자율 | 이자비용 |
|---|---|
| 8% | 4,530,800원 |
| 7.5% | 2,885,196원 |
| 7% | 3,500,000원 |
| 6% | 12,000,000원 |

③ 회사에서 건설중인 사업용고정자산으로 공장건물을 짓고 있으며 회사의 이자율별 차입금액 내역은 다음과 같다. (단, 차입금 전액은 공장건물 건설과 관련되었다고 가정한다.)

| 자산명 | 차입일자 | 차입은행 | 차입금액 | 차입 이자율 | 당기지급이자비용 |
|---|---|---|---|---|---|
| 공장 | 전기 | 국민은행 | 25,000,000 | 8% | 2,000,000 |

④ 회사는 발생한 이자를 전액 손익계산서상 이자비용으로 회계처리 하였다.


[6] 앞문제와 기장데이타를 무시(단, 법인세비용은 조회)하고 제시된 자료만 고려하여 소득금액조정합계표를 완성하시오.

① 법인세비용을 조회하여 소득처분을 하시오.

② 당기에 취득한 차량운반구의 감가상각비 세법상 한도액은 2,000,000원인데, 회사는 손익계산서상에 1,800,000원을 인식하였으며 즉시상각의제의 규정을 적용받는 금액이 500,000원이 있다.

③ 세법상 접대비 한도액은 38,500,000원이나 회사는 접대비로 44,500,000원(3만원 초과분중 신용카드 미사용액은 2,000,000원)을 지출하였다.

④ 자기주식을 5,000,000원에 취득한 후 5,700,000원에 처분하고, 기업회계기준에 따라 회계처리 하였다.

⑤ 전기에 정기적금에 가입하고 발생주의에 따른 미수이자 1,300,000원을 손익계산서에 수익으로 계상하였다. 당기에 만기가 도래하여 전기 미수이자 1,300,000원을 수령하였다. 또한, 당기말 미수이자 2,500,000원을 계상하였다.

⑥ 손익계산서 세금과공과 계정 중에 산재보험료 가산금 120,000원과 산재보험료 연체료 150,000원이 있다

# 이 론 시 험

다음 문제를 보고 알맞은 것을 골라 │ 이론문제 답안작성 │ 메뉴에 입력하시오.(객관식 문항당 2점)

─── <기본전제> ───

문제에서 한국채택국제회계기준을 적용하도록 하는 전제조건이 없는 경우, 일반기업회계기준을 적용한다.

**01** 일반기업회계기준상 외화자산과 외화부채에 대한 환율변동효과의 내용으로 잘못된 것은?

① 외화환산손익을 당기손익으로 인식한다.

② 기능통화로 외화거래를 최초로 인식하는 경우에 거래일의 외화와 기능통화 사이의 현물환율을 외화금액에 적용하여 기록한다.

③ 화폐성 외화항목은 마감환율로 환산한다.

④ 외화 위험회피대상항목인 외화표시 자산 또는 부채의 평가손익 중 외화위험으로 인한 부분은 기타포괄손익누계액으로 처리한다.

**02** 일반기업회계기준의 무형자산과 관련된 내용 중 틀린 것은?

① 무형자산을 창출하기 위한 내부 프로젝트를 연구단계와 개발단계로 구분할 수 없는 경우에는 그 프로젝트에서 발생한 지출은 모두 개발단계에서 발생한 것으로 본다.

② 프로젝트의 연구단계에서는 미래경제적 효익을 창출한 무형자산이 존재한다는 것을 입증할 수 없기 때문에 연구단계에서 발생한 지출은 무형자산으로 인식할 수 없고, 발생한 기간의 비용으로 인식한다.

③ 새로운 지식을 얻거나 연구결과 또는 기타 지식을 탐색, 평가, 최종 선택 및 응용하는 활동은 연구단계에 속하는 활동의 예이다.

④ 무형자산의 상각기간은 독점적, 배타적인 권리를 부여하고 있는 관계 법령이나 계약에 정해진 경우를 제외하고는 20년을 초과할 수 없으며, 상각은 자산이 사용한 가능한 때부터 시작한다.

**03** 기타자본잉여금을 재원으로 하여 무상증자를 하였다. 무상증자에 따른 자본의 변동이 올바른 것은?

| | 자본금 | 자본잉여금 | 이익잉여금 | | 자본금 | 자본잉여금 | 이익잉여금 |
|---|---|---|---|---|---|---|---|
| ① | 증가 | 증가 | 불변 | ② | 증가 | 감소 | 불변 |
| ③ | 불변 | 증가 | 불변 | ④ | 불변 | 불변 | 감소 |


**04** 다음은 회계변경의 사례들이다. 성격이 다른 하나는?

① 재고자산 단가결정방법을 선입선출법에서 평균법으로 변경

② 매출채권에 대한 대손설정비율을 1%에서 2%로 변경

③ 건물의 내용연수를 40년에서 20년으로 변경

④ 특허권의 효익제공기간을 10년에서 5년으로 단축적용


**05** 다음은 사채발행에 대한 자료이다. 당기 12월 31일에 상각되는 사채할인발행차금은 얼마인가?(단, 소수점 이하는 절사한다)

| | |
|---|---|
| • 사채발행일 : 전년도 1월 1일 | • 사채만기 : 5년 |
| • 이자지급일 : 매년 12월 31일 | • 액면가액 : 1,000,000원(발행시 현재가치 : 951,980원) |
| • 발행가액 : 951,980원 | • 사채의 표시이자율 : 10%, 사채의 유효이자율 : 12% |

① 15,116원
② 15,946원
③ 115,116원
④ 118,399원


**06** 재료비 및 가공비가 공정전반에 걸쳐 균등하게 발생하는 경우 완성품 단위당 원가를 평균법으로 계산하면 얼마인가?

| 구 분 | 월초재공품 | 당월제조원가 | 당월완성품 | 월말재공품 |
|---|---|---|---|---|
| 재료비 | 30,000원 | 120,000원 | | |
| 가공비 | 50,000원 | 160,000원 | | |
| 수 량 | 100개(완성도 60%) | | 250개 | 100개(완성도 50%) |

① 1,000원
② 1,100원
③ 1,150원
④ 1,200원

**07** 다음은 제조원가명세서에 대한 설명이다. 가장 옳지 않은 것은?

① 재무상태표의 원재료재고액은 제조원가명세서 작성과 관련없다.
② 제조원가명세서의 당기제품제조원가는 손익계산서의 제품매출원가 계산에 반영된다.
③ 제조원가명세서 기말재공품은과 재무상태표의 재공품은 일치해야 한다.
④ 당기총제조원가는 직접재료비, 직접노무비, 제조간접비의 총액을 의미한다.

**08** 다음은 제조원가명세서 자료이다. 기말 재무상태표의 자산계정에 반영될 금액은 얼마인가?

제조원가명세서 (단위 : 원)

| | | |
|---|---|---|
| Ⅰ ( ) | | 15,000,000 |
| ( ) | 2,000,000 | |
| 당 기 매 입 | 16,000,000 | |
| ( ) | ( ) | |
| Ⅱ 노 무 비 | | 12,000,000 |
| Ⅲ 경 비 | | 5,000,000 |
| Ⅳ 당기 총 제조비용 | | ( ) |
| Ⅴ ( ) | | 2,000,000 |
| Ⅵ 합 계 | | ( ) |
| Ⅶ ( ) | | ( ) |
| Ⅷ 당기제품제조원가 | | 28,000,000 |

① 3,000,000원   ② 4,000,000원
③ 7,000,000원   ④ 9,000,000원

**09** 다음 중 표준원가계산제도와 관련된 설명 중 틀린 것을 모두 고르시오.

ⓐ 원가발생의 예외에 의한 관리를 할 수 있다.
ⓑ 직접재료원가차이를 원재료 구입시점에서 분리하든 사용시점에서 분리하든 직접재료원가 능률차이에는 영향을 미치지 않는다.
ⓒ 기말에 원가차이를 매출원가에서 조정할 경우 불리한 차이는 매출원가에 차감하고 유리한 차이는 매출원가에 가산한다.
ⓓ 제품의 완성량만 파악하면 표준원가를 산출할 수 있으므로 신속하게 원가정보를 제공할 수 있다.
ⓔ 직접재료원가 능률차이 계산식은 (표준소비량－실제소비량)×실제가격으로 표현할 수 있다.

① ⓐ, ⓑ   ② ⓑ, ⓒ
③ ⓒ, ⓓ   ④ ⓒ, ⓔ

**10** 다음 자료에 의하여 표준원가계산에 의한 월말 재공품원가를 계산하면 얼마인가?(단, 재료는 공정초기에 전량 투입되며, 주어진 자료 이외의 상황은 고려하지 않는다)

> 1. 제품단위당 표준원가
> • 직접재료원가 : 2kg × @500원 = 1,000원
> • 직접노무원가 : 6시간 × @300원 = 1,800원
> • 변동제조간접원가 : 6시간 × @200원 = 1,200원
> • 고정제조간접원가 : 6시간 × @100원 = 600원
> 2. 월초재공품은 없으며, 당월착수수량은 10,000단위이고, 당월완성수량은 9,000단위이며, 월말 재공품의 완성도는 50%이다.

① 2,440,000원      ② 2,800,000원

③ 4,940,000원      ④ 5,240,000원

**11** 작년 8월, 2천만원에 취득한 차량운반구는 과세사업에 사용하여 왔으나, 10월부터 과세사업에의 사용을 중지하고 면세사업에 전용하였다. 이로 인해 증가하는 2기 부가가치세 과세표준은 얼마인가?(단, 해당 기계설비의 전용당시 장부가액은 1천만원이고, 시가는 1천5백만원이다)

① 10,000,000원      ② 20,000,000원

③ 45,000,000원      ④ 50,000,000원

**12** 부가가치세에 대한 다음 설명 중 맞지 않는 것은?

① 선박건조업자가 어선을 건조하여 자신이 경영하는 수산업에 직접 사용하는 경우 해당 선박의 공급에 대한 부가가치세가 과세된다.

② 택시회사에서 영업용으로 사용하기 위한 택시를 구입한 경우 매입세액을 공제받을 수 있다.

③ 의류생산회사에서 자체 생산한 의류를 무상으로 종업원의 작업복으로 제공하는 경우 부가가치세가 과세된다.

④ 사업자가 판매의 장려를 위하여 거래상대방 실적에 따라 재화를 제공하는 경우 부가가치세가 과세된다.

**13** 다음 중 법인세법상 부당행위계산의 부인에 대한 설명으로 틀린 것은?

① 소액주주에 해당하는 임원이나 사용인에게 사택을 제공하는 경우에는 이를 부당행위계산의 유형으로 보지 아니한다.

② 주권상장법인의 주식을 장내에서 거래한 경우 주식의 시가는 그 거래일의 최종시세가액을 적용하여 산정한다.

③ 부당행위계산의 부인규정은 내국영리법인에 한하여 적용하므로 내국비영리법인과 외국법인은 그 적용을 받지 아니한다.

④ 간주임대료로 과세되는 경우 기타사외유출로 소득처분한다.

**14** 현행 법인세법상 결손금과 이월결손금의 감소원인에 대한 설명이다. 틀린 것은?

① 중소기업의 결손금을 소급공제 신청한 경우

② 자산수증이익을 25년 전에 발생한 이월결손금 보전에 충당한 경우

③ 법인의 과세표준 계산시 3년 전에 발생한 이월결손금을 차감한 경우

④ 기부금 한도액 계산시 2년 전에 발생한 이월결손금을 차감한 경우

**15** 다음 중 보험차익에 대한 소득세의 과세에 대한 설명으로 틀린 것은?

① 저축성보험의 보험차익으로서 보험기간이 5년 이상인 경우 소득세가 과세되지 아니한다.

② 사업용 고정자산의 손실로 취득하는 보험차익은 사업소득으로 보아 소득세가 과세된다.

③ 사업주가 가입한 근로자퇴직급여보장법에 따른 퇴직보험계약의 보험차익은 사업소득으로 보아 소득세가 과세된다.

④ 피보험자의 질병이나 부상 등 신체상의 상해로 인한 보험차익은 소득세가 과세되지 아니한다.

(주)해양상사(회사코드:1830)는 제조·도매업을 영위하는 중소기업이며, 당기는 제11기로 회계기간은 2022.1.1~2022.12.31이다. 전산세무회계 수험용 프로그램을 이용하여 다음 물음에 답하시오.

---
**〈기본전제〉**
---

문제에서 한국채택국제회계기준을 적용하도록 하는 전제조건이 없는 경우, 일반기업회계기준을 적용하여 회계처리 한다.

---

**문제 1** 다음 거래 자료에 대하여 적절한 회계처리를 하시오.(9점)

---
**〈입력 시 유의사항〉**
---

- 일반적인 적요의 입력은 생략하지만, 타계정 대체거래는 적요번호를 선택하여 입력한다.
- 세금계산서·계산서 수수거래와 채권·채무관련거래는 별도의 요구가 없는 한 등록되어 있는 거래처코드를 선택하는 방법으로 거래처명을 반드시 입력한다.
- 제조경비는 500번대 계정코드를, 판매비와 관리비는 800번대 계정코드를 사용한다.
- 회계처리 시 계정과목은 등록되어 있는 계정과목 중 가장 적절한 과목으로 한다.
- 매입매출전표입력시 입력화면 하단의 분개까지 처리하고, 전자세금계산서는 전자입력으로 반영한다.

---

[1] 3월 9일   당사가 발행한 사채의 액면가액은 100,000,000원이고 만기는 당기 6월 30일이다. 금일 중도상환 하기로 하고 상환대금 102,000,000원을 전액 보통예금으로 지급하다. 상환전 사채할인발행차금 잔액은 4,000,000원이다.(거래처입력은 생략한다)(3점)

[2] 3월 10일   당사의 확정급여형(DB형) 퇴직연금에 대하여 우리은행(퇴직연금운용사업자)으로부터 계약에 따른 퇴직연금운용수익 800,000원이 지급되었음을 통지받았다.(단, 퇴직연금운용수익과 관련된 운용수수료는 없는 것으로 가정하며, 프로그램에 등록되어 있는 적절한 계정과목을 사용할 것)(3점)

[3] 3월 15일   원가 10,000,000원의 제품(시가는 부가가치세포함 16,500,000원임)을 접대목적으로 매출거래처 (주)터키에 제공하였다. 회계처리는 매입매출전표입력에서 하나의 분개로 처리하도록 한다.(3점)

**문제 2** 다음 주어진 요구사항에 따라 부가가치세 신고서 및 부속서류를 작성하시오.(12점)

[1] 1기 확정 부가가치세신고를 법정신고기한 내에 이행하지 못하고 이를 8.1 기한 후 신고와 함께 추가세액을 납부하기로 하였다. 다음 신고내용을 매입매출전표에 입력(분개는 생략)하고 과세표준 명세를 포함하여 기한 후 부가가치세신고서를 작성하시오.(단, 가산세 적용 시 , 일반무신고가산세를 적용하며, 미납일수는 7일로 한다)(6점)

> • 4월 16일 제품 8,600,000원(부가가치세 별도)을 동부건설(사업자등록번호 206-10-93824)에 매출하고 전자세금계산서를 전송하였다.
> • 5월 4일 원재료 6,700,000원(부가가치세 별도)을 초희상회(사업자등록번호 206-27-47541)로부터 매입하고 전자세금계산서를 전송받았다.
> • 6월 9일 제품 2,000,000원을 천일무역(사업자등록번호 113-22-80258)에 매출하고 영세율전자세금계산서를 전송하였다.

[2] 다음은 10월부터 12월까지 공급가액과 부가가치세를 구분 기재한 신용카드매출전표를 교부받은 내용이다. 「신용카드매출전표 등 수령금액합계표(갑)」 및 「건물 등 감가상각자산취득명세서」를 작성하고 제2기 확정부가가치세신고서에 그 내용을 반영하시오.(전표입력은 생략해도 무방)(6점)

| 사용한<br>신용카드내역 | 거래처명<br>(등록번호) | 성명<br>(대표자) | 거래<br>일자 | 발행금액<br>(VAT포함) | 공급자의 업종<br>등 | 거 래 내 용 | 비 고 |
|---|---|---|---|---|---|---|---|
| 현대카드<br>(법인카드,<br>사업용카드)<br>(번호:9843-876<br>5-3021-1234) | 천호카센타<br>(105-03-43135) | 정성환 | 10.10 | 110,000원 | 서비스업,<br>일반과세자 | 아반떼수리<br>비용 | 세금계산서<br>미교부 |
| | 한미식당<br>(105-05-91233) | 김동호 | 11.03 | 330,000원 | 음식점업,<br>일반과세자 | 직원 회식대<br>(복리후생비) | 세금계산서<br>미교부 |
| | 한양문구<br>(205-06-45604) | 송한빛 | 12.15 | 220,000원 | 소매업,<br>간이과세자 | 소모품 구입 | 세금계산서<br>미교부 |
| 신한카드<br>(종업원<br>이진성명의,<br>일반카드)<br>(번호:1234-789<br>6-4510-5461) | 신속여객<br>(610-81-16502) | 김정란 | 10.25 | 550,000원 | 여객운송업,<br>일반과세자 | 직원의<br>출장교통비 | 세금계산서<br>미교부 |
| | 컴테크<br>(206-23-76392) | 강호상 | 11.30 | 6,600,000원 | 소매업,<br>일반과세자 | 노트북 구입 | 세금계산서<br>미교부 |

**문제 3** 다음의 결산정리사항에 대하여 결산정리분개를 하거나 입력을 하여 결산을 완료하시오.(8점)

[1] 7월 1일에 회계처리된 보험료 2,400,000원(보험기간 : 당기 7.1~다음해.6.30)은 업무용으로 사용하고 있는 차량운반구에 대한 1년분 보험료를 선납한 것이다. 당사는 보험료 선지급시 전액을 당기 비용으로 계상한 후 기말결산시 차기분을 선급비용으로 대체하고 있다. 기말결산시 필요한 회계처리를 하시오.(월할 계산하며, 반드시 기장자료를 참고한 후 회계처리 할 것)(2점)

[2] 당사가 기 발행한 사채에 대한 자료이다. 기말에 사채의 액면가액과 발행가액의 차액에 대한 상각비를 일반기업회계기준에 따라 회계처리 하시오.(2점)

① 사채액면가액 : 100,000,000원
② 사채발행가액 : 87,000,000원
③ 사채의 액면가액과 발행가액의 차액 상각비
  • 유효이자율법 적용시 : 2,000,000원  • 정액법 적용시 : 1,500,000원

[3] 결산일 현재 퇴직급여충당부채 잔액 중 판매부문 직원에 대한 금액은 15,000,000원이고 나머지는 전액 제조부문 직원에 대한 금액이다. 판매부문 직원에 대한 퇴직금추계액은 18,000,000원이고 제조부문 직원에 대한 퇴직금추계액은 32,000,000원인 경우 결산분개를 행하시오.(2점)

[4] 기말 현재의 재고자산은 다음과 같다.(2점)

| 구 분 | 재고자산 장부상 금액 | 재고자산 실제금액 | 재고자산 시가(순실현가능가액) |
|---|---|---|---|
| 상 품 | 40,000,000원 | 40,000,000원 | 30,000,000원 |
| 원재료 | 35,000,000원 | 35,000,000원 | 35,000,000원 |
| 재공품 | 51,000,000원 | 51,000,000원 | 51,000,000원 |
| 제 품 | 34,000,000원 | 34,000,000원 | 34,000,000원 |

* 재고자산의 시가(순실현가능가액)는 일반기업회계기준상 저가법의 사유로 인하여 발생된 것이다.

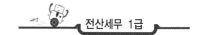

※1030으로 변경해서 입력할 것

**문제 4** 원천징수와 관련된 다음 물음에 답하시오.(11점)

[1] 2월 급여를 자료를 참고하여 다음 상황을 모두 반영하여 2월 원천징수이행상황신고서를 작성하시오.(5점)

① 2월 급여대장(급여지급일:28일)은 다음과 같다.                    (단위:원)

| 성명 | 기본급 | 자가운전 보조금 | 식대 | 관리수당 | 소득세 |
|------|--------|----------------|------|----------|--------|
| 김태희 | 1,800,000 | 210,000 | 150,000 | 300,000 | 16,000 |
| 진소리 | 1,200,000 | 120,000 | 150,000 | 200,000 | 13,620 |

※ 급여내역 중 비과세적용을 받을 수 있는 모든 급여는 세법상의 비과세요건을 충족한 것으로 가정한다.
※ 필요시 수당 등을 등록하고, 과세여부를 판단하여 적용한다.
※ 국민연금등은 기준소득 월액(표준보수 월액)4,500,000원을 적용한다.

② 1월 지급분 사업소득에 대한 신고가 누락되어 2월 15일에 1월 지급분 총지급액 2,000,000원과 사업소득세 60,000원과 그에 대한 가산세 3,000원에 대한 수정신고를 하였다. 이에 대한 내용을 2월 원천징수이행상황신고서에 직접 반영한다.

[2] 올 5월 1일 입사한 사원(코드:203번) 박소용(사무직)에 대한 자료는 다음과 같다. 아래의 사항을 참조하여 연말 정산 추가자료를 입력하시오.(6점)

(1) 박소용(주민등록번호:760109-1075011)의 기본사항
 ① 주소 : 서울 동대문구 답십리동 615-7  입사년월일2018.12.12
 ② 12월 31일 현재 생계를 같이하는 박소용의 가족은 다음과 같다.

| 이 름 | 근로자와의 관계 | 나이(만) | 비고 |
|---|---|---|---|
| 이 혜 나 | 배우자 | 25세 | |
| 박 그 네 | 자 녀 | 0세 | 당해년도 출생 |
| 박 태 양 | 부 친 | 61세 | |
| 이 끝 순 | 모 친 | 60세 | |
| 박 기 룡 | 동 생 | 21세 | 장애인복지법상 장애인 |

 ③ 박소용은 올 5월에 배우자와 혼인을 했으며, 배우자 및 부양가족은 소득이 없다.

(2) 연말정산관련 추가자료
 기부금을 제외하고, 전부 국세청자료이다. 배우자 이혜나는 혼인 전에는 장인 이지수(근로소득자)의 기본공제대상자로서, 공제받을 수 있는 항목은 장인이 받았으며 연말정산입력에 직접입력하시오.

| 이 름 | 항 목 | 금 액 | 비 고 |
|---|---|---|---|
| 박소용 | 보험료 | 550,000원 | • 자동차보험료 |
| | 의료비 | 1,200,000원 | |
| | 기부금 | 1,200,000원 | • 국방헌금 : 50,000원<br>• 유니세프기부금 : 150,000원<br>• 본인명의 교회헌금 : 1,000,000원 |
| | 퇴직연금 | 3,000,000원 | • 본인명의, 대구은행, 계좌번호:12345 |
| | 신용카드 사용액 | 14,500,000원 | • 자동차세 500,000원 포함 |
| | 현금영수증 | 2,700,000원 | |
| 이혜나 | 의료비 | 5,000,000원 | • 모두 결혼 전 지출금액 |
| 박태양 | 신용카드 사용액 | 1,700,000원 | • 박태양 명의 신용카드 사용액 |
| 이끝순 | 현금영수증 | 2,000,000원 | • 이끝순 명의 현금영수증 사용액 |
| | 기부금 | 800,000원 | • 교회헌금 |
| 박기룡 | 보험료 | 1,900,000원 | • 장애인전용보험료 |
| | 의료비 | 2,100,000원 | |

**문제 5** 거제상사(주)(회사코드:1831)는 사무용가구에 대한 제조·도매업을 영위하는 중소기업이며, 당해 사업연도(제17기)는 2022.1.1~2022.12.31이다. 법인세무조정메뉴를 이용하여 재무회계 기장자료와 제시된 보충자료에 의하여 당해 사업연도의 세무조정을 하시오. ※회사선택에 유의할 것.(30점)

---
작성대상서식
---

1. 접대비조정명세서
2. 고정자산등록 및 감가상각비조정명세서
3. 자본금과적립금조정명세서(을)
4. 소득금액조정합계표
5. 기부금조정명세서

[1] 다음 자료를 이용하여 접대비조정명세서를 작성하고 필요한 세무조정을 행하시오.(6점)

1. 접대비로 계상된 금액은 다음과 같고, 접대비(판) 중에는 대표이사가 휴가 중에 개인적으로 법인 신용카드를 사용하여 지출한 금액 750,000원이 포함되어 있다.

| 계정과목 | 접대비(판) | 접대비(제) |
|---|---|---|
| 총 금 액 | 32,401,300원 | 11,076,800원 |

2. 수입금액 1,400,000,000원은 전액 제품 매출액이며, 이 중에는 특수관계자에 대한 매출 300,000,000원이 포함되어 있다.

3. 1회 접대비가 3만원을 초과하는 금액(경조사비 제외) 중 법인 신용카드를 사용하지 아니하고 간이영수증이나 직원명의 신용카드를 사용한 금액은 접대비(판) 중 120,000원이고, 접대비(제) 중 60,000원이다.

[2] 다음 자료를 이용하여 고정자산등록 메뉴에 등록하고, 감가상각에 대한 세무조정을 하고, 소득금액조정합계표에 반영하시오.(6점)

[자료1]

| 구 분 | 자산명 | 취득일 | 취득가액 | 전기말 상각누계액 | 손익계산서상 회사계상 상각비 | 구분 |
|---|---|---|---|---|---|---|
| 건물(업종코드:02) | 공장건물 | 2010.3.25 | 200,000,000원 | 20,500,000원 | 8,000,000원 | 제조 |
| 기계장치(업종코드:13) | 조립기 | 2011.06.1 | 50,000,000원 | 15,000,000원 | 7,000,000원 | 제조 |

※ "공장건물의 자산코드:1, 조립기의 자산코드:2"로 한다.

[자료2]
① 회사는 감가상각 방법을 세법에서 정하는 시기에 정액법으로 신고하였다.
② 회사는 감가상각 대상자산의 내용연수를 세법에서 정한 범위 내에서 세부담 최소화에 따른 기간을 세법에서 정한 시기에 신고하였다.
③ 회사의 감가상각 대상자산의 내용연수와 관련된 자료는 다음과 같다. 상각률은 세법이 정한 기준에 의한다.

| 구 분 | 기준내용연수(년) | 내용연수범위(년) |
|---|---|---|
| 건 물 | 40 | 30~50 |
| 기계장치 | 8 | 6~10 |

④ 수선비계정에는 건물에 대한 자본적 지출액 17,000,000원이 포함되어 있다.
⑤ 기계장치(조립기)의 전기말 상각부인액은 4,500,000원이다.

[3] 다음 자료의 내용을 소득금액조정합계표에 반영하고, 자본금과적립금조정명세서(을)를 작성하시오.(6점)

[자료 1] 전기 자본금과적립금조정명세서(을)표상의 자료는 다음과 같다.

| 과          목 | 기초잔액(원) | 당기중 증감(원) | | 기말잔액(원) |
|---|---|---|---|---|
| | | 감          소 | 증          가 | |
| 대손충당금한도초과 | | | 3,000,000 | 3,000,000 |
| 재고자산평가감 | | | 6,500,000 | 6,500,000 |
| 적송품매출액 | 100,000,000 | 100,000,000 | | |
| 적송품매출원가 | −75,000,000 | −75,000,000 | | |
| 외 상 매 출 금 | 3,000,000 | 3,000,000 | 8,000,000 | 8,000,000 |
| 선 급 비 용 | 2,000,000 | 2,000,000 | −5,000,000 | −5,000,000 |
| 감가상각비한도초과(기계장치) | | | 4,500,000 | 4,500,000 |
| 계 | 180,000,000 | 180,000,000 | 27,000,000 | 27,000,000 |

[자료 2] 당기의 관련 자료는 다음과 같다.
① 전기대손충당금 한도초과액은 전부 환입되었고, 당기 대손충당금 한도초과액은 없다.
② 당기분 재고자산의 금액은 적정하다.
③ 전기에 부도가 발생하여 대손처리했던 외상매출금 8,000,000원의 대손요건이 당기에 충족되었다.(비망금액 1,000원 제외)
④ 전기에 세무조정하였던 선급비용은 전액 당기에 비용으로 계상하였다.
⑤ [문제5]의 [2]에서와 같이 감가상각에 대한 세무조정이 발생하였다.


[4] 위[1]~[3]의 조정사항과 다음 자료에 대하여 소득금액조정합계표(조정명세서는 생략한다)를 완성하시오.(6점)

(1) 법인세 등이 계상되어 있다.(재무회계 기장 데이타를 참고하시오)
(2) 잡이익 중에는 부가가치세 환급 시에 수령한 국세환급가산금 70,000원이 포함되어 있다.
(3) 당기 손익계산서상 세금과공과 계정에는 교통사고벌과금 120,000원과 전기요금 납부지연으로 인한 연체금 42,000원이 포함되어 있다.
(4) 출자상근임원에 대한 상여금을 14,350,000원 지급하였으나, 지급규정상으로는 13,000,000원으로 되어 있음을 발견하였다. 지급규정보다 추가 지급된 이유는 회사에 기여한 공로가 많아 지급된 것이다.

[5] 주어진 자료와 다음 자료를 이용하여 기부금조정명세서(기부금명세서 포함)를 작성하고 필요한 세무조정을 행하시오.(6점)

1. 기부금 계정의 내역은 다음과 같다.

| 일자 | 금액 | 기부처명 | 사업자등록번호 | 비고 |
|---|---|---|---|---|
| 7월 11일 | 4,000,000원 | 한산대학교 | 212-56-32586 | 사립학교에 연구비로 지출한 기부금 |
| 8월 30일 | 6,000,000원 | 사회정의실천연합 | 421-58-65822 | 지정기부금단체에 고유목적사업비로 지출한 기부금 |
| 9월 6일 | 900,000원 | 마산향우회 | 321-25-21040 | 대표이사 고향 향우회에 찬조금으로 지출한 기부금 |
| 12월 30일 | 1,600,000원 | 우수대학교 | 212-56-32586 | 사립학교에 장학금으로 지출한 기부금 |

2. 10월 6일에 당사와 특수관계 없는 공공기관인 (재)우수(고유번호:105-82-10361)의 고유목적사업을 위하여 시가가 1,000,000원이고 장부금액이 800,000원인 비품을 기부차원에서 100,000원에 저가로 양도하고 다음과 같이 회계처리 하였다.

> (차) 당 좌 예 금 100,000원　　　(대) 비 품 800,000원
> 유형자산처분손실 700,000원

3. 소득금액계산시 세무조정된 익금산입 및 손금산입 금액은 저장된 데이터를 무시하고, 다음의 금액으로 한다.

- 당기순이익 : 8,135,192원　　• 익금산입 : 58,969,788원　　• 손금산입 : 22,512,000원

*Winners make it happen, losers let it happen.*

# 제3편

# 문제편

Chapter

# 01

## 종합 모의고사

## 이 론 시 험

다음 문제를 보고 알맞은 것을 골라 | 이론문제 답안작성 | 메뉴에 입력하시오.(객관식 문항당 2점)

─── <기본전제> ───
문제에서 한국채택국제회계기준을 적용하도록 하는 전제조건이 없는 경우, 일반기업회계기준을 적용한다.

**01** 소득세법상 근로소득이 없는 종합소득자가 적용받을 수 있는 것은?
① 경로우대자공제            ② 주택자금공제
③ 장애인특수교육비공제      ④ 보험료공제

**02** 부가가치세의 과세표준에 관한 다음 설명 중 옳지 않은 것은?
① 계약등에 의하여 확정된 공급대가의 지급지연으로 인하여 지급받는 연체이자는 과세표준에 포함하지 않는다.
② 재화의 공급과 관련없는 공공보조금은 과세표준에 포함하지 않는다.
③ 공급받는 자에게 부담받은 원자재 가액은 과세표준에 포함한다.
④ 판매장려금은 과세표준에서 공제하지 않는다.

**03** 다음은 법인세법상 감가상각에 대한 설명이다. 틀리는 것은?
① 건설중인 자산, 서화와 골동품은 감가상각 대상에서 제외된다.
② 사업연도 중 신규취득한 무형자산은 월할 상각한다.
③ 전기상각부인액은 당기감가상각에서 시인부족액 발생시 어떠한 영향도 미치지 않는다.
④ 건축물에 대한 감가상각방법은 정액법으로만 감가상각 해야 한다.

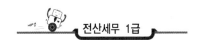 

**04** 법인세법상 접대비와 기부금, 광고선전비에 관한 설명 중 옳지 않은 것은?

① 접대비는 발생주의, 기부금은 현금주의에 의하여 손비 처리한다.

② 접대비는 업무와 관련있는 지출이지만, 기부금은 업무와 관련 없는 지출이다.

③ 소비성서비스업의 경우에 접대비와 기부금한도액은 삭감된다.

④ 접대비와 광고선전비의 차이는 대상이 특정되었는가의 차이로 결정된다.

**05** 다음은 법인세법상 충당금에 대한 설명이다. 틀리는 것은?

① 법인세법에서는 퇴직급여(보험)충당금, 대손충당금, 구상채권충당금, 일시상각(압축기장) 충당 4가지만 인정하고 있다.

② 일시상각충당금은 신고조정이 가능하다.

③ 1년 이상 근속자에게 퇴직금을 지급시 개인별 퇴직급여충당금과 상계없이 퇴직급여충당 금과 상계한다.

④ 확정기여형 퇴직연금은 손금으로 인정되지 않는다.

**06** 부채성충당부채을 계상하는 이유는 다음 중 어느 개념 때문인가?

① 보수주의                     ② 발생주의

③ 수익 · 비용 대응              ④ 우발상황

**07** 기업회계기준에 의하여 이익잉여금처분으로 분류되는 항목이 아닌 것은?

① 주식할인발행차금상각          ② 사채 할인발행 차금의 상각

③ 현금배당                     ④ 임의적립금의 적립

**08** 다음 중 기업회계기준의 내용과 틀린 것은?

① 판매를 목적으로 소유하고 있는 부동산매매회사의 토지는 재고자산에 포함한다.

② 사용의 제한이 없는 당좌예금은 현금 및 현금성자산에 포함한다.

③ 사용제한이 1년 또는 정상영업주기 이후에 해제되는 예금은 장기금융상품에 포함한다.

④ 만기보유목적의 투자채권을 1년 또는 정상영업주기 이내에 처분하고자 하는 경우 보고기 간종료일 현재의 공정가액으로 단기매매증권에 재분류한다.

**09** 다음 중 무형자산이 아닌 것은?

① 라이선스          ② 프랜차이즈

③ 연구비           ④ 임차권리금


**10** 자본을 실질적으로 증가시키는 거래는 어느 것인가?

① 법정적립금을 자본전입한 경우

② 현금배당을 한 경우

③ 주식할인발행차금을 상각한 경우

④ 주식을 할증발행한 경우


**11** 개별원가의 특징이 아닌 것은?

① 제품별 원가계산표가 작성된다.

② 특정 제품의 제조 또는 작업에 대하여 개별적으로 지시서가 발행된다.

③ 각 작업별로 원가를 계산하므로 비용과 시간이 절약된다.

④ 개별원가별로 원가계산을 하므로 개별제품별 효율성을 높일 수 있다.


**12** 제조원가명세서에 대한 다음의 설명 중 틀리는 것은?

① 당기제품제조원가를 구하는 과정을 나타내는 보고서이다.

② 제조원가명세서에 최종적으로 나타나는 당기제품제조원가는 손익계산서상 당기제품제조원가와 항상 일치한다.

③ 기본적으로 작성해야 할 필수 재무제표이다.

④ 당기제품매출 원가중 당기제품제조원가 대한 상세한 정보를 담는 보고서이다.


**13** 다음 자료에 의하여 발생한 실제직접노무비를 계산하시오?

| | | | |
|---|---|---|---|
| • 표준직접노동시간 | 4,000시간 | • 실제직접노동시간 | 3,600시간 |
| • 임률차이 | 400,000원 (불리) | • 표준임률 | 10,000원/시간 |

① 36,400,000원          ② 36,000,000원

③ 35,000,000원          ④ 35,600,000원

**14** 다음 중 표준원가 계산의 목적이 아닌 것은?

① 원가계산의 신속성　　　　　② 예산의 설정

③ 제조기술의 향상　　　　　　④ 원가통제

**15** 개별원가계산제도에서 제조간접비를 예정 배부하는 경우에 그 배부차액을 처리하는 다음의 방법 중 차기의 손익에 직접적으로 영향을 미칠 수 있는 것은?

① 영업외손익에 계상하는 방법

② 충당금계정에 계상하는 방법

③ 판관비에 계상하는 방법

④ 매출원가, 제품, 재공품에 안분하는 방법

# 실 무 시 험

㈜지원(회사코드 : 1741)은 제조업을 영위하는 중소기업이며 당기(제13기) 회계기간은 2022. 1. 1 ~ 2022. 12. 31 이다. 전산세무회계 수험용 프로그램을 이용하여 다음 물음에 답하시오.

---
<입력 시 유의사항>
---

- 일반적인 적요의 입력은 생략하지만, 타계정 대체거래는 적요번호를 선택하여 입력한다.
- 세금계산서·계산서 수수거래 및 채권·채무 관련 거래는 별도의 요구가 없는 한 반드시 기등록된 거래처코드를 선택하는 방법으로 거래처명을 입력한다.
- 제조경비는 500번대 계정코드를, 판매비와관리비는 800번대 계정코드를 사용한다.
- 회계처리 시 계정과목은 등록된 계정과목 중 가장 적절한 과목으로 한다.
- 매입매출전표 입력 시 입력화면 하단의 분개까지 처리하고, 전자세금계산서 및 전자계산서는 전자 입력으로 반영한다.

**문제 1** 다음 거래자료에 대하여 적절한 회계처리를 하시오.(12점)

[1] 7월 16일  한강재원으로부터 원재료를 4,000,000원(공급가액)에 매입하고 세금계산서를 교부받았다. 대금은 지난 4월 20일에 ㈜우수에서 수취한 받을어음 3,000,000원을 지급하고 잔액 1,400,000원은 보통예금통장에서 결제하였다.(3점)

[2] 7월 28일  당사는 사업의 축소를 위하여 주식 3,000주(액면가액 5,000원)를 1주당 6,000원에 매입하여 소각하고 대금은 현금 지급하였다.(3점)

[3] 7월 30일  6월 30일에 개최된 이사회를 통하여 중간배당을 하기로 결정된 배당금 2,000,000원 중 소득세등 308,000원을 차감한 금액을 개인주주들에게 현금으로 배당하였다. 6월 30일의 중간배당 결정시 회계처리는 적절하게 되어있다.(3점)

[4] 8월 21일  본사 직원들에게 제공할 추석선물로 선물셋트를 코아백화점(주)에서 1,100,000원(공급대가)에 구입하였다. 대금은 신한법인카드로 결제하였다.(3점)

**문제 2** 다음의 자료를 이용하여 제1기 확정 과세기간의 부가가치세신고와 관련된 사항을 작성하시오.(회계처리 생략)(10점)

[1] 다음과 같은 대손에 대하여 대손세액공제신고서 및 부가가치세신고서를 작성하시오.(5점)

| 거래처 | 사업자등록번호 | 성 명 | 어음금액 | 부도발생일 |
|---|---|---|---|---|
| ㈜믿음건설 | 113-81-12344 | 김지호 | 3,300,000원 | 2021년 12월 16일 |
| 청양건설㈜ | 214-81-21452 | 김대명 | 6,600,000원 | 2022년 1월 25일 |

※ 부도발생일에 금융기관에서 부도확인을 받았다.

[2] 다음의 자료를 이용 공통매입세액을 정산하여 매입세액불공제내역을 작성하시오.(원 미만 절사할 것)(5점)

▶ 제1기 확정신고내역(1. 1 ~ 6. 30)

| 구 분 | 금액(공급가액) | 매수 |
|---|---|---|
| 매출계산서 | 280,000,000원 | 1매 |
| 총공급가액 | 725,000,000원 | 11매 |
| 매입세금계산서 | 451,400,370원 | 12매 |

(매입세금계산서는 과세, 면세 공통매입부분이다.)

▶ 제1기 예정신고내역(1. 1 ~ 3. 31)

| 면세매출 | 118,962,000원(공급가액) |
|---|---|
| 과세매출 | 108,115,000원(공급가액) |
| 공통매입세액 | 2,763,920원 (2매) |
| 공통매입세액 불공제분 | 1,447,973원 |

**문제 3** 다음의 결산정리사항에 대하여 결산정리분개를 하거나 전표입력을 하여 결산을 완료하시오.(8점)

[1] 외상매출금과 받을어음에 대하여 1%의 대손충당금을 보충법으로 설정한다.(2점)

[2] 기말현재 단기매매목적으로 보유하고 있는 단기투자자산의 공정가액은 다음과 같다고 가정하고 평가하시오.(2점)

| 회사명 | 평가전장부가액 | 기말공정가액평가액 |
|---|---|---|
| 성공기업(주) 보통주 | 10,000,000원 | 13,000,000원 |
| 시네하우스 보통주 | 14,000,000원 | 12,500,000원 |

[3] 재고자산의 기말재고액은 다음과 같다.(2점)

| 원재료 | 3,500,000원 |
|---|---|
| 재공품 | 22,000,000원 |

[4] 법인세등은 결산서상 법인세차감전순이익에 해당 법인세율을 적용하여 계산된 산출세액을 다음과 같이 계산하여 계상한다.(장부상 선납세금계정에는 법인세중간예납세액 및 원천납부세액이 계상되어 있다.)(2점)

> 법인세비용 = ① + ②
> ① 법인세산출세액 - 법인세감면세액(5,500,000원)
> ② ①에 대한 지방소득세

※1041로 변경해서 입력할 것

**문제 4** 원천징수와 관련된 다음 물음에 답하시오.(10점)

[1] 사원 김민희101(여성)의 부양가족사항을 사원등록메뉴에 입력하시오. 주민번호 입력은 생략(3점)

| 사 번 | | 101 | |
|---|---|---|---|
| 주 소 | 서울 동대문구 답십리동 54번지 | | |
| 입 사 일 | 2010년 1월 1일 | | |
| 가 족 | 연 령 | 소득현황 | 비 고 |
| 본 인 | 40세<br>801212-2222222 | 보수월액 4,000,000원<br>급여총액 31,200,000원 | |
| 배 우 자<br>김영철 | 42세 | 사업소득금액 50,000,000원 | |
| 부 친<br>김영삼 | 70세 | 소득없음 | 생계를 같이하는 가족이며 본인에게서 소득공제를 받으려고 함 |
| 모 친<br>권미애 | 62세 | 소득없음/장애인<br>(장애인복지법) | |
| 아들(고등학생)<br>김하늘 | 18세 | 소득없음 | |
| 딸 (중학생)<br>김바다 | 15세 | 소득없음 | |

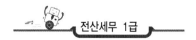

[2] 사원 김민희의 연말정산 관련자료를 입력하시오.(4점)

| 과 목 | 명 세 | 금 액 |
|---|---|---|
| 보험료 | 본인의 생명보험료 | 1,050,000원 |
| | 본인의 자동차보험료 | 500,000원 |
| 의료비 | 부친의 치과치료비 | 360,000원 |
| | 딸의 쌍꺼풀수술 | 900,000원 |
| 교육비 | 아들의 중학교 수업료 | 800,000원 |
| | 딸의 영어학원 수업료 | 600,000원 |
| 기부금 | 수재의연금 | 150,000원 |

[3] 다음 자료를 이용하여 사원 박종문 기타소득자료 입력을 하고 소득세를 사출하시오.(3점)

- 귀속년월 2020년 03월15일    소득의 종류: 원고료(일시적인 문예창작 소득)
  지급액 5,000,000원

**문제 5** ㈜서윤가구(회사코드 : 1742)는 가구를 제조 · 도매하는 중소기업이며, 당기(제11기) 회계기간은 2022. 1. 1 ~ 2022. 12. 31 이다. 수험용 프로그램의 법인세무조정메뉴를 이용하여 기장자료와 제시된 보충자료에 의하여 당해 사업연도의 세무조정을 하시오.(모든 경우에 최저한세는 고려하지 않는다. 회사선택에 유의할 것)(30점)

[작성대상서식]

| | |
|---|---|
| 1. 접대비등조정명세서(을) | 2. 재고자산평가조정명세서 |
| 3. 소득금액조정합계표 | 4. 세액공제조정명세서(3) |
| 5. 자본금과적립금조정명세서(을) | 6. 자본금과적립금조정명세서(갑) |

[1] 접대비등조정자료(을)(5점)

※ 수입금액조정명세서를 먼저작성한다.( 매출은 제품매출과 상품매출만으로 한다.)
1. 제품매출 중 40,000,000원은 대표이사에 대한 매출이다.
2. 접대비 계정금액 제조경비 13,153,520원, 판관비 38,346,480원이다.
3. 3만원초과 판관비 접대비 중 550,000원은 대표이사 개인적 경비이다. 법적증빙은 없음
4. 3만원초과접대비 중 51,124,400원은 신용카드 및 세금계산서 수취분이라 가정한다.

[2] 재고자산평가자료(5점)

| 구분 | 신고일 | 평가 방법 | | 품명 | 수량 | 단 가 | | |
|---|---|---|---|---|---|---|---|---|
| | | 신고방법 | 평가방법 | | | 회사계상액 | 신고방법 | 선입선출법 |
| 제품 | 무신고 | 무신고 | 가중평균법 | a | 60개 | 40,000원 | | 44,000원 |
| 재공품 | 2016.3.31 | 가중평균법 | 후입선출법 | b | 75개 | 37,000원 | 25,000원 | 29,000원 |
| 원재료 | 2016.3.31 | 가중평균법 | 후입선출법 | c | 150개 | 25,000원 | 29,000원 | 30,000원 |

[3] 소득금액조정합계표작성자료 가정치(조정명세서의 작성은 생략한다.)(5점)

1. 법인세비용 36,000,000원
2. 본사건물의 당기 화재보험료 계상액은 6,600,000원이고, 보험기간은 작년 6월 1일부터 당기 5월 31일 까지이다.(월할 계산할 것)
3. 미수수익은 정기예금에 대한 발생이자이며, 전기말에 10,000,000원이 미수수익으로 계상되어 세무상 △유보처분 되어있고 당기말의 정기예금에 대한 발생이자 미수수익잔액은 3,500,000원이다.
4. 당기의 감가상각비 한도초과액은 2,200,000원이다.
5. 전기말의 유보처분내역은 다음과 같다.
   • 원재료평가감 325,000원 (유보)
   • 미수수익 10,000,000원 (△유보)
   • 감가상각비한도초과액 3,400,000원 (유보)

[4] 세액공제조정명세서(3)(5점)

당기에 신규 투자한 기계장치에 대하여 중소기업투자세액공제를 적용받고자 한다. 다음 자료에 의하여 세액공제조정명세서(3)을 작성하시오.

| 구 분 | 밀링기계 | 절삭기계 |
|---|---|---|
| 취득일 | 당기 1. 15 | 당기 4. 20 |
| 취득가액 | 55,000,000원 | 30,000,000원 |
| 비고 | 중고품 | 신제품 |

[5] 자본금과적립금조정명세서(을)(5점)

상기 세무조정사항 자료에 의해 자본금과적립금조정명세서(을)을 작성하라.

[6] 자본금과적립금조정명세서(갑)(5점)

1. 자본금은 304,500,000원, 자본잉여금은 101,500,000원으로 변함없다.
2. 자본조정 2,000,000원, 기타포괄손익누계액 52,000,000원으로 변함없다.
3. 기초이익잉여금은 178,250,365원, 당기이익증가액은 261,925,000원이다.
4. 법인세과세표준 및 세액신고서의 법인세가 손익계산서에 계상된 법인세비용보다 법인세는 510,735 원, 지방소득세는 51,073원 각각 많게 산출되었다고 가정한다.(전기분은 고려하지 않음)

## 이 론 시 험

다음 문제를 보고 알맞은 것을 골라 │ 이론문제 답안작성 │ 메뉴에 입력하시오.(객관식 문항당 2점)

────── <기본전제> ──────

문제에서 한국채택국제회계기준을 적용하도록 하는 전제조건이 없는 경우, 일반기업회계기준을 적용한다.

**01** 역사적원가로 평가할 때 장점으로 될 수 있는 회계정보의 질적 속성은?
　① 적시성　　　　　　　　　　　② 목적적합성
　③ 중요성　　　　　　　　　　　④ 신뢰성

**02** 기업회계기준상의 재무상태표와 손익계산서의 작성원칙이다. 틀린 것은?
　① 자산과 부채는 유동성이 높은 항목부터 배열하는 것을 원칙으로 한다.
　② 자산, 부채, 자본중 중요한 항목은 재무상태표 본문에 별도 항목으로 구분하여 표시한다.
　③ 손익계산서에 계속사업이익과 당기순이익에 대해 기본주당순손익, 희석주당주당순손익은 손익계산서 본문에 표시한다.
　④ 수익과 비용은 순액에 의하여 기재함을 원칙으로 하며 수익항목과 비용항목을 직접 상계함으로써 그 전부 또는 일부를 손익계산서에서 제외 할 수 있다.

**03** 회사가 발행한 사채에 대한 설명으로서 틀린 것은?
　① 유효이자율법 적용시 할증발행차금상각액은 매기 증가한다.
　② 유효이자율법 적용시 할인발행차금상각액은 매기 증가한다.
　③ 재무상태표에는 사채액면가액이 부채로 계상되며 사채할인(할증)발행차금이 자본조정계정에 계상된다.
　④ 할인 발행한 경우 당기 이자비용은 액면이자와 사채할인발행차금 상각액으로 구성된다.

**04** 기업회계기준상 자산평가규정에 대한 설명으로 틀린 것은?

① 단기매매증권은 공정가액(시가)으로 평가하고 평가손익은 당기손익으로 처리한다.

② 임차보증금의 경우 미래현금흐름의 현재가치와 명목가액과의 차이가 중요한 경우에는 현재가치로 평가한다.

③ 재고자산은 저가법으로 평가하며 당기 평가 손실은 매출원가로 계상되며 평가손실충당금 등의 평가계정을 설정하여 당해 재고자산에서 차감하는 형식으로 계상한다.

④ 매출채권은 순실현가치를 표시하기 위하여 대손예상액을 합리적으로 추정하여 대손충당금을 설정한다.

**05** 다음 중 자본에서 차감하는 포괄손익누계액 항목이 아닌 것은?

① 출자전환채무

② 현금흐름위험회피 파생상품평가손익

③ 해외사업환산손익

④ 매도가능증권평가손익

**06** 보조부문비의 제조부문 배분에 대한 설명 중 틀리는 것은?

① 단계배분법은 보조부문간에 일정한 배부순서를 정하여 그에 따라 제조부문과 보조부문에 배부하는 방법이다.

② 상호배분법은 보조부문간의 용역수수관계를 완전히 인식하는 배분방법이다.

③ 보조부문비의 배분방법에 따라 회사의 총이익이 달라진다.

④ 어떠한 배부방법을 적용하는 경우에도 보조부문비 총액이 모두 제조부문에 배분된다.

**07** 직접노동시간에 비례하여 제조간접원가를 예정배부하고 있다. 당기제조간접비 예산은 900,000원이고 예산조업도는 600,000 직접노동시간이다. 제조간접비 실제 발생액은 960,000원이고 실제발생 직접노동시간은 620,000시간이다. 제조간접비 배부차이를 구하시오?

① 20,000원 과소배부          ② 20,000원 과대배부

③ 30,000원 과소배부          ④ 30,000원 과대배부

**08** 선입선출법을 이용하여 종합원가계산을 수행하는 회사에서 기말재공품 완성도가 실제보다 과소평가되어 원가계산이 이루어진 경우 미치는 영향에 대한 설명으로서 틀린 것은?

① 완성품환산량이 과소평가된다.

② 당기완성품원가가 과대평가된다.

③ 재무상태표상 기말재공품은 과소평가된다.

④ 손익계산서상 당기순이익은 과대평가된다.

**09** 1월 중 직접재료를 직접노무비의 10% 만큼 구입하였다. 1월 중 제조간접비의 합은 250,000원이었고 당월 총 제조원가는 630,000원이었다. 직접재료의 1월초 재고가 200,000원이었고 1월말 재고가 150,000원이었다면 1월 중 직접재료비는 얼마인가?

① 100,000원            ② 90,000원

③ 80,000원            ④ 50,000원

**10** 표준원가제도 하에서 다음 자료를 참고하여 실제발생한 노무시간 및 실제시간당 임률은 얼마인가?

```
[자료]
 • 실제노동시간  : 3,800시간          • 제품단위당 표준시간 : 2시간
 • 실제제품생산량 : 2,000개           • 능률차이 : 600,000(유리)
 • 임률(가격)차이 : 380,000(불리)
```

|   | 실제임률 | 표준임률 |
|---|---|---|
| ① | 3,100원 | 3,000원 |
| ② | 1,900원 | 2,900원 |
| ③ | 2,100원 | 2,900원 |
| ④ | 2,100원 | 3,100원 |

**11** 다음은 부가가치세법의 영세율과 면세에 대한 설명이다. 적합하지 않은 것은?

① 부가가치세 면세는 세부담의 역진성 완화 등을 목적으로 기초생활필수품 등에 대하여 면세를 적용하고 있다.

② 부가가치세법 영세율은 소비지국과세주의를 중요한 근거로 삼고 있다.

③ 내국법인이 중계무역을 하는 것은 영세율신고 대상이 아니다.

④ 현행 부가가치세법은 국외에서 제공하는 용역도 부가가치세 영세율로 규정하고 있다.

**12** 소득세법상 일용근로자의 근로소득에 대한 설명 중 옳지 않은 것은?

① 일용근로자는 6%의 세율이 적용된다.

② 일용근로자의 근로소득은 각 분기의 다음달 말일까지 소득지급자료를 제출해야 한다. 단, 10월에서 12월분은 다음연도 2월말까지 제출한다.

③ 일용근로자의 근로소득세액공제는 인정하지 않는다.

④ 일용근로소득은 원천징수 함으로서 납세의무가 종결된다.

**13** 고용관계 없는회사에서 품평회 심사를 하고 그 대가로 1,500,000원을 받았다. 소득지급 시 원천징수는 정상적으로 이루어졌으며 다른 소득이 전혀 없다고 가정할 때 이에 대한 설명으로 틀린 것은?

① 받은 강연료는 소득세법상의 기타소득에 해당한다.

② 필요경비 공제율은 60%와 실제경비중 큰 금액이다.

③ 강연료 소득은 다음연도 5월에 종합소득세신고하는 것이 불리하다.

④ 강연료의 세금으로 예수하여야 할 금액은 66,000원이다.

**14** 법인세법상 접대비와 기부금에 관한 다음 세법내용 중 옳지 않은 것은?

① 접대비 한도는 수입금액을 기준으로 하나, 기부금 한도는 이월결손금을 차감한 금액을 기준으로 한다.

② 미지급 접대비는 당해 연도 귀속분이지만, 미지급 기부금은 당해 연도 귀속분이 아니다.

③ 접대비 한도초과액은 이월공제되지 아니하나, 법정기부금 한도초과액은 이월공제가 인정된다.

④ 현물접대비는 시가로 계산하지만, 현물기부금이 지정기부금에 해당되는 경우 장부가액을 계산한다.

**15** 소득금액조정합계표상의 금액에 대한 법인세법상 설명으로서 가장 틀린 것은?

> [손금불산입]  감가상각누계액    1,300,000원

① 손익계산서상 감가상각비계상액이 세법상의 한도액보다 큰 경우 주로 발생한다.

② 손금불산입액은 자본금과적립금조정명세서(을)표에서 관리되어 진다.

③ 결산조정사항이다.

④ 법인은 소득의 귀속자에 대하여 원천징수를 하여야 한다.

# 실 무 시 험

㈜용산(회사코드 : 1751)은 도매 및 제조업을 영위하는 중소기업이며, 당기는 제12기로 회계기간은 2022. 1. 1 ~ 2022. 12. 31이다. 전산세무회계 수험용 프로그램을 이용하여 다음 물음에 답하시오.

─────── <입력 시 유의사항> ───────

- 일반적인 적요의 입력은 생략하지만, 타계정 대체거래는 적요번호를 선택하여 입력한다.
- 세금계산서·계산서 수수거래 및 채권·채무 관련 거래는 별도의 요구가 없는 한 반드시 기등록된 거래처코드를 선택하는 방법으로 거래처명을 입력한다.
- 제조경비는 500번대 계정코드를, 판매비와관리비는 800번대 계정코드를 사용한다.
- 회계처리 시 계정과목은 등록된 계정과목 중 가장 적절한 과목으로 한다.
- 매입매출전표 입력 시 입력화면 하단의 분개까지 처리하고, 전자세금계산서 및 전자계산서는 전자 입력으로 반영한다.

### 문제 1  다음 거래 자료에 대하여 적절한 회계처리를 하시오.(12점)

[1] 2월 28일  결산 주주총회에서 이익잉여금 처분액을 다음과 같이 확정 결의하였다.(3점)

| 구 분 | 금 액 | 비 고 |
|---|---|---|
| 이익준비금 | 1,000,000원 | 현금배당금 및 주식배당금은 3월10일 법인주주에게 지급 및 주식교부하였다. |
| 현금배당금 | 10,000,000원 | |
| 주식배당금 | 25,000,000원 | |

[2] 5월 22일  (주)태영에서 4월 30일에 구입한 원재료 매입대금 중 외상분을 우리은행의 기업구매자금대출로 결제하였다.(기업구매자금의 대출기한은 1년 내이다.) (3점)

[3] 6월 2일  (주)국영에 제품(공급가액 10,000,000원, 부가가치세 1,000,000원)을 공급하고 세금계산서를 발행 교부하였으며 대금은 동점 발행 약속어음으로 교부받았다.(3점)

[4] 6월 12일  제품운반에 사용할 화물차(공급가액 9,000,000원, 부가가치세 900,000원)를 신성자동차(주)에서 구입하고 세금계산서를 교부받았다. 동 구입 건에 대하여는 인도금으로 전달에 지급한 1,200,000원을 공제한 나머지는 할부계약(3개월) 체결하였다.(3점)

**문제 2** 제1기 부가가치세 예정신고 시 다음과 같은 오류사항을 포함하여 신고, 납부하였다(예정신고기한
: 4월 25일). 이러한 오류사항을 매입매출전표에 추가, 삭제 및 수정하고, 수정신고할 제1기 예정
부가가치세신고서를 작성하시오.(신고서상의 적색기입은 생략하고 추가납부세액의 납부일 및 수정
신고일은 5월30일이다.)(12점)

[1] 2월 3일    (주)기아자동차에서 전자세금계산서를 수취하면서 구입한 렉스톤 승용차량(공급가액 27,000,000
원, 부가세 2,700,000원)에 대하여 매입세액을 공제한 것을 발견하였다.(4점)

[2] (주)미륵전자에서 제품을 반품 받고 발행한 2월 15일자 매출전자세금계산서가 회계담당자의 착오(부가가치세
법상 착오로 인정되는 것으로 가정한다.)로 인하여 다음과 같이 신고된 것을 발견하였다.(4점)

| 정상발행내역 | | 예정신고 입력된 내역 | |
|---|---|---|---|
| 공급가액 | 부가가치세 | 공급가액 | 부가가치세 |
| △5,000,000원 | △500,000원 | 5,000,000원 | 500,000원 |

[3] (주)명랑으로부터 3월12일 수취한 매입전자세금계산서(공급가액:7,000,000원, 부가세 700,000원 분개: 외상)
가 국세청의 자료상조사에서 (주)명랑이 자료상으로 판명되었음을 통보받았으며 당사가 수취한 매입세금계산서
도 허위인 것으로 판정되어 이번 수정신고 시 반영키로 하였다.(4점)

**문제 3** 다음의 결산정리사항에 대하여 결산정리분개를 하여 결산을 완료하시오.(8점)

[1] 기말 현재 외상매출금과 받을어음에 대하여 1%의 대손충당금을 보충법으로 설정하기로 한다.(2점)

[2] 당사는 기업회계기준에 의하여 퇴직급여충당부채을 설정하고 있으며 기말 현재 부서별 퇴직금추계액 및 당기퇴
직급여충당금 설정전의 퇴직급여충당부채잔액은 다음과 같다.(2점)

| 부 서 | 퇴직급여추계액 | 퇴직급여충당부채 잔액 |
|---|---|---|
| 관리부 | 12,500,000원 | 3,500,000원 |
| 생산부 | 22,000,000원 | 12,920,000원 |

[3] 기말 현재의 재고자산은 다음과 같다.(2점)

| 구분 | 재고자산 금액 |
|---|---|
| 원재료 | 20,580,000원 |
| 재공품 | 35,000,000원 |
| 제 품 | 61,500,000원 |

[4] 법인세 등은 다음 산식에 의하여 계산하고 계산된 법인세 등에서 선납세금계정에 계상되어 있는 법인세중간예납 세액과 원천징수세액을 차감하여 당기법인세부채를 계상한다.(2점)

> 법인세 등 = ① + ②
>    ① 산출세액=법인세차감전순이익 × 현행 법인세율
>    ② 법인세분지방소득세= ① × 현행 법인세분지방소득세율

※1051로 변경해서 입력할 것

### 문제 4  원천징수와 관련된 다음 물음에 답하시오.(8점)

[1] 다음 자료를 참고하여 3월 귀속 급여를 입력하고  원천징수이행상황신고서를 작성하시오.(3점)
- 3월분 급여지급일은 3월 31일이다.
- 급여자료는 입력되어 있으며 원천징수이행상황신고서에 자동 반영되도록 한다.
- 전월에서 이월된 미환급세액은 99,000원이다. (9,000원 지방소득세포함)
- 공제항목과 소득세등은 신경쓰지 말 것.

| 성명 | 기본급 | 식대(비과세) | 자가운전(비과세) | 직책수당 |
|---|---|---|---|---|
| 이예분 | 7,500,000원 | 100,000원 | 200,000원 | 150,000 |

[2] 박상연(사원코드 : 103)의 다음 제시된 자료에 의하여 근로소득 연말정산을 하시오. (5점)
▶ <자료1> 가족사항 (생계를 같이하며 실제 부양하고 있음.)

| 관 계 | 성 명 | 주민등록번호 | 참고사항 |
|---|---|---|---|
| 본인 | 박상연 | 710829-1203020 | 소득자 본인 |
| 배우자 | 김서칠 | 750506-2102005 | 소득 없음 |
| 자녀 | 박서영 | 030306-4102003 | 소득 없음 |

▶ <자료2> 소득공제 및 세액공제자료명세
- 개인연금저축  900,000원(국민은행/계좌번호12345-6789)
- 박상연 본인의 차량보험료   720,000원
- 생명보험료 (박상연 본인명의로 계약하고 피보험자는 박서영임.) 520,000원
- 자녀 박서영의 고등학교 수업료   1,500,000원
- 배우자 김서칠의 피부성형 수술비 3,000,000원
- 박상연 본인의 위궤양 수술비 2,500,000원
- 교회재단  2,500,000원
- 박상연 본인의 신용카드 사용금액 9,800,000원

▶ <자료3> 전근무지 근로소득원천징수영수증의 자료

◉ 기타비과세소득은 자가운전보조금 · 식대와 같은 실비변상적 급여이다.

- 회사명 : (주)민우산업
- 사업자등록번호 : 131-81-41959
- 비과세소득(장학금) 700,000원
- 건강보험료 부담액 85,000원
- 고용보험료 부담액 31,000원
- 소득세 및 지방소득세
- 과세대상급여 10,100,000원 (급여총액 8,900,000원, 상여총액 1,200,000원)

| | 소 득 세 | 지방소득세 |
|---|---|---|
| 결정세액 | 141,000원 | 14,100원 |
| 기납부세액 | 120,000원 | 12,000원 |
| 차감징수세액 | 21,000원 | 2,100원 |

※ 전근무지 근무기간입력은 생략한다.

**문제 5** (주)대동강(회사코드 : 1752)는 제조 및 도매업을 영위하는 중소기업이며 당해사업연도(제11기)는 2022. 01. 01 ~ 2022. 12. 31이다. **법인세무조정메뉴를 이용하여 재무회계 기장자료와 제시된 보충자료에 의하여 당해 사업연도의 세무조정을 하시오.(30점)** ※ 회사선택에 유의할 것

[작성대상서식]

1. 수입금액조정명세서 및 조정후수입금액명세서   2. 대손충당금 및 대손금조정명세서
3. 세액공제조정명세서(3)                      4. 소득금액조정합계표
5. 법인세과세표준및세액조정계산서

[1] 수입금액조정명세서 및 조정후수입금액명세서를 작성하고 관련 세무조정사항을 소득금액조정합계표에 반영하시오.(6점)

(1) 손익계산서상 수익계상내역은 다음과 같다.
- 제품매출액 : 1,336,750,000원(특수관계자간의 거래 500,000,000원 포함) 다만, 위탁매출(적송매출) 누락분 5,200,000원에 대해서는 부가가치세 수정신고를 하였으나, 결산서에는 반영하지 못하였다.(위탁매출원가는 적정히 반영되었다)
- 상품매출액 : 572,000,000원

| 구 분 | | | 기준경비율코드 |
|---|---|---|---|
| 매출액 | 제품매출 | 제조/철구조물 | 289302 |
| | 상품매출 | 도매/철구조물 | 514210 |

(2) 부가가치세 신고자료
- 기계장치 매각대금 16,000,000원이 포함되어 있다.
- 부가가치세법상의 관련규정은 모두 준수하였으며, 수정신고내용도 반영되어 있다.

(3) 제품매출에는 수출분 530,000,00원이 포함되어 있다.

**[2]** 다음 자료를 이용하여 대손충당금 및 대손금조정명세서를 작성하고 관련 세무조정을 하시오.(6점)

(1) 대손충당금 계정의 내용은 다음과 같다.

| 차 변 | | 대 변 | |
|---|---|---|---|
| | | 전기이월 | 13,100,000원 |
| 차기이월 | 19,600,000원 | 당기설정액 | 6,500,000원 |

(2) 대손충당금의 전기이월액 중 받을어음에서 발생한 세무상 부인액은 4,000,000원이 있다.

(3) 거래처의 부도(부도일 : 당기 8월 20일)로 인하여 회수가 불가능한 받을어음 15,000,000원과 거래처의 파산(파산일 : 당기 12월 31일)으로 대손처리한 외상매출금 6,500,000원을 대손처리하면서 다음과 같이 회계 처리하였으며 그 외 감소는 정당하게 상계처리하였다고 가정한다.

      8월20일
    (차) 대손상각비(판)   15,000,000원        (대) 받을어음     15,000,000원
      12월 31일
    (차) 대손상각비(판)    6,500,000원        (대) 외상매출금    6,500,000원

    ※ 파산으로 대손처리한 외상매출금 6,500,000원은 법인세법상 대손요건을 충족한다.

(4) 12월 31일 현재 법인세법상 대손충당금 설정대상채권은 다음과 같다.

| 계정과목 | 금 액 | 비고 |
|---|---|---|
| 외상매출금 | 194,970,000원 | 대손처리한 받을어음이 미포함된 금액임. |
| 받을어음 | 130,605,000원 | |

(5) 대손충당금 설정율은 2/100으로 한다.


**[3]** 다음 자료를 이용하여 세액공제조정명세서(3)을 작성하시오. (6점)

(1) 환경보전시설투자를 위하여 200,000,000원을 투자를 하였다
(2) 세율은 3%공제를 선택한다.
(3) 당기공제 및 이월액계산까지 반영하시오.
(4) 최저한세는 고려하지 않으며 전액 공제받는 것으로 한다.


**[4]** 위의 조정사항과 다음 자료에 대하여 소득금액조정합계표에 반영하시오.(6점)

(1) 전기 자본금과 적립금조정명세서(을) 내역
   - 단기투자자산(단기매매증권) 저가매입
   - 전기 취득시 시가 : 28,500,000원, 전기 취득가액 : 26,000,000
     • 1기 사업연도 중 특수 관계자인 개인주주로부터 상장주식을 저가 매입함으로써 발생된 것으로 단기투자자산( 단기매매증권)으로 회계 처리하였다가, 2기 사업연도 중 동 주식 전부를 특수 관계자가 아닌 법인에 처분하였다.

## [5] 법인세과세표준 및 세액조정계산서(6점)

> 위의 [2]~[4]의 자료와 다음 자료에 의하여 법인세과세표준 및 세액조정계산서를 작성하시오.
> - 손익계산서상 당기순이익은 261,925,000원이다.
> - 중간예납세액은 13,000,000원이며, 이자수입 원천납부세액은 4,000,000원 이다.
> - 이월결손금 및 이월세액공제는 없으며, 최저한세는 고려하지 않는다.
> - 분납은 가능한 최대한의 금액으로 한다.

# 03 종합 모의고사

## 이론시험

다음 문제를 보고 알맞은 것을 골라 | 이론문제 답안작성 | 메뉴에 입력하시오.(객관식 문항당 2점)

─── <기본전제> ───
문제에서 한국채택국제회계기준을 적용하도록 하는 전제조건이 없는 경우, 일반기업회계기준을 적용한다.

**01** 일반기업회계기준상 외화자산과 외화부채에 대한 환율변동효과의 내용으로 잘못된 것은?
① 외화란 기능통화 이외의 다른 통화를 뜻한다.
② 기능통화로 외화거래를 최초로 인식하는 경우에 거래일의 외화와 기능통화 사이의 현물환율을 외화금액에 적용하여 기록한다.
③ 화폐성 외화항목은 마감환율로 환산한다.
④ 비화폐성항목에서 발생한 손익을 기타포괄손익으로 인식하는 경우 그 손익에 포함된 환율변동효과는 당기손익으로 인식한다.

**02** 다음 중 유형자산의 재평가에 대한 설명으로 틀린 것은?
① 유형자산에 대하여 재평가일 현재의 공정가치로 재평가한 이후에는 더 이상 감가상각은 수행하지 아니한다.
② 특정 유형자산을 재평가할 때에는 해당 자산이 포함되는 유형자산 분류 전체를 재평가하여야 한다.
③ 재평가된 자산의 공정가치가 장부금액과 중요하게 차이가 나는 경우에는 추가적인 재평가가 필요하다.
④ 유형자산의 장부금액이 재평가로 인하여 감소되는 경우 재평가로 인한 기타포괄손익을 먼저 차감한 후 당기손익으로 인식하여야 한다.

**03** 다음 중 판매자의 재고자산에 포함되지 아니하는 것은?

① 상대방이 구매의사를 표시하지 아니한 시용판매 상품

② 위탁판매로 수탁자가 창고에 보관중인 상품

③ 장기할부 판매계약으로 계약금만 수령하고 인도한 상품

④ 상품권 판매액에 상응하는 상품으로서 결산일 현재 상품으로 교환되지 아니한 상품

**04** 다음 중 자본항목에 대한 설명 중 잘못 설명한 것은?

① 일반기업회계기준의 자본은 자본금, 자본잉여금, 자본조정, 기타포괄손익누계액, 이익잉여금으로 구성된다.

② 자본잉여금은 증자나 감자 등 주주와의 거래에서 발생하여 자본을 증가시키는 잉여금으로, 여기에는 주식발행초과금, 자기주식처분이익, 감자차익 뿐만 아니라 감자차손도 포함된다.

③ 주식할인발행차금은 주식발행가액이 액면금액보다 작은 경우 그 미달하는 금액을 말하는데 주식발행초과금의 범위내에서 상계처리하고, 미상계된 잔액이 있는 경우에는 자본조정의 주식할인발행차금으로 회계처리한다.

④ 발행기업이 매입 등을 통하여 취득하는 자기주식은 취득원가를 자기주식의 과목으로 하여 자본조정으로 회계처리한다.

**05** (주)금강은 5월 3일 코스닥상장법인 업체 주식을 1,200,000원에 취득하고 이를 매도가능증권으로 분류 회계처리하였다. 12월 31일 공정(시장)가격이 600,000원으로 하락한 경우 이를 일반기업회계기준에 따라 회계처리한다면 재무제표에 어떤 영향이 미치는가?

① 부채가 증가한다　　　　　　　　② 자산총액은 불변이다

③ 유동자산이 증가한다　　　　　　④ 자본이 감소한다

**06** 종합원가계산에 대한 선입선출법과 평균법에 대한 설명이다. 이 중 잘못된 것은?(단, 원재료는 공정착수시점에 전량 투입되며, 가공원가는 공정전반에 걸쳐 균등하게 투입된다고 가정한다)

① 성과평가측면에서 유리한 방법은 선입선출법이다.

② 선입선출법에서는 기초재공품의 완성도를 고려해야 하지만, 평균법에서는 기초재공품의 완성도를 고려하지 않아도 된다.

③ 선입선출법이든 평균법이든 기말재공품의 완성도를 실제보다 높게 평가한 경우 완성품원가는 실제보다 낮게 계산된다.

④ 기말재공품의 완성도에 따라 선입선출법과 평균법의 원가배분 결과가 다르게 나타난다.

**07** 다음 원가의 분류에 대한 설명 중 틀린 것은?

① 원가는 특정한 원가집적대상에 추적가능한가에 따라서 직접비와 간접비로 구분할 수 있다.

② 조업도가 증가하는 경우 총고정비와 단위당 고정비는 일정하다.

③ 조업도가 증가하는 경우 총원가가 증가하지만 조업도가 0인 경우에도 일정액이 발생하는 원가를 준변동비 또는 혼합비라고 한다.

④ 매몰원가는 과거의 의사결정에 이미 사용된 원가로써 현재 또는 미래의 의사결정에 어떠한 영향도 미치지 못한다.

**08** 종합원가계산 하에서, 평균법에 의한 경우 당기제품 제조원가가 다음과 같다. 선입선출법을 적용하는 경우의 당기제품 제조원가는 얼마인가?

---

- 기초재공품 : 0개
- 완성품 : 7,000개
- 당기착수 재료비 : 500,000원
- 당기제품제조원가 : 1,050,000원
- 원재료는 공정 초기에 투입되며, 가공비는 일정하게 투입된다.

- 당기착수량 : 10,000개
- 기말재공품 : 3,000개(완성도 50%)
- 당기 가공비 : ?원

---

**09** 제조간접비 배부차이를 총원가비례배분법으로 조정하고 있는 정상원가계산에서 배부차이 전액을 매출원가계정에서 조정한다면 영업이익의 변화에 대한 설명으로 옳은 것은?

---

- 과대배부액 : 800,000원
- 기말제품 : 1,000,000원

- 기말재공품 : 1,000,000원
- 매출원가 : 2,000,000원

---

① 400,000 증가

② 400,000 감소

③ 800,000 증가

④ 변화없음

**10** 다음 부문별 원가계산에 대한 설명으로 옳지 않은 것은?

① 원가요소를 그것이 발생한 부문별로 분류, 집계하여 제품원가를 계산하는 방식이 이에 해당한다.

② 개별원가계산에서는 제조간접비만이 부문별 원가집계의 대상이 된다.

③ 개별원가계산은 각 공정별 또는 부문별로 원가통제가 가능하다.

④ 개별원가계산은 종합원가계산처럼 기말재공품의 평가문제가 발생하지 않는다.

**11** 부가가치세법은 공급시기가 되기 전에 대가를 받지 않고 세금계산서를 발급하는 경우 그 발급한 때를 재화 또는 용역의 공급시기로 보는 특례를 두고 있다. 다음의 공급시기 중 이에 해당하지 않는 것은?

① 중간지급조건부의 공급시기
② 장기할부판매의 공급시기
③ 전력 기타 공급단위를 구획할 수 없는 재화를 계속적으로 공급하는 경우의 공급시기
④ 장기할부 또는 통신 등 그 공급단위를 구획할 수 없는 용역을 계속적으로 공급하는 경우의 공급시기


**12** 다음은 부가가치세법상 면세에 대한 설명이다. 틀린 것은?

① 면세포기신고를 한 사업자는 신고한 날부터 3년간은 면세를 적용받지 못한다.
② 주택과 부수토지의 임대는 면세를 적용하고 있다.
③ 면세대상이 되는 재화가 영세율적용의 대상이 되는 경우에는 면세포기신청서를 제출하고 승인을 얻은 경우에 한하여 면세포기가 가능하다.
④ 신규로 사업을 개시하는 경우에는 면세포기신고서를 제출할 수 있다.


**13** 다음은 (주)세무(중소기업에 해당하지 아니한다)가 당기에 대손처리한 채권과 관련된 내용이다. 현행 법인세법상 당기 대손금으로 인정되는 금액은 얼마인가?

> • 전기에 파산선고를 받아 회수불능 되었으나 전기에 대손처리하지 아니한 채권 : 1,800,000원
> • 전기에 소멸시효가 완성된 채권 : 3,200,000원
> • 부도발생일부터 6개월이 지난 채권(부도발생일 이전의 외상매출금) : 1,300,000원

① 1,800,000원
② 3,099,000원
③ 3,100,000원
④ 6,299,000원

**14** 다음 중 소득세법상 결손금과 이월결손금에 대한 설명으로 틀린 것은?

① 부동산임대업을 제외한 일반적인 사업에서 발생한 결손금은 근로소득금액, 연금소득금액, 기타소득금액, 이자소득금액, 배당소득금액, 부동산임대사업소득금액에서 순서대로 공제한다.

② 부동산임대업에서 발생한 결손금은 다른 소득금액에서 공제하지 않고 다음 과세기간으로 이월된다.

③ 해당 과세기간에 일반사업소득에서 결손금이 발생하고 전기에서 이월된 이월결손금도 있는 경우에는 당해 과세기간에 발생한 결손금을 먼저 다른소득금액에서 공제한다.

④ 중소기업을 영위하는 거주자의 부동산임대업을 제외한 사업소득 결손금 중 다른 소득금액에서 공제한 후의 금액이 있는 경우에는 소급공제하여 환급신청이 가능하다.

**15** 부가가치세법상 사업자단위과세제도에 대한 설명 중 옳지 않은 것은?

① 세금계산서 교부는 본점 또는 주사무소에서 일괄로 교부한다.

② 사업자단위과세사업자가 자기 사업과 관련하여 취득한 재화를 판매목적으로 타사업장에 반출하는 경우에도 원칙적으로 재화의 공급으로 보지 아니한다.

③ 법인의 경우 지점을 총괄사업장(=사업자단위과세사업장)으로 할 수는 없다.

④ 사업자단위과세사업자로 등록한날 로부터 3년이 경과하기까지는 사업자단위과세를 포기할 수 없다.

# 실 무 시 험

(주)간다메상회(회사코드:1761)는 제조·도매업을 영위하는 중소기업이며, 당기는 제9기로 회계기간은 2022.1.1.~2022.12.31.이다. 전산세무회계 수험용 프로그램을 이용하여 다음 물음에 답하시오.

―――― <입력 시 유의사항> ――――

- 일반적인 적요의 입력은 생략하지만, 타계정 대체거래는 적요번호를 선택하여 입력한다.
- 세금계산서·계산서 수수거래 및 채권·채무 관련 거래는 별도의 요구가 없는 한 반드시 기등록된 거래처코드를 선택하는 방법으로 거래처명을 입력한다.
- 제조경비는 500번대 계정코드를, 판매비와관리비는 800번대 계정코드를 사용한다.
- 회계처리 시 계정과목은 등록된 계정과목 중 가장 적절한 과목으로 한다.
- 매입매출전표 입력 시 입력화면 하단의 분개까지 처리하고, 전자세금계산서 및 전자계산서는 전자 입력으로 반영한다.

### 문제 1 다음 거래 자료에 대하여 적절한 회계처리를 하시오.(12점)

[1] 6월 30일   당사가 발행한 사채의 액면가액은 200,000,000원이고 만기는 6월 30일이다. 금일 중도상환하기로 하고 상환대금 210,000,000원을 전액 보통예금으로 지급하다. 상환전 사채할인발행차금 잔액은 4,000,000원이다.(거래처입력은 생략한다)(3점)

[2] 7월 2일   원가 4,000,000원의 제품(시가는 부가가치세포함 5,500,000원임)을 접대목적으로 매출거래처 (주)철환에 제공하였다. 회계처리는 매입매출전표입력에서 하나의 분개로 처리하도록 한다.(3점)

[3] 7월 3일   당사의 주주인 정상희씨가 사망하면서 본인 소유의 대지를 당사의 영업부문 신사옥 건설용지로 아무런 조건없이 이전한다는 유언을 남김에 따라 대지를 이전받고, 취득세 등 부대비용 3,500,000원은 보통예금에서 송금하였다. 당해 대지의 공정가치는 50,000,000원이고, 기준시가는 32,000,000원이다.(3점)

[4] 7월 25일   당사는 7월 4일 (주)하품상사에 제품을 매출하고 이에 대한 전자세금계산서를 발급하고 회계처리도 하였다. 그러나 7월 25일에 동 계약이 해제되어 부가가치세법에 따라 (−)수정전자세금계산서 (공급가액 −10,000,000원, 세액 −1,000,000원)를 발급하였다. 이와 관련하여 추가로 발행된 수정전자세금계산서에 대한 회계처리를 하시오. 단, 작성일자는 세법에 따른 규정(당초 공급한 재화가 계약해제된 경우)대로 작성하였고 회계처리시 계정과목은 외상매출금과 제품매출에서 (−)금액으로 직접 차감하기로 한다.(3점)

**문제 2** 다음 주어진 요구사항에 따라 부가가치세 신고서 및 부속서류를 작성하시오.(10점)

[1] 다음은 2기 확정 부가가치세 신고기간(10.1 ～ 12.31)의 자료이다. 매입매출전표에 입력하여 신용카드매출전표 등 발행금액 집계표에 자동적으로 반영될 수 있도록 작성하시오.(6점)

> ① 10월 20일  제품(공급가액:20,000,000원, 부가가치세:2,000,000원)을 김수일에게 현금으로 제공하고 현금영수증을 발급하였다.
>
> ② 11월 15일  제품(공급가액:3,000,000원 부가가치세:300,000원)을 (주)금강에 납품하고 전자세금계산서를 발급하였으며 대금은 (주)금강의 법인카드(국민카드)로 결제 받았다.
>
> ③ 12월 15일  제품(공급가액:8,000,000원 부가가치세:800,000원)을 (주)대동에 납품하고 (주)낙동의 법인카드(국민카드)로 결제 받았다.

[2] 다음의 의제매입세액공제대상 매입자료를 매입매출전표 메뉴에 입력하고, 거래일자에 동거래에 대한 의제매입세액을 일반전표입력메뉴에서 타계정대체하는 회계처리를 하시오. 단 거래대금은 현금으로 지급하였다.(4점)

| 일자 | 상호 또는 성명 | 사업자번호 또는 주민등록번호 | 품명 | 매입가액 | 증빙 | 수량 |
|---|---|---|---|---|---|---|
| 9.1 | ㈜하루상회 | 132-85-56583 | 견과류 | 6,120,000원 | 계산서 | 20 |

**문제 3** 다음 결산정리사항에 대하여 결산정리분개를 하거나 입력을 하여 결산을 완료하시오.(8점)

[1] 7월 1일에 현금으로 지급받은 이자수익에는 차기에 속하는 이자수익이 2,000,000원 포함되어 있다.(2점)

[2] 당기에 신규로 취득한 제조부문 차량운반구는 다음과 같다. 감가상각비를 결산에 반영하고 적절한 회계처리를 하시오. 고정자산등록은 생략한다.(2점)

> ① 차량의 취득가액 : 100,000,000원 (취득일 : 당기 1월 1일, 내용연수 : 5년)
> ② 국고보조금 : 20,000,000원
> ③ 상 각 률 : 0.451(정률법)

[3] 결산일 현재 퇴직급여충당부채 잔액 중 판매부문 직원에 대한 금액은 13,000,000원이고 나머지는 전액 제조부문 직원에 대한 금액이다. 판매부문 직원에 대한 퇴직금추계액은 18,500,000원이고 제조부문 직원에 대한 퇴직금추계액은 31,200,000원인 경우 결산분개를 행하시오.(2점)

[4] 법인세등은 결산서상 법인세차감전순이익에 세율을 적용하여 다음과 같이 계상한다. 단, 장부상 선납세금계정에는 법인세 중간예납세액 및 원천납부세액이 계상되어 있으며 계산시 원단위 이하는 절사한다.(2점)

> 법인세등 = ① + ②
> ① 법인세 산출세액 – 법인세 감면세액(2,300,000원)     ② 법인세분 지방소득세

※1061로 변경해서 입력할 것

**문제 4** 원천징수와 관련된 다음 물음에 답하시오.(11점)

[1] 중도입사자 김현호(사원코드:151)의 입사 후 근로소득자료(입력되어 있음)와 다음 제시된 자료에 의하여 근로소득 연말정산자료(정산명세 및 소득공제 명세까지 작성요망)를 입력하시오.(7점)

(1) 기본사항

| 관 계 | 성 명 | 주민등록번호 | 참고사항 |
|---|---|---|---|
| 본 인 | 김현호 | 731114-1005710 | |
| 배우자 | 이순희 | 720825-2890514 | 양도소득금액이 90만원 있다. |
| 자 녀 | 김처량 | 010306-4102003 | 장애3급 |

(2) 연말정산자료

| 이 름 | 항 목 | 금 액 | 내 용 |
|---|---|---|---|
| 김현호 | 보험료 | 670,000원 | 자동차보험료(국세청자료) |
| | 의료비 | 3,000,000원 | 쌍꺼풀 수술비(국세청자료) |
| | 기부금 | 800,000원 | 국방헌금 (법정,국세청자료: 50,000원)<br>세이브더칠드런 (지정,국세청자료: 250,000원)<br>주님교회 (종교, 기타자료: 500,000원) |
| | 대학원교육비 | 6,500,000원 | 야간 대학원(국세청자료) |
| | 신용카드사용 | 6,300,000원 | (전액 국세청자료) 신차구입비 2,000,000원 포함 |
| | 직불카드사용 | 5,100,000원 | (전액 국세청자료) 재산세 납부액 780,000원 포함 |
| 이순희 | 의료비 | 2,400,000원 | 허리디스크 수술비용(전액 국세청자료) |
| | 신용카드사용 | 2,000,000원 | (전액 국세청자료) 이 중 120만원은 허리디스크수술비용 결제액 |
| | 현금영수증사용 | 150,000원 | (국세청자료)전액 건당 5,000원이하의 금액임. |
| 김처량 | 현금영수증 | 550,000원 | (국세청 자료)보습학원에 대한 결제금액 |
| | 국외교육비 | 6,600,000원 | 호주에서 어학원연수에 사용된 금액(기타자료) |
| | 국내교육비 | 1,200,000원 | 방과후학교 수업료 : 100만원(기타자료)<br>방과후학교 재료비 : 20만원(기타자료) |

[2] 사원코드 102 홍미옥 사원(사무직, 배우자와 부양가족은 없음)은 당기 3월 31일에 퇴사하였다. 홍미옥 사원은 퇴사일에 3월분 급여를 받았고 이에 대한 자료는 다음과 같다. 다음 자료를 참고하여 중도퇴사에 대한 연말정산을 하고  4월 10일에 신고해야할 원천징수이행상황신고서를 작성하시오.(4점)

---

<자료 1> 홍미옥 사원의  3월 급여내역

| 지급과목 | 공제항목 |
|---|---|
| • 기   본   급 : 3,000,000원<br>• 자가운전보조금 :  200,000원<br>• 가 족 수 당 :  100,000원<br>• 상   여   금 : 3,000,000원 | • 국 민 연 금 : 135,000원<br>• 건 강 보 험 :  91,800원<br>• 고 용 보 험 :  19,500원<br>• 장기요양보험 :  6,010원 |

※ 1월분과 2월분 급여내역은 구분'1.급여'로 입력되어 있으며, 3월분 급여내역은 구분'2.급여+상여' 로 입력되어 있다.

<자료 2> 기타내역
① 홍미옥 사원은 본인 소유의 차량을 직접 운전하며 업무에 사용하고 있으므로 자가운전보조금 비과세 요건은 충족한다.
② 회사는 전월미환급세액 10,000원(지방소득세 1,000원)이 남아있으며 환급세액에 대해서 환급신청을 하지 않 는다.

---

**문제 5** (주)환희상사(회사코드:1762)는 사무용가구를 생산하고 제조ㆍ도매업(주업종코드:제조/가구 361002)을 영위하는 중소기업이며, 당해 사업연도(제13기)는 2022.1.1.~2022.12.31.이다. 법인세무조정메뉴를 이용하여 재무회계 기장자료와 제시된 보충자료에 의하여 당해 사업연도의 세무조정을 하시오.(30점)    ※ 회사선택에 유의할 것.

[작성대상서식]

1. 업무무관 부동산 등에 관련한 차입금이자 조정명세서
2. 접대비 조정 명세서
3. 미상각분 감가상각 조정명세서
4. 소득금액 조정 합계표
5. 법인세 과세표준 및 세액조정계산서와 최저한세 조정명세서

[1] 입력된 자료와 다음 추가자료를 이용하여 업무무관부동산등에관련한차입금이자조정명세서를 작성하고 필요한 세무조정을 행하시오. 단, 자동으로 계산된 적수 등을 별도로 수정하지 않으며, 다른 문제에서 발생되는 세무조정은 본 문제에서는 무시하기로 한다.(6점)

1. 당기 차입금 및 이자비용 현황은 다음과 같다.

| 계정과목 | 금액 | 이자비용 | 거래처 |
|---|---|---|---|
| 장기차입금 | 500,000,000원 | 60,000,000원 | (주)하나은행 |
| 단기차입금 | 100,000,000원 | 4,000,000원 | 채권자불분명 |

- 장기차입금은 전기 7. 3. (주)하나은행에서 차입한 이자율 연 12%, 5년후 일시상환 조건이다.
- 단기차입금은 당기 4. 1. 차입하여 5월 31일에 상환한 이자율 연 24%의 채권자불분명사채로서 이자비용 4,000,000원 중 원천징수세액 1,672,000원을 제외한 금액을 지급하였다.

2. 당기 7월 1일에 취득하여 비품으로 처리한 200,000,000원은 서화로서 이는 세법상 업무무관동산에 해당한다.

[2] 다음 자료에 의하여 접대비조정명세서(갑ㆍ을)를 작성하고 소득금액조정합계표를 작성하시오. 단, 소득금액조정합계표는 직접입력을 선택하여 입력할 것.(6점)

1. 손익계산서상 매출액 내용은 다음과 같다.
   제품 국내매출액 : 1,100,000,000원(특수관계인에 대한 매출액 400,000,000원 포함)

2. 접대비 관련 지출액
   ① 제조원가명세서상 접대비 : 14,000,000원(모두 3만원 초과 신용카드 사용분임)
   ② 손익계산서상 접대비(26,300,000원)의 구성내역은 다음과 같다(부동산임대,소기업등이 아님)

   - 신용카드 사용분 : 22,000,000원(문화예술관련 지출비용 6,000,000원 포함)
   - 간이영수증 사용분 중 건당 3만원 이하분 : 1,800,000원
   - 간이영수증 사용분 중 건당 3만원 초과분 : 500,000원
   - 경조사비(모두 건당 20만원 이하인 지출액임) : 2,000,000원

[3] 다음 고정자산에 대하여 감가상각비조정메뉴에서 고정자산을 등록하여 미상각분감가상각조정명세서 및 감가상각비조정명세서 합계표를 작성하고 관련 세무조정을 행하시오.(상각부인액 세무조정은 자산별로 각각 할 것)(6점)

(1) 감가상각대상 자산 보유내역

| 과목 | 자산코드 | 자산명 | 취득일 | 취득가액(원) | 전기말감가상각누계액(원) | 전기말감가상각시부인액(원) | 기준내용연수 |
|---|---|---|---|---|---|---|---|
| 기계 | 000001 | 선반 | 2010.04.30 | 100,000,000 | 40,000,000 | (5,000,000) | 8년 |
| 장치 | 000002 | 조립기 | 2010.05.25 | 45,000,000 | 15,000,000 | 1,830,000 | 8년 |

(2) 선반에 대하여 전기분 시인부족액 5,000,000원에 대해 당기에 다음과 같이 회계처리 하였다.

> (차) 전기오류수정손실(이익잉여금) 5,000,000     (대) 감가상각누계액 5,000,000

(3) 결산서에 반영된 감가상각비는 다음과 같다.

> • 선반 감가상각비 : 19,000,000원     • 조립기 감가상각비 : 15,000,000원

(4) 당사는 감가상각과 관련하여 상각방법을 신고한 적이 없으며, 해당 자산은 모두 제조부문에서 사용되는 자산이다.


[4] 기 입력된 자료와 다음 내용을 참고하여 필요한 세무조정을 소득금액조정합계표에 반영하시오.(6점)

1. 공장용 토지 구입시 지출한 취득세 840,000원이 세금과공과에 계상되어 있다.(2점)

2. 당해년도 7월 1일부로 지배주주가 변동됨에 따라 모든 임직원에 대하여 지배주주변동일까지의 퇴직급여 84,000,000원을 지급하고 다음과 같이 회계처리하였으나, 이는 "근로자퇴직급여보장법"상 퇴직급여의 중간정산에는 해당하지 아니한다. 단, 본 문제에 대한 세무조정이 다른 문제의 세무조정 사항에 미치는 영향은 무시하도록 한다.(2점)
   (차) 퇴직급여(판) 84,000,000          (대) 보통예금 84,000,000

3. 전년도에 영업부 건물에 대하여 납부하였던 건축물분재산세 중 370,000원이 과오납부로 인하여 지방세환급가산금 13,000원과 함께 환급되어 다음과 같이 회계처리하였다.(2점)
   (차) 보통예금 383,000          (대) 잡이익 383,000

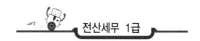

[5] 당사는 중소기업에 해당한다. 불러온 자료는 무시하고, 다음 자료를 참고하여 법인세과세표준 및 세액조정계산
서와 최저한세조정명세서를 작성하시오.(6점)

① 결산서상 당기순이익 : 243,140,200원
② 익금산입 총액 : 200,000,000원
③ 기부금한도초과이월액 손금산입 : 1,500,000원
④ 소득공제는 총 200,000,000원이며, 이 중 조세특례제한법상 소득공제가 50,000,000원(최저한세
   적용 대상)이다.
⑤ 공제가능 이월결손금이 50,000,000원 있다.
⑥ 세액감면은 1,600,000원(최저한세 적용대상임)이다.
⑦ 중간예납세액은 3,000,000원이다.

## 이 론 시 험

다음 문제를 보고 알맞은 것을 골라 │ 이론문제 답안작성 │ 메뉴에 입력하시오.(객관식 문항당 2점)

─── <기본전제> ───
문제에서 한국채택국제회계기준을 적용하도록 하는 전제조건이 없는 경우, 일반기업회계기준을 적용한다.

**01** 회계기간 중 환율변동의 유의적인 등락이 있는 경우로 가정할 때 일반기업회계기준상 화폐성 외화항목의 매 보고기간말 외화환산 방법으로 옳은 것은?

① 당해 화폐성 외화항목의 마감환율
② 당해 화폐성 외화항목의 거래일 환율
③ 당해 화폐성 외화항목의 공정가치가 결정된 날의 환율
④ 당해 화폐성 외화항목의 평균환율

**02** 실지재고조사법을 적용하는 기업에서 연말에 상품을 외상으로 구입하고, 이에 대한 기록은 다음 연도 초에 하였다. 또한 기말 재고실사에서도 이 상품이 누락되었다. 이러한 오류가 당기의 계정에 미치는 영향으로 옳은 것은?

| | 자 산 | 부 채 | 자 본 | 당기순이익 |
|---|---|---|---|---|
| ① | 영향없음 | 과소계상 | 과대계상 | 과대계상 |
| ② | 영향없음 | 과대계상 | 과소계상 | 과소계상 |
| ③ | 과소계상 | 과소계상 | 영향없음 | 영향없음 |
| ④ | 과소계상 | 과소계상 | 영향없음 | 과대계상 |

**03** 12월 31일 결산일 현재 창고에 있는 기말재고자산을 실사한 결과 1,000,000원으로 조사되었다. 다음의 추가사항을 고려하여 정확한 기말재고자산을 계산하면 얼마인가?

- 결산일 현재 시송품 500,000원 중 80%는 매입자의 매입의사표시가 있었다.
- 결산일 현재 적송품 700,000원 중 30%는 수탁자가 판매하지 아니하고 보관 중이다.
- 결산일 현재 장기할부판매액 600,000원 중 20%는 할부대금이 미회수 중이다.

① 1,000,000원
② 1,310,000원
③ 1,610,000원
④ 1,430,000원

**04** 다음 자료에 의한 토지 취득원가는 얼마인가?

- 토지 취득대금 : 100,000,000원
- 토지 취득세 : 3,000,000원
- 토지상의 구건물 철거비용 : 3,500,000원
- 구건물 철거에 따른 철골 등 매각대금 : 1,000,000원
- 토지분 재산세 : 600,000원

① 50,000,000원
② 52,300,000원
③ 54,800,000원
④ 55,800,000원

**05** 기말 결산시 재고자산을 실제보다 과소평가한 경우 이로 인해 유동비율과 부채비율에 미치는 영향으로 옳은 것은?

① 모두 변함없음
② 유동비율감소, 부채비율증가
③ 유동비율증가, 부채비율감소
④ 유동비율감소, 부채비율 변화없음

**06** 원가회계의 용어에 대한 설명으로 잘못된 것은?

① 원가배분(cost allocation)이란 공통적으로 발생한 원가를 집계하여 합리적인 배분기준으로 원가대상에 배부하는 과정을 말한다.
② 원가대상(cost object)이란 원가정보의 활용목적에 따라 원가를 집계하고 측정할 필요가 있는 객체(목적물)를 말한다.
③ 원가집합(cost pool)이란 원가대상에 직접적으로 추적할 수 있는 원가를 집계하는 단위를 말한다.
④ 원가동인(cost driver)이란 원가대상에 의해 총원가의 변화를 유발하는 요인을 의미한다.

**07** 종합원가계산에 대한 순서로서 맞게 배열한 것은?

| A. 단위당 원가 계산 | B. 완성품환산량의 계산 |
| C. 물량의 흐름 파악 | D. 원가의 배분 |

① C - A - B - D  　　　　　　② C - B - D - A
③ C - D - B - A  　　　　　　④ C - B - A - D

**08** 부문별원가계산에 대한 설명 중 잘못 설명한 것은?

① 보조부문간의 용역 수수관계가 중요한 경우 직접배분법을 적용하여 부분별 원가를 배분하게 되면 원가배분의 왜곡을 초래할 수 있다.
② 보조부문 원가를 제조부문에 배분하는 방법 중 상호배분법은 보조부문 상호간의 용역수수관계를 고려하여 배분하는 방법이다.
③ 보조부문의 원가를 제조원가부문에 배분하는 방법 중 단일배분율법과 이중배분율법은 원가행태에 따른 원가배분방법인데 이중배분율법과 직접배분율법은 서로 혼용하여 사용할 수 없다.
④ 부문별 제조간접비 배부율의 장점은 각 제조부문의 특성에 따라 제조간접원가를 배분하기 때문에 보다 정확한 제품원가를 계상할 수 있다는 것이다.

**09** 다음 중 종합원가 계산에 관한 설명으로 틀린 것은?

① 평균법에 의할 때 원가계산시 기초재공품의 완성도는 계산상 불필요하다.
② 선입선출법에 의할 때 원가계산시 기말재공품의 완성도는 계산상 불필요하다.
③ 기초재공품이 없는 경우 평균법과 선입선출법에 의한 완성품환산량이 동일하다.
④ 평균법에 의한 완성품환산량은 선입선출법을 적용한 경우와 비교하여 항상 크거나 같다.

**10** 단계배부법을 적용하는 경우 수선부문에서 절단부문에 배부되는 원가를 계산하면?(단, 동력부문의 원가를 먼저 배부한다고 가정한다)

| 보조부문 | 부문원가 | 용역제공비율 | | | |
| --- | --- | --- | --- | --- | --- |
| | | 절단부 | 수선부 | 조립부 | 동력부 |
| 동력부 | 800,000 | 0.4 | 0.2 | 0.4 | - |
| 수선부 | 350,000 | 0.6 | - | 0.3 | 0.1 |

① 340,000  　　　　　　② 510,000
③ 306,000  　　　　　　④ 480,000

**11** 법인세법상 익금에 해당하는 것은?

① 부가가치세 매출세액

② 지방소득세 소득분 과오납금의 환급금에 대한 이자

③ 지방소득세 소득분 과오납금의 환급금

④ 특수관계가 소멸되는 날까지 회수하지 않은 가지급금

**12** 다음 중 부가가치세법상 공급받는 자가 세금계산서 발급을 요구하는 경우 세금계산서를 발급해야 하는 것은?

① 미용실의 미용용역　　　　　② 택시운송 사업자의 택시운송 용역

③ 공급의제 중 개인적 공급　　　④ 소매업

**13** 다수인에게 강연을 하고 강연료 4,000,000원을 받는 사람의 경우 발생하는 소득세의 과세문제에 대한 설명으로 틀린 것은?

① 고용관계에 의하여 받은 강연료라면 근로소득으로 분류된다.

② 강의를 전문적으로 하고 있는 개인프리랜서라면 사업소득으로 분류된다.

③ 일시적이고 우발적으로 발생한 강연료라면 기타소득으로 분류된다.

④ 근로소득자의 경우, 강연료 소득 발생시 반드시 합산하여 종합소득세 신고해야 한다.

**14** 다음 중 부가가치세법상 공급시기에 대한 설명으로 틀린 것은?

① 무인판매기를 이용하여 재화를 공급하는 경우 공급시기는 해당 사업자가 무인판매기에서 현금을 꺼내는 때

② 외국인도수출에 의하여 재화를 공급하는 경우 공급시기는 수출재화의 공급가액이 확정되는 때

③ 둘 이상의 과세기간에 걸쳐 부동산임대용역을 공급하고 대가를 선불로 받는 경우에 월수로 안분계산한 임대료의 공급시기는 예정신고기간 또는 과세기간의 종료일

④ 장기할부판매에 의하여 재화를 공급하는 경우 공급시기는 대가의 각 부분을 받기로 한 때

**15** 다음은 원천징수되는 소득을 나열한 것이다. 원천징수세율이 높은 것부터 순서대로 나열한 것은?

| | |
|---|---|
| (1) 200만원 상당 상장주식 배당소득 | (2) 5천만원 복권당첨소득 |
| (3) 접대부 봉사료 수입금액 | (4) 의료보건용역 사업소득 |

① (2)-(1)-(3)-(4)  　　　　　　　② (2)-(3)-(1)-(4)

③ (3)-(1)-(2)-(4)  　　　　　　　④ (1)-(2)-(4)-(3)

# 실 무 시 험

(주)천국상사(회사코드:1771)는 제조·도매업을 영위하는 중소기업이며, 당기는 제10기로 회계기간은 2022.1.1.~2022.12.31.이다. 전산세무회계 수험용 프로그램을 이용하여 다음 물음에 답하시오.

────── <입력 시 유의사항> ──────

• 일반적인 적요의 입력은 생략하지만, 타계정 대체거래는 적요번호를 선택하여 입력한다.
• 세금계산서·계산서 수수거래 및 채권·채무 관련 거래는 별도의 요구가 없는 한 반드시 기등록된 거래처코드를 선택하는 방법으로 거래처명을 입력한다.
• 제조경비는 500번대 계정코드를, 판매비와관리비는 800번대 계정코드를 사용한다.
• 회계처리 시 계정과목은 등록된 계정과목 중 가장 적절한 과목으로 한다.
• 매입매출전표 입력 시 입력화면 하단의 분개까지 처리하고, 전자세금계산서 및 전자계산서는 전자 입력으로 반영한다.

**문제 1** 다음 거래 자료에 대하여 적절한 회계처리를 하시오.(12점)

[1] 2월 28일 다음은 이익잉여금처분계산서 내역의 일부이다. 현금배당은 당해연도 3월 말일에 지급할 예정이다. 처분확정일의 회계처리를 행하시오.(3점)

**이익잉여금처분계산서**
2021 1월 1일부터 2021 12월 31일까지
처분확정일 2022 02월 28일 (단위 : 원)

| 과  목 | 금  액 | |
|---|---|---|
| － 중간 생략 － | | |
| Ⅲ.이익잉여금 처분 | | 32,000,000 |
| 1. 이익준비금 | 2,000,000 | |
| 2. 재무구조개선적립금 | 10,000,000 | |
| 3. 배당금 | 20,000,000 | |
| 가. 현금배당 | 20,000,000 | |
| － | － | |

[2] 3월 2일    (주)해태무역에 제품 40,000,000원을 내국신용장에 의하여 판매하고 전자세금계산서를 교부하다.
판매대금 중 2월 3일에 수취한 선수금을 제외한 금액은 외상으로 하다.(3점)

[3] 3월 4일    확정급여형 퇴직연금제도를 실시하는 당사는 생산직 직원 이직수의 퇴직시 보통예금에서
15,000,000원과 퇴직연금운용사에서 6,000,000원을 지급하였다. 퇴직일 현재 퇴직급여충당부채의
잔액은 49,000,000원이다.(퇴직소득에 대한 원천징수는 생략한다)(3점)

[4] 3월 20일   사채(액면가액 60,000,000원) 중 액면가액 30,000,000원 상당액을 25,600,000원에 중도상환하
기로 하고, 상환대금은 보통예금 계좌에서 이체하다. 상환일 현재 상각 후 총 사채할인발행차금
잔액은 10,000,000원이며, 다른 사채발행금액은 없는 것으로 한다.(사채 거래처 입력은 생략한
다)(3점)

---

**문제 2**  다음 주어진 요구사항에 따라 부가가치세 신고서 및 부속서류를 작성하시오.(10점)

[1] 당사는 과세사업과 면세사업을 겸영하는 사업자이다.  제2기 확정과세기간(10.1.~12.31.)에 대한 공제받지 못
할 매입세액명세서를 작성하시오. 단, 매입매출전표입력은 생략하기로 한다.(6점)

| <자료1><br>공제받지 못할<br>매입세액 내역 | 다음의 거래는 세금계산서를 발급받은 거래로서 부가가치세는 별도이다.<br>① ㈜태은전자에서 TV를 2,500,000원에 구입하여 거래처에 명절 선물로 제공하였다.<br>② ㈜가현전자에서 정수기를 100,000원에 구입하였다. 동 전화기는 면세사업에 사용<br>하였다. | | |
|---|---|---|---|
| <자료2><br>납부세액 또는<br>환급세액 재계산 | ① 과세사업과 면세사업에 공통으로 사용되는 자산의 구입내역 | | |

① 과세사업과 면세사업에 공통으로 사용되는 자산의 구입내역

| 계정과목 | 취득일자 | 공급가액 | 부가가치세 |
|---|---|---|---|
| 건    물 | 전년도.6.30. | 200,000,000원 | 20,000,000원 |
| 기계장치 | 전년도.7.20. | 400,000,000원 | 40,000,000원 |

※ 제1기 부가가치세 확정신고시 공통매입세액에 대한 안분계산 및 정산은 정확히
   신고서에 반영되었다.
② 공급가액 내역은 다음과 같다고 가정한다.(기입력된 데이터는 무시할 것)

| 구 분 | 제1기 | 제2기 |
|---|---|---|
| 과세사업 | 350,000,000원 | 300,000,000원 |
| 면세사업 | 150,000,000원 | 200,000,000원 |

[2] 다음 자료에 의하여 1기 예정신고기간(1.1.~3.31.)의 부동산임대공급가액명세서를 작성하고 간주임대료 부분을 부가가치세 신고서에 추가로 반영(과세표준 명세 포함)하시오. 간주임대료에 대한 정기예금이자율은 1.2%로 가정하며, 간주임대료 부분을 3월 31일자로 매입매출전표에 입력하여 반영하기로 한다.(4점)

| 상호 및 사업자번호 | 임대기간 | 보증금 및 월세(원) | 비고 |
|---|---|---|---|
| 진성상사(105-05-54107) | 202107.01.~202206.30. | 보증금 : 40,000,000<br>월 세 : 2,000,000 | 지상1동 1층 1호 사무실(33㎡) |
| 기흥식당(105-05-91233) | 202201.01.~2022.12.31. | 보증금 : 60,000,000<br>월 세 : 2,500,000 | 지상1동 1층 2호 음식점(100㎡) |

**문제 3** 다음 결산정리사항에 대하여 결산정리분개를 하거나 입력을 하여 결산을 완료하시오.(8점)

[1] 다음 자료에 의하여 전년도 10월 1일에 취득하여 보유중인 매도가능증권에 대한 결산 회계처리를 행하시오. 결산일 이전의 회계처리는 올바르게 이루어진 상태이다.(2점)

| 구분 | 취득원가 | 전년도 12월 31일 공정가치 | 당해연도 12월 31일 공정가치 |
|---|---|---|---|
| 매도가능증권 | 5,000,000원 | 4,800,000원 | 5,500,000원 |

[2] 퇴직금추계액이 다음과 같을 경우 퇴직급여충당부채를 설정하시오. 결산일 현재 퇴직급여충당부채는 입력된 자료(생산직은 5,000,000원 이며, 나머지 금액은 사무직임)를 조회하여 퇴직금추계액의 100%를 설정한다.(2점)

| 구 분 | 인 원 | 퇴직금추계액 |
|---|---|---|
| 생산직 | 5명 | 40,000,000원 |
| 사무직 | 4명 | 30,000,000원 |

[3] 재고자산의 기말재고액은 다음과 같다.(2점)

- 원재료 : 11,000,000원
- 재공품 : 16,800,000원
- 제품 : 30,000,000원

[4] 당사는 이익준비금 2,000,000원, 보통주에 대한 주식배당 30,000,000원, 주식할인발행차금 상각액 7,500,000원의 이익잉여금처분을 결의하였다. 당기의 이익잉여금처분계산서를 작성하시오.(당기처분예정일 : 2023 2월 23일, 전기처분확정일 : 2022 2월 28일)(2점)

※1071로 변경해서 입력할 것

**문제 4** 원천징수와 관련된 다음 물음에 답하시오.(10점)

[1] 다음 1월 급여자료를 급여자료 입력메뉴에 입력하고 근로소득세 원천징수세액을 계산하시오. 필요한 수당공제는 직접등록하거나 변경하기로 하며 4대보험이나 소득세등의 공제항목 계산은 사원등록 내용에 따라 자동계산하는 방식으로 한다.(3점)

| 구분 | 기본급 | 식대 | 자가운전보조금 | 직책수당 | 육아수당 | 상여 |
|------|--------|------|----------------|----------|----------|------|
| 최유나 | 3,200,000 | 200,000 | 250,000 | 200,000 | | 300,000 |
| 이미희 | 2,500,000 | 100,000 | 200,000 | 400,000 | 100,000 | 500,000 |

(1) 최유나는 부양가족이 없는 부녀자이며, 이미희는 6세이하의 자녀만 있는 부녀자 세대주로서 모두 생산직 근로 사원이다.
(2) 식대는 비과세요건을 충족하며 자가운전보조금은 통상 매월 교통비 보조금으로 지급되는 금액이다.
(3) 육아수당은 출산 및 6세 이하 자녀의 보육과 관련한 사원에게 매월 지급한다.
(4) 급여지급일은 매월 말일이다.

[2] 다음 자료를 이용하여 자발적으로 퇴직한 나홀로(코드: 330) 직원에 대해 퇴직소득세를 산출하고, 퇴직소득원천징수영수증을 작성하시오.(일반전표입력은 생략한다)(3점)

- 입사 연월일 : 2012. 4. 1.   · 퇴사연월일 : 2022. 6. 29.   · 퇴직소득영수일 : 2022. 6. 30.
- 퇴직금 : 20,000,000원   · 퇴사사유 : 자발적퇴직   · 퇴직위로금 : 4,000,000원
- 전별금 : 600,000원

(1) 퇴직위로금은 회사 사규상 퇴직금지급규정에 의한 지급액이며, 전별금은 각 사원들이 갹출하여 지급한 금액이다.
(2) 퇴직금에 대하여는 과세이연을 적용하지 않기로 한다.

[3] 다음은 정호성 사원(사원코드 : 106, 생산직)에 대한 부양가족자료이다. 부양가족은 생계를 같이하고 있으며 부양가족의 공제는 요건이 충족되는 경우 모두 정호성가 적용받기로 한다. 사원등록메뉴의 부양가족명세를 작성하시오. 단, 기본공제대상자가 아닌 부양가족은 부양가족명세에 입력하지 않는다.(4점)

| 가족사항 | 이름 | 주민등록번호 | 비고 |
|---|---|---|---|
| 본인 | 정호성 | 631111-1183121 | 2020. 1. 2. 입사, 연간급여총액 : 50,000,000원, 세대주임. |
| 처 | 김윤희 | 640808-2187234 | 양도소득금액 : 1,000,000원 |
| 자 | 장현우 | 990101-1183124 | 대학생, 소득없음. |
| 자 | 장현식 | 0911-1183124 | 고등학생, 소득없음. |
| 모 | 이희숙 | 470625-2183335 | 부동산임대소득금액 : 10,000,000원 |
| 동생 | 장태현 | 720301-1183127 | 장애인(연간급여총액 : 24,000,000원) |
| 위탁아동 | 장규원 | 090606-3024554 | 아동복지법에 따른 위탁아동으로서 위탁기간은 8월 1일부터 12월 31일까지이고 소득은 없음. |

**문제 5** (주)미주상사(회사코드:1772)는 사무용가구를 생산하고 제조·도매업(주업종코드:제조/가구 361002)을 영위하는 중소기업이며, 당해 사업연도(제13기 )는 2022.11.~2022.12.31.이다. 법인세무조정메뉴를 이용하여 재무회계 기장자료와 제시된 보충자료에 의하여 당해 사업연도의 세무조정을 하시오. (30점)  ※ 회사선택에 유의할 것.

[작성대상서식]

| | |
|---|---|
| 1. 세금과 공과금 명세서 | 2. 일반연구 및 인력개발비 명세서 |
| 3. 퇴직연금부담금등 명세서 | 4. 대손충당금 및 대손금조정명세서 |
| 5. 기부금 조정 명세서 | |

[1] 다음은 세금과공과금에 입력된 내용이다. 불러오기를 실행하지 말고 세금과공과금명세서를 직접작성하고 필요한 세무조정을 행하시오. 단, 세무조정시 같은 소득처분인 경우에도 건별로 각각 세무조정 하도록 하시오.(6점)

| 계정과목 | 지급일자 | 금액 | 비고 |
|---|---|---|---|
| 세금과공과(제) | 2월 6일 | 9,200,000원 | 공장용지 취득시 취득세등 |
| 세금과공과(제) | 7월 28일 | 810,000원 | 공장건축물 재산세 |
| 세금과공과(판) | 8월 6일 | 270,000원 | 세금계산서미수취로 인한 불공제매입세액 |
| 세금과공과(판) | 9월 7일 | 480,000원 | 교통유발부담금 |
| 세금과공과(판) | 10월 29일 | 27,000원 | 전기요금 납부지연시 연체가산금 |
| 세금과공과(판) | 11월 7일 | 1,320,000원 | 폐수배출부담금 |

[2] 다음 자료를 통하여 당사의 일반 연구 및 인력개발비 명세서를 작성하고, 세액공제조정명세서(3)를 완성하라.(6점)

---

(1) 연구 및 인력개발비 지출내역은 다음과 같다. (모두 일반연구개발에 해당한다)

| 계정과목 | 인건비(3명) | 재료비(10건) |
|---|---|---|
| 경상연구개발비(제) | 25,000,000원 | 39,000,000원 |

(2) 직전 4년간 지출한 연구 및 인력개발비 내역은 다음과 같다.

| 구분 | 해당 사업년도 | 연구 및 인력개발비 지출내역 |
|---|---|---|
| 10기 | 2021.1.1. ~ 2021.12.31. | 31,000,000원 |
| 9기 | 2020.1.1. ~ 2020.12.31. | 19,000,000원 |
| 8기 | 2019.1.1. ~ 2019.12.31. | 36,000,000원 |
| 7기 | 2018.1.1. ~ 2018.12.31 | 39,000,000원 |

(3) 당사는 중소기업에 해당하며, 연구 및 인력개발비 세액공제는 최대금액으로 당기에 전액 신청한다.

(4) 세액공제조정명세서(3) 작성시 이월된 연구및인력개발비세액공제는 없는 것으로 가정

---

[3] 당사는 근로자의 퇴직금에 대하여 퇴직연금 중 확정급여형으로 가입하였으며, 그 자료는 다음과 같다. 퇴직연금부담금조정명세서를 작성하고, 세무조정사항을 소득금액조정합계표에 반영하시오. 참고로 당사는 퇴직연금에 대하여 전액 퇴직연금운용자산으로 처리하고 있고, 신고조정에 의하여 전액 세무조정하며 소득금액조정합계표는 직접입력을 선택하여 입력한다.(다만, 퇴직급여충당부채 관련 세무조정은 고려하지 않는다)(6점)

---

(1) 퇴직급여충당부채 계정내역

| | 퇴직급여충당부채 | | |
|---|---|---|---|
| 당기지급 | 10,000,000 | 기초잔액 | 45,000,000 |
| 기말잔액 | 75,000,000 | 당기설정 | 40,000,000 |
| | 85,000,000 | | 85,000,000 |

(2) 당기말 퇴직급여추계액은 200,000,000원이다.

(3) 퇴직연금운용자산 계정내역

| | 퇴직연금운용자산 | | |
|---|---|---|---|
| 기초잔액 | 15,000,000 | 당기감소액 | 6,000,000 |
| 당기납부액 | 18,000,000 | 기말잔액 | 27,000,000 |
| | 33,000,000 | | 33,000,000 |

퇴직연금운용자산 당기감소액은 퇴직요건을 충족한 근로자가 퇴직(일시금 선택)시 발생된 것으로 이와 관련된 회사의 회계처리는 다음과 같다.

(차) 퇴직급여충당부채 10,000,000　　　(대) 퇴직연금운용자산 6,000,000
　　　　　　　　　　　　　　　　　　　　　보통예금　　　　4,000,000

(4) 퇴직연금운용자산의 기초잔액은 전액 전기에 신고조정에 의하여 손금산입된 금액으로 전기 자본금과적립금조정명세서(을)에 15,000,000(△유보)으로 기입되어 있다..

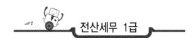 

[4] 다음 자료에 의하여 대손충당금 및 대손금 조정명세서를 작성하고 세무조정을 하시오.(6점)

(1) 매출채권 기말잔액은 다음과 같으며, 대손충당금은 외상매출금과 받을어음에 대해서 설정되어 있다.

| • 외상매출금 : 250,000,000원 | • 받을어음: 310,000,000원 |
|---|---|

(2) 거래처 부도로 받을어음 2,300,000원이 회수불가능하게 되어 다음과 같이 회계처리하였다.(부도발생일은 당해연도 7월 2일)

| (차) 대손충당금 2,300,000원 | (대) 받을어음 2,300,000원 |
|---|---|

(3) 대손충당금 계정 내용은 다음과 같다.

| 차변 | | 대변 | |
|---|---|---|---|
| 7/2    받을어음 | 2,300,000원 | 1/1    전기이월 | 3,300,000원 |
| 12/31  차기이월 | 9,400,000원 | 12/31  대손상각비 | 8,400,000원 |

(4) 대손실적률은 1/100이하이며, 대손충당금 환입은 기업회계기준에 따라 보충법을 사용하고 있다.
(5) 전기의 대손충당금 설정 한도초과액이 800,000원이 있다.

[5] 기입력된 자료는 무시하고  불러오기를 실행하지 말고 다음 자료를 참고하여 직접 기부금조정명세서를 작성하고 관련된 세무조정 중 소득금액조정합계표에 반영할 사항은 소득금액조정합계표에 반영하시오. 단, 소득금액조정합계표는 직접입력을 선택하여 입력할 것.(6점)

(1) 손익계산서의 기부금 계정 내역

| 일자 | 적요 | 법인명 | 금액 |
|---|---|---|---|
| 3. 10 | 사회복지법인 기부금 | 재단법인 좋은사회 | 3,000,000원 |
| 7.  1 | 연구비 | 국립암센터 | 8,500,000원 |
| 12. 24 | 종교단체 기부금 | 조계사 | 6,000,000원 |
| 12. 31 | 노인정 지원금 | 성동노인정 | 1,000,000원 |

* 12월 24일에 지급된 기부금은 어음으로 지급되었으며 만기일은 다음연도 3월 24일이다.
* 노인정 지원금은 회사 인근 노인정 설립행사에 지원한 기부금이다.
* 법인명의 사업자등록번호 기입은 생략하고 어음기부금의 기부금 귀속시기가 당해연도에 귀속되는 기부금 지출금액이 아닐 경우에 프로그램의 기부금명세서의 기부금 입력은 하지 않는 것으로 한다.

(2) 기부금 세무조정을 반영하기전 법인세과세표준및세액조정계산서상 차가감소득금액 내역은 다음과 같으며 세무상 이월결손금 10,000,000원(2020년도 발생분)이 있다.

| 구 분 | | 금액(원) |
|---|---|---|
| 결산서상 당기순손익 | | 250,000,000 |
| 소득조정금액 | 익금산입 | 30,000,000 |
| | 손금산입 | 10,000,000 |
| 차가감소득금액 | | 270,000,000 |

(3) 전년도에는 지정기부금 한도초과액 35,000,000원이 발생하였다.

## 이 론 시 험

다음 문제를 보고 알맞은 것을 골라 | 이론문제 답안작성 | 메뉴에 입력하시오.(객관식 문항당 2점)

───── <기본전제> ─────
문제에서 한국채택국제회계기준을 적용하도록 하는 전제조건이 없는 경우, 일반기업회계기준을 적용한다.

**01** 다음 중 재고자산에 대한 설명 중 잘못된 것은?

① 후입선출법에 의해 원가배분을 할 경우 기말재고는 최근에 구입한 상품의 원가로 구성된다.

② 재고자산의 가격이 계속 상승하고 재고자산 매입수량이 판매수량보다 큰 경우에 재고자산을 가장 낮게 보수적으로 평가하는 방법은 후입선출법이다.

③ 실지재고조사 중 정상적인 재고감모손실이 발생하는 경우에는 손익계산서상 매출원가에 가산한다.

④ 재고자산의 시가가 취득원가보다 하락한 경우에는 저가법을 사용하여 재고자산의 재무상태표가액을 결정한다.

**02** 일반기업회계기준상 유가증권의 후속 측정에 대한 설명이다. 이 중 잘못된 것은?

① 만기보유증권은 취득원가로 평가하여 재무상태표에 표시한다.

② 단기매매증권과 매도가능증권은 공정가치로 평가한다.

③ 단기매매증권에 대한 미실현보유손익은 당기손익항목으로 처리한다.

④ 매도가능증권에 대한 미실현보유손익은 기타포괄손익누계액으로 처리한다.

**03** 다음 중 유형자산의 취득원가에 대한 설명으로 틀린 것은?

① 자산의 취득, 건설, 개발에 따른 복구원가에 대한 충당부채는 유형자산을 취득하는 시점에 해당 유형자산의 취득원가에 반영한다.

② 유형자산의 설계와 관련하여 전문가에게 지급하는 수수료는 유형자산의 취득원가에 해당된다.

③ 유형자산이 경영진이 의도하는 방식으로 가동될 수 있으나 아직 실제 사용되지 않는 경우에 발생하는 원가는 유형자산의 원가로 인식하지 아니한다.

④ 건물을 신축하기 위하여 사용중인 기존 건물을 철거하는 경우 철거비용은 토지의 취득원가에 포함한다.

**04** 기업회계기준상 오류수정에 관한 내용이다. 올바르지 못한 것은?

① 당기에 발견한 전기 또는 그 이전기간의 중요하지 않은 오류는 영업외손익으로 처리한다.

② '오류수정'이란 기업회계기준의 잘못된 적용 등 전기 또는 그 이전의 재무제표에 포함된 회계적 오류를 당기에 발견하여 이를 수정하는 것을 말한다.

③ 비교재무제표를 작성하는 경우 중대한 오류의 영향을 받는 회계기간의 재무제표항목은 수정하여 재작성한다.

④ 오류수정의 내용은 주기로 표시한다.

**05** 일반기업회계기준 중 자본조정에 대한 설명이다. A, B, C, D에 알맞은 것으로 묶인 것은?

> 자본조정 중 (A)는(은) 별도 항목으로 구분하여 표시한다. (B), (C), (D) 등은 기타자본조정으로 통합하여 표시할 수 있다.

| | A | B | C | D |
|---|---|---|---|---|
| ① | 주식할인발행차금 | 자기주식 | 감자차손 | 자기주식처분손실 |
| ② | 자기주식 | 주식할인발행차금 | 감자차손 | 자기주식처분손실 |
| ③ | 감자차손 | 자기주식 | 주식할인발행차금 | 자기주식처분손실 |
| ④ | 자기주식처분손실 | 자기주식 | 감자차손 | 자기주식처분손실 |

**06** 다음 중 원가의 분류에 대한 설명으로 틀린 것은?

① 두 가지 이상의 제품을 제조하는 공장의 경리직원에 대하여 급여를 지급하는 경우 이는 간접노무원가에 해당한다.

② 원가를 발생 형태에 따라 분류하는 경우에 임금과 급료 등 인간 노동력의 소비액을 노무원가라고 한다.

③ 관련범위 내에서 공장의 임차료와 같은 고정원가는 조업도가 증가하여도 단위당 고정원가는 일정하다.

④ 변동원가는 조업도가 증가함에 따라 총원가는 증가하지만 단위당 원가는 일정하다.

**07** (주)선우은 직접노무비의 80%를 제조간접비로 부과하고 있으며, 10월말 현재 재공품 A에 제조간접비 6,280원이 배부되었다. 10월말 A에 배부될 직접재료비를 구하면 얼마인가?

- 10월 1일 재공품액 : 48,000원
- 10월 31일 제품계정 대체액 : 188,000원
- 10월 당기총제조원가 합계 : 176,000원

① 17,350원         ② 21,870원

③ 13,425원         ④ 14,075원

**08** 선입선출법에 의한 종합원가계산시 완성품환산량 단위당 원가를 계산하기 위하여 사용하는 원가는?

① 기초재공품원가 + 당기투입원가

② 기초재공품원가 + 당기투입원가 − 기말재공품원가

③ 당기투입원가

④ 당기투입원가 − 기초재공품원가

**09** 연산품 A와 B는 결합생산된 후 각각 추가가공을 거쳐 판매된다. 다른 모든 조건은 변동사항이 없고, 연산품 A의 분리점에서의 판매가치만 증가한다면 A와 B의 매출총이익은 어떻게 변하는가?(결합원가는 분리점에서의 판매가치에 의해 배분된다고 가정)

① A는 증가하고 B는 감소한다.     ② A는 감소하고 B는 증가한다.

③ A와 B모두 감소한다.     ④ A는 증가하고 B는 변동없다.

**10** (주)시민의 제조활동과 관련된 물량흐름이 다음과 같을 때 잘못된 것은?

| | |
|---|---|
| • 기초재공품 : 600개 | • 당기완성수량 : 1,800개 |
| • 당기착수량 : 2,000개 | • 기말재공품 : 400개 |

① 공손품 물량은 400개이다.
② 비정상공손원가는 영업외비용으로 처리한다.
③ 정상공손원가는 완성품에만 배분한다.
④ 정상공손품의 기준을 완성품의 10%라고 할 경우 비정상공손수량은 220개이다.


**11** 부가가치세법상 재화 또는 용역의 공급이 다음과 같을 때, 세금계산서 발급의무 대상에 해당하는 공급가액의 합계액은 얼마인가?

> (1) 외국으로 직수출액 : 20,000,000원
> (2) 내국신용장에 의한 수출액 : 30,000,000원
> (3) 거래처에 무상으로 증여한 제품의 가액 : 16,000,000원
> (4) 특수관계자에게 현물출자한 기계장치 금액 : 60,000,000원
> (5) 부동산 간주임대료 용역 : 700,000원

① 36,700,000원  ② 46,000,000원
③ 76,000,000원  ④ 90,000,000원


**12** 다음 중 현행 소득세법상 분리과세되는 종합소득에 해당하지 않는 것은?
① 무조건 분리과세되는 경우 외의 이자소득과 배당소득으로서 그 소득의 합계액이 4천만원 이하이면서 원천징수된 소득
② 공적연금소득을 제외한 연금소득의 합계액이 연 1,200만원 이하인 경우 그 연금소득
③ 일용근로자의 근로소득
④ 이자소득 중 직장공제회 초과반환금


**13** 다음 중 법인세법상 반드시 기타사외유출로 처분해야 하는 경우가 아닌 것은?
① 임대보증금 등의 간주익금
② 증빙누락 접대비
③ 공익성 기부금 한도초과액
④ 채권자불분명 사채이자의 원천징수세액 상당액

**14** 다음 중 법인세법상 내국법인의 각 사업연도의 소득에 대한 법인세 과세표준 계산에 대한 설명으로 틀린 것은?

① 과세표준은 각 사업연도의 소득에서 이월결손금·비과세소득·소득공제액을 순차로 공제한 금액이 된다.

② 이월결손금이란 각 사업연도 개시일 전 10년 이내에 개시한 사업연도에서 발생한 결손금으로서 그 후의 각 사업연도의 과세표준 계산을 할 때 공제되지 아니한 금액을 말한다.

③ 이월결손금은 공제기한 내에 임의로 선택하여 공제받을 수 없으며, 공제 가능한 사업연도의 소득금액 범위 안에서 전액 공제받아야 한다.

④ 과세표준 계산시 공제되지 아니한 비과세소득 및 소득공제는 다음 사업연도부터 3년간 이월하여 공제받을 수 있다.

**15** 다음 중 법인세법상 감가상각에 대한 설명으로 틀린 것은?

① 장기할부조건으로 매입한 고정자산의 경우 대금의 청산 또는 소유권의 이전여부에 관계없이 고정자산 가액 전액을 자산으로 계상하고 감가상각대상 자산에 포함한다.

② 상각범위액에 미달하여 상각하거나 감가상각비를 전혀 계상하지 아니하는 경우에도 법인세법상 인정된다.

③ 감가상각자산을 취득하기 위하여 지출한 금액과 감가상각대상자산에 대한 자본적 지출을 손금으로 계상한 경우에는 이를 감가상각한 것으로 보아 상각범위액을 계산한다.

④ 정률법으로 감가상각하는 경우 취득가액의 5%에 해당하는 잔존가액은 최초로 감가상각비를 계상하는 사업연도의 상각범위액에 가산한다.

# 실 무 시 험

(주)성동상회(회사코드:1781)는 제조·도매업을 영위하는 중소기업이며, 당기는 제10기로 회계기간은 2022.1.1.~2022.12.31.이다. 전산세무회계 수험용 프로그램을 이용하여 다음 물음에 답하시오.

---
<입력 시 유의사항>
- 일반적인 적요의 입력은 생략하지만, 타계정 대체거래는 적요번호를 선택하여 입력한다.
- 세금계산서·계산서 수수거래 및 채권·채무 관련 거래는 별도의 요구가 없는 한 반드시 기등록된 거래처코드를 선택하는 방법으로 거래처명을 입력한다.
- 제조경비는 500번대 계정코드를, 판매비와관리비는 800번대 계정코드를 사용한다.
- 회계처리 시 계정과목은 등록된 계정과목 중 가장 적절한 과목으로 한다.
- 매입매출전표 입력 시 입력화면 하단의 분개까지 처리하고, 전자세금계산서 및 전자계산서는 전자 입력으로 반영한다.
---

**문제 1** 다음 거래 자료에 대하여 적절한 회계처리를 하시오.(12점)

[1] 1월 3일   회사가 보유한 (주)흥국정밀의 단기차입금 150,000,000원을 출자전환하기로 하고 주식 10,000주(액면가액 10,000원)를 발행하여 교부하였으며 자본증자 등기를 마쳤다.(3점)

[2] 1월 16일   거래처 정밀테크에서 원재료(6,000개, @₩3,500, 부가가치세 별도)를 매입하고 전자세금계산서를 교부받았다. 대금 중 3,000,000원은 (주)미성에서 받은 약속어음으로 지급하고, 나머지는 당좌예금 계좌에서 이체하였다.(3점)

[3] 1월 20일   회사가 보유하고 있던 매도가능증권을 다음과 같은 조건으로 처분하고 현금으로 회수하였다. (단, 전년도 12월 31일 기말평가는 일반기업회계기준에 따라 처리하였다)(3점)

| 취득가액 | 전년도 공정가액 | 양도가액 | 비 고 |
|---|---|---|---|
| 20,000,000원 | 22,000,000원 | 23,000,000원 | 시장성 있음 |

[4] 2월 9일   (주)미룡상사에 제품 40,000,000원(부가가치세 별도)을 매출하고 1월 29일에 수령한 선수금을 제외한 나머지 대금은 어음(만기일 당해연도 6. 4.)으로 수령하고, 전자세금계산서를 교부하였다. (단, 선수금 수령시 세금계산서를 발부하지 않았다)(3점)

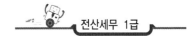

**문제 2**  다음 주어진 요구사항에 따라 부가가치세 신고서 및 부속서류를 작성하시오.(10점)

[1] 제1기 예정 부가가치세 신고 시에 다음 내용이 누락되었다. 누락된 자료를 추가하여 제1기 확정 부가가치세 신고서를 작성하시오. 3월분 임차료는 전자세금계산서를 발급받았다. 예정신고누락분을 전표입력(분개는 생략한다)하여 부가가치세확정신고서에 반영하시오.(5점)

> 1. 공장건물의 3월분 임차료 전자세금계산서를 누락하다.
>
>    - 공급가액 : 3,000,000원(VAT 별도)     - 공급자 : 이기성(125-20-44552)
>    - 일자 : 3월 20일
>
> 2. 수출한 재화의 신고를 누락하다.
>
> | 거래처명 | 선적일 | 수출신고일 | 대금결제일 | 환율 | | | 외화금액 |
> |---|---|---|---|---|---|---|---|
> | | | | | 선적일 | 수출신고일 | 대금결제일 | |
> | HANS.CO.LTD | 03.26. | 03.19. | 04.14. | 1,200/$ | 1,150/$ | 1,250/$ | $30,000 |

[2] 다음은 당사의 제2기 예정신고기간(7.1.~9.30.)에 대한 신용카드 매입거래 내용이다. 매입매출전표에 입력하고, 신용카드매출전표 등 수령금액 합계표(갑)를 작성하라.(단, 매입세액공제대상이 아닌 경우 입력하지 않으며, 분개는 생략하기로 한다)(5점)

| 일자 | 거래처명 | 발행금액(VAT 포함) | 거 래 내 용 | 비 고 |
|---|---|---|---|---|
| 8.7. | 앗싸주점 | 440,000원 | 거래처 직원 회식대 | 국민카드 사용<br>5551-4444-0000-7770 |
| 9.4. | 신속공업사 | 132,000원 | 화물차 종합검사비<br>(페라르공업사는 일반과세자임) | 우리카드 사용<br>4466-3333-1111-6610 |
| 9.29. | 으아백 | 550,000원 | 직원 가방 선물<br>(명품백은 일반과세자임) | 지출증빙용 현금영수증 사용 |

**문제 3**  다음 결산정리사항에 대하여 결산정리분개를 하거나 입력을 하여 결산을 완료하시오.(8점)

[1] 회사가 보유한 화폐성 외화자산은 다음과 같다. 외화 관련손익을 인식하도록 한다.(2점)

| 관련 계정과목 | 거래처 | 금액 | 발생일 | 발생일 환율 | 결산일 환율 |
|---|---|---|---|---|---|
| 장기차입금 | 한주은행 | $15,000 | 9월 10일 | 1,350/$ | 1,400/$ |

[2] 결산일 현재 유형자산에 해당하는 장부금액 100,000,000원인 토지에 대한 손상징후가 있다고 판단되어 검토한 결과 토지의 사용가치는 68,000,000원이고 처분가치는 86,500,000원인 것으로 판단되어 이를 손상차손으로 인식하다.(2점)

[3] 기중의 회계처리내용을 확인한 후 보험료에 대한 내용을 결산에 반영하라.(단, 월할계산 하기로 한다)(2점)

| 구 분 | 분개처리일 | 대상기간 | 금액 | 비고 |
|---|---|---|---|---|
| 화재보험료 | 당기 7. 1. | 2022. 7. 1. ~ 2024. 6. 30. | 2,000,000원 | 본사건물 화재보험료 |

[4] 법인세 등은 결산서상 법인세차감전이익 548,987,659원에 세율을 적용하여 다음과 같이 계상한다. 단, 장부상 선납세금계정에는 법인세 중간예납세액 및 원천납부세액이 계상되어 있다.(2점)

> 법인세 등 = ① + ②
> ① : 법인세 산출세액 - 법인세 감면세액(5,280,000원)
> ② : 법인세분 지방소득세

※1081로 변경해서 입력할 것

문제 4 원천징수와 관련된 다음 물음에 답하시오.(10점)

[1] 다음 자료에 의하여 4월 1일에 입사한 김기덕(사원코드:202번, 성별:남, 직종:사무직, 세대주)씨의 사원등록사항을 등록하고 연말정산추가자료를 입력하시오.(8점)

1. 다음은 김기덕씨의 전근무지 소득에 대한 자료이다.

- 근무처명 : (주)노후전자
- 사업자등록번호 : 206-86-47965
- 근무기간 : 2020.1.1.~2020.3.31.
- 급여 : 13,200,000원
- 상여 : 1,000,000원
- 건강보험료 : 210,000원
- 고용보험료 : 31,300원
- 국민연금보험료 : 192,000원

| | 구 분 | 소득세 | 지방소득세 |
|---|---|---|---|
| 세액명세 | 결정세액 | 27,200원 | 2,720원 |
| | 기납부세액 | 31,800원 | 3,180원 |
| | 차감징수세액 | △4,600원 | △460원 |

2. 김기덕씨의 과세기간종료일 현재 생계를 같이하는 가족관계는 다음과 같다.

| 이 름 | 관 계 | 연령(만) | 비고 |
|---|---|---|---|
| 배순희 | 배우자 | 53세 | 일용근로소득 7,000,000원 있음. |
| 김장남 | 장 남 | 24세 | 대학생. 소득없음 |
| 김차남 | 차 남 | 18세 | 고등학생. 소득없음 |
| 김부친 | 부 친 | 78세 | 장애인. 소득없음 |
| 박모친 | 모 친 | 76세 | 부동산임대사업소득금액 4,300,000원 |

3. 연말정산추가자료는 다음과 같고 모두 국세청에서 조회한 금액이다. 전액 김기덕씨 본인의 지출액이며 다른 가족의 공제대상에도 해당하는 경우에는 김기덕씨가 공제가능한 모든 공제를 적용받도록 한다.

| 항 목 | 대상자 | 금액(원) | 비 고 |
|---|---|---|---|
| 보험료 | 본인 | 450,000 | 자동차보험료 |
| | 부친 | 710,000 | 장애인전용보험료 |
| 의료비 | 차남 | 1,200,000 | 운동 중 다리골절로 인한 치료비용(전액 본인 신용카드결제) |
| | 부친 | 730,000 | 보약구입비용(전액 본인 신용카드결제) |
| | 모친 | 1,800,000 | 관절염치료비용(전액 본인 신용카드결제) |
| 교육비 | 장남 | 6,400,000 | 대학교 등록금(전액 본인 신용카드결제) |
| | 차남 | 1,200,000 | 고등학교 등록금 |
| 기부금 | 본인 | 1,200,000 | 종교단체기부금 |
| | 모친 | 1,200,000 | 종교단체기부금 |
| 신용카드등 | 본인 | 23,600,000 | 위의 본인 신용카드결제액과 아파트관리비 3,100,000원 포함 |
| | 장남 | 2,120,000 | 장남 현금영수증 사용액 |
| | 모친 | 1,270,000 | 모친 현금영수증 사용액 |
| 연금저축 | 본인 | 2,400,000 | 2015년에 본인명의로 새마을금고에 가입(계좌번호 110-12-12643) |

**[2] 사업소득자 김용기(108)을 등록하고 사업소득자료를 입력하시오.(2점)**

- 주민등록번호 : 550201-1322210
- 소득구분 : 학원강사
- 지급금액 : 3,200,000원
- 주소 : 서울 관악구 관악로 100
- 지급일(영수일) : 3월 4일(전월 귀속분)

**문제 5** 승리상사㈜(회사코드:1782)는 제조·도매업을 영위하는 중소기업이며, 당해 사업연도(제12기)는 2022.1.1.~2022.12.31.이다. 법인세무조정메뉴를 이용하여 재무회계 기장자료와 제시된 보충자료에 의하여 당해 사업연도의 세무조정을 하시오.(30점)　　※ 회사선택에 유의할 것.

[작성대상서식]

1. 접대비조정명세서
2. 세금과공과금명세서
3. 대손충당금및대손금조정명세서
4. 기부금조정명세서
5. 법인세과세표준및세액조정계산서

[1] 접대비 조정명세서를 작성하고 세무조정을 하시오.(6점)

1. 기업회계상 매출액은 1,900,000,000원이며, 이 중 100,000,000원은 특수관계 있는 회사에 대한 매출이다.
2. 접대비 계상액은 다음과 같으며, 모두 건당 3만원 초과금액이다
   (1) 접대비(제조원가) : 13,000,000원
   (2) 접대비(판매관리비) : 35,000,000원
3. 접대비 지출 부문별 신용카드 사용은 다음과 같다.
   (1) 접대비(제조원가) : 12,150,000원
   (2) 접대비(판매관리비) : 33,610,000원(임직원 개인카드 사용분 300,000원 포함)
4. 접대비(제조) 신용카드 미사용액은 건당 20만원 초과 경조사비 850,000원이다.
5. 신용카드 미사용액에 대한 세무조정은 합계금액으로 하나의 세무조정으로 하시오.

[2] 세금과공과금(판) 계정별원장의 내용은 다음과 같다. 입력된 자료를 조회하여 세금과공과금명세서를 작성하고 필요한 세무조정을 행하시오. 단, 세무조정유형과 소득처분이 같은 세무조정이라고 하더라도 건별로 각각 세무조정을 하며, 여기서 발생하는 세무조정사항이 다른 조정메뉴에 미치는 영향은 무시한다.(6점)

| 날 짜 | 적 요 | 금 액 |
|---|---|---|
| 1월 4일 | 토지 취득시 취득세 납부 | 3,000,000원 |
| 1월 20일 | 업무용승용차 자동차세 | 870,000원 |
| 3월 31일 | 법인세에 대한 농어촌특별세 | 360,000원 |
| 4월 7일 | 사업과 관련없는 불공제매입세액 | 630,000원 |
| 7월 20일 | 법인균등분 주민세 | 62,500원 |
| 10월 15일 | 업무용자산에 대한 재산세 | 920,000원 |
| 10월 17일 | 폐수배출부담금 | 450,000원 |
| 11월 20일 | 업무상 납부한 주정차위반 과태료 | 400,000원 |

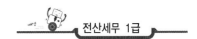 

[3] 다음 자료를 이용하여 대손충당금및대손금조정명세서를 작성하고 필요한 세무조정을 하시오. 단, 전기 이전의 세무조정은 모두 적정하게 이루어졌다고 가정한다.(6점)

1. 당기에 대손충당금과 상계처리한 대손금 내역은 다음과 같다.

| 날짜 | 계정과목 | 금액 | 비고 |
|---|---|---|---|
| 5월 16일 | 받을어음 | 2,499,000원 | 부도발생일로부터 6개월 경과된 어음 2,500,000원 |
| 8월 20일 | 외상매출금 | 3,000,000원 | 전전기에 소멸시효가 완성된 외상매출금 |

8월 20일에 대손처리한 전전기에 소멸시효가 완성된 외상매출금은 전전기에 다음과 같이 세무조정되어 대손금부인액 -3,000,000원이 이월되었다.

<손금산입> 소멸시효완성채권    3,000,000원 (△유보)

2. 대손충당금계정의 내역은 다음과 같다. 단, 전기이월액 중에는 손금부인액 100,000원이 포함되어 있다.

대손충당금

| | |
|---|---|
| 당기대손처리액  5,499,000원 | 전기이월    10,000,000원 |
| 차기이월        7,210,000원 | 당기계상액 2,709,000원 |

3. 장부상 대손충당금 설정대상 매출채권액은 다음과 같다.
   • 당기말 채권잔액 656,000,000원(외상매출금 626,000,000원, 받을어음 30,000,000원)
   • 전기말 채권잔액 755,000,000원(외상매출금 713,000,000원, 받을어음 42,000,000원)

[4] 다음 자료에 의해 기부금조정명세서 및 기부금명세서를 작성하고 세무조정을 하시오.(6점)

• 5월  4일 : 국군장병 위문금품 지급 : 3,000,000원
• 6월  2일 : 지역새마을사업을 위해 지출한 금액 : 5,000,000원
• 7월 17일 : 향우회비 지급 : 400,000원
• 8월 22일 : 정부로부터 허가를 받은 예술단체에 지급한 금액 : 3,000,000원
• 9월 16일 : 사립대학 장학금으로 지출한 기부금 : 1,300,000원
• 기부금조정명세서 작성을 위한 소득금액은 입력되어 있는 자료를 이용한다.
• 2019년 발생한 세무상 이월결손금 중 미공제된 이월결손금은 16,000,000원이며, 기부금 이월액은 없다.

[5] 다음 자료를 통하여 법인세 과세표준 및 세액조정계산서를 완성하시오.(당사는 중소기업이며, 세율은 현행세율을 적용하고, 불러온 자료들은 무시하고 아래의 자료를 참고하여 작성한다)(6점)

> ① 결산서상 당기순이익 : 240,120,000원
> ② 익금산입액 : 30,000,000원,  손금산입액 : 10,000,000원
> ③ 기부금한도초과 이월액 손금산입액 : 700,000원
> ④ 중소기업에 대한 특별세액감면 : 1,400,000원
> ⑤ 결산 시 법인세등 계정으로 대체한 선납세금계정은 중간예납세액(6,400,000원)과 원천납부세액 (870,000원)뿐이다.
> ⑥ 2019년 귀속분에서 발생한 세무상 미공제 이월결손금 16,000,000원이 있다.
> ⑦ 적격증빙을 수취하지 않고, 간이영수증을 수취한 1건(1,000,000원)이 있다.
> ⑧ 위 이외의 세무조정자료는 없다고 가정한다.
> ⑨ 분납 가능한 최대의 금액을 현금으로 분납하도록 처리한다.

# 최신 기출문제

## 이 론 시 험

다음 문제를 보고 알맞은 것을 골라 │ 이론문제 답안작성 │ 메뉴에 입력하시오.(객관식 문항당 2점)

───── <기본전제> ─────

문제에서 한국채택국제회계기준을 적용하도록 하는 전제조건이 없는 경우, 일반기업회계기준을 적용한다.

**01** 다음 중 재무제표의 수정을 요하는 보고기간후사건으로 볼 수 있는 것은 모두 몇 개인가?

> 가. 보고기간말 현재 이미 자산의 가치가 하락되었음을 나타내는 정보를 보고기간말 이후에 입수하는 경우
> 나. 보고기간말 이전에 존재하였던 소송사건의 결과가 보고기간 후에 확정되어 이미 인식한 손실금액을 수정하여야 하는 경우
> 다. 유가증권의 시장가격이 보고기간말과 재무제표가 사실상 확정된 날 사이에 하락한 경우

① 0개 ② 1개
③ 2개 ④ 3개

**02** 다음 중 유형자산에 대한 설명으로 옳은 것은 모두 몇 개인지 고르시오.

> ㉠ 동종자산 간에 교환하는 경우에 취득하는 자산의 원가는 제공하는 자산의 장부금액으로 처리한다.
> ㉡ 감가상각비는 다른 자산의 제조와 관련된 경우에는 관련 자산의 제조원가로 처리하고, 그 밖의 경우에는 영업외비용으로 처리한다.
> ㉢ 건물을 신축하기 위하여 사용 중인 기존 건물을 철거하는 경우, 기존 건물의 장부가액은 제거하여 처분손실로 반영하고, 철거비용은 전액 당기비용으로 처리한다.
> ㉣ 정부보조금을 받아 취득하는 유형자산의 경우 취득원가는 취득일의 공정가액으로 한다.
> ㉤ 감가상각대상금액은 취득원가에서 취득부대비용을 차감한 금액을 말한다.

① 2개 ② 3개
③ 4개 ④ 5개

**03** ㈜성진의 당기 중 대손충당금의 변동내역은 아래와 같다. 당기 말 현재 매출채권 잔액의 1%를 대손충당금으로 설정한다고 가정할 때, 다음 중 옳지 않은 것은?

| 대손충당금 | | | |
|---|---|---|---|
| 매출채권 | 250,000원 | 기초잔액 | 270,000원 |
| 기말잔액 | 250,000원 | 현금 | 80,000원 |
| | | 대손상각비 | 150,000원 |

① 당기 말 매출채권 잔액은 25,000,000원이다.
② 전기 말 매출채권 잔액은 27,000,000원이다.
③ 당기 중 대손발생액은 170,000원이다.
④ 당기 말 손익계산서상 대손상각비는 150,000원이다.

**04** ㈜두인의 당기말 수정전시산표와 수정후시산표의 일부이다. 빈칸에 들어갈 금액으로 옳지 않은 것은?

| 계정과목 | 수정 전 시산표 | | 수정 후 시산표 | |
|---|---|---|---|---|
| | 차변 | 대변 | 차변 | 대변 |
| 미수수익 | 50,000원 | | ( 가 ) | |
| 선급보험료 | 0원 | | ( 나 ) | |
| 미지급급여 | | | | 1,000,000원 |
| 선수임대료 | | | | 150,000원 |
| 이자수익 | | 3,000원 | | 13,000원 |
| 수입임대료 | | 300,000원 | | ( 다 ) |
| 보험료 | 120,000원 | | 60,000원 | |
| 급여 | 1,000,000원 | | ( 라 ) | |

① ( 가 ) 40,000원
② ( 나 ) 60,000원
③ ( 다 ) 150,000원
④ ( 라 ) 2,000,000원

**05** 다음 중 정당한 회계변경의 사유가 아닌 것은?

① 합병, 대규모 투자 등 기업환경의 중대한 변화로 종전의 회계정책을 적용하면 재무제표가 왜곡되는 경우
② 주식회사의 외부감사에 관한 법률에 의해 최초로 회계감사를 받는 경우
③ 일반기업회계기준의 제정, 개정 또는 기존의 일반기업회계기준에 대한 새로운 해석에 따라 회계변경을 하는 경우
④ 동종산업에 속한 대부분의 기업이 채택한 회계정책 또는 추정방법으로 변경함에 있어서 새로운 회계정책 또는 추정방법이 종전보다 더 합리적이라고 판단되는 경우

**06** 다음 중 원가에 관한 설명으로 틀린 것은?

① 표준원가는 정기적으로 검토하여야 하며, 필요한 경우 현재의 상황에 맞게 조정하여야 한다.

② 표준원가계산은 미리 표준으로 설정된 원가자료를 사용하여 원가를 계산하는 방법으로 원가관리에 유용하다.

③ 순실현가치법은 분리점에서 중간제품의 판매가치를 알 수 없는 경우에도 적용할 수 있다.

④ 전부원가계산은 변동제조원가만을 계산하며 고정제조원가를 포함하지 아니한다.


**07** ㈜경기의 원가 관련 자료가 아래와 같을 때 당기제품제조원가는 얼마인가?

- 기초재공품 : 20,000원
- 기말재공품 : 30,000원
- 기초원가 : 50,000원
- 가공원가 : 70,000원
- 제조간접원가는 직접노무원가의 1.5배만큼 비례하여 발생한다.

① 79,000원
② 80,000원
③ 81,000원
④ 82,000원


**08** 다음 중 개별원가계산에 대한 설명으로 옳지 않은 것은?

① 개별원가계산은 조선업, 건설업 등 고객의 요구에 따라 소량으로 주문생산하는 기업의 원가계산에 적합한 원가계산 방식이다.

② 종합원가계산과는 달리 개별원가계산은 완성품환산량을 산정할 필요가 없다.

③ 개별원가계산은 제조원가가 각 작업별로 집계되며 그 작업에서 생산된 제품단위에 원가를 배분한다.

④ 개별원가계산은 상대적으로 원가계산과정이 부정확하다.

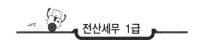

**09** 다음은 선입선출법에 의한 종합원가계산을 적용하고 있는 ㈜한세의 당기 생산 관련 자료이다. 아래의 자료를 이용하여 기초재공품의 완성도를 계산하면 얼마인가? 단, 가공비는 균등하게 발생하고, 당기 발생 가공비는 200,000원, 완성품의 가공비 단위당 원가는 20원이다.

| 구분 | 수량 | 완성도 |
|------|------|--------|
| 기초재공품 | 2,000개 | ? |
| 당기착수 | 9,000개 | |
| 기말재공품 | 1,000개 | 80% |

① 40%
② 50%
③ 60%
④ 70%

**10** 다음 중 관련 범위 내에서 단위당 변동원가와 총고정원가를 설명한 것으로 옳은 것은?

| | 단위당 변동원가 | 총고정원가 |
|---|---|---|
| ① | 생산량이 증가함에 따라 감소한다. | 각 생산수준에서 일정하다. |
| ② | 생산량이 증가함에 따라 증가한다. | 생산량이 증가함에 따라 감소한다. |
| ③ | 각 생산수준에서 일정하다. | 생산량이 증가함에 따라 감소한다. |
| ④ | 각 생산수준에서 일정하다. | 각 생산수준에서 일정하다. |

**11** 다음 중 법인세법상 접대비에 대한 설명으로 가장 옳지 않은 것은?

① 접대비가 1만원(경조금 20만원)을 초과하는 경우에는 적격증명서류를 수취하여야 한다.

② 사업연도가 12개월인 중소기업 법인의 접대비 한도를 계산할 때 기본한도는 3천6백만원이다.

③ 금전 외의 자산으로 접대비를 제공한 경우 해당 자산의 가액은 제공한 때의 시가와 장부가액 중 큰 금액으로 산정한다.

④ 증빙을 누락하여 귀속이 불분명한 접대비는 손금불산입하고, 대표자 상여로 소득처분한다.

**12** 다음 중 법인세법상 세무조정 및 소득처분으로 틀린 것은?

① 임원상여금 한도초과액 : 손금불산입 <상여>

② 접대비 한도초과액 : 손금불산입 <기타사외유출>

③ 감가상각비 부인액 : 손금불산입 <유보>

④ 임직원이 아닌 지배주주에 대한 여비교통비 지급액 : 손금불산입 <상여>

**13** 다음 중 종합소득에 대한 설명으로 틀린 것은?

① 기타소득금액이 2,500,000원인 경우는 반드시 종합과세할 필요는 없다.

② 세무서에 사업자등록을 한 사업자의 사업소득은 금액과 관계없이 종합과세되는 소득이다.

③ 퇴직소득만 25,000,000원이 발생한 경우에는 종합소득세를 신고할 필요가 없다.

④ 종합소득금액에서 종합소득공제를 차감한 금액을 기준소득금액이라고 한다.


**14** 다음 중 부가가치세법상 납세지에 대한 설명으로 틀린 것은?

① 원칙적으로 사업자는 각 사업장마다 부가가치세를 신고 및 납부하여야 한다.

② 사업자 단위 과세 사업자는 그 사업자의 본점 또는 주사무소에서 총괄하여 신고 및 납부할 수 있다.

③ 주사업장 총괄 납부제도는 주된 사업장에서 납부세액 또는 환급세액을 통산하여 납부 또는 환급받을 수 있는 제도를 말한다.

④ 하치장 또한 사업장으로써 납세지의 기능을 할 수 있다.


**15** 다음 중 부가가치세법상 대손세액공제와 관련된 설명으로 옳지 않은 것은?

① 대손세액공제는 일반과세자에게 적용되며, 간이과세자에게는 적용하지 아니한다.

② 재화·용역을 공급한 후 그 공급일로부터 5년이 지난 날이 속하는 과세기간에 대한 확정신고기한까지 대손이 확정되어야 한다.

③ 예정신고시에는 대손세액공제를 적용할 수 없다.

④ 대손세액공제를 받은 사업자가 그 대손금액의 전부 또는 일부를 회수한 경우에는 회수한 대손금액에 관련된 대손세액을 회수한 날이 속하는 과세기간의 매출세액에 더한다.

# 실 무 시 험

홍도전기㈜(회사코드:1000)는 제조 · 도소매업을 영위하는 중소기업이며, 당기(제11기) 회계기간은 2022.1.1.~2022.12.31.이다. 전산세무회계 수험용 프로그램을 이용하여 다음 물음에 답하시오.

―――――――――― <기본전제> ――――――――――

- 문제에서 한국채택국제회계기준을 적용하도록 하는 전제조건이 없는 경우, 일반기업회계기준을 적용하여 회계처리 한다.
- 문제의 풀이와 답안작성은 제시된 문제의 순서대로 진행한다.

**문제 1** 다음 거래에 대하여 적절한 회계처리를 하시오. (12점)

―――――――――― <입력 시 유의사항> ――――――――――

- 일반적인 적요의 입력은 생략하지만, 타계정 대체거래는 적요번호를 선택하여 입력한다.
- 세금계산서·계산서 수수거래 및 채권·채무 관련 거래는 별도의 요구가 없는 한 반드시 기등록된 거래처코드를 선택하는 방법으로 거래처명을 입력한다.
- 제조경비는 500번대 계정코드를, 판매비와관리비는 800번대 계정코드를 사용한다.
- 회계처리 시 계정과목은 등록된 계정과목 중 가장 적절한 과목으로 한다.
- 매입매출전표 입력 시 입력화면 하단의 분개까지 처리하고, 전자세금계산서 및 전자계산서는 전자 입력으로 반영한다.

[1] 01월 25일 당사가 개발 중인 신제품이 2021년 9월 말에 개발이 완료될 것으로 예상하였으나 경쟁력 미비로 신제품 개발을 중단하기로 하였다. 해당 제품 개발과 관련하여 개발비 계정에 20,000,000원이 계상되어 있다. 개발비 계정의 잔액을 일반기업회계기준과 법인세법의 규정을 충족하도록 회계처리 하시오. (3점)

[2] 06월 20일  원재료 운반용으로 사용하는 법인 명의 화물차에 주유하고 대금은 법인카드(비씨카드)로 결제하면서 아래의 증빙을 수취하였다(해당 주유소는 일반과세자에 해당한다). (3점)

| 회 원 번 호 | | | | | 9430-0302-3927-1230 | | | | | BC 비 씨 카 드 매 출 표 | | | |
|---|---|---|---|---|---|---|---|---|---|---|---|---|---|
| 성 명 | | | | | ㈜성동 | | | | 품 명 | 금 | | | 액 |
| 가 맹 점 번 호 | 7 0 1 5 0 6 0 0 2 | | | | 매 출 취 소 시 당 초 매 출 일 | | | | | | 백 | 천 | 원 |
| 가 맹 점 명 | 남대문주유소 | | | | 매 출 일 자 | | | | 경 유 | | | 7 0 0 0 0 |
| 사 업 자 등 록 번 호 | 106-81-56311 | | | | 2022.6.20. | | | | 부 가 세 | | | 7 0 0 0 |
| 대 표 자 명 | 최준석 | | | | 매 장 명 | | 취급자 | | 봉 사 료 | | | |
| 주 소 | 서울 용산 효창 5-86 | | | | 판 매 구 분 | ☑ 일반 □ 할부 | 할 부 기 간 | | 합 계 | | | 7 7 0 0 0 |

●ARS거래승인절차
1588-4500➡1번 선택➡가맹점번호 9자리 입력
➡ 전화안내에 따라 진행

| 승 인 번 호 | 9 2 6 5 9 7 8 3 |
|---|---|

노란부거래는 회원레드로는 광고하십시오

회원서명(CARDHOLDER SIGNATURE)
홍도전기 주식회사

BC 비씨카드주식회사
종합상담1588-4000
거래승인1588-4500
www.bccard.com

B 가맹점용

[3] 09월 08일  XYZ.Co에 직수출하는 제품의 선적을 완료하고, 당일에 $50,000을 보통예금 외화통장으로 받았다. 제품 수출금액은 $100,000으로서 잔액은 다음 달 20일에 받기로 하였다. 2022년 9월 8일의 기준환율은 1,400원/$이다(단, 수출신고번호 입력은 생략한다). (3점)

[4] 09월 30일  다음은 2021년 12월 31일 현재 자본구성을 표시한 것이다. 2022년 9월 30일에 보유하던 자기주식 300주를 1,700,000원에 처분하고 대금은 보통예금으로 수령하였다. (3점)

부 분  재 무 상 태 표
2021년 12월 31일 현재

| | | |
|---|---|---|
| 자본금(보통주 12,000주, @5,000원) | | 60,000,000원 |
| 자본잉여금 | | 4,000,000원 |
| 　주식발행초과금 | 3,000,000원 | |
| 　자기주식처분이익 | 1,000,000원 | |
| 자본조정 | | (3,000,000원) |
| 　자기주식(500주, @6,000원) | 3,000,000원 | |
| 기타포괄손익누계액 | | |
| 이익잉여금 | | 100,000,000원 |
| 자본총계 | | 161,000,000원 |

**문제 2** 다음 주어진 요구사항에 따라 부가가치세 신고서 및 부속서류를 작성하시오. (10점)

[1] 아래의 거래를 매입매출전표에 입력(서류번호는 생략)하고, 2022년 1기 예정신고 기간의 [내국신용장·구매확인서전자발급명세서]를 작성하시오. (4점)

| 전자세금계산서 | | | | | 승인번호 | | 20210328-31000013-44346631 | | |
|---|---|---|---|---|---|---|---|---|---|
| 공급자 | 사업자<br>등록번호 | 123-86-11105 | 종사업장<br>번호 | | 공급받는자 | 사업자<br>등록번호 | 130-86-55834 | 종사업장<br>번호 | |
| | 상호<br>(법인명) | 홍도전기㈜ | 성명<br>(대표자) | 김은정 | | 상호<br>(법인명) | ㈜두인테크 | 성명<br>(대표자) | 두나무 |
| | 사업장 주소 | 경기도 안양시 만안구 경수대로 995 | | | | 사업장 주소 | 서울시 금천구 가산디지털1로 | | |
| | 업태 | 도소매업 | 종목 | 가전 | | 업태 | 도소매업 | 종목 | 가전 |
| | 이메일 | | | | | 이메일 | | | |

| 작성일자 | 공급가액 | 세액 | 수정사유 |
|---|---|---|---|
| 2022-03-15 | 94,638,000원 | | 해당 없음 |
| 비고 | | | |

| 월 | 일 | 품목 | 규격 | 수량 | 단가 | 공급가액 | 세액 | 비고 |
|---|---|---|---|---|---|---|---|---|
| 3 | 15 | 가전 | | | | 94,638,000원 | | |

| 합계금액 | 현금 | 수표 | 어음 | 외상미수금 | 이 금액을 청구 함 |
|---|---|---|---|---|---|
| 94,638,000원 | | | | 94,638,000원 | |

외화획득용원료·기재구매확인서
※ 구매확인서번호 : PKT202103150011
(1) 구매자    (상호)    ㈜두인테크
              (주소)    서울시 금천구 가산디지털1로
              (성명)    두나무
              (사업자등록번호)    130-86-55834
(2) 공급자    (상호)    홍도전기㈜
              (주소)    경기도 안양시 만안구 경수대로 995
              (성명)    김은정
              (사업자등록번호)    123-86-11105

1. 구매원료의 내용

| (3) HS부호 | (4) 품명 및 규격 | (5)<br>단위수량 | (6)<br>구매일 | (7) 단가 | (8) 금액 | (9) 비고 |
|---|---|---|---|---|---|---|
| 5171230 | USED SMART<br>PHONE | 10 BOX | 2022-03-15 | KRW<br>9,463,800 | 94,638,000원 | |
| TOTAL | | 10 BOX | | | 94,638,000원 | |

2. 세금계산서(외화획득용 원료·기재를 구매한 자가 신청하는 경우에만 기재)

| (10)<br>세금계산서번호 | (11) 작성일자 | (12) 공급가액 | (13) 세액 | (14) 품목 | (15) 규격 | (16)<br>수량 |
|---|---|---|---|---|---|---|
| | | | | | | |

(17) 구매원료·기재의 용도명세 : 완제품
위의 사항을 대외무역법 제18조에 따라 확인합니다.

                                    확인일자    2022년 03월 28일
                                      확인기관    한국무역정보통신
                                      전자서명    1208102920

                제출자 : ㈜두인테크 (인)

[2] 아래의 자료를 이용하여 2022년 제2기 확정신고 기간의 [부가가치세신고서]를 작성하시오. 다만, 모두 10월~12월에 발생한 거래로 가정하고, 전표입력 및 과세표준명세작성은 생략한다). (6점)

---

1. 수출내역(공급가액)
   - 직수출 : 500,000,000원
   - 국내거래 : 50,000,000원(구매확인서 발급일 : 2023년 1월 20일)
2. 국내할부판매
   - 제품인도일 : 2022년 10월 01일(원칙적인 재화의 공급시기에 세금계산서를 발급하기로 한다.)
   - 대금지급일

| 구분 | 1차 할부 | 2차 할부 | 3차 할부 (최종) |
|---|---|---|---|
| 대금 지급 약정일 | 2021.10.01. | 2022.06.30. | 2022.11.01. |
| 공급가액 | 5,000,000원 | 5,000,000원 | 5,000,000원 |
| 세액 | 500,000원 | 500,000원 | 500,000원 |

3. 거래처에 무상 견본품 제공 : 원가 1,000,000원, 시가 2,000,000원(당초 매입세액공제를 받은 제품)
4. 자녀에게 사무실 무상 임대 : 월 임대료 적정 시가 1,000,000원, 무상임대기간 10월 1일~12월 31일
   ※ 국내할부판매분과 수출내역 중 국내거래분은 전자세금계산서를 모두 적법하게 발급하였다고 가정함

---

**문제 3** 다음 결산정리사항에 대하여 결산정리분개를 하거나 입력을 하여 결산을 완료하시오. (8점)

[1] 공장건물의 화재보험료(보험기간 : 2022.5.1.~2023.4.30.) 2,400,000원을 지불하고 전액 선급비용으로 회계처리 하였다(단, 기간은 월할 계산한다). (2점)

[2] 장부의 외상매입금 계정에는 Biden사와의 거래로 인한 대금 $75,000(당시 기준환율 ₩1,100/$)이 포함되어 있다. 결산일 현재의 기준환율이 ₩1,080/$일 경우 필요한 회계처리를 하시오. (2점)

[3] 당사는 2022년 7월 1일 영업 관리용 시설장치 1대를 40,000,000원에 신규 취득하였으며, 해당 시설장치 취득과 관련하여 국고보조금 20,000,000원을 수령하였다. 해당 시설장치에 대한 감가상각비를 계상하시오. 단, 시설장치의 감가상각방법은 정액법, 내용연수는 5년, 잔존가치는 없으며, 월할 상각한다(음수로 입력하지 말 것). (2점)

[4] 재고자산 실지조사 결과 기말재고 내역은 다음과 같으며, 한주상사와 위수탁판매계약을 맺고 당기에 발송한 제품 중 수탁자가 아직 판매하지 않은 제품 1,500,000원은 실지재고조사 결과에 포함되어 있지 않다. (2점)

| | | |
|---|---|---|
| • 원재료 3,000,000원 | • 재공품 5,000,000원 | • 제품 4,800,000원 |

**문제 4** 원천징수와 관련된 다음 물음에 답하시오. (10점)

[1] 다음은 2022년 7월분 사업소득 지급내역이다. 아래의 자료를 이용하여 [사업소득자등록] 및 [사업소득자료입력]을 하시오. 한편 사업소득자는 모두 내국인 및 거주자이며, 주어진 주민등록번호는 모두 옳은 것으로 가정한다. (3점)

| 코드 | 수령자 | 지급일 | 주민등록번호 | 세전지급액(원) | 내역 |
|---|---|---|---|---|---|
| 101 | 김수연 | 2022.07.31. | 850505-2455744 | 2,500,000 | 1인 미디어콘텐츠 창작자 |
| 102 | 한소희 | 2022.07.25. | 890102-2415657 | 3,000,000 | 모델 |

[2] 다음 자료를 이용하여 종업원 금나라를 [사원등록](사번:102번)하고, 3월분 급여자료를 입력하시오. 다만, 사원등록 상의 부양가족명세를 금나라의 세부담이 최소화되도록 입력하고, 수당공제등록 시 사용하지 않는 항목은 '부'로 표시한다. (7점)

1. 3월분 급여자료(급여지급일 : 3월 31일)

| 급여항목 | | | |
|---|---|---|---|
| 기본급 | 식대 | 자가운전보조금 | 육아수당 |
| 2,000,000원 | 100,000원 | 200,000원 | 100,000원 |

2. 추가 자료
• 홍도전기㈜는 근로자 5인 이상 10인 미만의 소규모 사업장이다.
• 금나라는 여태까지 실업 상태였다가 홍도전기㈜에 생애 최초로 입사한 것으로 국민연금 등의 사회보험에 신규 가입하는 자이며, 본인 명의의 재산은 전혀 없다. 금나라의 2022년 월평균급여는 위에서 제시된 급여와 정확히 같고, 위의 근로소득 외 어떤 다른 소득도 없다고 가정한다.
• 두루누리사회보험여부 및 적용률(80%)을 반드시 표시한다.
• 건강보험료경감은 부로 표시한다.
• 회사는 구내식당에서 점심 식사(현물)를 지원한다.
• 자가운전보조금은 직원 개인 소유의 차량을 업무 목적으로 사용하는 것에 대한 지원금으로 시내 출장 등에 소요된 실제 경비는 정산하여 지급하지 않는다.
• 국민연금, 건강보험, 장기요양보험, 고용보험, 소득세, 지방소득세는 자동계산된 자료를 사용하고, 소득세 적용률은 100%를 적용한다.)

3. 부양가족 명세(인적공제 대상에 해당하지 않는 경우, 부양가족명세에 입력 자체를 하지 말 것)

| 관계 | 성명 | 비고 |
|---|---|---|
| 본인 | 금나라(900213-2234568) | • 입사일 2021.1.1.<br>• 세대주 |
| 배우자 | 김철수(941214-1457690) | • 2022년 3월 부동산 양도소득금액 50,000,000원 발생<br>• 무직, 위 외의 어떤한 소득도 없음 |
| 자녀 | 김나철(200104-3511111) | |

**문제 5** ㈜우암(회사코드:1001)은 제조 및 도매업을 영위하는 중소기업으로 전자부품 등을 생산하며, 당해 사업연도(제8기)는 2022.1.1.~2022.12.31.이다. [법인조정] 메뉴를 이용하여 기장되어 있는 재무회계 장부 자료와 제시된 보충 자료에 따라 당해 사업연도의 세무조정을 하시오. (30점) ※ 회사 선택 시 유의하시오.

[작성대상서식]

1. 대손충당금및대손금조정명세서
2. 선급비용명세서
3. 업무용승용차관련비용명세서
4. 자본금과적립금조정명세서(갑)·(을)
5. 법인세과세표준및세액조정계산서, 최저한세조정계산서

[1] 다음 자료를 참조하여 [대손충당금및대손금조정명세서]를 작성하고 필요한 세무조정을 하시오. (6점)

1. 당기 대손충당금과 상계된 금액의 내역
   • 2022.02.10. : ㈜종민이 발행한 약속어음(받을어음)으로 부도 발생일로부터 6개월이 경과한 부도어음 15,000,000원(비망계정 1,000원을 공제하고 난 후의 금액으로 가정한다.)
   • 2022.06.10. : ㈜상민의 파산으로 인해 회수불능으로 확정된 미수금 8,000,000원
2. 대손충당금 내역

대손충당금

| 미수금 | 8,000,000원 | 전기이월 | 35,000,000원 |
|---|---|---|---|
| 받을어음 | 15,000,000원 | 대손상각비 | 2,000,000원 |
| 차기이월 | 14,000,000원 | | |
| 계 | 37,000,000원 | 계 | 37,000,000원 |

3. 기말 대손충당금 설정 대상 채권잔액
   • 외상매출금 : 500,000,000원(2021.09.01. 소멸시효 완성분 3,000,000원 포함)
   • 받을어음 : 300,000,000원(할인어음 3,000,000원 포함)
4. 전기 자본금과적립금조정명세서(을) 기말잔액
   • 대손충당금 한도 초과 1,500,000원(유보)
5. 대손설정률은 1%로 가정한다.

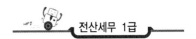 

[2] 다음의 자료를 이용하여 [선급비용명세서]를 작성하고 관련된 세무조정을 하시오(단, 세무조정은 건별로 각각 처리한다). (6점)

1. 자본금과적립금조정명세서 잔액

| 사업<br>연도 | 2022.01.01.<br>~<br>2022.12.31 | 자본금과적립금조정명세서(을) | | | 법인명 | ㈜우암 |
|---|---|---|---|---|---|---|
| | | 세무조정유보소득계산 | | | | |
| ① 과목 또는 사항 | ② 기초잔액 | 당기 중 증감 | | ⑤ 기말잔액<br>(익기 초 현재) | | 비고 |
| | | ③ 감소 | ④ 증가 | | | |
| 선급비용 | 560,000 | ? | ? | ? | | |

※ 전기에 기간미경과로 인해 유보로 처리한 보험료의 기간이 도래하였다.

2. 당기의 임차료 내역

| 구분 | 임차기간 | 선납 금액 | 임대인 |
|---|---|---|---|
| 평택 공장 | 2022.05.01.~2023.04.30. | 84,000,000원 | ㈜성삼 |
| 제천 공장 | 2022.08.01.~2024.07.31. | 120,000,000원 | 이근희 |

※ 임차료는 장부에 선급비용으로 계상된 금액은 없다.

[3] 다음 자료를 이용하여 [업무용승용차등록]과 [업무용승용차관련비용명세서]를 작성하고 관련 세무조정을 반영하시오. 다만, 아래의 업무용승용차는 모두 임직원전용보험에 가입하였으며, 출퇴근용으로 사용하였으나 당기 차량운행일지를 작성하지는 않았다. (6점)

1. 운용리스계약기간 및 보험가입기간(계약기간과 보험가입기간은 같다)

| 구분 | 계약기간<br>(보험가입기간) | 보증금 | 자산코드 |
|---|---|---|---|
| BMW | 2021.06.01.~2024.06.01. | 20,500,000원 | 0101 |
| PORSCHE | 2021.05.01.~2023.05.01. | 21,000,000원 | 0102 |

2.

| 차종 | 차량번호 | 운용리스금액 | 감가상각비상당액 | 유류비 | 차량 비용 총액 |
|---|---|---|---|---|---|
| BMW | 04소7777 | 10,106,750원 | 8,000,375원 | 1,293,421원 | 11,400,171원 |
| PORSCHE | 357우8888 | 17,204,410원 | 16,833,975원 | 1,041,282원 | 18,245,692원 |

[4] 다음 자료를 이용하여 [자본금과적립금조정명세서](갑), (을)을 작성하시오(단, 불러온 기존자료 및 다른 문제의 내용은 무시하고 아래 자료만을 이용하도록 하며, 세무조정은 생략한다). (6점)

---

1. 다음은 자본금과적립금조정명세서(갑) 상의 변동 내용이다.
    (1) 전기 자본금 기말잔액 : 50,000,000원
    (2) 당기 자본금 증가액 : 50,000,000원
    (3) 전기 자본잉여금 기말잔액 : 4,000,000원(당기 중 자본잉여금의 변동은 없음)
    (4) 전기 이익잉여금 기말잔액 : 65,000,000원
    (5) 당기 이익잉여금 증가액 : 72,000,000원

2. 전기 말 자본금과적립금조정명세서(을) 잔액은 다음과 같다.
    (1) 대손충당금 한도초과액 12,000,000원
    (2) 선급비용 2,500,000원
    (3) 재고자산평가감 1,000,000원

3. 당기 중 유보금액 변동내역은 다음과 같다.
    (1) 당기 대손충당금한도초과액은 11,000,000원이다.
    (2) 선급비용은 모두 2022.1.1.~2022.3.31. 분으로 전기 말에 손금불산입(유보)로 세무조정된 금액이다.
    (3) 재고자산평가감된 재고자산은 모두 판매되었고, 당기말에는 재고자산평가감이 발생하지 않았다.
    (4) 당기 기계장치에 대한 감가상각비 한도초과액이 4,000,000원 발생하였다.

4. 전기 이월 결손금은 없는 것으로 가정한다.

---

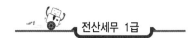

[5] 아래의 자료를 이용하여 [법인세과세표준및세액조정계산서]와 [최저한세조정계산서]를 작성하시오(단, 불러온 기존자료 및 다른 문제의 내용은 무시하고 아래의 자료만을 활용한다.) (6점)

1. 결산서상 당기순이익 : 162,000,000원

2. 세무조정사항
   • 익금산입액(가산조정) : 130,000,000원
   • 손금산입액(차감조정) : 100,000,000원

3. 기부금 관련 사항은 아래와 같다.

| 지출연도 | 지정기부금지출액 | 지정기부금 한도액 |
| --- | --- | --- |
| 2020년도 | 10,000,000원 | 7,000,000원 |
| 2022년도(당기) | 18,000,000원 | 20,000,000원 |

4. 이월결손금 : 10,000,000원(전액 2021년도 귀속분이다.)

5. 수도권 내 청년창업중소기업에 대한 세액감면(최저한세 적용대상) : 9,000,000원

6. 중간예납세액 : 3,000,000원

7. 원천납부세액 : 1,200,000원

## 이 론 시 험

다음 문제를 보고 알맞은 것을 골라 [ 이론문제 답안작성 ] 메뉴에 입력하시오.(객관식 문항당 2점)

—— <기본전제> ——
문제에서 한국채택국제회계기준을 적용하도록 하는 전제조건이 없는 경우, 일반기업회계기준을 적용한다.

**01** 다음 중 회계상 보수주의의 개념과 거리가 먼 사례는?
① 저가주의에 의한 재고자산의 평가
② 전기오류수정사항을 손익으로 인식하지 않고 이익잉여금에 반영
③ 물가상승 시 후입선출법에 따른 재고자산 평가
④ 발생 가능성이 높은 우발이익을 주석으로 보고

**02** 다음 중 일반기업회계기준상 유가증권에 대한 설명으로 틀린 것은?
① 만기보유증권은 공정가치법으로 평가한다.
② 유가증권은 취득한 후에 단기매매증권, 매도가능증권, 만기보유증권, 지분법적용투자주식 중의 하나로 분류된다.
③ 매도가능증권의 평가손익은 미실현보유손익이므로 자본항목으로 처리하여야 한다.
④ 단기매매증권의 취득원가는 매입가액(최초 인식 시 공정가치)으로 한다. 단, 취득과 관련된 매입수수료, 이전비용 등의 지출금액은 당기 비용으로 처리한다.

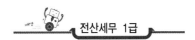

**03** 다음 중 기업회계기준상 무형자산에 관한 설명으로 틀린 것은?

① 프로젝트의 연구단계에서는 미래경제적효익을 창출할 무형자산이 존재한다는 것을 입증할 수 없기 때문에 연구단계에서 발생한 지출은 무형자산으로 인식할 수 없고 발생한 기간의 비용으로 인식한다.

② 새롭거나 개선된 재료, 장치, 제품, 공정, 시스템, 용역 등에 대한 여러 가지 대체안을 제안, 설계, 평가 및 최종 선택하는 활동은 연구단계에 속하는 활동이다.

③ 새롭거나 개선된 재료, 장치, 제품, 공정, 시스템 및 용역 등에 대하여 최종적으로 선정된 안을 설계, 제작 및 시험하는 활동은 개발단계에 속하는 활동이다.

④ 무형자산을 창출하기 위한 내부 프로젝트를 연구단계와 개발단계로 구분할 수 없는 경우에는 그 프로젝트에서 발생한 지출은 모두 개발단계에서 발생한 것으로 본다.

**04** 다음은 ㈜신속의 자본 내역이다. ㈜신속이 보유하고 있는 자기주식(1주당 취득가액 50,000원) 100주를 주당 80,000원에 처분하고 회계처리 하는 경우 자기주식처분이익 계정과목의 금액은 얼마인가?

- 보통주 자본금 : 50,000,000원(10,000주, 주당 5,000원)
- 자기주식처분손실 : 2,000,000원
- 자기주식 : 5,000,000원
- 감자차손 : 2,000,000원
- 처분전이익잉여금 : 25,800,000원

① 500,000원  ② 1,000,000원
③ 2,000,000원  ④ 3,000,000원

**05** 다음은 ㈜유민의 상품과 관련된 자료이다. 기말 결산분개로 올바른 회계처리는?

- 장부상 수량 : 1,000개
- 장부상 단가 : 1,900원
- 단위당 판매비용 : 200원
- 실제 수량 : 900개
- 단위당 판매가능금액 : 2,000원

단, 재고자산의 감모는 전액 비정상적으로 발생하였다고 가정한다.

| | | | | | | |
|---|---|---|---|---|---|---|
| ① | (차) 재고자산감모손실 | 190,000원 | (대) | 상품 | 190,000원 |
| | 매출원가 | 90,000원 | | 재고자산평가충당금 | 90,000원 |
| ② | (차) 재고자산감모손실 | 90,000원 | (대) | 상품 | 90,000원 |
| ③ | (차) 재고자산감모손실 | 190,000원 | (대) | 재고자산평가충당금 | 190,000원 |
| ④ | (차) 재고자산감모손실 | 90,000원 | (대) | 재고자산평가충당금 | 90,000원 |
| | 매출원가 | 190,000원 | | 상품 | 190,000원 |

**06** 다음 중 원가의 회계처리와 흐름에 대한 설명으로 옳은 것을 고르시오.

> 가. 원가계산의 절차는 원가요소별 계산 → 생산부문별 계산 → 제품별 계산의 순서로 이루어
>    진다.
> 나. 다품종 소량생산시스템은 종합원가계산에 적합하다.
> 다. 전기 미지급된 노무비를 당기에 지급하면, 당기 노무비로 계상한다.
> 라. 제조간접비가 제조부문과 관리부문에 동시에 발생할 경우, 많은 비중을 차지하는 부문으로
>    처리한다.

① 가　　　　　　　　　　　　　　　② 나
③ 다　　　　　　　　　　　　　　　④ 라


**07** 다음 중 종합원가계산의 선입선출법 및 평균법에 대한 설명으로 틀린 것은?

① 기초재공품원가는 선입선출법 적용 시에 완성품환산량 단위당 원가계산에 영향을 미치지
   않는다.
② 기초재공품의 완성도는 평균법에서 고려대상이 아니다.
③ 기말재공품의 완성도는 선입선출법에서만 고려대상이다.
④ 선입선출법과 평균법의 수량 차이는 기초재공품 완성품환산량의 차이이다.


**08** 다음 중 원가배분에 대한 설명으로 옳지 않은 것은?

① 부문관리자의 성과 평가를 위해서는 이중배분율법이 단일배분율법보다 합리적일 수 있다.
② 직접배분법은 보조부문 상호 간에 용역수수관계를 전혀 인식하지 않는 방법이다.
③ 원가배분기준으로 선택된 원가동인이 원가 발생의 인과관계를 잘 반영하지 못하는 경우
   제품원가계산이 왜곡될 수 있다.
④ 공장 전체 제조간접비 배부율을 이용할 경우에도 보조부문원가를 먼저 제조부문에 배분
   하는 절차가 필요하다.

**09** ㈜미래는 제조간접비를 직접노무시간을 기준으로 배부하고 있다. 당해 연도 초의 제조간접비 예상액은 5,000,000원이고 예상 직접노무시간은 50,000시간이다. 당기말 현재 실제 제조간접비 발생액이 6,000,000원이고 실제 직접노무시간이 51,500시간일 경우 당기의 제조간접비 과소 또는 과대배부액은 얼마인가?

① 850,000원 과소배부
② 850,000원 과대배부
③ 1,000,000원 과소배부
④ 1,000,000원 과대배부

**10** ㈜보람은 주산물 A와 부산물 B를 생산하고 있으며 부산물 B의 처분액을 전액 영업외수익으로 반영하고 있다. ㈜보람이 발생한 제조원가를 모두 주산물 A에만 부담시키는 회계처리를 하는 경우 이로 인하여 미치는 영향으로 옳지 않은 것은?

① 매출원가 과대계상
② 매출총이익 과소계상
③ 영업이익 과소계상
④ 당기순이익 과소계상

**11** 다음 중 법인세법상 재고자산의 평가에 대한 설명으로 옳지 않은 것은?

① 재고자산의 평가방법을 변경하고자 하는 법인은 변경할 평가방법을 적용하고자 하는 사업연도의 종료일 이전 3개월이 되는 날까지 신고하여야 한다.
② 신설하는 영리법인은 설립일이 속하는 사업연도의 말일까지 재고자산의 평가방법신고서를 납세지 관할세무서장에게 제출하여야 한다.
③ 재고자산의 평가방법을 임의변경한 경우에는 당초 신고한 평가방법에 의한 평가금액과 무신고 시의 평가방법에 의한 평가금액 중 큰 금액으로 평가한다.
④ 법인이 재고자산을 평가함에 있어 영업장별 또는 재고자산의 종류별로 각각 다른 방법에 의하여 평가할 수 있다.

**12** 다음 중 법인세법상 결손금 공제제도에 관한 설명으로 틀린 것은?

① 내국법인의 각 사업연도의 소득에 대한 법인세 과세표준은 각 사업연도의 소득의 범위 안에서 이월결손금·비과세소득 및 소득공제액을 순차적으로 공제하여 계산한다.
② 예외적으로 중소기업의 경우 소급공제를 허용한다.
③ 과세표준 계산 시 공제되지 아니한 비과세소득 및 소득공제는 다음 사업연도부터 5년간 이월하여 공제받을 수 있다.
④ 이월결손금은 공제기한 내에 임의로 선택하여 공제받을 수 없으며, 공제 가능한 사업연도의 소득금액 범위 안에서 각 사업연도 소득금액의 60%(중소기업은 100%)를 한도로 한다.

**13** 다음 중 소득세법상 간편장부대상자(소규모사업자가 아님)에게 적용되지 않는 가산세는 어떤 것인가?

① 법정증명서류 수취불성실 가산세(증빙불비 가산세)

② 사업용계좌 미신고 및 미사용 가산세

③ 장부의 기록·보관 불성실가산세(무기장가산세)

④ 원천징수 등 납부지연가산세

**14** 다음 중 소득세법상 종합소득공제에 대한 설명으로 틀린 것은?

① 기본공제대상자가 아닌 자는 추가공제대상자가 될 수 없다.

② 총급여액 5,000,000원 이하의 근로소득만 있는 57세의 배우자는 기본공제대상자에 해당한다.

③ 배우자가 일용근로소득이 아닌 근로소득금액 500,000원과 사업소득금액 550,000원이 있는 경우 기본공제대상자에 해당한다.

④ 종합소득이 있는 거주자와 생계를 같이 하면서 양도소득금액이 4,000,000원이 있는 51세의 장애인인 형제는 기본공제대상자에 해당하지 아니한다.

**15** 다음 중 부가가치세법상 면세 재화 또는 용역에 해당하지 않는 것은?

① 등록된 자동차운전학원에서 지식 및 기술 등을 가르치는 교육용역

② 김치를 단순히 운반의 편의를 위하여 일시적으로 비닐포장 등을 하여 공급

③ 일반 시내버스 사업에서 제공하는 여객운송용역

④ 국민주택규모를 초과하는 주택에 대한 임대용역

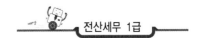 

# 실 무 시 험

신곡물산㈜(회사코드:0990)은 제조 및 도·소매업을 영위하는 중소기업이며, 당기는 제11기로 회계기간은 2022.1.1.~2022.12.31.이다. 전산세무회계 수험용 프로그램을 이용하여 다음 물음에 답하시오.

---
<기본전제>
---

- 문제에서 한국채택국제회계기준을 적용하도록 하는 전제조건이 없는 경우, 일반기업회계기준을 적용하여 회계처리 한다.
- 문제의 풀이와 답안작성은 제시된 문제의 순서대로 진행한다.

---

**문제 5** 다음 거래에 대하여 적절한 회계처리를 하시오. (12점)

---
<입력 시 유의사항>
---

- 일반적인 적요의 입력은 생략하지만, 타계정 대체거래는 적요번호를 선택하여 입력한다.
- 세금계산서·계산서 수수거래 및 채권·채무 관련 거래는 별도의 요구가 없는 한 반드시 기등록된 거래처코드를 선택하는 방법으로 거래처명을 입력한다.
- 제조경비는 500번대 계정코드를, 판매비와관리비는 800번대 계정코드를 사용한다.
- 회계처리 시 계정과목은 등록된 계정과목 중 가장 적절한 과목으로 한다.
- 매입매출전표 입력 시 입력화면 하단의 분개까지 처리하고, 전자세금계산서 및 전자계산서는 전자 입력으로 반영한다.

---

[1] 01월 30일 토지에 대한 전기분 재산세 납부액 중 870,000원에 대하여 과오납을 원인으로 용산구청으로부터 환급 통보를 받았으며, 환급금은 한 달 뒤에 입금될 예정이다. (거래처명을 입력하고 당기의 영업외수익으로 처리할 것) (3점)

[2] 07월 06일 김신희로부터 공장 신축을 위한 건물과 토지를 현물출자 받았으며, 즉시 토지에 있던 구건물을 철거하였다. 토지와 구건물 취득 관련 내역은 다음과 같다. (3점)

- 현물출자로 보통주 7,000주(주당 액면가액 5,000원, 시가 6,000원)를 발행하였다.
- 토지와 구건물의 취득 관련 비용, 구건물 철거비, 토지 정지비 등의 명목으로 3,000,000원을 보통예금 계좌에서 지급하였다.
- 토지 및 구건물의 공정가치는 주식의 공정가치와 동일하다.

[3] **08월 01일** 당사의 영업부서가 소희마트로부터 거래처에 증정할 선물을 아래와 같이 외상으로 구입하고 종이 세금계산서를 수취하였다. (단, 전액 비용으로 회계처리할 것.) (3점)

| 세 금 계 산 서(공급받는자 보관용) | | | | | | | | | | | | | | | | | | | | | 책 번 호 | | | | 권 | | 호 |
|---|---|---|---|---|---|---|---|---|---|---|---|---|---|---|---|---|---|---|---|---|---|---|---|---|---|---|---|

일련번호 [  ][  ] - [  ][  ][  ]

| 공급자 | 등록번호 | 1 2 3 - 2 1 - 1 4 0 8 2 | | | 공급받는자 | 등록번호 | 1 1 0 - 8 1 - 2 1 4 1 3 | | |
|---|---|---|---|---|---|---|---|---|---|
| | 상호(법인명) | 소희마트 | 성명 | 윤소희 | | 상호(법인명) | 신곡물산㈜ | 성명 | 한오성 |
| | 사업장주소 | 서울특별시 마포구 백범로 100 | | | | 사업장주소 | 서울특별시 용산구 임정로 25 | | |
| | 업태 | 도소매 | 종목 | 잡화 | | 업태 | 제조,도소매 | 종목 | 자동차부품 |

| 작성 | | | 공 급 가 액 | | | | | | | | | | 세 액 | | | | | | | | | 비 고 |
|---|---|---|---|---|---|---|---|---|---|---|---|---|---|---|---|---|---|---|---|---|---|---|
| 년 | 월 | 일 | 공란수 | 십 | 억 | 천 | 백 | 십 | 만 | 천 | 백 | 십 | 일 | 십 | 억 | 천 | 백 | 십 | 만 | 천 | 백 | 십 | 일 | |
| 22 | 08 | 01 | 3 | | | | 2 | 0 | 0 | 0 | 0 | 0 | 0 | | | | 2 | 0 | 0 | 0 | 0 | 0 | |

| 월 | 일 | 품목 | 규격 | 수량 | 단가 | 공급가액 | 세액 | 비고 |
|---|---|---|---|---|---|---|---|---|
| 08 | 01 | 선물세트 | | 100 | 20,000 | 2,000,000 | 200,000 | |

| 합계금액 | 현금 | 수표 | 어음 | 외상미수금 | 이 금액을 **청구** 함 |
|---|---|---|---|---|---|
| 2,200,000 | | | | 2,200,000 | |

[4] **08월 06일** 당사는 ㈜안정과 2019년 8월 6일에 제품공급계약을 체결하고, 제품은 잔금 지급일인 2022년 8월 6일에 인도하기로 했다. 제품 공급가액은 300,000,000원이며 부가가치세는 30,000,000원이다. 대금은 지급 약정일에 보통예금으로 수령하였으며, 해당 제품의 공급과 관련하여 전자세금계산서는 부가가치세법에 따라 정상적으로 발급하였다. 2022년에 해당하는 전자세금계산서에 대한 회계처리를 하시오. (3점)

| 구분 | 지급약정일 | 지급액 |
|---|---|---|
| 계약금 | 2019.08.06. | 33,000,000원 |
| 1차 중도금 | 2020.08.06. | 88,000,000원 |
| 2차 중도금 | 2021.08.06. | 88,000,000원 |
| 잔금 | 2022.08.06. | 121,000,000원 |

**문제 2** 다음 주어진 요구사항에 따라 부가가치세신고서 및 부속서류를 작성하시오. (10점)

[1] 다음과 같은 부동산 임대차계약서를 작성하고 이와 관련된 전자세금계산서를 모두 발급하였다. 이를 바탕으로 제1기 확정신고기간(2022.4.1.~2022.6.30.)의 부동산임대공급가액명세서 및 부가가치세신고서(과세표준명세 작성은 생략함)를 작성하시오. 단, 당사는 차입금 과다법인이 아니며, 간주임대료에 대한 정기예금이자율은 1.2%로 한다. (5점)

## 부 동 산 임 대 차 계 약 서

■ 임 대 인 용
□ 임 차 인 용
□ 사무소보관용

| 부동산의 표시 | 소재지 | 서울시 용산구 임정로 25 상공빌딩 1층 | | | | |
|---|---|---|---|---|---|---|
| | 구 조 | 철근콘크리트조 | 용도 | 상업용 | 면적 | 100 m²<br>평 |
| 보 증 금 | | 금 100,000,000원정 | | 월세 | 2,200,000원정(VAT 별도) | |

제1조 위 부동산의 임대인과 임차인의 합의하에 아래와 같이 계약함.

제2조 위 부동산의 임대차에 있어 임차인은 보증금을 아래와 같이 지불키로 함.

| 계 약 금 | 30,000,000 원정은 계약 시에 지불하고 |
|---|---|
| 중 도 금 | 원정은 년 월 일 지불하며 |
| 잔 금 | 70,000,000 원정은 2021년 4 월 30 일 중개업자 입회 하에 지불함. |

제3조 위 부동산의 명도는 2021 년 5 월 1 일로 함.

제4조 임대차 기간은 2021 년 5 월 1 일부터 2023 년 4 월 30 일까지로 함.

제5조 월세액은 매 월( 30 )일에 지불키로 하되 만약 기일 내에 지불하지 못할 시에는 보증금에서 공제키로 함.

제6조 임차인은 임대인의 승인 하에 계약 대상물을 개축 또는 변조할 수 있으나 명도 시에는 임차인이 비용 일체를 부담하여 원상복구 하여야 함.

제7조 임대인과 중개업자는 별첨 중개물건 확인설명서를 작성하여 서명·날인하고 임차인은 이를 확인 수령함. 다만, 임대인은 중개물건 확인설명에 필요한 자료를 중개업자에게 제공하거나 자료수 집에 따른 법령에 규정한 실비를 지급하고 대행케 하여야 함.

제8조 본 계약을 임대인이 위약 시는 계약금의 배액을 변상하며 임차인이 위약 시는 계약금은 무효로 하고 반환을 청구할 수 없음.

제9조 부동산중개업법 제20조 규정에 의하여 중개료는 계약 당시 쌍방에서 법정수수료를 중개인에게 지불하여야 함.

위 계약조건을 확실히 하고 후일에 증하기 위하여 본 계약서를 작성하고 각 1통씩 보관한다.

2021 년 3 월 1 일

| 임 대 인 | 주 소 | 서울시 용산구 임정로 25 상공빌딩 1층 | | | | |
|---|---|---|---|---|---|---|
| | 사업자등록번호 | 110-81-21413 | 전화번호 | 02-1234-1234 | 성명 | 신곡물산㈜ ㊞ |
| 임 차 인 | 주 소 | 서울시 용산구 임정로 25 상공빌딩 1층 | | | | |
| | 사업자등록번호 | 101-41-12345 | 전화번호 | 02-1234-0001 | 성명 | 서울물산 ㊞ |
| 중개업자 | 주 소 | 서울시 용산구 임정로 127 | | | 허가번호 | XX-XXX-XXX |
| | 상 호 | 중앙 공인중개사무소 | 전화번호 | 02-1234-6655 | 성명 | 홍동경 ㊞ |

[2] 다음 자료를 매입매출전표에 입력(분개는 생략)하고, 2022년 제2기 확정신고기간(2022.10.01.~2022.12.31.) 부가가치세 신고 시 첨부서류인 내국신용장·구매확인서전자발급명세서 및 영세율매출명세서를 작성하시오. (5점)

- 2022년 10월 10일 : ㈜신우무역에 제품 48,000,000원(부가가치세 별도)을 공급하고 구매확인서 (발급일 : 2022년 10월 15일, 서류번호 : 1111111)를 발급받아 제품공급일을 작성일자로 하여 2022.10.15.에 영세율전자세금계산서를 작성하여 전송하였다.
- 2022년 11월 13일 : ㈜주철기업으로부터 발급받은 내국신용장(발급일 : 2022년 11월 10일, 서류번호 : 2222222)에 의하여 제품 16,000,000원(부가가치세 별도)을 공급하고 제품공급일을 작성일자로 하여 2022.11.13.에 영세율전자세금계산서를 작성하여 전송하였다.

**문제 3** 다음의 결산정리사항에 대하여 결산정리분개를 하거나 입력을 하여 결산을 완료하시오. (8점)

[1] 2022년 7월 25일에 취득하여 보유 중인 단기매매증권(150주, 취득가액 주당 10,000원)이 있다. 결산일 현재 공정가치가 주당 12,000원인 경우 필요한 회계처리를 하시오.

[2] 아래와 같이 발행된 사채에 대하여 결산일에 필요한 회계처리를 하시오. (2점)

| 발행일 | 사채 액면가액 | 사채 발행가액 | 액면이자율 | 유효이자율 |
|---|---|---|---|---|
| 2022.01.01. | 30,000,000원 | 28,000,000원 | 연 5% | 연 7% |

- 사채의 발행가액은 적정하고, 사채발행비와 중도에 상환된 내역은 없는 것으로 가정한다.
- 이자는 매년 말에 보통예금으로 이체한다.

[3] 회사는 기말에 퇴직금 추계액 전액을 퇴직급여충당부채로 설정하고 있다. 아래의 자료를 이용하여 당기 퇴직급여충당부채를 계상하시오. (2점)

| 구분 | 전기말 퇴직금 추계액 | 당해연도 퇴직금 지급액 (퇴직급여충당부채와 상계) | 당기말 퇴직금 추계액 |
|---|---|---|---|
| 영업부서 | 30,000,000원 | 15,000,000원 | 40,000,000원 |
| 생산부서 | 64,000,000원 | 15,000,000원 | 65,000,000원 |

[4] 아래의 자료는 당사의 실제 당기 법인세과세표준및세액조정계산서의 일부 내용이다. 입력된 데이터는 무시하고, 주어진 세율 정보를 참고하여 법인세비용에 대한 회계처리를 하시오. (2점)

| 법인세 과세표준 및 세액 조정 계산서 일부 내용 | 과세표준 계산 | ⑱ 각사업연도소득금액 (⑱ = ⑩) | | 329,200,000원 |
|---|---|---|---|---|
| | | ⑩ 이월결손금 | 07 | 49,520,000원 |
| | | ⑩ 비과세소득 | 08 | 0원 |
| | | ⑪ 소득공제 | 09 | 0원 |
| | | ⑫ 과세표준 (⑱ - ⑩ - ⑩ - ⑪) | 10 | 279,680,000원 |
| 세율 정보 | • 법인세율<br> - 법인세 과세표준 2억원 이하 : 10%<br> - 법인세 과세표준 2억원 초과 200억원 이하 : 20%<br>• 지방소득세율<br> - 법인세 과세표준 2억원 이하 : 1%<br> - 법인세 과세표준 2억원 초과 200억원 이하 : 2% | | | |
| 기타 | • 위의 모든 자료는 법인세법상 적절하게 산출된 금액이다.<br>• 기한 내 납부한 법인세 중간예납세액은 9,500,000원, 예금이자에 대한 원천징수 법인세액은 920,000원, 지방소득세액은 92,000원이 있다. | | | |

**문제 4** 원천징수와 관련된 다음 물음에 답하시오. (10점)

[1] 6월 30일에 지급한 사원 이창현(사번 : 104)의 6월분 급여내역은 다음과 같다. 6월분 급여자료를 입력하시오. (단, 필요한 수당 및 공제항목은 수정 및 등록하고 사용하지 않는 수당 및 공제항목은 '부'로 하고 통상임금은 무시할 것) (4점)

• 기본급 : 2,600,000원
• 식대 : 100,000원 (식대와 별도로 현물식사를 중복으로 제공받고 있음)
• 직책수당 : 200,000원
• 자가운전보조금 : 200,000원 (본인 소유 차량을 업무에 이용하고 실비정산을 받지 않음)
• 연구보조비 : 100,000원 (기업부설연구소 연구원으로 비과세요건 충족, 근로소득유형 코드는 H10으로 할 것)
• 국민연금 : 110,000원
• 건강보험료 : 89,000원
• 장기요양보험료 : 10,250원
• 고용보험료 : 23,200원
  ※ 건강보험료, 국민연금보험료, 고용보험료는 등급표 대신 제시된 자료를 기준으로 하고, 소득세 등은 자동계산 금액에 따른다.

[2] 다음은 제조공장 생산부서에 근무하는 김정훈(사번 : 121, 입사일 : 2016년 01월 01일, 주민등록번호 : 720614-1052364)에 대한 연말정산 관련 자료이다. 김정훈의 연말정산 관련 자료를 이용하여 의료비지급명세서와 연말정산추가자료를 입력하시오. 단, 세부담 최소화를 가정하며, 모든 자료는 국세청 자료로 가정한다. (6점)

---

1. 김정훈의 부양가족은 다음과 같다.
   (기본공제대상자가 아닌 경우에도 부양가족명세에 입력하고 '기본공제'에서 '부'로 표시한다.)
   (1) 배우자 : 신혜미, 761125-2078454, 총급여액 5,500,000원
   (2) 모친 : 이정자, 470213-2231641, 장애인, 소득 없음
   (3) 자녀 : 김이슬, 041220-4052135, 소득 없음

2. 이정자는 중증환자로서 취업이나 취학이 곤란한 상태이며, 의사가 발행한 장애인증명서를 제출하였다.

3. 김정훈이 납부한 손해보험료 내역은 다음과 같다.

| 계약자 | 피보험자 | 납부액 |
|---|---|---|
| 김정훈 | 신혜미 | 2,000,000원 |
| 김정훈 | 김이슬 | 900,000원 |

4. 김정훈이 지급한 의료비는 다음과 같다. 단, 김이슬의 의료비 외의 모든 의료비는 김정훈 본인의 신용카드로 지급하였다.※ 의료병원은 우리병원으로 직접 입력할 것

| 부양가족 | 금액 | 비고 |
|---|---|---|
| 김정훈 | 2,500,000원 | 안경구입비 80만원 포함 |
| 신혜미 | 1,000,000원 | 미용 목적이 아닌 치료목적의 성형수술비 |
| 이정자 | 2,400,000원 | 장애인 재활치료비 |
| 김이슬 | 400,000원 | 질병 치료비로 김이슬 명의의 현금영수증 240,000원 발급<br>실손보험금 160,000원 포함 |

5. 김정훈이 지급한 교육비는 다음과 같다.

| 부양가족 | 금액 | 비고 |
|---|---|---|
| 김정훈 | 5,000,000원 | 대학원 박사과정 등록금 |
| 김이슬 | 3,000,000원 | 고등학교 체험학습비 500,000원, 고등학교 교복구입비 600,000원 포함<br>고등학교 교복구입비는 김정훈 명의의 신용카드로 지급 |

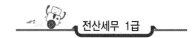

**문제 5** ㈜성동물산(회사코드:0991)은 자동차부품 등의 제조 및 도매업을 영위하는 중소기업으로, 당해 사업연도(제12기)는 2022.1.1.~2022.12.31.이다. 법인세무조정 메뉴를 이용하여 재무회계 기장자료와 제시된 보충자료에 의하여 당해 사업연도의 세무조정을 하시오.   ※ 회사선택시 유의하시오.

[작성대상서식]

1. 접대비조정명세서
2. 감가상각비조정명세서합계표
3. 가지급금등인정이자조정명세서
4. 퇴직연금부담금조정명세서
5. 기부금조정명세서

[1] 아래의 내용을 바탕으로 당사의 접대비조정명세서를 작성하고, 필요한 세무조정을 하시오. (6점)

1. 손익계산서상 매출액과 영업외수익은 아래와 같다.

| 구분 | 매출액 | 특이사항 |
|---|---|---|
| 제품매출 | 1,890,000,000원 | 특수관계자에 대한 매출액 200,000,000원 포함 |
| 상품매출 | 1,500,000,000원 | |
| 영업외수익 | 100,000,000원 | 부산물 매출액 |
| 합 계 | 3,490,000,000원 | |

2. 손익계산서상 접대비(판) 계정의 내역은 아래와 같다.

| 구분 | 금액 | 비고 |
|---|---|---|
| 대표이사 개인경비 | 5,000,000원 | 법인신용카드 사용분 |
| 법인신용카드 사용분 | 46,900,000원 | 전액 3만원 초과분 |
| 간이영수증 수취분<br>(경조사비가 아닌 일반 접대비) | 4,650,000원 | 건당 3만원 초과분 : 4,000,000원<br>건당 3만원 이하분 : 650,000원 |
| 합 계 | 56,550,000원 | |

3. 한편 당사는 자사 제품(원가 2,000,000원, 시가 3,000,000원)을 거래처에 사업상 증여하고 아래와 같이 회계처리 하였다.

| (차) | 복리후생비(제) | 2,300,000원 | (대) | 제품 | 2,000,000원 |
|---|---|---|---|---|---|
| | | | | 부가세예수금 | 300,000원 |

[2] 다음 자료를 이용하여 감가상각비조정 메뉴에서 고정자산을 등록하고 미상각분감가상각조정명세서 및 감가상각비조정명세서합계표를 작성하고 세무조정을 하시오. (6점)

1. 감가상각 대상 자산
   • 계정과목 : 기계장치
   • 자산코드/자산명 : 001/기계
   • 취득한 기계장치가 사용 가능한 상태에 이르기까지의 운반비 1,000,000원을 지급하였다.

| 취득일 | 취득가액<br>(부대비용<br>제외한 금액) | 전기(2020)<br>감가상각누계액 | 기준내용연수 | 경비구분<br>/업종 | 상각<br>방법 |
|---|---|---|---|---|---|
| 2019.09.18. | 40,000,000원 | 12,000,000원 | 5년 | 제조 | 정률법 |

2. 회사는 기계장치에 대하여 전기에 다음과 같이 세무조정을 하였다.
   <손금불산입>  감가상각비 상각부인액    1,477,493원      (유보발생)

3. 당기 제조원가명세서에 반영된 기계장치의 감가상각비 : 12,000,000원

[3] 다음 자료를 이용하여 가지급금등의인정이자조정명세서를 작성하고, 관련된 세무조정을 소득금액조정합계표에 반영하시오. (6점)

1. 차입금과 지급이자 내역

| 연 이자율 | 차입금 | 지급이자 | 거래처 |
|---|---|---|---|
| 2.9% | 40,000,000원 | 1,160,000원 | 새마을은행 |
| 2.1% | 25,000,000원 | 525,000원 | 시민은행 |
| 2.3% | 10,000,000원 | 230,000원 | ㈜동호물산 |

※ ㈜동호물산은 당사와 특수관계에 있는 회사이다.

2. 가지급금 내역

| 직책 | 성명 | 가지급금 | 발생일자 | 수령이자 |
|---|---|---|---|---|
| 대표이사 | 유현진 | 85,000,000원 | 2022.03.02. | 630,000원 |
| 사내이사 | 김강현 | 17,000,000원 | 2022.05.17. | 265,000원 |

※ 수령한 이자는 장부에 이자수익으로 계상되어 있다.

3. 제시된 자료 외의 차입금과 가지급금은 없다고 가정하고, 가중평균차입이자율을 적용하기로 한다.

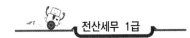

[4] 다음 자료를 이용하여 퇴직연금부담금조정명세서를 작성하고, 이와 관련한 세무조정을 소득금액조정합계표에 반영하시오. (6점)

1. 기말 현재 임직원 전원 퇴직 시 퇴직금 추계액 : 280,000,000원

2. 퇴직급여충당금 내역
   • 기초퇴직급여충당금 : 25,000,000원
   • 전기말 현재 퇴직급여충당금부인액 : 4,000,000원

3. 당기 퇴직 현황
   • 2021년 퇴직금지급액은 총 16,000,000원이며, 전액 퇴직급여충당금과 상계하였다.
   • 퇴직연금 수령액은 3,000,000원이다.

4. 퇴직연금 현황
   • 2022년 기초 퇴직연금운용자산 금액은 200,000,000원이다.
   • 확정급여형 퇴직연금과 관련하여 신고조정으로 손금산입하고 있으며, 전기분까지 신고조정으로 손금산입된 금액은 200,000,000원이다.
   • 당기 회사의 퇴직연금불입액은 40,000,000원이다.

[5] 다른 문제 및 기존 자료 등의 내용은 무시하고 다음 자료만을 이용하여 기부금조정명세서 및 기부금 명세서를 작성한 후 필요한 세무조정을 하시오. 단, 당사는 세법상 중소기업에 해당한다. (6점)

1. 당기 기부금 내용은 다음과 같다. 기부처 입력은 생략한다.

| 일자 | 금액 | 지급내용 |
|---|---|---|
| 02월 20일 | 50,000,000원 | 코로나 극복을 위해 지방자치단체에 의료용품 기부 |
| 08월 10일 | 20,000,000원 | 태풍으로 인한 이재민 구호금품 |
| 09월 25일 | 100,000,000원 | 사립대학교에 장학금으로 지출한 기부금 |
| 12월 25일 | 3,000,000원 | 정당에 기부한 정치자금 |

2. 기부금 계산과 관련된 기타자료는 다음과 같다.
   • 전기에서 한도 초과로 이월된 기부금은 2020년 법정기부금 한도초과액 10,000,000원이다.
   • 결산서상 당기순이익은 300,000,000원이며, 위에 나열된 기부금에 대한 세무조정 전 익금산입 및 손금불산입 금액은 30,000,000원, 손금산입 및 익금불산입금액은 4,500,000원이다.
   • 당기로 이월된 결손금은 2018년 발생분 150,000,000원이다.

*Winners make it happen, losers let it happen.*

memo

Chapter

# 03

# 출제유형 137제

## [001] 당좌예금 – 당좌예금잔액 초과 수표발행

| | |
|---|---|
| 1월 3일 | 경수산업에 발행한 지급어음중 10,000,000원이 만기가 도래하여 당좌수표를 발행하여 지급하였다. 발행당시 당좌예금 잔액은 3,000,000원이며 당좌차월계약은 주거래은행인 조흥은행과 맺어져 있는 상태이다. 이하 문제는 회사코드 2008.(주)실무를 이용하여 답하시오. |

## [002] 보통예금 – 인터넷 뱅킹

| | |
|---|---|
| 1월 4일 | 원재료 매입 계약금조로 당사 법인 당좌예금 통장인 조흥은행통장에서 900,000원을 인터넷뱅킹으로 화신상사에 계좌이체 하였다. 이때 송금수수료 1,300원이 통장에서 인출되었다. |

## [003] 예금조정

회사는 하나은행과 당좌거래를 하고 있는데, 결산을 함에 있어서 은행의 통장잔액과 회사의 당좌예금 계정잔액의 차이를 확인하고 이를 조정하려고 한다. 결산일을 기준으로 통장잔액을 조회한 결과 다음의 내용을 확인하였다. 회사의 입장에서 처리해야 할 수정분개를 하시오.

(1) 매출처인 현진상사에서 외상매출금 80,000원을 은행에 입금하였으나, 회사에는 아직 통보되지 않았다.

(2) 정기예금에 대한 이자 90,000원이 당좌예금구좌에 입금되었으나, 회사에는 아직 통보되지 않았다.

## [004] 외상매입금의 어음발생 상환

| | |
|---|---|
| 1월 5일 | 믿음상사의 외상매입금 5,000,000원을 약속어음(만기: 다음연도 3월 20일)을 발행하여 지급하였다. |

## [005] 매출 계약금 - 선수금수령

| | |
|---|---|
| 1월 6일 | 제품(공급가액 1,000,000원, 부가가치세 무시)을 롯데백화점에 판매하고 대금은 계약시 받은 선수금 100,000원을 공제하고 잔액은 약속어음으로 받았다.(어음의 만기일은 다음년도 12월 20일이다.) |

## [006] 거래처로부터 받은 어음 교부

| | |
|---|---|
| 1월 15일 | 거래처인 한국전자로부터 원재료인 칩TR(5,000개, @3,000, 부가가치세 별도)를 매입하고 전자세금계산서를 교부받았다. 대금 중 2,000,000원은 거래처 (주)태영으로부터 받은 동사발행의 약속어음으로 지급하였으며, 잔액은 외상으로 하였다. |

## [007] 둘이상의 품목, 수량, 단가(복수거래)

1월 16일  생산직 종업원들의 안전을 목적으로 철물기공에서 다음 물품들을 구입하고 전자세금계산서를 교부받았다. 대금은 1개월 후에 지급하기로 하였다. 비용계정을 사용하여 회계처리하시오.(복수거래로 회계처리)

| 품 목 | 수량 | 단가 | 공급가액 | 세액 | 결제방법 |
|---|---|---|---|---|---|
| 유니폼 | 10 | 40,000 | 400,000 | 40,000 | 외상 |
| 장화 | 20 | 5,000 | 100,000 | 10,000 | |

## [008] 원재료, 상품외 구입시 외상대

| | |
|---|---|
| 1월 17일 | 직원들의 업무용으로 사용하기 위해 노트북PC 50대(대당 700,000원, 부가가치세 별도)를 한국전자로부터 외상으로 구입하고, 전자세금계산서를 수취하였다. |

## [009] 어음수취매출 – 전자세금계산서교부

1월 18일      철현상사에 제품 50개(@220,000원)를 11,000,000원(부가가치세포함)에 매출하고 전자
세금계산서를 교부하였으며, 대금중 3,000,000원은 어음으로 받고, 2,000,000은 선수
금과 상계하고, 나머지는 미수 처리하였다.

## [010] 매출환입 및 에누리, 매출할인

1월 19일      제품(P1) 매출처 현경상사의 1월18일 현재까지의 외상매출금잔액   50,000,000원이 다
음과 같은 조건으로 전액 회수되었다.

사전약정에 의하여 ₩500,000은 할인하여 주고, 외상대와 상계하기로하고 마이너스전
자세금계산서를 발행하였다. 할인액에 대해서만 회계처리하라

## [011] 판매장려금

1월 20일      매입처 철물기공으로부터 1월 1일부터 월 20일까지의 거래실적 40,500,000원에 대한
판매장려금의 지급이 결정되어 금일 당사의 외상대금과 상계되었음을 통보받았다.(판매
장려금은 원재료 매입가액(공급가액)의 2%로 약정됨)

## [012] 매출채권 양도 – 매각거래

1월 21일      화신상사에서 받은 약속어음 7,000,000원을 하나은행에서 할인하고 현금수취 하였다.
할인료는 110,000원이다.(매각거래로 처리할 것)

## [013] 매출채권 양도 - 차입거래

| | |
|---|---|
| 1월 21일 | 화신상사에서 받은 약속어음 7,000,000원을 하나은행에서 할인하고 현금수취 하였다. 할인료는 110,000원이다.(차입거래로 간주할 것) |

## [014] 정부보조금 - 상환의무 없는 정부보조금 수령시

| | |
|---|---|
| 2월 3일 | 무상지원 받은 정부보조금(보통예금차감항목)이 100,000,000원을 보통예금통장으로 이체 받았다. |

## [015] 정부보조금 - 수령한 정부보조금으로 자산 취득시

| | |
|---|---|
| 4월 1일 | 정부로부터 2월 3일 무상지원 받은 정부보조금(보통예금차감항목)으로 반도체를 세척하는 시설장치를 (주)한국전자로부터 150,000,000원(부가가치세 별도)에 구입하면서 보통예금을 인출하여 지급하였으며 전자세금계산서를 수취하였다.(정부보조금은 100,000,000원이며 현금, 보통예금차감항목)(104,197번 계정을 이름바꿔 사용할 것) |

## [016] 정부보조금 - 정부보조금으로 취득한 자산 상각시

| | |
|---|---|
| 12월 31일 | 정부보조금으로 4월 1일 구입한 본사(관리용)건물의 시설장치를 기업회계기준에 따라 정액법으로 감가상각비를 계상하시오. (내용연수는 4년이며 월할상각한다.) |

## [017] 정부보조금 - 상환의무 있는 경우

| | |
|---|---|
| 2월 4일 | 산업자원부로부터 자산취득조건 정부보조금을 120,000,000원 지원받아 보통예금에 입금하다. 30%는 당해 프로젝트를 성공하는 경우에 3년 거치 분할 상환해야할 의무를 부담하며, 70%는 상환의무를 부담하지 아니한다. |

## [018] 자산의 교환 – 동종자산의 교환

| 2월 5일 | 회사는 사용하던 승용차를 B회사의 승용차와 교환하기로 하였다. 동 승용차의 장부가액은 500,000원(취득가액 10,000,000원)이고, 우리 회사승용차의 공정가액이 700,000원이고, B회사 승용차 공정가액이 1,200,000원인 경우 교환시의 분개는? (부가가치세 무시) |
|---|---|

## [019] 자산의 교환 – 동종자산의 교환(현금지급)

| 2월 5일 | 회사는 사용하던 승용차를 B회사의 승용차와 교환하기로 하였다. 동 승용차의 장부가액은 500,000원(취득가액 10,000,000원)이고, 추가로 500,000원을 현금지급 하였다. 우리 회사 승용차의 공정가액이 700,000원, B회사 승용차 공정가액이 1,200,000원인 경우 당기의 분개는? (부가가치세 무시할것) |
|---|---|

## [020] 자산의 교환 – 이종자산의 교환

| 2월 5일 | 회사는 사용하던 승용차를 B회사의 기계장치와 교환하기로 하였다. 동 승용차의 장부가액은 500,000원(취득가액 10,000,000원)이고, 승용차의 공정가액이 700,000원, B회사의 기계장치의 공정가액은 800,000원인 경우 당기의 분개는(부가가치세 무시) |
|---|---|

## [021] 비유동자산의 취득

| 4월 3일 | 제품운반에 사용할 화물차(공급가액 21,000,000원, 부가가치세2,100,000원)를 현대자동차(주)에서 구입하고 전자세금계산서를 교부받았다. 동 구입건에 대하여는 인도금으로 3월 25일에 지급한 2,100,000원을 공제한 나머지 10,000,000원은 어음으로 나머지금액은 할부계약(10개월)을 체결하였다. 또한 차량취득세 및 등록세 1,100,000원을 현금으로 지급하였다. |
|---|---|

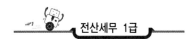 

## [022] 취득후의 지출 - 자본적지출

| 4월 3일 | 공장건물의 철골보강공사를 진양건설㈜이 시공하고 전자세금계산서를 교부받았다.(공급가액 50,000,000원, 부가가치세 5,000,000원) 공사대금은 6개월 후에 지급하기로 하였으며 동 철골보강공사는 내용년수를 증가시키고,가치도 상당히 증가시키는것으로 판명되었다. |

## [023] 취득후의 지출 - 국공채의 매입손실

| 4월 16일 | 업무용 차량 구입시 법령에 의하여 액면가액 700,000원의 공채를 액면가액에 현금으로 매입하다. 다만, 공채의 매입당시 공정가액은 650,000원으로 평가되며 단기매매증권으로 분류한다. |

## [024] 비유동자산의 매각

| 4월 17일 | 정부보조금에 의해 취득한 기계장치를 경수산업(주)에 매각대금 8,000,000원 부가가치세 별도로 처분하고 전자세금계산서를 교부하였으며 어음으로 5,000,000원 나머지는 외상으로 하였다. 처분하기 전까지 감가상각비와 감가상각누계액은 적정하게 회계처리되어 있으며, 기계장치의 내용은 다음과 같다.<br><br>• 기계장치 : 25,000,000원<br>• 정부보조금(기계장치 차감) : 10,000,000원<br>• 감가상각누계액 : 5,000,000원 |

## [025] 무형자산의 상각 및 감액

당기 특허권 보유내역은 다음과 같다.
 1. 취득일자 : 전기 1월 1일
 2. 취득가액 : 200,000,000원(내용연수 : 10년  상각방법: 정액법)
단 특허권은 상품과 관련된 것이다.

**12월 31일**　　　현재의 회수가능액은 120,000,000원이다. 회수가능액이 장부가액에 중요하게  미달한다
　　　　　　　　고 가정한다. 감가상각과 가치하락에 대하여 기업회계기준에 따른 회계처리를 일반전표
　　　　　　　　입력에서 행하시오.


## [026] 단기매매증권 – 현금지급 처분수수료

**4월 17일**　　　단기보유목적으로 구입한 (주)민주의 주식(시장성 있음) 300주를 1주당 23,000원에 처
　　　　　　　　분하고 대금은 보통예금에 입금되었다. 주식처분에 따른 증권거래세 40,000원과 거래수
　　　　　　　　수료 20,000원은 현금으로 지급하였다.
　　　　　　　　1. 전년도 10월 20일 500주 현금취득 : 1주당 20,060원(취득부대비용은 30,000원 소
　　　　　　　　　　요됨)
　　　　　　　　2. 전년도 12월 31일 시가 : 1주당 21,000원


## [027] 단기매매증권 – 수수료

**4월 17일**　　　단기보유목적으로 구입한 (주)민주의 주식(시장성 있음) 300주를 1주당 23,000원에 처
　　　　　　　　분하고 대금은 보통예금에 입금되었다. 주식처분에 따른 증권거래40,000원과 거래수수
　　　　　　　　료 20,000원은 차감하고 입금하였다.
　　　　　　　　1. 전년도 10월 20일 500주 현금취득 : 1주당 20,000원(취득비용은 30,000원 소요됨)
　　　　　　　　2. 전년도 12월 31일 시가 : 1주당 21,000원

## [028] 매도가능증권 - 사채

| 4월 18일 | 당사는 장기적인 자금운영을 목적으로 대상(주)가 발행한 다음의 사채를 현금으로 취득하였다. |
|---|---|

1. 사채발행일 : 당기 4월 18일
2. 액면가액 : 10,000,000원    표시이자율 : 연 10%    이자지급 : 매년 말 후급
3. 만기 : 3년 후 4월 17일
4. 취득당시 시장이자율은 12%,
5. 12%의 3년 연금현가계수는 2.40183이고, 12%의 3년 현가계수는 0.71178이다.

## [029] 매도가능증권 - 유가증권의 평가 및 처분

| 4월 19일 | 회사가 보유하고 있는 매도가능증권을 다음과 같은 조건으로 처분하고 현금을 회수하였으며 전년도 기말 평가는 기업회계기준에 따라 처리하였다. |
|---|---|

| 취득가액 | 시 가(전년도말) | 양도가액 | 비 고 |
|---|---|---|---|
| 20,000,000원 | 24,000,000원 | 25,000,000원 | 시장성 있음 |

## [030] 매도가능증권 - 손상차손

전년도 12월 1일에 장기소유 목적으로 구입한 강태공(주) 주식 600주(1주당 액면가액 10,000원)를 @98,000원으로 취득하였으나, 전년도 결산시 공정가액 @95,000원으로 평가하였다. 당해년도 12월 31일자 회계처리를 하시오. 단, 이 주식은 강태공(주)가 금융기관으로부터 당좌거래 정지처분을 당하여 주식의 회수가능액이 20,000,000원으로 평가되었다.

## [031] 재해손실1

| 4월 20일 | 공장건물에 화재가 발생하였다, 해당건물에 보험은 가입되어 있지 않았으며 해당건물의 취득원가 100,000,000원 감가상각누계액은 60,000,000원이다. 소실 즉 손상차손에 대한 회계처리는 기 설정된 계정과목중 가장 적절한 것을 선택한다. |
|---|---|

## [032] 재해손실2

| | |
|---|---|
| 4월 20일 | 공장건물에 화재가 발생하였다,해당건물에 동부화재에 화재보험이 가입되어 있으며 해당 건물의 취득원가 80,000,000원 감가상각누계액은 30,000,000원이다. 5월 20일 보험금이 50,000,000원 확정되었음을 통보받았다. 소실 즉 손상차손과 보험금 대한 회계처리는 기 설정된 계정과목중 가장 적절한 것을 선택한다. |

## [033] 유형자산매각 – 과표안분

| | |
|---|---|
| 4월 30일 | 사용중이던 건물을 현경상사에 매각하였다. 토지와 건물을 합하여 매각대금은 420,000,000원(부가가치세별도)이고 관련자료는 다음과 같다. 계약조건에 따라 전자세금계산서와 전자계산서를 발행하였으며, 매각대금은 보통예금계좌에 입금되었다. 전자세금계산서와 전자계산서는 매입매출전표에서 각각 입력하시오. |

| 구 분 | 토 지 | 건 물 |
|---|---|---|
| 기준시가 | 200,000,000원 | 100,000,000원 |

1. 토지와 건물의 공급가액을 기준시가 비율로 안분계산함.
2. 장부가액
  토지 : 180,000,000원, 건물 : 450,000,000원, 건물감가상각누계액 : 360,000,000원

## [034] 유형자산매입 – 완성도기준매입

회사는 철물기공에 완성도지급기준에 의하여 전전기 1월 25일에 발주한 금형제작이 완성되어 당기 5월 20일 인도받았다. 잔금 70,000,000원(부가가치세 별도)은 당초 지급약정일에 보통예금으로 지급하였으며, 현행 부가가치세법에 의하여 매입전자세금계산서를 수취하였다.(금형은 기계장치로 회계처리한다)

| 완성도 | 완성도 달성일 | 대금지급약정일 | 금액(부가가치세 별도) | 비 고 |
|---|---|---|---|---|
| 25% | 전전기 4. 30 | 전전기 5. 5 | 50,000,000원 | 선급금 처리함 |
| 65% | 전기 4. 30 | 전기 5. 5 | 80,000,000원 | |
| 100% | 당기 5. 20 | 당기 6 20 | 70,000,000원 | |

## [035] 운용자금의 차입1

| 5월 22일 | 당 회사는 기업어음제도개선을 위한 세액공제를 적용받기 위해 기업구매자금제도를 이용하고 있다. (주)태영에서 4월 30일에 구입한 원재료 매입대금 중 외상분 40,000,000원을 신한은행의 기업구매자금대출로 결제하였다.(기업구매자금의 대출기한은 1년내 이다.) |

## [036] 운용자금의 차입2

5월 23일 신제품 기계를 구입하기 위해 회사채를 발행하고, 발행수수료를 제외한 잔액은 전액 보통예금에 입금되었다.

| 1좌당 액면가액 | 발 행 사 채 수 | 1좌당 발행가액 | 사채발행수수료 |
|---|---|---|---|
| 5,000원 | 5,000좌 | 4,500원 | 2,500,000원 |

## [037] 사채할인발행차금 상각

| 1월 1일 | 액면 50,000,000원의 사채발행을 하였다. 표시이자 10%, 만기 5년, 이자는 연1회후급으로 지급하고, 시장이자율은 12%, 사채에 대한 회계처리는 유효이자율법(기업회계기준)으로 처리한다. 당기말 이자비용 지급시 회계처리는?<br>현가계수 (5년) : 0.56743, 연금현가계수(5년) : 3.60478 |

## [038] 사채의 매각

| 5월 24일 | 액면가액 20,000,000원인 사채 중 액면가액 15,000,000원을 11,50,000원에 중도 상환하기로 하고 상환대금은 당좌수표로 지급하다. 상환일 현재 사채할인발행차금 잔액은 4,000,000원이며 회사의 다른 사채발행금액은 없는 것으로 가정한다. |

## [039] 주식발행 - 할인발행1

**5월 25일**  당사는 이사회의 결의로 신주 50,000주(액면가액 1주당 5,000원)를 1주당 4,950원에 발행하고 전액 현금으로 납입 받아 신한은행에 보통예입 하였으며, 주식발행비 2,100,000원은 현금으로 별도 지급하였다.(주식발행초과금 잔액은 없다고 가정)

## [040] 주식발행 - 할인발행2

**5월 26일**  주주총회의 특별결의와 법원인가를 얻어 다음과 같이 주식을 할인발행하였다. 신주발행비를 제외한 주식발행 대금은 당사의 당좌예금계좌로 납입되었다. 주식발행초과금 계정 잔액이 2,500,000원이라고 가정하고 회계처리하라.

발행주식수 : 10,000주(액면가 : @5,000원)　　　　발행가액 : @4,100원
신주발행비 500,000원

## [041] 자본금의 감자

회사의 당해년도 감자전 자본에 관한 자료는 다음과 같다.

| | |
|---|---|
| • 보통주 자본금(1,000,000주, 1,000원/주당) | 1,000,000,000원 |
| • 주식발행초과금 | 30,000,000원 |
| • 감자차익 | 4,000,000원 |
| • 미처분이익잉여금 | 300,000,000원 |
| • 자본총계 | 1,334,000,000원 |

**5월 27일**  당사는 사업축소를 위하여 발행중인 보통주 30,000주를 주당 1,200원에 매입하여 소각하고 대금은 보통예금에서 이체하여 지급하였다.

## [042] 자기주식

**5월 28일**  당기중에 취득한 자기주식 100주(주당 12,000원)중 100주를 주당 7,500원에 현금을 받고 매각하였다. 단, 기타자본잉여금중 자기주식처분이익계정에는 250,000원의 잔액이 있다. 이를 반영하여 기업회계기준에 따라 회계처리를 하시오.

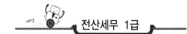 

## [043] 현물출자 – 구건물 철거비용

| 5월 29일 | 공장신축을 위하여 건물과 토지를 구입하고 그 토지에 있던 구건물을 철거하였다. 토지와 구건물 구입대금으로 현금 300,000,000원과 자사보통주(주당 액면가액 5,000원, 시가 8,400원) 6,000주를 발행하여 교부하였고, 구건물의 일괄구입비용, 철거비용과 토지 등기비 5,000,000원이 현금으로 지출되었다.(일반전표에서 입력할것) |

## [044] 사용중인 건물의 구건물 철거비용

| 5월 30일 | 영업소용 건물을 사용하고 있었는데 건물을 신축하기 위하여 사용 중인 동 건물[건물명 : 동대문 영업소]을 철거하였다. 철거시기에 기존건물의 취득가액 및 감가상각 누계액의 자료는 다음과 같다. |

1. 건물의 취득가액 : 300,000,000원
2. 철거당시 감가상각누계액 : 250,000,000원[철거하는 시기까지 감가상각이 이루어진 것으로 가정함]
3. 건물철거비용 : 20,000,000원(부가가치세 별도금액)[철거회사 : ㈜대양철거 ]
4. 철거비용은 당좌수표를 발행하여 지급하였다.

## [045] 퇴직연금 – 확정급여형 연금 납입시

5월 30일에 당월분 퇴직연금 10,000,0000원을 보험회사에 납입하였다. 퇴직연금은 확정급여형 퇴직연금에 해당한다.

## [046] 퇴직연금 – 확정급여형 결산시

결산시 전임직원(사무직)이 일시금으로 선택한다고 가정시 퇴직급여추계액 50,000,000원에 대해 퇴직급여충당부채를 설정하였다.

## [047] 퇴직연금 - 확정급여형가입자 퇴사(일시금수령시)

5월 31일에 퇴사자가 발생하였으며, 퇴사자는 일시금으로 10,000,000원의 퇴직연금을 보험회사로부터 수령하였으며 퇴사자의 퇴직급여계산액은 12,000,000원, 퇴직소득세는 200,000원이라고 가정한다.

## [048] 퇴직연금 - 확정급여형가입자 퇴사(연금수령 선택시)

지난해 2월25일 노사합의에 의해 확정급여형 퇴직연금에 가입하고 연금납부액으로 10,000,0000원을 보험회사에 납입하였다. 지난해 결산시 전임직원(사무직)이 일시금으로 선택한다고 가정시 퇴직급여추계액 50,000,000원에 대해 퇴직급여충당부채를 설정하였다. 올해 5월31일에 퇴사자가 발생하였으며, 퇴사자는 연금으로 퇴직연금을 수령하기로 하였으며,연금의 현재가치환산액은 12,000,000원이라 가정하고 퇴사에 대한 회계처리를 하라.

## [049] 퇴직연금 - 연금형태 선택후 실제 수령시

6월 말일에 보험회사로부터 6월분 퇴직연금 200,000원을 수령하였다고 가정한다.(미지급금이 200,000원 감소하고 기타 이자율 변동액등 보험수리적 가정은 변동 없다고 가정)

## [050] 퇴직연금 - 확정기여형

5월 31일       사무실직원에 대해 확정기여형 퇴직연금에 가입하고 연금납부액으로 15,000,0000원을 납입하였다. 그리고 이전에 설정된 퇴직급여충당부채 30,000,000원도 퇴직연금으로 납입하였다.

## [051] 중간배당금 - 배당지급 결정시

5월 10일에 개최된 이사회를 통하여 5,000,000원 중간배당(현금)을 하기로 결정하였다. 당해 중간배당은 당기중에 한번 지급하는 것이며, 차후 이익준비금도 설정하기로 한다(계정과목은 중간배당금 과목을 사용할 것)

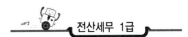 

## [052] 중간배당금 - 지급시

| | |
|---|---|
| 6월 5일 | 지난달 10일에 개최된 이사회를 통하여 중간배당을 하기로 결정된 배당금 5,000,000원 중 소득세등 700,000원을 차감한 금액을 개인 주주들에게 현금으로 배당하였다. 5월 10일의 중간배당 결정시 회계처리는 적절하게 되어있다. |

## [053] 중간배당금 - 이익준비금설정시

| | |
|---|---|
| 3월 25일 | 주주총회에서 이사회를 통하여 중간배당을 하기로 결정된 전기배당금 5,000,000원에 대해 1/10만큼의 이익준비금 설정이 확정되었다고 가정하고 회계처리와 중간배당 지급결정시 이익잉여금처분계산서를 작성하라. 전기이월미처분이익잉여금이 15,000,000원, 당기순이익 3,200,000원이다. |

## [054] 선납세금

| | |
|---|---|
| 6월 6일 | 보통예금에 대한 6개월분 이자 200,000,000원(전기에 미수수익으로 계상해두었던 금액 162,000,000원 포함) 중 원천징수세액 28,000,000원을 제외한 금액이 보통예금 계좌에 입금되다. |

## [055] 세금계산서교부분 일부 카드결제

| | |
|---|---|
| 6월 5일 | (주)파란세상에 제품(P3)을 공급하고 전자세금계산서(공급가액 : 5,000,000원, 세액 : 500,000원)를 교부하였다. 대금은 전년도말에 계약금으로 받은 500,000원이 있고 3,000,000은 (주)파란세상 발행 약속어음(만기일 : 다음년도.12.31)으로 받았으며,나머지는 국민카드로 결제받았다. |

## [056] 현금영수증판매

| 6월 27일 | (주)태사자에 제품 50개를 2,200,000원(부가가치세 포함)을 현금매출하고 현금영수증을 교부하였다. |
| --- | --- |

## [057] 타계정대체 – 간주공급(생산제품증여)

| 6월 28일 | 제품 원가 2,000,000원, 시가 5,000,000원을 접대목적으로 매출거래처에 제공하였다. 단, 거래의 분개도 매입매출전표입력에서 처리한다. |
| --- | --- |

## [058] 매입한 물품 거래처에 증여

6월 29일  (주)미양산업으로부터 매출처에 사은품으로 증정할 선물을 다음과 같이 외상으로 구입하고 전자세금계산서를 수취하였다.(전액 비용으로 회계처리할 것)

| 품명 | 수량 | 단가 | 공급가액 | 부가가치세 |
| --- | --- | --- | --- | --- |
| 만년필 | 100개 | 20,000 | 2,000,000 | 200,000 |

## [059] 매입한 물품 직원에게 증여

| 6월 29일 | 공장 직원들에게 제공할 추석선물로 생활용품셋트를 롯데백화점에서 660,000원(공급대가)에 구입하였다. 대금은 비씨카드로 지급하였으며 카드매출전표 매입세액공제요건은 갖추었다. |
| --- | --- |

## [060] 수동결산과 자동결산

다음 자료에 의해 결산을 완료하시오.

1. 실사한 기말재고금액는 다음과 같다.
   - (1) 원재료  40,500,000원
   - (2) 재공품  22,500,000원
   - (3) 제  품  56,000,000원

2. 퇴직급여충당부채 설정사항은 다음과 같다.
   - (1) 생산직 : 추계액 140,000,000원, 설정전 잔액 120,000,000원
   - (2) 사무직 : 추계액 60,500,000원, 설정전 잔액 50,000,000원

3. 대손충당금 설정은 매출채권(외상매출금과 받을어음) 잔액에 대하여 1%를 설정한다.
   - (1) 외상매출금 : 246,735,892원, 대손충당금(외상)832,652원
   - (2) 받을어음 : 166,505,000원, 대손충당금(받을어음)500,000원이라고 가정하고 설정한다. 두 채권 이외 채권은 무시한다.

4. 단기차입금에 대한 기간경과 미지급이자 500,000원을 계상하다.
   (지급기일은 다음연도 2월2일 후급조건이라고 가정한다)

5. 보험료(판) 비용처리분중 차기 해당분 300,000원을 계상하다.

6. 소모품(판) 자산계상분중 당기사용액은 80,000원이다.

7. 당기분 법인세 추산액(계상액)은 10,300,000이며, 선납세금은 일반전표입력에서 입력한다.
   (선납세금계정에는 법인세 중간예납세액 220,000원 및 원천납부세액 150,000원 가정)

## [061] 타계정대체 – 재고감모손실

당해연도말 원재료 실사결과 파손, 도난에 의한 재고자산감소가액이 12,000,000원이고 이중 원가성이 있는 것이 60%라고 가정한다.

## [062] 재고자산평가손실

결산시 제품과 관련된 자료가 다음과 같다고 가정하고 재고자산평가손실에 대한 분개를 하라.
1. 결산분개 전 장부상 기말재고액 30,000원(100,000개 × 원가300원/개)
2. 실지재고수량 95,000개
3. 제품의 시가 252원/개

## [063] 유동성대체

신한은행에서 빌린 장기차입금은 정부로부터 1년이내 상환일이 도래하는 금액 100,000,000원 포함되어 있다, 적절한 회계처리를 하라.

## [064] 대손충당금

연령분석법으로 외상매출금(철현상사)에 대한 대손을 추정하고 당기의 대손상각비를 계상하고 있다.

| 구 분 | 당기말 채권잔액 | 대손설정율 |
|---|---|---|
| 30일 이내 | 5,000,000원 | 2% |
| 31-60일 | 1,500,000원 | 7% |
| 61-90일 | 1,000,000원 | 10% |
| 91일 이상 | 500,000원 | 30% |
| | 8,000,000원 | |

전년도 말에 대손충당금 잔액은 250,000원이라 가정하고, 당기 5월31일에 대손이 확정되어 대손충당금과 상계된 외상매출금은 220,000원이며 대손세액공제는 받았다.

## [065] 외화매출 - 선수금수령후 환가

당사는 미국의 버닝사와 200,000달러의 수출계약을 체결하였다. 동 수출과 관련하여 7월 2일에 선수금으로 20,000달러를 받고 회계처리 하였으며 수출제품 P2는 7월 20일에 선적 완료하였다.(잔금은 외상으로 처리할 것)

|  |  |  |  |  |  |
|---|---|---|---|---|---|
| 기준환율 | 당기 | 7월 2일 | 1$당 | 1,000원 |
|  | 당기 | 7월 20일 | 1$당 | 1,100원 |
|  | 당기 | 12월 31일 | 1$당 | 1,200원 |

## [066] 외화매출 - 선수금수령 외화보유 또는 외화예금

당사는 미국의 버닝사와 200,000달러의 수출계약을 체결하였다. 동 수출과 관련하여 7월 2일에 선수금으로 200,000달러를 받아 보유하고 있으며, 수출제품 P2는 7월 20일에 선적 완료하였다.

|  |  |  |  |  |  |
|---|---|---|---|---|---|
| 기준환율 | 당기 | 7월 2일 | 1$당 | 1,000원 |
|  | 당기 | 7월 20일 | 1$당 | 1,100원 |
|  | 당기 | 12월 31일 | 1$당 | 1,200원 |

## [067] 외화환산손익

당사의 화폐성 외화자산은 다음과 같고, 당해년도 12월 31일 결산일의 환율은 1$당 1,500원이다. 외화환산손실과 외화환산이익을 각각 인식한다.

| 계정과목 | 발생일 | 발생일 현재 환율 |
|---|---|---|
| 미수금(믿음상사)($5,000) | 10월 22일 | 1,430원 |
| 장기차입금(신한은행)($35,000) | 06월 02일 | 1,450원 |

## [068] 법인세비용 추정

법인세 등은 결산서상 법인세차감전순이익 **400,000,000**원에 현행 법인세법상의 세율을 적용하여 산출세액을 계산하고, 산출세액에서 공제감면세액 및 기납부세액 **12,000,000**원을 공제한 후 추가로 납부해야 할 법인세와 법인세분지방소득세를 당기법인세부채로 계상한다.

> 기법인세 등 = ① + ②
> ① : 법인세산출세액 − 법인세 공제감면세액(1,800,000원)
> ② : 법인세분 지방소득세

## [069] 이익잉여금처분1

| 3월 1일 | 당해년도 주주총회에서 이익잉여금 처분액을 다음과 같이 확정 결의하였다. 5월 2일 현금배당금과 주식배당금을 지급하였다. |
|---|---|

| 구 분 | 금 액 | 비 고 |
|---|---|---|
| 이익준비금 | 5,000,000원 | 현금배당금 및 주식배당금은 결의일 현재 미지급된 상태이다. (5월2일지급과 관련된 회계처리도 함.) |
| 현금배당금 | 50,000,000원 | |
| 주식배당금 | 50,000,000원 | |
| 사업확장적립금 | 100,000,000원 | |

## [070] 이익잉여금처분2

| 3월 15일 | 주주총회에서 다음과 같이 이익처분하기로 결의하였다. |
|---|---|

> 현금배당 : 전기말 자본금의 5%
> 주식배당 : 전기말 자본금의 3%
> 주식할인발행차금 상각 : 4,750,000원
> 전기말 자본금 : 100,000,000원
> 이월이익잉여금 : 354,167,000원

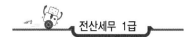 

## [071] 이익잉여금처분3

전기의 이익잉여금처분계산서의 내역이다. 당기 3월 20일에 필요한 회계처리를 하시오.

### 이익잉여금처분계산서

20x1. 1. 1 ~ 20x1. 12. 31

처분확정일 20x2. 3. 20

| | | |
|---|---:|---:|
| Ⅰ. 미처분이익잉여금 | | 182,230,000원 |
| 1. 전기이월이익잉여금 | 96,000,000원 | |
| 2. 당기순이익 | 56,230,000원 | |
| Ⅱ. 임의적립금 이입액 | | 30,000,000원 |
| 1. 배당평균적립금 | 30,000,000원 | |
| Ⅲ. 합계 | | 182,230,000원 |
| Ⅳ. 이익잉여금 처분액 | | 160,000,000원 |
| 1. 이익준비금 | 10,000,000원 | |
| 2. 현금배당 | 100,000,000원 | |
| 3. 사업확장적립금 | 50,000,000원 | |
| Ⅴ. 차기이월미처분이익잉여금 | | 22,230,000원 |

## [072] 수익인식 - 검수및 설치조건부판매

회사는 (주)필상에 제품 P5를 검수조건부로 판매하였는데, 납품하는 과정에서 다음과 같은 문제가 발생하였으며 이러한 문제를 고려하여 부가가치세법상의 매출전자세금계산서를 발행하여 교부하였다. 관련 자료를 입력하시오.(부가가치세별도)

① 4월 20일 회사는 (주)필상에 제품 100개를 개당 10,000원에 납품주문을 받았다.

② 4월 29일 주문받은 제품을 회사가 직접 운송하던 도중에 부주의로 5개가 파손된 것을 확인하였다. 파손 제품을 추가로 납품하지는 않는다.

③ 4월 29일 (주)필상에서 제품을 검수하는 과정에서 10개의 제품에서 미미한 하자가 발생하여 10개의 제품에 대하여 개당 1,000원씩 판매가격을 인하하기로 하고 검수를 완료하였다.

④ 대금은 (주)필상의 어음으로 받았다.

## [073] 비용이연 및 수익의 이연

기중에 선급비용과 수입임대료계정으로 처리한 보험료 및 임대료에 대한 내용을 결산에 반영하라. 월할 계산하기로 한다.

| 구 분 | 회계처리일 | 기 간 | 금 액 | 비고 |
|---|---|---|---|---|
| 보 험 료 | 07. 01 | 당기 07. 01 ~ 차기 06. 30 | 25,000,000원 | 경리부서차량보험료 |
| 임 대 료 | 05. 01 | 당기 05. 01 ~ 차기 12. 31 | 10,000,000원 | |

## [074] 미지급비용

당기말 현재까지 발생된 이자금액이 3,000,000원이 있는데 회계처리는 하지 않았다. 이자 지급기일은 다음년도 1월 20일이다.

## [075] 미지급금

4월 29일     사용중이던 소프트웨어의 업그레이드를 위하여 ㈜앗싸에 500,000원을 현금 지급하고 부가세를 포함한 나머지 600,000원은 2개월 후에 지급하기로 하였다.(소프트웨어 업그레이드에 대한 전자세금계산서는 수취하였으며, 자본적지출로 회계처리한다.)

## [076] 자산수증이익

4월 29일     당사의 주주로부터 공장건물 용도로 사용될 토지를 기증받았다. 본 토지에 대한 이전비용(취득세, 등록세 등) 7,200,000원은 현금 지급되었으며, 본 토지를 주주가 취득한 금액은 90,000,000원, 현재의 공정가액은 130,000,000원이다.

## [077] 판매수수료

| 4월 30일 | 그랜드백화점에서 판매를 한 결과, 그랜드백화점에 당초 약정한 지급수수료 **10,000,000** **원**(부가가치세별도)을 당좌수표를 발행하여 지급하였다. 그랜드백화점에 지급한 수수료는 일반소비자에 대한 소매 매출금액(부가가치세제외)의 **10%**에 해당하는 금액이며, 판매는 전액 당일에 이루어졌다. 제품매출 거래까지 기입하고, 판매대금은 전액 현금이며 각각 의 거래에 대해 영수증과 세금계산서가 적절히 발행 또는 수취되었다. |
|---|---|

## [078] 세금과공과금과 기부금

| 7월 1일 | 무역협회(법정단체임) 일반회비로 **500,000원**을 지급하였다. 그리고 오퍼정보협회(임의 단체)에 일반회비 **300,000원**을 지급하였다. 지급시 당좌이체하였다. |
|---|---|

## [079] 부가가치세 - 간주공급

다음은 제2기 확정 부가가치세 과세기간 중의 제품 타계정 대체액의 명세이다. 재화의 간주(의제)공급에 해당되는 거래를 제2기 확정부가가치세신고서의 신고내용란에 반영하시오(당해 제품제조에 사용된 재화 는 모두 매입세액공제분이라고 가정함.)

(단위 : 원)

| 대 체 된 계정과목 | 거 래 내 용 | 금 액 ||
|---|---|---|---|
| | | 원 가 | 시 가 |
| 광고선전비 | 제품 홍보용으로 불특정다수인에게 무상배포 | 2,000,000원 | 3,000,000원 |
| 접 대 비 | 매출처에 사은품으로 제공 | 4,000,000원 | 5,000,000원 |
| 기 부 금 | 수재구호품으로 sbs에 기부 | 3,000,000원 | 3,900,000원 |
| 시험연구비 | 기술개발을 위해서 시험용으로 사용 | 10,000,000원 | 11,000,000원 |
| 복리후생비 | 회사창립기념일 임직원에게 기념품으로 증정 | 1,100,000원 | 1,500,000원 |

## [080] 부가가치세 − 간주시가

다음의 부가가치세신고 자료를 추가 반영하여 당기 제2기 확정 부가가치세신고서를 완성하시오.(전표입력은 생략하되 신고서의 과세표준명세는 완성하시오. 단 추가자료 외의 매출 공급가액은 없으며 면세업종은 기재하지 않는다)

| 업태 | 업종 | 업종코드 | 과세표준 |
|---|---|---|---|
| 도소매 | 전자부품외 | 515070 | 110,160,000 |
| 제조 | 전자부품외 | 323001 | 185,000,000 |

**11월 10일**　　　과세사업에 사용하던 기계장치를 면세재화의 생산에 전용하였다. 면세사업에 전용된 기계장치에 대한 내용은 다음과 같다. 당해 기계장치는 매입시 전자세금계산서를 교부받았고 매입세액은 전액 공제되었다.

　　　　　1. 취 득 일 : 전년도 9월 20일

　　　　　2. 취득가액 : 35,000,000원(부가가치세별도)

## [081] 부가가치세 − 예정신고누락분

2008.(주)실무의 제2기 예정 부가가치세 신고시 누락된 자료이다. 2기확정 부가가치세 신고시 반영하여 신고서를 작성하시오. 전표입력은 생략하며, 제2기 확정 부가가치세 신고 납부일은 다음년도 1.25 이다.

※ 신고불성실가산세는 일반과소신고에 의한다.
(1) 8월 2일 제품(P5) 매출전자세금계산서 1매 : 공급가액　2,500,000원 부가가치세 250,000원 현금매출이며, 거래처는 믿음상사이다.
(2) 8월 5일 신용카드 매출분 :　660,000원(부가가치세 포함)
(3) 8월 8일 대표이사가 개인적으로 사용한 제품 : 원가 3,000,000원, 시가 5,000,000원

## [082] 부가가치세 – 수정신고분(불공)

2008.(주)실무의 2기 확정 부가가치세 신고를 익년 1월 25일에 하였다. 3월 16일에 다음 자료가 신고시 누락된 것을 발견하였다. 이에 수정신고와 함께 추가 납부할 부가가치세액을 납부하고자 한다. 해당 일자에 회계처리를 하여 2기 확정 부가가치세 수정신고서를 작성하시오. 단, 신고불성실가산세는 일반과소신고에 의한 가산세율을 적용하고, 납부불성실가산세 계산시 일수는 50일로 가정하며, 적색 글씨 기입은 생략하며 전자세금계산서를 수수하였다고 가정한다.

(1) 10월 23일 : 제품P5 현금매출 전자세금계산서 5,500,000원   세액 550,000원 (화신상사)

(2) 11월 25일 : 상품G1 외상매입 전자세금계산서 3,000,000원   세액 0원 (면주상회(주))

(3) 12월 10일 : 7인승 업무용승용차(1,600CC)를 구입하고 교부받은 전자세금계산서
　　　　　　　공급가액 20,000,000원   세액 2,000,000원   외상매입 (현대자동차(주))

## [083] 부가가치세 – 공통매입세액 안분과정산

2008.(주)실무의 과세사업과 면세사업을 겸영하고 있는데, 다음 자료를 이용하여 부가가치세 매입세액불공제내역 메뉴에서 불공제 매입세액을 계산하여 제2기 부가가치세 확정신고서에 반영하시오. 공급가액기준으로 안분한다고 가정하며, 기존데이타는 무시하고 제시한 데이터를 이용하여 입력한다.

1. 공급가액

| 구 분 | 제1기 | 2기 예정 | 2기 확정 | 제2기 합계 |
|---|---|---|---|---|
| 과세사업분 | 600,000,000 | 200,000,000 | 300,000,000 | 500,000,000 |
| 면세사업분 | 400,000,000 | 100,000,000 | 200,000,000 | 300,000,000 |
| 합 계 | 1,000,000,000 | 300,000,000 | 500,000,000 | 800,000,000 |

2. 매입세액

| 구 분 | 2기 예정 | 2기 확정 | 합 계 |
|---|---|---|---|
| 과세사업분 | 15,000,000 | 18,103,000 | 33,103,000 |
| 면세사업분 | 8,000,000 | 10,000,000 | 18,000,000 |
| 귀속불분명분 | 3,000,000 | 6,000,000 | 9,000,000 |
| 합 계 | 26,000,000 | 34,103,000 | 59,103,000 |

## [084] 부가가치세 − 공통매입세액 안분 및 정산(동일과세기간)

2008.(주)실무의 10월 15일 30,000,000원(공급가액임)에 면세·과세사업에 공통으로 사용하기 위해 매입한 기계장치를 12월 23일에 14,000,000원(공급가액)에 매각하였다. 당해 2기 확정신고시 동 기계장치의 구입과 관련하여 불공제되는 매입세액을 구하기 위해서 공제받지 못할 매입세액 명세서를 작성하라. 단, 공통매입세액은 10월 15일에 매입한 기계장치뿐이다.

◈ 당해연도 과세기간별 공급가액

| 거래기간 | 면세 공급가액 | 과세 공급가액 |
|---|---|---|
| 1. 1 − 3.31 | 118,962,000원 | 108,115,000원 |
| 4. 1 − 6.30 | 161,038,000원 | 311,885,000원 |
| 7. 1 − 9.30 | 200,000,000원 | 400,000,000원 |
| 10. 1 − 12.31 | 400,000,000원 | 600,000,000원 |

## [085] 부가가치세 − 납부세액재계산

2008.(주)실무의 매입세액불공제 메뉴를 통하여 공통매입세액에 대한 납부세액 재계산을 하여 2기 확정신고와 관련된 공제받지 못할 매입세액명세서를 작성하시오.

1. 전년도 및 당해년도 1기 공통매입재화의 자료는 다음과 같다.

| 계정과목 | 취득연월일 | 공급가액(원) | 부가가치세(원) |
|---|---|---|---|
| 기계장치 | 당해연도 03.20 | 100,000,000 | 10,000,000 |
| 원 재 료 | 전 년 도 09.10 | 90,000,000 | 9,000,000 |
| 건 물 | 전 년 도 07.02 | 300,000,000 | 30,000,000 |
| 비 품 | 전 년 도 06.05 | 2,000,000 | 200,000 |

2. 전년도 및 당해년도의 과세기간별 면세비율은 다음과 같다고 가정한다.(단위:원)

| 전년도 | | 당해년도 | |
|---|---|---|---|
| 1기(10%) | 2기(10%) | 1기(14%) | 2기(16%) |
| 50,000,000 / 500,000,000 | 60,000,000 / 600,000,000 | 28,000,000 / 200,000,000 | 52,000,000 / 325,000,000 |

3. 1의 공통사용재화에 대한 각 과세기간별 공통매입세액 안분계산은 적정하게 이루어졌다.

## [086] 부가가치세 – 일괄공급

2008. (주)실무의 과세사업과 면세사업에 공통으로 사용하고 있던 공장건물과 부수토지를 일괄하여 당기 6월 20일에 1,200,000,000원(부가가치세 제외)에 (주)건양상사에 양도하였다. 다만, 계약조건에 따라 건물과 토지분에 대한 전자세금계산서와 전자계산서를 각각 발행하기로 하였으며, 매각대금은 양도일에 당좌예금계좌에 입금되었다. 토지와 건물의 실지거래가액은 불분명하며, 기준시가와 감정평가가액은 다음과 같다.

| 구분 | 기준시가 | 감정평가가액 |
|---|---|---|
| 토지 | 500,000,000원 | 600,000,000원 |
| 건물 | 300,000,000원 | 400,000,000원 |

과세사업과 면세사업의 공급가액은 다음과 같다.

| 구분 | 당기 제1기 | 전기 제2기 |
|---|---|---|
| 과세사업 | 600,000,000원 | 560,000,000원 |
| 면세사업 | 200,000,000원 | 240,000,000원 |

일괄양도전 토지와 건물의 장부가액은 다음과 같다.

• 토지 장부가액 : 720,000,000원
• 건물 장부가액 : 취득가액 600,000,000원, 감가상각누계액 160,000,000원

1. 건물에 대하여 발행된 전자세금계산서와 전자계산서를 매입매출전표에 입력하시오.(다만, 하단분개는 생략하기로 한다.)
2. 일괄양도된 토지와 건물에 대한 회계처리를 일반전표에 입력하시오.(양도시까지의 당해연도 감가상각비는 고려하지 아니한다.

## [087] 부가가치세 – 부동산임대공급가액명세서

**2008.**(주)실무의 당해년도 2기 예정신고기간의 부동산임대공급가액명세서를 작성하고, 부가가치세 신고서에 추가반영하시오. 다만, 간주임대료에 대한 정기예금이자율은 **2.1%**로 가정한다.(관련 전자세금계산서는 적정하게 교부하였고 매출세금계산서합계표에도 반영되어 있으며 간주임대료에 대한 부가세는 임대인이 부담한다)

◈ 임차인 및 관련내용

| 상 호 | 사업자등록번호 | 임대기간 | 보증금 및 월세 | 기타사항 |
|---|---|---|---|---|
| 영광상회(주) | 117-82-41950 | 2021.1.1.~2023.12.31 | 보증금 50,000,000원<br>월세 2,500,000원 | 101동,2층<br>사무실, 2001호<br>면적 99㎡ |
| 원할머니 | 103-03-43139 | 2021.7.1.~2023.6.30 | 보증금 20,000,000원<br>월세 1,000,000원 | 102동,1층<br>음식점, 1001호<br>면적 30㎡ |

## [088] 부가가치세 – 의제매입세액공제

**2008.**(주)실무는 중소제조업을 하는 (주)실무의 당해 과세기간 2기 예정 부가가치세 신고시 다음 자료에 의하여 의제매입세액공제신청서를 작성하고, 9월 30일자로 의제매입세액공제액과 관련한 적절한 회계처리를 일반전표입력메뉴에 입력하시오.(관련 계정은 부가세대급금을 사용한다.)

| 공급일자 | 매입처 | 품명 | 공급가액 | 비 고 |
|---|---|---|---|---|
| 7월 25일 | 삼성수산<br>(201-81-13655) | 광 어<br>(수량: 200kg) | 12,000,000원 | 계산서를 교부받았고, 이 중 2,000,000원은 12월 31일 현재 미사용분 상태로 남아 있다. 취득부대비용 200,000은 제외다. |
| 8월 10일 | 민우상회<br>(136-81-18337) | 쌀<br>(수량: 600kg) | 4,000,000원 | 신용카드로 대금을 결제하고 구매하였다. |

위의 매입한 품목들은 전부 "원재료" 계정으로 처리되어 있다.

## [089] 부가가치세 − 수출실적명세서

2008.(주)실무의 제1기 부가가치세 확정신고와 관련하여 아래의 자료내용이 누락되었다. 이와 관련하여
4월 20일과 6월 15일의 매출회계처리를 매입매출전표입력에서 입력한 후, 수출실적명세서를 작성하고
제1기 확정 부가가치세 수정신고서를 작성하시오. 부가가치세법상의 가산세는 모두 적용하며 10월 25일
수정신고와 동시에 납부하고자 한다.

- 자 료 -

1. 거래상대방은 해밀튼사이며, 수출대금 회수시 기준환율을 적용한다.
2. 4월 20일에 선적된 제품의 수출대금은 결제일에 현금으로 회수하였다.
3. 6월 15일에 선적된 제품의 수출대금은 외화예금으로 보유하고 있다.

| 수출신고번호 | 선적일자 | 수출신고일 | 대금결제일 | 통화 | 기 준 환 율 | | | 외화금액 |
| --- | --- | --- | --- | --- | --- | --- | --- | --- |
| | | | | | 선적일 | 수출신고일 | 대금결제일 | |
| 123-12-34-1234561-2 | 4.20 | 4.18 | 5.20 | USD | 1,200원/$ | 1,150원/$ | 1,250원/$ | $20,000 |
| 256-32-10-5215420-0 | 6.15 | 5.14 | 6.10 | USD | 1,053원/$ | 1,120원/$ | 1,050원/$ | $8,000 |

1. 매입매출전표 입력
2. 수출실적명세서 작성
3. 부가가치세 신고서

# [090] 부가가치세 - 신용카드발행집계표

2008.(주)실무의 기입력된 자료에 다음 자료를 추가 반영하여, 부가가치세신고서와 신용카드매출전표수취명세서 및 신용카드매출전표발행집계표를 작성하시오.

- 2월 1일 ~ 3월 31일 1기 예정신고기간에 대한 기한후 신고를 5월 10일에 한다.
- 2월 1일 개업하고 사업자등록했다고 가정하고, 이 회사의 거래자료입력후 부가가치세신고서와 신용카드매출전표수취명세서만 작성한다. 가산세 입력은 생략하기로 한다.

① 2월 2일　상품(G1) 3,000,000원(공급가액)을 거래처 (주)일성상회로부터 현금매입하고, 전자세금계산서를 받았다.

② 2월 10일　거래처 (주)함안상사에 5,000,000원(공급가액)의 상품(G1)을 현금판매하고, 전자세금계산서를 발행하였다.

③ 2월 15일　상품(G1) 2,500,000원(공급가액)을 거래처 (주)아삼상회로부터 현금매입하고, 전자세금계산서를 받았다.

④ 3월 5일　제품운반용 차량에 에스오일에서 주유를 하고, 공급대가 66,000원을 법인카드인 국민카드로 결제하였다.

⑤ 3월 7일　거래처 건양사에 3,000,000원(공급가액)의 상품(G1)을 판매하고, 전자세금계산서를 발행하고, 대금은 국민카드로 결제를 받았다.

⑥ 3월 15일　상품(G1) 2,200,000원(공급대가)을 소매로 매출하고, 국민카드결제를 받았다.

⑦ 3월 20일　제품운반 차량에 공급대가 330,000원 에스오일에서 주유를 하고, 국민카드로 결제하였다.

⑧ 법인명의 국민카드번호는 4342-9222-4211-1234이고, 주유는 모두 에스오일 (622-81-64351)에서 이루어졌고, 매입세액공제요건을 충족한다.

## [091] 외화환산손익

2008.(주)실무의 제2기 부가가치세 예정신고 시 누락된 자료이다. 이를 반영하여 제2기 확정 부가가치세 신고서를 작성하시오. 전자세금계산서 발행교부는 적정하게 수행되었으며, 제2기 확정 부가가치세신고납부 는 다음년도 1월 25일에 이루어진다.(회계처리는 생략하되, 신고서의 과세표준명세은 완성하시오.)

1. 당사의 제품 3,000,000원(시가 4,500,000원)을 거래처인 태성산업(주)에 접대목적으로 무상제공하 였다.
2. 원재료 매입전자세금계산서 1건 (공급가액 2,500,000원, 세액 250,000원)
3. 사용하던 기계장치의 매출전자세금계산서 1건 (공급가액 9,000,000원, 부가가치세 900,000원)
   위 이외 다른 기타 수입금액제외는 없다고 가정한다.
4. 업태 및 종목, 업종코드는 다음과 같다고 가정하며,신고불성실은 일반과소에 해당한다.

| 업태 | 업종 | 업종코드 | 과세표준 |
|---|---|---|---|
| 도매업 | 전자기기 | 513221 | 400,000,000 |
| 제조업 | 전자기기 | 223001 | 350,000,000 |

## [092] 부가가치세 – 신용카드매출전표등 수령금액합계표(갑)

2008.(주)실무의 4월부터 6월까지 공급받는자와 부가가치세를 구분 기재한 신용카드매출전표를 교부받 은 내용이다. 「신용카드매출전표등수령금액합계 (갑)」를 작성하고 제1기 확정 부가가치세신고서에 그 내용을 반영하시오. [※법인카드 : 국민카드(번호: 4342-9222-4211-1234)]

| 거래처명<br>(등록번호) | 성명<br>(대표자) | 거래<br>일자 | 발행금액<br>(VAT포함) | 공급자의 업종 등 | 거 래 내 용 | 비 고 |
|---|---|---|---|---|---|---|
| 민음초<br>(105-03-43135) | 정민환 | 4.10 | 990,000원 | 소매업, 일반과세자 | 거래처 선물<br>구입비용 | 세금계산서<br>미교부 |
| 다도해<br>(105-05-91233) | 김성호 | 5.03 | 440,000원 | 음식점업, 일반과세자 | 직원 회식대<br>(복리후생비) | 세금계산서<br>미교부 |
| 마라도<br>(205-06-45604) | 민호상 | 5.21 | 330,000원 | 소매업, 간이과세자 | 사무용품 구<br>입 | 세금계산서<br>미교부 |
| (주)사랑<br>(610-81-16502) | 김정성 | 5.25 | 550,000원 | 숙박업, 일반과세자 | 임직원 등의<br>지방 출장 시<br>호텔숙박비용 | 세금계산서<br>미교부 |
| 정성해세무사<br>(105-03-86508) | 정성해 | 6.05 | 220,000원 | 세무사, 일반과세자 | 세 무 컨 설 팅<br>비용 | 세금계산서<br>수취 |

## [093] 부가가치세 - 대손세액공제신청서

2008.(주)실무의 제2기 확정 신고기간 중 다음과 같이 외상매출금의 대손(부가가치세 포함)이 발생하였다. 대손세액공제신고서를 작성하시오.

| 사업자등록번호 | 거래처 | 대표자 | 대손금액 | 참고사항 |
|---|---|---|---|---|
| 231-81-29857 | 한우상사 | 김호영 | 11,000,000원 | 8월 31일로 소멸시효완성 |
| 108-81-12565 | 해동상사 | 이석기 | 5,500,000원 | 6월 22일 부도발생한 어음 |
| 104-81-00335 | 해태전자 | 서해용 | 6,600,000원 | 7월 6일 부도발생한 수표 |
| 130-02-31754 | 경수산업(주) | 박성실 | 3,300,000원 | 전년도 9월 2일 소멸시효완성되서 대손처리한 외상매출금 10월1일 회수 |

※ 어음과 수표에 대하여는 부도가 발생한 날에 금융기관에서 부도확인을 받았다.

## [094] 원천징수 – 사원등록 및 급여자료입력 ※2088로 변경해서 입력할 것

1. 관리사원 김민수(사원코드 101)이 실제 부양하고 있는 가족사항은 다음과 같다. 사원등록 메뉴에 근로소득원천징수 및 연말정산에 필요한 소득공제(인적공제)사항을 수정입력하시오.

| 관 계 | 성 명 | 연 령 | 참 고 사 항 |
|--------|--------|--------|--------------|
| 본인 | 김민수 | 58세<br>640202-1234567 | 입사일 : 2004. 09. 01<br>주소 : 서울시 동대문구 답십리로 17 |
| 처 | 김성순 | 49세<br>731111-2111111 | 당해 연도에 은행이자소득 7,000,000원 있음 |
| 자 | 김순기 | 18세<br>041201-4111111 | 중학생(소득없음) |
| 자 | 김순영 | 12세<br>101203-4222222 | 초등학생(소득없음) |
| 처제 | 김두심 | 27세<br>950403-2333333 | 청각장애자(소득없음) 장애인복지법 |
| 장인 | 김한성 | 78세<br>441212-1555555 | 소득없음 |
| 장모 | 정끝순 | 76세<br>460708-2666666 | 12월 30일 사망(소득없음) |

• 국민연금 기준소득월액과 건강보험료, 고용보험료 표준소득보수월액은 4,500,000원이며, 사회보험 모두 자동계산에 의해 입력한다.

2. 김민수의 1월–2월의 급여지급내역이다. 이를 입력하여 원천징수세액을 산출하시오.(급여지급일은 매월 25일임) 통상임금은 무시할 것

| 성 명 | 기본급 | 자가운전보조금 | 식대 | 야근수당 |
|--------|--------|----------------|------|----------|
| 김민수 | 4,500,000원 | 300,000원 | 150,000원 | 300,000원 |

• 식대는 매월 고정적으로 지급받는 것으로 별도의 식사 및 음식물은 제공받지 않는다.
• 자가운전보조금은 본인 소유차량을 직접 운전하면서 업무에 이용하고 매월 고정적으로 지급받는 것이다. 시내교통비를 별도로 지급받지 아니한다.

## [095] 원천징수 - 사원등록 및 연말정산1 　※2088로 변경해서 입력할 것

다음 자료에 의하여 이영호(남)(사원코드: 102번, 입사: 2002.1.3 , 사무직, 국민연금과 건강보험 기준월액 300만원)의 부양가족에 대한 사항을 사원등록에  반영하고 연말정산 추가자료(부양가족소득공제입력과 연말정산입력)를 입력하시오. 단, 이영호 씨 와 다른 부양가족에게 모두 공제대상이 되는 경우 이영호씨가 공제받는 것으로 한다. 주민등록번호:800406-1222222

### 1. 부양가족 인적사항

| 관계 | 연령 | 성명 | 소득사항 및 기타 |
|------|------|------|------------------|
| 배우자 | 48세<br>741123-1777777 | 김희영 | 소득없음 |
| 부친 | 64세 | 이길도 | 소득없음 |
| 모친 | 64세 | 채지원 | 소득없음 |
| 장녀 | 20세 | 이슬 | 2월 15일 취업으로 인하여 근로소득 30,000,000원 |
| 장남 | 19세 | 이상태 | 원고료 기타소득 1,600,000원 있음(실제경비 없음) |

단, 이영호씨는 당해연도 5월1일부터 당해연도말까지 위탁아동(정호인 13세)1명을 보호하고 있다.

### 2. 연말정산추가자료(모두 국세청자료임)

(1) 보험료
  - 본인 자동차 손해보험료 900,000원
  - 장남 생명보험료 250,000원

(2) 의료비
  - 부친에 대한 의료비 지출액 5,500,000원
  - 장녀에 대한 쌍꺼풀 수술비 300,000원

(3) 교육비
  - 모친에 대한 고등학교 과정 교육비 2,300,000원
  - 장남 고등학교 수업료 300,000원
  - 본인 대학원 수업료 6,400,000원

(4) 기부금
  - 본인 명의로 기부한 교회 감사헌금 800,000원
  - 본인 정치자금기부금 500,000원

(5) 신용카드등
  - 본인 신용카드 사용액 12,500,000원(이 중에는 모친의 교육비 결제액 1,200,000원이 포함되어 있다.)
  - 배우자 무기명 선불카드 사용액 600,000원
  - 장남 현금영수증 사용액 2,100,000원

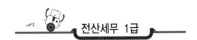

## [096] 원천징수 – 사원등록 및 연말정산2　※2088로 변경해서 입력할 것

다음은 관리부 직원인 홍경은(731125-1555555)(남)(사원코드 : 103번, 입사일 : 2005. 3. 2, 나머지 생략)에 대한 관련 자료이다. 홍경은씨의 주민등록상의 부양가족사항 반영하여 사원등록을 하고 연말정산 자료(부양가족소득공제입력 및 연말정산입력)를 입력하시오.

1. 부양가족 사항(제시된 사람이외 주민등록번호 입력은 생략)

| 관 계 | 성 명 | 연령(만) | 기 타 사 항 |
|---|---|---|---|
| 배우자 | 이은정 | 48세 | 소득없음. |
| 장 남 | 홍이남 | 18세 | 고등학생, 일용근로소득 4,000,000원 소득 있음. |
| 장 녀 | 홍일순 | 15세 | 중학생, 소득없음. |
| 부 친 | 홍광일 | 76세 | 소득없음, 주소이전, 주거 형편상 별거중임. |
| 모 친 | 최순애 | 70세 | 소득없음, 주소이전, 주거 형편상 별거중임. |
| 동 생 | 홍도영 | 40세 | 소득없음, 주소이전, 주거 형편상 별거중임. |
| 처 제 | 이은미 | 43세 | 소득 없음, 장애인복지법상 장애인 |

2. 연말정산 관련 자료(모두 국세청자료임)

[소득공제 자료]

(1) 신용카드 사용
- 본인 : 16,000,000원(자동차보험료 900,000원 포함됨)
- 장남 :　　800,000원
- 처제 : 6,000,000원

[세액공제 자료]

(1) 의료비(모두 의료기관에서 질병치료를 위해 지급한 진료비임)
- 부친 :　　500,000원
- 장남 : 1,200,000원
- 처제 : 3,000,000원

(2) 보험료
- 본인 자동차 손해보험료 : 900,000원(신용카드 사용)
- 장남 생명보험료 : 600,000원

(3) 교육비
- 배우자 대학원 수업료 : 8,400,000원
- 장남 고등학교 수업료 : 400,000원
- 장녀 중학교 수업료 　: 800,000원

[097] 원천징수 - 사원등록 및 연말정산(전근무지) ※2088로 변경해서 입력할 것

7월 1일 입사한 사원(코드: 104번) 김담덕(남)의 다음의 자료를 참고하여 사원등록(근로자인적사항등록) 및 연말정산 추가자료(소득명세,부양가족소득공제입력,연말정산입력)를 입력하시오.

1. 김담덕의 기본자료

(1) 김담덕의 주민등록번호 : 680218-1550255

(2) 김담덕의 주소 : 서울 동대문구 고미술로 100

(3) 12월 31일 현재 생계를 같이하는 김담덕의 가족은 다음과 같다.

| 이  름 | 근로자와 관계 | 비  고 |
|---|---|---|
| 한예슬 | 배 우 자 | |
| 김담주 | 장  남 | |
| 김미리 | 장  녀 | 당해연도 출생 |
| 김영일 | 부 | 12월 31일 사망 |

(4) 김담덕의 배우자 및 가족은 소득이 전혀 없다.

(5) 김담덕은 사무직에서 근무하고 있으며, 제시 안된 것은 입력을 생략한다.

2. 연말정산관련 추가자료(전부 국세청자료임)

| 구  분 | 내  역 |
|---|---|
| 보  험  료 | • 본인 생명보험료 : 900,000원 |
| 교  육  비 | • 본인 대학원 등록금 : 6,000,000원<br>• 장남 고등학교 등록금 : 1,600,000원<br>• 장남 입시학원 수강료 : 1,200,000원 |
| 연금저축 납입액 | 본인명의 새마을금고(계좌 123-52-21354) 연금저축납입액 2,000,000원<br>부의 명의 국민은행(계좌 125-21-23354)연금저축납입액 3,500,000원 |
| 기부금 지출액 | • 세법상 인정되는 본인지출 국방헌금 : 5,000,000원<br>• 본인 노동조합비 : 3,000,000원 |

3. 전근무지에서 받은 근로소득원천징수영수증 내용은 다음과 같다.

| 근무처/사업자등록번호 | (주)두산 / 122-81-00406 / 2020.1/1-6/30.까지 근무 | | |
|---|---|---|---|
| 급          여 | 13,000,000원 | | |
| 상          여 | 500,000원 | | |
| 건강 /장기요양 보 험 료 | 120,000원/7,200원 | | |
| 고  용  보  험  료 | 47,000원 | | |
| 국민연금 보 험 료 | 230,000원 | | |
| 세액명세 | 구          분 | 소득세 | 지방소득세 |
| | 결 정 세 액 | 30,000원 | 3,000원 |
| | 기납부 세액 | 45,000원 | 4,500원 |
| | 차감징수세액 | △15,000원 | △1,500원 |

## [098] 원천징수이행상황신고서 ※2088로 변경해서 입력할 것

다음은 사무직 사원 박흥서(사원코드 : 105, 입사일은 당해연도 03월 01일, 내국인, 주민번호: 701221-1234562)의 당해년도 근로소득에 대한 내역이다.

1. 아래의 자료를 참조하여 사원등록하고 4월분 갑근세 원천징수의 급여자료입력을 완성하라
   (필요한 비과세 항목은 등록하여 사용할 것)

(1) 급여 지급일 : 매월 25일

(2) 급여의 지급내역: 기본급 3,000,000원, 식대(비과세)150,000원
    취재수당(정기) 100,000원으로 가정한다.

(3) 부양가족 : 없음.

(4) 건강보험료, 연금보험료, 고용보험료를 산출하기 위한 보수월액과 소득월액은 3,000,000원으로 프로그램에 의해 사회보험을 자동계산하도록 입력한다.

2. 인원 5명, 총지급액 14,150,000원 소득세 375,730원, 지방소득세 37,570이라고 가정하고 원천징수이행상황신고서를 완성하라. 단, 신고일 현재 전월미환급세액이 225,000원이 있으며, 원천징수의 신고는 매월하는 것으로 한다.

## [99] 원천징수 – 기타소득 ※2088로 변경해서 입력할 것

다음은 8월 31일에 당사가 지급한 기타소득이다. 기타소득자등록 및 자료입력을 하시오.

| 코드 | 성명 | 주민등록번호 | 주소 | 지급명목 | 지급금액 |
|---|---|---|---|---|---|
| 101 | 박태수 | 431212-1214221 | 서울 강남 봉은사로 409 | 강연료 | 4,000,000원 |
| 102 | 김영숙 | 521124-2562816 | 서울 은평 불광로 100 | 사례금 | 1,500,000원 |

※ 위 2인은 거주자이며, 회사에 고용되어 있지 않다.

※ 소득의 귀속월은 8월이며, 기타소득의 지급 연월일과 영수일자는 동일하다.

## [100] 원천징수 – 사업소득 ※2088로 변경해서 입력할 것

다음의 사업소득에 대한 자료를 입력하여 사업소득원천징수영수증을 작성하시오.

1. 사업소득자 왕빛나의 인적사항( 거주자, 내국인)

| 코드 | 이 름 | 주민등록번호 | 주 소 |
|------|------|------------|------|
| 301 | 왕빛나 | 700418-2225923 | 서울 광진 강변북로 332 |

2. 지급내역

| 소득지급일<br>(영수일자와동일) | 소득귀속월 | 지급액 | 비고 |
|---------------------------|----------|-------|------|
| 8. 10 | 8월 | 5,000,000원 | 고문료 등 (코드:57) |

## [101] 원천징수 – 퇴직소득(중간정산) ※2088로 변경해서 입력할 것

다음의 자료를 이용하여 퇴직소득자료를 입력하시오.

사원 등록한 정한용(사원번호 : 106번, 입사일 2010.1.2, 주민등록번호: 720506-1245321), 다른 입력자료 생략)에 대하여 당기 6월 30일에 퇴직금중간정산을 하기로 하고, 퇴직금 중간정산액 10,770,000원을 당기 7월 1일에 지급하다.

## [102] 원천징수 – 퇴직소득 ※2088로 변경해서 입력할 것

다음 자료를 이용하여 사원 107.김철새(주민번호: 701201-1235631)의 자발적 퇴직에 대한 퇴직소득세를 산출하시오.

- 입사연월일 : 2017. 6. 1
- 퇴직소득지급일 : 2020. 12. 10
  (영수일과 동일)
- 퇴직보험금 : 3,000,000원
- 퇴사연월일 : 2020. 11. 30
- 퇴직금 : 12,000,000원
- 공로수당 : 1,700,000원

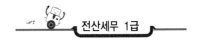 

## [103] 결산조정과 신고조정

2009.(주)법인조정1의 다음 사항중 신고조정사항만 조정하라(소득처분 생략)

1. 폭설로 건물이 붕괴되었으며, 장부가액이 5,000,000원이다.

2. 당기보험료를 이익조절목적으로 600,000원을 선급비용으로 계상하였다.

3. 재무상태표에 재고자산이 파손, 부패로 인해 평가손이 800,000원 발생하였으나 회계처리하지 못 하였다.

4. 당기 대손충당금 9,000,000원을 결산서에 반영하지 못하였다.

5. 회사는 보험차익 100,000원에 대해 사용계획서를 제출할 계획이다.

6. 소멸시효가 완성된 외상매출금이 10,000,000원 있다.

7. 퇴직연금을 납부하였는데 손금산입한도는 5,000,000원이다.

8. 당기이전에 취득한 자산의 감가상각비한도는 1,000,000원이며,회사는 상각하지 못했다.

9. 영업외비용에 매도가능증권손상차손이 120,000원이 있는데, 주식발행법인이 파산으로 인한 것이다. 시가 200,000원이고 장부가액은 500,000원이다.

10. 5월1일 부도 발생한 어음 800,000원이 있다.


## [104] 소득처분

2009.(주)법인조정1의 다음 사항을 조정하라.

1. 회계담당자의 실수로 1기 확정 부가가치세 납부세액 2,000,000원을 세금과공과(판관비)로 처리한 것을 발견하였다.

2. 회계담당자의 실수로 4월 20일 납부한 전년도 법인균등할 지방소득세 52,500원이 누락된 것을 발견하였다.

3. 손익계산서상 영업외비용에 전기오류수정손실 5,000,000원이 계상되어 있으며 이는 세무조사에 의한 전년도 귀속분에 대한 법인세를 추가로 납부한 것이다.

4. 손익계산서상 잡이익에는 과오납한 법인세 환급분 1,000,000원이 있다.

5. 사회복지사업법에 의한 사회복지법인에 지출한 기부금 15,000,000원은 어음으로 지출한 것으로 어음만기일은 다음년도 2월 3일이다.

6. 손익계산서상 법인세등 4,600,000원과 재무상태표상 이연법인세자산 1,000,000원이 있다.

7. 현금매출 1,200,000원이 누락되었다.

8. 외상매출금 800,000원 누락되었다.

9. 손익계산서상 세금과공과금 2,000,000원은 개인 대주주가 부담해야할 것을 법인이 부담하였으며 대주주 부친의 공과금도 500,000원 부담하였다.

10. 단기매매증권평가이익이 손익계산서에 500,000원 계상되어있다.

11. 수입배당금익금불산입액이600,000원이 있다.

## [105] 수입금액조정명세서 – 상품권매출

1. 2009.(주)법인조정1의 계정과목별 결산서상 수입금액은 다음과 같다고 가정한다.
   제품매출 1,095,000,000원
   상품매출    615,060,000원
   영업외수익 잡이익(부산물매출) 1,500,000원
2. 상품매출계정을 조사한 바 상품권을 매출한 금액 30,000,000원을 매출로 계상한 것이 발견되었다.
   동상품권은 기말 현재 물품과 교환되지 아니한 것이며 그에 대한 매출원가는 계상되지 아니하였다.
3. 영업외비용 중 잡손실계정에 제품매출할인 4,000,000원을 계상하였다.
4. 영업외수익에 잡이익(부산물매각대) 1,500,000원을 계상하였다.


## [106] 수입금액조정명세서 – 위탁매출

2011.(주)법인조정2의 계정과목별 결산서상 수입금액은 다음과 같다고 가정한다.

| • 제품매출 1,095,000,000원 | • 상품매출    615,060,000원 |
|---|---|

전기에 원가 80,000,000원의 제품을 거래처에 적송하였다. 판매가는 제품원가에 25%의 이익을 가산한 금액이다. 수탁자는 적송품 중 40%는 전기에, 60%는 당기에 판매하였으며, 대금회수는 전기에 30%, 당기에 70%가 이루어졌다. 회사는 적송품에 대하여 현금회수기준에 따라 매출을 계상하고 있으며, 전기의 세무조정은 적정하게 처리되었다.


## [107] 수입금액조정명세서 – 시용매출

1. 2012.(주)법인조정3의 계정과목별 결산서상 수입금액은  다음과 같다고 가정한다.

| • 제품매출 1,095,000,000원 | • 상품매출    615,060,000원 |
|---|---|

2. 당사는 상품을 시용매출하고 있다. 12월 28일에 거래처로부터 시송품에 대한 구입의사표시(외상)을
   받았는데. 결산재무제표에 반영하지 못하였다.
   시송품(상품) 판매가 50,000,000원이며 매출원가는 적정하게 계상되어 있다.
3. 제품매출액 중에는 전기 사업연도의 제품외상매출 누락액을 당기 2월 6일에 회계처리한 금액
   20,000,000원이 포함되어 있다. 이에 대한 전기 사업연도의 세무조정은 당초 신고시 적정하게 처리
   되었다.

## [108] 수입금액조정명세서 – 공사진행율

1. 2013.(주)법인조정4의 손익계산서상 매출액 및 영업외수익의 수입금액에 대한 자료(가정)
   (1) 제품매출액 :  1,095,000,000원
   (2) 상품매출    615,060,000원
   (3) 공사수입금 :    850,000,000원
   (4) 제품부산물 매출액: 1,500,000원 (잡이익계정)
2. 제품매출에누리를 영업외비용인 잡손실로 처리한 금액이 2,000,000원 있다.
3. 공사현장별 공사현황은 다음과 같다.

| 공 사 명 | 청양빌딩 신축공사 | 대주빌딩 신축공사 |
|---|---|---|
| 건축주 | ㈜청양 | ㈜대주 |
| 계약일자 | 전기 2월 1일 | 당기 8월 10일 |
| 계약기간 | 전기.2.1 ~ 차기.5.31 | 당기.8.10 ~ 차기.9.30 |
| 도급금액 | 1,500,000,000원 | 800,000,000원 |
| 총공사예정비 | 1,000,000,000원 | 400,000,000원 |
| 당해 연도까지 총공사비누적 | 700,000,000원 | 200,000,000원 |
| 손익계산서상 공사 수익계상액 | 450,000,000원 | 400,000,000원 |
| 전년도에 인식한 수익금액 | 300,000,000원 | – |

※ 손익계산서상 공사 수익계상액은 세금계산서 발행기준으로 인식된 금액이다.

## [109] 수입금액조정명세서 및 조정후수입금액명세서1

1. 2014.(주)법인조정5의 계정과목별 결산서상 수입금액은 제품매출 : 1,095,000,000 상품매출 : 615,060,000으로 가정하여 작성한다.
2. 수입금액은 국내에서 생산된 것이며 제품매출중에는 중계무역수출 152,000,000원,나머지는 국내매출이다.
3. 당해연도에 신고한 부가가치세 과세표준은 (일반매출 : 1,312,900,000원, 영세율매출 : 152,000,000원, 면세수입금액 : 272,160,000원이며, 그 중에는 공장 차량운반구의 매각대금 27,000,000이 포함되어 있다.
4. 제품재고액 중 8,000,000은 타인에게 위탁판매하기 위한 위탁품으로서 당기말에 수탁자가 이미 12,000,000에 판매하였으나 결산에는 반영되지 않았다.
5. 업종별 기준경비율 코드는 다음과 같다.

| 업 태 | 종 목 | 기준경비율 코드 |
|---|---|---|
| 제 조 | 전자장비 | 331201 |
| 도 매 | 전자기기 | 293002 |

## [110] 수입금액조정명세서 및 조정후수입금액명세서2

1. 2015.(주)법인조정6의 계정과목별 결산서상 수입금액은 제품매출 1,095,500,000원, 상품매출 615,060,000원이다.

2. 결산서상 잡이익 계정에 1,500,000원 부산물 매각수입이 있으며, 이는 제품 제조과정에서 발생된 부산물이다.

3. 당해년도 거래실적이 우수한 제품대리점에게 사전약정에 의해 매출에누리 해 준 금액 3,200,000원을 판매수수료로 계상하였다. (부가세신고는 적정하게 되었다)

4. 업종별 기준경비율 코드

| 구분 | 업태/종목 | 기준경비율코드 | 비고 |
|------|-----------|----------------|------|
| 상품매출 | 도매/전기기기 | 513221 | 국내생산품의 전액 내수생산 |
| 제품매출 | 제조/전자부품 | 300100 | 직수출분 152,000,000원 포함 |

5. 부가가치세 과세표준에는 대표자 개인적사용액 13,000,000원이 포함되어 있으며,접대비로 제공한 5,000,000원과 기계장치를 18,700,000원에 매각한 수입내역이 포함되어 있다.(일반매출 : 1,312,900,000원, 영세율매출 : 152,000,000원, 면세수입금액 : 272,160,000원)

6. 손익계산서에는 장기할부매출(상품)로 인식한 금액이 12,000,000원이 있는데, 이중 부가가치세법상 공급시기 도래한 금액은 4,000,000원이고 2기확정 부가가치세 신고 기간에 신고되었다.

## [111] 임대보증금의 간주익금조정

2009.(주)법인조정1는 차입금과다법인이고 부동산임대업을 주업으로 하는 영리법인이다.

1. 상가임대 100평, 상가미임대 100평, 주택임대 100평, 부수토지 150평이다

2. 상가임대보증금은 400,000,000원이며 이중 100,000,000원은 5.2에 수령하였고,300,000,000원은 6.5일에 수령하였다.

3. 임대계약기간은 상가 : 전기7.1−차기6.30, 주택 : 당기 6.1−차기 5.31이다.

4. 장부가액은 건물 취득가액 490,000,000원, 자본적지출액 20,000,000원, 감가상각누계액 80,000,000원이며, 부수토지는 토지 취득가액 200,000,000원 토지의 자본적지출액 10,000,000원이다.

5. 상가보증금으로 획득한 금융수익(계정금액과 동일)은 이자수익 1,000,000원이다.

6. 정기예금이자율은 2.1%로 가정한다.

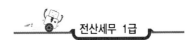

## [112] 감가상각비 조정 – 자본적지출과 상각부인액1

**2009.**(주)법인조정1의 다음의 고정자산에 대한 감가상각비조정메뉴에서 고정자산등록, 미상각분감가상각조정명세 및 감가상각비조정명세서합계표를 작성하고 관련 세무조정을 하시오.

1. 고정자산 및 손익계산서에 반영된 감가상각비는 다음과 같다.

| 자산 코드 | 계정과목 | 내용 (자산명) | 취득 연월일 | 취득가액 | 전기말감가 상각누계액 | 당기감가상 각비계상액 | 기준 내용연수 | 업종 코드 | 경비 |
|---|---|---|---|---|---|---|---|---|---|
| 00001 | 건물 | 공장건물 | 02.01.15 | 10억원 | 4억원 | 0 | 40 | 13 | 제조 |
| 00002 | 기계장치 | 밀링 | 04.03.22 | 6천만원 | 2천만원 | 1천만원 | 5 | 13 | 제조 |

2. 건물에 대한 승강기 설치비용(자본적 지출) **26,000,000원**을 당기수선비로 지출했다.
3. 건물 및 기계장치에 대한 감가상각방법을 세무서에 신고한 적이 없다.
4. 기계장치인 밀링에 대한 전기 감가상각부인액 **4,500,000원**이 있다.

## [113] 감가상각비 조정 – 자본적지출과 상각부인액2

**2011.**(주)법인조정2의다음의 고정자산에 대하여 감가상각비조정메뉴에서 고정자산을 등록하여 미상각분 감가상각조정명세 및 감가상각비조정명세서합계표를 작성하고 관련 세무조정을 하시오.

1. 회사가 보유하고 있는 감가상각대상자산은 다음과 같다.

| 계정과목 | 항목 | 취득년월일 | 취득가액 | 전기말감가 상각누계액 | 전기말감가 상각시부인액 | 기 준 내용연수 | 업종 |
|---|---|---|---|---|---|---|---|
| 기계장치 | 1.진공펌프기 | 2008.5.25 | 100,000,000원 | 40,000,000원 | (6,000,000원) | 8년 | 제조 (13) |
| | 2.원심분리기 | 2008.6.20 | 50,000,000원 | 20,000,000원 | 1,710,000원 | 8년 | |
| | 3.콘덴샤 | 당기 6.05 | 60,000,000원 | 0원 | 0원 | 8년 | |

2. 기계장치인 진공펌프기에 발생한 전기분 시인부족액 **6,000,000원**에 대하여 당기에 다음과 같이 수정분개하였다.

   (차) 전기오류수정손실(이익잉여금) **6,000,000원**        (대) 감가상각누계액 **6,000,000원**

3. 재무제표에 반영된 감가상각비는 다음과 같다.

| 구분 | 감가상각비 |
|---|---|
| 진공펌프기 | 17,000,000원 |
| 원심분리기 | 10,000,000원 |
| 콘덴샤 | 12,000,000원 |

4. 당사는 감가상각 방법을 신고한 적이 없다.

## [114] 퇴직연금부담금

1. 2009.(주)법인조정1의 사업연도말 현재 전사용인 일시퇴직시 지급할 퇴직급여추계액 : 300,000,000원
2. 퇴직급여충당금 전기이월액 : 50,000,000원(한도초과액 25,000,000원)
                    당기상계액 : 20,000,000원
                    당기설정액 : 120,000,000원(한도초과액 95,000,000원)
3. 직전사업연도말 현재 손금산입한 퇴직연금부담액 : 60,000,000원(부인액 없음)
4. 전사업연도 종료일까지 불입한 연금액 : 70,000,000원
   이중 당해사업연도에 퇴직자에게 지급한 연금은 15,000,000원임.
   퇴사자 발생시 회사 회계처리 :
      (차) 퇴직급여충당금  20,000,000원      (대) 퇴직연금운용자산  15,000,000원
                                                 현        금   5,000,000원
5. 당기회사불입액 : 25,000,000원
6. 당기에 회사가 비용처리한 연금액 : 없음


## [115] 대손충금당 및 대손금조정명세서 – 부도어음1

2009.(주)법인조정1의 대손금 및 대손충당금조정관련 자료는 다음과 같다. 세무상 유리한 방향으로 세무조정을 한다.
1. 당해 사업연도 중 대손충당금 변동내역
(1) 전기이월 : 15,000,000원 [전기부인액 : 3,000,000원 포함]
(2) 당기상계 : 5,000,000원 [당기 12월 31일 매출채권과 상계]
    ① 외상매출금(상계된 채권)2,000,000원은 소멸시효 미완성(세무상 대손요건미충족)
       대손사유 : 소멸시효완성
    ② 받을어음(상계된 채권) 3,000,000원은 부도발생 후 6월 경과로 대손요건 충족함
       대손사유 : 부도어음
(3) 당기말 환입 : 3,000,000원
(4) 차기이월 : 7,000,000원

2. 세무상 대손충당금 설정대상(외상매출금과 받을어음만 설정) 채권내역
(1) 전기말 매출채권 세무상잔액 : 1,000,000,000원
(2) 당기말 외상매출금 장부잔액 : 1,045,985,892원, 받을어음 장부잔액 206,505,000원

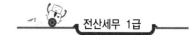 

## [116] 대손충금당 및 대손금조정명세서 − 부도어음2

2011.(주)법인조정2의 대손금 및 대손충당금 조정관련 자료는 다음과 같다.

1. 당해 사업연도 중 대손충당금 변동내역

(1) 전기이월 : 12,000,000원 [전기 부인액 : 3,000,000원 포함]

(2) 당기상계 :  4,500,000원 [4월 10일에 대손요건 충족되는 채권과 상계한 것임]

(3) 당기설정 :  6,000,000원

(4) 차기이월 : 13,500,000원

　[※당기 대손처리한 4,500,000원은 채무자 파산종결 결정에 따라 회수불가능액으로 확인된 채권임]

2. 대손충당금 설정대상 채권내역

(1) 전기말 외상매출금 장부잔액 : 575,000,000원

(2) 당기말 외상매출금 장부잔액 : 360,000,000원

　[※ 대손충당금 설정대상 채권이 외상매출금만 있는 것으로 가정한다.]

3. 전기 이전에 대손처리된 외상매출금 중 유보된 금액

　전기 이전에 대손처리한 외상매출금 중 당해 사업연도 말까지 법인세법상 대손요건이 충족되지 못하여 "유보"로 보유하는 금액 50,000,000원이 있다.

4. 전기말 채권중 당기중 소멸시효가 완성된 외상매출금이 8,000,000원 있고, 이를 신고조정으로 손금산입한다.

## [117] 접대비조정명세서

1.　2009.(주)법인조정1의　당해연도　기업회계기준상　매출액은　1,711,560,000원이며,　이　가운데 180,000,000원은 법인세법상 특수관계에 있는 회사에 대한 매출이다.

2. 회사의 접대비 계정은 제조경비 13,153,520원, 판매관리비 38,346,480원으로 총 51,500,000원이다.　제조의　3만원초과금액:　13,137,220(신용카드사용:12,993,700),　판관비의　3만원초과금액: 37,987,180원(신용카드사용 33,163,500원)이다.

3. 문화접대비로 지출한 14,000,000원이 광고선전비(판)계정에 계상되어 있으며 지출건당 3만원초과하였으며, 신용카드를 사용하여 구입하였다.

# [118] 접대비조정명세서 - 채권포기

1. 2017.(주)접대비2의 당해연도 기업회계기준상 매출액은 1,711,560,000원이며, 이 가운데 120,000,000원은 법인세법상 특수관계에 있는 회사에 대한 매출이다.

2. 재무제표에 반영된 접대비계정내역은 다음과 같으며, 모두 1만원 초과분이라고 가정한다.

| 계 정 과 목 | 금 액 |
|---|---|
| 접대비(제) | 15,000,000원 |
| 접대비(판) | 50,000,000원 |
| 계 | 65,000,000원 |

3. 위 접대비 중 신용카드 미사용분은 다음과 같다. 신용카드사용액 조정은 직접하시오.

| 계정과목 | 구 분 | 금 액 |
|---|---|---|
| 접대비(제) | 건당 3만원 초과분 | 1,700,000원 |
| 접대비(판) | 건당 20만원 초과 경조사비는 3,000,000원 중 | 1,200,000원 |

4. 특수관계가 없는 매출거래처와 업무 관련된 약정에 의하여 외상매출금 20,000,000원에 대한 권리를 포기하기로 하고 다음과 같이 회계처리하였다.

　　(차) 대손상각비 20,000,000원　　　　　　(대) 외상매출금 20,000,000원

# [119] 접대비조정명세서 - 해외접대비

2018.(주)접대비3의 다음 자료를 이용하여 접대비조정명세서를 작성하시오.

1. 당해년도 매출액 1,711,560,000원 중 특수관계자에 대한 매출액 100,000,000원이 있다.

2. 재무제표에 반영된 접대비계정내역은 다음과 같다고 가정한다.

| 계 정 과 목 | 금 액 |
|---|---|
| 접 대 비(제) | 13,153,520원 |
| 접 대 비(판) | 38,346,480원 |
| 해외접대비(판)(843) | 3,550,000원(가정치) |
| 계 | 55,050,000원 |

3. 위 접대비 중 다음의 내용을 제외한 나머지는 전액 법인카드로 결제되다.

| 계정과목 | 구 분 | 금 액 |
|---|---|---|
| 접대비(제) | 건당 3만원 초과분 | 143,520원 |
| 접대비(판) | 건당 3만원 초과분 | 5,285,180원(가정치) |
| 접대비중 기준금액 총초과금액으로 수정해서 할것 | 접대비(제)13,153,520 | 접대비(판)38,346,480 |

4. 해외접대비 중에서 350,000원은 신용카드가 가맹된 외국에서 현금으로 사용한 것으로서, 나머지 금액은 해외접대비는 현금 외에는 결제수단이 없는 외국에서 사용한 것이다.

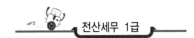 

## [120] 가지급금인정이자1

2009.(주)법인조정1의 다음 자료를 이용하여 가지급금등 인정이자조정명세서(갑, 을)를 작성하고 관련 세무조정사항을 소득금액조정합계표에 반영하시오.

1. 차입금의 내용(모두 특수관계 없다)

　　이자율은 모두 신한은행 5%, 한양은행 6.2% 조흥은행 4.5% 국민은행 7%이다

2. 업무무관 가지급금 및 관련 이자수령내역은 다음과 같다.(가수금은 없다)

| 직책 | 성명 | 금전대여일 | 가지급금 | 약정이자율 | 이자수령액<br>(이자수익계상) |
|---|---|---|---|---|---|
| 대표이사 | 김기범 | 전기이월 | 70,000,000원 | 무상 | 0원 |
| 상무이사 | 박상무 | 당기.05.01 | 30,000,000원 | 연5% | 750,000원 |
| 업무무관 가지급금은 금전대여일로부터 현재까지 변동이 없다. | | | | | |

3. 가중평균이자율을 적용한다.

4. 차입금, 지급이자(이자비용), 가지급금, 이자수익등 관련 자료는 재무상태표나 손익계산서상에 반영하여 조정한다..

# [121] 가지급금인정이자2

1. 2011.(주)법인조정2이 광진산업(주)으로부터 변동금리 조건부 차입금의 차입과 상환이 있고, 인정이자율은 원칙대로 가중평균이자율로 계산한다.(기존 입력된 데이타 삭제후 직접입력하여 조정한다)

    03/01  당초차입    100,000,000원 이자율: 2%

    06/30  상    환    100,000,000원 이자율: 2%

    07/01  차입(변동) 100,000,000원 이자율: 4.5%

    11/01  상    환    100,000,000원 이자율: 4.5%

    11/02  차입(변동) 100,000,000원 이자율: 10%

2. 대표이사 김기범의 가지급금 명세 및 가중평균차입이자율(직접입력하여 조정한다)

| 일자 | 적요 | 차 변 | 대 변 | 잔 액 |
|---|---|---|---|---|
| 1.1 | 전기이월 | 30,000,000원 | | 30,000,000원 |
| 4.1 | 대여 | 20,000,000원 | | 50,000,000원 |
| 6.29 | 대여 | 20,000,000원 | | 70,000,000원 |
| 8.30 | 대여 | 10,000,000원 | | 80,000,000원 |
| 10.1 | 회수 | | 40,000,000원 | 40,000,000원 |
| 11.1 | 회수 | | 30,000,000원 | 10,000,000원 |
| 12.1 | 대여 | 50,000,000원 | | 60,000,000원 |

3. 대표이사 김기범의 가수금명세(직접입력하여 조정한다)

| 일자 | 적요 | 차변 | 대변 | 잔액 |
|---|---|---|---|---|
| 5.30 | 가수 | | 20,000,000원 | 20,000,000원 |
| 6.30 | 반제 | 10,000,000원 | | 10,000,000원 |
| 7.30 | 가수 | | 10,000,000원 | 20,000,000원 |
| 8.31 | 반제 | 20,000,000원 | | 0원 |
| 9.30 | 가수 | | 100,000,000원 | 100,000,000원 |

4. 대표이사 김기범 가지급금에 대한 약정된 이자 수령액은 300,000원이다.

## [122] 재고자산평가조정명세서1

2011.(주)법인조정2의 다음 자료에 의하여 재고자산평가조정명세서를 작성하시오. 저장품에 대하여 종전의 총평균법에서 후입선출법으로 당기부터 평가방법을 변경하기로 하고 당기 11월 15일에 이에 대한 변경신고를 행하였다.

| 구분 | 제품 | 재공품 | 원재료 | 저장품 |
|---|---|---|---|---|
| 평가방법 신고일 | 2011. 3. 31 | 무신고 | 2011. 3. 31 | 2011. 3. 31 |
| 신고한 평가방법 | 후입선출법 | 무신고 | 총평균법 | 총평균법 |
| 회사 평가방법 | 후입선출법 | 총평균법 | 총평균법 | 후입선출법 |
| 선입선출법평가액 | 83,200,000원 | 8,920,000원 | 27,300,000원 | 970,000원 |
| 후입선출법평가액 | 82,500,000원 | 8,470,000원 | 25,720,000원 | 927,000원 |
| 총평균법평가액 | 82,900,000원 | 8,530,000원 | 26,800,000원 | 945,000원 |

## [123] 재고자산평가조정명세서2

2012.(주)법인조정3 재고자산평가조정명세서

| 구 분 | 회사 평가방법 | 총평균법 | 후입선출법 | 선입선출법 | 신고한 평가방법 |
|---|---|---|---|---|---|
| 제품 | 총평균법 | 1,000,000원 | 1,200,000원 | 1,500,000원 | 무신고 |
| 반제품 | 총평균법 | 5,350,000원 | 5,200,000원 | 5,300,000원 | 총평균법 |
| 원재료 | 후입선출법 | 1,300,000원 | 1,200,000원 | 1,400,000원 | 총평균법 |

※ 당사는 반제품과 원재료의 평가방법을 총평균법으로 2008. 3. 31 신고하였다. 원재료는 직전 사업연도까지는 총평균법으로 평가하였으나 당해년도 10. 1에 후입선출법으로 변경하기로 하고, 동 일자에 관할세무서에 변경신고 하였다.

## [124] 세금과 공과금명세서

2009.(주)법인조정1는 당기 세금과공과금(판)계정의 내용을 불러오기하여 조정한다. 세금과공과금명세서를 작성하고 필요한 세무조정을 행하시오. 다만, 본 문항의 내용 및 세무조정이 다른 세무조정에 영향을 미치는 경우 해당 영향은 무시하기로 하고, 세무조정은 각 건별로 행하는 것으로 한다.

## [125] 선급비용명세서

2009.(주)법인조정1는 당기말 현재의 판관비의 이자비용, 보험료(판) 기간미경과분(선급분,판)에 관한 자료는 불러와 조정한다.

| 구 분 | 거래처 | 보 험 기 간 | 비 고 |
|---|---|---|---|
| 미경과이자 | 신한은행 | 당기 07.01-차기 06.30 | 기장데이타 모두 지급액 |
| 선급보험료 | 외환은행 | 당기 10.01-차기 09.30 | 회사계상은 없다 |

## [126] 업무무관 자산 관련 차입금 이자조정명세서1

1. 2011.(주)법인조정2의 지급이자 관련자료
당기 사업연도 이자비용의 내역은 다음과 같다.

| 이자율 | 지급이자 | 차입금 적수 |
|---|---|---|
| 연 13% | 780,000원 | 2,190,000,000 [※] |
| 연 5% | 1,000,000원 | 7,300,000,000 |
| 계 | 1,780,000원 | 9,516,000,000 |

[※ 13% 이자중 채권자 불분명분이 200,000원 있다. 채권자 불분명 사채이자에 대한 원천징수세액은 없는 것으로 가정한다.]

2. 가지급금 관련자료
재무상태표상의 대표이사에 대한 가지급금이 포함되어 있다. 가지급인정이자 조정명세서에서 불러오기를 하여 세무조정한다.

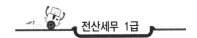 

## [127] 업무무관 자산 관련 차입금 이자조정명세서2

1. 2009.(주)법인조정1의 차입금현황 및 이자비용
(1) 신한은행으로부터 차입금 100,000,000,이자율 12%
   이자비용 12,000,000원, 수령자 불분명이자 3,000,000원 포함되었으며, 원천징수세액은 없는 것으로 가정한다.
(2) 국민은행으로부터 차입금 200,000,000,이자율 9%이며 이자비용 18,000,000원이다.

2. 가지급금현황
(1) 6월2일 상무이사 김택동에게 주택구입자금 50,000,000원을 5%대여
(2) 7월5일 전무이사 이상용에게 사업자금 60,000,000원을 11%로 대여

3. 업무무관 동산
전년도에 취득한 선박 50,000,000원

4. 업무무관 부동산
(1) 전년도에 취득한 토지 300,000,000원
(2) 당해년도 5월1일 취득한 건물 500,000,000원

## [128] 건설자금이자조정명세서

2009.(주)법인조정1의 당인리 공장신축을 위하여 아래와 같은 조건으로 신한은행에서 시설자금을 차입하였다. 이에 대한 건설자금이자조정명세서를 작성하라. 단, 당기 세무상 건설자금이자계산시 원단위 미만은 절사한다.

1. 시설자금 차입총액 : 1,200,000,000원(일반차입금은 없는 것으로 가정)
   (단, 이중 1,000,000,000원 만이 공장신축을 위해 사용됨)
2. 차입기간 : 당기 04. 01 ~ 차기 03. 31
3. 공사기간 : 당기 06. 01 ~ 차기 12. 31 (당기 공사기간일수 : 214일)
4. 이 자 율 : 연 12%
5. 회사는 위 이자율에 의한 당해연도 이자비용 108,000,000원을 전액 이자비용으로 계상하였다.

## [129] 소득금액조정합계표

2015.(주)법인조정6의 세무조정사항을 소득금액조정합계표에 반영하라.

1. 손익계산서상 법인세비용 62,500,000원
2. 법인세환급가산금 1,500,000원을 결산상 잡이익계정에 반영하였다.
3. 당기 기계장치 감가상각비 시인부족액이 10,000,000원 발생하다. 단, 당해 기계장치에 대한 전기 감가상각비 한도초과액은 9,000,000원이었다.
4. 손익계산서상 투자자산처분이익은 투자부동산인 토지를 31,000,000원에 매각함으로 인하여 발생한 것이다. 당해 토지는 전기에 30,000,000원에 취득한 것으로 이에 대한 취득세와 등록세 1,500,000을 세금과공과로 처리하여 전기 세무조정 시 적정한 세무조정을 행한 바 있다.
5. 당해년도 귀속 법인세 신고시 결손으로서 결손금 소급공제신청을 하여 전년도에 납부한 법인세 30,000,000원을 환급받았는데 이는 잡이익으로 처리되어 있다.
6. 상여금(판) 중 임원에 대한 상여금은 영업이사에 대한 상여금 8,300,000원 뿐이다. 영업이사는 출자임원에 해당하며 당사는 임원 상여금에 대한 지급규정을 가지고 있지 아니하다.
7. 본사건물의 당기 화재보험료 계상액은 5,400,000원이고, 보험기간은 당해년도 6월 1일부터 다음년도 5월 31일까지이다.(월할 계산할 것)
8. 미수수익은 정기예금에 대한 발생이자이며, 전기말에 8,000,000원이 미수수익으로 계상되어 세무상 △유보처분 되어있고 당기말의 정기예금에 대한 발생이자 미수수익잔액은 3,000,000원이다.
9. 전기말의 기타 자본금과적립금조정명세서(을)의 유보처분내역은 다음과 같다.
   (1) 원재료평가감 270,000원 (유보)    (3) 토지(세금과공과금) 1,500,000원(유보)
   (2) 미수수익 8,000,000원 (△유보)    (4) 감가상각비 한도초과액은 9,000,000원(유보)

## [130] 자본금과 적립금조정명세서(을)

2015.(주)법인조정6의 소득금액조정합계표에 의해 자본금과 적립금조정명세서(을)를 작성하라

## [131] 기부금조정명세서1

1. 2015.(주)법인조정6의 부금계정의 지출내역은 다음과 같다. 법인명과 사업자(주민)등록번호 생략한다.

| 일 자 | 금 액 | 내 용 |
|---|---|---|
| 2. 5 | 1,000,000원 | 동창친목회 기부금 |
| 3. 2 | 8,000,000원 | 국방헌금 |
| 10. 30 | 2,000,000원 | 수재민을 위한 구호금품 |
| 12. 5 | 16,500,000원 | 불우이웃돕기 성금(지정기부금) |

2. 12월 5일자 지출액 중 1,500,000원은 다음년도 1월 25일 결제되는 약속어음이 포함되어 있다.

3. 기부금조정대상 결산상당기순이익 260,977,678원, 익금산입 78,050,000원, 손금산입 42,270,000 원, 이월결손금은 168,280,000원으로 가정한다. 익금산입과 손금산입은 기타기부금(=그밖의기부금) 과 손금불산입 어음기부금 반영되기 전의 금액이다.

4. 전년도 법정기부금 한도초과액이 12,000,000원이 있다.


## [132] 기부금조정명세서2

1. 2012.(주)법인조정3의 기부금계정의 지출내역은 다음과 같다. 불러오기 없이 직접입력하며 법인명 및 사업자등록번호 입력은 생략한다.

| 일 자 | 금 액 | 내 용(직접입력하여 조정) |
|---|---|---|
| 01.04 | 5,000,000원 | 대학교 연구비지원 |
| 02.21 | 12,000,000원 | 사내근로복지기금지출 |
| 08.30 | 4,000,000원 | 지방자치단체기부금 |
| 12.09 | 15,653,200원 | 문화예술단체기부금(지정기부금) |
| 12.10 | 3,000,000원 | 대표자 종중단체에 지출 |

2. 12월 9일자 지출액 중 3,000,000은 다음년도 2월 10일 결제되는 약속어음이 포함되어 있다.

3. 기부금조정대상 결산상당기순이익 260,977,678원,익금산입 80,550,000원, 손금산입42,270,000원, 이월결손금 202,000,000원이며 산입과 손금산입은 기부금조정후 금액이라고 가정한다.

4. 전년도 법정기부금 한도초과액이 8,000,000원이 있다.

## [133] 자본금과적립금조정명세서(갑)

1. 2015.(주)법인조정6의  자본금은 304,500,000원, 자본잉여금 101,000,000원으로 변함없다.
2. 자본조정, 기타포괄손익누계는 없다.
3. 기초이익잉여금은 189,439,339원, 당기이익잉여금증가액은 257,427,678원이다.
4. 법인세과세표준 및 세액신고서의 법인세가 손익계산서에 계상된 법인세비용보다 법인세는 510,735원, 지방소득세는 51,073원 각각 많게 산출되었다.(전기분은 고려하지 않음)
5. 자본금과  적립금조정명세서(을)의 금액은  기초  2,770,000원  당기감소  7,270,000원  당기증가  2,250,000원이라고 가정한다.
6. 이월결손금은 2019년도에 202,000,000원 발생하여 30,000,000원 소급공제 받고자 한다.


## [134] 최저한세조정계산서 – 중소기업투자세액공제

1. 2015.(주)법인조정6의 세액공제조정명세서(3)와 공제감면,세액합계표를 작성하시오
2. 최저한세조정계산서를 통하여 최저한세 적용여부를 검토하시오.
3. 당해연도에 이월되는 세액공제금액은 없으며, 결산상 당기순이익 260,977,678원, 익금산입 86,050,000원, 손금산입 42,270,000원 가정한다.  기부금한도초과 1,912,117원, 기부금이월손금산입 8,000,000원, 이월결손금 172,000,000원이라 가정한다.
4. 중소기업투자세액공제대상 사업용자산 당기중의 취득액은 200,000,000원이다.
   (법인세세율이 2억이하 10%, 최저한세율 7%로 가정한다)


## [135] 법인세과세표준 및 세액조정계산서와 기타 참고사항1

1. 2009.(주)법인조정1의 결산시 법인세등 계정으로 대체한 선납세금계정에는 중간예납세액(5,000,000)과 원천납부세액(752,000)이 포함되어 있으며, 최저한세 적용대상공제감면세액은 3,800,094이다.
2. 법인세 납부시 법인세법에서 허용하는 최대한의 금액을 분납하고자 한다.(허용오차범위 ± 100)
3. 세율은 2억이하 10%로 가정하고, 상기 자료 이외에는 세무조정 사항이 없는 것으로 한다.
3. 당해연도에 이월되는 세액공제,감면금액은 없으며, 결산상 당기순이익 260,977,678원, 익금산입 86,050,000원, 손금산입 42,270,000원으로 가정한다. 기부금한도초과 1,912,117원, 기부금이월손금산입 8,000,000원, 이월결손금 172,000,000원이라 가정한다.

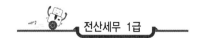

## [136] 법인세과세표준 및 세액조정계산서와 기타 참고사항2

2009.(주)법인조정1의 다음 자료에 의하여 연구 및 인력개발비 명세서를 작성하시오.

1. 직전 4년간 연구 및 인력개발비 발생합계 (전부 일반비용)

   2018.1.1 ～ 2018.12.31 :   42,000,000원

   2019.1.1 ～ 2019.12.31 :   35,000,000원

   2020.1.1 ～ 2020.12.31 :   25,000,000원

   2021.1.1 ～ 2021.12.31 :   27,000,000원

      합     계      129,000,000원

2. 당해 사업연도 연구 및 인력개발비 발생내역

| 계정 \ 비목 | 인원 | 인건비(주1) | 건수 | 재료비(주2) | 맞춤형교육비용 |
|---|---|---|---|---|---|
| 경상연구개발비(제조) | 12 | 20,000,000원 | 5 | 5,000,000원 | |
| 개발비(무형자산) | 20 | 25,000,000원 | 6 | 10,000,000원 | 2,000,000원 |

(주1) 당사의 연구전담부서의 연구요원[주주인 임원이 아님]의 인건비를 의미함.

   ※ 연구전담부서는 과학기술부장관에게 신고한 연구개발전담부서임.

(주2) 연구전담부서에서 연구용으로 사용하는 재료비용 등

# 제5편

# 정답편

Chapter

# 01

## 정답 및 해설

# 01 이론편 정답

## [재무회계-01] 36p.

**01** ② 나머지는 모두 목적적합성을 선택한 경우이며, 공사수익의 인식기준은 공사진행기준이 목적적합성에 충실한 방법이다.

**02** ③ 재무제표는 추정에 의한 측정치를 포함하고 있다.

**03** ① 기업의 재무상태, 경영성과, 현금흐름 및 자본변동을 공정하게 표시하여야 한다.

**04** ① 정상적인 영업주기 내에 회수되는 매출채권은 보고기간 후 1년 이내에 실현되지 않더라도 유동자산으로 분류한다.

## [재무회계-02] 45p.

**01** ③ 현금의 유입 또는 유출과 관계없이 수익 또는 비용의 발생에 따라 수익 또는 비용을 계상하는 것을 발생주의라고 부르며 ③은 현금과부족이라는 임시계정을 대차대조표에 계상할 수 없어 잡이익이나 잡손실로 처리하는 것으로서 발생주의와는 관계가 없다.

**02** ② 대손충당금 기초 잔액: 5,000,000원
대손발생시 회계처리:
    (차) 대손충당금 5,000,000원    (대) 매출채권 등 7,000,000원
    (차) 대손충당금 5,000,000원    (대) 대손상각비 2,000,000원
전기 대손금 중 회수시 회계처리
    (차) 현금    3,000,000원    (대) 대손충당금 3 ,000,000원
기말 대손충당금 설정전 대손충당금 잔액＝5,000,000－5,000,000＋3,000,000＝3,000,000원
기말대손충당금 설정 회계처리는 다음과 같다.
    (차) 대손상각비 2,000,000원    (대) 대손충당금 2,000,000원
따라서 손익계산서에 반영될 대손상각비는 4,000,000원이다.

**03** ④ 정기간행물 등과 같이 그 가액이 매기간 비슷한 품목을 구독신청에 의해 판매하는 경우에는 구독기간에 걸쳐 정액법으로 수익을 인식한다.

**04** ③ 배당금을 지급하는 법인의 입장에서 현금배당은 자본을 감소시키나 주식배당은 자본총계에 영향을 미치지 않는다.

**05** ① 위탁판매의 경우, 위탁자는 수탁자가 재화를 판매하는 때 수익을 인식한다.

**06** ② 공사진행률 ＝ 60,000,000원/240,000,000원＝ 0.25
당기 공사수익 ＝ 300,000,000원× 0.25 ＝ 75,000,000원

**07** ④ 로열티수익은 관련된 계약의 경제적 실질을 반영하여 발생기준에 따라 인식한다.

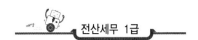

## [재무회계-03] 51p.

**01** ③

**02** ②

| | 회사 | 은행 |
|---|---|---|
| 조정 전 잔액 | 200,000 | 150,000 |
| 미기입입금 | | 150,000 |
| 기발행미인출수표 | | (50,000) |
| 미통보 입금 | 200,000 | |
| 이자비용 | (50,000) | |
| 회사오기 | (50,000) | |
| 부도수표 | (50,000) | |
| 합계 | 250,000 | 250,000 |

각 일자별 분개를 하면 7/1 (차)현금 3,000     (대) 현금과부족 3,000

                10/20   (차)현금과부족 1,000     (대) 임대료 1,000원

                12/31 (차) 현금과부족 2,000원     (대) 잡이익 2,000원

이므로 당기 말 계상되는 잡이익은 2,000원이다.


## [재무회계-04] 54p.

**01** ② • 기타 채권은 대손상각 인식이 가능하나 영업외비용으로 처리

       • 매출채권에 대한 대손상각비 : (32,000,000원×4%) − 800,000원＝480,000원

       • 대여금에 대한 대손상각비 : 22,000,000원×1%＝220,000원(영업외비용)

**02** ① 어음의 만기가치 : 100,000 + 100,000 × 12% × 5/12 ＝ 105,000

       할인료 : 105,000 × 15% × 4/12 ＝   (5,250)

       현금수령액 : 99,750

       할인일의 어음장부가액 : 100,000 + 100,000 × 12% × 1/12 (101,000)

       매출채권처분손실 : 1,250

          (차) 현금            99,750    (대) 매출채권 100,000

          (차) 매출채권처분손실   1,250         이자수익    1,000


## [재무회계-05] 64p.

**01** ④ 재고자산−후입선출법은 당기순이익이 선입선출법보다 낮게 계상된다.

**02** ③ 자산과 부채가 동시에 누락되었으므로 자산과 부채는 과소계상되나 자본과 당기순이익은 영향이 없다.

**03** ③ 제품의 시가는 순실현가능가액(＝정상적인 영업과정의 예상판매가격 − 예상추가원가와 판매비용)이고 원재료의 시가는 현행대체원가이다. 다만, 원재료의 경우 완성될 제품의 원가 이상으로 판매될 것으로 예상되는 경우에는 그 생산에 투입하기 위해 보유하는 원재료에 대해서는 저가법을 적용하지 않는다.

| 품 목 | 취득원가 | 순실현가능가치 | 평가손익 |
|---|---|---|---|
| 제품 갑 | 500,000원 | 490,000원 | (10,000)원 |
| 제품 을 | 800,000원 | 820,000원 | – |
| 제품 병 | 1,000,000원 | 800,000원 | (200,000)원 |
| 원재료 | 600,000원 | 500,000원 | (100,000)원 |
| 합계 | | | (310,000)원 |

**04** ④ 재고자산가액 = 12,000,000원 + 3,000,000원 = 15,000,000원

사용판매는 고객이 구입의사를 표시한 날 매출 인식함으로, 재고자산이 아니며, 도착지인도기준인 운송 중인 상품은 판매자의 재고자산이다.


## [재무회계-06] 75p.

**01** ④ 어떤 유형자산 항목과 관련하여 자본에 계상된 재평가잉여금은 그 자산이 제거될 때 이익잉여금으로 대체하거나 자본에 계상된 재평가잉여금을 그대로 장부상에 계상할 수도 있다.(의무규정이 아니라 선택규정임)

**02** ② • 유형자산의 잔존가액은 물가변동에 따라 수정 불가
  • 정액법 : (1,200,000원 − 200,000원)/5 = 200,000원(매년 동일하게 200,000원 상각)
  • 연수합계법 : (1,200,000원 − 200,000원)×X/15 = 200,000원   ∴ X = 3

**03** ④ (1) 감가상각비 : (10,000,000 − 800,000 − 0)/10년×3/12 = 230,000
  (2) 장부가액 : 10,000,000 − 800,000 − 230,000 = 8,970,000

**04** ③

| | 토지 | 건물 |
|---|---|---|
| 현금지급액 | 200,000원 | |
| 부채부담액 | 150,000원 | |
| 철거비 | 7,000원 | |
| 폐자재 처분수입 | (2,000원) | |
| 중개수수료 | 10,000원 | |
| 설계비 | | 30,000원 |
| 굴착비용 | | 7,000원 |
| 직원급여 12,000×7/12 | | 7,000원 |
| 계 | 365,000원 | 44,000원 |


## [재무회계-07] 81p.

**01** ③ 무형고정자산의 상각은 그 자산의 추정내용연수동안 20년내의 기간내에서 합리적인 기간내에 상각한다.

**02** ④ 영업권은 손상차손은 인식하지만, 손상된 자산의 회수가능액이 회복되었다 할지라도 손상차손환입은 인식하지 아니한다.


## [재무회계-08] 88p.

**01** ③ 주주인 법인(투자회사)의 입장에서 현금배당은 배당수익으로 인식하지만 주식배당은 배당수익으로 인식하지 아니하며 주식수량을 증가시켜 주당취득가액을 낮춘다.

**02** ④ 단기매매증권이 시장성을 상실하면 매도가능증권으로 분류하고, 매도가능증권이나 만기보유증권은 상호간 재분류 가능하나 단기매매증권으로 분류할 수 없다.

**03** ① 단기매매증권이나 시장성 있는 매도가능증권에 대한 기말평가기준은 시가법이다. 단기매매증권의 평가차손 익은 당기손익으로, 매도가능증권의 평가손익은 자본항목인 기타포괄손익누계액에 반영한다. 따라서 갑주식 의 장부가액은 계정분류와 상관없이 일정하며 취득시보다 시가가 하락한 경우 당기순이익은 매도가능증권 으로 분류한 경우보다 감소한다. 그러나 자본은 계정분류여부와 상관없이 일정하다.

## [재무회계-09] 93p.

**01** ③ 사채할증발행차금을 유효이자율법이 아닌 정액법으로 상각한 경우 상각액이 과대계상되어 사채의 장부금액 은 과소계상되며, 이자비용은 과소계상됨에 따라 당기순이익을 과대계상하게 된다.

**02** ② {894,483 + (894,483×13% − 100,000)}×13% − 100,000 = 18,399원

## [재무회계-10] 101p.

**01** ① 중간배당도 포함한다.

**02** ② 감자차익만 자본잉여금항목이다.

| | | | | |
|---|---|---|---|---|
| 2.15 : 차) 자기주식 | 1,200,000원 | | 대) 현금성자산 1,200,000원 | |
| 5.25 : 차) 자본금 | 1,000,000원 | | 대) 현금성자산 1,900,000원 | |
| 5.25 : 차) 자본금 | 1,000,000원 | | 대) 감자차익 100,000원 | |
| 7. 4 : 차) 현금성자산 | 250,000원 | | 대) 자기주식 300,000원 | |
| 7. 4 : 차) 자기주식처분손실 50,000원 | | | | |

**03** ② 미상계된 주식할인발행차금의 상각은 이익잉여금의 처분사항이다.

**04** ① 무상증자의 경우 자본의 구성내역만 변동할 뿐 자본총계는 변하지 않는다.

## [재무회계-11] 106p.

**01** ②

**02** ④ 재고자산평가방법의 변경은 회계정책의 변경이다.

**03** ② 소급법은 회계변경의 누적효과를 전기손익수정항목으로 하여 당기초 이익잉여금을 수정하는 방법이며, 비교 목적으로 공시되는 전기재무제표는 변경된 방법으로 소급하여 재작성한다. 따라서, 전기와 당기재무제표의 회계처리방법이 동일하므로 기간별비교가능성이 향상되는 반면 전기재무제표의 신뢰성은 감소된다. ④번은 전진법에 관한 설명임.

**04** ③ 계추정 변경의 효과는 당해 회계연도 개시일부터 적용

**05** ④ 단순히 세법의 규정을 따르기 위한 회계변경은 정당한 회계변경으로 보지 아니한다.

**06** ②

## [원가회계-01] 127p.

**01** ① 준변동비(또는 혼합원가)

**02** ① 제품과 직접 연관이 있으면 직접비, 연관이 없으면 간접비(공통비)이다.

**03** ① 각 조업도 수준에서 단위당 변동원가는 일정하다.

**04** ② 제조원가는 직접재료비 직접노무비 및 제조간접비의 합으로 구성된다.


## [원가회계-02] 134p.

**01** ③ 직접재료비사용액 = 200,000원 - 120,000원 = 80,000원

기말원재료재고액 = 50,000원 + 90,000원 - 80,000원 = 60,000원

**02** ① • 재료비: 기초가액 + 100,000원 - (기초가액 + 30,000원) = 70,000원

• 노무비: 재료비 × 2 = 140,000원

• 제조간접비 = (노무비 + 제조간접비)×30%    ∴ 제조간접비 = 60,000원

• 당기제품제조원가 = 기초재공품 + 당기총제조비용 - 기말재공품

= (70,000 + 140,000 + 60,000)×10% + (70,000 + 140,000 + 60,000) - [(70,000 + 140,000 + 60,000)×10%] × 1.2

= 264,600원


## [원가회계-03] 139p.

**01** ② 단계배분법은 배분 순서가 중요하고, 배분순서에 따라 원가배분결과가 달라질 수 있는 단점이 있다.

**02** ② • 제조간접비 배부율 : 2,000,000원 / 10,000시간 = 200

• 제조간접비 배부액 : 200 * 750시간 = 150,000원

**03** ④ 연립방정식을 만들기 위하여 주조부문의 총원가를 A, 판공부문의 총원가를 B, 동력부문의 총원가를 X, 공장
사무부문의 총원가를 Y라고 하면 다음과 같은 식이 성립한다.

X = 100,000원 + 0.2Y ─ ─ ─ ─ ─ ─ ─ ─ ─ ①*5

Y = 205,000원 + 0.3X ─ ─ ─ ─ ─ ─ ─ ─ ─ ②

식 ①과 ②를 풀면 X = 150,000원,  Y = 250,000원

또한 X, Y를 이용하여 식 ③과 ④를 풀면

A(주조부문) = 630,000원, B(판공부문) = 575,000원이 된다.


## [원가회계-04] 143p.

**01** ④ 공정별, 부문별 원가통제 및 성과평가가 가능한 것은 종합원가 계산이다.

**02** ④ 조립부문 제조간접비 : 80,000원×80% = 64,000원

절단부문 직접노무비 : 20,000원/0.4 = 50,000원

총제조원가 : 174,000원 + 90,000원 = 264,000원

## [원가회계-05] 151p.

**01** ③ 선입선출법, 평균법 모두 기말재공품의 완성도가 과소평가된 경우 기말재공품의완성수량이 과소계상되어 기말재공품가액이 과소계상된다. 따라서, 순이익은 과소계상된다.

**02** ② • 재료비 완성품환산량 = 완성품 = 1,000개
    • 가공비 완성품환산량 = 완성품(1,000개) + 기말재공품(500개) × 완성도(40%) = 1,200개

**03** ③ 전기와 당기발생원가를 각각 구분하여 완성품환산량을 계산하기 때문에 보다 정확한 원가계산이 가능하고, 원가통제 등에 더 유용한 정보를 제공하는 물량흐름의 가정은 선입선출법이다.

**04** ② 당기 재료비 완성품 환산량 : 12,000 + 3,000 − 2,000 = 13,000개
    기말 재공품 재료비 환산량 : 3,000개
    완성품환산량 단위당 원가 : 14,300,000원 / 13,000개 = 1,100원
    당기 가공비 완성품 환산량 : 12,000 + 3,000 × 50% − 2,000 × 40% = 12,700개
    기말 재공품 가공비 환산량 : 3,000 × 50% = 1,500개
    완성품환산량 단위당 원가 : 15,240,000원 / 12,700개 = 1,200원
    기말 재공품 금액 : 1,100원 × 3,000개 + 1,200원 × 1,500개 = 5,100,000원

> **\* 5단계법**
> ① 1단계 : 물량의 흐름을 파악한다.
> ② 2단계 : 완성품환산량을 계산한다.
> ③ 3단계 : 총원가를 요약하고 배분대상원가를 계산한다.
> ④ 4단계 : 완성품환산량 단위당 원가를 계산한다.
> ⑤ 5단계 : 총원가를 배분한다.

**05** ③ 기말재공품 가공비 = (80 × 60%)×[(2,680원＋5,360원)]/(48개＋220개)] = 1,440원

## [원가회계-06] 159p.

**01** ③ 가격차이 = 실제수량 × (실제가격－표준가격)
    실제수량 = 실제수량 × (750－720) = 4,800,000원 따라서,
    실제수량 = 160,000kg
    수량차이 = (실제수량－표준수량) × 표준가격 = (160,000－8,500×20)×720
    수량차이 = 7,200,000원(유리)

**02** ① 680,000원 − (X시간 × 100원) = 20,000    ∴ X = 6,600시간

**03** ④ 능률차이 = 21,000시간×3원 − 10,000개×2시간×3원 = 3,000원(불리한 차이)

**04** ① 변동제조간접비 배부율 : (4,200,000원 − 3,700,000원)/(6,000 시간 − 5,000시간) = 500원/시간
    고정제조간접비예산 : 3,700,000원 − 5,000시간 × 500원
                    = 4,200,000원 − 6,000시간 × 500 = 1,200,000원
    고정제조간접비 배부율 : 1,200,000원/6,000시간 = 200원
    고정제조간접비 배부액 : 4,000시간 × 200원 = 800,000원
    따라서, 1,200,000원 − 800,000원 = 400,000원(불리한 조업도차이)

**05** ④ ∴ 변동제조간접비 차이

∴ 고정제조간접비 차이

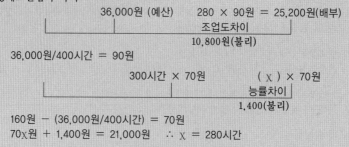

36,000원/400시간 = 90원

160원 − (36,000원/400시간) = 70원

70χ원 + 1,400원 = 21,000원  ∴ χ = 280시간

# [부가가치세-01] 167p.

**01** ② 과세기간은 국세의 과세표준계산에 기초가 되는 기간으로서 소득세법상의 과세기간은 1. 1 ~ 12. 31까지이며 거주자의 사망이나 출국하는 경우에만 사망일 또는 출국일에 과세기간이 종료한다. 그리고 부가가치세법상 의 과세기간은 1. 1 ~ 6. 30, 7. 1 ~ 12. 31로 구분하고 있으며 폐업하는 경우에는 과세기간개시일부터 폐업 일까지를 과세기간으로 정하고 있다.

**02** ④ 조기환급의 경우에는 (예정 또는 확정 또는 조기환급) 신고기한 경과 후 15일 내에 환급한다.

**03** ③ 부가가치세 모든 거래단계마다 과세되므로 다단계거래세에 해당한다.

**04** ④

**05** ② 폐업자의 과세기간은 "해당 과세기간 개시일 ~ 폐업일"이다.

**06** ② 국외소재부동산임대는 과세대상 아님.

# [부가가치세-02] 173p.

**01** ①

**02** ③ 근로용역은 과세대상 제외이다.

**03** ④ 사업자가 사업을 폐지하는 때에 잔존하는 재화는 자기에게 공급하는 것으로 보기 때문에 재화의 공급으로 본다.

# [부가가치세-03] 177p.

**01** ①

**02** ③ 구매확인서에 의하여 공급하는 수출재화 임가공용역은 국내거래이므로 세금계산서를 교부해야 한다.

**03** ①

**04** ③

**05** ④ 중간지급조건부 공급의 공급시기는 대가의 각 부분을 받기로 한 때이다. 중간지급조건부 공급은 다음의 요건을 충족한 경우를 말한다.
- 재화가 인도되기 전 재화가 이용가능하게 되기 전 또는 용역제공이 완료되기 전에 계약금 외의 대가를 분할하여 지급할 것
- 계약금을 받기로 한 날의 다음 날부터 재화를 인도하는 날까지 기간이 6월 이상일 것

## [부가가치세-04] 182p.

**01** ③ 나머지는 과세대상임

**02** ④ 수출업자에게 내국신용장 또는 구매확인서 없이 공급하는 재화는 영세율 적용대상이 아니다.

**03** ④

**04** ③ 면세포기의 신고 면세는 사업자를 위한 제도가 아니라 소비자를 위한 제도이므로 영세율적용대상이 되는 등 일정한 경우에 한하여 포기할 수 있다.

**05** ① 영세율은 영세율사업자의 매입세액을 전액공제하므로 완전면세제도이다.

**06** ②

**07** ③ 토지는 면세 재화

## [부가가치세-05] 188p.

**01** ① 납부세액 : 6,000,000원 − 3,500,000원 = 2,500,000원

**02** ①

**03** ③ 3,000,000+40,000,000+4,000,000 = 47,000,000원

**04** ① 직전 과세기간의 면세공급가액의 비율이 5% 미만이고 해당 재화의 공급가액이 5천만원 미만이므로 안분계산을 생략하고, 공급가액 전부를 과세표준으로 한다.

**05** ②

## [부가가치세-06] 195p.

**01** ④ 100,000(㉠) + 200,000(㉡) + 400,000(㉣=10,400,000×4/104) = 700,000원

**02** ①

**03** ①

## [부가가치세-08] 207p.

**01** ④ 매입처별세금계산서합계표관련된 가산세는 원칙적으로 적용하지 않는다. 다만 과다매입세액을 공제받은 경우에만 적용한다.

**02** ① 사업자가 보세구역 내에서 보세구역 이외의 국내에 재화를 공급하는 경우에 당해 재화가 수입재화에 해당되어 하나의 거래가 "재화의 수입" 및 "재화의 공급"에 동시에 해당하게 된다. 이 경우에는 공급가액 중 재화의 수입에 대해 세관장이 징수한 과세표준은 국내공급의 과세표준에 포함하지 않는다.
- 세관장이 징수할 부가가치세 : (6,000,000원 + 1,200,000원) × 10% = 720,000원
- 나대로씨가 안성실씨에게 징수할 부가가치세 : (15,000,000원 − 7,200,000원) × 10% = 780,000원

**03** ③ 부가가치세법상의 대손세액공제신청은 확정신고시에만 가능하다.

**04** ② 공급시기가 속하는 과세기간이 끝난 후 20일 이내에 등록 신청한 경우 개시일(1.1. 또는 7.1.)까지 역산한것은 공제가능

**05** ④ 부가가치세법 제16조 세금계산서 신용카드매출전표는 일정한 경우에 세금 계산서에 상응하는 세제혜택을 부여하고 있을 뿐 부가가치세법상 영수증에 해당한다.


# [소득세-01] 213p.

**01** ② 지역권, 지상권을 대여하고 받는 금품은 사업소득에 해당한다.(2018년 개정)

**02** ③ 직장공제회 초과반환금 − 약정에 의한 공제회반환금의 지급일

**03** ①

**04** ① 사업소득에 해당한다.(2018년 개정)

**05** ②

**06** ① 매출에누리와 매출할인은 총수입금액에서 차감할 항목이며, 기계처분이익은 사업소득의 총수입금액에 열거되어 있지 않으므로 사업소득의 총수입금액을 구성하지 않는다.

**07** ① 은행이자수입은 이자소득(금융소득)으로 과세되며, 사업소득에서 과세되지 않는다.

**08** ④

**09** ① 복권당첨소득으로 3억원 미만인 경우의 기타소득에 대한 원천징수세율은 20%이다.

**10** ③ 부가가치세 일반과세사업자의 매입세액은 필요경비에 산입하지 아니한다.

**11** ③ 이중 근로소득이 있는데 연말정산시 합산신고하지 않은 경우 종합소득세 확정신고를 하여야 된다.

**12** ① 부산임대소득의 결손금은 타소득과 통산하지 않으며, 이자소득과 배당소득은 2,000만원 이상인 경우 합산신고하고, 공동사업의 경우에도 원칙적으로 각각 소득금액을 계산한다.

**13** ② 사업소득의 결손금은 10년간 이월공제 할 수 있다.

**14** ② ①,③,④는 기타소득에 해당하며, ②는 부동산임대소득에 해당한다.

**15** ④ 은행예금이자는 이자소득으로 과세된다.

**16** ①

**17** ①

**18** ② 원천징수하는 자가 법인인 경우에는 그 법인의 본점 또는 주사무소의소재지이다.

**19** ② 국외에서 받는 금융소득은 원천징수가 되지 않았기 때문에 무조건 종합과세한다.

## [소득세-02] 221p.

01 ② 배당세액공제는 배당소득에 대한 이중과세의 조정을 위하여 거주자의 종합소득금액에 조정대상 배당소득금액이 합산되어 있는 경우에 적용한다.

02 ① 내국법인으로부터 받은 이익이나 잉여금의 분배금은 배당소득에 해당된다. 비영업대금의 이익과 저축성보험의 보험차익, 국가가 발행한 채권의 할인액은 이자소득이다.

03 ③ 사업소득이다.

04 ④

05 ④ 저축성보험의 보험차익은 이자소득이다.

06 ③ 개인연금저축 중 연금형태로 지급받은 이익은 연금소득에 해당된다.

07 ① 기명채권에 대한 이자의 수입시기는 약정에 의한 지급일이다.

## [소득세-03] 225p.

01 ③ 부가가치세 일반과세사업자의 매입세액은 필요경비에 산입하지 아니한다.

02 ④ 건당 10,000원을 초과하는 접대비 중 신용카드 등 미사용분은 한도 계산 없이 직접 필요경비를 불산입 한다.

03 ① 부동산임대소득의 결손금은 타소득과 통산하지 않으며, 이자소득과 배당소득은 2,000만원 이상인 경우 합산 신고하고, 공동사업의 경우에도 원칙적으로 각각 소득금액을 계산한다.

04 ④ 은행예금이자는 이자소득으로 과세된다.

05 ④ 거래상대방으로부터 받는 장려금 기타 이와 유사한 성질의 금액은 총수입금액에 산입한다.

06 ① 화랑의 미술품을 양도하는 경우 사업소득으로 과세된다.

07 ① 가사용으로 사용한 재고자산의 시가를 총수입금액에 산입하고, 동 재고자산의 원가는 필요경비에 산입한다.

## [소득세-04] 231p.

01 ④ 출장여비 등을 별도로 지급받는 경우에는 자가운전보조금은 과세대상이다.

02 ③ 근로소득 과세표준 : 200,000원 － 150,000원 ＝ 50,000원
산출세액 : 50,000원 × 6% ＝ 3,000원
원천징수하여야 할 소득세액 : 3,000원 － (3,000원 × 55%) ＝ 1,350원

03 ④ 기본급, 휴가비 등은 모두 과세소득이다. 한편, 식대는 회사에서 식사를 제공하고 있지 않은 경우 월 100,000원까지 비과세, 자가운전보조금은 요건 충족시 경우 월 200,000원까지 비과세다.

04 ① 비과세소득금액 : 100,000원(보육수당)＋100,000원(식대)＋200,000원(자가운전보조금) ＝ 400,000원
총급여액 : 5,400,000원 － 400,000원(비과세소득금액) ＝ 5,000,000원

## [소득세-08] 249p.

**01** ③

**02** ③ 대통령령으로 정하는 사유에 해당할 때에는 일시 퇴거한 경우에도 생계를 같이 하는 사람으로 본다

**03** ④ 총결정세액 = 결정세액 + 가산세

**04** ③ 10년간 이월공제

## [소득세-10] 256p.

**01** ①

**02** ① 이자, 배당, 기타소득 : 소득지급일 속하는 연도의 다음연도 2월 말일

**03** ③ 강사가 받는 강사료는 원천징수 후 연말정산을 하지 아니하고 종합소득과세표준 확정신고를 하여야 한다. 음료품배달원도 연말정산대자에 포함되었다.

## [재무회계-종합문제1] 348p.

### [1] 일반전표입력

① 2월 20일에 배당 및 준비금의 설정 및 환입에 대한 회계처리를 한다.

| (차) | 이월이익잉여금(375) | 45,000,000원 | (대) | 미지급배당금 | 50,000,000원 |
|---|---|---|---|---|---|
| | 연구및인력개발준비금 | 30,000,000원 | | 사업확장적립금 | 20,000,000원 |
| | | | | 이익준비금 | 5,000,000원 |

② 3월 15일 현금배당액 지급에 대한 회계처리를 한다.

| (차) | 미지급배당금 | 50,000,000원 | (대) | 현 금 | 50,000,000원 |
|---|---|---|---|---|---|

또는, (출) 미지급배당금 50,000,000원

### [2] 4월 12일  일반전표입력

| (차) | 사채 | 75,000,000원 | (대) | 당좌예금 | 65,000,000원 |
|---|---|---|---|---|---|
| | | | | 사채할인발행차금 | 7,500,000원 |
| | | | | 사채상환이익 | 2,500,000원 |

∴ 사채할인발행차금 = 10,000,000원 × 75,000,000원/100,000,000원 = 7,500,000원

### [3] 4월 17일  매입매출전표

유형: 11.과세   거래처: (주)김포물산  전자 : 여   분개: 혼합

| (차) | 감가상각누계액 | 19,999,000원 | (대) | 기계장치 | 20,000,000원 |
|---|---|---|---|---|---|
| | 미수금 | 2,200,000원 | | 부가세예수금 | 200,000원 |
| | | | | 유형자산처분이익 | 1,999,000원 |

| □ | 일 | 번호 | 유형 | 품목 | 수량 | 단가 | 공급가액 | 부가세 | 코드 | 공급처명 | 사업자주민번호 | 전자 | 분개 |
|---|---|---|---|---|---|---|---|---|---|---|---|---|---|
| ☐ | 17 | 50001 | 과세 | | | | 2,000,000 | 200,000 | 01007 | (주)김포물산 | 131-81-41959 | 여 | 혼합 |
| ☐ | 17 | | | | | | | | | | | | |

| 구분 | 계정과목 | 적요 | 거래처 | 차변(출금) | 대변(입금) | |
|---|---|---|---|---|---|---|
| 대변 | 0255 부가세예수금 | | 01007 (주)김포물 | | 200,000 | (세금)계산서 현재라인인쇄 |
| 대변 | 0206 기계장치 | | 01007 (주)김포물 | | 20,000,000 | |
| 차변 | 0207 감가상각누계 | | 01007 (주)김포물 | 19,999,000 | | 거래명세서 현재라인인쇄 |
| 차변 | 0120 미수금 | | 01007 (주)김포물 | 2,200,000 | | |
| 대변 | 0970 유형자산처분 | | 01007 (주)김포물 | | 1,999,000 | 전 표 현재라인인쇄 |
| | | | 합 계 | 22,199,000 | 22,199,000 | |

### [4] 4월 18일 매입매출전표

수출임가공계약에 의한 재화의 공급은 수출업자와 직접 도급계약을 체결한 경우에만 영세율이 적용되며 그이외의 임가공계약은 영세율이 적용되지 아니한다. 따라서 (주)효성건업에 납품한 재화의 공급은 영세율적용이 되지 아니한다.

매입매출전표입력 메뉴에서

유형: 11.과세,   거래처: (주)효성건업   전자 : 여   분개: 혼합

| (차) | 받을어음 | 22,000,000원 | (대) | 제품매출 | 20,000,000원 |
|---|---|---|---|---|---|
| | | | | 부가세예수금 | 2,000,000원 |

### [5] 4월 20일  일반전표입력

| (차) | 단기매매증권 | 370,000원 | (대) | 현 금 | 600,000원 |
|---|---|---|---|---|---|
| | 차량운반구 | 230,000원 | | | |

[6] 4월 22일 일반전표입력

| (차) | 단기차입금(한양은행) | 8,000,000원 | (대) | 당좌예금 | 8,688,000원 |
|---|---|---|---|---|---|
| | 이자비용 | 800,000원 | | 예수금 | 112,000원 |

[7] 4월 24일 매입매출전표입력 메뉴

유형: 54. 불공   거래처: 튼튼산업(주)   전자 : 여   분개: 3 혼합

| (차) | 토   지 | 13,200,000원 | (대) | 현    금 | 6,600,000원 |
|---|---|---|---|---|---|
| | | | | 미지급금 | 6,600,000원 |

토지의 조성등을 위한 자본적지출에 관련된 매입세액은 토지관련 매입세액으로서 매입세액을 공제되지 아니한다.

[8] 4월 25일  일반전표입력

| (차) | 보통예금 | 4,500,000원 | (대) | 사    채((주)방화상사) | 5,000,000원 |
|---|---|---|---|---|---|
| | 사채할인발행차금 | 530,000원 | | 현    금 | 30,000원 |

[9] 4월 26일  일반전표입력

| (차) | 보통예금 | 172,000원 | (대) | 미수수익 | 162,000원 |
|---|---|---|---|---|---|
| | 선납세금 | 28,000원 | | 이자수익 | 38,000원 |

[10] 4월 27일  일반전표입력

| (차) | 현        금 | 26,000,000원 | (대) | 매도가능증권 | 24,000,000원 |
|---|---|---|---|---|---|
| | 매도가능증권평가익 | 4,000,000원 | | 매도가능증권처분익 | 6,000,000원 |

| | | | | | | |
|---|---|---|---|---|---|---|
| ☐ | 27 | 00020 | 차변 | 0101 | 현금 | 26,000,000 |
| ☐ | 27 | 00020 | 차변 | 0394 | 매도가능증권평가이 | 4,000,000 |
| ☐ | 27 | 00020 | 대변 | 0178 | 매도가능증권 | 24,000,000 |
| ☐ | 27 | 00020 | 대변 | 0915 | 매도가능증권처분이 | 6,000,000 |

※ 매도가능증권에 대한 자본항목의 누적금액은 그 유가증권을 처분하거나 감액손실을 인식하는 시점에 일괄하여 당기손익에 반영한다.

[11] 4월 28일 매입매출전표입력

유형 : 14.건별   공급가액 6,000,000원   부가세 600,000원   거래처, 분개없음

| (차) | 접대비(판) | 5,600,000원 | (대) | 제품(8.타계정으로 대체) | 5,000,000원 |
|---|---|---|---|---|---|
| | | | | 부가세예수금 | 600,000원 |

사업상증여(접대제공)에 대한 부가가치세는 시가를 기준으로 과세하고 회계처리는 원가를 기준으로 한다. 간주공급으로서 세금계산서 발행의무가 면제되므로 거래유형을 14번 건별로 한다.

| ☐ | 일 | 번호 | 유형 | 품목 | 수량 | 단가 | 공급가액 | 부가세 | 코드 | 공급처명 | 사업자주민번호 | 전자 | 분개 |
|---|---|---|---|---|---|---|---|---|---|---|---|---|---|
| ☐ | 28 | 50001 | 건별 | | | | 6,000,000 | 600,000 | | | | | 혼합 |
| ☐ | 28 | | | | | | | | | | | | |
| ☐ | | | | | | | | | | | | | |

| 구분 | 계정과목 | 적요 | 거래처 | 차변(출금) | 대변(입금) | |
|---|---|---|---|---|---|---|
| 대변 | 0255 부가세예수금 | | | | 600,000 | (세금)계산서 현재라인인쇄 |
| 대변 | 0150 제품 | 08 타계정으로 대체액 손익계산서 반영 | | | 5,000,000 | 거래명세서 현재라인인쇄 |
| 차변 | 0813 접대비 | | | 5,600,000 | | 전  표 현재라인인쇄 |
| | | | 합  계 | 5,600,000 | 5,600,000 | |

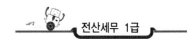

**[12] 4월 29일 매입매출전표입력**

유형: 16.수출    거래처 : 탱크소프트웨어    영세율구분: 1.직접수출    분개 : 혼합

| (차) | 보통예금 | 30,000,000원 | (대) | 제품매출 | 36,000,000원 |
|---|---|---|---|---|---|
| | 선수금 | 5,000,000원 | | | |
| | 외환차손 | 1,000,000원 | | | |

부가가치세과세표준 = 5,000,000원 + (25,000 × 1,200원 = 30,000,000원) = 35,000,000원

기업회계상 매출액(선적일의 매출액) = 30,000$ × 1,200원 = 36,000,000원

외환차손 = 36,000,000 − 35,000,000 = 1,000,000

**[13] 4월 30일 매입매출전표입력**

유형: 11.과세    공급가액 −200,000    부가세 −20,000    거래처: 신림전자    전자 : 여    분개: 혼합

| (차) | 받을어음 | 6,000,000원 | (대) | 외상매출금 | 10,000,000원 |
|---|---|---|---|---|---|
| | 보통예금 | 3,780,000원 | | 부가세예수금 | −20,000원 |
| | | | | 제품매출 | −200,000원 |

**[14] 5월 02일 일반전표입력**

| (차) | 장기차입금(신한은행) | 230,000,000원 | (대) | 자본금 | 200,000,000원 |
|---|---|---|---|---|---|
| | | | | 주식발행초과금 | 30,000,000원 |

**[15] 5월 4일 일반전표입력**

| (차) | 보통예금 | 24,000,000원 | (대) | 외상매출금(비오전자(주)) | 26,000,000원 |
|---|---|---|---|---|---|
| | 외환차손 | 2,000,000원 | | | |

화폐성외화자산부채는 기말환율로 평가하여 평가손익을 당기손익으로 반영하여야 한다. 따라서 5월 4일 현재의 비오전자(주)의 외상매출금의 장부가액은 전기의 기말 환율로 평가되어 있을 것이므로 26,000,000원(= $20,000x1,300원)이다. 따라서 회수시에는 회수시점의 장부가액(26,000,000원)을 기준으로 외환차손익을 계산하여야 한다.

**[16] 5월 06일 매입매출전표 입력**

유형: 11.과세    거래처: 정인전자(주) 공급가액 5,000,000원    세액 500,000원    분개: 카드

| (차) | 외상매출금(비씨카드) | 5,500,000원 | (대) | 제품매출 | 5,000,000원 |
|---|---|---|---|---|---|
| | | | | 부가세예수금 | 500,000원 |

**[17] 4월 22일 일반전표입력**

| (차) | 현 금 | 13,000,000원 | (대) | 외화장기대여금 | 12,500,000원 |
|---|---|---|---|---|---|
| | | | | (풀전자기기(주)) | |
| | | | | 외환차익 | 500,000원 |

**[18] 5월 08일 매입매출전표입력**

건물 − 유형 : 11 과세   거래처: (주)도심상사 전자: 여  분개: 없음 (공급가액 70,000,000)

토지 − 유형 : 13 면세   거래처: (주)도심상사 전자: 여  분개: 없음 (공급가액 140,000,000)

**5월 08일 일반전표입력**

| (차) | 감가상각누계액(건물) | 250,000,000원 | (대) | 건 물 | 300,000,000원 |
|---|---|---|---|---|---|
| | 보통예금 | 217,000,000원 | | 토 지 | 250,000,000원 |
| | 유형자산처분손실 | 90,000,000원 | | 부가세예수금 | 7,000,000원 |

**[19] 5월 09일 일반전표 입력**

| (차) | 단기매매증권 | 3,500,000원 | (대) | 현　　　금 | 4,000,000원 |
|---|---|---|---|---|---|
| | 토　　　지 | 500,000원 | | | |

**[20] 5월 10일 매입매출전표 입력**

유형 : 12.영세, 거래처 : (주)대신상사, 전자 : 여, 분개 : 혼합　영세율구분 : 3.내국신용장

| (차) | 현　　　금 | 2,500,000원 | (대) | 제품매출 | 8,000,000원 |
|---|---|---|---|---|---|
| | 외상매출금 | 5,500,000원 | | | |

**[21] 5월 12일 일반전표입력**

| (차) | 대손충당금(111) | 12,000,000원 | (대) | 받을어음(구의산업(주)) | 15,000,000원 |
|---|---|---|---|---|---|
| | 대손상각비 | 3,000,000원 | | | |

**[22] 5월 13일 일반전표입력**

| (차) | 퇴직급여충당부채 | 12,000,000원 | (대) | 국민연금전환금 | 3,000,000원 |
|---|---|---|---|---|---|
| | 퇴직급여(판관비) | 7,000,000원 | | 임원등단기채권 | 4,000,000원 |
| | | | | 예 수 금 | 600,000원 |
| | | | | 보통예금 | 11,400,000원 |

**[23] 5월 15일 일반전표입력**

| (차) | 교육훈련비(판) | 800,000원 | (대) | 보통예금 | 773,600원 |
|---|---|---|---|---|---|
| | | | | 예수금 | 26,400원 |

**[24] 5월 16일 매입매출전표입력**

유형: 51.과세, 공급가액 30,000,000 부가세 3,000,000 거래처: 호화전자(주),　전자: 여　분개: 혼합

| (차) | 원재료 | 30,000,000원 | (대) | 받을어음 ((주)효성건업) | 5,000,000원 |
|---|---|---|---|---|---|
| | 부가세대급금 | 3,000,000원 | | 당좌예금 | 28,000,000원 |

**[25] 5월 17일 일반전표입력**

| (차) | 보통예금 | 30,000,000원 | (대) | 자본금 | 25,000,000원 |
|---|---|---|---|---|---|
| | | | | 주식할인발행차금 | 3,000,000원 |
| | | | | 주식발행초과금 | 500,000원 |
| | | | | 당좌예금 | 1,500,000원 |

**[26] 5월 18일 매입매출전표**

5월 18일자로 수정세금계산서를 매입매출전표메뉴에 입력한다.

① 매입매출전표입력 유형: 11.과세 거래처: (주)도심상사　전자 : 여 분개: 외상

| (차) | 외상매출금 | -22,000,000원 | (대) | 제품매출 | -20,000,000원 |
|---|---|---|---|---|---|
| | | | | 부가세예수금 | -2,000,000원 |

② 매입매출전표입력 유형: 12.영세 거래처: (주)도심상사    전자 : 여   분개: 외상    영세율구분 : 3.내국신용장

| | | | | | |
|---|---|---|---|---|---|
| (차) | 외상매출금 | 20,000,000원 | (대) | 제품매출 | 20,000,000원 |

재화 또는 용역을 공급한 후 공급시기가 속하는 과세기간 종료 후 20일 이내에 구매확인서가 발급이 되는 경우에는 당초 재화 또는 용역의 공급시에는 과세세금계산서를 발행하며 구매확인서가 과세기간 종료 후 20일 이내에 발급된 경우 당초 공급시기를 작성일자로 하여 기 발행 교부한 과세세금계산서에 대하여 수정세금계산서와 영세율세금계산서를 발행하여 교부하여야 한다.

**[27] 5월 21일 매입매출전표**
유형: 11.과세  거래처: 광진산업(주)  전자: 여   분개: 혼합

| | | | | | |
|---|---|---|---|---|---|
| (차) | 유형자산처분손실 | 21,000,000원 | (대) | 기계장치 | 40,000,000원 |
| | 정부보조금(자산차감) | 11,000,000원 | | 부가세예수금 | 800,000원 |
| | 미 수 금 | 8,800,000원 | | | |

**[28] 5월 22일 매입매출전표**
유형: 51.과세, 공급가액 −4,000,000원 세액 −400,000원, 거래처: (주)두리상사, 전자 : 여    분개:혼합

| | | | | | |
|---|---|---|---|---|---|
| (차) | 부가세대급금 | −40,000원 | (대) | 당좌예금 | 21,560,000원 |
| | 원재료(제) | −400,000원 | | | |
| | 외상매입금 | 22,000,000원 | | | |

**[29] 5월 25일 일반전표입력**

| | | | | | |
|---|---|---|---|---|---|
| (차) | 자 본 금 | 10,000,000원 | (대) | 자기주식 | 12,000,000원 |
| | 감 자 차 익 | 700,000원 | | | |
| | 감 자 차 손 | 1,300,000원 | | | |

* 감자차익과 감자차손은 서로 상계하여 표시하여야 한다.

**[30] 5월 27일 일반전표입력**

| | | | | | |
|---|---|---|---|---|---|
| (차) | 전기오류수정손실 | 6,000,000원 | (대) | 퇴직급여충당부채 | 6,000,000원 |
| | (손익계산서반영) | | | | |

당기에 발견한 전기 또는 그 이전기간의 오류가 중대하지 않은 경우 당기 손익계산서에 영업외손익 중 전기오류수정손익으로 보고한다.

**[31] 5월 30일 매입매출전표**
유형 : 53.면세,  거래처:(주)리스산업,  전자 : 여,  분개: 현금 2

| | | | | | |
|---|---|---|---|---|---|
| (차) | 임차료(제) | 2,000,000원 | (대) | 현 금 | 2,000,000원 |

**[32] 6월 01일 일반전표 입력**

| | | | | | |
|---|---|---|---|---|---|
| (차) | 현금 | 13,000,000원 | (대) | 단기매매증권 | 12,900,000원 |
| | 단기매매증권처분손실 | 87,500원 | | 이자수익 | 187,500원 |

* 이자수익 = 15,000,000원 x 3%  x 5 ÷12 = 187,500원
** 단기매매증권처분가액 = 13,000,000원 − 187,500원 = 12,812,500원
*** 단기매매증권처분이익(손실) = 12,812,500원 − 12,900,000원 = △87,500원(손실)

**[33] 6월 02일 일반전표입력**

| | | | | | |
|---|---|---|---|---|---|
| (차) | 보통예금 | 14,000,000원 | (대) | 자본금 | 10,000,000원 |
| | | | | 주식발행초과금 | 4,000,000원 |

* 주식발행초과금 = 100,000주 x (150원 − 100원) − 1,000,000원 = 4,000,000원

**[34] 06월 03일 일반전표입력**

| (차) | 단기매매증권 | 1,300,000원 | (대) | 현금 | 1,500,000원 |
| | 토지 | 200,000원 | | | |

**[35] 6월 04일 매입매출전표 입력**

유형:57.카과, 카드:비씨카드, 공급가액:80,000원, 부가세:8,000원, 거래처:미리내주유소, 분개:카드

| (차) | 차량유지비(판) | 80,000원 | (대) | 미지급금(비씨카드) | 88,000원 |
| | 부가세대급금 | 8,000원 | | | |

**[36] 6월 05일 일반전표입력**

유형:영세, 공급가액:12,000,000원, 부가세:0원, 거래처:(주)방화상사, 전자:여, 영세율구분:10.수출재화임가공용역, 분개:외상

| (차) | 외상매출금 | 12,000,000원 | (대) | 제품매출 | 12,000,000원 |

**[37] 6월 06일 일반전표입력**

| (차) | 기타의대손상각비 | 3,500,000원 | (대) | 단기대여금((주)김포물산) | 3,500,000원 |

**[38] 6월 07일 매입매출전표입력**

유형:54.불공(불공제사유:3), 공급가액:500,000원, 부가세:50,000원, 거래처:정밀카센타, 전자:여, 분개:현금

| (차) | 차량유지비(판) | 550,000원 | (대) | 현금 | 550,000원 |

**[39] 6월 08일 매입매출전표입력**

유형:51.과세, 공급가액:10,000,000원, 부가세:1,000,000원, 거래처(주)도심상사, 전자:여, 분개:혼합

| (차) | 원재료 | 10,000,000원 | (대) | 선급금 | 1,000,000원 |
| | 부가세대급금 | 1,000,000원 | | 받을어음((주)구로전자) | 3,000,000원 |
| | | | | 보통예금 | 7,000,000원 |

**[40] 6월 09일 매입매출전표입력**

유형:11.과세, 공급가액:-15,000,000, 부가세:-1,500,000, 거래처:정인전자(주), 전자:여, 분개:외상

| (차) | 외상매출금 | -16,500,000원 | (대) | 제품매출 | -15,000,000원 |
| | | | | 부가세예수금 | -1,500,000원 |

계약이 해제된 때, 그 작성일은 계약해제일로 적고 비고란에 처음 세금계산서 작성일을 덧붙여 적은 후 붉은색 글씨로 쓰거나 부(負)의 표시를 하여 발급함

**[41] 6월 10일 일반전표입력**

| (차) | 보통예금 | 800,000원 | (대) | 자기주식 | 1,000,000원 |
| | 자기주식처분이익 | 120,000원 | | | |
| | 자기주식처분손실 | 80,000원 | | | |

자기주식 = 1,500,000원 × 200주/300주 = 1,000,000

**[42] 6월 11일 일반전표입력**

| (차) | 퇴직연금운용자산 | 4,850,000원 | (대) | 이자수익 | 5,000,000원 |
| | 수수료비용(판) | 150,000원 | | | |

**[43] 6월 12일 일반전표입력**

| (차) | 장기차입금(신한은행)) | 100,000,000원 | (대) | 자본금 | 75,000,000원 |
|---|---|---|---|---|---|
| | | | | 주식할인발행차금 | 3,000,000원 |
| | | | | 주식발행초과금 | 22,000,000원 |

**[44] 6월 13일 매입매출전표입력**

유형:11.과세, 공급가액:4,000,000, 부가세:400,000, 거래처:대한물산, 전자:여, 분개:혼합

| (차) | 감가상각누계액 | 18,000,000원 | (대) | 기계장치 | 24,000,000원 |
|---|---|---|---|---|---|
| | 미수금 | 4,400,000원 | | 부가세예수금 | 400,000원 |
| | 유형자산처분손실 | 2,000,000원 | | | |

**[45] 6월 14일 일반전표입력**

| (차) | 자본금 | 40,000,000원 | (대) | 보통예금 | 60,000,000원 |
|---|---|---|---|---|---|
| | 감자차익(자본잉여금) | 15,000,000원 | | | |
| | 감자차손(자본조정) | 5,000,000원 | | | |

기업이 이미 발행한 주식을 유상으로 재취득하여 소각하는 경우에 주식의 취득원가가 액면금액보다 작다면 그 차액을 감자차익으로 하여 자본잉여금으로 회계처리 한다. 취득원가가 액면금액보다 크다면 그 차액을 감자차익의 범위 내에서 상계처리하고, 미상계된 잔액이 있는 경우에는 자본조정의 감자차손으로 회계처리 한다. 이익잉여금(결손금) 처분(처리)으로 상각되지 않은 감자차손은 향후 발생하는 감자차익과 우선적으로 상계한다.

**[46] 6월 15일 일반전표입력**

| (차) | 보통예금 | 30,000,000원 | (대) | 정부보조금 | 30,000,000원(보통예금차감) |
|---|---|---|---|---|---|

**[47] 6월 16일 매입매출전표입력**

유형: 12.영세(영세율구분: 10.수출재화임가공용역), 공급가액: 6,000,000원, 부가세: 0원, 거래처: (주) 두리상사 전자 : 여   분개: 2 외상

| (차) | 외상매출금 | 6,000,000원 | (대) | 임가공수익 | 6,000,000원 |
|---|---|---|---|---|---|

**[48] 6월 17일 일반전표입력**

| (차) | 사채 | 20,000,000원 | (대) | 보통예금 | 18,750,000원 |
|---|---|---|---|---|---|
| | 사채상환손실 | 750,000원 | | 사채할인발행차금 | 2,000,000원 |

**[49] 6월 29일 매입매출전표입력**

유형 : 11.과세, 공급가액: 805,000 , 부가세: 80,500 ,   거래처:(주)세일유통, 전자:여,   분개:외상

| (차) | 외상매출금 | 885,500원 | (대) | 제품매출 | 805,000원 |
|---|---|---|---|---|---|
| | | | | 부가세예수금 | 80,500원 |

공급가액 = ( 450개 - 2개 - 7개 ) × 1,800원 + (7개 × 1,600원) = 805,000원

• 재화의 공급시기 및 세금계산서 교부시기는 인도일이다. 따라서 공급시기는 6월 29일이다.
• 재화의 공급가액 계산시 운송도중 파손품 및 하자로 인한 가격할인액 즉, 매출에누리는 과세표준에 포함되지 아니한 것이므로 세금계산서발행시 공급가액에는 제외된다.

## [재무회계-종합문제2] 358p.

**[1] 12월 31일 일반전표입력**

월할계산하여 이자수익과 이자비용계상

| (차) | 미수수익 | 600,000원 | (대) | 이자수익 | 600,000원 |

$20,000,000 \times 6\% \times 6/12 = 600,000$원

| (차) | 이자비용 | 437,500원 | (대) | 미지급비용 | 437,500원 |

$25,000,000 \times 7\% \times 3/12 = 437,500$원

**[2] 12월 31일 일반전표입력**

매도가능증권은 시가법으로 기말평가를 하며 매도가능증권의 평가손익은 자본항목 중 기타포괄손익누계액에 반영된다. 따라서 일반전표입력메뉴에 다음과 같이 입력한다.

| (차) | 178.매도가능증권 | 500,000원 | (대) | 매도가능증권평가이익 | 500,000원 |

**[3] 12월 31일 일반전표입력**

| (차) | 임차료(판) | 10,500,000원 | (대) | 선급비용 | 10,500,000원 |

\* 임차료 중 7개월 분 10,500,000원은 당기, 7,500,000원은 차기 귀속분이다.

**[4] 12월 31일 일반전표입력**

| (차) | 가수금(이정민) | 80,000원 | (대) | 가지급금(이정민) | 500,000원 |
| | 여비교통비(판) | 420,000원 | | | |

**[5] 12월 31일 일반전표입력**

외화예금의 환산 및 인식

외화예금 : $10,000 \times 1,300 - 11,000,000 = 2,000,000$

| (차) | 외화예금 | 2,000,000원 | (대) | 외화환산이익 | 2,000,000원 |

**[6] 12월 31일 일반전표입력**

| (차) | 소모품 | 700,000원 | (대) | 광고선전비(판) | 700,000원 |

**[7] 12월 31일 일반전표입력**

기존에 입력된 전표내용

5월 30일

| (차) | 세금과공과(제) | 1,500,000원 | (대) | 현 금 | 1,500,000원 |

9월 30일

| (차) | 세금과공과(판) | 450,000원 | (대) | 현 금 | 450,000원 |

다음과 같이 오류를 정정한다.

5월 30일

| (차) | 건 물 | 1,500,000원 | (대) | 현 금 | 1,500,000원 |

9월 30일

| (차) | 세금과공과(제) | 450,000원 | (대) | 현 금 | 450,000원 |

**[8] 12월 31일 일반전표입력**

[고정자산 및 감가상각]메뉴에서 해당 자산을 입력한 후 계산된 감가상각비를 제조원가와 판매비와관리비로 구분하여 입력한다.

[회계처리] 다음 ①과 ②중 선택입력
① 결산자료입력 후 전표추가 : 제조원가 감가상각비 기계장치 4,510,000원
② 12. 31. 일반전표입력 :

| (차) | 감가상각비(제) | 4,510,000원 | (대) | 감가상각누계액(기계장치) | 4,510,000원 |

**[9] 12월 31일 일반전표입력**

| (차) | 984.유형자산손상차손 | 13,500,000원 | (대) | 417.손상차손누계액 | 13,500,000원 |

유형자산손상차손 = 100,000,000 − max(68,000,000, 86,500,000) = 13,500,000원

[10] 12월 31일 일반전표입력

| (차) | 보험료(판) | 1,000,000원 | (대) | 선급비용 | 1,000,000원 |

선급비용 : 2,000,000× 6월/12월 = 1,000,000원, 보험료 500,000원

**[11] 1월 −12월 결산자료입력**
다음 재고자산 실사금액을 결산자료입력에 입력한다.

| 과목 | 실사 금액 |
| --- | --- |
| 원재료 | 3,500,000원 |
| 재공품 | 4,700,000원 |
| 제 품 | 15,000,000원 |

**[12] 12월 31일 일반전표입력**
(1) 법인세 등 계산
  ① 산출세액 : 200,000,000 × 10% + (548,987,659−200,000,000)×20% = 89,797,531
  ② 감면적용 : 89,797,531 − 5,280,000 = 84,517,531
  ③ 지방소득세 : 89,797,531×10% = 8,979,753(개정세법에 따라 지방소득세는 감면을 적용하지 않은 금
     액에 10%, 독립세율로 규정 되어 있으나 법인세와 같은 구조이므로 법인세 산출세액의 10%를 적용)
  ④ 법인세 등 : 84,517,531+ 8,979,753 = 93,497,284
  ⑤ 미지급세금 : 93,497,284 − 2,000,000(선납세금) = 91,497,284
(2) 일반전표입력 및 결산자료입력(아래 ①, ②, ③ 중 택1)
  ① 일반전표입력(12/31)

| (차) | 법인세 등 | 93,497,284원 | (대) | 선납세금 | 2,000,000원 |
| | | | | 미지급세금 | 91,497,284원 |

  ② 일반전표입력(12/31) 후 결산자료입력

| (차) | 법인세 등 | 2,000,000원 | (대) | 선납세금 | 2,000,000원 |

  결산자료입력 → 9.법인세 등 → (2)추가계상액 91,497,284 입력 후 전표추가
  ③ 결산자료입력
     결산자료입력 → 9.법인세 등 → (1) 선납세금 2,000,000 입력
     결산자료입력 → 9.법인세 등 → (2) 추가계상액 91,497,284 입력 후 전표추가

## [원천징수-종합문제1] 435p.

**1. 사원등록 수정** 기본공제대상자 : 본인, 배우자, 차남(20세 이하, 부친(60세 이상 또는 장애인)
추가공제대상자 : 장애인공제(부친), 경로우대공제(부친)
장남은 만20세를 초과하므로 공제 불가능
배우자의 일용근로소득은 분리과세이므로 공제 가능
모친은 사업소득금액이 1,000,000원 초과하므로 공제 불가능(나이제한은 없지만 소득제한 있음)

**2. 급여자료입력**
(1) 수당공제등록(비과세 취재수당을 등록)
    사용여부는 시험과 무관하기 때문에 시간부족시 그대로 두어도 무방하다.

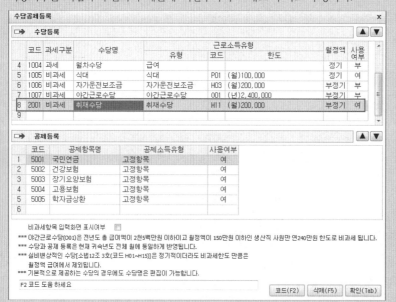

(2) 급여자료입력
    4월 급여자료(지급일 25일), 다중복사 이용하여 5월에서 12월 급여입력
    (6월, 12월은 상여입력), 자동으로 산출되는 보험료, 소득세등은 채점대상이 아니므로 다르더라도 무시한다.

| □ | 사번 | 사원명 | 급여항목 | 금액 |
|---|---|---|---|---|
| ■ | 102 | 박상호 | 기본급 | 3,500,000 |
| □ | | | 상여 | |
| □ | | | 직책수당 | 80,000 |
| □ | | | 식대 | 200,000 |
| □ | | | 취재수당 | 250,000 |
| □ | | | | |
| □ | | | | |

[상여지급월(6월, 12월화면]

| □ | 사번 | 사원명 | 급여항목 | 금액 |
|---|---|---|---|---|
| ■ | 102 | 박상호 | 기본급 | 3,500,000 |
| □ | | | 상여 | 3,500,000 |
| □ | | | 직책수당 | 80,000 |
| □ | | | 식대 | 200,000 |
| □ | | | 취재수당 | 250,000 |
| □ | | | | |

## 3. 연말정산추가자료입력

### (1) 소득명세 : 전근무지소득입력

- 근무처명 : ㈜태광전자
- 사업자등록번호 : 206-86-47965
- 근무기간 : 2020.1.1.~2020.3.31.
- 급여 : 9,600,000원
- 상여 : 1,200,000원
- 건강보험료 : 210,000원
- 고용보험료 : 31,300원
- 국민연금보험료 : 192,000원
- 장기요양보험료 12,600원

| 세액명세 | 구 분 | 소득세 | 지방소득세 |
|---|---|---|---|
| | 결 정 세 액 | 35,200원 | 3,520원 |

기납부세액은 결정세액을 입력한다.

| 항목 | | 합계 | 공제 | 지방소득세 |
|---|---|---|---|---|
| 건강보험료(직장)(34) | | 1,153,380 | 943,380 | 210,000 |
| 장기요양보험료(34) | | 74,340 | 61,740 | 12,600 |
| 고용보험료(34) | | 294,960 | 263,660 | 31,300 |
| 국민연금보험료(32) | | 1,609,500 | 1,417,500 | 192,000 |
| 기타 연금 보험료(32-1) | 공무원 연금 | | | |
| | 군인연금 | | | |
| | 사립학교 교직원 | | | |
| | 별정우체국연금 | | | |
| 소득세 | | 1,634,860 | 1,599,660 | 35,200 |
| 지방소득세(주민세) | | 163,410 | 159,890 | 3,520 |
| 농어촌특별세 | | | | |

### (2) 부양가족소득공제입력 및 연말정산입력

| 항목 | 대상자 | 금액(원) | 비고 |
|---|---|---|---|
| 보험료 | 본인 | 450,000 | 공제, 보장성보험 |
| | 부친 | 710,000 | 공제, 장애인전용 보장성보험 |
| 의료비 | 차남 | 1,200,000 | 공제, 일반의료비 |
| | 부친 | 730,000 | 보약은 불공제 |
| | 모친 | 1,800,000 | 공제, 전액공제의료비 |
| 교육비 | 장남 | 6,400,000 | 공제, 자녀등교육비, 대학생 |
| | 차남 | 1,200,000 | 공제, 자녀등교육비, 고등학생 |
| 기부금 | 본인 | 1,200,000 | 공제, 지정기부금, 종교단체기부금 |
| | 모친 | 1,200,000 | 불공제(나이요건은 없지만, 소득요건은 있음) |
| 신용카드등 | 본인 | 14,100,000 | 공제, 신용카드, 23,600,000 - 6,400,000 - 3,100,000 |
| | 장남 | 2,120,000 | 공제, 현금영수증 |
| | 모친 | 1,270,000 | 불공제 |
| 연금저축 | 본인 | 2,400,000 | 공제, 연금저축소득공제 |

① 본인 지출액

보장성 보험료에 450,000원 입력
신용카드에 14,100,000원 입력
기부금에 1,200,000 입력

연말정산추가자료입력 [2010]

[Esc]종료 [F2]코드 [F3]전체사원 [F4]세로확대 [SF5]가로확대 [F5]삭제 [F6]자료갱신 [F7]재정산 [F8]부양가족탭불러오기 ▾ [F12]조회 [CF1]작업완료 ▾ [CF3]세액단수처리 ▾

계속   중도   총괄                                                    편리한연말정산 엑셀 | 참고:특별소득(세액)공제 적용분

| ☐ | 사번 | 사원명 | 완료 | 소득명세 | 부양가족소득공제 | 연금저축 등 | 월세,주택임차차입 | 연말정산입력 | | | | | | 확대 |
|---|---|---|---|---|---|---|---|---|---|---|---|---|---|---|
| ☐ | 102 | 박상호 | × | 연말관계 | 성명 | 내/외국인 | 주민(외국인)번호 | 나이 | 기본공제 | 세대주구분 | 부녀자 | 한부모 | 경로우대 | 장애인 | 자녀 | 6세이하 | 출산입양 |

**기부금명세서**                                                                                     ✕

기부금 입력 | 기부금 조정

12.기부자 인적 사항(F2)

| 주민등록번호 | 관계코드 | 내·외국인 | 성명 |
|---|---|---|---|
| 670827-1234563 | 거주자(본인) | 내국인 | 박상호 |

| 구분 | | 9.기부내용 | 기부처 | | 13.기부내역 | | 자료구분 |
|---|---|---|---|---|---|---|---|
| 7.유형 | 8.코드 | | 10.상호(법인명) | 11.사업자번호 등 | 건수 | 금액 | |
| 종교 | 41 | 금전 | | | | 1,200,000 | 기타 |

※연말정산입력탭으로 불러오기 기능실행시 [기부금조정]탭의 해당연도공제금액이 입력되어 있어야 합니다.
※기부금명세서에서 입력한 경우 [기부금조정]탭의 20, 21 정치자금기부금은 본 메뉴에는 합산되고, [연말정산입력]
  탭에는 10만원 이하, 10만원 초과분으로 각각 반영합니다.
F2 코드도움을 하시면 부양가족 명세를 확인하실수 있습니다.                          삭제(F5)   확인(Esc)

총급여액 ▶
비과세총액
지급명세작성대상
비과세
결정세액
기납부세액(현)                                                                                          00,000
기납부세액(종전)
납부세액
연말(계속근무자)                                                                                        00,000
중도(중퇴사자)

| 구분 | | 기부연도 | 14.기부금액 | 15.전년도까지공제된금액 | 16.공제대상금액(14-15) | 해당연도공제금액 | 해당연도에 공제받지 못한 금액 | |
|---|---|---|---|---|---|---|---|---|
| 유형 | 코드 | | | | | | 소멸금액 | 이월금액 |
| 종교 | 41 | 2017 | 1,200,000 | | 1,200,000 | 1,200,000 | | |

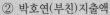

② 박호연(부친)지출액

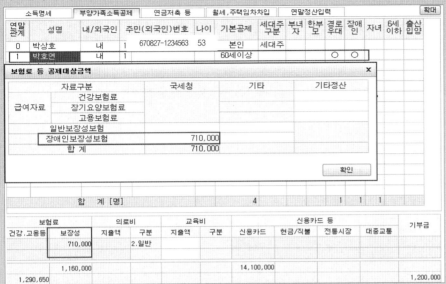

| 연말관계 | 성명 | 내/외국인 | 주민(외국인)번호 | 나이 | 기본공제 | 세대주구분 | 부녀자 | 한부모 | 경로우대 | 장애인 | 자녀 | 6세이하 | 출산입양 |
|---|---|---|---|---|---|---|---|---|---|---|---|---|---|
| 0 | 박상호 | 내 | 1 | 670827-1234563 | 53 | 본인 | 세대주 | | | | | | | |
| 1 | 박호연 | 내 | 1 | | | 60세이상 | | | | ○ | ○ | | | |

**보험료 등 공제대상금액**

| | 자료구분 | 국세청 | 기타 | 기타정산 |
|---|---|---|---|---|
| 급여자료 | 건강보험료 | | | |
| | 장기요양보험료 | | | |
| | 고용보험료 | | | |
| | 일반보장성보험 | | | |
| | 장애인보장성보험 | 710,000 | | |
| | 합 계 | 710,000 | | |

확인

| 합 계 [명] | | | 4 | | 1 | 1 | 1 |
|---|---|---|---|---|---|---|---|

| 보험료 | | 의료비 | | 교육비 | | 신용카드 등 | | | | 기부금 |
|---|---|---|---|---|---|---|---|---|---|---|
| 건강.고용등 | 보장성 | 지출액 | 구분 | 지출액 | 구분 | 신용카드 | 현금/직불 | 전통시장 | 대중교통 | |
| | 710,000 | | 2.일반 | | | | | | | |
| | 1,160,000 | | | | | 14,100,000 | | | | |
| 1,290,650 | | | | | | | | | | 1,200,000 |

③ 모친지출액(의료비는 나이제한 ,소득금액제한 없음)

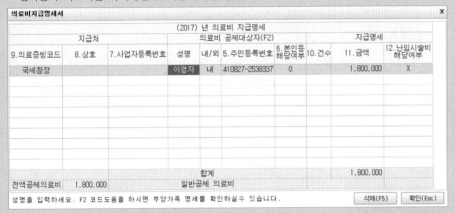

**의료비지급명세서**

**(2017) 년 의료비 지급명세**

| 지급처 | | | 의료비 공제대상자(F2) | | | | 지급명세 | | |
|---|---|---|---|---|---|---|---|---|---|
| 9.의료증빙코드 | 8.상호 | 7.사업자등록번호 | 성명 | 내/외 | 5.주민등록번호 | 6.본인등해당여부 | 10.건수 | 11.금액 | 12.난임시술비해당여부 |
| 국세청장 | | | 이영자 | 내 | 410827-2538337 | 0 | | 1,800,000 | X |
| | | | | | | | 합계 | 1,800,000 | |

| 전액공제의료비 | 1,800,000 | 일반공제 의료비 | |
|---|---|---|---|

성명을 입력하세요 . F2 코드도움을 하시면 부양가족 명세를 확인하실수 있습니다.    삭제(F5)    확인(Esc)

### ④ 장남지출액

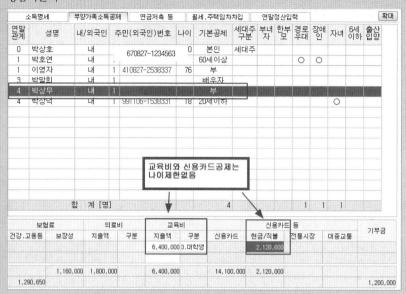

| 소득명세 | 부양가족소득공제 | 연금저축 등 | 월세,주택임차차입 | 연말정산입력 | | | | | | | | | 확대 |

| 연말관계 | 성명 | 내/외국인 | 주민(외국인)번호 | 나이 | 기본공제 | 세대주구분 | 부녀자 | 한부모 | 경로우대 | 장애인 | 자녀 | 6세이하 | 출산입양 |
|---|---|---|---|---|---|---|---|---|---|---|---|---|---|
| 0 | 박상호 | 내 | 670827-1234563 | 0 | 본인 | 세대주 | | | | | | | |
| 1 | 박호연 | 내 | | | 60세이상 | | | | ○ | ○ | | | |
| 1 | 이영자 | 내 1 | 410827-2538337 | 76 | 부 | | | | | | | | |
| 3 | 박말희 | 내 1 | | | 배우자 | | | | | | | | |
| 4 | 박상무 | 내 1 | | | 부 | | | | | | | | |
| 4 | 박장덕 | 내 1 | 991106-1538331 | 18 | 20세이하 | | | | | | ○ | | |

교육비와 신용카드공제는
나이제한없음

| | 합 계 [명] | | | | | 4 | | | 1 | 1 | 1 | | |

| 보험료 | | 의료비 | | 교육비 | | 신용카드 등 | | | | | 기부금 |
|---|---|---|---|---|---|---|---|---|---|---|---|
| 건강.고용등 | 보장성 | 지출액 | 구분 | 지출액 | 구분 | 신용카드 | 현금/직불 | 전통시장 | 대중교통 | | |
| | | | | 6,400,000 | 3.대학생 | | 2,120,000 | | | | |
| | 1,160,000 | 1,800,000 | | 6,400,000 | | 14,100,000 | 2,120,000 | | | | |
| 1,290,650 | | | | | | | | | | | 1,200,000 |

### ⑤ 차남지출액

| 보험료 | | 의료비 | | 교육비 | | 신용카드 등 | | | | | 기부금 |
|---|---|---|---|---|---|---|---|---|---|---|---|
| 건강.고용등 | 보장성 | 지출액 | 구분 | 지출액 | 구분 | 신용카드 | 현금/직불 | 전통시장 | 대중교통 | | |
| | | 1,200,000 | 2.일반 | 1,200,000 | 2.초중고 | | | | | | |
| | 1,160,000 | 3,000,000 | | 7,600,000 | | 14,100,000 | 2,120,000 | | | | |
| 1,290,650 | | | | | | | | | | | 1,200,000 |

### 3. 연금저축등

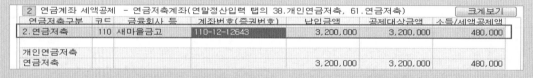

| 2 | 연금계좌 세액공제 - 연금저축계좌(연말정산입력 탭의 38.개인연금저축, 61.연금저축) | | | | | | 크게보기 |
|---|---|---|---|---|---|---|---|
| 연금저축구분 | 코드 | 금융회사 등 | 계좌번호(증권번호) | 납입금액 | 공제대상금액 | 소득/세액공제액 | |
| 2.연금저축 | 110 | 새마을금고 | 110-12-12643 | 3,200,000 | 3,200,000 | 480,000 | |
| 개인연금저축 | | | | | | | |
| 연금저축 | | | | 3,200,000 | 3,200,000 | 480,000 | |

### 4. 연말정산입력

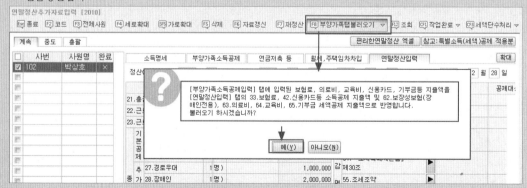

연말정산추가자료입력 【2010】

Esc 종료  F2 코드  F3 전체사원  F4 세로확대  SF5 가로확대  F5 삭제  F6 자료갱신  F7 재정산  F8 부양가족탭불러오기 ▽  F11 조회  CF1 작업완료 ▽  CF3 세액단수처리 ▽

| 계속 | 중도 | 총괄 | | | | 편리한연말정산 엑셀 | 참고:특별소득(세액)공제 적용분 |

| □ | 사번 | 사원명 | 완료 |
|---|---|---|---|
| ☑ | 102 | 박상호 | × |

소득명세  부양가족소득공제  연금저축 등  월세,주택임차차입  연말정산입력  확대

[부양가족소득공제입력] 탭에 입력된 보험료, 의료비, 교육비, 신용카드, 기부금등 지출액을
[연말정산입력] 탭의 33.보험료, 42.신용카드등 소득공제 지출액 및 62.보장성보험(장
애인전용), 63.의료비, 64.교육비, 65.기부금 세액공제 지출액으로 반영합니다.
불러오기 하시겠습니까?

예(Y)    아니오(N)

| 추 | 27.경로우대 | 1명 ) | 1,000,000 | 감 제30조 |
| 종 가 | 28.장애인 | 1명 ) | 2,000,000 | 55.조세조약 |

| 구분 | | | 지출액 | 공제금액 | 구분 | | 지출액 | 공제대: |
|---|---|---|---|---|---|---|---|---|
| 소 특 별 소 득 금 액 공 제 | 건강보험료 | | 1,026,990 | 1,026,990 | 특 별 세 액 공 제 | 62.보장성보험 | 일반 | 450,000 | |
| | 고용보험료 | | 263,660 | 263,660 | | | 장애인 | 710,000 | |
| | 34.주택차입금 원리금상환액 | 대출기관 | | | | 63.의료비 | | 3,000,000 | 3,000,000 |
| | | 거주자 | | | | 64.교육비 | | 7,600,000 | 7,600,000 |
| | 34. 장기 주택 저당 차입 금이 자상 환액 | 2011년 이전 차입분 | 15년 미만 | | | | 65.기부금 | | 1,200,000 | 1,200,000 |
| | | | 15년~29년 | | | | 1)정치자금 기부금 | 10만원이하 | | |
| | | | 30년 이상 | | | | | 10만원초과 | | |
| | | 2012년 이후차입분 ※15년이상 | 고정금리 이거나비 거치상환 | | | | 2)법정기부금(전액) | | | |
| | | | 기타대출 | | | | 3)우리사주조합기부금 | | | |
| | | 2015년 이후차입분 ※15년이상 | 고정금리 이면서비 거치상환 | | | | 4)지정기부금 | | | 1,200,000 |
| | | | 고정금리 이거나비 거치상환 | | | | 66.특별세액공제 계 | | | |
| | | | 기타대출 | | | | 67.표준세액공제 | | | |
| | | 2015년 이후차입분 10-15년 | 고정금리 이거나비 거치상환 | | | 제 | 68.납세조합공제 | | | |
| | | | | | | 69.주택차입금 | | | |
| | 35.기부금-2013년이전이월분 | | | | | 70.외국납부 | ▶ | | |
| | 36.특별소득공제 계 | | | 1,290,650 | | 71.월세액 | | | |
| 37.차감소득금액 | | | | 17,526,350 | | 72.세액공제 계 | | | |
| 38.개인연금저축 | | | | | | 73.결정세액((51)-(56)-(72)) | | | |
| 그 밖 의 소 득 공 제 | 39.소기업,소상공인공제부금 | | | | | | | | |
| | 40.주택 마련저축 소득공제 | 청약저축 | | | | | | | |
| | | 주택청약 | | | | | | | |
| | | 근로자주택마련 | | | | | | | |
| | 41.투자조합출자 등 소득공제 | | | | | | | | |
| | 42.신용카드 등사용액 | | 16,220,000 | 1,229,625 | | | | | |

# [원천징수-종합문제2] 437p.

배당소득의 경우 개인 이자수는 원천징수대상이다.

## 1. 기타소득자 등록

기타소득자등록 [2045]

[Esc]종료 [F1]도움 [F2]코드 [F3]검색 [F4]일괄변경 [F5]삭제 [F9]인쇄 [∅]개정코드참고 [F12]조회

| □ | 코드 | 상호(성명) | ➡ 등 록 사 항 |
|---|---|---|---|
| ■ | 00101 | 이자수 | 1.거 주 구 분  1 거 주 |
| | | | 2.소 득 구 분  251  내국법인 배당·분배금, 건설이자 연 말 정 산 적 용 |
| | | | 3.내 국 인 여 부  1 내국인 (거주지국코드      등록번호      ) |

## 2. 이자배당소득자료입력

| 총 계 | | | 채권이자 구분 | 이자지급대상기간 | 이자율 | 금액 | 세율 (%) | 세액 | 지방소득세 | 농특세 |
|---|---|---|---|---|---|---|---|---|---|---|
| | 인 원 (건 수) | 1 (1) 명 | | | | | | | | |
| | 지 급 금 액 | 5,000,000 원 | | | | 5,000,000 | 14 | 700,000 | 70,000 | |
| | 소 득 세 | 700,000 원 | | ----.--.--~----.--.-- | | | | | | |
| | 법 인 세 | 원 | | | | | | | | |
| | 지 방 소 득 세 | 70,000 원 | | ----.--.--~----.--.-- | | | | | | |
| | 농 특 세 | 원 | | | | | | | | |
| | 세 액 합 계 | 770,000 원 | | | | | | | | |

# [원천징수-종합문제3] 438p.

강연료는 실제발생 경비와 60% 중 큰금액을 필요경비로 산입하고, 사례금은 필요경비 없음.

## 1. 기타소득자등록

| □ | 코드 | 상호(성명) |
|---|---|---|
| ■ | 00102 | 강연자 |
| □ | | |
| □ | | |
| □ | | |
| □ | | |
| □ | | |
| □ | | |
| □ | | |

**□➡ 등록사항**

1.거 주 구 분       1 거 주
2.소 득 구 분       76 [···] 강연료 등           연말정산적용
3.내 국 인 여부     1 내국인  (거주지국코드 [···])           등록번호            )
4.생 년 월 일       [  ]년 [  ]월 [  ]일
5.주민 등록 번호     531210-2234567
6.소득자구분/실명    111 [···] 내국인주민등록번호         실명  0 실 명
7.개인/ 법인구분     1 개 인      필요경비율  60.000 %

**기타소득자등록 [2045]**

[Esc]종료 [F1]도움 [F2]코드 [F3]검색 [F4]일괄변경 [F5]삭제 [F9]인쇄 [●]개정코드참고 [F12]조회

| □ | 코드 | 상호(성명) |
|---|---|---|
| □ | 00102 | 강연자 |
| ■ | 00103 | 사미자 |
| □ | | |
| □ | | |
| □ | | |
| □ | | |
| □ | | |
| □ | | |

**□➡ 등록사항**

1.거 주 구 분       1 거 주
2.소 득 구 분       60 [···] 필요경비 없는 기타소득     연말정산적용
3.내 국 인 여부     1 내국인  (거주지국코드 [···])           등록번호            )
4.생 년 월 일       [  ]년 [  ]월 [  ]일
5.주민 등록 번호     621120-2345678
6.소득자구분/실명    111 [···] 내국인주민등록번호         실명  0 실 명

## 2. 기타소득자료입력

3.지 급 총 액          2,200,000
4.필 요 경 비          1,320,000
5.소 득 금 액          880,000
6.세      율(%)      20 %      7.세액감면및제한세율근거
8.기타소득(법인)세액     176,000
9.지 방 소 득 세        17,600
10.농 어 촌 특 별 세
11.종교활동비(비과세)              ※ [3.지급총액]금액에 불포함(지급명세서 제출 대상)

| □ | | |
|---|---|---|
| □ | | |
| □ | | |
| □ | | |
| □ | | |
| □ | | |

3.지 급 총 액          4,300,000
4.필 요 경 비
5.소 득 금 액          4,300,000
6.세      율(%)      20 %      7.세액감면및제한세율근거
8.기타소득(법인)세액     860,000
9.지 방 소 득 세        86,000
10.농 어 촌 특 별 세

| 총/계 | 항목 | 금액 | 단위 |
|---|---|---|---|
| 총 | 인원(건수) | 2(2) | 명 |
| | 지급 총액 | 6,500,000 | 원 |
| | 소득 금액 | 4,740,000 | 원 |
| | 세    액 | 948,000 | 원 |
| 계 | 지방소득세 | 94,800 | 원 |
| | 농 특 세 | | 원 |

# [원천징수−종합문제4] 439p.

## 1. 사업소득자등록에서 상기 인적사항 입력

**사업소득자등록 [2036]**

Esc 종료  F1 도움  F2 코드  F3 검색  F4 복사  F5 삭제  F7 추가공제  F8 부양가족불러오기  F9 인쇄  F12 조회  CF5 엑셀자료불러오기

| □ | 코드 | 성명 |
|---|---|---|
| ■ | 00101 | 왕고문 |

**등 록 사 항**

1. 소 득 구 분   940600 ⌨ 자문/고문           연 말 정 산 적 용  0 부
2. 내 국 인 여부   1 내국인 (외국인 국적 ⌨ )        등록번호 (          )
3. 주 민 등 록 번 호   700418-2225923
4. 거 주 구 분   1 거 주   ※ 비거주자는 기타소득에서 입력하십시오.
5. 사업자등록번호   ___-__-_____   ※ 소득구분 851101-병의원 필수입력사항
6. 상       호
7. 은 행 코 드        ⌨      계좌번호           예금주
8. 사 업 장 주 소        ⌨
9. 소 득 자 주 소   05355 ⌨ 서울특별시 강동구 천호대로 1113 (길동)

원천징수대상 사업소득 : 법령에서 정한 원천징수 대상 사업소득을 지급하는 경우 이를 지급 하는 자는 소득세 3%(봉사료 5%)를 원천징수하여야 한다.

① 의료보건 용역(수의사의 용역 포함) 다만, 약사법에 의한 약사가 제공하는 의료보건용역으로서 의약품가격이 차지하는 금액만큼은 제외
② 저술가, 작곡가등이 직업상 제공하는 인적용역

## 2. 사업소득자료입력에서 해당사업소득자료 입력

※ 연말정산대상 사업소득 : 보험모집인, 방문판매인, 음료물품배달원의 경우 확정신고 없이 연말정산으로 대체 가능하다.

지급년월일 : 2020 년 06 월 10 ⌨ 일   부서코드: ⌨

| □ | 코드 | 상호(성명) |
|---|---|---|
| ■ | 00101 | 왕고문 |

**소 득 자 정 보**

1. 소 득 구 분   940600 ⌨ 자문/고문         연 말 정 산 적 용 0 부
2. 내 국 인 여부   1 내국인 (외국인 국적 ⌨ )       등록번호 (          )
3. 주 민 등 록 번 호   700418-2225923
4. 거 주 구 분   1 거 주
5. 사업자등록번호   ___-__-_____
6. 상       호
7. 은 행 코 드        ⌨      계좌번호           예금주
8. 사 업 장 주 소
9. 소 득 자 주 소   05355 ⌨ 서울특별시 강동구 천호대로 1113 (길동)
10. 학자금상환공제   0 부        11. 원천공제통지액

| 귀속년월 | | 지급(영수) | | | 지급액 | 세율(%) | 소득세 | 지방소득세 | 학자금상환 | 차인지급액 |
|---|---|---|---|---|---|---|---|---|---|---|
| 년 | 월 | 년 | 월 | 일 | | | | | | |
| 2020 | 06 | 2020 | 06 | 10 | 10,000,000 | 3 | 300,000 | 30,000 | | 9,670,000 |

# [원천징수-종합문제5] 440p.

사원등록에서 퇴사일자를 입력후 아래와 같이 자료를 입력한다.

퇴직으로 인한 퇴직위로금,해고예고수당은 규정에 관계없이 전부 퇴직득으로 본다.
이연계좌입금액만큼 과세가 실제퇴직연금수령일로 이연된다.

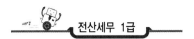

# [법인세실무-종합문제1] 516p.

## [1] 수입금액조정명세서
### (1) 수입금액조정계산

**3014] 수입금액조정명세서**
[Esc]종료 [F1]도움 [F2]코드 [F3]조정등록 [F4]매출조회 [F5]삭제 [CF5]전체삭제 [F7]원장조회 [F9]인쇄 [F11]저장 [F12]불러오기

수입금액조정계산 | 작업진행률에 의한 수입금액 | 중소기업 등 수입금액 인식기준 적용특례에 의한 수입금액 | 기타수입금액조정

**1. 수입금액 조정계산**

| | 계정과목 | | ③결산서상 수입금액 | 조 정 | | ⑥조정후 수입금액 (③+④-⑤) | 비 고 |
|---|---|---|---|---|---|---|---|
| | ①항 목 | ②계정과목 | | ④가 산 | ⑤차 감 | | |
| 1 | 매 출 | 제품매출 | 1,300,000,000 | | | 1,300,000,000 | |
| 2 | 매 출 | 공사수입금 | 60,000,000 | 6,500,000 | | 66,500,000 | |
| 3 | | | | | | | |
| | | 계 | 1,360,000,000 | 6,500,000 | | 1,366,500,000 | |

**2. 수입금액조정명세**

| | |
|---|---|
| 가. 작업 진행률에 의한 수입금액 | 6,500,000 |
| 나. 중소기업 등 수입금액 인식기준 적용특례에 의한 수입금액 | |
| 다. 기타 수입금액 | |
| 계 | 6,500,000 |

### (2) 작업진행률에 의한 수입금액

**3014] 수입금액조정명세서**
[Esc]종료 [F1]도움 [F2]코드 [F3]조정등록 [F4]매출조회 [F5]삭제 [CF5]전체삭제 [F7]원장조회 [F9]인쇄 [F11]저장 [F12]불러오기

수입금액조정계산 | 작업진행률에 의한 수입금액 | 중소기업 등 수입금액 인식기준 적용특례에 의한 수입금액 | 기타수입금액조정

**2. 수입금액 조정명세**
**가. 작업진행률에 의한 수입금액**

| | ⑦공사명 | ⑧도급자 | ⑨도급금액 | 작업진행률계산 | | | ⑬누적익금 산입액 (⑨×⑫) | ⑭전기말누적 수입계상액 | ⑮당기회사 수입계상액 | (16)조정액 (⑬-⑭-⑮) |
|---|---|---|---|---|---|---|---|---|---|---|
| | | | | ⑩해당사업연도말 총공사비누적액 (작업시간등) | ⑪총공사 예정비 (작업시간등) | ⑫진행률 (⑩/⑪) | | | | |
| 1 | 한성빌딩신축현장 | 미주기업 | 290,000,000 | 204,000,000 | 240,000,000 | 65.00 | 246,500,000 | 180,000,000 | 60,000,000 | 6,500,000 |
| 2 | | | | | | | | | | |
| | 계 | | 290,000,000 | 204,000,000 | 240,000,000 | | 246,500,000 | 180,000,000 | 60,000,000 | 6,500,000 |

[익금산입]작업진행률차이 6,500,000원(유보발생)

# [조정후수입금액명세서]
## (1) 업종별 수입금액 명세서

Esc종료 F1도움 F2코드 F3조정등록 F4전기서식 F5삭제 CF5전체삭제 F7잔액조회 F8수입조회 F9인쇄 F11저장 F12불러오기

| 업종별 수입금액 명세서 | 과세표준과 수입금액 차액검토 |
| --- | --- |

**1** 1.업종별 수입금액명세서

| ①업 태 | ②종 목 | 순번 | ③기준(단순)경비율번호 | 수 입 금 액 | | | | |
| --- | --- | --- | --- | --- | --- | --- | --- |
| | | | | 수입금액계정조회 | 내 수 판 매 | | ⑦수 출(영세율대상) |
| | | | | ④계(⑤+⑥+⑦) | ⑤국내생산품 | ⑥수입상품 | |
| 제조 | 가구 | 01 | 300100 | 1,300,000,000 | 1,260,000,000 | | 40,000,000 |
| 도급 | 조경건설 | 02 | 451400 | 66,500,000 | 66,500,000 | | |
| | | 03 | | | | | |
| | | 04 | | | | | |
| | | 05 | | | | | |
| | | 06 | | | | | |
| | | 07 | | | | | |
| | | 08 | | | | | |
| | | 09 | | | | | |
| | | 10 | | | | | |
| (111)기       타 | | 11 | | | | | |
| (112)합       계 | | 99 | | 1,366,500,000 | 1,326,500,000 | | 40,000,000 |

## (2) 수입금액과의 차액내역

| 업종별 수입금액 명세서 | 과세표준과 수입금액 차액검토 |
| --- | --- |

**2** 2.부가가치세 과세표준과 수입금액 차액 검토          부가가치세 신고 내역보기

(1) 부가가치세 과세표준과 수입금액 차액

| ⑧과세(일반) | ⑨과세(영세율) | ⑩면세수입금액 | ⑪합계(⑧+⑨+⑩) | ⑫조정후수입금액 | ⑬차액(⑪-⑫) |
| --- | --- | --- | --- | --- | --- |
| 1,350,000,000 | 40,000,000 | | 1,390,000,000 | 1,366,500,000 | 23,500,000 |

(2) 수입금액과의 차액내역(부가세과표에 포함되어 있으면 +금액, 포함되지 않았으면 -금액 처리)

| ⑭구 분 | 코드 | (16)금 액 | 비 고 | ⑭구 분 | 코드 | (16)금 액 | 비 고 |
| --- | --- | --- | --- | --- | --- | --- | --- |
| 자가공급(면세전용등) | 21 | | | 거래(공급)시기차이감액 | 30 | | |
| 사업상증여(접대제공) | 22 | | | 주세 · 개별소비세 | 31 | | |
| 개인적공급(개인적사용) | 23 | | | 매출누락 | 32 | | |
| 간주임대료 | 24 | | | | 33 | | |
| 자산 유형자산 및 무형자산 매각 | 25 | 10,000,000 | | | 34 | | |
| 매각 그밖의자산매각액(부산물) | 26 | | | | 35 | | |
| 폐업시 잔존재고재화 | 27 | | | | 36 | | |
| 작업진행률 차이 | 28 | -6,500,000 | | | 37 | | |
| 거래(공급)시기차이가산 | 29 | 20,000,000 | | (17)차 액 계 | 50 | 23,500,000 | |
| | | | | (13)차액과(17)차액계의차이금액 | | | |

## [2] 퇴직연금부담금조정명세서

[손금산입]퇴직연금운용자산 7,900,000원(유보발생) - 한도액까지 손금산입

**퇴직연금부담금등조정명세서 [3020]** « 정기 »

Esc종료 F1도움 F2코드 F3조정등록 CF5전체삭제 F7원장조회 F8잔액조회 F9인쇄 F11저장 F12불러오기

**2.이미 손금산입한 부담금 등의 계산**

**나.기말 퇴직연금 예치금 등의 계산**

| 19.기초<br>퇴직연금예치금 등 | 20.기중 퇴직연금예치금 등<br>수령 및 해약액 | 21.당기 퇴직연금예치금 등의<br>납입액 | 22.퇴직연금예치금 등 계<br>(19 - 20 + 21) |
|---|---|---|---|
| 49,000,000 | | 38,900,000 | 87,900,000 |

**가. 손금산입대상 부담금 등 계산**

| 13.퇴직연금예치금 등 계<br>(22) | 14.기초퇴직연금충당금등<br>및 전기말 신고조정에<br>의한 손금산입액 | 15.퇴직연금충당금등<br>손금부인 누계액 | 16.기중퇴직연금등<br>수령 및 해약액 | 17.이미 손금산입한<br>부담금등<br>(14 - 15 - 16) | 18.손금산입대상<br>부담금 등<br>(13 - 17) |
|---|---|---|---|---|---|
| 87,900,000 | 80,000,000 | | | 80,000,000 | 7,900,000 |

**1.퇴직연금 등의 부담금 조정**

| 1.퇴직급여추계액 | 당기말 현재 퇴직급여충당금 | | | | | 6.퇴직부담금 등<br>손금산입<br>누적한도액<br>(① - ⑤) |
|---|---|---|---|---|---|---|
| | 2.장부상 기말잔액 | 3.확정기여형퇴직연금자의<br>설정전 기계상된<br>퇴직급여충당금 | 4.당기말<br>부인 누계액 | 5.차감액<br>(② - ③ - ④) | | |
| 120,000,000 | | | | | | 120,000,000 |

| 7.이미 손금산입한<br>부담금 등<br>(17) | 8.손금산입액 한도액<br>(⑥ - ⑦) | 9.손금산입 대상<br>부담금 등<br>(18) | 10.손금산입범위액<br>(⑧과 ⑨중 적은 금액) | 11.회사 손금 계상액 | 12.조정금액<br>(⑩ - ⑪) |
|---|---|---|---|---|---|
| 80,000,000 | 40,000,000 | 7,900,000 | 7,900,000 | | 7,900,000 |

## [3] 대손충당금 및 대손금조정명세서

**[3021] 대손충당금및대손금조정명세서**

Esc종료 F1도움 F2코드 F3조정등록 F5삭제 CF5전체삭제 F7원장조회 F8잔액조회 F9인쇄 F11저장 F12불러오기

**2. 대손금조정** [크 게]

| | 22.일자 | 23.계정과목 | 24.채권내역 | 25.대손사유 | 26.금액 | 대손충당금상계액 | | | 당기손금계상액 | | |
|---|---|---|---|---|---|---|---|---|---|---|---|
| | | | | | | 27.계 | 28.시인액 | 29.부인액 | 30.계 | 31.시인액 | 32.부인액 |
| 1 | 05.02 | 외상매출금 | 1.매출채권 | 5.부도(6개 | 5,000,000 | 5,000,000 | 4,999,000 | 1,000 | | | |
| 2 | | | | | | | | | | | |
| | 계 | | | | 5,000,000 | 5,000,000 | 4,999,000 | 1,000 | | | |

**채권잔액** [크 게]

| | 16.계정과목 | 17.채권잔액의<br>장부가액 | 18.기말현재대손금부인누계 | | 19.합계<br>(17+18) | 20.충당금설정제외채권<br>(할인,배서,특수채권) | 21.채 권 잔 액<br>(19-20) |
|---|---|---|---|---|---|---|---|
| | | | 전기 | 당기 | | | |
| 1 | 외상매출금 | 842,000,000 | | 1,000 | 842,001,000 | | 842,001,000 |
| 2 | 받을어음 | 263,000,000 | | | 263,000,000 | | 263,000,000 |
| 3 | | | | | | | |
| | 계 | 1,105,000,000 | | 1,000 | 1,105,001,000 | | 1,105,001,000 |

**1.대손충당금조정**

| 손금<br>산입액<br>조정 | 1.채권잔액<br>(21의금액) | 2.설정률(%) | | | 3.한도액<br>(1×2) | 회사계상액 | | | 7.한도초과액<br>(6-3) |
|---|---|---|---|---|---|---|---|---|---|
| | | ⦿기본율 | ○실적율 | ○적립기준 | | 4.당기계상액 | 5.보충액 | 6.계 | |
| 조정 | 1,105,001,000 | 1 | | | 11,050,010 | 74,830,000 | 2,300,000 | 77,130,000 | 66,079,990 |

| 익금<br>산입액<br>조정 | 8.장부상<br>충당금기초잔액 | 9.기중<br>충당금환입액 | 10.충당금부인<br>누계액 | 11.당기대손금<br>상계액(27의금액) | 12.충당금보충액<br>(충당금장부잔액) | 13.환입할금액<br>(8-9-10-11-12) | 14.회사환입액<br>(회사기말잔액) | 15.과소환입·과다<br>환입(△)(13-14) |
|---|---|---|---|---|---|---|---|---|
| 조정 | 7,300,000 | | 3,100,000 | 5,000,000 | 2,300,000 | -3,100,000 | | -3,100,000 |

**3.국제회계기준 등 적용 내국법인에 대한 대손충당금 환입액의 익금불산입의 조정**

| 33.대손충당금 환입액의<br>익금불산입 금액 | 34.손금에 산입하여야 할 금액<br>MIN(3,6) | 35.익금에 산입하여야 할 금액<br>(8-10-11) | 36.차액<br>MAX(0,34-35) | 37.상계후 대손충당금환입액의<br>익금불산입금액(33-36) |
|---|---|---|---|---|

\* 전기말 부인액은 충당금부인누계액에 반영하고, 보충액은 기초잔액에서 당기대손금 상계액을 차감하여 계산한다. 부도발생일로부터 6개월이 경과한 부도어음은 비망 1,000원을 제외하고 손금산입한다.

　[손금불산입]　대손금부인액　　　　　1,000원　(유보발생)
　[손금불산입]　대손충당금한도초과　66,079,990원　(유보발생)
　[손금산입]　　전기대손충당금　　3,100,000원　(유보감소)

[4] 가지급금 등 인정이자조정명세서(갑,을) 작성
① 불러오기 설정

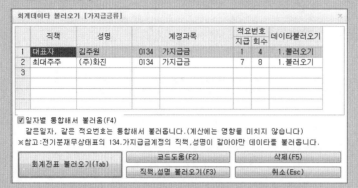

② 가지급금 가수금 적수계산
 - 직책, 성명을 다음과 같이 기재하고 "1.가지급금"메뉴에서 [계정별원장데이터 불러오기]를 선택한다.

③ 인정이자조정(갑지)
가중평균차입이자율을 적용하여, (주)화진은 회사계상액에 900,000원을 입력한다.
대표이사 관련 인정이자는 '상여'로, 최대주주인에 귀속되는 인정이자는 주주일지라도 법인에 귀속되는 소득이
므로 '기타사외유출'로 소득처분한다.

| 1.가지급금.가수금 입력 | 2.차입금 입력 | 3.인정이자계산 : (을)지 | 4.인정이자조정 : (갑)지 | 이자율선택 : [2] 가중평균차입이자율로 계산 |
|---|---|---|---|---|

2.가중평균차입이자율에 따른 가지급금 등의 인정이자 조정 (연일수 : 366일 )

| | 1.성명 | 2.가지급금적수 | 3.가수금적수 | 4.차감적수(2-3) | 5.인정이자 | 6.회사계상액 | 7.차액(5-6) | 8.비율(%) | 9.조정액(=7) 7>=3억,8>=5% |
|---|---|---|---|---|---|---|---|---|---|
| 1 | 김주원 | 36,600,000,000 | | 36,600,000,000 | 6,556,660 | | 6,556,660 | 100.00000 | 6,556,660 |
| 2 | (주)화진 | 10,980,000,000 | | 10,980,000,000 | 1,992,093 | 900,000 | 1,092,093 | 54.82138 | 1,092,093 |

1년이 365일 경우
[익금산입] 인정이자수익 6,556,660원 (상여)
[익금산입] 인정이자수익 1,097,550원 (기타사외유출)

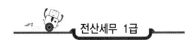

## [5] 업무무관부동산등에관련한차입금이자조정명세서

### 1. 적수입력(을)

**[3027] 업무무관부동산등에관련한차입금이자조정명세서**

Esc 종료  F1 도움  F2 코드  F3 조정등록  F5 삭제  CF5 전체삭제  F6 이자율정렬  F7 원장조회  F8 잔액조회  F9 인쇄  F11 저장  F12 불러오기

| | 1.적수입력(을) | 2.지급이자 손금불산입(갑) |

| 1.업무무관부동산 | 2.업무무관동산 | 3.가지급금 | 4.가수금 | 5.그밖의 | | 불러오기  적요수정 |

| | ①월일 | ②적요 | ③차변 | ④대변 | ⑤잔액 | ⑥일수 | ⑦적수 |
|---|---|---|---|---|---|---|---|
| 1 | 1 1 | 전기이월 | 100,000,000 | | 100,000,000 | 182 | 18,200,000,000 |
| 2 | 7 2 | 지 급 | 60,000,000 | | 160,000,000 | 183 | 29,280,000,000 |
| 3 | | | | | | | |
| | 합 계 | | 160,000,000 | | | 365 | 47,480,000,000 |

### 2. 지급이자 손금불산입(갑)

F3 조정등록  CF5 전체삭제  F6 이자율정렬  F7 원장조회  F8 잔액조회  F11 저장  F12 불러오기

| | 1.적수입력(을) | 2.지급이자 손금불산입(갑) |

**2 1.업무무관부동산 등에 관련한 차입금 지급이자**

| ①지급이자 | 적수 | | | | ⑥차입금 (=19) | ⑦ ⑤와 ⑥중 적은 금액 | ⑧손금불산입 지급이자 (①×⑦÷⑥) |
|---|---|---|---|---|---|---|---|
| | ②업무무관부동산 | ③업무무관동산 | ④가지급금 등 | ⑤계(②+③+④) | | | |
| 20,915,196 | | | 47,480,000,000 | 47,480,000,000 | 116,834,412,200 | 47,480,000,000 | 8,499,666 |

**1 2. 지급이자 및 차입금 적수 계산 [연이율 일수 현재: 365일]**          단수차이조정  연일수

| No | (9)이자율(%) | (10)지급이자 | (11)차입금적수 | (12)채권자불분명 사채이자 / 수령자불분명 사채이자 | | (15)건설 자금 이자 / 국조법 14조에 따른 이자 | | 차 감 | |
|---|---|---|---|---|---|---|---|---|---|
| | | | | (13)지급이자 | (14)차입금적수 | (16)지급이자 | (17)차입금적수 | (18)지급이자 (10-13-16) | (19)차입금적수 (11-14-17) |
| 1 | 8.00000 | 4,530,000 | 20,668,125,000 | | | 2,000,000 | 9,125,000,000 | 2,530,000 | 11,543,125,000 |
| 2 | 7.50000 | 2,885,196 | 14,041,287,200 | | | | | 2,885,196 | 14,041,287,200 |
| 3 | 7.00000 | 3,500,000 | 18,250,000,000 | | | | | 3,500,000 | 18,250,000,000 |
| 4 | 6.00000 | 12,000,000 | 73,000,000,000 | | | | | 12,000,000 | 73,000,000,000 |
| | 합계 | 22,915,196 | 125,959,412,200 | | | 2,000,000 | 9,125,000,000 | 20,915,196 | 116,834,412,200 |

① [손금불산입] 건설자금이자 2,000,000원 (유보발생)
② [손금불산입] 지급이자손금불산입 8,499,666원 (기타사외유출)

[6] 소득금액조정합계표

| | | | | |
|---|---|---|---|---|
| ① | [손금불산입] | 법인세비용 | 49,567,200원 | (기타사외유출) |
| ② | [손금불산입] | 감가상각비한도초과 | 300,000원 | (유보발생) |
| ③ | [손금불산입] | 접대비한도초과액 | 4,000,000원 | (기타사외유출) |
| | [손금불산입] | 신용카드등미사용 | 2,000,000원 | (기타사외유출) |
| ④ | [익금산입] | 자기주식처분이익 | 700,000원 | (기타) |
| ⑤ | [익금산입] | 전기미수이자 | 1,300,000원 | (유보감소) |
| | [익금불산입] | 당기미수이자 | 2,500,000원 | (유보발생) |
| ⑥ | [손금불산입] | 산재보험료 가산금 | 120,000원 | (기타사외유출) |

# [법인세실무-종합문제2] 519p.

## ◈ 이론시험

**01** ④ 외화 위험회피대상항목인 외화표시 자산 또는 부채의 평가손익 중 외화위험으로 인한 부분은 당기손익으로 처리한다.

**02** ① 무형자산을 창출하기 위한 내부 프로젝트를 연구단계와 개발단계로 구분할 수 없는 경우에는 그 프로젝트에서 발생한 지출은 모두 연구단계에서 발생한 것으로 본다.[일반기업회계기준 문단 11.18]

**03** ② 무상증자 발행시에는 주식의 액면금액을 주식의 발생금액으로 한다.
　　[회계처리] (차) 기타자본잉여금 ××× 　　　(대) 자 본 금 ×××

**04** ① <일반기업회계기준 문단 5.7> ②번, ③번, ④번는 회계추정의 변경이고, ①번은 회계정책의 변경이다.

**05** ② {951,980 + (951,980×12% − 100,000)}×12% − 100,000 = 15,946원

**06** ④ (30,000 + 120,000)/(250 + 50) + (50,000 + 160,000)/(250 + 50) = 500 + 700 = 1,200원

**07** ① 재무상태표의 원재료재고액은 제조원가명세서의 원재료비에 영향을 미친다.

**08** ④ 제조원가명세서상의 내역 중 기말 재무상태표상의 자산계정에는 기말원재료와 기말재공품가액이 반영된다. 따라서 기말원재료가액 3,000,000원과 기말재공품가액 6,000,000원의 합인 9,000,000원이 된다.

제조원가명세서 (단위 : 원)

| | | |
|---|---|---|
| Ⅰ (원 재 료 비) | | 15,000,000 |
| (기 초 원 재 료) | 2,000,000 | |
| 당 기 매 입 | 16,000,000 | |
| (기 말 원 재 료) | (3,000,000) | |
| Ⅱ 노 무 비 | | 12,000,000 |
| Ⅲ 경 비 | | 5,000,000 |
| Ⅳ 당기 총 제조비용 | | (32,000,000) |
| Ⅴ (기 초 재 공 품) | | 2,000,000 |
| Ⅵ 합 계 | | (34,000,000) |
| Ⅶ (기 말 재 공 품) | | (6,000,000) |
| Ⅷ 당기제품제조원가 | | 28,000,000 |

**09** ④ ㉢ 기말에 원가차이를 매출원가에서 조정할 경우 불리한 차이는 매출원가에 가산하고 유리한 차이는 매출원가에 차감한다.
　　㉺ 직접재료원가 능률차이 계산식은 (표준소비량 − 실제소비량)×표준가격으로 표현할 수 있다

10    ② 월말재공품수량 = 10,000단위 − 9,000단위 = 1,000단위

월말재공품 재료원가 = 1,000단위 × 1,000원 = 1,000,000원

월말재공품 가공원가 = 1,000단위 × 50% × (1,800원+1,200원+600원) = 1,800,000원

월말재공품원가 = 1,000,000원 + 1,800,000원 = 2,800,000원

11    ① 20,000,000 * (1−25% * 2) = 10,000,000원

12    ③ 사업자가 자기의 사업과 관련하여 복리후생적인 목적으로 자기의 사용인에게 무상으로 공급하는 작업복 등은 재화의 공급의제에 해당하지 아니한다.

13    ③ 법인세법상 부당행위계산의 부인규정은 내국법인과 외국법인, 영리법인과 비영리법인을 구분하지 아니하고 모든 법인이 그 적용을 받는다.

14    ④ 기부금 한도액 계산시 공제되는 이월결손금은 결손금 및 이월결손금이 감소하지 아니한다.

15    ① 저축성보험의 보험차익으로서 보험기간이 10년 이상인 경우 소득세가 과세되지 아니한다.


◆ 실무시험

[문제 1]

[1] 3월 9일 일반전표입력

| (차) | 291.사    채 | 100,000,000원 | (대) | 103.보통예금 | 102,000,000원 |
| | 968.사채상환손실 | 6,000,000원 | | 292.사채할인발행차금 | 4,000,000원 |

[2] 3월 10일 일반전표입력

| (차) | 186.퇴직연금운용자산 | 800,000원 | (대) | 901.이자수익 | 800,000원 |

[3] 3월 15일 매입매출전표입력

14. 건별    공급가액 15,000,000원    부가세 1,500,000원    분개유형 : 혼합

| (차) | 813.접대비(판) | 11,500,000원 | (대) | 150.제품 | 10,000,000원 |
| | | | | (8.타계정으로대체) | |
| | | | | 255.부가세예수금 | 1,500,000원 |


[문제 2]

[1]

1. 매입매출전표 입력

4월 16일 유형 11.과세, 공급가액 8,600,000원, 거래처 1056.동부건설, 전자:여, 분개 없음

5월 4일 유형 51.과세, 공급가액 6,700,000원, 거래처 1057.초희상회, 전자:여, 분개 없음

6월 9일 유형 12.영세, 공급가액 2,000,000원, 거래처 1058.천일무역, 전자:여, 분개 없음

2. 가산세

전자세금계산서전송분은 매출처별세금계산서합계표불성실가산세는 적용하지 않음

신고불성실가산세 = (860,000−670,000) * 20% * 50% = 19,000원(금액 190,000원)

영세율과세표준 신고불성실가산세 = 금액2,000,000 * 0.5% * 50% = 5,000원

납부지연가산세 = (860,000−670,000) * 2.2/10,000 * 7일 =세액 292원(금액 190,000원)

3. 과세표준명세 : 제조, 10,600,000원

4. 기한후과세표준에 체크, 신고연월일  8월 1일

## [2] (1) 신용카드매출전표 등 수령금액합계표(갑)에 입력할 거래의 내용( 2기 10월~12월)

| 거래일자 | 공급가액 | 세액 | 건수 | 상호<br>(공급자) | 사업자등록번호 | 카드회원번호 | 카드유형 |
|---|---|---|---|---|---|---|---|
| 11.03 | 300,000 | 30,000 | 1 | 1011.한미식당 | 105-05-91233 | 9843-8765-3021-1234 | 사업 |
| 11.30 | 6,000,000 | 600,000 | 1 | 1027.컴테크 | 206-23-76392 | 1234-7896-4510-5461 | 일반(신용) |

공급자가 간이과세자인 경우, 공급자가 목욕,이발,미용업,여객운송업(전세버스 제외), 입장권을 발행하여 영위하는 사업에 해당하는 일반과세자인 경우 신용카드등 매입세액공제 배제됨. 또한 매입세액 불공제 사유인 비영업용소형승용차의 구입, 유지, 임차의 경우에도 매입세액이 공제배제됨.

## (2) 건물 등 감가상각자산취득명세서 작성(2기확정 10-12월)

| 취득내역 | | | | |
|---|---|---|---|---|
| 감가상각자산종류 | 건수 | 공급가액 | 세 액 | 비 고 |
| 합    계 | 1 | 6,000,000 | 600,000 | |
| 건물 · 구축물 | | | | |
| 기 계 장 치 | | | | |
| 차 량 운 반 구 | | | | |
| 기타감가상각자산 | 1 | 6,000,000 | 600,000 | |

| | 거래처별 감가상각자산 취득명세 | | | | | | |
|---|---|---|---|---|---|---|---|
| | 월/일 | 상호 | 사업자등록번호 | 자산구분 | 공급가액 | 세액 | 건수 |
| 1 | 11-30 컴테크 | | 206-23-76392 | 기타 | 6,000,000 | 600,000 | 1 |

## (3) 제2기 확정 부가가치세신고서 기타공제매입세액에
신용카드매출전표수취명세서제출분에
일반매입-금액 300,000원, 세액  30,000원 반영
고정자산매입-금액 6,000,000원, 세액  600,000원 반영

| 경감<br>공제<br>세액 | 기타경감 · 공제세액 | 18 | | | 14.기타공제매입세액 | | | | |
|---|---|---|---|---|---|---|---|---|---|
| | 신용카드매출전표등발행공제등 | 19 | | | 신용카드매출 | 일반매입 | 39 | 300,000 | 30,000 |
| | 합계 | 20 | ㉮ | | 수령금액합계표 | 고정매입 | 40 | 6,000,000 | 600,000 |
| 예정신고미환급세액 | | 21 | ㉯ | | 의제매입세액 | | 41 | 뒤쪽 | |
| 예정고지세액 | | 22 | ㉰ | | 재활용폐자원등매입세액 | | 42 | 뒤쪽 | |
| 금지금매입자납부특례기납부세액 | | 23 | ㉱ | | 고금의제매입세액 | | 43 | | |

## [문제 3]

### [1] 12월 31일 일반전표입력

(차) 133.선급비용                1,200,000원        (대)  821.보험료(판관비)              1,200,000원

### [2] 일반전표입력 12월 31일

(차) 951.이자비용                2,000,000원        (대)  292.사채할인발행차금            2,000,000원

    사채할인발행차금 상각은 유효이자율법을 적용하는 것이 원칙이며 상각액은 이자비용으로 회계처리한다.

### [3] 일반전표입력(12/31)

(차) 806.퇴직급여(판)            3,000,000원        (대)  295.퇴직급여충당부채            5,000,000원
    508.퇴직급여(제)            2,000,000원

퇴직급여(판) = 18,000,000원 - 15,000,000원 = 3,000,000원

퇴직급여(제) = 32,000,000원 - 30,000,000원 = 2,000,000원

**[4] 합계잔액시산표의 재고자산이**

146.상품 40,000,000원

153.원재료 : 35,000,000원        169.재공품 : 51,000,000원        150.제품 : 34,000,000원

(차) 960.재고자산평가손실        10,000,000원        (대) 173.재고자산평가충당금        10,000,000원
(관계코드146)                                        (관계코드146)

## [문제 4]

**[1] (1) 2월 급여자료 입력(소득세는 연도별로 다르며, 채점대상 아님)**

수당등록 : 1.자가운전보조금: 비과세    2.식대: 비과세    3.관리수당: 과세

| | 사번 | 사원명 | | 급여항목 | 금액 |
|---|---|---|---|---|---|
| ☐ | 201 | 김태희 | | 기본급 | 1,800,000 |
| ☐ | 202 | 진소리 | | 식대 | 150,000 |
| ☐ | | | | 자가운전보조금 | 210,000 |
| ☐ | | | | 관리수당 | 300,000 |

**(2) 원천징수이행상황신고서 : 귀속기간 2020-2-02 지급기간 2020-02-02(소득세등은 다름에 주의)**

귀속기간 2022 년 02 월 ~ 2022 년 02 월   지급기간 2022 년 02 월 ~

| 신고구분 | ☑매월 | ☐반기 | ☐수정 | ☐연말 | ☐소득처분 | ☐환급신청 |
|---|---|---|---|---|---|---|
| 일괄납부여부 | 부 | 사업자단위과세여부 | 부 | 부표 작성 | | |

원천징수명세및납부세액 | 원천징수이행상황신고서 부표 | 원천징수세액환급신청서 | 기납부세액명세서

| | | | 코드 | 소득지급 | | 소득세 등 |
|---|---|---|---|---|---|---|
| | | | | 인원 | 총지급액 | |
| 개인거주자 비거주자 | 근로소득 | 일용근로 | A03 | | | |
| | | 연말정산 | A04 | | | |
| | | (분납신청) | A05 | | | |
| | | (납부금액) | A06 | | | |
| | | 가 감 계 | A10 | 2 | 3,610,000 | 32,490 |
| | 퇴직소득 | 연금계좌 | A21 | | | |
| | | 그 외 | A22 | | | |
| | | 가 감 계 | A20 | | | |
| | 사업소득 | 매월징수 | A25 | | | |
| | | 연말정산 | A26 | | | |
| | | 가 감 계 | A30 | | | |
| | 기타소득 | 연금계좌 | A41 | | | |
| | | 종교인매월 | A43 | | | |
| | | 종교인연말 | A44 | | | |
| | | 가상자산 | A49 | | | |
| | | 그 외 | A42 | | | |
| | | 가 감 계 | A40 | | | |
| | 이 자 소 득 | | A50 | | | |
| | 배 당 소 득 | | A60 | | | |
| | 그 외 소 득 | | ▶ | | | |
| 법인 내/외국법인원천 | | | A80 | | | |
| 수정신고(세액) | | | A90 | | | 63,000 |

**[2] 부양가족소득공제입력**

연말정산입력

- 보험료 : 손해보험(보장성보험) 550,000원 장애인전용보험 1,900,000원 입력
- 의료비 : 전액공제 의료비 1,200,000(본인)+2,100,000(장애인) 입력
  배우자의 의료비 중에서 혼인 전에 지출한 것으로서, 장인의 근로소득금액에서 공제받은 금액은 공제할 수 없다.

- 기부금 : 전액공제기부금(법정) 50,000원(국방헌금) 종교단체외기부금 150,000원(유니세프 기부금) 종교단체 기부금 1,800,000원
- 퇴직연금 : 3,000,000원 입력
- 신용카드 및 현금영수증 :
  신용카드 14,000,000원(자동차세 제외)+1,700,000원 = 15,700,000원
  현금영수증 2,700,000원+2,000,000원 = 4,700,000원

## [문제 5]

### [1] 접대비조정명세서
업무무관접대비 <손금불산입> 750,000원 (대표자상여)
신용카드미사용접대비 <손금불산입> 180,000원 (기타사외유출)
접대비한도초과액 <손금불산입> 3,158,100원 (기타사외유출)

### [2] 미상각분조정명세서
감가상각방법과 내용연수를 정상적으로 신고하였으므로 상각방법은 정액법을 적용하며 내용연수는 신고내용연수로 건물은 30년 기계장치는 6년을 적용하여 세무조정한다.
1. 건물의 회사 계상상각비=8,000,000+17,000,000= 25,000,000원
   (손금불산입)감가상각비 17,622,000원 (유보발생)
2. 기계장치의 회사 계상상각비=7,000,000원
   시인부족액=1,300,000원
   손금추인=min[①1,300,000원 ②4,500,000]=1,300,000원
   (손금산입)전기감가상각비 1,300,000원(유보감소)

### [3] 자본금과적립금조정명세서(을)

| 과 목 | 기초잔액(원) | 당기중 증감(원) | | 기말잔액(원) |
| --- | --- | --- | --- | --- |
| | | 감 소 | 증 가 | |
| 대손충당금한도초과 | 3,000,000 | 3,000,000 | | |
| 재고자산평가감 | 6,500,000 | 6,500,000 | | |
| 외 상 매 출 금 | 8,000,000 | 7,999,000 | | 1,000 |
| 선 급 비 용 | −5,000,000 | −5,000,000 | | |
| 감가상각비한도초과(기계장치) | 4,500,000 | 1,300,000 | | 3,200,000 |
| 감가상각비한도초과(건물) | | | 17,622,000 | 17,622,000 |
| | | | | |
| 계 | 27,000,000 | 23,799,000 | 17,622,000 | 20,823,000 |

세무조정사항
<익금산입> 전기선급비용 5,000,000원 (유보감소)
<손금산입> 전기대손충당금 3,000,000원 (유보감소)
전기재고자산평가감 6,500,000원 (유보감소)
외상매출금 7,999,000원 (유보감소)

### [4] 소득금액조정명세합계표
(1) <손금불산입> 법인세등 8,931,688원 (기타사외유출)
(2) <익금불산입> 국세환급가산금 70,000원 (기타)
(3) <손금불산입> 세금과공과 (벌과금) 120,000원 (기타사외유출)
(4) <손금불산입> (임원)상여금 1,350,000원 (상여)
   임원상여금은 회사의 지급규정을 한도로 하여 손금인정되며, 한도를 초과한 상여금은 손금불산입되며 그

귀속자에 대한 상여로 소득처분된다.

| 1.기부금 입력 | 2.기부금 조정 |

1.기부금명세서 　　　　　　　　　　　　　　　[월별로 전환] [구분만 별도 입력하기]

| 구분 | | 3.과목 | 4.월일 | | 5.적요 | 기부처 | | 8.금액 |
|---|---|---|---|---|---|---|---|---|
| 1.유형 | 2.코드 | | | | | 6.법인명등 | 7.사업자(주민)번호등 | |
| 24조제2항제1호 | 10 | 기부금 | 7 | 11 | 사립학교 연구비 | 한산대학교 | | 4,000,000 |
| 24조제3항제1호 | 40 | 기부금 | 10 | 6 | 고유목적사업 | (주)우주 | | 600,000 |
| 24조제3항제1호 | 40 | 기부금 | 8 | 30 | 지정기부금단체 고유목적사 | 사회정의실천연합 | | 6,000,000 |
| 24조제2항제1호 | 10 | 기부금 | 12 | 30 | 장학금 | 우수대학교 | | 1,600,000 |
| 기타 | 50 | 기부금 | 9 | 6 | 동창회장학금 지급 | 마산향우회 | | 900,000 |

| 9.소계 | 가. 〔법인세법〕 제24조제2항제1호의 기부금 | 코드 10 | 5,600,000 |
|---|---|---|---|
| | 나. 〔법인세법〕 제24조제3항제1호의 기부금 | 코드 40 | 6,600,000 |
| | 다. 〔조세특례제한법〕 제88조의4제13항의 우리사주조합 기부금 | 코드 42 | |
| | 라. 그 밖의 기부금 | 코드 50 | 900,000 |
| | 계 | | 13,100,000 |

※ 소득금액조정합계표(6점)

| | 익금산입 및 손금불산입 | | | | 손금산입 및 익금불산입 | | |
|---|---|---|---|---|---|---|---|
| | 과 목 | 금액(원) | 처분 | | 과목 | 금액(원) | 처분 |
| 1 | 법인세등 | 8,931,688 | 기타사외유출 | 1 | 국세환급가산금 | 70,000 | 기타 |
| 2 | 세금과공과(벌과금) | 120,000 | 기타사외유출 | | | | |
| 3 | 임원상여한도초과 | 1,350,000 | 상여 | | | | |
| | 합 계 | 10,401,688 | | | 합 계 | 70,000 | |

## [5] 기부금조정명세서

<손금불산입> 비지정(기타)기부금  900,000원 (상여)

의제기부금 = 시가*(1−30%) −양도가액 = 1,000,000원*(1−30%) − 100,000원 = 600,000원

[법정기부금] 한산대학교 사립학교연구비 (7월 11일)  4,000,000원
　　　　　　　　사립학교장학금 (12월 30일)  1,600,000원

[지정기부금] 사회정의실천연합 (8월 30일)  6,000,000원
　　　　　　　(재)우수 (의제기부금)  600,000원
　　　　　　　지정기부금한도초과액  1 ,480,702원

# 03 문제편(종합 모의고사) 정답

## [01회 종합 모의고사]

### ◆ 이론시험

**01** ① 보험료, 의료비, 교육비, 장애인특수교육비, 주택자금공제는 근로소득이 있는 경우에 공제가능하다.

**02** ③ 공급받는 자에게 부담받은 원자재 가액은 과세표준에 포함하지 않는다.

**03** ③ 전기상각부인액은 당기감가상각에서 시인부족액 발생시 시인부족액범위내서 추인된다.

**04** ③ 소비성서비스업의 경우에도 접대비와 기부금한도액은 삭감되지 않는다.

**05** ④ 확정기여형 퇴직연금은 전액 손금으로 인정된다.

**06** ③ 수익 · 비용 대응원칙에 의해 수익이 발생하는 기간에 발생한 비용을 계상한다.

**07** ② 사채 할인발행 차금의 상각은 이자비용으로서 영업외비용에 해당한다.

**08** ④ 만기보유목적의 투자채권을 1년 또는 정상영업주기 이내에 처분하고자 하는 경우 재무상태표일 현재의 공정가액으로 매도가능증권에 재분류한다.

**09** ③ 연구비는 판매비와관리비에 해당한다.

**10** ④ 주식을 할증발행한 경우에는 자본금이 증가한다.

  (차) 현금     \*\*\*     (대) 자본금     \*\*\*
                         주식발행초과금     \*\*\*

**11** ③ 각 작업별로 원가를 계산하므로 비용과 시간이 많이 소요된다.

**12** ③ 필수재무제표는 아니다.

**13** ① X − 3,600 × 10,000시간 = 400,000원(불리)

**14** ③

**15** ④ 재고자산에 안분배분시 차기 기초재고에 영향을 준다.

### ◆ 실무시험

#### [문제 1]

**[1] 7월 16일: 유형: 51, 과세    거래처: 한강재원    전자: 여    분개: 혼합**

| (차) 153.원재료 | 4,000,000원 | (대) 110.받을어음 | 3,000,000원(906. ㈜우수) |
|---|---|---|---|
| 135.부가세대급금 | 400,000원 | 103.보통예금 | 1,400,000원 |

**[2] 7월 28일**

| (차) 331.자본금 | 15,000,000원 | (대) 101.현금 | 18,000,000원 |
|---|---|---|---|
| 394.감자차손 | 3,000,000원 | | |

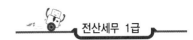

[3] 7월 30일

| (차) | 265.미지급배당금 | 2,000,000원 | (대) | 254.예수금 | 308,000원 |
| | | | | 101.현금 | 1,692,000원 |

[4] 8월 21일 : 유형: 57, 카드    거래처 : 코아백화점(주)    분개 : 카드

| (차) | 811.복리후생비 | 1,000,000원 | (대) | 253.미지급금 | 1,100,000원(신한카드) |
| | 135.부가세대급금 | 100,000원 | | | |

## [문제 2]

[1] 대손확정일 : 6. 17

대손세액 : $3,300,000 \times 10/110 = 300,000$원

[2] 매입세액불공제내역 공통매입세액안분계산화면 공통매입세액의 정산

| 불공제매입세액정산 : | 총 공통매입세액 | 45,140,037원 |
| | 면세공급가액 | 280,000,000원 |
| | 총 공급가액 | 725,000,000원 |
| | 기불공제매입세 | 1,447,973원 |
| 매입세액불공제 | | 15,985,420원 |

## [문제 3]

[1] 12월 31일
- 외상매출금 $299,521,800 \times 1\% - 5,000,000 = -2,004,782$원(자기데이타기준)
- 받을어음 $372,108,000 \times 1\% - 1,650,000$원 $= 2,071,080$원(자기데이타기준)

| (차) | 109.대손충당금 | 2,004,782원 | (대) | 대손충당금환입 | 2,004,782원 |
| (차) | 835.대손상각비 | 2,071,080원 | (대) | 111.대손충당금 | 2,071,080원 |

[2] 12월 31일

| (차) | 107.단기매매증권 | 3,000,000원 | (대) | 단기매매증권평가이익 | 3,000,000원 |
| | 952.단기매매증권평가손실 | 1,500,000원 | | 107.단기매매증권 | 1,500,000원 |

[3] 결산자료에 기말재고자산을 153.원재료 3,500,000원, 169.재공품 22,000,000원으로 한다.( 합계잔액시산표상의 잔액이 기말재고액과 일치하여야 함)

[4] 12월 31일

| (차) | 998.법인세비용 | 7,225,000원 | (대) | 136.선납세금 | 7,225,000원 |

- 법인세차감전순이익이 2억이하는 10%, 2억 초과 20%, 200억 초과 22% 세율 적용하여 산출세액을 계산한 후 기납부세액 7,225,000원을 차감한 후 추가계상액을 결산자료입력에 입력한다.(자기데이타기준),
- 지방소득세는 감면을 적용하지 않는다.
- 결산자료입력 후 [전표추가]키를 클릭하여 결산분개를 일반전표에 대체시킴

## [문제 4]

[1] 배우자 : 무, 60세 이상 : 2명, 20세 이하 : 2명, 경로 : 1명, 부녀자 : ○

[2] 1. 보험료 : 1,050,000 ＋ 500,000 = 1,550,000원
   2. 경로의료비 : 모친의 치과의료비(본인등) 360,000원
   3. 교육비 : 600,000원
   4. 전액기부금 : 150,000원

[3]

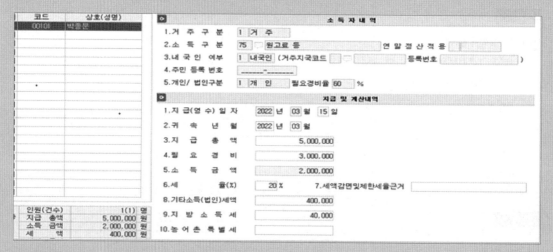

## [문제 5]

[1] 접대비등조정명세서(을)

1. 수입금액 중 40,000,000원은 특수관계자간 거래로 입력하여야 함
2. 대표이사 증빙불비:[손금불산입] 550,000원 (상여)
   3만원초과접대비의 신용카드미사용액 : [손금불산입] 4,270,320원 (기타사외유출)
3. 접대비한도초과액 [손금불산입] 5,061,430원 (기타사외유출)

[2] 재고자산평가조정명세서
[손금불산입] 제품평가감 240,000원 (유보)
[손금산입] 재공품평가증 600,000원 (△유보)
[손금불산입] 원재료평가감 750,000원 (유보)

[3] 소득금액조정합계표
[익금산입 및 손금불산입]

| 증빙불비 | 550,000원 | 상여 |
|---|---|---|
| 3만원초과 접대비중 신용카드 미사용분 | 4,270,320원 | 기타사외유출 |
| 접대비한도초과액 | 5,061,430원 | 기타사외유출 |
| 원재료평가감 | 750,000원 | 유보감소 |
| 선급비용 | 2,750,000원 | 유보발생 |
| 법인세 | 36,000,000원 | 기타사외유출 |

| 미수수익 | 6,500,000원 | 유보감소 |
|---|---|---|
| 감가상각비한도초과액 | 2,200,000원 | 유보발생 |
| 제품평가감 | 240,000원 | 유보발생 |
| [손금산입 및 익금불산입] | | |
| 전기원재료평가감 | 325,000원 | 유보감소 |
| 재공품평가증 | 600,000원 | 유보감소 |

### [4] 세액공제조정명세서(3)

절삭기계 30,000,000× 0.03 = 900,000원

1. 공제세액계산

   중소기업투자세액공제의 투자금액란에 30,000,000원 공제대상 세액란에 900,000원을 입력한다.

2. 당기공제세액 및 이월액계산

   구분: 중소기업투자세액공제, 사업연도: 2020, (107)당기분란에 900,000원을 입력한다.

### [5] 자본금과적립금조정명세서(을)

| 과 목 | 기초잔액 | 당기중증감 | | 기말잔액 |
|---|---|---|---|---|
| | | 감소 | 증가 | |
| 원재료평가감 | 325,000원 | 325,000원 | 750,000원 | 750,000원 |
| 선급비용 | | | 2,750,000원 | 2,750,000원 |
| 미수수익 | − 10,000,000원 | − 6,500,000원 | | − 3,500,000원 |
| 감가상각비 | 3,400,000원 | | 2,200,000원 | 5,600,000원 |

### [6] 자본금과적립금조정명세서(갑)

| 과 목 | 기초잔액 | 당기중증감 | | 기말잔액 |
|---|---|---|---|---|
| | | 감소 | 증가 | |
| 1. 자본금 | 304,500,000원 | | | 304,500,000원 |
| 2. 자본잉여금 | 101,500,000원 | | | 101,500,000원 |
| 3. 자본조정 | 2,000,000원 | | | 2,000,000원 |
| 4. 기타포괄손익누계액 | 52,000,000원 | | | 52,000,000원 |
| 5. 이익잉여금 | 178,250,365원 | | 261,925,000원 | 440,175,365원 |
| 16. 법인세 | | | 510,735원 | 510,735원 |
| 17. 지방소득세 | | | 51,073원 | 51,073원 |

## [02회 종합 모의고사]

### ◈ 이론시험

**01** ④ 신뢰성

**02** ④ 수익과 비용은 별도로 표시함을 원칙으로 한다. 다만 동일 유사한 거래나 사건에서 발생한 차익, 차손 등으로서 중요하지 않은 경우에는 상계하여 표시할 수 있다.

**03** ③ 사채할증(할인)발행차금은 사채의 가감하는 형태로 표시된다.

**04** ② 임차보증금, 이연법인세자산, 부채 등은 현재가치로 평가하지 않는다.

**05** ① 출자전환채무는 자본거래에 해당하는 자본조정항목이다.

**06** ③ 보조부문비의 배분방법이 다르더라도 회사의 총이익은 변하지 않는다.

**07** ③ 960,000 − 620,000시간 * 1.5(900,000/600,000시간) = 30,000과소배부

**08** ④ 기말재공품원가가 과소평가되면 상대적으로 완성품원가는 과대평가되고 매출원가 또한 과대평가되어 당기순이익이 과소평가된다.

**09** ③ • 당월 총 제조원가 = 직접재료비 + 직접노무비 + 제조간접비

630,000원 = (200,000원 + 직접노무비 x 10% − 150,000원) + 직접노무비 + 250,000원

330,000원 = 1.1 × 직접노무비

직접노무비 = 300,000원

∴ 직접재료비 630,000 − 300,000 − 250,000 = 80,000원

**10** ① • 능률차이 = (실제시간 − 표준시간) × 표준임률

600,000 = (3,800 − 4,000시간) × 표준임률

∴ 표준임률 = 3,000원

• 임률(가격)차이 = (실제임률 − 표준임률) × 실제시간

380,000원 = (실제임률 − 3,000원) × 3,800시간

∴ 실제임률 = 3,100원

**11** ③ 내국법인이 중계무역을 하는 것은 영세율 대상에 해당된다.

**12** ③ 일용근로자의 근로소득세액공제는 55%이다.

**13** ③ 기타소득금액이 연간 3백만원 이하인 경우 종합소득세신고여부를 납세자가 선택할 수 있다. 기타소득금액에서 종합소득공제를 하면 종합소득금액이 0(zero)이 되어 원천 징수된 세액 전액을 환급받을 수 있으므로 종합소득세신고를 하는 것이 유리하다.

**14** ④ 기부금을 현물로 지급한 경우 기부금의 가액은 기부당시의 시가(시가가 장부가액보다 작으면 장부가액)로 한다. 다만 법정기부금은 기부당시의 장부가액으로 한다.

**15** ④ 세무조정사항은 세무상 소득처분은 유보이며 이는 원천징수대상소득처분이 아니다.


◆ **실무시험**

[문제 1]

**[1] 2월 28일 일반전표입력**

| (차) | 375.이월이익잉여금 | 36,000,000원 | (대) | 351.이익준비금 | 1,000,000원 |
|---|---|---|---|---|---|
| | | | | 265.미지급배당금 | 10,000,000원 |
| | | | | 387.미교부주식배당금 | 25,000,000원 |

3월 10일 일반전표입력

| (차) | 265.미지급배당금 | 10,000,000원 | (대) | 101.현금 | 10,000,000원 |
|---|---|---|---|---|---|
| | 387.미교부주식배당금 | 25,000,000원 | | 331.자본금 | 25,000,000원 |

**[2] 5월 22일 일반전표**

| (차) | 251.외상매입금 | 25,000,000원 | (대) | 260.단기차입금 | 25,000,000원 |
|---|---|---|---|---|---|
| | (거래처:(주)태영) | | | (거래처 : 98000.우리은행) | |

[3] 6월 2일 매입매출전표입력 유형 : 11. 과세        거래처 : (주)국영        전자: 여        분개 : 혼합

| (차) | 110.받을어음 | 11,000,000원 | (대) | 404.제품매출 | 10,000,000원 |
|---|---|---|---|---|---|
| | | | | 255.부가세예수금 | 1,000,000원 |

[4] 6월 12일 매입매출전표    유형 : 51.과세    거래처 : 신성자동차(주)    전자: 여    분개 : 혼합

| (차) | 208.차량운반구 | 9,000,000원 | (대) | 131.선급금 | 1,200,000원 |
|---|---|---|---|---|---|
| | 135.부가세대급금 | 900,000원 | | 253.미지급금 | 8,700,000원 |

## [문제 2]

(1) 2월 3일 매입매출전표에서 과세유형 : 54:불공  으로 수정 입력하고 분개완성.
   신고불성실가산세와 납부지연가산세를 적용함.
(2) 매입매출전표에서 공급가액과 부가가치세를 (-)금액으로 수정 입력함.
(3) 매입매출전표에서 전표 삭제함. 신고불성실가산세, 납부지연가산세 적용함.
   • 가산세내역
   ① 신고불성실가산세 = ( 2,700,000원 + △1,000,000원 + 700,000원 ) × 10% × (1-75%) = 65,000원
   ② 납부지연가산세 = ( 2,700,000원 + △1,000,000원 + 700,000원) × 22/100,000 ×  35일
                 = 18,400원

## [문제 3]

[1] 기말 외상매출금과 받을어음 잔액과 대손충당금 잔액을 조회한 후 자동입력한다.

| (차) | 835.대손상각비 | 3,056,298원 | (대) | 109.대손충당금 | 955,218원 |
|---|---|---|---|---|---|
| | | | | 111.대손충당금 | 2,061,080원 |

• (외상매출)  299,521,800원 ×  1% － 2,000,000원 = 955,218원
• (받을어음)  386,108,000원 ×  1% － 1,800,000원 = 2,061,080원

[2]
• 기업회계기준상 최대금액은 퇴직급여추계액이 기말 재무상태표에 퇴직급여충당금잔액이 되게 설정하는 것입니다. 따라서 퇴직급여추계액에서 기말현재 퇴직급여충당금 잔액을 차감한 차액을 추가로 설정하면 됩니다. 추계액을 제시한대로 입력한 후
• 퇴직충당(Ctrl+F8) 클릭하여 자동계산 추가

| (차) | 508.퇴직급여 | 9,080,000원 | (대) | 295.퇴직급여충당부채 | 25,080,000원 |
|---|---|---|---|---|---|
| | 806.퇴직급여 | 16,000,000원 | | | |

[3] 결산자료입력에서 153.원재료 20,580,000원, 169.재공품 35,000,000원, 150.제품 61,500,000원을 입력하고, 전표 추가한 후 합계잔액 시산표상 금액이 일치해야 한다.

[4] • 선납세금계정을 조회한 후 결산자료 입력한다.
   • 결산자료입력에서 법인세 등에 추가금액 입력 후 전표추가
   • 또는 일반전표입력에서

| (차) | 998.법인세 등 | 7,300,000원 | (대) | 136.선납세금 | 7,300,000원 |
|---|---|---|---|---|---|

## [문제 4]

### [1] 급여자료입력

| 사번 | 사원명 | 감면율 |
|---|---|---|
| 101 | 이예분 | |
| 103 | 박상연 | |

| 급여항목 | 금액 |
|---|---|
| 기본급 | 7,500,000 |
| 직책수당 | 150,000 |
| 식대 | 100,000 |
| 자가운전보조금 | 200,000 |

| 공제항목 | 금액 |
|---|---|
| 국민연금 | 180,000 |
| 건강보험 | 133,400 |
| 장기요양보험 | 13,670 |
| 고용보험 | 61,200 |
| 소득세(100%) | |
| 지방소득세 | |
| 농특세 | |

### 원천징수이행상황신고서

귀속기간 2020 년 03 월 ~ 2020 년 03 월  지급기간 2020 년 03 월 ~ 2020 년 03 월  신고구분 1.정기신고  차수

| 신고구분 | □매월 ☑반기 □수정 □연말 □소득처분 □환급신청 | 귀속년월 | 2020년 1월 | 지급년월 | 2020년 3월 |
|---|---|---|---|---|---|
| 일괄납부여부 | 여  사업자단위과세여부  부  부표 작성 | 환급신청서 작성 | | 승계명세 작성 | |

원천징수명세및납부세액 | 원천징수이행상황신고서 부표 | 원천징수세액환급신청서 | 기납부세액명세서 | 전월미환급세액 조정명세서 | 차월이월환급세액 승계명세

| | | 코드 | 소득지급 | | 징수세액 | | | 당월조정 환급세액 | 납부세액 | |
|---|---|---|---|---|---|---|---|---|---|---|
| | | | 인원 | 총지급액 | 소득세 등 | 농어촌특별세 | 가산세 | | 소득세 등 | 농어촌특별세 |
| 개인 거주자 비거주자 | 근로소득 | 간이세액 | A01 | 1 | 7,650,000 | | | | | | |
| | | 중도퇴사 | A02 | 1 | 2,500,000 | | | | | | |
| | | 일용근로 | A03 | | | | | | | | |
| | | 연말정산 | A04 | | | | | | | | |
| | | (분납금액) | A05 | | | | | | | | |
| | | (납부금액) | A06 | | | | | | | | |
| | | 가 감 계 | A10 | 2 | 10,150,000 | | | | | | |
| | 퇴직소득 | 연금계좌 | A21 | | | | | | | | |
| | | 그 외 | A22 | | | | | | | | |
| | | 가 감 계 | A20 | | | | | | | | |
| | 사업소득 | 매월징수 | A25 | | | | | | | | |
| | | 연말정산 | A26 | | | | | | | | |
| | | 가 감 계 | A30 | | | | | | | | |
| | 기타소득 | 연금계좌 | A41 | | | | | | | | |
| | | 종교인매월 | A43 | | | | | | | | |
| | | 종교인연말 | A44 | | | | | | | | |

| 전월 미환급 세액의 계산 | | | 당월 발생 환급세액 | | | | 18.조정대상환급(14+15+16+17) | 19.당월조정환급세액계 | 20.차월이월환급세액 | 21.환급신청액 |
|---|---|---|---|---|---|---|---|---|---|---|
| 12.전월미환급 | 13.기환급 | 14.차감(12-13) | 15.일반환급 | 16.신탁재산 | 금융회사 등 | 합병 등 | | | | |
| 90,000 | | 90,000 | | | | | 90,000 | | 90,000 | |

### [2] 연말정산추가자료 입력

- 보험료 : 생명보험료 520,000원, 손해보험료 720,000원
- 의료비 : 전액공제 의료비 2,500,000원
- 교육비 : 고등학교 수업료 1,500,000원
- 종교기부금 :  2,500,000원
- 개인연금저축 : 900,000원
- 신용카드사용금액 : 9,800,000원 입력
- 종전 근무지 급여입력 : 근무처명 (주)민우산업 사업자 등록번호 131-81-41959
- 급여총액 8,900,000원, 상여총액 1,200,000원
- 비과세(장학금) 700,000원, 건강보험료  85,000원, 고용보험료  31,000원, 소득세 141,000원, 지방소득세 14,100원

## [문제 5]

### [1]
(1) 수입금액조정명세서

제품매출 1,336,750,000원 + 5,200,000 = 1,341,950,000원

상품매출 572,000,000원

(익금산입) 적송매출누락액 5,200,000(유보 발생)

(2) 조정후 수입금액명세서

제조업 289302    1,341,950,000원

도매업 514210     572,000,000원

매출누락 +5,200,000원입력

[2]

| | | | |
|---|---|---|---|
| <손금불산입> | 받을어음 | 15,000,000원 | (유보) |
| <손금산입> | 전기대손충당금한도초과액 | 4,000,000원 | (△유보) |
| <손금불산입> | 대손충당금한도초과 | 12,788,500원 | (유보) |

① 대손금 조정 : 기말 대손처리한 받을어음은 법인세법상의 대손요건(부도 후 6개월경과)을 미충족하였으므로 당기손금계상액 중 부인액에 입력하고 손금불산입 유보 처분한다. 동 받을어음채권은 대손충당금설정대상채권에 포함하여 세무조정을 하여야 한다.

② 채권잔액 입력 시 받을어음의 경우 대손금 조정에서 발생한 부인액을 대손금부인액란에 추가 입력한다.

[3] 세액공제조정명세서(3)

1.환경보전시설투자세액공제에 투자액 200,00,000을 입력하고, 공제율 3%를 선택한다.

3.당기공제 및 이월액계산에서 F12불러오기를 클릭하면 6,000,000원이 자동반영된다.

[4] 〈손금산입〉 전기 단기투자자산(단기매매증권)저가매입    1,500,000원  (유보감소)

| 익금산입 및 손금불산입 | | | 손금산입 및 익금불산입 | | |
|---|---|---|---|---|---|
| 위탁매출누락 | 5,200,000원 | 유보(발생) | 전기대손충당금 | 4,000,000원 | 유보(감소) |
| 받을어음 | 15,000,000원 | 유보(발생) | | | |
| 대손충당금한도초과 | 12,788,500원 | 유보(발생) | 전기단기투자자산매입 (단기매매증권) | 1,500,000원 | 유보(감소) |
| 합 계 | 32,988,500원 | | 합 계 | 5,500,000원 | |

[5] 법인세과세표준 및 세액조정계산서

공 제 감 면 세 액(ㄱ)   − 350,000원(주1)

중 간 예 납 세 액   − 13,000,000원

원 천 징 수 세 액   − 4,000,000원

분납세액은 프로그램에서 제시한 금액입력

(주1) 공제감면세액 및 추가납부세액합계표 작성 후 법인세과세표준 및 세액조정계산서를 작성하면 자동 반영됨.


## [03회 종합 모의고사]

### ◆ 이론시험

01  ④ 비화폐성항목에서 발생한 손익을 기타포괄손익으로 인식하는 경우 그 손익에 포함된 환율변동효과도 기타포괄손익으로 인식한다.(일반기업회계기준 23.11)

02  ① 재평가모형의 경우 유형자산은 재평가일의 공정가치에서 이후의 감가상각누계액과 손상차손누계액을 차감한 재평가금액을 장부금액으로 한다.

03  ③ 재화가 인도되었으므로 매수자의 재고자산에 해당

04  ② 자본잉여금은 증자나 감자 등 주주와의 거래에서 발생하여 자본을 증가시키는 잉여금을 말한다. 예를들면, 주식발행초과금, 자기주식처분이익, 감자차익 등이 포함된다.(일반기업회계기준 2.30)
   감자차손은 자본조정 항목에 속한다.

**05** ④ 매도가능증권이 공정가치로 평가되면 미실현손익은 자본항목으로 처리된다.
　　(차) 매도가능증권평가손실[자본차감 항목] ***　　　(대) 매도가능증권 ***

**06** ④ 기초재공품의 완성도에 따라 선입선출법과 평균법의 결과가 다르게 나타난다. 이에 반해, 기말재공품의 완성도는 선입선출법과 평균법의 원가배분 결과에 영향을 미치지 않는다.

**07** ② 조업도 증가시 총고정비는 일정하지만 단위당 고정비는 체감한다.

**08** ① 기초 재공품 재고액이 없는 경우에는 평균법과 선입선출법에 의한 제품제조원가는 같다. 따라서 1,050,000원이 정답이다.

**09** ① 총원가비례법 : 매출원가비율(0.5) × 800,000 = 400,000 감소
　　매출원가조정법 : 800,000 감소
　　매출원가가 추가 400,000원 감소하므로 영업이익은 400,000원 증가

**10** ③ 개별원가계산을 개별적으로 원가를 추적해야 하므로 공정별 원가통제가 힘들다.

**11** ① ①은 열거되어 있지 않다.

**12** ③ 면세포기는 신청이 아닌 신고에 해당하므로 과세당국의 승인을 요하지 않는다.(부가령 57)

**13** ① 대손금 = 1,800,000원
　　● 파산선고로 회수할 수 없는 채권은 손금계상한 사업연도의 대손금이므로 당기 대손금에 해당한다.
　　● 전기에 소멸시효가 완성된 채권은 전기의 대손금이므로 당기에는 대손금으로 인정되지 않는다.
　　● 부도발생일부터 6개월이 지난 외상매출금(부도발생일 이전분)은 중소기업만 해당된다.

**14** ① 부동산임대업을 제외한 일반적인 사업에서 발생한 결손금은 부동산임대업 소득금액에서 먼저 공제하고 남은 결손금(사업소득의 결손금)을 ①근로소득금액, ②연금소득금액, ③기타소득금액, ④이자소득금액, ⑤배당소득금액에서 순서대로 공제한다.

**15** ④ 과세기간 개시 20일 전 포기신고서를 제출하면 된다.

◆ **실무시험**

[문제 1]

**[1] 6월 30일 일반전표입력**

| (차) | 사채 | 200,000,000원 | (대) | 보통예금 | 210,000,000원 |
|---|---|---|---|---|---|
| | 사채상환손실 | 14,000,000원 | | 사채할인발행차금 | 4,000,000원 |

**[2] 7월 2일　매입매출전표입력**
14. 건별　공급가액 5,000,000원　부가세 500,000원　분개유형 : 혼합

| (차) | 접대비(판) | 4,500,000원 | (대) | 제품(8.타계정으로대체) | 4,000,000원 |
|---|---|---|---|---|---|
| | | | | 부가세예수금 | 500,000원 |

**[3] 7월 3일 일반전표입력**

| (차) | 토지 | 53,500,000원 | (대) | 자산수증이익 | 50,000,000원 |
|---|---|---|---|---|---|
| | | | | 보통예금 | 3,500,000원 |

**[4] 7월 25일 매입매출전표입력**
유형:매출 11, 공급가액 −10,000,000, 부가세 −1,000,000, 거래처:(주)신품상사, 전자 : 1.여　분개:외상

| (차) | 외상매출금 | −11,000,000원 | (대) | 제품매출 | −10,000,000원 |
|---|---|---|---|---|---|
| | | | | 부가세예수금 | −1,000,000원 |

계약이 해제된 때에 그 작성일은 계약해제일로 적고 비고란에 처음 세금계산서 작성일을 덧붙여 적은 후 붉은
색 글씨로 쓰거나 부(負)의 표시를 하여 발급함

## [문제 2]

### [1]

1. 매입매출전표 입력

10월 20일   22.현과 공급가액 20,000,000 부가가치세 2,000,000 거래처: 김수일 분개: 1.현금

11월 15일   11.과세 공급가액 3,000,000 부가가치세 300,000 거래처 (주)대동 전자 :여 분개 :4.카드 신용카
　　　　드사: 국민카드

2. 신용카드매출전표등 발행집계표

### [2]

1. 매입매출전표입력

09월 01일 유형:매입 53, 공급가액 6,120,000원,   거래처:(주)하루상회, 분개유형 : 1.현금

　(차)  원재료　　　　　　　　　6,120,000원　　　　(대)  현금　　　　　　　　　6,120,000원
　　　　(적요 6.의제매입세액 원재료(차감))

2. 일반전표입력 09월 01일

　(차)  부가세대급금　　　　　　120,000원　　　　(대)  원재료(적요 8.타계정대체)　　120,000원

## [문제 3]

### [1] 일반전표입력(12/31)

　(차)  이자수익　　　　　　　　2,000,000원　　　　(대)  선수수익　　　　　　　　2,000,000원

### [2] 일반전표입력(12/31)

　(차)  감가상각비(제)　　　　45,100,000원　　　　(대)  감가상각누계액(209)　　45,100,000원
　　　　정부보조금(차량운반구차감)　9,020,000원　　　　감가상각비(제)　　　　9,020,000원

정부보조금 상계액 : 20,000,000 ×   45,100,000/100,000,000 = 9,020,000원

### [3] 일반전표입력(12/31)

　(차)  퇴직급여(판)　　　　　5,500,000원　　　　(대)  퇴직급여충당부채　　8,700,000원
　　　　퇴직급여(제)　　　　　3,200,000원

퇴직급여(판) = 18,500,000원 − 13,000,000원 = 5,500,000원
퇴직급여(제) = 31,200,000원 −(41,000,000원 − 13,000,000원) = 3,200,000원
또는 결산자료 입력에서 퇴직급여(제) 3,200,000　　퇴직급여(판) 5,500,000 입력후 전표추가함

### [4] 일반전표입력(12/31)

　(차)  법인세등　　　　　　　505,000원　　　　(대)  선납세금　　　　　　505,000원

결산자료입력 법인세 등 입력 후 전표 추가함.
- 법인세차감전이익 :  598,793,763원
- 법인세산출세액 : 200,000,000원×10%+(598,793,763원−200,000,000원)×20%= 99,758,752원
　① 99,758,752원 − 2,300,000원 = 97,458,752원
　② 법인세분 지방소득세 : 99,758,752 * 10% = 9,975,875원(지방소득세는 감면을 적용하지 않음)
- 법인세 등 :  107,434,627원
- 미지급세금(미지급법인세) = (97,458,752원+ 9,975,875원) − 505,000원 = 106,929,627원
- 결산자료입력메뉴에서 선납세금 505,000원, 법인세추가계상액 106,929,627원 직접입력한 후 전표추가

## [문제 4]

### [1]
Ⅰ.부양가족소득공제입력
   1. 김석영 (1) 보험료 : 국세청자료 670,000원 입력
           (2) 기부금 : 국세청자료 300,000원 기타자료 500,000원 입력
           (3) 대학원교육비 : 국세청자료 6,500,000원 입력
           (4) 신용카드사용 : 국세청자료 4,300,000원 입력
           (5) 직불카드사용 : 국세청자료 4,320,000원 입력
   2. 이순천 (1) 의료비 : 국세청자료 2,400,000원 입력
           (2) 신용카드사용 : 국세청자료 2,000,000원 입력
           (3) 현금영수증 : 150,000원 입력
   3. 김평강 (1) 현금영수증 : 국세청자료 550,000원 입력
           (2) 국내교육비 : 기타자료에 1,000,000원 입력
             (국외 어학연수비용과 방과후학교의 재료비는 교육비에 포함하지 않는다)

Ⅱ. 연말정산입력
    (1) 보험료 : 보장성보험료 670,000원
    (2) 의료비 : 그 밖의 공제대상 의료비 2,400,000원
    (3) 교육비 : 본인 6,500,000원 , 초·중고등학교 1,000,000원
    (4) 기부금
       • 법정기부금 : 50,000원 입력
       • 종교단체지정기부금 : 500,000원 입력
       • 종교단체이외지정기부금 : 250,000원 입력
    (5) 신용카드등에 다음과 같이 입력한다
       신용카드 6,300,000원, 직불카드 4,320,000원,   현금영수증 700,000원

### [2]
    (2) 연말정산자료입력(상단툴바에 연말정산- 중도퇴사자정산 클릭하여 반영하기)
    (3) 원천징수이행상황신고서
    귀속 3-3, 지급 3-3월 간이세액 1명 6,100,000원, 중도퇴사 1명 12,300,000원
                                    소득세등 −151,800원

    전월미환급 10,000원 입력

## [문제 5]

### [1]
세무조정
채권자불분명사채이자(원천세분) 손금불산입 1,672,000원 기타사외유출
채권자불분명사채이자(원천세제외) 손금불산입 2,328,000원 상여
업무무관자산등에대한지급이자 손금불산입 12,098,630원 기타사외유출 (1년이 366일때 12,065,573원)
업무무관자산등에관련한차입금이자조정명세서

1.적수입력(을) - 2.업무무관동산

| | 1.적수입력(을) | 2.지급이자 손금불산입(갑) | | | | | | |
|---|---|---|---|---|---|---|---|---|
| | 1.업무무관부동산 | 2.업무무관동산 | 3.가지급금 | 4.가수금 | 5.그밖의 | | 불러오기 | 적요: |
| | ①월일 | ②적요 | ③차변 | ④대변 | ⑤잔액 | ⑥일수 | ⑦적수 | |
| 1 | 7. 1 | 취 득 | 200,000,000 | | 200,000,000 | 184 | 36,800,000,000 | |

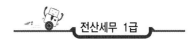
## 2. 지급이자 손금불산입(갑)

| 1.적수입력(을) | 2.지급이자 손금불산입(갑) |
|---|---|

**2** 1.업무무관부동산 등에 관련한 차입금 지급이자

| ①지급<br>이자 | 적 수 | | | | ⑥차입금<br>(=19) | ⑦ ⑤와 ⑥중<br>적은 금액 | ⑧손금불산입<br>지급이자<br>(①×⑦÷⑤) |
|---|---|---|---|---|---|---|---|
| | ②업무무관<br>부 동 산 | ③업무무관<br>동 산 | ④가지급금 등 | ⑤계(②+③+④) | | | |
| 60,000,000 | | 36,800,000,000 | | 36,800,000,000 | 182,500,000,000 | 36,800,000,000 | 12,098,630 |

**1** 2. 지급이자 및 차입금 적수 계산 [연이율 일수 현재: 365일]   <kbd>단수차이조정</kbd> <kbd>연일수</kbd>

| | (9)<br>이자율<br>(%) | (10)지급이자 | (11)차입금적수 | (12)채권자불분명 사채이자<br>수령자불분명 사채이자 | | (15)건설 자금 이자<br>국조법 14조에 따른 이자 | | 차 감 | |
|---|---|---|---|---|---|---|---|---|---|
| | | | | (13)지급이자 | (14)차입금적수 | (16)지급이자 | (17)차입금적수 | (18)지급이자<br>(10-13-16) | (19)차입금적수<br>(11-14-17) |
| 1 | 24 | 4,000,000 | 6,083,333,333 | 4,000,000 | 6,083,333,333 | | | | |
| 2 | 12 | 60,000,000 | 182,500,000,000 | | | | | 60,000,000 | 182,500,000,000 |

## [2]

## 1. 접대비조정명세서(을)

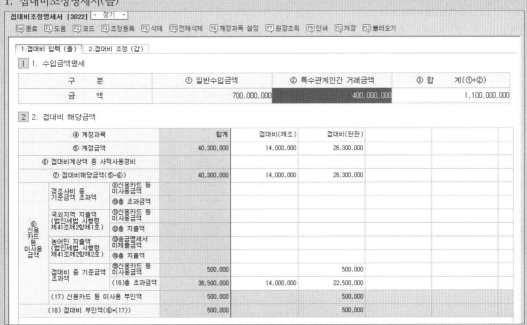

접대비조정명세서 [3022]  " 정기 "

<kbd>Esc 종료</kbd> <kbd>F1 도움</kbd> <kbd>F2 코드</kbd> <kbd>F3 조정등록</kbd> <kbd>F5 삭제</kbd> <kbd>CF5 전체삭제</kbd> <kbd>F6 계정과목 설정</kbd> <kbd>F7 원장조회</kbd> <kbd>F9 인쇄</kbd> <kbd>F11 저장</kbd> <kbd>F12 불러오기</kbd>

| 1.접대비 입력 (을) | 2.접대비 조정 (갑) |
|---|---|

**1** 1. 수입금액명세

| 구    분 | ① 일반수입금액 | ② 특수관계인간 거래금액 | ③ 합    계(①+②) |
|---|---|---|---|
| 금    액 | 700,000,000 | 400,000,000 | 1,100,000,000 |

**2** 2. 접대비 해당금액

| | ④ 계정과목 | | 합계 | 접대비(제조) | 접대비(판관) | | |
|---|---|---|---|---|---|---|---|
| | ⑤ 계정금액 | | 40,300,000 | 14,000,000 | 26,300,000 | | |
| | ⑥ 접대비계상액 중 사적사용경비 | | | | | | |
| | ⑦ 접대비해당금액(⑤-⑥) | | 40,300,000 | 14,000,000 | 26,300,000 | | |
| ⑧<br>신용<br>카드 등<br>미사용<br>금액 | 경조사비 중<br>기준금액<br>초과액 | ⑨신용카드 등<br>미사용금액 | | | | | |
| | | ⑩총 초과금액 | | | | | |
| | 국외지역 지출액<br>(법인세법 시행령<br>제41조제2항제1호) | ⑪신용카드 등<br>미사용금액 | | | | | |
| | | ⑫총 지출액 | | | | | |
| | 농어민 지출액<br>(법인세법 시행령<br>제41조제2항제2호) | ⑬송금명세서<br>미제출금액 | | | | | |
| | | ⑭총 지출액 | | | | | |
| | 접대비 중 기준금액<br>초과액 | ⑮신용카드 등<br>미사용금액 | 500,000 | | 500,000 | | |
| | | (16)총 초과금액 | 36,500,000 | 14,000,000 | 22,500,000 | | |
| | (17) 신용카드 등 미사용 부인액 | | 500,000 | | 500,000 | | |
| | (18) 접대비 부인액(⑥+(17)) | | 500,000 | | 500,000 | | |

## 2. 접대비조정명세서(갑)

| 1.접대비 입력 (을) | 2.접대비 조정 (갑) |

③ 접대비 한도초과액 조정

| 중소기업 | ☐ 정부출자법인 |
| | ☐ 부동산임대업등 ⑧한도액 50%적용 |

| 구분 | 금액 |
|---|---|
| ① 접대비 해당 금액 | 40,300,000 |
| ② 기준금액 초과 접대비 중 신용카드 등 미사용으로 인한 손금불산입액 | 500,000 |
| ③ 차감 접대비 해당금액(①-②) | 39,800,000 |

| | ④ 12,000,000 (중소기업 36,000,000) X 월수(12) / 12 | | 36,000,000 |
|---|---|---|---|
| 일반<br>접대비<br>한도 | 총수입금액<br>기준 | 100억원 이하의 금액 X 30/10,000 | 3,300,000 |
| | | 100억원 초과 500억원 이하의 금액 X 20/10,000 | |
| | | 500억원 초과 금액 X 3/10,000 | |
| | | ⑤ 소계 | 3,300,000 |
| | 일반수입금액<br>기준 | 100억원 이하의 금액 X 30/10,000 | 2,100,000 |
| | | 100억원 초과 500억원 이하의 금액 X 20/10,000 | |
| | | 500억원 초과 금액 X 3/10,000 | |
| | | ⑥ 소계 | 2,100,000 |
| | ⑦ 수입금액기준 | (⑤-⑥) X 10/100 | 120,000 |
| | ⑧ 일반접대비 한도액 (④+⑥+⑦) | | 38,220,000 |
| 문화접대비 한도<br>(「조특법」<br>제136조제3항) | ⑨ 문화접대비 지출액 | | 6,000,000 |
| | ⑩ 문화접대비 한도액(⑨와 (⑧ X 20/100) 중 작은 금액) | | 6,000,000 |
| ⑪ 접대비 한도액 합계(⑧+⑩) | | | 44,220,000 |
| ⑫ 한도초과액(③-⑪) | | | |
| ⑬ 손금산입한도 내 접대비 지출액(③과⑪ 중 작은 금액) | | | 39,800,000 |

## 3. 소득금액조정합계표

<손금불산입> 신용카드미사용 접대비      500,000원(기타사외유출)

## [3]

<손금산입> 전기오류수정손실 5,000,000 (기타)

| 자산계정과목 : | 0206 🔍 기계장치 | 미상각분 감가상각계산 |

| | 자산코드/명 | 취득년월일 | 상각방법 |
|---|---|---|---|
| ☐ | 000001 선반 | 2010-04-30 | 정률법 |
| ☐ | 000002 조립기 | 2010-05-25 | 정률법 |

| 기본등록사항 | 추가등록사항 |

| 1.기초가액 / 성실 기초가액 | 100,000,000 / |
| 2.전기말상각누계액(-) / 성실 전기말상각누계액 | 40,000,000 / |
| 3.전기말장부가액 / 성실 전기말장부가액 | 60,000,000 / |
| 4.당기중 취득 및 당기증가(+) | |
| 5.당기감소(일부양도 · 매각 · 폐기)(-) | |
| 전기말상각누계액(당기감소분)(+) | |
| 6.전기말자본적지출액누계(+)(정액법만) | |
| 7.당기자본적지출액(즉시상각분)(+) | |
| 8.전기말부인누계액(+) (정률만 상각대상에 가산) | |
| 9.전기말의제상각누계액(-) | |
| 10.상각대상금액 | 60,000,000 |
| 11.내용연수/상각률(월수) | 8 🔍 0.313 ( 12 ) |
| 성실경과내용연수/차감연수(성실상각률) | / ( ) 기준내용년수도움 |
| 12.상각범위액(한도액)(10X상각율) | 18,780,000 |
| 13.회사계상액(12)-(7) | 24,000,000 사용자수정 |
| 14.경비구분 | 1.500번대/제조 |
| 15.당기말감가상각누계액 | 64,000,000 |
| 16.당기말장부가액 | 36,000,000 |
| 17.당기의제상각비 | |
| 18.전체양도일자 | ---- - -- |
| 19.전체폐기일자 | ---- - -- |
| 20.업종 | 🔍 |

\* 선반의 회사계상 상각액을 수정하여 24,000,000원(19,000,000 + 5,000,000) 입력

자산계정과목 : 0206 🔍 기계장치　　　　미상각분 감가상각계산

| ☐ | 자산코드/명 | 취득년월일 | 상각방법 |
|---|---|---|---|
| ☐ 000001 | 선반 | 2010-04-30 | 정률법 |
| ☐ 000002 | 조립기 | 2010-05-25 | 정률법 |

기본등록사항　추가등록사항

|  |  |
|---|---|
| 1.기초가액 / 성실 기초가액 | 45,000,000 / |
| 2.전기말상각누계액(-) / 성실 전기말상각누계액 | 15,000,000 / |
| 3.전기말장부가액 / 성실 전기말장부가액 | 30,000,000 / |
| 4.당기중 취득 및 당기증가(+) | |
| 5.당기감소(일부양도·매각·폐기)(-) | |
| 　전기말상각누계액(당기감소분)(+) | |
| 6.전기말자본적지출액누계(+)(정액법만) | |
| 7.당기자본적지출액(즉시상각분)(+) | |
| 8.전기말부인누계액(+)(정률만 상각대상에 가산) | 1,830,000 |
| 9.전기말의제상각누계액(-) | |
| 10.상각대상금액 | 31,830,000 |
| 11.내용연수/상각률(월수) | 8 🔍 0.313 ( 12 ) |
| 　성실경과내용연수/차감연수(성실상각률) | / ( ) 기준내용년수도움 |
| 12.상각범위액(한도액)(10X상각율) | 9,962,790 |
| 13.회사계상액(12)-(7) | 15,000,000 사용자수정 |
| 14.경비구분 | 1.500번대/제조 |
| 15.당기말감가상각누계액 | 30,000,000 |
| 16.당기말장부가액 | 15,000,000 |
| 17.당기의제상각비 | |

* 조립기의 회사계상액 사용자 수정: 15,000,000원 입력

---

유형자산(정액법)　유형자산(정률법)　무형자산

| 계정 | 자산코드/명 | 취득년월일 |
|---|---|---|
| 0206 000001 | 선반 | 2010-04-30 |
| 0206 000002 | 조립기 | 2010-05-25 |

| 입력내용 | 금액 | 총계 |
|---|---|---|
| 업종코드/명 | | |
| 합계표 자산구분　　2. 기계장치 | | |
| (4)내용연수 | 8 | |
| 상각 재무상태표 (5)기말현재액 | 100,000,000 | 145,000,000 |
| 계산 자산가액 (6)감가상각누계액 | 64,000,000 | 94,000,000 |
| 의 (7)미상각잔액(5)-(6) | 36,000,000 | 51,000,000 |
| (8)회사계산감가상각비 | 24,000,000 | 39,000,000 |
| 기초 (9)자본적지출액 | | |
| 가액 (10)전기말의제상각누계액 | | |
| (11)전기말부인누계액 | | 1,830,000 |
| (12)가감계((7)+(8)+(9)-(10)+(11)) | 60,000,000 | 91,830,000 |
| (13)일반상각률.특별상각률 | 0.313 | |
| 당기산출 (14)일반상각액 | 18,780,000 | 28,742,790 |
| 상각액 (15)특별상각액 | | |
| 상각범위 (16)계((14)+(15)) | 18,780,000 | 28,742,790 |
| (17)전기말현재취득가액 | 100,000,000 | 145,000,000 |
| 취득가액 (18)당기회사계산증가액 | | |
| 액계산 (19)당기자본적지출액 | | |
| (20)계((17)+(18)+(19)) | 100,000,000 | 145,000,000 |
| (21) 잔존가액 | 5,000,000 | 7,250,000 |
| (22) 당기상각시인범위액 | 18,780,000 | 28,742,790 |
| (23)회사계상상각액((8)+(9)) | 24,000,000 | 39,000,000 |
| (24)차감액 ((23)-(22)) | 5,220,000 | 10,257,210 |
| (25)최저한세적용에따른특별상각부인액 | | |
| 조정액 (26) 상각부인액 ((24)+(25)) | 5,220,000 | 10,257,210 |

---

유형자산(정액법)　유형자산(정률법)　무형자산

| 계정 | 자산코드/명 | 취득년월일 |
|---|---|---|
| 0206 000001 | 선반 | 2010-04-30 |
| 0206 000002 | 조립기 | 2010-05-25 |

| 입력내용 | 금액 | 총계 |
|---|---|---|
| 업종코드/명 | | |
| 합계표 자산구분　　2. 기계장치 | | |
| (4)내용연수 | 8 | |
| 상각 재무상태표 (5)기말현재액 | 45,000,000 | 145,000,000 |
| 계산 자산가액 (6)감가상각누계액 | 30,000,000 | 94,000,000 |
| 의 (7)미상각잔액(5)-(6) | 15,000,000 | 51,000,000 |
| (8)회사계산감가상각비 | 15,000,000 | 39,000,000 |
| 기초 (9)자본적지출액 | | |
| 가액 (10)전기말의제상각누계액 | | |
| (11)전기말부인누계액 | 1,830,000 | 1,830,000 |
| (12)가감계((7)+(8)+(9)-(10)+(11)) | 31,830,000 | 91,830,000 |
| (13)일반상각률.특별상각률 | 0.313 | |
| 당기산출 (14)일반상각액 | 9,962,790 | 28,742,790 |
| 상각액 (15)특별상각액 | | |
| 상각범위 (16)계((14)+(15)) | 9,962,790 | 28,742,790 |
| (17)전기말현재취득가액 | 45,000,000 | 145,000,000 |
| 취득가액 (18)당기회사계산증가액 | | |
| 액계산 (19)당기자본적지출액 | | |
| (20)계((17)+(18)+(19)) | 45,000,000 | 145,000,000 |
| (21) 잔존가액 | 2,250,000 | 7,250,000 |
| (22) 당기상각시인범위액 | 9,962,790 | 28,742,790 |
| (23)회사계상상각액((8)+(9)) | 15,000,000 | 39,000,000 |
| (24)차감액 ((23)-(22)) | 5,037,210 | 10,257,210 |
| (25)최저한세적용에따른특별상각부인액 | | |
| 조정액 (26) 상각부인액 ((24)+(25)) | 5,037,210 | 10,257,210 |
| (27) 기왕부인액중당기손금추인액 | | |
| (28) 당기말부인누계액 ((11)+(26)-|(27)|) | 6,867,210 | 12,087,210 |

&lt;손금불산입&gt; 선반감가상각비 5,220,000 (유보발생)
&lt;손금불산입&gt; 조립기감가상각비 5,037,210 (유보발생)

| | 1.자산구분 | 코드 | 2.합계액 | 유형고정자산 | | | 6.무형고정자산 |
| | | | | 3.건축물 | 4.기계장치 | 5.기타자산 | |
|---|---|---|---|---|---|---|---|
| 재무상태표상가액 | 101.기말현재액 | 01 | 145,000,000 | | 145,000,000 | | |
| | 102.감가상각누계액 | 02 | 94,000,000 | | 94,000,000 | | |
| | 103.미상각잔액 | 03 | 51,000,000 | | 51,000,000 | | |
| | 104.상각범위액 | 04 | 28,742,790 | | 28,742,790 | | |
| | 105.회사손금계상액 | 05 | 39,000,000 | | 39,000,000 | | |
| 조정금액 | 106.상각부인액 (105-104) | 06 | 10,257,210 | | 10,257,210 | | |
| | 107.시인부족액 (104-105) | 07 | | | | | |
| | 108.기왕부인액 중 당기손금추인액 | 08 | | | | | |
| | 109.신고조정손금계상액 | 09 | | | | | |

## [4]

&lt;손금불산입&gt; 토지취득세  840,000원 (유보발생)
&lt;손금불산입&gt; 퇴직급여  84,000,000원 (유보발생)
&lt;손금불산입&gt; 비현실적 퇴직급여는 현실적 퇴직시까지 가지급금으로 보아 세무조정한다.
&lt;익금불산입&gt; 지방세환급가산금  13,000원 (기타)
　　　　　　　재산세환급액은 익금에 해당하지만 지방세환급가산금은 익금에 해당하지 아니한다.

## [5]

### (1) 법인세 과세표준 및 세액조정계산서 작성

| ① 각사업연도소득계산 | | | | | ④ 납부할세액계산 | | | |
|---|---|---|---|---|---|---|---|---|
| 101.결산서상 당기순손익 | 01 | 243,140,200 | | 120.산 출 세 액 (120=119) | | 19,164,020 | | |
| 소득조정금액 102.익 금 산 입 | 02 | 200,000,000 | | 121.최저한세 적용 대상 공제 감면 세액 | 17 | 1,600,000 | | |
| 103.손 금 산 입 | 03 | | | 122.차 감 세 액 | 18 | 17,564,020 | | |
| 104.차 가 감 소득금액 (101+102-103) | 04 | 443,140,200 | | 123.최저한세 적용 제외 공제 감면 세액 | 19 | | | |
| 105.기 부 금 한 도 초 과 액 | 05 | | | 124.가 산 세 액 | 20 | | | |
| 106.기부금 한도초과 이월액 손금산입 | 54 | 1,500,000 | | 125.가 감 계 (122-123+124) | 21 | 17,564,020 | | |
| 107.각사업연도소득금액 (104+105-106) | 06 | 441,640,200 | | 기한내납부세액 126.중 간 예 납 세 액 | 22 | 3,000,000 | | |
| ② 과세표준계산 108.각 사업 연도 소득금액 (108=107) | | 441,640,200 | | 127.수 시 부 과 세 액 | 23 | | | |
| 109.이 월 결 손 금 | 07 | 50,000,000 | | 128.원 천 납 부 세 액 | 24 | | | |
| 110.비 과 세 소 득 | 08 | | | 129.간접 회사등 외국 납부세액 | 25 | | | |
| 111.소 득 공 제 | 09 | 200,000,000 | | 130.소 계 (126+127+128+129) | 26 | 3,000,000 | | |
| 112.과 세 표 준 (108-109-110-111) | 10 | 191,640,200 | | 131.신 고 납부전 가 산 세 액 | 27 | | | |
| 159.선 박 표 준 이 익 | 55 | | | 132.합 계 (130+131) | 28 | 3,000,000 | | |
| ③ 산출세액계산 113.과 세 표 준 (113=112+159) | 56 | 191,640,200 | | 133.감 면 분 추 가 납 부세액 | 29 | | | |
| 114.세 율 | 11 | 10% | | 134.차가감 납부할 세액 (125-132+133) | 30 | 14,564,020 | | |
| 115.산 출 세 액 | 12 | 19,164,020 | | ⑤토지등양도소득, 미환류소득 법인세계산 (TAB로 이동) | | | | |
| 116.지 점 유 보 소 득 (법 제96조) | 13 | | | 151.차 가 감 납부할 세 액 계 (134+150) | 46 | 14,564,020 | | |
| 117.세 율 | 14 | | | ⑦ 세액계 152.사실과 다른 회계처리 경정세액공제 | 57 | | | |
| 118.산 출 세 액 | 15 | | | 153.분 납 세 액 계 산 범 위 액 (151-124-133-145-152+131) | 47 | 14,564,020 | | |
| 119.합 계 (115+118) | 16 | 19,164,020 | | 분납할 세액 154.현 금 납 부 | 48 | 4,564,020 | | |
| | | | | 155.물 납 | 49 | | | |
| | | | | 156. 계 (154+155) | 50 | 4,564,020 | | |
| | | | | 차감 납부 세액 157.현 금 납 부 | 51 | 10,000,000 | | |
| | | | | 158.물 납 | 52 | | | |
| | | | | 160. 계 (157+158) [160=(151-152-156)] | 53 | 10,000,000 | | |

## (2) 최저한세조정명세서 작성

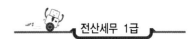

**최저한세조정계산서 [3073]**  « 정기 »

Esc종료  F1도움  F3조정등록  F4조정감순서  F5전체삭제  F6중소기업유예연차  F7원장조회  F8잔액조회  F9인쇄  F11저장  F12불러오기

| ①구분 | 23 | ②감면후세액 | ③최저한세 | ④조정감 | ⑤조정후세액 |
|---|---|---|---|---|---|
| (101) 결 산 서 상 당 기 순 이 익 | 01 | 243,140,200 | | | |
| 소득조정금액 (102)익 금 산 입 | 02 | 200,000,000 | | | |
| (103)손 금 산 입 | 03 | | | | |
| (104) 조 정 후 소 득 금 액 (101+102-103) | 04 | 443,140,200 | 443,140,200 | | |
| 최저한세적용대상 특 별 비 용 (105)준 비 금 | 05 | | | | |
| (106)특별상각,특례상각 | 06 | | | | |
| (107) 특별비용손금산입전소득금액(104+105+106) | 07 | 443,140,200 | 443,140,200 | | |
| (108) 기 부 금 한 도 초 과 액 | 08 | | | | |
| (109) 기부금 한도초과 이월액 손 금 산 입 | 09 | 1,500,000 | 1,500,000 | | |
| (110) 각 사 업 년 도 소 득 금 액 (107+108-109) | 10 | 441,640,200 | 441,640,200 | | |
| (111) 이 월 결 손 금 | 11 | 50,000,000 | 50,000,000 | | |
| (112) 비 과 세 소 득 | 12 | | | | |
| (113) 최저한세적용대상 비 과 세 소 득 | 13 | | | | |
| (114) 최저한세적용대상 익 금 불 산 입 | 14 | | | | |
| (115) 차 가 감 소 득 금 액 (110-111-112+113+114) | 15 | 391,640,200 | 391,640,200 | | |
| (116) 소 득 공 제 | 16 | 200,000,000 | 200,000,000 | | |
| (117) 최저한세적용대상 소 득 공 제 | 17 | | 50,000,000 | | |
| (118) 과 세 표 준 금 액 (115-116+117) | 18 | 191,640,200 | 241,640,200 | | |
| (119) 선 박 표 준 이 익 | 24 | | | | |
| (120) 과 세 표 준 금 액 (118+119) | 25 | 191,640,200 | 241,640,200 | | |
| (121) 세 율 | 19 | 10 % | 7 % | | |
| (122) 산 출 세 액 | 20 | 19,164,020 | 16,914,814 | | |
| (123) 감 면 세 액 | 21 | 1,600,000 | | | |
| (124) 세 액 공 제 | 22 | | | | |
| (125) 차 감 세 액 (122-123-124) | 23 | 17,564,020 | | | |

# [04회 종합 모의고사]

**01** ① 일반기업회계기준 23.9

**02.** ③ 자산과 부채가 동시에 누락되었으므로 자산과 부채는 과소계상되나 자본과 당기순이익은 영향이 없다.

**03** ② 시송품 중 매입자가 매입의사를 표시하기 전 금액은 재고자산에 포함한다.
적송품 중 수탁자가 제3자에게 판매하기 전 금액은 재고자산에 포함한다.
할부판매액은 대금회수에 관계없이 판매시점에 재고자산에서 제외한다.
기말재고자산 = 1,000,000원 + 500,000원×(1−80%) + 700,000원×30% = 1,310,000원

**04** ③ 100,000,000원＋3,000,000원＋(3,500,000−1,000,000)원 = 105,500,000

**05** ② 재고자산과소− 당기순이익(자본)과소 영향
유동비율＝유동자산/유동부채 이므로 분자(재고자산) 감소로 유동비율 감소함
부채비율＝부채/자본이므로 분모(자본)이 감소하므로 부채비율은 증가

**06** ③ 원가집합(cost pool)이란 원가대상에 직접적으로 추적할 수 없는 원가를 집계하는 단위를 말한다. 제조간접원가가 대표적인 원가집합에 해당한다.

**07** ④

**08** ③ 보조부문용역 수수관계에 따른 배분방법과 원가행태에 따른 배분방법은 두가지 방법을 혼용하여 사용할 수 있다.

**09** ②

**10** ① 동력부 → 수선 : 800,000 × 0.2 = 160,000
수선 → 절단 : (350,000 + 160,000) × 0.6/0.9 = 340,000

**11** ④ ①, ②, ③는 모두 익금불산입 항목이다.

**12** ④ 소매업은 공급받는 자가 세금계산서의 발급을 요구하는 경우에는 세금계산서를 발급해야 한다.

**13** ④ 기타소득으로 분류된 경우 필요경비로 80%(또는 60%)가 인정되므로 기타소득금액이 300만원 이하의 경우 납세의무자의 선택에 따라 종합합산 할 수 있다. 따라서 반드시 합산하여 종합소득세 신고하는 것은 아니다.

**14** ② 외국인도수출에 의하여 재화를 공급하는 경우 공급시기는 외국에서 해당 재화가 인도되는 때이다.

**15** ① 배당소득 : 14%    복권당첨소득 : 20%    봉사료수입금액 : 5%    의료보건용역 : 3%


◆ **실무시험**

[문제 1]

**[1] 2월 28일 일반전표입력**

| (차) | 이월이익잉여금(375번) | 32,000,000원 | (대) | 이익준비금 | 2,000,000원 |
| | | | | 재무구조개선적립금 | 10,000,000원 |
| | | | | 미지급배당금 | 20,000,000원 |

**[2] 3월 2일 매입매출전표입력**

12.영세(매출), 거래처 :(주)해태무역, 전자:여, 분개:혼합, 공급가액:30,000,000원, 부가세:0원

| (차) | 선수금(거래처:(주)해태무역) | 8,000,000원 | (대) | 제품매출 | 40,000,000원 |
| | 외상매출금 | 32,000,000원 | | | |
| | (거래처:(주)해태무역) | | | | |

**[3] 3월 4일 일반전표**

| (차) | 퇴직급여충당부채 | 21,000,000원 | (대) | 퇴직연금운용자산 | 6,000,000원 |
| | | | | 보통예금 | 15,000,000원 |

**[4] 3월 20일 일반전표입력**

| (차) | 사채 | 30,000,000원 | (대) | 보통예금 | 25,600,000원 |
| | 사채상환손실 | 600,000원 | | 사채할인발행차금 | 5,000,000원 |


[문제 2]

**[1] 공제받지 못할 매입세액명세서**

① 공제받지 못할 매입세액내역

| | | 공제받지못할매입세액내역 | 공통매입세액안분계산내역 | 공통매입세액의정산내역 | 납부세액또는환급세액재계산 |

| 매입세액 불공제 사유 | 세금계산서 | | |
| | 매수 | 공급가액 | 매입세액 |
| ①필요적 기재사항 누락 등 | | | |
| ②사업과 직접 관련 없는 지출 | | | |
| ③비영업용 소형승용자동차 구입 · 유지 및 임차 | | | |
| ④접대비 및 이와 유사한 비용 관련 | 1 | 2,500,000 | 250,000 |
| ⑤면세사업 관련 | 1 | 100,000 | 10,000 |
| ⑥토지의 자본적 지출 관련 | | | |
| ⑦사업자등록 전 매입세액 | | | |
| ⑧금거래계좌 미사용 관련 매입세액 | | | |

② 납부세액재계산(2022년 10월 - 12월 )

| 자산 | 매입세액 | 취득연월 | 체감율 | 기간 | 경감율 | 총공급 | 면세 | 총공급 | 면세 | 증가율 | 세액 |
|---|---|---|---|---|---|---|---|---|---|---|---|
| 건물등 | 20,000,000 | 2021/06 | 5 | 3 | 85 | 5억 | 2억 | 5억 | 1억5천 | 10 | 1,700,000 |
| 기타 | 40,000,000 | 2021/07 | 25 | 2 | 50 | 5억 | 2억 | 5억 | 1억5천 | 10 | 2,000,000 |

[2] 3/31 유형: 14건별   공급가액: 295,890   부가세: 29,589   거래처: 없음   분개: 혼합

| (차) 세금과공과(판) | 29,589 | (대) 부가세예수금 | 29,589 |
|---|---|---|---|

조회기간: 2022 년 01 ∨ 월 ~ 2022 년 03 ∨ 월   1기 예정      일수확인   적용이자율  1.2%

| No | 코드 | 거래처명(임차인) | 동 | 층 | 호 |
|---|---|---|---|---|---|
| 1 | 1004 | 진성상사 | 1 | 1 | 1 |
| 2 | 1011 | 기흥식당 | 1 | 2 | 2 |
| 3 | | | | | |

◆ 등 록 사 항

1.사업자등록번호   105-05-91233      2.주민등록번호   _____-_____

3.면적(㎡)   100.00  ㎡  4.용도   음식점

5.임대기간에 따른 계약 내용

| No | 계약갱신일 | 임대기간 |
|---|---|---|
| 1 | | 2022-01-01 ~ 2022-12-31 |
| 2 | | |

| 6.계약내용 | 금 액 | 당해과세기간계 | |
|---|---|---|---|
| 보 증 금 | 60,000,000 | 60,000,000 | |
| 월 세 | 2,500,000 | 7,500,000 | |
| 관 리 비 | | | |
| 7.간주 임대료 | 177,534 | 177,534 | 90 일 |
| 8.과 세 표 준 | 2,677,534 | 7,677,534 | |

| 소 계 | | | |
|---|---|---|---|
| 월 세 | 7,500,000 | 관 리 비 | |
| 간주임대료 | 177,534 | 과 세 표 준 | 7,677,534 |

전 체 합 계

| 월세등 | 13,500,000 | 간주임대료 | | 295,890 | 과세표준(계) | 13,795,890 |
|---|---|---|---|---|---|---|

| 과 | 매입자발행세금계산서 | 2 | | 10/100 | |
|---|---|---|---|---|---|
| | 신용카드·현금영수증발행분 | 3 | | 10/100 | |
| 세 | 기타(정규영수증외매출분) | 4 | 295,890 | 10/100 | 29,589 |
| 영 | 세금계산서발급분 | 5 | | 0/100 | |
| 세 | 기타 | 6 | | 0/100 | |

| 과세표준명세 | | | |
|---|---|---|---|
| 업태 | 종목 | 코드 | 금액 |
| 제조.도매,임대 | 전자부품,가구외 | 292203 | 374,615,000 |
| | | | 10,500,000 |
| 수입금액제외 | 전자 응용 절삭기계 제조 | 292203 | 298,890 |

## [문제 3]

[1]

| (차) 매도가능증권(투자자산) | 700,000원 | (대) 매도가능증권평가손실 | 200,000원 |
|---|---|---|---|
| | | 매도가능증권평가이익 | 500,000원 |
| | | (기타포괄손익) | |

[2] 다음 ① 과 ② 중 선택입력

① 결산자료입력

매출원가(퇴직급여(전입액)) : 35,000,000원 입력 = 40,000,000 - 5,000,000

판매비와관리비(퇴직급여(전입액)) : 12,000,000원 입력 = 30,000,000 - 18,000,000

② 12월 31일 일반전표입력

| (차) 퇴직급여(제) | 35,000,000원 | (대) 퇴직급여충당부채 | 35,000,000원 |
|---|---|---|---|
| (차) 퇴직급여(판) | 12,000,000원 | (대) 퇴직급여충당부채 | 12,000,000원 |

[3] 결산자료 입력 메뉴에서 해당항목에 금액 입력 후 전표추가

[4] 당기처분예정일 2023년 2월 23일, 이익준비금 2,000,000원, 주식할인발행차금 7,500,000원, 미교부주식배당금 30,000,000원 입력후 전표추가

## [문제 4]

[1] 수당공제메뉴에서 자가운전보조금(비과세) 사용안함
수당공제메뉴에서 자가운전보조금(과세, 정기, 사용) 설정
수당공제메뉴에서 육아수당(비과세, Q01, 정기, 사용) 검색등록

[2] 퇴직위로금은 퇴직금에 포함하고, 전별금은 퇴직금에 포함하지 않는다.
① 퇴직소득자료입력(사원등록에서 퇴사 연월일 입력후)
지급연월 2020년 6월 입력하고 330.나홀로 사원 조회, 퇴직사유: 자발적퇴직 선택
과세퇴직급여 24,000,000원 입력

[3] 부양가족명세
모 이희숙과 동생 장태현은 소득요건이 충족되지 않으므로 기본공제대상자가 아니며, 위탁아동 장규원은 위탁기간이 6개월 이상이 아니므로 기본공제대상자가 아니다.

## [문제 5]

[1] 세금과공과금명세서 — 불러오기

| 코드 | 계정과목 | 월 | 일 | 거래내용 | 코드 | 지급처 | 금 액 | 손금불산입표시 |
|---|---|---|---|---|---|---|---|---|
| 0517 | 세금과공과금 | 2 | 6 | 공장용지 취득시 취득세등 | | | 9,200,000 | 손금불산입 |
| 0517 | 세금과공과금 | 7 | 28 | 공장건축물재산세 | | | 810,000 | |
| 0817 | 세금과공과금 | 8 | 6 | 세금계산서미수취로 인한 불공제매입세 | | | 270,000 | 손금불산입 |
| 0817 | 세금과공과금 | 9 | 7 | 교통유발부담금 | | | 480,000 | |
| 0817 | 세금과공과금 | 10 | 29 | 전기요금 납부지연시 연체가산금 | | | 27,000 | |
| 0817 | 세금과공과금 | 11 | 7 | 폐수배출부담금 | | | 1,320,000 | 손금불산입 |

<손금불산입> 토지취득세  9,200,000원 유보발생
<손금불산입> 불공제매입세액  270,000원 기타사외유출
<손금불산입> 폐수배출부담금  1,320,000원 기타사외유출

[2] ① 일반 연구및인력개발비 명세서의 작성

| 1.발생명세 및 증가발생액계산 | | 2.공제세액 | | 3.연구소/전담부서 현황 | | 4.해당연도 연구·인력개발비 발생명세 | |

1 해당 연도의 연구 및 인력개발비 발생 명세

| 계정과목 | 자체연구개발비 | | | | | |
|---|---|---|---|---|---|---|
| | 인건비 | | 재료비 등 | | 기타 | |
| | 인원 | (6)금액 | 건수 | (7)금액 | 건수 | (8)금액 |
| 1 경상연구개발 | 3 | 25,000,000 | 10 | 39,000,000 | | |
| 2 | | | | | | |
| 합계 | 3 | 25,000,000 | 10 | 39,000,000 | | |

| 계정과목 | 위탁 및 공동 연구개발비 | | (10)인력개발비 | (11)맞춤형교육비용 | (12)현장훈련 수당 등 | (13)총 계 |
|---|---|---|---|---|---|---|
| | 건수 | 9.금액 | | | | |
| 1 경상연구개발 | | | | | | 64,000,000 |
| 2 | | | | | | |
| 합계 | | | | | | 64,000,000 |

| 구분 | 해당 사업년도 | 연구 및 인력개발비 지출내역 |
|---|---|---|
| 10기 | 2021.1.1. ~ 2021.12.31. | 31,000,000원 |
| 9기 | 2020.1.1. ~ 2020.12.31. | 19,000,000원 |
| 8기 | 2019.1.1. ~ 2019.12.31. | 36,000,000원 |
| 7기 | 20181.1. ~ 2018.12.31 | 39,000,000원 |

| 1.발생명세 및 증가발생액계산 | 2.공제세액 | 3.연구소/전담부서 현황 | 4.해당연도 연구·인력개발비 발생명세 |
|---|---|---|---|

**3  공제세액**

| | | (24)대상금액(=13) | (25)공제율 | | | (26)공제세액 |
|---|---|---|---|---|---|---|
| 해당 연도<br>총발생금액<br>공제 | 중소기업 | 64,000,000 | 25% | | | 16,000,000 |
| | 중소기업 유예기간<br>종료이후 5년내기업 | (27)대상금액(=13) | (28)유예기간 종료연도 | (29)유예기간 종료이후년차 | (30)공제율 | (31)공제세액 |
| | | | _____-__ | | | |
| | 중견기업 | (32)대상금액(=13) | (33)공제율 | | | (34)공제세액 |
| | | | 8% | | | |
| | 일반기업 | (35)대상금액(=13) | 공제율 | | | (39)공제세액 |
| | | | (36)기본율 | (37)추가 | (38)계 | |
| | | | 2% | | | |
| 증가발생금액 공제 | | (40)대상금액(=23) | (41)공제율 | (42)공제세액 | | ※공제율<br>중소기업 : 50%<br>중소기업외 : 40% |
| | | 33,000,000 | 50% | 16,500,000 | | |
| (43)해당연도에 공제받을 세액 | | 중소기업(26과 42 중 선택) | | | 16,500,000 | ※ 최저한세 설정 |
| | | 중소기업 유예기간 종료이후 5년내 기업(31과 42 중 선택) | | | | ◉  제외 |
| | | 중견기업(34와 42 중 선택) | | | | ○  대상 |
| | | 일반기업(39와 42 중 선택) | | | | |

② 세액공제조정명세서(3)의 작성

**세액공제조정명세서(3) [3136]** □ 정기

Esc종료  F1도움  F2코드  F3조정등록  F4계산내역  F5삭제  CF5전체삭제  F6최저배제  F8인쇄  F11저장  F12불러오기

| 1.세액공제(1) | 2.세액공제(2) | 3.당기공제 및 이월액계산 |
|---|---|---|

| 구분 | 계산기준 | 계산명세 | | 공제대상<br>세액 |
|---|---|---|---|---|
| | | 투자액 | 공제율 | |
| 중소기업투자세액공제 | 투자금액 × 3/100 | | | |
| 기업의 어음제도개선을 위한 세액공제 | (환어음 등 지급금액-약속어음결제금액) ×<br>((4,5)/1000, 15/10000) *산출세액의 10% 한도 | F4-계산내역 | | |
| 대.중소기업 상생협력을 위한 기금출연<br>세액공제 | 출연금 × 7/100 | | | |
| 연구·인력개발비세액공제<br>(최저한세 적용제외) | '14.1.1~'14.12.31.:발생액×3~4(8,10,15,20,25,30)/100<br>또는 2년간 연평균 발생액의 초과액×40(50)/100 | F4-계산내역 | | 16,500,000 |
| 연구·인력개발비세액공제<br>(최저한세 적용대상) | '15.1.1.이후:발생액×2~3(8,10,15,20,25,30)/100<br>또는 직전 발생액의 초과액×40(50)/100 | F4-계산내역 | | |

| 공제(2) | 3.당기공제 및 이월액계산 |
|---|---|

| 요공제액 | | 당기공제대상세액 | | | | |
|---|---|---|---|---|---|---|
| (107)당기분 | (108)이월분 | (109)당기분 | (110)1차연도 | (111)2차연도 | (112)3차연도 | (113)4 |
| 16,500,000 | | 16,500,000 | | | | |
| | | | | | | |
| | | | | | | |
| | | | | | | |
| 16,500,000 | | 16,500,000 | | | | |

## [3] 1. 퇴직연금부담금등 조정명세서

### 2.이미 손금산입한 부담금 등의 계산

#### 1 나.기말 퇴직연금 예치금 등의 계산

| 19.기초<br>퇴직연금예치금 등 | 20.기중 퇴직연금예치금 등<br>수령 및 해약액 | 21.당기 퇴직연금예치금 등의<br>납입액 | 22.퇴직연금예치금 등 계<br>(19 - 20 + 21) |
|---|---|---|---|
| 15,000,000 | 6,000,000 | 18,000,000 | 27,000,000 |

#### 2 가.손금산입대상 부담금 등 계산

| 13.퇴직연금예치금 등 계<br>(22) | 14.기초퇴직연금충당금등<br>및 전기말 신고조정에<br>의한 손금산입액 | 15.퇴직연금충당금등<br>손금부인 누계액 | 16.기중퇴직연금등<br>수령 및 해약액 | 17.이미 손금산입한<br>부담금등<br>(14 - 15 - 16) | 18.손금산입대상<br>부담금 등<br>(13 - 17) |
|---|---|---|---|---|---|
| 27,000,000 | 15,000,000 | | 6,000,000 | 9,000,000 | 18,000,000 |

### 1.퇴직연금 등의 부담금 조정

| 1.퇴직급여추계액 | 당기말 현재 퇴직급여충당금 | | | | 6.퇴직부담금 등<br>손금산입<br>누적한도액<br>(① - ⑤) |
|---|---|---|---|---|---|
| | 2.장부상 기말잔액 | 3.확정기여형퇴직연금자의<br>설정전 기계상된<br>퇴직급여충당금 | 4.당기말<br>부인 누계액 | 5.차감액<br>(② - ③ - ④) | |
| 200,000,000 | 75,000,000 | | | 75,000,000 | 125,000,000 |

| 7.이미 손금산입한<br>부담금 등<br>(17) | 8.손금산입액 한도액<br>(⑥ - ⑦) | 9.손금산입 대상<br>부담금 등<br>(18) | 10.손금산입범위액<br>(⑧과 ⑨중 적은 금액) | 11.회사 손금 계상액 | 12.조정금액<br>(⑩ - ⑪) |
|---|---|---|---|---|---|
| 9,000,000 | 116,000,000 | 18,000,000 | 18,000,000 | | 18,000,000 |

## 2. 소득금액조정합계표

<손금불산입> 퇴직연금등지급　　　6,000,000원(유보감소)

<손금산입> 퇴직연금등손금산입　　18,000,000원(유보발생)

## [4]

### 1 2. 대손금조정
 크게

| 22.일지 | 23.계정과목 | 24.채권내역 | 25.대손사유 | 26.금액 | 대손충당금상계액 | | | 당기손금계상액 | | |
|---|---|---|---|---|---|---|---|---|---|---|
| | | | | | 27.계 | 28.시인액 | 29.부인액 | 30.계 | 31.시인액 | 32.부인액 |
| 1 | 07.02 | 받을어음 | 1.매출채권 | 5.부도(6개 | 2,300,000 | 2,300,000 | | 2,300,000 | | |
| 2 | | | | | | | | | | |
| | | 계 | | | 2,300,000 | 2,300,000 | | 2,300,000 | | |

### 2 채권잔액
 크게

| 16.계정과목 | 17.채권잔액의<br>장부가액 | 18.기말현재대손금부인누계 | | 19.합계<br>(17+18) | 20.충당금설정제외채권<br>(할인,배서,특수채권) | 21.채 권 잔 액<br>(19-20) |
|---|---|---|---|---|---|---|
| | | 전기 | 당기 | | | |
| 1 외상매출금 | 250,000,000 | | | 250,000,000 | | 250,000,000 |
| 2 받을어음 | 310,000,000 | | 2,300,000 | 312,300,000 | | 312,300,000 |
| 3 | | | | | | |
| 계 | 560,000,000 | | 2,300,000 | 562,300,000 | | 562,300,000 |

### 3 1.대손충당금조정

| 손금<br>산입액<br>조정 | 1.채권잔액<br>(21의금액) | 2.설정률(%)<br>⦿기본율 ○실적율 ○적립기준 | 3.한도액<br>(1×2) | 회사계상액 | | | 7.한도초과액<br>(6-3) |
|---|---|---|---|---|---|---|---|
| | | | | 4.당기계상액 | 5.보충액 | 6.계 | |
| | 562,300,000 | 1 | 5,623,000 | 8,400,000 | 1,000,000 | 9,400,000 | 3,777,000 |

| 익금<br>산입액<br>조정 | 8.장부상<br>충당금기초잔액 | 9.기중<br>충당금환입액 | 10.충당금부인<br>누계액 | 11.당기대손금<br>상계액(27의금액) | 12.충당금보충액<br>(충당금장부잔액) | 13.환입할금액<br>(8-9-10-11-12) | 14.회사환입액<br>(회사기말환입) | 15.과소환입·과다<br>환입(△)(13-14) |
|---|---|---|---|---|---|---|---|---|
| | 3,300,000 | | 800,000 | 2,300,000 | 1,000,000 | -800,000 | | -800,000 |

<손금불산입> 대손금(받을어음)　　　　　　2,300,000원(유보발생)

<손금불산입> 대손충당금 한도초과　　　　3,777,000원(유보발생)

<익금불산입> 대손충당금 과다환입　　　　800,000원(유보감소)

## [5] 1. 기부금 입력

**1.기부금 입력**  2.기부금 조정

1.기부금명세서   |  월별로 전환  |  구분만 별도 입력하기  |  유형별 정렬

| 구분 | | 3.과목 | 4.일자 | 5.적요 | 기부처 | | 8.금액 | 비고 |
|---|---|---|---|---|---|---|---|---|
| 1.유형 | 2.코드 | | | | 6.법인명등 | 7.사업자(주민)번호등 | | |
| 지정기부금 | 40 | 기부금 | 3 10 | 사회복지법인 기부금 | 재단법인 좋은사 | | 3,000,000 | |
| 법정기부금 | 10 | 기부금 | 7 1 | 국립암센터 연구비 | 국립암센터 | | 8,500,000 | |
| 기타 | 50 | 기부금 | 12 31 | 노인정 지원금 | 성동노인정 | | 1,000,000 | |

| 9.소계 | 가. [법인세법] 제24조제2항의 법정기부금 | 코드 10 | 8,500,000 |
|---|---|---|---|
| | 나. [법인세법] 제24조제1항의 지정기부금 | 코드 40 | 3,000,000 |
| | 다.그 밖의 기부금 | 코드 50 | 1,000,000 |
| | 계 | | 12,500,000 |

2.소득금액확정   |  새로 불러오기  |  수정

| 1.결산서상 당기순이익 | 2.익금산입 | 3.손금산입 | 4.기부금합계 | 5.소득금액계(1+2-3+4) |
|---|---|---|---|---|
| 250,000,000 | 37,000,000 | 10,000,000 | 11,500,000 | 288,500,000 |

| 구분 | | 3.과목 | 4.월일 | 5.적요 | 기부처 | | 8.금액 | 비고 |
|---|---|---|---|---|---|---|---|---|
| 1.유형 | 2.코드 | | | | 6.법인명등 | 7.사업자(주민)번호등 | | |
| 24조제3항제1호 | 40 | 기부금 | 3 10 | 사회복지법인기부금 | 재단법인 좋은사 | | 3,000,000 | |
| 24조제2항제1호 | 10 | 기부금 | 7 1 | 연구비 | 국립암센터 | | 8,500,000 | |
| 기타 | 50 | 기부금 | 12 31 | 노인정지원금 | 성동노인정 | | 1,000,000 | |

**1**  1. 「법인세법」 제24조제2항제1호에 따른 기부금 손금산입액 한도액 계산

| 1.소득금액 계 | 288,500,000 | 5.이월잔액 중 손금산입액 MIN[4,23] | |
|---|---|---|---|
| 2.법인세법 제13조제1항제1호에 따른 이월 결손금 합계액(기준소득금액의 60% 한5 | 10,000,000 | 6.해당연도지출액 손금산입액 MIN[(④-⑤)>0, ③] | 8,500,000 |
| 3. 「법인세법」 제24조제2항제1호에 따른 기부금 해당 금액 | 8,500,000 | 7.한도초과액 [(3-6)>0] | |
| 4.한도액 {[(1-2) >0]X50%} | 139,250,000 | 8.소득금액 차감잔액 [((①-②-⑤-⑥)>0] | 270,000,000 |

**2**  2. 「조세특례제한법」 제88조의4에 따라 우리사주조합에 지출하는 기부금 손금산입액 한도액 계산

| 9.「조세특례제한법」 제88조의4제13항에 따 우리사주조합 기부금 해당 금액 | | 11. 손금산입액 MIN(9, 10) | |
|---|---|---|---|
| 10. 한도액 (8×30%) | 81,000,000 | 12. 한도초과액 [(9-10)>0] | |

**3**  3. 「법인세법」 제24조제3항제1호에 따른 기부금 손금산입 한도액 계산

| 13. 「법인세법」 제24조제3항제1호에 따른 기부금 해당금액 | 3,000,000 | 16. 해당연도지출액 손금산입액 MIN[(14-15)>0, 13] | |
|---|---|---|---|
| 14. 한도액 ((8-11)x10%, 20%) | 27,000,000 | 17. 한도초과액 [(13-16)>0] | 3,000,000 |
| 15. 이월잔액 중 손금산입액 MIN(14, 23 ) | 27,000,000 | | |

**4**  4.기부금 한도초과액 총액

| 18. 기부금 합계액 (3+9+13) | 19. 손금산입 합계 (6+11+16) | 20. 한도초과액 합계 (18-19)=(7+12+17) |
|---|---|---|
| 11,500,000 | 8,500,000 | 3,000,000 |

**5**  5.기부금 이월액 명세

| 사업 연도 | 기부금 종류 | 23.한도초과 손금불산입액 | 24.기공제액 | 25.공제가능 잔액(23-24) | 26.해당연도 손금추인액 | 27.차기이월액 (25-26) |
|---|---|---|---|---|---|---|
| 합계 | 「법인세법」 제24조제2항제1호에 따른 기부금 | | | | | |
| | 「법인세법」 제24조제3항제1호에 | 35,000,000 | | 35,000,000 | 27,000,000 | 8,000,000 |

※ 세법상 기부금은 현금주의가 적용되므로 종교단체 기부금은 당해연도 기부금이 아니며, 노인정 기부금은 비지정 기부금이다.

2. 기부금조정
  이월분부터 조정후 당기분 조정한다.

3. 소득금액조정합계표
  <손금불산입> 어음기부금    6,000,000원(유보발생)
  <손금불산입> 비지정기부금   1,000,000원(기타사외유출)

※ 기부금 한도초과액이나 전기이월 한도초과 손금추인액은 소득금액조정합계표에 반영하지 않는다.

# [05회 종합최종 모의고사]

## ◈ 이론시험

**01** ① 선입선출법이 최근원가가 기말재고를 구성한다.

**02** ① (일반기업회계기준 6.29) 만기보유증권은 상각후원가로 평가하여 재무상태표에 표시한다.

**03** ④ 건물을 신축하기 위하여 사용중인 기존 건물을 철거하는 경우 그 건물의 장부금액은 처분손실로 반영하고, 철거비용은 당기비용으로 처리한다.

**04** ④ 주석으로 공시한다.

**05** ② (일반기업회계기준 2.38)

**06** ③ 조업도가 증가함에 따라 단위당 고정원가는 체감한다.

**07** ② 기말재공품 : 48,000+176,000－188,000 ＝ 36,000
직접노무비 : 6,280/0.8 ＝ 7,850
직접재료비 : 36,000－7,850－6,280 ＝ 21,870

**08** ③ 선입선출법은 당기투입원가만을 대상으로 단위당 원가를 계산한다.

**09** ②

**10** ③ 완성품과 기말재공품에 배부

**11** ④ (1), (3), (5)는 세금계산서 발급의무가 없다.

**12** ① 이자소득등의 종합과세기준금액이 4천만원에서 2천만원으로 낮아졌다.

**13** ② 증빙누락 접대비는 대표자 상여로 처분한다.

**14** ④ 각 사업연도의 소득에 대한 법인세의 과세표준을 계산함에 있어서 공제되지 아니한 비과세소득 및 소득공제액과 최저한세의 적용으로 인하여 공제되지 아니한 소득공제액은 다음 사업연도에 이월하여 공제할 수 없다.

**15** ④ 잔존가액은 미상각잔액이 최초로 취득가액의 5%이하가 되는 사업연도의 상각범위액에 가산한다.

## ◈ 실무시험

### [문제 1]

**[1] 1월 3일 일반전표입력**

| (차) 단기차입금 | 150,000,000원 | (대) 자본금 | 100,000,000원 |
|---|---|---|---|
| (주)홍국정밀 | | 주식발행초과금 | 50,000,000원 |

**[2] 1월 16일 매입매출전표입력**
유형: 51.과세, 공급가액 18,000,000 부가세 1,800,000 거래처: 정밀테크, 전자:여 분개: 혼합

| (차) 원재료 | 18,000,000원 | (대) 받을어음((주)미성) | 3,000,000원 |
|---|---|---|---|
| 부가세대급금 | 1,800,000원 | 당좌예금 | 16,800,000원 |

**[3] 1월 20일 일반전표입력**

| (차) 현금 | 23,000,000원 | (대) 매도가능증권(투자) | 22,000,000원 |
| 매도가능증권평가이익 | 2,000,000원 | 매도가능증권처분이익 | 3,000,000원 |

**[4] 2월 9일 매입매출전표입력**

유형 11. 과세  공급가액 40,000,000원  거래처: (주)미륭상사  전자: 여  분개유형 : 혼합

| (차) 선수금 | 10,000,000원 | (대) 제품매출 | 40,000,000원 |
| 받을어음 | 34,000,000원 | 부가세예수금 | 4,000,000원 |

## [문제 2]

**[1] − 예정신고 누락분 입력**

(1) 3월 20일 매입매출전표 입력

 51.과세, 공급가액 3,000,000원, 부가세 300,000원, 전자:여, 거래처:이기성,
 간편집계및기타 → 예정누락분

(2) 3월 26일 매입매출전표 입력

 16.수출, 공급가액 36,000,000원, 부가세 0원, 거래처:제이앤제이,
 간편집계및기타 → 예정누락분
 − 가산세명세서(1점)
 − 영세율과세표준신고불성실가산세 : 36,000,000 × 0.5% × (1−75%) = 45,000

**[2] 1. 매입매출전표 입력**

9월 4일  57.카과,  공급가액 120,000원,  부가세 12,000원,  거래처:신속공업사

9월 29일  61.현과,  공급가액 500,000원,  부가세 50,000원,  거래처:으아백

8월 7일   앗싸주점은 접대비관련 매입세액으로서 불공제되므로 입력하지 아니한다.

2. 신용카드매출전표등수령금액합계표(갑) [조회기간 : 7월~9월]

| 월/일 | 구분 | 공급자 | 사업자번호 | 카드회원번호 | 거래건수 | 공급가액 | 세액 |
|---|---|---|---|---|---|---|---|
| 9/4 | 사업 | 신속공업사 | 123−01−23426 | 4466−3333−1111−6610 | 1 | 120,000 | 12,000 |
| 9/29 | 현금 | 으아백 | 215−81−40544 | | 1 | 500,000 | 50,000 |

## [문제 3]

**[1] 12월 31일 일반전표입력**

| (차) 외화환산손실 | 750,000원 | (대) 장기차입금(한주은행) | 750,000원 |

**[2] 12월 31일 일반전표입력**

| (차) 유형자산손상차손 | 13,500,000원 | (대) 손상차손누계액(토지) | 13,500,000원 |

유형자산손상차손 = 100,000,000 − max(86,000,000, 86,500,000) = 13,500,000원

**[3] 12월 31일 일반전표입력**

| (차) 선급비용 | 1,500,000원 | (대) 보험료(판) | 1,500,000원 |

선급비용 : 2,000,000× 18월/24월 = 1,500,000원

**[4] (1) 법인세 등 계산**

① 산출세액 : 200,000,000×10% + (548,987,659−200,000,000)×20% = 89,797,531

② 감면적용 : 89,797,531−5,280,000 = 84,517,531 (지방소득세 : 84,517,531×10%=8,451,753)

③ 법인세 등 : 84,517,531+8,451,753 = 92,969,284

④ 미지급세금 : 92,969,284 − 786,000(선납세금) = 92,183,284

(2) 일반전표입력 및 결산자료입력

결산자료입력 → 9.법인세 등 → (1) 선납세금 786,000 입력

결산자료입력 → 9.법인세 등 → (2) 추가계상액 92,183,284 입력 후 전표추가

## [문제 4]

[1] 1. 사원등록 수정 기본공제대상자 : 본인, 배순희(배우자), 김차남(20세 이하), 김부친(60세 이상 또는 장애인)

추가공제대상자 : 장애인공제(부친), 경로우대공제(부친)

장남은 만20세를 초과하므로 공제 불가능

배우자의 일용근로소득은 분리과세이므로 공제 가능

모친은 사업소득금액이 1,000,000원 초과하므로 공제 불가능

2. 연말정산추가자료입력

(1) 소득명세 : 전근무지소득입력, 결정세액 27,200원(지방소득세 2,720원)을 입력함

(2) 부양가족소득공제입력 및 연말정산입력

| 항목 | 대상자 | 금액(원) | 비고 |
|---|---|---|---|
| 보험료 | 본인 | 450,000 | 공제, 보장성보험 |
| | 부친 | 710,000 | 공제, 장애인전용 보장성보험 |
| 의료비 | 차남 | 1,200,000 | 공제, 일반의료비 |
| | 부친 | 730,000 | 불공제 |
| | 모친 | 1,800,000 | 공제, 전액공제의료비 |
| 교육비 | 장남 | 6,400,000 | 공제, 자녀등교육비, 대학생 |
| | 차남 | 1,200,000 | 공제, 자녀등교육비, 고등학생 |
| 기부금 | 본인 | 1,200,000 | 공제, 지정기부금, 종교단체기부금 |
| | 모친 | 1,200,000 | 불공제 |
| 신용카드등 | 본인 | 14,100,000 | 공제, 신용카드, 23,600,000 − 6,400,000 − 3,100,000 |
| | 장남 | 2,120,000 | 공제, 현금영수증 |
| | 모친 | 1,270,000 | 불공제 |
| 연금저축 | 본인 | 2,400,000 | 공제, 연금저축소득공제 |

[2] 108.김용기, 940903.학원강사로 입력후

사업소득 3,200,000원을 3%로 원천징수세율로 징수

## [문제 5]

**[1]**

접대비조정명세서 [3022] " 정기 "

Esc종료 F1도움 F2코드 F3조정등록 F5삭제 CF5전체삭제 F6계정과목 설정 F7원장조회 F9인쇄 F11저장 F12불러오기

1.접대비 입력 (을)  2.접대비 조정 (갑)

1. 1. 수입금액명세

| 구 분 | ① 일반수입금액 | ② 특수관계인간 거래금액 | ③ 합 계(①+②) |
|---|---|---|---|
| 금 액 | 1,800,000,000 | 100,000,000 | 1,900,000,000 |

2. 2. 접대비 해당금액

| ④ 계정과목 | | 합계 | 접대비(제조) | 접대비(판관) | | |
|---|---|---|---|---|---|---|
| ⑤ 계정금액 | | 48,000,000 | 13,000,000 | 35,000,000 | | |
| ⑥ 접대비계상액 중 사적사용경비 | | | | | | |
| ⑦ 접대비해당금액(⑤-⑥) | | 48,000,000 | 13,000,000 | 35,000,000 | | |
| ⑧ 신용카드등 미사용금액 | 경조사비 중 기준금액 초과액 | ⑨신용카드 등 미사용금액 | 850,000 | 850,000 | | |
| | | ⑩총 초과금액 | 850,000 | 850,000 | | |
| | 국외지역 지출액 (법인세법 시행령 제41조제2항제1호) | ⑪신용카드 등 미사용금액 | | | | |
| | | ⑫총 지출액 | | | | |
| | 농어민 지출액 (법인세법 시행령 제41조제2항제2호) | ⑬송금명세서 미제출금액 | | | | |
| | | ⑭총 지출액 | | | | |
| | 접대비 중 기준금액 초과액 | ⑮신용카드 등 미사용금액 | 1,690,000 | | 1,690,000 | |
| | | (16)총 초과금액 | 47,150,000 | 12,150,000 | 35,000,000 | |
| (17) 신용카드 등 미사용 부인액 | | 2,540,000 | 850,000 | 1,690,000 | | |
| (18) 접대비 부인액(⑥+(17)) | | 2,540,000 | 850,000 | 1,690,000 | | |

<손금불산입> 접대비 신용카드미사용액 2,540,000 (기타사외유출)
<손금불산입> 접대비 한도초과액 4,030,000 (기타사외유출)

**[2]**

세금과공과금명세서 → 불러오기
손금불산입 토지취득세 3,000,000원 (유보)
손금불산입 농어촌특별세 360,000원 (기타사외유출)
손금불산입 사업과관련없는매입세액 630,000원 (기타사외유출)
손금불산입 폐수배출부담금 450,000원 (기타사외유출)
손금불산입 과태료 400,000원 (기타사외유출)

**[3]**

대손충당금및대손금조정명세서 【3021】 " 정기 "

Esc종료 F1도움 F2코드 F3조정등록 F5삭제 CF9전체삭제 F7원장조회 F8잔액조회 F9인쇄 F11저장 F12불러오기

**1 2. 대손금조정**  크 게

| | 22.일자 | 23.계정과목 | 24.채권내역 | 25.대손사유 | 26.금액 | 대손충당금상계액 | | | 당기손금계상액 | | |
|---|---|---|---|---|---|---|---|---|---|---|---|
| | | | | | | 27.계 | 28.시인액 | 29.부인액 | 30.계 | 31.시인액 | 32.부인액 |
| 1 | 05.16 | 받을어음 | 1.매출채권 | 5.부도(6개 | 2,499,000 | 2,499,000 | 2,499,000 | | | | |
| 2 | 08.20 | 외상매출금 | 1.매출채권 | 6.소멸시효 | 3,000,000 | 3,000,000 | | 3,000,000 | | | |
| 3 | | | | | | | | | | | |
| | | | 계 | | 5,499,000 | 5,499,000 | 2,499,000 | 3,000,000 | | | |

**2 채권잔액**  크 게

| | 16.계정과목 | 17.채권잔액의 장부가액 | 18.기말현재대손부인누계 | | 19.합계 (17+18) | 20.충당금설정제외채권 (할인,배서,특수채권) | 21.채 권 잔 액 (19-20) |
|---|---|---|---|---|---|---|---|
| | | | 전기 | 당기 | | | |
| 1 | 외상매출금 | 626,000,000 | -3,000,000 | 3,000,000 | 626,000,000 | | 626,000,000 |
| 2 | 받을어음 | 30,000,000 | | | 30,000,000 | | 30,000,000 |
| 3 | | | | | | | |
| | 계 | 656,000,000 | -3,000,000 | 3,000,000 | 656,000,000 | | 656,000,000 |

**3 1.대손충당금조정**

| 손금 산입액 조정 | 1.채권잔액 (21의금액) | 2.설정률(%) ⊙기본율 ◯실적율 ◯적립기준 | | 3.한도액 (1×2) | 회사계상액 | | | 7.한도초과액 (6-3) |
|---|---|---|---|---|---|---|---|---|
| | | | | | 4.당기계상액 | 5.보충액 | 6.계 | |
| | 656,000,000 | 1 | | 6,560,000 | 2,709,000 | 4,501,000 | 7,210,000 | 650,000 |

| 익금 산입액 조정 | 8.장부상 충당금기초잔액 | 9.기중 충당금환입액 | 10.충당금부인 누계액 | 11.당기대손금 상계액(27의금액) | 12.충당금보충액 (충당금장부잔액) | 13.환입할금액 (8-9-10-11+12) | 14.회사환입액 (회사기말환입) | 15.과소환입·과다 환입(△)(13-14) |
|---|---|---|---|---|---|---|---|---|
| | 10,000,000 | | 100,000 | 5,499,000 | 4,501,000 | | -100,000 | -100,000 |

**4 3.국제회계기준 등 적용 내국법인에 대한 대손충당 환입액의 익금불산입의 조정**

| 33.대손충당금 환입액의 익금불산입 금액 | 34.손금에 산입하여야 할 금액 Min(3,6) | 35.익금에 산입하여야 할 금액 Max[0, (8-10-11)] | 36.차액 Min[33, Max(0,34-35)] | 37.상계후 대손충당금환입액의 익금불산입금액(33-36) |
|---|---|---|---|---|
| | | | | |

손금불산입 대손금부인액 3,000,000원 (유보감소)

손금불산입 당기대손충당금부인액 650,000원 (유보발생)

손금산입 전기대손충당금부인액 100,000원 (유보감소)

**[4]**

1. 기부금명세서 작성 국군장병위문품 : 법정기부금

   기부금명세서 작성 지역새마을사업을 위해 지출한 금액 : 지정기부금

   기부금명세서 작성 향우회비 : 기타기부금

   기부금명세서 작성 정부로부터 허가를 받은 예술단체에 지급한 금액 : 지정기부금

   기부금명세서 작성 사립대학 장학금으로 지출한 기부금 : 법정기부금

   [세무조정] : 비지정기부금 400,000원 (손금불산입, 기타사외유출)

2. 기부금조정명세서 작성 : 이월결손금 16,000,000원 입력

**1.기부금명세서**  월별로 전환 | 구분만 별도 입력하기 | 유형별 정렬

| 구분 | | 3.과목 | 4.일자 | | 5.적요 | 기부처 | | 8.금액 | 비고 |
|---|---|---|---|---|---|---|---|---|---|
| 1.유형 | 2.코드 | | | | | 6.법민명등 | 7.사업자(주민)번호등 | | |
| 법정기부금 | 10 | 기부금 | 5 | 4 | 국군장병위문품품지급 | | | 3,000,000 | |
| 지정기부금 | 40 | 기부금 | 6 | 2 | 지역새마을사업을 위해 지 | | | 5,000,000 | |
| 기타 | 50 | 기부금 | 7 | 17 | 향우회비 지급 | | | 400,000 | |
| 지정기부금 | 40 | 기부금 | 8 | 22 | 정부허가 예술단체 | | | 3,000,000 | |
| 법정기부금 | 10 | 기부금 | 9 | 16 | 사립대학 장학금 | | | 1,300,000 | |

**[5]**

(1) 기부금 한도초과액 이월액 손금산입액에 700,000원 입력한다.

(2) 이월결손금에 16,000,000원 입력한다.

(3) 중소기업특별세액감면은 최저한세 적용대상 공제감면세액란에 입력한다.

(4) 124번란 가산세에 1,000,000× 2% = 20,000원을 입력한다.

(5) 중간예납세액에 6,400,000원, 원천납부세액에 870,000원 입력한다.

| | | | | | | | | | |
|---|---|---|---|---|---|---|---|---|---|
| ① 각 사 업 연 도 소 득 계 산 | 101.결 산 서 상 당 기 순 손 익 | 01 | 240,120,000 | | ④ 납 부 할 세 액 계 산 | 120.산 출 세 액 (120=119) | | | 28,684,000 |
| | 소득조정 금 액 | 102.익 금 산 입 | 02 | 30,000,000 | | 121.최저한세 적용 대상 공제 감면 세액 | 17 | 1,400,000 |
| | | 103.손 금 산 입 | 03 | 10,000,000 | | 122.차 감 세 액 | 18 | 27,284,000 |
| | 104.차 가 감 소득금액 (101+102-103) | 04 | 260,120,000 | | 123.최저한세 적용 제외 공제 감면 세액 | 19 | |
| | 105.기 부 금 한 도 초 과 액 | 05 | | | 124.가 산 세 액 | 20 | 30,000 |
| | 106.기부금 한도초과 이월액 손금산입 | 54 | 700,000 | | 125.가 감 계 (122-123+124) | 21 | 27,314,000 |
| | 107.각사업연도소득금액(104+105-106) | 06 | 259,420,000 | | 기한내납부세액 | 126.중 간 예 납 세 액 | 22 | 6,400,000 |
| ② 과 세 표 준 계 산 | 108.각 사 업 연 도 소 득 금 액(108=107) | | 259,420,000 | | | 127.수 시 부 과 세 액 | 23 | |
| | 109.이 월 결 손 금 | 07 | 16,000,000 | | | 128.원 천 납 부 세 액 | 24 | 870,000 |
| | 110.비 과 세 소 득 | 08 | | | | 129.간접 회사등 외국 납부세액 | 25 | |
| | 111.소 득 공 제 | 09 | | | | 130.소 계(126+127+128+129) | 26 | 7,270,000 |
| | 112.과 세 표 준 (108-109-110-111) | 10 | 243,420,000 | | | 131.신 고 납부전 가산 세 액 | 27 | |
| | 159.선 박 표 준 이 익 | 55 | | | | 132.합 계 (130+131) | 28 | 7,270,000 |
| ③ 산 출 세 액 계 산 | 113.과 세 표 준 (113=112+159) | 56 | 243,420,000 | | | 133.감 면 분 추 가 납 부 세 액 | 29 | |
| | 114.세 율 | 11 | 20% | | | 134.차가감 납부할 세액(125-132+133) | 30 | 20,044,000 |
| | 115.산 출 세 액 | 12 | 28,684,000 | | ⑤토지등양도소득, ⑥미환류소득 법인세계산 (TAB로 이동) |
| | 116.지 점 유 보 소 득 (법 제96조) | 13 | | | 151.차 가 감 납부할 세 액 계 (134+150) | 46 | 20,044,000 |
| | 117.세 율 | 14 | | | ⑦ 세 액 계 | 152.사실과 다른 회계처리 경정세액공제 | 57 | |
| | 118.산 출 세 액 | 15 | | | | 153.분 납 세 액 계 산 범 위 액 (151-124-133-145-152+131) | 47 | 20,014,000 |
| | 119.합 계 (115+118) | 16 | 28,684,000 | | 분납할 세액 | 154.현 금 납 부 | 48 | 10,007,000 |
| | | | | | | 155.물 납 | 49 | |
| | | | | | | 156. 계 (154+155) | 50 | 10,007,000 |
| | | | | | 차감 납부 세액 | 157.현 금 납 부 | 51 | 10,037,000 |
| | | | | | | 158.물 납 | 52 | |
| | | | | | | 160. 계 (157+158) [160=(151-152-156)] | 53 | 10,037,000 |

## [100회] 최신 기출문제

### ◈ 이론시험

**01** ③ 가, 나

· [일반기업회계기준 24.3] 수정을 요하는 보고기간후사건은 보고기간말 현재 존재하였던 상황에 대한 추가적 증거를 제공하는 사건으로서 재무제표상의 금액에 영향을 주는 사건을 말하며, 그 영향을 반영하여 재무제표를 수정한다. 재무제표에 이미 인식한 추정치는 그 금액을 수정하고, 재무제표에 인식하지 아니한 항목은 이를 새로이 인식한다.

· [일반기업회계기준 24.6] 유가증권의 시장가격이 보고기간말과 재무제표가 사실상 확정된 날 사이에 하락한 것은 수정을 요하지 않는 보고기간후사건의 예이다. 이 경우 시장가격의 하락은 보고기간말 현재의 상황과 관련된 것이 아니라 보고기간말 후에 발생한 상황이 반영된 것이다. 따라서 그 유가증권에 대해서 재무제표에 인식한 금액을 수정하지 아니한다.

**02** ②

ⓛ 감가상각비는 제조와 관련된 경우는 제조원가로 처리하고, 그 밖의 경우에는 판매비와관리비로 처리한다.
ⓜ 감가상각대상금액은 취득원가에서 잔존가액을 차감한 금액을 말한다.

**03** ③ 당기 중 대손발생액은 대손충당금과 상계한 매출채권 금액 250,000원이며, 상각채권을 회수한 금액은 80,000원이다.

**04** ① (가) 미수수익 : 60,000원

결산분개 : (차) 미수수익 10,000 원 (대) 이자수익 10,000 원

**05** ② 주식회사의 외부감사에 관한 법률에 의해 최초로 회계감사를 받는 경우는 정당한 회계변경의 사유가 아니다.

· [일반기업회계기준 실5.1] 정당한 사유에 의한 회계정책 및 회계추정 변경의 예는 다음과 같다.

(1) 합병, 사업부 신설, 대규모 투자, 사업의 양수도 등 기업환경의 중대한 변화에 의하여 총자산이나 매출액, 제품의 구성 등이 현저히 변동됨으로써 종전의 회계정책을 적용할 경우 재무제표가 왜곡되는 경우

(2) 동종산업에 속한 대부분의 기업이 채택한 회계정책 또는 추정방법으로 변경함에 있어서 새로운 회계정책 또는 추정방법이 종전보다 더 합리적이라고 판단되는 경우

(3) 일반기업회계기준의 제정, 개정 또는 기존의 일반기업회계기준에 대한 새로운 해석에 따라 회계변경을 하는 경우

**06** ④ 전부원가계산은 변동제조원가 뿐만 아니라 고정제조원가까지도 포함하여 원가를 계산한다.

**07** ④ 82,000원
=기초재공품 20,000원+당기총제조원가 92,000원−기말재공품 30,000원

· 기초원가 : 직접재료원가+직접노무원가=50,000원
· 가공원가 : 직접노무원가+제조간접원가=70,000원
· 직접노무원가 : 가공원가 70,000원×1/(1+1.5)=28,000원
· 직접재료원가 : 기초원가 50,000원−직접노무원가 28,000원=22,000원
· 제조간접원가 : 가공원가 70,000원−직접노무원가 28,000원=42,000원
· 당기총제조원가 : 직접재료원가 22,000원+직접노무원가 28,000원+제조간접원가 42,000원=92,000원

**08** ④ 개별원가계산은 원가계산과정이 복잡하나 원가의 정확성은 더 높다.

**09** ① 40%
=1−1,200개/2,000개

- 당기완성품수량 : 기초재공품 2,000개 + 당기착수 9,000개 − 기말재공품 1,000개 = 10,000개
- 가공비 완성환산량 : 당기 발생 가공비 200,000원 ÷ 완성품 가공비 단위당 원가 20원 = 10,000개
- 기초재공품 완성품환산량 : 당기 완성품 수량 10,000개 − 당기착수 당기완성품수량 8,000개 − 기말재공품 완성품환산량 800개 = 1,200개

**10** ④ 단위당 변동원가와 총고정원가는 각 생산수준에서 일정하다.

**11** ① 법인세법 제25조 제2항, 내국법인이 한 차례의 접대에 지출한 접대비 중 3만원(경조금 30만원)을 초과하는 접대비로서 적격증빙을 수취하지 아니한 경우 각 사업연도의 소득금액을 계산할 때 손금에 산입하지 아니한다.

**12** ④ 법인세법 시행령 제106조, 익금에 산입한 금액은 귀속자가 주주 등(임원 또는 직원인 주주 등을 제외한다)인 경우에는 그 귀속자에 대한 배당으로 처분한다. 따라서 임직원이 아닌 지배주주에 대한 여비교통비 지급액의 경우 손금불산입하고 배당으로 처분한다.

**13** ②, ④
- 소득세법 제14조 제3항 7호, 사업소득 중 총수입금액의 합계액이 2천만원 이하인 자의 주택임대소득은 종합소득과세표준을 계산할 때 합산하지 아니하고, 분리과세한다.
- 소득세법 제14조 제2항, 종합소득에 대한 과세표준은 종합소득금액에서 종합소득공제를 적용한 금액으로 한다.

**14** ④ 부가가치세법 제6조 제5항, 재화를 보관하고 관리할 수 있는 시설만 갖춘 장소로서 대통령령으로 정하는 바에 따라 하치장(荷置場)으로 신고된 장소는 사업장으로 보지 아니한다.

**15** ② 재화·용역을 공급한 후 그 공급일로부터 10년이 지난 날이 속하는 과세기간에 대한 확정신고기한까지 대손이 확정되어야 한다.

## ◈ 실무시험

[문제 1]

[1] 일반전표입력 2021.01.25.
(차) 무형자산손상차손    20,000,000    (대) 개발비    20,000,000

[2] 매입매출전표입력 .06.20.
유형:57.카과 공급가액:70,000원 부가세:7,000원 거래처:남대문주유소 분개:카드 또는 혼합 신용카드사:비씨카드
(차) 차량유지비(제)    70,000    (대) 미지급금(비씨카드)    77,000
     부가세대급금    7,000      또는 미지급비용

[3] 매입매출전표입력 .09.08.
유형:16.수출 공급가액:140,000,000원 부가세:0원 거래처:XYZ.Co 분개:혼합 영세율구분:1.직접수출(대행수출 포함)
(차) 보통예금    70,000,000    (대) 제품매출    140,000,000
     외상매출금    70,000,000

[4] 일반전표입력 .09.30.
(차) 보통예금    1,700,000    (대) 자기주식    1,800,000
     자기주식처분이익    100,000

## [문제 2]

### [1]

**1. 매입매출전표입력 3.15.**

유형:12.영세  공급가액:**94,638,000원**  부가세:0원  거래처:㈜두인테크  전자:여  분개:외상 또는 혼합  영세율구분:3.내국신용장·구매확인서에 의해 공급하는 재화

| (차) | 외상매출금(㈜두인테크) | 94,638,000 | (대) | 제품매출 | 94,638,000 |
|---|---|---|---|---|---|
| | | | | 또는 상품매출 | |

**2. [내국신용장·구매확인서전자발급명세서]**

조회기간 2022 년 01 월 ~ 2022 년 03 월   구분 1기 예정

**2. 내국신용장·구매확인서에 의한 공급실적 합계**

| 구분 | 건수 | 금액(원) | 비고 |
|---|---|---|---|
| (9)합계(10+11) | 1 | 94,638,000 | |
| (10)내국신용장 | | | |
| (11)구매확인서 | 1 | 94,638,000 | |

[참고] 내국신용장 또는 구매확인서에 의한 영세율 첨부서류 방법 변경(영 제64조 제3항 제1의3호)
▶ 전자무역기반시설을 통하여 개설되거나 발급된 경우 내국신용장·구매확인서 전자발급명세서를 제출하고 이 외의 경우 내국신용장 사본을 제출함
=> 2011.7.1 이후 최초로 개설되거나 발급되는 내국신용장 또는 구매확인서부터 적용

**3. 내국신용장·구매확인서에 의한 공급실적 명세서**

| (12)번호 | (13)구분 | (14)서류번호 | (15)발급일 | 거래처명 | (16)공급받는자의 사업자등록번호 | (17)금액 | 전표일자 | (18)비고 |
|---|---|---|---|---|---|---|---|---|
| 1 | 구매확인서 | PKT20210315 0011 | | ㈜두인테크 | 130-86-55834 | 94,638,000 | 2022-03-15 | |

### [2]

| | 구분 | | 금액 | 세율 | 세액 | | 구분 | | 금액 | 세율 | 세액 |
|---|---|---|---|---|---|---|---|---|---|---|---|
| 과세표준및매출세액 | 세금계산서발급분 | 1 | 5,000,000 | 10/100 | 500,000 | 7.매출(예정신고누락분) | | | | | |
| | 과 매입자발행세금계산서 | 2 | | 10/100 | | 예정누락분 | 과 세금계산서 | 33 | | 10/100 | |
| | 세 신용카드·현금영수증발행분 | 3 | | | | | 세 기타 | 34 | | 10/100 | |
| | 기타(정규영수증외매출분) | 4 | 3,000,000 | 10/100 | 300,000 | | 영 세금계산서 | 35 | | 0/100 | |
| | 영 세금계산서발급분 | 5 | 50,000,000 | 0/100 | | | 세 기타 | 36 | | 0/100 | |
| | 세 기타 | 6 | 500,000,000 | 0/100 | | | 합계 | 37 | | | |
| | 예정신고누락분 | 7 | | | | 12.매입(예정신고누락분) | | | | | |
| | 대손세액가감 | 8 | | | | 예정누락분 | 세금계산서 | 38 | | | |
| | 합계 | 9 | 558,000,000 | ㉮ | 800,000 | | 그 밖의 공제매입세액 | 39 | | | |
| 매입세액 | 세금계산서 일반매입 | 10 | | | | | 합계 | 40 | | | |
| | 수출기업 수입분납부유예 | 10 | | | | | 신용카드매출 일반매입 | | | | |
| | 수취분 고정자산매입 | 11 | | | | | 수령금액합계 고정매입 | | | | |
| | 예정신고누락분 | 12 | | | | | 의제매입세액 | | | | |
| | 매입자발행세금계산서 | 13 | | | | | 재활용폐자원등매입세액 | | | | |
| | 그 밖의 공제매입세액 | 14 | | | | | 과세사업전환매입세액 | | | | |
| | 합계(10)-(10-1)+(11)+(12)+(13)+(14) | 15 | | | | | 재고매입세액 | | | | |
| | 공제받지못할매입세액 | 16 | | | | | 변제대손세액 | | | | |
| | 차감계 (15-16) | 17 | | ㉯ | | | 외국인관광객에대한환급/ | | | | |
| 납부(환급)세액(매출세액㉮-매입세액㉯) | | | | ㉰ | 800,000 | | 합계 | | | | |
| 경감공제세액 | 그 밖의 경감·공제세액 | 18 | | | | 14.그 밖의 공제매입세액 | | | | | |
| | 신용카드매출전표등 발행공제등 | 19 | | | | 신용카드매출 일반매입 | 41 | | | | |
| | 합계 | 20 | | ㉱ | | 수령금액합계 고정매입 | 42 | | | | |
| 소규모 개인사업자 부가가치세 감면세액 | | 20 | | ㉲ | | 의제매입세액 | 43 | | 뒤쪽 | | |
| 예정신고미환급세액 | | 21 | | ㉳ | | 재활용폐자원등매입세액 | 44 | | 뒤쪽 | | |
| 예정고지세액 | | 22 | | ㉴ | | 과세사업전환매입세액 | 45 | | | | |
| 사업양수자의 대리납부 기납부세액 | | 23 | | ㉵ | | 재고매입세액 | 46 | | | | |
| 매입자 납부특례 기납부세액 | | 24 | | ㉶ | | 변제대손세액 | 47 | | | | |
| 신용카드업자의 대리납부 기납부세액 | | 25 | | ㉷ | | 외국인관광객에대한환급세액 | 48 | | | | |
| 가산세액계 | | 26 | | ㉸ | | | 합계 | 49 | | | |
| 차가감하여 납부할세액(환급받을세액)㉰-㉱-㉲-㉳-㉴-㉵-㉶-㉷+㉸ | | 27 | | | 800,000 | | | | | | |
| 총괄납부사업자가 납부할 세액(환급받을 세액) | | | | | | | | | | | |

· 과세기간 종료 후 25일 이내에 구매확인서가 발급되는 경우 영세율 적용대상이 된다.
· 장기할부판매의 경우 대가의 각 부분을 받기로 한 때가 그 공급시기가 된다.
· 사업을 위하여 대가를 받지 아니하고 다른 사업자에 인도하는 견본품은 사업상 증여로 보지 아니한다.
· 특수관계인에게 사업용 부동산의 임대용역을 무상으로 공급하는 것은 용역의 공급으로 본다.

## [문제 3]

**[1] 일반전표입력 .12.31.**

| | | | | | |
|---|---|---|---|---|---|
| (차) | 보험료(제) | 1,600,000 | (대) | 선급비용 | 1,600,000 |

**[2] 일반전표입력 .12.31.**

| | | | | | |
|---|---|---|---|---|---|
| (차) | 외상매입금(Biden) | 1,500,000 | (대) | 외화환산이익 | 1,500,000 |

**[3] 일반전표입력 .12.31.**

| | | | | | |
|---|---|---|---|---|---|
| (차) | 감가상각비(판) | 4,000,000 | (대) | 감가상각누계액(196) | 4,000,000 |
| | 국고보조금(197) | 2,000,000 | | 감가상각비(판) | 2,000,000 |

또는

| | | | | | |
|---|---|---|---|---|---|
| (차) | 감가상각비(판) | 2,000,000 | (대) | 감가상각누계액(196) | 4,000,000 |
| | 국고보조금(197) | 2,000,000 | | | |

- 감가상각비 : 40,000,000원 ÷ 5 x 6/12=4,000,000원
- 국고보조금 상각액 : 20,000,000원 ÷ 5 x 6/12=2,000,000원

**[4]**

[결산자료입력] > 2. 매출원가 > 결산반영금액 >·기말 원재료 재고액 : 3,000,000원 입력 > F3 전표추가
- 기말 재공품 재고액 : 5,000,000원 입력
- 기말 제품 재고액 : 6,300,000원 입력
- 기말 제품 재고액 : 창고 보관 재고액 4,800,000원+적송품 1,500,000원=6,300,000원

## [문제 4]

**[1]**

1. [사업소득자등록]

(1) 김수연

(2) 한소희

## 2. [사업소득자료입력]

### (1) 김수연

지급년월일 2022 년 07 월 31 💬 일  부서코드 [ ] 💬 [ ]

| ☐ | 코드 | 상호(성명) |
|---|------|-----------|
| ■ | 00101 | 김수연 |
| ☐ | | |
| ☐ | | |
| ☐ | | |
| ☐ | | |
| ☐ | | |
| ☐ | | |
| ☐ | | |
| ☐ | | |
| ☐ | | |
| ☐ | | |
| ☐ | | |
| ☐ | | |
| ☐ | | |
| ☐ | | |
| ☐ | | |

**소득자정보**

1. 소 득 구 분 940306 💬 1인미디어콘텐츠창작자    연말정산적용 0 부
2. 내 국 인 여 부 1 내국인 (외국인 국적 [ ] 💬)    등록번호 [ ]
3. 주 민 등 록 번 호 850505-2455744
4. 거 주 구 분 1 거 주
5. 사 업 자 등 록 번 호 ___-__-_____
6. 상 호
7. 은 행 코 드 [ ] 💬  계좌번호 [ ]  예금주 [ ]
8. 사 업 장 주 소 [ ] 💬 [ ]
9. 소 득 자 주 소 [ ] 💬 [ ]
10. 학 자 금 상 환 공 제 0 부    11. 원천공제통지액 [ ]
12. 예술인/노무제공자여부 0 부    13. 예술인/노무제공자유형 [ ]
14. 고용보험 직종/경비율 [ ] 💬 [ ] / [ ] % 참고

| 총 | 인원(건수) | 1(1) 명 |
|---|-----------|---------|
|  | 지급 총액 | 2,500,000 원 |
|  | 소 득 세 | 75,000 원 |
|  | 지방소득세 | 7,500 원 |
|  | 학자금상환 | 원 |
| 계 | 고용보험료 | 원 |
|  | 산재보험료 | 원 |
|  | 차인지급액 | 2,417,500 원 |

| 귀속년월 | | 지급(영수) | | | 지급액 | 세율(%) | 소득세 | 지방소득세 | 학자금상환 | 차인지급액 |
|---|---|---|---|---|---|---|---|---|---|---|
| 년 | 월 | 년 | 월 | 일 | | | | | | |
| 2022 | 07 | 2022 | 07 | 31 | 2,500,000 | 3 | 75,000 | 7,500 | | 2,417,500 |
| | | | | | | | | | | |
| | | | | | | | | | | |
| 합계 | | | | | 2,500,000 | | 75,000 | 7,500 | | 2,417,500 |

### (2) 한소희

지급년월일 2022 년 07 월 25 💬 일  부서코드 [ ] 💬 [ ]

| ☐ | 코드 | 상호(성명) |
|---|------|-----------|
| ■ | 00102 | 한소희 |
| ☐ | | |
| ☐ | | |
| ☐ | | |
| ☐ | | |
| ☐ | | |
| ☐ | | |
| ☐ | | |
| ☐ | | |
| ☐ | | |
| ☐ | | |
| ☐ | | |
| ☐ | | |
| ☐ | | |
| ☐ | | |

**소득자정보**

1. 소 득 구 분 940303 💬 모델    연말정산적용 0 부
2. 내 국 인 여 부 1 내국인 (외국인 국적 [ ] 💬)    등록번호 [ ]
3. 주 민 등 록 번 호 _____-_____
4. 거 주 구 분 1 거 주
5. 사 업 자 등 록 번 호 ___-__-_____
6. 상 호
7. 은 행 코 드 [ ] 💬  계좌번호 [ ]  예금주 [ ]
8. 사 업 장 주 소 [ ] 💬 [ ]
9. 소 득 자 주 소 [ ] 💬 [ ]
10. 학 자 금 상 환 공 제 0 부    11. 원천공제통지액 [ ]
12. 예술인/노무제공자여부 0 부    13. 예술인/노무제공자유형 [ ]
14. 고용보험 직종/경비율 [ ] [ ] / [ ] % 참고

| 총 | 인원(건수) | 1(1) 명 |
|---|-----------|---------|
|  | 지급 총액 | 3,000,000 원 |
|  | 소 득 세 | 90,000 원 |
|  | 지방소득세 | 9,000 원 |
|  | 학자금상환 | 원 |
| 계 | 고용보험료 | 원 |
|  | 산재보험료 | 원 |
|  | 차인지급액 | 2,901,000 원 |

| 귀속년월 | | 지급(영수) | | | 지급액 | 세율(%) | 소득세 | 지방소득세 | 학자금상환 | 차인지급액 |
|---|---|---|---|---|---|---|---|---|---|---|
| 년 | 월 | 년 | 월 | 일 | | | | | | |
| 2022 | 07 | 2022 | 07 | 25 | 3,000,000 | 3 | 90,000 | 9,000 | | 2,901,000 |
| | | | | | | | | | | |
| | | | | | | | | | | |
| 합계 | | | | | 3,000,000 | | 90,000 | 9,000 | | 2,901,000 |

**[2]**

## 1. [사원등록]

### (1) 기본사항

| | 사번 | 성명 | 주민(외국인)번호 |
|---|---|---|---|
| ☑ | 102 | 금나라 | 1 900213-2234568 |

**기본사항**    부양가족명세    추가사항

1. 입사년월일   2021 년 1 월 1 일
2. 내/외국인   1   내국인
3. 외국인국적   KR 대한민국    체류자격
4. 주민구분   1   주민등록번호    주민등록번호   900213-2234568
5. 거주구분   1   거주자    6. 거주지국코드   KR 대한민국
7. 국외근로제공   0   부    8. 단일세율적용   0   부   9. 외국법인 파견근로자   0   부
10. 생산직등여부   0   부    연장근로비과세   0   부    전년도총급여
11. 주소

12. 국민연금보수월액   2,100,000   국민연금납부액   94,500
13. 건강보험보수월액   2,100,000   건강보험료경감   0   부    건강보험납부액   72,030
   장기요양보험적용   1   여    장기요양보험납부액   8,290
14. 고용보험적용   1   여    (대표자 여부   0   부 )
   고용보험보수월액   2,100,000   고용보험납부액   16,800
15. 산재보험적용   1   여   16. 퇴사년월일   년   월   일 (이월 여부   부 )

전체인원   1    재직자수   1    퇴직자수

· 자가운전보조금을 과세수당으로 등록한 경우 국민연금보수월액, 건강보험보수월액, 고용보험보수월액은 각각 2,300,000원이 된다.

### (2) 부양가족명세

| 연말관계 | 성명 | 내/외국인 | 주민(외국인)번호 | 나이 | 기본공제 | 부녀자 | 한부모 | 경로우대 | 장애인 | 자녀 | 출산입양 | 위탁관계 |
|---|---|---|---|---|---|---|---|---|---|---|---|---|
| 0 | 금나라 | 내 1 | 900213-2234568 | 32 | 본인 | ○ | | | | | | |
| 4 | 김나철 | 내 1 | 201104-3511111 | 2 | 20세이하 | | | | | | | |

· 거주자 본인이 배우자가 있는 여성으로, 해당 과세기간에 합산하는 종합소득금액이 3천만원 이하인 경우 부녀자공제 대상이다.

### (3) 추가사항

1. 급여이체(은행)    (계좌)    (예금주) 금나라
2. 전화번호(일반)   -   -    (휴대폰)   -   -
3. 부서
4. 직종
5. 직위    임원여부   부
6. 현장
7. 호봉
8. 이메일
9. 회계처리(급여)   0802 사용자설정계정과목    (상여금)   0803 상여금
10. 학자금상환공제여부   0   부   기간 ____-__ ~ ____-__    원천공제통지액
11. 중소기업취업감면여부   0   부    나이(만)   32 세
   감면기간 ____-__-__ ~ ____-__-__   감면율   %   감면입력
12. 소득세 적용률   1   100%
13. 두루누리사회보험여부   1   여
   고용보험 적용률   2   80%    국민연금 적용률   2   80%

## 2. [수당공제등록]

· 식대는 현물식사를 무상으로 제공받으므로 비과세 대상에 해당하지 않는다.
· 종업원 소유의 차량을 업무에 사용하면서 시내 출장 등에 소요된 경비를 정산하지 않고 지급하는 자가운전 보조금은 월 20만원까지 비과세한다. (단, 자가운전보조금의 과세구분을 과세로 등록한 경우에도 정답으로 인정)
· 6세 미만 자녀에 대한 육아수당은 월 10만원까지 비과세한다.

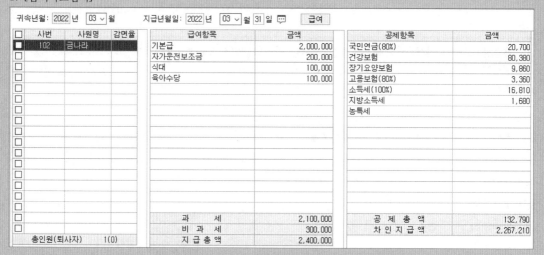

### 3. [급여자료입력]

| 급여항목 | 금액 | 공제항목 | 금액 |
|---|---|---|---|
| 기본급 | 2,000,000 | 국민연금(80%) | 20,700 |
| 자가운전보조금 | 200,000 | 건강보험 | 80,380 |
| 식대 | 100,000 | 장기요양보험 | 9,860 |
| 육아수당 | 100,000 | 고용보험(80%) | 3,360 |
| | | 소득세(100%) | 16,810 |
| | | 지방소득세 | 1,680 |
| | | 농특세 | |
| 과　세 | 2,100,000 | 공제총액 | 132,790 |
| 비과세 | 300,000 | 차인지급액 | 2,267,210 |
| 지급총액 | 2,400,000 | | |

· 자가운전보조금을 과세수당으로 등록한 경우 급여항목의 과세 금액은 2,300,000원, 비과세 금액은 100,000 원이 된다.

## [문제 5]

[1]
1. 세무조정

| | | | | |
|---|---|---|---|---|
| <손금산입 > | 소멸시효 완성 외상매출금 | 3,000,000 | 원 ( 유보발생 ) |
| <손금산입 > | 전기 대손충당금 한도초과금 | 1,500,000 | 원 ( 유보감소 ) |
| <손금불산입 > | 대손충당금 한도초과 | 6,060,000 | 원 ( 유보발생 ) |

## 2. [대손충당금및대손금조정명세서]

**1  2. 대손금조정**  크게보기

| No | 22.<br>일자 | 23.계정<br>과목 | 24.채권<br>내역 | 25.대손<br>사유 | 26.금액 | 대손충당금상계액 | | | 당기 손비계상액 | | |
|---|---|---|---|---|---|---|---|---|---|---|---|
| | | | | | | 27.계 | 28.시인액 | 29.부인액 | 30.계 | 31.시인액 | 32.부인액 |
| 1 | 02.10 | 받을어음 | 1.매출채권 | 5.부도(6개월경과) | 15,000,000 | 15,000,000 | 15,000,000 | | | | |
| 2 | 06.10 | 미수금 | 2.미수금 | 1.파산 | 8,000,000 | 8,000,000 | 8,000,000 | | | | |
| | | | | 계 | 23,000,000 | 23,000,000 | 23,000,000 | | | | |

**2  채권잔액**  크게보기

| No | 16.계정<br>과목 | 17.채권잔액의<br>장부가액 | 18.기말현재대손금부인누계 | | 19.합계<br>(17+18) | 20.충당금설정제외채권<br>(할인,배서,특수채권) | 21.채 권 잔 액<br>(19-20) |
|---|---|---|---|---|---|---|---|
| | | | 전기 | 당기 | | | |
| 1 | 외상매출금 | 500,000,000 | | -3,000,000 | 497,000,000 | | 497,000,000 |
| 2 | 받을어음 | 300,000,000 | | | 300,000,000 | 3,000,000 | 297,000,000 |
| 3 | | | | | | | |
| | 계 | 800,000,000 | | -3,000,000 | 797,000,000 | 3,000,000 | 794,000,000 |

**3  1.대손충당금조정**

| 손금<br>산입액<br>조정 | 1.채권잔액<br>(21의금액) | 2.설정률(%)<br>●기본율 ○실적율 ○적립기준 | | | 3.한도액<br>(1×2) | 회사계상액 | | | 7.한도초과액<br>(6-3) |
|---|---|---|---|---|---|---|---|---|---|
| | | | | | | 4.당기계상액 | 5.보충액 | 6.계 | |
| | 794,000,000 | 1 | | | 7,940,000 | 2,000,000 | 12,000,000 | 14,000,000 | 6,060,000 |

| 익금<br>산입액<br>조정 | 8.장부상<br>충당금기초잔액 | 9.기중<br>충당금환입액 | 10.충당금부인<br>누계액 | 11.당기대손금<br>상계액(27의금액) | 12.충당금보충액<br>(충당금장부잔액) | 13.환입할금액<br>(8-9-10-11-12) | 14.회사환입액<br>(회사기말환입) | 15.과소환입·과다<br>환입(△)(13-14) |
|---|---|---|---|---|---|---|---|---|
| | 35,000,000 | | 1,500,000 | 23,000,000 | 12,000,000 | -1,500,000 | | -1,500,000 |

## [2]

### 1. 세무조정

| | | | |
|---|---|---|---|
| <손금산입 > | 전기 기간미경과 보험료 | 560,000 | 원 ( 유보감소) |
| <손금불산입 > | 당기 기간미경과 임차료 | 27,692,307 | 원 ( 유보발생) |
| <손금불산입 > | 당기 기간미경과 임차료 | 95,013,698 | 원 ( 유보발생) |

### 2. [선급비용명세서]

| 계정구분 | 거래내용 | 거래처 | 대상기간 | | 지급액 | 선급비용 | 회사계상액 | 조정대상금액 |
|---|---|---|---|---|---|---|---|---|
| | | | 시작일 | 종료일 | | | | |
| 선급 임차료 | 평택공장 | (주)성삼 | 2022-05-01 | 2023-04-30 | 84,000,000 | 27,692,307 | | 27,692,307 |
| 선급 임차료 | 제천공장 | 이근희 | 2022-08-01 | 2024-07-31 | 120,000,000 | 95,013,698 | ▓▓▓▓▓▓▓ | 95,013,698 |

## [3]

### 1. 세무조정

| | | | |
|---|---|---|---|
| <손금불산입 > | 업무용승용차 업무미사용분 | 10,895,863 | 원 ( 상여 ) |
| <손금불산입 > | 업무용승용차감가상각비 한도초과 | 5,366,821 | 원 ( 기타사외유출 ) |

또는

| | | | |
|---|---|---|---|
| <손금불산입 > | 업무용승용차 업무미사용분(BMW) | 2,650,171 | 원 ( 상여 ) |
| <손금불산입 > | 업무용승용차 업무미사용분(PORSCHE) | 8,245,692 | 원 ( 상여 ) |
| <손금불산입 > | 업무용승용차감가상각비 한도초과(BMW) | 1,473,881 | 원 ( 기타사외유출 ) |
| <손금불산입 > | 업무용승용차감가상각비 한도초과(PORSCHE) | 3,892,940 | 원 ( 기타사외유출 ) |

## 2. [업무용승용차등록]

### (1) BMW

| | 코드 | 차량번호 | 차종 | 사용 |
|---|---|---|---|---|
| ☐ | 0101 | 04소7777 | BMW | 사용 |
| ☐ | | | | |
| ☐ | | | | |
| ☐ | | | | |
| ☐ | | | | |
| ☐ | | | | |
| ☐ | | | | |
| ☐ | | | | |
| ☐ | | | | |
| ☐ | | | | |
| ☐ | | | | |
| ☐ | | | | |
| ☐ | | | | |
| ☐ | | | | |
| ☐ | | | | |
| ☐ | | | | |
| ☐ | | | | |
| ☐ | | | | |
| ☐ | | | | |
| ☐ | | | | |

➡ **차량 상세 등록 내용**

1. 고정자산계정과목
2. 고정자산코드/명
3. 취득일자　2021-06-01
4. 경비구분
5. 사용자 부서
6. 사용자 직책
7. 사용자 성명
8. 임차여부　운용리스
9. 임차기간　2021-06-01 ~ 2024-06-01
10. 보험가입여부　가입
11. 보험기간　2021-06-01 ~ 2024-06-01
　　　　　 ----.--.-- ~ ----.--.--
12. 운행기록부사용여부　부　　전기이월누적거리　　km
13. 출퇴근사용여부　여　　출퇴근거리　　km
14. 기타

### (2) PORSCHE

| | 코드 | 차량번호 | 차종 | 사용 |
|---|---|---|---|---|
| ☐ | 0101 | 04소7777 | BMW | 사용 |
| ■ | 0102 | 357우8888 | PORSCHE | 사용 |
| ☐ | | | | |
| ☐ | | | | |
| ☐ | | | | |
| ☐ | | | | |
| ☐ | | | | |
| ☐ | | | | |
| ☐ | | | | |
| ☐ | | | | |
| ☐ | | | | |
| ☐ | | | | |
| ☐ | | | | |
| ☐ | | | | |
| ☐ | | | | |
| ☐ | | | | |
| ☐ | | | | |
| ☐ | | | | |
| ☐ | | | | |
| ☐ | | | | |

➡ **차량 상세 등록 내용**

1. 고정자산계정과목
2. 고정자산코드/명
3. 취득일자　2021-05-01
4. 경비구분
5. 사용자 부서
6. 사용자 직책
7. 사용자 성명
8. 임차여부　운용리스
9. 임차기간　2021-05-01 ~ 2023-05-01
10. 보험가입여부　가입
11. 보험기간　2021-05-01 ~ 2023-05-01
　　　　　 ----.--.-- ~ ----.--.--
12. 운행기록부사용여부　부　　전기이월누적거리　　km
13. 출퇴근사용여부　여　　출퇴근거리　　km
14. 기타

· 고정자산계정과목 입력 여부 무관

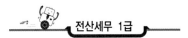

## 3. [업무용승용차관련비용명세서]

### (1) BMW

| No | 코드 | 차량번호 | 차종 | 임차 | 보험(율) |
|---|---|---|---|---|---|
| 1 | 0101 | 04소7777 | BMW | 리스 | 여 (100%) |
| 2 | 0102 | 357우888 | PORSCHE | 리스 | 여 (100%) |

**1** 업무용 사용 비율 및 업무용 승용차 관련 비용 명세 (운행기록부: 미적용)  임차기간: 2021-06-01 ~ 2024-06-01  □ 부동산임대업등 법령39조③항

| (5) 총주행 거리(km) | (6) 업무용 사용 거리(km) | (7) 업무 사용비율 | (8) 취득가액 | (9) 보유또는 임차월수 | (10)업무용 승용차 관련 비용 | | | | | | | | |
|---|---|---|---|---|---|---|---|---|---|---|---|---|---|
| | | | | | (11) 감가상각비 | (12)임차료 (감가상각비포함) | (13) 감가상 각비상당액 | (14) 유류비 | (15) 보험료 | (16) 수선비 | (17) 자동차세 | (18) 기타 | (19) 합계 |
| | | 76.7532 | | 7 | | 10,106,750 | 8,000,375 | 1,293,421 | | | | | 11,400,171 |
| 합 계 | | | | | | 10,106,750 | 8,000,375 | 1,293,421 | | | | | 11,400,171 |

**2** 업무용 승용차 관련 비용 손금불산입 계산

| (22) 업무 사용 금액 | | | (23) 업무외 사용 금액 | | | (30) 감가상각비 (상당액) 한도초과금액 | (31) 손금불산입 합계 | (32) 손금산입 합계 |
|---|---|---|---|---|---|---|---|---|
| (24) 감가상각비 (상당액)[((11)또는 (13))X(7)] | (25) 관련 비용 [((19)-(11)또는 (19)-(13))X(7)] | (26) 합계 ((24)+(25)) | (27) 감가상각비 (상당액)X[(11)-(24) 또는(13)-(24)] | (28) 관련 비용 [(19)-(11)또는 (19)-(13))-(25)] | (29) 합계 ((27)+(28)) | | ((29)+(30)) | ((19)-(31)) |
| 6,140,548 | 2,609,452 | 8,750,000 | 1,859,827 | 790,344 | 2,650,171 | 1,473,881 | 4,124,052 | 7,276,119 |
| 6,140,548 | 2,609,452 | 8,750,000 | 1,859,827 | 790,344 | 2,650,171 | 1,473,881 | 4,124,052 | 7,276,119 |

**3** 감가상각비(상당액) 한도초과금액 이월 명세

| (37) 전기이월액 | (38) 당기 감가상각비(상당액) 한도초과금액 | (39) 감가상각비(상당액) 한도초과금액 누계 | (40) 손금추인(산입)액 | (41) 차기이월액((39)-(40)) |
|---|---|---|---|---|
| | 1,473,881 | 1,473,881 | | 1,473,881 |
| | 1,473,881 | 1,473,881 | | 1,473,881 |

### (2) PORSCHE

| No | 코드 | 차량번호 | 차종 | 임차 | 보험(율) |
|---|---|---|---|---|---|
| 1 | 0101 | 04소7777 | BMW | 리스 | 여 (100%) |
| 2 | 0102 | 357우888 | PORSCHE | 리스 | 여 (100%) |

**1** 업무용 사용 비율 및 업무용 승용차 관련 비용 명세 (운행기록부: 미적용)  임차기간: 2021-05-01 ~ 2023-05-01  □ 부동산임대업등 법령39조③항

| (5) 총주행 거리(km) | (6) 업무용 사용 거리(km) | (7) 업무 사용비율 | (8) 취득가액 | (9) 보유또는 임차월수 | (10)업무용 승용차 관련 비용 | | | | | | | | |
|---|---|---|---|---|---|---|---|---|---|---|---|---|---|
| | | | | | (11) 감가상각비 | (12) 임차료 (감가상각비포함) | (13) 감가상 각비상당액 | (14) 유류비 | (15) 보험료 | (16) 수선비 | (17) 자동차세 | (18) 기타 | (19) 합계 |
| | | 54.8075 | | 8 | | 17,204,410 | 16,833,975 | 1,041,282 | | | | | 18,245,692 |
| 합 계 | | | | | | 27,311,160 | 24,834,350 | 2,334,703 | | | | | 29,645,863 |

**2** 업무용 승용차 관련 비용 손금불산입 계산

| (22) 업무 사용 금액 | | | (23) 업무외 사용 금액 | | | (30) 감가상각비 (상당액) 한도초과금액 | (31) 손금불산입 합계 | (32) 손금산입 합계 |
|---|---|---|---|---|---|---|---|---|
| (24) 감가상각비 (상당액)[((11)또는 (13))X(7)] | (25) 관련 비용 [((19)-(11)또는 (19)-(13))X(7)] | (26) 합계 ((24)+(25)) | (27) 감가상각비 (상당액)X[(11)-(24) 또는(13)-(24)] | (28) 관련 비용 [(19)-(11)또는 (19)-(13))-(25)] | (29) 합계 ((27)+(28)) | | ((29)+(30)) | ((19)-(31)) |
| 9,226,274 | 773,726 | 10,000,000 | 7,607,701 | 637,991 | 8,245,692 | 3,892,940 | 12,138,632 | 6,107,060 |
| 15,366,822 | 3,383,178 | 18,750,000 | 9,467,528 | 1,428,335 | 10,895,863 | 5,366,821 | 16,262,684 | 13,383,179 |

**3** 감가상각비(상당액) 한도초과금액 이월 명세

| (37) 전기이월액 | (38) 당기 감가상각비(상당액) 한도초과금액 | (39) 감가상각비(상당액) 한도초과금액 누계 | (40) 손금추인(산입)액 | (41) 차기이월액((39)-(40)) |
|---|---|---|---|---|
| | 3,892,940 | 3,892,940 | | 3,892,940 |
| | 5,366,821 | 5,366,821 | | 5,366,821 |

## [4]

### 1. 자본금과적립금조정명세서(을)

| 자본금과적립금조정명세서(을) | 자본금과적립금조정명세서(갑) | 이월결손금 |
|---|---|---|

**▷ Ⅰ.세무조정유보소득계산**

| ①과목 또는 사항 | ②기초잔액 | 당 기 중 증 감 | | ⑤기말잔액 (=②-③+④) | 비 고 |
|---|---|---|---|---|---|
| | | ③감 소 | ④증 가 | | |
| 대손충당금 한도 초과액 | 12,000,000 | 12,000,000 | 11,000,000 | 11,000,000 | |
| 선급비용 | 2,500,000 | 2,500,000 | | | |
| 재고자산평가감 | 1,000,000 | 1,000,000 | | | |
| 기계장치감가상각비한도초과 | | | 4,000,000 | 4,000,000 | |
| | | | | | |
| | | | | | |
| | | | | | |
| | | | | | |
| | | | | | |
| | | | | | |
| 합 계 | 15,500,000 | 15,500,000 | 15,000,000 | 15,000,000 | |

## 2. 자본금과적립금조정명세서(갑)

| 자본금과적립금조정명세서(을) | 자본금과적립금조정명세서(갑) | 이월결손금 |

⇨　**I . 자본금과 적립금 계산서**

| | ①과목 또는 사항 | 코드 | ②기초잔액 | 당 기 중 증 감 ③감 소 | 당 기 중 증 감 ④증 가 | ⑤기 말 잔 액 (=②-③+④) | 비 고 |
|---|---|---|---|---|---|---|---|
| 자본금및 잉여금의 계산 | 1.자 본 금 | 01 | 50,000,000 | | 50,000,000 | 100,000,000 | |
| | 2.자 본 잉 여 금 | 02 | 4,000,000 | | | 4,000,000 | |
| | 3.자 본 조 정 | 15 | | | | | |
| | 4.기타포괄손익누계액 | 18 | | | | | |
| | 5.이 익 잉 여 금 | 14 | 65,000,000 | | 72,000,000 | 137,000,000 | |
| | | 17 | | | | | |
| | 6.계 | 20 | 119,000,000 | | 122,000,000 | 241,000,000 | |
| 7.자본금과 적립금명세서(을)계 | | 21 | 15,500,000 | 15,500,000 | 15,000,000 | 15,000,000 | |
| 손익미계상 법인세 등 | 8.법 인 세 | 22 | | | | | |
| | 9.지 방 소 득 세 | 23 | | | | | |
| | 10. 계 (8+9) | 30 | | | | | |
| 11.차 가 감 계 (6+7-10) | | 31 | 134,500,000 | 15,500,000 | 137,000,000 | 256,000,000 | |

## [5]

### 1. [법인세과세표준및세액조정계산서]

· 당기 기부금 한도 적용 시 이월기부금을 당기 지출 기부금보다 우선 공제한다. 따라서 이월기부금 3,000,000원을 기부금 한도초과 이월액 손금산입하고, 잔여 한도액을 초과하는 당기 지출 기부금 1,000,000원은 기부금한도초과액으로 이월한다.

· 최저한세 적용대상 공제감면세액은 최저한세 조정 후 세액을 적용한다.

| | | | | | | | | |
|---|---|---|---|---|---|---|---|---|
| ①각사업연도소득계산 | 101.결 산 서 상 당 기 순 손 익 | 01 | 162,000,000 | ④납부할세액계산 | 120.산 출 세 액 (120=119) | | 18,000,000 |
| | 소득조정 102.익 금 산 입 | 02 | 130,000,000 | | 121.최저한세 적용 대상 공제 감면 세액 | 17 | 5,400,000 |
| | 금 액 103.손 금 산 입 | 03 | 100,000,000 | | 122.차 감 세 액 | 18 | 12,600,000 |
| | 104.차 가 감 소득금액 (101+102-103) | 04 | 192,000,000 | | 123.최저한세 적용 제외 공제 감면 세액 | 19 | |
| | 105.기 부 금 한 도 초 과 액 | 05 | 1,000,000 | | 124.가 산 세 액 | 20 | |
| | 106.기부금 한도초과 이월액 손금산입 | 54 | 3,000,000 | | 125.가 감 계 (122-123+124) | 21 | 12,600,000 |
| | 107.각사업연도소득금액 (104+105-106) | 06 | 190,000,000 | 기납부세액 | 기한내납부세액 126.중 간 예 납 세 액 | 22 | 3,000,000 |
| ②과세표준계산 | 108.각 사업 연도 소득금액 (108=107) | | 190,000,000 | | 127.수 시 부 과 세 액 | 23 | |
| | 109.이 월 결 손 금 | 07 | 10,000,000 | | 128.원 천 납 부 세 액 | 24 | 1,200,000 |
| | 110.비 과 세 소 득 | 08 | | | 129.간접 회사등 외국 납부세액 | 25 | |
| | 111.소 득 공 제 | 09 | | | 130.소 계 (126+127+128+129) | 26 | 4,200,000 |
| | 112.과 세 표 준 (108-109-110-111) | 10 | 180,000,000 | | 131.신 고 납 부전 가 산 세 액 | 27 | |
| | 159.선 박 표 준 이 익 | 55 | | | 132.합 계 (130+131) | 28 | 4,200,000 |
| ③산출세액계산 | 113.과 세 표 준 (113=112+159) | 56 | 180,000,000 | | 133.감 면 분 추 가 납부세액 | 29 | |
| | 114.세 율 | 11 | 10% | | 134.차가감 납부할 세액 (125-132+133) | 30 | 8,400,000 |
| | 115.산 출 세 액 | 12 | 18,000,000 | ⑤토지등양도소득, ⑥미환류소득 법인세계산 (TAB로 이동) | | | |
| | 116.지 점 유 보 소 득 (법 제96조) | 13 | | ⑦세액계 | 151.차 가 감 납부할 세 액 계 (134+150) | 46 | 8,400,000 |
| | 117.세 율 | 14 | | | 152.사실과 다른 회계처리 경정세액공제 | 57 | |
| | 118.산 출 세 액 | 15 | | | 153.분 납 세 액 계 산 범 위 액 (151-124-133-145-152+131) | 47 | 8,400,000 |
| | 119.합 계 (115+118) | 16 | 18,000,000 | 분납할 세 액 | 154.현 금 납 부 | 48 | |
| | | | | | 155.물 납 | 49 | |
| | | | | | 156. 계 (154+155) | 50 | |
| | | | | 차감 납부 세액 | 157.현 금 납 부 | 51 | 8,400,000 |
| | | | | | 158.물 납 | 52 | |
| | | | | | 160. 계 (157+158) [160=(151-152-156)] | 53 | 8,400,000 |

2. [최저한세조정계산서]

| ①구분 | | | 코드 | ②감면후세액 | ③최저한세 | ④조정감 | ⑤조정후세액 |
|---|---|---|---|---|---|---|---|
| (101) 결 산 서 상 당 기 순 이 익 | | | 01 | 162,000,000 | | | |
| 소득조정금액 | (102)익 금 산 입 | | 02 | 130,000,000 | | | |
| | (103)손 금 산 입 | | 03 | 100,000,000 | | | |
| (104) 조 정 후 소 득 금 액 (101+102-103) | | | 04 | 192,000,000 | 192,000,000 | | 192,000,000 |
| 최저한세적용대상 특 별 비 용 | (105)준 비 금 | | 05 | | | | |
| | (106)특별상각,특례상각 | | 06 | | | | |
| (107) 특별비용손금산입전소득금액(104+105+106) | | | 07 | 192,000,000 | 192,000,000 | | 192,000,000 |
| (108) 기 부 금 한 도 초 과 액 | | | 08 | 1,000,000 | 1,000,000 | | 1,000,000 |
| (109) 기부금 한도초과 이월액 손 금 산 입 | | | 09 | 3,000,000 | 3,000,000 | | 3,000,000 |
| (110) 각 사 업 년 도 소 득 금 액 (107+108-109) | | | 10 | 190,000,000 | 190,000,000 | | 190,000,000 |
| (111) 이 월 결 손 금 | | | 11 | 10,000,000 | 10,000,000 | | 10,000,000 |
| (112) 비 과 세 소 득 | | | 12 | | | | |
| (113) 최저한세적용대상 비 과 세 소 득 | | | 13 | | | | |
| (114) 최저한세적용대상 익금불산입 · 손금산입 | | | 14 | | | | |
| (115) 차가감 소 득 금 액 (110-111-112+113+114) | | | 15 | 180,000,000 | 180,000,000 | | 180,000,000 |
| (116) 소 득 공 제 | | | 16 | | | | |
| (117) 최저한세적용대상 소 득 공 제 | | | 17 | | | | |
| (118) 과 세 표 준 금 액 (115-116+117) | | | 18 | 180,000,000 | 180,000,000 | | 180,000,000 |
| (119) 선 박 표 준 이 익 | | | 24 | | | | |
| (120) 과 세 표 준 금 액 (118+119) | | | 25 | 180,000,000 | 180,000,000 | | 180,000,000 |
| (121) 세 율 | | | 19 | 10 % | 7 % | | 10 % |
| (122) 산 출 세 액 | | | 20 | 18,000,000 | 12,600,000 | | 18,000,000 |
| (123) 감 면 세 액 | | | 21 | 9,000,000 | | 3,600,000 | 5,400,000 |
| (124) 세 액 공 제 | | | 22 | | | | |
| (125) 차 감 세 액 (122-123-124) | | | 23 | 9,000,000 | | | 12,600,000 |

# [99회] 최신 기출문제

## ◆ 이론시험

**01** ② 보수주의는 두 가지 이상의 대체적인 회계처리 방법이 있을 경우 재무적 기초를 견고히 하는 관점에서 이익을 낮게 보고하는 방법을 선택하는 것으로, 전기오류수정사항을 이익잉여금에 반영하는 것은 보수주의와는 무관하다.

**02** ① 만기보유증권은 상각후원가법으로 평가한다.

**03** ④ [일반기업회계기준 제11장 문단 11.18] 무형자산을 창출하기 위한 내부 프로젝트를 연구단계와 개발단계로 구분할 수 없는 경우에는 그 프로젝트에서 발생한 지출은 모두 연구단계에서 발생한 것으로 본다.

**04** ② 1,000,000원
= 처분가액 8,000,000원 − 취득가액 5,000,000원 − 자기주식처분손실 2,000,000원
· 자기주식처분이익은 자기주식처분손실이 있는 경우 자기주식처분손실과 우선 상계하고, 나머지 잔액을 자기주식처분이익으로 처리한다.

<회계처리>

처분일 : (차) 현금 등     8,000,000원     (대) 자기주식          5,000,000원
                                          자기주식처분손실      2,000,000원
                                          자기주식처분이익      1,000,000원

**05** ①
· 재고자산감모손실 : (장부 수량 1,000개 − 실지 수량 900개) × 장부가액 1,900원 = 190,000원
· 재고자산평가손실(매출원가) : 실지 수량 900개 × 장부가액 1,900원 − 순실현가능가치 1,800원 = 90,000원
· 순실현가능가치 : 단위당 판매가능금액 2,000원 − 단위당 판매비용 200원 = 1,800원
· [일반기업회계기준 제7장 문단 7.20] 재고자산의 장부상 수량과 실제 수량과의 차이에서 발생하는 감모손실의 경우 비정상적으로 발생한 감모손실은 영업외비용으로 분류하므로 이는 재고자산감모손실로 회계처리한다. 한편 재고자산의 시가가 장부금액 이하로 하락하여 발생한 평가손실은 재고자산의 차감계정으로 표시하고 매출원가에 가산한다.

**06** ①
- 다품종 소량생산시스템은 개별원가시스템에 적합하다.
- 전기 미지급 노무비를 당기에 지급하면, 전기의 노무비로 계상해야 한다.
- 제조간접비가 제조부문과 관리부문에 동시에 발생하면, 합리적 배부기준에 의해 배부한다.

**07** ③ 기말재공품의 완성도는 평균법과 선입선출법 모두에서 고려대상이다.

**08** ④ 공장 전체 제조간접비 배부율을 이용할 때에는 공장 전체 총제조간접비를 사용하여 배부율을 계산하므로 보조부문의 제조간접비를 제조부문에 배분하는 절차가 필요하지 않다.

**09** ① 850,000원 과소배부
= 실제 제조간접비 발생액 6,000,000원 − 제조간접비 예정배부액 5,150,000원
- 예정배부율 : 제조간접비 예상액 5,000,000원 ÷ 예상 직접노무시간 50,000시간 = 100원/직접노무시간
- 예정배부액 : 실제 직접노무시간 51,500시간 × 제조간접비 예정배부율 @100원 = 5,150,000원

**10** ④ 주산물 A의 제조원가가 과대계상되어 영업이익이 과소계상되는 만큼 영업외수익이 과대계상되어 당기순이익은 영향을 받지 않는다.
- 주산물 A 제조원가 과대계상 → 매출원가 과대계상 → 매출총이익 과소계상 → 영업이익 과소계상
- 부산물 B 제조원가 미배분 → 영업외수익 과대계상
- 영업이익 과소계상 + 영업외수익 과대계상 → 당기순이익 영향 없음

**11** ②, ④
② 신설하는 영리법인은 설립일이 속하는 사업연도의 법인세 과세표준신고기한까지 평가방법신고서를 납세지 관할세무서장에게 제출하여야 한다.
④ 법인은 재고자산을 평가할 때 해당 자산을 제73조 제1호의 각 목에 따른 자산별로 구분하여 '종류별·영업장별'로 각각 다른 방법에 의하여 평가할 수 있다.

**12** ③ 각 사업연도의 소득에 대한 법인세의 과세표준을 계산함에 있어서 공제되지 아니한 비과세소득 및 소득공제액과 최저한세의 적용으로 인하여 공제되지 아니한 소득공제액은 다음 사업연도에 이월하여 공제할 수 없다.

**13** ② 소득세법 제81조의8 제1항, 소득세법 제160조의5 제1항 및 제3항에 따라 사업용계좌 신고 및 사용의무는 복식부기의무자에게만 있다. 따라서 사업용계좌 미신고 및 미사용 가산세는 복식부기의무자만 적용된다.

**14** ③ 기본공제 대상자 판정 시 배우자는 나이요건의 제한을 받지 않으나 소득요건의 제한을 받으므로 소득금액의 합계액이 100만원(근로소득만 있는 경우 총급여 500만원) 이하인 경우에 기본공제를 적용받을 수 있다.

**15** ① 자동차운전학원에서 제공되는 교육용역은 면세대상에서 제외된다.

◈ **실무시험**
[문제 1]

[1] 일반전표 입력 .01.30.

| (차) | 미수금(용산구청) | 870,000 | (대) | 전기오류수정이익(912) | 870,000 |
|---|---|---|---|---|---|

[2] 일반전표 입력 .07.06.

| (차) | 토지 | 45,000,000 | (대) | 자본금 | 35,000,000 |
|---|---|---|---|---|---|
| | | | | 주식발행초과금 | 7,000,000 |
| | | | | 보통예금 | 3,000,000 |

- 일괄취득가액 : 보통주 7,000주 × 시가 6,000원 = 42,000,000원
- 토지 취득가액 : 일괄취득가액 42,000,000원 + 토지 취득 부대비용 3,000,000원 = 45,000,000원

**[3] 매입매출전표 입력 .08.01.**

유형:54.불공  공급가액:2,000,000원  부가세:200,000원  거래처:소희마트  전자:부  분개:혼합  불공제사유:4.접대비 및 이와 유사한 비용 관련

| (차) 접대비(판) | 2,200,000 | (대) 미지급금 또는 미지급비용 | 2,200,000 |

**[4] 매입매출전표 입력  08.06.**

유형: 11.과세  공급가액:110,000,000원  부가세:11,000,000원  거래처:㈜안정  전자:여  분개:혼합

| (차) 보통예금 | 121,000,000 | (대) 부가세예수금 | 11,000,000 |
| 선수금 | 190,000,000 | 제품매출 | 300,000,000 |

## [문제 2]

### [1]

**1. 부동산임대공급가액명세서**

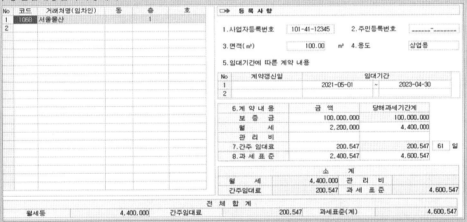

**2. 부가가치세신고서**

## [2]

### 1. 매입매출전표 입력

·10월 10일
유형: 12.영세  공급가액:48,000,000원  부가세:0원  거래처:㈜신우무역  전자:여  분개:없음  영세율구분:3.내국신용장·구매확인서에 의하여 공급하는 재화

·11월 13일
유형: 12.영세  공급가액:16,000,000원  부가세:0원  거래처:㈜주철기업  전자:여  분개:없음  영세율구분:3.내국신용장·구매확인서에 의하여 공급하는 재화

### 2. 내국신용장·구매확인서전자발급명세서

조회기간  2022 년 10 월 ~ 2022 년 12 월   구분 2기 확정

**2. 내국신용장·구매확인서에 의한 공급실적 합계**

| 구분 | 건수 | 금액(원) | 비고 |
|---|---|---|---|
| (9)합계(10+11) | 2 | 64,000,000 | |
| (10)내국신용장 | 1 | 16,000,000 | |
| (11)구매확인서 | 1 | 48,000,000 | |

[참고] 내국신용장 또는 구매확인서에 의한 영세율 첨부서류 방법 변경(영 제64조 제3항 제1의3호)
▶ 전자무역기반시설을 통하여 개설되거나 발급된 경우 내국신용장·구매확인서 전자발급명세서를 제출하고 이 외의 경우 내국신용장 사본을 제출함
=> 2011.7.1 이후 최초로 개설되거나 발급되는 내국신용장 또는 구매확인서부터 적용

**3. 내국신용장·구매확인서에 의한 공급실적 명세서**

| (12)번호 | (13)구분 | (14)서류번호 | (15)발급일 | 거래처명 | (16)공급받는자의 사업자등록번호 | (17)금액 | 전표일자 | (18)비고 |
|---|---|---|---|---|---|---|---|---|
| 1 | 구매확인서 | 1111111 | 2022-10-15 | (주)신우무역 | 621-85-05380 | 48,000,000 | | |
| 2 | 내국신용장 | 2222222 | 2022-11-10 | (주)주철기업 | 617-85-11831 | 16,000,000 | | |

### 3. 영세율매출명세서

부가가치세법  조세특례제한법

| (7)구분 | (8)조문 | (9)내용 | (10)금액(원) |
|---|---|---|---|
| 부 가 가 치 세 법 | 제21조 | 직접수출(대행수출 포함) | |
| | | 중계무역·위탁판매·외국인도 또는 위탁가공무역 방식의 수출 | |
| | | 내국신용장·구매확인서에 의하여 공급하는 재화 | 64,000,000 |
| | | 한국국제협력단 및 한국국제보건의료재단에 공급하는 해외반출용 재화 | |
| | | 수탁가공무역 수출용으로 공급하는 재화 | |
| | 제22조 | 국외에서 제공하는 용역 | |
| | 제23조 | 선박·항공기에 의한 외국항행용역 | |
| | | 국제복합운송계약에 의한 외국항행용역 | |
| | 제24조 | 국내에서 비거주자·외국법인에게 공급되는 재화 또는 용역 | |
| | | 수출재화임가공용역 | |
| | | 외국항행 선박·항공기 등에 공급하는 재화 또는 용역 | |
| | | 국내 주재 외교공관, 영사기관, 국제연합과 이에 준하는 국제기구, 국제연합군 또는 미국군에게 공급하는 재화 또는 용역 | |
| | | 「관광진흥법 시행령」에 따른 일반여행업자가 외국인관광객에게 공급하는 관광알선용역 | |
| | | 외국인전용판매장 또는 주한외국군인 등의 전용 유흥음식점에서 공급하는 재화 또는 용역 | |
| | | 외교관 등에게 공급하는 재화 또는 용역 | |
| | | 외국인환자 유치용역 | |
| (11) 부가가치세법에 따른 영세율 적용 공급실적 합계 | | | 64,000,000 |
| (12) 조세특례제한법 및 그 밖의 법률에 따른 영세율 적용 공급실적 합계 | | | |
| (13) 영세율 적용 공급실적 총 합계(11)+(12) | | | 64,000,000 |

[문제 3]

**[1] 일반전표 입력 12.31.**

| (차) | 단기매매증권 | 300,000 | (대) | 단기매매증권평가이익 | 300,000 |

· 단기매매증권평가이익 : 150주 × (기말 공정가치 12,000원-취득가액 10,000원)=300,000원

**[2] 일반전표 입력 12.31.**

| (차) | 이자비용 | 1,960,000 | (대) | 보통예금 | 1,500,000 |
| | | | | 사채할인발행차금 | 460,000 |

**[3]**

1. 일반전표 입력

| (차) | 퇴직급여(판) | 25,000,000 | (대) | 퇴직급여충당부채(295) | 41,000,000 |
| | 퇴직급여(제) | 16,000,000 | | | |

· 퇴직급여(판매비와관리비) : 당기말 퇴직금 추계액 40,000,000원-(전기말 퇴직금 추계액 30,000,000원-당해연도 퇴직금 지급액 15,000,000원)=25,000,000원
· 퇴직급여(제조원가) : 당기말 퇴직금 추계액 65,000,000원-(전기말 퇴직금 추계액 64,000,000원
-당해연도 퇴직금 지지급액 15,000,000원)=16,000,000원

2. 또는 자동결산분개 입력
결산자료입력 메뉴의 [2. 매출원가 > 3)노무비 > 2). 퇴직급여(전입액)] 란에 16,000,000원
[4. 판매비와 일반관리비 > 2). 퇴직급여(전입랙)] 란에 25,000,000원을 입력한 후
F3 전표추가를 클릭한다.

| (결차) | 퇴직급여(제) | 16,000,000 | (결대) | 퇴직급여충당부채(295) | 16,000,000 |
| (결차) | 퇴직급여(판) | 25,000,000 | (결대) | 퇴직급여충당부채(295) | 25,000,000 |

**[4]**

1. 일반전표 입력 .12.31.

| (차) | 법인세등 | 39,529,600 | (대) | 선납세금 | 10,512,000 |
| | | | | 미지급세금 | 29,017,600 |

· 법인세 산출세액 : 200,000,000원 × 10%+79,680,000원 × 20%=35,936,000원
· 법인세 지방소득세액 : 200,000,000원 × 1%+79,680,000원 × 2%=3,593,600원
· 법인세비용 : 35,936,000원+3,593,600원=39,529,600원

2. 또는 자동결산분개 입력 .12.31.
결산자료입력 메뉴의 [9. 법인세 등 > 1) 선납세금] 란에 10,512,000원
[9. 법인세 등 > 2) 추가계상액] 란에 29,017,600원을 입력한 후
F3 전표추가를 클릭한다.

| (결차) | 법인세등 | 29,017,600 | (결대) | 미지급세금 | 29,017,600 |
| | 법인세등 | 10,512,000 | | 미지급세금 | 10,512,000 |

## [문제 4]

### [1]

#### 1. 수당공제등록

| No | 코드 | 과세구분 | 수당명 | 근로소득유형 | | | 월정액 | 통상임금 | 사용여부 |
|----|------|----------|--------|------|------|------|--------|----------|----------|
| | | | | 유형 | 코드 | 한도 | | | |
| 1 | 1001 | 과세 | 기본급 | 급여 | | | 정기 | 여 | 여 |
| 2 | 1002 | 과세 | 상여 | 상여 | | | 부정기 | 부 | 부 |
| 3 | 1003 | 과세 | 직책수당 | 급여 | | | 정기 | 부 | 여 |
| 4 | 1004 | 과세 | 월차수당 | 급여 | | | 정기 | 부 | 부 |
| 5 | 1005 | 비과세 | 식대 | 식대 | P01 | (월)100,000 | 정기 | 부 | 부 |
| 6 | 1006 | 비과세 | 자가운전보조금 | 자가운전보조금 | H03 | (월)200,000 | 부정기 | 부 | 여 |
| 7 | 1007 | 비과세 | 야간근로수당 | 야간근로수당 | 001 | (년)2,400,000 | 부정기 | 부 | 부 |
| 8 | 2001 | 과세 | 식대 | 급여 | | | 정기 | 부 | 여 |
| 9 | 2002 | 비과세 | [기업연구소]연구보조 | [기업연구소]연구보 | H10 | (월)200,000 | 부정기 | 부 | 여 |

- 기본급 : 수정 없음
- 식대 : 비과세 식대는 사용여부를 '부'로 변경
  과세구분－1(과세), 수당명－식대 추가등록
  별도의 현물식사를 제공받으므로 식대는 과세 대상이다.
- 직책수당 : 수정 없음
- 자가운전보조금 : 월 20만원을 한도로 비과세하는 요건을 충족한다. 따라서 수정 없음
- 연구보조비 : 과세구분－2(비과세), 수당명－연구보조비, 유형코드－H10([기업연구소]연구보조비) 추가등록
- 사용하지 않는 위 외의 수당과 공제항목은 사용 여부를 모두 '부'로 변경한다.

#### 2. 급여자료입력

- 자료에서 제시된 항목과 금액을 입력하고 급여항목 하단의 비과세 금액이 300,000원인지 확인할 것

### [2]

| □ | 사번 | 사원명 | 감면율 |
|---|------|--------|--------|
| ■ | 104 | 이창현 | |
| □ | 121 | 김정훈 | |

| 급여항목 | 금액 |
|----------|------|
| 기본급 | 2,600,000 |
| 직책수당 | 200,000 |
| 자가운전보조금 | 200,000 |
| 식대 | 100,000 |
| [기업연구소]연구보조비 | 100,000 |

| 공제항목 | 금액 |
|----------|------|
| 국민연금 | 110,000 |
| 건강보험 | 89,000 |
| 장기요양보험 | 10,250 |
| 고용보험 | 23,200 |
| 소득세(100%) | 75,860 |
| 지방소득세 | 7,580 |
| 농특세 | |

총인원(퇴사자) 2(0)

| | |
|---|---|
| 과 세 | 2,900,000 |
| 비 과 세 | 300,000 |
| 지 급 총 액 | 3,200,000 |

| | |
|---|---|
| 공 제 총 액 | 315,890 |
| 차 인 지 급 액 | 2,884,110 |

사원정보 / 임금대장

| | |
|---|---|
| 입사일(퇴사일) | 2020/06/30 |
| 주민(외국인)번호 | 850203-1245111 |
| 거주자/내외국인 | 거주자/내국인 |
| 생산직/연장근로 | 부/부 |
| 국외근로/종교관련 | 부/부 |
| 건강경감/장기요양 | 부/여 |

4.전체사원-현재 [크게]

| | |
|---|---|
| 지급총액 | 3,200,000 |
| 과세 | 2,900,000 |
| 총비과세 | 300,000 |
| 제출비과세 | 100,000 |
| 미제출비과세 | 200,000 |
| 기본급 | 2,600,000 |

| | |
|---|---|
| 공제총액 | 315,890 |
| 차인지급액 | 2,884,110 |
| 국민연금 | 110,000 |
| 건강보험 | 89,000 |
| 장기요양보험 | 10,250 |
| 고용보험 | 23,200 |

8⊙⊙⊙⊙⊙

⊙⊙⊙⊙⊙

---

## 1. 부양가족명세

- 총급여액이 500만원을 초과하는 부양가족에 대해서는 기본공제를 적용받을 수 없다.
- 모친 이정자의 경우 기본공제−장애인으로 입력한 때도 정답으로 인정한다.

| 연말관계 | 성명 | 내/외국인 | 주민(외국인)번호 | 나이 | 기본공제 | 세대주구분 | 부녀자 | 한부모 | 경로우대 | 장애인 | 자녀 | 출산입양 |
|---|---|---|---|---|---|---|---|---|---|---|---|---|
| 0 | 김정훈 | 내 1 | 720614-1052364 | 50 | 본인 | 세대주 | | | | | | |
| 1 | 이정자 | 내 1 | 470213-2231641 | 75 | 60세이상 | | | | ○ | | | |
| 3 | 신혜미 | 내 1 | 761125-2078454 | 46 | 부 | | | | | | | |
| 4 | 김이슬 | 내 1 | 041220-4052135 | 18 | 20세이하 | | | | | | ○ | |
| | 합 계 [명] | | | | 3 | | | | 1 | | 1 | |

## 2. 의료비지급명세서

- 안경구입비는 1명당 연 50만원을 한도로 의료비공제가 적용되므로 300,000원은 적용되지 않는다.
- 의료비공제는 소득요건의 제한을 받지 않으므로 배우자의 의료비도 의료비공제를 적용받을 수 있다.
- 의료비공제 대상 의료비에서 실손보험금은 제외한다.
- 자녀 김이슬의 의료비의 경우 실손보험금 수령액 160,000원을 차감하여 순액(240,000원)으로 입력한 때에도 정답으로 인정한다.

**(2022) 년 의료비 지급명세**

| 성명 | 내/외 | 5.주민등록번호 | 6.본인등해당여부 | 8.상호 | 7.사업자등록번호 | 9.의료증빙코드 | 10.건수 | 11.금액 | 11-1.실손의료보험금 | 12.난임시술비해당여부 | 13.산후조리원해당여부(7천만원이하) |
|---|---|---|---|---|---|---|---|---|---|---|---|
| 김정훈 | 내 | 720614-1052364 | 2 0 | 우리병원 | | 국세청장 | | 2,200,000 | | X | X |
| 신혜미 | 내 | 761125-2078454 | 3 X | 우리병원 | | 국세청장 | | 1,000,000 | | X | X |
| 이정자 | 내 | 470213-2231641 | 2 0 | 우리병원 | | 국세청장 | | 2,400,000 | | X | X |
| 김이슬 | 내 | 041220-4052135 | 3 X | 우리병원 | | 국세청장 | | 400,000 | 160,000 | X | X |

− 부양가족 탭에서 부양가족 하단의 의료비를 더블클릭하여 의료비지급명세서를 작성한 경우

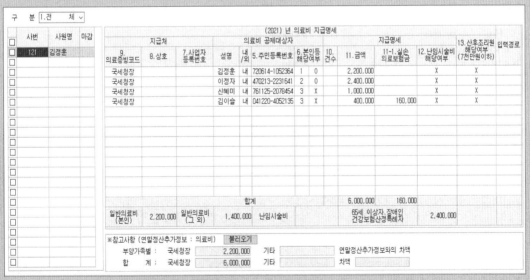

− 의료비지급명세서 메뉴를 이용하여 작성한 경우

## 3. 연말정산입력

| 구분 | | | 지출액 | 공제금액 | 구분 | | | 지출액 | 공제대상금액 | 공제금액 |
|---|---|---|---|---|---|---|---|---|---|---|
| 23.근로소득금액 | | | | 28,750,000 | 세액감면 | 50.『소득세법』 ▶ | | | | |
| 기본공제 | 24.본인 | | | 1,500,000 | | 51.『조세특례제한법』(52제외) ▶ | | | | |
| | 25.배우자 | | | | | 52.『조세특례제한법』제30조 ▶ | | | | |
| 추가공제 | 26.부양가족 | 2명 | | 3,000,000 | | 53.조세조약 ▶ | | | | |
| | 27.경로우대 | 1명 | | 1,000,000 | | 54.세액감면 계 | | | | |
| | 28.장애인 | 1명 | | 2,000,000 | | 55.근로소득 세액공제 | | | | 684,000 |
| | 29.부녀자 | | | | 56.자녀 세액공제 | ㉮자녀 1명 | | | | 150,000 |
| | 30.한부모가족 | | | | | ㉯ 출산.입양 명 | | | | |
| 연금보험료공제 | 31.국민연금보험료 | | 1,800,000 | 1,800,000 | 연금계좌 | 57.과학기술공제 | | | | |
| | 32.공무원연금 | | | | | 58.근로자퇴직연금 | | | | |
| | 연금보험 공적연금 공제 군인연금 | | | | | 59.연금저축 | | | | |
| | 사립학교교직원 | | | | 특별세액공제 | 60.보장 일반 | 900,000 | 900,000 | 900,000 | 108,000 |
| | 별정우체국연금 | | | | | 성보험 장애인 | | | | |
| 특별소득공제 | 33.보험료 | | 1,850,000 | 1,850,000 | | 61.의료비 | 6,000,000 | 6,000,000 | 4,640,000 | 618,000 |
| | 건강보험료 | | 1,530,000 | 1,530,000 | | 62.교육비 | 7,700,000 | 7,700,000 | 7,700,000 | |
| | 고용보험료 | | 320,000 | 320,000 | | 63.기부금 | | | | |
| | 34.주택차입금 대금기관 원리금상환액 거주자 | | | | | 1)정치자금 10만원이하 | | | | |
| | 34.장기주택저당차입금이자상 | | | | | 기부금 10만원초과 | | | | |
| | 35.기부금-2013년이전이월분 | | | | | 2)법정기부금(전액) | | | | |
| | 36.특별소득공제 계 | | | 1,850,000 | | 3)우리사주조합기부금 | | | | |
| 37.차감소득금액 | | | | 17,600,000 | | 4)지정기부금(종교단체외) | | | | |
| 그밖의소득공제 | 38.개인연금저축 | | | | | 5)지정기부금(종교단체) | | | | |
| | 39.소기업,소상공인 공제부금 2015년이전가입 | | | | | 64.특별세액공제 계 | | | | 726,000 |
| | 2016년이후가입 | | | | | 65.표준세액공제 | | | | |
| | 40.주택마련저축 소득공제 청약저축 | | | | | 66.납세조합공제 | | | | |
| | 주택청약 | | | | | 67.주택차입금 | | | | |
| | 근로자주택마련 | | | | | 68.외국납부 ▶ | | | | |
| | 41.투자조합출자 등 소득공제 | | | | | 69.월세액 | | | | |
| | 42.신용카드 등 사용액 | | | 6,740,000 | | | | | | |

| 구분 | | 소득세 | 지방소득세 | 농어촌특별세 | 계 |
|---|---|---|---|---|---|
| 72.결정세액 | | | | | |
| 기납부세액 | 73.종(전)근무지 | | | | |
| | 74.주(현)근무지 | 2,109,600 | 210,900 | | 2,320,500 |
| 75.납부특례세액 | | | | | |
| 76.차감징수세액 | | -2,109,600 | -210,900 | | -2,320,500 |

(1) 신용카드 등 사용금액에 대한 소득공제

· 거주자 본인 및 기본공제대상자인 배우자와 직계존비속의 신용카드 등 사용금액이 공제 대상이다.

· 의료비와 중·고등학생에 대한 교복구입비는 신용카드 등 사용금액에 대한 소득공제가 중복으로 적용되므로 전액 신용카드 등 사용금액에 대한 소득공제 대상이다.

### 신용카드 등 공제대상금액

▶ 신용카드 등 사용액 공제액 산출 과정 — 총급여 40,000,000 / 최저사용액(총급여 25%) 10,000,000

| 구분 | | 대상금액 | 공제율금액 | 공제제외금액 | 공제가능금액 | 공제한도 | 일반공제금액 | 추가공제금액 | 최종공제금액 |
|---|---|---|---|---|---|---|---|---|---|
| 전통시장/대중교통 제외 | ㉮신용카드 | 6,500,000 | 15% | | | | | | |
| | ㉯직불/선불카드 | | | | | | | | |
| | ㉰현금영수증 | 240,000 | 30% | | | | | | |
| ㉱도서공연 등 사용분 | | | | | | | | | |
| ㉲전통시장사용분 | | | 40% | | | | | | |
| ㉳대중교통이용분 | | | | | | | | | |
| 신용카드 등 사용액 합계(㉮-㉳) | | 6,740,000 | | 아래참조*1 | 공제율금액-공제제외금액 | 아래참조*2 | MIN[공제가능금액,공제한도] | 아래참조*3 | 일반공제금액+추가공제금액 |

(2) 보험료 세액공제

· 배우자는 기본공제대상자가 아니므로 배우자를 피보험자로 하는 보장성 보험료 납부액은 보험료공제를 적용받을 수 없다.

| 60.보장 | 일반 | 900,000 | 900,000 | 900,000 | 108,000 |
|---|---|---|---|---|---|
| 성보험 | 장애인 | | | | |

(3) 의료비 세액공제

**의료비**

| 구분 | 지출액 | 실손의료비 | 공제대상금액 | 공제금액 |
|---|---|---|---|---|
| 난임시술비 | | | | |
| 본인 | 2,200,000 | | 2,200,000 | 330,000 |
| 65세,장애인.건강보험산정특례자 | 2,400,000 | 160,000 | 2,400,000 | 288,000 |
| 그 밖의 공제대상자 | 1,400,000 | | 40,000 | |

(4) 교육비 세액공제

· 교복구입비는 1명당 연간 50만원, 현장체험학습비는 1명당 연간 30만원을 한도로 교육비 세액공제가 적용되므로 교복구입비 중 100,000원과 현장체험학습비 중 200,000원은 교육비 세액공제가 적용되지 않는다.

**교육비**

| 구분 | 지출액 | 공제대상금액 |
|---|---|---|
| 취학전아동(1인당 300만원) | | |
| 초중고(1인당 300만원) | 2,700,000 | |
| 대학생(1인당 900만원) | | 7,700,000 |
| 본인(전액) | 5,000,000 | |
| 장애인 특수교육비 | | |

## [문제 5]

### [1] 접대비조정명세서
(1) 접대비 입력 (을)

| 1.접대비 입력 (을) | 2.접대비 조정 (갑) |
|---|---|

**1 1. 수입금액명세**

| 구 분 | ① 일반수입금액 | ② 특수관계인간 거래금액 | ③ 합 계(①+②) |
|---|---|---|---|
| 금 액 | 3,290,000,000 | 200,000,000 | 3,490,000,000 |

**2 2. 접대비 해당금액**

| | ④ 계정과목 | | 합계 | 접대비(판관) | 복리후생비 | |
|---|---|---|---|---|---|---|
| | ⑤ 계정금액 | | 59,850,000 | 56,550,000 | 3,300,000 | |
| | ⑥ 접대비계상액 중 사적사용경비 | | 5,000,000 | 5,000,000 | | |
| | ⑦ 접대비해당금액(⑤-⑥) | | 54,850,000 | 51,550,000 | 3,300,000 | |
| ⑧ 신용카드 등 미사용금액 | 경조사비 중 기준금액 초과액 | ⑨신용카드 등 미사용금액 | | | | |
| | | ⑩총 초과금액 | | | | |
| | 국외지역 지출액 (법인세법 시행령 제41조제2항제1호) | ⑪신용카드 등 미사용금액 | | | | |
| | | ⑫총 지출액 | | | | |
| | 농어민 지출액 (법인세법 시행령 제41조제2항제2호) | ⑬송금명세서 미제출금액 | | | | |
| | | ⑭총 지출액 | | | | |
| | 접대비 중 기준금액 초과액 | ⑮신용카드 등 미사용금액 | 4,000,000 | 4,000,000 | | |
| | | (16)총 초과금액 | 50,900,000 | 50,900,000 | | |
| | (17) 신용카드 등 미사용 부인액 | | 4,000,000 | 4,000,000 | | |
| | (18) 접대비 부인액(⑥+(17)) | | 9,000,000 | 9,000,000 | | |

## (2) 접대비 조정 (갑)

| 1.접대비 입력 (을) | 2.접대비 조정 (갑) |
|---|---|

**3** 접대비 한도초과액 조정

중소기업

☐ 정부출자법인
☐ 부동산임대업등 ⑧한도액 50%적용

| | 구분 | | | 금액 |
|---|---|---|---|---|
| ① 접대비 해당 금액 | | | | 54,850,000 |
| ② 기준금액 초과 접대비 중 신용카드 등 미사용으로 인한 손금불산입액 | | | | 4,000,000 |
| ③ 차감 접대비 해당금액(①-②) | | | | 50,850,000 |
| 일반<br>접대비<br>한도 | ④ 12,000,000 (중소기업 36,000,000) X 월수(12) / 12 | | | 36,000,000 |
| | 총수입금액<br>기준 | 100억원 이하의 금액 X 30/10,000 (2020년 사업연도 분은 35/10,000) | | 10,470,000 |
| | | 100억원 초과 500억원 이하의 금액 X 20/10,000 (2020년 사업연도 분은 25/10,000) | | |
| | | 500억원 초과 금액 X 3/10,000 (2020년 사업연도 분은 6/10,000) | | |
| | | ⑤ 소계 | | 10,470,000 |
| | 일반수입금액<br>기준 | 100억원 이하의 금액 X 30/10,000 (2020년 사업연도 분은 35/10,000) | | 9,870,000 |
| | | 100억원 초과 500억원 이하의 금액 X 20/10,000 (2020년 사업연도 분은 25/10,000) | | |
| | | 500억원 초과 금액 X 3/10,000 (2020년 사업연도 분은 6/10,000) | | |
| | | ⑥ 소계 | | 9,870,000 |
| | ⑦ 수입금액기준 | (⑤-⑥) X 10/100 | | 60,000 |
| | ⑧ 일반접대비 한도액 (④+⑥+⑦) | | | 45,930,000 |
| 문화접대비 한도<br>(「조특법」<br>제136조제3항) | ⑨ 문화접대비 지출액 | | | |
| | ⑩ 문화접대비 한도액(⑨와 (⑧ X 20/100) 중 작은 금액) | | | |
| ⑪ 접대비 한도액 합계(⑧+⑩) | | | | 45,930,000 |
| ⑫ 한도초과액(③-⑪) | | | | 4,920,000 |
| ⑬ 손금산입한도 내 접대비 지출액(③과⑪ 중 작은 금액) | | | | 45,930,000 |

세무조정

&lt;손금불산입&gt; 대표이사 개인경비             5,000,000원      (상여)

&lt;손금불산입&gt; 적격증빙불비 접대비           4,000,000원      (기타사외유출)
               (건당 3만원 초과 간이영수증 수취분)

&lt;손금불산입&gt; 접대비 한도초과액            4,920,000원      (기타사외유출)

## [2]

### 1. 고정자산등록

## 2. 미상각자산감가상각조정명세서

| 유형자산(정액법) | 유형자산(정률법) | 무형자산 |
|---|---|---|

| 계정 | 자산코드/명 | 취득년월일 |
|---|---|---|
| 0206 | 000001 기계 | 2019-09-18 |

| 입력내용 | | | 금액 | 총계 |
|---|---|---|---|---|
| 업종코드/명 | 13 | 제조업 | | |
| 합계표 자산구분 | | 2. 기계장치 | | |
| (4)내용연수 | | | 5 | |
| 상각<br>계산<br>의<br>기초<br>가액 | 재무상태표<br>자산가액 | (5)기말현재액 | 41,000,000 | 41,000,000 |
| | | (6)감가상각누계액 | 24,000,000 | 24,000,000 |
| | | (7)미상각잔액(5)-(6) | 17,000,000 | 17,000,000 |
| | (8)회사계산감가상각비 | | 12,000,000 | 12,000,000 |
| | (9)자본적지출액 | | | |
| | (10)전기말의제상각누계액 | | | |
| | (11)전기말부인누계액 | | 1,477,493 | 1,477,493 |
| | (12)가감계((7)+(8)+(9)-(10)+(11)) | | 30,477,493 | 30,477,493 |
| (13)일반상각률.특별상각률 | | | 0.451 | |
| 상각범위<br>액계산 | 당기산출<br>상각액 | (14)일반상각액 | 13,745,349 | 13,745,349 |
| | | (15)특별상각액 | | |
| | | (16)계((14)+(15)) | 13,745,349 | 13,745,349 |
| | 취득가액 | (17)전기말현재취득가액 | 41,000,000 | 41,000,000 |
| | | (18)당기회사계산증가액 | | |
| | | (19)당기자본적지출액 | | |
| | | (20)계((17)+(18)+(19)) | 41,000,000 | 41,000,000 |
| | (21) 잔존가액 | | 2,050,000 | 2,050,000 |
| | (22) 당기상각시인범위액 | | 13,745,349 | 13,745,349 |
| (23)회사계상상각액((8)+(9)) | | | 12,000,000 | 12,000,000 |
| (24)차감액 ((23)-(22)) | | | -1,745,349 | -1,745,349 |
| (25)최저한세적용에따른특별상각부인액 | | | | |
| 조정액 | (26) 상각부인액 ((24)+(25)) | | | |
| | (27) 기왕부인액중당기손금추인액 | | 1,477,493 | 1,477,493 |
| (28) 당기말부인누계액 ((11)+(26)-|(27)|) | | | | |
| 당기말<br>의제상각액 | (29) 당기의제상각액 |Δ(24)|-|(27)| | | | |
| | (30) 의제상각누계액 ((10)+(29)) | | | |
| 신고조정<br>감가상각<br>비계산 | (31) 기준상각률 | | | |
| | (32) 종전상각비 | | | |
| | (33) 종전감가상각비 한도 | | | |
| | (34) 추가손금산입대상액 | | | |
| | (35) 동종자산 한도계산 후 추가손금산 | | | |
| 신고조정<br>감가상각<br>비계산 | (36) 기획재정부령으로 정하는 기준내용 | | | |
| | (37) 기준감가상각비 한도 | | | |
| | (38) 추가손금산입액 | | | |
| (39) 추가 손금산입 후 당기말부인액 누계 | | | | |

## 3. 감가상각비조정명세서합계표

| 1.자산구분 | | 코드 | 2.합계액 | 유형자산 | | | 6.무형자산 |
|---|---|---|---|---|---|---|---|
| | | | | 3.건축물 | 4.기계장치 | 5.기타자산 | |
| 재무<br>상태표<br>상가액 | 101.기말현재액 | 01 | 41,000,000 | | 41,000,000 | | |
| | 102.감가상각누계액 | 02 | 24,000,000 | | 24,000,000 | | |
| | 103.미상각잔액 | 03 | 17,000,000 | | 17,000,000 | | |
| 104.상각범위액 | | 04 | 13,745,349 | | 13,745,349 | | |
| 105.회사손금계상액 | | 05 | 12,000,000 | | 12,000,000 | | |
| 조정<br>금액 | 106.상각부인액<br>(105-104) | 06 | | | | | |
| | 107.시인부족액<br>(104-105) | 07 | 1,745,349 | | 1,745,349 | | |
| | 108.기왕부인액 중<br>당기손금추인액 | 08 | 1,477,493 | | 1,477,493 | | |
| 109.신고조정손금계상액 | | 09 | | | | | |

## 4. 세무조정

&lt;손금산입&gt;　　　감가상각비 시인부족액 추인　　　1,477,493원　　　(유보감소)

## [3]
### 1. 가지급금등의인정이자조정명세서
### (1) 가지급금, 가수금 입력

| 1.가지급금.가수금 입력 | 2.차입금 입력 | 3.인정이자계산 : (을)지 | 4.인정이자조정 : (갑)지 | 이자율선택 : [2] 가중평균차입이자율로 계산 |
|---|---|---|---|---|

○가지급금,가수금 선택: 1.가지급금 ∨　　　　　　회계데이터불러오기

| No | 직책 | 성명 | | No | 적요 | 년월일 | | 차변 | 대변 | 잔액 | 일수 | 적수 |
|---|---|---|---|---|---|---|---|---|---|---|---|---|
| 1 | 대표이사 | 유현진 | | 1 | 2.대여 | 2022 | 3 2 | 85,000,000 | | 85,000,000 | 305 | 25,925,000,000 |
| 2 | 사내이사 | 김강현 | | 2 | | | | | | | | |
| 3 | | | | | | | | | | | | |

| 1.가지급금.가수금 입력 | 2.차입금 입력 | 3.인정이자계산 : (을)지 | 4.인정이자조정 : (갑)지 | 이자율선택 : [2] 가중평균차입이자율로 계산 |
|---|---|---|---|---|

○가지급금,가수금 선택: 1.가지급금 ∨　　　　　　회계데이터불러오기

| No | 직책 | 성명 | | No | 적요 | 년월일 | | 차변 | 대변 | 잔액 | 일수 | 적수 |
|---|---|---|---|---|---|---|---|---|---|---|---|---|
| 1 | 대표이사 | 유현진 | | 1 | 2.대여 | 2022 | 5 17 | 17,000,000 | | 17,000,000 | 229 | 3,893,000,000 |
| 2 | 사내이사 | 김강현 | | 2 | | | | | | | | |

### (2) 차입금 입력

| No | 거래처명 | | No | □ | 적요 | 연월일 | | 차변 | 대변 | 이자대상금액 | 이자율 % | 이자 |
|---|---|---|---|---|---|---|---|---|---|---|---|---|
| 1 | 새마을은행 | | 1 | □ | 1.전기이월 | 2022 | 1 1 | | 40,000,000 | 40,000,000 | 2.90000 | 1,160,000 |

| | 새마을은행 | | 1 | □ | 2.차입 | 2022 | 3 1 | | 25,000,000 | 25,000,000 | 2.10000 | 525,000 |
|---|---|---|---|---|---|---|---|---|---|---|---|---|
| | 시민은행 | | 2 | □ | | | | | | | | |

### (4) 인정이자조정 :

| 1.가지급금.가수금 입력 | 2.차입금 입력 | 3.인정이자계산 : (을)지 | 4.인정이자조정 : (갑)지 | 이자율선택 : [2] 가중평균차입이자율로 계산 |
|---|---|---|---|---|

⇨ 2.가중평균차입이자율에 따른 가지급금 등의 인정이자 조정 (연일수 : 365일)

| No | 1.성명 | 2.가지급금적수 | 3.가수금적수 | 4.차감적수(2-3) | 5.인정이자 | 6.회사계상액 | 시가인정범위 | | 9.조정액(=7) 7>=3억,8>=5% |
|---|---|---|---|---|---|---|---|---|---|
| | | | | | | | 7.차액(5-6) | 8.비율(%) | |
| 1 | 유현진 | 25,925,000,000 | | 25,925,000,000 | 1,841,243 | 630,000 | 1,211,243 | 65.78398 | 1,211,243 |
| 2 | 김강현 | 3,893,000,000 | | 3,893,000,000 | 276,488 | 265,000 | 11,488 | 4.15497 | |
| | 합 계 | 29,818,000,000 | | 29,818,000,000 | 2,117,731 | 895,000 | | | 1,211,243 |

## 2. 세무조정

&lt;익금산입&gt;　　　가지급금 인정이자　　　1,211,243원　　　(상여)

**[4]**

**1. 퇴직연금부담금조정명세서**

**2.이미 손금산입한 부담금 등의 계산**

**1 나.기말 퇴직연금 예치금 등의 계산**

| 19.기초<br>퇴직연금예치금 등 | 20.기중 퇴직연금예치금 등<br>수령 및 해약액 | 21.당기 퇴직연금예치금 등의<br>납입액 | 22.퇴직연금예치금 등 계<br>(19 - 20 + 21) |
|---|---|---|---|
| 200,000,000 | 3,000,000 | 40,000,000 | 237,000,000 |

**2 가.손금산입대상 부담금 등 계산**

| 13.퇴직연금예치금 등 계<br>(22) | 14.기초퇴직연금충당금등<br>및 전기말 신고조정에<br>의한 손금산입액 | 15.퇴직연금충당금등<br>손금부인 누계액 | 16.기중퇴직연금등<br>수령 및 해약액 | 17.이미 손금산입한<br>부담금등<br>(14 - 15 - 16) | 18.손금산입대상<br>부담금 등<br>(13 - 17) |
|---|---|---|---|---|---|
| 237,000,000 | 200,000,000 | | 3,000,000 | 197,000,000 | 40,000,000 |

**1.퇴직연금 등의 부담금 조정**

| 1.퇴직급여추계액 | 당기말 현재 퇴직급여충당금 | | | | | 6.퇴직부담금 등<br>손금산입<br>누적한도액<br>(① - ⑤) |
|---|---|---|---|---|---|---|
| | 2.장부상 기말잔액 | 3.확정기여형퇴직연금자의<br>설정전 기계상된<br>퇴직급여충당금 | 4.당기말<br>부인 누계액 | 5.차감액<br>(② - ③ - ④) | | |
| 280,000,000 | 9,000,000 | | 1,000,000 | 8,000,000 | | 272,000,000 |

| 7.이미 손금산입한<br>부담금 등<br>(17) | 8.손금산입액 한도액<br>(⑥ - ⑦) | 9.손금산입 대상<br>부담금 등<br>(18) | 10.손금산입범위액<br>(⑧과 ⑨중 적은 금액) | 11.회사 손금 계상액 | 12.조정금액<br>(⑩ - ⑪) |
|---|---|---|---|---|---|
| 197,000,000 | 75,000,000 | 40,000,000 | 40,000,000 | | 40,000,000 |

**2. 세무조정**

&lt;손금불산입&gt;　전기퇴직연금운용자산　　3,000,000원　　　　（유보감소）

&lt;손금산입&gt;　　전기퇴직급여충당금　　　3,000,000원　　　　（유보감소）

&lt;손금산입&gt;　　퇴직연금운용자산　　　　40,000,000원　　　（유보발생）

**[5]**

**1. 기부금조정명세서**
**(1) 기부금 입력**

**1.기부금 입력**　**2.기부금 조정**

**1.기부금명세서**　　　　　　　　　　　　　　　월별로 전환　구분만 별도 입력하기　유형별 정렬

| 구분 | | 3.과목 | 4.월일 | 5.적요 | 기부처 | | 8.금액 | 비고 |
|---|---|---|---|---|---|---|---|---|
| 1.유형 | 2.코드 | | | | 6.법인명등 | 7.사업자(주민)번호등 | | |
| 제24조제2항제1호 | 10 | 기부금 | 2 20 | 지방자치단체에 의료용품 기부 | | | 50,000,000 | |
| 제24조제2항제1호 | 10 | 기부금 | 8 10 | 이재민 구호금품 | | | 20,000,000 | |
| 제24조제2항제1호 | 10 | 기부금 | 9 25 | 사립대학교 장학금 | | | 100,000,000 | |
| 기타 | 50 | 기부금 | 12 25 | 정치자금 | | | 3,000,000 | |

| 9.소계 | 가. [법인세법] 제24조제2항제1호의 기부금 | 코드 10 | 170,000,000 |
|---|---|---|---|
| | 나. [법인세법] 제24조제3항제1호의 기부금 | 코드 40 | |
| | 다. [조세특례제한법] 제88조의4제13항의 우리사주조합 기부금 | 코드 42 | |
| | 라.그 밖의 기부금 | 코드 50 | 3,000,000 |
| | 계 | | 173,000,000 |

**2.소득금액확정**　　　　　　　　　　　　　　　　　　　새로 불러오기　수정 해제

| 1.결산서상 당기순이익 | 2.익금산입 | 3.손금산입 | 4.기부금합계 | 5.소득금액계(1+2-3+4) |
|---|---|---|---|---|
| 300,000,000 | 33,000,000 | 4,500,000 | 170,000,000 | 498,500,000 |

・정당 기부금을 제외한 나머지는 법정 기부금이다.

## (2) 기부금 조정

| 1.기부금 입력 | 2.기부금 조정 |
|---|---|

| 1 | 1. 「법인세법」 제24조제2항제1호에 따른 기부금 손금산입액 한도액 계산 | | | | |
|---|---|---|---|---|---|
| 1.소득금액 계 | | 498,500,000 | 5.이월잔액 중 손금산입액 MIN[4,23] | | 10,000,000 |
| 2.법인세법 제13조제1항제1호에 따른<br>이월 결손금 합계액(기준소득금액의 60% 한5 | | 150,000,000 | 6.해당연도지출액 손금산입액<br>MIN[(④-⑤)>0, ③] | | 164,250,000 |
| 3. 「법인세법」 제24조제2항제1호에 따른<br>기부금 해당 금액 | | 170,000,000 | 7.한도초과액 [(3-6)>0] | | 5,750,000 |
| 4.한도액 {[(1-2)> 0]X50%} | | 174,250,000 | 8.소득금액 차감잔액 [(①-②-⑤-⑥)>0] | | 174,250,000 |

| 2 | 2. 「조세특례제한법」 제88조의4에 따라 우리사주조합에 지출하는 기부금 손금산입액 한도액 계산 | | | | |
|---|---|---|---|---|---|
| 9.「조세특례제한법」 제88조의4제13항에 따<br>우리사주조합 기부금 해당 금액 | | | 11. 손금산입액 MIN(9, 10) | | |
| 10. 한도액 (8×30%) | | 52,275,000 | 12. 한도초과액 [(9-10)>0] | | |

| 3 | 3. 「법인세법」 제24조제3항제1호에 따른 기부금 손금산입 한도액 계산 | | | | |
|---|---|---|---|---|---|
| 13. 「법인세법」 제24조제3항제1호에 따른<br>기부금 해당금액 | | | 16. 해당연도지출액 손금산입액<br>MIN[(14-15)>0, 13] | | |
| 14. 한도액 ((8-11)x10%, 20%) | | 17,425,000 | 17. 한도초과액 [(13-16)>0] | | |
| 15. 이월잔액 중 손금산입액 MIN(14, 23 ) | | | | | |

| 4 | 4.기부금 한도초과액 총액 | | | | |
|---|---|---|---|---|---|
| 18. 기부금 합계액 (3+9+13) | 19. 손금산입 합계 (6+11+16) | | 20. 한도초과액 합계 (18-19)=(7+12+17) | | |
| 170,000,000 | 164,250,000 | | 5,750,000 | | |

| 5 | 5.기부금 이월액 명세 | | | | | |
|---|---|---|---|---|---|---|
| 사업<br>연도 | 기부금 종류 | 23.한도초과<br>손금불산입액 | 24.기공제액 | 25.공제가능<br>잔액(23-24) | 26.해당연도<br>손금추인액 | 27.차기이월액<br>(25-26) |
| 합계 | 「법인세법」 제24조제2항제1호에<br>따른 기부금 | 10,000,000 | | 10,000,000 | 10,000,000 | |
| | 「법인세법」 제24조제3항제1호에<br>따른 기부금 | | | | | |
| 2020 | 「법인세법」 제24조제2항제1호에 따른 | 10,000,000 | | 10,000,000 | 10,000,000 | |
| | | | | | | |
| | | | | | | |
| | | | | | | |
| | | | | | | |

| 6 | 6. 해당 사업연도 기부금 지출액 명세 | | | |
|---|---|---|---|---|
| 사업연도 | 기부금 종류 | 26.지출액 합계금액 | 27.해당 사업연도 손금산입액 | 28.차기 이월액(26-27) |
| 합계 | 「법인세법」 제24조제2항제1호에<br>따른 기부금 | 170,000,000 | 164,250,000 | 5,750,000 |
| | 「법인세법」 제24조제3항제1호에<br>따른 기부금 | | | |

· 법인세 과세표준 및 세액조정계산서의 106. 기부금한도초과 이월액 손금산입액 10,000,000원은 자동으로 반영된다. (문제에서는 요구하지 않음)

## 2. 세무조정

<손금불산입>　　　　정치자금　　　　　　　3,000,000원　　　　　　　(기타사외유출)

## [001] 1월 3일 일반전표입력

| (차) | 지급어음 | 10,000,000원 (경수산업(주)) | (대) | 당좌예금 | 3,000,000원 |
| --- | --- | --- | --- | --- | --- |
| | | | | 당좌차월 | 7,000,000원(조흥은행) |

| □ | 일 | 번호 | 구분 | 계 정 과 목 | 거 래 처 | 적 요 | 차 변 | 대 변 |
| --- | --- | --- | --- | --- | --- | --- | --- | --- |
| ☐ | 3 | 00001 | 차변 | 0813 접대비 | | 1 거래처접대비(신용카드) | 50,000 | |
| ☐ | 3 | 00001 | 대변 | 0253 미지급금 | 99600 국민카드 | | | 50,000 |
| ☐ | 3 | 00002 | 차변 | 0813 접대비 | | 1 거래처접대비(신용카드) | 50,000 | |
| ☐ | 3 | 00002 | 대변 | 0253 미지급금 | 99601 비씨카드 | | | 50,000 |
| ☐ | 3 | 00003 | 차변 | 0252 지급어음 | 00109 경수산업(주) | | 10,000,000 | |
| ☐ | 3 | 00003 | 대변 | 0102 당좌예금 | | | | 3,000,000 |
| ☐ | 3 | 00003 | 대변 | 0256 당좌차월 | 98001 조흥은행 | | | 7,000,000 |
| ☐ | 3 | | | | 채권채무에 해당하면 반드시 거래처입력 (미입력시 감점사항) | 전산세무회계시험에서는 적요입력을 하지 않음 단, 타계정대체 및 특별히 제시한것은 입력 | | |

은행과 약정하에 당좌예금 잔액이 없는 경우에도 당좌수표 또는 약속어음을 발행하여 대금을 지급하게 할 수 있는 것이 당좌차월 약정이다. 이때, 당좌예금 초과지급액이 당좌차월계정이며 부채거래에 해당한다. 당좌차월의 한도와 이자는 은행과 기업이 약정하는 것이므로 기업마다 서로 다르다. 당좌차월은 결산시 단기차입금으로 대체하게 된다.

## [002] 1월 4일 일반전표입력

| (차) | 선급금 | 900,000원 (화신상사) | (대) | 당좌예금 | 901,300원 |
| --- | --- | --- | --- | --- | --- |
| | 수수료비용 | 1,300원 | | | |

| □ | 일 | 번호 | 구분 | 계 정 과 목 | 거 래 처 | 적 요 | 차 변 | 대 변 |
| --- | --- | --- | --- | --- | --- | --- | --- | --- |
| ☐ | 4 | 00001 | 차변 | 0813 접대비 | | 1 거래처접대비(신용카드) | 49,000 | |
| ☐ | 4 | 00001 | 대변 | 0253 미지급금 | 99601 비씨카드 | | | 49,000 |
| ☐ | 4 | 00002 | 차변 | 0131 선급금 | 00104 화신상사 | | 900,000 | |
| ☐ | 4 | 00002 | 차변 | 0831 수수료비용 | | | 1,300 | |
| ☐ | 4 | 00002 | 대변 | 0102 당좌예금 | | | | 901,300 |
| ☐ | 4 | | | | | | | |

선급비용은 다음 사업년도의 비용을 선지급한 경우이고, 선급금은 상품이나 원재료 등의 일반적상거래에 해당하는 자산구입을 위하여 계약금조로 미리 지급한 것이다. 그리고 인터넷뱅킹시 지출한 송금수수료는 수수료비용으로 판매비로 처리한다.

## [003] 12월 31일 일반전표입력

| (차) | 당좌예금 | 80,000원 | (대) | 외상매출금 | 80,000원(현진상사) |
| --- | --- | --- | --- | --- | --- |
| (차) | 당좌예금 | 90,000원 | (대) | 이자수익 | 90,000원 |

| □ | 일 | 번호 | 구분 | 계 정 과 목 | 거 래 처 | 적 요 | 차 변 | 대 변 |
| --- | --- | --- | --- | --- | --- | --- | --- | --- |
| ☐ | 31 | 00034 | 차변 | 0102 당좌예금 | | | 80,000 | |
| ☐ | 31 | 00034 | 대변 | 0108 외상매출금 | 00101 현진상사 | | | 80,000 |
| ☐ | 31 | 00035 | 차변 | 0102 당좌예금 | | | 90,000 | |
| ☐ | 31 | 00035 | 대변 | 0901 이자수익 | | | | 90,000 |
| ☐ | 31 | | | | | | | |

은행계정조정표

일정시점에서 회사의 당좌예금의 장부 잔액과 은행의 예금계좌의 잔액은 항상 서로 일치하여야 하지만, 실제로는 회사와 은행간의 기장 시점 차이와 어느 한쪽의 오류로 인하여 양자간의 차이가 발생할 수가 있으며 이 양자간의 차이를 조정하는 내용을 나타내는 표를 은행계정조정표라 한다.

① 기 발행수표 미인도수표 : 회사 측 잔액에서 가산되어야 한다. 기발행미인출수표는 조정없다.
② 기장 오류 : 회사 측 오류 시에는 회사에서, 은행 측 오류 시에는 은행 측에서 수정 회계처리한다.
③ 회사 미기입의 출금 : 당좌차월 등에 대한 이자비용, 추심수수료, 예입한 수표 등의 부도 등에는 회사 측에서 출금 통지를 받지 못하였을 경우에 발생하며, 회사 측 잔액에서 차감되어야 한다.
④ 회사 미기입의 예입 : 거래처에서 무통장 입금 및 어음대금의 추심, 예금이자 등의 입금 사실을 회사 측에서 통지를 받지 못하였을 경우에 발생하며, 회사 측 잔액에 가산되어야 한다.

## [004] 1월 5일 일반전표입력

(차)  외상매입금          5,000,000원 (믿음상사)          (대)  지급어음          5,000,000원 (믿음상사)

| □ | 일 | 번호 | 구분 | | 계정과목 | 거래처 | 적요 | 차변 | 대변 |
|---|---|---|---|---|---|---|---|---|---|
| ☐ | 5 | 00005 | 출금 | 0831 | 수수료비용 | | 인감증명.등본대 | 11,800 | (현금) |
| ☐ | 5 | 00006 | 차변 | 0178 | 매도가능증권 | | | 30,100,000 | |
| ☐ | 5 | 00006 | 대변 | 0103 | 보통예금 | | | | 30,100,000 |
| ☐ | 5 | 00007 | 차변 | 0251 | 외상매입금 | 00118 믿음상사 | | 5,000,000 | |
| ☐ | 5 | 00007 | 대변 | 0252 | 지급어음 | 00118 믿음상사 | | | 5,000,000 |
| ☐ | 5 | | | | | | | | |

지급어음은 정상적 영업활동에서 발행한 약속어음의 계정과목이다.

정상적 영업활동이란 그 회사의 사업목적을 위한 경상적 영업활동(즉 매출,매입 관련의 것을 의미한다. 이에는 원재료, 상품, 원료구입 선급금 등과 관련된 것들이 해당)

## [005] 1월 6일 일반전표입력

(차)  선수금          100,000원 (롯데백화점)          (대)  제품매출          1,000,000원
받을어음          900,000원 (롯데백화점)

| □ | 일 | 번호 | 구분 | | 계정과목 | 거래처 | 적요 | 차변 | 대변 |
|---|---|---|---|---|---|---|---|---|---|
| ☐ | 6 | 00001 | 차변 | 0813 | 접대비 | | 1 거래처접대비(신용카드) | 49,000 | |
| ☐ | 6 | 00001 | 대변 | 0253 | 미지급금 | 99600 국민카드 | 거래처접대비(신용카드) | | 49,000 |
| ☐ | 6 | 00002 | 차변 | 0813 | 접대비 | | 1 거래처접대비(신용카드) | 50,000 | |
| ☐ | 6 | 00002 | 대변 | 0253 | 미지급금 | 99601 비씨카드 | 거래처접대비(신용카드) | | 50,000 |
| ☐ | 6 | 00003 | 차변 | 0813 | 접대비 | | 1 거래처접대비(신용카드) | 49,000 | |
| ☐ | 6 | 00003 | 대변 | 0253 | 미지급금 | 99601 비씨카드 | 거래처접대비(신용카드) | | 49,000 |
| ☐ | 6 | 00004 | 차변 | 0259 | 선수금 | 00115 롯데백화점 | | 100,000 | |
| ☐ | 6 | 00004 | 차변 | 0110 | 받을어음 | 00115 롯데백화점 | | 900,000 | |
| ☐ | 6 | 00004 | 대변 | 0404 | 제품매출 | | | | 1,000,000 |
| ☐ | 6 | | | | | | | | |

정상적인 영업활동인 상품매출, 제품매출에서 수취한 어음은 받을어음으로 처리하며 매출계약조로 미리받은 선수금을 제외한 나머지를 매출채권으로 하게 된다.

① 원재료, 상품의 구입시 발행한 약속어음(정상영업활동시) : 지급어음
② 상품, 제품의 판매시 수취한 약속어음(정상영업활동시) : 받을어음
③ 상품, 제품등이 아닌 비품, 건물 등을 구입하고 약속어음을 발행하면 : 미지급금
④ 상품, 제품등이 아닌 비품, 건물 등을 매각처분하고 약속어음을 받으면 : 미수금

## [006] 1월 15일 매입매출전표입력

유형 : 51.과세     거래처 : 한국전자     전자 : 여     분개 : 혼합

(차)  원재료(제)          15,000,000원          (대)  받을어음          2,000,000원 ((주)태영)
부가세대급금          15,000,000원          외상매입금          14,500,000원

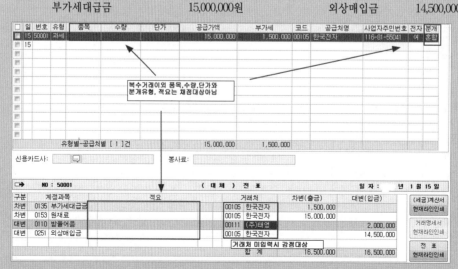

원재료매입시 거래처로부터 받은 어음을 교부시, 어음에 대한 청구권은 (주)태영으로 넘어 가게 되고, (주)놀라 워는 대금지급의무를 면하게 된다. 그래서 받은어음의 상계로 하여 거래처를 한국전자에서 (주)태영으로"적요및 카드매출" 또는 코드도움(F2)으로 수정입력하게 된다. 또한 "전자"여부에서 "1.여"를 선택하여 전자세금계산서 수취분으로 하여 세금계산서합계표에 전자세금계산서분으로 집계되게 하여 준다.

### [007] 1월 16일 매입매출전표입력

유형 : 51.과세　　거래처 : 철물기공　　전자: 여　　분개 : 혼합

| (차) | 복리후생비(제) | 500,000원 | (대) | 미지급금 | 550,000원 |
| | 부가세대급금 | 50,000원 | | | |

[툴바에 "복수거래"를 클릭하여 아래와 같이 입력]

| No | 품목 | 규격 | 수량 | 단가 | 공급가액 | 부가세 | 비고 |
|---|---|---|---|---|---|---|---|
| 1 | 유니폼 | | 10 | 40,000 | 400,000 | 40,000 | |
| 2 | 장화 | | 20 | 5,000 | 100,000 | 10,000 | |
| 3 | | | | | | | |
| | 합계 | | | | 500,000 | 50,000 | |

직원들을 위한 소비재 구입시 계정과목은 복리후생비이며, 정상적영업활동(상품, 원재료매입)과 관련이 없으므로 외 상대를 미지급금으로 처리한다.

[Tip] 분개유형은 체점대상이 아니므로 분개유형을 "4.카드"로 하여 미지급금계정을 바로 입력하여도 무방하다.

### [008] 1월 17일 매입매출전표입력

유형 : 51.과세　　거래처 : 한국전자　　전자 : 여　　분개 : 혼합

| (차) | 비품 | 35,000,000원 | (대) | 미지급금 | 38,500,000원 |
| | 부가세대급금 | 3,500,000원 | | | |

| | 일 | 번호 | 유형 | 품목 | 수량 | 단가 | 공급가액 | 부가세 | 코드 | 공급처명 | 사업자주민번호 | 전자 | 분개 |
|---|---|---|---|---|---|---|---|---|---|---|---|---|---|
| ■ | 17 | 50001 | 과세 | | | | 35,000,000 | 3,500,000 | 00105 | 한국전자 | 116-81-55041 | 여 | 혼합 |
| | 17 | | | | | | | | | | | | |

유형별-공급처별 [ 1 ]건    35,000,000    3,500,000

신용카드사:    봉사료:

| NO : 50001 | | | ( 대 체 ) 전 표 | | 일 자 : 년 1 월 17 일 | |
|---|---|---|---|---|---|---|
| 구분 | 계정과목 | 적요 | 거래처 | 차변(출금) | 대변(입금) | |
| 차변 | 0135 부가세대급금 | | 00105 한국전자 | 3,500,000 | | (세금)계산서 현재라인인쇄 |
| 차변 | 0212 비품 | | 00105 한국전자 | 35,000,000 | | 거래명세서 현재라인인쇄 |
| 대변 | 0253 미지급금 | | 00105 한국전자 | | 38,500,000 | 전 표 현재라인인쇄 |
| | | | 합 계 | 38,500,000 | 38,500,000 | |

컴퓨터, 책상, 의자등의 구입시 계정과목은 비품이며, 정상적영업활동(상품, 원재료매입)과 관련이 없으므로 외상대를 미지급금으로 처리한다. 미지급비용과도 구분하여 회계처리하여야 한다.

| 주식발행구분 | 설 명 | 분 개 |
|---|---|---|
| 동일한점 | 일반적 상거래 이외의 거래에서 발생한 채무 | 일반적 상거래 이외에서 발생한 채무 |
| 상이한점 | 계약상 지급기일 경과로 지급의무 확정 | 발생비용중 계약상 지급기일 미도래 (기간경과적비용) |

[009] 1월 18일 매입매출전표입력

유형 : 11.과세    거래처 : 철현상사    전자 : 여    분개 : 혼합

| (차) | 선수금 | 2,000,000원 | (대) | 제품매출 | 10,000,000원 |
|---|---|---|---|---|---|
| | 받을어음 | 3,000,000원 | | 부가세예수금 | 1,000,000원 |
| | 외상매출금 | 6,000,000원 | | | |

| | 일 | 번호 | 유형 | 품목 | 수량 | 단가 | 공급가액 | 부가세 | 코드 | 공급처명 | 사업자주민번호 | 전자 | 분개 |
|---|---|---|---|---|---|---|---|---|---|---|---|---|---|
| ■ | 18 | 50001 | 과세 | | | | 10,000,000 | 1,000,000 | 00116 | 철현상사 | 110-81-42102 | 여 | 혼합 |
| | 18 | | | | | | | | | | | | |

유형별-공급처별 [ 1 ]건    10,000,000    1,000,000

신용카드사:    봉사료:

| NO : 50001 | | | ( 대 체 ) 전 표 | | 일 자 : 년 1 월 18 일 | |
|---|---|---|---|---|---|---|
| 구분 | 계정과목 | 적요 | 거래처 | 차변(출금) | 대변(입금) | |
| 대변 | 0255 부가세예수금 | | 00116 철현상사 | | 1,000,000 | (세금)계산서 현재라인인쇄 |
| 대변 | 0404 제품매출 | | 00116 철현상사 | | 10,000,000 | 거래명세서 현재라인인쇄 |
| 차변 | 0259 선수금 | | 00116 철현상사 | 2,000,000 | | |
| 차변 | 0110 받을어음 | | 00116 철현상사 | 3,000,000 | | 전 표 현재라인인쇄 |
| 차변 | 0108 외상매출금 | | 00116 철현상사 | 6,000,000 | | |
| | | | 합 계 | 11,000,000 | 11,000,000 | |

정상적인 영업활동인 상품매출, 제품매출로 인한 어음수취는 받을어음, 외상대는 외상매출금으로 처리하지만, 그외 활동은 어음과 외상대 모두 미수금으로 처리한다. 즉, 사용하던 유가증권이나 유형자산 등을 외상으로 처분한 경우에는 미수금계정 차변에 기입하고, 이를 회수한 때에는 미수금계정 대변에 기입한다.

**[010] 1월 19일 매입매출전표입력**

유형 : 11.과세      거래처 : 현경상사      전자 : 여      분개 : 외상

|  |  |  |  |  |  |  |  |  |
|---|---|---|---|---|---|---|---|---|
| (차) | 108.외상매출금 | -550,000원(현경상사) | | (대) | 404.제품매출 | | | -500,000원 |
|  |  |  |  |  | 255.부가세예수금 | | | -50,000원 |

또는

|  |  |  |  |  |  |  |  |  |
|---|---|---|---|---|---|---|---|---|
| (차) | 406.매출할인 | 500,000원 | | (대) | 108.외상매출금 | | | -550,000원(현경상사) |
|  | 254.부가세예수금 | 50,000원 |  |  |  |  |  |  |

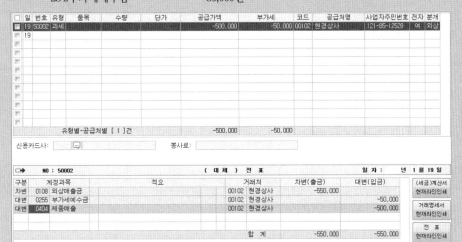

매출환입및에누리,매출할인은 부가가치세법의 과세표준에 포함되지 않는 항목이므로 할인시 매출할인에 10%인 부가세예수금을 차감하고 신고서에 반영한다.

① 매입환출및에누리 : 매입한 상품, 원재료 중 파손,불량, 대량구매의 이유로 물건값을 깎는 것.

② 매입할인액 : 외상매입금을 약정일 이전에 지급하면서 대금의 일부를 할인

③ 매출환입및에누리 : 매출한 상품, 제품중 파손품, 불량품 등의 이유로 물건값을 깎아주는 것.

④ 매출할인액 : 외상매출금을 약정일 이전에 회수하면서 대금의 일부를 할인해 주는 금액.

**[011] 1월 20일 일반전표입력**

|  |  |  |  |  |  |
|---|---|---|---|---|---|
| (차) | 외상매입금(철물기공) | 810,000원 | (대) | 매입환출및에누리<br>(원재료차감) | 810,000원 |

| □ | 일 | 번호 | 구분 | 계 정 과 목 | 거 래 처 | 적 요 | 차 변 | 대 변 |
|---|---|---|---|---|---|---|---|---|
| ☐ | 20 | 00007 | 출금 | 0812 여비교통비 | | 6 버스카드충전 | 20,000 | (현금) |
| ☐ | 20 | 00008 | 출금 | 0830 소모품비 | | 5 문구류 | 1,000 | (현금) |
| ☐ | 20 | 00012 | 출금 | 0826 도서인쇄비 | | 타임즈구독료 | 40,000 | (현금) |
| ☐ | 20 | 00013 | 출금 | 0814 통신비 | | 5 호출요금 | 124,180 | (현금) |
| ☐ | 20 | 00015 | 출금 | 0826 도서인쇄비 | | 1 신문구독료 지급 | 18,000 | (현금) |
| ☐ | 20 | 00018 | 출금 | 0817 세금과공과금 | | 면허세 | 85,000 | (현금) |
| ☐ | 20 | 00019 | 차변 | 0251 외상매입금 | 00103 철물기공 | | 810,000 |  |
| ☐ | 20 | 00019 | 대변 | 0154 매입환출및에누리 | | | | 810,000 |
| ☐ | 20 | | | | | | | |

1/1 ~ 1/10의 원재료매입액 40,500,000 × 2% = 810,000

판매장려금은 판매촉진비라고도 하며, 다량 구매자나 고정거래처의 매출에 따른 거래수량이나 거래금액에 따라 장려의 뜻으로 지급하는 금액 또는 물품을 말하며, 기업회계기준상 판매장려금은 매출에누리로 보아 매출액의 차감항목으로 보나, 부가세법상 물품으로 지급한 판매장려금은 사업상증여로 보아 부가세가 과세되며, 금전으로 지급한 경우에는 부가세 매입세액이 공제되지 아니한다.

Tip 장기할부판매란?

재화를 공급하고 그 대가를 월부·연부 기타 부불 방법에 따라 받는 것 중 다음 각 호에 모두 해당하는 것으로 함.

• 2회 이상으로 분할하여 대가를 받는 것

• 당해 재화 인도일의 다음날부터 최종의 부불금 지급기일까지의 기간이 1년 이상인 것

Tip 중간지급조건부란?

재화가 인도되기 전 또는 재화가 이용 가능하게 되기 전에 계약금이외의 대가를 분할하여 지급하는 경우로서 계약금을 지급하기로 한 날부터 공사완료기간까지의 기간이 6월 이상인 경우를 말함.

Tip 완성도기준지급조건부란?

재화가 인도되기 전 또는 재화가 이용 가능하게 되기 전이거나, 용역의 제공이 완료되기 전에 그 대가를 당해 재화나 역무의 완성도에 따라 분할하여 받기로 하는 약정에 의하여 공급하는 것을 말함〔계약기간(6월이내 공급계약 포함)에 관계없이 적용됨〕

Tip 과세표준

세액산출의 기초가 되는 재화·용역의 공급가액을 말하며, 세금계산서의 필수적기재사항에 해당되므로 중요하다.

| 구 분 | 대 상 금 액 |
|---|---|
| 과세표준 | 재화 또는 용역의 공급에 대한 다음 각호 가액의 합계액(단, 부가가치세는 포함하지 아니함)<br>1. 금전으로 대가를 받는 경우 → 그 대가<br>2. 금전 이외의 대가를 받는 경우 → 자기가 공급한 재화 또는 용역의 시가<br>3. 재화의 공급에 대하여 부당하게 낮은 대가를 받거나 대가를 받지 아니하는 경우 → 자기가 공급한 재화의 시가<br>4. 용역의 공급에 대하여 부당하게 낮은 대가를 받는 경우 → 자기가 공급한 용역의 시가<br>(단, 특수관계자에게 주택의 무상임대시 과세)<br>5. 폐업하는 경우의 재고재화 → 시가 |
| 과세표준에 포함하지 않는 금액 | 1. 에누리액<br>2. 환입된 재화의 가액<br>3. 공급받는 자에게 도달하기 전에 파손·훼손 또는 멸실된 재화의 가액<br>4. 재화 또는 용역의 공급과 직접 관련되지 않는 정부보조금과 공공보조금<br>5. 공급대가의 지급지연으로 인하여 지급받는 연체이자<br>6. 재화 또는 용역을 공급한 후의 그 공급가액에 대한 할인액(매출할인) → 외상판매에 대한 공급대가를 결제하거나 약정기일 전에 영수하는 경우 일정액을 할인하는 금액<br>7. 구분 기재된 종업원의 봉사료<br>8. 반환조건부의 용기대금과 포장비용 |
| 과세표준에 포함하는 금액 | 1. 재화 또는 용역을 공급한 후의 그 공급가액에 대한 대손금·장려금과 이와 유사한 금액<br>2. 개별소비세·교통세 또는 주세가 과세되는 경우에 당해 개별소비세·교통에너지환경세·주세·교육세 및 농어촌특별세 상당액<br>3. 할부판매의 이자상당액<br>4. 대가의 일부로 받는 운송비·포장비·하역비·운송보험료·산재보험료 등 |
| 수입하는 경우 | 관세의 과세가격과 관세·개별소비세·주세·교육세·교통에너지환경세 및 농어촌특별세의 합계액(개인, 법인관계없이 세관장이 세금계산서교부) |

Tip 거래 형태별 공급시기(원칙: 인도시, 이용가능시, 공급가액확정시)

공급시기 또는 거래시기는 과세거래가 부가가치세 매출세액이 발생되면 어느 일자에 귀속시킬 것인가를 결정하는 형태를 말한다. 이 거래시기에 세금계산서를 발행하여야 한다.

| 구 분 | 내 용 |
|---|---|
| 현금판매, 외상판매, 할부판매 | 재화가 인도 또는 이용가능시 |
| 장기할부판매(선인도) | 대가의 각 부분을 받기로 한 때 |
| 완성도기준지급 또는 중간지급조건부 공급(후인도) | 대가의 각 부분을 받기로 한때 |
| 반환조건부, 동의조건부, 기타 조건부판매의 경우 | 조건이 성취되어 판매가 확정되는 때 |
| 자가공급, 개인적공급, 사업상증여의 경우 | 재화가 사용 또는 소비되는 때 |
| 폐업시 잔존재화 | 폐업하는 때 |
| 무인판매기에 의한 공급 | 무인판매기에서 현금을 인취하는 때 |
| 재화의 공급으로 보는 가공 | 가공된 재화를 인도하는 때 |
| 수출하는 재화 | 수출재화의 선적일 |
| 보세구역 내에서 보세구역 이외의 국내에 재화를 공급하는 경우 | 수입신고 수리일 |

☑ 통신판매, 전자상거래판매-우편 또는 택배발송일

## [012] 1월 21일 일반전표입력

(차)  현금          6,890,000원       (대)  받을어음(화신상사)    7,000,000원
    매출채권처분손실    110,000원

| □ | 일 | 번호 | 구분 | 계 정 과 목 | 거 래 처 | 적 요 | 차 변 | 대 변 |
|---|---|---|---|---|---|---|---|---|
| ☑ | 21 | 00001 | 차변 | 0101 현금 | | | 6,890,000 | |
| ☑ | 21 | 00001 | 차변 | 0956 매출채권처분손실 | | | 110,000 | |
| ☑ | 21 | 00001 | 대변 | 0110 받을어음 | 00104 화신상사 | | | 7,000,000 |
| ☑ | 21 | | | | | | | |

- 매각거래간주시 할인료,수수료등은 매출채권처분손실(K-IFRS는 금융자산처분손실)로 계상한다.
- 할인료=[만기액면금액+만기까지 이자] × 할인율 × 할인기간 × 1 / 365
- 어음의 배서는 그 목적에 따라 대금 추심을 위한 추심위임배서, 거래결제를 위한 배서양도, 자금융통을 위한 어음의 할인이 있다.
- 만기일 이전에 소유하고 있던 어음을 은행에 배서양도하고, 일정한 이자 및 할인료를 차감한 잔액을 받는 것을 어음의 할인이라 하며, 어음을 할인하는 경우 당해 채권에 대한 권리와 의무가 양도인과 분리되어 실질적으로 이전되는 매각거래와 담보목적으로 제공하는 차입거래로 구분된다.

## [013] 1월 21일 일반전표입력[차입거래간주시(유동부채가정)]

(차)  현금          6,890,000원       (대)  단기차입금(하나은행    7,000,000원
    이자비용         110,000원

| □ | 일 | 번호 | 구분 | 계 정 과 목 | 거 래 처 | 적 요 | 차 변 | 대 변 |
|---|---|---|---|---|---|---|---|---|
| ☑ | 21 | 00001 | 차변 | 0101 현금 | | | 6,890,000 | |
| ☑ | 21 | 00001 | 차변 | 0956 매출채권처분손실 | | | 110,000 | |
| ☑ | 21 | 00001 | 대변 | 0110 받을어음 | 00104 화신상사 | | | 7,000,000 |
| □ | 21 | 00002 | 차변 | 0101 현금 | | | 6,890,000 | |
| ☑ | 21 | 00002 | 차변 | 0951 이자비용 | | | 110,000 | |
| ☑ | 21 | 00002 | 대변 | 0110 받을어음 | 00104 화신상사 | | | 7,000,000 |

차입거래는 채권에 대한 권리와 의무가 양도인과 분리되지 않은 경우로서 매각거래의 요건을 갖추지 못한 경우이다.

## [014] 2월 3일 일반전표입력

(차)  보통예금      100,000,000원    (대)  정부보조금      100,000,000원
                              (보통예금차감항목)

| □ | 일 | 번호 | 구분 | 계 정 과 목 | 거 래 처 | 적 요 | 차 변 | 대 변 |
|---|---|---|---|---|---|---|---|---|
| ☑ | 3 | 00001 | 출금 | 0824 운반비 | | 연구소이전시운반비 | 50,000 | (현금) |
| ☑ | 3 | 00002 | 출금 | 0530 소모품비 | | 고무장갑 | 2,200 | (현금) |
| ☑ | 3 | 00003 | 출금 | 0812 여비교통비 | | 6 버스카드충전 | 20,000 | (현금) |
| ☑ | 3 | 00004 | 차변 | 0813 접대비 | | 1 거래처접대비(신용카드) | 498,000 | |
| ☑ | 3 | 00004 | 대변 | 0253 미지급금 | 99601 비씨카드 | | | 498,000 |
| ☑ | 3 | 00005 | 차변 | 0813 접대비 | | 1 거래처접대비(신용카드) | 49,000 | |
| ☑ | 3 | 00005 | 대변 | 0253 미지급금 | 99600 국민카드 | | | 49,000 |
| ☑ | 3 | 00007 | 차변 | 0103 보통예금 | | | 100,000,000 | |
| ☑ | 3 | 00007 | 대변 | 0128 정부보조금 | | | | 100,000,000 |
| ☑ | 3 | | | | | | | |

| 0128 | 정 부 보 조 금 4.차 | 감 | 0103 |
|---|---|---|---|

자산취득에 사용될 정부보조금을 받는 경우에는 관련 자산을 취득하기 전까지 받은 자산 또는 받은 자산을 일시적으로 운용하기 위하여 취득하는 다른 자산의 차감계정으로 회계처리한다.

## [015] 4월 1일 매입매출전표입력

유형 : 51.과세    거래처 : (주)한국전자    전자 : 여    분개 : 혼합

| (차) | 시설장치 | 150,000,000원 | (대) | 보통예금 | 165,000,000원 |
|---|---|---|---|---|---|
| | 부가세대급금 | 15,000,000원 | | | |

| (차) | 정부보조금 | 100,000,000원 | (대) | 정부보조금 | 100,000,000원 |
|---|---|---|---|---|---|
| | (보통예금차감항목) | | | (시설장치차감항목) | |

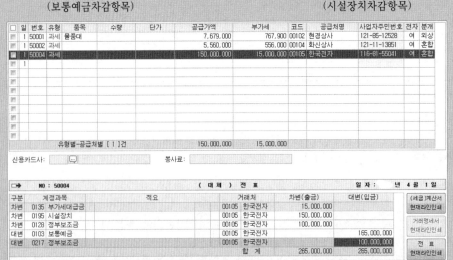

수령자산의 차감항목으로 계상했던 정부보조금을 관련 자산을 취득하는 시점에서 관련 자산의 차감계정으로 회계처리한다.

## [016] 12월 31일 일반전표입력

| (차) | 감가상각비(판) | 28,125,000원 | (대) | 감가상각누계액 | 28,125,000원 |
|---|---|---|---|---|---|
| (차) | 정부보조금(시설장치) | 18,750,000원 | (대) | 감가상각비(판) | 18,750,000원 |

| □ | 일 | 번호 | 구분 | | 계정과목 | 거래처 | 적요 | 차변 | 대변 |
|---|---|---|---|---|---|---|---|---|---|
| | 31 | 00034 | 차변 | 0102 | 당좌예금 | | | 80,000 | |
| | 31 | 00034 | 대변 | 0108 | 외상매출금 | 00101 현진상사 | | | 80,000 |
| | 31 | 00035 | 차변 | 0102 | 당좌예금 | | | 90,000 | |
| | 31 | 00035 | 대변 | 0901 | 이자수익 | | | | 90,000 |
| | 31 | 00036 | 차변 | 0818 | 감가상각비 | | | 28,125,000 | |
| | 31 | 00036 | 대변 | 0196 | 감가상각누계액 | | | | 28,125,000 |
| | 31 | 00037 | 차변 | 0128 | 정부보조금 | | | 18,750,000 | |
| | 31 | 00037 | 대변 | 0818 | 감가상각비 | | | | 18,750,000 |
| | 31 | | | | | | | | |

- 감가상각비 = 150,000,000 × 1/4 × 9/12 = 28,125,000
- 정부보조금상각액 = 100,000,000 × 1/4 × 9/12 = 18,750,000
- 자산차감항목인 정부보조금은 당해자산의 감가상각시 동일한 비율만큼 당기 감가상각비와 상계 처리한다.
- 자산의 취득에 충당할 정부보조금·공사부담금 등으로 자산을 취득한 경우에는 이를 취득자산에서 차감하는 형식으로 표시하고 당해 자산의 내용연수에 걸쳐 상각금액과 상계하며, 당해 자산을 처분하는 경우에는 그 잔액을 당해 자산의 처분손익에 차감 또는 부가한다.

[017]

2월 4일 일반전표입력

| (차) | 보통예금 | 120,000,000원 | (대) | 장기차입금 | 36,000,000원(산업자원부) |
|---|---|---|---|---|---|
| | | | | 정부보조금 | 84,000,000원(보통예금차감) |

| □ | 일 | 번호 | 구분 | 계 정 과 목 | 거 래 처 | 적 요 | 차 변 | 대 변 |
|---|---|---|---|---|---|---|---|---|
| ☐ | 4 | 00002 | 차변 | 0103 보통예금 | 00121 외환은행 | 외상대금입금 동원상사 | 9,436,900 | |
| ☐ | 4 | 00002 | 대변 | 0108 외상매출금 | 00113 (주)김포물산 | 4 외상대금 보통예금예입 | | 9,436,900 |
| ☐ | 4 | 00003 | 차변 | 0813 접대비 | | 1 거래처접대비(신용카드) | 50,000 | |
| ☐ | 4 | 00003 | 대변 | 0253 미지급금 | 99600 국민카드 | 거래처접대비(신용카드) | | 50,000 |
| ☐ | 4 | 00004 | 차변 | 0101 현금 | | | 31,957,400 | |
| ☐ | 4 | 00004 | 차변 | 0102 당좌예금 | | | 20,000,000 | |
| ☐ | 4 | 00004 | 대변 | 0108 외상매출금 | 00103 호화전자(주) | | | 51,957,400 |
| ☐ | 4 | 00006 | 차변 | 0103 보통예금 | | | 120,000,000 | |
| ☐ | 4 | 00006 | 대변 | 0293 장기차입금 | 00106 산업자원부 | | | 36,000,000 |
| ☐ | 4 | 00006 | 대변 | 0128 정부보조금 | | | | 84,000,000 |
| ☐ | 4 | | | | | | | |

상환의무가 없는 정부보조금에 대한 회계처리

1. 자산취득

자산취득에 사용될 정부보조금을 받는 경우에는 관련 자산을 취득하기 전까지 받은 자산 또는 받은 자산을 일시적으로 운용하기 위하여 취득하는 다른 자산의 차감계정으로 회계처리하고, 관련 자산을 취득하는 시점에서 관련 자산의 차감계정으로 회계처리한다.

2. 비용에 사용

특정의 비용을 보전할 목적으로 받는 정부보조금은 특정의 비용과 상계처리한다. 예를 들어, 판매가격이 제조원가에 미달하는 품목을 국내에서 계속 생산·판매하게 할 목적으로 지급되는 정부보조금은 영업외수익으로 회계처리하고, 저가로 수입할 수 있는 원재료를 국내에서 구입하도록 강제하는 경우에 지급되는 기타의 정부보조금은 제조원가에서 차감한다. 특정비용의 사용전에 받은 기타의 정부보조금은 선수수익으로 회계처리한다.

3. 기타

사용용도의 지정 없이 받는 정부보조금은 대응되는 비용이 없으므로 영업외수익으로 회계처리 한다.

[018] 2월 5일 일반전표입력

| (차) | 차량운반구(B) | 500,000원 | (대) | 차량운반구(A) | 10,000,000원 |
|---|---|---|---|---|---|
| | 감가상각누계액 | 9,500,000원 | | | |

| □ | 일 | 번호 | 구분 | 계 정 과 목 | 거 래 처 | 적 요 | 차 변 | 대 변 |
|---|---|---|---|---|---|---|---|---|
| ☐ | 5 | 00001 | 차변 | 0208 차량운반구 | | | 500,000 | |
| ☐ | 5 | 00001 | 차변 | 0209 감가상각누계액 | | | 9,500,000 | |
| ☐ | 5 | 00001 | 대변 | 0208 차량운반구 | | | | 10,000,000 |
| ☐ | 5 | | | | | | | |

동종자산의 교환은 제공한 자산의 장부가액을 새로 취득한 자산의 취득원가로 계상한다. 부가가치세신고는 자기가 제공한 자산의 공정가액을 과세표준으로 하니까 우리 회사 공급가액 700,000원으로 하여 세금계산서를 교부하고 ,B회사는 공급가액 1,200,000원으로 하여 각각 세금계산서를 교부하여야 한다.

[019] 2월 5일 일반전표입력

| (차) | 차량운반구 | 1,200,000원 | (대) | 차량운반구 | 10,000,000원 |
|---|---|---|---|---|---|
| | 감가상각누계액 | 9,500,000원 | | 현금 | 500,000원 |
| | | | | 유형자산처분이익 | 200,000원 |

| □ | 일 | 번호 | 구분 | 계 정 과 목 | 거 래 처 | 적 요 | 차 변 | 대 변 |
|---|---|---|---|---|---|---|---|---|
| ☐ | 5 | 00001 | 차변 | 0208 차량운반구 | | | 500,000 | |
| ☐ | 5 | 00001 | 차변 | 0209 감가상각누계액 | | | 9,500,000 | |
| ☐ | 5 | 00001 | 대변 | 0208 차량운반구 | | | | 10,000,000 |
| ☐ | 5 | 00002 | 차변 | 0208 차량운반구 | | | 1,200,000 | |
| ☐ | 5 | 00002 | 차변 | 0209 감가상각누계액 | | | 9,500,000 | |
| ☐ | 5 | 00002 | 대변 | 0208 차량운반구 | | | | 10,000,000 |
| ☐ | 5 | 00002 | 대변 | 0101 현금 | | | | 500,000 |
| ☐ | 5 | 00002 | 대변 | 0914 유형자산처분이익 | | | | 200,000 |

동종자산의 교환은 제공한 자산의 장부가액을 새로 취득한 자산의 취득원가로 계상하지만 현금지급액이 제공한 자산의 공정가액(현금지급액포함)의 25%를 초과하면 이종자산의 교환으로 보아 제공한 자산의 공정가액(현금지급액포함)을 취득원가로 계상한다.

**[020] 2월 5일 일반전표입력**

| (차) | 기계장치 | 700,000원 | (대) | 차량운반구 | 10,000,000원 |
|---|---|---|---|---|---|
| | 감가상각누계액 | 9,500,000원 | | 유형자산처분이익 | 200,000원 |

| | 일 | 번호 | 구분 | | 계정과목 | 거래처 | 적요 | 차변 | 대변 |
|---|---|---|---|---|---|---|---|---|---|
| | 5 | 00001 | 차변 | 0208 | 차량운반구 | | | 500,000 | |
| | 5 | 00001 | 차변 | 0209 | 감가상각누계액 | | | 9,500,000 | |
| | 5 | 00001 | 대변 | 0208 | 차량운반구 | | | | 10,000,000 |
| | 5 | 00002 | 차변 | 0208 | 차량운반구 | | | 1,200,000 | |
| | 5 | 00002 | 차변 | 0209 | 감가상각누계액 | | | 9,500,000 | |
| | 5 | 00002 | 대변 | 0208 | 차량운반구 | | | | 10,000,000 |
| | 5 | 00002 | 대변 | 0101 | 현금 | | | | 500,000 |
| | 5 | 00002 | 대변 | 0914 | 유형자산처분이익 | | | | 200,000 |
| | 5 | 00003 | 차변 | 0206 | 기계장치 | | | 700,000 | |
| | 5 | 00003 | 차변 | 0209 | 감가상각누계액 | | | 9,500,000 | |
| | 5 | 00003 | 대변 | 0208 | 차량운반구 | | | | 10,000,000 |
| | 5 | 00003 | 대변 | 0914 | 유형자산처분이익 | | | | 200,000 |
| | 5 | | | | | | | | |

이종자산의 교환은 제공한 자산의 공정가액을 새로 취득한 자산의 취득원가로 계상한다. 무상 등의 취득원가는 자산을 취득하기 위하여 자산의 취득시점이나 건설시점에서 제공하거나 부담할 기타 대가의 공정가액(시장가격)을 말한다. 다만, 시장가격이 없는 경우에는 동일 또는 유사 자산의 현금거래로부터 추정할 수 있는 실현가능가액이나 공인된 감정기관의 감정가액을 사용할 수 있다.

**[021] 4월 3일 매입매출전표입력**

유형 : 51.과세    거래처 : 현대자동차(주)    전자 : 여    분개 : 혼합

| (차) | 차량운반구 | 22,100,000원 | (대) | 선급금 | 2,100,000원 |
|---|---|---|---|---|---|
| | 부가세대급금 | 2,100,000원 | | 미지급금 | 21,000,000원 |
| | | | | 현금 | 1,100,000원 |

취득원가는 구입원가 또는 제작원가와 다음의 부대비용 등을 포함한다.

㉠ 설치장소 준비를 위한 지출

㉡ 외부 운송 및 취급비

㉢ 설치비

㉣ 설계와 관련하여 전문가에게 지급하는 수수료

㉤ 유형자산의 취득과 관련하여 국·공채 등을 불가피하게 매입하는 경우 당해 채권의 매입가액과 기업회계기준에 따라 평가한 현재가치와의 차액

㉥ 자본화대상인 금융비용

㉦ 복구비용(원상회복을 하는데 소요될 예상 금액)

㉧ 취득세, 등록세 등 유형자산의 취득과 직접 관련된 제세공과금

**[022] 4월 3일 매입매출전표입력**

유형 : 51.과세    거래처 : 진양건설㈜    전자 : 여    분개 : 혼합

| (차) | 건물 | 50,000,000원 | (대) | 미지급금 | 55,000,000원 |
|---|---|---|---|---|---|
| | 부가세대급금 | 5,000,000원 | | | |

| □ | 일 | 번호 | 유형 | 품목 | 수량 | 단가 | 공급가액 | 부가세 | 코드 | 공급처명 | 사업자주민번호 | 전자 | 분개 |
|---|---|---|---|---|---|---|---|---|---|---|---|---|---|
| ☐ | 3 | 50002 | 불공 | | | | 468,181 | 46,819 | 00107 | 튼튼산업(주) | 110-81-02624 | 여 | 혼합 |
| ☐ | 3 | 50003 | 과세 | | | | 21,000,000 | 2,100,000 | 00107 | 현대자동차(주) | 110-81-02624 | 여 | 혼합 |
| ■ | 3 | 50004 | 과세 | | | | 50,000,000 | 5,000,000 | 00108 | 진양건설(주) | 108-81-12565 | 여 | 혼합 |
| ☐ | 3 | | | | | | | | | | | | |

유형별-공급처별 [ 1 ]건    50,000,000    5,000,000

신용카드사 :       봉사료 :

NO : 50004    ( 대 체 ) 전 표    일 자 : 년 4월 3일

| 구분 | 계정과목 | 적요 | 거래처 | 차변(출금) | 대변(입금) |
|---|---|---|---|---|---|
| 차변 | 0135 부가세대급금 | | 00108 진양건설(주 | 5,000,000 | |
| 차변 | 0202 건물 | | 00108 진양건설(주 | 50,000,000 | |
| 대변 | 0253 미지급금 | | 00108 진양건설(주 | | 55,000,000 |
| | | | 합 계 | 55,000,000 | 55,000,000 |

내용년수를 증가시키거나 가치를 증가시키는 개조, 개량, 증설등이 있으면 해당자산,취득원가로 처리한다.

| 구 분 | 정 의 | 사 례 |
|---|---|---|
| 수익적지출 | 지출의 효과가 단기적이며 유형자산의 능률 유지나 원상회복 등에 지출되는 비용을 말한다. | • 도색<br>• 파손된 유리 교체<br>• 소모성 부속품 교체<br>• 차량의 타이어 교체 |
| 자본적지출 | 지출효과가 장기적이며 유형자산의 내용연수 증가나 가치증가, 능률향상을 위한 지출을 말한다. | • 피난시설, 냉·난방장치 증설<br>• 용도변경 및 개축, 증축 |

**[023] 4월 16일 일반전표입력**

| (차) | 단기매매증권 | 650,000원 | (대) | 현금 | 700,000원 |
|---|---|---|---|---|---|
| | 차량운반구 | 50,000원 | | | |

| □ | 일 | 번호 | 구분 | 계정과목 | 거래처 | 적요 | 차변 | 대변 |
|---|---|---|---|---|---|---|---|---|
| ☐ | 16 | 00003 | 출금 | 0813 접대비 | | 거래식식사접대 | 11,000 | (현금) |
| ☐ | 16 | 00011 | 출금 | 0511 복리후생비 | | 7 식권 | 14,000 | (현금) |
| ☐ | 16 | 00012 | 차변 | 0107 단기매매증권 | | | 650,000 | |
| ☐ | 16 | 00012 | 차변 | 0208 차량운반구 | | | 50,000 | |
| ☐ | 16 | 00012 | 대변 | 0101 현금 | | | | 700,000 |
| ☐ | 16 | | | | | | | |

불가피하게 매입하는 국공채의 평가손실(액면금액-현재가치)은 취득원가에 산입하고,해당 국공채는 성격에 따라 공정가치범위내서 유가증권으로 처리한다.

**[024] 4월 17일 매입매출전표입력**

유형 : 11.과세    거래처 : 경수산업(주)    전자 : 여    분개 : 혼합

| (차) | 미수금 | 8,800,000원 | (대) | 기계장치 | 25,000,000원 |
|---|---|---|---|---|---|
| | 정부보조금 | 10,000,000원 | | 부가세예수금 | 800,000원 |
| | (기계장치차감) | | | | |
| | 감가상각누계액 | 5,000,000원 | | | |
| | 유형자산처분손실 | 2,000,000원 | | | |

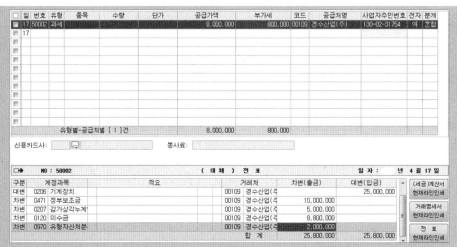

| □ | 일 | 번호 | 유형 | 품목 | 수량 | 단가 | 공급가액 | 부가세 | 코드 | 공급처명 | 사업자주민번호 | 전자 | 분개 |
|---|---|---|---|---|---|---|---|---|---|---|---|---|---|
| □ | 17 | 50002 | 과세 | | | | 8,000,000 | 800,000 | 00109 | 경수산업(주) | 130-02-31754 | 여 | 혼합 |
| □ | 17 | | | | | | | | | | | | |
| | | | | 유형별-공급처별 [ 1 ]건 | | | 8,000,000 | 800,000 | | | | | |

신용카드사: [＿＿＿＿＿] 봉사료: [＿＿＿＿＿＿]

| □➡ | NO : 50002 | ( 대 체 ) 전 표 | | | 일 자 : 년 4 월 17 일 | |
|---|---|---|---|---|---|---|
| 구분 | 계정과목 | 적요 | 거래처 | 차변(출금) | 대변(입금) | |
| 대변 | 0206 기계장치 | | 00109 경수산업(주 | | 25,000,000 | (세금)계산서 현재라인인쇄 |
| 차변 | 0471 정부보조금 | | 00109 경수산업(주 | 10,000,000 | | |
| 차변 | 0207 감가상각누계' | | 00109 경수산업(주 | 5,000,000 | | 거래명세서 현재라인인쇄 |
| 차변 | 0120 미수금 | | 00109 경수산업(주 | 8,800,000 | | |
| 차변 | 0970 유형자산처분 | | 00109 경수산업(주 | 2,000,000 | | 전 표 현재라인인쇄 |
| | | | 합 계 | 25,800,000 | 25,800,000 | |

정부보조금 등은 취득원가에서 차감하는 형식으로 표시하고 그 자산의 내용연수에 걸쳐 감가상각비와 상계하며, 해당 유형자산을 처분하는 경우에는 그 잔액을 처분손익에 반영한다.

### [025] 12월 31일 일반전표입력

(차) 무형자산상각비        20,000,000원     (대)   특허권              20,000,000원

(차) 무형자산손상차손    40,000,000원     (대)   손상차손누계액      40,000,000원
     (영업외비용)                                    (특허권의 차감적 평가계정)

| □ | 일 | 번호 | 구분 | 계 정 과 목 | 거 래 처 | 적 요 | 차 변 | 대 변 |
|---|---|---|---|---|---|---|---|---|
| □ | 31 | 00034 | 차변 | 0102 당좌예금 | | | 80,000 | |
| □ | 31 | 00034 | 대변 | 0108 외상매출금 | 00101 현진상사 | | | 80,000 |
| □ | 31 | 00035 | 차변 | 0102 당좌예금 | | | 90,000 | |
| □ | 31 | 00035 | 대변 | 0901 이자수익 | | | | 90,000 |
| □ | 31 | 00036 | 차변 | 0818 감가상각비 | | | 28,125,000 | |
| □ | 31 | 00036 | 대변 | 0196 감가상각누계액 | | | | 28,125,000 |
| □ | 31 | 00037 | 차변 | 0128 정부보조금 | | | 18,750,000 | |
| □ | 31 | 00037 | 대변 | 0818 감가상각비 | | | | 18,750,000 |
| □ | 31 | 00038 | 차변 | 0840 무형자산상각비 | | | 20,000,000 | |
| □ | 31 | 00038 | 대변 | 0219 특허권 | | | | 20,000,000 |
| □ | 31 | 00039 | 차변 | 0985 무형자산손상차손 | | | 40,000,000 | |
| □ | 31 | 00039 | 대변 | 0229 손상차손누계액 | | | | 40,000,000 |

손상차손 (200,000,000원 − 200,000,000원/10년 × 2) − 120,000,000원 = 40,000,000원

법인이 진부화되거나 시장가치가 급격히 하락한 자산에 대하여 무형자산에 따라 장부가액을 회수가능액으로 조정하고, 그 차액을 손상차손로 처리한다.

Tip 거래무형자산 요약

**1. 영업권**

합병·영업양수 및 전세권 취득 등의 경우에 유상으로 취득한 것으로 한다. 영업권상각은 정액법으로 하며 내용연수는 20년을 초과할 수 없다.

**2. 산업재산권**

일정기간 독점적·배타적으로 이용할 수 있는 권리로서 특허권·실용신안권·의장권 및 상표권 등으로 한다. 특허란 발명을 장려·보호·육성하기 위하여 새로운 발명을 한 자에게 20년간의 배타적 권리를 주는 제도이다.

**3. 개발비**

신제품 또는 신기술의 개발과 관련하여 발생한 비용(소프트웨어 개발과 관련된 비용을 포함한다)으로서 개별적으로 식별가능하고 미래의 경제적 효익을 확실하게 기대할 수 있는 것으로 한다. 프로젝트의 연구단계에서는 미래 경제적 효익을 창출할 무형자산이 존재한다는 것을 입증할 수 없기 때문에 연구단계에서 발생한 지출은 무형자산으로 인식할 수 없고 발생한 기간의 비용으로 인식한다

**4. 라이선스와 프렌차이즈**

라이선스(licence)란 다른 기업이 소유한 신기술, 노하우, 상표, 마크 등을 사용할 수 있는 권리이며 프렌차이즈(franchise)는 가맹사업이라 하며 가맹계약자는 가맹사업자로부터 부여받는 권리를 사용할 수 있다. 권리사용대가는 계약기간동안 상각한다.

5. 컴퓨터 소프트웨어

외부에서 구입한 소프트웨어의 대가에 대하여 처리하는 과목이다. 즉, 자체 개발한 소프트웨어로서 자산인식기준을 충족하면 개발비과목으로 한다.

| 구 분 | 인식요건 | 계 정 |
|---|---|---|
| 외부구입 | 자산인식조건 충족 | 컴퓨터소프트웨어(무형자산) |
| 자체개발 | 자산인식조건 충족 | 개발비(무형자산) |
| | 자산인식조건 미충족 | 경상개발비(당기비용) |

6. 기업회계기준상 상각기간

무형자산의 상각대상금액은 그 자산의 추정내용연수 동안 체계적인 방법에 의하여 비용으로 배분한다. 무형자산의 상각기간은 독점적·배타적인 권리를 부여하고 있는 관계 법령이나 계약에 정해진 경우를 제외하고는 20년을 초과할 수 없으며, 상각은 자산이 사용가능한 때부터 시작한다. 다만, 영업권외 무형자산으로서 법적 또는 계약상 20년을 초과한다는 명백한 증거가 있는 경우에는 20년을 초과할 수 있다.

7. 잔존가액

무형자산의 잔존가액은 없는 것을 원칙으로 한다. 다만, 경제적 내용연수보다 짧은 상각기간을 정한 경우에 상각기간이 종료될 때, 제3자가 그 자산을 구입하는 약정이 있거나 상각기간이 종료되는 시점에 자산의 잔존가액이 거래시장에서 결정될 가능성이 매우 높다면 잔존가액을 인식할 수 있다.

### [026] 4월 17일 일반전표입력

| (차) | 보통예금 | 6,900,000원 | (대) | 단기매매증권 | 6,300,000원 |
|---|---|---|---|---|---|
| | | | | 현금 | 60,000원 |
| | | | | 단기매매증권처분이익 | 540,000원 |

| | 일 | 번호 | 구분 | 계 정 과 목 | 거 래 처 | 적 요 | 차 변 | 대 변 |
|---|---|---|---|---|---|---|---|---|
| □ | 17 | 00001 | 차변 | 0103 보통예금 | | | 6,900,000 | |
| □ | 17 | 00001 | 대변 | 0107 단기매매증권 | | | | 6,300,000 |
| □ | 17 | 00001 | 대변 | 0101 현금 | | | | 60,000 |
| □ | 17 | 00001 | 대변 | 0906 단기매매증권처분이 | | | | 540,000 |

단기매매증권장부가액 : 300주 × 21,000원 = 6,300,000원

유가증권의 처분수수료는 수수료비용계정을 사용하지 않고 처리한다. 단기매매증권평가이익과 처분이익은 손익계산서의 영업외수익으로 처리한다.

◈ 참고분개

1. 전년도 10월20일 일반전표입력

　　(차) 단기매매증권　10,030,000원　　(대) 현　　금 10,060,000원

　　　　수수료비용　　　30,000원

*단기매매증권의 취득수수료등은 당기비용(영업외비용)처리한다.

2. 전년도 12월31일 일반전표입력

　　(차) 단기매매증권　470,000원　　(대) 단기매매증권평가이익 470,000원

*500주×21,000원-10,030,000원 = 470,000원

### [027] 4월 17일 일반전표입력

| (차) | 보통예금 | 6,840,000원 | (대) | 단기매매증권 | 6,300,000원 |
|---|---|---|---|---|---|
| | | | | 단기매매증권처분이익 | 540,000원 |

| | 일 | 번호 | 구분 | 계 정 과 목 | 거 래 처 | 적 요 | 차 변 | 대 변 |
|---|---|---|---|---|---|---|---|---|
| □ | 17 | 00001 | 차변 | 0103 보통예금 | | | 6,900,000 | |
| □ | 17 | 00001 | 대변 | 0107 단기매매증권 | | | | 6,300,000 |
| □ | 17 | 00001 | 대변 | 0101 현금 | | | | 60,000 |
| □ | 17 | 00001 | 대변 | 0906 단기매매증권처분이 | | | | 540,000 |
| □ | 17 | 00002 | 차변 | 0103 보통예금 | | | 6,840,000 | |
| □ | 17 | 00002 | 대변 | 0107 단기매매증권 | | | | 6,300,000 |
| □ | 17 | 00002 | 대변 | 0906 단기매매증권처분이 | | | | 540,000 |

단기매매증권의 취득부대비용은 당기비용(영업외비용) 처리하며, 처분수수료는 처분가액에서 차감하여 처리한다.

## 1. 단기매매증권

단기매매증권은 주로 단기간 내의 매매차익을 목적으로 취득한 유가증권으로서 매수와 매도가 적극적이고 빈번하게 이루어지는 것을 말한다. 단기적인 이익을 획득할 목적으로 운용되는 것이 분명한 증권포트폴리오를 구성하는 유가증권은 단기매매증권으로 분류한다

## 2. 만기보유증권

만기가 확정된 채무증권으로서 상환금액이 확정되었거나 확정이 가능한 채무증권을 만기까지 보유할 적극적인 의도와 능력이 있는 경우에는 만기보유증권으로 분류한다.

## 3. 매도가능증권

위 이외것은 매도가능증권으로 분류한다.

### [028] 4월 18일 일반전표입력-사채 투자자

(차)　　매도가능증권　　　　　　　　9,519,630원　　　　(대)　현금　　　　　　　　　9,519,630원

| □ | 일 | 번호 | 구분 | 계 정 과 목 | 거 래 처 | 적 요 | 차 변 | 대 변 |
|---|---|---|---|---|---|---|---|---|
| ☐ | 18 | 00001 | 차변 | 0103 보통예금 | | | 50,000,000 | |
| ☐ | 18 | 00001 | 차변 | 0970 유형자산처분손실 | | 토지매각 | 20,000,000 | |
| ☐ | 18 | 00001 | 대변 | 0201 토지 | | | | 70,000,000 |
| ☐ | 18 | 00002 | 출금 | 0178 매도가능증권 | | | 9,519,630 | (현금) |
| ☐ | 18 | | | | | | | |

"123.매도가능증권'을 선택안함
178.매도가능증권이보고기간종료일로부터
1년이내 매각예정인 경우에 선택한다.

매도가능증권의 취득원가 1,000,000원 × 2.40183 + 10,000,000원 × 0.71178 = 9,519,630원

[Tip] 사채 - 발행자

◈ 사채의 발행 가격결정(①+②)

① 만기시 상환되는 액면금액의 현재가치(시장이자율로 할인한 가액)

② 사채의 발행기간동안 지급되는 액면이자금액의 연금현재가치(시장이자율로 할인한 가액)

할인발행의 경우 이자지급시

　차) 이자비용(유효이자)　×××　　　　대) 현　　금(액면이자)　×××
　　　사채할인발행차금　　×××
　　　할증발행의 경우 이자지급시
　차) 이자비용(유효이자)　×××　　　　대) 현　　금(액면이자)　×××
　　　사채할증발행차금　　×××

유효(실질)이자 = **사채의 상각 후 장부가액** × 유효이자율
(사채의 액면금액 ± 사채할인(할증)발행차금 미상각잔액)

◈ 사채 발행자의 회계처리

| □ | 일 | 번호 | 구분 | 계 정 과 목 | 거 래 처 | 적 요 | 차 변 | 대 변 |
|---|---|---|---|---|---|---|---|---|
| ☐ | 18 | 00001 | 차변 | 0103 보통예금 | | | 50,000,000 | |
| ☐ | 18 | 00001 | 차변 | 0970 유형자산처분손실 | | 토지매각 | 20,000,000 | |
| ☐ | 18 | 00001 | 대변 | 0201 토지 | | | | 70,000,000 |
| ☐ | 18 | 00002 | 출금 | 0178 매도가능증권 | | | 9,519,630 | (현금) |
| ☐ | 18 | 00003 | 차변 | 0101 현금 | | | 9,519,630 | |
| ☐ | 18 | 00003 | 차변 | 0292 사채할인발행차금 | | | 480,370 | |
| ☐ | 18 | 00003 | 대변 | 0291 사채 | | | | 10,000,000 |
| ☐ | 18 | | | | | | | |

사채발행가액 : 1,000,000원 × 2.40183 + 10,000,000원 × 0.71178 = 9,519,630원

사채할인발행차금: 10,000,000원 - 9,519,630원 = 480,370원

| 구　　　　분 | 차　　변 | 대　　변 |
|---|---|---|
| 액 면 발 행<br>(액면금액 = 발행금액) | 당 좌 예 금 | 사　　채 |
| 할 인 발 행<br>(액면금액 > 발행금액) | 당 좌 예 금<br>사채할인발행차금 | 사　　채 |
| 할 증 발 행<br>(액면금액 < 발행금액) | 당 좌 예 금 | 사　　채<br>사채할증발행차금 |

**[029] 4월 19일 일반전표입력**

| (차) | 현금 | 25,000,000원 | (대) | 매도가능증권 | 24,000,000원 |
|---|---|---|---|---|---|
| | 매도가능증권평가이익 | 4,000,000원 | | 매도가능증권처분이익 | 5,000,000원 |

| □ | 일 | 번호 | 구분 | | 계 정 과 목 | 거 래 처 | 적 요 | 차 변 | 대 변 |
|---|---|---|---|---|---|---|---|---|---|
| | 19 | 00001 | 차변 | 0101 | 현금 | | | 25,000,000 | |
| | 19 | 00001 | 차변 | 0394 | 매도가능증권평가이익 | | | 4,000,000 | |
| | 19 | 00001 | 대변 | 0178 | 매도가능증권 | | | | 24,000,000 |
| | 19 | 00001 | 대변 | 0915 | 매도가능증권처분이익 | | | | 5,000,000 |
| | 19 | | | | | | | | |

매도가능증권에 대한 기타포괄손익누적액의 누적금액은 그 유가증권을 처분하거나 손상차손을 인식하는 시점에 일괄하여 당기손익에 반영한다.

**[030] 12월 31일 일반전표입력**

| (차) | 투자증권손상차손 | 38,800,000원 | (대) | 매도가능증권 | 37,000,000원 |
|---|---|---|---|---|---|
| | (영업외비용) | | | 매도가능증권평가손실 | 1,800,000원 |
| | | | | (기타포괄손익누계액) | |

| 일 | 번호 | 구분 | | 계 정 과 목 | 거 래 처 | 적 요 | 차 변 | 대 변 |
|---|---|---|---|---|---|---|---|---|
| 31 | 00035 | 차변 | 0102 | 당좌예금 | | | 90,000 | |
| 31 | 00035 | 대변 | 0901 | 이자수익 | | | | 90,000 |
| 31 | 00036 | 차변 | 0818 | 감가상각비 | | | 28,125,000 | |
| 31 | 00036 | 대변 | 0196 | 감가상각누계액 | | | | 28,125,000 |
| 31 | 00037 | 차변 | 0128 | 정부보조금 | | | 18,750,000 | |
| 31 | 00037 | 대변 | 0818 | 감가상각비 | | | | 18,750,000 |
| 31 | 00038 | 차변 | 0840 | 무형자산상각비 | | | 20,000,000 | |
| 31 | 00038 | 대변 | 0219 | 특허권 | | | | 20,000,000 |
| 31 | 00039 | 차변 | 0985 | 무형자산손상차손 | | | 40,000,000 | |
| 31 | 00039 | 대변 | 0229 | 손상차손누계액 | | | | 40,000,000 |
| 31 | 00040 | 차변 | 0963 | 투자증권손상차손 | | | 38,800,000 | |
| 31 | 00040 | 대변 | 0178 | 매도가능증권 | | | | 37,000,000 |
| 31 | 00040 | 대변 | 0395 | 매도가능증권평가손실 | | | | 1,800,000 |
| | | | | 합     계 | | | 145,845,000 | 145,845,000 |

감액전 장부가액이 57,000,000원이므로, 관련 미실현보유손실 1,800,000원이 매도가능증권평가손실 으로 계상되어 있을 것이다.

공정가치(시가)가 현저하게 하락하여 회복할 가능이 없는 경우에는 기간비용(영업외비용)인 투자증권손상차손계정으로 처리하며, 손상차손이 회복이 되면 기간수익(영업외수익)인 투자증권손상차손환입계정으로 처리한다.

**[031] 4월 20일 일반전표입력**

| (차) | 감가상각누계액 | 60,000,000원 | (대) | 건물 | 100,000,000원 |
|---|---|---|---|---|---|
| | 재해손실 | 40,000,000원 | | | |

| □ | 일 | 번호 | 구분 | | 계 정 과 목 | 거 래 처 | 적 요 | 차 변 | 대 변 |
|---|---|---|---|---|---|---|---|---|---|
| | 20 | 00001 | 차변 | 0203 | 감가상각누계액 | | | 60,000,000 | |
| | 20 | 00001 | 차변 | 0961 | 재해손실 | | | 40,000,000 | |
| | 20 | 00001 | 대변 | 0202 | 건물 | | | | 100,000,000 |
| | 20 | | | | | | | | |

피해자산의 멸실부분의 장부가액에 상당하는 금액이 모두 재해손실계정에 차기된다.

**[032] 4월 20일 일반전표입력 - 재해손실처리**

| (차) | 감가상각누계액 | 30,000,000원 | (대) | 건물 | 80,000,000원 |
|---|---|---|---|---|---|
| | 재해손실 | 50,000,000원 | | | |

| □ | 일 | 번호 | 구분 | | 계 정 과 목 | 거 래 처 | 적 요 | 차 변 | 대 변 |
|---|---|---|---|---|---|---|---|---|---|
| | 20 | 00001 | 차변 | 0203 | 감가상각누계액 | | | 60,000,000 | |
| | 20 | 00001 | 차변 | 0961 | 재해손실 | | | 40,000,000 | |
| | 20 | 00001 | 대변 | 0202 | 건물 | | | | 100,000,000 |
| | 20 | 00002 | 차변 | 0203 | 감가상각누계액 | | | 30,000,000 | |
| | 20 | 00002 | 차변 | 0961 | 재해손실 | | | 50,000,000 | |
| | 20 | 00002 | 대변 | 0202 | 건물 | | | | 80,000,000 |
| | 20 | | | | | | | | |

손상차손(손상, 소실, 포기된 유형자산)과 보상금은 별개의 회계사건으로 보기 때문에 화재가 발생시 해당 자산을 제거하여 재해손실로 처리하며, 이때 보험가입이 된 경우에는 화재발생시점에서 보상금을 받을권리가 발생하므로 보험금에 대한 회계처리도 한다.

5월 20일 일반전표입력 - 보험금처리

| (차) | 미수금 | 50,000,000원(동부화재) | (대) | 보험차익(보험금수익) | 50,000,000원 |

| | 20 | 00003 | 차변 | 0120 미수금 | | 00110 동부화재 | 50,000,000 | |
| | 20 | 00003 | 대변 | 0919 보험차익 | | | | 50,000,000 |

손상, 소실 또는 포기된 유형자산에 대해 제3자로부터 보상금을 받는 경우가 있다. 이 경우 보상금은 권리가 발생하는 시점에 당기손익으로 반영한다.

## [033] 4월 30일 매입매출전표입력 – 건물매각

유형 : 11.과세    거래처 : 현경상사    전자 : 여    분개 : 혼합 (공급가액 140,000,000)

| (차) | 감가상각누계액(건물) | 360,000,000원 | (대) | 건물 | 450,000,000원 |
| | 보통예금 | 154,000,000원 | | 부가세예수금 | 14,000,000원 |
| | | | | 유형자산처분이익 | 50,000,000원 |

건물매각분에 대해서는 전자세금계산서를 교부하고 11.과세로 입력한다.

4월 30일 매입매출전표입력 - 토지매각

유형 : 13.면세    거래처 : 현경상사    전자 : 여    분개 : 혼합 (공급가액 280,000,000)

| (차) | 보통예금 | 280,000,000원 | (대) | 토지 | 180,000,000원 |
| | | | | 유형자산처분이익 | 100,000,000원 |

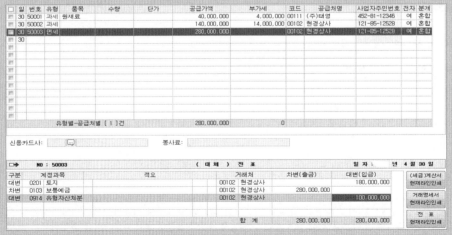

토지매각분에 대해서는 계산서를 교부하고 13.면세로 입력한다.

**[034]5월 20일 매입매출전표입력**

유형 : 51.과세    거래처 : 철물기공    전자 : 여    분개 : 혼합

| (차) | 기계장치 | 200,000,000원 | (대) | 보통예금 | 77,000,000원 |
|---|---|---|---|---|---|
| | 부가세대급금 | 7,000,000원 | | 선급금 | 130,000,000원 |

| □ | 일 | 번호 | 유형 | 품목 | 수량 | 단가 | 공급가액 | 부가세 | 코드 | 공급처명 | 사업자주민번호 | 전자 | 분개 |
|---|---|---|---|---|---|---|---|---|---|---|---|---|---|
| ■ | 20 | 50001 | 과세 | | | | 70,000,000 | 7,000,000 | 00103 | 철물기공 | 125-81-54124 | 여 | 혼합 |
| ☐ | 20 | | | | | | | | | | | | |

| | | 유형별-공급처별 [ 1 ]건 | | 70,000,000 | 7,000,000 | |
|---|---|---|---|---|---|---|

신용카드사 : [    ]    봉사료 : [    ]

NO : 50001    ( 대 체 ) 전 표    일 자 : 년 5 월 20 일

| 구분 | 계정과목 | 적요 | | 거래처 | 차변(출금) | 대변(입금) | |
|---|---|---|---|---|---|---|---|
| 차변 | 0135 부가세대급금 | | | 00103 철물기공 | 7,000,000 | | (세금)계산서 현재라인인쇄 |
| 차변 | 0206 기계장치 | | | 00103 철물기공 | 200,000,000 | | 거래명세서 현재라인인쇄 |
| 대변 | 0103 보통예금 | | | 00103 철물기공 | | 77,000,000 | |
| 대변 | 0131 선급금 | | | 00103 철물기공 | | 130,000,000 | 전 표 현재라인인쇄 |
| | | | | 합 계 | 207,000,000 | 207,000,000 | |

완성도지급기준의 경우 부가가치세법상의 공급시기는 대가의 각 부분을 받기로 한때이다.

**[035] 5월 22일 일반전표입력**

| (차) | 외상매입금 | 40,000,000원 | (대) | 단기차입금 | 40,000,000원 |
|---|---|---|---|---|---|
| | (거래처 : (주)태영) | | | (거래처 : 신한은행) | |

| □ | 일 | 번호 | 구분 | 계 정 과 목 | 거 래 처 | 적 요 | 차 변 | 대 변 |
|---|---|---|---|---|---|---|---|---|
| ☐ | 22 | 00001 | 차변 | 0251 외상매입금 | 00111 (주)태영 | | 40,000,000 | |
| ☐ | 22 | 00001 | 대변 | 0260 단기차입금 | 00112 신한은행 | | | 40,000,000 |
| ☐ | 22 | | | | | | | |

기업구매자금대출은 환어음 또는 판매대금추심의뢰서에 의하여 판매대금을 회수하는 경우로서 한국은행총재가 기업구매자금대출과 관련하여 정한 조건 및 양식에 따라 발행된 것을 말한다. "환어음"이라 함은 판매기업이 판매대금을 지급받기 위하여 구매기업을 지급인으로, 판매대금을 지급금액으로 하여 일람출급식으로 발행한 어음이다.

Tip 네트워크론제도란?

판매기업과 금융기관이 대출한도를 약정한 후 판매기업이 구매기업의 발주서를 근거로 대출받고, 구매기업이 전자결제방식으로 대출금을 금융기관에게 상환하는 결제방식을 말한다.

Tip 구매론제도란?

구매기업이 금융기관과 한도를 약정하여 받은 금액으로 정보처리시스템을 이용하여 판매기업에게 구매대금을 결제하고 만기일에 대금을 금융기관에게 상환하는 결제방식을 말한다.

**[036] 5월 23일 일반전표입력**

| (차) | 보통예금 | 20,000,000원 | (대) | 사채 | 25,000,000원 |
|---|---|---|---|---|---|
| | 사채할인발행차금 | 5,000,000원 | | | |

| □ | 일 | 번호 | 구분 | 계 정 과 목 | 거 래 처 | 적 요 | 차 변 | 대 변 |
|---|---|---|---|---|---|---|---|---|
| ☐ | 23 | 00001 | 차변 | 0103 보통예금 | | | 20,000,000 | |
| ☐ | 23 | 00001 | 차변 | 0292 사채할인발행차금 | | | 5,000,000 | |
| ☐ | 23 | 00001 | 대변 | 0291 사채 | | | | 25,000,000 |
| ☐ | 23 | | | | | | | |

사채발행가액(사채발행수수료와 사채발행과 관련하여 직접 발생한 기타비용을 차감한 후의 가액을 말한다)과 액면가액의 차액은 사채할인발행차금 또는 사채할증발행차금으로 하여 당해 사채의 액면가액에서 차감 또는 부가하는 형식으로 기재한다.

| 구 분 | 차 변 | 대 변 |
|---|---|---|
| 액 면 발 행<br>(액면금액 = 발행금액) | 당 좌 예 금 | 사 채 |
| 할 인 발 행<br>(액면금액 > 발행금액) | 당 좌 예 금<br>사채할인발행차금 | 사 채 |
| 할 증 발 행<br>(액면금액 < 발행금액) | 당 좌 예 금 | 사 채<br>사채할증발행차금 |

**[037] 12월 31일 일반전표입력 – 당기말 이자비용지급시 회계처리**

(차) 이자비용        5,567,448원      (대) 현금(액면이자)      5,000,000원
                                                사채할인발행차금     567,448원

| □ | 일 | 번호 | 구분 | 계 정 과 목 | 거 래 처 | 적 요 | 차 변 | 대 변 |
|---|---|---|---|---|---|---|---|---|
| ☑ | 31 | 00036 | 차변 | 0818 감가상각비 | | | 28,125,000 | |
| ☑ | 31 | 00036 | 대변 | 0196 감가상각누계액 | | | | 28,125,000 |
| ☑ | 31 | 00037 | 차변 | 0128 정부보조금 | | | 18,750,000 | |
| ☑ | 31 | 00037 | 대변 | 0818 감가상각비 | | | | 18,750,000 |
| ☑ | 31 | 00038 | 차변 | 0840 무형자산상각비 | | | 20,000,000 | |
| ☑ | 31 | 00038 | 대변 | 0219 특허권 | | | | 20,000,000 |
| ☑ | 31 | 00039 | 차변 | 0985 무형자산손상차손 | | | 40,000,000 | |
| ☑ | 31 | 00039 | 대변 | 0229 손상차손누계액 | | | | 40,000,000 |
| ☑ | 31 | 00040 | 차변 | 0963 투자증권손상차손 | | | 38,800,000 | |
| ☑ | 31 | 00040 | 대변 | 0178 매도가능증권 | | | | 37,000,000 |
| ☑ | 31 | 00040 | 대변 | 0395 매도가능증권평가손 | | | | 1,800,000 |
| ☑ | 31 | 00041 | 차변 | 0951 이자비용 | | | 5,567,448 | |
| ☑ | 31 | 00041 | 대변 | 0101 현금 | | | | 5,000,000 |
| ☑ | 31 | 00041 | 대변 | 0292 사채할인발행차금 | | | | 567,448 |
| | | | | 합 계 | | | 151,412,448 | 151,412,448 |

• 사채발행가액 = 50,000,000원 × 10% × 3.60478 + 50,000,000원 × 0.56743 = 46,395,400
• 당기 이자비용 = 46,395,400 × 12% = 5,567,448
• 이자비용 = 사채의 장부가액(=액면가액 – 사할차잔액) × 유효이자율

Tip 사채발행시 회계처리

(차) 현금        46,395,400원      (대) 사채      50,000,000원
     사채할인발행차금     3,604,600원

**[038] 5월 24일 일반전표입력**

(차) 사채        15,000,000원      (대) 당좌예금      11,500,000원
                                                사채할인발행차금     3,000,000원
                                                사채상환이익     500,000원

| □ | 일 | 번호 | 구분 | 계 정 과 목 | 거 래 처 | 적 요 | 차 변 | 대 변 |
|---|---|---|---|---|---|---|---|---|
| ☑ | 24 | 00002 | 출금 | 0848 잡비 | | 씽크가락외 | 32,000 | (현금) |
| ☑ | 24 | 00014 | 출금 | 0813 접대비 | | 6 거래처식사접대 | 34,000 | (현금) |
| ☑ | 24 | 00016 | 입금 | 0103 보통예금 | 00121 외환은행 | 4 보통예금 현금인출 | (현금) | 33,440,000 |
| ☑ | 24 | 00017 | 차변 | 0291 사채 | | | 15,000,000 | |
| ☑ | 24 | 00017 | 대변 | 0102 당좌예금 | | | | 11,500,000 |
| ☑ | 24 | 00017 | 대변 | 0292 사채할인발행차금 | | | | 3,000,000 |
| ☑ | 24 | 00017 | 대변 | 0911 사채상환이익 | | | | 500,000 |

사채할인발행차금 = 4,000,000원 × 15,000,000원/20,000,000원 = 3,000,000원

**[039] 5월 25일 일반전표입력**

(차) 보통예금        247,500,000원      (대) 자본금      250,000,000원
     주식할인발행차금     4,600,000원                      현금      2,100,000원

| □ | 일 | 번호 | 구분 | 계 정 과 목 | 거 래 처 | 적 요 | 차 변 | 대 변 |
|---|---|---|---|---|---|---|---|---|
| ☑ | 25 | 00001 | 출금 | 0514 통신비 | | 1 전화료 및 전신료 납부 | 67,840 | (현금) |
| ☑ | 25 | 00002 | 차변 | 0103 보통예금 | | | 247,500,000 | |
| ☑ | 25 | 00002 | 차변 | 0381 주식할인발행차금 | | | 4,600,000 | |
| ☑ | 25 | 00002 | 대변 | 0331 자본금 | | | | 250,000,000 |
| ☑ | 25 | 00002 | 대변 | 0101 현금 | | | | 2,100,000 |

증자시에 지급된 주식 발행비(증자시의 등록세 포함)는 주식의 발행가격에서 차감하여야 하므로 주식발행초과금에서 차감하거나 주식할인발행차금으로 처리하여야 한다.

| 구        분 | 차        변 | 대        변 |
|---|---|---|
| 액 면 발 행<br>(액면금액 = 발행금액) | 당 좌 예 금 | 사        채 |
| 할 인 발 행<br>(액면금액 > 발행금액) | 당 좌 예 금<br>주식할인발행차금 | 사        채 |
| 할 증 발 행<br>(액면금액 < 발행금액) | 당 좌 예 금 | 사        채<br>주식 발행 초과금 |

## [040] 5월 26일 일반전표입력

| (차) | 당좌예금 | 40,500,000원 | (대) | 자본금 | 50,000,000원 |
|---|---|---|---|---|---|
| | 주식발행초과금 | 2,500,000원 | | | |
| | 주식할인발행차금 | 7,000,000원 | | | |

| □ | 일 | 번호 | 구분 | 계 정 과 목 | 거 래 처 | 적 요 | 차 변 | 대 변 |
|---|---|---|---|---|---|---|---|---|
| | 26 | 00001 | 차변 | 0102 당좌예금 | | | 40,500,000 | |
| | 26 | 00001 | 차변 | 0341 주식발행초과금 | | | 2,500,000 | |
| | 26 | 00001 | 차변 | 0381 주식할인발행차금 | | | 7,000,000 | |
| | 26 | 00001 | 대변 | 0331 자본금 | | | | 50,000,000 |
| | 26 | | | | | | | |

주식발행초과금 계정잔액이 2,500,000원이므로 주식할인발행차금(신주발행비포함) 9,500,000원 중 2,500,000원은 주식발행 초과금과 상계시키며, 상계 후의 금액 7,000,000원을 주식할인발행차금으로 계상한다.

[Tip] 주식할인발행차금?

주식 발행시 주식을 액면가액 이하로 발행하는 경우, 액면금액과 발행가액의 차액으로 이익잉여금의 처분항목으로서 재무상태표에 자본에서 차감하는 형식으로 표시 기입한다.(3년 균등상각규정은 2012년 상법규정 삭제)

※ 주식발행초과금이 있는 경우 우선 상계 제거하여야 한다.

## [041] 5월 27일 일반전표입력

| (차) | 자본금 | 30,000,000원 | (대) | 보통예금 | 36,000,000원 |
|---|---|---|---|---|---|
| | 감자차익 | 4,000,000원 | | | |
| | 감자차손 | 2,000,000원 | | | |

| □ | 일 | 번호 | 구분 | 계 정 과 목 | 거 래 처 | 적 요 | 차 변 | 대 변 |
|---|---|---|---|---|---|---|---|---|
| | 27 | 00039 | 출금 | 0251 외상매입금 | 00115 (주)효성건업 | 1 외상매입금 현금반제 | 15,000,000 | (현금) |
| | 27 | 00040 | 차변 | 0331 자본금 | | | 30,000,000 | |
| | 27 | 00040 | 차변 | 0342 감자차익 | | | 4,000,000 | |
| | 27 | 00040 | 차변 | 0389 감자차손 | | | 2,000,000 | |
| | 27 | 00040 | 대변 | 0103 보통예금 | | | | 36,000,000 |

감자차손은 감자차익(자본잉여금)과 우선적으로 상계하고, 잔액은 자본조정으로 계상한다.

[Tip] 감자차익은?

주식회사에서 사업의 규모를 축소하기 위하여 발행한 주식을 매입소각하거나, 결손금을 보전하기 위하여 자본을 감소시키는 것을 감자라 하며, 이 경우 감소한 자본금이 주금의 환급액 또는 결손금의 보전액을 초과할 때의 초과액 감자차익으로 처리하며 감자차손 잔액이 있는 경우 이를 우선 상계제거하여야 한다.

## [042] 5월 28일 일반전표입력

| (차) | 현금 | 750,000원 | (대) | 자기주식 | 1,200,000원 |
|---|---|---|---|---|---|
| | 자기주식처분이익 | 250,000원 | | | |
| | 자기주식처분손실 | 200,000원(자본조정) | | | |

| □ | 일 | 번호 | 구분 | 계 정 과 목 | 거 래 처 | 적 요 | 차 변 | 대 변 |
|---|---|---|---|---|---|---|---|---|
| | 28 | 00001 | 출금 | 0511 복리후생비 | | 8 커피외 | 8,300 | (현금) |
| | 28 | 00002 | 출금 | 0522 차량유지비 | | 1 유류대 지급 | 26,500 | (현금) |
| | 28 | 00013 | 출금 | 0812 여비교통비 | | 2 출장여비 지급 | 28,200 | (현금) |
| | 28 | 00014 | 차변 | 0101 현금 | | | 750,000 | |
| | 28 | 00014 | 차변 | 0343 자기주식처분이익 | | | 250,000 | |
| | 28 | 00014 | 차변 | 0390 자기주식처분손실 | | | 200,000 | |
| | 28 | 00014 | 대변 | 0383 자기주식 | | | | 1,200,000 |

자기주식처분이익잔액이 있으면 먼저 상계후에 처분손실계상한다.

Tip  자기주식처분이익?

상법에 규정되어 있는 특별한 경우에는 자기회사의 주식을 일시적 보유 목적으로 매입할 수 있으며, 취득시 취득원
가는 자기주식계정 차변에 기입하고, 이것을 처분할 때 처분차익이 발생하면, 자기주식처분이익으로 처분차손이 발생
하면 자기주식처분손실로 처리하며 자기주식처분이익과 손실로 서로 상계제거대상 항목이다.

**[043] 5월 29일 일반전표입력**

| (차) | 토 지 | 355,400,000원 | (대) | 자본금 | 30,000,000원 |
|---|---|---|---|---|---|
| | | | | 주식발행초과금 | 20,400,000원 |
| | | | | 현금 | 305,000,000원 |

| □ | 일 | 번호 | 구분 | 계정과목 | 거래처 | 적요 | 차변 | 대변 |
|---|---|---|---|---|---|---|---|---|
| ☑ | 29 | 00001 | 출금 | 0813 접대비 | | 6 거래처식사접대 | 16,000 | (현금) |
| ☑ | 29 | 00002 | 출금 | 0822 차량유지비 | | 유류대,주차비 | 68,300 | (현금) |
| ☑ | 29 | 00003 | 차변 | 0103 보통예금 | 00121 외환은행 | 광명본점전세금반환 | 50,000,000 | |
| ☑ | 29 | 00003 | 대변 | 0232 임차보증금 | 이종희 | 광명본점전세금반환 | | 50,000,000 |
| ☑ | 29 | 00005 | 차변 | 0103 보통예금 | 00121 외환은행 | 서울시립보라매병원외상 | 199,650 | |
| ☑ | 29 | 00005 | 대변 | 0108 외상매출금 | 00110 비오전자(주) | 4 외상대금 보통예금예입 | | 199,650 |
| ☑ | 29 | 00007 | 출금 | 0251 외상매입금 | 00117 충정로(주) | 1 외상매입금 현금반제 | 17,256,130 | (현금) |
| ☑ | 29 | 00008 | 차변 | 0201 토지 | | | 355,400,000 | |
| ☑ | 29 | 00008 | 대변 | 0331 자본금 | | | | 30,000,000 |
| ☑ | 29 | 00008 | 대변 | 0341 주식발행초과금 | | | | 20,400,000 |
| ☑ | 29 | 00008 | 대변 | 0101 현금 | | | | 305,000,000 |
| ☐ | 29 | | | | | | | |

공장신축을 위해 건물이 있는 토지를 구입하고 기존건물을 철거시 일괄구입비용과 철거비용은 당해토지의 취득원가
로 처리한다.

주식발행초과금 = 6,000주 × (8,400원-5,000원) = 20,400,000원

**[044]**

5월 30일 매입매출전표입력

유형 : 51.과세     거래처 : ㈜대양철거     전자 : 여     분개 : 혼합

| (차) | 감가상각누계액 | 250,000,000원 | (대) | 건물 | 300,000,000원 |
|---|---|---|---|---|---|
| | 부가세대급금 | 2,000,000원 | | 당좌예금 | 22,000,000원 |
| | 유형자산처분손실 | 70,000,000원 | | | |

| □ | 일 | 번호 | 유형 | 품목 | 수량 | 단가 | 공급가액 | 부가세 | 코드 | 공급처명 | 사업자주민번호 | 전자 | 분개 |
|---|---|---|---|---|---|---|---|---|---|---|---|---|---|
| ☑ | 30 | 50001 | 과세 | 전기료 | | | 667,460 | 66,746 | 00120 | 불새 | 116-81-19007 | 여 | 혼합 |
| ☑ | 30 | 50002 | 과세 | | | | 20,000,000 | 2,000,000 | 00113 | ㈜대양철거 | 131-81-41959 | 여 | 혼합 |
| ☐ | 30 | | | | | | | | | | | | |

| | | | | | |
|---|---|---|---|---|---|
| | 유형별-공급처별 [ 1 ]건 | | 20,000,000 | 2,000,000 | |

신용카드사: [    ]          봉사료:

| ⇨ | NO : 50002 | | ( 대체 ) 전 표 | | 일 자 : 년 5 월 30 일 | |
|---|---|---|---|---|---|---|
| 구분 | 계정과목 | 적요 | 거래처 | 차변(출금) | 대변(입금) | |
| 차변 | 0135 부가세대급금 | | 00113 (주)대양철 | 2,000,000 | | (세금)계산서 현재라인인쇄 |
| 차변 | 0203 감가상각누계 | | 00113 (주)대양철 | 250,000,000 | | |
| 대변 | 0202 건물 | | 00113 (주)대양철 | | 300,000,000 | 거래명세서 현재라인인쇄 |
| 대변 | 0102 당좌예금 | | 00113 (주)대양철 | | 22,000,000 | |
| 차변 | 0970 유형자산처분 | | 00113 (주)대양철 | 70,000,000 | | 전 표 현재라인인쇄 |
| | | | 합 계 | 322,000,000 | 322,000,000 | |

건물을 신축하기 위하여 사용중인 기존 건물을 철거하는 경우 그 건물의 장부가액은 제거하여 처분손실로 반영하고,
철거비용은 전액 당기비용으로 처리한다.

**[045] 5월 30일 일반전표입력**

| (차) | 퇴직연금운용자산 | 10,000,000원 | (대) | 현금 | 10,000,000원 |
|---|---|---|---|---|---|

| □ | 일 | 번호 | 구분 | 계 정 과 목 | 거 래 처 | 적 요 | 차 변 | 대 변 |
|---|---|---|---|---|---|---|---|---|
| | 30 | 00001 | 차변 | 0821 보험료 | | 자동차보험료기간경과분 | 4,497,274 | |
| | 30 | 00001 | 대변 | 0133 선급비용 | | 자동차보험료기간경과분 | | 4,497,274 |
| | 30 | 00002 | 차변 | 0802 사용자설정계정과목 | | | 7,710,000 | |
| | 30 | 00002 | 대변 | 0254 예수금 | | | | 1,000,000 |
| | 30 | 00002 | 대변 | 0101 현금 | | | | 10,006,000 |
| | 30 | 00002 | 차변 | 0801 급여 | | | 3,296,000 | |
| | 30 | 00003 | 차변 | 0504 임금 | | | 16,800,000 | |
| | 30 | 00003 | 대변 | 0254 예수금 | | | | 720,000 |
| | 30 | 00003 | 대변 | 0101 현금 | | | | 16,080,000 |
| | 30 | 00004 | 출금 | 0186 퇴직연금운용자산 | | | 10,000,000 | (현금) |
| | 30 | | | | | | | |

확정급여형퇴직연금제도(Defined Benefit)

근로자와 회사가 사전에 연금급여(퇴직금)의 수준내용을 약정하고 근로자가 일정한 연령에 달한 때에 약정에 따른 급여를 지급하는 연금제도이다. 자산의 운용책임이 회사에 있어서 운영소득에 대한 모든 위험을 회사가 부담한다.

1. 연금급여예치금 납입시

    (차) 퇴직연금운용자산　　　　　　　　　(대) 현금 등

2. 결산시점 퇴직급여충당부채 계상

    (차) 퇴직급여　　　　　　　　　　　　(대) 퇴직급여충당부채

3. 퇴직시

    (차) 퇴직급여충당부채　　　　　　　　(대) 퇴직연금미지급 (혹은 퇴직연금운용자산)

    (차) 퇴직급여

**[046] 12월 31일 일반전표입력**

    (차)　퇴직급여　　　　　50,000,000원　　　　(대)　퇴직급여충당부채　　　50,000,000원

| □ | 일 | 번호 | 구분 | 계 정 과 목 | 거 래 처 | 적 요 | 차 변 | 대 변 |
|---|---|---|---|---|---|---|---|---|
| | 31 | 00037 | 차변 | 0128 정부보조금 | | | 18,750,000 | |
| | 31 | 00037 | 대변 | 0818 감가상각비 | | | | 18,750,000 |
| | 31 | 00038 | 차변 | 0840 무형자산상각비 | | | 20,000,000 | |
| | 31 | 00038 | 대변 | 0219 특허권 | | | | 20,000,000 |
| | 31 | 00039 | 차변 | 0985 무형자산손상차손 | | | 40,000,000 | |
| | 31 | 00039 | 대변 | 0229 손상차손누계액 | | | | 40,000,000 |
| | 31 | 00040 | 차변 | 0963 투자증권손상차손 | | | 38,800,000 | |
| | 31 | 00040 | 대변 | 0178 매도가능증권 | | | | 37,000,000 |
| | 31 | 00040 | 대변 | 0395 매도가능증권평가손 | | | | 1,800,000 |
| | 31 | 00041 | 차변 | 0951 이자비용 | | | 5,567,448 | |
| | 31 | 00041 | 대변 | 0101 현금 | | | | 5,000,000 |
| | 31 | 00041 | 대변 | 0292 사채할인발행차금 | | | | 567,448 |
| | 31 | 00042 | 차변 | 0806 퇴직급여 | | | 50,000,000 | |
| | 31 | 00042 | 대변 | 0295 퇴직급여충당부채 | | | | 50,000,000 |
| | | | 합 계 | | | | 201,412,448 | 201,412,448 |

기업이 퇴직금지급에 대비하여 매기 퇴직급여충당부채를 설정하고 비용에 배분하는 동 충당부채 전입액을 말한다. 기업회계는 퇴직시 지급하는 퇴직금의 지급 의무를 그 지급의 원인발생, 즉 근로의 제공기간에 귀속시켜 비용으로 인식하는 발생주의에 따라 회계처리한다. 따라서 퇴직급여충당부채를 부채로 설정하면서 비용의 당기배분으로 동 충당부채설정액을 계상하고 실제 퇴직시 퇴직급여충당부채가 설정되어 있으면 퇴직급여충당부채와 상계하게 된다.

**[047] 12월 31일 일반전표입력**

    (차)　퇴직급여충당부채　　12,000,000원　　(대)　퇴직연금운용자산　　　10,000,000원
    　　　　　　　　　　　　　　　　　　　　　　현금　　　　　　　　　　1,800,000원
    　　　　　　　　　　　　　　　　　　　　　　예수금　　　　　　　　　　200,000원

| □ | 일 | 번호 | 구분 | 계 정 과 목 | 거 래 처 | 적 요 | 차 변 | 대 변 |
|---|---|---|---|---|---|---|---|---|
| | 31 | 00003 | 차변 | 0513 접대비 | | 1 거래처접대비(신용카드) | 40,000 | |
| | 31 | 00003 | 대변 | 0253 미지급금 | 99600 국민카드 | 거래처접대비(신용카드) | | 40,000 |
| | 31 | 00004 | 차변 | 0295 퇴직급여충당부채 | | | 12,000,000 | |
| | 31 | 00004 | 대변 | 0186 퇴직연금운용자산 | | | | 10,000,000 |
| | 31 | 00004 | 대변 | 0101 현금 | | | | 1,800,000 |
| | 31 | 00004 | 대변 | 0254 예수금 | | | | 200,000 |
| | 31 | | | | | | | |

원천징수의무

확정급여형 퇴직연금제도에서 퇴직연금일시금을 지급받는 경우에는 퇴직연금제도를 설정한 사용자가, 확정기여형 퇴직연금제도에서 퇴직연금일시금을 지급받는 경우에는 자산관리업무를 수행하는 퇴직연금사업자가 각각 (퇴직)소득세의 원천징수의무자가 된다. 한편 연금으로 지급받는 경우에는 퇴직연금사업자가 원천징수의무자가 된다.

**[048] 5월 31일 일반전표입력**

  (차)   퇴직급여충당부채         12,000,000원         (대)    퇴직연금미지급금         12,000,000원

| □ | 일 | 번호 | 구분 | | 계 정 과 목 | 거 래 처 | 적 요 | 차 변 | 대 변 |
|---|---|---|---|---|---|---|---|---|---|
| □ | 31 | 00003 | 차변 | 0513 | 접대비 | | 1 거래처접대비(신용카드) | 40,000 | |
| □ | 31 | 00003 | 대변 | 0253 | 미지급금 | 99600 국민카드 | 거래처접대비(신용카드) | | 40,000 |
| □ | 31 | 00004 | 차변 | 0295 | 퇴직급여충당부채 | | | 12,000,000 | |
| □ | 31 | 00004 | 대변 | 0186 | 퇴직연금운용자산 | | | | 10,000,000 |
| □ | 31 | 00004 | 대변 | 0101 | 현금 | | | | 1,800,000 |
| □ | 31 | 00004 | 대변 | 0254 | 예수금 | | | | 200,000 |
| □ | 31 | 00005 | 차변 | 0295 | 퇴직급여충당부채 | | | 12,000,000 | |
| □ | 31 | 00005 | 대변 | 0330 | 퇴직연금미지급금 | | | | 12,000,000 |
| □ | 31 | | | | | | | | |

미래 수령예상액의 현재가치에 해당하는 금액만큼 미지급금으로 계상한다.
이때 보험수리적 가정이 변동시 미지급금으로 처리한다.

**[049] 6월 30일 일반전표입력**

  (차)    퇴직연금미지급금         200,000원         (대)    퇴직연금운용자산         200,000원

| □ | 일 | 번호 | 구분 | | 계 정 과 목 | 거 래 처 | 적 요 | 차 변 | 대 변 |
|---|---|---|---|---|---|---|---|---|---|
| □ | 30 | 00001 | 차변 | 0801 | 급여 | | | 3,296,000 | |
| □ | 30 | 00002 | 차변 | 0504 | 임금 | | | 16,800,000 | |
| □ | 30 | 00002 | 대변 | 0254 | 예수금 | | | | 720,000 |
| □ | 30 | 00002 | 대변 | 0101 | 현금 | | | | 16,080,000 |
| □ | 30 | 00003 | 차변 | 0505 | 상여금 | | | 18,950,000 | |
| □ | 30 | 00003 | 대변 | 0254 | 예수금 | | | | 1,055,000 |
| □ | 30 | 00003 | 대변 | 0103 | 보통예금 | | | | 17,895,000 |
| □ | 30 | 00004 | 차변 | 0803 | 상여금 | | | 12,075,000 | |
| □ | 30 | 00004 | 대변 | 0254 | 예수금 | | | | 2,500,000 |
| □ | 30 | 00004 | 대변 | 0103 | 보통예금 | | | | 9,575,000 |
| □ | 30 | 00005 | 차변 | 0255 | 부가세예수금 | | 대손세액공제 | 1,000,000 | |
| □ | 30 | 00005 | 대변 | 0930 | 잡이익 | | 대손세액공제 | | 1,000,000 |
| □ | 30 | 00006 | 차변 | 0330 | 퇴직연금미지급금 | | | 200,000 | |
| □ | 30 | 00006 | 대변 | 0186 | 퇴직연금운용자산 | | | | 200,000 |
| | | | | 합 | 계 | | | 60,031,000 | 60,031,000 |

예상퇴직연금합계액은 퇴직 후 사망률과 같은 보험수리적 가정을 사용하여 추정하고, 그 현재가치를 계산할 때에는 만기가 비슷한 국공채의 매 대차대조표일 현재 시장이자율에 기초하여 할인한다. 매 사업연도 말에 사망률과 같은 보험수리적 가정이 변동하거나, 할인율이 달라짐에 따라 발생하는 퇴직연금 미지급금 증감액과 시간의 경과에 따른 현재가치의 증가액은 퇴직급여(비용)으로 회계처리 한다. 연금형태로 지급받는 소득은 연금소득에 해당하고, 퇴직연금사업자가 연금소득에 대한 원천징수를 한다.

**[050] 5월 31일 일반전표입력**

1. 기존퇴직급여충당부채를 퇴직연금으로 전환시

  (차)   퇴직급여충당부채         30,000,000원         (대)    현금         30,000,000원

2. 새롭게 납입한 퇴직연금

  (차)   퇴직급여         15,000,000원         (대)    현금         15,000,000원

| □ | 일 | 번호 | 구분 | | 계 정 과 목 | 거 래 처 | 적 요 | 차 변 | 대 변 |
|---|---|---|---|---|---|---|---|---|---|
| □ | 31 | 00003 | 차변 | 0513 | 접대비 | | 1 거래처접대비(신용카드) | 40,000 | |
| □ | 31 | 00003 | 대변 | 0253 | 미지급금 | 99600 국민카드 | 거래처접대비(신용카드) | | 40,000 |
| □ | 31 | 00004 | 차변 | 0295 | 퇴직급여충당부채 | | | 12,000,000 | |
| □ | 31 | 00004 | 대변 | 0186 | 퇴직연금운용자산 | | | | 10,000,000 |
| □ | 31 | 00004 | 대변 | 0101 | 현금 | | | | 1,800,000 |
| □ | 31 | 00004 | 대변 | 0254 | 예수금 | | | | 200,000 |
| □ | 31 | 00005 | 차변 | 0295 | 퇴직급여충당부채 | | | 12,000,000 | |
| □ | 31 | 00005 | 대변 | 0330 | 퇴직연금미지급금 | | | | 12,000,000 |
| □ | 31 | 00006 | 차변 | 0295 | 퇴직급여충당부채 | | | 30,000,000 | |
| □ | 31 | 00006 | 차변 | 0806 | 퇴직급여 | | | 15,000,000 | |
| □ | 31 | 00006 | 대변 | 0101 | 현금 | | | | 45,000,000 |
| □ | 31 | | | | | | | | |

확정기여형퇴직연금제도(Defined Contribution):근로자와 회사가 사전에 부담할 기여금을 확정하여, 적립하고 일정한 연령에 달한 때에 그 운영결과에 기초하여 급여가 지급되는 연금제도이다. 자산의 운영이 근로자 책임하에 위험과 수익이 이루어진다. 회사는 연간 급여총액의 1/12 이상을 부담금으로 납부하여야 한다. 근로자가 자기 책임하에 운용하므로 추가로 부담금의 불입이 가능하고 근로자마다 각자의 계좌가 있어 통산할 수 있다.

기여금 납부시 : (차) 퇴직급여 ×××     (대) 현금 ×××

Tip 개인형퇴직연금(individual retirement pension)

IRP는 이 IRA의 단점을 보완해 퇴직하지 않아도 누구나 개설할 수 있고, 연간 1200만 원까지 추가 납입이 가능하다. 연간 개인연금저축 납입액과 합쳐 총 400만 원 한도 내에서 소득공제 혜택도 있다. 또 기존 퇴직금제도하에서 퇴직자 는 일시금 또는 연금으로 선택해 퇴직금을 수령할 수 있게 있다.

IRP는 퇴직 근로자에게 강제되고, 확정급여(DB)형·확정기여(DC)형 퇴직연금에 가입한 재직자와 자영업자(2017년부 터 가입)도 가입할 수 있다. 한편 퇴직연금에 가입했던 근로자가 회사를 옮길 때 받는 퇴직 일시금은 자동적으로 개 인퇴직연금(IRP)으로 전환된다.

## [051] 5월 10일 일반전표입력

(차) 중간배당금　　　　　　　5,000,000원　　　　　　(대) 미지급배당금　　　　　　　5,000,000원

| □ | 일 | 번호 | 구분 | 계 정 과 목 | 거 래 처 | 적 요 | 차 변 | 대 변 |
|---|---|---|---|---|---|---|---|---|
| □ | 10 | 00001 | 차변 | 0513 접대비 | | 1 거래처접대비(신용카드) | 160,000 | |
| □ | 10 | 00001 | 대변 | 0253 미지급금 | 99601 비씨카드 | 거래처접대비(신용카드) | | 160,000 |
| □ | 10 | 00002 | 차변 | 0372 중간배당금 | | | 5,000,000 | |
| □ | 10 | 00002 | 대변 | 0265 미지급배당금 | | | | 5,000,000 |
| □ | 10 | | | | | | | |

중간배당 결정시 375.이월이익잉여금이 아닌, 372.중간배당금계정을 사용하여 차기하며, 부채계정인 미지급배당금계 정에 대기한다.

## [052] 6월 5일 일반전표입력

(차) 미지급배당금　　　　　　　5,000,000원　　　　　　(대) 예수금　　　　　　　　　　700,000원
　　　　　　　　　　　　　　　　　　　　　　　　　　　　현금　　　　　　　　　　　4,300,000원

| □ | 일 | 번호 | 구분 | 계 정 과 목 | 거 래 처 | 적 요 | 차 변 | 대 변 |
|---|---|---|---|---|---|---|---|---|
| □ | 5 | 00001 | 입금 | 0103 보통예금 | | 4 보통예금 현금인출 | (현금) | 10,000,000 |
| □ | 5 | 00008 | 차변 | 0813 접대비 | | 1 거래처접대비(신용카드) | 103,000 | |
| □ | 5 | 00008 | 대변 | 0253 미지급금 | 99601 비씨카드 | | | 103,000 |
| □ | 5 | 00009 | 차변 | 0265 미지급배당금 | | | 5,000,000 | |
| □ | 5 | 00009 | 대변 | 0254 예수금 | | | | 700,000 |
| □ | 5 | 00009 | 대변 | 0101 현금 | | | | 4,300,000 |
| □ | 5 | | | | | | | |

중간배당은 상법상으로 년 1회, 이사회결의에 의해 현금, 주식으로 가능하며, 결산시 배당금의 1/10을 이익준비금으 로 적립해야 되는 것은 동일하다. 법인주주에게 배당금을 지급하는 경우에는 원천징수를 하지 않는다. 한편 개인주 주에게 배당금을 지급하는 경우(주식배당, 현금배당 모두 원천징수 대상이며, 원천징수세율은 소득세 14%, 지방소득 세 1.4%이다.

Tip 이자소득의 경우 소득세 원천징수 하고, 지방소득세도 특별징수의무한다(2015년 개정).배당도 동일

## [053] 3월 25일 일반전표입력

(차) 375.이월이익잉여금　　　　500,000원　　　　　　(대) 351.이익준비금　　　　　　500,000원

| □ | 일 | 번호 | 구분 | 계 정 과 목 | 거 래 처 | 적 요 | 차 변 | 대 변 |
|---|---|---|---|---|---|---|---|---|
| □ | 25 | 00001 | 차변 | 0375 이월이익잉여금 | | | 500,000 | |
| □ | 25 | 00001 | 대변 | 0351 이익준비금 | | | | 500,000 |
| □ | 25 | | | | | | | |

## 이익잉여금처분계산서 작성

| I.미처분이익잉여금 | | | | 13,200,000 |
|---|---|---|---|---|
| 1.전기이월미처분이익잉여금 | | | 15,000,000 | |
| 2.회계변경의 누적효과 | 0369 | 회계변경의누적효과 | | |
| 3.전기오류수정이익 | 0370 | 전기오류수정이익 | | |
| 4.전기오류수정손실 | 0371 | 전기오류수정손실 | | |
| 5.중간배당금 | 0372 | 중간배당금 | -5,000,000 | |
| 6.당기순이익 | | | 3,200,000 | |
| II.임의적립금 등의 이입액 | | | | |
| 1. | | | | |
| 2. | | | | |
| 합계(I + II) | | | | 13,200,000 |
| III.이익잉여금처분액 | | | | 500,000 |
| 1.이익준비금 | 0351 | 이익준비금 | 500,000 | |
| 2.재무구조개선적립금 | 0354 | 재무구조개선적립금 | | |
| 3.주식할인발행차금상각액 | 0381 | 주식할인발행차금 | | |

**[054] 6월 6일 일반전표입력**

| (차) | 보통예금 | 172,000,000원 | (대) | 미수수익 | 162,000,000원 |
|---|---|---|---|---|---|
| | 선납세금 | 28,000,000원 | | 이자수익 | 38,000,000원 |

| ☐ | 일 | 번호 | 구분 | 계정과목 | | 거래처 | | 적요 | 차변 | 대변 |
|---|---|---|---|---|---|---|---|---|---|---|
| ☐ | 6 | 00001 | 차변 | 0513 | 접대비 | | 외환카드사 | 1 거래처접대비(신용카드) | 256,000 | |
| ☐ | 6 | 00001 | 대변 | 0253 | 미지급금 | 99600 | 국민카드 | | | 256,000 |
| ☐ | 6 | 00002 | 차변 | 0813 | 접대비 | | | 1 거래처접대비(신용카드) | 49,000 | |
| ☐ | 6 | 00002 | 대변 | 0253 | 미지급금 | 99601 | 비씨카드 | | | 49,000 |
| ☐ | 6 | 00003 | 차변 | 0103 | 보통예금 | | | | 172,000,000 | |
| ☐ | 6 | 00003 | 차변 | 0136 | 선납세금 | | | | 28,000,000 | |
| ☐ | 6 | 00003 | 대변 | 0116 | 미수수익 | | | | | 162,000,000 |
| ☐ | 6 | 00003 | 대변 | 0901 | 이자수익 | | | | | 38,000,000 |
| ☐ | 6 | | | | | | | | | |

선납세금은 중간예납, 수시부과, 이자소득등의 법인세 원천납부시 처리하는 계정과목이다. 선납세금을 결산시에 법인세비용으로 대체 분개한다. 금융기관에서 법인 은행예금에 대한 이자를 지급할 때 원천징수를 하고 차액을 지급하며, 그것을 기장할 때 원천징수세액을 포함한 이자총액을 이자수익으로 처리해야 한다. 법인에게 지급하는 이자소득세에 대하여는 지방소득세를 원천징수하지 아니한다. 이자소득세가 1,000 미만인 경우 이자소득세를 원천징수하지 않는다.

12월 31일 일반전표입력

| (차) 법인세비용 | 28,000,000원 | (대) 선납세금 | 28,000,000원 |
|---|---|---|---|

**[055] 6월 5일 매입매출전표입력**

유형 : 11.과세    거래처 : (주)파란세상    전자 : 여    분개 : 혼합

| (차) | 선수금 | 500,000원 | (대) | 제품매출 | 5,000,000원 |
|---|---|---|---|---|---|
| | 받을어음 | 3,000,000원 | | 부가세예수금 | 500,000원 |
| | 외상매출금 | 2,000,000원(국민카드) | | | |

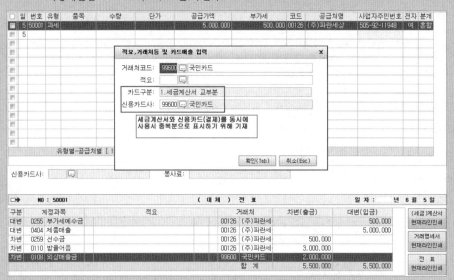

분개유형을 "4.카드"로 입력시 자동으로 적격증빙 중복사용으로 입력되고 있지만, 일부만 카드결제시, 메뉴상단의 "적요및카드매출"클릭하여 외상매출금 거래처를 카드회사 거래처로 바꾸어야 부가가치세 부속명세서인 신용카드발행집계표에 동시 사용분으로 집계된다.

**[056] 6월 27일 매입매출전표입력**

유형 : 22.현과    거래처 : (주)태사자    분개 : 현금

| (차) | 현금 | 2,200,000원 | (대) | 제품매출 | 2,000,000원 |
|---|---|---|---|---|---|
| | | | | 부가세예수금 | 200,000원 |

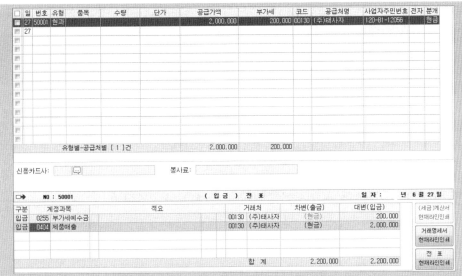

현금영수증 의무발행업종을 영위하는 현금영수증가맹점 가입 사업자는 건당 거래금액(부가가치세액을 포함)의 제한 없이 현금영수증 발행가능하며, 10만원 이상(2014년부터)의 현금거래에 대하여 현금영수증을 발급하지 아니한 경우(사업자등록을 한 자에게 세금계산서 또는 계산서를 교부한 경우 제외)에는 미 발급금액의 50%를 과태료로 부과한다. 비 사업자인 개인에게 주민등록번호로 세금계산서 등을 발행한 경우에도 반드시 현금영수증을 발급하여야 한다(현금영수증 발급을 요청하지 아니하더라도 무기명 발급가능)

(Tip) 환경등록 현과(현금과세)의 부가세포함여부를 확인하여 공급가액 금액을 입력한다.

## [057] 6월 28일 매입매출전표입력
유형 : 14.건별    거래처 : 없음    분개 : 혼합 (공급가액 : 5,000,000원  부가세 : 500,000원)

| (차) | 접대비 | 2,500,000원 | (대) | 제품 | 2,000,000원 |
|---|---|---|---|---|---|
| | | | | (8.타계정대체 손익계산서반영분) | |
| | | | | 부가세예수금 | 500,000원 |

부가가치세법상 과세대상인 항목은 매입매출전표입력에 입력하여 신고서에 반영하여야 하므로 정규증빙대상이 아닌 간주공급등에 대해서는 건별로 처리한다. 매입매출전표입력에서 타계정대체를 하여도 손익계산서에 반영되므로 하단 분개 제품계정과목에서 "적요및카드매출"을 클릭하거나, 적요란에서 코드도움을 클릭하여 입력한다. 한편 소비자에게 직접판매하거나 세금계산서를 교부할수 없는 부가가치세법상 간주공급에 해당하는 자가공급, 개인적공급, 접대제공, 비영업용소형승용차의 매입·유지·임차등과 관련된 항목은 상대거래처를 알수 없거나 기재를 요구하지 않기 때문에 거래처를 입력하지 않는다. 사업상증여에 대한 부가가치세는 시가를 기준으로 과세하고 회계처리는 원가를 기준으로 한다.

### [058] 6월 29일 매입매출전표입력

유형 : 54.불공(사유: ④)    거래처 : (주)미양산업    전자 : 여    분개 : 3.혼합

(차)   813.접대비          2,200,000원       (대)   253.미지급금          2,200,000원

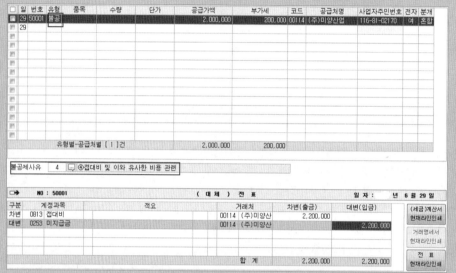

매입한 물품을 구매즉시 거래처에 증정시 불공으로 처리하며, 접대비계상은 부가가치세를 포함한 금액으로 한다.

### ◉ 매입세액 불공제

다음의 경우에는 매입세액이 공제되지 아니한다.

① 세금계산서 미수취, 부실기재, 합계표의 미제출, 부실기재의 경우
② 사업자 등록전 매입세액
③ 사업 무관지출 관련 매입세액
④ 비영업용 소형승용차의 구입과 그 유지 및 임차에 관한 매입세액
⑤ 접대비 및 이와 유사한 비용에 대한 매입세액
⑥ 면세사업 관련 매입세액
⑦ 토지 관련 매입세액
⑧ 금지금계좌미사용매입세액

### [059] 6월 29일 매입매출전표입력

유형 : 57.카드    거래처 : 롯데백화점    분개 : 카드 또는 혼합

(차)   복리후생비(제)          600,000원       (대)   미지급금          660,000원 (비씨카드)
      부가세대급금            60,000원

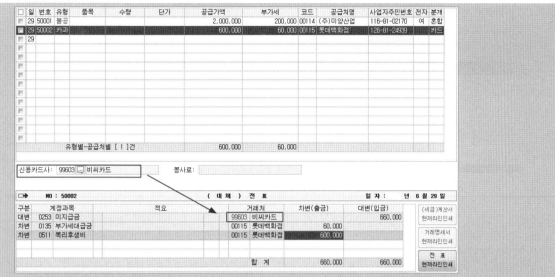

| □ | 일 | 번호 | 유형 | 품목 | 수량 | 단가 | 공급가액 | 부가세 | 코드 | 공급처명 | 사업자주민번호 | 전자 | 분개 |
|---|---|---|---|---|---|---|---|---|---|---|---|---|---|
| ▣ | 29 | 50001 | 불공 | | | | 2,000,000 | 200,000 | 00114 | (주)미양산업 | 116-81-02170 | 여 | 혼합 |
| ■ | 29 | 50002 | 카과 | | | | 600,000 | 60,000 | 00115 | 롯데백화점 | 126-81-24939 | | 카드 |
| ▣ | 29 | | | | | | | | | | | | |

| | 유형별-공급처별 [ 1 ]건 | | | | | 600,000 | 60,000 | | | | | |

신용카드사: 99603 □ 비씨카드          봉사료:

| ➡ | NO : 50002 | | ( 대 체 ) 전 표 | | | 일 자 : 년 6 월 29 일 | | |
|---|---|---|---|---|---|---|---|---|
| 구분 | 계정과목 | 적요 | | 거래처 | 차변(출금) | 대변(입금) | |
| 대변 | 0253 미지급금 | | | 99603 비씨카드 | | 660,000 | (세금)계산서 현재라인인쇄 |
| 차변 | 0135 부가세대급금 | | | 00115 롯데백화점 | 60,000 | | 거래명세서 현재라인인쇄 |
| 차변 | 0511 복리후생비 | | | 00115 롯데백화점 | 600,000 | | 전 표 현재라인인쇄 |
| | | | 합 계 | | 660,000 | 660,000 | |

카드매입시 카드사에 지급해야될 금액은 미지급금으로 처리한다. 출제위원에 따라서는 미지급비용으로 처리하기도 하지만, 미지급금은 지급의무가 확정된 경우에 발생하는 채무이고 미지급비용은 결산(월차,분기 반기,기말)시 발생하는 기간경과적비용을 처리할 때 사용하는 계정이다. 그래서 본서는 미지급금으로 처리하기로 한다.

## [060] 1. 수동결산 – 일반전표입력 12월31일

| □ | 일 | 번호 | 구분 | 계 정 과 목 | | 거 래 처 | 적 요 | 차 변 | 대 변 |
|---|---|---|---|---|---|---|---|---|---|
| ▣ | 31 | 00040 | 대변 | 0395 | 매도가능증권평가손 | | | | 1,800,000 |
| ▣ | 31 | 00041 | 차변 | 0951 | 이자비용 | | | 5,567,448 | |
| ▣ | 31 | 00041 | 대변 | 0101 | 현금 | | | | 5,000,000 |
| ▣ | 31 | 00041 | 대변 | 0292 | 사채할인발행차금 | | | | 567,448 |
| ▣ | 31 | 00042 | 차변 | 0806 | 퇴직급여 | | | 50,000,000 | |
| ▣ | 31 | 00042 | 대변 | 0295 | 퇴직급여충당부채 | | | | 50,000,000 |
| ▣ | 31 | 00043 | 차변 | 0951 | 이자비용 | | | 500,000 | |
| ▣ | 31 | 00043 | 대변 | 0262 | 미지급비용 | | | | 500,000 |
| ▣ | 31 | 00044 | 차변 | 0133 | 선급비용 | | | 300,000 | |
| ▣ | 31 | 00044 | 대변 | 0821 | 보험료 | | | | 300,000 |
| ▣ | 31 | 00045 | 차변 | 0830 | 소모품비 | | | 80,000 | |
| ▣ | 31 | 00045 | 대변 | 0122 | 소모품 | | | | 80,000 |
| ▣ | 31 | 00046 | 차변 | 0998 | 법인세등 | | | 370,000 | |
| ▣ | 31 | 00046 | 대변 | 0136 | 선납세금 | | | | 370,000 |
| | | | 합 | 계 | | | | 202,662,448 | 202,662,448 |

2. 자동결산-결산자료입력(앞의 입력자료의 정확성에 따라 조회금액이 차액발생가능)

(1) 기말재고액을 각 항목에 입력한다. 장부가액이 아니라 실사한 금액을 입력한다.

(2) 퇴직급여추가설정액을 각 항목에 자동반영한다.

① 제조분 추가입력 : 20,000,000원

② 판관비 추가입력 : 10,500,000원

| | | | 설정전 잔액 | | | | | |
|---|---|---|---|---|---|---|---|---|
| 코드 | 계정과목명 | 퇴직급여추계액 | 기초금액 | 당기증가 | 당기감소 | 잔액 | 추가설정액(결산반영) (퇴직급여추계액-설정전잔액) | 유형 |
| 0508 | 퇴직급여 | 140,000,000 | 120,000,000 | | | 120,000,000 | 20,000,000 | 제조 |
| 0806 | 퇴직급여 | 60,500,000 | 50,000,000 | | | 50,000,000 | 10,500,000 | 판관 |

새로불러오기   결산반영   취소(Esc)

(3) 대손충당금 추가입력을 각 항목에 입력한다.
① 외상매출금: 246,735,892원 × 1% - 832,652원 = 1,634,707원
② 받을어음: 166,505,000원 × 1% - 500,000 = 1,165,050원

| 코드 | 계정과목명 | 금액 | 코드 | 계정과목명 | 금액 | 추가설정액(결산반영)<br>[(금액×대손율)-설정전충당금잔액] | 유형 |
|---|---|---|---|---|---|---|---|
| 0108 | 외상매출금 | 246,735,892 | 0109 | 대손충당금 | 832,652 | 1,634,707 | 판관 |
| 0110 | 받을어음 | 166,505,000 | 0111 | 대손충당금 | 500,000 | 1,165,050 | 판관 |
| 0246 | 부도어음과수표 | 1,320,000 | 0247 | 대손충당금 | | | 판관 |
| 0114 | 단기대여금 | 60,500,000 | 0115 | 대손충당금 | | | 영업외 |
| 0120 | 미수금 | 40,150,000 | 0121 | 대손충당금 | | | 영업외 |
| 0131 | 선급금 | 43,761,716 | 0132 | 대손충당금 | | | 영업외 |
| | 대손상각비 합계 | | | | | 2,799,757 | 판관 |

일반전표에서 해야될 수동결산항목을 먼저 입력하고 난후에 자동결산항목을 결산자료입력에서 입력한후 결산분개 전표추가를 한다. 위의 사항을 결산자료입력에 입력후에 반드시 "전표추가"를 눌러 일반전표입력에 분개를 발생시켜 줘야 한다.

Tip 위의 사항을 결산자료입력에 수동으로 입력도 가능하지만 감가상각비, 대손상각비, 퇴직급여설정액은 툴바의 각 항목을 클릭하여 자동으로 반영가능하다.

① **수동결산내용 → 일반전표입력(12월31일)**

선급비용, 선수수익, 미지급비용, 미수수익, 소모품, 현금과부족, 법인세 선납세금의 정리, 부가가치세계정의 정리, 대손충당금환입, 유가증권의 평가, 외화환산손익 재고자산평가손실(계정과목및적요등록에 재고자산관계코드 입력 시 자동분개가능)와 감모손실계상등

② **자동결산내용 → 결산자료입력**

제조업 : 455.제품매출원가 - 500번대 경비선택

기말 실지재고금액을 입력
감가상각비(무형자산상각비) 입력-감가상각(F7)이용하여 자동입력
퇴직급여충당부채전입액 입력-퇴직충당(CTRL+F8)을 이용하여 자동입력
대손상각비의 입력 - 대손상각(F8)을 이용하여 자동입력
 ·무형자산의 상각액 입력
 ·법인세비용등의 입력 (선납세금과 법인세등을 동시에 자동결산도 가능)
         ☑ 위의 사항을 일반전표입력에 직접입력하여도 무방

☞ 대손상각비란 입력시 주의(보충법) : 합계잔액시산표 채권잔액

 (매출채권잔액 × 대손예상률) - 대손충당금잔액 = (+)면 상각, (-)면 환입

 상각분 → 결산자료입력란에 입력
 환입분 → 일반전표입력에서 수동결산 (차)대손충당금   (대)대손충당금환입(판)

☞ 법인세비용 입력시 법인세추산액에서 선납세금을 차감 후 미지급액만 입력하거나

 선납세금계정에 계상된 경우 선납세금과 미지급세금을 결산자료입력에서 자동결산을 통해서 자동분개도 가능하다.

③ 입력종료후 → 반드시 **"전표추가"** 아이콘 클릭

결산분개를 일반전표에 추가하시겠습니까? → 예(Y)
재 조회시 저장된 데이터를 읽으면 **"전표입력과 결산자료입력"** 데이타를 동시에 불러옴
재 조회시 "아니오(N)하면 **"전표입력"** 데이터만 불러옴

④ 제조원가명세서와 손익계산서 조회 (조회를 하지 않아도 당기순이익 산출가능)

⑤ 이익잉여금 처분계산서 조회(제조원가명세서와 손익계산서 조회없이 작성가능)

  편집된 데이타가 있습니다

  편집된 데이터를 불러오시겠습니까? → 아니오(N)

⑥ "전표추가" 아이콘 클릭 (처분내역이 없는 경우나 중간결산시도 전표추가를 해야 함)

  일반전표에 대체분개를 추가하시겠습니까? → 예(Y)

⑦ 재무상태표 조회

※ 결산의 오류수정 : 일반전표입력 결산월(12월)에서 Shift+F5를 눌러 조회 후 해당 내용을 선택한후 삭제하고 다시
  분개 발생시킨다.

### [061] 12월 31일 일반전표입력

(차)  재고자산감모손실          4,800,000원       (대)  원재료                 4,800,000원
                                                      (타계정대체원가명세서반영분)

| □ | 일 | 번호 | 구분 | 계 정 과 목 | 거 래 처 | 적 요 | 차 변 | 대 변 |
|---|---|---|---|---|---|---|---|---|
| ☑ | 31 | 00041 | 대변 | 0101 현금 | | | | 5,000,000 |
| ☑ | 31 | 00041 | 대변 | 0292 사채할인발행차금 | | | | 567,448 |
| ☑ | 31 | 00042 | 차변 | 0806 퇴직급여 | | | 50,000,000 | |
| ☑ | 31 | 00042 | 대변 | 0295 퇴직급여충당부채 | | | | 50,000,000 |
| ☑ | 31 | 00043 | 차변 | 0951 이자비용 | | | 500,000 | |
| ☑ | 31 | 00043 | 대변 | 0262 미지급비용 | | | | 500,000 |
| ☑ | 31 | 00044 | 차변 | 0133 선급비용 | | | 300,000 | |
| ☑ | 31 | 00044 | 대변 | 0821 보험료 | | | | 300,000 |
| ☑ | 31 | 00045 | 차변 | 0830 소모품비 | | | 80,000 | |
| ☑ | 31 | 00045 | 대변 | 0122 소모품 | | | | 80,000 |
| ☑ | 31 | 00046 | 차변 | 0998 법인세등 | | | 370,000 | |
| ☑ | 31 | 00046 | 대변 | 0136 선납세금 | | | | 370,000 |
| ☑ | 31 | 00047 | 차변 | 0959 재고자산감모손실 | | | 4,800,000 | |
| ☑ | 31 | 00047 | 대변 | 0153 원재료 | | 8 타계정으로 대체액 원가 | | 4,800,000 |
| | | | | 합    계 | | | 207,462,448 | 207,462,448 |

타계정대체적요 미기재시 감점대상

원가성이 없는 비정상적인 부분은 재고감모부분을 재고자산감모손실로 처리한다.

1. 재고자산의 장부상 수량과 실제 수량과의 차이에서 발생하는 감모손실의 경우 정상적으로 발생한 감모손실은 특별한 회계처리 없이 매출원가에 자연스럽게 가산한다.

2. 비정상적으로 발생한 감모손실은 영업외비용으로 분류한다.

  (차) 제품감모손실          (대) 제 품(타계정대체)

### [062] 12월 31일 일반전표입력

(차)  재고자산평가손실          4,560,000원       (대)  제품평가충당금          4,560,000원

960.재고자산평가손실, 구분 : 4.평가손실, 관계 : 150(제품)

174.제품평가충당금, 구분 : 6.평가충당금, 관계 : 150(제품) 으로 한 다음에 분개

| □ | 일 | 번호 | 구분 | 계 정 과 목 | 거 래 처 | 적 요 | 차 변 | 대 변 |
|---|---|---|---|---|---|---|---|---|
| ☑ | 31 | 00042 | 차변 | 0806 퇴직급여 | | | 50,000,000 | |
| ☑ | 31 | 00042 | 대변 | 0295 퇴직급여충당부채 | | | | 50,000,000 |
| ☑ | 31 | 00043 | 차변 | 0951 이자비용 | | | 500,000 | |
| ☑ | 31 | 00043 | 대변 | 0262 미지급비용 | | | | 500,000 |
| ☑ | 31 | 00044 | 차변 | 0133 선급비용 | | | 300,000 | |
| ☑ | 31 | 00044 | 대변 | 0821 보험료 | | | | 300,000 |
| ☑ | 31 | 00045 | 차변 | 0830 소모품비 | | | 80,000 | |
| ☑ | 31 | 00045 | 대변 | 0122 소모품 | | | | 80,000 |
| ☑ | 31 | 00046 | 차변 | 0998 법인세등 | | | 370,000 | |
| ☑ | 31 | 00046 | 대변 | 0136 선납세금 | | | | 370,000 |
| ☑ | 31 | 00047 | 차변 | 0959 재고자산감모손실 | | | 4,800,000 | |
| ☑ | 31 | 00047 | 대변 | 0153 원재료 | | 8 타계정으로 대체액 원가 | | 4,800,000 |
| ☑ | 31 | 00048 | 차변 | 0960 재고자산평가손실 | | | 4,560,000 | |
| ☑ | 31 | 00048 | 대변 | 0174 제품평가충당금 | | | | 4,560,000 |
| | | | | 합    계 | | | 212,022,448 | 212,022,448 |

재고자산감모손실액 (100,000개 - 95,000개) × 300 = 1,500,000원

재고자산평가손실액 95,000개 × (300원 - 252원) = 4,560,000원

감모된 재고수량이 원가성이 있으면 영업외비용이 아니라 매출원가에 가산한다. 따라서, 매출원가는 (1,500,000 + 4,560,000 = 6,060,000원)만큼 증가한다. 원가성이 없으면 재고자산감모손실로 처리한다.

■ 계정과목설정

| 코드/계정과목 | 성격 | 관계 |
|---|---|---|
| 0170 미완성공사(도급) | 2.공정재고 | |
| 0171 미완성공사(분양) | 2.공정재고 | |
| 0172 유 류 | 1.일반재고 | |
| 0173 상품평가충당금 | 6.평가충당금 | 0146 |
| 0174 제품평가충당금 | 6.평가충당금 | 0150 |
| 0175 사용자설정계정과목 | | |

| | |
|---|---|
| 계정코드(명) | 0174 제품평가충당금 |
| 성격 | 6.평가충당금 |
| 관계코드(명) | 0150 □ 제품 |
| 영문명 | User setup accounts |
| 과목코드 | 0174 제품평가충당금 |

| 코드/계정과목 | 성격 | 관계 |
|---|---|---|
| 0959 재고자산감모손실 | 2.일반 | |
| 0960 재고자산평가손실 | 4.평가손실 | 0150 |
| 0961 재해손실 | 2.일반 | |

| | |
|---|---|
| 계정코드(명) | 0960 재고자산평가손실 |
| 성격 | 4.평가손실 |
| 관계코드(명) | 0150 □ 제품 |

■ 저가법에 의한 평가액 회계처리

재고자산의 시가가 장부가액 이하로 하락하여 발생한 평가손실은 재고자산의 차감계정으로 표시하고 매출원가에 가산한다. 저가법의 적용에 따른 평가손실을 초래했던 상황이 해소되어 새로운 시가가 장부가액보다 상승한 경우에는 최초의 장부가액을 초과하지 않는 범위 내에서 평가손실을 환입한다. 재고자산평가손실의 환입은 매출원가에서 차감한다.

**[063] 12월 31일 일반전표입력**

(차) 장기차입금                100,000,000원       (대) 유동성장기부채           100,000,000원
     (신한은행)                                           (신한은행)

| | 일 | 번호 | 구분 | 계정과목 | 거래처 | 적요 | 차변 | 대변 |
|---|---|---|---|---|---|---|---|---|
| | 31 | 00043 | 차변 | 0951 이자비용 | | | 500,000 | |
| | 31 | 00043 | 대변 | 0262 미지급비용 | | | | 500,000 |
| | 31 | 00044 | 차변 | 0133 선급비용 | | | 300,000 | |
| | 31 | 00044 | 대변 | 0821 보험료 | | | | 300,000 |
| | 31 | 00045 | 차변 | 0830 소모품비 | | | 80,000 | |
| | 31 | 00045 | 대변 | 0122 소모품 | | | | 80,000 |
| | 31 | 00046 | 차변 | 0998 법인세등 | | | 370,000 | |
| | 31 | 00046 | 대변 | 0136 선납세금 | | | | 370,000 |
| | 31 | 00047 | 차변 | 0959 재고자산감모손실 | | | 4,800,000 | |
| | 31 | 00047 | 대변 | 0153 원재료 | | 8 타계정으로 대체액 원가 | | 4,800,000 |
| | 31 | 00048 | 차변 | 0960 재고자산평가손실 | | | 4,560,000 | |
| | 31 | 00048 | 대변 | 0174 제품평가충당금 | | | | 4,560,000 |
| | 31 | 00049 | 차변 | 0293 장기차입금 | 00112 신한은행 | | 100,000,000 | |
| | 31 | 00049 | 대변 | 0264 유동성장기부채 | 00112 신한은행 | | | 100,000,000 |
| | | | | 합계 | | | 312,022,448 | 312,022,448 |

유동성대체 사례

① 정부로부터 1년이내 상환기일이 도래하는 장기성부채를 유동부채인 유동성장기부채로 대체한다.

② 투자자산에 속하는 매도가능증권과 만기보유증권을 1년내 매각예정인 경우 유동자산인 매도가능증권과 만기보유증권으로 분류한다.

**[064] (1) 5월 31일 일반전표입력**

(차) 대손충당금              200,000원       (대) 외상매출금       220,000원(철현상사)
     부가세예수금         20,000원

| | 일 | 번호 | 구분 | 계정과목 | 거래처 | 적요 | 차변 | 대변 |
|---|---|---|---|---|---|---|---|---|
| | 31 | 00003 | 차변 | 0513 접대비 | | 1 거래처접대비(신용카드) | 40,000 | |
| | 31 | 00003 | 대변 | 0253 미지급금 | 99600 국민카드 | 거래처접대비(신용카드) | | 40,000 |
| | 31 | 00004 | 차변 | 0295 퇴직급여충당부채 | | | 12,000,000 | |
| | 31 | 00004 | 대변 | 0186 퇴직연금운용자산 | | | | 10,000,000 |
| | 31 | 00004 | 대변 | 0101 현금 | | | | 1,800,000 |
| | 31 | 00004 | 대변 | 0254 예수금 | | | | 200,000 |
| | 31 | 00005 | 차변 | 0295 퇴직급여충당부채 | | | 12,000,000 | |
| | 31 | 00005 | 대변 | 0330 퇴직연금미지급금 | | | | 12,000,000 |
| | 31 | 00006 | 차변 | 0295 퇴직급여충당부채 | | | 30,000,000 | |
| | 31 | 00006 | 차변 | 0806 퇴직급여 | | | 15,000,000 | |
| | 31 | 00006 | 대변 | 0101 현금 | | | | 45,000,000 |
| | 31 | 00007 | 차변 | 0109 대손충당금 | | | 200,000 | |
| | 31 | 00007 | 차변 | 0255 부가세예수금 | | | 20,000 | |
| | 31 | 00007 | 대변 | 0108 외상매출금 | 00116 철현상사 | | | 220,000 |
| | | | | 합계 | | | 69,260,000 | 69,260,000 |

(2) 12월31일 결산자료입력에서 405,000원을 입력

- 결산전 대손충당금 잔액 : 250,000원 - 200,000원 = 50,000원
- 당기말 대손충당금 추정액 : 5,000,000원 × 2% + 1,500,000원 × 7% + 1,000,000원 × 10% + 500,000원 × 30% = 455,000원
- 결산시 대손충당금 추가설정액 : 455,000원 - 50,000원 = 405,000원

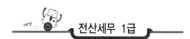

☑ ① 재무상태표 접근법의 대손충당금설정방법은 채권잔액비례법, 연령분석법이 있는데, 기타 합리적인 방법은 모두 인정되고 있다.

② 손익계산서 접근법은 외상매출액기준으로 설정한다.

## [065] 7월 20일 매입매출전표입력

유형 : 16.수출    거래처 : 버닝사    분개 : 혼합

| (차) | 선수금 | 20,000,000원 | (대) | 제품매출 | 220,000,000원 |
|---|---|---|---|---|---|
| | 외상매출금 | 198,000,000원 | | | |
| | 외환차손 | 2,000,000원 | | | |

선수금 수령시 과세표준= 선수금환가액 + (총외화금액 − 선수금외화금액) × 선적시의 기준환율 또는 재정환율
매출액을 200,000$ × 1,100원 = 220,000,000원으로 하고, 외환차손 2,000,000원을 계상

## [066] 7월 20일 매입매출전표입력

유형 : 16.수출    거래처 : 버닝사    분개 : 혼합

| (차) | 선수금 | 200,000,000원 | (대) | 제품매출 | 220,000,000원 |
|---|---|---|---|---|---|
| | 외환차손 | 20,000,000원 | | | |

선수금을 수령한 후 외화예금으로 보유하거나 외화상태로 보유시 수출매출의 금액은 선적시점의 기준환율로 환산한 금액을 매출금액으로 하고, 차액은 외환차손으로 한다.

## [067] 12월 31일 일반전표입력

| (차) | 미수금(믿음상사) | 350,000원 | (대) | 외화환산이익 | 350,000원 |
|---|---|---|---|---|---|

| (차) | 외화환산손실 | 1,750,000원 | (대) | 장기차입금(신한은행) | 1,750,000원 |
|---|---|---|---|---|---|

| □ | 일 | 번호 | 구분 | 계정과목 | 거래처 | 적요 | 차변 | 대변 |
|---|---|---|---|---|---|---|---|---|
| □ | 31 | 00045 | 차변 | 0830 소모품비 | | | 80,000 | |
| □ | 31 | 00045 | 대변 | 0122 소모품 | | | | 80,000 |
| □ | 31 | 00046 | 차변 | 0998 법인세등 | | | 370,000 | |
| □ | 31 | 00046 | 대변 | 0136 선납세금 | | | | 370,000 |
| □ | 31 | 00047 | 차변 | 0959 재고자산감모손실 | | | 4,800,000 | |
| □ | 31 | 00047 | 대변 | 0153 원재료 | | 8 타계정으로 대체액 원가 | | 4,800,000 |
| □ | 31 | 00048 | 차변 | 0960 재고자산평가손실 | | | 4,560,000 | |
| □ | 31 | 00048 | 대변 | 0174 제품평가충당금 | | | | 4,560,000 |
| □ | 31 | 00049 | 차변 | 0293 장기차입금 | 00112 신한은행 | | 100,000,000 | |
| □ | 31 | 00049 | 대변 | 0264 유동성장기부채 | 00112 신한은행 | | | 100,000,000 |
| □ | 31 | 00050 | 차변 | 0120 미수금 | 00118 믿음상사 | | 350,000 | |
| □ | 31 | 00050 | 대변 | 0910 외화환산이익 | | | | 350,000 |
| □ | 31 | 00051 | 차변 | 0955 외화환산손실 | | | 1,750,000 | |
| □ | 31 | 00051 | 대변 | 0293 장기차입금 | 00112 신한은행 | | | 1,750,000 |
| | | | 합 | 계 | | | 314,122,448 | 314,122,448 |

미수금 외화환산이익 : $5,000 × (1,500원 - 1,430원) = 350,000원

장기차입금 외화환산손실 : $35,000 × (1,500원 - 1,450원) = 1,750,000원

| 구 분 | 화폐성(평가대상) | 비화폐성(평가대상 아님) |
|---|---|---|
| 자 산 | 외화현금 · 예금, 외화채권, 외화보증금, 외화대여금, 외화매출채권 | 선급금, 재고자산, 고정자산 |
| 부 채 | 외화채무, 외화차입금, 외화사채 | 선수금 |

단, 선급금과 선수금은 소비대차전환 안한다고 가정

## [068] 12월 31일 일반전표입력

| (차) | 법인세등 | 64,200,000원 | (대) | 선납세금 | 12,000,000원 |
|---|---|---|---|---|---|
| | | | | 미지급세금 | 52,200,000원 |
| | | | | (=당기법인세부채) | |

| □ | 일 | 번호 | 구분 | 계정과목 | 거래처 | 적요 | 차변 | 대변 |
|---|---|---|---|---|---|---|---|---|
| □ | 31 | 00033 | 차변 | 0998 법인세등 | | | 64,200,000 | |
| □ | 31 | 00033 | 대변 | 0136 선납세금 | | | | 12,000,000 |
| □ | 31 | 00033 | 대변 | 0261 미지급세금 | | | | 52,200,000 |

결산자료 입력에서 법인세 등 64,200,000원 입력한 후 전표 추가해야 함.

• 법인세차감전순이익 : 400,000,000원

• 산출세액 : 60,000,000원

  ① : 58,200,000원(=60,000,000-1,800,000)

  ② : 60,000,000원 × 10%=6,000,000원(지방소득세는 감면을 적용하지 않음)

  ① + ② = 64,200,000원

• 당기법인세부채 : 64,200,000 - 12,000,000 = 52,200,000원

  법인세 과세표준과 세율은 2억원이하 10%, 2억원초과 20%, 200억초과 22%,3,000천억초과 25%가 적용된다.

## [069] (1) 3월 1일 일반전표입력

| (차) | 이월이익잉여금 | 205,000,000원 | (대) | 이익준비금 | 5,000,000원 |
|---|---|---|---|---|---|
| | | | | 미지급배당금 | 50,000,000원 |
| | | | | 미교부주식배당금 | 50,000,000원 |
| | | | | 사업확장적립금 | 100,000,000원 |

| □ | 일 | 번호 | 구분 | 계정과목 | 거래처 | 적요 | 차변 | 대변 |
|---|---|---|---|---|---|---|---|---|
| □ | 1 | 00001 | 출금 | 0114 단기대여금 | | 1 현금 단기대여 | 3,500,000 | (현금) |
| □ | 1 | 00002 | 차변 | 0375 이월이익잉여금 | | | 205,000,000 | |
| □ | 1 | 00002 | 대변 | 0351 이익준비금 | | | | 5,000,000 |
| □ | 1 | 00002 | 대변 | 0265 미지급배당금 | | | | 50,000,000 |
| □ | 1 | 00002 | 대변 | 0387 미교부주식배당금 | | | | 50,000,000 |
| □ | 1 | 00002 | 대변 | 0356 사업확장적립금 | | | | 100,000,000 |

이익잉여금의 처분액은 사외로 지출되는 것(배당금지출, 상여금 등)과 사내에 유보(준비금, 적립금)되는 금액이 있으며 아예 처분을 다음기로 미루는 경우도 있는데 이익잉여금중 미처분이익잉여금계정이 그것이다. 이익잉여금중 사내유보처분은 각종 법률에서 강제적으로 정하였기 때문에 처분하는 경우와 기업에서 임의로 정하여 처분하는 경우가 있다.

전자를 법정적립금(이익준비금, 재무구조개선적립금)이라 하고 후자를 임의적립금이라고 하는데 법정적립금의 사용은 그 법에서 정하여진 대로 사용하여야 하며 임의적립금은 말 그대로 임의이기 때문에 회사의 필요에 따라 처분을 달리 정하여 사용이 가능하다.

당기에 처분할 수 있는 이익잉여금은 전기에 처분하지 아니한 전기미처분이익잉여금과 당기에 발생한 당기순이익 그리고 임의적립금을 이입하여 처분할 수 있다.

• 당기법인세부채 : 68,420,000 - 12,000,000 = 56,420,000원

  법인세 과세표준과 세율은 2억원이하 10%, 2억원초과 22%가 적용된다.

(2) 5월 2일 일반전표입력

| (차) | 미지급배당금 | 50,000,000원 | (대) | 현금 | 50,000,000원 |
|---|---|---|---|---|---|
| | 미교부주식배당금 | 50,000,000원 | | 자본금 | 50,000,000원 |

| □ | 일 | 번호 | 구분 | 계정과목 | | 거래처 | 적요 | 차변 | 대변 |
|---|---|---|---|---|---|---|---|---|---|
| ☐ | 2 | 00008 | 출금 | 0251 | 외상매입금 | 00116 구로전자(주) | 1 외상매입금 현금반제 | 17,000,000 | (현금) |
| ☐ | 2 | 00009 | 입금 | 0108 | 외상매출금 | 00110 비오전자(주) | 4 외상대금 현금회수 | (현금) | 100,000,000 |
| ☐ | 2 | 00010 | 차변 | 0813 | 접대비 | | 1 거래처접대비(신용카드) | 50,000 | |
| ☐ | 2 | 00010 | 대변 | 0253 | 미지급금 | 99600 국민카드 | | | 50,000 |
| ☐ | 2 | 00011 | 차변 | 0265 | 미지급배당금 | | | 50,000,000 | |
| ☐ | 2 | 00011 | 차변 | 0387 | 미교부주식배당금 | | | 50,000,000 | |
| ☐ | 2 | 00011 | 대변 | 0101 | 현금 | | | | 50,000,000 |
| ☐ | 2 | 00011 | 대변 | 0331 | 자본금 | | | | 50,000,000 |

현금배당에 해당되는 금액은 미지급배당금에 차기하고, 주식배당에 해당되는 금액은 미교부주식배당금(자본조정)에서 차기하고, 권면액에 해당되는 금액만큼 자본금에 대체한다.

### [070] 3월 15일 일반전표입력

| (차) | 이월이익잉여금 | 12,750,000원 | (대) | 미지급배당금 | 5,000,000원 |
|---|---|---|---|---|---|
| | | | | 미교부주식배당금 | 3,000,000원 |
| | | | | 주식할인발행차금 | 4,750,000원 |

| □ | 일 | 번호 | 구분 | 계정과목 | | 거래처 | 적요 | 차변 | 대변 |
|---|---|---|---|---|---|---|---|---|---|
| ☐ | 15 | 00001 | 차변 | 0813 | 접대비 | | 1 거래처접대비(신용카드) | 600,000 | |
| ☐ | 15 | 00001 | 대변 | 0253 | 미지급금 | 99600 국민카드 | 거래처접대비(신용카드) | | 600,000 |
| ☐ | 15 | 00002 | 차변 | 0375 | 이월이익잉여금 | | | 12,750,000 | |
| ☐ | 15 | 00002 | 대변 | 0265 | 미지급배당금 | | | | 5,000,000 |
| ☐ | 15 | 00002 | 대변 | 0387 | 미교부주식배당금 | | | | 3,000,000 |
| ☐ | 15 | 00002 | 대변 | 0381 | 주식할인발행차금 | | | | 4,750,000 |

• 미지급배당금 : 100,000,000 × 5%=5,000,000원
• 미교부주식배당금 : 100,000,000 × 3%=3,000,000원
• 주식할인발행차금 처분시 계정과목은 주식할인발행차금에서 직접 차감한다.
• 주식발행초과금과 주식할인발행차금은 발생순서에 관계없이 서로 상계하여 회계처리 하여야 한다.

### [071]

3월 20일 일반전표입력에 배당 및 준비금의 설정 및 환입에 대한 회계처리를 한다.

(1) 이입시

| (차) | 배당평균적립금 | 30,000,000원 | (대) | 이월이익잉여금 | 30,000,000원 |
|---|---|---|---|---|---|

(2) 이익처분시

| (차) | 이월이익잉여금 | 160,000,000원 | (대) | 미지급배당금 | 100,000,000원 |
|---|---|---|---|---|---|
| | | | | 사업확장적립금 | 50,000,000원 |
| | | | | 이익준비금 | 10,000,000원 |

또는

| (차) | 이월이익잉여금 | 130,000,000원 | (대) | 미지급배당금 | 100,000,000원 |
|---|---|---|---|---|---|
| | 배당평균적립금 | 30,000,000원 | | 사업확장적립금 | 50,000,000원 |
| | | | | 이익준비금 | 10,000,000원 |

| □ | 일 | 번호 | 구분 | 계정과목 | 거래처 | 적요 | 차변 | 대변 |
|---|---|---|---|---|---|---|---|---|
| ☑ | 20 | 00001 | 차변 | 0813 접대비 | | 1 거래처접대비(신용카드) | 49,000 | |
| ☑ | 20 | 00001 | 차변 | 0513 접대비 | | 1 거래처접대비(신용카드) | 47,900 | |
| ☑ | 20 | 00001 | 대변 | 0253 미지급금 | 99601 비씨카드 | 거래처접대비(신용카드) | | 96,900 |
| ☑ | 20 | 00002 | 차변 | 0358 배당평균적립금 | | | 30,000,000 | |
| ☑ | 20 | 00002 | 대변 | 0375 이월이익잉여금 | | | | 30,000,000 |
| ☑ | 20 | 00003 | 차변 | 0375 이월이익잉여금 | | | 160,000,000 | |
| ☑ | 20 | 00003 | 대변 | 0265 미지급배당금 | | | | 100,000,000 |
| ☑ | 20 | 00003 | 대변 | 0356 사업확장적립금 | | | | 50,000,000 |
| ☑ | 20 | 00003 | 대변 | 0351 이익준비금 | | | | 10,000,000 |
| ☑ | 20 | | | | | | | |

처분가능한 이익이 부족시 이사회결의에 의해 임의로 적립된 금액을 이입하여 처분가능한 이익으로 이입한후 처분한다.

1. 임의적립금 등의 이입액

임의적립금 등을 이입하여 당기의 이익잉여금처분에 충당하는 경우에는 그 금액을 처분전잉여금에 가산하는 형식으로 기재한다.

2. 차기이월미처분이익잉여금

미처분이익잉여금과 임의적립금이입액의 합계에서 이익잉여금처분액을 차감한 금액으로 한다.

## [072] 4월 29일 매입매출전표입력

유형 : 11.과세    거래처 : (주)필상    전자 : 여    분개 : 혼합

| (차) | 받을어음 | 1,034,000원 | (대) | 제품매출 | 940,000원 |
|---|---|---|---|---|---|
| | | | | 부가세예수금 | 94,000원 |

재화의 공급시기 및 세금계산서 교부시기는 인도일이다. 따라서 인도일은 4월 29일이다. 재화의 공급가액계산시 운송도중 파손품 및 하자로 인한 가격할인액 즉 매출에누리는 과세표준에 포함되지 아니한 것이므로 세금계산서교부시 공급가액에는 제외된다.

공급가액 = ( 100개 - 5개 - 10개 ) × 10,000원 + 10개 × 9,000원 = 940,000원

| 거래유형 | 적용사례 | 인식시점 |
|---|---|---|
| 설치, 검사조건부 판매 | 설치과정이 단순, 형식적인 검사인 경우 | 인수시점 인식 |
| | 기타의 경우 | 설치 및 검사완료시점에 인식 |

**[073] 12월 31일 일반전표입력**

| (차) | 보험료(판) | 12,500,000원 | (대) | 선급비용 | 12,500,000원 |
|---|---|---|---|---|---|
| (차) | 임대료 | 6,000,000원 | (대) | 선수수익 | 6,000,000원 |

| □ | 일 | 번호 | 구분 | 계 정 과 목 | 거 래 처 | 적 요 | 차 변 | 대 변 |
|---|---|---|---|---|---|---|---|---|
| ☑ | 31 | 00048 | 대변 | 0174 제품평가충당금 | | | | 4,560,000 |
| ☑ | 31 | 00049 | 차변 | 0293 장기차입금 | 00112 신한은행 | | 100,000,000 | |
| ☑ | 31 | 00049 | 대변 | 0264 유동성장기부채 | 00112 신한은행 | | | 100,000,000 |
| ☑ | 31 | 00050 | 차변 | 0120 미수금 | 00118 믿음상사 | | 350,000 | |
| ☑ | 31 | 00050 | 대변 | 0910 외화환산이익 | | | | 350,000 |
| ☑ | 31 | 00051 | 차변 | 0955 외화환산손실 | | | 1,750,000 | |
| ☑ | 31 | 00051 | 대변 | 0293 장기차입금 | 00112 신한은행 | | | 1,750,000 |
| ☑ | 31 | 00052 | 차변 | 0998 법인세등 | | | 64,020,000 | |
| ☑ | 31 | 00052 | 대변 | 0136 선납세금 | | | | 12,000,000 |
| ☑ | 31 | 00052 | 대변 | 0261 미지급세금 | | | | 52,020,000 |
| ☑ | 31 | 00053 | 차변 | 0821 보험료 | | | 12,500,000 | |
| ☑ | 31 | 00053 | 대변 | 0133 선급비용 | | | | 12,500,000 |
| ☑ | 31 | 00054 | 차변 | 0904 임대료 | | | 6,000,000 | |
| ☑ | 31 | 00054 | 대변 | 0263 선수수익 | | | | 6,000,000 |
| | | | 합 계 | | | | 396,642,448 | 396,642,448 |

일반전표입력메뉴에서 기간계산하여 입력한다. 이때 이미 전액이 선급비용으로 처리되었다면 동 자산을 상계하면서 당기 비용을 계상하게 된다.
단 임대료는 전체를 지출시 수입임대료로 과대계상하였으므로 차기 해당분을 선수수익으로 대체한다.
• 보험료 : (25,000,000원 × 6개월/12개월 = 12,500,000원)
• 선수수익 : (10,000,000원 × 12개월/20개월 = 6,000,000원)
이연이란 선수수익과 같이 미래에 수익을 인식하기 위해 현재의 현금유입액을 부채로 인식하거나, 선급비용과 같이 미래에 비용을 인식하기 위해 현재의 현금유출액을 자산으로 인식하는 회계과정을 의미한다.

**[074] 12월 31일 일반전표입력**

| (차) | 이자비용 | 3,000,000원 | (대) | 미지급비용 | 3,000,000원 |
|---|---|---|---|---|---|

| □ | 일 | 번호 | 구분 | 계 정 과 목 | 거 래 처 | 적 요 | 차 변 | 대 변 |
|---|---|---|---|---|---|---|---|---|
| ☑ | 31 | 00049 | 대변 | 0264 유동성장기부채 | 00112 신한은행 | | | 100,000,000 |
| ☑ | 31 | 00050 | 차변 | 0120 미수금 | 00118 믿음상사 | | 350,000 | |
| ☑ | 31 | 00050 | 대변 | 0910 외화환산이익 | | | | 350,000 |
| ☑ | 31 | 00051 | 차변 | 0955 외화환산손실 | | | 1,750,000 | |
| ☑ | 31 | 00051 | 대변 | 0293 장기차입금 | 00112 신한은행 | | | 1,750,000 |
| ☑ | 31 | 00052 | 차변 | 0998 법인세등 | | | 64,020,000 | |
| ☑ | 31 | 00052 | 대변 | 0136 선납세금 | | | | 12,000,000 |
| ☑ | 31 | 00052 | 대변 | 0261 미지급세금 | | | | 52,020,000 |
| ☑ | 31 | 00053 | 차변 | 0821 보험료 | | | 12,500,000 | |
| ☑ | 31 | 00053 | 대변 | 0133 선급비용 | | | | 12,500,000 |
| ☑ | 31 | 00054 | 차변 | 0904 임대료 | | | 6,000,000 | |
| ☑ | 31 | 00054 | 대변 | 0263 선수수익 | | | | 6,000,000 |
| ☑ | 31 | 00055 | 차변 | 0951 이자비용 | | | 3,000,000 | |
| ☑ | 31 | 00055 | 대변 | 0262 미지급비용 | | | | 3,000,000 |
| | | | 합 계 | | | | 399,642,448 | 399,642,448 |

| 구 분 | 미지급금 | 미지급비용 |
|---|---|---|
| 동일한점 | 일반적 상거래 이외의 거래에서 발생한 채무 | 일반적 상거래 이외에서 발생한 채무 |
| 상이한점 | 계약상 지급기일 경과로 지급의무 확정 | 발생비용중 계약상 지급기일 미도래(기간경과적비용) |

**[075] 4월 29일 매입매출전표입력**

유형 : 51.과세   거래처 : ㈜앗싸   전자 : 여   분개 : 혼합

| (차) | 소프트웨어 | 1,000,000원 | (대) | 현금 | 500,000원 |
|---|---|---|---|---|---|
| | 부가세대급금 | 100,000원 | | 미지급금 | 600,000원 |

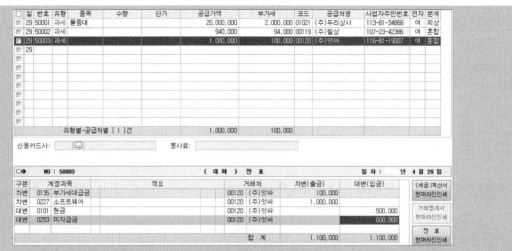

| | 일 | 번호 | 유형 | 품목 | 수량 | 단가 | 공급가액 | 부가세 | 코드 | 공급처명 | 사업자주민번호 | 전자 | 분개 |
|---|---|---|---|---|---|---|---|---|---|---|---|---|---|
| | 29 | 50001 | 과세 | 물품대 | | | 20,000,000 | 2,000,000 | 01021 | (주)두리상사 | 113-81-34668 | 여 | 외상 |
| | 29 | 50002 | 과세 | | | | 940,000 | 94,000 | 00119 | (주)필상 | 107-23-42386 | 여 | 혼합 |
| ■ | 29 | 50003 | 과세 | | | | 1,000,000 | 100,000 | 00120 | (주)앗싸 | 116-81-19007 | 여 | 혼합 |
| | 29 | | | | | | | | | | | | |
| | | | | | | | | | | | | | |
| | | 유형별-공급처별 [ 1 ]건 | | | | | 1,000,000 | 100,000 | | | | | |

신용카드사:     봉사료:

| NO : 50003 | | | ( 대 체 ) 전 표 | | | 일 자 :   년 4 월 29 일 | |
|---|---|---|---|---|---|---|---|
| 구분 | 계정과목 | 적요 | 거래처 | 차변(출금) | 대변(입금) | | |
| 차변 | 0135 부가세대급금 | | 00120 (주)앗싸 | 100,000 | | | (세금)계산서 현재라인인쇄 |
| 차변 | 0227 소프트웨어 | | 00120 (주)앗싸 | 1,000,000 | | | 거래명세서 현재라인인쇄 |
| 대변 | 0101 현금 | | 00120 (주)앗싸 | | 500,000 | | |
| 대변 | 0253 미지급금 | | 00120 (주)앗싸 | | 600,000 | | 전 표 현재라인인쇄 |
| | | | 합 계 | 1,100,000 | 1,100,000 | | |

미지급비용은 기간경과적비용으로서 결산(월차, 반기, 기말)결산에 발생하는 지급기일 미도래분 비용으로서 수익비용대응원칙에 따라 계상하는 것이며, 미지급금은 확정부채로서 건물 등의 외상구입시 외상대를 처리하는 계정이다.

### [076] 4월 29일 일반전표입력

(차) 토지      137,200,000원      (대) 자산수증이익      130,000,000원
현금      7,200,000원

| | 일 | 번호 | 구분 | 계 정 과 목 | 거 래 처 | 적 요 | 차 변 | 대 변 |
|---|---|---|---|---|---|---|---|---|
| | 29 | 00001 | 차변 | 0201 토지 | | | 137,200,000 | |
| | 29 | 00001 | 대변 | 0917 자산수증이익 | | | | 130,000,000 |
| | 29 | 00001 | 대변 | 0101 현금 | | | | 7,200,000 |
| | 29 | | | | | | | |

자산수증이익은 공정시가로 하며, 자산취득시 발생한 부대비용은 해당자산의 취득원가에 가산처리한다. 단, 자기주식을 수증받은 경우에는 아무런 회계처리하지 않고 처분시 자기주식처분이익으로 처리한다. 회사가 주주 또는 기타의 자로부터 현금이나 기타의 재산을 무상으로 제공받음으로써 생기는 이익이다. 자산수증이익은 손익계산서의 영업외수익으로 처리한다. 채무면제이익이 소극적 의미의 증여이익임에 반하여 자산수증이익은 적극적 의미의 증여이익이다.

### [077] (1) 백화점 지급수수료입력

4월 30일 매입매출전표입력(수수료입력)

유형 : 51.과세    거래처 : 그랜드백화점    전자 : 여    분개 : 혼합

(차) 수수료비용      10,000,000원      (대) 당좌예금      11,000,000원
부가세대급금      1,000,000원

| | 일 | 번호 | 유형 | 품목 | 수량 | 단가 | 공급가액 | 부가세 | 코드 | 공급처명 | 사업자주민번호 | 전자 | 분개 |
|---|---|---|---|---|---|---|---|---|---|---|---|---|---|
| | 30 | 50001 | 과세 | 원재료 | | | 40,000,000 | 4,000,000 | 00111 | (주)태영 | 452-81-12346 | 여 | 혼합 |
| | 30 | 50002 | 과세 | | | | 140,000,000 | 14,000,000 | 00102 | 현경상사 | 121-85-12528 | 여 | 혼합 |
| | 30 | 50003 | 면세 | | | | 280,000,000 | | 00102 | 현경상사 | 121-85-12528 | 여 | 혼합 |
| ■ | 30 | 50004 | 과세 | | | | 10,000,000 | 1,000,000 | 00121 | 그랜드백화점 | 120-81-72054 | 여 | 혼합 |
| | 30 | | | | | | | | | | | | |
| | | 유형별-공급처별 [ 1 ]건 | | | | | 10,000,000 | 1,000,000 | | | | | |

신용카드사:     봉사료:

| NO : 50004 | | | ( 대 체 ) 전 표 | | | 일 자 :   년 4 월 30 일 | |
|---|---|---|---|---|---|---|---|
| 구분 | 계정과목 | 적요 | 거래처 | 차변(출금) | 대변(입금) | | |
| 차변 | 0135 부가세대급금 | | 00121 그랜드백화 | 1,000,000 | | | (세금)계산서 현재라인인쇄 |
| 차변 | 0831 수수료비용 | | 00121 그랜드백화 | 10,000,000 | | | 거래명세서 현재라인인쇄 |
| 대변 | 0102 당좌예금 | | 00121 그랜드백화 | | 11,000,000 | | 전 표 현재라인인쇄 |
| | | | 합 계 | 11,000,000 | 11,000,000 | | |

사업자인 백화점에 수수료를 당좌수표를 발행하여 지급하고, 세금계산서를 수취한 경우에 대한 처리이다. 당좌수표 발행은 당좌예금계정에서 대기한다.

(2) 소매매출입력

4월 30일 매입매출전표입력

유형 : 14.건별        거래처 : 없음        분개 : 현금

| (차) | 현금 | 110,000,000원 | (대) | 제품매출 | 100,000,000원 |
|------|------|---------------|------|----------|---------------|
|      |      |               |      | 부가세예수금 | 10,000,000원 |

| □ | 일 | 번호 | 유형 | 품목 | 수량 | 단가 | 공급가액 | 부가세 | 코드 | 공급처명 | 사업자주민번호 | 전자 | 분개 |
|---|----|----|----|----|----|----|----|----|----|----|----|----|----|
| ☑ | 30 | 50001 | 과세 | 원재료 |  |  | 40,000,000 | 4,000,000 | 00111 | (주)태영 | 452-81-12346 | 여 | 혼합 |
| ☑ | 30 | 50002 | 과세 |  |  |  | 140,000,000 | 14,000,000 | 00102 | 현경상사 | 121-85-12528 | 여 | 혼합 |
| ☑ | 30 | 50003 | 면세 |  |  |  | 280,000,000 |  | 00102 | 현경상사 | 121-85-12528 | 여 | 혼합 |
| ☑ | 30 | 50004 | 과세 |  |  |  | 10,000,000 | 1,000,000 | 00121 | 그랜드백화점 | 120-81-72054 | 여 | 혼합 |
| ■ | 30 | 50005 | 건별 |  |  |  | 100,000,000 | 10,000,000 |  |  |  |  | 현금 |
| ☑ | 30 |  |  |  |  |  |  |  |  |  |  |  |  |

| 유형별-공급처별 | 0 | 0 |

신용카드사:          봉사료:

| □➔ | NO : 50005 |  | ( 입 금 ) 전 표 |  |  | 일 자 : 년 4 월 30 일 |
|---|---|---|---|---|---|---|
| 구분 | 계정과목 | 적요 | 거래처 | 차변(출금) | 대변(입금) |  |
| 입금 | 0255 부가세예수금 |  |  | (현금) | 10,000,000 |  |
| 입금 | 0404 제품매출 |  |  | (현금) | 100,000,000 |  |
|  |  | 합 계 |  | 110,000,000 | 110,000,000 |  |

수수료가 10,000,000원이므로 소매로 판매한 금액은 10,000,000 / 0.1인 100,000,000원이 된다.

## [078] 7월 1일 일반전표입력

| (차) | 세금과공과금(판) | 500,000원 | (대) | 당좌예금 | 800,000원 |
|------|------------------|-----------|------|----------|-----------|
|      | 기부금 | 300,000원 |      |  |  |

| □ | 일 | 번호 | 구분 | 계 정 과 목 | 거 래 처 | 적 요 | 차 변 | 대 변 |
|---|---|---|---|---|---|---|---|---|
| ☑ | 1 | 00013 | 출금 | 0131 선급금 | 00123 탱크소프트웨어 | S/W개발비 | 3,000,000 | (현금) |
| ☑ | 1 | 00014 | 입금 | 0108 외상매출금 | 00110 비오전자(주) | 4 외상대금 현금회수 | (현금) | 100,000,000 |
| ☑ | 1 | 00015 | 차변 | 0817 세금과공과금 |  |  | 500,000 |  |
| ☑ | 1 | 00015 | 차변 | 0953 기부금 |  |  | 300,000 |  |
| ☑ | 1 | 00015 | 대변 | 0102 당좌예금 |  |  |  | 800,000 |

법정단체의 조합,협회비는 세금과공과금으로 처리하고, 임의단체이면 기부금, 직원이 조직한 회사 사우회등은 복리후생비로 처리한다(세법적 관점). 그밖에 균등할지방소득세, 사업소세, 자동차세, 재산세, 면허세, 인지세, 간이과세자에 대한 부가가치세, 간주임대료에 대한 부가가치세, 국민연금 회사부담금, 산재보험료, 벌과금, 과태료, 가산세 등도 세금과공과로 처리한다.

## [079]

부가가치세신고서 매출부분의 기타란에 접대비(5,000,000)와 복리후생비(1,500,000) 시가합계를 기재   : 공급가액 6,500,000원, 부가가치세 650,000원

[2기 확정신고기간 10/1-12/31]

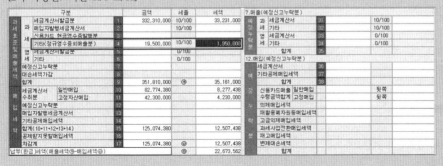

기타[ 13,000,000(당초금액) + 6,500,000(간주공급) = 19,500,000원 수정입력]

다음의 경우는 자가 공급으로 보지 않는다.

- 다른 사업장에서 원료, 자재 등으로 사용, 소비하기 위하여 반출하는 경우
- 기술 개발을 위하여 시험용으로 사용, 소비하는 경우
- 수선비 등에 대체하여 사용, 소비하는 경우
- 사후 무료 서비스를 위하여 사용, 소비하는 경우
- 불량품교환 또는 광고선전을 위한 전시 등의 목적으로 자기의 다른 사업장으로 반출하는 경우
- 해외 건설용 자재의 국외 반출

[080]

제2기 확정 부가가치세신고서에서

과세표준 매출세액 - 과세 - 기타 : 금액 17,500,000원    세액 1,750,000원

35,000,000 × ( 1 - 25/100 × 2과세기간) = 17,500,000원(* 과세표준명세의 수입금액제외 란에 추가)

[2기 확정신고서 : 10/1-12/31]

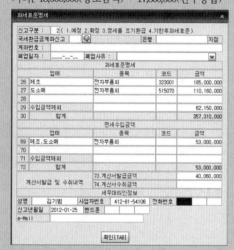

| | 구분 | | 금액 | 세율 | 세액 | 7.매출(예정신고누락분) | | | | | |
|---|---|---|---|---|---|---|---|---|---|---|---|
| 과세표준및매출세액 | 과세 | 세금계산서발급분 | 1 | 332,310,000 | 10/100 | 33,231,000 | 예정누락분 | 과세 | 세금계산서 | 31 | | 10/100 |
| | | 매입자발행세금계산서 | 2 | | 10/100 | | | | 기타 | 32 | | 10/100 |
| | | 신용카드 현금영수증발행분 | 3 | | | | | 영세 | 세금계산서 | 33 | | 0/100 |
| | | 기타(정규영수증외매출분) | 4 | 30,500,000 | 10/100 | 3,050,000 | | | 기타 | 34 | | 0/100 |
| | 영세 | 세금계산서발급분 | 5 | | 0/100 | | | 합계 | | 35 | | |
| | | 기타 | 6 | | 0/100 | | 12.매입(예정신고누락분) | | | | | |
| | 예정신고누락분 | | 7 | | | | 예정누락분 | | 세금계산서 | 36 | | |
| | 대손세액가감 | | 8 | | | | | | 기타공제매입세액 | 37 | | |
| | 합계 | | 9 | 362,810,000 | ⑨ | 36,281,000 | | | 합계 | 38 | | |
| 매입세액 | 세금계산서 | 일반매입 | 10 | 82,774,380 | | 8,277,438 | | | 신용카드매출 일반매입 | | | 뒷쪽 |
| | 수취분 | 고정자산매입 | 11 | 42,300,000 | | 4,230,000 | | | 수령금액합계 고정매입 | | | 뒷쪽 |
| | 예정신고누락분 | | 12 | | | | | | 의제매입세액 | | | |
| | 매입자발행세금계산서 | | 13 | | | | | | 재활용폐자원등매입세액 | | | |
| | 기타공제매입세액 | | 14 | | | | | | 고금의제매입세액 | | | |
| | 합계(10+11+12+13+14) | | 15 | 125,074,380 | | 12,507,438 | | | 과세사업전환매입세액 | | | |
| | 공제받지못할매입세액 | | 16 | | | | | | 재고매입세액 | | | |
| | 차감계 | | 17 | 125,074,380 | | 12,507,438 | | | 변제대손세액 | | | |
| 납부(환급)세액 (매출세액⑨-매입세액⑰) | | | | | ⑩ | 23,773,562 | | | 합계 | | | |

기타[ 13,000,000(당초금액) + 17,500,000(간주공급) = 30,500,000원 수정입력]

**과세표준명세**

신고구분: 2( 1.예정 2.확정 3.영세율 조기환급 4.기한후과세표준 )

국세환급금계좌신고 　　은행　　　　　지점

계좌번호 :

폐업일자 : ----.--.-- 폐업사유 :

| | 과세표준명세 | | | |
|---|---|---|---|---|
| | 업태 | 종목 | 코드 | 금액 |
| 26 | 제조 | 전자부품외 | 323001 | 185,000,000 |
| 27 | 도소매 | 전자부품외 | 515070 | 110,160,000 |
| 28 | | | | |
| 29 | 수입금액제외 | | | 62,150,000 |
| 30 | 합계 | | | 357,310,000 |
| | 면세수입금액 | | | |
| | 업태 | 종목 | 코드 | 금액 |
| 69 | 제조,도소매 | 전자부품외 | | 53,000,000 |
| 70 | | | | |
| 71 | 수입금액제외 | | | |
| 72 | 합계 | | | 53,000,000 |
| 계산서발급 및 수취내역 | 73.계산서발급금액 | | | 40,060,000 |
| | 74.계산서수취금액 | | | |

세무대리인정보

성명 김기범　사업자번호 412-81-54106　전화번호

신고년월일 2012-01-25　핸드폰

e-Mail

확인[TAB]

[081]

[2기 확정신고서: 10/1-12/31] 조회

[예정신고누락분란(매출)]

| | | 7.매출(예정신고누락분) | | | | |
|---|---|---|---|---|---|---|
| 예정누락분 | 과세 | 세금계산서 | 31 | 2,500,000 | 10/100 | 250,000 |
| | | 기타 | 32 | 5,600,000 | 10/100 | 560,000 |
| | 영세 | 세금계산서 | 33 | | 0/100 | |
| | | 기타 | 34 | | 0/100 | |
| | 합계 | | 35 | 8,100,000 | | 810,000 |

[가산세액계(매출전자세금계산서 발급전송분은 합계표불성실가산세는 없음)]

신고불성실가산세 = 810,000 × 10% × (1-75%)  = 20,250원

납부지연가산세 = 810,000 × 92일 × 22/100,000 = 16,394원

**[082]**

(1) 10월 23일 매입매출전표입력

유형 : 11.과세     거래처 : 화신상사     전자 : 여     분개 : 현금

| (차) 현금 | 6,050,000원 | (대) 제품매출 | 5,500,000원 |
|---|---|---|---|
| | | 부가세예수금 | 550,000원 |

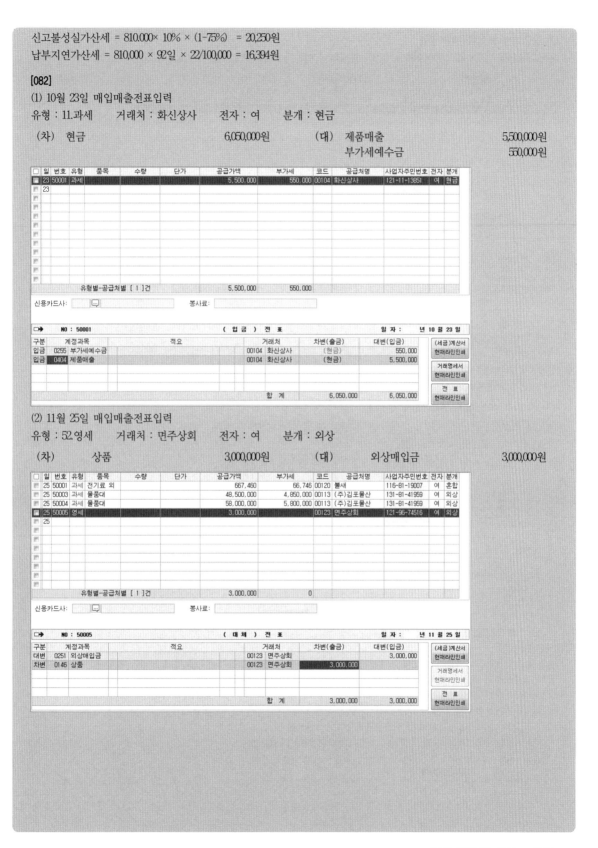

(2) 11월 25일 매입매출전표입력

유형 : 52.영세     거래처 : 면주상회     전자 : 여     분개 : 외상

| (차) 상품 | 3,000,000원 | (대) 외상매입금 | 3,000,000원 |
|---|---|---|---|

(3) 12월 10일 매입매출전표입력

유형 : 54.불공    거래처 : 현대자동차(주)    전자 : 여    분개 : 혼합

| (차) | 차량운반구 | 22,000,000원 | (대) | 미지급금 | 22,000,000원 |

| □ | 일 | 번호 | 유형 | 품목 | 수량 | 단가 | 공급가액 | 부가세 | 코드 | 공급처명 | 사업자주민번호 | 전자 | 분개 |
|---|---|---|---|---|---|---|---|---|---|---|---|---|---|
| ■ | 10 | 50001 | 불공 | | | | 20,000,000 | 2,000,000 | 00107 | 현대자동차(주) | 110-81-02624 | 여 | 혼합 |
| | 10 | | | | | | | | | | | | |

|  | 유형별-공급처별 [ 1 ]건 | | 20,000,000 | 2,000,000 | |

| 불공제사유 | 3 | ③비영업용 소형승용자동차 구입 · 유지 및 임차 |

| ➡ | NO : 50001 | | ( 대 체 ) 전 표 | | 일 자 : 년 12 월 10 일 |

| 구분 | 계정과목 | 적요 | 거래처 | 차변(출금) | 대변(입금) | |
|---|---|---|---|---|---|---|
| 차변 | 0208 차량운반구 | | 00107 현대자동차 | 22,000,000 | | (세금)계산서 현재라인인쇄 |
| 대변 | 0253 미지급금 | | 00107 현대자동차 | | 22,000,000 | 거래명세서 현재라인인쇄 |
| | | | 합 계 | 22,000,000 | 22,000,000 | 전 표 현재라인인쇄 |

(4) 가산세계산

신고불성실 가산세 550,000 × 10% × (1-75%) = 13,750원

납부지연  가산세 550,000 × 22/100,000 × 50일  = 6,050원

(5) 2기 확정 :10/1-12/31 부가가치세 신고서

10/1-12/31 정기신고가 되어 있는 상태여야 수정신고가 활성화가 된다.

즉 수정신고는 신고한 내용에 오류나 잘못이 있어 다시 신고하는 것이기 때문이다.

[수정신고 2쪽 불공제 및 가산세입력화면] - 공제받지못할매입세액난에서 [TAB] 키

| | 구분 | | 정기신고금액 | | | 수정신고금액 | | |
|---|---|---|---|---|---|---|---|---|
| | | | 금액 | 세율 | 세액 | 금액 | 세율 | 세액 |
| 과세표준및매출세액 | 과세 | 세금계산서발급분 | 1 | 332,310,000 | 10/100 | 33,231,000 | 337,810,000 | 10/100 | 33,781,000 |
| | | 매입자발행세금계산서 | 2 | | 10/100 | | | 10/100 | |
| | | 신용카드 현금영수증발행분 | 3 | | | | | 10/100 | |
| | | 기타(정규영수증외매출분) | 4 | 13,000,000 | 10/100 | 1,300,000 | 13,000,000 | | 1,300,000 |
| | 영세 | 세금계산서발급분 | 5 | | 0/100 | | | 0/100 | |
| | | 기타 | 6 | | 0/100 | | | 0/100 | |
| | 예정신고누락분 | | 7 | | | | | | |
| | 대손세액가감 | | 8 | | | | | | |
| | 합계 | | 9 | 345,310,000 | ⑨ | 34,531,000 | 350,810,000 | ⑨ | 35,081,000 |
| 매입세액 | 세금계산서 수취분 | 일반매입 | 10 | 82,774,380 | | 8,277,438 | 85,774,380 | | 8,277,438 |
| | | 고정자산매입 | 11 | 42,300,000 | | 4,230,000 | 62,300,000 | | 6,230,000 |
| | 예정신고누락분 | | 12 | | | | | | |
| | 매입자발행세금계산서 | | 13 | | | | | | |
| | 기타공제매입세액 | | 14 | | | | | | |
| | 합계(10+11+12+13+14) | | 15 | 125,074,380 | | 12,507,438 | 148,074,380 | | 14,507,438 |
| | 공제받지못할매입세액 | | 16 | | | | 20,000,000 | | 2,000,000 |
| | 차감계 | | 17 | 125,074,380 | ⑮ | 12,507,438 | 128,074,380 | ⑮ | 12,507,438 |
| 납부(환급)세액(매출세액⑨-매입세액⑮) | | | | | ⑱ | 22,023,562 | | ⑱ | 22,573,562 |

1. 수정신고

법정신고기한내에 과세표준 신고서를 제출한 법인이 오류 또는 탈루로 증액신고를 하고자 하는 경우에는 관할세무서장이 과세표준과 세액을 결정하여 통지하기 전까지 수정신고를 제출하고 추가로 납부할 세액이 있는 경우에는 이를 납부하여야 한다. 법정신고기한 경과 후 3개월 이내에 증액수정신고시 75% 법정신고기한 경과 후 1개월 이내에 기한후 신고를 하는 경우에는 과소신고로 인하여 부과하여야 할 가산세의 50%를 경감한다.

[수정 신고시 신고불성실가산세와 영세율과표불성실가산세감면]

- 1개월 이내 : 90% 감면          - 3개월 이내 : 75% 감면
- 6개월 이내 : 50% 감면          - 1년 이내 : 30% 감면
- 1년 6개월 이내 : 20% 감면      - 2년 이내 : 10% 감면

2. 기한후신고

법정신고기한내에 과세표준신고서를 제출하지 아니한 자는 관할세무서장이 당해 국세의 과세표준과 세액(가산세 포함)을 결정하여 통지하기 전까지 기한후 과세표준신고서를 제출 및 납부할 수 있다(국기법 45조의 3).

[기한후신고시 가산세 감면]

무신고자가 법정신고기한 경과 후 1월 이내에 기한후 신고를 하는 경우 무신고 가산세와 세금계산서 합계표불성실 가산세 50% 경감. 3개월내 신고시 30%, 6개월 이내 기한후 신고시 20% 감면.

## [083]

10월 -12월 공통매입세액의 정산내역(예정때는 안분내역, 확정때는 정산내역)

| 공제받지못할매입세액내역 | 공통매입세액안분계산내역 | 공통매입세액의정산내역 | 납부세액또는환급세액재계산 | | | | |
|---|---|---|---|---|---|---|
| 산식 | (15)총공통매입세액 | (16)면세 사업확정 비율 | | | (17)불공제매입세액총액 ((15)*(16)) | (18)기불공제매입세액 | (19)가산또는공제되는매입세액 ((17)-(18)) |
| | | 총공급가액 | 면세공급가액 | 면세비율 | | | |
| 1.당해과세기간의 공급가액기준 | 9,000,000 | 800,000,000 | 300,000,000 | 37.5000 | 3,375,000 | 1,000,000 | 2,375,000 |
| 합계 | 9,000,000 | 800,000,000 | 300,000,000 | | 3,375,000 | 1,000,000 | 2,375,000 |

가산또는공제되는매입세액 ( 2,375,000 ) = 총공통매입세액( 9,000,000 ) * 면세비율(%)( 37.5 ) - 기불공제매입세액( 1,000,000 )

"전표데이타를 불러오시겠습니까?"에서 아니오를 한후에 제시한 금액을 입력한다.

기불공제 매입세액1,000,000원(3,000,000 × 100 / 300)을 입력한다.

추가적으로 면세분 공급가액 100,000,000과 세액10,000,000을 입력하면, 부가가치세 신고서의 공제받지 못할 매입세액에 123,750,000원(공급가액) - 12,375,000원 (매입세액)을 자동반영(입력)한다.

| 공제받지못할매입세액내역 | 공통매입세액안분계산내역 | 공통매입세액의정산내역 | 납부세액또는환급세액재계산 | | |
|---|---|---|---|---|---|
| 매입세액 불공제 사유 | | 세금계산서 | | | |
| | | 매수 | 공급가액 | | 매입세액 |
| ①필요적 기재사항 누락 등 | | | | | |
| ②사업과 직접 관련 없는 지출 | | | | | |
| ③비영업용 소형승용자동차 구입· 유지 및 임차 | | | | | |
| ④접대비 및 이와 유사한 비용 관련 | | | | | |
| ⑤면세사업 관련 | | 1 | 100,000,000 | | 10,000,000 |
| ⑥토지의 자본적 지출 관련 | | | | | |
| ⑦사업자등록 전 매입세액 | | | | | |
| ⑧금거래계좌 미사용 관련 매입세액 | | | | | |
| 합계 | | 1 | 100,000,000 | | 10,000,000 |

과세사업과 면세사업(비과세사업포함)을 겸영하는 사업자는 매입세액을 실지귀속에 따라 결정하여 과세사업매입세액은 공제가능한 매입세액으로 하고 면세사업매입세액은 공제불가능한 매입세액으로 하여야 할 것이다. 그러나 과세사업과 면세사업에 공통으로 사용되어 실지귀속을 구분할 수 없는 매입세액이 있다. 이를 공통매입세액이라 하며 다음 산식에 의한 금액은 면세관련부분으로 보아 공제대상이 아니다. 이 경우 예정신고를 함에 있어서는 예정신고기간에 발생한 총공급가액에 대한 면세공급가액의 비율에 의하여 계산하고 확정신고를 하는 때에 정산하여야 한다(부령 제61조).

면세사업에 관련된 매입세액 = 공통매입세액 × 면세공급가액 / 총공급가액

## [084]

총공통매입세액 3,000,000원

안분기준( 1기 과세기간 과세 및 면세 공급가액)

공제되는 매입세액 = 3,000,000원 × 420 / 700 = 1,800,000원

☑ 부가세법 시행규칙 18의 2 과세사업과 면세사업(비과세사업포함)에 공통으로 사용되는 재화를 공급받은 과세기간 중에 당해 재화를 공급하는 경우에는 직전 과세기간의 공급가액으로 안분계산한다.

[2기확정 10-12월 매입세액불공제내역 안분]

| 공제받지못할매입세액내역 | 공통매입세액안분계산내역 | 공통매입세액의정산내역 | 납부세액또는환급세액재계산 |
| --- | --- | --- | --- |

| 산식 | (15)총공통매입세액 | (16)면세 사업확정 비율 | | | (17)불공제매입세액총액 ((15)*(16)) | (18)기불공제매입세액 | (19)가산또는공제되는매입세액 ((17)-(18)) |
| --- | --- | --- | --- | --- | --- | --- | --- |
| | | 총공급가액 | 면세공급가액 | 면세비율 | | | |
| 1.당해과세기간의 공급가액기준 | 3,000,000 | 700,000,000 | 280,000,000 | 40.000000 | 1,200,000 | | 1,200,000 |
| 합계 | 3,000,000 | 700,000,000 | 280,000,000 | | 1,200,000 | | 1,200,000 |

## [085]

구분 : 2기 확정 기간 : 10월~12월 납부(환급)세액 재계산 클릭

| 자산 | (20)해당재화의 매입세액 | (21)경감률 [1-(체감률*경과된과세기간의수)] | | | | (22)증가 또는 감소된 면세공급가액(사용면적)비율 | | | | | (23)가산또는 공제되는 매입세액 (20)*(21)*(22) |
| --- | --- | --- | --- | --- | --- | --- | --- | --- | --- | --- | --- |
| | | 취득년월 | 체감률 | 경과과세기간 | 경감률 | 당기 | | 직전 | | 증가율 | |
| | | | | | | 총공급 | 면세공급 | 총공급 | 면세공급 | | |
| 1.건물,구축물 | 30,000,000 | 2021-07 | 5 | 2 | 90 | 325,000,000.00 | 52,000,000.00 | 500,000,000.00 | 50,000,000.00 | 6.000000 | 1,620,000 |
| 2.기타자산 | 200,000 | 2021-06 | 25 | 3 | 25 | 325,000,000.00 | 52,000,000.00 | 500,000,000.00 | 50,000,000.00 | 6.000000 | 3,000 |

납부(환급)세액의 재계산은 과세 면세사업에 공통으로 사용되는 재화로서 감가상각대상자산에 한하여 면세비율이 5%이상 증감이 발생하는 경우 적용한다. 그래서 당해연도 1기에는 재계산안하고 2기에는 재계산하는데 전년도 1기에는 재계산 안했기 때문에 건물은 전년도 2기 10%와 당해연도 2기 16%를 비교, 비품은 전년도 1기에 취득하였으므로 전년도 1기 10%와 당해연도 2기 16%와 비교하여 면세증감비율을 계산한다. 기계장치는 2%(16-14)의 증가이므로 재계산하지 아니하며, 원재료는 감가상각자산이 아니므로 재계산하지 아니한다.

매입세액불공제내역 메뉴에서

1. 체감율 : 건물 구축물의 경우 5%, 기타의 감가상각자산의 경우 25%를 적용한다.

2. 경과된 과세기간수 : 과세기간 단위로 계산하며 과세기간 개시일 후에 감가상각자산을 취득하거나 재화가 공급된 것으로 보는 경우에는 그 과세기간의 개시일에 당해 재화를 취득하거나 당해 재화가 공급된 것으로 보고 경과된 과세기간의 수를 계산한다.

Tip 공통매입세액 안분계산에 의해 매입세액이 공제된 감가상각대상 재화를 부가가치세가 면제되는 재화 또는 용역을 공급하는 사업 또는 기타의 목적을 위하여 사용하거나 소비하는 때에는 당해 사업자는 납부세액 또는 환급세액을 재계산하여 당해 과세기간의 확정신고와 함께 관할세무서에게 신고납부하여야 한다. 증감비율의 차이가 5% 이상인 경우에만 한다.

부가가치세가 면제되는 경우는 면세와 비과세가 해당이 되며, 취득일이 속한 과세기간에 면세 사용면적비율에 의해 안분계산한 경우에는 재계산도 면적비율에 의해 재계산한다.

[재계산의 배제]
1. 재화의 공급의제에 해당하는 경우
2. 공통사용재화의 공급에 해당하는 경우

[086]
1. 부가가치세 과세표준
[1단계] 토지와 건물의 안분 : 감정가액으로 안분
• 토지 : 1,200,000,000원 × 600 / 1,000 = 720,000,000원
• 건물 : 1,200,000,000원 × 400 / 1,000 = 480,000,000원
[2단계] 건물의 과세 및 면세 구분 : 직전 과세기간의 공급가액으로 안분
• 과세분 : 480,000,000원 × 560 / 800 = 336,000,000원
• 면세분 : 480,000,000원 × 240 / 800 = 144,000,000원
[3단계] 건물(면세분) 계산서 발행 : 144,000,000원
          건물(과세분) 세금계산서 발행 : 336,000,000원
2. 6월 20일 매입매출전표입력
• 유형 : 11.과세    거래처 : (주)건양상사    전자 : 여    분개 : 없음
           공급가액 : 336,000,000원, 부가가치세 : 33,600,000원
• 유형 : 13.면세    거래처 : (주)건양상사    전자 : 여    분개 : 없음
           공급가액 : 144,000,000원, 부가가치세 : 0원

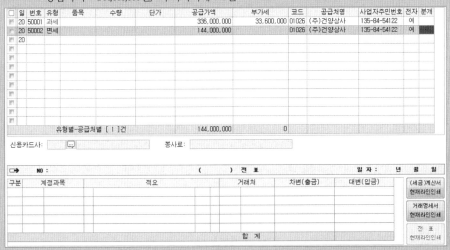

3. 6월 20일 일반전표 입력

| (차) | 당좌예금 | 1,233,600,000원 (주1) | (대) | 건물 | 600,000,000원 |
|---|---|---|---|---|---|
| | 감가상각누계액 | 160,000,000원 | | 부가세예수금 | 33,600,000원 |
| | | | | 토지 | 720,000,000원 |
| | | | | 유형자산처분이익 | 40,000,000원 |

| □ | 일 | 번호 | 구분 | 계정과목 | 거래처 | 적요 | 차변 | 대변 |
|---|---|---|---|---|---|---|---|---|
| | 20 | 00001 | 차변 | 0513 접대비 | | | 10,000 | |
| | 20 | 00001 | 대변 | 0101 현금 | | | | 10,000 |
| | 20 | 00002 | 차변 | 0102 당좌예금 | | | 1,233,600,000 | |
| | 20 | 00002 | 차변 | 0203 감가상각누계액 | | | 160,000,000 | |
| | 20 | 00002 | 대변 | 0202 건물 | | | | 600,000,000 |
| | 20 | 00002 | 대변 | 0255 부가세예수금 | | | | 33,600,000 |
| | 20 | 00002 | 대변 | 0201 토지 | | | | 720,000,000 |
| | 20 | 00002 | 대변 | 0914 유형자산처분이익 | | | | 40,000,000 |
| | 20 | | | | | | | |

(주1) (336,000,000원 × 1.1) + 144,000,000원 + 720,000,000원 = 1,233,600,000원

**[087]**

1. 부동산임대공급가액명세서 작성

관련 자료를 7월 1일 ~ 년 9월 30일 부동산임대공급가액명세서에 입력한다.

(1) 영광상회(주) 입력화면(7월 1일 ~ 년 9월 30일)

| No | 계약갱신일 | 임대기간 | |
|---|---|---|---|
| 1 | | 2021-01-01 ~ | 2023-12-31 |
| 2 | | | |

| 6.계 약 내 용 | 금 액 | 당해과세기간계 | |
|---|---|---|---|
| 보 증 금 | 50,000,000 | 50,000,000 | |
| 월 세 | 2,500,000 | 7,500,000 | |
| 관 리 비 | | | |
| 7.간주 임대료 | 151,232 | 151,232 | 92 일 |
| 8.과 세 표 준 | 2,651,232 | 7,651,232 | |

| 소 계 | | | |
|---|---|---|---|
| 월 세 | 7,500,000 | 관 리 비 | |
| 간주임대료 | 151,232 | 과 세 표 준 | 7,651,232 |

(2) 원할머니 입력화면

| 1 | | 2021-07-01 ~ | 2023-06-30 |
|---|---|---|---|
| 2 | | | |

| 6.계 약 내 용 | 금 액 | 당해과세기간계 | |
|---|---|---|---|
| 보 증 금 | 20,000,000 | 20,000,000 | |
| 월 세 | 1,000,000 | 3,000,000 | |
| 관 리 비 | | | |
| 7.간주 임대료 | 60,493 | 60,493 | 92 일 |
| 8.과 세 표 준 | 1,060,493 | 3,060,493 | |

| 소 계 | | | |
|---|---|---|---|
| 월 세 | 3,000,000 | 관 리 비 | |
| 간주임대료 | 60,493 | 과 세 표 준 | 3,060,493 |

2. 9월 30일 매입매출전표입력

유형 : 14.건별   거래처 : 없음   공급대가 407,572   분개 : 혼합

(차) 세금과공과               211,725        (대) 부가세예수금              211,725

3. 부가가치세 신고서에 반영내용

과세 기타 금액란 211,725 세액란 21,172

**[088]**

의제매입세액공제신청서(관리용)에서 구분:[ 2기 예정 7월-9월] 입력 후 다음과 같이 입력한다.

의제매입세액공제는 매입처별계산서합계표와 신용카드매출전표수취명세서에 의하여 적용되며 제조업과 음식점의 경우 농어민으로부터 면세농산물을 직접 공급받는 경우에는 의제매입세액공제신고서만으로 적용가능하다. 공급가액 에는 부대비용을 제외한 금액이 기재되며, 수입시의 공급가액은 관세의 과세가격으로 한다.

Tip 전표입력에서 입력한 데이터를 자동조회 하려면 반드시 거래처등록에서 사업자번호 또는 주민번호를 입력해야 한다.

9월 30일 일반전표입력

| (차) 부가세대급금 | 615,384원 | (대) 원재료 | 615,384원 |
| | | | (적요8.타계정으로대체액) |

| 30 | 00001 | 차변 | 0135 | 부가세대급금 | | | 615,384 | |
| 30 | 00001 | 대변 | 0153 | 원재료 | | 8 타계정으로 대체액 원가 | | 615,384 |

[의제매입세액공제(공제율 2/102, 음식점업은 법인 6/106, 과세유흥장소 및 제조업영위 개인 및 법인 4/104] 부가가치세의 과세사업자가 면세로 공급받은 농산물 등을 원재료로 하여 과세되는 재화 또는 용역을 공급하는 경우 소정의 율을 곱한 금액을 매입세액으로 의제하여 매출세액에서 차감한다. 그 이유는 중간단계에 면세를 적용하고 그 후의 거래단계에 과세함으로써 누적효과를 완화하고 최종소비자의 세 부담을 경감하기 위해서이다.

Tip [의제매입세액 부가가치세 신고서 자동반영]

| 14.기타공제매입세액 | | | | | |
| --- | --- | --- | --- | --- | --- |
| 신용카드매출 | 일반매입 | 39 | | | |
| 수령금액합계표 | 고정매입 | 40 | | | |
| 의제매입세액 | | 41 | 16,000,000 | 뒤쪽 | 615,384 |
| 재활용폐자원등매입세액 | | 42 | | 뒤쪽 | |
| 고금의제매입세액 | | 43 | | | |

[089]

(1) 4월 20일 매입매출전표입력

유형 : 16.수출　　거래처 : 해밀튼사　　분개 : 외상

| (차) 외상매출금 | 24,000,000원 | (대) 제품매출 | 24,000,000원 |

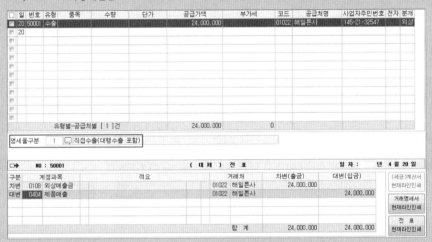

입력시 공급가액은 선적일현재의 기준환율을 적용하여 계산한다.

6월 15일 매입매출전표입력

유형 : 16.수출　　거래처 : 해밀튼사　　분개 : 혼합

| (차) 선수금 | 8,400,000원 | (대) 제품매출 | 8,424,000원 |
| 외환차손 | 24,000원 | | |

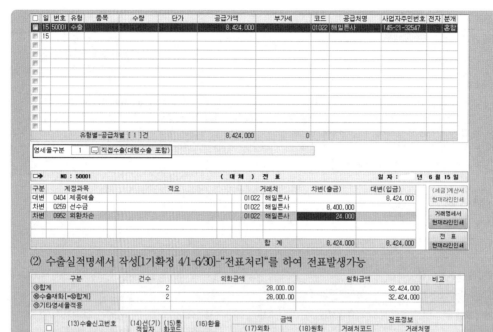

| □ | 일 | 번호 | 유형 | 품목 | 수량 | 단가 | 공급가액 | 부가세 | 코드 | 공급처명 | 사업자주민번호 | 전자 | 분개 |
|---|---|---|---|---|---|---|---|---|---|---|---|---|---|
| ■ | 15 | 50001 | 수출 | | | | 8,424,000 | | 01022 | 해밀튼사 | 145-21-32547 | | 혼합 |
| ▥ | 15 | | | | | | | | | | | | |

유형별-공급처별 [ 1 ]건 8,424,000 0

영세율구분 1 ☐ 직접수출(대행수출 포함)

| ➡ | NO : 50001 | | ( 대 체 ) 전 표 | | | 일 자 : 년 6 월 15 일 | |
|---|---|---|---|---|---|---|---|
| 구분 | 계정과목 | 적요 | | 거래처 | 차변(출금) | 대변(입금) | |
| 대변 | 0404 제품매출 | | | 01022 해밀튼사 | | 8,424,000 | (세금)계산서 현재라인인쇄 |
| 차변 | 0259 선수금 | | | 01022 해밀튼사 | 8,400,000 | | 거래명세서 현재라인인쇄 |
| 차변 | 0952 외환차손 | | | 01022 해밀튼사 | 24,000 | | |
| | | | | 합 계 | 8,424,000 | 8,424,000 | 전 표 현재라인인쇄 |

(2) 수출실적명세서 작성[1기확정 4/1-6/30]-"전표처리"를 하여 전표발생가능

| 구분 | 건수 | 외화금액 | 원화금액 | 비고 |
|---|---|---|---|---|
| ⑨합계 | 2 | 28,000.00 | 32,424,000 | |
| ⑩수출재화[=⑫합계] | 2 | 28,000.00 | 32,424,000 | |
| ⑪기타영세율적용 | | | | |

| | □ | (13)수출신고번호 | (14)선(기) 적일자 | (15)통 화코드 | (16)환율 | 금액 | | 전표정보 | |
|---|---|---|---|---|---|---|---|---|---|
| | | | | | | (17)외화 | (18)원화 | 거래처코드 | 거래처명 |
| 1 | ▥ | 123-12-34-1234561-2 | 04-20 | USD | 1,200.0000 | 20,000.00 | 24,000,000 | 01022 | 해밀튼사 |
| 2 | ▥ | 256-32-10-5215420-0 | 06-15 | USD | 1,053.0000 | 8,000.00 | 8,424,000 | 01022 | 해밀튼사 |

(3) 부가가치세 신고서(수정신고)

• 부가가치세 신고서상 영세율 기타 : 32,424,000원
• 영세율과세표준신고불성실가산세 : 32,424,000원 × 0.5% × (1-75%) = 40,530원
• 납부불성실가산세는 적용하지 아니한다.

[090]

2월 2일 매입매출전표입력(상품매입이라는 점에 유의)

| □ | 일 | 번호 | 유형 | 품목 | 수량 | 단가 | 공급가액 | 부가세 | 코드 | 공급처명 | 사업자주민번호 | 전자 | 분개 |
|---|---|---|---|---|---|---|---|---|---|---|---|---|---|
| ■ | 2 | 50002 | 과세 | | | | 3,000,000 | 300,000 | 01029 | (주)일성상회 | 220-81-19591 | 여 | 현금 |
| ▥ | 2 | | | | | | | | | | | | |

유형별-공급처별 [ 1 ]건 3,000,000 300,000

신용카드사: ☐ 봉사료:

| ➡ | NO : 50002 | | ( 출 금 ) 전 표 | | | 일 자 : 년 2 월 2 일 | |
|---|---|---|---|---|---|---|---|
| 구분 | 계정과목 | 적요 | | 거래처 | 차변(출금) | 대변(입금) | |
| 출금 | 0135 부가세대급금 | | | 01029 (주)일성상 | 300,000 | (현금) | (세금)계산서 현재라인인쇄 |
| 출금 | 0146 상품 | | | 01029 (주)일성상 | 3,000,000 | (현금) | 거래명세서 현재라인인쇄 |
| | | | | 합 계 | 3,300,000 | 3,300,000 | 전 표 현재라인인쇄 |

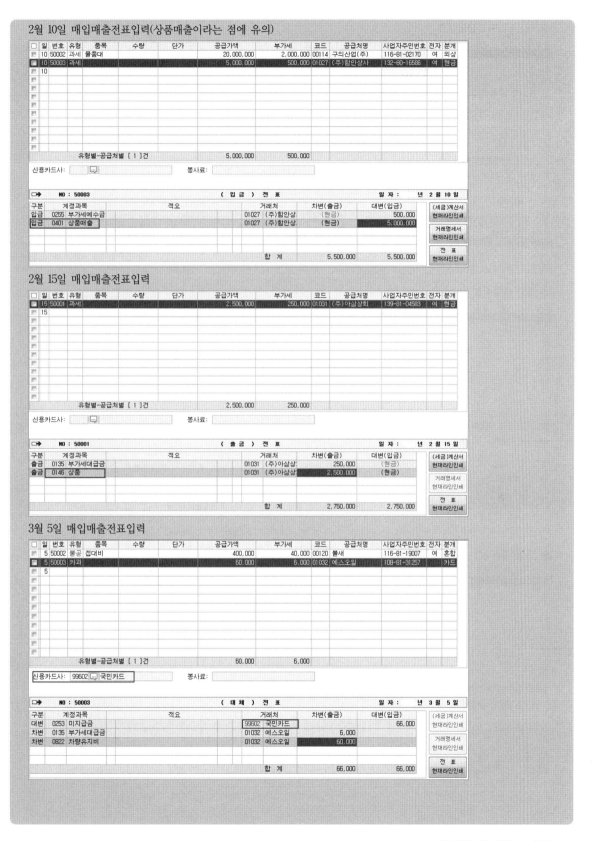

## 2월 10일 매입매출전표입력(상품매출이라는 점에 유의)

| □ | 일 | 번호 | 유형 | 품목 | 수량 | 단가 | 공급가액 | 부가세 | 코드 | 공급처명 | 사업자주민번호 | 전자 | 분개 |
|---|---|---|---|---|---|---|---|---|---|---|---|---|---|
| | 10 | 50002 | 과세 | 물품대 | | | 20,000,000 | 2,000,000 | 00114 | 구의산업(주) | 116-81-02170 | 여 | 외상 |
| ■ | 10 | 50003 | 과세 | | | | 5,000,000 | 500,000 | 01027 | (주)함안상사 | 132-80-16586 | 여 | 현금 |
| | 10 | | | | | | | | | | | | |

| 유형별-공급처별 [ 1 ]건 | 5,000,000 | 500,000 |
|---|---|---|

신용카드사: [ ]    봉사료: [ ]

| ▭ | NO : 50003 | | ( 입 금 ) 전 표 | | 일 자 : 년 2 월 10 일 | |
|---|---|---|---|---|---|---|
| 구분 | 계정과목 | 적요 | 거래처 | 차변(출금) | 대변(입금) | |
| 입금 | 0255 부가세예수금 | | 01027 (주)함안상 | (현금) | 500,000 | (세금)계산서 현재라인인쇄 |
| 입금 | 0401 상품매출 | | 01027 (주)함안상 | (현금) | 5,000,000 | 거래명세서 현재라인인쇄 |
| | | | 합 계 | 5,500,000 | 5,500,000 | 전 표 현재라인인쇄 |

## 2월 15일 매입매출전표입력

| □ | 일 | 번호 | 유형 | 품목 | 수량 | 단가 | 공급가액 | 부가세 | 코드 | 공급처명 | 사업자주민번호 | 전자 | 분개 |
|---|---|---|---|---|---|---|---|---|---|---|---|---|---|
| ■ | 15 | 50001 | 과세 | | | | 2,500,000 | 250,000 | 01031 | (주)아삼상회 | 139-81-04583 | 여 | 현금 |
| | 15 | | | | | | | | | | | | |

| 유형별-공급처별 [ 1 ]건 | 2,500,000 | 250,000 |
|---|---|---|

신용카드사: [ ]    봉사료: [ ]

| ▭ | NO : 50001 | | ( 출 금 ) 전 표 | | 일 자 : 년 2 월 15 일 | |
|---|---|---|---|---|---|---|
| 구분 | 계정과목 | 적요 | 거래처 | 차변(출금) | 대변(입금) | |
| 출금 | 0135 부가세대급금 | | 01031 (주)아삼상 | 250,000 | (현금) | (세금)계산서 현재라인인쇄 |
| 출금 | 0146 상품 | | 01031 (주)아삼상 | 2,500,000 | (현금) | 거래명세서 현재라인인쇄 |
| | | | 합 계 | 2,750,000 | 2,750,000 | 전 표 현재라인인쇄 |

## 3월 5일 매입매출전표입력

| □ | 일 | 번호 | 유형 | 품목 | 수량 | 단가 | 공급가액 | 부가세 | 코드 | 공급처명 | 사업자주민번호 | 전자 | 분개 |
|---|---|---|---|---|---|---|---|---|---|---|---|---|---|
| | 5 | 50002 | 불공 | 접대비 | | | 400,000 | 40,000 | 00120 | 불새 | 116-81-19007 | 여 | 혼합 |
| ■ | 5 | 50003 | 카과 | | | | 60,000 | 6,000 | 01032 | 에스오일 | 108-81-31257 | | 카드 |
| | 5 | | | | | | | | | | | | |

| 유형별-공급처별 [ 1 ]건 | 60,000 | 6,000 |
|---|---|---|

신용카드사: 99602 [ ] 국민카드    봉사료: [ ]

| ▭ | NO : 50003 | | ( 대 체 ) 전 표 | | 일 자 : 년 3 월 5 일 | |
|---|---|---|---|---|---|---|
| 구분 | 계정과목 | 적요 | 거래처 | 차변(출금) | 대변(입금) | |
| 대변 | 0253 미지급금 | | 99602 국민카드 | | 66,000 | (세금)계산서 현재라인인쇄 |
| 차변 | 0135 부가세대급금 | | 01032 에스오일 | 6,000 | | 거래명세서 현재라인인쇄 |
| 차변 | 0822 차량유지비 | | 01032 에스오일 | 60,000 | | 전 표 현재라인인쇄 |
| | | | 합 계 | 66,000 | 66,000 | |

## 3월 7일 매입매출전표입력

| | 일 | 번호 | 유형 | 품목 | 수량 | 단가 | 공급가액 | 부가세 | 코드 | 공급처명 | 사업자주민번호 | 전자 | 분개 |
|---|---|---|---|---|---|---|---|---|---|---|---|---|---|
| □ | 7 | 50001 | 과세 | | | | 3,000,000 | 300,000 | 01028 | 건양사 | 129-81-02161 | 여 | 혼합 |
| □ | 7 | | | | | | | | | | | | |

**적요,거래처등 및 카드매출 입력** ✕

거래처코드: 99600 ⋯ 국민카드
적요: ⋯
카드구분: 1.세금계산서 교부분
신용카드사: 99600 ⋯ 국민카드

확인(Tab)　취소(Esc)

유형별-공급처별 [ 1 ]

신용카드사: ⋯

| NO : 50001 | | ( 대 체 ) 전 표 | | | 일 자 : 년 3 월 7 일 | |
|---|---|---|---|---|---|---|
| 구분 | 계정과목 | 적요 | 거래처 | 차변(출금) | 대변(입금) | |
| 대변 | 0255 부가세예수금 | | 01028 건양사 | | 300,000 | (세금)계산서 현재라인인쇄 |
| 대변 | 0401 상품매출 | | 01028 건양사 | | 3,000,000 | |
| 차변 | 0108 외상매출금 | | 카 99600 국민카드 | 3,300,000 | | 거래명세서 현재라인인쇄 |
| | | | 합 계 | 3,300,000 | 3,300,000 | 전 표 현재라인인쇄 |

## 3월 15일 매입매출전표입력

| | 일 | 번호 | 유형 | 품목 | 수량 | 단가 | 공급가액 | 부가세 | 코드 | 공급처명 | 사업자주민번호 | 전자 | 분개 |
|---|---|---|---|---|---|---|---|---|---|---|---|---|---|
| □ | 15 | 50002 | 카과 | | | | 2,000,000 | 200,000 | | | | | 카드 |
| □ | 15 | | | | | | | | | | | | |

유형별-공급처별

신용카드사: 99600 ⋯ 국민카드　　봉사료:

| NO : 50002 | | ( 대 체 ) 전 표 | | | 일 자 : 년 3 월 15 일 | |
|---|---|---|---|---|---|---|
| 구분 | 계정과목 | 적요 | 거래처 | 차변(출금) | 대변(입금) | |
| 차변 | 0108 외상매출금 | | 99600 국민카드 | 2,200,000 | | (세금)계산서 현재라인인쇄 |
| 대변 | 0255 부가세예수금 | | | | 200,000 | |
| 대변 | 0401 상품매출 | | | | 2,000,000 | 거래명세서 현재라인인쇄 |
| | | | 합 계 | 2,200,000 | 2,200,000 | 전 표 현재라인인쇄 |

## 3월 20일 매입매출전표입력

| | 일 | 번호 | 유형 | 품목 | 수량 | 단가 | 공급가액 | 부가세 | 코드 | 공급처명 | 사업자주민번호 | 전자 | 분개 |
|---|---|---|---|---|---|---|---|---|---|---|---|---|---|
| □ | 15 | 50001 | 카과 | | | | 300,000 | 30,000 | 01032 | 에스오일 | 108-81-31257 | | 카드 |
| □ | 15 | | | | | | | | | | | | |

유형별-공급처별 [ 1 ]건　　　300,000　　30,000

신용카드사: 99602 ⋯ 국민카드　　봉사료:

| NO : 50001 | | ( 대 체 ) 전 표 | | | 일 자 : 년 3 월 15 일 | |
|---|---|---|---|---|---|---|
| 구분 | 계정과목 | 적요 | 거래처 | 차변(출금) | 대변(입금) | |
| 대변 | 0253 미지급금 | | 99602 국민카드 | | 330,000 | (세금)계산서 현재라인인쇄 |
| 차변 | 0135 부가세대급금 | | 01032 에스오일 | 30,000 | | |
| 차변 | 0822 차량유지비 | | 01032 에스오일 | 300,000 | | 거래명세서 현재라인인쇄 |
| | | | 합 계 | 330,000 | 330,000 | 전 표 현재라인인쇄 |

## 신용카드매출전표등수령금액합계표(갑)(2월-3월)

**□▶ 2. 신용카드 등 매입내역 합계**

| 구분 | 거래건수 | 공급가액 | 세액 |
|---|---|---|---|
| 합 계 | 2 | 360,000 | 36,000 |
| 현금영수증 | | | |
| 화물운전자복지카드 | | | |
| 사업용신용카드 | 2 | 360,000 | 36,000 |
| 기 타 신용카드 | | | |

**□▶ 3. 거래내역입력**

| 월/일 | 구분 | 공급자 | 공급자(가맹점)사업자등록번호 | 카드회원번호 | 기타 신용카드 등 거래내역 합계 거래건수 | 공급가액 | 세액 |
|---|---|---|---|---|---|---|---|
| 03-05 | 사업 | 에스오일 | 108-81-31257 | 4342-9222-4211-1234 | 1 | 60,000 | 6,000 |
| 03-20 | 사업 | 에스오일 | 108-81-31257 | 4342-9222-4211-1234 | 1 | 300,000 | 30,000 |
| | | | | | | | |
| | | 합계 | | | 2 | 360,000 | 36,000 |

## 신용카드매출전표등발행금액집계표 작성[1기(2월 ~ 3월)] - 공급대가로 작성한다.

**□▶ 2. 신용카드매출전표 등 발행금액 현황**

| 구 분 | 합 계 | 신용·직불·기명식 선불카드 | 현금영수증 |
|---|---|---|---|
| 합 계 | 5,500,000 | 5,500,000 | |
| 과세 매출분 | 5,500,000 | 5,500,000 | |
| 면세 매출분 | | | |
| 봉 사 료 | | | |

**□▶ 3. 신용카드매출전표 등 발행금액중 세금계산서 교부내역**

| 세금계산서교부금액 | 3,300,000 | 계산서교부금액 | |
|---|---|---|---|

## 부가가치세신고서 [1기 2월-3월]

| | 구분 | | 금액 | 세율 | 세액 | | 7.매출(예정신고누락분) | | | 세율 | 세액 |
|---|---|---|---|---|---|---|---|---|---|---|---|
| 과세표준및매출세액 | 과세 | 세금계산서발급분 | 1 | 423,684,000 | 10/100 | 42,368,400 | 예정누락분 | 과세 | 세금계산서 | 31 | 10/100 | |
| | | 매입자발행세금계산서 | 2 | | 10/100 | | | | 기타 | 32 | 10/100 | |
| | | 신용카드·현금영수증발행분 | 3 | 2,000,000 | | 200,000 | | 영세 | 세금계산서 | 33 | 0/100 | |
| | | 기타(정규영수증외매출분) | 4 | | 10/100 | | | | 기타 | 34 | 0/100 | |
| | 영세 | 세금계산서발급분 | 5 | 56,000,000 | 0/100 | | | | 합계 | 35 | | |
| | | 기타 | 6 | | 0/100 | | 12.매입(예정신고누락분) | | | | | |
| | 예정신고누락분 | | 7 | | | | | | 세금계산서 | 36 | | |
| | 대손세액가감 | | 8 | | | | | | 기타공제매입세액 | 37 | | |
| | 합계 | | 9 | 481,684,000 | ㉮ | 42,568,400 | | | 합계 | 38 | | |
| 매입세액 | 세금계산서수취분 | 일반매입 | 10 | 109,321,247 | | 10,932,125 | 정경누락분 | 신용카드매출 일반매입 | | | 뒷쪽 | |
| | | 고정자산매입 | 11 | | | | | 수령금액합계 고정매입 | | | 뒷쪽 | |
| | 예정신고누락분 | | 12 | | | | | 의제매입세액 | | | | |
| | 매입자발행세금계산서 | | 13 | | | | | 재활용폐자원등매입세액 | | | | |
| | 기타공제매입세액 | | 14 | 360,000 | | 36,000 | | 고금의제매입세액 | | | | |
| | 합계(10+11+12+13+14) | | 15 | 109,681,247 | | 10,968,125 | | 과세사업전환매입세액 | | | | |
| | 공제받지못할매입세액 | | 16 | | | | | 재고매입세액 | | | | |
| | 차감계 | | 17 | 109,681,247 | ㉰ | 10,968,125 | | 변제대손세액 | | | | |
| 납부(환급)세액(매출세액㉮-매입세액㉰) | | | | | ㉯ | 31,600,275 | | | 합계 | | | |

## 과세표준명세

| 신고구분 : 4 (1.예정 2.확정 3.영세율 조기환급 4.기한후과세표준) | | | | |
|---|---|---|---|---|
| 국세환급금계좌신고 🔍 | | 은행 | | 지점 |
| 계좌번호 : | | | | |
| 폐업일자 : ----_--_-- 폐업사유 : | | | | ▼ |

| | | 과세표준명세 | | |
|---|---|---|---|---|
| | 업태 | 종목 | 코드 | 금액 |
| 26 | 제조 | 전자부품외 | | 357,234,000 |
| 27 | 도매 | 전자부품외 | | 124,450,000 |
| 28 | | | | |
| 29 | 수입금액제외 | | | |
| 30 | 합계 | | | 481,684,000 |

| | | 면세수입금액 | | |
|---|---|---|---|---|
| | 업태 | 종목 | 코드 | 금액 |
| 68 | 제조,도소매 | 전자부품외 | | 150,000,000 |
| 69 | | | | |
| 70 | 수입금액제외 | | | |
| 71 | 합계 | | | 150,000,000 |
| 계산서발급 및 수취내역 | | 72.계산서발급금액 | | 150,000,000 |
| | | 73.계산서수취금액 | | |

## [091]

### 1. 부가가치세 신고서작성

| 7.매출(예정신고누락분) | | | | | | |
|---|---|---|---|---|---|---|
| 예정누락분 | 과세 | 세금계산서 | 31 | 9,000,000 | 10/100 | 900,000 |
| | | 기타 | 32 | 4,500,000 | 10/100 | 450,000 |
| | 영세 | 세금계산서 | 33 | | 0/100 | |
| | | 기타 | 34 | | 0/100 | |
| | 합계 | | 35 | 13,500,000 | | 1,350,000 |

| 12.매입(예정신고누락분) | | | | | |
|---|---|---|---|---|---|
| 예 | 세금계산서 | 36 | 2,500,000 | | 250,000 |
| | 기타공제매입세액 | 37 | | | |
| | 합계 | 38 | 2,500,000 | | 250,000 |

### 2. 가산세 계산

- 신고불성실가산세 : (900,000원 + 450,000원 - 250,000원) × 10% × (1-75%) = 27,500원
- 납부지연가산세 : 1,100,000원 × 22/100,000 × 92일 =22,264원
- 납부지연가산세는 「납부기한의 다음날(10월 26일)부터 자진납부일(1월 25일)까지」 의 기간에 1일 22/100,000을 적용

### 3. 과세표준명세 작성

- 도매업 - 전자기기 - 513221 - 400,000,000원
- 제조업 - 전자기기 - 223001 - 350,000,000원
- 과세표준 명세 25.수입금액 제외 - 사업상증여, 고정자산 매각외 - 금액 13,500,000원 입력

| | 과세표준명세 | | | |
|---|---|---|---|---|
| | 업태 | 종목 | 코드 | 금액 |
| 26 | 도매업 | 전자기기 | 513221 | 400,000,000 |
| 27 | 제조업 | 전자기기 | 223001 | 350,000,000 |
| 28 | | | | |
| 29 | 수입금액제외 | | | 13,500,000 |
| 30 | 합계 | | | 763,500,000 |

## [092]

### 1. 신용카드매출전표등수령금액합계표(갑)에 입력할 거래의 내용

| 2. 신용카드 등 매입내역 합계 | | | |
|---|---|---|---|
| 구분 | 거래건수 | 공급가액 | 세액 |
| 합 계 | 2 | 900,000 | 90,000 |
| 현금영수증 | | | |
| 화물운전자복지카드 | | | |
| 사업용신용카드 | 2 | 900,000 | 90,000 |
| 기 타 신용카드 | | | |

| 3. 거래내역입력 | | | | | 기타 신용카드 등 거래내역 합계 | | |
|---|---|---|---|---|---|---|---|
| 월/일 | 구분 | 공급자 | 공급자(가맹점)사업자등록번호 | 카드회원번호 | 거래건수 | 공급가액 | 세액 |
| 05-03 | 사업 | 다도해 | 105-05-91233 | 4342-9222-4211-1234 | 1 | 400,000 | 40,000 |
| 05-25 | 사업 | (주)사랑 | 610-81-16502 | 4342-9222-4211-1234 | 1 | 500,000 | 50,000 |
| | | | | | | | |
| | | | 합계 | | 2 | 900,000 | 90,000 |

### 2. 제1기 확정 부가가치세신고서 기타공제매입세액에 신용카드매출전표등수령금액합계표(갑)제출분에 금액 900,000원, 세액 90,000원 직접입력하여 반영

[매입세액 불공제 대상 신용카드매출전표 등]

① 비영업용 소형승용차 관련 매입세액(유대 등)·접대비 관련 매입세액·사업과 관련없는 매입세액(가사용매입 등)을 신용카드매출전표 등으로 수취한 경우

② 간이과세자·면세사업자로부터 신용카드매출전표 등을 수취한 경우

③ 타인(종업원 및 가족 제외) 명의 신용카드를 사용한 경우

④ 외국에서 발행된 신용카드

⑤ 항공권·KTX·고속버스·택시요금, 미용·욕탕·유사서비스업, 공연(영화)입장권 등 구입비용

⑥ 과세되는 쌍꺼풀 등 성형수술, 수의사의 동물진료용역, 무도학원, 자동차운전학원

[사업용·신용카드제도]

사업용 신용카드 제도란 사업자가 사업용 물품을 구입하는 데 사용하는 신용카드를 국세청 현금영수증홈페이지에 등록(공인인증서로 등록)하는 제도를 말하는 것으로

• 개인사업자의 경우 5개의 신용카드를 등록을 할 수 있으며,

• 법인 명의로 카드를 발급받은 법인사업자는 별도의 등록절차 없이 자동 등록됨

[현금영수증]-지출증빙용 수령시 매입세액공제가능

1. 발급할 수 있는 경우

• 주차요금을 매월 정산하여 받는 경우

• 카지노 입장료를 현금으로 받는 경우

• 지하철 정기권·식권을 판매하는 경우 및 식대를 월 합계로 받는 경우

• 한국산업인력공단의 국가기술자격 검정수수료

• 상품권으로 물품을 구매하는 경우

2. 발급할 수 없는 경우

• 국가·지방자치단체가 받는 재화·용역 공급대가 중 부가가치세가 과세되지 않는 경우

• 외교통상부가 받는 여권발급수수료 및 문화관광체육부가 받는 출국납부금

• 마일리지(적립금, 포인트, 사이버머니, 쿠폰 등)로 결제하는 경우

• 금융기관 대출금 이자

• 지방자치단체가 행정처분에 의하여 부과하는 과태료(주차 위반 등)

• 여행알선용역에 있어 여행알선 수수료 이외의 운송·숙박·식사 등에 대한 비용

• 여신전문금융업법에 규정된 선불카드로 결제하는 경우

## [093]

대손세액공제신고서

| 08-31 | 11,000,000 | 10/110 | 1,000,000 | 한우상사 | 6 | 소멸시효완성 |
|---|---|---|---|---|---|---|
| 12-23 | 5,500,000 | 10/110 | 500,000 | 해동상사 | 5 | 부도(6개월경과) |
| 09-02 | -3,300,000 | 10/110 | -300,000 | 경수산업(주) | 6 | 소멸시효완성 |

[Tip] 1. 대손처리한 매출채권이 회수시에는 당초 대손처리시의 일자 조건 등을 입력하고 금액은 (-)금액으로 입력한다.

2. 민법의 기간계산원칙에 따르면 해동상사의 대손확정일은 부도발생일로부터 6개월이 경과한 시점인 12월 23일이다. (초일 : 초일불산입, 말일 : 기산일의 전일)

부가가치세가 과세되는 재화 또는 용역의 공급에 대한 외상매출금 등이 대손되어 대손세액을 공제받는 사업자가 기재하며, 대손세액을 공제받는 경우에는 대손세액을 차감표시(△)하여 기재하고, 대손금액의 전부 또는 일부를 회수하여 회수금액에 관련된 대손세액을 납부하는 경우에는 당해 납부하는 세액을 기재한다.대손세액을 공제받기 위해서는 부가가치세 확정신고서에 대손세액공제 신고서와 대손사실을 증명하는 서류를 제출해야 한다.

[대손사유]

사유 중 어느 하나에 해당되는 경우 그 사유로 대손세액 공제 가능함

1. 「상법」에 의한 소멸시효가 완성된 외상매출금 및 미수금

2. 「어음법」·「수표법」에 의한 소멸시효가 완성된 어음·수표

3. 「채무자 회생 및 파산에 관한 법률」에 따른 회생계획인가의 결정 또는 법원의 면책 결정에 따라 회수불능으로 확정된 채권

4. 「민사집행법」규정에 의하여 채무자의 재산에 대한 경매가 취소된 압류채권

5. 채무자의 파산, 강제집행, 형의 집행, 사업의 폐지, 사망, 실종, 행방불명으로 인하여 회수할 수 없는 채권

6. 부도발생일로부터 6월 이상 경과한 수표 또는 어음상의 채권 및 외상매출금(중소기업의 외상매출금으로서 부도발생일이전의 것). 다만, 당해 법인이 채무자의 재산에 대하여 저당권을 설정하고 있는 경우 제외

7. 회수기일을 6월 이상 경과한 채권중 20만원이하 채권

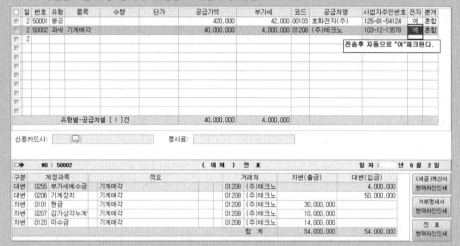

| □ | 일 | 번호 | 유형 | 품목 | 수량 | 단가 | 공급가액 | 부가세 | 코드 | 공급처명 | 사업자주민번호 | 전자 | 분개 |
|---|---|---|---|---|---|---|---|---|---|---|---|---|---|
| | 2 | 50001 | 불공 | | | | 420,000 | 42,000 | 00103 | 호화전자(주) | 125-81-54124 | 여 | 혼합 |
| | 2 | 50002 | 과세 | 기계매각 | | | 40,000,000 | 4,000,000 | 01208 | (주)테크노 | 103-12-13578 | 여 | 혼합 |
| | 2 | | | | | | | | | | | | |

전송후 자동으로 "여"체크된다.

유형별-공급처별 [ 1 ]건 | | 40,000,000 | 4,000,000 |

신용카드사: [        ]     봉사료: [        ]

| | NO : 50002 | ( 대체 ) 전표 | | 일자 : 년 6월 2일 |

| 구분 | 계정과목 | 적요 | 거래처 | 차변(출금) | 대변(입금) |
|---|---|---|---|---|---|
| 대변 | 0255 부가세예수금 | 기계매각 | 01208 (주)테크노 | | 4,000,000 |
| 대변 | 0206 기계장치 | 기계매각 | 01208 (주)테크노 | | 50,000,000 |
| 차변 | 0101 현금 | 기계매각 | 01208 (주)테크노 | 30,000,000 | |
| 차변 | 0207 감가상각누계' | 기계매각 | 01208 (주)테크노 | 10,000,000 | |
| 차변 | 0120 미수금 | 기계매각 | 01208 (주)테크노 | 14,000,000 | |
| | | | 합 계 | 54,000,000 | 54,000,000 |

(세금)계산서 현재라인인쇄
거래명세서 현재라인인쇄
전 표 현재라인인쇄

[094]

사원등록

• 배우자 : 유, 20세 이하 : 3명(자녀세액공제 2명), 60세 이상 : 2명,  70세이상 경로우대 : 2명, 장애인 : 1명,

• 배우자 김성순은 금융소득종합과세 기준금액인 2천만원이하 분리과세 소득만 있고 이자소득금액이 0이므로 배우자공제 가능하다.

급여자료입력

[수당등록] : 기본급(과세), 식대(비과세유형: 2.식대), 자가운전보조금(비과세유형: 3.자가운전), 야근수당(비과세) – 야근수당은 사원등록에서 생산직인 경우에만 비과세적용하므로 여기에서 비과세로 처리하여도 무방하다.

실무상으로는 프로그램에서 기본으로 제공된 것 중에 상여, 직책수당, 월차수당은 사용여부를 "2.부"로 체크하지만, 시험에서는 채점대상이 아니므로 체크하지 아니한다.

[귀속1월, 지급연월 1월 25일 입력]

| □ | 사번 | 사원명 | | 급여항목 | 금액 |
|---|---|---|---|---|---|
| | 101 | 김민수 | | 기본급 | 4,500,000 |
| | 102 | 이영호 | | 식대 | 150,000 |
| | 103 | 홍경은 | | 자가운전보조금 | 300,000 |
| | 106 | 정한용 | | 야간근로수당 | 300,000 |
| | 107 | 김철새 | | | |
| | | | | | |
| | | | | | |
| | | | | | |
| | | | | | |
| | | | | | |
| | | | | | |
| | | | | | |
| | | | | | |
| | | | | | |
| | | | | | |
| | | | | | |
| | | | | 과 세 | 4,950,000 |
| | | | | 비 과 세 | 300,000 |
| 총인원(퇴사자) | | 5(0) | | 지 급 총 액 | 5,250,000 |

[수당등록화면]

**수당공제등록**

**수당등록**

| 코드 | 과세구분 | 수당명 | 근로소득유형 유형 | 코드 | 한도 | 월정액 | 사용여부 |
|---|---|---|---|---|---|---|---|
| 1 | 1001 | 과세 | 기본급 | 급여 | | | 정기 | 여 |
| 2 | 1002 | 과세 | 상여 | 상여 | | | 부정기 | 부 |
| 3 | 1003 | 과세 | 직책수당 | 급여 | | | 정기 | 부 |
| 4 | 1004 | 과세 | 월차수당 | 급여 | | | 정기 | 부 |
| 5 | 1005 | 비과세 | 식대 | 식대 | P01 | (월)100,000 | 정기 | 여 |
| 6 | 1006 | 비과세 | 자가운전보조금 | 자가운전보조금 | H03 | (월)200,000 | 부정기 | 여 |

**공제등록**

| | 코드 | 공제항목명 | 공제소득유형 | 사용여부 |
|---|---|---|---|---|
| 1 | 5001 | 국민연금 | 고정항목 | 여 |
| 2 | 5002 | 건강보험 | 고정항목 | 여 |
| 3 | 5003 | 장기요양보험 | 고정항목 | 여 |
| 4 | 5004 | 고용보험 | 고정항목 | 여 |
| 5 | 5005 | 학자금상환 | 고정항목 | 여 |
| 6 | | | | |

비과세항목 입력화면 표시여부 □
*** 야간근로수당(O01)은 전년도 총 급여액이 2천5백만원 이하이고 월정액이 150만원 이하인 생산직 사원만 연240만원 한도로 비과세 됩니다.
*** 수당과 공제 등록은 현재 귀속년도 전체 월에 동일하게 반영됩니다.
*** 실비변상적인 수당[소법12조 3호(코드 H01~H15)]은 정기적이더라도 비과세한도 만큼은
    월정액 급여에서 제외됩니다.
*** 기본적으로 제공하는 수당의 경우에도 수당명은 편집이 가능합니다.

코드(F2)  삭제(F5)  확인(Tab)

Tip [종합소득금액] 부양가족공제대상 판단시 종합소득금액

① 근로소득금액 : 총급여액에서 근로소득공제를 차감한 금액, 일용근로소득은 전액 분리과세되므로 제외
② 사업소득금액·부동산임대소득금액·기타소득금액:총수입금액에서 필요경비를 공제한 금액
   ※ 기타소득금액 300만원 이하로 분리과세되는 기타소득금액은 제외
③ 이자·배당소득금액 : 비과세·분리과세되는 금액을 제외한 이자·배당금액 전액
   ※ 원천징수되는 이자·배당의 합계 연 2천만원 이하로 분리과세되는 금액은 제외

④ 연금소득금액 : 과세대상연금수령액에서 연금소득공제를 차감한 금액
   ※ 총사적연금액 연 1,200만원 이하로 분리과세되는 연금소득금액은 제외(공적연금은 무조건 종합과세)
⑤ 퇴직소득 : 비과세소득을 제외한 퇴직금 전액
⑥ 양도소득금액 : 양도가액에서 필요경비 및 장기보유특별공제 등을 차감한 금액

Tip 공제항목중 구분이 필요한 항목
① 기초생활수급자 : 나이요건은 없고, 소득요건만 있음
② 6세이하자녀공제 : 위탁아동포함, 과세기간 개시일기준으로 판단, 교육비공제와 중복공제가능, 기본공제를 받지 않은 부부도 공제가능
③ 장애인특수교육비 : 나이와 소득제한 없고, 직계존속에 대한 것도 공제가능(일반교육비는 공제안됨)
④ 동거하지 않아도 되는 부양가족 : 본인, 배우자, 직계비속, 직계존속(주거상)
⑥ 지역연금보험료, 지역건강보험료 : 직장에서 공제가능
⑦ 나이 23세인 장애인 직계비속 : 기본공제, 장애인공제, 자녀공제
⑧ 보험료정산 : 보험료 정산금액은 정산시 납부한 것으로 봄
   보험료의 일시납도 납부한 연도의 공제대상, 태아는 보험료공제 안됨
   회사가 대신 납부한 보험료는 근로소득에 합산후 보험료공제가능
⑨ 교육비공제 : 직계존속은 공제 안되고, 선납분은 선납시공제, 학습지는 공제안됨
   초중고 방과후학교 교재비, 어린이집 및 유치원 급식비, 어린이집 및 유치원 방과후학교 수업료 공제가능

Tip [종합소득세 소득공제 등의 종합한도]
1. 종합소득세 계산시 법 소정의 필요경비 및공제금액의 합계액은 2천5백만원을 한도로 함
2. 한도의 대상이 되는 필요경비 및 공제금액
 (1) 필요경비에 산입하는 지정기부금
 (2) 특별공제. 단, 다음의 소득공제는 제외

① 건강보험료, 고용보험료, 노인장기요양보험료 중 근로자 부담분

② 장애인을 위하여 지급한 의료비

③ 장애인 특수교육비

④ 법정기부금

(3) 중소기업창업투자조합 출자 등에 대한 소득공제(개인이 벤처기업에 직접투자분 제외)

(4) 소기업, 소상공인 공제부금에 대한 소득공제

(5) 청약저축 등에 대한 소득공제

(6) 우리사주조합 출자에 대한 소득공제

(7) 신용카드 사용금액에 대한 소득공제

## [095]

[사원등록]

• 배우자 - 유, 60세이상 2명, 20세이하 2 (장남,위탁아동)

• 장녀는 근로소득금액 30,000,000-9,750,000 = 20,250,000원이므로 100만원초과

• 장남은 기타소득금액 1,600,000-1,600,000 × 60% = 640,000원이므로 100만원이하

[Tip] 기본공제가 "부" 인 경우에도 입력하여야 나이, 소득제한이 없는 의료비등 공제가능

부양가족소득공제입력

(1) 본인(이영호)

| 보험료 | 의료비 | 구분 | 교육비 | 구분 | 신용카드 등 | 현금/직불 | 전통시장 | 대중교통 |
|---|---|---|---|---|---|---|---|---|
| 900,000 | | | 6,400,000 | 4.본/장 | 12,500,000 | | | |
| 1,382,760 | | | | | | | | |
| 900,000 | | | 6,400,000 | | 12,500,000 | | | |
| 1,382,760 | | | | | | | | |
| 최소금액(총급여의 3%) | | | 1,080,000 | | 카드 등 최소금액(총급여의 25%) | | | |

(2) 부친(이길도)

| | 의료비 | | 교육 | | | 신용 | | |
|---|---|---|---|---|---|---|---|---|
| | 의료비 | 구분 | 교육비 | 구분 | 신용카드 등 | 현금/직불 | 전통시장 | 대중교통 |
| | 5,500,000 | 2.일반 | | | | | | |
| | | | | | | | | |
| | 5,500,000 | | 6,400,000 | | 12,500,000 | | | |
| 급여의 3% | | | 1,080,000 | | 카드 등 최소금액(총급여의 25%) | | | |

(3) 장남(이상태)

| 보험료 | 의료비 | | 교육 | | | 신용 | | |
|---|---|---|---|---|---|---|---|---|
| | 의료비 | 구분 | 교육비 | 구분 | 신용카드 등 | 현금/직불 | 전통시장 | 대중교통 |
| 250,000 | | | 300,000 | 2.초중고 | | 2,100,000 | | |
| | | | | | | | | |
| 1,150,000 | 5,500,000 | | 6,700,000 | | 12,500,000 | 2,100,000 | | |
| 1,382,760 | | | | | | | | |
| 최소금액(총급여의 3%) | | | 1,080,000 | | 카드 등 최소금액(총급여의 25%) | | | |

[불러오기 실행]

(1) 보험료

• 본인 자동차 손해보험료 900,000원-공제가능

• 장남 생명보험료 250,000원-공제가능

(2) 의료비

• 부친에 대한 의료비 지출액 5,500,000원-65세이하이므로 일반의료비로 공제가능

• 장녀에 대한 쌍꺼풀 수술비 300,000원-미용,성형수술비는 공제안됨

(3) 교육비

• 모친에 대한 고등학교 과정 교육비 2,300,000원-직계존속에 대한 교육비는 공제 안됨

• 장남 고등학교 수업료 300,000원-대학교는 900만원한도로 공제

- 본인 대학원 수업료 6,400,000원-본인은 대학원까지 한도없이 전액공제

(4) 기부금

- 본인 명의로 기부한 교회 감사헌금 800,000원-종교단체기부금으로 공제
- 본인 정치자금기부금 500,000원-정치자금은 본인명의인 경우 공제가능하므로 10만원이하분에 100,000원, 10만원초과분에 400,000원을 입력

(5) 신용카드등

- 본인 신용카드 사용액 12,500,000원(이 중에는 모친의 교육비 결제액 1,200,000원이 포함되어 있다.)-모친결제액을 제외한 11,500,000원을 입력
- 배우자 무기명 선불카드 사용액 600,000원-무기명은 공제안됨
- 장남 현금영수증 사용액 2,100,000원-현금영수증사용액에 입력

[096]

[사원등록]

- 배우자 : 유
- 20세이하 : 3명, 60세이상 : 2명(또는 20세이하 : 2명, 60세이상 : 3명)
- 장애인 : 1명
- 경로우대 : 2명

장남은 일용근로소득(분리과세)만 있으므로 소득금액이 없는 것이고 공제가능하다.

생계를 같이하는 부양가족의 동거요건 · 연령요건 · 소득금액요건 모두 충족하여야 하나, 일부 예외가 있다.

| 구 분 | 공제대상자 | 생계 요건 | 연령 요건 | 소득금액 요건 |
|---|---|---|---|---|
| 본인공제 | 당해 거주자 | 동거여부 불문 | 해당없음 | ― |
| 배우자공제 | 거주자의 배우자 | | 해당없음 | 연 100만원 이하 (급여만 있는 경우에는 총급여가 500만원이하) |
| 부양 가족 공제 | 직계존속 | 주거 형편상 별거자 포함 | 만 60세 이상 | 연 100만원 이하 (급여만 있는 경우에는 총급여가 500만원이하) |
| | 직계비속, 입양자 | 동거가 원칙이나 직계비속, 입양자는 동거여부를 불문 | 만 20세 이하 | |
| | 형제자매 | | 만 20세이하 또는 만 60세이상 | |
| | 국민기초생활보장법에 의한 수급자 | | 해당없음 | |
| | 위탁아동 | | 만 18세 미만 | |

주) 직계비속(입양자 포함)과 그 배우자가 모두 장애인인 경우에는 그 배우자를 포함한다.

1.부양가족소득공제입력

(1) 본인(홍경은)

| 보험료 | 의료비 | | 교육 | | 신용 | | | |
|---|---|---|---|---|---|---|---|---|
| | 의료비 | 구분 | 교육비 | 구분 | 신용카드 등 | 현금/직불 | 전통시장 | 대중교통 |
| 900,000 | | | | | 15,100,000 | | | |
| 198,000 | | | | | | | | |
| 900,000 | | | | | 15,100,000 | | | |
| 198,000 | | | | | | | | |
| 최소금액(총급여의 3%) | | | 1,080,000 | 카드 등 최소금액(총급여의 25%) | | | | |

(2) 부친(홍광일)

| 의료비 | | 교육 | | 신용 | | | |
|---|---|---|---|---|---|---|---|
| 의료비 | 구분 | 교육비 | 구분 | 신용카드 등 | 현금/직불 | 전통시장 | 대중교통 |
| 500,000 | 1.전액 | | | | | | |
| | | | | | | | |
| 500,000 | | | | 15,100,000 | | | |
| | | | | | | | |
| 급여의 3%) | | | 1,080,000 | 카드 등 최소금액(총급여의 25%) | | | |

(3) 장남(홍이남)

| 보험료 | 의료비 | | 교육 | | 신용 | | | | 기부금 |
|---|---|---|---|---|---|---|---|---|---|
| | 의료비 | 구분 | 교육비 | 구분 | 신용카드 등 | 현금/직불 | 전통시장 | 대중교통 | |
| 600,000 | 1,200,000 | 2.일반 | 400,000 | 2.초중고 | 800,000 | | | | |
| | | | | | | | | | |
| 1,500,000 | 1,700,000 | | 400,000 | | 15,900,000 | | | | |
| 198,000 | | | | | | | | | |
| 최소금액(총급여의 3%) | | | 1,080,000 | | 카드 등 최소금액(총급여의 25%) | | | | 9,000,000 |

(4) 장녀(홍일순)

| 교육 | | 신용 | | | | 기부금 |
|---|---|---|---|---|---|---|
| 교육비 | 구분 | 신용카드 등 | 현금/직불 | 전통시장 | 대중교통 | |
| 800,000 | 2.초중고 | | | | | |
| | | | | | | |
| 1,200,000 | | 15,900,000 | | | | |
| | 1,080,000 | 카드 등 최소금액(총급여의 25%) | | | | 9,000,000 |

(5) 처제(이은미)

| 의료비 | | 교육 | | 신용 | | | | 기부금 |
|---|---|---|---|---|---|---|---|---|
| 의료비 | 구분 | 교육비 | 구분 | 신용카드 등 | 현금/직불 | 전통시장 | 대중교통 | |
| 3,000,000 | 1.전액 | | | | | | | |
| | | | | | | | | |
| 4,700,000 | | 1,200,000 | | 15,900,000 | | | | |
| 급여의 3%) | | 1,080,000 | | 카드 등 최소금액(총급여의 25%) | | | | 9,000,000 |

기본공제대상자라 하더라도 형제자매·기초생활보장법에 따른 수급자·장애인인 직계비속의 장애인배우자가 사용한 신용카드는 신용카드 소득공제 대상이 아님.

[불러오기 실행]

[소득공제 자료 해설]

(1) 신용카드 사용

• 본인 : 16,000,000원(자동차보험료 900,000원 포함됨)-보험료 제외한 15,200,000입력
• 장남 :    800,000원-나이제한없으므로 800,000원 공제
• 처제 :  6,000,000원 -형제자매는 신용카드공제 안됨

[세액공제 자료 해설]

(1) 의료비(모두 의료기관에서 질병치료를 위해 지급한 진료비임)

• 부친 :    500,000원-65세이상은 전액공제
• 장남 : 1,200,000원-일반의료비에 입력
• 처제 : 3,000,000원-장애인(전액공제)난에 입력

(2) 보험료

• 본인 자동차 손해보험료 : 900,000원(신용카드 사용)-보험료공제가능
• 장남 생명보험료 : 600,000원-보험료공제가능

(3) 교육비

• 배우자 대학원 수업료 : 8,400,000원-배우자는 대학교까지만 공제가능
• 장남 고등학교 수업료 : 400,000원-300만원한도로 공제가능
• 장녀 중학교 수업료   : 800,000원-300만원한도로 공제가능

[097]

1. [사원등록]

• 배우자 : 유
• 20세이하 : 2명(장남, 장녀, 자녀세액공제 2명), 60세이상 : 1명(부)

사원등록메뉴에서 부에 대한 부양가족공제와 경로우대공제 적용시 사망일 전일(12월 30일)기준으로 판단하기 때문에 기본공제가 가능하다.

## 2. 소득명세(종전근무지)

종전근무지: 근무기간 20201.01 - 2020 6.30입력

| | | | | | |
|---|---|---|---|---|---|
| 공제보험료 | 건강보험료(직장)(34) | 748,920 | 628,920 | | 120,000 |
| | 장기요양보험료(34) | 48,360 | 41,160 | | 7,200 |
| | 고용보험료(34) | 163,500 | 136,500 | | 47,000 |
| | 국민연금보험료(32) | 1,175,000 | 945,000 | | 230,000 |
| | 기타 연금 | 공무원 연금 | | | |
| | | 군인연금 | | | |
| | | 사립학교 교직원 | | | |
| | 보험료(32-1) | 별정우체국연금 | | | |
| 기납부세액 | 소득세 | 925,800 | 895,800 | | 30,000 |
| | 지방소득세(주민세) | 92,580 | 89,580 | | 3,000 |
| | 농어촌특별세 | | | | |

기납부세액의 소득세는 종전근무지 원천징수영수증상의 결정세액 925,800원을 입력한다.

## 3.부양가족소득공제입력

### (1) 본인(김담덕)

| 보험료 | 의료비 | | 교육 | | 신용 | | | | | 기부금 |
|---|---|---|---|---|---|---|---|---|---|---|
| | 의료비 | 구분 | 교육비 | 구분 | 신용카드 등 | 현금/직불 | 전통시장 | 대중교통 | | |
| 900,000 | | | 6,000,000 | 4.본/장 | | | | | | 8,000,000 |
| 980,780 | | | | | | | | | | |
| 900,000 | | | 6,000,000 | | | | | | | 8,000,000 |
| 980,780 | | | | | | | | | | |
| 최소금액(총급여의 3%) | | | 1,035,000 | 카드 등 최소금액(총급여의 25%) | | | | | | 8,625,000 |

### (2) 장남(김담주)

| 교육 | | 신용 | | | | 기부금 |
|---|---|---|---|---|---|---|
| 교육비 | 구분 | 신용카드 등 | 현금/직불 | 전통시장 | 대중교통 | |
| 1,600,000 | 2.초중고 | | | | | |
| 7,600,000 | | | | | | 8,000,000 |
| | 1,035,000 | 카드 등 최소금액(총급여의 25%) | | | | 8,625,000 |

## 4. 연금저축납입액

| ② 연금계좌 세액공제 - 연금저축계좌(연말정산입력 탭의 38.개인연금저축, 61.연금저축) | | | | | 크게보기 | |
|---|---|---|---|---|---|---|
| 연금저축구분 | 코드 | 금융회사 등 | 계좌번호(증권번호) | 납입금액 | 공제대상금액 | 소득/세액공제액 |
| 2.연금저축 | 110 | 새마을금고 | 123-52-21354 | 2,000,000 | 2,000,000 | |
| 개인연금저축 | | | | | | |
| 연금저축 | | | | 2,000,000 | 2,000,000 | |

| 구 분 | 내 역 |
|---|---|
| 보 험 료 | • 본인 생명보험료 : 900,000원-보장성보험료는 공제가능 |
| 교 육 비 | • 본인 대학원 등록금 : 6,000,000원-본인은 대학원까지 전액공제 가능<br>• 장남 고등학교 등록금 : 1,600,000원-대학교는 900만원한도로 공제가능<br>• 장남 입시학원 수강료 : 1,200,000원-사설학원비는 취학전아동만 가능 |
| 연금저축 납입액 | 본인명의 새마을금고(계좌 123-52-21354) 연금저축납입액 2,000,000원<br> -본인명의만 가능<br>부의 명의 국민은행(계좌 125-21-23354)연금저축납입액 3,500,000원<br> -부의 명의는 공제불가능 |
| 기부금 지출액 | • 세법상 인정되는 본인지출 국방헌금 : 5,000,000원-전액공제가능<br>• 본인 노동조합비 : 3,000,000원-종교단체외(지정기부금)으로 공제가능 |

**[098]**

**1. 수당공제등록**

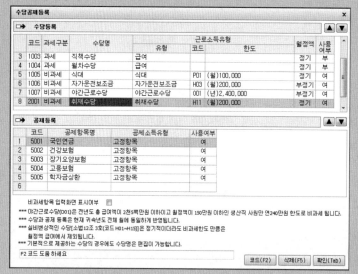

식대보조금(비과세),취재수당(비과세)를 등록하고, 급여자료입력에서 아래와 같이 입력한다.

**2.** 급여자료 입력메뉴의 수당등록에서 식대보조금(비과세),취재수당(과세)를 등록하고, 급여자료입력에서 아래와 같이 입력한다.

**[귀속연월 4월,  지급연월 4월 25일 입력]**

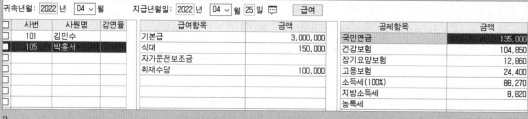

**3.**

(1) 원천징수이행상황신고서를 열어 귀속과 지급구간을 4월~4월로 입력한다.

(2) 소득세는 지방소득세를 제외한 금액입력, 전월미환급세액의 계산에 12.전월미환급 225,000원을 입력한다.
    (자동계산되는 세액은 채점대상이 아니므로 무시함)

## [099]

기타소득자를 등록하고, 기타소득금액의 계산시 강연료의 필요경비로 지급액의 60%와 실제경비중 큰 금액을 공제하고, 사례금은 전액을 기타소득금액으로 하여 원천세율 20%를 적용한다.

### 1. 박태수 사원등록

1. 기타소득: 이자소득·배당소득·사업소득·근로소득·연금소득·퇴직소득 및 양도소득 외의 소득으로 법령에서 규정하고 있다.
2. 기타소득금액: 당해연도의 총수입금액에서 이 소요된 필요경비를 공제한 금액으로 하며, 필요경비에 산입할 금액은 당해연도의 총수입금액에 대응하는 비용으로서 일반적으로 용인되는 통상적인 것의 합계 금액이다.
3. 기타소득의 원천징수 : 원천징수의무자가 기타소득을 지급할 때이다.
4. 과세최저한: 기타소득금액이 매 건마다 5만원 이하인 경우에는 과세하지 않는다.

### 2. 김영숙 사원등록

### 3. 박태수의 소득자료입력

|  |  | | |
|---|---|---|---|
| 3.지 급 총 액 | 4,000,000 | | |
| 4.필 요 경 비 | 2,400,000 | | |
| 5.소 득 금 액 | 1,600,000 | | |
| 6.세 율(%) | 20 % | 7.세액감면및제한세율근거 | |
| 8.기타소득(법인)세액 | 320,000 | | |
| 9.지 방 소 득 세 | 32,000 | | |
| 10.농 어 촌 특 별 세 | | | |
| 11.종교활동비(비과세) | | ※ [3.지급총액]금액에 불포함(지급명세서 제출 대상) | |

### 4. 김영숙의 소득자료입력

다음의 기타소득에 대하여는 당해연도에 지급받은 금액의 60%와 실제경비중 큰 금액을 필요경비로 한다.

다음의 기타소득은 거주자가 받은 금액의 60%를 필요경비로 인정 → 실제 소요된 경비가 60%를 초과하는 경우 초과금액도 필요경비 산입

- 공익법인이 주무관청의 승인을 얻어 시상하는 상금 및 부상과 다수가 순위 경쟁하는 대회에서 입상자가 받는 상금 및 부상
- 계약의 위약 또는 해약으로 인하여 받는 위약금과 배상금 중 주택입주 지체상금 60%를 필요경비로 인정

- 광업권·어업권·산업재산권·산업정보·산업상비밀·상표권·영업권·점포임차권 등을 양도하거나 대여하고 그 대가로 받는 금품
- 문예·학술·미술·음악 또는 사진에 속하는 창작품에 대한 원작자가 받는 원고료, 인세 등 일시적인 문예창작소득
- 고용관계 없이 다수인에게 강연을 하고 받는 강연료 등 인적용역을 일시적으로 제공하고 받는 대가
- 공익목적의 지역권과 지상권

## [100]

1. 사업소득자등록에서 상기 인적사항 입력

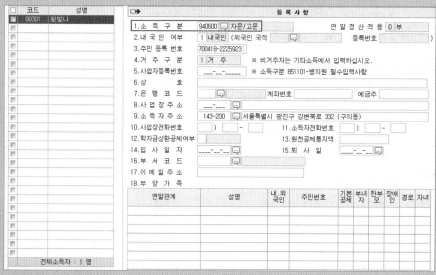

원천징수대상 사업소득

법령에서 정한 원천징수 대상 사업소득을 지급하는 경우 이를 지급 하는 자는 소득세 3%(봉사료 5%)를 원천징수하여야 한다.

① 의료보건 용역(수의사의 용역 포함) 다만, 약사법에 의한 약사가 제공하는 의료보건용역으로서 의약품가격이 차지하는 금액만큼은 제외

② 저술가, 작곡가등이 직업상 제공하는 인적용역

2. 사업소득자료입력에서 해당사업소득자료 입력

지급연월일 8월 10일 /귀속연월 8월/지급액 5,000,000원을 입력

Tip 연말정산대상 사업소득

보험모집인, 방문판매인, 음료물품배달원의 경우 확정신고 없이 연말정산으로 대체가능하다.

## [101]

1. 퇴직소득 자료입력

- 지급월 : 7월
- 영수일자 : 7월 1일
- 사번 : 106
- 구분 : 1. 중도
- 사원등록정산일 : 시작 2010.01.02. 종료 2022.06.30, 지급일자 2022.07.01

2. 퇴직급여 : 10,770,000원 입력

- 퇴직소득원천징수영수증 – 지급월 : 7월 조회

퇴직사유: 자발적퇴직/과세퇴직급여 10,770,000원을 입력

[102]
107.김철새 퇴직일자 기재후 퇴직소득 자료입력에서 지급월(12월), 영수일자(12. 10)입력, 퇴직급여 16,700,000원 입력
퇴직소득 : 퇴직연금일시금, 퇴직전환금, 퇴직위로금, 해고예고수당, 명예퇴직소득, 중간정산등은 규정에 관계없이 퇴
직소득으로 본다.
- 환산급여 = (퇴직소득 - 근속년수공제) × 5 / 근속년수 × 12
- 퇴직소득산출세액 = 퇴직소득과세표준 × 기본세율 × 근속연수 /12

**❋ 법인세 계산구조**

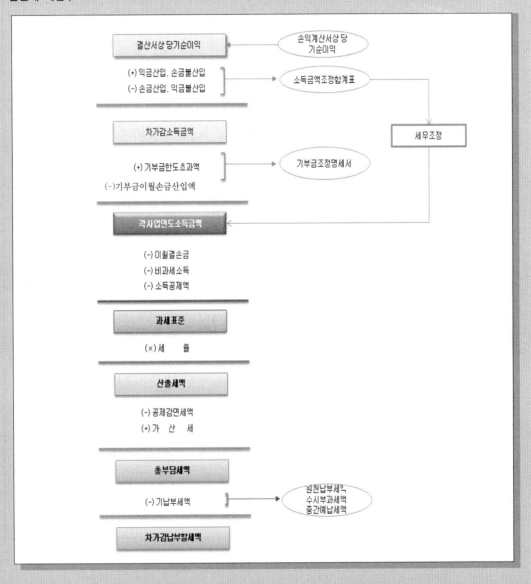

**● 법인세 실무사례**

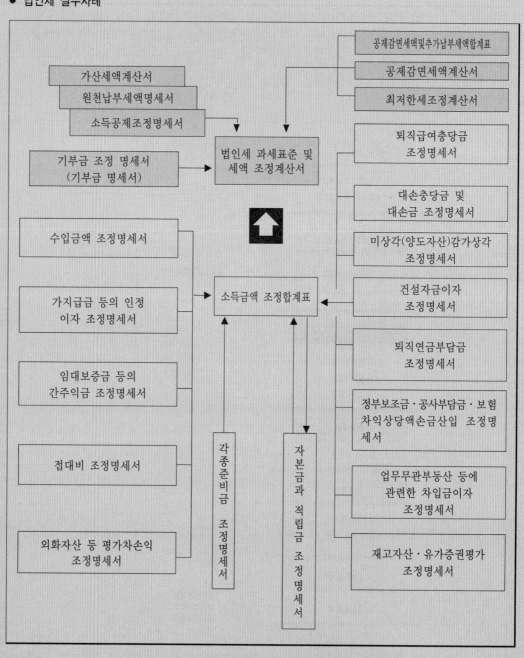

**[103]**

1. 결산조정사항(천재로 인한 재해손실은 비용처리가능)
2. [손금산입]선급비용 600,000원
   ☑ 자산이 과대 계상되어 있으면 자산을 감소시킨다. 자산감소는 대변쪽이고 대변쪽은 손금산입이다.
3. 결산조정사항(파산부패로 인한 평가손실은 비용처리가능)
4. 결산조정사항(대손충당금, 퇴직급여충당금은 결산조정사항)
5. [손금산입]일시상각충당금 100,000원
   ☑ 일시상각충당금은 세법상 비용처리가능하고, 비용처리방법은 손금산입이다.
6. [손금산입]외상매출금 10,000,000원
   ☑ 소멸시효가 완성된 자산인 채권은 상계시킬수 있다. 자산의 감소는 대변이고 대변은 손금산입이다.
7. [손금산입]퇴직연금 5,000,000원
   ☑ 퇴직연금을 한도액까지 비용처리가능하다. 결산상으로 처리 안했으므로 세법상으로 손금산입한다.
8. [손금산입]특례자산감가상각비 1,000,000원
9. 결산조정사항(300,000원을 손상차손계상할수 있으나 회사는 120,000원만 계상)
10. 결산조정사항(1,000원을 제외한 799,000원을 비용처리가능)
    (1) 결산조정(손금항목을 손익계산서에서 비용처리)
      ① 감가상각비
      ② 고유목적사업준비금(외부감사기업-신고조정가능, 반드시 잉여금처분)
      ③ 대손충당금과 퇴직급여충당금
      ④ 부도후 6개월경과 부도어음, 수표(1,000원 비망금액)과 파산, 실종, 사망등
      ⑤ 파손, 부패에 의한 재고자산평가차손
      ⑥ 천재, 지변, 화재, 수용, 폐광에 의한 고정자산평가차손
      ⑦ 주식평가손실(비망 1,000원)
      다음 주식으로서 발행법인이 부도발생, 회생계획인가결정 또는 부실징후기업이 된 경우 당해 주식 등의 평가손
        ㉠ 창업자 · 신기술사업자가 발행한 주식 등으로서 중소기업창업투자회사 · 신기술사업금융업자가 각각 보유
하는 주식
        ㉡ 주권상장 · 코스닥상장 법인이 발행한 주식
          ☑ 2008. 2. 이후 평가하는 분부터 특수관계 없는 비상장법인 발행주식을 추가주식을 발행한 법인이 파산한
경우의 그 주식평가손
      ⑧ 생산설비 폐기손실(1,000원 비망금액)
    (2) 신고조정(손금항목을 소득금액조정합계표에서 손금산입 조정)
      ① 채무면제이익, 자산수증이익 – 이월결손금에 충당한 금액
      ② 퇴직보험료, 퇴직연금등 – 이유: 외부와의 거래
      ③ 공사부담금, 정부보조금, 보험차익의 일시상각충당금(토지는 압축기장충당금)
      ④ 소멸시효완성분 손금산입(강제조정사항), 정리계획인가, 법원면책결정, 압류취소경매채권등
      ⑤ 연구및인력개발준비금 손금산입(이익처분사항)
      ⑥ 국제회계기준적용기업의 감가상각비 시인부족액(과거 3년 평균수준범위)

[Tip] 세무조정
기업이 일반적으로 공정 · 타당하다고 인정되는 기업회계기준에 의하여 작성한 재무제표상의 당기순손익을 기초로
하여 세법의 규정에 따라 익금과 손금을 조정함으로써 정확한 과세소득을 계산하기 위한 일련의 절차를 말한다.
세무조정은 사업연도 말의 결산서에 손비로 계상한 경우에만 세법에서 인정하는 「결산조정사항」과 법인세 신고서
에만 계상해도 되는 「신고조정사항」으로 나눠진다.

**[104]**

1. [손금불산입] 부가세예수금　2,000,000원 (유보발생)

　　☑ 부가가치세예수금이 과대계상되어 있으므로 이를 감소시켜야 한다. 부채의 감소는 차변이고 차변 금액은 손금불산입(익금산입)이고, 자산, 부채의 증감은 유보이다.

2. [손금산입] 세금과공과금　52,500원 (유보발생)

　　☑ 균등할지방소득세는 손금산입 가능한데, 회사가 누락 했으므로 손금산입하고 소득처분은 현금의 유출이 있는데도 처리 안했으므로 자산의 감소로 하고, 유보 처분한다.

3. [손금불산입] 전기오류수정손실　5,000,000원 (기타사외유출)

　　☑ 전기오류수정손실에 계상되어 있는 법인세등은 손금불산입항목 이므로 불산입하고 소득처분은 법인세법이 무조건(법정) 기타사외유출로 처리하도록 규정하고 있으므로 기타사외유출로 처분한다.

4. [익금불산입] 잡이익 1,000,000원 (기타)

　　☑ 법인세등은 법인세납부시 손금불산입(익금산입)으로 처리한 이월익금으로서 환급받은 법인세상당액을 익금불산입함과 동시에 소득처분은 손익계산서에 반영이 되어 이미 잉여금을 구성하였으므로 기타로 처분한다.

5. [손금불산입] 어음기부금　15,000,000원 (유보발생)

　　☑ 기부금의 귀속시기는 현금주의로서 어음으로 지출한 기부금은 어음결제일이 속하는 사업연도의 기부금으로 처리하고 소득처분은 미지급금(어음기부금)으로 계상해야 되므로 부채의 증가인 유보처분을 한다.

6. (1) [손금산입]　이연법인세자산 1,000,000원(유보발생)

　　☑ 법인세로 인한 항목인 법인세비용, 이연법인세등을 세법이 인정하면 순환계산되는 현상이 발생하므로 인정하지 않는다. 이연법인세자산은 자산의 감소이고, 자산의 감소는 유보이다.

　(2) [손금불산입] 법인세 등 5,600,000원 (기타사외유출)-이연법인세조정액 포함

　　☑ 이연법인세자산의 감소 처리는 비용화 되는 것이고, 비용은 법인세비용과 동일하므로 손금불산입 처리한다.

7. [익금산입] 매출 1,200,000원(상여)

　　☑ 현금매출분을 기장누락시 비자금조성으로 보아 대표자상여 처분한다.

8. [익금산입] 매출채권 800,000원(유보발생)

　　☑ 외상매출누락은 익금산입하고 자산(매출채권)을 증가시켜준다. 자산의 증가는 유보이다.

9. (1) [손금불산입] 세금과공과금 2,000,000원(배당)

　　☑ 주주가 부담해야될 것을 회사가 부담한 경우 세법은 손금불산입하고 배당처분한다.

　(2) [손금불산입] 세금과공과금　500,000원(기타소득)

　　☑ 주주, 임직원이 아닌 자(대표자친구,친척등)가 부담해야 되는 것을 회사가 부담시 손금불산입하고 기타소득 처분한다.

10. [익금불산입]　단기매매증권평가이익　500,000원 (유보발생)

　　☑ 세법은 유가증권평가를 인정하지 아니한다. 손익계산서의 단기매매증권평가이익을 익금불산입하고, 재무상태표에 계상되어 있는 단기매매증권을 감소시키는데, 자산의 감소는 유보이다.

11. [익금불산입] 수입배당금 600,000원(기타)

　　☑ 법인세법은 과세된 당기순이익을 근거로 배당된것이 다시 과세되는것을 방지하기 위하여 법인이 받은 배당을 일정범위내서 익금불산입하고, 기타처분한다.(이중과세방지)

[Tip] 소득처분유형

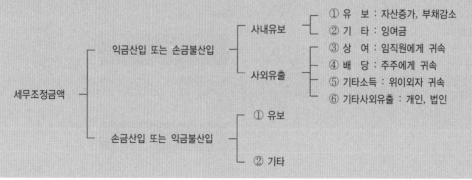

세무조정금액
　익금산입 또는 손금불산입
　　사내유보
　　　① 유　보 : 자산증가, 부채감소
　　　② 기　타 : 잉여금
　　사외유출
　　　③ 상　여 : 임직원에게 귀속
　　　④ 배　당 : 주주에게 귀속
　　　⑤ 기타소득 : 위이외자 귀속
　　　⑥ 기타사외유출 : 개인, 법인
　손금산입 또는 익금불산입
　　① 유보
　　② 기타

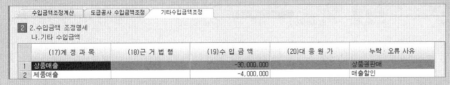

Tip 소득처분에 대한 사후관리

1. 유보는 자본금과 적립금조정명세서(을)에 기재하여 차기년도로 이월 관리한다.

2. 기타처분과 기타사외유출은 사후관리가 없다.

3. 인정상여처분은 다음과 같다.

  (1) 인정상여는 귀속자의 근로제공연도의 근로소득에 포함하여 근로소득세를 원천징수납부 하여야 한다.

  (2) 원천징수를 위한 인정상여의 지급시기는

   ① 자진신고세무조정시 처분된 상여 : 법인세과세표준신고기일

   ② 결정 · 경정시 처분된 상여 : 소득금액변동통지서를 받은 날

4. 인정배당소득, 기타소득 처분은 다음과 같다.

  (1) 인정배당은 법인의 결산확정일(주총승인일)이 속하는 연도의 출자자의 배당소득으로서 원천징수납부 하여야 한다.

  (2) 원천징수를 위한 배당소득의 지급시기는 위의 인정상여처분의 경우와 같다.

   ① 자진신고세무조정시 처분된 배당 : 법인세과세표준신고기일

   ② 결정 · 경정시 처분된 배당 : 소득금액변동통지서를 받은 날

5. 인정상여와 인정배당 및 기타소득에 대하여는 소득자료를 법인세과세표준신고서와 함께 제출하고 다음달 10일까지 원천징수한 세액을 납부하여야 한다. 근로소득에 대하여는 연말정산 원천징수영수증을 수정하여야 한다.

## [105]

1. 수입금액 조회에 의한 입력

| 수입금액조정계산 | 작업진행률에 의한 수입금액 | 중소기업 등 수입금액 인식기준 적용특례에 의한 수입금액 | 기타수입금액조정 |
|---|---|---|---|

**1. 1.수입금액 조정계산**

| | 계정과목 | | ③결산서상 수입금액 | 조 정 | | ⑥조정후 수입금액 (③+④-⑤) | 비 고 |
|---|---|---|---|---|---|---|---|
| | ①항 목 | ②계정과목 | | ④가 산 | ⑤차 감 | | |
| 1 | 매 출 | 제품매출 | 1,095,000,000 | | 4,000,000 | 1,091,000,000 | |
| 2 | 매 출 | 상품매출 | 615,060,000 | | 30,000,000 | 585,060,000 | |
| 3 | 영업외수익 | 잡이익 | 1,500,000 | | | 1,500,000 | |
| 4 | | | | | | | |
| | 계 | | 1,711,560,000 | | 34,000,000 | 1,677,560,000 | |

**2. 2.수입금액 조정명세**

| | | | |
|---|---|---|---|
| 가.작업 진행률에 의한 수입금액 | | | |
| 나.중소기업 등 수입금액 인식기준 적용특례에 의한 수입금액 | | | |
| 다.기타 수입금액 | | | 34,000,000 |
| 계 | | | 34,000,000 |

2. 조정등록(F3) : [익금불산입] 상품권매출 30,000,000원 (유보발생)

| 수입금액조정계산 | 도급공사 수입금액조정 | 기타수입금액조정 |
|---|---|---|

**2. 2.수입금액 조정명세**

나.기타 수입금액

| | (17)계 정 과 목 | (18)근 거 법 령 | (19)수 입 금 액 | (20)대 응 원 가 | 누락 · 오류 사유 |
|---|---|---|---|---|---|
| 1 | 상품매출 | | -30,000,000 | | 상품권판매 |
| 2 | 제품매출 | | -4,000,000 | | 매출할인 |

Tip ① 매출할인,에누리,환입을 직접 차감조정하여도 무방하나 서식에서는 조정금액과 수입금액 조정명세의 금액은 일치해야 한다고 규정하고 있다.(선택사항)

② 그리고 매출할인등을 영업외비용으로 처리한 경우에도 당기순이익에 미치는 영향은 없기 때문에 조정은 하지 않는다. 상품권의 수익인식은 상품과 상품권이 교환되는 시점에 인식한다.

## [106]

### 1. 수입금액 조회에 의한 입력

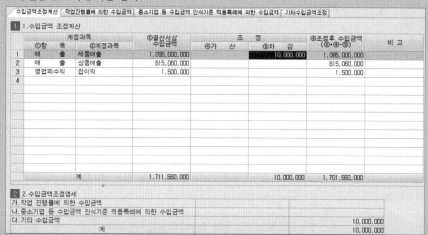

1. 적송매출 – 회사계상액 80,000,000 × 125% × 70% = 70,000,000원

　　　　　　 – 세무상금액 80,000,000 × 125% × 60% = 60,000,000원

　　　　　　 (손금산입)　10,000,000원

2. 매출원가 – 회사계상액 80,000,000 × 70% = 56,000,000원

　　　　　　 – 세무상금액 80,000,000 × 60% = 48,000,000원

　　　　　　 (손금불산입) 8,000,000원

　　　　　　 2. 조정등록(F3)　(손금산입)　적송매출(제품)　　10,000,000원(유보감소)

　　　　　　　　　　　　　　(손금불산입) 적송매출원가　　8,000,000원(유보감소)

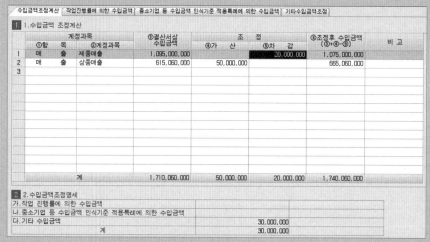

## [107]

### 1. 수입금액 조회에 의한 입력

| | 계정과목 | | ③결산서상 수입금액 | 조　정 | | ⑥조정후 수입금액 (③+④-⑤) | 비 고 |
|---|---|---|---|---|---|---|---|
| | ①항　목 | ②계정과목 | | ④가　산 | ⑤차　감 | | |
| 1 | 매　출 | 제품매출 | 1,095,000,000 | | 20,000,000 | 1,075,000,000 | |
| 2 | 매　출 | 상품매출 | 615,060,000 | 50,000,000 | | 665,060,000 | |
| 3 | | | | | | | |
| | 계 | | 1,710,060,000 | 50,000,000 | 20,000,000 | 1,740,060,000 | |

**2. 수입금액조정명세**

| | |
|---|---|
| 가.작업 진행률에 의한 수입금액 | |
| 나.중소기업 등 수입금액 인식기준 적용특례에 의한 수입금액 | |
| 다.기타 수입금액 | 30,000,000 |
| 계 | 30,000,000 |

2. 조정등록(F3)

[익금산입]  시용매출        50,000,000 (유보발생)

[익금불산입] 전기제품매출  20,000,000 (유보감소)

　　　⇒ 전기의 제품매출에 가산하였음

| 수입금액조정계산 | 작업진행률에 의한 수입금액 | 중소기업 등 수입금액 인식기준 적용특례에 의한 수입금액 | 기타수입금액조정 |
|---|---|---|---|

2. 수입금액 조정명세

다. 기타 수입금액

| | (23)구  분 | (24)근 거 법 령 | (25)수 입 금 액 | (26)대 응 원 가 | 비          고 |
|---|---|---|---|---|---|
| 1 | 상품매출 | | 50,000,000 | | 시용매출 |
| 2 | 제품매출 | | -20,000,000 | | 전기매출액 |

[108]

두 공사 모두 장기도급공사이고, 진행기준을 적용한다.

1. 작업진행율에 의한 수입금액조정

| | ⑤도급자 | ⑨도급금액 | ⑩해당사업연도말 총공사비누적액 (작업시간등) | ⑪총공사 예정비 (작업시간등) | ⑫진행율 (⑩/⑪) | ⑬누적익금 산입액 (⑨×⑫) | ⑭전기말누적 수입계상액 | ⑮당기회사 수입계상액 | (16)조정액 (⑬-⑭-⑮) |
|---|---|---|---|---|---|---|---|---|---|
| 1 | (주)청양 | 1,500,000,000 | 700,000,000 | 1,000,000,000 | 70.00 | 1,050,000,000 | 300,000,000 | 450,000,000 | 300,000,000 |
| 2 | | | | | | | | | |
| | 계 | 1,500,000,000 | 700,000,000 | 1,000,000,000 | | 1,050,000,000 | 300,000,000 | 450,000,000 | 300,000,000 |

| 수입금액조정계산 | 작업진행률에 의한 수입금액 | 중소기업 등 수입금액 인식기준 적용특례에 의한 수입금액 | 기타수입금액조정 |
|---|---|---|---|

2. 수입금액 조정명세

가. 작업진행률에 의한 수입금액

| | ⑤도급자 | ⑨도급금액 | ⑩해당사업연도말 총공사비누적액 (작업시간등) | ⑪총공사 예정비 (작업시간등) | ⑫진행율 (⑩/⑪) | ⑬누적익금 산입액 (⑨×⑫) | ⑭전기말누적 수입계상액 | ⑮당기회사 수입계상액 | (16)조정액 (⑬-⑭-⑮) |
|---|---|---|---|---|---|---|---|---|---|
| 1 | (주)청양 | 1,500,000,000 | 700,000,000 | 1,000,000,000 | 70.00 | 1,050,000,000 | 300,000,000 | 450,000,000 | 300,000,000 |
| 2 | (주)대주 | 800,000,000 | 200,000,000 | 400,000,000 | 50.00 | 400,000,000 | | 400,000,000 | |
| 3 | | | | | | | | | |
| | 계 | 2,300,000,000 | 900,000,000 | 1,400,000,000 | | 1,450,000,000 | 300,000,000 | 850,000,000 | 300,000,000 |

2. 매출에누리(선택사항)

2,000,000원 [잡손실계정]을제품매출 수입금액에서 차감

| 수입금액조정계산 | 작업진행률에 의한 수입금액 | 중소기업 등 수입금액 인식기준 적용특례에 의한 수입금액 | 기타수입금액조정 |
|---|---|---|---|

2. 수입금액 조정명세

다. 기타 수입금액

| | (23)구  분 | (24)근 거 법 령 | (25)수 입 금 액 | (26)대 응 원 가 | 비          고 |
|---|---|---|---|---|---|
| 1 | 제품매출 | | -2,000,000 | | 매출에누리 |
| 2 | | | | | |

Tip 매출할인, 에누리, 환입을 직접 차감조정하여도 무방하나 서식에서는 조정금액과 수입금액 조정명세의 금액은 일치해야 한다고 규정하고 있다.(선택사항)

## 3. 수입금액조정명세서 입력

| 수입금액조정계산 | 작업진행률에 의한 수입금액 | 중소기업 등 수입금액 인식기준 적용특례에 의한 수입금액 | 기타수입금액조정 |

**1 1.수입금액 조정계산**

| | 계정과목 | | ③결산서상 수입금액 | 조 정 | | ⑥조정후 수입금액 (③+④-⑤) | 비 고 |
|---|---|---|---|---|---|---|---|
| | ①항 목 | ②계정과목 | | ④가 산 | ⑤차 감 | | |
| 1 | 매 출 | 제품매출 | 1,095,000,000 | | 2,000,000 | 1,093,000,000 | |
| 2 | 매 출 | 상품매출 | 615,060,000 | | | 615,060,000 | |
| 3 | 매 출 | 공사수입금 | 850,000,000 | 300,000,000 | | 1,150,000,000 | |
| 4 | 영업외수익 | 잡이익 | 1,500,000 | | | 1,500,000 | |
| 5 | | | | | | | |
| | | 계 | 2,561,560,000 | 300,000,000 | 2,000,000 | 2,859,560,000 | |

## 4. 조정등록(F3)

[익금산입] 공사수입금 300,000,000원 (유보발생)

[수입금액 조정명세서 작성시 유의할 사항]

① 부가가치세 신고상황과 비교하여 차액의 원인이 타당한지 확인

② 직전기"자본금과 적립금 조정명세서"를 검토하여 익금불산입 유보 처분된 수입금액 등을 조정에 반영하였는지 확인

③ 개별소비세·주세 해당물품 : 반출 및 판매 현황과 비교 검토

④ 장부 전·후에 이루어진 매출의 기간귀속의 적정여부 확인

⑤ 본·지점간 내부미실현이익을 적정하게 조정하였는지 확인

⑥ 수입금액 누락분, 수정신고분, 조사분 반영 여부 등 확인

[도급공사 수익인식] - 진행기준

(1) 단기건설 등(계약기간이 1년 미만)인 경우

　① 작업진행률을 기준으로 계산한 수익과 비용을 각각 해당 사업연도의 익금과 손금에 산입한다.

　② 다만, 중소기업의 경우 결산서상 진행기준으로 인식하였다 하더라도 인도기준으로 신고조정 할 수 있다.

　　※ 종전에는 단기건설 등의 경우 인도기준을 원칙으로 진행기준으로 결산한 경우 이를 인정하는 것으로 규정하고 있다.

(2) 장기건설 등(계약기간이 1년 이상)인 경우

　작업진행률을 기준으로 계산한 수익과 비용을 각각 해당 사업연도의 익금과 손금에 산입한다.

## [109]

### 1. 수입금액조정명세서

#### (1) 수입금액조정계산

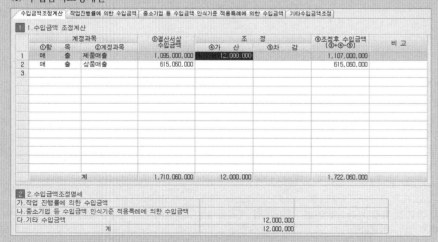

| 수입금액조정계산 | 작업진행률에 의한 수입금액 | 중소기업 등 수입금액 인식기준 적용특례에 의한 수입금액 | 기타수입금액조정 |

**1 1.수입금액 조정계산**

| | 계정과목 | | ③결산서상 수입금액 | 조 정 | | ⑥조정후 수입금액 (③+④-⑤) | 비 고 |
|---|---|---|---|---|---|---|---|
| | ①항 목 | ②계정과목 | | ④가 산 | ⑤차 감 | | |
| 1 | 매 출 | 제품매출 | 1,095,000,000 | 12,000,000 | | 1,107,000,000 | |
| 2 | 매 출 | 상품매출 | 615,060,000 | | | 615,060,000 | |
| 3 | | | | | | | |
| | | 계 | 1,710,060,000 | 12,000,000 | | 1,722,060,000 | |

**2 2.수입금액조정명세**

| 가.작업 진행률에 의한 수입금액 | |
|---|---|
| 나.중소기업 등 수입금액 인식기준 적용특례에 의한 수입금액 | |
| 다.기타 수입금액 | 12,000,000 |
| 계 | 12,000,000 |

(2) 기타수입금액조정

| 수입금액조정계산 | 작업진행률에 의한 수입금액 | 중소기업 등 수입금액 인식기준 적용특례에 의한 수입금액 | 기타수입금액조정 |
|---|---|---|---|

**2. 수입금액 조정명세**
다.기타 수입금액

| | (23)구 분 | (24)근 거 법 령 | (25)수 입 금 액 | (26)대 응 원 가 | 비 고 |
|---|---|---|---|---|---|
| 1 | 제품매출 | | 12,000,000 | 8,000,000 | 위탁매출 |
| 2 | | | | | |

**2. 조정등록(F3)**

(익금산입) : 매출누락 12,000,000(유보발생)

(손금산입) : 매출원가 8,000,000(유보발생)

**3. 조정후 수입금액명세서**

**(1) 업종별수입금액명세서**

| 업종별 수입금액 명세서 | 과세표준과 수입금액 차액검토 |
|---|---|

**1.업종별 수입금액명세서**

| ①업 태 | ②종 목 | 순번 | ③기준(단순)경비율번호 | 수입금액계정조회 ④계(⑤+⑥+⑦) | 내 수 판 매 ⑤국내생산품 | ⑥수입상품 | ⑦수 출 (영세율대상) |
|---|---|---|---|---|---|---|---|
| 제조 | 전자장비 | 01 | 331201 | 1,107,000,000 | 955,000,000 | | 152,000,000 |
| 도매 | 전자기기 | 02 | 293002 | 615,060,000 | 615,060,000 | | |
| | | 03 | | | | | |
| | | 04 | | | | | |
| | | 05 | | | | | |
| | | 06 | | | | | |
| | | 07 | | | | | |
| | | 08 | | | | | |
| | | 09 | | | | | |
| | | 10 | | | | | |
| (111)기 타 | | 11 | | | | | |
| (112)합 계 | | 99 | | 1,722,060,000 | 1,570,060,000 | | 152,000,000 |

• 법인세 과세표준신고일 현재 최근에 제정된 기준(단순)경비율의 업태·종목 및 코드번호를 기입하되, 수입금액이 큰 종목부터 순차적으로 기입하며, 수입금액의 점유비가 5%미만이거나 종목수가 11개 이상이 되는 경우는 "기타"로 표시하여 합계로 기입하고 기준(단순)경비율번호란은 공란으로 한다.

• 수입상품란에는 국내 및 국외무역업자 등 타인으로부터 수입상품을 매입하여 판매하는 수입 금액이 포함됩니다.

• 수출란에는 「부가가치세법」 따른 수출, 국외제공용역, 외국항행용역 기타 외화획득재화 또는 용역의 공급으로 생긴 수입금액을 기입한다.

**(2) 과세표준과 수입금액차액검토**

| 업종별 수입금액 명세서 | 과세표준과 수입금액 차액검토 |
|---|---|

**2. 부가가치세 과세표준과 수입금액 차액 검토**

(1) 부가가치세 과세표준과 수입금액 차액

| ⑧과세(일반) | ⑨과세(영세율) | ⑩면세수입금액 | ⑪합계(⑧+⑨+⑩) | ⑫조정후수입금액 | ⑬차액(⑪-⑫) |
|---|---|---|---|---|---|
| 1,312,900,000 | 152,000,000 | 272,160,000 | 1,737,060,000 | 1,722,060,000 | 15,000,000 |

(2) 수입금액과의 차액내역(부가세과표에 포함되어 있으면 +금액, 포함되지 않으면 -금액 처리)

| ⑮구 분 | 코드 | (16)금 액 | 비 고 | 구 분 | 코드 | (16)금 액 | 비 고 |
|---|---|---|---|---|---|---|---|
| 자가공급(면세전용등) | 21 | | | 거래(공급)시기차이감액 | 30 | | |
| 사업상증여(접대제공) | 22 | | | 주세·개별소비세 | 31 | | |
| 개인적공급(개인적사용) | 23 | | | 매출누락 | 32 | -12,000,000 | |
| 간주임대료 | 24 | | | | 33 | | |
| 자산 고정자산매각액 | 25 | 27,000,000 | 차량운반구 | | 34 | | |
| 매각 그밖의자산매각액(부산물) | 26 | | | | 35 | | |
| 폐업시 잔존재고재화 | 27 | | | | 36 | | |
| 작업진행률 차이 | 28 | | | | 37 | | |
| 거래(공급)시기차이가산 | 29 | | | (17)차 액 계 | 50 | 15,000,000 | |
| | | | | (13)차액과(17)차액계의차이금액 | | | |

1. 부가가치세 과세표준

부가가치세 과세표준금액은 부가가치세 신고서에서 반영된다. 즉 1기 예정, 확정  2기 예정, 확정신고서로서 저장된 내용이 반영된다.

해당사업연도에 해당하는 과세기간분의 과세표준(수정신고 및 경정을 포함한다)을 기입하되, 사업연도기간과 부가가치세 과세기간이 일치하지 아니하는 경우에는 사업연도기간이 속하는 부가가치세 과세기간의 과세표준합계액을 기입하고 그 차액은 (2)수입금액과의 차액내역란에 기입한다.

2. 수입금액과의 차액내역

부가가치세 신고서에 포함되어 있으면 (+)조정하고, 신고 되지 않았으면 (-)조정하면 되며, 2번과 3번의 차액이 일치하면 조정이 완료된 것이다.

Tip 자산의 양도 등에 의한 수입금액 귀속시기

① 상품·제품 등의 판매 : 상품 등을 인도한 날

[국내판매]

납품계약 또는 수탁가공계약에 의하여 물품을 납품하거나 가공하는 경우에는 당해 물품을 계약상 인도하여야 할 장소에 보관한 날. 다만, 계약에 따라 검사를 거쳐 인수 및 인도가 확정되는 물품은 검사가 완료된 날

[수출]

수출물품을 계약상 인도하여야 할 장소에 보관한 날

계약상 별단의 명시가 없는 한 선적을 완료한 날을 말하며, 선적완료일이 분명하지 아니한 때에는 수출할 물품을 보세구역이 아닌 다른 장소에 장치하고 통관절차를 완료하여 수출면장을 발급받은 때

② 시용판매 : 상대방이 상품 등의 구입의사를 표시한 날

다만, 일정기간 내에 반송하거나 거절의 의사 표시를 하지 아니하면 특약 등에 의하여 그 판매가 확정되는 경우에는 그 기간의 만료일

③ 상품 등외의 자산의 양도로 인한 수익 : 대금청산일과 소유권 이전등기일·인도일 또는 사용수익일 중 빠른 날

④ 위탁판매 : 수탁자가 위탁자산을 매매한 날

⑤ 매출할인 : 상대방과의 약정에 의한 지급기일(지급기일이 정하여 있지 아니한 경우에는 지급한 날)이 속하는 사업연도 매출액에서 차감

⑥ 매출에누리 : 매출에누리 금액이 확정된 날

⑦ 판매장려금 : 약정에 따라 지급하기로 한 날 거래수량, 금액에 따라 확정되는 장려금 : 판매한 날

[110]

1. 수입금액조정명세서

(1) 수입금액조정계산

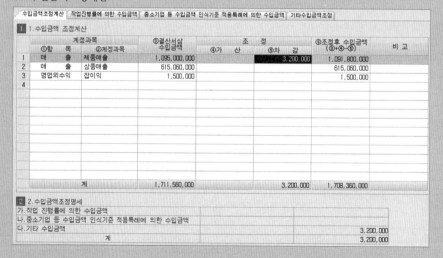

## (2) 기타수입금액조정

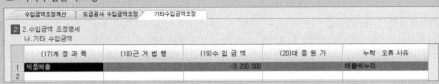

| 수입금액조정계산 | 도급공사 수입금액조정 | 기타수입금액 조정 |
|---|---|---|

**2. 수입금액 조정명세**
나. 기타 수입금액

| | (17)계 정 과 목 | (18)근 거 법 령 | (19)수 입 금 액 | (20)대 응 원 가 | 누락·오류 사유 |
|---|---|---|---|---|---|
| 1 | 제품매출 | | -3,200,000 | | 매출에누리 |
| 2 | | | | | |

## 2. 조정후 수입금액조정명세서

### (1) 업종별수입금액명세서

| 업종별 수입금액 명세서 | 과세표준과 수입금액 차액검토 |
|---|---|

**1. 업종별 수입금액명세서**

| ①업 태 | ②종 목 | 순번 | ③기준(단순)경비율번호 | 수입금액 | | | ⑦수 출 (영세율내상) |
|---|---|---|---|---|---|---|---|
| | | | | ④계(⑤+⑥+⑦) | 내 수 판 매 | | |
| | | | | 수입금액계정조회 | ⑤국내생산품 | ⑥수입상품 | |
| 제조 | 전자부품 | 01 | 300100 | 1,093,300,000 | 941,300,000 | | 152,000,000 |
| 도매 | 전자기기 | 02 | 293002 | 615,060,000 | 615,060,000 | | |
| | | 03 | | | | | |
| | | 04 | | | | | |
| | | 05 | | | | | |
| | | 06 | | | | | |
| | | 07 | | | | | |
| | | 08 | | | | | |
| | | 09 | | | | | |
| | | 10 | | | | | |
| (111)기 타 | | 11 | | | | | |
| (112)합 계 | | 99 | | 1,708,360,000 | 1,556,360,000 | | 152,000,000 |

### (2) 과세표준과 수입금액 차액검토

| 업종별 수입금액 명세서 | 과세표준과 수입금액 차액검토 |
|---|---|

**2. 부가가치세 과세표준과 수입금액 차액 검토**　　　　　부가가치세 신고 내역보기

**(1) 부가가치세 과세표준과 수입금액 차액**

| ⑧과세(일반) | ⑨과세(영세율) | ⑩면세수입금액 | ⑪합계(⑧+⑨+⑩) | ⑫조정후수입금액 | ⑬차액(⑪-⑫) |
|---|---|---|---|---|---|
| 1,312,900,000 | 152,000,000 | 272,160,000 | 1,737,060,000 | 1,708,360,000 | 28,700,000 |

**(2) 수입금액과의 차액내역(부가세과표에 포함되어 있으면 +금액, 포함되지 않았으면 -금액 처리)**

| ⑭구 분 | 코드 | (16)금 액 | 비 고 | ⑭구 분 | 코드 | (16)금 액 | 비 고 |
|---|---|---|---|---|---|---|---|
| 자가공급(면세전용등) | 21 | | | 거래(공급)시기차이감액 | 30 | -8,000,000 | |
| 사업상증여(접대제공) | 22 | 5,000,000 | | 주세·개별소비세 | 31 | | |
| 개인적공급(개인적사용) | 23 | 13,000,000 | | 매출누락 | 32 | | |
| 간주임대료 | 24 | | | | 33 | | |
| 자산 고정자산매각액 | 25 | 18,700,000 | | | 34 | | |
| 매각 그밖의자산매각액(부산물) | 26 | | | | 35 | | |
| 폐업시 잔존재고재화 | 27 | | | | 36 | | |
| 작업진행률 차이 | 28 | | | | 37 | | |
| 거래(공급)시기차이가산 | 29 | | | (17)차 액 계 | 50 | 28,700,000 | |
| | | | | (13)차액과(17)차액계의차이금액 | | | |

거래시기차이가산 : 부가가치세법상 장기할부매출의 공급시기는 대가의 각 부분을 받기로 한때가 되고, 법인세법(기업회계)의 수익인식시기는 재화를 인도한 때가 된다. 그래서 차이금액 8,000,000원을 거래시기차이감액난에 -금액으로 조정입력한다.

**[111]**

(익금산입)간주익금  87,013원(기타사외유출)

간주익금 = (73,600,000,000 − 31,280,000,000) × 1.2% × 1/365 − 1,000,000 = 391,342

### 1. 임대보증금등의 간주익금 조정

보증금적수계산 일수 수정

| ①임대보증금등 적 수 | ②건설비상당액 적 수 | ③보증금잔액 {(①−②)/365} | ④이자율 (%) | ⑤이자율(③×④) 익금상당액 | ⑥보증금운용 수 입 | ⑦(⑤−⑥) 익금산입금액 |
|---|---|---|---|---|---|---|
| 73,600,000,000 | 31,280,000,000 | 115,945,205 | 1.2 | 1,391,342 | 1,000,000 | 391,342 |

### 2. 임대보증금등의 적수계산

크게보기

| No | ⑧일 자 | ⑨적 요 | ⑩임대보증금누계 입금액 | ⑩임대보증금누계 반환액 | ⑩임대보증금누계 잔액누계 | ⑪일 수 | ⑫적수 (⑩×⑪) |
|---|---|---|---|---|---|---|---|
| 1 | 07 01 | 입금 | 400,000,000 | | 400,000,000 | 184 | 73,600,000,000 |
| 2 | | | | | | | |
| | | 계 | 400,000,000 | 0 | 400,000,000 | 184 | 73,600,000,000 |

### 3. 건설비 상당액 적수계산

| 가.건설비의 안분계산 | ⑬건설비 총액적수 ((20)의 합계) | ⑭임대면적 적수 ((24)의 합계) | ⑮건물연면적 적수 ((28)의 합계) | (16)건설비상당액적수 ((⑬×⑭)/⑮) |
|---|---|---|---|---|
| | 93,840,000,000 | 18,400 | 55,200 | 31,280,000,000 |

### 4. 임대보증금등의 운용수입금액 명세서

| No | (29)과 목 | (30)계 정 금 액 | (31)보증금운용수입금액 | (32)기타수입금액 | (33)비 고 |
|---|---|---|---|---|---|
| 1 | 이자수익 | 1,000,000 | 1,000,000 | | |
| 2 | | | | | |
| | 계 | 1,000,000 | 1,000,000 | 0 | |

② 간주익금 = (임대보증금적수-건설비적수)*정기예금이자율*1/365-이자수익, 배당수익, 유가증권처분이익, 신주인수권처분이익

☑ 임대계약기간이 7월1일부터이므로적수 계산도 이때부터 계산한다.(초일산입)

## 2. 건설비적수 계산

### 3. 건설비 상당액 적수계산

| 가.건설비의 안분계산 | ⑬건설비 총액적수 ((20)의 합계) | ⑭임대면적 적수 ((24)의 합계) | ⑮건물연면적 적수 ((28)의 합계) | (16)건설비상당액적수 ((⑬×⑭)/⑮) |
|---|---|---|---|---|
| | 93,840,000,000 | 18,400 | 55,200 | 31,280,000,000 |

나. 임대면적등적수계산 : (17)건설비 총액적수

| No | ⑧일 자 | 건설비 총액 | (18)건설비총액 누계 | (19)일 수 | (20)적 수 ((18)X(19)) |
|---|---|---|---|---|---|
| 1 | 07 01 | 510,000,000 | 510,000,000 | 184 | 93,840,000,000 |
| 2 | | | | | |
| | | 계 | | 184 | 93,840,000,000 |

나. 임대면적등적수계산 : (21)건물임대면적 적수(공유면적 포함)

| No | ⑧일 자 | 입실면적 | 퇴실면적 | (22)임대면적 누계 | (23)일 수 | (24)적 수 ((22)X(23)) |
|---|---|---|---|---|---|---|
| 1 | 07 01 | 100.00 | | 100 | 184 | 18,400 |
| 2 | | | | | | |
| | | 계 | | | 184 | 18,400 |

나. 임대면적등적수계산 : (25)건물연면적 적수(지하층 포함)

| No | ⑧일 자 | 건물연면적 총계 | (26)건물연면적 누계 | (27)일 수 | (28)적 수 ((26)X(27)) |
|---|---|---|---|---|---|
| 1 | 07 01 | 300.00 | 300 | 184 | 55,200 |
| 2 | | | | | |
| | | 계 | | 184 | 55,200 |

건물 전체면적(300)중에 상가 임대는 100이다. 그리고 임대계약기간이 7월1일부터이므로 적수 계산도 이때부터 계산한다.(초일산입)

**[Tip] 간주임대료계산**

부동산임대업을 주업으로 하는 법인으로서 차입금이 일정기준을 초과하는 법인이 부동산 또는 부동산상의 권리를 대여하고 보증금을 받은 경우, 당해 보증금에 정기예금이자율을 곱한 금액이 임대사업 부문에서 발생한 수입이자 및 배당금 등의 합계액을 초과하는 경우에는 그 초과금액을 익금에 산입한다.

**[112]**

1. 회사상각비와 프로그램상의 일반상각비를 비교하여 회사계상상각비로 수정하여야 한다. 건물의 경우 자료입력시 자동으로 일반상각비가 계산되나 회사에서는 상각비를 계상하지 아니하였으므로 상각수정을 이용하여 프로그램상의 일반상각비를 회사계상상각비(당기 감가상각비계상액)로 수정하여야 한다. 기계장치도 동일하다.

2. 감가상각방법을 신고한 적이 없으므로 건물은 정액법 기계장치는 정률법을 적용한다.

3. 공장건물의 자본적 지출액이 손익계산서상의 수선비로 처리된 것은 세법상 당기 감가상각비를 계상한 것으로 보아 세법상 시부인계산을 하게 되므로 추가등록사항은 자본적 지출액란에 입력한다.

4. 미상각분 감가상각조정명세 작성시 감가상각계산 데이터 불러오기를 한다.

5. 감가상각비조정명세서합계표를 작성하고 해답과 같이 세무조정한다.

### 1. 고정자산등록

#### (1) 공장건물

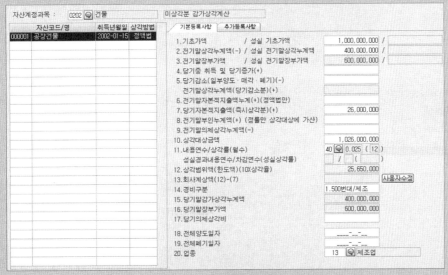

#### (2) 기계장치

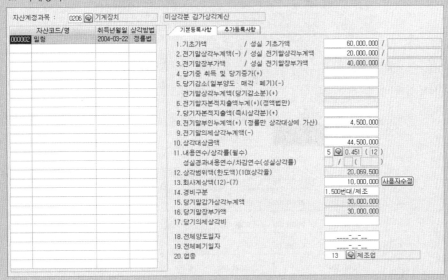

## 2. 미상각자산감가상각비조정명세서 - 개별 자산별 조정

### (1) 건물의 조정화면

| 유형자산(정액법) | 유형자산(정률법) | 무형자산 |
| --- | --- | --- |

| 계정 | 자산코드/명 | 취득년월일 |
| --- | --- | --- |
| 0202 | 000001 공장 | 2002-01-15 |

| | 입력내용 | 금액 | 총계 |
| --- | --- | --- | --- |
| 업종코드/명 | 13 제조업 | | |
| (4)내용연수(기준.신고) | | 40 | |
| 상각계산의 기초가액 | 대차대조표 자산가액 | (5)기말현재액 | 1,000,000,000 | 1,000,000,000 |
| | | (6)감가상각누계액 | 400,000,000 | 400,000,000 |
| | | (7)미상각잔액(5)-(6) | 600,000,000 | 600,000,000 |
| | 회사계산 상각비 | (8)전기말누계 | 400,000,000 | 400,000,000 |
| | | (9)당기상각비 | | |
| | | (10)당기말누계(8)+(9) | 400,000,000 | 400,000,000 |
| | 자본적 지출액 | (11)전기말누계 | | |
| | | (12)당기지출액 | 26,000,000 | 26,000,000 |
| | | (13)합계(11)+(12) | 26,000,000 | |
| (14)취득가액((7)+(10)+(13)) | | 1,026,000,000 | 1,026,000,000 |
| (15)일반상각률.특별상각률 | | 0.025 | |
| 상각범위액계산 | 당기산출 상각액 | (16)일반상각액 | 25,650,000 | 25,650,000 |
| | | (17)특별상각액 | | |
| | | (18)계((16)+(17)) | 25,650,000 | 25,650,000 |
| (19) 당기상각시인범위액 | | 25,650,000 | 25,650,000 |
| (20)회사계상상각액((9)+(12)) | | 26,000,000 | 26,000,000 |
| (21)차감액((20)-(19)) | | 350,000 | 350,000 |
| (22)최저한세적용에따른특별상각부인액 | | | |
| 조정액 | (23) 상각부인액((21)+(22)) | 350,000 | 350,000 |
| 부인액누계 | (24) 기왕부인액중당기손금추인액 | | |
| | (25) 전기말부인누계액 | | |
| | (26) 당기말부인누계액((25)+(23)-(24)) | 350,000 | 350,000 |
| 당기말의제상각액 | (27) 당기의제상각액 ｜△(21)｜-｜(24)｜ | | |
| | (28) 의제상각누계액 | | |

[손금불산입] 건물감가상각부인액   350,000원  (유보발생)

### (2) 기계장치의 조정화면

| 유형자산(정액법) | 유형자산(정률법) | 무형자산 |
| --- | --- | --- |

| 계정 | 자산코드/명 | 취득년월일 |
| --- | --- | --- |
| 0206 | 000002 밀링 | 2004-03-2? |

| | 입력내용 | 금액 | 총계 |
| --- | --- | --- | --- |
| 업종코드/명 | 13 제조업 | | |
| (4)내용연수 | | 5 | |
| 상각계산의 기초가액 | 대차대조표 자산가액 | (5)기말현재액 | 60,000,000 | 60,000,000 |
| | | (6)감가상각누계액 | 30,000,000 | 30,000,000 |
| | | (7)미상각잔액(5)-(6) | 30,000,000 | 30,000,000 |
| | (8)회사계산감가상각비 | | 10,000,000 | 10,000,000 |
| | (9)자본적지출액 | | | |
| | (10)전기말의제상각누계액 | | | |
| | (11)전기말부인누계액 | | 4,500,000 | 4,500,000 |
| | (12)가감계((7)+(8)+(9)-(10)+(11)) | | 44,500,000 | 44,500,000 |
| (13)일반상각률.특별상각률 | | 0.451 | |
| 상각범위액계산 | 당기산출 상각액 | (14)일반상각액 | 20,069,500 | 20,069,500 |
| | | (15)특별상각액 | | |
| | | (16)계((14)+(15)) | 20,069,500 | 20,069,500 |
| | 취득가액 | (17)전기말현재취득가액 | 60,000,000 | 60,000,000 |
| | | (18)당기회사계산증가액 | | |
| | | (19)당기자본적지출액 | | |
| | | (20)계((17)+(18)+(19)) | 60,000,000 | 60,000,000 |
| | (21) 잔존가액 | | 3,000,000 | 3,000,000 |
| | (22) 당기상각시인범위액 | | 20,069,500 | 20,069,500 |
| (23)회사계상상각액((8)+(9)) | | 10,000,000 | 10,000,000 |
| (24)차감액((23)-(22)) | | -10,069,500 | -10,069,500 |
| (25)최저한세적용에따른특별상각부인액 | | | |
| 조정액 | (26) 상각부인액((24)+(25)) | | |
| | (27) 기왕부인액중당기손금추인액 | 4,500,000 | 4,500,000 |
| | (28) 당기말부인누계액((11)+(26)-｜(27)｜) | | |
| 당기말의제상각액 | (29) 당기의제상각액 ｜△(24)｜-｜(27)｜ | | |
| | (30) 의제상각누계액((10)+(29)) | | |

[손금산입]  전기감가상각부인액손금추인  4,500,000원  (유보감소)

### (3) 감가상각비조정명세서 합계표

| | 1. 자산 구분 | 코드 | 2. 합계액 | 유형고정자산 | | | 6. 무형고정자산 |
| --- | --- | --- | --- | --- | --- | --- | --- |
| | | | | 3.건축물 | 4.기계장치 | 5.기타자산 | |
| 대차대조표상가액 | 101.기말현재액 | 01 | 1,060,000,000 | 1,000,000,000 | 60,000,000 | | |
| | 102.감가상각누계액 | 02 | 430,000,000 | 400,000,000 | 30,000,000 | | |
| | 103.미상각잔액 | 03 | 1,490,000,000 | 1,400,000,000 | 90,000,000 | | |
| | 104.상각범위액 | 04 | 45,719,500 | 25,650,000 | 20,069,500 | | |
| | 105.회사손금계상액 | 05 | 36,000,000 | 26,000,000 | 10,000,000 | | |
| 조정금액 | 106.상각부인액(105-104) | 06 | 350,000 | 350,000 | | | |
| | 107.시인부족액(104-105) | 07 | -10,069,500 | | -10,069,500 | | |

감가상각조정등

(1) 감가상각 요건 : ① 사업에 사용하는것 ② 건설이 끝난 자산 ③ 가치가 감소할것

(2) 감가상각 대상 : ① 유형, 무형, 동식물 ② 장기할부매입자산 ③ 금융리스,

(3) 자본적지출 : ① 불가피하게 매입한 유가증권의 평가손실 ② 복구비용 ③ 금융비용등

(4) 유형자산교환 : ① 이종자산-제공자산의 공정가액 ② 동종자산-제공자산의 장부가액, 단, 현금 지급액이 제공자산 공정가액의 25%를 초과시 이종으로 봄

(5) 철거비용자본화 : ① 사용 중 건물철거-비용처리 ② 구입하여 철거시-토지의 취득원가

(6) 즉시상각의제-자본적지출을 비용처리시 감가상각으로 봄

(7) 지출시 비용인정

  ① 소액수선비-6백미만, 자산 장부가액 × 5%미만, 3년미만 주기적 수선

  ② 100만원 이하 소액취득자산

  ③ 단기사용자산-어선용구, 영화필름, 공구, 가구, 비품, 30만원미만의 대여용

    비디오테잎, 컴퓨터(주변기기 포함), 전화기(휴대폰포함)등

(8) 감가상각 기타

  ① 잔존가액 : 원칙은 0으로 하되, 예외적으로 정률법시 5%(이것은 미상각잔액이 최초로 취득가액의 5%이하가 되는 사업년도에 상각범위액에 가산처리(비망-min(1,000원, 취득가액 × 5%))

  ② 내용년수 : 신고는 과표신고기한까지 기준내용년수의 25%범위내서 신고

              변경은 50%가감(증가와 감소가능)한 범위내서 변경신고

              중고자산의 수정내용년수-50%차감 범위내

  ③ 개별자산별 시부인과 세무조정

## [113]

① 감가상각비는 결산조정사항으로서 손익항목이다. 비록 과거연도의 미달상각액을 수정분개하면서 이익잉여금과 상계처리하였다하여도 이는 당기의 감가상각비로 보아 감가상각시부인계산을 수행하는 것이다. 이는 감가상각비조정-고정자산등록메뉴에 입력시 회사계상 감가상각비를 상각수정메뉴를 통하여 회사의 재무제표에 포함된 금액을 입력하면서 진공펌프기에 대하여는 이익잉여금으로 수정분개한 금액을 포함하여 입력한다. 미상각감가상각조정명세서에서 유형고정자산 정율법과 감가상각계산데이타불러오기를 선택한 후 기중기자산에 대한 감가상각부인누계액을 입력하여 세무조정을 한다.

② 감가상각비는 개별자산별로 시부인한다.

1. 고정자산등록

(1) 진공펌프기(회사계상액 = 회사실제계상액+전기오류수정손실)

## (2) 원심분리기

자산계정과목 : [0206] 🖵 기계장치          미상각분 감가상각계산

| ☐ | 자산코드/명 | 취득년월일 | 상각방법 |
|---|---|---|---|
| ☑ | 000002 진공펌프기 | 2008-05-25 | 정률법 |
| ☑ | 000004 원심분리기 | 2008-06-20 | 정률법 |

**기본등록사항** / 추가등록사항

| | |
|---|---|
| 1.기초가액 / 성실 기초가액 | 50,000,000 / |
| 2.전기말상각누계액(-) / 성실 전기말상각누계액 | 20,000,000 / |
| 3.전기말장부가액 / 성실 전기말장부가액 | 30,000,000 / |
| 4.당기중 취득 및 당기증가(+) | |
| 5.당기감소(일부양도·매각·폐기)(-) | |
| 전기말상각누계액(당기감소분) | |
| 6.전기말자본적지출액누계(+)(정액법만) | |
| 7.당기자본적지출액(즉시상각분)(+) | |
| 8.전기말부인누계액(+)(정률만 상각대상에 가산) | 1,710,000 |
| 9.전기말의제상각누계액(-) | |
| 10.상각대상금액 | 31,710,000 |
| 11.내용연수/상각률(월수) | 8 🖵 0.313 ( 12 ) **기준내용년수도움표** |
| 성실경과내용연수/차감연수(성실상각률) | / ( ) |
| 12.상각범위액(한도액)(10X상각률) | 9,925,230 |
| 13.회사계상액(12)-(7) | 10,000,000 **사용자수정** |
| 14.경비구분 | 1.500번대/제조 |
| 15.당기말감가상각누계액 | 30,000,000 |
| 16.당기말장부가액 | 20,000,000 |
| 17.당기의제상각비 | |
| 18.전체양도일자 | ----.--.-- |
| 19.전체폐기일자 | ----.--.-- |
| 20.업종 | 13 🖵 제조업 |

🖍 알림 : 자산코드를 입력하세요.          [X000000] 412-81-54106 🔳 🖩 가 ::

## (3) 콘덴샤 - 당기중 취득분이므로 당기중 취득및증가에 기재

자산계정과목 : [0206] 🖵 기계장치

| ☐ | 자산코드/명 | 취득년월일 | 상각방법 |
|---|---|---|---|
| ☐ | 000003 콘덴샤 | 2019-06-05 | 정률법 |

**기본등록사항** / 추가등록사항

| | |
|---|---|
| 1.기초가액 | |
| 2.전기말상각누계액(-) | |
| 3.전기말장부가액 | |
| 4.당기중 취득 및 당기증가(+) | 60,000,000 |
| 5.당기감소(일부양도·매각·폐기)(-) | |
| 전기말상각누계액(당기감소분)(+) | |
| 6.전기말자본적지출액누계(+)(정액법만) | |
| 7.당기자본적지출액(즉시상각분)(+) | |
| 8.전기말부인누계액(+)(정률만 상각대상에 가산) | |
| 9.전기말의제상각누계액(-) | |
| 10.상각대상금액 | 60,000,000 |
| 11.내용연수/상각률(월수) | 8 🖵 0.313 ( 7 ) **년수별상각율** |
| 12.상각범위액(한도액)(10X상각율) | 10,955,000 |
| 13.회사계상액(12)-(7) | 12,000,000 **사용자수정** |
| 14.경비구분 | 1.500번대/제조 |
| 15.당기말감가상각누계액 | 12,000,000 |
| 16.당기말장부가액 | 48,000,000 |
| 17.당기의제상각비 | |
| 18.전체양도일자 | ----.--.-- |
| 19.전체폐기일자 | ----.--.-- |
| 20.업종 | 13 🖵 제조업 |

## 2. 미상각자산조 감가상각정명세서 입력

### (1) 진공펌프기

유형자산(정액법) / **유형자산(정률법)** / 무형자산

| 계정 | 자산코드/명 | 취득년월일 |
|---|---|---|
| 0206 000003 | 진공펌프기 | 2008-05-25 |
| 0206 000004 | 원심분리기 | 2006-06-20 |
| 0206 000005 | 콘덴샤 | 2012-06-05 |

| 입력내용 | | | 금액 | 총계 |
|---|---|---|---|---|
| 업종코드/명 | 13 | 제조업 | | |
| 합계표 자산구분 | | 2. 기계장치 | | |
| (4)내용연수 | | | 8 | |
| 상각계산의 기초가액 | 재무상태표 자산가액 | (5)기말현재액 | 100,000,000 | 210,000,000 |
| | | (6)감가상각누계액 | 63,000,000 | 1058000000 |
| | | (7)미상각잔액(5)-(6) | 37,000,000 | 1058000000 |
| | (8)회사계산감가상각비 | | 23,000,000 | 4548000000 |
| | (9)자본적지출액 | | | |
| | (10)전기말의제상각누계액 | | | |
| | (11)전기말부인누계액 | | | 1,7000000 |
| | (12)가감계((7)+(8)+(9)-(10)+(11)) | | 60,000,000 | 151577000000 |
| (13)일반상각률.특별상각률 | | | 0.313 | |
| 상각범위액계산 | 당기산출상각액 | (14)일반상각액 | 18,780,000 | 3938680230 |
| | | (15)특별상각액 | | |
| | | (16)계((14)+(15)) | 18,780,000 | 3938680230 |
| | 취득가액 | (17)전기말현재취득가액 | 100,000,000 | 15050000000 |
| | | (18)당기회사계산증가액 | | 6060000000 |
| | | (19)당기자본적지출액 | | |
| | | (20)계((17)+(18)+(19)) | 100,000,000 | 210,000,000 |
| | (21) 잔존가액 | | 5,000,000 | 1088000000 |
| | (22) 당기상각시인범위액 | | 18,780,000 | 3938680230 |
| (23)회사계상상각액((8)+(9)) | | | 23,000,000 | 4548000000 |
| (24)차감액((23)-(22)) | | | 4,220,000 | 5,9399770 |
| (25)최저한세적용에따른특별상각부인액 | | | | |
| 조정액 | (26) 상각부인액 ((24)+(25)) | | 4,220,000 | 5,9399770 |
| | (27) 기왕부인액중당기손금추인액 | | | |

[손금산입] 전기오류수정손실 6,000,000원 (기타)
[손금불산입] 감가상각비(진공펌프기) 4,220,000원 (유보발생)

### (2) 원심분리기 : 전기말 부인액 1,710,000원을 확인후 조정

유형자산(정액법) / **유형자산(정률법)** / 무형자산

| 계정 | 자산코드/명 | 취득년월일 |
|---|---|---|
| 0206 000003 | 진공펌프기 | 2008-05-25 |
| 0206 000004 | 원심분리기 | 2006-06-20 |
| 0206 000005 | 콘덴샤 | 2012-06-05 |

| 입력내용 | | | 금액 | 총계 |
|---|---|---|---|---|
| 업종코드/명 | 13 | 제조업 | | |
| 합계표 자산구분 | | 2. 기계장치 | | |
| (4)내용연수 | | | 8 | |
| 상각계산의 기초가액 | 재무상태표 자산가액 | (5)기말현재액 | 50,000,000 | 210,000,000 |
| | | (6)감가상각누계액 | 30,000,000 | 1058000000 |
| | | (7)미상각잔액(5)-(6) | 20,000,000 | 1058000000 |
| | (8)회사계산감가상각비 | | 10,000,000 | 4548000000 |
| | (9)자본적지출액 | | | |
| | (10)전기말의제상각누계액 | | | |
| | (11)전기말부인누계액 | | 1,710,000 | 1,7000000 |
| | (12)가감계((7)+(8)+(9)-(10)+(11)) | | 31,710,000 | 151577000000 |
| (13)일반상각률.특별상각률 | | | 0.313 | |
| 상각범위액계산 | 당기산출상각액 | (14)일반상각액 | 9,925,230 | 3938680230 |
| | | (15)특별상각액 | | |
| | | (16)계((14)+(15)) | 9,925,230 | 3938680230 |
| | 취득가액 | (17)전기말현재취득가액 | 50,000,000 | 15050000000 |
| | | (18)당기회사계산증가액 | | 6060000000 |
| | | (19)당기자본적지출액 | | |
| | | (20)계((17)+(18)+(19)) | 50,000,000 | 210,000,000 |
| | (21) 잔존가액 | | 2,500,000 | 1088000000 |
| | (22) 당기상각시인범위액 | | 9,925,230 | 3938680230 |
| (23)회사계상상각액((8)+(9)) | | | 10,000,000 | 4548000000 |
| (24)차감액((23)-(22)) | | | 74,770 | 5,9399770 |
| (25)최저한세적용에따른특별상각부인액 | | | | |
| 조정액 | (26) 상각부인액 ((24)+(25)) | | 74,770 | 5,9399770 |
| | (27) 기왕부인액중당기손금추인액 | | | |

[손금불산입] 감가상각비(원심분리기) 74,770원 (유보발생)

### (3) 콘덴샤

| 유형자산(정액법) | 유형자산(정률법) | 무형자산 |
|---|---|---|

| 계정 | 자산코드/명 | 취득년월일 |
|---|---|---|
| 0206 | 000003 콘덴샤 | 2019-06-05 |

| 입력내용 | | 금액 | 총계 |
|---|---|---|---|
| 업종코드/명 | 13 제조업 | | |
| 합계표 자산구분 | 2. 기계장치 | | |
| (4)내용연수 | | 8 | |
| 상각<br>계산<br>의<br>기초<br>가액 | 재무상태표<br>자산가액 | (5)기말현재액 | 60,000,000 | 60,000,000 |
| | | (6)감가상각누계액 | 12,000,000 | 12,000,000 |
| | | (7)미상각잔액(5)-(6) | 48,000,000 | 48,000,000 |
| | (8)회사계산감가상각비 | | 12,000,000 | 12,000,000 |
| | (9)자본적지출액 | | | |
| | (10)전기말의제상각누계액 | | | |
| | (11)전기말부인누계액 | | | |
| | (12)가감계((7)+(8)+(9)-(10)+(11)) | | 60,000,000 | 60,000,000 |
| (13)일반상각률.특별상각률 | | | 0.313 | |
| 상각범위<br>액계산 | 당기산출<br>상각액 | (14)일반상각액 | 10,955,000 | 10,955,000 |
| | | (15)특별상각액 | | |
| | | (16)계((14)+(15)) | 10,955,000 | 10,955,000 |
| | 취득가액 | (17)전기말현재취득가액 | | |
| | | (18)당기회사계산증가액 | 60,000,000 | 60,000,000 |
| | | (19)당기자본적지출액 | | |
| | | (20)계((17)+(18)+(19)) | 60,000,000 | 60,000,000 |
| | (21) 잔존가액 | | 3,000,000 | 3,000,000 |
| | (22) 당기상각시인범위액 | | 10,955,000 | 10,955,000 |
| (23)회사계상상각액((8)+(9)) | | | 12,000,000 | 12,000,000 |
| (24)차감액((23)-(22)) | | | 1,045,000 | 1,045,000 |
| (25)최저한세적용에따른특별상각부인액 | | | | |
| 조정액 | (26) 상각부인액((24)+(25)) | | 1,045,000 | 1,045,000 |
| | (27) 기왕부인액중당기손금추인액 | | | |
| (28) 당기말부인누계액((11)+(26)-|(27)|) | | | 1,045,000 | 1,045,000 |
| 당기말<br>의제상각액 | (29) 당기의제상각액 |△(24)|-|(27)| | | | |
| | (30) 의제상각누계액((10)+(29)) | | | |
| 신고조정 | (31) 기준상각률 | | | |
| | (32) 종전상각비 | | | |

[손금불산입]감가상각비(콘덴샤) 1,045,000원 (유보발생)

## 3. 감가상각비조정명세서 합계표

| | 1.자 산 구 분 | 코드 | 2.합 계 액 | 3.건 축 물 | 4.기계장치 | 5.기타자산 | 6.무형고정자산 |
|---|---|---|---|---|---|---|---|
| 대차대<br>조표상<br>가액 | 101.기말현재액 | 01 | 210,000,000 | | 210,000,000 | | |
| | 102.감가상각누계액 | 02 | 105,000,000 | | 105,000,000 | | |
| | 103.미상각잔액 | 03 | 315,000,000 | | 315,000,000 | | |
| | 104.상각범위액 | 04 | 39,660,230 | | 39,660,230 | | |
| | 105.회사손금계상액 | 05 | 45,000,000 | | 45,000,000 | | |
| 조정<br>금액 | 106.상각부인액<br>(105-104) | 06 | 5,339,770 | | 5,339,770 | | |
| | 107.시인부족액<br>(104-105) | 07 | | | | | |

1. 감가상각한도초과액(상각부인액이라 한다)과 감가상각범위액에 미달하는 시인부족액의 조정

법인의 각 사업연도에 발생한 상각부인액은 손금불산입(유보)하고 그 후의 사업연도에 있어서 시인부족액이 발생한 경우에 이를 한도로 손금으로 인정하는데, 이를 추인이라고 한다. 이 경우 법인이 감가상각비를 손금으로 계상하지 아니한 경우에도 그 상각범위액을 한도로 하여 손금으로 추인한다. 또한 시인부족액은 손금산입할 수 없으며 그 후 사업연도의 상각부인액에도 이를 충당하지 못한다.

2. 양도자산에 대한 시·부인액의 조정

감가상각자산을 양도한 경우에 당해 자산의 상각부인액은 양도일이 속하는 사업연도에 손금산입한다. 따라서 시인부족액은 세무조정없이 자동소멸된다. 이 경우에 감가상각자산의 일부를 양도한 경우에 당해 자산에 대한 감가상각누계액 및 상각부인액 또는 시인부족액은 양도비율에 해당되는 것만큼 상계한다

3. 의제상각비

법인세법은 임의상각제도를 채택하고 있다. 즉, 감가상각비는 결산조정사항으로 기업 임의에 맡기고 있다는 것이다. 그러나 법인세가 면제되거나 감면받는 법인의 경우에 면제·감면기간까지는 감가상각을 계상하지 않고 있다가 면제·감면기간이 끝나면 감가상각을 계상하는 경우가 있을 수 있기 때문에 감가상각의 의제가 필요한 것이다. 한도미달액을 강제로 손금산입하고 있다.

**[114]**

① 퇴직급여 추계액 : 300,000,000원

② 당기말 세무상퇴직급여충당금 : 150,000,000원－120,000,000원=30,000,000

③ 퇴직연금부담액 손금산입누적 한도액(①－②) : 270,000,000원

④ 이미 손금산입한 퇴직연금부담액 : 45,000,000 (60,000,000－15,000,000)

⑤ 손금산입 한도액(③－④) : 225,000,000

⑥ 기말현재 퇴직연금운용자산 : 80,000,000 (=70,000,000 － 15,000,000 ＋ 25,000,000)

⑦ 손금산입대상 퇴직연금부담 : 35,000,000 (⑥－④)

⑧ 한도액 : 35,000,000 (⑤와 ⑦중 작은 금액)

한도

    min[① 추계액기준 = 추계액 － (퇴충기말잔액-부인액) － 이미손금산입한 퇴직연금부담액

       ② 예치금잔액기준(당년도 불입액) = 기말예치금잔액 － 이미손금산입한 퇴직연금부담액]

    이미손금산입한퇴직연금부담액 = 기초퇴직연금충당금및신고조정손금산입누계액 －

                  부인액 － 수령및해약액(퇴직연금 확정기여형급여자의 수령액 포함)

**2. 이미 손금산입한 부담금 등의 계산**

**1 나. 기말 퇴직연금 예치금 등의 계산**

| 19. 기초<br>퇴직연금예치금 등 | 20. 기중 퇴직연금예치금 등의<br>수령 및 해약액 | 21. 당기 퇴직연금예치금 등의<br>납입액 | 22. 퇴직연금예치금 등 계<br>(19 - 20 + 21) |
|---|---|---|---|
| 70,000,000 | 15,000,000 | 25,000,000 | 80,000,000 |

**2 가. 손금산입대상 부담금 등 계산**

| 13. 퇴직연금예치금 등 계<br>(22) | 14. 기초퇴직연금충당금등<br>및 전기말 신고조정에<br>의한 손금산입액 | 15. 퇴직연금충당금등<br>손금부인 누계액 | 16. 기중퇴직연금<br>수령 및 해약액 | 17. 이미 손금산입한<br>부담금등<br>(14 - 15 - 16) | 18. 손금산입대상<br>부담금 등<br>(13 - 17) |
|---|---|---|---|---|---|
| 80,000,000 | 60,000,000 | | 15,000,000 | 45,000,000 | 35,000,000 |

**1. 퇴직연금 등의 부담금 조정**

| 1. 퇴직급여추계액 | 당기말 현재 퇴직급여충당금 | | | | 6. 퇴직부담금 등<br>손금산입<br>누적한도액<br>(① - ⑤) |
|---|---|---|---|---|---|
| | 2. 장부상 기말잔액 | 3. 확정기여형퇴직연금자의<br>설정전 기계상된<br>퇴직급여충당금 | 4. 당기말<br>부인 누계액 | 5. 차감액<br>(② - ③ - ④) | |
| 300,000,000 | 150,000,000 | | 120,000,000 | 30,000,000 | 270,000,000 |

| 7. 이미 손금산입한<br>부담금 등<br>(17) | 8. 손금산입액 한도액<br>(⑥ - ⑦) | 9. 손금산입 대상<br>부담금 등<br>(18) | 10. 손금산입범위액<br>(⑧과 ⑨중 적은 금액) | 11. 회사 손금 계상액 | 12. 조정금액<br>(⑩ - ⑧) |
|---|---|---|---|---|---|
| 45,000,000 | 225,000,000 | 35,000,000 | 35,000,000 | | 35,000,000 |

조정등록(F3)

[손금산입] 퇴직급여충당금 15,00,000원 (유보발생) - 부당상계 퇴직급여충당금 회복조정

[익금산입] 전기퇴직연금부담액 15,000,000원(유보감소) - 전기에 손금산입분중 지급액 조정

[손금산입] 퇴직보험료 35,000,000원(유보발생) - 당기 손금산입분 조정

---

**Tip [퇴직연금운용자산 잔액조회]**

**잔액조회**

계정코드범위(코드)  0186  퇴직연금운용자산  ~  0186  퇴직연금운용자산

| 코드 | 계정과목명 | 기초잔액 | 당기증가 | 당기감소 | 잔액 |
|---|---|---|---|---|---|
| 0186 | 퇴직연금운용자산 | 70,000,000 | 25,000,000 | 15,000,000 | 80,000,000 |

---

**Tip** 퇴직급여충당부채 설정액 중 1년 이상(규정이 있으면 1년미만자도 가능) 근무한 임직원에게 퇴직금을 지급할 때에는 퇴직급여충당부채와 먼저 상계하여야 한다. 다만 세무계산상 퇴직급여충당부채 한도액을 초과하여 상계되는 경우에는 기왕 손금불산입된 금액을 손금으로 추인한다.

**[115]**

1. 실적대손률 계산 = 2,999,000 / 1,000,000,000 = 0.29% [1%에 미달하므로, 1%를 적용]

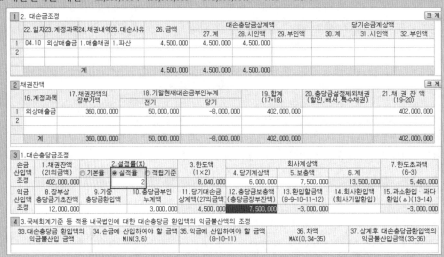

| 2. 대손금조정 | | | | | 대손충당금상계액 | | | 당기손금계상액 | | | 크 게 |
|---|---|---|---|---|---|---|---|---|---|---|---|
| | 22.일자 | 23.계정과목 | 24.채권내역 | 25.대손사유 | 26.금액 | 27.계 | 28.시인액 | 29.부인액 | 30.계 | 31.시인액 | 32.부인액 |
| 1 | 12.31 | 외상매출금 | 1.매출채권 | 6.소멸시효 | 2,000,000 | 2,000,000 | | 2,000,000 | | | |
| 2 | 12.31 | 받을어음 | 1.매출채권 | 5.부도(6개 | 3,000,000 | 3,000,000 | 2,999,000 | 1,000 | | | |
| 3 | | | | | | | | | | | |
| | | | | 계 | 5,000,000 | 5,000,000 | 2,999,000 | 2,001,000 | | | |

| 2 채권잔액 | | | | | | | | 크 게 |
|---|---|---|---|---|---|---|---|---|
| | 16.계정과목 | 17.채권잔액의 장부가액 | 18.기말현재대손금부인누계 | | 19.합계 (17+18) | 20.충당금설정제외채권 (할인,배서,특수채권) | 21.채 권 잔 액 (19-20) | |
| | | | 전기 | 당기 | | | | |
| 1 | 외상매출금 | 1,045,985,892 | | 2,000,000 | 1,047,985,892 | | 1,047,985,892 | |
| 2 | 받을어음 | 206,505,000 | | 1,000 | 206,506,000 | | 206,506,000 | |
| 3 | | | | | | | | |
| | 계 | 1,252,490,892 | | 2,001,000 | 1,254,491,892 | | 1,254,491,892 | |

| 3 1.대손충당금조정 | | | | | | | | | |
|---|---|---|---|---|---|---|---|---|---|
| 손금산입액 조정 | 1.채권잔액 (21의금액) | 2.설정률(%) ⊙기본율 ○실적율 ○적립기준 | | 3.한도액 (1×2) | 회사계상액 | | | 7.한도초과액 (6-3) | |
| | | | | | 4.당기계상액 | 5.보충액 | 6.계 | | |
| | 1,254,491,892 | 1 | | 12,544,918 | | 7,000,000 | 7,000,000 | | |
| 익금산입액 조정 | 8.장부상 충당금기초잔액 | 9.기중 충당금환입액 | 10.충당금부인 누계액 | 11.당기대손금 상계액(27의금액) | 12.충당금보충액 (충당금장부잔액) | 13.환입할금액 (8-9-10-11-12) | 14.회사환입액 (회사기말환입) | 15.과소환입·과다 환입(△)(13-14) | |
| | 15,000,000 | | 3,000,000 | 5,000,000 | 7,000,000 | | | | |

2. 조정등록(F3)

[손금산입] 전기 대손충당금 한도초과분 3,000,000원 (유보감소).

[손금불산입] 외상매출금 대손부인 2,000,000원 (유보발생)

[손금불산입] 받을어음 대손부인(비망금액) 1,000원 (유보발생)

[손금불산입] 대손충당금한도초과  없음

**[116]**

1. 소멸시효가 완성된 외상매출금 8,000,000원을 당기 설정대상채권에서 (-)처리한다.

2. 대손실적율 계산 = 12,500,000 / (50,000,000 + 575,000,000) = 0.02 = 2.0%

| 1 2. 대손금조정 | | | | | 대손충당금상계액 | | | 당기손금계상액 | | | 크 게 |
|---|---|---|---|---|---|---|---|---|---|---|---|
| | 22.일자 | 23.계정과목 | 24.채권내역 | 25.대손사유 | 26.금액 | 27.계 | 28.시인액 | 29.부인액 | 30.계 | 31.시인액 | 32.부인액 |
| 1 | 04.10 | 외상매출금 | 1.매출채권 | 1.파산 | 4,500,000 | 4,500,000 | 4,500,000 | | | | |
| 2 | | | | | | | | | | | |
| | | | | 계 | 4,500,000 | 4,500,000 | 4,500,000 | | | | |

| 2 채권잔액 | | | | | | | | 크 게 |
|---|---|---|---|---|---|---|---|---|
| | 16.계정과목 | 17.채권잔액의 장부가액 | 18.기말현재대손금부인누계 | | 19.합계 (17+18) | 20.충당금설정제외채권 (할인,배서,특수채권) | 21.채 권 잔 액 (19-20) | |
| | | | 전기 | 당기 | | | | |
| 1 | 외상매출금 | 360,000,000 | 50,000,000 | -8,000,000 | 402,000,000 | | 402,000,000 | |
| 2 | | | | | | | | |
| | 계 | 360,000,000 | 50,000,000 | -8,000,000 | 402,000,000 | | 402,000,000 | |

| 3 1.대손충당금조정 | | | | | | | | | |
|---|---|---|---|---|---|---|---|---|---|
| 손금산입액 조정 | 1.채권잔액 (21의금액) | 2.설정률(%) ○기본율 ⊙실적율 ○적립기준 | | 3.한도액 (1×2) | 회사계상액 | | | 7.한도초과액 (6-3) | |
| | | | | | 4.당기계상액 | 5.보충액 | 6.계 | | |
| | 402,000,000 | 2 | | 8,040,000 | 6,000,000 | 7,500,000 | 13,500,000 | 5,460,000 | |
| 익금산입액 조정 | 8.장부상 충당금기초잔액 | 9.기중 충당금환입액 | 10.충당금부인 누계액 | 11.당기대손금 상계액(27의금액) | 12.충당금보충액 (충당금장부잔액) | 13.환입할금액 (8-9-10-11-12) | 14.회사환입액 (회사기말환입) | 15.과소환입·과다 환입(△)(13-14) | |
| | 12,000,000 | | 3,000,000 | 4,500,000 | 7,500,000 | -3,000,000 | | -3,000,000 | |

| 4 3.국제회계기준 등 적용 내국법인에 대한 대손충당금 환입액의 익금불산입액의 조정 | | | | | |
|---|---|---|---|---|---|
| 33.대손충당금 환입액의 익금불산입 금액 | 34.손금에 산입하여야 할 금액 MIN(3,6) | 35.익금에 산입하여야 할 금액 (8-10-11) | 36.차액 MAX(0,34-35) | 37.상계후 대손충당금환입액의 익금불산입금액(33-36) | |

18. 기말현재대손금부인누계액 : 전기유보(50,000,000원) - 소멸시효완성(8,000,000원)

[손금산입] 전기대손충당금 한도초과분 3,000,000 (유보 감소)

[손금산입] 외상매출금(소멸시효완성) 8,000,000 (유보발생)

[손금불산입] 대손충당금 한도초과 5,460,000 (유보발생)

[Tip] 대손충당금 설정

① 외상매출금·대여금·기타 이에 준하는 채권에 대한 대손예상액을 대손충당금으로 손금계상한 경우에는 일정금액의 범위내에서 손금에 산입한다.

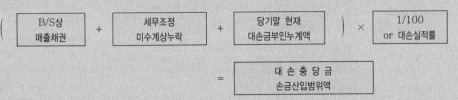

$$\left( \boxed{\begin{array}{c}\text{B/S상}\\\text{매출채권}\end{array}} + \boxed{\begin{array}{c}\text{세무조정}\\\text{미수계상누락}\end{array}} + \boxed{\begin{array}{c}\text{당기말 현재}\\\text{대손금부인누계액}\end{array}} \right) \times \boxed{\begin{array}{c}\text{1/100}\\\text{or 대손실적률}\end{array}}$$

$$= \boxed{\begin{array}{c}\text{대 손 충 당 금}\\\text{손금산입범위액}\end{array}}$$

☑ 대손실적률 = 당해 사업연도 대손금 ÷ 직전사업연도 종료일 현재 세무상 채권잔액

② 각 사업연도에 발생한 대손금은 기설정된 대손충당금계정과 상계하며, 대손충당금잔액을 초과하는 대손금은 손금에 산입한다.

③ 당해 사업연도에 발생하는 대손금과 상계하고 남은 대손충당금잔액은 익금에 산입하거나 당해 사업연도에 손금산입할 대손충당금계정에 보충하여야 한다.

## [117]

### 1. 조정등록

(1) 3만원초과 신용카드 미사용 접대비부인액

〈손금불산입〉 접대비부인액 4,820,320,원(기타사외유출)

(2) 접대비한도초과액

〈손금불산입〉 접대비한도초과 11,901,264원(기타사외유출)

### 2. 접대비조정(을)

| 구 분 | ① 일반수입금액 | ② 특수관계인간 거래금액 | ③ 합 계(①+②) |
|---|---|---|---|
| 금 액 | 1,531,560,000 | 180,000,000 | 1,711,560,000 |

2. 접대비 해당금액

| ④ 계정과목 | | 합계 | 접대비(제조) | 접대비(판관) | 광고선전비 | |
|---|---|---|---|---|---|---|
| ⑤ 계정금액 | | 65,500,000 | 13,153,520 | 38,346,480 | 14,000,000 | |
| ⑥ 접대비계상액 중 사적사용경비 | | | | | | |
| ⑦ 접대비해당금액(⑤-⑥) | | 65,500,000 | 13,153,520 | 38,346,480 | 14,000,000 | |
| ⑧ 신용 카드 등 미사용 금액 | 경조사비 중 기준금액 초과액 | ⑨신용카드 등 미사용금액 | | | | |
| | | ⑩총 초과금액 | | | | |
| | 국외지역 지출액 (법인세법 시행령 제41조제2항제1호) | ⑪신용카드 등 미사용금액 | | | | |
| | | ⑫총 지출액 | | | | |
| | 농어민 지출액 (법인세법 시행령 제41조제2항제2호) | ⑬송금명세서 미제출금액 | | | | |
| | | ⑭총 지출액 | | | | |
| | 접대비 중 기준금액 초과액 | ⑮신용카드 등 미사용금액 | 4,820,320 | 143,520 | 4,676,800 | |
| | | (16)총 초과금액 | 64,977,520 | 13,137,220 | 37,840,300 | 14,000,000 |
| (17) 신용카드 등 미사용 부인액 | | 4,820,320 | 143,520 | 4,676,800 | | |
| (18) 접대비 부인액(⑥+(17)) | | 4,820,320 | 143,520 | 4,676,800 | | |

## 3. 접대비조정(갑)

| | | | |
|---|---|---|---|
| ① 접대비 해당 금액 | | | 65,500,000 |
| ② 기준금액 초과 접대비 중 신용카드 등 미사용으로 인한 손금불산입액 | | | 4,820,320 |
| ③ 차감 접대비 해당금액(①-②) | | | 60,679,680 |
| 일반<br>접대비<br>한도 | ④ 12,000,000 (중소기업 36,000,000) X 월수(12) / 12 | | 36,000,000 |
| | 총수입금액<br>기준 | 100억원 이하의 금액 X 30/10,000 (2020년 사업연도 분은 35/10,000) | 5,134,680 |
| | | 100억원 초과 500억원 이하의 금액 X 20/10,000 (2020년 사업연도 분은 25/10,000) | |
| | | 500억원 초과 금액 X 3/10,000 (2020년 사업연도 분은 6/10,000) | |
| | | ⑤ 소계 | 5,134,680 |
| | 일반수입금액<br>기준 | 100억원 이하의 금액 X 30/10,000 (2020년 사업연도 분은 35/10,000) | 4,594,680 |
| | | 100억원 초과 500억원 이하의 금액 X 20/10,000 (2020년 사업연도 분은 25/10,000) | |
| | | 500억원 초과 금액 X 3/10,000 (2020년 사업연도 분은 6/10,000) | |
| | | ⑥ 소계 | 4,594,680 |
| | ⑦ 수입금액기준 | (⑤-⑥) X 10/100 | 54,000 |
| | ⑧ 일반접대비 한도액 (④+⑥+⑦) | | 40,648,680 |
| 문화접대비 한도<br>(「조특법」<br>제136조제3항) | ⑨ 문화접대비 지출액 | | 14,000,000 |
| | ⑩ 문화접대비 한도액(⑨와 (⑧ X 20/100) 중 작은 금액 ) | | 8,129,736 |
| ⑪ 접대비 한도액 합계(⑧+⑩) | | | 48,778,416 |
| ⑫ 한도초과액(③-⑪) | | | 11,901,264 |
| ⑬ 손금산입한도 내 접대비 지출액(③과⑪ 중 작은 금액 ) | | | 48,778,416 |

### 1. 접대비대상
  (1) 사용인이 조직한 단체의 복리시설비 지출(법인인 경우, 개인이면 경리일부)
  (2) 약정에 의한 채권 포기액
### 2. 접대비평가 = max(시가, 장부가액), 발생주의 적용, 상품권은 사용시점에서 접대비로 봄
### 3. 시부인순서
  (1) 건당 3만원초과(경조사비 20만원초과)접대비 조정
      접대비의 증빙미사용 - 회사 제품증여등은 제외
  (2) 접대비 한도초과액 계산
### 4. 다른 비용과 구분
  (1) 접대비와 광고선전비는 업무와 관련 있는 지출
      기부금은 업무와 무관한 지출
      불특정다수에게 견본품, 컵등 지급 (특정인 3만원까지)비용인정, 단 특정인에게 지출한 금액이더라도 10,000원이하 소액은 금액 제한없이 광고선전비 인정
  (2) 접대비 - 특정인에게 지출
      광고선전비 - 불특정다수에게 지출

| 종 류 | 구 분 기 준 | |
|---|---|---|
| 기 부 금 | 업무와 관련 없는 지출 | |
| 접 대 비 | 업무관 관련있는 지출 | 특정고객을 위한 지출 |
| 광고선전비 | | 불특정 다수인을 위한 지출 |

**[118]**

1. 조정등록

[손금불산입] 3만원초과 신용카드미사용 1,700,000원 (기타사외유출)

[손금불산입] 20만원초과 경조사비 신용카드미사용 1,200,000원 (기타사외유출)

[손금불산입] 접대비한도초과 41,289,320원 (기타사외유출)

2. 접대비조정(을)

| 구 분 | ① 일반수입금액 | ② 특수관계인간 거래금액 | ③ 합 계(①+②) |
|---|---|---|---|
| 금 액 | 1,591,560,000 | 120,000,000 | 1,711,560,000 |

② 2. 접대비 해당금액

| ④ 계정과목 | | 합계 | 접대비(제조) | 접대비(판관) | 대손상각비 | |
|---|---|---|---|---|---|---|
| ⑤ 계정금액 | | 85,000,000 | 15,000,000 | 50,000,000 | 20,000,000 | |
| ⑥ 접대비계상액 중 사적사용경비 | | | | | | |
| ⑦ 접대비해당금액(⑤-⑥) | | 85,000,000 | 15,000,000 | 50,000,000 | 20,000,000 | |
| ⑧ 신용카드 등 미사용금액 | 경조사비 중 기준금액 초과액 | ⑨신용카드 등 미사용금액 | 1,200,000 | | 1,200,000 | | |
| | | ⑩총 초과금액 | 3,000,000 | | 3,000,000 | | |
| | 국외지역 지출액 (법인세법 시행령 제41조제2항제1호) | ⑪신용카드 등 미사용금액 | | | | | |
| | | ⑫총 지출액 | | | | | |
| | 농어민 지출액 (법인세법 시행령 제41조제2항제2호) | ⑬송금명세서 미제출액 | | | | | |
| | | ⑭총 지출액 | | | | | |
| | 접대비 중 기준금액 초과액 | ⑮신용카드 등 미사용금액 | 16,473,840 | 143,520 | 16,330,320 | | |
| | | (16)총 초과금액 | 64,477,520 | 14,983,700 | 49,493,820 | | |
| (17) 신용카드 등 미사용 부인액 | | 17,673,840 | 143,520 | 17,530,320 | | |
| (18) 접대비 부인액(⑥+(17)) | | 17,673,840 | 143,520 | 17,530,320 | | |

3. 접대비조정(갑)

| 구분 | | | 금액 |
|---|---|---|---|
| ① 접대비 해당 금액 | | | 85,000,000 |
| ② 기준금액 초과 접대비 중 신용카드 등 미사용으로 인한 손금불산입액 | | | 17,673,840 |
| ③ 차감 접대비 해당금액(①-②) | | | 67,326,160 |
| 일반 접대비 한도 | ④ 12,000,000 (중소기업 36,000,000) X 월수(12) / 12 | | 36,000,000 |
| | 총수입금액 기준 | 100억원 이하의 금액 X 30/10,000 (2020년 사업연도 분은 35/10,000) | 5,134,680 |
| | | 100억원 초과 500억원 이하의 금액 X 20/10,000 (2020년 사업연도 분은 25/10,000) | |
| | | 500억원 초과 금액 X 3/10,000 (2020년 사업연도 분은 6/10,000) | |
| | | ⑤ 소계 | 5,134,680 |
| | 일반수입금액 기준 | 100억원 이하의 금액 X 30/10,000 (2020년 사업연도 분은 35/10,000) | 4,774,680 |
| | | 100억원 초과 500억원 이하의 금액 X 20/10,000 (2020년 사업연도 분은 25/10,000) | |
| | | 500억원 초과 금액 X 3/10,000 (2020년 사업연도 분은 6/10,000) | |
| | | ⑥ 소계 | 4,774,680 |
| | ⑦ 수입금액기준 | (⑤-⑥) X 10/100 | 36,000 |
| | ⑧ 일반접대비 한도액 (④+⑥+⑦) | | 40,810,680 |
| 문화접대비 한도 (「조특법」 제136조제3항) | ⑨ 문화접대비 지출액 | | |
| | ⑩ 문화접대비 한도액(⑨와 (⑧ X 20/100) 중 작은 금액) | | |
| ⑪ 접대비 한도액 합계(⑧+⑩) | | | 40,810,680 |
| ⑫ 한도초과액(③-⑪) | | | 26,515,480 |
| ⑬ 손금산입한도 내 접대비 지출액(③과⑪ 중 작은 금액) | | | 40,810,680 |

특수관계없는 경우 약정에 의한 채권포기액은 접대비로 보며 이 경우 법인카드 등 사용의무는 면제된다. 따라서 회계처리는 비록 대손상각비로 되어있지만 별도의 세무조정이 없이 바로 접대비로 인식하여 시부인계산한다.

**[119]**

## 1. 조정등록

[손금불산입] 카드미사용 접대비5,778,700원 기타사외유출

[손금불산입] 접대비한도초과8,406,620원 기타사외유출

해외접대비 계정을 사용하면 법인세법 시행령 41조 2항에 해당되는 국외지역지출액에 해당되어 신용카드미사용분으로 부인되지 아니한다.

## 2. 접대비조정(을)

| 1.접대비 입력 (을) | 2.접대비 조정 (갑) |
|---|---|

**1. 수입금액명세**

| 구 분 | ① 일반수입금액 | ② 특수관계인간 거래금액 | ③ 합 계(①+②) |
|---|---|---|---|
| 금 액 | 1,611,560,000 | 100,000,000 | 1,711,560,000 |

**2. 접대비 해당금액**

| ④ 계정과목 | | 합계 | 접대비(제조) | 접대비(판관) | 해외접대비(판관) | |
|---|---|---|---|---|---|---|
| ⑤ 계정금액 | | 55,050,000 | 13,153,520 | 38,346,480 | 3,550,000 | |
| ⑥ 접대비계상액 중 사적사용경비 | | | | | | |
| ⑦ 접대비해당금액(⑤-⑥) | | 55,050,000 | 13,153,520 | 38,346,480 | 3,550,000 | |
| ⑧ 신용카드 미사용금액 | 경조사비 중 기준금액 초과액 | ⑨신용카드 등 미사용금액 | | | | |
| | | ⑩총 초과금액 | | | | |
| | 국외지역 지출액 (법인세법 시행령 제41조제2항제1호) | ⑪신용카드 등 미사용금액 | 350,000 | | | 350,000 |
| | | ⑫총 지출액 | 3,550,000 | | | 3,550,000 |
| | 농어민 지출액 (법인세법 시행령 제41조제2항제2호) | ⑬송금명세서 미제출금액 | | | | |
| | | ⑭총 지출액 | | | | |
| | 접대비 중 기준금액 초과액 | ⑮신용카드 등 미사용금액 | 5,428,700 | 143,520 | 5,285,180 | |
| | | (16)총 초과금액 | 51,500,000 | 13,153,520 | 38,346,480 | |
| (17) 신용카드 등 미사용 부인액 | | 5,778,700 | 143,520 | 5,285,180 | 350,000 | |
| (18) 접대비 부인액(⑥+(17)) | | 5,778,700 | 143,520 | 5,285,180 | 350,000 | |

## 3. 접대비조정(갑)

| 1.접대비 입력 (을) | 2.접대비 조정 (갑) |
|---|---|

**3. 접대비 한도초과액 조정**

| 중소기업 | | | ☐ 정부출자법인 ☐ 부동산임대업등 ⑧한도액 50%적용 |
|---|---|---|---|

| | 구분 | | 금액 |
|---|---|---|---|
| ① 접대비 해당 금액 | | | 55,050,000 |
| ② 기준금액 초과 접대비 중 신용카드 등 미사용으로 인한 손금불산입액 | | | 5,778,700 |
| ③ 차감 접대비 해당금액(①-②) | | | 49,271,300 |
| 일반 접대비 한도 | ④ 12,000,000 (중소기업 36,000,000) X 월수(12) / 12 | | 36,000,000 |
| | 총수입금액 기준 | 100억원 이하의 금액 X 30/10,000 | 5,134,680 |
| | | 100억원 초과 500억원 이하의 금액 X 20/10,000 | |
| | | 500억원 초과 금액 X 3/10,000 | |
| | | ⑤ 소계 | 5,134,680 |
| | 일반수입금액 기준 | 100억원 이하의 금액 X 30/10,000 | 4,834,680 |
| | | 100억원 초과 500억원 이하의 금액 X 20/10,000 | |
| | | 500억원 초과 금액 X 3/10,000 | |
| | | ⑥ 소계 | 4,834,680 |
| | ⑦ 수입금액기준 | (⑤-⑥) X 10/100 | 30,000 |
| | ⑧ 일반접대비 한도액 (④+⑥+⑦) | | 40,864,680 |
| 문화접대비 한도 「조특법」 제136조제3항 | ⑨ 문화접대비 지출액 | | |
| | ⑩ 문화접대비 한도액(⑨와 (⑧ X 20/100) 중 작은 금액) | | |
| ⑪ 접대비 한도액 합계(⑧+⑩) | | | 40,864,680 |
| ⑫ 한도초과액(⑨-⑪) | | | 8,406,620 |
| ⑬ 손금산입한도 내 접대비 지출액(③과⑪ 중 작은 금액) | | | 40,864,680 |

[120]

1. 가지급금 가수금 적수계산 – 직책, 성명을 다음과 같이 불러온다.

(1) 대표이사 입력화면

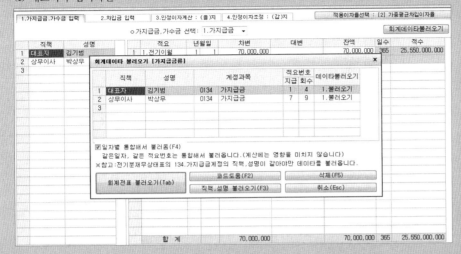

(2) 상무이사 입력화면

이자율별 차입금잔액 계산 : 거래처에서 코드도움으로 차입금을 확인 후 , 기장된 데이터를 거래처별로 이자율을 다음과 같이 입력한다.

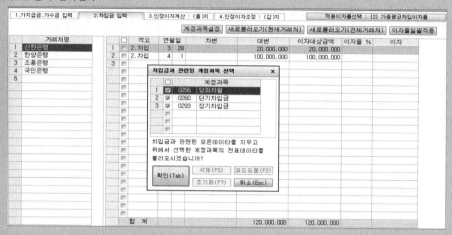

## 3. 인정이자계산(을)

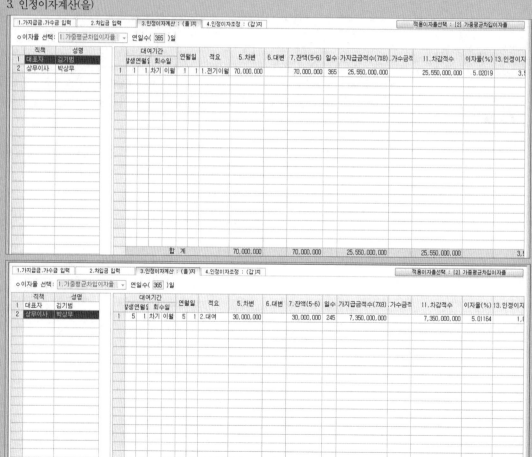

세부담최소화를 가정하였으므로, 가중평균차입이자율을 자동 선택적용 한다.

가중평균차입이자율은 자동입력한다.

가중평균차입이자율이라 함은 법인이 대여시점 현재 각각의 차입금 (특수관계자로부터의 차입금은 제외한다)잔액에 차입 당시의 각각의 이자율을 곱한 금액의 합계액을 해당 차입금 잔액의 총액으로 나눈 비율을 말한다. 이 경우 법인이 변동금리로 차입한 경우에는 차입 당시의 이자율로 차입금을 상환하고 변동된 이자율로 동 금액을 다시 차입한 것으로 본다.

4. 인정이자 계산(갑)

| | | | | | | 시가인정범위 | | 9.조정액(=7) |
|---|---|---|---|---|---|---|---|---|
| | 1.성명 | 2.가지급금적수 | 3.가수금적수 | 4.차감적수(2-3) | 5.인정이자 | 6.회사계상액 | 7.차액(5-6) | 비율(%) | 7>=3억,8>=5% |
| 1 | 김기범 | 25,550,000,000 | | 25,550,000,000 | 3,514,133 | | 3,514,133 | 100.00000 | 3,514,133 |
| 2 | 박상무 | 7,350,000,000 | | 7,350,000,000 | 1,009,193 | 750,000 | 259,193 | 25.68319 | 259,193 |
| | 합 계 | 32,900,000,000 | | 32,900,000,000 | 4,523,326 | 750,000 | | | 3,773,326 |

5. 가중평균차입이자율을 적용하여, 상무이사 회사계상액에 750,000원을 입력한다.

대표이사 [익금산입] 인정이자 3,514,133원(상여)

상무이사 [익금산입] 인정이자 259,193원(상여)/ 1년 366일 경우 256,435(상여)


가지급금 등에 대한 인정이자의 처분

1. 가지급금 인정이자를 익금에 산입한 금액은 금전을 대여받은 자의 구분에 따라 다음과 같이 처분한다.

 (1) 출자자(출자임원 제외): 배당

 (2) 사용인(임원포함): 상여

 (3) 법인 또는 사업을 영위하는 개인: 기타사외유출

 (4) 전 각호 이외의 개인 : 기타소득


2. 법인이 특수관계인간의 금전거래에 있어서 상환기간 및 이자율 등에 대한 약정이 없는 대여금 및 가지급금 등에 대하여 결산상 미수이자를 계상한 경우에도 동 미수이자는 익금불산입하고, 규정에 의하여 계산한 인정이자상당액을 익금에 산입하고 소득처분한다.

[121]

특수관계자에게 무상 또는 인정이자율보다 낮은 이율로 금전을 대여한 경우에는 인정이자율에 의하여 계산한 이자상당액을 익금으로 계상하여야 한다. 인정이자율은 가중평균이자율과 당좌대출이자율 중 회사가 선택하여 사용할 수 있으며 한번 선택한 것은 계속 적용하여 한다.

다만, 가중평균차입이자율의 적용이 불가능한 경우로서 특수관계자가 아닌 자로부터 차입한 금액이 없거나 차입액 전액이 채권자가 불분명한 사채 또는 매입자가 불분명한 채권·증권의 발행으로 조달된 경우에는 당좌대출이자율을 적용한다.

# 1. 가지급금적수계산과 이자율 선택입력(원칙대로 가중평균이자)

1.가지급금.가수금 입력 | 2.차입금 입력 | 3.인정이자계산 : (을)지 | 4.인정이자조정 : (갑)지     적용이자율선택 : [2] 가중평균차입이자율

○가지급금,가수금 선택: 1.가지급금 ▼     회계데이타불러오기

|   | 직책 | 성명 |
|---|------|------|
| 1 | 대표자 | 김기범 |
| 2 |      |      |

|   | 적요 | 년월일 | 차변 | 대변 | 잔액 | 일수 | 적수 |
|---|------|--------|------|------|------|------|------|
| 1 | 1.전기이 | 1 1 | 30,000,000 |  | 30,000,000 | 90 | 2,700,000,000 |
| 2 | 2.대여 | 4 1 | 20,000,000 |  | 50,000,000 | 89 | 4,450,000,000 |
| 3 | 2.대여 | 6 29 | 20,000,000 |  | 70,000,000 | 62 | 4,340,000,000 |
| 4 | 2.대여 | 8 30 | 10,000,000 |  | 80,000,000 | 32 | 2,560,000,000 |
| 5 | 3.회수 | 10 1 |  | 40,000,000 | 40,000,000 | 31 | 1,240,000,000 |
| 6 | 3.회수 | 11 1 |  | 30,000,000 | 10,000,000 | 30 | 300,000,000 |
| 7 | 2.대여 | 12 1 | 50,000,000 |  | 60,000,000 | 31 | 1,860,000,000 |
| 8 |  |  |  |  |  |  |  |
| 합계 |  |  | 130,000,000 | 70,000,000 | 60,000,000 | 365 | 17,450,000,000 |

# 2. 가수금적수계산 및 사용

1.가지급금.가수금 입력 | 2.차입금 입력 | 3.인정이자계산 : (을)지 | 4.인정이자조정 : (갑)지     적용이자율선택 : [2] 가중평균차입이자율

○가지급금,가수금 선택: 2.가수금 ▼     회계데이타불러오기

|   | 직책 | 성명 |
|---|------|------|
| 1 | 대표자 | 김기범 |
| 2 |      |      |

|   | 적요 | 년월일 | 차변 | 대변 | 잔액 | 일수 | 적수 |
|---|------|--------|------|------|------|------|------|
| 1 | 2.가수 | 5 30 |  | 20,000,000 | 20,000,000 | 31 | 620,000,000 |
| 2 | 3.반제 | 6 30 | 10,000,000 |  | 10,000,000 | 30 | 300,000,000 |
| 3 | 2.가수 | 7 30 |  | 10,000,000 | 20,000,000 | 32 | 640,000,000 |
| 4 | 3.반제 | 8 31 | 20,000,000 |  |  | 30 |  |
| 5 | 2.가수 | 9 30 |  | 100,000,000 | 100,000,000 | 93 | 9,300,000,000 |
| 6 |  |  |  |  |  |  |  |
| 합계 |  |  | 30,000,000 | 130,000,000 | 100,000,000 | 216 | 10,860,000,000 |

동일인에 대한 가지급금 등과 가수금이 함께 있는 경우에는 이를 상계한 금액으로 하되 발생시에 각각 상환기간 및 이자율 등에 관한 약정이 있어 이를 상계할 수 없는 경우에는 상계를 하지 아니한다.

# 3. 거래처별 차입금잔액계산

1.가지급금.가수금 입력 | 2.차입금 입력 | 3.인정이자계산 : (을)지 | 4.인정이자조정 : (갑)지     적용이자율선택 : [2] 가중평균차입이자율

계정과목설정 | 새로불러오기(현재거래처) | 새로불러오기(전체거래처) | 이자율일괄적용

|   | 거래처명 |
|---|---------|
| 1 | 광진산업(주) |
| 2 |         |

|   | 적요 | 연월일 | 차변 | 대변 | 이자대상금액 | 이자율 % | 이자 |
|---|------|--------|------|------|------------|----------|------|
| 1 | 2.차입 | 3 1 |  | 100,000,000 | 100,000,000 | 2.00000 | 2,000,000 |
| 2 | 3.상환 | 6 30 | 100,000,000 |  | -100,000,000 | 2.00000 | -2,000,000 |
| 3 | 2.차입 | 7 1 |  | 100,000,000 | 100,000,000 | 4.50000 | 4,500,000 |
| 4 | 3.상환 | 11 1 | 100,000,000 |  | -100,000,000 | 4.50000 | -4,500,000 |
| 5 | 2.차입 | 11 2 |  | 100,000,000 | 100,000,000 | 10.00000 | 10,000,000 |
| 6 |  |  |  |  |  |  |  |

## 4. 인정이자계산(을)-가중평균차입이자율 입력

| 1.가지급금.가수금 입력 | 2.차입금 입력 | 3.인정이자계산 : (을)지 | 4.인정이자조정 : (갑)지 | 적용이자율선택 : [2] 가중평균차입이자율 |
|---|---|---|---|---|

○이자율 선택 : 1.가중평균차입이자율   연일수( 365 )일

| | 직책 | 성명 | | 대여기간 | | | | 연월일 | | 적요 | 5.차변 | 6.대변 | 7.잔액(5-6) | 일수 | 가지급금적수(7×8) |
|---|---|---|---|---|---|---|---|---|---|---|---|---|---|---|---|
| | | | | 발생연월일 | | 회수일 | | | | | | | | | |
| 1 | 대표자 | 김기범 | 1 | 1 | 1 | 10 | 1 | 1 | 1 | 1.전기이월 | 30,000,000 | | 30,000,000 | 273 | 8,190,000,000 |
| | | | 2 | 1 | 1 | 10 | 1 | 10 | 1 | 3.회수 | | 30,000,000 | | | |
| | | | 3 | 4 | 1 | 11 | 1 | 4 | 1 | 2.대여 | 20,000,000 | | 20,000,000 | 183 | 3,660,000,000 |
| | | | 4 | 4 | 1 | 11 | 1 | 10 | 1 | 3.회수 | | 10,000,000 | 10,000,000 | 31 | 310,000,000 |
| | | | 5 | 4 | 1 | 11 | 1 | 11 | 1 | 3.회수 | | 10,000,000 | | | |
| | | | 6 | 6 | 29 | 11 | 1 | 6 | 29 | 2.대여 | 20,000,000 | | 20,000,000 | 125 | 2,500,000,000 |
| | | | 7 | 6 | 29 | 11 | 1 | 11 | 1 | 3.회수 | | 20,000,000 | | | |
| | | | 8 | 8 | 30 | 차기 이월 | | 8 | 30 | 2.대여 | 10,000,000 | | 10,000,000 | 124 | 1,240,000,000 |
| | | | 9 | 12 | 1 | 차기 이월 | | 12 | 1 | 2.대여 | 50,000,000 | | 50,000,000 | 31 | 1,550,000,000 |
| | | | | | | 합 계 | | | | | 130,000,000 | 70,000,000 | 60,000,000 | | 17,450,000,000 |

## 5. 인정이자계산(갑)- 회사계상이자 입력 및 인정이자 조정

[익금산입] 가지급인정이자  485,751(상여)/1년 366일 경우 485,244(상여)

| 1.가지급금.가수금 입력 | 2.차입금 입력 | 3.인정이자계산 : (을)지 | 4.인정이자조정 : (갑)지 | 적용이자율선택 : [2] 가중평균차입이자율 |
|---|---|---|---|---|

▷ **2.가중평균차입이자율에 따른 가지급금 등의 인정이자 조정 (연일수 : 365일)**

| | 1.성명 | 2.가지급금적수 | 3.가수금적수 | 4.차감적수(2-3) | 5.인정이자 | 6.회사계상액 | 시가인정범위 | | 9.조정액(=7) |
|---|---|---|---|---|---|---|---|---|---|
| | | | | | | | 7.차액(5-6) | 비율(%) | 7>=3억,8>=5% |
| 1 | 김기범 | 17,450,000,000 | 10,860,000,000 | 6,590,000,000 | 785,751 | 300,000 | 485,751 | 61.81996 | 485,751 |

법인이 특수관계에 있는 자에게 무상 또는 시가보다 낮은 이율로 금전을 대여한 경우에는 조세의 부담을 부당히 감소시킨 부당행위계산으로 인정되어 이를 부인하고 시가에 의한 금액을 이자로 익금에 산입한다. 다만 시가와 거래가액의 차액이 3억원 이상이거나 시가의 5%에 상당하는 금액 이상인 경우에 한하여 적용한다. 이때 적용하는 인정이자율은 가중평균차입이자율로 하되, 적용 불가능한 경우에는 당좌대출이자율로 한다.

[122]

1. 제품 : 신고일 2011.3.31 입력, 신고방법 후입선출법 입력, 평가방법 후입선출법 입력, 적부적 선택, 과목 제품 선택, 회사계산 82,500,000원 입력, 신고방법 82,500,000원 입력

2. 재공품 : 무신고이므로 선입선출법으로 평가 - 평가감 390,000원

   신고일 무신고, 신고방법 무신고 선택, 평가방법 총평균법 선택, 적부 부 선택, 과목 재공품 선택, 회사계산 8,530,000원 입력, 선입선출법 8,920,000원 입력

3. 원재료 : 신고일 2011.3.31 입력, 신고방법 총평균법 입력, 평가방법 총평균법 입력, 적부 : 적선택, 과목 원재료 선택, 회사계산 26,800,000원 입력, 신고방법 26,800,000원    입력

4. 저장품 : 임의변경이므로 max(선입선출법, 당초신고한 총평균법)으로 평가 - 평가감 43,000원

   신고일 2011. 3.31 입력, 신고방법 총평균법 입력, 평가방법 후입선출법 입력, 적부 : 부선택, 과목 저장품 선택, 회사계산 927,000원 입력, 신고방법 945,000원 입력, 선입선출법 970,000원 입력

5. 세무조정 : 재고자산평가감 433,000원(= 390,000 + 43,000) 손금불산입 (유보발생)

**1. 재고자산 평가방법 검토**

| 1.자산별 | 2.신고일 | 3.신고방법 | 4.평가방법 | 5.적부 | 6.비고 |
|---|---|---|---|---|---|
| 제 품 및 상 품 | 2011-03-31 | 후입선출법 | 후입선출법 | O | |
| 반제품및재공품 | | 무 신 고 | 총 평 균 법 | x | |
| 원 재 료 | 2011-03-31 | 총 평 균 법 | 총 평 균 법 | O | |
| 저 장 품 | 2011-03-31 | 총 평 균 법 | 후입선출법 | x | |
| 유가증권(채권) | | | | | |
| 유가증권(기타) | | | | | |

**2. 평가조정 계산**

| | 7.과목 | | 8.품명 | 9.규격 | 10.단위 | 11.수량 | 회사계산(장부가) | | 조정계산금액 | | | | 18.조정액 |
|---|---|---|---|---|---|---|---|---|---|---|---|---|---|
| | | | | | | | 12.단가 | 13.금액 | 세법상신고방법 | | FIFO(무신고,임의변경시) | | |
| | 코드 | 과목명 | | | | | | | 14.단가 | 15.금액 | 16.단가 | 17.금액 | |
| 1 | 0150 | 제품 | | | | | | 82,500,000 | | 82,500,000 | | | |
| 2 | 0169 | 재공품 | | | | | | 8,530,000 | | | | 8,920,000 | 390,000 |
| 3 | 0153 | 원재료 | | | | | | 26,800,000 | | 26,800,000 | | | |
| 4 | 0167 | 저장품 | | | | | | 927,000 | | 945,000 | | 970,000 | 43,000 |
| 5 | | | | | | | | | | | | | |
| | | 계 | | | | | | 118,757,000 | | 110,245,000 | | 9,890,000 | 433,000 |

## 재고자산조정

재고자산평가조정은 기업회계는 저가법을 강제하고 있으나, 세법은 저가법을 신고한 경우에만 인정하므로 이를 반영하여 조정한다.

1. 당초신고 - 과표신고기한까지 평가방법 신고

2. 변경신고 - 종료일 이전 3월이 되는 날까지(당기 9월30일까지) 변경신고

3. 무신고시 평가방법-선입선출법으로 평가(무신고후 새로운 방법으로 변경하고자 하면 종료일이전 3월이 되는 날까지 변경신고)

4. 임의 변경시 평가방법 - max(선입선출법, 당초 신고한 방법)

5. 조정계산서의 선입선출난은 무신고, 임의 변경시 무조건 입력

6. 단순한 오류, 실수로 잘못 기재시 - 임의변경으로 보지 않고, 차이 금액만 조정

| 평가대상자산 | 신고시 : 신고 방법(선택) | 무신고시 | 신고방법이외의 방법으로 평가시, 임의변경시 |
|---|---|---|---|
| ① 제품 및 상품<br>② 반제품 및 재공품<br>③ 원재료<br>④ 저장품 | ① 원가법 : 개별법, 선입선출법, 후입선출법, 총평균법, 이동평균법, 매가환원법<br>② 저가법 : 취득가액과 기업회계 기준에 의한 시가 중 낮은 가액 | ① 부동산 : 개별법<br>② 기타자산 : 선입선출법 | ① 선입선출법 (매매용부동산은 개별법)<br>② 신고한 평가방법 중 큰 것 |

7. 시가의 범위

　(1) 제품, 상품 및 재공품 : 순실현가능가액

　　순실현가능가액은 제품이나 상품의 추정 판매가액에서 제품의 추가적인 원가와 판매비용의 추정액을 차감한 금액을 말한다.

　(2) 원재료 : 현행대체원가. 다만, 원재료를 투입하여 완성할 제품의 시가가 원가보다 높을 때는 원재료에 대하여 저가법을 적용하지 아니한다.

　　현행대체원가는 현재 시점에서 매입 또는 재생산하는 데 소요되는 금액을 말한다.

**[123]**

**1.재고자산 평가방법 검토**

| 1.자산별 | 2.신고일 | 3.신고방법 | 4.평가방법 | 5.적부 | 6.비고 |
|---|---|---|---|---|---|
| 제품 및 상품 | | 무 신 고 | 총 평 균법 | × | |
| 반제품및재공품 | 2008-03-31 | 총 평 균법 | 총 평 균법 | ○ | |
| 원 재 료 | 2008-03-31 | 총 평 균법 | 후입선출법 | × | |
| 저 장 품 | | | | | |
| 유가증권(채권) | | | | | |
| 유가증권(기타) | | | | | |

**2.평가조정 계산**

| | 7.과목 | | 8.품명 | 9.규격 | 10.단위 | 11.수량 | 회사계산(장부가) | | 조정계산금액 | | | | 18.조정액 |
|---|---|---|---|---|---|---|---|---|---|---|---|---|---|
| | | | | | | | 12.단가 | 13.금액 | 세법상신고방법 | | FIFO(무신고,임의변경시) | | |
| 코드 | 과목명 | | | | | | | | 14.단가 | 15.금액 | 16.단가 | 17.금액 | |
| 1 | 0150 | 제품 | | | | | | 1,000,000 | | | | 1,500,000 | 500,000 |
| 2 | 0150 | 제품 | | | | | | 5,350,000 | | 5,350,000 | | | |
| 3 | 0153 | 원재료 | | | | | | 1,200,000 | | 1,300,000 | | 1,400,000 | 200,000 |
| 4 | | | | | | | | | | | | | |
| | 계 | | | | | | | 7,550,000 | | 6,650,000 | | 2,900,000 | 700,000 |

조정등록(F3)
[익금산입] 제품평가감   500,000원(유보발생)
[익금산입] 원재료평가감 200,000원(유보발생)

**[124]**

• 대표이사 주차위반 과태료 - [손금불산입]  100,000원  (기타사외유출)
• 차량운반구 구입시 취득세 - 감가상각 즉시상각의제 대상 - 세무조정 없음
• 산재보험료 가산금 - [손금불산입]  255,000원  (기타사외유출)
• 대표이사 자택 재산세 - [손금불산입]  450,000원  (상여)
• 공장용지 구입시 취득세 - [손금불산입]  931,050원  (유보발생)

| 코 드 | 계정과목 | 월 | 일 | 거래내용 | 코 드 | 지급처 | 금 액 | 손금불산입표시 |
|---|---|---|---|---|---|---|---|---|
| 0817 | 세금과공과금 | 1 | 8 | 납품지연 지체상금 | | | 100,000 | |
| 0817 | 세금과공과금 | 1 | 20 | 면허세 | | | 85,000 | |
| 0817 | 세금과공과금 | 1 | 30 | 인지대(납세환납증명원) | | | 1,000 | |
| 0817 | 세금과공과금 | 2 | 1 | 면허세 | | | 18,000 | |
| 0817 | 세금과공과금 | 2 | 11 | 대표이사 업무상 주차위반 과태료 | | | 100,000 | 손금불산입 |
| 0817 | 세금과공과금 | 2 | 19 | 차량운반구 구입시 취득세 | | | 480,000 | |
| 0817 | 세금과공과금 | 2 | 22 | 산재보험료 가산금 | | | 255,000 | 손금불산입 |
| 0817 | 세금과공과금 | 2 | 24 | 교통유발부담금 | | | 20,000 | |
| 0817 | 세금과공과금 | 2 | 24 | 면허세 | | | 5,250 | |
| 0817 | 세금과공과금 | 3 | 23 | 국민년금 회사부담액납부 | | | 537,300 | |
| 0817 | 세금과공과금 | 4 | 14 | 전기요금 연체가산금 | | | 443,440 | |
| 0817 | 세금과공과금 | 5 | 19 | 종합부동산세 | | | 141,000 | |
| 0817 | 세금과공과금 | 5 | 20 | 전기요금 납부 지연면체금 | | | 320,000 | |
| 0817 | 세금과공과금 | 6 | 9 | 한국산업기술진흥협회비 | | | 100,000 | |
| 0817 | 세금과공과금 | 6 | 22 | 증권거래세 | | | 25,000 | |
| 0817 | 세금과공과금 | 7 | 3 | 대표이사 자택 재산세 | | | 450,000 | 손금불산입 |
| 0817 | 세금과공과금 | 7 | 20 | 법인균등할 주민세 | | | 25,000 | |
| 0817 | 세금과공과금 | 7 | 26 | 76고4036호자동차세 | | | 32,530 | |
| 0817 | 세금과공과금 | 10 | 11 | 공장용지 구입시 취득세 | | | 931,050 | 손금불산입 |
| 0817 | 세금과공과금 | 12 | 21 | 종합부동산세 | | | 25,000 | |

손금불산입 제세공과금
① 소득에 대하여 부과되는 법인세 및 법인세분지방소득세와 가산세
② 부가가치세 매입세액 단, 매입세액공제가 안된것은 제외
③ 비업무용 토지에 대한 취득세중과분·업무용자산에 대한 취득세, 등록세는 취득가액에 가산한다.
④ 벌금, 과료, 과태료, 가산금 및 체납처분비
⑤ 법령에 의한 의무적 공과금이 아닌 것
⑥ 법령에 의한 의무의 불이행 또는 금지·제한 등의 위반에 부과되는 공과금
⑦ 「산재보험법」의 가산금
⑧ 「국민건강보험법」의 가산금

⑨ 대기오염물질초과배출부담금,폐수배출부담금, 임의출연금 등
단, 폐기물처리부담금은 손금인정

**[125]**

선급비용명세서

선급비용해당액 : 12,862,958-회사계상액 0 = 손금불산입액 12,862,958

[손금불산입]선급비용 12,862,958 (유보발생)

| 지급액 | 선급비용 | 회사계상액 | 조정대상금액 |
|---|---|---|---|
| 1,455,764 | 723,882 | | 723,882 |
| 1,019,178 | 506,789 | | 506,789 |
| 33,690 | 25,198 | | 25,198 |
| 1,019,178 | 506,789 | | 506,789 |
| 4,497,274 | 3,363,714 | | 3,363,714 |
| 986,301 | 490,440 | | 490,440 |
| 199,965 | 99,433 | | 99,433 |
| 1,019,178 | 506,789 | | 506,789 |
| 4,735,801 | 2,354,890 | | 2,354,890 |
| 92,400 | 69,110 | | 69,110 |
| 6,345,800 | 3,155,466 | | 3,155,466 |
| 2,132,635 | 1,060,458 | | 1,060,458 |

선급비용은 법인이 일정한 기간을 정한 약정에 의하여 계속적으로 용역 등을 제공받을 경우 그 기간의 개시일 또는 기간 중에 지급한 용역 등의 대가 중,당해 사업연도종료일 현재까지 용역 등의 제공기간이 미경과된 부분에 상당하는 대가는 다음 사업연도 이후의 손금에 해당되므로 이를 손금 불산입하여야 한다.

**[126]**

1. 상여 조정 [손금불산입] 채권자불분명사채이자   200,000 (상여)

이 서식은 업무와 직접 관련이 없다고 인정되는 자산과 특수관계자에게 당해 법인의 업무와 관련없이 지급한 가지급금 등을 보유하고 있는 법인이 지급한 이자에 대해서 조정한다.

2. 가지급적수 계산

| | 1.적수입력(을) | | 2.지급이자 손금불산입(갑) | | | | | | |
|---|---|---|---|---|---|---|---|---|---|
| | 1.업무무관부동산 | 2.업무무관동산 | 3.가지급금 | 4.가수금 | 5.그밖의 | | | 불러오기 | 적요수정 |
| | ①월일 | ②적요 | ③차변 | ④대변 | ⑤잔액 | ⑥일수 | ⑦적수 | | |
| 1 | 1 1 | 전기이월 | 30,000,000 | | 30,000,000 | 90 | 2,700,000,000 | | |
| 2 | 4 1 | 지 급 | 20,000,000 | | 50,000,000 | 89 | 4,450,000,000 | | |
| 3 | 6 29 | 지 급 | 20,000,000 | | 70,000,000 | 62 | 4,340,000,000 | | |
| 4 | 8 30 | 지 급 | 10,000,000 | | 80,000,000 | 32 | 2,560,000,000 | | |
| 5 | 10 1 | 회 수 | | 40,000,000 | 40,000,000 | 31 | 1,240,000,000 | | |
| 6 | 11 1 | 회 수 | | 30,000,000 | 10,000,000 | 30 | 300,000,000 | | |
| 7 | 12 1 | 지 급 | 50,000,000 | | 60,000,000 | 31 | 1,860,000,000 | | |
| 8 | | | | | | | | | |
| | | 합 계 | 130,000,000 | 70,000,000 | | 365 | 17,450,000,000 | | |

### 3. 가수금 적수계산

| | 1.적수입력(을) | | 2.지급이자 손금불산입(갑) | | | | |
|---|---|---|---|---|---|---|---|

| 1.업무무관부동산 | 2.업무무관동산 | 3.가지급금 | 4.가수금 | 5.그밖의 | | 불러오기 | 적요수정 |
|---|---|---|---|---|---|---|---|

| | ①월일 | | ②적요 | ③차변 | ④대변 | ⑤잔액 | ⑥일수 | ⑦적수 |
|---|---|---|---|---|---|---|---|---|
| 1 | 5 | 30 | 가 수 | | 20,000,000 | 20,000,000 | 31 | 620,000,000 |
| 2 | 6 | 30 | 상 환 | 10,000,000 | | 10,000,000 | 30 | 300,000,000 |
| 3 | 7 | 30 | 가 수 | | 10,000,000 | 20,000,000 | 32 | 640,000,000 |
| 4 | 8 | 31 | 상 환 | 20,000,000 | | | 30 | |
| 5 | 9 | 30 | 가 수 | | 100,000,000 | 100,000,000 | 93 | 9,300,000,000 |
| 6 | | | | | | | | |
| | | | 합 계 | 30,000,000 | 130,000,000 | | 216 | 10,860,000,000 |

### 4. 손금불산입할 지급이자의 계산

차입금의 이자 중 업무무관자산 및 가지급금 등의 취득 및 보유와 관련하여 손금불산입할 금액은 다음과 같이 계산한다.

$$\text{지급이자} \times \frac{\text{업무무관자산과 가지급금등의 가액의 합계액(총차입금을 한도로 함)}}{\text{총차입금적수}}$$

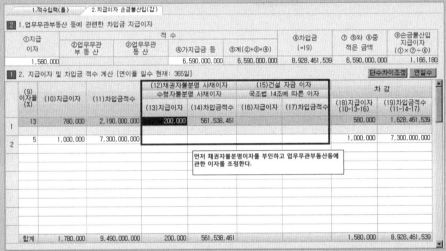

| | 1.적수입력(을) | | 2.지급이자 손금불산입(갑) | | | | |
|---|---|---|---|---|---|---|---|

**2 1. 업무무관부동산 등에 관련한 차입금 지급이자**

| ①지급 이자 | 적 수 | | | | ⑥차입금 (=19) | ⑦ ⑤와 ⑥중 적은 금액 | ⑧손금불산입 지급이자 (①×⑦÷⑧) |
|---|---|---|---|---|---|---|---|
| | ②업무무관 부동산 | ③업무무관 동산 | ④가지급금 등 | ⑤계(②+③+④) | | | |
| 1,580,000 | | | 6,590,000,000 | 6,590,000,000 | 8,928,461,539 | 6,590,000,000 | 1,166,180 |

**1 2. 지급이자 및 차입금 적수 계산 [연이율 일수 현재: 365일]**   단수차이조정  연일수

| | (9)이자율(%) | (10)지급이자 | (11)차입금적수 | (12)채권자불분명 사채이자<br>수령자불분명 사채이자 | | (15)건설 자금 이자<br>국조법 14조에 따른 이자 | | 차 감 | |
|---|---|---|---|---|---|---|---|---|---|
| | | | | (13)지급이자 | (14)차입금적수 | (16)지급이자 | (17)차입금적수 | (18)지급이자 (10-13-16) | (19)차입금적수 (11-14-17) |
| 1 | 13 | 780,000 | 2,190,000,000 | 200,000 | 561,538,461 | | | 580,000 | 1,628,461,539 |
| 2 | 5 | 1,000,000 | 7,300,000,000 | | | | | 1,000,000 | 7,300,000,000 |
| | | | | | 먼저 채권자불분명이자를 부인하고 업무무관부동산등에 관한 이자를 조정한다. | | | | |
| 합계 | | 1,780,000 | 9,490,000,000 | 200,000 | 561,538,461 | | | 1,580,000 | 8,928,461,539 |

### 5. 조정등록(F3)

[손금불산입]업무무관자산이자  1,166,180(기타사외유출)/1년 366일 경우 1,171,489(기타사외유)

### [127]

#### 1. 업무무관 부동산 입력

| | 1.적수입력(을) | | 2.지급이자 손금불산입(갑) | | | | |
|---|---|---|---|---|---|---|---|

| 1.업무무관부동산 | 2.업무무관동산 | 3.가지급금 | 4.가수금 | 5.그밖의 | | 불러오기 | 적요수정 |
|---|---|---|---|---|---|---|---|

| | ①월일 | | ②적요 | ③차변 | ④대변 | ⑤잔액 | ⑥일수 | ⑦적수 |
|---|---|---|---|---|---|---|---|---|
| 1 | 1 | 1 | 전기이월 | 300,000,000 | | 300,000,000 | 120 | 36,000,000,000 |
| 2 | 5 | 1 | 취 득 | 500,000,000 | | 800,000,000 | 245 | 196,000,000,000 |
| 3 | | | | | | | | |

## 2. 업무무관 동산 입력

| | ①월일 | | ②적요 | ③차변 | ④대변 | ⑤잔액 | ⑥일수 | ⑦적수 |
|---|---|---|---|---|---|---|---|---|
| | 1.적수입력(을) | | 2.지급이자 손금불산입(갑) | | | | | |
| | 1.업무무관부동산 | 2.업무무관동산 | 3.가지급금 | 4.가수금 | 5.그밖의 | | 불러오기 | 적요수정 |
| 1 | 1 | 1 | 전기이월 | 50,000,000 | | 50,000,000 | 365 | 18,250,000,000 |
| 2 | | | | | | | | |

## 3. 업무무관 가지급금의 입력

| | ①월일 | | ②적요 | ③차변 | ④대변 | ⑤잔액 | ⑥일수 | ⑦적수 |
|---|---|---|---|---|---|---|---|---|
| | 1.적수입력(을) | | 2.지급이자 손금불산입(갑) | | | | | |
| | 1.업무무관부동산 | 2.업무무관동산 | 3.가지급금 | 4.가수금 | 5.그밖의 | | 불러오기 | 적요수정 |
| 1 | 6 | 2 | 지 급 | 50,000,000 | | 50,000,000 | 33 | 1,650,000,000 |
| 2 | 7 | 5 | 지 급 | 60,000,000 | | 110,000,000 | 180 | 19,800,000,000 |
| 3 | | | | | | | | |

## 4. 지급이자 손금불산입조정

1.적수입력(을)   2.지급이자 손금불산입(갑)

**2. 1. 업무무관부동산 등에 관련한 차입금 지급이자**

| ①지급 이자 | 적 수 | | | | ⑥차입금 (=19) | ⑦ ⑤와 중 적은 금액 | ⑧손금불산입 지급이자 (①×⑦÷⑤) |
|---|---|---|---|---|---|---|---|
| | ②업무무관 부 동 산 | ③업무무관 동 산 | ④가지급금 등 | ⑤계(②+③+④) | | | |
| 27,000,000 | 232,000,000,000 | 18,250,000,000 | 21,450,000,000 | 271,700,000,000 | 100,375,000,000 | 100,375,000,000 | 27,000,000 |

**1. 2. 지급이자 및 차입금 적수 계산 [연이율 일수 현재: 365일]**     단수차이조정  연일수

| (9)이자율(%) | (10)지급이자 | (11)차입금적수 | (12)채권자불분명 사채이자 수령자불분명 사채이자 | | (15)건설 자금 이자 국조법 14조에 따른 이자 | | 차 감 | |
|---|---|---|---|---|---|---|---|---|
| | | | (13)지급이자 | (14)차입금적수 | (16)지급이자 | (17)차입금적수 | (18)지급이자 (10-13-16) | (19)차입금적수 (11-14-17) |
| 1 | 12 | 12,000,000 | 36,500,000,000 | 3,000,000 | 9,125,000,000 | | | 9,000,000 | 27,375,000,000 |
| 2 | 9 | 18,000,000 | 73,000,000,000 | | | | | 18,000,000 | 73,000,000,000 |
| 3 | | | | | | | | | |
| 합계 | | 30,000,000 | 109,500,000,000 | 3,000,000 | 9,125,000,000 | | | 27,000,000 | 100,375,000,000 |

## 5. 지급이자 손금불산입조정

[손금불산입]업무무관자산지급이자 27,000,000원 (기타사외유출)

[손금불산입]수령자불분명 채권, 증권이자 3,000,000(상여)

1. 업무무관부동산의 범위

  (1) 부동산 취득 후 법인의 업무에 직접 사용하지 아니하는 부동산. 다만, 유예기간이 경과하기 전까지의 기간 중에 있는 부동산은 제외한다.

  (2) 유예기간 중에 당해 법인의 업무에 직접 사용하지 아니하고 양도하는 부동산. 다만, 부동산매매업을 주업으로 영위하는 법인의 경우를 제외한다.

2. 업무무관동산의 범위

  (1) 서화ㆍ골동품. 다만, 장식ㆍ환경미화 등에 사용되는 것으로서 사회통념상 업무에 관련있다고 인정되는 1,000만원 범위 안의 것을 제외한다.

  (2) 업무에 직접 사용되지 아니하는 자동차ㆍ선박 및 항공기

  (3) 기타 위와 유사한 자산으로서 당해 법인의 업무에 직접 사용되지 아니하는 자산

3. 특수관계있는 자에게 업무와 관련없이 지급한 가지급금 등의 범위

  이는 명칭여하에 불구하고 당해 법인의 업무와 관련없는 자금의 대여액(금융기관의 경우 주된 수익사업으로 볼 수 없는 자금의 대여액을 포함함)을 말한다. 동일인에 대한 가지급금과 가수금이 함께 있는 경우에는 이를 상계한 금액으로 하고 인정이자를 계산하지 아니하는 가지급금은 제외한다.

4. 당해 사업년도에 발생한 이자 상당액의 범위(미지급이자를 포함하고 선급이자와 이미 손금불산입된 이자는 제외한다.)

  (1) 포함: 사채할인발행차금 상각액, 융통어음할인료, 금융리스에 포함된 지급이자

  (2) 제외: 기업구매자금대출이자, 상업어음할인료, 지급보증수수료, 현재가치할인차금상각액 및 연지급수입

**[128]**

이자비용 = 1,000,000,000 × 12% × 214일 × 1 / 365 = 70,356,164

[손금불산입] 건설자금이자 70,356,164원 (유보발생) /366일 경우에는 70,163,934(유보발생)

| No | ⑤건설<br>자산명 | ⑥대출<br>기관명 | ⑦차입일 | ⑧차입금액 | ⑨이자율 | ⑩지급이자<br>(일시이자수익차감) | ⑪준공일<br>(또는 예정일) | ⑫대상일수<br>(공사일수) | ⑬대상금액<br>(건설이자) |
|----|----|----|----|----|----|----|----|----|----|
| 1 | 당인리공장신출 | 신한은행 | 2022-04-01 | 1,000,000,000 | 12,000 | 108,000,000 | 2023-12-31 | 214 | 70,356,164 |

*(표 제목: 1 2. 특정차입금 건설자금이자계산 명세)*

1. 건설자금이자
   (1) 명목 여하에 불구하고 사업용 고정자산의 매입·제작·건설에 소요되는 차입금(건설 등에 소요된지의 여부가 불분명한 차입금 제외)에 대한 지급이자 또는 이와 유사한 지출금
   (2) 건설 준공일까지 당해 사업용 고정자산의 자본적지출(매입부대비용)로 하여 취득원가에 산입함.
2. 건설자금 이자를 비용처리하거나 과소계상한 경우에는 다음과 같이 세무조정해야 한다.
   (1) 비상각자산 : 손금불산입하여 유보처분하고 동자산의 양도시 유보금액을 손금추인함.
   (2) 상각자산 : 건설이 완료된 자산 해당분 : 감가상각한 것으로 보아 시부인 계산
   ☑ 건설중인 자산 : 손금불산입하여 유보처분하되 건설이 완료되면 기왕의 상각부인액으로 보며 그 이후의 시인부족액의 범위내에서 손금으로 추인됨.

**[129]**

| 익금산입 및 손금불산입 | | | 손금산입 및 익금불산입 | | |
|----|----|----|----|----|----|
| 과 목 | 금 액 | 소득처분 | 과 목 | 금 액 | 소득처분 |
| 법인세등 | 62,500,000 | 기타사외유출 | 법인세환급가산금 | 1,500,000 | 기타 |
| 임원상여금한도초과 | 8,300,000 | 상여 | 전기기계장치감가상각비한도초과 | 9,000,000 | 유보감소 |
| 선급비용(보험료)과소계상 | 2,250,000 | 유보발생 | 토지(세금과공과) | 1,500,000 | 유보감소 |
| 전기미수이자 | 5,000,000 | 유보감소 | 잡이익(전기법인세) | 30,000,000 | 기타 |
| | | | 전기원재료평가감 | 270,000 | 유보감소 |
| 합 계 | 78,050,000 | | 합 계 | 42,270,000 | |

| 소득명세 | 6 | 당기법인세등 계상액 손금불산입하고 기타사외유출로 처분함 |
|----|----|----|

1. [손금불산입]법인세비용 62,500,000원 (기타사외유출)

법인세로 인한 항목인 법인세비용, 이연법인세등을 세법이 인정하면 이익과 비용이 순환되는 현상이 발생하므로 이들을 인정하지 않는다.

2. [익금불산입] 법인세환급가산금 1,500,000(기타)

법인세환급가산금은 법인세과다납부에 대한 이자 성격으로서 조세정책적으로 익금불산입하고, 이미 손익계산서에 반영되어 잉여금을 구성하였으므로 기타처분한다.

3. [손금산입] 전기 기계장치감가상각비한도초과 9,000,000원 (유보감소)

법인세는 당기 시인부족액을 한도로 전기 이전에 부인된 감가상각비한도초과액을 손금산입(추인)하고 있다. 전년도에 감가상각누계액은 자산차감항목이므로 유보처분 하였을 거고, 그것을 추인하므로 유보감소 처분한다.

4. [손금산입] 토지(세금과공과) 1,500,000원 (유보감소)

유형자산에 대한 취득세, 등록세는 취득원가에 합산하도록 되어 있는데 회사가 비용처리(세금과공과)하였으므로 이를 부인하고 토지에 합산하는 조정을 하였을 것이고, 이렇게 조정한것을 처분(매각)시에는 자산이 없어져야 되므로 손금산입하여 없애고, 유보감소 처분한다.

5. [익금불산입] 잡이익(전기법인세) 30,000,000(기타)

전기에 손금불산입한 법인세비용를 환급시 잡이익으로 처리하면 이중과세가 된다. 그래서 익금불산입하고 , 이미 손

익계산서에 계상되어 잉여금을 구성하였으므로 기타 처분한다.

6. [손금불산입] 임원상여금한도초과 8,300,000원 (상여)

규정이 없는 상여금, 퇴직금은 임원인 경우에 손금불산입하고, 직원인 경우에는 손금 인정한다. 소득처분은 임직원에게 귀속되므로 상여 처분한다.

7. [손금불산입]선급비용 2,250,000원 (유보발생)

과대계상된 보험료를 부인하고, 선급비용(자산)으로 계상한다. 선급비용은 자산이므로 유보발생 처분한다.

8. [익금산입] 전기미수이자 5,000,000원(유보감소)

세법은 이자를 현금주의에 의해 익금산입한다. 기업회계기준에 의해 결산상 미수이자를 계상하여도 인정하지 않고, 원천징수시점(현금지급시)에서 익금산입하고, 미수이자가 자산이므로 유보 처분한다.

9. [손금산입] 전기원재료평가감 270,000원(유보감소)

전년도에 과소계상된 원재료평가감이 익금산입(자산)되었을 것이고 , 판매 또는 투입시 추인한다. 재고자산은 다음연도 무조건 판매 또는 제조에 투입된다고 가정한다.

[130]
소득금액조정합계표의 유보발생과 유보감소를 기초, 감소, 증가항목에 기재하여 기말잔액을 구한다.

| | 자본금과적립금조정명세서(을) | 자본금과적립금조정명세서(갑) | 이월결손금 | | |
|---|---|---|---|---|---|
| **세무조정유보소득 계산** | | | | | |
| ①과목 또는 사항 | ②기초잔액 | 당 기 중 증 감 | | | ⑤기말잔액 (=②-③+④) |
| | | ③감 소 | ④증 가 | | |
| 미수이자 | -8,000,000 | -5,000,000 | | | -3,000,000 |
| 기계장치감가상각비한도초과 | 9,000,000 | 9,000,000 | | | |
| 선급비용(보험료)과소계상 | | | 2,250,000 | | 2,250,000 |
| 원재료평가감 | 270,000 | 270,000 | | | |
| 토지(세금과공과) | 1,500,000 | 1,500,000 | | | |
| 합 계 | 2,770,000 | 5,770,000 | 2,250,000 | | -750,000 |

소득금액조정합계표의 유보발생과 유보감소를 기초,감소,증가항목에 기재하여 기말잔액을 구한다.

1. 기초잔액란은 전기말 현재의 세무계산상 유보소득을 기입한다.

2. 당기중 감소란은 전기말 현재의 유보금액중 당해 사업연도중에 손금가산등으로 감소된 금액을 기입한다.

3. 당기중 증가란은 당해 사업연도 세무계산상 익금가산유보로 처분된 금액(특별비용종합한도초과액을 포함한다)을 기입하고 손금가산유보분은 (-)표시 기입한다.

4. 하단의 합계란의 금액을 자본금과 적립금조정명세서(갑)]에 옮겨 적는다.

[131]
1. 법정기부금 : 10,000,000원
2. 지정기부금 : 15,000,000원
3. 기부금 한도초과액 : 1,602,233원(법인세과표및세액조정계산서에 기재)

   [손금불산입] 비지정기부금 1,000,000원(기타사외유출)    어음지급기부금 1,500,000원(유보발생)

| 1.기부금 입력 | 2.기부금 조정 |
|---|---|

**1.기부금명세서**

월별로 전환 | 구분만 별도 입력하기 | 유형별 정렬

| 구분 | | 3.과목 | 4.일자 | | 5.적요 | 기부처 | | 8.금액 | 비고 |
|---|---|---|---|---|---|---|---|---|---|
| 1.유형 | 2.코드 | | | | | 6.법인명등 | 7.사업자(주민)번호등 | | |
| 기타 | 40 | 기부금 | 2 | 2 | 동창친목회기부금 | | | 1,000,000 | |
| 법정기부금 | 10 | 기부금 | 3 | 2 | 국방헌금 | | | 8,000,000 | |
| 법정기부금 | 10 | 기부금 | 10 | 30 | 수재민을 위한 구호금품 | | | 2,000,000 | |
| 지정기부금 | 40 | 기부금 | 12 | 5 | 불우이웃돕기 성금 | | | 15,000,000 | |

| 9.소계 | 가. [법인세법] 제24조제2항의 법정기부금 | 코드 10 | 10,000,000 |
|---|---|---|---|
| | 나. [법인세법] 제24조제1항의 지정기부금 | 코드 40 | 15,000,000 |
| | 다. 그 밖의 기부금 | 코드 50 | 1,000,000 |
| | 계 | | 26,000,000 |

"수정"누른후 직접입력함

**2.소득금액확정**

새로 불러오기 | 수정 해제

| 1.결산서상 당기순이익 | 2.익금산입 | 3.손금산입 | 4.기부금합계 | 5.소득금액계(1+2-3+4) |
|---|---|---|---|---|
| 260,977,678 | 80,550,000 | 42,270,000 | 25,000,000 | 324,257,678 |

| 1.기부금 입력 | 2.기부금 조정 |
|---|---|

**1 1.법정기부금 손금산입액 한도액 계산**

| | | | |
|---|---|---|---|
| 1.소득금액 계 | 324,257,678 | 5.이월잔액 중 손금산입액 MIN[4,23] | 12,000,000 |
| 2.법인세법 제13조제1항제1호에 따른 이월 결손금 합계액 | 168,280,000 | 6.해당연도지출액 손금산입액 MIN[(④-⑤)>0, ③] | 10,000,000 |
| 3.법인세법 제24조제3항에 따른 법정기부금 해당 금액 | 10,000,000 | 7.한도초과액 [(3-6)>0] | |
| 4.한도액 {[(1-2)} 0]X50% | 77,988,839 | 8.소득금액 차감잔액 [(①-②-⑤-⑥)>0] | 133,977,678 |

**2 2. 「조세특례제한법」 제88조의4에 따라 우리사주조합에 지출하는 기부금 손금산입액 한도액 계산**

| | | | |
|---|---|---|---|
| 9.「조세특례제한법」 제88조의4제13항에 따라 우리사주조합 기부금 해당 금액 | | 11. 손금산입액 MIN(9, 10) | |
| 10. 한도액 (1-2)×30% | 46,793,303 | 12. 한도초과액 [(9-10)>0] | |

**3 3.지정기부금 손금산입 한도액 계산**

| | | | |
|---|---|---|---|
| 13. 「법인세법」 제24조제4항에 따른 지정기부금 해당금액 | 15,000,000 | 16. 해당연도지출액 손금산입액 MIN[(14-15)>0, 13] | 13,397,767 |
| 14. 한도액 (8×10%, 20%) | 13,397,767 | 17. 한도초과액 [(13-16)>0] | 1,602,233 |
| 15. 이월잔액 중 손금산입액 MIN(14, 23 ) | | | |

**4 4.기부금 한도초과액 총액**

| 18. 기부금 합계액 (3+9+13) | 19. 손금산입 합계 (6+11+16) | 20. 한도초과액 합계 (18-19)=(7+12+17) |
|---|---|---|
| 25,000,000 | 23,397,767 | 1,602,233 |

**5 5.기부금 이월액 명세**

| 사업 연도 | 기부금 종류 | 23.한도초과 손금불산입액 | 24.기공제액 | 25.공제가능 잔액(23-24) | 26.해당연도 손금추인액 | 27.차기이월액 (25-26) |
|---|---|---|---|---|---|---|
| 합계 | ①법인세법 제24조 제3항에 따른 법정기부금 | 12,000,000 | | 12,000,000 | 12,000,000 | |
| | ②법인세법 제24조 제4항에 따른 지정기부금 | | | | | |
| 2019 | 법인세법 제24조3항에 따른 법정기부금 | 12,000,000 | | 12,000,000 | 12,000,000 | |

법정기부금이월손금산입 12,000,000원과 지정기부금한도초과액 1,602,233원은 법인세과세표준및세액조정계산서에서 직접 조정한다.

**1. 기부금 이월공제**

기부금 종류별로 이월된 각 사업연도의 당해 기부금이 손금산입 한도액에 미달하는 경우에 한하여 그 미달하는 금액의 범위 안에서 손금에 산입한다.

이월된 기부금은 각 사업연도에 발생한 기부금을 먼저 손금에 산입한 후의 잔여 손금산입 한도액 범위 내에서 손금산입하는 것이며 법정기부금 및 지정기부금은 각각 해당 기부금이 손금산입한도액에 미달하는 범위 내에서 이월공제하여야 한다.

**2. 타계정 처리 기부금**

**(1) 가지급금 등으로 이연계상한 경우**

지출한 사업연도의 기부금으로 하고, 그 후의 사업연도에 있어서는 기부금으로 보지 아니한다.

(2) 미지급금으로 계상한 경우

　실제로 지출할 때까지는 기부금으로 보지 아니한다.

(3) 어음으로 지급한 기부금은 그 어음이 실제로 결제된 날에 기부금이 지출된 것으로 보며, 수표의 경우 교부한 날에 지출된 것으로 본다.

| 항목 | 소득세법상 기부금 | 법인세법상 기부금 |
|---|---|---|
| 법 정<br>기부금 | ① 국가 또는 지방자치단체에 무상으로 기증<br>② 국방헌금과 위문금품<br>③ 천재, 지변으로 생긴 이재민 구호금품<br>④ 정치자금에 관한 법률에 의하여 정당에 기부한 본인명의 정치자금<br>⑤ 사회복지공동모금회,바보의 나눔에 지출하는 기부금<br>⑥ 특별재난지역 자원 봉사 용역의 가액<br>⑦ 대한적십자사에 지출하는 기부금<br>⑧ 사립학교 시설비, 교육비, 장학금, 연구비 등 (기능대,전공대학포함) | ① 국가 또는 지방자치단체에 무상으로 기증<br>② 국방헌금과 위문금품<br>③ 천재, 지변으로 생긴 이재민 구호금품<br>④ 대한적십자사에 지출하는 기부금<br>⑤ 일정 병원에 지출하는 시설교,교육비,연구비<br>⑥ 일정 사립학교 시설비, 교육비, 장학금, 연구비 등 법인이 지출하는 경우(기능대,전공대포함)<br>⑦ 사회복지사업, 사회복지활동의 지원에 필요한 재원을 모집·배분하는 것을 주된 목적으로 하는 비영리법인인 사회복지공동모금회와 바보의 나눔에 지출<br>⑧ 법인의 설립목적, 수입금액 등이 대통령령으로 정하는 요건을 갖춘 기관에 지출하는 기부금 |
| 우리사주<br>기부금 | 30%공제<br>우리사주조합기부금 | |
| 지 정<br>기부금 | ① 근로자 노동조합비<br>② 교원단체가입자 회비<br>③ 공무원 직장협의회 회비<br>④ 비영리법인의 고유목적 사업비로 지출하는 기부금<br>⑤ 공익성 단체에 고유목적 사업비로 지출하는 기부금<br>⑥ 사회복지법인, 장학단체, 문화예술단체, 종교단체, 재향군인회, 대한적십자사 등<br>⑦ 사회복지시설에 기부한 금품<br>⑧ 불우이웃돕기 결연기관을 통한 성금 | ① 사회복지시설등 고유목적사업비 지출<br>② 영업자가 조직한 단체로서 법인이거나 주무관청에 등록된 조합 또는 협회에 지급한 특별회비 및 임의로 조직된 조합 또는 협회에 지급한 회비<br>③ 사내근로복지기금<br>④ 불우이웃돕기 성금<br>⑤ 개인에게 교육비,연구비,장학금으로 지출<br>⑥ 지역새마을사업지출등 |

[132]

1. 법정기부금 : 24,663,000

2. 지정기부금 : 9,000,000

기부금 한도초과액 : 13,262,113원(법인세과표및세액조정계산서에 기재)

기부금이월액손금산입 : 8,000,000원(법인세과표및세액조정계산서에 기재)

[손금불산입] 비지정기부금 3,000,000(기타사외유출)

어음지급기부금 3,000,000(유보발생)

1. 법정 기부금(법인세법 24②)

(주1) 한도액 = (기부금을 손금산입 하지 않은 세무조정 후 소득금액 - 이월결손금 ) × 50%

(주1) 소득금액 = [차가감소득금액 + 법정기부금 + 지정기부금

## 2. 기부금입력

1.기부금 입력 | 2.기부금 조정

1.기부금명세서

월별로 전환 | 구분만 별도 입력하기 | 유형별 정렬

| 구분 | | 3.과목 | 4.일자 | | 5.적요 | 기부처 | | 8.금액 | 비고 |
|---|---|---|---|---|---|---|---|---|---|
| 1.유형 | 2.코드 | | | | | 6.법인명등 | 7.사업자(주민)번호등 | | |
| 법정기부금 | 10 | 기부금 | 1 | 4 | 대학연구비지원 | | | 5,000,000 | |
| 지정기부금 | 40 | 기부금 | 2 | 21 | 사내근로복지기금지출 | | | 12,000,000 | |
| 법정기부금 | 10 | 기부금 | 8 | 30 | 지방자치단체기부금 | | | 4,000,000 | |
| 지정기부금 | 40 | 기부금 | 12 | 9 | 문화예술단체기부금 | | | 12,653,200 | |
| 기타 | 50 | 기부금 | 12 | 10 | 종중단체기부금 | | | 3,000,000 | |
| 9.소계 | 가. [법인세법] 제24조제2항의 법정기부금 | | | | | | 코드 10 | 9,000,000 | |
| | 나. [법인세법] 제24조제1항의 지정기부금 | | | | | | 코드 40 | 24,653,200 | |
| | 다.그 밖의 기부금 | | | | | | 코드 50 | 3,000,000 | |
| | 계 | | | | | | | 36,653,200 | |

2.소득금액확정

새로 불러오기 | 수정 해제

| 1.결산서상 당기순이익 | 2.익금산입 | 3.손금산입 | 4.기부금합계 | 5.소득금액계(1+2-3+4) |
|---|---|---|---|---|
| 260,977,678 | 80,550,000 | 42,270,000 | 33,653,200 | 332,910,878 |

1.기부금 입력 | 2.기부금 조정

| | | | |
|---|---|---|---|
| 1 1.법정기부금 손금산입액 한도액 계산 | | | |
| 1.소득금액 계 | 332,910,878 | 5.이월잔액 중 손금산입액 MIN[4,23] | 8,000,000 |
| 2.법인세법 제13조제1항제1호에 따른 이월 결손금 합계액 | 202,000,000 | 6.해당연도지출액 손금산입액 MIN[(④-⑤)>0, ③] | 9,000,000 |
| 3.법인세법 제24조제3항에 따른 법정기부금 해당 금액 | 9,000,000 | 7.한도초과액 [(3-6)>0] | |
| 4.한도액 {[(1-2)〉0]X50%} | 65,455,439 | 8.소득금액 차감잔액 [(①-②-⑤-⑥)>0] | 113,910,878 |
| 2 2. 「조세특례제한법」 제88조의4에 따라 우리사주조합에 지출하는 기부금 손금산입액 한도액 계산 | | | |
| 9.「조세특례제한법」 제88조의4제13항에 따 우리사주조합 기부금 해당 금액 | | 11. 손금산입액 MIN(9, 10) | |
| 10. 한도액 (1-2)×30% | 39,273,263 | 12. 한도초과액 [(9-10)>0] | |
| 3 3.지정기부금 손금산입 한도액 계산 | | | |
| 13. 「법인세법」 제24조제4항에 따른 지정기부금 해당금액 | 24,653,200 | 16. 해당연도지출액 손금산입액 MIN[(14-15)>0, 13] | 11,391,087 |
| 14. 한도액 (8×10%, 20%) | 11,391,087 | 17. 한도초과액 [(13-16)>0] | 13,262,113 |
| 15. 이월잔액 중 손금산입액 MIN(14, 23 ) | | | |
| 4 4.기부금 한도초과액 총액 | | | |

| 18. 기부금 합계액 (3+9+13) | 19. 손금산입 합계 (6+11+16) | 20. 한도초과액 합계 (18-19)=(7+12+17) |
|---|---|---|
| 33,653,200 | 20,391,087 | 13,262,113 |

5 5.기부금 이월액 명세

| 사업연도 | 기부금 종류 | 23.한도초과 손금불산입액 | 24.기공제액 | 25.공제가능 잔액(23-24) | 26.해당연도 손금추인액 | 27.차기이월액 (25-26) |
|---|---|---|---|---|---|---|
| 합계 | ①법인세법 제24조 제3항에 따른 법정기부금 | 8,000,000 | | 8,000,000 | 8,000,000 | |
| | ②법인세법 제24조 제4항에 따른 지정기부금 | | | | | |

[133]

## 1. 자본금과적립금조정명세서(갑)

자본금과적립금조정명세서(을) | 자본금과적립금조정명세서(갑) | 이월결손금

Ⅰ.자본금과 적립금 계산서

| ①과목 또는 사항 | | 코드 | ②기초잔액 | 당 기 중 증 감 | | ⑤기 말 잔 액 (=②-③+④) | 비 고 |
|---|---|---|---|---|---|---|---|
| | | | | ③감 소 | ④증 가 | | |
| 자본금및 잉여금의 계산 | 1.자 본 금 | 01 | 304,500,000 | | | 304,500,000 | |
| | 2.자 본 잉 여 금 | 02 | 101,000,000 | | | 101,000,000 | |
| | 3.자 본 조 정 | 15 | | | | | |
| | 4.기타포괄손익누계액 | 18 | | | | | |
| | 5.이 익 잉 여 금 | 14 | 189,439,339 | | 257,427,678 | 446,867,017 | |
| | 12.기타 | 17 | | | | | |
| | 6.계 | 20 | 594,939,339 | | 257,427,678 | 852,367,017 | |
| 7.자본금과 적립금명세서(을)계 | | 21 | 2,700,000 | 7,270,000 | 2,250,000 | -2,320,000 | |
| 손익미계상 법인세 등 | 8.법 인 세 | 22 | | | 510,735 | 510,735 | |
| | 9.지 방 소 득 세 | 23 | | | 51,073 | 51,073 | |
| | 10. 계 (8+9) | 30 | | | 561,808 | 561,808 | |
| 11.차 가 감 계 (6+7-10) | | 31 | 597,639,339 | 7,270,000 | 259,115,870 | 849,485,209 | |

[손익미계상 법인세 등]

법인세 공제후 순손익계산에 계상되지 아니한 법인세등을 기입한다(조정계산에 의한 법인세 차액 등).

[감소내역]

당기공제액란은  당기공세대상 이월결손금을 기입하되, 법인세과세표준및액조정계산서 각 사업연도소득금액을 한도로 한다.

2. 이월결손금

### 1. 이월결손금 발생 및 증감내역

| (6)<br>사업연도 | 이월결손금 | | | | | 감 소 내 역 | | |
| | 발 생 액 | | | (10)<br>소급공제 | (11)<br>차감계 | (12)<br>기공제액 | (13)<br>당기 공제액 | (14)<br>보 전 |
| | (7) 계 | (8)일반<br>결손금 | (9)배 분<br>한도초과<br>결손금{(9)=(25)} | | | | | |
| 2019-12-31 | 202,000,000 | 202,000,000 | | 30,000,000 | 172,000,000 | | | |

1. 이월결손금 : 사업연도별 세무계산상 이월결손금 발생총액, 소급공제 받은 금액, 차가감액을 기재한다. 다만, 전기말 잔액이 없는 사업연도분은 기재하지 아니한다.

2. 감소내역란의 기공제액란 : 전사업연도까지 소득금액계산상 공제된 이월결손금 누계액을 기재한다.

3. 감소내역란의 당기공제액란 : 당기공제대상 이월결손금을 기재하되, 법인세과세표준 및 세액조정계산서 각 사업연도소득금액을 한도로 한다.

4. 보전란 : 세무계산상 이월결손금 발생액 중 채무면제익, 자산수증익 등 과세표준에서 공제한 것으로 보는 보전금액을 기재한다.

[134]

최저한세조정계산서

1. 세액공제조정명세서 작성

| 1.세액공제(1) | 2.세액공제(2) | 3.당기공제 및 이월액계산 | | |
| 구분 | 계산기준 | 계산명세 | | 공제대상<br>세 액 |
| | | 투자액 | 공제율 | |
| 중소기업투자세액공제 | 투자금액 × 3/100 | 200,000,000 | 3 | 6,000,000 |
| 기업의 어음제도개선을 위한세액공제 | (환어음 등 지급금액-약속어음결제금액) ×<br>((4,5)/1000, 15/10000) *산출세액의 10% 한도 | F4-계산내역 | | |
| 연구·인력개발비세액공제 | 발생액 × 25/100[(3/100+R&D지출비율×<br>0.5(3%한도) 또는 평균초과액 × 50(40)/100] | F4-계산내역 | | |
| 해외파견비에 대한 임시세액공제(구) | 발생액 × 7/100 | | | |
| 연구·인력개발설비투자세액공제 | 투자금액 × 10/100 | | | |
| 기술취득에 대한 세액공제 | 특허권등취득금액 × 7(3)/100 *법인세의 10% 한도 | | | |
| 생산성향상시설투자세액공제 | 투자금액 × 7(3)/100 | | | |
| 안전설비투자세액공제 | 투자금액 × 3/100 | | | |
| 에너지절약시설투자세액공제 | 투자금액 × 20/100 | | | |
| 환경보전시설 투자세액공제 | 투자금액 ×10/100 | | | |
| 의약품 품질관리시설투자세액공제 | 투자금액 × 7/100 | | | |
| 임시투자세액공제 | 투자금액 × (3,10)/100+3년 평균초과투자액X10% | F4-계산내역 | | |
| 정규직 근로자 전환 세액공제 | 전환인원수 × 30만원 | 인원수입력 | ×30만원 | |
| 근로자복지증진시설투자세액공제 | 투자금액 × 7/100 | | | |

중소기업투자세액공제는 중소기업이 사업용 자산, 판매시점정보관리시스템설비 및 정보보호시스템설비에 투자한 금액의 3%를 공제한다.

2. 세액공제조정 당기공제세액및 이월액계산

| 1.세액공제(1) | | 2.세액공제(2) | 3.당기공제 및 이월액계산 | | | | | | |
| | (105)구분 | (106)<br>사업연도 | 요공제액 | | 당기공제대상세액 | | | | |
| | | | (107)당기분 | (108)이월분 | (109)당기분 | (110)1차연도 | (111)2차연도 | (112)3차연도 | (113)4차 |
| 1 | 중소기업 등 투자세액 | 2020 | 6,000,000 | | 6,000,000 | | | | |
| | 소계 | | 6,000,000 | | 6,000,000 | | | | |

## 3. 법인세 과세표준 및 세액조정계산서 작성

| ① 각 사 업 연 도 소 득 계 산 | | | |
|---|---|---|--:|
| ① 101.결산서상 당기순손익 | | 01 | 260,977,678 |
| 소득금액조정 | 102.익 금 산 입 | 02 | 86,050,000 |
| 금 액 | 103.손 금 산 입 | 03 | 42,270,000 |
| 104.차 가 감 소득금액 (101+102-103) | | 04 | 304,757,678 |
| 105.기 부 금 한 도 초 과 액 | | 05 | 1,912,117 |
| 106.기부금 한도초과 이월액 손금산입 | | 54 | 8,000,000 |
| 107.각사업연도소득금액(104+105-106) | | 06 | 298,669,795 |
| ② 108.각 사업 연도 소득금액(108=107) | | | 298,669,795 |
| 109.이 월 결 손 금 | | 07 | 172,000,000 |
| 110.비 과 세 소 득 | | 08 | |
| 111.소 득 공 제 | | 09 | |
| 112.과 세 표 준 (108-109-110-111) | | 10 | 126,669,795 |
| 159.선 박 표 준 이 익 | | 55 | |
| ③ 113.과 세 표 준 (113=112+159) | | 56 | 126,669,795 |
| 114.세 율 | | 11 | 10% |
| 115.산 출 세 액 | | 12 | 12,666,979 |
| 116.지 점 유 보 소 득 (법 제96조) | | 13 | |
| 117.세 율 | | 14 | |
| 118.산 출 세 액 | | 15 | |
| 119.합 계 (115+118) | | 16 | 12,666,979 |

| ④ 납 부 할 세 액 계 산 | | | |
|---|---|---|--:|
| 120.산 출 세 액 (120=119) | | | 12,666,979 |
| 121.최저한세 적용 대상 공제 감면 세액 | | 17 | 6,000,000 |
| 122.차 감 세 액 | | 18 | 6,666,979 |
| 123.최저한세 적용 제외 공제 감면 세액 | | 19 | |
| 124.가 산 세 액 | | 20 | |
| 125.가 감 계 (122-123+124) | | 21 | 6,666,979 |
| 기납부세액 126.중 간 예 납 세 액 | | 22 | |
| 127.수 시 부 과 세 액 | | 23 | |
| 128.원 천 납 부 세 액 | | 24 | |
| 129.간접 회사등 외국 납부세액 | | 25 | |
| 130.소 계(126+127+128+129) | | 26 | |
| 131.신 고 납 부 전 가 산 세 액 | | 27 | |
| 132.합 계 (130+131) | | 28 | |
| 133.감 면 분 추 가 납부세액 | | 29 | |
| 134.차 가 감 납부할 세액(125-132+133) | | 30 | 6,666,979 |
| ⑤토 지 등 양 도 소 득 에 대 한 법 인 세 계 산 (TAB로 이동) | | | |
| 151.차 가 감 납부할 세 액 계(134+150) | | 46 | 6,666,979 |
| 152.사실과 다른 회계처리 경정세액공제 | | 57 | |
| 153.분 납 세 액 계 산 범 위 액 (151-124-133-145-152+131) | | 47 | |
| 분납할세액 154.현 금 납 부 | | 48 | |
| 155.물납 | | 49 | |
| 156.계(154+155) | | 50 | |
| 차감납부세액 157.현 금 납 부 | | 51 | 6,666,979 |
| 158.물납 | | 52 | |
| 160.계(157+158) [160=(151-152-156)] | | 53 | 6,666,979 |

## 4. 최저한세 조정

| ①구분 | 23 | ②감면후세액 | ③최저한세 | ④조정감 | ⑤조정후세액 |
|---|---|--:|--:|--:|--:|
| (101) 결 산 서 상 당 기 순 이 익 | 01 | 260,977,678 | | | |
| 소득조정금액 (102)익 금 산 입 | 02 | 86,050,000 | | | |
| (103)손 금 산 입 | 03 | 42,270,000 | | | |
| (104) 조 정 후 소 득 금 액 (101+102-103) | 04 | 304,757,678 | 304,757,678 | | 304,757,678 |
| 최저한세적용대상 특별비용 (105)준 비 금 | 05 | | | | |
| (106)특별상각,특례상각 | 06 | | | | |
| (107) 특별비용손금산입전소득금액(104+105+106) | 07 | 304,757,678 | 304,757,678 | | 304,757,678 |
| (108) 기 부 금 한 도 초 과 액 | 08 | 1,912,117 | 1,912,117 | | 1,912,117 |
| (109) 기부금 한도초과 이월액 손 금 산 입 | 09 | 8,000,000 | 8,000,000 | | 8,000,000 |
| (110) 각 사 업 년 도 소 득 금 액 (107+108-109) | 10 | 298,669,795 | 298,669,795 | | 298,669,795 |
| (111) 이 월 결 손 금 | 11 | 172,000,000 | 172,000,000 | | 172,000,000 |
| (112) 비 과 세 소 득 | 12 | | | | |
| (113) 최저한세적용대상 비 과 세 소 득 | 13 | | | | |
| (114) 최저한세적용대상 익 금 불 산 입 | 14 | | | | |
| (115) 차가감 소 득 금 액(110-111-112+113+114) | 15 | 126,669,795 | 126,669,795 | | 126,669,795 |
| (116) 소 득 공 제 | 16 | | | | |
| (117) 최저한세적용대상 소 득 공 제 | 17 | | | | |
| (118) 과 세 표 준 금 액(115-116+117) | 18 | 126,669,795 | 126,669,795 | | 126,669,795 |
| (119) 선 박 표 준 이 익 | 24 | | | | |
| (120) 과 세 표 준 금 액(118+119) | 25 | 126,669,795 | 126,669,795 | | 126,669,795 |
| (121) 세 율 | 19 | 10 % | 7 % | | 10 % |
| (122) 산 출 세 액 | 20 | 12,666,979 | 8,866,885 | | 12,666,979 |
| (123) 감 면 세 액 | 21 | | | | |
| (124) 세 액 공 제 | 22 | 6,000,000 | | 2,199,906 | 3,800,094 |
| (125) 차 감 세 액 (122-123-124) | 23 | 6,666,979 | | | 8,866,885 |

현재 최저한세율은 중소기업이 7%이고 법이 정한 최저한세 8,866,885원 보다 차감(납부)세액 6,666,979원 금액이 2,199,906원 작으므로 세액공제를 부인한다.

## 5. 세액공제조정명세서(최저한세로 인한 배제금액 2,199,906원의 입력)

(1) | 2.세액공제(2) | 3.당기공제 및 이월액계산

| 요공제액 | | 당기공제대상세액 | | | | | | | (116)최저한세적용 예따른 미공제액 | (117)기타사유 로인한 미공제액 | (118)공제세액 (115-116-117) | (119)소멸 | (120)이월액 (107+108-118-119) |
|---|---|---|---|---|---|---|---|---|---|---|---|---|---|
| (107)당기분 | (108)이월분 | (109)당기분 | (110)1차연도 | (111)2차연도 | (112)3차연도 | (113)4차연도 | (114)5차연도 | (115)계 | | | | | |
| 6,000,000 | | 6,000,000 | | | | | | 6,000,000 | 2,199,906 | | 3,800,094 | | 2,199,906 |
| 6,000,000 | | 6,000,000 | | | | | | 6,000,000 | 2,199,906 | | 3,800,094 | | 2,199,906 |

# 6. 공제감면 합계표 재작성

| 최저한세배제세액감면 | 최저한세배제세액공제 | 최저한세적용세액감면 | 최저한세적용세액공제,면제 | 비과세,이월과세추가납부액 | 익금불산입 | 손금산입 |

| ①구 분 | ②근 거 법 조 항 | 코드 | ⑤전기이월액 | ⑥당기발생액 | ⑦공제세액 |
|---|---|---|---|---|---|
| (161)중소기업투자세액공제 | 「조특법」제5조 | 31 | | 6,000,000 | 3,800,094 |
| (162)기업의 어음제도개선을 위한 세액공제 | 「조특법」제7조의2 | 75 | | | |
| (163)연구·인력개발비세액공제(최저한세 적용분) | 「조특법」제10조, 제63조 | 32 | | | |
| (164)연구·인력개발설비투자세액공제 | 「조특법」제11조 | 34 | | | |
| (165)기술취득에 대한 세액공제 | 「조특법」제12조제2항 | 76 | | | |
| (166)생산성향상시설투자세액공제 | 「조특법」제24조 | 35 | | | |
| (167)안전설비투자 세액공제 | 「조특법」제25조 | 36 | | | |
| (168)에너지절약시설 투자세액공제 | 「조특법」제25조의2 | 77 | | | |
| (169)환경보전시설 투자세액공제 | 「조특법」제25조의3 | 4A | | | |
| (170)의약품 품질관리시설투자 세액공제 | 「조특법」제25조의4 | 4B | | | |
| (171)임시투자세액공제 | 「조특법」제26조 | 37 | | | |
| (172)정규직근로자 전환 세액공제 | 「조특법」제30조의2 | 4H | | | |
| (173)근로자복지증진시설투자세액공제 | 「조특법」제94조 | 42 | | | |
| (174)지방대학 맞춤형 교육비용 세액공제(구) | 「조특법」제63조의3제1항 | 4C | | | |
| (175)지방대학 기부설비에 대한 세액공제(구) | 「조특법」제63조의3제2항 | 4D | | | |
| (174)전자신고에 대한 세액공제(법인) | 「조특법」제104조의8 제1항 | 84 | | | |
| (175)전자신고에 대한 세액공제(세무법인 등) | 「조특법」제104조의8 제3항 | 4J | | | |
| (176)제3자 물류비용 세액공제 | 「조특법」제104조의14 | 4E | | | |
| (177)해외자원개발사업지원 세액공제 | 「조특법」제104조의15 | 4F | | | |
| (178)대학 맞춤형 교육비용 등 세액공제 | 「조특법」제104조의18 제1항 | 4I | | | |
| (179)대학 기부설비에 대한 세액공제 | 「조특법」제104조의18 제2항 | 4K | | | |
| (180)동업기업 세액공제 배분액(최전세적용제외) | | 4L | | | |
| (181)고용증대 세액공제 | 「조특법」제30조의4 | 91 | | | |
| (190)소 계 | | 49 | | 6,000,000 | 3,800,094 |
| (195)합 계((160)+(190)) | | 50 | | | 3,800,094 |
| (200)공제감면세액 총계((140)+(195)) | | 51 | | | 3,800,094 |
| (201)기술도입대가에 대한 조세면제 | 「조특법」제121조의6 | 83 | | | |
| (202)간주·간접 외국납부세액공제 | 「법인세법」제57조제3항·제4항 | 89 | | | |

# 7. 최저한세 고려후 법인세과세표준및세액조정계산서

| ① | 101.결산서상 당기순손익 | 01 | 260,977,678 |
|---|---|---|---|
| 각 사 업 연 도 소 득 계 산 | 소득금액조정 102.익 금 산 입 | 02 | 86,050,000 |
| | 금 액 103.손 금 산 입 | 03 | 42,270,000 |
| | 104.차 가 감 소득금액 (101+102-103) | 04 | 304,757,678 |
| | 105.기 부 금 한 도 초 과 액 | 05 | 1,912,117 |
| | 106.기부금 한도초과 이월액 손금산입 | 54 | 8,000,000 |
| | 107.각사업연도소득금액(104+105-106) | 06 | 298,669,795 |
| ② 과 세 표 준 계 산 | 108.각 사 업 연 도 소득금액(108=107) | | 298,669,795 |
| | 109.이 월 결 손 금 | 07 | 172,000,000 |
| | 110.비 과 세 소 득 | 08 | |
| | 111.소 득 공 제 | 09 | |
| | 112.과 세 표 준 (108-109-110-111) | 10 | 126,669,795 |
| | 159.선 박 표 준 이 익 | 55 | |
| ③ 산 출 세 액 계 산 | 113.과 세 표 준 (113=112+159) | 56 | 126,669,795 |
| | 114.세 율 | 11 | 10% |
| | 115.산 출 세 액 | 12 | 12,666,979 |
| | 116.지 점 유 보 소 득 (법 제96조) | 13 | |
| | 117.세 율 | 14 | |
| | 118.산 출 세 액 | 15 | |
| | 119.합 계 (115+118) | 16 | 12,666,979 |

| ④ 납 부 할 세 액 계 산 | 120.산 출 세 액 (120=119) | | 12,666,979 |
|---|---|---|---|
| | 121.최저한세 적용 대상 공제 감면 세액 | 17 | 3,800,094 |
| | 122.차 감 세 액 | 18 | 8,866,885 |
| | 123.최저한세 적용 제외 공제 감면 세액 | 19 | |
| | 124.가 산 세 액 | 20 | |
| | 125.가 감 계(122-123+124) | 21 | 8,866,885 |
| 기한내 납부 세액 | 126.중 간 예 납 세 액 | 22 | |
| | 127.수 시 부 과 세 액 | 23 | |
| | 128.원 천 납 부 세 액 | 24 | |
| | 129.간접 회사등 외국 납부세액 | 25 | |
| | 130.소 계 (126+127+128+129) | 26 | |
| | 131.신 고 납 부전 가 산 세 액 | 27 | |
| | 132.합 계 (130+131) | 28 | |
| | 133.감 면 분 추 가 납 부세액 | 29 | |
| | 134.차가감 납부할 세 액(125-132+133) | 30 | 8,866,885 |
| ⑤토 지 등 양 도 소 득 에 대 한 법 인 세 계 산 (TAB로 이동) | | | |
| | 151.차 가 감 납부할 세 액(134+150) | 46 | 8,866,885 |
| | 152.사실과 다른 회계처리 경정세액공제 | 57 | |
| 세 액 계 | 153.분 납 세 액 계 산 범 위 액 (151-124-133-145-152+131) | 47 | |
| 분납할 세 액 | 154.현 금 납 부 | 48 | |
| | 155.물납 | 49 | |
| | 156.계(154+155) | 50 | |
| 차감 납부 세액 | 157.현 금 납 부 | 51 | 8,866,885 |
| | 158.물납 | 52 | |
| | 160.계(157+158) [160=(151-152-156)] | 53 | 8,866,885 |

### [135] 법인세과세표준 및 세액조정계산서

| ① | 101.결 산 서 상 당 기 순 손 익 | 01 | 260,977,678 |
|---|---|---|---|
| 각 사 업 연 도 소 득 계 산 | 소득금액조정 102.익 금 산 입 | 02 | 86,050,000 |
| | 금 액 103.손 금 산 입 | 03 | 42,270,000 |
| | 104.차 가 감 소 득 금 액 (101+102-103) | 04 | 304,757,678 |
| | 105.기 부 금 한 도 초 과 액 | 05 | 1,912,117 |
| | 106.기부금 한도초과 이월액 손금산입 | 54 | 8,000,000 |
| | 107.각사업연도소득금액(104+105-106) | 06 | 298,669,795 |
| ② 과 세 표 준 계 산 | 108.각 사 업 연 도 소 득 금 액(108=107) | | 298,669,795 |
| | 109.이 월 결 손 금 | 07 | 172,000,000 |
| | 110.비 과 세 소 득 | 08 | |
| | 111.소 득 공 제 | 09 | |
| | 112.과 세 표 준 (108-109-110-111) | 10 | 126,669,795 |
| | 159.선 박 표 준 이 익 | 55 | |
| ③ 산 출 세 액 계 산 | 113.과 세 표 준 (113=112+159) | 56 | 126,669,795 |
| | 114.세 율 | 11 | 10% |
| | 115.산 출 세 액 | 12 | 12,666,979 |
| | 116.지 점 유 보 소 득 (법 제96조) | 13 | |
| | 117.세 율 | 14 | |
| | 118.산 출 세 액 | 15 | |
| | 119.합 계 (115+118) | 16 | 12,666,979 |

| | 120.산 출 세 액 (120=119) | | 12,666,979 |
|---|---|---|---|
| ④ 납 부 할 세 액 계 산 | 121.최저한세 적용 대상 공제 감면 세액 | 17 | 3,800,094 |
| | 122.차 감 세 액 | 18 | 8,866,885 |
| | 123.최저한세 적용 제외 공제 감면 세액 | 19 | |
| | 124.가 산 세 액 | 20 | |
| | 125.가 감 계(122+123+124) | 21 | 8,866,885 |
| 기 납 부 세 액 | 126.중 간 예 납 세 액 | 22 | 5,000,000 |
| | 127.수 시 부 과 세 액 | 23 | |
| | 128.원 천 납 부 세 액 | 24 | 752,000 |
| | 129.간접 회사등 외국 납부세액 | 25 | |
| | 130.소 계(126+127+128+129) | 26 | 5,752,000 |
| | 131.신 고 납 부 전 가 산 세 액 | 27 | |
| | 132.합 계 (130+131) | 28 | 5,752,000 |
| | 133.감 면 분 추 가 납 부세액 | 29 | |
| | 134.차가감 납부할 세액(125-132+133) | 30 | 3,114,885 |
| ⑤토 지 등 양 도 소 득 에 대 한 법 인 세 계 산 (TAB로 이동) | | | |
| | 151.차 가 감 납부할 세 액 계(134+150) | 46 | 3,114,885 |
| | 152.사실과 다른 회계처리 경정세액공제 | 57 | |
| | 153.분 납 세 액 계 산 범 위 액 (151-124-133-145-152±131) | 47 | |
| 세 액 계 | 분납할 세액 154.현 금 납 부 | 48 | |
| | 155.물납 | 49 | |
| | 156.계(154+155) | 50 | |
| | 차감 납부 세액 157.현 금 납 부 | 51 | 3,114,885 |
| | 158.물납 | 52 | |
| | 160.계(157+158) [160=(151-152-156)] | 53 | 3,114,885 |

기타고려사항으로 가산세액에서 지출증빙미수취가산세 대한 것이다. 거래건당 1만원초과 거래금액에 대해 적격증빙을 미수취한경우에 2%가산세가 부과된다.

### [법인세의 분납]

납부할 법인세액(가산세 및 감면분 추가납부세액을 제외한 금액)이 1천만원을 초과하는 경우에는 다음의 금액을 납부기한 경과일로부터 1개월(중소기업의 경우 2개월)이내에 분납할 수 있습니다.

- 납부할 세액 2천만원 이하 : 1천만원 초과 금액
- 납부할 세액 2천만원 초과 : 50% 이하의 금액

### [136]

연구및인력개발비 서식작성

1. 당기의 연구 및 인력개발비 집계

45,000,000(인건비) + 15,000,000(재료비) + 2,000,000(인증) = 62,000,000

4. 연구 및 인력개발비 세액공제금액 계산

(1) 당기 발생액 기준 : 62,000,000 × 25% = 15,500,000

(2) 증가 발생액 기준 : (62,000,000 - 42,000,000) × 50% = 10,000,000

세액공제 금액 적용 = (1), (2)중 큰 금액 = 15,500,000

| 1.발생명세 및 증가발생액계산 | 2.공제세액 | 3.연구소/전담부서 현황 | 4.해당연도 연구·인력개발비 발생명세 |
|---|---|---|---|

**1** 해당 연도의 연구 및 인력개발비 발생 명세

| 계정과목 | 자체연구개발비 | | | | | |
|---|---|---|---|---|---|---|
| | 인건비 | | 재료비 등 | | 기타 | |
| | 인원 | (6)금액 | 건수 | (7)금액 | 건수 | (8)금액 |
| 1 경상연구개발비 | 12 | 20,000,000 | 5 | 5,000,000 | | |
| 2 개발비 | 20 | 25,000,000 | 6 | 10,000,000 | | |
| 3 | | | | | | |
| 합계 | 32 | 45,000,000 | 11 | 15,000,000 | | |

| 계정과목 | 위탁 및 공동 연구개발비 | | (10)인력개발비 | (11)맞춤형교육비용 | (12)현장훈련 수당 등 | (13)총 계 |
|---|---|---|---|---|---|---|
| | 건수 | 9.금액 | | | | |
| 1 경상연구개발비 | | | | | | 25,000,000 |
| 2 개발비 | | | | 2,000,000 | | 37,000,000 |
| 3 | | | | | | |
| 합계 | | | | 2,000,000 | | 62,000,000 |

| 1.발생명세 및 증가발생액계산 | | 2.공제세액 | | 3.연구소/전담부서 현황 | | 4.해당연도 연구·인력개발비 발생명세 |
|---|---|---|---|---|---|---|

**3 공제세액**

| 총발생금액 공제 | | (24)대상금액(=13) | (25)공제율 | | | (26)공제세액 |
|---|---|---|---|---|---|---|
| 해당 연도 | 중소기업 | 62,000,000 | 25% | | | 15,500,000 |
| | 중소기업 유예기간 종료이후 5년내기업 | (27)대상금액(=13) | (28)유예기간 종료연도 | (29)유예기간 종료이후년차 | (30)공제율 | (31)공제세액 |
| | | | ----_-__ | | | |
| | 중견기업 | (32)대상금액(=13) | (33)공제율 | | | (34)공제세액 |
| | | | 8% | | | |
| | 일반기업 | (35)대상금액(=13) | 공제율 | | | (39)공제세액 |
| | | | (36)기본율 | (37)추가 | (38)계 | |
| | | | 2% | | | |

| 증가발생금액 공제 | (40)대상금액(=23) | (41)공제율 | (42)공제세액 | ※공제율 중소기업 : 50% 중소기업외 : 40% |
|---|---|---|---|---|
| | 20,000,000 | 50% | 10,000,000 | |

| (43)해당연도에 공제받을 세액 | 중소기업(26과 42 중 선택) | 15,500,000 | ※ 최저한세 설정 ⦿ 제외 ◯ 대상 |
|---|---|---|---|
| | 중소기업 유예기간 종료이후 5년내 기업(31과 42 중 선택) | | |
| | 중견기업(34와 42 중 선택) | | |
| | 일반기업(39와 42 중 선택) | | |

**김동은**
- 베스트회계직업전문학원 원장
- 박문각 Grace 전산세무 1급 감리
- 박문각 Grace 전산세무 2급 감리
- 박문각 Grace 전산회계 1급 감리
- 박문각 Grace 전산회계 2급 감리
- 직업훈련교사 상업

**저서**
- 2022년 독공 전산회계 1급 (주)박문각
- 2022년 독공 전산회계 2급 (주)박문각

# 2022 Grace 전산세무1급 필기+실기

초판인쇄 : 2022년 5월 4일
초판발행 : 2022년 5월 11일
저     자 : 전산세무회계연구팀 저
발 행 인 : 박 용
발 행 처 : (주)박문각출판
등     록 : 2015.4.29 제2015-000104호
주     소 : 06654 서울시 서초구 효령로 283 서경 B/D 4층
전     화 : 교재주문 02-523-1497
            내용문의 02-3489-9400
팩     스 : 02-584-2927

저자와의
협의하에
인지생략

정가 37,000원        ISBN 979-11-6704-547-8